ECONOMEG

SAFON UWCH

Cyfrol 1

ALAIN ANDERTON

Addasiad Cymraeg: Colin Isaac, Lydia Jones a Melanie Davies

Cyhoeddwyd dan nawdd Cynllun Adnoddau Addysgu a Dysgu CBAC

Hawlfraint

Addasiad Cymraeg gan Colin Isaac, Lydia Jones a Melanie Davies
Ymgynghorydd Economeg: Dennis Thomas, Prifysgol Aberystwyth
Golygwyd gan Colin Isaac ac Eirian Jones
Darllenydd: Janet Burnhill
Dyluniwyd gan: stiwdio@ceri-talybont.com
Argraffwyd gan: Gwasg Gomer, Llandysul

Noddwyd gan Lywodraeth Cynulliad Cymru

Cyhoeddwyd dan nawdd Cynllun Adnoddau Addysgu a Dysgu CBAC

Cyhoeddwyd yng Nghymru gan:
Atebol, Adeiladau'r Fagwyr, Llanfihangel Genau'r Glyn, Aberystwyth, Ceredigion SY24 5AQ

Hawlfraint: © Atebol 2007

ISBN: 1-905255-65-9

Cynnwys

Rhagair

Grwpiau beirniadol o bobl yw athrawon a myfyrwyr economeg. Yn gyson yn anfodlon ar y deunyddiau a ddefnyddiant, maen nhw'n wynebu problemau adnoddau cyfyngedig, amrywiaeth eang o anghenion a byd sy'n newid drwy'r amser. Bwriedir i'r llyfr hwn fynd rhywfaint o'r ffordd i ddatrys yr enghraifft hon o'r broblem economaidd sylfaenol.

Mae nifer o noweddion arbennig i'r llyfr hwn.

Cynhwysfawr Mae'r llyfr yn cynnwys digon o ddeunydd i ddiwallu gofynion myfyrwyr sy'n sefyll amrywiaeth eang o arholiadau gan gynnwys economeg Safon Uwch ac Uwch Gyfrannol.

Strwythur unedau hyblyg Yn hytrach na threfnu'r deunydd yn benodau, mae wedi'i drefnu'n unedau byrrach. Mae hyn yn adlewyrchu trefniant nifer o werslyfrau TGAU, ac felly dylai myfyrwyr fod yn gyfarwydd â'r arddull hwn o gyflwyno. Mae strwythur unedau hefyd yn rhoi mwy o ryddid i athrawon wrth lunio cwrs. Mae gan athrawon economeg draddodiad hir o ddefnyddio'u prif werslyfrau mewn trefn sy'n wahanol i drefn y llyfr. Felly, er bod trefn resymegol i'r llyfr hwn, tybir y bydd athrawon a myfyrwyr yn rhoi'r unedau at ei gilydd mewn modd sy'n addas ar gyfer eu hanghenion addysgu a dysgu nhw. Mae croesgyfeirio wedi'i ddefnyddio mewn mannau i gynorthwyo hyblygrwydd ymhellach.

Mae pob uned wedi'i rhannu'n adrannau byr sy'n hawdd eu trin. Mae diagramau'n cynnwys esboniadau cryno sy'n crynhoi neu'n ategu'r testun.

Llyfr gwaith Mae nifer mawr o gwestiynau wedi'u cynnwys yn y testun. Gan amlaf mae'r rhain yn gymharol fyr, ac er y gallai rhai gael eu defnyddio ar gyfer gwaith ysgrifennu estynedig, mae'r rhan fwyaf yn gofyn am atebion cymharol syml. Mae'r rhain wedi cael eu cynnwys er mwyn helpu athrawon a myfyrwyr i asesu a ydy dysgu a deall wedi digwydd drwy roi cyfle uniongyrchol i gymhwyso cynnwys a sgiliau at sefyllfaoedd penodol. Y gobaith yw y bydd llawer yn cael eu defnyddio fel sail i drafodaeth yn y dosbarth yn ogystal â chael eu hateb yn ysgrifenedig.

Economeg gymhwysol yn ogystal â damcaniaethau economeg Yn y llyfr hwn mae dull systematig o ymdrin ag economeg gymhwysol wedi'i gynnwys ochr yn ochr â damcaniaethau economeg. Ym mhob uned mae adran economeg gymhwysol ac mae rhai unedau yn ymdrin ag economeg gymhwysol yn unig. Dylid nodi bod llawer o'r cwestiynau hefyd yn cynnwys deunydd economeg gymhwysol.

Sgiliau astudio ac asesu Mae dwy uned olaf y llyfr yn rhoi cyfarwyddyd ynghylch astudio effeithiol a'r dulliau asesu a ddefnyddir ym maes economeg.

Termau allweddol Mae llawer o'r unedau yn cynnwys adran termau allweddol. Mae pob adran yn diffinio cysyniadau newydd sy'n codi yn nhestun yr uned. O roi'r rhain at ei gilydd, maen nhw'n darparu geiriadur cynhwysfawr o economeg.

Cyflwyniad Cymerwyd llawer o ofal ynghylch y modd y cyflwynir y llyfr hwn. Y gobaith yw y bydd cynllun gosod y llyfr, y defnydd a wneir o liw a'r defnydd a wneir o ddiagramau yn gwneud dysgu economeg yn brofiad gwerthfawr.

BYRFODDAU YN Y GYMRAEG Yn Unedau 32 a 33 defnyddir y byrfoddau Saesneg C, I, X ayb. ar gyfer *Consumption, Investment, Exports* ayb. yn hytrach na defnyddio'r byrfoddau Cymraeg T, B, E ayb. Ystyriwyd y mater yn ofalus a phenderfynwyd mai dyma'r peth gorau i'w wneud er mwyn hwyluso'r gwaith i'r myfyrwyr pan fyddan nhw'n troi at lyfrau eraill – llyfrau Saesneg fel arfer – i'w helpu gyda thraethodau, gwaith ymchwil ayb. Bydd hefyd yn hwyluso pethau i'r myfyrwyr hynny a fydd yn symud ymlaen i astudio'r pwnc mewn prifysgolion, colegau addysg bellach ac ati.

Cydnabyddiaethau

Hoffai'r awdur a'r cyhoeddwr ddiolch i'r canlynol am eu caniatâd i atgynhyrchu'r lluniau a'r deunydd hawlfraint yn y gyfrol hon.

Corel: tud. 3 (top); Digital Vision: tud 2, 3 (gwaelod), 7, 16 (gwaelod), 67 (top), 28 (top), 100, 104, 283 (top); Image 100: tud 219; Photodisc: tud 9, 65, 96, 113, 116, 121 (gwaelod canol, gwaelod dde), 135, 146, 151, 263, 283 (canol), 291, 310; Rex Features: tud 12, 130, 138, 157, 214; Stockbyte: tud 235; Stockdisc: tud. 206; Topfoto: tud 121 (gwaelod chwith), 174, 238.

Mae deunydd Swyddfa Ystadegau Cenedlaethol yn Hawlfraint y Goron. Cyhoeddwyd trwy ganiatâd Rheolwr Llyfrfa Ei Mawrhydi.

Crynodeb

1. Mae bron pob adnodd yn brin.
2. Mae chwant bodau dynol yn ddiderfyn.
3. Mae adnoddau prin a chwant diderfyn yn achosi'r broblem economaidd sylfaenol – rhaid dyrannu adnoddau rhwng ffyrdd o'u defnyddio sy'n cystadlu â'i gilydd.
4. Mae dyrannu'n golygu dewis ac i bob dewis mae cost ymwad.
5. Mae'r ffin posibilrwydd cynhyrchu (FfPC) yn dangos cynnyrch posibl mwyaf economi.
6. Mae cynhyrchu ar bwynt y tu mewn i'r FfPC yn dangos defnydd aneffeithlon o adnoddau.
7. Bydd twf yn yr economi yn symud y FfPC tuag allan.

Prinder

Yn aml dywedir ein bod yn byw mewn pentref byd-eang. Mae adnoddau'r byd yn feidrol; dim ond meintiau cyfyngedig sydd o dir, dŵr, olew, bwyd ac adnoddau eraill ar y blaned hon. Felly mae economegwyr yn dweud bod adnoddau'n BRIN.

Mae prinder yn golygu mai dim ond maint cyfyngedig o adnoddau y gall asiantau economaidd, fel unigolion, cwmnïau, llywodraethau ac asiantaethau rhyngwladol, ei gael ar unrhyw adeg benodol. Er enghraifft, rhaid i deulu fyw ar gyllideb sefydlog; ni all gael popeth y mae ei eisiau. Efallai yr hoffai cwmni adeiladu ffatri newydd ond nid oes ganddo'r adnoddau i allu gwneud hynny. Efallai yr hoffai llywodraeth adeiladu ysbytai newydd neu roi mwy o adnoddau i raglen cymorth tramor ond nid oes ganddi'r cyllid i wneud hynny'n bosibl. Gelwir adnoddau sy'n brin yn NWYDDAU ECONOMAIDD.

Cwestiwn 1

Yn y gorffennol byddai pobl yn mynd am dro yn eu car ar brynhawn Sul. Roedd perchenogi car yn rhywbeth newydd ac roedd rhyddid y ffordd yn gwneud gyrru yn weithgaredd hamdden pleserus. Heddiw, gyda 27 miliwn o geir wedi'u cofrestru yn y DU, gallai taith ar brynhawn Sul droi'n dagfa hunllefus.

Wrth gwrs, mae llawer o deithiau'n ddidrafferth. Mae'r traffig mor ysgafn fel na fydd ceir yn arafu ei gilydd. Ond mae'r rhan fwyaf o deithiau'r oriau brys heddiw yn digwydd ar hyd ffyrdd sydd â thagfeydd lle mae pob car ychwanegol ar y ffordd yn ychwanegu at amser teithio pob car arall. Pan gyflwynodd Llundain 'dâl tagfa' o £5 y dydd, ffi i geir gael defnyddio ffyrdd yng nghanol Llundain, gostyngodd maint y traffig 17%. Roedd hynny'n ddigon i ostwng amserau teithio yn sylweddol.

Mae tagfeydd traffig yn cynyddu maint y llygredd sy'n cael ei greu gan geir hefyd. Gall ein hecosystem ymdopi â lefelau isel o allyriannau (emissions), ond, fel y gwelwyd gan ddinasoedd fel Paris ac Athens, os cyfunir lefelau uchel o draffig â'r amodau tywydd iawn gall hynny arwain at gynnydd sydyn yn lefelau llygredd. Mae'r car yn llygru'r amgylchedd beth bynnag gan fod ceir yn allyrru nwyon tŷ gwydr. Mae chwarter o allyriannau CO_2 yn y DU yn dod o gludiant ffyrdd.

Ffynhonnell: addaswyd o *Transport Statistics for Great Britain, 2004*, Adran Drafnidiaeth, Swyddfa Ystadegau Cenedlaethol.

Eglurwch a ydy ffyrdd, mewn unrhyw fodd, yn 'nwydd am ddim' o safbwynt economaidd.

Dydy pob adnodd ddim yn brin. Mae mwy na digon o aer ar y blaned hon i alluogi pawb i anadlu cymaint ag y dymunant. Gelwir adnoddau nad ydynt yn brin yn NWYDDAU AM DDIM. Yn y gorffennol mae llawer o nwyddau fel bwyd, dŵr a lloches wedi bod am ddim, ond wrth i boblogaeth y blaned ehangu ac wrth i gynhyrchu gynyddu, mae nifer y nwyddau am ddim wedi lleihau. Yn ddiweddar, er enghraifft, mae traethau glân mewn sawl rhan o'r DU wedi peidio â bod yn nwydd am ddim i'r gymdeithas. Mae llygredd wedi gorfodi cwmnïau dŵr ac awdurdodau lleol glan môr i dreulio adnoddau yn glanhau eu hamgylchedd lleol. Gyda choedwigoedd glaw y byd yn cael eu dinistrio a mwy o lygredd atmosfferig, efallai na fydd yr aer a anadlwn yn parhau i fod yn nwydd am ddim. Efallai, er enghraifft, y bydd yn rhaid i ffatrïoedd buro'r aer a gymerant o'r atmosffer. Yna byddai'r aer hwnnw'n nwydd economaidd.

Chwant diderfyn

Mae gan bobl nifer cyfyngedig o ANGHENION y mae'n rhaid eu bodloni os ydynt i barhau i fyw fel pobl. Mae rhai'n anghenion materol, fel bwyd, hylif, gwres, lloches a dillad. Mae eraill yn anghenion seicolegol ac emosiynol fel hunan-barch a chael eich caru. Mae anghenion pobl yn feidrol. Fodd bynnag, ni fyddai neb yn dewis byw ar lefel anghenion dynol sylfaenol pe byddent yn gallu mwynhau safon uwch o fyw.

Mae hynny'n wir am fod CHWANT pobl yn ddiderfyn. P'un ai y byddwn yn sôn am ffermwr yn Affrica, cyfriniwr yn India, rheolwr yn y DU neu'r unigolyn cyfoethocaf yn y byd, bob amser mae rhywbeth y mae ef neu hi eisiau cael mwy ohono. Gall hynny gynnwys mwy o fwyd, tŷ mwy ei faint, gwyliau hirach, amgylchedd glanach, mwy o gariad, mwy o gyfeillgarwch, gwell perthnasoedd, mwy o hunan-barch, mwy o degwch neu gyfiawnder, heddwch, neu fwy o amser i wrando ar gerddoriaeth, i synfyfyrio neu i feithrin y celfyddydau.

Y broblem economaidd sylfaenol

Mae adnoddau'n brin ond mae chwant yn ddiderfyn. Dyma sy'n achosi'r BROBLEM ECONOMAIDD SYLFAENOL ac sy'n gorfodi asiantau economaidd i wneud dewisiadau. Rhaid iddynt ddyrannu eu hadnoddau prin rhwng ffyrdd o'u defnyddio sy'n cystadlu â'i gilydd.

Economeg sy'n astudio'r dyrannu adnoddau – y dewisiadau sy'n

Cwestiwn 2

Lluniwch restr o'r anghenion dynol lleiaf ar gyfer person yn ei (h)arddegau yn y DU heddiw. Ym mha fodd y gallai'r rhestr hon fod yn wahanol i anghenion person yn ei (h)arddegau yn Bangladesh neu yn Affrica islaw'r Sahara?

cael eu gwneud gan asiantau economaidd. Mae pob DEWIS yn cynnwys amrywiaeth o ddewisiadau gwahanol. Er enghraifft, a ddylai'r llywodraeth wario £10 biliwn o dderbyniadau treth ar arfau niwclear, gwell ysgolion neu fwy o ofal i'r henoed? Fyddwch chi'n dewis bod yn gyfrifydd, yn beiriannydd neu'n ficer?

Gall y dewisiadau hyn gael eu trefnu yn ôl y buddion sydd i'w hennill o bob dewis gwahanol. Bydd un dewis yn ddewis 'gorau' a bydd asiant economaidd rhesymegol yn cymryd y dewis hwnnw. Ond wedyn rhaid mynd heb yr holl ddewisiadau eraill. Y term a ddefnyddir am y budd a gollir o'r dewis ail orau yw COST YMWAD y dewis a wneir. Er enghraifft, efallai mai economeg oedd eich trydydd dewis ar gyfer Safon Uwch a hanes oedd eich

Cwestiwn 3

Dros y 10 mlynedd diwethaf, mae myfyrwyr prifysgolion wedi bod dan fwy a mwy o bwysau ariannol. Am y 40 mlynedd cyn hynny, y llywodraeth fyddai'n talu am holl ffioedd dysgu myfyrwyr. Byddai hefyd yn rhoi grant i fyfyrwyr ar gyfer eu treuliau byw, ond roedd y grant hwnnw â phrawf modd yn ôl incwm y rhieni. Yn yr 1990au rhewodd y llywodraeth grantiau myfyrwyr a chyflwyno system o fenthyciadau myfyrwyr wedi'u cymorthdalu (*subsidised*) i ganiatáu i fyfyrwyr wneud iawn am y gostyngiad yng ngwerth real y grantiau. Yn 1998 am y tro cyntaf codwyd tâl ar fyfyrwyr am ran o'u ffioedd dysgu. Pennwyd y swm y bu'n rhaid iddynt ei dalu yn £1,000. Yn 1999 disodlwyd grantiau cynnal yn gyfan gwbl gan fenthyciadau. Oddi ar fis Medi 2006, bu gofyn i fyfyrwyr sy'n cychwyn eu cyrsiau prifysgol dalu £3,000 y flwyddyn tuag at ffioedd dysgu. Bellach mae cost mynd i'r brifysgol yn fwy na £7,000 y flwyddyn ar gyfartaledd i'r myfyriwr.

Beth, o bosibl, fyddai cost ymwad y £7,000 mewn ffioedd a chynhaliaeth:
(a) i rieni, pe baen nhw'n eu talu ar ran eu meibion/merched;
(b) i fyfyrwyr pe bai'n rhaid iddynt gael benthyg yr arian i'w talu?

pedwerydd dewis, na wnaethoch ei ddilyn. Felly i chi cost ymwad astudio economeg yw astudio hanes. Eto, efallai bod gennych ddigon o arian i brynu un o'ch dau hoff gylchgrawn – *totalDVD* neu *DVD Monthly*. Os dewiswch brynu *totalDVD*, ei gost ymwad yw'r budd y byddech wedi ei gael o dreulio *DVD Monthly*.

Does dim cost ymwad i nwyddau am ddim. Does dim angen aberthu adnoddau pan fydd rhywun, er enghraifft, yn anadlu neu'n nofio yn y môr.

Ffiniau posibilrwydd cynhyrchu

Dros gyfnod o amser, mae adnoddau'n brin ac felly dim ond maint meidrol y gellir ei gynhyrchu. Er enghraifft, gallai fod gan economi ddigon o adnoddau i allu cynhyrchu 30 uned o weithgynhyrchion a 30 uned o nwyddau crai. Pe bai nawr yn cynhyrchu mwy o weithgynhyrchion, byddai'n rhaid mynd heb rywfaint o'i gynnyrch o nwyddau crai. Y rheswm yw bod yna gost ymwad i gynhyrchu uned o weithgynhyrchion – yn yr achos hwn cynhyrchu nwyddau crai. Po fwyaf o weithgynhyrchion a gynhyrchir, lleiaf i gyd o nwyddau crai y gellir eu cynhyrchu.

Gellir gweld hyn yn Ffigur 1.1. Gelwir y gromlin yn FFIN POSIBILRWYDD CYNHYRCHU (FfPC) – termau eraill amdani yw CROMLIN POSIBILRWYDD CYNHYRCHU a CHROMLIN DRAWSNEWID. Mae'r FfPC yn dangos y gwahanol gyfuniadau o nwyddau economaidd y gall economi eu cynhyrchu os caiff yr holl adnoddau yn yr economi eu defnyddio yn llawn ac yn effeithlon. Felly gallai'r economi fod:
● ym mhwynt C ar ei FfPC, yn cynhyrchu 30 uned o weithgynhyrchion a 30 uned o nwyddai crai;
● ym mhwynt D, yn cynhyrchu 35 uned o weithgynhyrchion a 20 uned o nwyddau crai;
● ym mhwynt A, yn rhoi ei holl adnoddau i gynhyrchu nwyddau crai;
● ym mhwynt B neu E neu unrhyw le arall ar hyd y gromlin.
Mae'r ffin posibilrwydd cynhyrchu yn dangos yn glir egwyddor cost ymwad. Tybiwch fod yr economi'n cynhyrchu ym mhwynt C yn Ffigur 1.1 a'i fod yn dymuno symud i bwynt D. Mae hynny'n golygu y bydd cynnyrch gweithgynhyrchion yn cynyddu o 30 i 35 uned. Fodd bynnag, cost ymwad hynny (h.y. yr hyn y mae'n rhaid mynd hebddo oherwydd y dewis hwnnw)

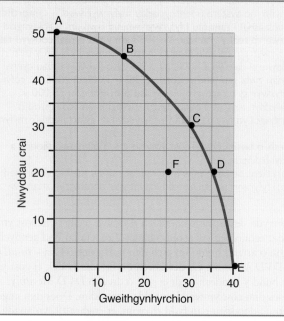

Ffigur 1.1 Y ffin posibilrwydd cynhyrchu
*Ffin posibilrwydd cynhyrchu yw ABCDE. Mae'n dangos y gwahanol
gyfuniadau o nwyddau y gellir eu cynhyrchu os defnyddir yr holl adnoddau
yn llawn ac yn effeithlon. Er enghraifft, gall yr economi gynhyrchu 50 uned
o nwyddau crai a dim gweithgynhyrchion, neu 30 uned o weithgynhyrchion
a 30 uned o nwyddau crai, neu 40 uned o weithgynhyrchion a dim
nwyddau crai.*

yw'r cynnyrch a gollir o nwyddau crai, sy'n gostwng o 30 uned i
20 uned. Ym mhwynt C cost ymwad cynyddu cynhyrchu
gweithgynhyrchion 5 uned yw 10 uned o nwyddau crai.

Caiff y ffin posibilrwydd cynhyrchu ar gyfer economi ei lluniadu
ar sail y dybiaeth bod yr holl adnoddau yn yr economi yn cael eu
defnyddio yn llawn ac yn effeithlon. Os oes yna weithwyr di-waith
neu ffatrïoedd segur, neu os ydy cynhyrchu wedi ei drefnu'n
aneffeithlon, ni all yr economi fod yn cynhyrchu ar ei FfPC. Bydd

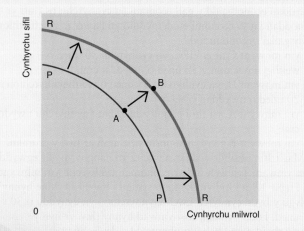

Ffigur 1.2 Twf economaidd
*Mae twf economaidd ym maint neu ansawdd y mewngyrch i'r broses
gynhyrchu yn golygu bod economi wedi cynyddu ei bosibiliadau cynhyrchiol.
Dangosir hyn gan symudiad y ffin posibilrwydd cynhyrchu i'r dde o PP i RR.
Byddai'n galluogi'r economi i symud cynhyrchu, er enghraifft, o bwynt A i
bwynt B.*

yn cynhyrchu o fewn y ffin. Yn Ffigur 1.1 gallai'r economi
gynhyrchu unrhyw le ar hyd y gromlin AE. Ond oherwydd bod
diweithdra yn yr economi, mae'n cynhyrchu ym mhwynt F.

Ni all yr economi fod ar unrhyw bwynt y tu allan i'w FfPC
gyfredol gan fod y FfPC, yn ôl ei ddiffiniad, yn dangos y lefel fwyaf o
gynhyrchu sy'n bosibl yn yr economi. Fodd bynnag, efallai y bydd
yn gallu symud i'r dde o'i FfPC yn y dyfodol os oes **twf
economaidd**. Dangosir cynnydd ym mhosibiliadau cynhyrchiol
economi gan symudiad y FfPC tuag allan. Yn Ffigur 1.2 mae twf
economaidd yn gwthio'r FfPC o PP i RR, gan ganiatáu i'r economi
gynyddu ei lefel fwyaf o gynhyrchu o A i B, dyweder. Gall twf yn yr
economi ddigwydd:

● os bydd maint yr adnoddau sydd ar gael ar gyfer cynhyrchu yn
cynyddu; er enghraifft gallai fod cynnydd yn nifer y gweithwyr
yn yr economi, neu gallai ffatrïoedd a swyddfeydd newydd gael
eu hadeiladu;
● os oes cynnydd yn ansawdd yr adnoddau; bydd addysg yn
gwneud gweithwyr yn fwy cynhyrchiol tra bydd cynnydd
technegol yn caniatáu i beiriannau a phrosesau cynhyrchu
gynhyrchu mwy gyda'r un maint o adnoddau.

Mae'r ffiniau posibilrwydd cynhyrchu yn Ffigurau 1.1 ac 1.2
wedi'u lluniadu'n geugrwm i'r tarddbwynt (yn ymgrymu tuag allan)
yn hytrach nag yn llinellau syth neu'n gromliniau amgrwm. Y
rheswm dros hyn yw y tybiwyd nad yw'r holl adnoddau yn yr
economi mor gynhyrchiol o'u defnyddio mewn un ffordd o
gymharu â'u defnyddio mewn ffordd arall.

Ystyriwch, er enghraifft, gynhyrchu gwenith yn y DU. Ni
chynhyrchir llawer o wenith yng Nghymru am fod y pridd a'r
hinsawdd yn llai addas ar gyfer cynhyrchu gwenith nag ydynt
mewn ardal fel East Anglia. Gadewch i ni ddechrau o sefyllfa lle na
thyfir unrhyw wenith yn y DU. Yna mae rhai ffermwyr yn
penderfynu tyfu gwenith. Os ydy cynhyrchu yn yr economi i gael ei
uchafu, dylai gael ei dyfu ar y tir sydd fwyaf addas ar gyfer
cynhyrchu gwenith (h.y. lle mae'r gost ymwad isaf). Bydd hynny
mewn rhan o'r wlad fel East Anglia. Wrth i gynhyrchu gwenith
ehangu, rhaid defnyddio tir sy'n llai cynhyrchiol am fod tir yn
adnodd meidrol. Defnyddir mwy a mwy o dir ffiniol, fel y tir sydd
i'w gael yng Nghymru, a bydd y cynnyrch am bob erw yn gostwng.
Gallai'r tir fod wedi cael ei ddefnyddio ar gyfer math arall o
gynhyrchu, er enghraifft magu defaid. Po fwyaf o wenith sy'n cael
ei dyfu, lleiaf i gyd yw'r cynnyrch am bob erw ac felly mwyaf i gyd
yw'r gost o ran cynhyrchu defaid.

Yn Ffigur 1.3 dim ond defaid a gwenith a gynhyrchir yn yr
economi. Os na chynhyrchir unrhyw wenith, gallai'r economi
gynhyrchu OC o ddefaid. Os cynhyrchir un uned o wenith, dim
ond OB o ddefaid y gellir eu cynhyrchu. Felly cost ymwad yr uned
gyntaf o wenith yw BC o ddefaid. Mae gan yr ail uned o wenith
gost ymwad uwch o lawer – AB. Ond os bydd yr economi'n
cynhyrchu gwenith yn unig, mae cost ymwad y drydedd uned o
wenith yn codi i OA o ddefaid.

Dydy'r FfPC ei hun ddim yn dangos pa gyfuniad o nwyddau fydd
yn cael ei gynhyrchu mewn economi. Yr hyn y mae'n ei ddangos
yw'r cyfuniad o nwyddau y gallai economi ei gynhyrchu pe bai
cynnyrch yn cael ei uchafu o faint sefydlog penodol o adnoddau.
Mae'n dangos ystod o bosibiliadau ac mae llawer o economeg yn
ymwneud ag egluro pam y bydd economi, yn amrywio o economi
cartref (*household*) i'r economi rhyngwladol, yn dewis cynhyrchu ar
un pwynt naill ai ar ei FfPC neu o fewn iddi yn hytrach nag ar
bwynt arall.

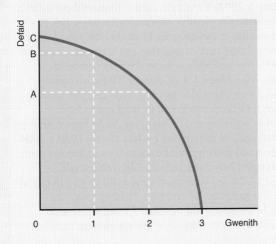

Ffigur 1.3 Costau ymwad
Mae'r ffin posibilrwydd cynhyrchu yn geugrwm, sy'n dangos bod cost ymwad cynhyrchu yn cynyddu wrth i fwy o nwydd gael ei gynhyrchu.

Cwestiwn 4

Lluniadwch ffin posibilrwydd cynhyrchu. Mae'r echelin fertigol yn dangos cynhyrchu nwyddau'r sector cyhoeddus ac mae'r echelin lorweddol yn dangos cynhyrchu nwyddau'r sector preifat. Ar hyn o bryd mae'r economi'n cynhyrchu ym mhwynt A ar y ffin lle mae 50% o'r holl gynhyrchu wedi ei neilltuo i nwyddau'r sector cyhoeddus a 50% i nwyddau'r sector preifat.

(a) Marciwch y pwyntiau canlynol ar eich lluniad.
  (i) Pwynt A.
  (ii) Pwynt B sy'n dangos cynhyrchu ar ôl ethol llywodraeth sy'n cynyddu gwariant llywodraeth ar addysg a'r Gwasanaeth Iechyd Gwladol.
  (iii) Pwynt C lle mae diweithdra yn yr economi.
  (iv) Pwynt D lle mae'r llywodraeth yn cymryd drosodd cynhyrchu'r holl nwyddau a gwasanaethau yn yr economi.
(b) Lluniadwch ddiagram arall gan roi ynddo y ffin posibilrwydd cynhyrchu wreiddiol a luniadwyd gennych ar gyfer (a) a'i labelu'n AA.
  (i) Lluniadwch ffin posibilrwydd cynhyrchu newydd ar y diagram, yn dangos y sefyllfa ar ôl i ryfel dinistriol daro'r economi. Labelwch hon yn PP.
  (ii) Lluniadwch FfPC arall yn dangos cynnydd mewn cynhyrchedd yn yr economi fel bod cynnyrch o'r un maint o adnoddau yn cynyddu 50% yn y sector cyhoeddus ond dwywaith yn fwy na hynny yn y sector preifat. Labelwch hon yn RR.

Termau allweddol

Adnoddau prin – adnoddau sydd â'u cyflenwad yn gyfyngedig fel bod rhaid gwneud dewisiadau ynghylch eu defnyddio.
Anghenion – yr isafswm sydd ei angen er mwyn i berson barhau i fyw fel person.
Cost ymwad – y buddion a fyddai wedi dod o'r dewis ail orau ond sy'n cael eu colli oherwydd y dewis a wnaed.
Chwant – awydd i dreulio nwyddau a gwasanaethau.
Dewis – mae dewisiadau economaidd yn cynnwys y ffyrdd gwahanol o ddefnyddio adnoddau prin.

Ffin posibilrwydd cynhyrchu (neu'r gromlin posibilrwydd cynhyrchu neu'r gromlin drawsnewid) – cromlin sy'n dangos lefel bosibl fwyaf cynnyrch un nwydd o wybod lefel cynnyrch yr holl nwyddau eraill yn yr economi.
Nwyddau am ddim – nwyddau sydd â'u cyflenwad yn anghyfyngedig ac sydd felly heb gost ymwad.
Nwyddau economaidd – nwyddau sy'n brin am fod cost ymwad i'r defnydd a wneir ohonynt.
Problem economaidd sylfaenol – rhaid dyrannu adnoddau rhwng ffyrdd o'u defnyddio sy'n cystadlu â'i gilydd am fod chwant yn ddiderfyn tra bod adnoddau'n brin.

Economeg gymhwysol

Gwaith a hamdden

Mae amser yn adnodd prin. Dim ond 24 awr sydd mewn diwrnod a 365 o ddiwrnodau sydd mewn blwyddyn. Y disgwyliad oes cyfartalog ar gyfer dyn a anwyd yn y DU yn 2003 oedd 76 oed. I ferch roedd yn 81 oed. Rhaid i bobl felly ddewis beth i'w wneud â'u hamser.

Un dewis mawr yw sut i rannu amser rhwng gwaith a hamdden. Gall gwaith gael ei ddiffinio'n gaeth fel gwaith â thâl. Mae Tabl 1.1 yn dangos y bu gostyngiad bach yn nifer cyfartalog yr oriau a weithiwyd bob wythnos dros yr ugain mlynedd diwethaf. Ar y llaw arall mae'r gwyliau a ganiateir yn golygu bod y flwyddyn waith wedi'i chwtogi. Mae gan y rhan fwyaf o weithwyr hawl i o leiaf 3-4 wythnos o wyliau â thâl bob blwyddyn yn ogystal â'r gwyliau banc. Yn 1970, dim ond pythefnos oedd y cyfartaledd.

Bu gostyngiad yn nifer cyfartalog y blynyddoedd y mae dynion yn eu gweithio. Mae Ffigur 1.4 yn dangos

Tabl 1.1 Oriau wythnosol cyfartalog gweithwyr amser llawn

	1986	2004
Dynion	41.8	39.2
Merched	37.3	33.7

Ffynhonnell: addaswyd o *Annual Abstract of Statistics*, Swyddfa Ystadegau Cenedlaethol.

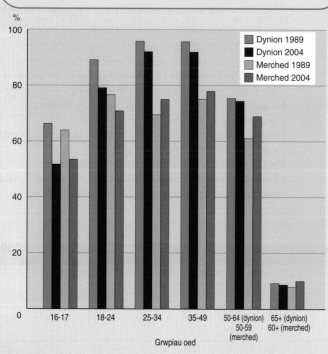

Ffigur 1.4 Cyfraddau gweithgaredd economaidd yn ôl rhyw ac oed, 1989 a 2004

Ffynhonnell: addaswyd o *Annual Abstract of Statistics*, Swyddfa Ystadegau Cenedlaethol.

cyfraddau gweithgaredd dynion a merched yn 1989 o'i chymharu â 2004. Ystyr cyfradd gweithgaredd yw canran y boblogaeth sy'n gweithio neu'n chwilio am waith (h.y. sy'n ddi-waith yn swyddogol). Er enghraifft, roedd 96% o ddynion 25-34 oed yn gweithio neu'n chwilio am waith yn 1989. Dim ond 69% o ferched o'r un oed oedd yn gweithio. Mae Ffigur 1.4 yn dangos y bu gostyngiad sylweddol yn y cyfraddau gweithgaredd ar gyfer dynion 18-24 oed. Gellir priodoli hyn i'r nifer cynyddol o ddynion sy'n parhau â'u haddysg uwch. Ar begwn arall y sbectrwm oed, bu gostyngiad bychan rhwng 1989 a 2004 yng nghyfradd gweithgaredd dynion dros eu hanner cant. Bu gostyngiad hefyd yng nghyfradd gweithgaredd merched 16-24 oed oherwydd y cynnydd yn eu nifer sy'n parhau â'u haddysg. Bu cynnydd, fodd bynnag, yng nghyfradd gweithgaredd merched 25 oed a throsodd. Dyma batrwm sy'n arbennig o amlwg ymhlith merched 50 oed a throsodd.

Bydd pobl yn gweithio am nifer o resymau, gan gynnwys y boddhad o wneud swydd arbennig a bod yn rhan o dîm. Ond cyflog yw'r prif gymhelliad. Pan fydd gweithwyr yn ymddeol, mae'n bosibl y byddant yn dewis gwneud gwaith gwirfoddol neu'n cymryd at dasgau o gwmpas y tŷ y byddent wedi talu rhywun arall i'w gwneud cyn hynny. Anaml, fodd bynnag, y byddant yn rhoi'r un amser neu egni i'r gweithgareddau hynny â'u swydd flaenorol. Dros amser mae cost ymwad peidio â gweithio wedi codi gan fod cyflogau wedi codi. Ers 1945, mae enillion wedi dyblu i bob pwrpas bob 30 mlynedd mewn termau real (h.y. ar ôl ystyried chwyddiant). Gall gweithwyr heddiw brynu mwy o nwyddau a gwasanaethau na'u rhieni neu eu neiniau a'u teidiau pan oeddent hwy yr un oed. Os na fydd person 40 oed yn gweithio heddiw, bydd yn rhaid iddo ildio'r cyfle i brynu cryn dipyn mwy o nwyddau a gwasanaethau na 30 mlynedd yn ôl, dyweder. Gellid dadlau mai dyma'r rheswm pennaf y mae mwy a mwy o ferched yn dewis dal ati i weithio yn hytrach na rhoi'r gorau i'w gwaith er mwyn aros gartref i fagu teulu.

I'r rheini sy'n ymddeol yn gynnar, mae cost ymwad amser hamdden fel arfer gryn dipyn yn llai nag yw i weithwyr eraill. Pan fyddant yn ymddeol, byddant yn derbyn pensiwn. Felly, yr unig arian y maent yn rhoi'r gorau iddo yw'r gwahaniaeth rhwng yr hyn y byddent wedi'i ennill a'u pensiwn. Mae treth incwm, cyfraniadau Yswiriant Gwladol a thaliadau eraill yn gysylltiedig â'r gwaith megis cyfraniadau at gronfa bensiwn neu gost teithio i'r gwaith oll yn helpu i leihau gwerth ariannol cyflog. Mae llawer sy'n ymddeol yn gynnar yn gweld felly nad yw lefel eu hincwm ar ôl ymddeol fawr is na'u hen gyflog clir. Mae'r manteision all ddeillio o gael mwy o amser hamdden drwy ymddeol yn gorbwyso'r colledion o ran y nwyddau a'r gwasanaethau y gallent fod wedi'u prynu petaent yn dal i weithio.

Mae'n debyg, fodd bynnag, y bydd llai yn ymddeol yn gynnar yn y dyfodol. Gyda'r cynnydd yn y disgwyliad oes mae cyflogwyr yn ei chael hi'n ddrutach darparu pensiynau i'w gweithwyr. Mae'r sector cyhoeddus wedi ymateb i hyn drwy geisio codi oed ymddeol a'i gwneud hi'n fwy anodd i weithwyr ymddeol yn gynnar. Gwelwyd tuedd ymhlith cyflogwyr yn y sector preifat i ddileu eu cynlluniau pensiwn a chyflwyno yn eu lle gynlluniau llai ffafriol lle mae disgwyl i'r gweithwyr gynilo mwy i gael yr un pensiwn. O ganlyniad felly mae cost ymwad ymddeol yn gynnar yn debygol o gynyddu'n sylweddol. Bydd gweithwyr yn ymateb i hyn drwy weithio'n hirach.

Gwaith heb dâl

Nid gwaith â thâl yw'r unig fath o waith. Mae pobl hefyd yn gweithio gartref yn coginio, yn glanhau, yn cynnal a chadw cyfarpar ac eiddo ac yn gofalu am eraill, yn arbennig plant, pobl sy'n sâl a phobl hŷn. Mae Tabl 1.2 yn dangos bod merched yn tueddu i dreulio ddwywaith cymaint o amser yn gwneud gwaith tŷ ac yn gofalu am blant na dynion. Mae dynion, ar y llaw arall, yn tueddu i dreulio mwy o amser wrth eu gwaith ac yn astudio. Gallai hyn awgrymu bod y stereoteip traddodiadol lle bo dynion yn gweithio tra bo'r merched yn gwneud mwy o waith o gwmpas y cartref ac yn gofalu am y plant yn dal i fod yn wir, i ryw raddau, er bod mwy a mwy o ferched yn mynd allan i weithio erbyn hyn.

Hamdden

Mae unigolion yn treulio eu hamser mewn amrywiaeth o wahanol ffyrdd. Mae Tabl 1.3 yn dangos cyfraddau cymryd rhan yn y prif weithgareddau hamdden yn y cartref a sut y maent wedi newid dros gyfnod o amser. Y gweithgaredd mwyaf poblogaidd yw gwylio'r teledu. Roedd bron pawb wedi gwylio rhywfaint o deledu yn

ystod y pedair wythnos cyn cael eu holi ar gyfer yr arolwg. Yn yr un modd, mae mynd i weld ffrindiau neu berthnasau hefyd yn boblogaidd. Mae Tabl 1.3 yn dangos bod gwahaniaeth yn y gweithgareddau hamdden rhwng dynion a merched. Mae dynion lawer yn fwy tebygol o wneud gwaith atgyweirio o gwmpas y tŷ a garddio tra bo'r merched yn fwy tebygol o wnïo a gwau. Mae'r ffigurau'n dangos bod cyfraddau cymryd rhan yn y rhan fwyaf o weithgareddau hamdden wedi bod yn codi dros amser. Roedd mwy o bobl yn darllen llyfrau, er enghraifft, neu'n gwneud gwaith atgyweirio o gwmpas y tŷ neu'n garddio ar ddiwedd yr ugeinfed ganrif nag yn yr 1970au. Mae nifer o resymau dros y cynnydd yn nifer y gweithgareddau hamdden: mwy o incwm sy'n golygu y gall pobl fforddio i ymddiddori mewn rhai gweithgareddau fel gwrando ar gryno ddisgiau (*CDs*); gwell addysg sy'n golygu y gall pobl ymddiddori mewn gweithgareddau fel darllen; a threulio llai o amser yn y gwaith sy'n golygu bod gan bobl fwy o amser i wneud gwaith atgyweirio o gwmpas y tŷ neu arddio.

Rhaid i unigolion rannu eu hadnoddau prin o ran

Mae mynd i weld ffrindiau yn boblogaidd iawn.

Tabl 1.2 Amser a dreuliwyd yn cyflawni gwahanol dasgau yn ôl rhyw, 2000-2001

Y Deyrnas Unedig	Oriau a munudau y dydd	
	Dynion	Merched
Cysgu	8:23	8:33
Hamdden		
Gwylio'r teledu a fideo/DVD	2:41	2:17
Bywyd cymdeithasol ac adloniant	1:16	1:33
Darllen a gwrando ar y radio ac ar gerddoriaeth	0:36	0:35
Hobïau a gemau	0:26	0:16
Chwaraeon	0:18	0:11
Pob math o hamdden	5:17	4:52
Gweithio mewn swydd ac astudio	4:17	2:42
Gwaith tŷ a gofal plant	2:17	4:03
Gofal personol	2:07	2:19
Teithio	1:28	1:21
Eraill	0:09	0:10

Ffynhonnell: addaswyd o *Social Trends*, Swyddfa Ystadegau Cenedlaethol.

Tabl 1.3 Cymryd rhan mewn gweithgareddau hamdden yn y cartref yn ôl rhyw

Prydain			Canrannau	
	1977	1986	1996	2002
Dynion				
Gwylio'r teledu	97	98	99	99
Ymweld â ffrindiau neu berthnasau neu eu gwahodd i'r cartref	89	92	95	-
Gwrando ar recordiau/tapiau/CDs	64	69	79	83
Darllen llyfrau	52	52	58	58
Gwaith atgyweirio o gwmpas y tŷ	51	54	58	-
Garddio	49	47	52	-
Gwnïo/gwau	2	3	3	-
Merched				
Gwylio'r teledu	97	98	99	99
Ymweld â ffrindiau neu berthnasau neu eu gwahodd i'r cartref	93	95	97	-
Gwrando ar recordiau/tapiau/CDs	60	65	77	83
Darllen llyfrau	57	64	71	72
Gwaith atgyweirio o gwmpas y tŷ	22	27	30	-
Garddio	35	39	45	-
Gwnïo/gwau	51	48	37	-

Ffynhonnell: addaswyd o *Social Trends, General Household Survey*, Swyddfa Ystadegau Cenedlaethol.

amser ac arian rhwng gwahanol weithgareddau hamdden. Mae plant yn tueddu i fod yn gyfoethog o ran amser ond yn dlawd yn ariannol. Mae sefyllfa pobl 45 oed yn tueddu i fod yn groes i hynny: maen nhw'n dlawd o ran amser ond yn well eu byd yn ariannol. Mae pensiynwyr yn gyfoethog o ran amser ond yn waeth eu byd yn ariannol nag oeddent pan oeddent yn gweithio. Mae'n bosibl y bydd eu hiechyd hefyd yn eu hatal rhag cymryd rhan mewn chwaraeon. Gallai'r cyfyngiadau hyn gael eu cynrychioli ar ffurf ffin posibilrwydd cynhyrchu. Er enghraifft, gallai diagram gael ei lunio yn dangos y

gwrthddewis (*trade-off*) rhwng gweithgareddau hamdden yn y cartref a gweithgareddau hamdden y tu allan i'r cartref. Mae treulio mwy o amser yn y dafarn yn golygu llai o amser i wylio'r teledu neu arddio gartref. Yn yr un modd, gallai diagram posibilrwydd cynhyrchu gael ei lunio i ddangos y gwrthddewis rhwng gwaith a hamdden. Po fwyaf o amser fydd yn cael ei dreulio yn gweithio, lleiaf i gyd o amser hamdden fydd ar gael i chi. Yn y pen draw, rhaid gwneud dewisiadau rhwng gwaith a hamdden a rhaid i unigolion fod yn gyfrifol am y dewisiadau y maent yn eu gwneud.

Cwestiwn data

Ffiniau posibilrwydd cynhyrchu

Chwalu Dwyrain Ewrop

Pan gafodd comiwnyddiaeth yng ngwledydd Dwyrain Ewrop a'r Undeb Sofietaidd gynt ei disodli gan systemau mwy democrataidd o lywodraethu ddiwedd yr 1980au, gwelwyd symudiad i ffwrdd o reolaeth y wladwriaeth ar yr economi tuag at economi oedd yn cael ei arwain gan y farchnad. Cyn hynny, byddai'r wladwriaeth yn aml yn penderfynu pa ffatrïoedd fyddai'n cynhyrchu pa

Tabl 1.4 Incwm gwladol rhai o wledydd Dwyrain Ewrop a'r Undeb Sofietaidd gynt, 2004 fel % o'r incwm yn 1989

	%
Albania	26.1
Belarus	12.2
Bwlgaria	- 9.5
Croatia	- 4.2
Georgia	- 58.5
Hwngari	23.4
România	- 2.7
Rwsia	- 18.4
Serbia a Montenegro	- 48.9

Ffynhonnell: addaswyd o ddogfen gan y Cenhedloedd Unedig, *Economic Survey of Europe.*

gynnyrch a byddent hefyd yn rhoi cyfarwyddiadau ynglŷn â phwy ddylai brynu'r cynnyrch hwnnw. O dan y system newydd a gâi ei harwain gan y farchnad, roedd yn rhaid i ffatrïoedd ddod o hyd i brynwyr ar gyfer eu cynnyrch. O ganlyniad, caewyd llawer o ffatrïoedd. Dechreuodd defnyddwyr brynu cynnyrch o dramor neu gwelsant eu hincwm yn cael ei gwtogi wrth iddynt gael eu gwneud yn ddi-waith am fod mentrau'n cau. Roedd yr effaith ar ffatrïoedd oedd yn gwneud cynnyrch ar gyfer y diwydiant amddiffyn yn arbennig o andwyol wrth i lywodraethau gwtogi ar eu gwariant ar amddiffyn. Ceisiodd rhai drosglwyddo eu sgiliau i gynhyrchu nwyddau traul, ond yn aml iawn roedd hi'n amhosibl gwneud y naid o gynhyrchu awyrennau jet ymladd i gynhyrchu peiriannau golchi. Yn wir, roedd cyfanswm incwm a chynnyrch gwledydd fel Rwsia a Bwlgaria yn is yn 2004 nag yn 1989. Mae'r gwledydd hyn wedi wynebu problemau enfawr wrth eu trawsnewid eu hunain. Mae gwledydd eraill, fel Hwngari, wedi bod yn fwy llwyddiannus ac wedi gweld cynnydd yng nghyfanswm eu hincwm a'u cynnyrch.

Yr Hen Iwgoslafia

Roedd yna fanteision ac anfanteision i rai gwledydd o ganlyniad i chwalfa comiwnyddiaeth yn Nwyrain Ewrop. Arweiniodd at chwalu'r ffederasiwn o daleithiau oedd yn rhan o wlad Iwgoslafia. Roedd Serbia, a gredai mai hi

Tabl 1.5 Croatia a Serbia, incwm gwladol, 2004 fel % o'r incwm yn 1989

	%
Croatia	- 4.2
Serbia a Montenegro	- 48.9

Ffynhonnell: addaswyd o ddogfen gan y Cenhedloedd Unedig, *Economic Survey of Europe.*

oedd rhan bwysicaf y ffederasiwn, yn wrthwynebus iawn i'r broses. Yn 1992 aeth i ryfel yn erbyn Croatia gan feddiannu rhannau o'r wlad honno lle'r oedd y rhan fwyaf o'r boblogaeth yn Serbiaid. Cyfrannodd Serbia hefyd at y rhyfel cartref yn Bosnia-Herzegovinia. Yn 1999, cyhuddwyd lluoedd Serbia o lanhau ethnig o ganlyniad i'w hymdrechion i gael gwared â'r Albaniaid, sef y mwyafrif o'r boblogaeth yn eu talaith yn Kosovo. Dyma pam y gwelwyd lluoedd UDA ac Ewrop yn ymyrryd. Bu'n rhaid i Serbia dalu'n ddrud am yr hyn a wnaeth. Gwelodd ei heconomi'n crebachu wrth i'w hisadeiledd, gan gynnwys tai a ffatrïoedd, gael ei ddinistrio yn yr ymladd. Effeithiwyd yn andwyol hefyd ar allforion a mewnforion o ganlyniad i'r gwaharddiadau gan UDA a'r Undeb Ewropeaidd ar fasnach â Serbia. Dim ond o 2000 ymlaen, pan sicrhawyd heddwch yn y rhanbarth, y dechreuodd economi Serbia dyfu eto. Hyd yn oed wedyn, fel y mae Tabl 1.5 yn ei ddangos, bu'n rhaid i Serbia dalu'n ddrud am ymosod ar ei chymdogion. Nid oedd yr effaith ar Croatia gymaint, er y bu hithau hefyd yn rhan o'r rhyfel, am iddi atal yr ymladd ganol yr 1990au gan roi cyfle i'w heconomi dyfu eto.

Ffynhonnell: addaswyd o www.state.gov; www.washingtonpost.com

China

Ers canol yr 1970au, bu twf aruthrol yn China. Rhwng 1990 a 2005, bu'r twf tua 10% y flwyddyn. Mae hynny'n golygu bod ei chynnyrch yn dyblu bob rhyw saith mlynedd. Nid yw'n anodd deall pam y bu economi China mor llwyddiannus. Erbyn canol yr 1970au, roedd llawer o'r llafurlu wedi derbyn addysg dda. Roedd elfennau o'r economi yn aneffeithlon ac roedd llawer o weithwyr ar gael yn yr ardaloedd gwledig a allai wneud gwaith mwy cynhyrchiol yn y trefi a'r dinasoedd. Roedd gafael Comiwnyddiaeth ar yr economi yn cael ei llacio'n raddol hefyd gan ganiatáu i bobl gyffredin China sefydlu eu busnesau eu hunain mewn economi a oedd yn fwy fel economi marchnad rydd. Yn olaf, roedd yna lif sylweddol o arian buddsoddi ac arbenigedd technolegol i China. Roedd buddsoddwyr tramor yn awyddus i fanteisio ar y llafur rhad ac roedd atyniad yr hyn sy'n debygol o fod yn economi mwyaf y byd yn anodd ei wrthsefyll.

Argyfwng dyled y Trydydd Byd

Yn yr 1970au a dechrau'r 1980au, cafodd llawer o wledydd y Trydydd Byd fenthyciadau mawr gan wledydd y Gorllewin. Defnyddiwyd yr arian ar ddatblygiad economaidd, gwariant milwrol a threuliant gormodol gan yr elît a lywodraethai. Daeth y benthyca i ben, i bob pwrpas, yn 1982 pan gyhoeddodd México na allai dalu mwyach yr ad-daliadau ar ei dyledion. Rhoddodd banciau'r Gorllewin derfyn ar fenthyciadau newydd i lawer o wledydd gan ofni y bydden nhw hefyd yn dweud na allen nhw ad-dalu eu dyledion. Roedd yr effaith ar wledydd Affrica yn arbennig o andwyol. Ni chafodd yr arian a fenthycwyd ei wario'n ddoeth ac roedd yr ad-daliadau blynyddol yn sylweddol. Gwelwyd y safon byw yn y gwledydd hynny yn dirywio. Gostyngodd llywodraethau wariant cymdeithasol fel gwariant ar addysg a gofal iechyd. Dirywiodd yr isadeiledd, fel rhwydweithiau'r ffyrdd a'r rheilffyrdd.

Yn negawd gyntaf yr unfed ganrif ar hugain roedd llawer o wledydd yn dal i fyw gyda chanlyniadau argyfwng dyled yr 1980au. Er y byddai dileu'r ddyled yn help mawr i'r gwledydd hyn ddatblygu, ni allai wneud iawn am y degawdau o ddiffyg datblygu yn yr 1980au a'r 1990au pan aeth llawer o wledydd, yn Affrica yn arbennig, yn dlotach yn hytrach nag yn gyfoethocach. Mae cynnydd mawr yn y boblogaeth yn aml wedi gwaethygu'r sefyllfa. Efallai y bydd economi'n tyfu, ond gall safonau byw cyfartalog ostwng os yw twf y boblogaeth yn uwch na thwf potensial cynhyrchu yn yr economi.

Tabl 1.6 Twf blynyddol cyfartalog incwm gwladol real a phoblogaeth rhai gwledydd sy'n datblygu, 1980-2003

		Canran	
		1980-1990	1990-2003
Yr Ariannin	Incwm gwladol	- 0.4	2.3
	Poblogaeth	2.5	1.3
Haiti	Incwm gwladol	- 0.2	- 0.8
	Poblogaeth	3.6	2.0
Mozambique	Incwm gwladol	- 0.1	7.0
	Poblogaeth	3.4	2.2
Niger	Incwm gwladol	- 0.1	2.7
	Poblogaeth	6.0	3.3
Periw	Incwm gwladol	- 0.3	3.9
	Poblogaeth	3.6	1.8

Ffynhonnell: addaswyd o ddogfen gan Fanc y Byd, World Development Report.

1. Beth yw ffin posibilrwydd cynhyrchu ar gyfer economi?
2. Esboniwch pam y gallai ffin posibilrwydd cynhyrchu symud i mewn neu allan. Eglurwch eich ateb gydag enghreifftiau o'r data.

3. Mae grŵp heddwch wedi gwneud cynnig y dylai'r DU haneru ei gwariant ar amddiffyn, gan gynnwys ildio ei harfau niwclear. Gan ddefnyddio ffiniau posibilrwydd cynhyrchu, gwerthuswch oblygiadau economaidd posibl y cynnig hwn.

Crynodeb

1. Mae economi yn gyfundrefn gymdeithasol y caiff penderfyniadau eu gwneud drwyddi ynghylch beth i'w gynhyrchu, sut ac ar gyfer pwy.
2. Caiff y ffactorau cynhyrchu – tir, llafur, cyfalaf a menter – eu cyfuno â'i gilydd i greu nwyddau a gwasanaethau i'w treulio.
3. Mae arbenigaeth a rhaniad llafur yn achosi cynnydd mawr mewn cynhyrchedd.
4. Caiff yr economi ei rannu'n dri sector, sef cynradd, eilaidd a thrydyddol.
5. Mae marchnadoedd yn bodoli er mwyn i brynwyr a gwerthwyr gyfnewid nwyddau a gwasanaethau gan ddefnyddio ffeirio neu arian.
6. Mae amcanion gwahanol gan y prif randdeiliaid yn yr economi, sef defnyddwyr, cwmnïau a'r llywodraeth. Mae defnyddwyr, er enghraifft, yn dymuno uchafu eu lles tra bo cwmnïau efallai yn dymuno uchafu elw.

Beth yw economi?

Mae adnoddau economaidd yn brin a chwant pobl yn ddiderfyn. System sy'n ceisio datrys y broblem economaidd sylfaenol hon yw economi. Mae llawer o lefelau a mathau gwahanol o economi, e.e. economi cartref, economi lleol, economi cenedlaethol, economi rhyngwladol. Mae economïau marchnad rydd yn ceisio datrys y broblem economaidd â'r maint lleiaf o ymyriad llywodraeth. Mewn economïau gorfodol y wladwriaeth sy'n gwneud y rhan fwyaf o'r penderfyniadau ynghylch dyrannu adnoddau. Er bod yr economïau hyn yn wahanol, maen nhw i gyd yn wynebu'r un broblem.

Mae economegwyr yn nodi tair rhan i'r broblem economaidd.
- **Beth** sydd i gael ei gynhyrchu? Gall economi ddewis y cymysgedd o nwyddau i'w cynhyrchu. Er enghraifft, pa gyfran o gyfanswm y cynnyrch y dylid ei gwario ar amddiffyn? Pa gyfran y dylid ei

gwario ar ddiogelu'r amgylchedd? Pa gyfran y dylid ei buddsoddi ar gyfer y dyfodol? Pa gyfran ddylai fod yn weithgynhyrchion a pha gyfran yn wasanaethau?
- **Sut** mae cynhyrchu i gael ei drefnu? Er enghraifft, ydy systemau *hi-fi* i gael eu gwneud yn y DU, Japan neu Taiwan? Ddylai cyrff ceir gael eu gwneud o ddur neu wydr ffibr? Fyddai'n well awtomeiddio llinell gynhyrchu neu ddefnyddio gweithwyr di-grefft?
- **Ar gyfer pwy** y mae cynhyrchu? Pa gyfran o'r cynnyrch ddylai fynd i weithwyr? Faint y dylai pensiynwyr ei gael? Beth ddylai'r cydbwysedd fod rhwng incwm yn y DU ac incwm yn Bangladesh?

Mae angen i system economaidd ddarparu atebion i'r holl gwestiynau hyn.

Adnoddau economaidd

Fel arfer mae economegwyr yn nodi tri math o adnoddau sydd ar gael i'w defnyddio yn y broses gynhyrchu. Gelwir yr adnoddau hyn yn FFACTORAU CYNHYRCHU.

Mae TIR yn golygu nid yn unig tir ei hun ond yr holl adnoddau naturiol dan y ddaear, ar y ddaear, yn yr atmosffer ac yn y môr. Mae popeth o ddyddodion aur i ddŵr glaw a choedwigoedd naturiol yn enghreifftiau o dir.

Mae ADNODDAU ANADNEWYDDADWY, fel glo, olew, aur a chopr, yn adnoddau tir na fydd dim yn cymryd eu lle ar ôl iddynt gael eu defnyddio. Os gwnawn ni eu defnyddio heddiw ni fyddant ar gael i'w defnyddio gan ein plant na phlant ein plant. Ar y llaw arall gall ADNODDAU ADNEWYDDADWY gael eu defnyddio a bydd eraill yn cymryd eu lle. Enghreifftiau yw stociau pysgod, coedwigoedd neu ddŵr. Weithiau gall adnoddau adnewyddadwy gael eu gorddefnyddio gan ddyn sy'n arwain at eu dinistrio.

Gweithlu economi yw LLAFUR – pawb o wŷr a gwragedd tŷ i ddoctoriaid, ficeriaid a gweinidogion y cabinet. Dydy pob gweithiwr ddim yr un fath. Mae gan bob gweithiwr set unigryw o nodweddion cynhenid gan gynnwys deallusrwydd, deheurwydd llaw a sefydlogrwydd emosiynol. Ond mae gweithwyr yn gynnyrch addysg a hyfforddiant hefyd. Gelwir gwerth gweithiwr yn GYFALAF DYNOL. Bydd addysg a hyfforddiant yn cynyddu gwerth y cyfalaf dynol hwnnw, gan alluogi'r gweithiwr i fod yn fwy cynhyrchiol.

Y stoc gwneuthuredig o offer, peiriannau, ffatrïoedd, swyddfeydd,

Cwestiwn 1

Ystyriwch economi eich cartref.
(a) Beth a gynhyrchir gan eich cartref chi (e.e. gwasanaethau coginio, gwasanaethau glanhau, llety, cynhyrchion y tu allan i'r cartref)?
(b) Sut y trefnir cynhyrchu (e.e. pwy sy'n coginio, pa gyfarpar a ddefnyddir, pryd mae'r coginio'n cael ei wneud)?
(c) Ar gyfer pwy mae cynhyrchu'n digwydd (e.e. ar gyfer mam, ar gyfer tad)?
(d) Yn eich barn chi, a ddylid trefnu economi cartref mewn modd arall? Cyfiawnhewch eich ateb.

ffyrdd ac adnoddau eraill a ddefnyddir wrth gynhyrchu nwyddau a gwasanaethau yw CYFALAF. Mae dau fath o gyfalaf. Ystyr CYFALAF GWEITHIO neu GYLCHREDOL yw stociau o ddefnyddiau crai, nwyddau lled-wneuthuredig a gorffenedig sy'n aros i gael eu gwerthu. Bydd y stociau hyn yn cylchredeg trwy'r broses gynhyrchu nes cael eu gwerthu i ddefnyddiwr. Ystyr CYFALAF SEFYDLOG yw'r stoc o ffatrïoedd, swyddfeydd, offer a pheiriannau. Mae cyfalaf sefydlog yn sefydlog o ran y ffaith na chaiff ei drawsnewid yn gynnyrch terfynol, fel sy'n digwydd i gyfalaf gweithio. Fe'i defnyddir i drawsnewid cyfalaf gweithio yn gynhyrchion gorffenedig.

Weithiau nodir pedwerydd ffactor cynhyrchu, sef MENTER. Mae mentrwyr yn unigolion sy'n:

- trefnu cynhyrchu – trefnu tir, llafur a chyfalaf ar gyfer cynhyrchu nwyddau a gwasanaethau;
- cymryd risgiau – gyda'u harian nhw eu hunain a chyfalaf ariannol pobl eraill, maen nhw'n prynu ffactorau cynhyrchu i gynhyrchu nwyddau a gwasanaethau yn y gobaith y gallant wneud elw ond gan wybod y gallent golli eu holl arian a bod yn fethdalwyr.

Yr elfen yma o risg sy'n gwahaniaethu mentrwyr oddi wrth weithwyr cyffredin.

Cwestiwn 2

Tabl 2.1 Ffactorau cynhyrchu: detholiad o ystadegau

	1989	2004
Cynnyrch glo (miliynau o dunelli metrig)	98.2	25.1
Nifer y myfyrwyr sy'n ennill cymhwyster gradd	74 953	258 560
Buddsoddiant net mewn cyfalaf sefydlog ffisegol newydd yn ôl prisiau cyson 2001 (£ miliwn)[1]	43 572	58 478

Ffynhonnell: addaswyd o *Annual Abstract of Statistics*, Swyddfa Ystadegau Cenedlaethol, Asiantaeth Ystadegau Addysg Uwch.

[1] Ffigurau 2003 yw buddsoddiant net.

Eglurwch ystyr y term 'ffactorau cynhyrchu'. Defnyddiwch y data i egluro eich ateb.

Arbenigaeth

Pan oedd Robinson Crusoe ar ei ben ei hun ar ei ynys, bu'n rhaid iddo ef ei hun gyflawni pob tasg economaidd. Pan ddaeth Man Friday ato rhoddodd y gorau ar unwaith i'r modd hwn o gynhyrchu ac arbenigodd. Ystyr ARBENIGAETH yw cynhyrchu amrywiaeth gyfyngedig o nwyddau gan unigolyn neu gwmni neu wlad mewn cydweithrediad ag eraill fel y byddant gyda'i gilydd yn cynhyrchu amrywiaeth gyflawn o nwyddau.

Gall arbenigaeth ddigwydd rhwng gwledydd. Er enghraifft, mae gwlad fel Honduras yn cynhyrchu bananas ac yn masnachu'r rhain am geir a gynhyrchir yn UDA. Ar hyn o bryd mae **globaleiddio** (☞ uned 40) yn dwysáu'r broses hon o arbenigo rhwng gwledydd. Gellir cael arbenigaeth o fewn economïau hefyd. Mae economïau rhanbarthol yn arbenigo. Yn y DU mae Stoke-on-Trent yn arbenigo mewn crochenwaith a Llundain yn arbenigo mewn gwasanaethau.

Gelwir arbenigaeth gan unigolion yn RHANIAD LLAFUR. Yn ei lyfr enwog *An Enquiry into the Nature and Causes of the Wealth of Nations* (1776), disgrifiodd Adam Smith raniad llafur ymhlith

gweithwyr pinnau. Ysgrifennodd:

Ni fydd gweithiwr nad yw wedi'i addysgu i'r busnes hwn ... braidd yn gallu ... gwneud un pin mewn diwrnod, ac yn sicr ni allai wneud ugain. Ond yn y modd y cyflawnir y busnes hwn erbyn hyn ... mae wedi'i rannu'n nifer o ganghennau ... Mae un dyn yn tynnu'r wifren allan, un arall yn ei sythu, trydydd un yn ei thorri, pedwerydd un yn ei miniogi, pumed un yn ei llyfnu ar y top ar gyfer derbyn y pen; mae angen dau neu dri gweithrediad gwahanol ar gyfer gwneud y pen; mae rhoi'r pen ar y pin yn fusnes neilltuol, mae gwynnu'r pinnau yn un arall; mae hyd yn oed yn fasnach ynddo'i hun i'w rhoi nhw yn y papur.

Nododd y gallai un gweithiwr o bosibl wneud 20 pin y dydd pe bai'n cyflawni'r holl brosesau ei hun. Ond amcangyfrifodd y gallai deg gweithiwr gyda'i gilydd yn arbenigo mewn amrywiaeth o dasgau wneud 48 000 o binnau.

Mae'r cynnydd enfawr hwn mewn CYNHYRCHEDD LLAFUR (cynnyrch am bob gweithiwr) yn deillio o wahanol ffynonellau.

- Mae arbenigaeth yn galluogi gweithwyr i ennill sgiliau mewn amrywiaeth gul o dasgau. Mae'r sgiliau hyn yn galluogi gweithwyr unigol i fod yn llawer mwy cynhyrchiol nag y byddent pe byddent yn ceisio gwneud popeth. Mewn economi modern ni allai person obeithio gwneud pob swydd sydd ei hangen ar y gymdeithas.
- Mae rhaniad llafur yn ei gwneud hi'n gost-effeithiol rhoi offer arbenigol i'r gweithwyr. Er enghraifft, ni fyddai'n broffidiol rhoi tractor i bob gweithiwr fferm. Ond mae'n bosibl rhoi tractor i grŵp o weithwyr ac wedyn gallan nhw ei rannu.
- Mae amser yn cael ei arbed gan nad yw gweithiwr yn newid tasgau'n gyson, gan symud o le i le a defnyddio peiriannau ac offer gwahanol.
- Gall gweithwyr arbenigo yn y tasgau sydd fwyaf addas iddynt.

Mae cyfyngiadau i raniad llafur. Os caiff gwaith ei rannu'n ormodol, gall y gwaith fod yn ddiflas ac yn undonog. Bydd gweithwyr yn teimlo eu bod wedi'u pellhau oddi wrth eu gwaith. Bydd hynny'n achosi gwaith o ansawdd gwaeth a llai o gynnyrch am bob person. Bydd gweithwyr yn gwneud popeth posibl i osgoi gwaith – er enghraifft, mynd i'r toiled, oedi pan fydd adegau seibiant ac aros gartref gan ddweud eu bod yn sâl. Hefyd bydd maint y farchnad yn cyfyngu ar raniad llafur. Gallai perchennog siop mewn pentref ddymuno arbenigo mewn gwerthu bwydydd iechyd ond gweld ei fod yn gorfod gwerthu cynhyrchion eraill hefyd er mwyn goroesi.

Mae anfanteision hefyd i orarbenigo. Er enghraifft, bu diweithdra uchel yng Nghymru, gogledd Lloegr, yr Alban a Gogledd Iwerddon yn yr 1960au, yr 1970au a'r 1980au wrth i'w diwydiannau trwm traddodiadol, fel mwyngloddio glo ac adeiladu llongau, ddirywio heb i ddigon o swyddi newydd yn y sector gwasanaethau gymryd eu lle. Problem arall gydag arbenigaeth yw bod methiant mewn rhan o'r gadwyn gynhyrchu yn gallu achosi anhrefn yn y system. Daeth gwaith i ben am bythefnos mewn deunaw o ffatrïoedd cynhyrchu *Toyota* yn Japan yn 1997 am fod tân wedi dinistrio ffatri'r unig gyflenwr o ddarnau brêcs i *Toyota* yn Japan. Bu'n rhaid i *Toyota* weithio'n ddi-baid gyda chyflenwyr newydd i sicrhau bod cynhyrchu'n ailgychwyn. Yn yr un modd, gall busnesau Llundain gael eu parlysu gan streic ar y rheilffordd danddaearol neu ar y bysiau.

Sectorau'r economi

Mae economïau wedi'u strwythuro'n dri phrif sector. Yn SECTOR CYNRADD yr economi caiff defnyddiau

Cwestiwn 3

(a) Gyda chymorth y ffotograff, eglurwch ystyr 'arbenigaeth'.
(b) Nodwch rai o'r (i) manteision i gwmnïau a'r (ii) anfanteision i weithwyr o gael y rhaniad llafur a ddangosir yn y ffotograff.

crai
eu hechdynnu a chaiff bwyd ei dyfu. Enghreifftiau o ddiwydiannau'r sector cynradd yw amaethyddiaeth, coedwigaeth, pysgota, echdynnu olew a mwyngloddio. Yn y SECTOR EILAIDD neu WEITHGYNHYRCHU caiff defnyddiau crai eu trawsnewid yn nwyddau. Enghreifftiau o ddiwydiannau'r sector eilaidd yw gweithgynhyrchu ceir, prosesu bwyd, gwneud dodrefn a chynhyrchu dur. Mae'r SECTOR TRYDYDDOL neu WASANAETHAU yn cynhyrchu gwasanaethau fel cludiant, chwaraeon a hamdden, dosbarthu, gwasanaethau ariannol, addysg ac iechyd.

Mae llawer o gwmnïau yn tueddu i weithredu mewn un yn unig o'r sectorau hyn, gan arbenigo mewn cynhyrchu defnyddiau crai, gweithgynhyrchion neu wasanaethau. Mae rhai cwmnïau mawr iawn, fel *BP*, yn gweithredu ar draws y tri sector, o echdynnu olew i'w buro a'i werthu i'r cyhoedd trwy orsafoedd petrol.

Arian a chyfnewid

Mae arbenigaeth wedi galluogi pobl i fwynhau safon byw a fyddai'n amhosibl ei chyflawni drwy hunangynhaliaeth. Ond mae arbenigaeth yn gwneud cyfnewid yn angenrheidiol, e.e. yn achos gweithwyr sy'n arbenigo mewn casglu sbwriel, dim ond os ydynt yn gwybod y gallant gyfnewid eu gwasanaethau am nwyddau a gwasanaethau eraill fel bwyd, tai a chludiant y gallant arbenigo yn y gwaith hwnnw.

Am y rhan fwyaf o hanes mae cyfnewid wedi golygu **ffeirio** – cyfnewid un nwydd am nwydd arall. Ond mae gan ffeirio lawer o anfanteision a byddai'n amhosibl rhedeg economi soffistigedig modern gan ddefnyddio ffeirio fel modd cyfnewid. Datblygu **arian** wnaeth alluogi masnach ac arbenigaeth i drawsnewid economïau i fod yr hyn a welwn heddiw. Mae arian yn unrhyw beth a dderbynnir yn gyffredinol fel tâl am nwyddau a dderbyniwyd, gwasanaethau a gyflawnwyd neu ad-daliad o ddyled flaenorol. Mewn economi modern mae'n amrywio o arian papur a darnau arian i arian mewn cyfrifon banc ac adneuon mewn cyfrifon cymdeithas adeiladu.

Marchnadoedd

Rhaid cael prynwr a gwerthwr er mwyn i gyfnewid ddigwydd.
Mae prynwyr a gwerthwyr yn cyfarfod mewn marchnad.
I economegwyr, mae marchnadoedd yn golygu mwy na marchnadoedd stryd yn unig. Gall prynu a gwerthu ddigwydd mewn papurau newydd a chylchgronau, trwy werthu trwy'r post, ar y We neu dros y ffôn mewn trafodion ariannol yn Ninas Llundain, neu mewn stadau diwydiannol yn ogystal â chanolfannau siopa ar y stryd fawr. Ystyr MARCHNAD yw unrhyw set gyfleus o drefniadau y bydd prynwyr a gwerthwyr yn cyfathrebu trwyddynt i gyfnewid nwyddau a gwasanaethau.

Mae economegwyr yn grwpio prynwyr a gwerthwyr gyda'i gilydd, e.e. mae yna farchnad ryngwladol am olew lle mae cwmnïau mawr a llywodraethau yn prynu a gwerthu olew. Hefyd mae yna farchnadoedd cenedlaethol am olew. Ni fydd pob cwmni neu lywodraeth sy'n ymwneud â phrynu a gwerthu olew yn y DU, dyweder, yn ymwneud â marchnadoedd olew UDA neu Malaysia. Hefyd mae yna farchnadoedd rhanbarthol a lleol am olew. Yn eich ardal chi bydd yna nifer bach o orsafoedd petrol (gwerthwyr petrol) lle gallwch chi (y prynwyr) brynu petrol. Mae'r holl farchnadoedd hyn wedi'u cydgysylltu ond maen nhw hefyd ar wahân. Efallai y bydd cynnydd byd-eang ym mhris olew yn arwain at gynnydd ym mhris petrol wrth y pwmp yn eich ardal leol neu efallai na fydd. Yn yr un modd, efallai y bydd prisiau petrol yn eich ardal chi yn codi pan fydd prisiau ar lefel genedlaethol neu ryngwladol yn aros yr un fath.

Mae'r modd y caiff prynwyr a grwpiau eu grwpio gyda'i gilydd ac felly y modd y caiff marchnadoedd eu diffinio yn dibynnu ar yr hyn sy'n cael ei astudio, Gallem astudio'r diwydiant teiars neu gallem ystyried y farchnad am geir a chydrannau ceir sy'n cynnwys rhan o'r diwydiant teiars ond nid y cyfan ohono. Neu gallem ddymuno dadansoddi'r farchnad am rwber, a byddai angen astudio rwber a brynir gan gynhyrchwyr teiars.

Mae llawer o economegwyr y Gorllewin yn dadlau bod arbenigaeth, cyfnewid a'r farchnad wrth wraidd y ffyniant economaidd yn y byd diwydiannol heddiw. Tra'i bod hi'n debygol bod system y farchnad yn bwerus o ran gyrru ffyniant, byddwn yn gweld nad yw hi bob amser yn arwain at y dyraniad mwyaf effeithlon o adnoddau (☞ unedau 15-23).

Cwestiwn 4

Tabl 2.2 Siopau sy'n gwerthu nwyddau groser yn Burscough

	Nifer
Groseriaid annibynnol bach	2
Siopau cyfleus	1
Uwchfarchnadoedd	1

Tref yn Swydd Gaerhirfryn yw Burscough sydd â siopau sy'n gwerthu nwyddau groser fel llysiau ffres, cynhyrchion llaeth neu fwyd tun.
(a) Pwy allai'r prynwyr a'r gwerthwyr fod ym marchnad leol Burscough am nwyddau groser?
(b) Beth yw'r berthynas rhwng y farchnad hon a'r farchnad am (i) cig a (ii) petrol?

Amcanion rhanddeiliaid economaidd

Mae 4 prif fath o randdeiliaid economaidd mewn economi marchnad – defnyddwyr, gweithwyr, cwmnïau a llywodraethau. Mae'n bwysig deall beth yw amcanion economaidd pob un o'r rhain.

Defnyddwyr Ym myd economeg, tybir bod defnyddwyr yn dymuno uchafu eu **lles economaidd** eu hunain. Termau arall am hynny yw

DEFNYDDIOLDEB *(utility)* a **boddhad**. Mae problem prinder yn eu hwynebu. Nid oes ganddynt ddigon o incwm i allu prynu'r holl nwyddau a gwasanaethau yr hoffent eu prynu. Felly rhaid iddynt ddyrannu eu hadnoddau i gyflawni eu hamcan. I wneud hynny, maen nhw'n ystyried y defnyddioldeb sydd i'w ennill o dreulio uned ychwanegol o gynnyrch ynghyd â'i chost ymwad. Os yw 30c i gael eu gwario, fyddai'n well gwario hyn ar far siocled, papur newydd neu rodd i elusen? Pe byddech yn gallu fforddio hynny, fyddai'n well gennych symud i dŷ sy'n fwy ond yn ddrutach neu wario'r arian ar fynd allan fwy i dai bwyta, neu gael mwy o wyliau tramor? Gweir penderfyniadau ar y ffin. Mae hynny'n golygu nad yw defnyddwyr yn edrych ar eu gwariant cyfan bob tro y byddant eisiau gwario 30c arall. Maen nhw'n ystyried dewisiadau gwahanol y penderfyniad i wario 30c a'r hyn fydd yn rhoi'r defnyddioldeb mwyaf iddynt gyda'r 30c hynny.

Weithiau dadleuir bod economeg yn portreadu defnyddwyr fel pobl hollol hunanol. Dydy hynny ddim yn wir. Mae defnyddwyr yn rhoi arian i elusen. Mae rhieni'n gwario arian ar eu plant y gallent ei wario arnyn nhw eu hunain. Mae myfyrwyr economeg yn prynu anrhegion i bobl eraill. Yn ôl economegwyr, mae hyn yn dangos bod y defnyddioldeb a enillir o roi'r arian i ffwrdd neu o'i wario ar eraill yn gallu bod yn fwy na'r defnyddioldeb o wario'r arian arnoch chi eich hun. Ond mae unigolion yn fwy tebygol o wario arian ar eu perthnasau agosaf nag ar bobl eraill. Mae hyn yn dangos bod y defnyddioldeb sydd i'w ennill o dalu am wyliau ar gyfer eich plentyn fel arfer yn fwy na thalu am berson anabl nad ydych yn ei adnabod.

Gweithwyr Ym myd economeg tybir bod gweithwyr yn dymuno uchafu eu lles eu hunain yn y gwaith. Mae tystiolaeth yn awgrymu mai'r ffactor pwysicaf wrth bennu lles yw lefel y cyflog. Felly tybir bod gweithwyr eisiau uchafu eu henillion mewn swydd. Fodd bynnag, mae ffactorau eraill yn bwysig hefyd. Gall tâl fod ar ffurf cilfanteision *(fringe benefits)*, fel car cwmni. Mae boddhad yn y gwaith yn bwysig iawn hefyd. Gallai llawer o weithwyr ennill mwy rywle arall ond maen nhw'n dewis aros yn eu swydd bresennol am eu bod yn mwynhau'r gwaith a'r gweithle.

Cwmnïau Yn aml mae amcanion cwmnïau yn gymysg. Fodd bynnag, yn y DU ac UDA y dybiaeth arferol yw bod cwmnïau mewn busnes er mwyn uchafu ELW. Y rheswm dros hyn yw bod cwmnïau dan berchenogaeth unigolion preifat sy'n dymuno uchafu eu hadenillion o'r berchenogaeth. Fel arfer cyflawnir hyn os bydd y cwmni'n gwneud y lefel uchaf o elw sy'n bosibl. Yn Japan a chyfandir Ewrop mae llawer mwy o draddodiad bod perchenogion cwmnïau yn un yn unig o'r RHANDDEILIAID *(stakeholders)* mewn busnes. Dylai gweithwyr, defnyddwyr a'r gymuned leol gael rhywfaint o lais hefyd yn y modd y caiff busnes ei redeg. Yna byddai gwneud elw yn un amcan ymhlith llawer ar gyfer cwmnïau.

Llywodraethau Yn draddodiadol tybiwyd bod llywodraethau'n dymuno uchafu lles dinasyddion eu gwlad neu ardal. Maen nhw'n gweithredu er lles pawb. Gall hynny fod yn anodd iawn gan nad yw'n amlwg yn aml beth yw costau a buddion dewis. Hefyd yn aml nid oes cytuno ynghylch pa werth i'w roi ar enillion a cholledion gwahanol grwpiau. Er enghraifft, yn yr 1990au rhoddodd y llywodraeth derfyn ar y rhaglen adeiladu traffyrdd fwy neu lai, yn sgil y teimlad cynyddol bod traffyrdd yn dinistrio'r amgylchedd a'u bod felly'n beth gwael i'r economi yn hytrach nag yn beth da. Ond byddai llawer yn dadlau, yn enwedig ym myd diwydiant, bod costau amgylcheddol adeiladu traffyrdd newydd wedi'u gorliwio cryn dipyn a bod buddion amserau teithio cyflymach yn gorbwyso unrhyw gostau amgylcheddol.

Mae llywodraethau sy'n gweithredu er lles eu dinasyddion yn wynebu tasg anodd. Fodd bynnag, gellir dadlau hefyd nad yw llywodraethau'n gweithredu i uchafu lles y gymdeithas. Mae llywodraethau'n cael eu rhedeg gan unigolion ac efallai eu bod nhw'n gweithredu er eu lles nhw eu hunain. Er enghraifft, mae yna draddodiad mewn llywodraeth mai llwgrwobrwyo sy'n pennu pa benderfyniadau a gaiff eu gwneud. Mae gan rai o wledydd y Trydydd Byd broblemau economaidd enfawr am nad yw eu llywodraethau'n ddiduedd, ond yn hytrach yn cael eu rhedeg er lles ariannol yr ychydig sy'n gallu cael llwgrwobrwyon gan ddinasyddion. Yn yr un modd mae yna draddodiad hir o 'wleidyddiaeth pwrs y wlad' *(pork barrel politics)*, lle bydd gwleidyddion yn ceisio aros mewn grym drwy roi buddion i'r grwpiau hynny sy'n bwysig adeg etholiad. Yn y DU disgwylir i ASau (Aelodau Seneddol) frwydro er lles eu hetholwyr hyd yn oed os yw'n amlwg na fydd hynny'n arwain at gynnydd cyffredinol mewn lles ar gyfer y wlad gyfan.

Felly gall fod gan lywodraethau amrywiaeth o gymhellion wrth wneud penderfyniadau. Mewn byd delfrydol dylai llywodraethau weithredu'n ddiduedd i uchafu lles y gymdeithas. Yn ymarferol efallai y byddan nhw'n brin o wneud hynny.

Cwestiwn 5

Ym mis Ebrill 2005, ychydig wythnosau cyn yr Etholiad Cyffredinol, cyhoeddodd *MG Rover*, y gwneuthurwr ceir olaf ar raddfa fawr dan berchenogaeth Brydeinig, ei fod yn mynd i law'r derbynnydd. Cyhoeddodd y Llywodraeth Lafur becyn cymorth o £150 miliwn ar unwaith. Roedd hwn yn cynnwys hyd at £50 miliwn ar gyfer hyfforddi gweithwyr a gollodd eu gwaith yn *MG Rover* a'i gyflenwyr, mwy na £40 miliwn i dalu am daliadau diswyddo ac arian amddiffynnol ar gyfer gweithwyr Longbridge, £24 miliwn i sefydlu cronfa fenthyciadau i helpu busnesau a fyddai fel arall yn hyfyw ond yr effeithiwyd arnynt gan gwymp *MG Rover* a £41.6 miliwn ar gyfer cyflenwyr *MG Rover* oedd â symiau mawr yn ddyledus iddynt am gynhyrchion a ddosbarthwyd ond na thalwyd amdanynt.

Gellid dadlau bod y pecyn cymorth yn awgrymu ffafriaeth a 'gwleidyddiaeth blwyddyn etholiad'. Roedd prif ffatri *MG Rover* yn Longbridge yn Birmingham, lle cyflogwyd y rhan fwyaf o'r 5 000 o weithwyr oedd gan y cwmni, mewn ardal â sawl etholaeth ymylol. Byddai symudiad i'r Ceidwadwyr o ganran fach o'r etholwyr wedi mynd â'r etholaethau hynny o ddwylo Llafur i ddwylo'r Ceidwadwyr.

Nododd llawer o sylwebwyr mai ychydig iawn o'r miloedd ar filoedd o weithwyr a gollai eu gwaith bob blwyddyn ledled y DU fyddai'n derbyn cymorth mor hael.

Ar y llaw arall, roedd undebau llafur a gynrychiolai weithwyr yn Longbridge yn dadlau bod y pecyn yn rhy fach. Roedd galw am i'r llywodraeth ddaparu pecyn cymorth hael i unrhyw un fyddai'n prynu *MG Rover* ac yn gwarantu diogelu ei 5 000 o swyddi. Nodwyd nad swyddi *MG Rover* yn unig oedd yn y fantol. Yn y fantol hefyd roedd holl swyddi'r cyflenwyr a fyddai'n diflannu pe bai cynhyrchu'n dod i ben yn Longbridge.

Ffynhonnell: addaswyd o www.manifest.co.uk

(a) Awgrymwch y cymhellion a allai fod gan lywodraeth y DU wrth gynnig pecyn cymorth o £150 miliwn ar gyfer *MG Rover*.

(b) Beth allai fod wedi cymell undebau llafur i alw am gymorth llywodraeth i helpu i gadw ffatri Longbridge ar agor?

Termau Allweddol

Adnoddau adnewyddadwy – adnoddau, fel stociau o bysgod neu goedwigoedd, y gellir eu defnyddio drosodd a throsodd am fod ganddynt y potensial i'w hadnewyddu eu hunain.

Adnoddau anadnewyddadwy – adnoddau, fel glo neu olew, na fydd dim yn cymryd eu lle ar ôl iddynt gael eu defnyddio.

Arbenigaeth – system drefnu lle nad yw unedau economaidd fel cartrefi neu wledydd yn hunanddigonol ond maent yn hytrach yn canolbwyntio ar gynhyrchu rhai nwyddau a gwasanaethau a masnachu'r gwarged gydag eraill.

Cyfalaf dynol – gwerth potensial cynhyrchiol unigolyn neu grŵp o weithwyr. Mae'n cynnwys sgiliau, doniau, addysg a hyfforddiant unigolyn neu grŵp ac mae'n cynrychioli gwerth enillion a chynhyrchu yn y dyfodol.

Cyfalaf gweithio neu gylchredol – adnoddau sydd yn y system gynhyrchu yn aros i gael eu trawsnewid yn nwyddau neu'n ddefnyddiau eraill cyn cael eu gwerthu i'r defnyddiwr.

Cyfalaf sefydlog – adnoddau economaidd fel ffatrïoedd ac ysbytai a ddefnyddir i drawsnewid cyfalaf gweithio yn nwyddau a gwasanaethau.

Cynhyrchedd llafur – allbwn am bob gweithiwr.

Defnyddioldeb – y boddhad sy'n deillio o dreulio nwydd.

Elw – y wobr i berchenogion busnes. Dyma'r gwahaniaeth rhwng derbyniadau cwmni a'i gostau.

Ffactorau cynhyrchu – y mewngyrch i'r broses gynhyrchu: tir, sef yr holl adnoddau naturiol; llafur, sef y gweithlu; cyfalaf, sef y stoc o adnoddau gwneud a ddefnyddir wrth gynhyrchu nwyddau a gwasanaethau; mentrwyr, sef unigolion sy'n chwilio am gyfleoedd proffidiol i gynhyrchu ac sy'n cymryd risgiau wrth geisio manteisio ar y rhain.

Marchnad – unrhyw set gyfleus o drefniadau y bydd prynwyr a gwerthwyr yn cyfathrebu trwyddynt i gyfnewid nwyddau a gwasanaethau.

Rhanddeiliaid – grwpiau o bobl sydd â budd mewn cwmni, fel cyfranddalwyr, cwsmeriaid, cyflenwyr, gweithwyr, y gymuned leol y mae'n gweithredu ynddi a'r llywodraeth.

Rhaniad llafur – arbenigo gan weithwyr.

Sector cynradd – diwydiannau echdynnol ac amaethyddol.

Sector eilaidd – cynhyrchu nwyddau, yn bennaf gweithgynhyrchion.

Sector trydyddol – cynhyrchu gwasanaethau.

Economeg gymhwysol

Chwaraeon a Hamdden

Marchnadoedd gwahanol

Mae'r farchnad chwaraeon a hamdden yn cynnwys nifer o farchnadoedd gwahanol. Er enghraifft, mae yna farchnad ar gyfer teithio a thwristiaeth, marchnad adloniant teledu a marchnad dai bwyta. Mae rhai o'r marchnadoedd hyn yn gorgyffwrdd. Gallai person o Japan sy'n ymweld â Chymru fwyta mewn tŷ bwyta yn Abertawe, ac felly mae'r marchnadoedd twristiaeth a 'bwyta allan' yn gorgyffwrdd. Mae yna gysylltiad agos rhwng rhai marchnadoedd. Mae tafarnau ger stadiwm pêl-droed yn debygol o elwa ar gynnydd mewn cwsmeriaid ar ddiwrnod gêm.

Mae Ffigur 2.1 yn rhoi data un segment o'r farchnad hon, sef y farchnad ar gyfer atyniadau ymwelwyr, fel tai hanesyddol, parciau thema ac amgueddfeydd. Mae'r ffigurau a roddir ar gyfer y 3,295 atyniad pwysicaf yn y DU fel *Alton Towers,* yr Oriel Genedlaethol a Chastell Caeredin. Mae'r data'n dangos, er enghraifft, mai tai hanesyddol neu gestyll oedd 18% o atyniadau yn 2002, a bod 11% o'r 284.8 miliwn o ymwelwyr wedi ymweld â'r atyniadau hyn.

Adnoddau economaidd

Mae pob marchnad yn defnyddio tir, llafur a chyfalaf i gynhyrchu gwasanaethau. Er enghraifft, mae ymweliad ag eiddo'r Ymddiriedolaeth Genedlaethol yn defnyddio tir fel ffactor. Fwy na thebyg, bydd tŷ wedi'i adeiladu ar dir ac mae'r gerddi hefyd yn defnyddio tir fel eu hadnodd sylfaenol. Mae angen llafur ar gyfer cynnal a chadw'r eiddo ac i ddarparu gwasanaethau i'r ymwelydd, gan gynnwys gwirfoddolwyr wrth y drws ac yn y lolfa baned. Mae adeiladau ar yr eiddo yn cynrychioli cyfalaf.

Mae yna nifer o enghreifftiau o fentrwyr yn y farchnad. Mae Andrew Lloyd Webber, er enghraifft, yn fentrwr sy'n cyflwyno sioeau cerdd i'r farchnad dorfol. Mae perchenogion cyfoethog clybiau pêl-droed yn fentrwyr hefyd.

Amcanion cyfranogwyr yn y farchnad

Mae yna brynwyr a gwerthwyr mewn marchnad. Amcanion defnyddwyr yw uchafu eu lles neu ddefnyddioldeb wrth brynu gwasanaethau chwaraeon a hamdden. Byddant yn ystyried a oes mwy o foddhad am bob punt o fynd i dafarn na mynd i glwb nos, er enghraifft. Rhaid iddynt ddewis rhwng gwario ar wasanaethau chwaraeon a hamdden a gwario ar nwyddau a gwasanaethau eraill, fel dillad neu nwyddau traul sy'n para. Rhaid iddynt hefyd ddewis rhwng gwahanol wasanaethau chwaraeon a hamdden.

Mae yna nifer o fathau gwahanol o gyflenwyr i'r farchnad. Yn gyntaf, mae yna gwmnïau sy'n amcanu at uchafu elw. Er enghraifft, mae Tabl 2.3 yn dangos bod 29% o atyniadau i ymwelwyr yn y DU dan berchenogaeth breifat gan unigolion neu grŵp o unigolion, neu gwmni gyda chyfranddalwyr. Mae'n debygol mai eu nod yw gwneud elw o'r atyniad hwnnw. Nid elusennau yw *Alton Towers*, *Blackpool Pleasure Beach*, *Chessington World of Adventures* na *Legoland* yn Windsor, ond yn hytrach atyniadau sy'n cael eu rhedeg er budd eu perchenogion.

Yn ail, fodd bynnag, fel y gwelir yn Nhabl 2.3, mae sawl enghraifft o elusennau ac ymddiriedolaethau yn y farchnad,

sef 31% o atyniadau i ymwelwyr. Yr Ymddiriedolaeth Genedlaethol yw'r mwyaf. Nid oes gan elusennau ac ymddiriedolaethau yr un amcanion o reidrwydd, ond prin yw'r rhai sy'n debygol o fod ag uchafu elw fel eu prif amcan. Prif amcan yr Ymddiriedolaeth Genedlaethol yw 'cadw lleoedd o ddiddordeb hanesyddol a harddwch naturiol yn barhaol i'r genedl eu mwynhau'. Yn ariannol, rhaid iddi adennill costau dros amser i oroesi. Ond mae'n annhebygol o ystyried uchafu elw neu dderbyniadau fel ei blaenoriaeth. Er enghraifft, cyfyngir ar nifer yr ymwelwyr sy'n cael ymweld â rhai adeiladau o'i heiddo oherwydd byddai mwy o ymwelwyr yn achosi lefelau annerbyniol o draul.

Yn drydydd, mae'r llywodraeth yn ddarparwr mawr o wasanaethau. Os cynhwysir *English Heritage*, *Historic Scotland* a Cadw fel rhan o'r llywodraeth, mae Tabl 2.3 yn dangos mai gwahanol gyrff llywodraethol sy'n berchen ar 34% o atyniadau i ymwelwyr yn y DU. Maent yn cynnwys yr Amgueddfa Brydeinig, Tŵr Llundain a Sw Llundain.

Mae rheolwyr yr atyniadau hyn eisiau uchafu'r adnoddau sydd ar gael iddynt, yn enwedig drwy sicrhau grantiau mwy gan y llywodraeth. Yn aml, fodd bynnag, nid yw'r llywodraeth ei hun yn awyddus i wario llawer ar gyrff o'r fath oherwydd amcanion sy'n gwrthdaro. Efallai y bydd yn well gan lywodraeth wario mwy o arian ar y Gwasanaeth Iechyd Gwladol nag ar amgueddfeydd. Mae llywodraethau wedi tueddu i roi cymorthdaliadau i'r celfyddydau a chwaraeon. Yn achos y celfyddydau mae cred bod 'diwylliant' yn bwysig i iechyd y genedl. O ganlyniad, caiff y Tŷ Opera Brenhinol gymhorthdal sylweddol, ond ni fydd cynhyrchiad fel *The Phantom of the Opera* gan Andrew Lloyd Webber yn derbyn unrhyw gymhorthdal. Byddai rhai'n dadlau nad oes gwahaniaeth rhwng opera fel *The Marriage of Figaro* gan Mozart a *The Phantom of the Opera*. Yn wir, gallai *The Phantom of the Opera* bledio gwell achos dros gael cymhorthdal gan fod mwy o ymwelwyr o wledydd tramor yn debygol o'i weld na chynhyrchiad gan y Tŷ Opera Brenhinol.

Mae twristiaeth yn dod ag arian i mewn i'r wlad ac yn creu ffyniant.

Mae'r un dadleuon yn wir am chwaraeon. Mae yna ddadl y dylai pawb gael mynediad i gyfleusterau chwaraeon. Yn draddodiadol, mae awdurdodau lleol wedi cymorthdalu (*subsidise*) pyllau nofio, canolfannau hamdden a chyfleusterau chwaraeon. Weithiau, mae lobïo gan ran arbennig o'r wlad o blaid gwario ar y celfyddydau neu hamdden yn dylanwadu ar y llywodraeth. Mae Aelodau Seneddol lleol yn brwydro am grantiau ar gyfer theatrau neu gyfleusterau adloniant. Felly mae amrywiaeth o ffactorau yn debygol o gymell y llywodraeth wrth benderfynu ar wariant ar chwaraeon a hamdden.

Tabl 2.3 Dosraniad atyniadau y DU yn ôl math o berchenogaeth, 2003

Perchenogaeth	Atyniad	Ymweliad
Sampl	3,295	284.8m
	%	%
Llywodraeth	5	17
English Heritage/Historic Scotland/Cadw	7	4
Awdurdod Lleol	22	23
Perchenogaeth breifat	27	26
Cwmni cyhoeddus/ccc	2	3
Yr Ymddiriedolaeth Genedlaethol/Ymddiriedolaeth Genedlaethol yr Alban	10	6
Ymddiriedolaeth/elusen arall	21	14
Sefydliad addysgol	2	1
Corff crefyddol	3	5
Eraill	2	1
DU	100	100

Ffynhonnell: addaswyd o *UK Research Liaison Group*, www.staruk.org.uk

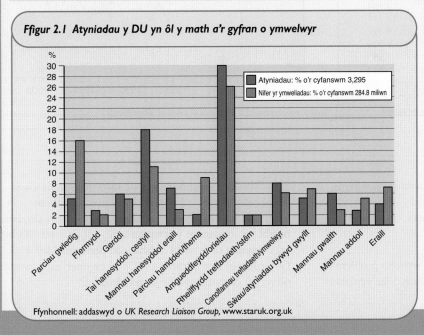

Ffigur 2.1 Atyniadau y DU yn ôl y math a'r gyfran o ymwelwyr

Atyniadau: % o'r cyfanswm 3,295
Nifer yr ymweliadau: % o'r cyfanswm 284.8 miliwn

Parciau gwledig, Ffermydd, Gerddi, Tai hanesyddol, cestyll, Mannau hanesyddol eraill, Parciau hamdden/thema, Amgueddfeydd/orielau, Rheilffyrdd treftadaeth/stêm, Canolfannau treftadaethymwelwyr, Sŵau/atyniadau bywyd gwyllt, Mannau gwaith, Mannau addoli, Eraill

Ffynhonnell: addaswyd o *UK Research Liaison Group*, www.staruk.org.uk

Cwestiwn Data

Y Diwydiant Olew

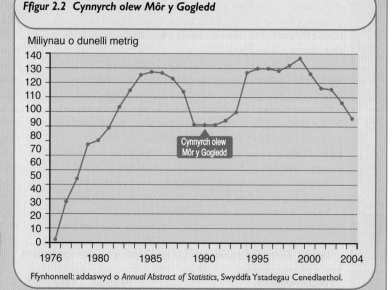

Ffigur 2.2 Cynnyrch olew Môr y Gogledd

Miliynau o dunelli metrig

Cynnyrch olew Môr y Gogledd

Ffynhonnell: addaswyd o *Annual Abstract of Statistics*, Swyddfa Ystadegau Cenedlaethol.

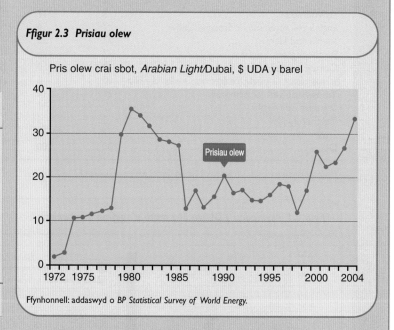

Ffigur 2.3 Prisiau olew

Pris olew crai sbot, *Arabian Light*/Dubai, $ UDA y barel

Prisiau olew

Ffynhonnell: addaswyd o *BP Statistical Survey of World Energy*.

Tabl 2.4 Cynhyrchion petroliwm yn ôl defnydd terfynol, 2004, miloedd o dunelli metrig

Bwtan, propan		3 939
Nafftha (LDF) a *Middle Distillate Feedstock*		2 115
Gwirod modur		19 387
Cerosin	Tanwydd tyrbin hedfan	11 765
	Olew llosgi	2 683
Nwy/olew diesel	Tanwydd *Derv*	19 117
	Eraill	4 927
Olew tanwydd		1 938
Bitwmen		1 993
Olewau iro		873
Cyfanswm		73 880

Ffynhonnell: addaswyd o *Monthly Digest of Statistics*, Swyddfa Ystadegau Cenedlaethol.

1. Eglurwch y cysyniadau economaidd canlynol yng nghyd-destun diwydiant olew y DU:
   (a) adnoddau economaidd; (b) arbenigaeth; (c) arian a chyfnewid; (d) marchnadoedd.

2. Mae cwmnïau olew Môr y Gogledd yn wynebu problem o ran sut i gael gwared â rigiau olew diangen. Mae grwpiau amgylcheddol yn gofidio y bydd cwmnïau yn dewis yr ateb rhataf posibl heb ystyried yn llawn effeithiau amgylcheddol eu penderfyniadau. Yn eich barn chi, beth o bosibl yw amcanion y grwpiau canlynol yn y sefyllfa hon: (a) cwmnïau olew sydd â safleoedd olew ym Môr y Gogledd; (b) llywodraeth y DU; (c) cwsmeriaid y cwmnïau olew; (d) carfanau pwyso amgylcheddol?

Crynodeb

1. Caiff data economaidd eu casglu nid yn unig i gadarnhau neu wrthbrofi modelau economaidd ond hefyd i fod yn sail i benderfyniadau economaidd.
2. Gellir mynegi data yn ôl prisiau enwol (neu gyfredol) neu yn ôl prisiau real (neu gyson). Mae data a fynegir mewn termau real yn cymryd i ystyriaeth effeithiau chwyddiant.
3. Defnyddir indecsau i symleiddio ystadegau ac i fynegi cyfartaleddau.
4. Gellir cyflwyno data ar amrywiaeth o ffurfiau fel tablau a graffiau.
5. Dylai data gael eu dehongli â gofal o wybod y gall data gael eu dethol a'u cyflwyno mewn amrywiaeth eang o ffyrdd.

Casglu data a dibynadwyaeth data

Bydd economegwyr yn casglu data am ddau brif reswm.

● Mae'r dull gwyddonol yn mynnu bod damcaniaethau'n cael eu profi. Gellir defnyddio data i wrthbrofi neu gefnogi damcaniaeth. Er enghraifft, gallai economegydd gasglu data i gefnogi neu wrthbrofi'r rhagdybiaeth y bydd 'Gostyngiadau yng nghyfradd ffiniol treth incwm yn cynyddu'r cymhelliant i weithio' neu y bydd 'Cynnydd yng ngwerth real budd-dal di-waith yn arwain at gynnydd yn nifer y bobl ddi-waith'.

● Yn aml mae gofyn i economegwyr roi cefnogaeth i bolisïau penodol. Heb ddata economaidd mae'n aml yn anodd, os nad yn amhosibl, gwneud argymhellion polisi. Er enghraifft, yn ei Gyllideb bob blwyddyn rhaid i Ganghellor y Trysorlys wneud datganiad i Dŷ'r Cyffredin yn amlinellu cyflwr yr economi a'r rhagolygon economaidd am y 12 mis nesaf. Heb wybod yn glir beth yw sefyllfa'r economi ar hyn o bryd mae'n amhosibl rhagweld sut y gallai newid yn y dyfodol ac argymell newidiadau polisi i lywio'r economi i gyfeiriad mwy dymunol.

Mae casglu data economaidd fel arfer yn anodd iawn ac weithiau yn amhosibl. Mae rhai data macro-economaidd – fel ffigurau'r fantol daliadau neu werth incwm gwladol – yn cael eu casglu o amrywiaeth eang o ffynonellau. Caiff y ffigurau ar gyfer cyfrif cyfredol y fantol daliadau eu casglu o ffurflenni a lenwir gan bob mewnforiwr ac allforiwr am bob eitem a fewnforir a allforir. Nid yw'n syndod bod y wybodaeth yn wallus. Bydd rhai allforwyr a mewnforwyr yn cuddio trafodion er mwyn osgoi treth. Dydy eraill ddim eisiau trafferthu â'r gwaith papur.

Mae data macro-economaidd eraill, fel yr Indecs Prisiau Defnyddwyr (a ddefnyddir i fesur chwyddiant) yn seiliedig ar arolygon. Dim ond os oes samplu cywir a mesur cywir y bydd arolygon yn ddibynadwy a go brin y byddant mor gywir â chyfrif cyfan.

Mae llawer o ddata macro-economaidd yn ddibynadwy iawn yn ystadegol ond dydyn nhw ddim o reidrwydd yn rhoi mesur da o'r newidyn economaidd perthnasol. Yn y DU, caiff y Cyfrif Hawlwyr ei gyfrifo bob mis mewn swyddfeydd budd-daliadau ledled y wlad. Mae'n gywir iawn ond ni fyddai unrhyw economegydd yn dadlau bod y ffigur a geir yn fesur cywir o ddiweithdra. Mae cytuno cyffredinol nad yw rhai pobl sy'n hawlio budd-dal di-waith mewn gwirionedd yn ddi-waith ac i'r gwrthwyneb mae yna lawer o bobl ddi-waith nad ydynt yn hawlio budd-dal.

Mewn micro-economeg hefyd defnyddir data o arolygon, gyda'r cyfyngiadau y mae hynny'n eu golygu. Mae economegwyr hefyd yn defnyddio data mwy arbrofol, gan gasglu tystiolaeth ar gyfer astudiaethau achos. Er enghraifft, efallai y byddai economegydd yn dymuno ystyried effaith polisïau prisio gwahanol ar fynediad i

Cwestiwn 1

Ym mis Tachwedd 1998 stopiodd y Swyddfa Ystadegau Cenedlaethol gyhoeddi un o'r cyfresi economaidd pwysicaf y mae'n eu llunio. Gwelwyd bod yr indecs enillion cyfartalog yn rhoi gwybodaeth wallus. Mae'r indecs enillion cyfartalog yn fesur o faint mae enillion yn y DU gyfan yn codi. Fe'i cyfrifir yn fisol drwy gymryd data o filoedd o adroddiadau gan fusnesau. Maen nhw'n nodi a wnaethon nhw roi unrhyw gynnydd cyflog yn y mis blaenorol ai peidio, ac os gwnaethon nhw, faint oedd y cynnydd.

Cododd problemau oherwydd ffyrdd gwahanol o gyfrifo'r cyfartaledd. Ym mis Hydref 1998 lansiodd y Swyddfa gyfres newydd ar gyfer enillion cyfartalog a ddefnyddiai ffordd wahanol o gyfrifo'r cyfartaledd. Ond fel y gwelir yn Ffigur 3.1, rhoddodd y gyfres ddiwygiedig hon ffigurau gwahanol iawn i'r gyfres wreiddiol a ddefnyddiwyd cyn hynny. Hefyd nid oedd yn cyd-fynd yn dda â'r hyn roedd dangosyddion economaidd eraill yn ei ddangos ar y pryd.

Gwelodd ymholiad gan y llywodraeth fod y gyfres ddiwygiedig yn seiliedig ar ddulliau ystadegol gwallus a roddai ormod o bwysigrwydd i newidiadau mawr mewn enillion gan fusnesau bach. Ym mis Mawrth 1999 cyhoeddwyd cyfres newydd oedd yn dilyn yr hen gyfres yn agosach.

(a) Dylai'r tair llinell yn Ffigur 3.1 ddangos yr un data: y newid canrannol mewn enillion cyfartalog. Rhowch UN cyfnod amser pan oedd y gyfres wreiddiol yn dangos symudiad i fyny mewn enillion tra oedd y gyfres ddiwygiedig yn dangos symudiad i lawr.
(b) Pam mae'r tair set o ystadegau yn wahanol yn eu hamcangyfrif o newidiadau mewn enillion cyfartalog?
(c) Eglurwch DDAU reswm pam mae'n bwysig i ystadegau economaidd, fel twf enillion cyfartalog, gael eu mesur yn gywir.

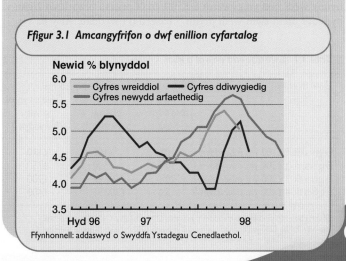

Ffigur 3.1 Amcangyfrifon o dwf enillion cyfartalog

Newid % blynyddol

Cyfres wreiddiol — Cyfres ddiwygiedig
Cyfres newydd arfaethedig

Hyd 96   97   98

Ffynhonnell: addaswyd o Swyddfa Ystadegau Cenedlaethol.

ganolfannau chwaraeon. Efallai y byddai'n astudio nifer bach o ganolfannau chwaraeon mewn ardal leol. Ni fyddai'r dystiolaeth a gasglwyd yn debygol o wrthbrofi neu gefnogi yn bendant rhagdybiaeth gyffredinol fel y canlynol: 'Mae mynediad rhad yn cynyddu defnyddio canolfannau chwaraeon'. Ond byddai'n bosibl llunio'r casgliad bod y dystiolaeth yn **tueddu** i gefnogi neu wrthbrofi'r rhagdybiaeth.

Ym myd economeg mae'n anodd casglu data manwl gywir ac am y rheswm hwnnw bydd economegwyr academaidd gan amlaf yn goleddfu eu casgliadau.

Gwerthoedd real ac enwol

Mae llawer o **fesurau** gwahanol yn cael eu defnyddio heddiw fel tunelli metrig, litrau, cilogramau a chilometrau. Yn aml, byddwn eisiau cymharu'r mesurau gwahanol hyn. Er enghraifft, efallai yr hoffai diwydiannwr gymharu olew sydd wedi'i fesur mewn litrau a glo sydd wedi'i fesur mewn cilogramau. Un ffordd o wneud hyn yw trawsnewid olew a glo yn thermau gan ddefnyddio gwerthoedd caloroffig crynswth. Ym myd economeg y mesur pwysicaf o bell ffordd yw gwerth eitem wedi'i fesur mewn **termau ariannol**, fel punnoedd sterling, doleri UDA neu ewros. Un broblem wrth ddefnyddio arian fel mesur yw bod chwyddiant (y newid cyffredinol mewn prisiau mewn economi) yn erydu gallu prynu arian.

Er enghraifft, yn 1948 gwerth cynnyrch economi'r DU (wedi'i fesur gan gynnyrch mewnol crynswth yn ôl prisiau'r farchnad) oedd £11.9 biliwn. Yn 2004 y ffigur oedd £1 160.4 biliwn. Mae hynny'n awgrymu bod cynnyrch wedi cynyddu tua 98 gwaith – cynnydd enfawr. Mewn gwirionedd, cynyddodd cynnyrch ffracsiwn yn unig o'r maint hwnnw. Y rheswm yw mai cynnydd mewn prisiau yn hytrach na chynnyrch fu'n gyfrifol am y rhan fwyaf o'r cynnydd a fesurwyd. Cododd prisiau tua 24 gwaith dros y cyfnod. Mae tynnu'r elfen chwyddiant allan o'r cynnydd yn gadael cynnydd mewn cynnyrch o tua 4.1 gwaith.

Y term am werthoedd sydd heb eu cymhwyso ar gyfer chwyddiant yw GWERTHOEDD ENWOL. Mynegir y gwerthoedd hyn yn ôl PRISIAU CYFREDOL (h.y. yn ôl lefel y prisiau sy'n bodoli yn ystod y cyfnod sy'n cael ei fesur).

Os cymhwysir data ar gyfer chwyddiant, dywedir eu bod yn ôl GWERTHOEDD REAL neu yn ôl PRISIAU CYSON. I wneud hynny yn ymarferol mae gofyn cymryd un cyfnod fel y CYFNOD SAIL. Yna cymhwysir data gan dybio bod prisiau drwy gydol yr amser yr un fath ag yn y cyfnod sail.

Er enghraifft, mae basged o nwyddau yn costio £100 ym mlwyddyn 1 a £200 ym mlwyddyn 10. Felly mae prisiau wedi dyblu. Pe bai gennych £1 000 i'w gwario ym mlwyddyn 10, byddai hynny wedi bod yn gywerth â £500 yn ôl prisiau blwyddyn 1 gan y byddai'r ddau swm wedi prynu 5 basged o nwyddau. Ar y llaw

arall, pe bai gennych £1 000 i'w gwario ym mlwyddyn 1, byddai hynny'n gywerth â £2 000 yn ôl prisiau blwyddyn 10 gan y byddai'r ddau wedi prynu 10 basged o nwyddau.

Dyma enghraifft arall: roedd gwerth real cynnyrch y DU yn 1948 yn ôl prisiau 1948 yr un fath â'i werth enwol (h.y. £11.9 biliwn). Gwerth real cynnyrch yn 2004 yn ôl prisiau 1948 oedd £48 biliwn. Mae'n is o lawer na gwerth enwol 2004 am fod prisiau yn uwch o lawer yn 2004.

Ar y llaw arall, yn ôl prisiau 2004, gwerth real cynnyrch yn 1948 oedd £287.2 biliwn, yn uwch o lawer na'r gwerth enwol am fod prisiau yn 2004 yn uwch o lawer nag yn 1948. Rhoddir enghreifftiau eraill yn Nhabl 3.1.

Mae ystadegau llywodraeth y DU a fynegir mewn termau real wedi'u cymhwyso yn ôl prisiau'r tair neu bedair blynedd flaenorol. Felly yn 2005 mynegwyd prisiau real yn ôl prisiau 2002.

Cwestiwn 2

Tabl 3.2 Cydrannau galw terfynol yn ôl prisiau cyfredol

	2001=100	£ biliwn		
	Indecs prisiau	Gwariant cartrefi	Gwariant y llywodraeth	Buddsoddiant sefydlog
2001	100	636	190	166
2002	101.3	666	209	172
2003	102.7	694	229	180
2004	104.0	726	247	196

Ffynhonnell: addaswyd o *Economic Trends*, Swyddfa Ystadegau Cenedlaethol; *Monthly Digest of Statistics*, Swyddfa Ystadegau Cenedlaethol.

Gan ddefnyddio cyfrifiannell neu daenlen, cyfrifwch werthoedd y canlynol ar gyfer y cyfnod 2001-2004 (a) yn ôl prisiau cyson 2001 a (b) yn ôl prisiau cyson 2004:
(i) gwariant cartrefi;
(ii) gwariant y llywodraeth;
(iii) buddsoddiant sefydlog.
Cyflwynwch eich cyfrifiad ar ffurf dau dabl, y naill ar gyfer prisiau 2001 a'r llall ar gyfer prisiau 2004.

Indecsau

Yn aml mewn economeg mae'n bwysicach cymharu gwerthoedd na gwybod gwerthoedd absoliwt. Er enghraifft, efallai y byddem yn dymuno cymharu gwerth real cynnyrch yn yr economi yn 1994 a 2004. Mae gwybod mai gwerth real cynnyrch (CMC yn ôl prisiau'r farchnad yn ôl prisiau 2001) oedd £808.1 biliwn yn 1994 ac £1 066.5 biliwn yn 2004 yn ddefnyddiol, ond mae'r ffigurau mawr iawn yn ei gwneud hi'n anodd gweld ar unwaith beth, er enghraifft, oedd y cynnydd canrannol bras. Hefyd, mae llawer o gyfresi o ystadegau yn gyfartaleddau. Cyfrifir yr Indecs Prisiau Adwerthu (mesur cost byw) drwy gyfrifo beth fyddai'n costio i brynu trawstoriad nodweddiadol neu 'fasged' o nwyddau. Dydy cymharu £458.92 mewn un mis, dyweder, â £475.13 y mis nesaf ddim yn hawdd.

Felly, caiff llawer o gyfresi eu trawsnewid a'u rhoi ar ffurf INDECS. Dewisir un cyfnod yn gyfnod sail a bydd gweddill yr ystadegau yn y gyfres yn cael eu cymharu â'r gwerth yn y cyfnod sail hwnnw. Fel arfer y gwerth yn y cyfnod sail yw 100. Dewisir y ffigur 100 am ei bod hi'n hawdd gweithio gyda hwn yn

Tabl 3.1 Gwerthoedd enwol a real

Gwerth enwol	Chwyddiant rhwng blwyddyn 1 a 2	Gwerthoedd real	
		Gwerth yn ôl prisiau blwyddyn 1	Gwerth yn ôl prisiau blwyddyn 2
Enghraifft 1 £100 ym mlwyddyn 1	10%	£100	£110
Enghraifft 2 £500 ym mlwyddyn 1	50%	£500	£750
Enghraifft 3 £200 ym mlwyddyn 2	20%	£166.66	£200
Enghraifft 4 £400 ym mlwyddyn 2	5%	£380.95	£400

Sylwer: Mae £100 yn ôl prisiau blwyddyn 1 yn werth £100 × 1.1 (h.y. 1 + 10%) yn ôl prisiau blwyddyn 2. Mae £200 yn ôl prisiau blwyddyn 2 yn werth £200 ÷ 1.2 yn ôl prisiau blwyddyn 1.

Tabl 3.3 Rhoi cyfres ar ffurf indecs

		Treuliant		
Blwyddyn	£ miliynau	Indecs os yw'r flwyddyn sail yn:		
		blwyddyn 1	blwyddyn 2	blwyddyn 3
1	500	100.0	83.3	62.5
2	600	120.0	100.0	75.0
3	800	160.0	133.3	100.0

Sylwer: Os mai blwyddyn 1 yw'r flwyddyn sail, yr indecs ar gyfer treuliant ym mlwyddyn 2 yw (600 ÷ 500) × 100.

fathemategol. Gan gymryd enghraifft cynnyrch eto, o gymryd 1948 yn flwyddyn sail, gwerth cynnyrch real yn 1948 fyddai 100, a gwerth cynnyrch real yn 2004 fyddai 408.0. O gymryd 2004 yn flwyddyn sail, gwerth cynnyrch fyddai 100 yn 2004 a 24.5 yn 1948. Neu gyda 2001 yn flwyddyn sail, gwerth cynnyrch yn 1948 fyddai 26.3 a gwerth cynnyrch yn 2004 fyddai 107.3. Rhoddir enghreifftiau eraill yn Nhabl 3.3.

Dehongli data

Gall data gael eu cyflwyno ar sawl ffurf a'u defnyddio i roi gwybodaeth i'r darllenydd ac i'w gamarwain. I egluro'r pwyntiau hyn, ystyriwn ffigurau chwyddiant ar gyfer economi'r DU. Y cynnydd cyffredinol mewn prisiau mewn economi yw chwyddiant. Os cafwyd chwyddiant o 2% dros y flwyddyn ddiwethaf, mae'n golygu bod prisiau ar gyfartaledd wedi cynyddu 2%. Un ffordd y gellir cyflwyno ffigurau chwyddiant yw ar **ffurf tabl** fel yn Nhabl 3.5.

Gallai'r data gael eu cyflwyno hefyd ar **ffurf graffigol** fel yn Ffigur 3.2(a). Rhaid gofalu wrth ddehongli graffiau. Mae Ffigur 3.2(b) yn rhoi syniad llawer mwy pesimistaidd o chwyddiant rhwng 2001 a 2003 na Ffigur 3.2(a) ar yr olwg gyntaf.

Tabl 3.4 Gwariant defnyddwyr

	Bwyd a diod	Cludiant	Tai bwyta a gwestai
			£ biliwn
2001	60.0	92.6	71.5
2002	61.2	94.9	76.7
2003	63.5	98.4	80.8
2004	65.6	101.5	85.4

Ffynhonnell: addaswyd o *Monthly Digest of Statistics*, Swyddfa Ystadegau Cenedlaethol.

Gan ddefnyddio cyfrifiannell neu daenlen, rhowch bob categori gwariant ar ffurf indecs gyda'r flwyddyn sail yn: (a) 2001 a (b) 2004. Cyflwynwch eich cyfrifiad ar ffurf dau dabl, un ar gyfer pob blwyddyn sail.

Tabl 3.5 Chwyddiant y DU (Indecs Prisiau Defnyddwyr)

Blwyddyn	Chwyddiant %
1990	7.0
1991	7.5
1992	4.2
1993	2.5
1994	2.0
1995	2.6
1996	2.5
1997	1.8
1998	1.6
1999	1.3
2000	0.8
2001	1.2
2002	1.3
2003	1.4
2004	1.3

Ffynhonnell: addaswyd o *Economic Trends*, Swyddfa Ystadegau Cenedlaethol.

Ffigur 3.2 Chwyddiant y DU (Indecs Prisiau Defnyddwyr)

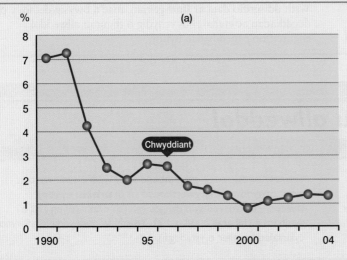
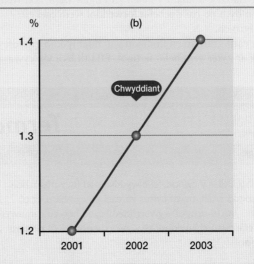

Ffynhonnell: addaswyd o *Economic Trends Annual Supplement*, Swyddfa Ystadegau Cenedlaethol.

Cwestiwn 4

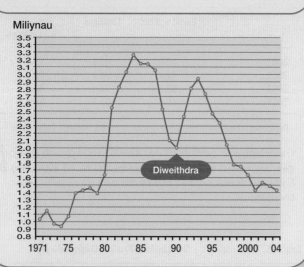

Ffigur 3.3 Diweithdra, miliynau

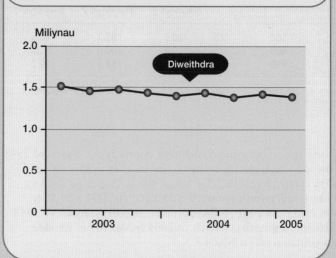

Ffigur 3.4 Diweithdra, miliynau

Ffynhonnell: addaswyd o *Monthly Digest of Statistics*, Swyddfa Ystadegau Cenedlaethol.

Ystyriwch bob graff yn ei dro.

(a) Beth mae'n ei ddangos?

(b) Eglurwch pam mae'n ymddangos bod y naill a'r llall yn rhoi darlun gwahanol o ddiweithdra yn y DU.

Un rheswm yw y cymerir Ffigur 3.2(b) allan o gyd-destun y blynyddoedd sydd o'i amgylch. Byddai Ffigur 3.2(a) yn awgrymu bod chwyddiant rhwng 2001 a 2003 yn gymharol isel ar gyfer y cyfnod cyfan a ddangosir. Mae Ffigur 3.2(b) yn awgrymu'r gwrthwyneb, cynnydd dramatig mewn chwyddiant. Rheswm arall pam fod Ffigur 3.2(b) yn awgrymu cynnydd dramatig mewn chwyddiant yw bod y llinell wedi'i thynnu'n serth iawn. Cyflawnwyd hyn trwy'r graddfeydd a ddefnyddiwyd ar yr echelinau. Mae'r echelin fertigol yn Ffigur 3.2(b) yn cynnwys 1.0 i 1.5% yn unig. Ond yn Ffigur 3.2(a) mae'r echelin fertigol yn dechrau ar sero ac mae'n codi i 8% dros yr un uchder a luniadwyd. Gallai graddiant y llinell yn Ffigur 3.2(b) fod wedi bod yn fwy serth byth pe bai'r echelin lorweddol wedi cael ei lluniadu'n fyrrach.

Weithiau caiff graffiau eu lluniadu gan ddefnyddio graddfeydd logarithmig ar gyfer yr echelin fertigol. Effaith hyn yw cywasgu gwerthoedd yn raddol ar yr echelin fertigol wrth iddynt gynyddu. Mae'r pellter fertigol rhwng 0 ac 1, er enghraifft, yn fwy am bob uned na'r pellter fertigol rhwng 999 ac 1 000.

Gall data gael eu mynegi ar **ffurf geiriau** hefyd. Mae Ffigur 3.2 yn dangos bod chwyddiant wedi codi rhwng 1990 ac 1991, ac yna yn gyffredinol gostyngodd i'r lefel isaf o 0.8% yn 2000 cyn amrywio yn yr amrediad 1.2 i 1.4% rhwng 2001 a 2004. Wrth fynegi data ar ffurf geiriau, gall fod yn ddiflas iawn disgrifio pob newid unigol. Er enghraifft, byddai'n amhriodol dweud y canlynol: 'Yn 1990 roedd chwyddiant yn 7 y cant. Yna cododd i 7.5 y cant yn 1991 cyn gostwng i 4.2 y cant yn 1992. Yna yn 1993 gostyngodd eto i 2.5 y cant ac eto yn 1994 i 2.0 y cant.' Wrth ddisgrifio data ar ffurf geiriau, mae'n bwysig dethol y prif dueddiadau ac efallai rhoi ychydig o ffigurau allweddol i enghreifftio'r tueddiadau hynny.

Termau allweddol

Cyfnod sail – y cyfnod, fel blwyddyn neu fis, y mae'r holl werthoedd eraill mewn cyfres yn cael eu cymharu ag ef.
Gwerthoedd enwol – gwerthoedd sydd heb eu cymhwyso ar gyfer effeithiau chwyddiant (h.y. gwerthoedd yn ôl **prisiau cyfredol**).

Gwerthoedd real – gwerthoedd sydd wedi'u cymhwyso ar gyfer chwyddiant (h.y. gwerthoedd yn ôl **prisiau cyson**).
Indecs – dangosydd sy'n dangos gwerth cymharol un rhif o'i gymharu â rhif arall o sail o 100. Yn aml fe'i defnyddir i gyflwyno cyfartaledd o nifer o ystadegau.

Economeg gymhwysol

Twristiaeth

Gwariant ar dwristiaeth

Mae twristiaeth yn ddiwydiant pwysig yn y DU. A yw'n tyfu o ran maint? Gellir mesur twf mewn sawl ffordd. Mae Tabl 3.6 yn dangos sut mae cyfanswm y gwariant ar dwristiaeth wedi tyfu rhwng 1989 a 2003. Mae'n rhannu twristiaid yn dri chategori – twristiaid y DU sy'n cymryd gwyliau o fewn y wlad, twristiaid o wledydd tramor sy'n dod i'r DU a thwristiaid y DU sy'n mynd ar wyliau tramor. Mynegir y ffigurau yn Nhabl 3.6 yn ôl prisiau cyfredol. Mae hyn yn golygu nad yw chwyddiant wedi'i ystyried. Pe bai chwyddiant uchel dros y cyfnod 1989-2003, gallai maint twristiaeth fod wedi gostwng o gymryd y data yn Nhabl 3.6. Mewn gwirionedd, cynyddodd prisiau defnyddwyr 57% dros y cyfnod o 14 mlynedd. Felly mae unrhyw beth uwchben y cynnydd hwnnw o 57% yn dwf real mewn gwariant.

Tabl 3.6 Gwariant ar dwristiaeth yn ôl prisiau cyfredol, £ miliwn

	£ miliwn yn ôl prisiau cyfredol		
	Gwariant ar wyliau gan ddinasyddion y DU yn y DU	Gwariant ar wyliau yn y DU gan ymwelwyr tramor	Gwariant ar wyliau tramor gan ddinasyddion y DU
1989	17 071[1]	6 945	9 357
1995	20 072	11 763	15 386
2003	26 482	11 855	28 550

[1] Amgangyfrif
Ffynhonnell: addaswyd o *Annual Abstract of Statistics*, Swyddfa Ystadegau Cenedlaethol.

Mae Tabl 3.7 yn dangos y ffigurau yn Nhabl 3.6 wedi'u mynegi yn ôl prisiau cyson 2001, h.y. ar ôl tynnu allan yr elfen chwyddiant ac addasu i lefel prisiau 2001. Mae cymryd 2001 fel y flwyddyn gyfeiriol ar gyfer prisiau yn golygu bod data 1989 ac 1995 yn ôl prisiau cyfredol yn cynyddu fel rhifau pan fyddant yn ddata yn ôl prisiau cyson, tra bod rhifau 2003 yn gostwng.

Tabl 3.7 Gwariant ar dwristiaeth yn ôl prisiau cyson 2001, £ miliwn

	£ miliwn yn ôl prisiau cyson 2001		
	Gwariant ar wyliau gan ddinasyddion y DU yn y DU	Gwariant ar wyliau yn y DU gan ymwelwyr tramor	Gwariant ar wyliau tramor gan ddinasyddion y DU
1989	25 677	10 446	14 047
1995	23 332	13 674	17 885
2003	25 308	11 329	27 284

Ffynhonnell: addaswyd o *Annual Abstract of Statistics*, Swyddfa Ystadegau Cenedlaethol.

Mae Tabl 3.8 yn dangos y ffigurau yn Nhabl 3.7 ar ffurf indecs. Mantais hyn yw ei bod yn llawer haws gweld pa un o'r tri maes twristiaeth sydd wedi tyfu gyflymaf. O fwrw cipolwg, gellir gweld bod gwerth twristiaeth fewnol wedi gostwng 1.4% mewn termau real dros y cyfnod 1989-2003. Ar y llaw arall, mae gwariant dinasyddion y DU ar wyliau tramor wedi cynyddu 94.2%. Gwariodd ymwelwyr tramor a ddaeth i'r DU 8.5% yn fwy. Gan mai rhifau indecs yw'r rhain, nid yw'n bosibl dweud pa mor bwysig yw'r cynnydd o 8.5% yng ngwariant ymwelwyr tramor i'r diwydiant twristiaeth mewnol yn ei gyfanrwydd. Er enghraifft, pe bai twristiaid tramor yn cyfrif am 1% yn unig o gyfanswm y gwariant, ni fyddai cynnydd o 8.5% yn cael fawr ddim effaith ar dwristiaeth. Mae hyn yn dangos un o anfanteision defnyddio rhifau indecs. I asesu effaith gymharol y cynnydd mewn twristiaid o wledydd tramor, rhaid i ni edrych eto ar Dabl 3.7. Cododd cyfanswm y gwariant ar dwristiaeth yn y DU yn ôl prisiau cyson 2001 o £36.1 biliwn i £36.6 biliwn, sef cynnydd o 1.4%, dros y cyfnod 1989-2003. Nid yw newid o 1.4% dros 14 mlynedd yn newid sylweddol. Yr hyn sydd wedi digwydd mewn gwirionedd yw bod y cynnydd o 8.5% yn y gwariant gan dwristiaid o wledydd tramor wedi cael ei ganslo bron yn llwyr gan ostyngiad bach mewn gwariant real gan dwristiaid Prydeinig yn y DU. Mae twristiaid Prydeinig yn cyfrif am fwy na dwywaith cyfanswm gwariant twristiaid o wledydd tramor.

Tabl 3.8 Gwariant ar dwristiaeth yn ôl prisiau cyson 2001, 1989 = 100

	1989 = 100		
	Gwariant ar wyliau gan ddinasyddion y DU yn y DU	Gwariant ar wyliau yn y DU gan ymwelwyr tramor	Gwariant ar wyliau tramor gan ddinasyddion y DU
1989	100.0	100.0	100.0
1995	90.7	130.9	127.3
2003	98.6	108.5	194.2

Ffynhonnell: addaswyd o *Annual Abstract of Statistics*, Swyddfa Ystadegau Cenedlaethol.

Cyflogaeth mewn twristiaeth

Gostyngodd gwariant ar dwristiaeth o fewn y DU 1.4% rhwng 1989 a 2003. Ond tyfodd cyflogaeth mewn diwydiannau sy'n gysylltiedig â thwristiaeth 31.9% fel y gwelir yn Nhabl 3.9. Mae'n haws gweld y cynnydd ym mhob sector drwy roi'r ffigurau hyn ar ffurf indecs fel yn Nhabl 3.10.

Adlewyrchir y cynnydd o 94.2% yn y swm a wariwyd gan ddinasyddion y DU ar wyliau tramor yn y cynnydd o 80.6% yn nifer y gweithwyr ymhlith trefnwyr teithiau a threfnwyr gwyliau. Gallai'r gostyngiad real o 1.4% yn y gwariant ar dwristiaeth dros y cyfnod awgrymu y byddai cyflogaeth mewn swyddi twristiaeth yn y DU yn gymharol ddisymud. Ond roedd cyflogaeth mewn gwestai a lleoedd aros eraill i dwristiaid i fyny 31.3% tra bo gwariant mewn tai bwyta, caffis ayb. i fyny 108.3%. I ddeall pam, dylid cofio bod Tablau 3.9 a 3.10 yn cyfeirio at ddiwydiannau sy'n **gysylltiedig** â thwristiaeth. Bydd llawer o'r cynnydd mewn cyflogaeth mewn tai bwyta ayb. wedi dod o gynnydd yn y galw am brydau allan gan bobl nad ydynt yn dwristiaid. Yn yr un modd, bydd llawer o'r cyflogaeth mewn llyfrgelloedd, amgueddfeydd a diwylliant, a chwaraeon ac adloniant heb fod yn gysylltiedig â thwristiaeth.

Teithiau a phrisiau

Mae data ar dwristiaeth fewnol y DU, sef teithiau a wnaed gan ddinasyddion Prydeinig o fewn Prydain, yn datgelu agweddau diddorol iawn ar dwristiaeth. Mae Tabl 3.11 yn dangos bod nifer y teithiau a wnaed wedi cynyddu 41.4 miliwn rhwng 1989 a 2003. Ond roedd pob taith yn fyrrach. Yn 1989, nifer cyfartalog y nosweithiau a dreuliwyd oedd 4.0 ond yn 1998 roedd wedi gostwng i 3.2. Cynyddodd y gwariant fesul trip yn ôl prisiau cyson 6.1%, sy'n gynnydd cymharol fach o gofio bod yna gynnydd o 37.4% mewn gwariant real gan gartrefi ar yr holl nwyddau a gwasanaethau dros yr un cyfnod.

Mae Tabl 3.11 felly yn dangos bod pobl wedi mynd ar fwy o wyliau ym Mhrydain rhwng 1989 a 2003 ond roeddent yn fyrrach ac ni wnaeth y gwariant ar wyliau fesul taith gadw i fyny â'r cynnydd yng ngwariant cartrefi ar yr holl nwyddau a gwasanaethau eraill. Rhan o'r rheswm dros y tueddiadau hyn yw bod 'gwyliau byr' wedi dod yn llawer mwy poblogaidd. Er enghraifft, mae mwy o bobl yn mynd ar wyliau am benwythnos. Bydd y gwyliau hyn yn rhatach na gwyliau hirach. Hefyd gallai'r cynnydd cymharol fach yn y gwariant fesul trip ddangos bod prisiau gwyliau wedi gostwng o'u cymharu â'r holl brisiau eraill yn yr economi. Ers 1989, mae gwestai cadwyn pris isel fel *Travel Inn* neu *Travel Lodge* wedi ehangu'n sylweddol. Mae'r rhain wedi rhoi pwysau tuag i lawr ar brisiau gwestai a lleoedd aros eraill.

Tabl 3.9 Cyflogaeth mewn diwydiannau sy'n gysylltiedig â thwristiaeth, Prydain, miloedd, Mehefin bob blwyddyn

	Gwestai a lleoedd aros eraill i dwristiaid	Tai bwyta, caffis ayb	Barrau, tafarnau, clybiau	Trefnwyr teithiau, trefnwyr gwyliau	Llyfrgelloedd, amgueddfeydd, diwylliant	Chwaraeon a mathau eraill o adloniant	Cyfanswm cyflogaeth diwydiannau sy'n gysylltiedig â thwristiaeth
					Miloedd, heb eu haddasu'n dymhorol		
1989	299.2	283.4	428.2	64.9	82.8	294.7	1 644.2
1995	385.8	386.2	445.1	90.7	77.3	363.5	1 751.6
2003	392.7	590.4	568.2	117.2	86.7	412.9	2 168.1

Ffynhonnell: addaswyd o *Annual Abstract of Statistics*, Swyddfa Ystadegau Cenedlaethol.

Tabl 3.10 Cyflogaeth mewn diwydiannau sy'n gysylltiedig â thwristiaeth, Prydain, 1989 = 100, Mehefin bob blwyddyn

	Gwestai a lleoedd aros eraill i dwristiaid	Tai bwyta, caffis ayb	Barrau, tafarnau, clybiau	Trefnwyr teithiau, trefnwyr gwyliau	Llyfrgelloedd, amgueddfeydd, diwylliant	Chwaraeon a mathau eraill o adloniant	Cyfanswm cyflogaeth diwydiannau sy'n gysylltiedig â thwristiaeth
							1989=100
1989	100.0	100.0	100.0	100.0	100.0	100.0	100.0
1995	128.9	136.3	103.9	139.8	93.4	123.3	106.5
2003	131.3	208.3	132.7	180.6	104.7	140.1	131.9

Ffynhonnell: addaswyd o *Annual Abstract of Statistics*, Swyddfa Ystadegau Cenedlaethol.

Tabl 3.11 Twristiaeth fewnol y DU

	Nifer y tripiau, miliynau	Nifer y nosweithiau a dreuliwyd, miliynau	Nifer cyfartalog y nosweithiau a dreuliwyd	Gwariant cyfartalog fesul trip, yn ôl prisiau cyfredol	Gwariant cyfartalog fesul trip, yn ôl prisiau cyson 2001
1989	109.6	443.2	4.0	99.1	149.1
1995	121.0	526.0	3.6	135.8	157.9
2003	151.0	490.5	3.2	175.4	167.6

Ffynhonnell: addaswyd o *Annual Abstract of Statistics*, Swyddfa Ystadegau Cenedlaethol.

Data Sinemâu

Cwestiwn data

Tabl 3.12 Ystadegau sinemâu, Prydain

| | Nifer y safleoedd | Nifer y sgriniau | Nifer y mynediadau, miliynau | yn ôl prisiau cyfredol | | | yn ôl prisiau cyson 2001 | | |
				Derbyniadau crynswth tocynnau, £ miliynau	Derbyniadau fesul mynediad, £	Derbyniadau fesul sgrin, £ 000	Derbyniadau crynswth tocynnau, £ miliynau	Derbyniadau fesul mynediad, £	Derbyniadau fesul sgrin, £ 000
1987	492	1 035	66.8	123.8	1.85	118.7	210.6	3.15	201.9
1995	728	2 003	114.6	354.2	3.09	176.8	411.7	3.59	478.6
2004	773	3 475	171.3	769.6	4.49	221.4	726.3	4.24	685.5

Ffynhonnell: addaswyd o *Annual Abstract of Statistics, Monthly Digest of Statistics*, Swyddfa Ystadegau Cenedlaethol.

Tabl 3.13 Ystadegau sinemâu, Prydain

1987=100

| | Nifer y safleoedd | Nifer y sgriniau | Nifer y mynediadau | yn ôl prisiau cyfredol | | | yn ôl prisiau cyson 2001 | | |
				Derbyniadau crynswth tocynnau	Derbyniadau fesul mynediad	Derbyniadau fesul sgrin	Derbyniadau crynswth tocynnau	Derbyniadau fesul mynediad	Derbyniadau fesul sgrin
1987	100.0	100.0	100.0	100.0	100.0	100.0	100.0	100.0	100.0
1995	148.0	193.5	171.6	286.1	167.0	148.9	195.5	114.0	237.0
2004	157.1	335.7	256.4	379.3	242.7	186.5	344.9	134.6	339.5

Ffynhonnell: addaswyd o *Annual Abstract of Statistics*, Swyddfa Ystadegau Cenedlaethol.

1. Disgrifiwch y prif dueddiadau mewn mynediadau i sinemâu a ddangosir yn y data.
2. Eglurwch fanteision ac anfanteision defnyddio rhifau indecs i gyflwyno data. Enghreifftiwch eich ateb o'r data.
3. 'Ni all derbyniadau fesul mynediad a nifer y sgriniau barhau i godi.' (a) I ba raddau y mae'r data uchod yn cefnogi'r gosodiad hwn ar gyfer y cyfnod 1987-2004? (b)Trafodwch a yw hyn yn debygol o fod yn wir yn y dyfodol.

4 Cromlin y galw

Crynodeb

1. Ystyr y galw am nwydd (neu wasanaeth) yw faint o'r nwydd (neu'r gwasanaeth) a brynir dros gyfnod o amser am bris penodol.
2. Bydd y galw am nwydd yn cynyddu neu'n gostwng os bydd newidiadau mewn ffactorau fel incwm, pris nwyddau eraill, chwaeth a maint y boblogaeth.
3. Dangosir newid yn y pris gan symudiad ar hyd cromlin y galw.
4. Dangosir newid mewn unrhyw newidyn arall sy'n effeithio ar alw, fel incwm, gan symudiad yng nghromlin y galw.
5. Gellir cael cromlin galw'r farchnad drwy adio'n llorweddol yr holl gromliniau galw unigol yn y farchnad.

Galw

Mae marchnad yn bodoli lle bynnag mae yna brynwyr a gwerthwyr o nwydd penodol (☞ uned 2). Bydd prynwyr yn **galw** am nwyddau o'r farchnad tra bydd gwerthwyr yn **cyflenwi** nwyddau i'r farchnad. Mae ystyr arbennig i'r gair GALW mewn economeg. Ystyr galw yw faint o'r nwydd neu'r gwasanaeth a brynir am bris penodol dros gyfnod o amser. Er enghraifft, erbyn hyn prynir tua 2 filiwn o geir newydd bob blwyddyn yn y DU am bris cyfartalog o, dyweder, £8 000. Byddai economegwyr yn dweud mai'r galw blynyddol am geir am £8 000 fyddai 2 filiwn o unedau.

Galw a phris

Pe bai popeth arall yn aros yr un fath (gelwir hyn yn amod *ceteris paribus* ☞ uned 45), beth fyddai'n digwydd i faint y galw am gynnyrch wrth i'w bris newid? Pe bai pris cyfartalog ceir yn gostwng o £8 000 i £4 000, nid yw'n anodd dyfalu y byddai maint y galw am geir yn cynyddu. Ar y llaw arall, pe bai'r pris cyfartalog yn £35 000 ychydig iawn o geir fyddai'n cael eu gwerthu.

Dangosir hyn yn Nhabl 4.1. Wrth i bris ceir godi, yna *ceteris paribus*, bydd maint y galw am geir yn gostwng. Dangosir ffordd arall o fynegi hyn yn Ffigur 4.1. Mae pris ar yr echelin fertigol ac mae maint y galw dros amser ar yr echelin lorweddol. Mae'r gromlin yn goleddu i lawr gan ddangos bod maint y galw yn cynyddu wrth i'r pris ostwng. Mae CROMLIN Y GALW yn dangos maint y galw am unrhyw bris penodol. Pan fydd y pris yn newid dywedir bod symudiad ar hyd y gromlin. Er enghraifft, yn Ffigur 4.1 pan fydd pris ceir yn codi o £8 000 i £16 000 mae **symudiad ar hyd** y gromlin o bwynt A i bwynt B, gostyngiad o 1 filiwn o geir y flwyddyn.

Mae'n bwysig cofio bod cromlin y galw yn dangos GALW EFFEITHIOL. Mae'n dangos faint fyddai'n cael ei brynu (h.y. faint

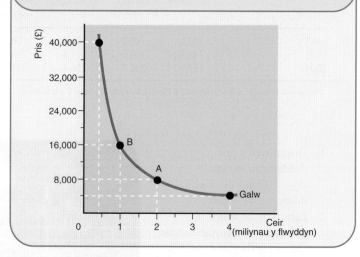

Ffigur 4.1 Cromlin y galw

Mae cromlin y galw yn goleddu i lawr, gan ddangos po isaf yw pris nwydd, uchaf i gyd fydd maint y galw am y nwydd. Yn yr enghraifft hon, dim ond 0.4 miliwn o geir y flwyddyn yw maint y galw am bris o £40 000 yr un, ond mae gostyngiad yn y pris i £4 000 yn cynyddu maint y galw i 4 miliwn o unedau y flwyddyn.

y gall defnyddwyr fforddio ei brynu ac y byddent yn ei brynu) am unrhyw bris penodol, yn hytrach na faint yr hoffai prynwyr ei brynu pe bai ganddynt adnoddau diderfyn. Mae economegwyr wedi gweld bod y berthynas wrthdro rhwng pris a maint y galw – bod maint y galw yn gostwng wrth i'r pris godi – yn wir am bron pob nwydd. Yn uned 10 ystyriwn yr ychydig o enghreifftiau o nwyddau a allai fod â chromliniau galw sy'n goleddu i fyny.

Galw ac incwm

Nid pris yw'r unig ffactor sy'n pennu lefel y galw am nwydd. Ffactor pwysig arall yw incwm. Bydd y galw am nwydd normal yn cynyddu pan fydd incwm yn cynyddu. Er enghraifft, bydd cynnydd mewn incwm yn achosi i ddefnyddwyr brynu mwy o geir. Yn achos ychydig o nwyddau, a elwir yn nwyddau israddol, bydd galw'n gostwng pan fydd incwm yn cynyddu (☞ uned 10).

Dangosir effaith cynnydd mewn incwm ar alw yn Ffigur 4.2. Mae prynwyr yn prynu OA o ddillad am y pris OE. Mae incwm yn cynyddu ac mae prynwyr yn ymateb drwy brynu mwy o ddillad am

Tabl 4.1 Rhestr y galw am geir

Pris (£)	Galw (miliynau y flwyddyn)
4 000	4.0
8 000	2.0
16 000	1.0
40 000	0.4

Cwestiwn 1

Mae *Stagecoach* yn gweithredu gwasanaethau bws a thrên. Mae'n codi prisiau gwahanol ar deithwyr gwahanol am yr un teithiau, yn dibynnu ar ffactorau fel pryd maen nhw'n teithio, eu hoed, ydyn nhw'n cael tocyn unffordd neu docyn dwyffordd neu a oes ganddynt docyn tymor. Gan ddefnyddio diagram cromlin alw, eglurwch beth sy'n digwydd pan fydd:

(a) plant yn talu hanner pris am daith fws yn hytrach na'r pris llawn;
(b) henoed yn cael tocyn bysiau am ddim y mae'r awdurdod lleol yn talu amdano yn hytrach na gorfod talu'r pris llawn;
(c) *Stagecoach* yn codi ei brisiau 5% ar un llwybr *(route)*;
(d) teithwyr yn gallu cael gostyngiad o 60% drwy brynu tocyn dwyffordd undydd os byddant yn teithio ar ôl 9.30 o'i gymharu â gorfod talu'r pris llawn.

Ffigur 4.2 Newid mewn incwm

Bydd cynnydd mewn incwm yn cynyddu'r galw am nwydd normal. Am y pris OE, er enghraifft, bydd galw'n cynyddu o OA i OB. Yn yr un modd, am bob pris arall, bydd cynnydd mewn incwm yn arwain at lefel galw i'r dde o'r gromlin alw bresennol. Felly bydd cromlin y galw yn symud o G_1 i G_2. Bydd gostyngiad mewn incwm yn arwain at lai o alw am unrhyw bris penodol. Felly bydd cromlin y galw yn symud i'r chwith, o G_1 i G_3.

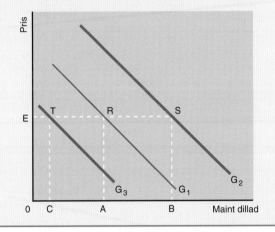

yr un pris. Ar y lefel uwch o incwm maen nhw'n prynu, dyweder, OB o ddillad. Mae cromlin alw newydd yn bodoli nawr sy'n mynd trwy'r pwynt S. Bydd hon i'r dde o'r gromlin alw wreiddiol oherwydd am unrhyw bris penodol bydd mwy o alw ar y lefel uwch o incwm.

Mae economegwyr yn dweud y bydd cynnydd mewn incwm yn arwain at **gynnydd yn y galw** am nwydd normal fel dillad. Dangosir cynnydd yn y galw gan SYMUDIAD YNG NGHROMLIN Y GALW. (Sylwer: byddai **cynnydd ym maint y galw** yn cyfeirio at newid ym maint y galw sy'n ganlyniad i newid yn y pris ac yn cael ei ddangos gan symudiad ar hyd y gromlin.) Yn Ffigur 4.2 mae'r gromlin alw wreiddiol G_1 yn symud i'r dde i'w safle newydd G_2. Yn yr un modd, bydd gostyngiad mewn incwm yn arwain at **ostyngiad yn y galw** am nwydd normal. Dangosir hyn gan **symudiad** cromlin y galw i'r chwith o G_1 i G_3. Er enghraifft, am y pris OE bydd galw'n gostwng o OA i OC.

Mae angen nodi dau bwynt. Yn gyntaf mae'r cromliniau galw yn Ffigur 4.2 wedi'u lluniadu'n llinellau syth. Mae'r cromliniau galw hyn yn dangos sefyllfa ddamcaniaethol (neu ddychmygol). Fe'u lluniadwyd yn syth er hwylustod ac nid ydynt yn awgrymu bod

cromliniau galw go iawn am nwyddau go iawn yn syth. Yn ail, mae symudiadau'r cromliniau galw wedi'u lluniadu'n symudiadau paralel. Eto gwneir hyn er hwylustod a thaclusrwydd ond mae'n annhebygol y byddai cynnydd neu ostyngiad mewn incwm yn achosi symudiad paralel yng nghromlin y galw am gynnyrch go iawn.

Cwestiwn 2

Tabl 4.2

Maint y galw (miliynau o deiars)	Pris(£)
10	20
20	16
30	12
40	8
50	4

Mae Tabl 4.2 yn dangos y rhestr alw sy'n wynebu gwneuthurwr teiars.

(a) Lluniadwch gromlin y galw am deiars ar sail y data uchod.
(b) Mae cynnydd mewn incwm yn achosi cynnydd yn y galw am deiars o: (i) 5 miliwn; (ii) 10 miliwn; (iii) 15 miliwn; (iv) 25 miliwn. Ar gyfer pob un o'r rhain, lluniadwch gromlin alw newydd ar eich diagram.
(c) Lluniadwch gromlin y galw am deiars fyddai'n dangos effaith gostyngiad mewn incwm ar y galw gwreiddiol am deiars.
(d) Lluniadwch gromlin y galw am deiars fyddai'n dangos na fyddai unrhyw alw am deiars pan oedd eu pris yn £8.

Pris nwyddau eraill

Ffactor pwysig arall sy'n dylanwadu ar y galw am nwydd yw pris nwyddau eraill. Er enghraifft, yn ystod sychder mawr 1976 yn y DU cododd pris tatws i'r entrychion. Ymateb defnyddwyr oedd prynu llai o datws a bwyta mwy o fara, pasta a reis yn lle tatws.

Gellir dangos hyn ar ddiagram galw. Cromlin y galw am basta yn Ffigur 4.3 yw G_1. Mae cynnydd ym mhris tatws yn arwain at

Ffigur 4.3 Cynnydd ym mhris nwyddau eraill

Bydd cynnydd ym mhris tatws yn arwain at gynnydd yn y galw am nwyddau sy'n amnewidion. Felly bydd y galw am basta yn cynyddu, dangosir hyn gan symudiad cromlin y galw am basta i'r dde o G_1 i G_2.

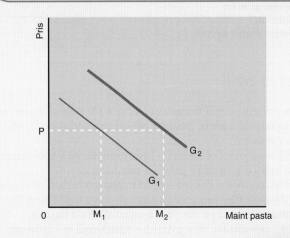

gynnydd yn y galw am basta. Mae hynny'n golygu y bydd y galw am basta yn fwy am unrhyw bris penodol. Felly bydd y gromlin alw newydd G₂ i'r dde o'r gromlin alw wreiddiol.

Ni fydd yr holl newidiadau mewn prisiau yn effeithio ar y galw am nwydd penodol. Bydd cynnydd ym mhris peli tennis yn annhebygol o gael llawer o effaith ar y galw am foron, er enghraifft. Gall newidiadau ym mhris nwyddau eraill gael effaith bositif neu negatif ar y galw am nwydd. Bydd cynnydd ym mhris racedi tennis yn debygol o ostwng y galw am beli tennis wrth i rai prynwyr benderfynu bod tennis yn gamp rhy ddrud. Ar y llaw arall, bydd cynnydd yn y galw am ddocynnau sinema, diod feddwol neu ba fath bynnag arall o adloniant y bydd defnyddwyr yn dewis ei brynu yn lle cyfarpar tennis. Yn uned 7 ystyriwn yn fwy manwl effaith newidiadau ym mhris un nwydd ar y galw am nwydd arall.

Cwestiwn 3

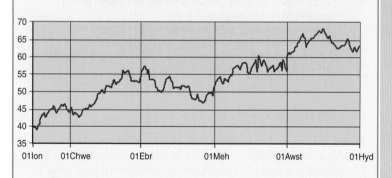

Ffigur 4.4 Pris olew crai Brent, 2005, $ y gasgen

Yn 2005 cododd pris olew crai Brent o $40 y gasgen i fwy na $60 y gasgen. Rhagfynegwyd y byddai pris olew yn aros yn uchel hyd y gellid rhagweld oherwydd y cynnydd yn y galw am olew gan wledydd sy'n datblygu fel China. Gan ddefnyddio diagramau, eglurwch pa effaith y byddech yn disgwyl i hyn ei chael ar y galw yn y DU am:
(a) systemau gwres canolog llosgi olew;
(b) ceir moethus nad ydynt yn gwneud llawer o filltiroedd am bob litr o betrol;
(c) teithio ar drên;
(d) hufen iâ;
(e) teithio mewn awyren.

Ffactorau eraill

Mae amrywiaeth eang o ffactorau eraill sy'n effeithio ar y galw am nwydd yn ogystal â phris, incwm a phrisiau nwyddau eraill. Mae'r rhain yn cynnwys:
- newidiadau yn y boblogaeth – bydd cynnydd yn y boblogaeth yn debygol o gynyddu'r galw am nwyddau;
- newidiadau mewn ffasiwn – bydd y galw am bethau fel wigiau neu drowsus fflêr neu unedau cegin gwyn yn newid wrth i'r eitemau hyn ddod yn ffasiynol a mynd allan o'r ffasiwn;
- newidiadau yn y gyfraith – effeithiwyd ar y galw am

wregysau diogelwch, cyfarpar gwrthlygredd neu leoedd mewn cartrefi preswyl yn y gorffennol gan newidiadau yn y gyfraith;
- hysbysebu – dylanwad cryf iawn ar alw defnyddwyr sy'n ceisio dylanwadu ar ddewis defnyddwyr.

Cwestiwn 4

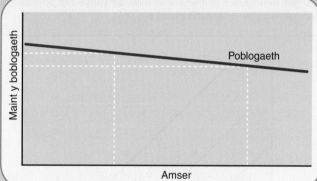

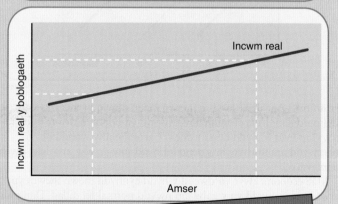

Eglurwch effeithiau tebygol pob un o'r pedwar ffactor a ddangosir yn y data ar y galw am *Activia*. Defnyddiwch ddiagram galw gwahanol ar gyfer pob ffactor i egluro eich ateb.

Ffigur 4.5 Cromliniau galw unigol a'r farchnad

Gellir lluniadu cromlin galw'r farchnad ar sail y cromliniau galw unigol drwy adio'r galw unigol am bob pris penodol. Er enghraifft, isod cyfrifir galw'r farchnad pan fo'r pris yn £2 drwy adio galw cwmni A, B a C am y pris hwnnw.

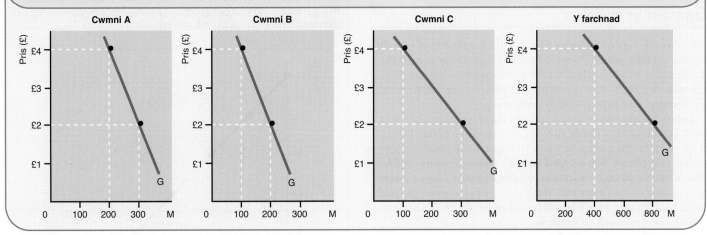

Crynodeb

Mae'n bosibl mynegi galw ar ffurf perthynas **ffwythiannol**. Mae maint y galw am nwydd N (M_n) yn amrywio yn ôl (h.y. yn ffwythiant o) pris nwydd N (P_n), incwm (Y), pris pob nwydd arall ($P_1, ... P_{n-1}$) a phob ffactor arall (T). Yn fathemategol, dyma'r mynegiad:

$$M_n = f [P_n, Y, (P_1, ... P_{n-1}), T]$$

Ar y lefel hon, mae'r ffurf fathemategol hon ar fynegi'r ffactorau sy'n pennu galw yn llaw fer gyfleus ond fawr ddim yn fwy na hynny. Y prif offer ar gyfer delio â galw ar y lefel hon yw naill ai'r gair ysgrifenedig neu graffiau. Ar lefel uwch o lawer, yn aml y fformiwla algebraidd yw'r arf mwyaf cadarn a defnyddiol wrth ddadansoddi galw.

Cromliniau galw unigol a'r farchnad

Hyd yma, tybiwyd bod galw'n cyfeirio at y galw am gynnyrch mewn marchnad gyfan (h.y. GALW'R FARCHNAD). Fodd bynnag,

mae'n bosibl lluniadu cromliniau galw unigol a chael cromliniau galw'r farchnad ar sail y rhain. Cromlin galw prynwr unigol yw CROMLIN ALW UNIGOL. Gallai'r prynwr unigol fod yn ddefnyddiwr, cwmni neu lywodraeth.

Nid yw'r ffactorau sy'n pennu galw ar gyfer unigolyn yn wahanol i'r ffactorau ar gyfer y farchnad gyfan. Pan fydd pris yn codi, bydd gostyngiad ym maint y galw am y cynnyrch; pan fydd incwm yn cynyddu, a thybio bod y cynnyrch yn nwydd normal, bydd galw'n cynyddu, ayb.

Mae Ffigur 4.5 yn dangos sefyllfa lle mae tri phrynwr yn unig mewn marchnad, sef cwmnïau A, B a C. Am y pris £2, bydd cwmni A yn prynu 300 o unedau, cwmni B 200 o unedau a chwmni C 300 o unedau. Felly cyfanswm galw'r farchnad am y pris £2 yw 300 + 200 + 300 neu 800 o unedau. Am y pris £4, cyfanswm galw'r farchnad fydd 200 + 100 + 100 neu 400 o unedau. Yn yr un modd, gellir cael pob pwynt arall ar gromlin galw'r farchnad drwy adio'r cromliniau galw unigol. Y term am hyn yw **adio llorweddol** am fod

---

Cwestiwn 5

$$M = 20 - \tfrac{1}{2} P$$

Yma M yw maint y galw misol am gryno ddisgiau mewn miliynau a P yw eu pris.
(a) Lluniadwch y gromlin alw a roddir gan yr hafaliad hwn rhwng prisiau cryno ddisgiau o £1 a £20.
(b) Mae fformat newydd yn achosi gostyngiad o 5 miliwn y mis yn y galw am gryno ddisgiau am unrhyw bris penodol. (i) Beth yw'r fformiwla newydd ar gyfer maint y galw am gryno ddisgiau? (ii) Plotiwch y gromlin alw newydd ar eich diagram.
(c) Mae cynnydd yn incwm defnyddwyr yn achosi i ddefnyddwyr fod yn llai sensitif o ran pris nag o'r blaen wrth brynu cryno ddisgiau. O ganlyniad, pan fydd pris yn codi £1 bydd y galw misol yn gostwng 400 000 yn hytrach na hanner miliwn. Tybiwch mai'r hafaliad gwreiddiol ar gyfer galw yw'r un yn rhan (a) o'r cwestiwn hwn. (i) Beth yw'r fformiwla newydd ar gyfer maint y galw am gryno ddisgiau? (ii) Plotiwch y gromlin alw newydd ar eich diagram.

Cwestiwn 6

Tabl 4.3

Pris (£)	Maint y galw am nwydd Y (miloedd o unedau)		
	Cwmni A	Cwmni B	Cwmni C
100	500	250	750
200	400	230	700
300	300	210	650
400	200	190	600
500	100	170	550

Dim ond tri phrynwr sydd o nwydd Y, sef cwmnïau A, B a C.
(a) Lluniadwch y cromliniau galw unigol ar gyfer pob cwmni.
(b) Lluniadwch gromlin galw'r farchnad am nwydd Y.
(c) Daw pedwerydd busnes, cwmni D, i mewn i'r farchnad. Bydd yn prynu 500 am unrhyw bris rhwng £100 a £500. Dangoswch effaith hyn drwy luniadu cromlin newydd ar gyfer galw'r farchnad am nwydd Y.
(d) Mae cwmni B yn mynd i'r wal. Lluniadwch gromlin newydd galw'r farchnad gyda chwmnïau A, C a D yn prynu yn y farchnad.

y ffigurau ar echelin lorweddol y cromliniau galw unigol yn cael eu hadio i'w rhoi ar gromlin galw'r farchnad. Ond mae'r ffigurau ar echelin fertigol y cromliniau galw unigol a chromlin galw'r farchnad yn aros yr un fath.

Gwarged defnyddwyr

Mae cromlin y galw yn dangos faint y byddai defnyddwyr yn fodlon ei dalu am faint penodol o nwyddau. Yn Ffigur 4.6, er enghraifft, bydden nhw'n fodlon talu 10c pe byddent yn prynu 1 filiwn o eitemau. Am 8c, bydden nhw'n prynu 2 filiwn o eitemau. Wrth i'r pris ostwng, mae prynwyr eisiau prynu mwy.

Gellir rhoi hyn mewn ffordd arall. Po fwyaf a gynigir i brynwyr, lleiaf i gyd o werth y maent yn ei roi ar yr un olaf a brynir. Pe bai 1 filiwn yn unig o unedau ar werth yn Ffigur 4.6, byddai prynwyr yn fodlon talu 10c am bob un. Ond pe bai 3 miliwn ar werth, bydden nhw'n talu 6c yn unig. Felly, mae cromlin y galw yn dangos gwerth pob eitem a brynir i'r prynwr. Mae'r uned gyntaf a brynir yn werth bron 12c i brynwr. Mae'r filiynfed uned yn werth 10c. Byddai'r pedair miliynfed uned yn werth 4c.

Y term am y gwahaniaeth rhwng y gwerth i'r prynwyr a'r hyn y maent yn ei dalu yw GWARGED DEFNYDDWYR (*consumer surplus*). Tybiwch mai'r pris a dalwyd yw 6c yn Ffigur 4.6. Byddai'r prynwyr a fyddai'n fodlon talu 10c am y filiynfed uned wedi ennill gwarged defnyddwyr o 4c (10c – 6c). Byddai'r rhai a fyddai'n fodlon talu 8c am y 2 filiynfed uned yn ennill 2c. Felly cyfanswm y gwarged defnyddwyr am y pris 6c yw'r rhanbarth trionglog sydd wedi'i dywyllu yn Ffigur 4.6.

Roedd Adam Smith, a ysgrifennodd yn y 18fed ganrif, yn pendroni ynghylch pam y byddai defnyddwyr yn talu prisiau uchel am nwyddau fel diemyntau nad oeddent yn angenrheidiol ar gyfer byw, tra bod pris angenrheidiau fel dŵr yn isel iawn. Mae Ffigur 4.6 yn egluro'r **paradocs gwerth** hwn. Os mai ychydig o'r nwydd sydd ar gael i'w prynu, fel yn achos diemyntau, mae defnyddwyr yn fodlon talu pris uchel amdanynt. Os oes digonedd o'r nwydd ar gael, mae defnyddwyr yn fodlon talu pris isel yn unig. Dydy hynny ddim yn golygu na fyddant yn rhoi gwerth mawr ar angenrheidiau pan fydd y cyflenwad ohonynt yn isel. Ar adegau o newyn, gall diemyntau gael eu cyfnewid am feintiau bach o fwyd. Pe bai diemyntau mor gyffredin â dŵr, ni fyddai prynwyr yn fodlon talu llawer am y diemwnt olaf a brynir. Mae defnyddwyr yn cael meintiau mawr o warged defnyddwyr yn achos dŵr am fod y pris yn isel a meintiau

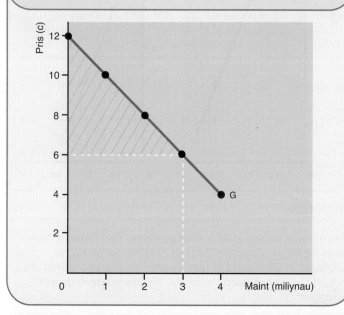

Ffigur 4.6 Gwarged defnyddwyr
Mae'r gromlin alw yn dangos y pris y byddai'r prynwr yn fodlon ei dalu am bob uned. Ar wahân i'r uned olaf a brynir, mae'r pris y mae'r prynwr yn fodlon ei dalu yn uwch na phris y farchnad sy'n cael ei dalu. Y gwahaniaeth rhwng y ddau werth yma yw'r gwarged defnyddwyr. Fe'i cynrychiolir gan y rhanbarth sydd wedi'i dywyllu dan y gromlin alw.

Cwestiwn 7

Mae'r galw am nwydd yn sero am £200. Yna mae'n codi i 50 miliwn o unedau am £100 a 75 miliwn am £50.
(a) Lluniadwch gromlin y galw ar gyfer prisiau rhwng 0 a £200.
(b) Tywyllwch ranbarth y gwarged defnyddwyr am y pris £60.
(c) Ydy'r gwarged defnyddwyr yn fwy neu'n llai am y pris £40 o'i gymharu â £60? Eglurwch eich ateb.

mawr yn cael eu prynu. Mae defnyddwyr yn cael llawer llai o warged defnyddwyr yn achos diemyntau am fod llawer llai o ddiemyntau yn cael eu prynu.

Termau allweddol

Cromlin alw unigol – y gromlin alw ar gyfer defnyddiwr, cwmni neu uned economaidd arall unigol.
Cromlin galw'r farchnad – swm yr holl gromliniau galw unigol.
Cromlin y galw – y llinell mewn diagram pris-maint sy'n dangos lefel y galw effeithiol am unrhyw bris penodol.
Galw neu alw effeithiol – y maint a brynir o nwydd am bris penodol, a derbyn bod y ffactorau eraill sy'n pennu galw yn aros yr un fath.

Gwarged defnyddwyr – y gwahaniaeth rhwng yr hyn y mae prynwyr yn fodlon ei dalu am nwydd a'r hyn y maent yn ei dalu.
Symudiad cromlin y galw – symudiad y gromlin alw gyfan i'r dde neu i'r chwith o'r gromlin wreiddiol a achosir gan newid mewn unrhyw newidyn sy'n effeithio ar alw ar wahân i'r pris.

Economeg gymhwysol

Y galw am dai

Daliadaeth tai

Nid un farchnad yn unig yw'r farchnad dai gan fod sawl math o ddaliadaeth yn rhan o'r farchnad.

Tai yn nwylo perchenogion preswyl Mae Ffigur 4.7 yn dangos bod y rhan fwyaf o dai heddiw yn nwylo perchenogion preswyl. Mae hyn yn golygu bod o leiaf un o'r bobl sy'n byw yn y tŷ yn berchen arno.

Tai rhent awdurdodau lleol Y grŵp mwyaf o landlordiaid yn y DU yw cynghorau lleol. Ers yr 1980au, mae eu pwysigrwydd wedi dirywio wrth i dai awdurdodau lleol gael eu gwerthu.

Tai rhent cymdeithasau tai Cyrff a sefydlwyd i ddarparu tai rhent yw cymdeithasau tai. Nid oes ganddynt gyfranddalwyr ac nid gwneud elw yw eu pwrpas. Eu nod yw bodloni anghenion eu cwsmeriaid. Daw llawer o'u harian i adeiladu tai newydd ar ffurf grantiau gan y llywodraeth. Daeth cymdeithasau tai yn bwysicach ers yr 1980au am fod y llywodraeth wedi sianelu grantiau at ddibenion adeiladu tai i'w rhentu yn fwyfwy i ffwrdd o'r awdurdodau lleol tuag at gymdeithasau tai.

Tai rhent landlordiaid preifat Nod landlordiaid preifat yw gwneud elw o rentu eiddo. Gwelwyd adfywiad yn y sector tai rhent preifat o ganlyniad i Ddeddf Tai 1988 (a ddiwygiwyd yn 1996). Caniatawyd 'tenantiaethau aswiriedig' lle gallai landlordiaid godi lefelau rhent fel y mynnent. Am y tro cyntaf ers degawdau, gallai landlordiaid godi rhent y byddai'r farchnad yn ei gynnal yn hytrach na bod rhent yn cael ei gapio, fel rheol ymhell islaw pris y farchnad. Gallai landlordiaid hefyd derfynu cytundebau tenantiaeth gydag unigolion. Felly gallent gael meddiant ar eu heiddo pe byddent am gael gwared ar denant anodd, symud yn ôl i'r eiddo neu ei werthu heb fod tenant yn byw yno. O ganlyniad, gwelwyd cynnydd yn nifer y tai rhent preifat a gwelliant sylweddol yng nghyflwr tai rhent. Mewn marchnad gystadleuol lle mae landlordiaid yn codi rhent yn ôl y farchnad, gall tenantiaid edrych o gwmpas nid yn unig am y rhent isaf ond hefyd am yr eiddo o'r safon orau am y pris. Yn ystod blynyddoedd llewyrchus y sector tai ar ddechrau'r unfed ganrif ar hugain roedd 'prynu i osod' yn gydran amlwg o'r galw am dai. Yn achos 'prynu i osod' byddai unigolion yn prynu tai gyda'r bwriad o'u gosod ar rent er mwyn gwneud elw.

Ffactorau sy'n effeithio ar y galw am dai

Mae llawer o ffactorau sy'n effeithio ar y galw neu faint y galw am dai.

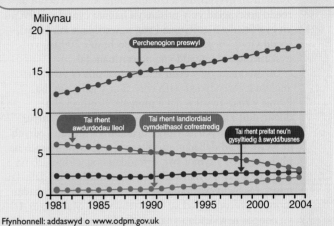

Ffigur 4.7 Y stoc anheddau yn ôl eu daliadaeth yn y Deyrnas Unedig

Ffynhonnell: addaswyd o www.odpm.gov.uk

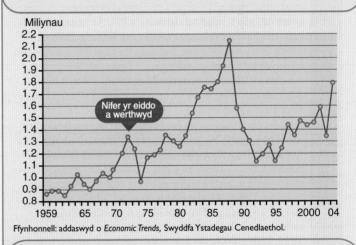

Ffigur 4.8 Nifer yr eiddo a werthwyd: Cymru a Lloegr (miliynau)

Ffynhonnell: addaswyd o *Economic Trends*, Swyddfa Ystadegau Cenedlaethol.

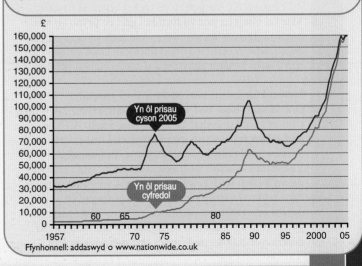

Ffigur 4.9 Prisiau tai cyfartalog yn y DU, £ yn ôl prisau cyfredol a phrisau cyson 2005

Ffynhonnell: addaswyd o www.nationwide.co.uk

Pris tai perchenogion preswyl Yn ôl theori economaidd, po uchaf yw pris cynnyrch, lleiaf i gyd o alw fydd amdano. Yn y farchnad am dai perchenogion preswyl, dylai cynnydd ym mhrisiau tai arwain at lai o alw ac i'r gwrthwyneb. Ond nid yw Ffigurau 4.8 a 4.9 yn dangos tystiolaeth o hyn. Roedd cynnydd ym mhrisiau tai yn yr 1980au yn gysylltiedig â chynnydd mewn gwerthiant ac roedd gostyngiad yn y prisiau yn hanner cyntaf yr 1990au yn gysylltiedig â gostyngiad yng ngwerthiant tai. Hefyd, roedd y twf ym mhrisiau tai ar ddechrau'r 2000au yn gysylltiedig â chynnydd yng ngwerthiant tai.

Un esboniad yw y gellir dadlau mai pris tŷ yw'r pris anghywir i'w ystyried wrth edrych ar y galw am dai. Prynir y rhan fwyaf o dai â **morgais**. Benthyciad a ddefnyddir i brynu eiddo yw morgais. Pan fydd darpar brynwyr yn edrych ar y pris, byddant yn tueddu i edrych ar werth yr ad-daliadau misol ar y morgais yn hytrach na phris y tŷ. Yn y tymor byr, cyfraddau llog yn hytrach na phrisiau tai sy'n dylanwadu fwyaf ar werth yr ad-daliadau misol. Os bydd cyfraddau llog yn codi, bydd ad-daliadau morgais yn codi hefyd ac i'r gwrthwyneb. Mae Ffigur 4.10 yn dangos newidiadau yng nghyfraddau sylfaenol banciau, sef y dylanwad pwysicaf ar fanciau a chymdeithasau tai wrth bennu eu cyfraddau morgais eu hunain. Er enghraifft, rhwng 1985 ac 1987 roedd cyfraddau llog yn gostwng, gan wneud ad-daliadau'n llai. Ar yr un adeg cafwyd cynnydd yng ngwerthiant tai. Rhwng 1988 ac 1990, bu cynnydd sydyn yng nghyfraddau llog gan arwain at ostyngiad sydyn yn nifer y tai a brynwyd. Ar ddechrau'r 2000au, gostyngodd cyfraddau llog o fwy na 5% i lai na 3.5%, ac ar yr un adeg cafwyd cynnydd yn nifer y tai a brynwyd.

Gall cymorthdaliadau hefyd effeithio ar yr ad-daliadau misol ar forgais. Yn yr 1970au a'r 1980au, rhoddai'r llywodraeth gymhorthdal ar fenthyca i brynu tŷ drwy roi gostyngiad yn y dreth ar y llog a dalwyd ar forgais. Mewn gwirionedd roedd hynny'n gostwng cost yr ad-daliadau misol ar forgais. Ond gan ddechrau yn 1987 cafodd gwerth y gostyngiad yn y dreth ar forgais ei leihau yn raddol gan y llywodraeth a'i ddiddymu yn y pen draw yn 1999. Felly roedd cost benthyca i brynu tŷ yn uwch ac roedd hyn yn un ffactor a leihaodd y galw am dai perchenogion preswyl yn yr 1990au.

Er hynny, nid yw pob tŷ yn cael ei brynu ar forgais. Mae tai uwch eu pris yn tueddu i gael eu prynu yn syth neu â morgais sy'n cyfrif am gyfran fach yn unig o'r pris prynu. Mae'n rhaid felly bod ffactorau eraill yn bwysig hefyd wrth bennu'r galw am dai perchenogion preswyl.

Incwm Mae incwm real (incwm ar ôl ystyried chwyddiant) wedi bod yn codi ar gyfartaledd o 2.5% dros y 40 mlynedd diwethaf yn y DU. Mae Ffigur 4.11 yn dangos sut mae incwm gwario personol real cyfartalog (incwm ar ôl didynnu treth incwm a chyfraniadau Yswiriant Gwladol) wedi newid ers 1971. Mae cynnydd mewn incwm wedi arwain at gynnydd yn y galw am dai. Pan oedd twf incwm yn arafu neu'n gostwng, fel ar ddechrau'r 1980au a dechrau'r 1990au, roedd hynny'n gysylltiedig ag arafu neu ostyngiad ym mhrisiau tai. Ar ddechrau'r 2000au, mae'n sicr bod twf cymedrol yn

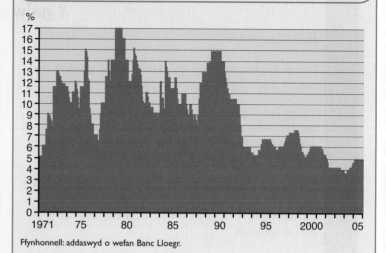

Ffigur 4.10 Cyfraddau llog: y gyfradd sylfaenol a osodir gan Fanc Lloegr

Ffynhonnell: addaswyd o wefan Banc Lloegr.

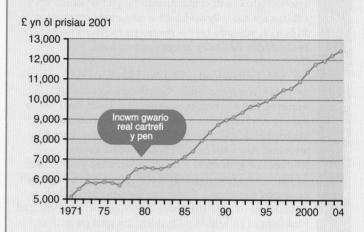

Ffigur 4.11 Incwm gwario real cartrefi y pen yn ôl prisiau 2001

£ yn ôl prisiau 2001

Incwm gwario real cartrefi y pen

Ffynhonnell: addaswyd o *Economic Trends*, Swyddfa Ystadegau Cenedlaethol.

Tabl 4.4 Poblogaeth a nifer y cartrefi: y DU

		Miliynau
	Poblogaeth	Nifer y cartrefi
1961	52.8	16.3
1971	55.9	18.6
1981	56.4	20.2
1991	57.8	22.4
2001	59.1	23.8
2004	59.8	24.1

Ffynhonnell: addaswyd o *Social Trends*, Swyddfa Ystadegau Cenedlaethol; *Monthly Digest of Statistics*, Swyddfa Ystadegau Cenedlaethol.

incwm cyfartalog cartrefi wedi cyfrannu at y twf yn y sector tai.

Mae'n debyg y gellir priodoli'r cynnydd yn nifer y tai yn nwylo perchenogion preswyl o'u cymharu â thai rhent i'r cynnydd mewn incwm hefyd. Mae'n well gan gartrefi yn y DU fod yn berchen ar eu tai eu hunain yn hytrach na'u rhentu. Oherwydd y cynnydd mewn incwm gall mwy o bobl fforddio prynu eu tŷ eu hunain. Ond hefyd mae'r twf mewn prynu i osod o'r 1990au ymlaen wedi cynyddu'r galw am dai a chyfrannu at y cynnydd ym mhrisiau tai.

Tueddiadau yn y boblogaeth Mae tueddiadau yn y boblogaeth hefyd wedi bod yn ffactor pwysig yn y cynnydd yn y galw am dai. Mae Tabl 4.4 yn dangos bod poblogaeth y DU yn tyfu dros amser. Ond mae nifer y cartrefi yn cynyddu ar gyfradd lawer yn uwch. Diffiniad cartref yw grŵp o bobl yn byw gyda'i gilydd mewn annedd. Dros amser mae maint cartrefi wedi lleihau. Mae mwy o bobl yn byw yn hirach ac mae pensiynwyr yn tueddu i fyw ar eu pen eu hunain. Mae mwy o barau priod yn ysgaru ac mae mwy o deuluoedd un rhiant nag o'r blaen. Mae llai o bobl ifanc am fyw gartref gyda'u rhieni ar ôl gadael yr ysgol. Felly mae nifer yr anheddau sydd eu hangen i ddiwallu'r galw gan gartrefi wedi bod yn cynyddu a rhagwelir y bydd yn parhau i gynyddu hyd at 2050.

Ffactorau eraill Gall ffactorau eraill effeithio ar y galw am dai ar wahân i brisiau, incwm a thueddiadau yn y boblogaeth. Un ffactor a ddylanwadodd ar brynu tai yn yr 1970au a'r 1980au, ac o ran olaf yr 1990au ymlaen, oedd hapfasnachu. Am fod prisiau tai wedi codi'n gyson yn ystod yr 1950au a'r 1960au, roedd tai yn cael eu hystyried fwyfwy fel buddsoddiad yn hytrach na lle i fyw. Yn ystod y twf yn y farchnad dai ar ddechrau'r 1970au a rhan olaf yr 1980au, roedd prisiau uwch am dai yn annog pobl i brynu tai yn y gobaith y byddai eu gwerth yn cynyddu mwy eto. Yn yr 1990au roedd llawer llai o hapfasnachu am fod prisiau tai yn weddol sefydlog, ond cynyddodd hapfasnachu eto o ddiwedd yr 1990au ymlaen wrth i brisiau tai godi.

Gyda'r twf yn y farchnad dai ar drai ar ddiwedd yr 1980au roedd yr effaith i'r gwrthwyneb. Ar ddechrau'r 1990au cafodd miliynau o gartrefi eu dal mewn trap **ecwiti negatif**. Roeddent wedi prynu tai ar frig y twf yn y farchnad dai yn 1988 ac 1989 gan gael benthyg bron y cyfan o'r arian roedd ei angen i'w prynu. Ar ddechrau'r 1990au, fodd bynnag, disgynnodd prisiau tai. Roedd hynny'n golygu bod maint y morgais yn fwy na gwerth y tŷ. Dyma ystyr 'ecwiti negatif'. Roedd hyn yn anogaeth i bobl beidio â phrynu tai oherwydd yr ofn y gallai prisiau tai ostwng yn is eto, gan arwain at fwy o golledion ecwiti. Hefyd, oherwydd cyfraddau llog hynod uchel a diweithdra uchel, roedd llawer yn methu ad-dalu eu morgais a chafodd llawer o dai eu hadfeddiannu gan y benthycwyr. Oherwydd y profiad hwn, roedd llawer o bobl yn ofni benthyg gormod drwy gydol gweddill yr 1990au.

Yn y farchnad am dai rhent, arweiniodd newidiadau pwysig yn y gyfraith at newidiadau yn y galw. Yn 1980 rhoddodd y llywodraeth yr hawl i denantiaid tai cyngor brynu eu tai am brisiau isel iawn. Dros y ddwy ddegawd nesaf gwerthwyd mwy na miliwn a hanner o dai cyngor i'r tenantiaid. Felly arweiniodd y newid cyfreithiol hwn at gynnydd yn y galw am dai ar gyfer perchenogion preswyl.

Bu newid pwysig arall yn y gyfraith yn 1988. Cyflwynodd y llywodraeth fath newydd o denantiaeth sef tenantiaeth aswiriedig lle nad oedd rhenti wedi'u rheoleiddio gan y wladwriaeth a lle gallai landlordiaid adfeddiannu'r eiddo ar ddiwedd y cyfnod amser a bennwyd yn y cytundeb tenantiaeth. Roedd deddfau oedd mewn grym ar y pryd, yn dyddio'n ôl i'r 1960au, yn rhoi'r hawl i denantiaid ofyn i swyddogion y cyngor bennu rhent ac, i bob pwrpas, yr hawl i aros yn yr eiddo am oes. O ganlyniad i'r newid yn 1998, cafwyd cynnydd mewn rhenti wrth i landlordiaid drosi eu tenantiaethau lle bo modd i'r cytundebau tenantiaeth aswiriedig newydd. Dylai hyn fod wedi arwain at ostyngiad yn y galw am dai rhent yn yr 1990au o ran nifer. Fodd bynnag, roedd dau ffactor arall yn gorbwyso'r effaith hon. Yn gyntaf, penderfynodd rhai pobl gael tŷ ar rent yn hytrach na phrynu tŷ oherwydd y profiadau gydag ecwiti negatif. Yn ail, daeth mwy o dai rhent a thai rhent o well safon ar y farchnad o ganlyniad i'r newidiadau yn 1988. Roedd hyn eto yn annog rhai cartrefi i gael tŷ ar rent yn hytrach na phrynu. Yn 2005, gyda phrisiau tai yn uwch nag erioed, ni allai llawer fforddio prynu tŷ ac fe'u gorfodwyd i gael tŷ rhent er y byddai'n well ganddynt fod wedi prynu tŷ.

Pwysigrwydd cymharol y gwahanol ffactorau

Yn y tymor hir, mae'r cynnydd mewn incwm a'r cynnydd yn nifer y cartrefi yn cynyddu'r galw am dai perchenogion preswyl a thai rhent yn y DU. Yn y tymor byr, cafodd ffactorau eraill effaith sylweddol ar y galw am dai, gan gynnwys hapfasnachu, newidiadau yn y gyfraith, diddymu'r gostyngiad yn y dreth ar forgais a newidiadau yng nghyfraddau llog.

Mae Indecs Fforddiadwyedd *Nationwide* a welir yn Ffigur 4.12 yn un mesur sy'n ceisio cyfuno amrywiaeth o ffactorau. Mae Cymdeithas Adeiladu *Nationwide* yn cyfrifo'r indecs ar sail taliadau morgais cyfartalog fel canran o'r cyflog clir. Mae taliadau morgais cyfartalog yn dibynnu ar faint y morgais ac felly, ar gyfer pryniant tai newydd, ar bris y tŷ a'r gyfradd llog i'w thalu ar y morgais. Os yw prisiau tai yn gostwng, cyfraddau llog yn gostwng, neu gyflog clir yn codi mae prisiau tai yn fwy fforddiadwy ac mae'r indecs yn mynd i lawr. Os yw prisiau tai yn codi, cyfraddau llog yn codi, neu gyflog clir yn gostwng mae prisiau tai yn llai fforddiadwy ac mae'r indecs yn codi. Mae Ffigur 4.12 yn dangos bod tai ar eu lefel leiaf fforddiadwy ddiwedd yr 1980au oherwydd cyfuniad o brisiau tai cymharol uchel a chyfraddau llog uchel. Yn y twf yn y farchnad dai ar ddechrau'r 2000au, gwelwyd yr indecs fforddiadwyedd yn codi'n sydyn. Er gwaetha'r cyfraddau llog isel a'r cynnydd mewn incwm, roedd maint morgeisiau yn codi'n gyflym am fod prisiau tai yn codi'n sydyn. Gellir priodoli'r ymchwydd yn y galw am dai a arweiniodd at brisiau'n codi ar ddechrau'r 2000au, yn rhannol o bosibl, i'r cyfuniad hwn o gyfraddau llog yn gostwng ac incwm yn codi. Fodd bynnag, gellir gweld bod yr indecs fforddiadwyedd wedi codi'n gyflym o oddeutu 70 yn 2000 i dros 1000 erbyn 2005. Mae hyn yn esbonio yn rhannol y gostyngiad yn y galw am dai yn 2005. Er hynny, roedd rhai sylwebwyr yn dadlau nad oedd tai yn 2005 yn arbennig o ddrud yn ôl safonau hanesyddol ac yn rhagfynegi y byddai galw mawr am dai yn parhau hyd y gellid rhagweld.

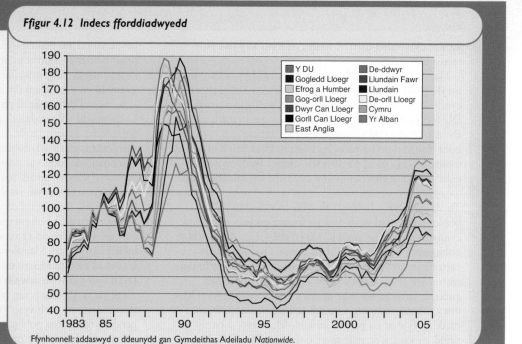

Ffigur 4.12 Indecs fforddiadwyedd

Legend: Y DU, Gogledd Lloegr, Efrog a Humber, Gog-orll Lloegr, Dwyr Can Lloegr, Gorll Can Lloegr, East Anglia, De-ddwyr, Llundain Fawr, Llundain, De-orll Lloegr, Cymru, Yr Alban

Ffynhonnell: addaswyd o ddeunydd gan Gymdeithas Adeiladu *Nationwide*.

Cwestiwn Data — Tâl mynediad i amgueddfeydd

Yn yr 1990au, cyflwynodd nifer o amgueddfeydd ac orielau cenedlaethol fel yr Amgueddfa Hanes Genedlaethol a'r V&A (Amgueddfa Victoria ac Albert, Llundain) dâl mynediad i gynyddu eu derbyniadau. Dechreuodd y llywodraeth a oedd yn gyfrifol am gynnal yr amgueddfeydd hynny lacio'r taliadau hynny o fis Ebrill 1999 ymlaen. Cyflwynwyd mynediad am ddim i blant ar 1 Ebrill 1999, i bobl dros 60 oed ar 1 Ebrill 2000, ac yna i bawb o ddechrau Rhagfyr 2001 ymlaen. Canlyniad hyn fu cynnydd sylweddol yn y niferoedd a aeth i ymweld â'r amgueddfeydd a'r orielau hyn, fel y gwelir yn Nhabl 4.5.

Roedd grŵp arall o amgueddfeydd, yr Oriel Genedlaethol a'r Amgueddfa Brydeinig yn eu plith, nad ydynt erioed wedi codi tâl mynediad. Gwelwyd y niferoedd a aeth i ymweld â nhw yn codi hefyd yn y cyfnod rhwng 2000 a 2004 ond nid oedd y cynnydd gymaint â'r cynnydd i'r sefydliadau hynny oedd wedi bod yn codi tâl.

Mae nifer o ffactorau yn gyfrifol am y cynnydd yn y niferoedd sy'n ymweld ag amgueddfeydd ac orielau cenedlaethol. Cynyddodd nifer y twristiaid tramor yn y DU dros yr un cyfnod a byddai rhai o'r rheini wedi ymweld ag amgueddfeydd ac orielau. Roedd y cynnydd yn nifer y gwyliau seibiant byr gan bobl o'r DU i Lundain yn arbennig yn ffactor arall. Byddai'r Ysgrifennydd dros Ddiwylliant, Tessa Jowell, am gredu hefyd bod archwaeth y cyhoedd am ddiwylliant 'difrifol' yn cynyddu.

Tabl 4.5 Cyfanswm yr ymweliadau ag amgueddfeydd ac orielau cenedlaethol

	2000	2001	2002	2003	Miliynau 2004
Yr amgueddfeydd a'r orielau oedd yn codi tâl cyn mis Rhagfyr 2001	7.2	7.8	13.2	13.4	13.7
Yr amgueddfeydd a'r orielau nad ydynt erioed wedi codi tâl	18.2	19.1	19.5	18.8	21.0
Cyfanswm	25.4	26.9	32.7	32.2	34.7

Noder: mae'r blynyddoedd yn ymestyn o fis Rhagfyr y flwyddyn cynt i fis Tachwedd y flwyddyn a nodwyd, e.e. mae ffigurau 2000 ar gyfer y cyfnod o fis Rhagfyr 1999 i fis Tachwedd 2000.

Ffynhonnell: addaswyd o www.culture.gov.uk

1. Gan ddefnyddio diagram cromlin alw a'r data, eglurwch pam y bu cynnydd yn nifer yr ymweliadau ag amgueddfeydd ac orielau cenedlaethol ar ôl diddymu taliadau mynediad.
2. Awgrymwch ffactorau eraill, ar wahân i bris, a allai fod wedi symud cromlin y galw am ymweliadau ag amgueddfeydd ac orielau cenedlaethol i'r dde.
3. Gan ddefnyddio diagram, trafodwch faint y gwarged defnyddwyr y gallai ymwelwyr ag amgueddfeydd ac orielau cenedlaethol fod wedi'i dderbyn cyn diddymu'r taliadau mynediad ac ar ôl eu diddymu.

Crynodeb

1. Bydd cynnydd yn y pris yn arwain at gynnydd ym maint y cyflenwad, a ddangosir gan symudiad ar hyd cromlin y cyflenwad.

2. Gall newid yn y cyflenwad gael ei achosi gan ffactorau fel newid yng nghostau cynhyrchu, technoleg a phris nwyddau eraill. Mae hyn yn achosi i gromlin y cyflenwad symud.

3. Mewn marchnad berffaith gystadleuol cromlin cyflenwad y farchnad yw swm cromliniau cyflenwad unigol yr holl gwmnïau.

Cyflenwad

Mewn unrhyw farchnad mae yna brynwyr a gwerthwyr. Bydd prynwyr yn **galw** am nwyddau tra bydd gwerthwyr yn **cyflenwi** nwyddau. Ym myd economeg diffinad CYFLENWAD yw faint o'r nwydd y mae cyflenwyr yn fodlon ei werthu am bris penodol dros gyfnod o amser. Yn 2003 gwerthodd ffermwyr y DU 5.9 miliwn o dunelli metrig o datws am bris cyfartalog o £102 y dunnell fetrig, felly byddai economegwyr yn dweud mai cyflenwad tatws am £102 y dunnell fetrig dros y 12 mis oedd 5.9 miliwn o dunelli metrig.

Cyflenwad a phris

Os bydd pris nwydd yn codi, sut y bydd cynhyrchwyr yn ymateb? Os nad oes newid mewn unrhyw ffactor arall, byddant yn debygol o ehangu cynhyrchu er mwyn manteisio ar y prisiau uwch a'r elw uwch y gallant ei wneud nawr. Yn gyffredinol, bydd maint y cyflenwad yn cynyddu os bydd pris y nwydd yn codi, â phopeth arall yn gyfartal.

Gellir dangos hyn mewn diagram gan ddefnyddio **cromlin**

gyflenwad. Mae cromlin gyflenwad yn dangos maint y cyflenwad dros gyfnod o amser am unrhyw bris penodol. Mae Ffigur 5.1 yn dangos cromlin cyflenwad gwenith. Pris gwenith yw £110 y dunnell fetrig. Am y pris hwn dim ond y ffermwyr mwyaf effeithlon sy'n tyfu gwenith. Maen nhw'n cyflenwi 110 miliwn o dunelli metrig y flwyddyn. Ond pe bai'r pris yn codi i £140 y dunnell fetrig, gallai ffermwyr sydd eisoes yn tyfu gwenith gynyddu eu herwau o wenith, tra gallai ffermwyr eraill nad oeddent yn tyfu gwenith ddechrau ei dyfu. Byddai ffermwyr yn gwneud hyn oherwydd am y pris £140 y dunnell fetrig mae'n bosibl gwneud elw ar gynhyrchu hyd yn oed os yw costau'n uwch nag ar lefel cynhyrchu o 110 miliwn o unedau.

Bydd gostyngiad yn y pris yn arwain at **ostyngiad ym maint y cyflenwad**, a ddangosir gan **symudiad ar hyd** cromlin y cyflenwad. Am bris is, bydd rhai cwmnïau'n cwtogi ar gynhyrchu sy'n gymharol amhroffidiol tra bydd eraill yn rhoi'r gorau i gynhyrchu yn llwyr. Efallai y bydd rhai o'r cwmnïau olaf hyn hyd yn oed yn mynd yn fethdalwyr, heb allu talu am eu costau cynhyrchu o'r pris a dderbynnir.

Mae cromlin gyflenwad sy'n goleddu i fyny yn tybio:

• bod cwmnïau'n cael eu cymell i gynhyrchu gan elw – felly ni fydd y model hwn yn berthnasol, er enghraifft, i lawer o'r hyn a gynhyrchir gan lywodraeth;

• bod cost cynhyrchu uned yn cynyddu wrth i gynnyrch gynyddu (sefyllfa lle mae cost ffiniol yn cynyddu) – nid yw hynny'n wir bob amser, ond mae'n debygol y bydd prisiau ffactorau

Ffigur 5.1 Cromlin y cyflenwad

Mae cromlin y cyflenwad yn goleddu i fyny, gan ddangos bod cwmnïau'n cynyddu cynhyrchu nwydd wrth i'w bris godi. Y rheswm yw bod pris uwch yn galluogi cwmnïau i wneud elw ar y cynnyrch uwch ond am y pris is bydden nhw wedi gwneud colled arno. Yma, mae cynnydd ym mhris gwenith o £110 i £140 y dunnell fetrig yn cynyddu maint y cyflenwad o 110 miliwn i 150 miliwn o dunelli metrig y flwyddyn.

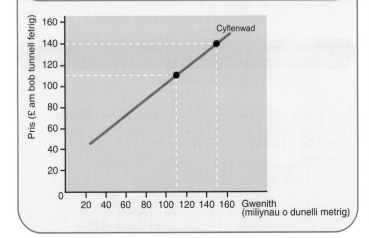

Cwestiwn 1

Tabl 5.1

Pris (£)	Maint y cyflenwad (miliynau o unedau y flwyddyn)
5	5
10	8
15	11
20	14
25	17

(a) Lluniadwch gromlin gyflenwad ar sail y data uchod.

(b) Lluniadwch gromliniau cyflenwad newydd a thybio bod maint y cyflenwad am unrhyw bris penodol:

(i) yn cynyddu 10 uned; (ii) yn cynyddu 50%;

(iii) yn gostwng 5 uned; (iv) yn haneru.

cynhyrchu yn cynyddu wrth i gwmnïau gynnig am fwy o dir, llafur a chyfalaf i gynyddu eu cynnyrch, gan wthio eu costau i fyny trwy hynny.

Costau cynhyrchu

Caiff cromlin gyflenwad ei lluniadu ar sail y dybiaeth bod costau cyffredinol cynhyrchu yn yr economi yn ddigyfnewid (rhan o'r amod **ceteris paribus**). Os bydd pethau eraill yn newid, bydd cromlin y cyflenwad yn symud. Os bydd costau cynhyrchu yn cynyddu ar unrhyw lefel benodol o gynnyrch, bydd cwmnïau'n ceisio trosglwyddo'r cynnydd hwnnw ar ffurf prisiau uwch. Os na allant godi prisiau uwch bydd elw'n gostwng a bydd cwmnïau'n cynhyrchu llai o'r nwydd neu efallai hyd yn oed yn peidio â'i gynhyrchu. Felly bydd cynnydd yn y costau cynhyrchu yn gostwng y cyflenwad.

Gellir gweld hyn yn Ffigur 5.3. Cromlin wreiddiol y cyflenwad yw C_1. Mae cynnydd yn y costau cynhyrchu yn golygu y bydd cwmnïau ar unrhyw lefel benodol o gynnyrch yn codi prisiau uwch. Ar y lefel cynnyrch OA, bydd cwmnïau'n cynyddu eu prisiau o OB i OC. Bydd y cynnydd hwn mewn prisiau yn wir am bob pwynt ar gromlin y cyflenwad. Felly bydd cromlin y cyflenwad yn **symud** i fyny ac i'r chwith i C_2 yn Ffigur 5.3. Bydd **gostyngiad yn y cyflenwad**. (Sylwer: mae **gostyngiad ym maint y cyflenwad** yn cyfeirio at newid ym maint y cyflenwad sy'n ganlyniad i newid yn y pris a byddai'n cael ei ddangos gan symudiad ar hyd cromlin y cyflenwad.) I'r gwrthwyneb, bydd gostyngiad yn y costau cynhyrchu yn arwain at gynnydd yng nghyflenwad nwydd. Bydd cromlin y cyflenwad yn symud i'r dde.

Technoleg

Ffactor arall sy'n effeithio ar gyflenwad nwydd yw cyflwr technoleg. Caiff cromlin y cyflenwad ei lluniadu ar sail y dybiaeth bod cyflwr

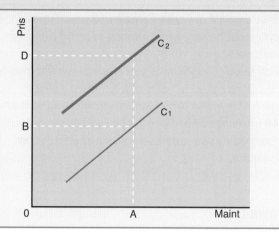

Ffigur 5.3

Bydd cynnydd yng nghostau cynhyrchu cwmni yn gwthio ei gromlin gyflenwad i fyny ac i'r chwith, o C_1 i C_2. Ar gyfer unrhyw faint y cyflenwad, bydd cwmnïau nawr eisiau pris uwch i'w digolledu am y cynnydd yn eu costau.

technoleg yn ddigyfnewid. Os cyflwynir technoleg newydd i'r broses gynhyrchu dylai arwain at ostyngiad yn y costau cynhyrchu. Bydd y cynnydd hwn mewn **effeithlonrwydd cynhyrchiol** yn hybu cwmnïau i gynhyrchu mwy am yr un pris neu gynhyrchu'r un maint am bris is neu ryw gyfuniad o'r ddau. Bydd cromlin y cyflenwad yn symud i lawr ac i'r dde. Byddai'n anarferol i gwmnïau roi technoleg lai effeithlon yn lle technoleg fwy effeithlon. Ond gall hyn ddigwydd ar adegau o ryfel neu drychinebau naturiol. Os caiff cyfarpar technoleg newydd ei ddinistrio, efallai y bydd cwmnïau'n gorfod troi at fodd llai effeithlon o gynhyrchu, gan leihau'r cyflenwad am unrhyw bris penodol ac achosi i gromlin y cyflenwad symud i'r chwith.

Prisiau nwyddau eraill

Gall newidiadau ym mhrisiau rhai nwyddau effeithio ar gyflenwad nwydd penodol. Er enghrafft, os bydd pris cig eidion yn codi'n sylweddol bydd cynnydd ym maint y cyflenwad o gig eidion. Bydd mwy o fuchod yn cael eu magu a'u lladd. O ganlyniad bydd cynnydd yng nghyflenwad croen buchod ar gyfer lledr. Am yr un pris, bydd maint y lledr a gyflenwir i'r farchnad yn cynyddu. Felly mae cynnydd ym mhris cig eidion yn arwain at gynnydd yng nghyflenwad lledr. Ar y llaw arall, mae cynnydd mewn magu buchod yn debygol o fod ar draul cynhyrchu gwenith neu fagu defaid. Felly mae cynnydd mewn cynhyrchu cig eidion yn debygol o arwain at ostyngiad yng nghyflenwad cynhyrchion amaethyddol eraill wrth i ffermwyr newid cynhyrchu er mwyn manteisio ar yr elw uwch mewn cig eidion.

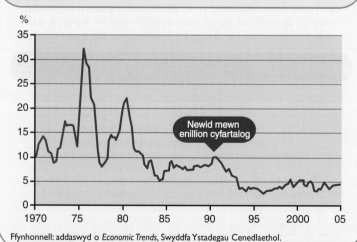

Cwestiwn 2

Ffigur 5.2 Newid canrannol cyfartalog mewn enillion dros y 12 mis blaenorol

Newid mewn enillion cyfartalog

Ffynhonnell: addaswyd o *Economic Trends*, Swyddfa Ystadegau Cenedlaethol.

(a) Eglurwch sut y gall newid mewn enillion symud cromlin cyflenwad cynnyrch i'r chwith.

(b) Trafodwch ym mha flynyddoedd y mae cromliniau cyflenwad nwyddau a wnaed yn y DU yn debygol o fod wedi symud (i) pellaf a (ii) lleiaf pell i'r chwith yn ôl y data.

Cwestiwn 3

Gan ddefnyddio cromliniau cyflenwad, eglurwch pam roedd hi'n costio £10 000 yn 1970 am beiriant a allai wneud yr un gwaith â chyfrifiannell oedd yn costio £100 yn 1975 ac sy'n costio £5 heddiw.

MR M- M+

Ffigur 5.4 Cromliniau cyflenwad unigol a'r farchnad
Cyfrifir cromlin cyflenwad y farchnad drwy adio cromliniau cyflenwad unigol cynhyrchwyr yn y farchnad. Yma, er enghraifft, cyfrifir cyflenwad y farchnad am £20 drwy adio cyflenwad pob cwmni unigol am y pris £20.

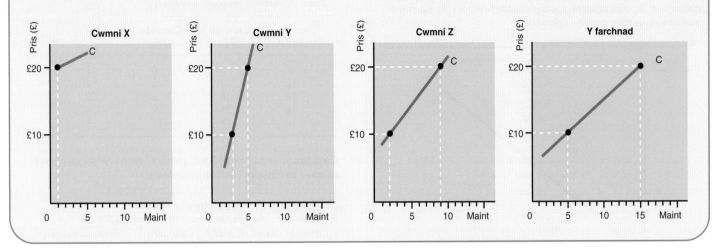

Ffactorau eraill

Mae nifer o ffactorau eraill yn effeithio ar gyflenwad. Mae'r rhain yn cynnwys:
- nodau gwerthwyr – os oes newid yn lefelau'r elw y mae gwerthwr yn disgwyl eu cael fel gwobr am gynhyrchu, bydd newid mewn cyflenwad; er enghraifft, pe bai diwydiant fel y diwydiant adwerthu llyfrau yn troi o fod yn un sy'n cynnwys llawer o werthwyr bach sydd â mwy o ddiddordeb mewn gwerthu llyfrau na gwneud elw i un lle dominyddir y diwydiant gan ychydig o gwmnïau mawr sy'n ceisio elw, byddai'r cyflenwad yn gostwng;
- deddfwriaeth y llywodraeth – mae rheolaethau gwrthlygredd sy'n cynyddu costau cynhyrchu, dileu rhwystrau cyfreithiol i gychwyn busnes mewn diwydiant, neu newidiadau mewn trethi yn ffyrdd y gall llywodraeth newid lefel y cyflenwad mewn diwydiant;
- disgwyliadau ynghylch digwyddiadau yn y dyfodol – pe bai cwmnïau'n disgwyl i brisiau fod yn uwch o lawer yn y dyfodol, gallent gyfyngu ar y cyflenwad a phentyrru stoc o'r nwyddau; pe byddent yn disgwyl amhariad ar eu cynhyrchu yn y dyfodol oherwydd streic gallent bentyrru stoc o ddeunyddiau crai, gan

fenthyca arian i dalu amdanynt, a thrwy hynny gynyddu eu costau a lleihau'r cyflenwad;
- y tywydd – mewn marchnadoedd amaethyddol mae'r tywydd yn hollbwysig o ran pennu'r cyflenwad, gyda thywydd gwael yn gostwng cyflenwad a thywydd da yn creu cnydau toreithiog.

Cromliniau cyflenwad unigol a'r farchnad

Gellir lluniadu CROMLIN CYFLENWAD Y FARCHNAD ar sail CROMLINIAU CYFLENWAD UNIGOL gwerthwyr yn y farchnad (mae hyn yn tybio na fydd newidiadau yng nghromlin y galw yn effeithio ar gyflenwad fel a ddigwyddai dan fonopoli neu oligopoli). Ystyriwch Ffigur 5.4. Er symlrwydd tybiwn mai dim ond tri gwerthwr sydd yn y farchnad. Am y pris £10 yr uned, nid yw Cwmni X yn fodlon cyflenwi dim, mae Cwmni Y yn cyflenwi 3 uned ac mae Cwmni Z yn cyflenwi 2 uned. Felly cyflenwad y farchnad am y pris £10 yw 5 uned. Am y pris £20, bydd Cwmni X yn cyflenwi 1 uned, Cwmni Y 5 uned a Chwmni Z 9 uned. Felly cyflenwad y farchnad am y pris £20 yw 15 uned. Gellir cael gweddill cromlin cyflenwad y farchnad drwy **adio'n llorweddol** lefel y cynnyrch am bob pris arall.

Gwarged cynhyrchwyr

Mae cromlin y cyflenwad yn dangos faint fydd yn cael ei gyflenwi am unrhyw bris penodol. Yn Ffigur 5.5 bydd cwmnïau'n cyflenwi 10 miliwn o unedau am 10c tra byddant yn cyflenwi 25 miliwn o unedau am 20c. Tybiwch mai'r pris y mae cwmnïau'n ei dderbyn yw 20c. Bydd rhai cwmnïau'n derbyn mwy na'r pris isaf y maent yn fodlon cyflenwi amdano. Er enghraifft, roedd un cwmni'n fodlon cyflenwi'r 10 miliynfed uned am 10c. Mae'r cwmni'n derbyn 20c, sef 10c yn fwy. GWARGED CYNHYRCHWYR yw'r 10c yma, sef y gwahaniaeth rhwng pris y farchnad y mae'r cwmni'n ei dderbyn a'r pris y mae'n fodlon cyflenwi amdano. Dangosir cyfanswm y gwarged cynhyrchwyr a enillir gan gwmnïau gan y rhanbarth rhwng cromlin y cyflenwad a'r llinell lorweddol ar bris y farchnad. Dyma swm y gwarged cynhyrchwyr a enillir ar bob lefel cynnyrch.

Cwestiwn 4

Gan ddefnyddio diagramau, eglurwch sut y byddech yn disgwyl i'r digwyddiadau a nodir isod effeithio ar gyflenwad y nwyddau canlynol, â phopeth arall yn gyfartal.
(a) Petrol 2004-2005. Yn 2004-2005 cododd pris casgen o olew crai o $25 y gasgen i fwy na $70 y gasgen.
(b) Galwadau ffôn Rhyngrwyd oddi ar 2004. Oddi ar 2004 mae nifer cynyddol o gwmnïau wedi bod yn gostwng pris gwneud galwad ffôn drwy gynnig gwasanaethau ffôn Rhyngrwyd newydd gan ddefnyddio meddalwedd newydd sy'n cystadlu â chysylltiadau traddodiadol tirwifrau neu ffonau symudol.
(c) Cotwm 2005. Yn 2005 cafwyd y cnwd cotwm mwyaf erioed yn Pakistan, sy'n bedwerydd ar restr y cynhyrchwyr mwyaf o gotwm ar ôl UDA, China ac India, yn rhannol yn ganlyniad i dywydd da a chynyddu defnyddio gwrteithiau.

Ffigur 5.5 Gwarged cynhyrchwyr

Mae cromlin y cyflenwad yn dangos faint fydd yn cael ei gyflenwi am unrhyw bris penodol. Ar wahân i'r uned olaf a gyflenwir, mae'r cyflenwr yn derbyn mwy am y nwydd na'r pris isaf y mae'n fodlon cyflenwi amdano. Y gwahaniaeth hwn rhwng pris y farchnad a'r pris isaf y mae cwmni'n fodlon cyflenwi amdano yw gwarged cynhyrchwyr. Dangosir cyfanswm y gwarged cynhyrchwyr gan y rhanbarth sydd wedi'i dywyllu uwchlaw cromlin y cyflenwad.

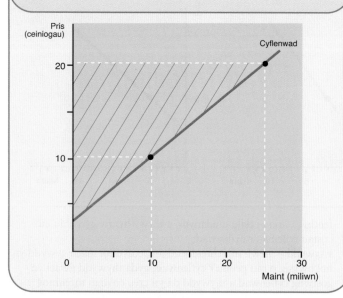

Cwestiwn 5

Tabl 5.2

Maint y cyflenwad (miliynau o unedau)			
Cwmnïau yn ardal A	Cwmnïau yn ardal B	Cwmnïau yn ardal C	Pris (£)
10	2	0	1
12	5	3	2
14	8	6	3
16	11	9	4
18	14	12	5

Cwmnïau yn ardaloedd A, B a C yw'r unig gyflenwyr yn y farchnad ac mae'r farchnad yn berffaith gystadleuol.

(a) Lluniadwch gromlin cyflenwad y farchnad.
(b) Beth yw'r cyflenwad am y pris (i) £1 a (ii) £3.50?
(c) Mae un cwmni yn ardal A yn penderfynu cynyddu cynhyrchu 5 uned am bob pris penodol. Lluniadwch gromlin newydd cyflenwad y farchnad ar eich diagram.
(d) Eglurwch beth fyddai'n digwydd i gromlin cyflenwad y farchnad pe bai technoleg newydd yn y diwydiant yn arwain at fwy o effeithlonrwydd cynhyrchiol ymhlith cwmnïau unigol.

Termau allweddol

Cromlin cyflenwad y farchnad – cromlin gyflenwad yr holl gynhyrchwyr yn y farchnad. Mewn marchnad berffaith gystadleuol gellir ei chyfrifo drwy adio cromliniau cyflenwad cynhyrchwyr unigol.
Cromlin gyflenwad unigol – cromlin gyflenwad cynhyrchydd unigol.

Cyflenwad – faint o'r nwydd y mae cyflenwyr yn fodlon ei werthu am bris penodol dros gyfnod o amser.
Gwarged cynhyrchwyr – y gwahaniaeth rhwng pris y farchnad y mae cwmnïau'n ei dderbyn a'r pris y maent yn fodlon cyflenwi amdano.

Economeg gymhwysol

Cyflenwad Tai

Mae yna nifer o farchnadoedd gwahanol o fewn y farchnad dai, a phob un â'i chyflenwad ei hun. O fewn y farchnad am dai **perchenogion preswyl**, mae yna farchnad ar gyfer prynu a gwerthu anheddau ail law. Mae yna farchnad hefyd am dai newydd. O fewn y sector rhentu, mae awdurdodau lleol, cymdeithasau tai a'r sector preifat yn cyflenwi tai i'r farchnad. Mae cyflenwad wedi newid mewn ffyrdd gwahanol yn y machnadoedd gwahanol hyn yn y DU, fel y gwelir yn Ffigur 5.6. Y duedd gyffredinol fu i berchenogaeth breswyl gynyddu tra bo rhentu wedi gostwng.

Y farchnad am dai perchenogion preswyl

Mae Ffigurau 5.7 a 5.8 yn rhoi dau fesur gwahanol o gyflenwad i'r farchnad dai. Mae'r cyntaf yn cynnwys cyfanswm y tai newydd a adeiladwyd i'w gwerthu i'r sector preifat. Mae'r ail yn dangos cyfanswm y trafodion eiddo am bob blwyddyn. Mae hyn yn cynnwys gwerthiant tai newydd a thai sy'n bodoli eisoes ac sy'n cael eu gwerthu'n ail law. Byddai damcaniaeth economaidd yn

Ffigur 5.6 Stoc tai yn ôl daliadaeth 1951-2004

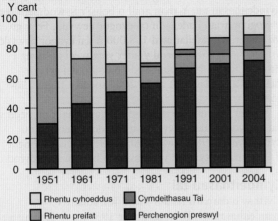

Y cant

Rhentu cyhoeddus □   Cymdeithasau Tai ■
Rhentu preifat □   Perchenogion preswyl ■

Ffynhonnell: addaswyd o *Transport and the Regions, Housing and Construction Statistics*, Adran yr Amgylchedd.

Ffigur 5.7 Nifer y tai newydd a gwblhawyd yn flynyddol, Prydain

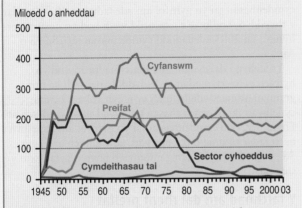

Miloedd o anheddau

Cyfanswm

Preifat

Cymdeithasau tai

Sector cyhoeddus

Ffynhonnell: addaswyd o *Transport and the Regions, Housing and Construction Statistics*, Adran yr Amgylchedd.

Ffigur 5.8 Nifer y gwerthiannau eiddo: Cymru a Lloegr (miliynau)

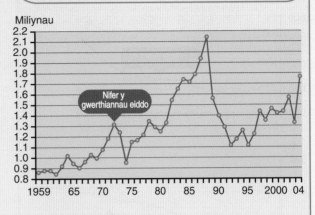

Miliynau

Nifer y gwerthiannau eiddo

Ffynhonnell: addaswyd o *Economic Trends Annual Supplement*, Swyddfa Ystadegau Cenedlaethol.

Ffigur 5.9 Pris cyfartalog tai yn y DU, £ yn ôl gwerthoedd cyfredol a chyson[1]

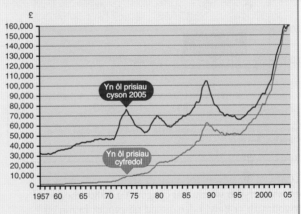

£

Yn ôl prisiau cyson 2005

Yn ôl prisiau cyfredol

[1] Pris cyfartalog anheddau newydd gyda morgeisiau wedi'u cymeradwyo.
Ffynhonnell: addaswyd o *Economic Trends Annual Supplement*, Swyddfa Ystadegau Cenedlaethol.

awgrymu po uchaf y pris, uchaf i gyd fydd maint y cyflenwad. Mae profiad y 30 mlynedd diwethaf yn tueddu i gefnogi'r berthynas hon yn y farchnad dai. Mae Ffigur 5.9 yn dangos bod cyfnodau o gynnydd uchel ym mhrisiau tai, fel yn 1972-73 ac 1986-89 a rhan olaf yr 1990au hyd at 2004, yn cyd-daro â lefelau uchel o dai newydd wedi'u cwblhau a chyfanswm trafodion eiddo. Digwyddodd cwympiadau ym mhrisiau eiddo, fel yn 1990-1993, yr un pryd â gostyngiadau yng ngwerthiant tai newydd a thai sy'n bodoli eisoes.

Gall ffactorau eraill ddylanwadu ar gyflenwad hefyd. Cost yw un o'r rheiny. Bydd cynnydd mewn costau yn gwthio cromlin y cyflenwad i fyny. Cost tir yw'r prif gost heddiw wrth adeiladu tai yn y rhan fwyaf o'r DU. Yn nodweddiadol, bydd hanner cost eiddo yn cynrychioli cost y tir y caiff yr eiddo ei adeiladu arno. Costau llafur a defnyddiau yw gweddill y gost. Mae Ffigur 5.10 yn dangos sut y cynyddodd pris tir ac enillion cyfartalog yr

awr gweithwyr llaw gwrywaidd yn y diwydiant adeiladu rhwng 1990 a 2004, a sut y maent yn cydberthyn i'r cynnydd ym mhrisiau tai newydd yn ystod yr un cyfnod.

Mae rheoleiddio gan y llywodraeth wedi bod yn ffactor pwysig arall yn dylanwadu ar gyflenwad tai. Mae'r llywodraeth a'r awdurdodau lleol wedi cyfyngu ar gyflenwad tai newydd, yn enwedig trwy reoliadau llain las. Er mwyn adeiladu tai newydd, rhaid i gwmnïau adeiladu gael caniatâd cynllunio gan yr awdurdod lleol. Pan fo'r farchnad dai wedi bod yn fywiog, fel ar ddechrau'r 2000au, mae cwmnïau adeiladu wedi dymuno adeiladu mwy o dai newydd nag y mae awdurdodau lleol wedi'u caniatáu. Mae hyn wedi gwthio cost tir adeiladu i fyny wrth i gwmnïau adeiladu gystadlu â'i gilydd i brynu safleoedd prin. Mae cost uwch tir adeiladu wedyn wedi lleihau cyflenwad tai newydd. Mae hyn wedi bod yn arbennig o wir mewn ardaloedd fel De Ddwyrain Lloegr lle mae'r boblogaeth wedi bod yn tyfu'n gymharol gyflym.

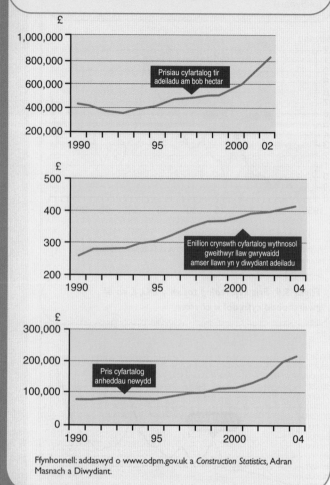

Ffigur 5.10 *Prisiau tir adeiladu, enillion cyfartalog yn y diwydiant adeiladu a phris tai newydd*

Prisiau cyfartalog tir adeiladu am bob hectar

Enillion crynswth cyfartalog wythnosol gweithwyr llaw gwrywaidd amser llawn yn y diwydiant adeiladu

Pris cyfartalog anheddau newydd

Ffynhonnell: addaswyd o www.odpm.gov.uk a *Construction Statistics*, Adran Masnach a Diwydiant.

rhannol drwy gyflwyno deddfwriaeth hawl i brynu yn 1980, a arweiniodd at werthu tai cyngor i denantiaid fel y dangosir yn Ffigur 5.11. Lleihawyd stoc tai cyngor ymhellach wrth i rai cynghorau werthu stadau tai cyfan i gymdeithasau tai. Y rhan arall o bolisi'r llywodraeth oedd cwtogi ar arian i adeiladu tai cyngor newydd. Fel y gwelir yn Ffigur 5.7, adeiladwyd 108,000 o dai cyngor newydd yn 1978. Yn 1980, roedd y nifer yma wedi gostwng i 86,000. Erbyn 1990, dim ond 16,600 o dai cyngor newydd a adeiladwyd, ac yn 2003 roedd y ffigur i lawr i 241.

Yn sgil gwerthu i denantiaid a'r ffaith mai prin oedd y tai newydd a adeiladwyd, gostyngodd cyflenwad tai cyngor yn yr 1980au a'r 1990au, fel y gwelir yn Ffigur 5.7. Mae'r gostyngiad yn debygol o barhau yn y dyfodol.

Cymdeithasau tai

Cyrff sy'n darparu tai am rhenti fforddiadwy yw cymdeithasau tai. Drwy gydol yr 1950au, yr 1960au a'r 1970au, adeiladwyd ganddynt rhwng 1,000 a 15,000 o dai y flwyddyn, sef ychwanegiad cymharol fach at gyfanswm cyflenwad tai yn y DU. Fodd bynnag, yn yr 1980au a'r 1990au aeth y llywodraeth ati i sianelu grantiau fwyfwy i ffwrdd o awdurdodau lleol ac i gyfeiriad cymdeithasau tai ar gyfer adeiladu tai cymdeithasol. Yng nghanol yr 1990au, roedd cymdeithasau tai yn gyfrifol am adeiladu tua 40,000 o dai y flwyddyn, ond mae'r niferoedd wedi bod yn gostwng ers hynny. Yn 2003 adeiladodd cymdeithasau tai 18,098 o dai.

Yn debyg i dai cyngor, nid marchnadoedd ond yn hytrach penderfyniadau gwleidyddol ynghylch lle i roi grantiau ar gyfer adeiladu tai sy'n gyfrifol am bennu cyflenwad tai o gymdeithasau tai. Dylid nodi, o edrych ar Ffigur 5.7, bod cymdeithasau tai yn gyfrifol am ffracsiwn bach iawn yn unig o dai newydd, ac o edrych ar Ffigur 5.6, eu bod yn cyfrif am ganran fach iawn o gyfanswm y stoc tai.

Y farchnad am dai rhent preifat

Gostyngodd cyflenwad tai rhent preifat yn yr 1950au, yr 1960au a'r 1970au. Roedd hyn yn bennaf oherwydd bod y rhent neu'r pris a dderbyniai landlordiaid yn rhy isel ac felly roedd symudiad i lawr cromlin y cyflenwad. Roedd mwy o bobl naill ai'n prynu eu cartrefi eu hunain neu'n rhentu o awdurdod lleol, gan roi pwysau tuag i lawr ar renti preifat. Ond yn bwysicach na hynny, cafwyd deddfwriaeth o ganol yr 1960au a roddai hawliau sylweddol i denantiaid gan gynnwys yr hawl i rent 'teg' neu rent wedi'i reoleiddio. Hefyd gwnaeth y ddeddfwriaeth hi'n anodd iawn i landlord fwrw tenant allan os oedd eisiau rhoi'r gorau i osod yr eiddo ar rent. O ganlyniad, ciliodd landlordiaid o'r fachnad dai a gostyngodd cyflenwad tai rhent preifat.

Oddi ar 1988, fodd bynnag, mae'r sector preifat wedi dechrau ehangu eto, fel y gwelir yn Nhabl 5.3. Y rheswm yw bod deddfwriaeth a basiwyd yn 1988 yn rhoi mwy o ryddid i landlordiaid bennu eu rhenti eu hunain ac yn ei gwneud hi'n haws cael gwared â thenantiaid.

Mae rhenti ar y cytundebau tenantiaeth aswiriedig

Cafwyd llif sylweddol o dai i'r sector perchenogion preswyl hefyd o werthu tai cyngor. Yn 1980, rhoddodd y llywodraeth yr hawl i denantiaid tai cyngor brynu eu cartrefi am brisiau manteisiol iawn. Mae Ffigur 5.11 yn dangos bod mwy na 3 miliwn o dai wedi dod i'r sector perchenogion preswyl o ganlyniad. Gellir dadlau na fu ffactorau eraill yn bwysig o ran dylanwadu ar gyflenwad tai yn y DU. Er enghraifft, ni chafwyd newidiadau technolegol pwysig mewn adeiladu, ac nid yw nodau cwmnïau adeiladu wedi newid.

Rhentu o awdurdodau lleol

Ffactorau gwleidyddol yn hytrach na grymoedd y farchnad sy'n pennu cyflenwad tai awdurdodau lleol i'w rhentu. Yn yr 1950au, yr 1960au a'r 1970au, rhoddodd y llywodraeth grantiau sylweddol i awdurdodau lleol i adeiladu tai cyngor. Fel y gwelir yn Ffigur 5.7, cwblhawyd rhwng 100,000 a 250,000 o dai bob blwyddyn. Fodd bynnag, roedd llywodraeth Margaret Thatcher, a ddaeth i rym yn 1979, yn gwrthwynebu tai cyngor yn ideolegol. Roeddent eisiau creu 'cenedl o berchenogion tai' a chredent fod awdurdodau lleol yn rheolwyr gwael ar eu stociau tai. Cyflawnodd y llywodraeth ei hamcanion yn

Ffigur 5.11 Gwerthiant anheddau awdurdod lleol i berchenogion preswyl, Prydain

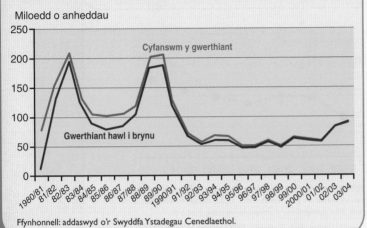

Miloedd o anheddau

Cyfanswm y gwerthiant

Gwerthiant hawl i brynu

Ffynhonnell: addaswyd o'r Swyddfa Ystadegau Cenedlaethol.

eiddo a chost y morgais. Byddai'r landlord wedyn yn cael yr enillion cyfalaf wrth i brisiau tai godi. Po fwyaf y cynnydd ym mhrisiau tai, mwyaf i gyd o berchenogion prynu-i-osod fyddai'n gwneud elw ar eu buddsoddiad mewn eiddo. Fodd bynnag, pe bai prisiau tai yn ddisymud, neu'n waeth fyth, yn gostwng, byddai llawer o berchenogion prynu-i-osod yn colli arian ar eu buddsoddiad.

Mae prynu-i-osod wedi arwain at ehangiad iach o'r sector tai rhent preifat. Mae gan y sawl sydd am rentu eiddo fwy o ddewis bellach, ac mae ansawdd tai rhent wedi codi. Fodd bynnag, mae elfen hapfasnachol prynu-i-osod yn golygu y bydd unrhyw ddirywiad yn y farchnad dai yn debygol o gael ei chwyddo. Gallai gostyngiad ym mhrisiau tai roi terfyn ar fuddsoddi newydd mewn prynu-i-osod ac achosi i rai landlordiaid werthu eu heiddo. Byddai hynny'n cynyddu cyflenwad tai ar werth ar y farchnad ac yn gostwng y galw. Yn anochel byddai hyn yn arwain at ostyngiadau pellach ym mhrisiau tai.

Tabl 5.3 Nifer y tai rhent preifat yn ôl y math o denantiaeth, Lloegr

				Miliynau o denantiaethau	
	Aswiriedig	Aswiriedig deiliadaeth fer	Rhent rheoledig	Eraill	Cyfanswm tai rhent preifat
1990	0.36	0.14	0.59	0.70	1.79
1995/96	0.37	0.95	0.27	0.66	2.25
2003/04	0.22	1.48	0.14	0.53	2.37

Ffynhonnell: addaswyd o Adran Masnach a Diwydiant, www.odpm.gov.uk

Tabl 5.4 Rhenti yn ôl y math o denantiaeth, Lloegr

				£ yr wythnos
	Aswiriedig	Aswiriedig deiliadaeth fer	Rhent rheoledig	Cyfartaledd yr holl dai rhent preifat
1990	251	273	121	173
1995/96	285	395	170	301
2003/04	417	526	246	475

Ffynhonnell: addaswyd o Adran Masnach a Diwydiant, www.odpm.gov.uk

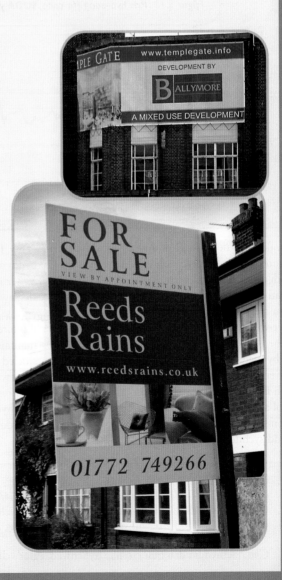

deiliadaeth fer newydd fwy na dwbl y rhai ar dai rhent rheoledig traddodiadol, fel y gwelir yn Nhabl 5.4. Nid yw'n syndod bod y cytundebau tenantiaeth aswiriedig hyn wedi dominyddu'r farchnad am dai rhent preifat mewn dim o dro.

Erbyn diwedd yr 1990au, roedd nifer cynyddol o unigolion yn hapfasnachu yn y farchnad dai drwy brynu eiddo gyda'r bwriad penodol o'i osod ar rent. Y term am hyn yw 'prynu-i-osod'. Yn aml byddai eiddo o'r fath yn cael ei brynu ar forgais. Gobaith y prynwyr oedd y byddai'r rhent a enillwyd yn talu costau gweithredol yr

Cwestiwn Data

Ffa coco

Ffigur 5.12 Cynnyrch a 'grindings'¹ byd-eang o ffa coco².

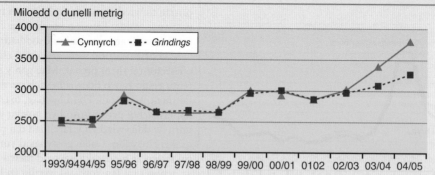

Miloedd o dunelli metrig

⬛ Cynnyrch   ⬛ *Grindings*

¹ *Grindings* yw maint y ffa coco sydd wedi'u malu'n fan i'w defnyddio gan brynwyr ffa coco, sef cwmnïau melysion amlwladol mawr fel *Nestlé* a *Cadbury* yn bennaf. Mae maint y *grindings* yn un mesur o'r galw am ffa coco. Gellir storio'r ffa sydd heb eu prynu os nad ydynt wedi'u malu a'u gwerthu yn ddiweddarach. Mae cynhyrchwyr a phrynwyr yn cadw stoc o ffa.

² Blynyddoedd yw tymor tyfu ffa coco sy'n ymestyn o Dachwedd i Hydref. Felly, Tachwedd 2004 i Hydref 2005 yw 2004-5.

Ffigur 5.13 Pris byd-eang ffa coco, $UDA y pwys

$ y pwys

Ffynhonnell: addaswyd o www.icco.org

Mae'r mileniwm newydd wedi dod â newyddion da i'r rhan fwyaf o ffermwyr coco. Mae prisiau wedi codi'n sylweddol ar gefn pryderon am gynaeafau gwael a galw cynyddol am ffa coco gan gwmnïau melysion amlwladol y byd. Mae ffermwyr wedi ymateb drwy gynyddu eu cynnyrch.

Fodd bynnag, nid yw'r holl dyfwyr coco wedi elwa. Er enghraifft, yn 2003-04 dioddefodd cynnyrch Brasil yn sgil amodau hinsoddol anffafriol a chlefyd *Witches' Broom*, sy'n lleihau'r cnwd. Yn Indonesia, dioddefodd y cnwd oherwydd sychder.

Yn y 18fed ganrif, Venezuela oedd prif gyflenwr ffa coco y byd. Heddiw, mae'n cynhyrchu 0.5% yn unig o gynnyrch y byd. Fodd bynnag, mae llywodraeth Venezuela yn awyddus i gynyddu cynhyrchu. Mae'n cynnig benthyciadau i ffermwyr coco ac i fentrwyr sydd am sefydlu ffatrïoedd siocled.

Mae gan Venezuela un fantais fawr ar ddau brif gynhyrchydd y byd, Cote d'Ivoire a Ghana, sydd rhyngddynt yn cynhyrchu 75% o gynnyrch y byd: sef mantais ansawdd. Mae Cote d'Ivoire a Ghana yn cynhyrchu ffeuen sy'n addas i siocled y farchnad dorfol. Gall Venezuela, fodd bynnag, oherwydd ei phridd a'i hinsawdd, gynhyrchu ffa premiwm sy'n addas i'r siocled ansawdd uchel y mae *connoisseurs* yn ei ffafrio. Mae'r wlad hefyd wedi llwyddo i osgoi *Witches' Broom*, afiechyd sy'n effeithio ar goed coco ac a niweidiodd gynhaeaf Brasil yn ddifrifol y llynedd.

Ffynhonnell: addaswyd o'r *Financial Times*, 27.9.2005.

1. Cymharwch y duedd yng nghynnyrch byd-eang ffa coco â'r galw am ffa coco dros y cyfnod 1993/94 hyd at 2004/05.
2. Gan ddefnyddio diagram cromlin gyflenwad, eglurwch pam yr arweiniodd y newid ym mhris ffa coco rhwng 2002 a 2005 at gynnydd yn y cynnyrch byd-eang.
3. Gan ddefnyddio diagram cromlin gyflenwad, eglurwch pa effaith y cafodd clefyd *Witches' Broom* ar gyflenwad byd-eang ffa coco yn 2004-05.
4. Gan ddefnyddio diagram cromlin gyflenwad, trafodwch yr effaith y mae cynlluniau Venezuela o ran ei diwydiant coco yn debygol o'i chael ar (a) cyflenwad byd-eang coco a (b) cyflenwad byd-eang ffa coffi premiwm.

6 Pennu pris

Crynodeb

1. Gosodir y pris cytbwys neu bris clirio'r farchnad lle mae'r galw yn hafal i'r cyflenwad.
2. Bydd newidiadau yn y galw a'r cyflenwad yn arwain at osod prisiau cytbwys newydd.
3. Bydd newid yn y galw yn arwain at symudiad yng nghromlin y galw, symudiad ar hyd cromlin y cyflenwad a phris cytbwys newydd.
4. Bydd newid yn y cyflenwad yn arwain at symudiad yng nghromlin y cyflenwad, symudiad ar hyd cromlin y galw a phris cytbwys newydd.
5. Dydy marchnadoedd ddim o reidrwydd yn tueddu tuag at y pris cytbwys.
6. Nid y pris cytbwys o reidrwydd yw'r pris fydd yn arwain at yr effeithlonrwydd economaidd mwyaf neu'r tegwch mwyaf.

Pris cytbwys

Daw prynwyr a gwerthwyr at ei gilydd mewn marchnad. Caiff pris (neu bris y farchnad) ei gytuno a chaiff nwyddau neu wasanaethau eu cyfnewid. Ystyriwch Dabl 6.1. Mae'n dangos y rhestri galw a chyflenwad ar gyfer nwydd am brisiau rhwng £2 a £10.

Tabl 6.1

Pris (£)	Maint y galw (miliynau o unedau y mis)	Maint y cyflenwad (miliynau o unedau y mis)
2	12	2
4	9	4
6	6	6
8	3	8
10	0	10

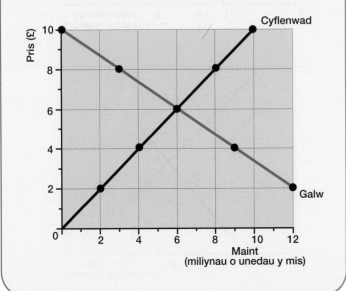

Ffigur 6.1 Cydbwysedd
Am £6 mae maint y galw yn hafal i faint y cyflenwad. Dywedir bod y farchnad mewn cydbwysedd am y pris hwn.

- Os yw'r pris yn £2, bydd y galw yn 12 miliwn o unedau ond 2 filiwn yn unig o unedau a gyflenwir. Mae'r galw yn fwy na'r cyflenwad ac felly mae GORALW yn y farchnad (h.y. gormod o alw mewn perthynas â'r cyflenwad). Bydd **prinder** o'r cynnyrch yn y farchnad. Bydd rhai prynwyr yn ffodus ac yn cymryd y 2 filiwn o unedau sy'n cael eu gwerthu. Ond bydd diffyg cyflenwad o 10 miliwn o unedau ar gyfer gweddill y prynwyr anffodus yn y farchnad. Er enghraifft, nid yw'n bosibl prynu rhai ceir moethus heb fod ar y rhestr aros am sawl blwyddyn am fod y galw cyfredol mor fawr.
- Os yw'r pris yn £10, ni fydd prynwyr yn prynu unrhyw nwyddau. Ond bydd gwerthwyr eisiau cyflenwi 10 miliwn o unedau. Mae'r cyflenwad yn fwy na'r galw ac felly bydd GORGYFLENWAD. Bydd gwarged o'r cynnyrch yn y farchnad. Bydd 10 miliwn o unedau heb eu gwerthu. Mae sêl mewn siop yn aml yn dystiolaeth o orgyflenwad yn y gorffennol. Ceisiodd cwmnïau werthu'r nwyddau am bris uwch a methu.
- Dim ond un pris sydd lle mae'r galw yn hafal i'r cyflenwad sef £6 ac yma mae'r galw a'r cyflenwad yn 6 miliwn o unedau. Hwn yw'r PRIS CYTBWYS (*equilibrium*). Dyma'r unig bris lle mae galw bwriedig (*planned*) y prynwyr yn hafal i gyflenwad bwriedig y gwerthwyr yn y farchnad. Term arall amdano yw pris CLIRIO'R FARCHNAD am fod yr holl nwyddau a gyflenwir i'r farchnad yn cael eu prynu neu eu clirio o'r farchnad, ond ni rwystrir unrhyw brynwr rhag cael y nwyddau y mae eisiau eu prynu.

Yn Ffigur 6.1 dangosir ffordd arall o fynegi'r data a roddir yn Nhabl 6.1. Mae'r pris cytbwys i'w gael lle mae'r galw yn hafal i'r cyflenwad. Mae hynny'n digwydd lle mae'r ddwy gromlin yn croesi ei gilydd, am y pris £6 a'r maint 6 miliwn o unedau. Os yw'r pris yn uwch na £6, bydd y cyflenwad yn fwy na'r galw ac felly bydd gorgyflenwad. Os yw'r pris yn is na £6, bydd y galw'n fwy na'r cyflenwad ac felly bydd goralw.

Newidiadau yn y galw a'r cyflenwad

Eglurwyd yn unedau 4 a 5 y byddai newid yn y pris yn arwain at newid ym maint y galw neu faint y cyflenwad, a ddangosir gan symudiad ar hyd cromlin y galw neu gromlin y cyflenwad. Byddai newid mewn unrhyw newidyn arall, fel incwm neu gostau cynhyrchu, yn arwain at:

Cwestiwn I

Tabl 6.2

Pris (£)	Maint y galw (miliynau o unedau)	Maint y cyflenwad (miliynau o unedau)
30	20	70
20	50	50
10	80	30

(a) Plotiwch y cromliniau galw a chyflenwad a ddangosir yn Nhabl 6.2 ar ddiagram.

(b) Beth yw'r pris cytbwys?

(c) Ym mha amrediad prisiau y mae (i) goralw a (ii) gorgyflenwad?

(d) A fydd gwarged neu brinder yn y farchnad os yw'r pris yn:
(i) £10; (ii) £40; (iii) £22; (iv) £18; (v) £20?

● **gynnydd** neu **ostyngiad** yn y galw neu'r cyflenwad ac felly
● **symudiad** yng nghromlin y galw neu'r cyflenwad.

Mae diagramau galw a chyflenwad yn arf grymus a syml ar gyfer dadansoddi effeithiau newidiadau yn y galw a'r cyflenwad ar y pris a'r maint cytbwys.

Ystyriwch effaith cynnydd yn incwm defnyddwyr. Bydd yn arwain at gynnydd yn y galw am nwydd normal. Yn Ffigur 6.2(a) bydd hyn yn gwthio cromlin y galw o G_1 i G_2. Mae'r pris cytbwys yn codi o P_1 i P_2. Mae'r maint a brynir ac a werthir mewn cydbwysedd yn codi o M_1 i M_2. Mae'r model galw a chyflenwad yn rhagfynegi y bydd cynnydd mewn incwm, â phopeth arall yn gyfartal (yr amod *ceteris paribus*), yn arwain at gynnydd ym mhris y cynnyrch ac yn y maint a werthir. Mae'r cynnydd mewn incwm yn **symud** cromlin y galw a hynny'n arwain at **symudiad ar hyd** cromlin y cyflenwad.

Mae Ffigur 6.2(b) yn dangos y farchnad am setiau teledu ar ddechrau'r 2000au, pan gyflwynodd llawer o wneuthurwyr setiau teledu main â sgrin gwastad. O ganlyniad cafwyd cynnydd mawr yng ngwerthiant y setiau teledu hyn a gostyngiad mawr yng ngwerthiant setiau hŷn a mwy swmpus, h.y. gostyngodd y galw am setiau hŷn swmpus. Dangosir hyn gan symudiad cromlin y galw i'r chwith. Mae lefel gytbwys gwerthiant yn Ffigur 6.2(b) yn gostwng o

---

Ffigur 6.2 Symudiadau yng nghromliniau'r galw a'r cyflenwad
Bydd symudiadau yng nghromliniau'r galw neu'r cyflenwad ar gyfer nwydd yn newid y pris cytbwys a'r maint cytbwys a brynir ac a werthir.

(a)
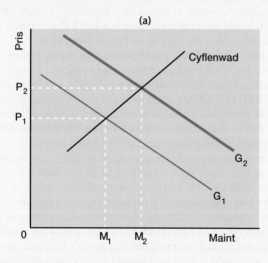

(b)
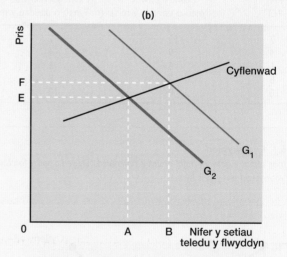

(c)
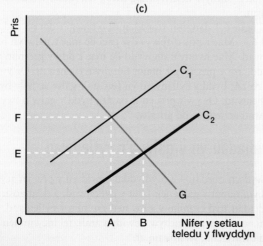

(d)
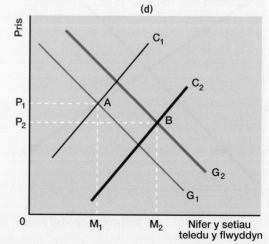

Cwestiwn 2

Yn yr 1970au roedd pris metelau fel nicel yn hanesyddol uchel. O ganlyniad buddsoddodd cynhyrchwyr nicel mewn cyfleusterau cynhyrchu newydd a ddechreuodd weithredu yn ystod rhan olaf yr 1970au a rhan gyntaf yr 1980au. Ond oherwydd enciliad dwfn yn yr economi byd-eang yn yr 1980au cynnar, gostyngodd pris byd-eang nicel yn sylweddol. Ymateb cynhyrchwyr oedd cau cyfleusterau. Rhwng 1980 ac 1986 collodd y diwydiant tua 32 500 o dunelli metrig o allu cynhyrchu (*capacity*) blynyddol. Roedd y galw blynyddol rhwng 400 000 a 500 000 o dunelli metrig.

Dechreuodd yr economi byd-eang ymadfer o 1982 ond nid tan 1987 y cododd prisiau a hynny oherwydd cynnydd sydyn yn y galw gan gynhyrchwyr dur gwrthstaen yn Japan, un o'r prif brynwyr yn y diwydiant. Yn chwarter olaf 1987 pris nicel oedd $1.87 y pwys. Erbyn Mawrth 1988 roedd wedi codi i fwy na $9 y pwys. Ni ellid cynnal y pris hwn. Dechreuodd UDA a'r DU gael enciliad yn 1989 a gostyngodd prisiau nicel i lai na $3 y pwys erbyn diwedd 1989.

Bu i oresgyniad Kuwait gan Iraq yn 1990 a defnyddio nifer mawr o filwyr UDA a gwledydd eraill wedyn i drechu Iraq arwain at gynnydd ym mhrisiau'r rhan fwyaf o fetelau. Roedd y marchnadoedd yn ofni rhyfel hir gyda chynnydd posibl yn y galw gan wneuthurwyr arfau a gostyngiad posibl yn y cyflenwad pe bai gwledydd a gynhyrchai nicel yn penderfynu ochri gydag Iraq a pheidio â gwerthu nicel ar y farchnad fyd-eang. Ond trechwyd Iraq yn gyflym ac arweiniodd hynny at ostyngiad sydyn yn y pris. Achosodd enciliad yn Ewrop a Japan ostyngiadau pellach rhwng 1991 ac 1993 er gwaethaf dechreuad adferiad yn economi UDA, gyda'r pris yn disgyn yn is na £2 y pwys yn chwarter olaf 1993. Byddai'r pris wedi bod yn is byth oni bai am ostwng cynhyrchu gan brif gynhyrchwyr nicel dros y cyfnod.

Yn 1994 cafwyd cynnydd sydyn yn y galw wrth i'r holl wledydd diwydiannol mawr gael twf economaidd. Erbyn dechrau 1995 roedd prisiau nicel wedi codi i fwy na $3 y pwys. Gwelwyd y symudiad mawr nesaf mewn prisiau yn 1997. Arweiniodd cynnydd yn y gallu cynhyrchu at orgyflenwad a gostyngiadau yn y prisiau. Ar ddiwedd y flwyddyn ychwanegwyd at hyn gan ddechreuad yr argyfwng Asiaidd. Oherwydd argyfwng ariannol mewn sawl gwlad yn Nwyrain Asia, gan gynnwys De Korea a Gwlad Thai cafwyd gostyngiad mawr mewn cynhyrchu mewnol. Gostyngodd y galw am nicel o'r Dwyrain Pell yn

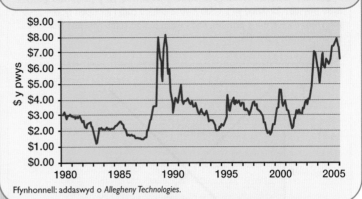

Ffigur 6.3 Prisiau nicel

Ffynhonnell: addaswyd o *Allegheny Technologies*.

sydyn, ac aeth y pris yn is na £2 y pwys ar ddiwedd 1998 cyn codi eto wrth i economïau Dwyrain Asia wella yn 1999 a 2000, gan gyrraedd uchafbwynt o bron $5 y pwys.

Oherwydd ofnau o enciliad yn yr economi byd-eang yn 2000 a 2001 gostyngodd pris nicel yn ôl i bron $2 y pwys ar ddiwedd 2002. Ond arweiniodd twf yn y galw o'r Dwyrain Pell, yn arbennig China, at gynnydd ym mhrisiau cynwyddau (*commodities*) o 2003, gan ddychwelyd prisiau i lefelau nas gwelwyd ers rhan olaf yr 1980au.

Gan ddefnyddio diagramau galw a chyflenwad, eglurwch pam y newidiodd pris nicel pan ddigwyddodd y canlynol:
(a) dechreuodd cyfleusterau cynhyrchu newydd weithredu yn rhan olaf yr 1970au;
(b) cafwyd enciliad byd-eang yn rhan gyntaf yr 1980au;
(c) caeodd y diwydiant allu cynhyrchu yn yr 1980au cynnar;
(d) cynyddodd cynhyrchwyr dur gwrthstaen yn Japan eu pryniant yn 1987;
(e) goresgynnodd Iraq Kuwait yn 1990;
(f) cafodd yr holl wledydd diwydiannol mawr dwf economaidd yn 1994;
(g) cafwyd yr argyfwng Asiaidd yn 1998;
(h) cafodd China, gwlad sydd â phoblogaeth fwyaf y byd, dwf economaidd cyflym rhwng 2003 a 2005.

OB i OA ac mae'r pris cytbwys yn gostwng o OF i OE. Sylwch eto fod symudiad yng nghromlin y galw yn arwain at symudiad ar hyd cromlin y cyflenwad.

Gostyngodd prisiau llawer o fodelau o setiau teledu yn yr 1970au a'r 1980au. Y prif reswm oedd cynnydd mewn effeithlonrwydd cynhyrchiol (☞ uned 16) o ganlyniad i gyflwyno technoleg newydd, gan alluogi costau cynhyrchu i ostwng. Dangosir hyn gan symudiad cromlin y cyflenwad i'r dde yn Ffigur 6.2(c). Ar unrhyw lefel benodol o gynnyrch, bydd cwmnïau'n fodlon cyflenwi mwy o setiau teledu i'r farchnad. Y canlyniad yw cynnydd yn y nifer a brynir ac a werthir o OA i OB a gostyngiad yn y pris o OF i OE. Sylwch fod yna symudiad yng nghromlin y cyflenwad sy'n arwain at symudiad ar hyd cromlin y galw.

Hyd yma rydym wedi tybio mai dim ond un newidyn sy'n newid a bod yr holl newidynnau eraill yn ddigyfnewid. Ond yn y byd go iawn mae'n debygol y bydd sawl ffactor sy'n effeithio ar alw a chyflenwad yn newid ar yr un pryd. Gellir defnyddio diagramau galw a chyflenwad i raddau i ddadansoddi sawl newid. Er enghraifft, yn y 2000au cynyddodd y galw am setiau teledu â sgrin gwastad a chroyw o ganlyniad i gynnydd mewn incwm real (☞ uned 3 am ddiffiniad o werthoedd 'real'). Ar yr un pryd cynyddodd y cyflenwad hefyd oherwydd cynnydd mewn

effeithlonrwydd cynhyrchiol. Yn gyffredinol, gostyngodd pris setiau teledu ychydig.

Dangosir hyn yn Ffigur 6.2(d). Mae cromlin y galw a chromlin y cyflenwad yn symud i'r dde, sy'n arwain at gynnydd yn y nifer a brynir ac a werthir. Yn ddamcaniaethol, yn dibynnu ar raddau'r symudiadau yn y ddwy gromlin, gallai'r pris godi, gostwng neu aros yn ddigyfnewid. Mae Ffigur 6.2(d) yn dangos yr ail o'r rhain.

Ydy marchnadoedd yn clirio?

Mae'n hawdd iawn tybio mai'r pris cytbwys yw pris cyfredol y farchnad neu'r pris y mae'r farchnad yn symud tuag ato. Nid yw'r naill na'r llall yn gywir. Gallai pris y farchnad fod ar unrhyw lefel. Gallai fod goralw neu orgyflenwad ar unrhyw adeg benodol.

Ni fydd prisiau'r farchnad ychwaith o reidrwydd yn tueddu i newid yn brisiau cytbwys dros amser. Un o'r dadleuon pwysicaf ym myd economeg heddiw yw i ba raddau y mae marchnadoedd yn tueddu tuag at brisiau clirio'r farchnad.

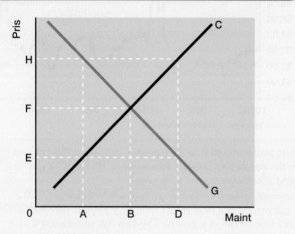

Ffigur 6.4 Gweithrediad grymoedd y farchnad yn y farchnad goffi
Bydd pwysau'r farchnad yn tueddu i wthio prisiau coffi i lawr pan fydd gorgyflenwad, e.e. am y pris OH, ond i wthio prisiau coffi i fyny pan fydd goralw, e.e. am y pris OE.

Y ddadl a gynigir gan economegwyr marchnad rydd neoglasurol yw bod marchnadoedd yn tueddu i glirio. Ystyriwn enghraifft y farchnad goffi. Yn y farchnad hon mae llawer o gynhyrchwyr (ffermwyr, gwneuthurwyr, cyfanwerthwyr ac adwerthwyr) sy'n cael eu cymell gan yr awydd i wneud cymaint o elw ag sy'n bosibl. Pan fydd goralw am goffi (mae'r galw'n fwy na'r cyflenwad), bydd cynhyrchwyr coffi yn gallu cynyddu eu prisiau ac felly eu helw a dal i werthu'r cyfan a gynhyrchant. Os oes gorgyflenwad (mae'r cyflenwad yn fwy na'r galw), bydd rhywfaint o goffi heb ei werthu.

Roedd yr 1990au yn adeg ofnadwy i ddiwydiant gwlân Awstralia. Dechreuodd y broblem gyda chwymp yr Undeb Sofietaidd. Ar ddiwedd yr 1980au roedd yr Undeb Sofietaidd yn prynu tua 19% o allforion gwlân Awstralia. Erbyn 2000 nid oedd yn prynu dim, ni allai fforddio'r cynnyrch. Roedd gwerthiant i weddill y byd yn farwaidd yn yr 1990au, roedd cystadleuaeth gan ffibrau synthetig ac fe wnaeth yr argyfwng Asiaidd yn 1997-99 effeithio ar y gwerthiant hefyd. Cafodd gwledydd Asiaidd fel Gwlad Thai, De Korea ac Indonesia ergyd gan argyfwng ariannol a achosodd ostyngiadau sydyn yn eu gallu prynu mewn marchnadoedd byd-eang. Gostyngodd allforion i'r gwledydd hyn yn sylweddol, gan gynnwys gwlân. Â phentyrrau o wlân yn y farchnad, gostyngodd prisiau. Er enghraifft, o ganlyniad i'r argyfwng Asiaidd, gostyngodd prisiau o A\$6 i A\$3 rhwng Mehefin 1997 a mis Hydref 1998. Nid yw'n syndod felly y cafwyd gostyngiad sylweddol mewn cynhyrchu dros y ddegawd. Bron yr hanerwyd cynhyrchu gwlân seimlyd yn yr 1990au ac roedd nifer y defaid, tua 120 miliwn, yn ôl i'w lefelau yn yr 1950au. Hanerwyd nifer y cynhyrchwyr gwlân arbenigol.

Ffynhonnell: addaswyd o'r Financial Times.

(a) Gostyngodd prisiau gwlân Awstralia yn ystod yr 1990au. Gan ddefnyddio diagram, eglurwch a oedd hyn yn gysylltiedig â goralw am wlân neu orgyflenwad o wlân.

(b) Aeth llawer o gynhyrchwyr gwlân Awstralia yn fethdalwyr yn ystod y ddegawd. Eglurwch: (i) pam y digwyddodd hyn; a (ii) beth oedd effaith hynny ar gyflenwad gwlân Awstralia.

Yna bydd dewis gan y cynhyrchwyr. Naill ai gallant gynnig coffi ar werth am y pris presennol a chymryd y risg o beidio â'i werthu neu gallant ostwng eu pris i'r lefel lle byddant yn gwerthu'r cyfan a gynigir. Os bydd pob cynhyrchydd yn dewis peidio â gostwng eu prisiau, mae'n debygol y bydd hyd yn oed mwy o bwysau i ostwng prisiau yn y dyfodol oherwydd bydd stociau o goffi sydd heb eu gwerthu ar y farchnad. Felly pan fydd goralw caiff prisiau eu gyrru i fyny a phan fydd gorgyflenwad bydd prisiau'n gostwng.

Gellir dangos hyn mewn diagram. Yn Ffigur 6.4 mae goralw am y pris OE. Mae'r prynwyr eisiau prynu AD yn fwy o goffi nag sy'n cael ei gyflenwi. Bydd siopau, gwneuthurwyr a thyfwyr coffi yn gallu codi eu prisiau a lefel y cynhyrchu a dal i werthu popeth a gynhyrchant. Os ydynt eisiau gwerthu eu cynnyrch i gyd, gallant godi'r pris i OF ar y mwyaf a'u cynnyrch i OB ar y mwyaf, sef y pris a lefel y cynhyrchu sy'n clirio'r farchnad. Gwnânt hyn oherwydd ar brisiau uwch a lefelau uwch o gynhyrchu gallant wneud mwy o elw. Os oes gorgyflenwad, bydd gan gynhyrchwyr coffi stoc heb ei werthu. Am y pris OH, y cynnyrch sydd heb ei werthu yw AD. Ni all cynhyrchwyr mewn economi marchnad rydd fforddio cynyddu stoc am byth. Bydd rhai'n gostwng prisiau a bydd y gweddill yn gorfod dilyn. Bydd cynhyrchu a phrisiau yn parhau i ostwng nes cyrraedd y cynnyrch a'r pris cytbwys. Fel arfer gelwir hwn yn safle **cydbwysedd sefydlog**.

Yn aml defnyddir y term GRYMOEDD Y FARCHNAD RYDD am y pwysau hyn sy'n gorfodi'r farchnad tuag at bwynt cytbwys. Ond mae beirniaid mecanwaith y farchnad yn dadlau y gall grymoedd y farchnad rydd arwain i ffwrdd o'r pwynt cytbwys mewn llawer o achosion. Caiff un enghraifft o **cydbwysedd ansefydlog**, damcaniaeth y We, ei hegluro yn uned 12. Mewn marchnadoedd eraill, dadleuir bod grymoedd y farchnad yn rhy wan i ailsefydlu cydbwysedd. Mae llawer o economegwyr Keynesaidd yn rhoi'r farchnad lafur fel enghraifft o hyn. Mewn marchnadoedd eraill mae yna lawer o rymoedd, fel deddfwriaeth y llywodraeth, undebau llafur a monopolïau amlwladol, sy'n fwy na negyddu pŵer y farchnad.

Pwyntiau i'w nodi

Mae cydbwysedd yn gysyniad grymus iawn ym myd economeg, ond mae'n hanfodol cofio ei bod hi'n annhebygol mai'r pris cytbwys yw'r pris mwyaf dymunol na'r pris 'iawn' yn y farchnad. Bydd y pris mwyaf dymunol yn y farchnad yn dibynnu ar ein diffiniad o'r gair 'dymunol'. Efallai, er enghraifft, mai dyma'r pris sy'n arwain at yr effeithlonrwydd economaidd mwyaf neu at y tegwch mwyaf. Neu gallai fod yr un sy'n cynorthwyo orau amddiffyn y wlad.

Hefyd gall galw fod yn hafal i gyflenwad heb fod yna gydbwysedd. Ar unrhyw adeg, rhaid bod yr hyn sy'n cael ei brynu yn hafal i'r hyn sy'n cael ei werthu. Ni all fod gwerthwr heb brynwr. Felly rhaid bod galw gwirioneddol (a elwir mewn economeg yn alw wedi'i wireddu neu'n alw *ex post*) bob amser yn hafal i gyflenwad gwirioneddol (neu wedi'i wireddu neu *ex post*). Mae cydbwysedd i'w gael pan nad oes tuedd i newid. Ni fydd pris yn newid os, am y pris cyfredol, bydd y maint y mae defnyddwyr yn dymuno ei brynu (galw bwriedig neu alw *ex ante*) yn hafal i'r maint y mae cyflenwyr yn dymuno ei werthu (cyflenwad bwriedig neu *ex ante*).

Felly dim ond mewn cydbwysedd y bydd galw bwriedig yn hafal i gyflenwad bwriedig.

Termau allweddol

Goralw – lle mae'r galw yn fwy na'r cyflenwad.

Gorgyflenwad – lle mae'r cyflenwad yn fwy na'r galw.

Grymoedd y farchnad rydd – grymoedd mewn marchnadoedd rhydd sy'n gweithredu i ostwng prisiau pan fydd gorgyflenwad a chodi prisiau pan fydd goralw.

Pris clirio'r farchnad – y pris lle nad oes goralw na gorgyflenwad ond lle caiff popeth a gynigir ar werth ei brynu.

Pris cytbwys – y pris lle nad oes unrhyw duedd i newid am fod y pryniant (h.y. galw) bwriedig (neu *ex ante*) yn hafal i'r gwerthiant (h.y. cyflenwad) bwriedig.

Economeg gymhwysol

Galw a chyflenwad yn y farchnad cludiant teithwyr

Mae maint y galw am gludiant teithwyr yn y DU yn ystod y 50 mlynedd diwethaf a maint y cyflenwad wedi cynyddu bron bedair gwaith, fel y gwelir yn Ffigur 6.5. Gellir priodoli bron y cyfan o'r twf hwn i gynnydd yn y galw am deithio mewn ceir. Mae teithio ar drên (trenau cenedlaethol yn ogystal â threnau tanddaearol Llundain a systemau rheilffyrdd ysgafn) wedi cynyddu tua un rhan o dair ers canol yr 1990au. Bu'r sefyllfa'n weddol sefydlog yn ystod y 40 mlynedd cyn hynny. Gostyngodd teithio ar fysiau a bysiau moethus tan ddechrau'r 1980au pan sefydlogodd i bob pwrpas. Cynyddodd teithio mewn awyren yn sylweddol o 0.2 biliwn o gilometrau teithwyr yn 1952 i 9.8 biliwn o gilometrau teithwyr yn 2004. Ond heddiw, nid yw'n cynrychioli ond tua 1% o gyfanswm y milltiroedd teithwyr a deithiwyd yn y DU.

Galw ac incwm
Y prif reswm dros y twf yn y galw am gludiant teithwyr yw'r cynnydd mewn incwm. Gwelir yn Nhabl 6.3 fod incwm gwario personol real cartrefi (yr incwm cyfartalog am bob cartref ar ôl cyfrif treth incwm a

chwyddiant) wedi cynyddu fwy na 2.5 gwaith rhwng 1965 a 2004. Mae pobl wedi tueddu i wario cyfran gymharol uchel o gynnydd mewn incwm ar gludiant. O ganlyniad, mae'r gwario ar gludiant fel cyfran o wariant cartrefi wedi codi o 9.7% yn 1965 i 14.5% yn 2004. Mae'r gwario ar gludiant ceir wedi codi'n gyflymach na'r gwario ar fathau eraill o gludiant teithwyr. Yn 1965, roedd 7.7 miliwn o geir ar y ffyrdd, fel y gwelir yn Nhabl 6.4. Roedd gan 41% o gartrefi un car o leiaf ac roedd gwario ar geir a'u costau cynnal yn cyfrif am dri chwarter o gyfanswm gwariant cartrefi ar gludiant. Erbyn 2003, roedd 25.0 miliwn o geir ar y ffyrdd. Roedd gan 74% o gartrefi un car o leiaf ac roedd y gwariant ar gludiant modur yn 85.5% o gyfanswm y gwariant ar gludiant.

Mae'n ymddangos na chafodd y cynnydd mewn incwm

Ffigur 6.5 Y defnydd a wneir o gludiant teithwyr

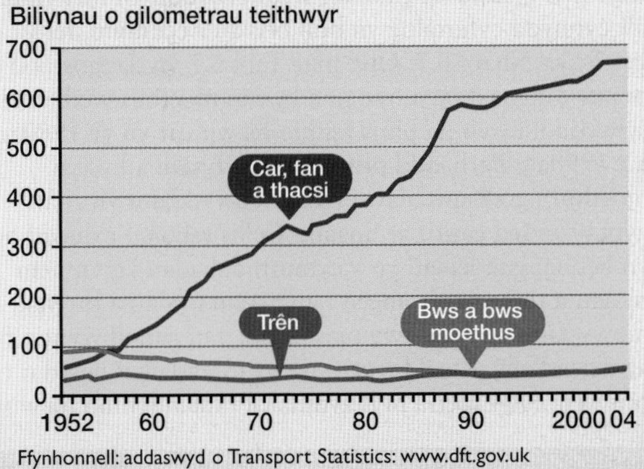

Biliynau o gilometrau teithwyr

Car, fan a thacsi

Trên

Bws a bws moethus

Ffynhonnell: addaswyd o Transport Statistics: www.dft.gov.uk

Tabl 6.3 Incwm gwario a gwariant cartrefi ar gludiant teithwyr

	Incwm gwario personol cartrefi y pen, £, yn ôl prisiau 2001	Gwariant cartrefi ar gludiant, £, swm cyfartalog yr wythnos yn ôl prisiau 2001	Gwariant cartrefi ar gludiant fel canran o gyfanswm gwariant cartrefi %	Gwariant ar foduro fel canran o gyfanswm gwariant cartrefi ar gludiant %
1965	4 640	30.90	9.7	74.5
1970	5 084	36.29	10.2	77.2
1975	5 873	37.78	13.8	80.2
1980	6 611	40.55	14.6	81.2
1985	7 147	44.25	15.2	84.4
1990	9 015	54.99	16.2	84.5
1995	9 978	50.16	15.1	85.7
2000	11 386	52.86	15.0	84.9
2004	12 491	54.99	14.5	85.5

Mae ffigurau gwariant 1995 ar gyfer 1994/5, rhai 2000 ar gyfer 1999/2000 a rhai 2004 ar gyfer 2003/4.
Ffynhonnell: addaswyd o *Economic Trends Annual Supplement*, Swyddfa Ystadegau Cenedlaethol; Adran yr Amgylchedd, Trafnidiaeth a'r Rhanbarthau, *Transport Statistics*.

Tabl 6.4 Perchenogaeth ceir

	Nifer y ceir preifat trwyddedig, miliynau	Cartrefi â defnydd car/ceir yn rheolaidd %			
		dim car	1 car	2 gar	3 char neu fwy
1965	7.7	59	36	5	-
1970	10.0	48	45	6	1
1975	12.5	44	45	10	1
1980	14.7	41	44	13	2
1985	16.5	38	45	15	3
1990	19.7	33	44	19	4
1995	20.5	30	45	21	4
2000	23.2	27	45	23	5
2003	25.0	26	44	25	5

Ffynhonnell: Adran yr Amgylchedd, Trafnidiaeth a'r Rhanbarthau, *Transport Statistics.*

Tabl 6.5 Ystadegau rheilffyrdd cenedlaethol

	Rheilffyrdd cenedlaethol, teithiau teithwyr (miliynau)	Rheilffyrdd cenedlaethol, cilometrau teithwyr (biliynau)
1946	1 266	47.0
1960	1 037	34.7
1985/86	686	30.4
1990/91	809	33.2
1995/6	761	30.0
2000/01	957	38.2
2004/05	1 088	42.4

Ffynhonnell: Adran yr Amgylchedd, Trafnidiaeth a'r Rhanbarthau, *Transport Statistics.*

Tabl 6.6 Teithio ar fysiau a bysiau moethus

	Nifer y cilometrau a deithiwyd gan deithwyr ar fysiau a bysiau moethus (bn)	Nifer y bysiau a bysiau moethus ar ffyrdd y DU (000)	Nifer y cilometrau a deithiwyd gan fysiau a bysiau moethus (bn)	Indecs prisiau (1995=100) pris tocyn bws a bws moethus	Indecs yr holl brisiau (RPI) 1995=100
1965	67	-	3.9	5.7	10.0
1970	60	-	3.6	8.0	12.4
1975	60	76.9	3.2	15.3	22.9
1980	52	69.9	3.5	36.5	44.9
1985	49	67.9	3.7	52.8	63.5
1990	46	71.9	4.6	73.8	84.6
1995	43	75.7	4.9	100.0	100.0
2000	47	79.2	5.2	119.6	114.2
2004	48	80.6	5.2	140.7	125.2

Ffynhonnell: addaswyd o Adran yr Amgylchedd, Trafnidiaeth a'r Rhanbarthau, *Transport Statistics.*

Tabl 6.7 Cludiant teithwyr: indecsau prisiau defnyddwyr (1995=100)

	Cerbydau modur Cyfanswm	o'r rhain pryniant net	Trên	Bws a bws moethus	Pob math o gludiant	Holl wariant defnyddwyr (RPI)
1965	9.4	11.6	6.7	5.7	9.1	10.0
1970	12.0	13.6	8.5	8.0	11.7	12.4
1975	22.6	23.8	17.4	15.3	22.0	22.9
1980	47.1	55.4	39.6	36.5	45.8	44.9
1985	65.1	70.8	50.7	52.8	62.7	63.5
1990	79.4	87.8	72.3	73.8	84.6	84.6
1995	100.0	100.0	100.0	100.0	100.0	100.0
2000	119.0	94.7	116.5	119.6	114.2	114.2
2004	120.0	86.1	130.7	140.9	125.1	123.2

Ffynhonnell: addaswyd o *Economic Trends Annual Supplement*, Swyddfa Ystadegau Cenedlaethol; Adran yr Amgylchedd, Trafnidiaeth a'r Rhanbarthau, *Transport Statistics.*

fawr o effaith ar gyfanswm teithio ar drên. Rhwng 1945 ac 1985, bu gostyngiad yn nifer teithiau teithwyr ar y rhwydwaith rheilffyrdd cenedlaethol (gweler Tabl 6.5). Rhwng canol yr 1980au a chanol yr 1990au, roedd nifer y teithiau yn gymharol sefydlog. Ers hynny, mae nifer y teithiau a'r pellter a deithiwyd wedi cynyddu oddeutu un rhan o dair. Mae nifer o resymau posibl dros hyn. Un rheswm yw bod y tagfeydd ar y ffyrdd cynddrwg fel bod rhai modurwyr wedi penderfynu teithio ar drên yn lle yn eu ceir. Rheswm arall yw bod y rheilffyrdd wedi'u preifateiddio ganol yr 1990au. Cyn hynny, y llywodraeth fu'n berchen ar y rheilffyrdd a golygai hynny mai ychydig o fuddsoddi oedd yn y gwasanaeth. Pan fyddai gormod o bobl yn defnyddio lein arbennig (h.y. goralw), yr ateb yn aml oedd codi prisiau. Yn sgil preifateiddio, mae cwmnïau rheilffyrdd preifat fel *Virgin* wedi cyflwyno polisïau prisio mwy soffistigedig. Mae polisïau o'r fath yn cynnwys gostwng y pris pan fo hynny'n denu mwy o bobl i deithio ar drên gan gynyddu cyfanswm derbyniadau y cwmnïau rheilffyrdd. Cynyddodd buddsoddiant yn y rheilffyrdd hefyd gan wneud teithio ar drên yn fwy deniadol. Yn y tymor hir, mae preifateiddio wedi arwain at gynnydd yng nghyflenwad gwasanaethau rheilffyrdd.

O ran teithio ar fysiau a bysiau moethus, mae Tabl 6.6 yn dangos mai gostyngiad fu tuedd y tymor hir. Yn 1952 teithiwyd 92 biliwn o gilometrau teithwyr. Erbyn 2004 roedd hynny wedi gostwng tua 50%. Gydag incwm yn cynyddu dros y cyfnod, gellid dadlau bod teithwyr wedi

cefnu ar y bws er mwyn teithio yn eu ceir.

Felly byddai teithio ar fysiau a bysiau moethus yn nwydd israddol. Ond mae Tabl 6.6 yn dangos ychydig o gynnydd mewn teithio ar fysiau a bysiau moethus ers diwedd yr 1990au. Mae hyn o bosibl yn adlewyrchu gwelliannau yn y gwasanaethau a gynigir, neu'r tagfeydd cynyddol ar y ffyrdd sydd wedi annog rhai modurwyr i ddefnyddio cludiant cyhoeddus. Ond mae'r cynnydd o 9% rhwng 1995 a 2004 yn gynnydd cymharol fach.

Galw a phrisiau

Mae pris cyfartalog cludiant wedi cynyddu yn fras yn unol â'r cynnydd cyfartalog yn holl brisiau'r economi, fel y gwelir yn Nhabl 6.7. Ond mae Tabl 6.7 yn dangos bod pris teithio ar drên a bysiau a bysiau moethus wedi codi'n sylweddol uwch na phris teithio mewn car yn yr 1980au a'r 1990au. Parhaodd pris teithio ar fysiau a bysiau moethus i godi uwchlaw cyfradd chwyddiant yn rhan gynta'r unfed ganrif ar hugain. Gellir esbonio'r duedd hon yn bennaf gan leihad yn y cymorthdaliadau i gwmnïau bysiau a threnau a'r angen i gwmnïau bysiau a threnau fabwysiadu agwedd fwy masnachol gan ganolbwyntio fwy ar wneud elw. Roedd y car yn fwy cystadleuol hefyd o ran pris. Yn 2004 roedd hi'n gymharol ratach teithio mewn car nag ar fws neu drên o'i gymharu ag 1965 neu 1995. Felly roedd y galw am deithio mewn car yn fwy o lawer na'r galw am deithio ar drên neu fws yn ystod y cyfnod hwnnw.

Yn ystod y 15 mlynedd diwethaf, ymateb y llywodraeth i'r tagfeydd cynyddol ar ffyrdd Prydain fu sôn am gynyddu cost moduro. Rhwng 1993 a 2000, cynyddodd y llywodraeth y dreth ar betrol uwchlaw cyfradd chwyddiant i geisio annog pobl i beidio â defnyddio eu ceir oherwydd tagfeydd a'r effaith ar yr amgylchedd. Bu'n rhaid gwyrdroi'r polisi hwn pan ddaeth llu o ffermwyr a gyrwyr lorïau ynghyd mewn protest yn erbyn cynyddu pris tanwydd a gafodd effaith ledled y wlad. Mae'r tâl tagfa yn Llundain yn enghraifft arall o'r llywodraeth yn defnyddio'r mecanwaith prisiau i leihau'r galw.

Ond mae prisio modurwyr oddi ar y ffyrdd yn bolisi hynod amhoblogaidd. Y rheswm yn rhannol yw nad yw'r galw am gludiant ceir yn ymateb rhyw lawer i gynnydd yn y pris (h.y. mae'r galw'n weddol **anelastig**, ☞ uned 8). Mae angen codi'r pris yn sylweddol i annog modurwyr posibl i beidio â phrynu car yn y lle cyntaf neu i fynd ar lai o deithiau. Yn achos llawer o deithiau nid oes dewis arall ar gael. Yn achos llawer o deithiau eraill mae cludiant cyhoeddus yn cymryd mwy o amser, mae'n llai cyfleus ac mae'n ddrutach. Mae Tabl 6.7 yn dangos bod cost moduro wedi gostwng o'i gymharu â'r cynnydd yn holl brisiau'r economi yn ystod y cyfnod 1995-2004, er gwaetha'r cynnydd yn y dreth. Mae grymoedd y farchnad yn annog defnyddwyr i berchenogi ceir a'u gyrru.

Ffactorau eraill sy'n effeithio ar y galw

Mae'r galw am gludiant wedi cynyddu am nifer o resymau eraill hefyd. Cynyddodd poblogaeth y DU o 52.7 miliwn yn 1951 i 55.9 miliwn yn 1971 a 60.1 miliwn yn 2005. Amcangyfrifir mai 64.9 miliwn fydd y ffigur erbyn 2026, felly mae cynnydd yn y galw sy'n deillio o gynnydd yn y boblogaeth yn debygol o barhau.

Mae polisïau cynllunio wedi arwain at fwy o wahanu rhwng lleoliad tai a gwaith. Yn Oes Fictoria roedd hi'n arferol i weithwyr fyw o fewn pellter cerdded i'w gwaith. Ond yn ystod y 50 mlynedd diwethaf mae rheoliadau cynllunio wedi creu parthau penodol o fewn ardaloedd trefol, ac o ganlyniad nid yw'r rhan fwyaf o bobl bellach yn byw o fewn pellter cerdded i'w gwaith.

Mae gwelliannau yn yr isadeiledd a datblygiadau mewn technoleg wedi creu eu galw eu hunain. Mae adeiladu traffordd neu ffordd osgoi newydd yn lleihau amserau teithio ac yn annog pobl i fyw ymhellach o'u lle gwaith. Mae ffyrdd cyflymach neu gyswllt trên yn annog pobl i deithio at ddibenion hamddena hefyd. Oherwydd gwelliannau yn nyluniad ceir mae ceir bellach yn fwy dibynadwy a chyfforddus. Un rheswm pam y methodd y rheilffyrdd â denu mwy o deithwyr yn ystod ail hanner yr ugeinfed ganrif oedd nad oedd cynnydd tebyg yn ansawdd y gwasanaeth. Er enghraifft, roedd yr amser teithio byrraf o Lundain i Birmingham yn hirach yn 1999 nag yn 1979. Hefyd ychydig o welliannau a welwyd yn y rholstoc. Ond o ganlyniad i breifateiddio rheilffyrdd y DU yng nghanol yr 1990au gwelwyd mwy o fuddsoddi mewn rholstoc newydd a lleihau amserau teithiau. Oddi ar 2000 gwelwyd rhywfaint o gynnydd yn nifer y teithwyr.

Cyflenwad cludiant

Nid oes 'cromlin gyflenwad' ar gyfer cludiant yn gyffredinol nac ar gyfer rhannau o'r diwydiant cludiant. Er enghraifft, nid oes cromlin gyflenwad ar gyfer cludiant moduron oherwydd nid un cwmni nac un diwydiant sy'n darparu'r gwasanaeth. Ond mae cromliniau cyflenwad ar gyfer rhai o gydrannau'r gwasanaeth, fel petrol neu drin ceir. Nid oes cromlin gyflenwad ar gyfer teithio ar drên chwaith. Hyd at 1995, roedd y diwydiant rheilffyrdd yn cael ei redeg gan un cwmni, Rheilffyrdd Prydeinig, oedd yn fonopoli (h.y. unig gyflenwr) ac nid oes cromlin gyflenwad dan fonopoli. Ers 1995 mae'r diwydiant wedi'i breifateiddio ond mae'r prif gwmnïau yn y diwydiant, fel *Railtrack* neu *Virgin*, yn dal i fod yn fonopolïau yn eu meysydd.

Gellid dadlau bod cromlin gyflenwad ar gyfer teithio ar fysiau a bysiau moethus oddi ar 1980 (bysiau moethus) ac 1985 (bysiau) pan gafodd y diwydiant ei **ddadreoli** (☞ uned 18). Cyn y dadreoli, byddai'r llywodraeth yn dosbarthu trwyddedau ac, ar y cyfan, dim ond un drwydded a gâi ei rhoi ar gyfer un llwybr. Canlyniad hynny oedd sefydlu monopolïau. Ar ôl y dadreoli, gallai unrhyw gwmni sefydlu a chynnig gwasanaethau bws rheolaidd yn y DU. Mae Tabl 6.6 yn dangos y cafwyd cynnydd yn nifer y bysiau ar y ffyrdd rhwng yr 1980au a'r 1990au, yn teithio mwy o gilometrau. Digwyddodd hyn er gwaethaf gostyngiad yn nifer y cilometrau a deithiwyd gan deithwyr. Mae'n debyg felly bod cromlin y galw am gludiant ar fws wedi symud i'r chwith wrth i fwy o bobl ddefnyddio ceir. Ond mae cromlin y cyflenwad wedi symud i'r dde gyda chwmnïau newydd yn ymuno â'r farchnad a hen gwmnïau yn ehangu eu gwasanaethau. Yn cyferbynnu'r symudiad hwn i'r dde bu gostyngiad mewn cymorthdaliadau gan y llywodraeth i gwmnïau bysiau a byddai hynny, â phopeth arall yn gyfartal, wedi symud cromlin y cyflenwad i'r chwith.

Pennu prisiau

Ni ellir defnyddio model cyflenwad a galw mewn diwydiannau lle nad oes cromlin gyflenwad yn y farchnad. Yn y diwydiant rheilffyrdd, er enghraifft, pennir prisiau gan y cwmnïau rheilffyrdd dan ddylanwad y corff sy'n rheoleiddio'r rheilffyrdd. Yn y diwydiant bysiau, lle gellir dadlau bod cromlin gyflenwad, mae prisiau tocynnau wedi codi fwy na chyfradd gyffredinol chwyddiant ers yr 1980au. Yn ôl Tabl 6.7, cododd prisiau tocynnau bron bedair gwaith rhwng 1980 a 2004 ond cododd prisiau yn gyffredinol deirgwaith yn unig. Dylai'r gostyngiad yn y galw am deithio ar fws oherwydd cynnydd yn y galw am deithio mewn car, a'r cynnydd yn y cyflenwad a ddangosir gan y cynnydd yn nifer y cwmnïau bysiau a nifer y bysiau, fod wedi arwain at ostyngiad cymharol ym mhrisiau tocynnau bws. Ond codi wnaeth y prisiau a'r rheswm, mae'n sicr, oedd y toriadau yng nghymorthdaliadau'r llywodraeth.

Cwestiwn Data

Copr

Ffigur 6.6 Pris copr

Tri mis ymlaen ($ y dunnell fetrig)

Ffigur 6.7 Copr: cynnyrch minws galw

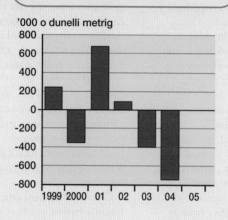

'000 o dunelli metrig

Ffigur 6.8 Y defnydd a wneir o gopr

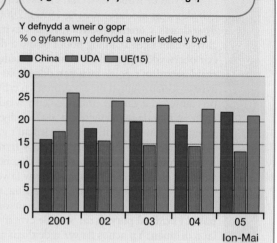

Y defnydd a wneir o gopr
% o gyfanswm y defnydd a wneir ledled y byd

Ffynhonnell: addaswyd o *Thomson Datastream; International Copper Study Group*.

Cododd prisiau copr i'r lefel uchaf erioed ddoe. Mae perfformiad y metel ymhlith prisiau sylfaenol metelau eleni wedi bod yn rhagorol. Cyrhaeddodd y pris meincnod tri mis $3,885 y dunnell fetrig ar Gyfnewidfa Metelau Llundain sef cyfnewidfa masnachu metelau fwyaf y byd. Hwn oedd y pris uchaf erioed.

O ran y cyflenwad, mae streiciau yng Ngogledd America wedi effeithio ar gynhyrchu yr wythnos yma. Yn Zambia mae problemau'n parhau wrth i rai pyllau orfod rhoi'r gorau i gynhyrchu oherwydd prinder tanwydd diesel. Mae'r stoc o gopr hefyd yn isel ar ôl tair blynedd o gael y galw yn uwch na'r cynhyrchu. Mae'r storfeydd copr wedi gostwng bron 90% dros y cyfnod i ryw 116 000 o dunelli metrig heddiw.

Mae'r galw yn dal yn gadarn. Mae'n ymddangos nad oes unrhyw ball ar y galw o economi China sy'n dal i dyfu'n gyflym. Hyn fu wrth wraidd y cynnydd ym mhrisiau cynwyddau dros y blynyddoedd diwethaf. Mae'r ffigurau diweddaraf yn dangos bod economi UDA yn iachach na'r disgwyl ac nad oes unrhyw arwydd bod galw UDA yn arafu. Mae economi'r byd at ei gilydd mewn cyflwr eithaf da heb unrhyw arwyddion y bydd dirwasgiad cyn hir a fyddai'n achosi gostyngiad yn y galw am gynwyddau fel copr.

Ffynhonnell: addaswyd o'r *Financial Times*, 6.10.2005.

1. Eglurwch (a) pam y gostyngodd y cyflenwad tymor byr o gopr ddechrau mis Hydref 2005 a (b) gan ddefnyddio diagram, sut y gwthiodd hynny brisiau copr i fyny.

2. Eglurwch (a) pam y cynyddodd y galw am gopr rhwng 2002 a 2005 a (b) gan ddefnyddio diagram, sut y gwthiodd hynny brisiau copr i fyny.

3. Dadansoddwch beth allai achosi gostyngiad ym mhrisiau copr yn y tymor hir.

7 Cydberthynas rhwng marchnadoedd

Crynodeb

1. *Mae rhai nwyddau yn gyfategolion, mae cydalw amdanynt.*
2. *Mae nwyddau eraill yn amnewidion am ei gilydd, mae galw cystadleuol amdanynt.*
3. *Yn achos galw deilliedig mae yna alw am un nwydd neu wasanaeth am fod ei angen ar gyfer cynhyrchu nwyddau neu wasanaethau eraill.*
4. *Dwy ffordd arall y mae marchnadoedd wedi'u cysylltu â'i gilydd yw galw cyfansawdd a chydgyflenwad.*

Modelau rhannol a chyffredinol

Amlinellwyd model pennu pris yn uned 6. Eglurwyd bod pris nwydd yn cael ei bennu gan rymoedd galw a chyflenwad. Dyma enghraifft o **fodel rhannol**. Mae model rhannol yn esboniad o realiti sydd â nifer cymharol fach o newidynnau (☞ uned 45). Ond gall **model** mwy **cyffredinol** neu fodel ehangach o system y farchnad gael ei lunio sy'n dangos sut y gall digwyddiadau mewn un farchnad arwain at newidiadau mewn marchnadoedd eraill. Yn yr uned hon ystyriwn sut mae rhai marchnadoedd yn cydberthyn (*interrelated*).

Cyfategolion

Mae CYDALW (*joint demand*) am rai nwyddau, sef CYFATEGOLION (*complements*). Mae hyn yn golygu bod defnyddiwr sydd â galw am un nwydd yn debygol o fod â galw am nwydd arall hefyd. Enghreifftiau o gyfategolion yw:
- racedi tennis a pheli tennis;
- peiriannau golchi a phowdr golchi;
- mefus a hufen;
- disgiau *DVD* a chwaraewyr *DVD*.

Mae damcaniaeth economaidd yn awgrymu y bydd cynnydd ym maint y galw am un cyfategolyn yn arwain at gynnydd yn y galw am gyfategolyn arall, gan achosi cynnydd ym mhris y cyfategolyn arall ac ym maint y galw amdano. Er enghraifft, bydd cynnydd ym maint y galw am racedi tennis yn arwain at gynnydd

yn y galw am beli tennis hefyd, gan wthio pris peli tennis i fyny. Gellir dangos hyn mewn diagram galw a chyflenwad. Tybiwch fod technoleg newydd yn gostwng cost cynhyrchu peiriannau golchi. Mae hyn yn arwain at gynnydd yng nghyflenwad peiriannau golchi – mae cromlin y cyflenwad yn symud i'r dde yn Ffigur 7.1(a). O ganlyniad mae'r pris yn gostwng ac mae maint y galw am beiriannau golchi yn cynyddu – mae symudiad ar hyd cromlin y galw. Bydd hyn yn ei dro yn cynyddu'r galw am bowdr golchi awtomatig – mae cromlin y galw yn symud i'r dde yn Ffigur 7.1(b). Mae hynny'n arwain at gynnydd ym mhryniant powdr golchi awtomatig a chynnydd yn ei bris.

Amnewidion

Nwydd y gall nwydd arall gymryd ei le yw AMNEWIDYN. Os yw dau nwydd yn amnewidion am ei gilydd, dywedir bod GALW CYSTADLEUOL amdanynt. Enghreifftiau o amnewidion yw:
- cig eidion a phorc;
- *Coca-cola* a *Pepsi-cola*;
- pen llenwi (*fountain pen*) a beiro;
- nwy ac olew (yn y tymor hir ond nid yn arbennig yn y tymor byr).

Mae damcaniaeth economaidd yn rhagfynegi y bydd codiad ym mhris un nwydd yn arwain at gynnydd yn y galw am amnewidyn a chodiad yn ei bris.

Mae Ffigur 7.2 yn dangos codiad ym mhris cig eidion o ganlyniad i ostyngiad yn ei gyflenwad. Mae hyn yn arwain at ostyngiad ym maint y galw am gig eidion wrth i bris cig eidion godi. Yna, bydd cynnydd yn y galw am borc wrth i ddefnyddwyr

---

Ffigur 7.1 Cyfategolion

Mae cynnydd yng nghyflenwad peiriannau golchi a'r gostyngiad dilynol yn eu pris yn arwain at gynnydd ym maint y galw amdanynt a chynnydd yn y galw am gyfategolyn fel powdr golchi awtomatig (mae cromlin y galw am hwnnw yn symud i'r dde).

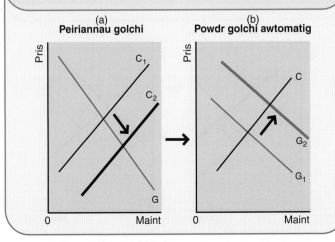

Ffigur 7.2 Amnewidion

Bydd gostyngiad yng nghyflenwad cig eidion sy'n arwain at godiad yn ei bris yn arwain at ostyngiad ym maint y galw am gig eidion a chynnydd yn y galw am amnewidyn fel porc.

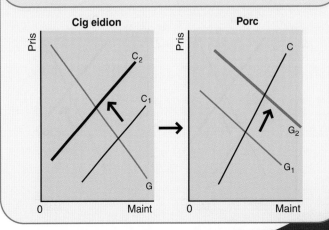

amnewid porc am gig eidion. Bydd y galw am borc yn cynyddu, gyda chromlin y galw am borc yn symud i'r dde. Bydd hyn yn arwain at godiad ym mhris porc a chynnydd yn y maint a brynir.

Mae llawer o nwyddau amnewid heb gysylltiad clir rhyngddynt. Er enghraifft, bydd codiad ym mhris gwyliau tramor yn achosi i rai defnyddwyr roi'r gorau i wyliau tramor. Efallai y dewisant wyliau yn y DU yn lle, ond efallai hefyd y penderfynant brynu llenni newydd neu garped newydd ar gyfer y tŷ neu brynu car sy'n fwy ei faint na'r car yr oeddent yn bwriadu ei brynu.

Cwestiwn 1

(a) Gellid dadlau bod y parau canlynol o gynhyrchion yn gyfategolion ac yn amnewidion. Eglurwch pam.
   (i) Trydan a nwy.
   (ii) Te a llaeth.
   (iii) Teithiau mewn bws a theithiau ar drên.
   (iv) Barrau siocled a chreision.
(b) (i) Ar gyfer pob pâr o gynhyrchion, eglurwch a ydynt, yn eich barn chi, yn fwy tebygol o fod yn gyfategolion neu'n amnewidion.
   (ii) Dangoswch mewn diagram galw a chyflenwad effaith codiad ym mhris yr ail gynnyrch ar bris y cynnyrch cyntaf.

Galw deilliedig

Yn achos llawer o nwyddau, yr unig reswm mae galw amdanynt yw bod eu hangen ar gyfer cynhyrchu nwyddau eraill. Y term am y galw am y nwyddau hyn yw GALW DEILLIEDIG (*derived*).

Er enghraifft, mae'r galw am ddur yn deillio yn rhannol o'r galw am geir a llongau. Mae'r galw am flawd yn deillio yn rhannol o'r galw am gacennau a bara. Mae'r galw am siwgr yn deillio yn rhannol o'r galw am rai diodydd, melysion a siocled.

Yn Ffigur 7.3 mae cynnydd yn y galw am geir yn arwain at gynnydd yn y maint a brynir ac a werthir. Bydd gwneuthurwyr ceir yn cynyddu eu galw am ddur, bydd cromlin y galw am ddur yn symud i'r dde. Yna bydd pris dur yn codi a bydd y maint a brynir ac a werthir o ddur yn cynyddu. Felly mae damcaniaeth economaidd yn rhagfynegi y bydd cynnydd yn y galw am nwydd yn arwain at gynnydd ym mhris nwyddau sydd â'u galw

yn deillio ohono ac at gynnydd yn y maint o brynir o'r nwyddau hynny.

Cwestiwn 2

Mae gwerthiant llaeth wedi bod yn lleihau ers 30 o flynyddoedd, ond mae un o'r ffasiynau diweddaraf ym myd bwyd wedi helpu i wrthdroi'r duedd hon. Gwerthwyd tua 35 miliwn yn fwy o litrau o laeth hylif i ddefnyddwyr y llynedd nag yn y flwyddyn flaenorol. Nid yw hynny'n gynnydd mawr ar 4.45 biliwn o litrau a werthwyd yn y flwyddyn hyd at Ebrill 2004, ond mae'n cynrychioli newyddion da i ffermwyr llaeth Prydain.

Meddai Liz Broadbent, cyfarwyddwraig datblygu'r farchnad yn y Cyngor Datblygu Llaeth: 'Mae'r cynnydd yn ganlyniad i gynnydd yn amlder prynu llaeth yn hytrach na phobl yn prynu mwy o laeth yn ystod pob trip siopa. Mae'n debyg bod y llaeth ychwanegol yn cael ei ddefnyddio yn bennaf mewn uwd, te a choffi.'

Cynyddodd treuliant uwd 25% yn ystod y gaeaf diwethaf, yn ôl *TNS* a wnaeth ymchwil marchnata ar gyfer y Cyngor Datblygu Llaeth. Cynyddodd treuliant te 17% a choffi 8%. Cynyddodd gwerthiant uwd *Tesco* yn sylweddol dros y flwyddyn a ffactor pwysig yn hyn, yn ôl *Tesco*, oedd y ffaith fod y diet Glycemig neu GI yn ffasiynol. Roedd y diet hwn yn annog pobl i gadw eu siwgr gwaed ar lefel gyson drwy gael brecwast iachus.

Dywedodd Gwyn Jones, cadeirydd bwrdd llaeth Undeb Cenedlaethol y Ffermwyr, fod y cynnydd yn nhreuliant llaeth 'yn sicr yn ddatblygiad i'w groesawu, hyd yn oed os mai swm bach yn unig ydyw. Yn y pen draw dylai olygu mwy o arian i ffermwyr, ond mae llawer o os ac onibai.'

Ffynhonnell: addaswyd o'r Financial Times, 20.5.2005.

(a) 'Mae llaeth â galw deilliedig o uwd.' Eglurwch y gosodiad hwn.
(b) Gyda chymorth diagramau, dadansoddwch effaith newid yn y galw am uwd ar y galw am laeth.
(c) Pam y gallai fod 'llawer o os ac onibai' ynglŷn â'r mater a fydd pris llaeth yn mynd i fyny o ganlyniad i gynnydd yn y galw am uwd?

Galw cyfansawdd

Dywedir bod GALW CYFANSAWDD (*composite*) am nwydd pan fydd galw amdano ar gyfer dau neu fwy o ffyrdd o'i ddefnyddio. Er enghraifft, gall laeth gael ei ddefnyddio ar gyfer iogwrt, menyn,

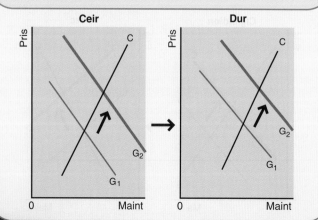

Ffigur 7.3 Galw deilliedig
Bydd cynnydd yn y galw am geir yn arwain at gynnydd yn y galw am ddur. Dywedir bod dur â galw deilliedig o geir.

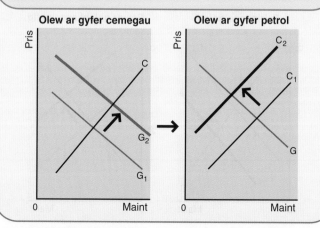

Ffigur 7.4 Galw cyfansawdd
Bydd cynnydd yn y galw am olew gan gynhyrchwyr cemegau yn arwain at ostyngiad yng nghyflenwad olew i'r farchnad betrol am fod olew â galw cyfansawdd.

gwneud caws neu ei yfed. Gall fod galw am dir at ddefnydd preswyl, diwydiannol neu fasnachol. Mae galw am ddur ar gyfer cynhyrchu ceir ac adeiladu llongau.

Mae damcaniaeth economaidd yn rhagfynegi y bydd cynnydd yn y galw am un nwydd cyfansawdd yn arwain at ostyngiad yng nghyflenwad nwydd cyfansawdd arall. Mae Ffigur 7.4 yn dangos y bydd cynnydd yn y galw am olew gan y diwydiant cemegau yn gwthio cromlin y galw i'r dde, gan gynyddu gwerthiant a phris olew. Gyda chromlin y cyflenwad cyfan o olew yn goleddu i fyny, bydd cynnydd yng nghyflenwad olew i'r diwydiant cemegau yn gostwng cyflenwad olew ar gyfer petrol. Yn Ffigur 7.4 mae cromlin y cyflenwad yn symud i fyny. Bydd pris olew ar gyfer petrol yn codi a bydd maint y galw yn gostwng.

Felly mae damcaniaeth economaidd yn rhagfynegi y bydd cynnydd yn y galw am nwydd yn arwain at godiad ym mhris nwydd y mae mewn galw cyfansawdd ag ef ac at ostyngiad ym maint y galw am y nwydd arall hwnnw.

Cydgyflenwad

Dywedir bod nwydd mewn CYDGYFLENWAD â nwydd arall pan fydd un nwydd yn cael ei gyflenwi ar gyfer dau bwrpas gwahanol. Er enghraifft, cyflenwir buchod ar gyfer cig eidion a lledr. Efallai y bydd ffynnon olew yn rhoi olew a nwy.

Mae damcaniaeth economaidd yn awgrymu y bydd cynnydd yn y galw am un nwydd mewn cydgyflenwad yn arwain at gynnydd yn ei bris. Bydd hyn yn arwain at gynnydd ym maint y cyflenwad. Felly bydd cyflenwad y nwydd arall yn cynyddu, gan arwain at ostyngiad yn ei bris. Mae Ffigur 7.5 yn dangos bod cynnydd yn y galw am gig eidion yn arwain at gynnydd ym mhris cig eidion ac yn y maint a

Cwestiwn 3

Ar ddechrau'r flwyddyn 2000 gallai'r rhan fwyaf o gwsmeriaid godi arian o beiriant arian am ddim. Ers hynny cafwyd ehangiad sylweddol o beiriannau arian newydd sy'n codi tâl ar gwsmeriaid am godi arian o'r peiriannau, yn nodweddiadol £1.50 am bob codiad arian. Mae peiriannau arian sy'n codi tâl yn trafod tua 3% yn unig o'r holl drafodion, gyda'r rhan fwyaf o gwsmeriaid yn codi eu harian o beiriannau arian y tu mewn i fanciau neu'r tu allan iddynt lle nad oes tâl. Ond mae peiriannau sy'n codi tâl yn tueddu i fod i ffwrdd o fanciau mewn lleoliadau fel siopau cyfleus, tafarnau, gorsafoedd petrol a chanolfannau siopa ac maen nhw'n fwyfwy poblogaidd gyda chwsmeriaid.

Yn achos llawer o beiriannau arian sy'n codi tâl, mae ganddynt gyfleuster ar gyfer chwarae hysbysebion hefyd. Felly gall peiriant arian gynhyrchu derbyniadau ac elw ar gyfer ei berchenogion nid yn unig drwy godi tâl ar gwsmeriaid am godi arian ond hefyd drwy werthu lle hysbysebu i gwmnïau.

Ffynhonnell: addaswyd o'r *Financial Times*, 15.11.2004.

Gall peiriant arian roi dau gynnyrch: arian i gwsmeriaid banc a hysbysebu. Gyda chymorth diagramau a'r cysyniad cydgyflenwad, eglurwch pa effaith y gallai cynnydd yn y galw gan gwsmeriaid banc am godi arian o beiriannau arian sy'n codi tâl ei chael ar bris lle hysbysebu.

brynir ac a werthir ohono. Bydd mwy o gynhyrchu cig eidion yn arwain, fel sgil gynnyrch, at fwy o gyflenwad o ledr. Bydd cromlin y cyflenwad o ledr yn symud i'r dde. Yna bydd pris lledr yn gostwng a bydd y maint a brynir ac a werthir yn cynyddu.

Termau allweddol

Amnewidyn – nwydd y gall nwydd arall gymryd ei le i ddiwallu chwant.

Cydalw – pan roddir dau neu fwy o gyfategolion at ei gilydd.

Cydgyflenwad – pan fydd dau neu fwy o nwyddau yn cael eu cynhyrchu gyda'i gilydd, fel y bydd newid yng nghyflenwad un nwydd o reidrwydd yn newid cyflenwad y nwyddau eraill sydd mewn cydgyflenwad ag ef.

Cyfategolyn – nwydd sy'n cael ei brynu gyda nwyddau eraill i ddiwallu chwant.

Galw cyfansawdd – pan fydd yna alw am nwydd ar gyfer dau neu fwy o ffyrdd gwahanol o'i ddefnyddio.

Galw cystadleuol – pan fydd dau neu fwy o nwyddau yn amnewidion am ei gilydd.

Galw deilliedig – pan fydd y galw am un nwydd yn ganlyniad i neu'n deillio o'r galw am nwydd arall.

Ffigur 7.5 Cydgyflenwad

Mae cynnydd yn y galw am gig eidion, sy'n arwain at gynhyrchu mwy o gig eidion, yn achosi cynnydd yng nghyflenwad lledr. Dywedir bod cig eidion a lledr mewn cydgyflenwad.

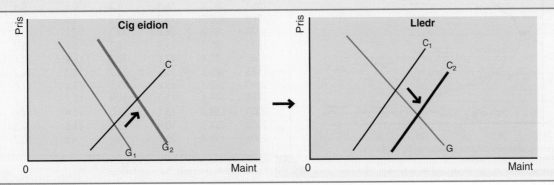

Economeg gymhwysol

Cludiant masnachol

Galw deilliedig

Mae cludiant masnachol, fel cludo nwyddau yn y DU o'r ffatri i'r siop, yn alw deilliedig. Mae'n deillio yn y pen draw o bryniant nwyddau traul a gwasanaethau. Er enghraifft, mae symudiad glo o'r pwll glo i orsaf drydan yn rhan o gadwyn gynhyrchu hir yn nhreuliant pecyn o greision ŷd.

Galw am gludiant masnachol

Mae'r galw am gludiant masnachol wedi tyfu dros amser wrth i incwm defnyddwyr godi ac wrth i fwy o nwyddau a gwasanaethau gael eu defnyddio. Mae Tabl 7.1 yn dangos, fodd bynnag, bod y twf yn y tunelli metrig o nwyddau a symudir wedi bod yn gymharol fach ers yr 1960au. Mae llawer o hyn yn ganlyniad i'r ffaith bod nwyddau'n ysgafnach ac yn llai swmpus. Er enghraifft, mae llawer mwy o blastig a llawer llai o fetel yn cael eu defnyddio heddiw. Felly, er bod mwy o nwyddau traul yn cael eu prynu, cynnydd bach yn unig a fu yng nghyfanswm y pwysau a'r cyfaint. Mewn cyferbyniad â hyn, mae Tabl 7.2 yn dangos y bu twf sylweddol dros yr un cyfnod yn nifer y cilometrau y mae pob tunnell fetrig yn eu teithio. Mae pob tunnell fetrig yn teithio ymhellach heddiw na 40 mlynedd yn ôl. Mae hyn yn ganlyniad i fwy o arbenigo rhwng rhanbarthau a chwmnïau. Mae hyn, yn ei dro, wedi cael ei hybu gan dwf y rhwydwaith traffyrdd yn y DU, sydd wedi caniatáu amserau teithio llawer cyflymach.

Amnewidion

Mae mathau gwahanol o gludiant yn amnewidion am ei gilydd. Mae Tablau 7.1 a 7.2 a Ffigur 7.6 yn dangos y cafwyd symudiad o gludiant rheilffyrdd i ddulliau eraill, yn enwedig cludiant ffyrdd. Yn yr 1950au cynnar roedd y rheilffyrdd yn cludo ychydig mwy o nwyddau na'r ffyrdd. Erbyn yr 1960au roedd y rheilffyrdd wedi colli llawer o'u cyfran o'r farchnad i gludiant ffyrdd ac erbyn degawd gyntaf yr unfed ganrif ar hugain, dim ond 7% o gludiant

nwyddau oedd gan y rheilffyrdd yn ôl y pellter a deithiwyd a llai na 5% o gyfanswm y tunelli metrig o nwyddau. Mae traffig trwy biblinellau wedi cynyddu, yn bennaf oherwydd cynnydd yn nhreuliant nwy a chynhyrchu olew Môr y Gogledd. Twf diwydiant olew Môr y Gogledd fu'n gyfrifol bron yn gyfan gwbl am y cynnydd sydyn yng nghyfran cludiant dŵr rhwng 1976 ac 1985.

Cyfategolion

Bu cynnydd yn nifer y nwyddau a gludwyd ar y rheilffyrdd yn dilyn preifateiddio Rheilffyrdd Prydeinig. Mae'r cwmnïau nwyddau preifat wedi bod yn fwy hyblyg na Rheilffyrdd Prydeinig gan lwyddo i wthio costau i lawr a sicrhau archebion. Fodd bynnag, mae dyfodol cludiant rheilffyrdd i'w weld yn bennaf fel cyfategolyn i gludiant ffyrdd. Bydd lorïau a faniau yn cludo nwyddau i ganolfannau casglu y rheilffyrdd. Yna bydd y nwyddau'n cael eu cludo ar y rheilffyrdd nes cael eu cymryd i ffwrdd unwaith eto mewn lori. Mae llwytho a dadlwytho o un math o gludiant i fath arall yn gymharol ddrud. Felly mae cludiant rheilffyrdd wedi bod yn economaidd yn bennaf gyda theithiau o fwy na 300-400 o filltiroedd ar y

---

Tabl 7.1 Nwyddau: cyfanswm a gludwyd mewn miliynau o dunelli metrig

	Ffyrdd	Rheilffyrdd	Dŵr: olew ar hyd yr arfordir	Dŵr: arall	Piblinellau	Cyfanswm
1961	1 295	249	57		6	1 607
1965	1 634	239	64		27	1 964
1970	1 610	209	58		39	1 916
1975	1 602	176	48		52	1 878
1980	1 383	154	54	83	83	1 757
1985	1 452	122	50	92	89	1 805
1990	1 749	152	44	108	121	2 163
1995	1 701	101	47	98	168	2 115
2000	1 689	95	40	97	151	2 072
2003	1 725	89	35	98	141	2 088
2004	1 831	102	na	na	158	na

Ffynhonnell: addaswyd o Adran yr Amgylchedd, Cludiant a'r Rhanbarthau, *Transport Statistics*.
na = ddim ar gael

Tabl 7.2 Nwyddau: pellter a deithiwyd, cyfanswm cilometrau tunelli metrig (biliynau)

	Ffyrdd	Rheilffyrdd	Dŵr: olew ar hyd yr arfordir	Dŵr: arall	Piblinellau	Cyfanswm
1961	85.6	16.4	3.2	0.6	0.4	106.2
1965	108.0	15.8	3.7	0.6	1.8	129.8
1970	85.0	26.8	23.2	0.01	3.0	138.1
1975	95.3	23.5	18.3	0.1	5.9	143.1
1980	92.4	17.6	38.2	15.9	10.1	174.2
1985	103.2	15.3	38.9	18.7	11.2	187.3
1990	136.3	15.8	32.1	23.6	11.0	218.8
1995	149.6	13.3	31.4	11.1	11.1	226.6
2000	158.0	18.1	26.0	41.4	11.4	254.9
2003	159.3	18.9	23.3	37.6	10.5	249.6
2004	159.8	20.7	na	na	10.7	na

Ffynhonnell: addaswyd o Adran yr Amgylchedd, Cludiant a'r Rhanbarthau, *Transport Statistics*.
na = ddim ar gael

Ffigur 7.6 Cludiant masnachol yn ôl dull, pellter a deithiwyd

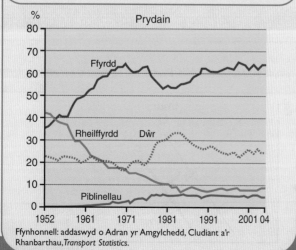

Ffynhonnell: addaswyd o Adran yr Amgylchedd, Cludiant a'r Rhanbarthau, *Transport Statistics*.

rheilffyrdd neu pan fydd cyswllt rheilffordd arbennig yn gallu mynd â nwyddau o ddrws i ddrws, er enghraifft, o bwll glo i orsaf drydan. Gallai nifer y cysylltiadau rheilffordd arbennig leihau yn y dyfodol agos os bydd y diwydiant trydan yn llosgi mwy o nwy a glo a fewnforiwyd a llai o lo mewnol. Dylai Twnnel y Sianel fod wedi rhoi hwb sylweddol i gludiant rheilffyrdd. Er enghraifft, mae'n ddelfrydol ar gyfer cludo nwyddau fel ceir newydd o ffatrïoedd gweithgynhyrchu i werthwyr mewn gwledydd eraill. Fodd bynnag, mae elfennau aneffeithlon y system reilffyrdd yn y DU a mwy fyth y system yn Ewrop wedi golygu bod gwasanaethau drwy'r Twnnel yn rhy annibynadwy a rhy araf i ddenu llawer o draffig ychwanegol. Dim ond os bydd amserau teithiau yn gyflymach a gwasanaethau'n fwy dibynadwy y gall cludiant rheilffyrdd dyfu yn y dyfodol.

Galw cyfansawdd

Mae galw cyfansawdd am ffyrdd gyda chludiant masnachol a chludiant teithwyr. Ar hyn o bryd nid oes unrhyw fecanwaith prisio systematig ar gyfer y system ffyrdd. Nid oes tagfeydd ar unrhyw adeg o'r dydd ar y rhan fwyaf o ffyrdd. Mae lleiafrif o ffyrdd yn dioddef tagfeydd ar adegau arbennig o'r dydd. Adnoddau prin yw'r broblem yma. Mae rhai defnyddwyr ffyrdd posibl yn ymateb drwy beidio â theithio neu ddefnyddio dull arall o deithio. Er enghraifft, gall cymudwyr yn ardal Llundain ddewis teithio ar drên, trên tanddaearol neu fws am fod cost ymwad teithio mewn car yn rhy uchel. Mae rhai cymudwyr yn cyrraedd eu gweithle yn gynharach neu'n hwyrach er mwyn osgoi'r oriau brys. Mae defnyddwyr eraill o'r ffyrdd yn derbyn y bydd amser eu taith ar y ffyrdd yn hirach yn ystod yr oriau brys nag ar

adegau eraill o'r dydd.

Po fwyaf o geir sydd ar y ffyrdd, mwyaf i gyd yw'r potensial am dagfeydd ac amserau teithio hirach ar gyfer cludiant nwyddau. Gallai prisio ffyrdd helpu'r diwydiant cludo nwyddau pe bai defnyddwyr ceir yn cael eu hannog i beidio â theithio. Mae prisio ffyrdd yn golygu codi tâl ar geir a lorïau am ddefnyddio ffordd, fel tâl tagfa Llundain neu'r doll ar drafffordd doll yr M6. Fodd bynnag, mae unrhyw system prisio ffyrdd yn debygol o godi taliadau ar lorïau yn ogystal â cheir. Gallai amserau teithio i lorïau ostwng, gan ostwng costau, ond bydd tollau ffyrdd yn cynyddu costau cludo nwyddau. Mae profiad traffordd doll yr M6 yn dangos y gwrthddewis rhwng cost ac amser. Mae lorïau wedi osgoi defnyddio'r drafffordd doll ers iddi agor yn 2004 am eu bod yn honni bod y taliadau'n rhy uchel. Yn hytrach, mae'n well gan y rhan fwyaf o halwyr ddefnyddio'r M6 drwy Birmingham, sydd am ddim, a wynebu'r risg o gael eu hoedi gan dagfeydd. I'r halwyr hyn mae cost y drafffordd doll yn fwy na'r golled bosibl o amser oherwydd tagfeydd wrth ddefnyddio'r drafffordd sydd am ddim. Amcangyfrifir bod halwyr Prydain yn colli hyd at £20 biliwn y flwyddyn oherwydd tagfeydd sy'n arwain at amserau teithio hirach. Byddai lleihau amserau teithio drwy osod tollau ar yr holl ffyrdd sy'n cael tagfeydd yn gostwng y costau hynny ond byddai'n rhaid i'r halwyr hefyd dalu'r tollau, ac felly byddai eu budd yn llai o lawer na'r £20 biliwn.

Byddai gosod tollau ar gludiant nwyddau ar y ffyrdd yn gymhelliad i gwmnïau symud rhai nwyddau o'r ffyrdd i'r rheilffyrdd. Yn wir, mae rhai amgylcheddwyr wedi dadlau y dylid defnyddio derbyniadau o dollau ffyrdd i gymorthdalu cludiant rheilffyrdd er mwyn creu symudiad mawr o'r ffyrdd i'r rheilffyrdd.

Cwestiwn Data

Defnyddio Tir

Cost cyfyngiadau ar gynllunio

Mae cyfyngiadau ar gynllunio wedi gwthio prisiau tir ar gyfer tai i fyny. Er enghraifft, mae pris tir ffermio yn aml yn un rhan o dri deg neu'n un rhan o bedwar deg o'r pris pan roddir caniatâd i adeiladu tai arno. Felly mae digonedd o ffermwyr sy'n fodlon gwerthu eu tir at ddibenion preswyl. Ond yn 1994 dangosodd astudiaeth a gomisiynwyd gan Adran yr Amgylchedd fod hyn yn gymhariaeth gamarweiniol gan fod cost paratoi tir ffermio ar gyfer adeiladu tai neu ddibenion diwydiannol yn uchel. Yn hytrach, amcangyfrifodd gost ymwad tir ar gyfer tai drwy edrych ar brisiau tir ar gyfer tai yn Barnsley, lle nad oedd, ar y pryd, brinder tir ar gyfer tai ar gael i'w werthu. Wedyn gallai cost cyfyngiadau ar gynllunio gael ei chyfrifo. Er enghraifft, yn Reigate, ardal boblogaidd gyda chymudwyr yn Surrey yn Ne Lloegr, roedd prisiau tir 3.6 gwaith eu cost ymwad. Yn Barnsley yn Swydd Efrog, 2.2 oedd y gymhareb.

Agwedd *Nimby*

Nimby yw'r gair am rywun sy'n dweud yn Saesneg, *not in my back yard*. Daeth y gair yn ffasiynol yn yr 1980au i ddisgrifio pobl oedd o blaid gwell cyfleusterau, gwell ffyrdd, mwy o dai a mwy o leoedd gwaith i leihau diweithdra cyn belled â bod hynny'n digwydd y tu hwnt i'w hardal leol nhw.

Yn aml mae hyn wedi cael ei gyfiawnhau drwy gyfeirio at warchod cefn gwlad Lloegr, cynnal mwynderau lleol a diogelu ardaloedd o harddwch naturiol. Mae'n ymddangos bod pob ffordd osgoi newydd neu gynllun gwella ffordd yn rhedeg trwy ddarn o dir sy'n gynefin i rywogaeth brin o blanhigion neu anifeiliaid. Ond yn ymarferol y colledion posibl iddyn nhw eu hunain pe bai datblygiad yn mynd rhagddo sy'n cymell y mwyafrif helaeth o *Nimbys*. Er enghraifft, nid yw adeiladu stad newydd o dai gerllaw yn debygol o helpu prisiau'r tai sydd eisoes yn yr ardal.

Ffigur 7.7 Newidiadau poblogaeth fesul ardal, 1982-2002

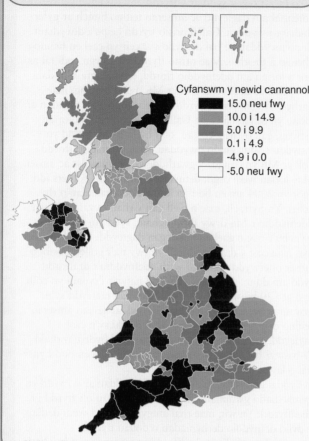

Cyfanswm y newid canrannol

- 15.0 neu fwy
- 10.0 i 14.9
- 5.0 i 9.9
- 0.1 i 4.9
- -4.9 i 0.0
- -5.0 neu fwy

Ffynhonnell: addaswyd o *Regional Trends*, Swyddfa Ystadegau Cenedlaethol.

Tabl 7.3 Newidiadau poblogaeth a nifer y cartrefi, Lloegr, miliynau

	1971	1981	1991	2001	2004	2021 rhagamcan
Poblogaeth	55.4	54.9	55.8	57.4	57.1	62.0
Nifer y cartrefi	18.6	20.2	22.4	23.8	24.1	28.0

Ffynhonnell: addaswyd o *Social Trends*, Swyddfa Ystadegau Cenedlaethol; *Regional Trends*, Swyddfa Ystadegau Cenedlaethol.

Polisïau Llain Las

Sefydlwyd lleiniau glas Prydain ar ôl yr Ail Ryfel Byd. Bwriadwyd iddynt daflu cylch o gwmpas ardaloedd trefol i'w rhwystro rhag lledu i gefn gwlad. Mae cyfyngiadau ar gynllunio yn gaeth iawn ynghylch datblygu o fewn y llain las. Ni chaniateir tai newydd na datblygiadau diwydiannol. Mae polisïau llain las wedi cyfyngu'n arw ar gyflenwad tir newydd ar gyfer tai a diwydiant yn y DU a chyfrannu at bris cymharol uchel tir mewn ardaloedd trefol. Mae hyn yn cynyddu costau byw i drigolion ardaleodd trefol, sef y mwyafrif helaeth o bobl yn y DU. Nid yn unig y mae prisiau tai a rhenti lawer yn uwch nag y byddent fel arall, ond hefyd mae cost gwasanaethau o uwchfarchnadoedd i sinemâu lawer yn uwch. Y rheswm yw bod yn rhaid i ddefnyddwyr dalu ar ffurf prisiau uwch am y prisiau uchel a dalwyd gan ddiwydiant am dir.

Cartrefi

Mae nifer y cartrefi yn y DU yn tyfu'n gyflymach o lawer na'r twf araf yng nghyfanswm y boblogaeth. Daw'r cynnydd yn bennaf o newidiadau yn y gymdeithas. Mae'r cynnydd mewn ysgariad wedi creu llawer o gartrefi un-person ac mae cynnydd mewn incwm yn golygu bod gan fwy o bobl ifanc sengl bellach y dewis rhwng byw gyda'u rhieni neu gael eu llety eu hun. Daw twf hefyd o newidiadau demograffig. Mae yna nifer cynyddol o bobl hŷn sy'n byw yn hirach ac sy'n byw ar eu pen eu hun. Mae nifer y cartrefi sydd â dau riant a sawl plentyn yn gostwng.

Tir newydd ar gyfer tai

Daw tir newydd ar gyfer adeiladu tai o sawl ffynhonnell. 'Safleoedd annisgwyl' yw'r safleoedd hynny a ddaw o berchenogion tŷ sy'n gwerthu rhan o'u gardd ar gyfer datblygiad, neu o adeiladwyr tai sy'n prynu hen dŷ mawr, yn ei ddymchwel ac yn adeiladu ystad fach o dai llai yno. Mae 'safleoedd llain frown' yn ffynhonnell arall, sef safleoedd a ddefnyddiwyd eisoes at ddibenion masnachol neu ddibenion trefol eraill, ond sydd nawr â gwerth uwch fel tir ar gyfer tai. Yn drydydd, ac yn fwyaf dadleuol, gellir canfod tir newydd drwy lacio ychydig ar gyfyngiadau llain las a chyfyngiadau eraill, gan arwain fel rheol at ryddhau ychydig o ddegau o erwau mewn lle penodol.

1. Eglurwch y canlynol.
   - (a) Mae'r galw am dir yn alw deilliedig.
   - (b) Mae galw cyfansawdd am dir.
   - (c) Mae cydgyflenwad o dir.
   - (ch) Mae cydalw am dir ac adeiladau.

2. Eglurwch y berthynas economaidd yn y DU rhwng defnyddio tir a'r canlynol:
   - (a) poblogaeth sy'n tyfu;
   - (b) poblogaeth sy'n symud yn ddaearyddol;
   - (c) cynnydd mewn cyfoeth.

3. Yn eich barn chi, a ddylai rheoliadau llain las gael eu llacio er mwyn galluogi mwy o adeiladu tai yn y DU? Yn eich ateb ystyriwch gostau a buddion newid o'r fath mewn polisi. Bydd hyn yn cynnwys dadansoddiad o'r effeithiau ar bris tai, eiddo diwydiannol a thir amaethyddol.

8 Elastigedd pris galw

Crynodeb

1. Mae elastigedd yn fesur o'r graddau y mae maint yn ymateb i newid mewn newidyn sy'n effeithio arno, fel pris neu incwm.

2. Mae elastigedd pris galw yn mesur ymateb cyfrannol maint y galw i newid cyfrannol yn y pris.

3. Mae elastigedd pris galw yn amrywio o sero, neu anfeidraidd anelastig, i anfeidraidd elastig.

4. Mae gwerth elastigedd pris galw yn cael ei bennu gan argaeledd amnewidion ac amser.

Ystyr elastigedd galw

Effeithir ar faint y galw am nwydd gan newidiadau ym mhris y nwydd, newidiadau ym mhris nwyddau eraill, newidiadau mewn incwm a newidiadau mewn ffactorau perthnasol eraill. Mae elastigedd yn fesur o faint yr effeithir ar faint y galw gan newid mewn pris, incwm ayb.

Tybiwch fod pris nwy yn cynyddu 1%. Os bydd maint y galw yn gostwng 20% o ganlyniad i hyn, mae yna ostyngiad mawr iawn ym maint y galw o'i gymharu â'r newid yn y pris. Dywedir bod elastigedd pris y galw am nwy yn uchel iawn. Os bydd maint y galw yn gostwng 0.01%, mae'r newid ym maint y galw yn gymharol ddi-bwys o'i gymharu â'r newid mawr yn y pris a dywedir bod elastigedd pris y galw am nwy yn isel.

Mae elastigeddau galw gwahanol yn mesur ymateb cyfrannol maint y galw i newid cyfrannol yn y newidynnau sy'n effeithio ar alw. Felly mae elastigedd pris galw yn mesur ymatebolrwydd maint y galw i newidiadau ym mhris y nwydd. Mae elastigedd incwm yn mesur ymatebolrwydd y galw i newidiadau yn incwm defnyddwyr. Mae croeselastigedd yn mesur ymatebolrwydd y galw i newidiadau ym mhris nwydd arall. Gallai economegwyr fesur hefyd elastigedd poblogaeth, elastigedd chwaeth neu elastigedd ar gyfer unrhyw newidyn arall a allai effeithio ar faint y galw, ond go brin y caiff y mesurau hyn eu cyfrifo.

Elastigedd pris galw

Mae economegwyr yn dewis mesur ymatebolrwydd yn nhermau newidiadau cyfrannol neu ganrannol. Felly mae ELASTIGEDD PRIS GALW – ymatebolrwydd newidiadau ym maint y galw i newidiadau yn y pris – yn cael ei gyfrifo drwy ddefnyddio'r fformiwla:

$$\frac{\text{newid canrannol ym maint y galw}}{\text{newid canrannol yn y pris}}$$

Mae Tabl 8.1 yn dangos nifer o gyfrifiadau elastigedd pris. Er enghraifft, os bydd cynnydd o 10% yn y pris yn arwain at ostyngiad o 20% ym maint y galw, yna mae elastigedd pris galw yn 2. Os bydd cynnydd o 50% yn y pris yn arwain at ostyngiad o 25% ym maint y galw, mae elastigedd pris galw yn ½.

Gall fod yn anodd deall elastigedd i ddechrau. Mae'n hanfodol cofio'r fformiwlâu ar gyfer elastigedd. Dim ond wedyn y gall person eu defnyddio'n rhwydd a chael dealltwriaeth o'u pwysigrwydd.

Tabl 8.1

Newid canrannol yn y pris	Newid canrannol ym maint y galw	Elastigedd
10	20	2
50	25	½
7	28	4
9	3	⅓

Cwestiwn 1

Tabl 8.2

	Newid canrannol ym maint y galw	Newid canrannol yn y pris
(a)	10	5
(b)	60	20
(c)	4	8
(d)	1	9
(e)	5	7
(f)	8	11

Cyfrifwch elastigedd pris y galw ar sail y data yn Nhabl 8.2.

Fformiwlâu eraill

Yn aml ni fydd data ar gyfer cyfrifo elastigeddau pris yn cael eu cyflwyno ar ffurf newidiadau canrannol. Rhaid cyfrifo'r rhain. Mae cyfrifo'r newid canrannol yn gymharol hawdd. Er enghraifft, mae gan ddefnyddiwr 10 afal ac mae'n prynu 5 arall. Y newid canrannol yn nifer yr afalau yw 50% wrth gwrs. Cyfrifir yr ateb hwn drwy rannu'r newid yn nifer yr afalau (h.y. 5) â'r nifer gwreiddiol o afalau (h.y. 10) a lluosi â 100 er mwyn cael ffigur canrannol. Felly y fformiwla yw:

$$\text{newid canrannol} = \frac{\text{newid absoliwt}}{\text{gwerth gwreiddiol}} \times 100\%$$

Caiff elastigedd pris galw ei fesur drwy rannu'r newid canrannol ym maint y galw â'r newid canrannol yn y pris. Felly ffordd arall o fynegi hyn yw $\Delta M/M \times 100$ (y newid canrannol ym maint y galw M) wedi'i rannu â $\Delta P/P \times 100$ (y newid canrannol yn y pris P). Mae'r ddau 100 yn canslo ei gilydd, gan adael y fformiwla:

$$\frac{\Delta M}{M} \div \frac{\Delta P}{P} \quad \textbf{neu} \quad \frac{\Delta M}{M} \times \frac{P}{\Delta P}$$

Yn fathemategol mae hyn yn gywerth â:

$$\frac{P}{M} \times \frac{\Delta M}{\Delta P}$$

Yn Ffigur 8.1 rhoddir enghreifftiau o gyfrifiadau o elastigedd sy'n defnyddio'r ddwy fformiwla uchod.

Ffigur 8.1 *Cyfrifiadau o elastigedd galw*

Enghraifft 1

Maint y galw yn wreiddiol yw 100 am y pris £2. Mae'r pris yn codi i £3 gan achosi i faint y galw ostwng i 75.
Felly y newid ym maint y galw yw 25 a'r newid yn y pris yw £1. Elastigedd pris y galw yw:

$$\frac{\Delta M}{M} \div \frac{\Delta P}{P} = \frac{25}{100} \div \frac{1}{2} = \tfrac{1}{2}$$

Enghraifft 2

Maint y galw yn wreiddiol yw 20 uned am y pris £5 000. Mae'r pris yn gostwng i £4 000 gan achosi i faint y galw gynyddu i 32 uned. Felly y newid ym maint y galw yw 12 uned a'r newid yn y pris yw £1 000.
Elastigedd pris y galw yw:

$$\frac{P}{M} \times \frac{\Delta M}{\Delta P} = \frac{5\,000}{20} \times \frac{12}{1\,000} = 3$$

Cwestiwn 2

Tabl 8.3

	Gwerthoedd gwreiddiol		Gwerthoedd newydd	
	Maint y galw	Pris (£)	Maint y galw	Pris (£)
(a)	100	5	120	3
(b)	20	8	25	7
(c)	12	3	16	0
(d)	150	12	200	10
(e)	45	6	45	8
(f)	32	24	40	2

Cyfrifwch elastigedd pris y galw ar gyfer y data yn Nhabl 8.3.

Galw elastig ac anelastig

Rhoddir enwau arbennig ar werthoedd gwahanol o elastigedd pris galw.

● Mae'r galw yn bris ELASTIG os ydy gwerth elastigedd yn fwy nag un. Os ydy'r galw am nwydd yn bris elastig, bydd newid canrannol yn y pris yn achosi newid canrannol mwy ym maint y galw. Er enghraifft, os ydy codiad o 10% ym mhris tomatos yn arwain at ostyngiad o 20% ym maint y galw am domatos, yna yr elastigedd pris yw 20÷10 neu 2. Felly mae'r galw am domatos yn elastig. Dywedir bod galw'n **anfeidraidd elastig** os mai anfeidredd yw gwerth elastigedd (h.y. byddai gostyngiad yn y pris yn arwain at gynnydd anfeidraidd ym maint y galw, tra byddai codiad yn y pris yn achosi i faint y galw fod yn sero).

● Mae'r galw yn bris ANELASTIG os ydy gwerth elastigedd yn llai nag un. Os ydy'r galw am nwydd yn bris anelastig, bydd newid canrannol yn y pris yn achosi newid canrannol llai ym maint y galw. Er enghraifft, pe bai cynnydd o 10% ym mhris tocynnau bws yn Wrecsam yn achosi gostyngiad o 1% yn nifer y teithiau a wnaed, yna yr elastigedd pris yw 1÷10 neu 0.1. Felly mae'r galw am deithio mewn bws yn anelastig. Dywedir bod galw'n **anfeidraidd anelastig** os mai sero yw gwerth elastigedd (h.y. ni fyddai newid yn y pris yn cael unrhyw effaith ar faint y galw).

● Mae galw ag ELASTIGEDD UNEDOL os mai 1 yn union yw gwerth elastigedd. Mae hyn yn golygu y bydd newid canrannol yn y pris yn arwain at newid canrannol hafal a dirgroes ym maint y galw. Er enghraifft, byddai yna elastigedd unedol pe bai cynnydd o 10% ym mhris nwydd yn arwain at ostyngiad o 10% ym maint y galw am y nwydd. (Gwelwn yn uned 9 y bydd cyfanswm y derbyniadau yn gyson am bob maint y galw os mai 1 yw elastigedd y galw.)

Mae'r termau hyn wedi'u crynhoi yn Nhabl 8.4.

Cwestiwn 3

Eglurwch a fyddai'r galw am y nwyddau canlynol yn elastig neu'n anelastig, yn eich barn chi, pe bai eu pris yn codi 10% â phob ffactor arall yn ddigyfnewid: (a) petrol; (b) tomatos ffres; (c) gwyliau a gynigir gan un o'r prif drefnwyr teithiau; (d) car *Ford*; (e) bar siocled *Mars*; (f) cylchgrawn *GQ*.

Cynrychioliadau graffigol

Mae Ffigur 8.2 yn dangos graff llinell syth. Camgymeriad cyffredin yw tybio bod elastigedd cromlin alw sy'n llinell syth yn gyson ar hyd y gromlin i gyd. Mewn gwirionedd yn achos bron pob cromlin alw sy'n llinell syth mae'r elastigedd yn amrywio ar hyd y llinell.

● Ym mhwynt A mae elastigedd pris y galw yn anfeidredd.

Tabl 8.4 Elastigedd: crynodeb o'r termau

	Disgrifiad geiriol o'r ymateb i newid yn y pris	Mesur rhifiadol o elastigedd	Newid yng nghyfanswm y gwariant wrth i'r pris godi[1]
Perffaith anelastig	Dydy maint y galw ddim yn newid o gwbl wrth i'r pris newid	Sero	Cynyddu
Anelastig	Mae'r newid canrannol ym maint y galw yn llai na'r newid canrannol yn y pris	Rhwng 0 ac 1	Cynyddu
Elastigedd unedol	Mae'r newid canrannol ym maint y galw yn hafal i'r newid canrannol yn y pris	1	Digyfnewid
Elastig	Mae'r newid canrannol ym maint y galw yn fwy na'r newid canrannol yn y pris	Rhwng 1 ac anfeidredd	Gostwng
Perffaith elastig	Mae prynwyr yn fodlon prynu'r cyfan y gallant ei gael am ryw bris penodol ond dim o gwbl am bris uwch	Anfeidredd	Gostwng i sero

[1] Caiff hyn ei egluro yn uned 9.

Ffigur 8.2 Elastigedd pris ar hyd cromlin alw syth

Mae elastigedd pris yn amrywio ar hyd cromlin alw syth, gan symud o anfeidredd lle mae'n torri echelin y pris, i 1 hanner ffordd ar hyd y llinell, i sero lle mae'n torri echelin y maint.

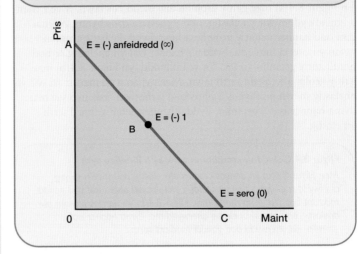

Yma maint y galw yw sero. O roi M = 0 yn y fformiwla ar gyfer elastigedd:

$$\frac{\Delta M}{M} \div \frac{\Delta P}{P}$$

gwelwn fod ΔM yn cael ei rannu â sero. Yn fathemategol mae nifer anfeidraidd o seroau mewn unrhyw rif.

- Ym mhwynt C mae elastigedd pris y galw yn sero. Yma mae'r pris yn sero. O roi P = 0 yn y fformiwla ar gyfer elastigedd gwelwn fod ΔP yn cael ei rannu â P sy'n rhoi'r ateb anfeidredd. Yna mae'r ffracsiwn $\Delta M \div M$ yn cael ei rannu ag anfeidredd. Mae anfeidredd mor fawr fel y bydd yr ateb yn brasamcanu at sero.

- Ym mhwynt B sy'n union hanner ffordd ar hyd y llinell, mae elastigedd pris y galw yn 1.

Mae'n werth nodi y gellir mesur elastigedd galw ar bwynt penodol drwy rannu'r pellter o'r pwynt i echelin y maint â'r pellter o'r pwynt i echelin y pris, BC ÷ AB. Yn Ffigur 8.2 mae B hanner ffordd ar hyd y llinell AC ac felly mae BC = AB a'r elastigedd ym mhwynt B yw 1.

Nodwyd yn gynharach os yw cromlin alw yn llinell syth fod elastigedd yn amrywio ar hyd y llinell. Ond yn achos dwy gromlin alw sy'n llinellau syth, mae'r elastigedd yr un fath ar hyd y gromlin i gyd.

Mae Ffigur 8.3(a) yn dangos cromlin alw sy'n berffaith anelastig. Beth bynnag fo'r pris, yr un fydd maint y galw.

Mae Ffigur 8.3(b) yn dangos cromlin alw sy'n berffaith elastig. Gall unrhyw faint gael ei brynu am un pris penodol neu'n is na hwnnw, ond ni phrynir dim am bris uwch.

Mae Ffigur 8.3(c) yn dangos cromlin alw sydd ag elastigedd unedol. Yn fathemategol hyperbola petryal yw hon. Mae hyn yn

Ffigur 8.3 Cromliniau galw perffaith elastig ac anelastig ac elastigedd unedol

Mae cromlin alw fertigol (a) yn berffaith anelastig, ac mae cromlin alw lorweddol (b) yn berffaith elastig. Mae cromlin sydd ag elastigedd unedol (c) yn hyperbola petryal â'r fformiwla PM = k, yma P yw'r pris, M yw maint y galw ac mae k yn werth cyson.

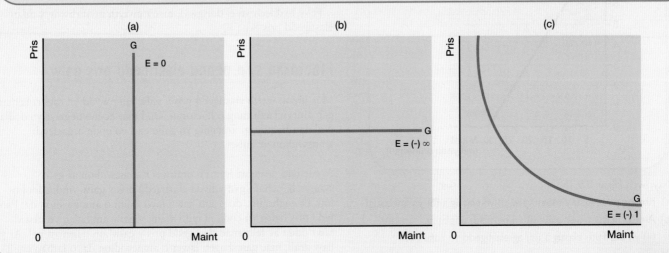

golygu bod unrhyw newid canrannol yn y pris yn cael ei wrthbwyso gan newid canrannol hafal a dirgroes ym maint y galw.

Camgymeriad cyffredin arall yw tybio bod cromliniau galw serth yn anelastig bob tro a bod cromliniau galw sydd â goledd bas yn elastig bob tro. Yn Ffigur 8.4 mae dwy gromlin alw wedi'u lluniadu. Yn Ffigur 8.4(a) mae gan y gromlin alw oledd bas iawn. Mae'r rhan a luniadwyd yn wir yn elastig, ond y rheswm dros hynny yw mai dim ond hanner uchaf y gromlin a luniadwyd. Pe bai'r gromlin gyfan yn cael ei lluniadu, byddai'r hanner isaf yn anelastig er bod graddiant y gromlin yn fas. Yn yr un modd, yn Ffigur 8.4(b) mae gan y grolin alw oledd serth iawn. Mae'r rhan a ddangosir yn wir yn anelastig mewn perthynas â phris ond y rheswm dros hyn yw mai dyma hanner isaf y gromlin. Byddai hanner uchaf y llinell serth yn elastig.

> **Ffigur 8.4 Goleddau cromliniau galw sy'n llinellau syth**
>
> *Mae Ffigur 8.4(a) yn dangos cromlin alw elastig, ond mae'n elastig oherwydd mai dyma hanner uchaf y gromlin, nid oherwydd bod ganddi raddiant bas. Yn yr un modd, mae Ffigur 8.4(b) yn dangos cromlin alw anelastig, ond mae'n anelastig oherwydd mai dyma hanner isaf y gromlin, nid oherwydd bod ganddi raddiant serth.*

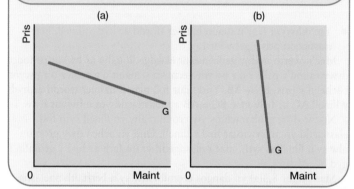

Cwestiwn 4

> **Ffigur 8.5 Galw**

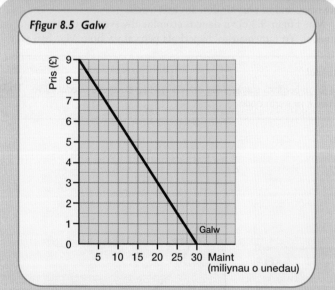

Ystyriwch Ffigur 8.5.

(a) Rhwng pa brisiau y mae'r galw (i) yn elastig a (ii) yn anelastig?

(b) Am ba bris y mae'r galw (i) yn berffaith anelastig,

(ii) yn berffaith elastig a (iii) ag elastigedd yn hafal i 1?

Dau bwynt technegol

Hyd yma rydym wedi sôn am elastigedd pris galw fel rhif positif. Mewn gwirionedd mae gan unrhyw gromlin alw sy'n goleddu i lawr elastigedd negatif bob tro. Y rheswm yw bod cynnydd yn y naill newidyn (pris neu faint) yn mynd gyda gostyngiad yn y newidyn arall. Mae cynnydd yn bositif ond mae gostyngiad yn negatif ac mae rhannu rhif positif â rhif negatif (neu i'r gwrthwyneb) yn rhoi ateb negatif bob tro. Fodd bynnag, mae economegwyr yn ei chael hi'n gyfleus gadael allan yr arwydd minws mewn elastigedd pris galw am ei bod hi'n haws ymdrin â rhifau positif, ond maent yn derbyn bod y gwerth yn negatif mewn gwirionedd.

Mae ail bwynt yn ymwneud â'r ffaith y gall elastigeddau dros yr un amrediad prisiau fod yn wahanol. Er enghraifft, am y pris £2 maint y galw am nwydd yw 20 uned. Am y pris £3 maint y galw yw 18 uned. Elastigedd pris y galw ar gyfer codiad yn y pris o £2 i £3 yw:

$$\frac{P}{M} \times \frac{\Delta M}{\Delta P} = \frac{2}{20} \times \frac{2}{1} = \frac{1}{5}$$

Ond elastigedd pris y galw ar gyfer gostyngiad yn y pris o £3 i £2 yw:

$$\frac{P}{M} \times \frac{\Delta M}{\Delta P} = \frac{3}{18} \times \frac{2}{1} = \frac{1}{3}$$

Felly mae'r elastigedd pris ar gyfer codiad yn y pris yn llai nag yw ar gyfer gostyngiad yn y pris dros yr un amrediad. Nid yw hyn o reidrwydd yn broblem cyhyd â'ch bod chi'n ymwybodol ohono. Un ffordd o ddatrys hyn yw cyfartaleddu pris a maint. Yn y fformiwlâu P yw'r pris cyfartalog (h.y. y pris gwreiddiol plws y pris newydd a rhannu'r cyfanswm â 2) yn hytrach na'r pris gwreiddiol, ac M yw maint cyfartalog y galw (h.y. maint gwreiddiol y galw plws maint newydd y galw a rhannu'r cyfanswm â 2). Yn yr enghraifft uchod y pris cyfartalog yw £(2+3) ÷ 2 neu £2½. Maint cyfartalog y galw yw (20+18) ÷ 2 neu 19. Yna elastigedd pris y galw yw:

$$\frac{P}{M} \times \frac{\Delta M}{\Delta P} = \frac{2½}{19} \times \frac{2}{1} = \frac{5}{19}$$

Fel y byddech yn ei ddisgwyl, mae'r gwerth hwn rhwng y ddau elastigedd pris ⅕ ac ⅓.

Ffactorau sy'n pennu elastigedd pris galw

Mae union werth elastigedd pris y galw am nwydd yn cael ei bennu gan amrywiaeth eang o ffactorau. Ond mae economegwyr yn dadlau bod dau ffactor yn arbennig yn gallu cael eu nodi: argaeledd amnewidion ac amser.

Argaeledd amnewidion Po orau yw'r amnewidion ar gyfer cynnyrch, uchaf i gyd y bydd elastigedd pris y galw yn dueddol o fod. Er enghraifft, does gan halen fawr ddim o amnewidion da. Pan fydd pris halen yn codi, ni fydd maint y galw am halen yn newid fawr ddim ac felly mae elastigedd pris y galw am halen yn isel. Ar y llaw arall, mae gan sbageti lawer o amnewidion da, o fathau eraill o basta i reis, tatws, bara a bwydydd eraill. Bydd codiad ym mhris sbageti, â phrisiau bwydydd eraill yn ddigyfnewid, yn debygol o gael effaith sylweddol ar y galw am sbageti. Felly mae elastigedd pris y galw am sbageti yn debygol o fod yn uwch nag elastigedd pris y galw am halen.

Po fwyaf eang yw diffiniad y cynnyrch, lleiaf i gyd o amnewidion sy'n debygol o fod ganddo. Mae gan sbageti lawer o amnewidion, ond does gan fwyd yn gyffredinol ddim amnewidion. Felly mae elastigedd y galw am sbageti yn debygol o fod yn uwch nag elastigedd y galw am fwyd. Yn yr un modd, mae elastigedd y galw am felysion berwi yn debygol o fod yn uwch nag elastigedd y galw am felysion yn gyffredinol. Mae cynnydd o 5% ym mhris melysion berwi, â phob pris arall yn ddigfynewid, yn debygol o arwain at ostyngiad llawer mwy yn y galw am felysion berwi na chynnydd o 5% ym mhris pob math o felysion.

Amser Po hiraf yw'r cyfnod o amser, mwyaf pris elastig fydd y galw am gynnyrch. Yn 1973/74 pan gynyddodd pris olew bedair gwaith ni fu llawer o effaith ar y galw am olew i ddechrau. Yn y tymor byr roedd y galw am olew yn bris anelastig. Nid yw hynny'n annisgwyl. Roedd pobl yn dal i orfod teithio i'w gwaith mewn ceir a gwresogi eu cartrefi ac roedd diwydiant yn dal i orfod gweithredu. Doedd gan olew fawr ddim o amnewidion da. Ni allai modurwyr roi nwy yn eu tanciau petrol ac ni allai busnesau newid system a daniwyd gan olew i redeg ar nwy neu drydan neu lo. Yn y tymor hir, fodd bynnag, roedd modurwyr yn gallu prynu ceir oedd yn fwy effeithlon o ran tanwydd a dyna a wnaethant. Roedd systemau nwy a thrydan yn cymryd lle systemau gwres canolog llosgi olew. Fe wnaeth busnesau drosi cyfarpar a daniwyd gan olew neu pan fyddai hen gyfarpar yn treulio ni fyddent yn cael cyfarpar tebyg yn ei le. Gostyngodd y galw am olew. Yn y tymor hirach roedd y galw am olew yn bris elastig. Dadleuir bod prynwyr yn aml yn y tymor byr ynghlwm wrth arferion gwario drwy arfer (*habit*), diffyg gwybodaeth neu'r ffaith fod nwyddau sy'n para wedi cael eu prynu eisoes. Yn y tymor hirach mae ganddynt yr amser a'r cyfle i newid y patrymau hynny.

Weithiau mae'n cael ei ddadlau bod elastigedd pris y galw am **angenrheidiau** (*necessities*) yn is nag elastigedd pris y galw am **nwyddau moeth** (*luxuries*). Mae angenrheidiau, trwy ddiffiniad, yn gorfod cael eu prynu beth bynnag fo'u pris er mwyn byw. Felly ni fydd cynnydd ym mhris angenrheidiau yn gostwng maint y galw fawr ddim. Mae nwyddau moeth, ar y llaw arall, trwy ddiffiniad yn nwyddau nad ydynt yn hanfodol ar gyfer byw. Felly dylai codiad ym mhris nwyddau moeth achosi gostyngiad cyfrannol fawr ym maint y galw. Nid oes tystiolaeth, fodd bynnag, i awgrymu bod hyn yn wir. Nid yw'n ymddangos bod gan fwyd, sy'n angenrhaid, elastigedd is na gwyliau neu geir mawr, sy'n nwyddau moeth. Rhan o'r rheswm dros hyn yw ei bod hi'n anodd iawn diffinio angenrheidiau a nwyddau moeth mewn modd empirig. Mae rhywfaint o fwyd yn angenrhaid ond nid yw cyfran sylweddol o'r hyn y byddwn yn ei fwyta yn angenrheidiol ar gyfer byw. Nid yw'n bosibl gwahaniaethu rhwng pa fwyd a dreulir o reidrwydd a pha fwyd sy'n nwydd moeth.

Weithiau dadleuir hefyd fod gan nwyddau sy'n ffurfio cyfran gymharol isel o gyfanswm gwariant elastigeddau is na nwyddau sy'n ffurfio cyfran fwy sylweddol. Byddai gwneuthurwr ceir mawr, er enghraifft, yn dal i brynu'r un maint o glipiau papur hyd yn oed pe bai pris clipiau papur yn dyblu, oherwydd na fyddai'n werth poeni newid i nwydd arall. Ar y llaw arall, byddai ei alw am ddur yn llawer mwy pris elastig. Nid oes tystiolaeth i awgrymu bod hyn yn wir. Mae gan enghreifftiau a roddir mewn gwerslyfrau, fel halen a matsys, elastigeddau pris isel am nad oes ganddynt fawr ddim o amnewidion da. Yn achos clipiau papur, byddai gwneuthurwyr clipiau papur wedi codi prisiau yn sylweddol amser maith yn ôl pe byddent yn credu nad oedd pris yn cael fawr ddim o effaith ar y galw am eu cynnyrch.

Termau allweddol

Elastigedd pris galw – ymateb cyfrannol newid ym maint y galw i newid cyfrannol yn y pris. Caiff ei fesur gan y fformiwla:

$$\frac{P}{M} \times \frac{\Delta M}{\Delta P}$$

Elastigedd unedol – yma 1 yw gwerth elastigedd pris galw. Mae ymatebolrwydd maint y galw yn gyfrannol hafal i'r newid yn y pris.

Galw anelastig – lle mae elastigedd pris y galw yn llai nag 1. Mae ymatebolrwydd maint y galw yn gyfrannol lai na'r newid yn y pris. Mae galw'n anfeidraidd anelastig os mai sero yw gwerth elastigedd pris y galw.

Galw elastig – lle mae elastigedd pris y galw yn fwy nag 1. Mae ymatebolrwydd maint y galw yn gyfrannol fwy na'r newid yn y pris. Mae galw'n anfeidraidd elastig os mai anfeidredd yw gwerth elastigedd pris y galw.

Economeg gymhwysol

Elastigedd y galw am olew

Trwy gydol yr 1950au a'r 1960au roedd olew yn danwydd rhad. Yn wir, gostyngodd pris olew o tua $1.70 y gasgen yn 1950 i $1.30 y gasgen yn 1970 wrth i'r cyflenwad gynyddu yn gyflymach na'r galw. Fel y gwelir yn Ffigur 8.6, gwrthdrowyd y duedd hon yn yr 1970au cynnar. Cynyddodd y galw yn gyflymach na'r cyflenwad wrth i'r economi byd-eang ffynnu a daeth llunwyr polisi i gredu'n fwyfwy y byddai olew yn parhau yn ffynhonnell rad ac effeithlon o egni. Erbyn 1973 roedd pris casgen o olew wedi cynyddu i tua $3.

Ym mis Tachwedd 1973 roedd gwleidyddiaeth y Dwyrain Canol yn gyfrifol am osod y farchnad olew ar dudalennau blaen papurau newydd y byd. Lansiodd yr Eifftiaid ymosodiad ar Israel ar ddydd Yom Kippur, sef yr ŵyl Iddewig sy'n cyfateb i'r Nadolig. Rhoddodd gwledydd eraill o'r Dwyrain Canol, fel Saudi Arabia, gefnogaeth i'w cymdogion Arabaidd drwy fygwth torri cyflenwadau olew i unrhyw wlad a gefnogai Israel. Gyda'r farchnad eisoes yn dynn, y canlyniad oedd codiad enfawr ym mhris olew. Daeth y rhyfel i ben yn fuan, ond llwyddodd *OPEC* (*Organisation for Petroleum Exporting Countries*) i fanteisio ar y canlyniadau economaidd. Roedd aelodau *OPEC* ar y pryd yn cyflenwi mwy na 60% o alw'r byd am olew, ac aethant ati i drefnu system o gwotâu ymhlith ei gilydd, gan osod terfynau ar faint y gallai pob aelod ei gynhyrchu. Wrth gwtogi rhywfaint ar y lefelau a gynhyrchwyd cyn 1973, roeddent yn gallu codi pris cyfartalog olew i $10.41 y gasgen yn 1974, fel y mae Ffigur 8.6 yn ei ddangos.

Roedd *OPEC* yn gallu trefnu'r codiad enfawr yn y pris am fod y galw am olew yn bris anelastig yn y tymor byr. Roedd defnyddwyr olew wedi buddsoddi'n helaeth mewn cyfarpar cyfalaf fel systemau gwresogi olew a cheir petrol. Yn y tymor byr, nid oedd unrhyw ddewisiadau eraill rhad. Er enghraifft, ni aeth perchenogion ceir ati i newid eu ceir am fodelau a ddefnyddiai danwydd yn fwy effeithlon am fod pris petrol wrth y pympiau wedi codi. Felly er bod pris olew bron â phedryblu (cynnydd o 300%), gostyngiad o 5% yn unig fu yn y galw byd-eang am olew (h.y. elastigedd

pris y galw am olew yn y tymor byr oedd 0.016).

Yn y tymor hir roedd defnyddwyr yn gallu disodli cyfarpar a yrrwyd gan olew. Daeth ceir yn fwy effeithlon o ran tanwydd. Aeth perchenogion tai ati i ynysu eu cartrefi. Yn y DU bu bron i'r farchnad am systemau gwresogi olew ddymchwel yn llwyr. O ganlyniad, pan ddechreuodd y galw am olew dyfu eto yn 1976, digwyddodd yn llawer mwy graddol nag ar ddechrau'r 1970au.

Yn 1978 bu'n rhaid i Shah Iran adael ei wlad a daeth llywodraeth Islamaidd ffwndamtentalaidd i rym dan arweiniad yr Ayatollah Khomeini. Roedd Iran yn gynhyrchydd olew o bwys, a bu'r chwyldro Islamaidd a'r rhyfel wedyn rhwng Iran ac Iraq yn gyfrifol am amharu ar gyflenwadau o'r ddwy wlad. Defnyddiodd *OPEC* y cyfle hwn i dynhau'r cyflenwad eto. Gyda galw anelastig iawn, cododd y pris o $13.03 y gasgen yn 1978 i $35.69 y gasgen yn 1980. Gostyngodd cyfanswm y galw byd-eang, a oedd ar ei anterth yn 1979 gydag oddeutu 63 miliwn o gasgenni y dydd, i isafbwynt o 58 miliwn o gasgenni y dydd yn 1982 cyn dechrau tyfu eto.

Yn Awst 1990 bu digwyddiadau gwleidyddol yn y Dwyrain Canol yn gyfrifol eto am effeithio ar bris byd-eang olew. Fe wnaeth Iraq oresgyn Kuwait a rhoddwyd sancsiynau olew yn syth ar gynnyrch y ddwy wlad gan wledydd a ddefnyddiai olew. Ymateb y gwledydd eraill a gynhyrchai olew oedd cynyddu'r cyflenwad i lenwi'r bwlch, ond roedd ofn prinder mawr wedi gyrru prisiau olew i fyny o $18 y gasgen i $40. Gostyngodd prisiau eto wrth iddi ddod yn glir nad oedd y cyflenwad wedi gostwng. Ar ôl i luoedd UDA a gwledydd eraill adennill Kuwait yn llwyddiannus yn 1991, gostyngodd y pris eto i lai na $20 y gasgen.

Am lawer o weddill yr 1990au, amrywiodd pris olew yn yr amrediad $15-$20 y gasgen. Fodd bynnag, amlygwyd eto anelastigedd tymor byr y galw am olew rhwng 1997 a 2000. Ar ddiwedd 1997 penderfynodd *OPEC* ehangu ei gynhyrchu. Roedd prisiau yn 1996 ac 1997 wedi bod yn gymharol gadarn, gan gyffwrdd $25 y gasgen am gyfnod byr, ac roedd y galw am olew wedi parhau i gynyddu yn araf ond yn gyson. Roedd y symudiad yn drychinebus. Bu gaeaf 1997-98 yn gymharol fwyn, gan leihau'r galw. Bu argyfwng Asia 1998 yn gyfrifol am ostwng y galw hefyd, wrth i economïau nifer o wledydd y Dwyrain Pell droi ar i lawr. Parhaodd yr enciliad yn economi Japan. O ganlyniad, tyfodd galw byd-eang 0.01% yn unig, o'i gymharu â 2.2% yn 1996 a 2.6% yn 1997. Yn dilyn hynny gostyngodd pris olew yn sydyn. Erbyn diwedd 1998, er gwaethaf tri gostyngiad yn y cwotâu cynhyrchu gan *OPEC*, syrthiodd prisiau olew islaw $10 y gasgen. Yna gwthiodd y farchnad y pris yn ôl i fyny, ond aeth y tu hwnt i amrediad tymor hir yr 1990au o $15-$20 y gasgen. Mae'r cyfnod hwn yn dangos sut y gall amrywiadau bach iawn yn y galw neu'r cyflenwad arwain at amrywiadau mawr yn y pris oherwydd anelastigedd pris tymor byr y galw am olew.

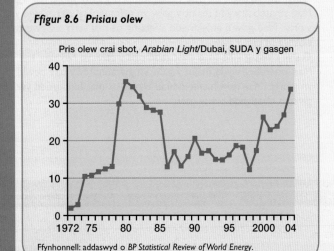

Ffigur 8.6 Prisiau olew

Pris olew crai sbot, *Arabian Light*/Dubai, $UDA y gasgen

Ffynhonnell: addaswyd o *BP Statistical Review of World Energy*.

Digwyddodd y symudiad sylweddol nesaf ym mhris olew o 2002 ymlaen. Roedd economïau rhai o wledydd y Dwyrain Pell, yn enwedig China, wedi bod yn tyfu ers sawl blwyddyn rhwng 5% a 10% y flwyddyn. Erbyn dechrau'r 2000au, roedd China, sydd â mwy o bobl na'r Undeb Ewropeaidd, UDA a Japan gyda'i gilydd, yn un o brif economïau'r byd. Rhoddodd ei galw cynyddol am olew a chynwyddau eraill hwb i brisiau cynwyddau, gan gynnwys olew. Cythryblwyd y marchnadoedd hefyd wrth i UDA oresgyn Iraq yn 2003 ac yna meddiannu'r wlad. Fodd bynnag, daeth yn amlwg erbyn 2004-05 nad oedd gan y diwydiant olew unrhyw allu cynhyrchu sbâr i gynyddu cynhyrchu, yn wahanol i 'argyfyngau' olew yn y gorffennol. Roedd y byd yn treulio'r holl olew y gellid ei gynhyrchu â'r gallu cynhyrchu presennol. Yn anorfod, arweiniodd hyn at gynnydd sydyn mewn prisiau am fod y galw am olew yn bris anelastig yn y tymor byr. Erbyn 2005 roedd prisiau'n cyrraedd mwy na $60 y gasgen.

Â'r pris yn $60 y gasgen, roedd cymhelliad mawr i ddefnyddwyr a busnesau a ddefnyddiai olew newid eu harferion prynu fel y cafwyd yng nghanol yr 1970au. Pe bai prisiau'n aros ar y lefel hon am gyfnod o amser, byddai'r galw'n gostwng. Fel y gwelir yn Ffigur 8.7, bu gostyngiad sylweddol yng ngalw'r DU am olew o ganol yr 1970au hyd at ran gyntaf yr 1980au mewn ymateb i'r codiad sydyn ym mhrisiau olew ar y pryd. Mae'r cyfnod hwn yn awgrymu bod elastigedd pris tymor hir y galw am olew yn fwy nag un. Mae rhai o gynhyrchwyr olew y Dwyrain Canol, gan gynnwys Saudi Arabia sydd ag un

rhan o bump o gronfeydd olew y byd, yn ofni y bydd tanwydd arall yn cymryd lle olew ar raddfa eang. Er enghraifft, mae'r dechnoleg ar gael eisoes i bweru ceir â hydrogen yn hytrach nag olew. Yr hyn sy'n rhwystro llywodraethau, cynhyrchwyr ceir a defnyddwyr rhag newid yw'r gost uchel unwaith ac am byth o wneud hynny. Po uchaf yw pris olew, mwyaf i gyd yw'r cymhelliad. Mae pris tymor hir o fwy na $60 y gasgen yn debygol o arwain at ostyngiad tymor hir sylweddol yn y galw am olew.

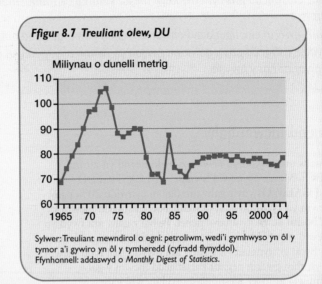

Ffigur 8.7 Treuliant olew, DU

Miliynau o dunelli metrig

Sylwer: Treuliant mewndirol o egni: petroliwm, wedi'i gymhwyso yn ôl y tymor a'i gywiro yn ôl y tymheredd (cyfradd flynyddol).
Ffynhonnell: addaswyd o *Monthly Digest of Statistics*.

Cwestiwn Data   Taliadau tagfa

Yn 2003, cyflwynwyd tâl tagfa ar gyfer canol Llundain. Roedd cyflymderau cyfartalog traffig yng nghanol Llundain wedi parhau yr un fath ers dyddiau'r ceffyl a chert yng nghyfnod Fictoria sef tua 10 milltir yr awr. Bwriadwyd i'r tâl tagfa leihau'r traffig yng nghanol Llundain, gan alluogi cyflymderau teithiau i gynyddu.

Gosodwyd y tâl dechreuol yn £5 y dydd i gerbydau oedd am deithio o fewn y parth yn ystod y dydd rhwng dydd Llun a dydd Gwener. Byddai modurwyr yn talu £5 am un dydd, neu gallent dalu lluosrif am ganiatâd i deithio o fewn y parth am wythnos neu fis. Byddai modurwyr a deithiai o fewn y parth heb ragdalu yn wynebu dirwy sylweddol.

Yn ei flwyddyn gyntaf, roedd y tâl tagfa yn hynod lwyddiannus. Cafwyd gostyngiad o 15% yn y traffig. Cafwyd gostyngiad o 30% yn y tagfeydd, gan ddangos bod cael gwared â chanran gymharol fach o'r traffig yn gallu cael effaith sylweddol ar gyflymdra traffig. Ni ddigwyddodd llawer o'r effeithiau negyddol a allai fod wedi digwydd, fel mwy o dagfeydd ar y ffyrdd o gwmpas y parth, neu'r

system cludiant cyhoeddus yn methu wrth i gymudwyr heidio i'r bysiau a'r trenau tanddaearol. Ond mae adwerthwyr o fewn y parth, sy'n cynnwys Stryd Oxford, yn honni eu bod wedi colli gwerthiant o ganlyniad i'r taliad. Mae llai o geir yn y parth o ddydd Llun i ddydd Gwener yn golygu llai o werthiant, meddent.

Ym mis Gorffennaf 2005 codwyd y tâl i £8 y dydd. Roedd Ken Livingstone, Maer Llundain a phrif ddyfeisydd y taliad, yn rhagfynegi gostyngiad sylweddol arall yn y traffig a llai o dagfeydd. Ond roedd y garfan bwyso, *Transport for London*, yn disgwyl mai dim ond 2% fyddai'r gostyngiad yn y traffig. Mae'r sawl sy'n beirniadu Ken Livingstone yn honni ei fod yn cynyddu'r tâl er mwyn cynyddu'r derbyniadau a ddaw o fodurwyr Llundain. Ar y llaw arall, caiff y derbyniadau ychwanegol eu buddsoddi mewn gwell cludiant cyhoeddus.

Ffynhonnell: addaswyd o'r *Financial Times*, 14.2.2004; *The Times*, 4.7.2005.

1. Gan ddefnyddio diagram â'r echelinau wedi'u labelu'n 'Tâl tagfa £' a 'Maint y traffig' a chromlin alw, eglurwch beth ddigwyddodd i'r galw am le ar ffyrdd canol Llundain rhwng 2002 a 2005.
2. (a) Amcangyfrifwch elastigedd pris y galw am 'draffig' ym

mis Gorffennaf 2005. (b) Awgrymwch pam mae'r galw am ddefnyddio ffyrdd canol Llundain mor bris anelastig.
3. I ba raddau y mae bysiau a rheilffyrdd (gan gynnwys gwasanaethau tanddaearol a metros) yn amnewidion da am geir i'r cyhoedd sy'n teithio yn y DU?

9 Elastigeddau

Crynodeb

1. Mae elastigedd incwm galw yn mesur ymateb cyfrannol y galw i newid cyfrannol mewn incwm.
2. Mae croeselastigedd galw yn mesur ymateb cyfrannol y galw am un nwydd i newid cyfrannol ym mhris nwydd arall.
3. Mae elastigedd pris cyflenwad yn mesur ymateb cyfrannol maint y cyflenwad i newid cyfrannol yn y pris.
4. Caiff gwerth elastigedd cyflenwad ei bennu gan argaeledd amnewidion a ffactorau amser.
5. Bydd elastigedd pris y galw am nwydd yn pennu a fydd newid ym mhris y nwydd yn achosi newid yn y gwariant ar y nwydd.

Elastigedd incwm galw

Bydd y galw am nwydd yn newid os bydd newid yn incwm defnyddwyr. Mesur o'r newid hwnnw yw ELASTIGEDD INCWM GALW. Os ydy'r galw am dai yn cynyddu 20% pan fydd incwm yn cynyddu 5%, dywedir bod elastigedd incwm y galw yn bositif ac yn gymharol uchel. Pe bai'r galw am fwyd yn ddigyfnewid pan fyddai incwm yn codi, byddai elastigedd incwm yn sero. Bydd gostyngiad yn y galw am nwydd pan fydd incwm yn codi yn rhoi gwerth negatif i elastigedd incwm y galw.

Y fformiwla ar gyfer mesur elastigedd incwm galw yw:

$$\frac{\text{newid canrannol yn y galw}}{\text{newid canrannol mewn incwm}}$$

Felly, os bydd y galw am dai yn cynyddu 20% pan fydd incwm yn cynyddu 5%, gwerth rhifiadol elastigedd incwm y galw yw +20/+5 neu +4. Mae'r rhif yn bositif am fod y 5% a'r 20% yn bositif. Ar y llaw arall, pe bai cynnydd o 10% mewn incwm yn arwain at ostyngiad o 5% yn y galw am nwydd, byddai incwm elastigedd yn −5/+10 neu − ½. Mae'r arwydd minws yn −5 yn dangos y gostyngiad yn y galw am y cynnyrch. Enghreifftiau o eitemau sydd ag elastigedd incwm galw uchel yw gwyliau a gweithgareddau adloniant, tra bo hylif golchi llestri yn tueddu i fod ag elastigedd incwm galw isel.

Yn debyg i elastigedd pris, weithiau mae'n haws defnyddio fformiwlâu eraill i gyfrifo elastigedd incwm galw. Mae'r fformiwla uchod gywerth â:

$$\frac{\Delta M}{M} \div \frac{\Delta Y}{Y}$$

Yma Δ yw newid, M yw maint y galw ac Y yw incwm. Mae ad-drefnu'r fformiwla yn rhoi dau ddewis arall:

$$\frac{Y}{M} \times \frac{\Delta M}{\Delta Y} \quad \text{neu} \quad \frac{\Delta M}{M} \times \frac{Y}{\Delta Y}$$

Yn Nhabl 9.1 rhoddir enghreifftiau o gyfrifo elastigedd incwm galw. Mae rhai economegwyr yn defnyddio'r termau 'elastig' ac 'anelastig' mewn perthynas ag

Tabl 9.1 Cyfrifo elastigedd incwm galw

Maint gwreiddiol y galw	Maint newydd y galw	Incwm gwreiddiol (£)	Incwm newydd (£)	$\frac{\Delta M}{M} \div \frac{\Delta Y}{Y}$	Gwerth rhifiadol
20	25	16	18	5/20 ÷ 2/16	+2
100	200	20	25	100/100 ÷ 5/20	+4
50	40	25	30	−10/50 ÷ 5/25	−1
60	60	80	75	0/60 ÷ −5/80	0
60	40	27	30	−20/60 ÷ 3/27	−3

elastigedd incwm. Mae galw'n incwm anelastig os yw rhwng +1 a −1. Os yw elastigedd incwm galw yn fwy na +1 neu'n llai na −1, mae'n elastig.

Cwestiwn 1

Tabl 9.2

	Gwreiddiol		Newydd	£
	Maint y galw	Incwm	Maint y galw	Incwm
(a)	100	10	120	14
(b)	15	6	20	7
(c)	50	25	40	35
(d)	12	100	15	125
(e)	200	10	250	11
(f)	25	20	30	18

Cyfrifwch elastigedd incwm y galw ar sail y data yn Nhabl 9.2.

Croeselastigedd galw

Mae maint y galw am nwydd penodol yn amrywio yn ôl prisiau nwyddau eraill. Yn uned 8 dadleuwyd y byddai codiad ym mhris nwydd fel cig eidion yn cynyddu'r galw am amnewidyn fel porc.

Ar y llaw arall, byddai codiad ym mhris nwydd fel caws yn arwain at ostyngiad yn y galw am gyfategolyn fel macaroni. Mae CROESELASTIGEDD GALW neu GROESELASTIGEDD PRIS GALW yn mesur ymateb cyfrannol y galw am un nwydd i newid cyfrannol ym mhris nwydd arall. Er enghraifft, mae'n mesur i ba raddau y bydd y galw am borc yn cynyddu pan fydd pris cig eidion yn codi; neu i ba raddau y bydd y galw am facaroni yn gostwng pan fydd pris caws yn codi.

Y fformiwla ar gyfer mesur croeselastigedd y galw am nwydd X yw:

$$\frac{\text{newid canrannol yn y galw am nwydd X}}{\text{newid canrannol ym mhris nwydd arall Y}}$$

Bydd gan ddau nwydd sy'n amnewidion groeselastigedd positif. Bydd cynnydd (positif) ym mhris un nwydd, fel nwy, yn arwain at gynnydd (positif) yn y galw am amnewidyn fel trydan. Bydd gan ddau nwydd sy'n gyfategolion groeselastigedd negatif. Bydd cynnydd (positif) ym mhris un nwydd fel tywod yn arwain at ostyngiad (negatif) yn y galw am gyfategolyn fel sment. Byddai croeselastigedd dau nwydd sydd heb fawr ddim o berthynas rhyngddynt yn sero. Er enghraifft, nid yw codiad o 10% ym mhris ceir yn debygol o gael unrhyw effaith (h.y. newid o 0%) ar y galw am *Tipp-Ex*.

Yn debyg i elastigedd pris ac incwm, weithiau mae'n haws defnyddio fformiwlâu eraill ar gyfer croeselastigedd galw. Dyma nhw:

$$\text{Croeselastigedd nwydd X} = \frac{\Delta M_X}{M_X} \div \frac{\Delta P_Y}{P_Y}$$

neu

$$\frac{P_Y}{M_X} \times \frac{\Delta M_X}{\Delta P_Y}$$

Mae rhai economegwyr yn defnyddio'r termau 'elastig' ac 'anelastig' mewn perthynas â chroeselastigedd. Mae croeselastigedd galw yn anelastig os yw rhwng +1 a −1. Os ydy croeselastigedd galw yn fwy na +1 neu'n llai na −1, mae'n elastig.

Cwestiwn 2

Yn yr achosion canlynol eglurwch pa werth y byddech yn ei roi ar groeselastigedd y galw am y nwydd cyntaf mewn perthynas â'r ail: (a) nwy – trydan; (b) siorts tennis – racedi tennis; (c) ceir moethus – petrol; (d) papur – sanau; (e) cryno-ddisgiau – lawrlwythiadau i MP3; (f) ffa pob brand *Sainsbury* - ffa pob brand *Tesco*; (g) *Virgin Cola* – *Coca-Cola*.

Elastigedd pris cyflenwad

Mae elastigedd pris galw yn mesur ymatebolrwydd newidiadau ym maint y galw i newidiadau yn y pris. Yn yr un modd, gellir mesur ymatebolrwydd maint y cyflenwad i newidiadau yn y pris – y term am hyn yw ELASTIGEDD PRIS CYFLENWAD. Y fformiwla ar gyfer mesur elastigedd pris cyflenwad yw:

$$\frac{\text{newid canrannol ym maint y cyflenwad}}{\text{newid canrannol yn y pris}}$$

Mae hyn gywerth â:

$$\frac{\Delta M}{M} \div \frac{\Delta P}{P}$$

neu

$$\frac{P}{M} \times \frac{\Delta M}{\Delta P}$$

Yma M yw maint y cyflenwad a P yw'r pris.

Mae cromlin y cyflenwad yn goleddu i fyny (h.y. mae cynnydd yn y pris yn arwain at gynnydd ym maint y cyflenwad ac i'r gwrthwyneb). Felly bydd elastigedd pris cyflenwad yn bositif gan fod rhan uchaf a rhan isaf y fformiwla naill ai ill dau yn bositif neu ill dau yn negatif.

Yn debyg i elastigedd pris galw, rhoddir enwau gwahanol ar amrediadau gwahanol o elastigedd. Mae elastigedd pris cyflenwad:
- yn **berffaith anelastig** (sero) os nad oes ymateb ym maint y cyflenwad i newid yn y pris;
- yn **anelastig** (rhwng sero ac un) os oes ymateb llai na chyfrannol ym maint y cyflenwad i newid yn y pris;
- yn **unedol** (un) os ydy'r newid canrannol ym maint y cyflenwad yn hafal i'r newid canrannol yn y pris;
- yn **elastig** (rhwng un ac anfeidredd) os oes ymateb mwy na chyfrannol ym maint y cyflenwad i newid yn y pris;
- yn **berffaith elastig** (anfeidredd) os ydy cynhyrchwyr yn fodlon cyflenwi unrhyw faint am bris penodol.

Dangosir yr elastgieddau gwahanol hyn yn Ffigur 9.1.

Dylid nodi bod gan unrhyw gromlin gyflenwad sy'n llinell syth ac sy'n mynd trwy'r tarddbwynt elastigedd cyflenwad yn hafal i 1. Gellir deall hyn orau os cymerwn y fformiwla:

$$\frac{P}{M} \times \frac{\Delta M}{\Delta P}$$

$\Delta M/\Delta P$ yw gwrthdro (h.y. 1 wedi'i rannu â) goledd y llinell, a P/M, a thybio bod y llinell yn mynd trwy'r tarddbwynt, yw goledd y llinell. Mae'n rhaid bod lluosi'r ddau â'i gilydd yn hafal i 1 bob tro.

Ffactorau sy'n pennu elastigedd cyflenwad

Yn debyg i elastigedd pris galw, mae yna ddau ffactor sy'n pennu elastigedd cyflenwad ar draws amrywiaeth eang o gynhyrchion.

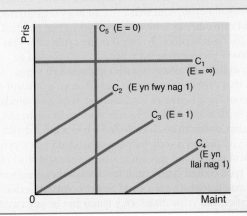

Ffigur 9.1 Elastigedd cyflenwad
Mae elastigedd cyflenwad cromlin gyflenwad sy'n llinell syth yn amrywio yn dibynnu ar raddiant y llinell ac ydy hi'n mynd trwy'r tarddbwynt.

Cwestiwn 3

Ffigur 9.2 Cyflenwad

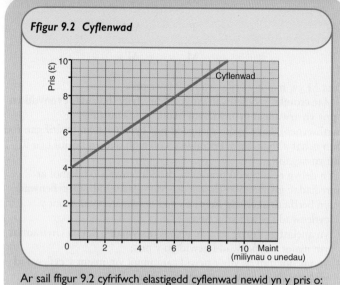

Ar sail ffigur 9.2 cyfrifwch elastigedd cyflenwad newid yn y pris o:
(a) £4 i £6; (b) £6 i £8; (c) £8 i £10; (d) £9 i £7; (e) £7 i £5.

Argaeledd amnewidion Yma ystyr amnewidion yw amnewidion cynhyrchydd yn hytrach nag amnewidion defnyddiwr. Nwyddau yw'r rhain y gall cynhyrchydd eu cynhyrchu'n hawdd fel dewis arall. Er enghraifft, mae un model o gar yn amnewid cynhyrchydd am fodel arall yn yr un amrywiaeth gan fod y gwneuthurwr ceir yn gallu newid adnoddau ar ei linell gynhyrchu yn hawdd. Ar y llaw arall, dydy moron ddim yn amnewidion am geir. Ni all y ffermwr newid yn hawdd o gynhyrchu moron i gynhyrchu ceir. Os oes gan gynnyrch lawer o amnewidion gall cynhyrchwyr newid patrwm y cynhyrchu yn gyflym ac yn hawdd os bydd ei bris yn codi neu'n gostwng. Felly bydd ei elastigedd yn gymharol uchel. Ond os nad oes gan gynnyrch fawr ddim neu ddim amnewidion, bydd cynhyrchwyr yn ei chael hi'n anodd ymateb yn hyblyg i amrywiadau yn y pris. Os oes gostyngiad yn y pris, efallai na fydd gan gynhyrchydd ddewis ond naill ai parhau i gynhyrchu fwy neu lai yr un faint ag o'r blaen neu ddod allan o'r farchnad. Felly mae elastigedd pris y cyflenwad yn isel.

Amser Po fyrraf yw'r cyfnod amser, anoddaf i gyd y bydd hi i gynhyrchwyr newid o wneud un cynnyrch i wneud cynnyrch arall. Felly po fyrraf yw'r cyfnod, mwyaf anelastig mae'r cyflenwad yn debygol o fod. Mae nifer o resymau dros hyn.
- Mae'n cymryd amser hir i wneud rhai eitemau. Er enghraifft, os ydy cnwd cynnyrch fel cnau cyll yn methu, bydd hi'n cymryd tan y tymor tyfu nesaf i gynyddu'r cyflenwad eto beth bynnag fydd y pris y bydd y farchnad yn ei osod am gnau cyll yn y tymor byr.
- Os nad oes gallu cynhyrchu sbâr i wneud mwy o gynnyrch, bydd hi'n anodd cynyddu'r cyflenwad lawer hyd yn oed os bydd prisiau'n codi'n sylweddol. Po fwyaf o allu cynhyrchu sbâr sydd ar gael, lleiaf i gyd o gyfyngiad y bydd hyn yn ei osod ar gynyddu'r cyflenwad mewn ymateb i godiadau yn y pris.
- Yn achos rhai cynhyrchion, mae'n hawdd ac yn gymharol rad cadw stociau i'w cyflenwi i'r farchnad pan fydd galw amdanynt. Yn achos eraill mae'n amhosibl cadw stociau. Er enghraifft, caiff stociau mawr o wenith eu cadw ledled y byd a gellir rhyddhau'r rhain os bydd prisiau'n codi, felly mae elastigedd pris y cyflenwad yn gymharol uchel. Ond gan amlaf mae'n amhosibl storio trydan. Felly pan fydd codiad sydyn ym mhris trydan mewn marchnad rydd, mae'n annhebygol y bydd llawer o ymateb o ran cyflenwad ychwanegol yn y tymor byr os ydy'r system yn

gweithio ar ei gallu cynhyrchu llawn. Po hirach yw'r cyfnod amser, hawsaf i gyd yw hi i'r farchnad gynyddu stociau priodol neu adeiladu gallu cynhyrchu ychwanegol os nad yw stociau'n bosibl. Felly mae elastigedd pris y cyflenwad yn uwch yn y tymor hirach.
- Bydd elastigedd pris cyflenwad yn uwch po hawsaf yw hi i gwmni newid cynhyrchu o un cynnyrch i gynnyrch arall neu i gwmnïau ddod i mewn i'r farchnad i wneud y cynnyrch.

Elastigedd pris galw a chyfanswm gwariant

Mae cysylltiad rhwng elastigedd pris galw a newidiadau yng nghyfanswm y gwariant

Cyfanswm y gwariant = maint a brynir × pris

Er enghraifft, pe byddech yn prynu 5 afal am 10 ceiniog yr un, cyfanswm eich gwariant fyddai 50 ceiniog. Pe bai pris afalau yn codi, efallai y byddech yn gwario mwy, llai neu'r un faint ar afalau, yn dibynnu ar elastigedd pris eich galw am afalau. Tybiwch fod pris afalau yn mynd i fyny 40% i 14c yr un. Gallech ymateb drwy brynu llai o afalau. Os byddwch yn awr yn prynu 4 afal (h.y. gostyngiad o 20% ym maint y galw), elastigedd pris y galw yw 20 ÷ 40 neu 0.5. Bydd eich gwariant ar afalau yn cynyddu hefyd (o 50 ceiniog i 56 ceiniog). Os byddwch yn prynu 2 afal (h.y. gostyngiad o 60% ym maint y galw), elastigedd pris eich galw yw 60 ÷ 40 neu 1.5 a bydd eich gwariant ar afalau yn gostwng (o 50 ceiniog i 28 ceiniog).

Mae'r perthnasoedd hyn yn unol â'r disgwyl. Os ydy'r newid canrannol yn y pris yn fwy na'r newid canrannol ym maint y galw (h.y. mae elastigedd yn llai nag 1, neu'n anelastig), yna bydd gwariant yn codi pan fydd pris yn codi. Os ydy'r newid canrannol yn y pris yn llai na'r newid canrannol ym maint y galw (h.y. mae elastigedd yn fwy nag 1, neu'n elastig), yna bydd gwariant yn gostwng wrth i'r pris godi. Os ydy'r newid canrannol yn y pris yr un faint â'r newid canrannol ym maint y galw (h.y. mae elastigedd yn unedol), bydd gwariant yn ddigyfnewid gan fod y codiad canrannol yn y pris yn hafal ac yn groes i'r gostyngiad canrannol ym maint y galw.

Termau allweddol

Croeselastigedd galw neu groeselastigedd pris galw – mesur o ymatebolrwydd y galw am un nwydd i newid ym mhris nwydd arall. Caiff ei fesur drwy rannu'r newid canrannol yn y galw am un nwydd â'r newid canrannol ym mhris y nwydd arall.

Elastigedd incwm galw – mesur o ymatebolrwydd galw i newid mewn incwm. Caiff ei fesur drwy rannu'r newid canrannol yn y galw â'r newid canrannol mewn incwm.

Elastigedd pris cyflenwad – mesur o ymatebolrwydd maint y cyflenwad i newid yn y pris. Caiff ei fesur drwy rannu'r newid canrannol ym maint y cyflenwad â'r newid canrannol yn y pris.

Tabl 9.3 *Amcangyfrifon o elastigeddau pris y galw am ddetholiad o fwydydd cartrefi*

	Elastigedd pris
Llaeth a hufen	-0.36
o hynny	
Llaeth hylif cyflawn a llaeth sgim	-0.17
Caws	-0.35
Cig carcas	-0.69
Cig a chynhyrchion cig eraill	-0.52
Pysgod ffres	-0.80
Pysgod proses a physgod cregyn	-0.17
Pysgod wedi'u paratoi	0.00
Pysgod rhewedig	-0.32
Wyau	-0.28
Brasterau	-0.75
Siwgr a chyffeithiau *(preserves)*	-0.79
Tatws ffres	-0.12
Llysiau gwyrdd ffres	-0.66
Llysiau ffres eraill	-0.33
Llysiau proses	-0.60
o hynny	
Pys rhewedig	-0.68
Cynhyrchion tatws cyfleus rhewedig	-0.58
Ffrwythau ffres	-0.29
o hynny	
Bananas	-0.32
Ffrwythau a chynhyrchion ffrwythau eraill	-0.81
o hynny	
Suddion ffrwythau	-0.55
Bara	-0.40
Grawnfwyd a chynhyrchion grawnfwyd eraill	-0.94
o hynny	
Cacennau a theisennau *(Cakes and pastries)*	-0.56
Bwydydd grawnfwyd cyfleus rhewedig	-0.69
Diodydd	-0.37

Ffynhonnell: addaswyd o'r *National Food Survey 2000*, Adran yr Amgylchedd, Bwyd a Materion Cefn Gwlad.

Cwestiwn 4

(a) Awgrymwch resymau pam mae'r galw am rai o'r bwydydd yn Nhabl 9.3 yn fwy pris elastig na'r galw am eraill.

(b) Pa fwydydd y byddai cynnydd yn eu pris fwyaf tebygol o arwain at
  (i) y newid mwyaf yng ngwariant cartrefi a
  (ii) y newid lleiaf yng ngwariant cartrefi?
Eglurwch eich ateb.

Economeg gymhwysol

Croeselastigedd y galw am fwyd

Mae nifer o fwydydd yn amnewidion am ei gilydd. Mae wyau yn amnewidyn am bysgod; mae pysgod yn amnewidyn am gig. Felly byddai damcaniaeth economaidd yn awgrymu y byddai gan y nwyddau hyn groeselastigedd galw positif. Byddai codiad ym mhris un nwydd yn arwain at gynnydd yn y galw am yr amnewidyn, tra byddai gostyngiad ym mhris y naill nwydd yn arwain at ostyngiad yn y galw am y llall.

Mae'r Arolwg Bwyd Cenedlaethol 2000 yn cynnig peth tystiolaeth o hyn. Mae Tabl 9.4 yn dangos amcangyfrifon o groeselastigedd y galw am dri chynnyrch bwyd: cig carcas, pysgod ffres a wyau. Ar gyfer pob cynnyrch mae elastigedd y galw mewn perthynas â phris y cynnyrch ei hun i'w weld mewn oren. Er enghraifft, mae elastigedd pris y galw am gig carcas yn – 0.69 (h.y. mae'n bris anelastig). Mae ffigurau croeselastigedd y galw am gynnyrch mewn perthynas â phris cynnyrch arall i'w gweld mewn du, gan ddarllen ar draws y rhesi. Er enghraifft, + 0.15 yw croeselastigedd y galw am gig carcas mewn perthynas â

phris pysgod ffres a + 0.16 yw croeselastigedd y galw am wyau mewn perthynas â phris pysgod ffres.

Mae'r ffigurau croeselastigedd hyn yn gymharol isel gan awgrymu, er enghraifft, bod wyau yn amnewidyn gwan am bysgod ffres neu gig carcas. Felly mae cynnydd o 10% ym mhris pysgod ffres, sy'n arwain at ostyngiad o 8% yn y galw am bysgod ffres (am fod elastigedd pris y galw am bysgod ffres yn – 0.8) yn gysylltiedig â chynnydd o 1.6% yn unig yn y galw am wyau (oherwydd mai + 0.16 yw croeselastigedd y galw am wyau mewn perthynas â phris pysgod ffres). Yn yr un modd, cysylltir cynnydd o 10% ym mhris pysgod ffres â chynnydd o 1.5% yn unig yn y galw am gig carcas.

Pan fo'r croeselastigedd yn negatif, mae'n dangos y gallai nwyddau fod yn gyfategolion i'w gilydd. Byddai Tabl 9.5 yn awgrymu bod llaeth a hufen, wyau a brasterau i gyd yn gyfategolion. Er enghraifft, mae cynhwysion crempogau a rhai cacennau yn cynnwys llaeth, wyau a brasterau. Mae amcangyfrifon yr Arolwg Bwyd Cenedlaethol yn awgrymu

Tabl 9.4 *Amcangyfrifon o elastigedd pris a chroeselastigedd y galw am gig carcas, pysgod ffres a wyau, 1988-2000*

	Elastigedd mewn perthynas â phris		
	Cig carcas	Pysgod ffres	Wyau
Cig carcas	-0.69	+0.15	+0.15
Pysgod ffres	+0.02	-0.8	+0.14
Wyau	+0.02	+0.16	-0.28

Ffynhonnell: addaswyd o HMSO, *Household Food Consumption and Expenditure.*

Tabl 9.5 *Amcangyfrifon o elastigedd pris a chroeselastigedd y galw am laeth a hufen, wyau a brasterau, 1988-2000*

	Elastigedd mewn perthynas â phris		
	Llaeth a hufen	Wyau	Brasterau
Llaeth a hufen	-0.36	-0.40	-0.20
Wyau	-0.05	-0.28	-0.10
Brasterau	-0.04	-0.19	-0.75

Ffynhonnell: addaswyd o HMSO, *Household Food Consumption and Expenditure.*

Tabl 9.6 *Amcangyfrifon o elastigedd pris a chroeselastigedd y galw am wyau, ffrwythau nad ydynt yn ffres a chynhyrchion ffrwythau, a chig a chynhyrchion cig ar wahân i gig carcas, 1988 – 2000*

	Elastigedd mewn perthynas â phris		
	Wyau	Ffrwythau nad ydynt yn ffres a chynhyrchion ffrwythau	Cig a chynhyrchion cig ar wahân i gig carcas
Wyau	-0.28	0.00	0.00
Ffrwythau nad ydynt yn ffres a chynhyrchion ffrwythau	0.00	-0.81	-0.01
Cig a chynhyrchion cig ar wahân i gig carcas	+0.03	-0.04	-0.52

Ffynhonnell: addaswyd o *HMSO, Household Food Consumption and Expenditure.*

mae'r Arolwg Bwyd Cenedlaethol yn awgrymu bod bwydydd sy'n gyfategolion i'w gilydd yn gyfategolion gweddol wan gyda rhifau yn weddol agos at sero.

Pan na fydd newidiadau ym mhris un nwydd yn cael unrhyw effaith ar faint y galw am nwydd arall mae croeselastigedd y galw yn sero. Byddai Tabl 9.6, sy'n dangos data o'r Arolwg Bwyd Cenedlaethol, yn awgrymu nad yw newidiadau ym mhris wyau, ffrwythau nad ydynt yn ffres a chynhyrchion ffrwythau, a chig a chynhyrchion cig ar wahân i gig carcas yn cael fawr ddim o effaith ar y galw am ei gilydd.

bod cynnydd o 10% ym mhris wyau yn arwain at ostyngiad o 4% ym maint y galw am laeth a hufen. Mae'n ddiddorol nodi bod cynnydd o 10% ym mhris llaeth a hufen yn arwain at gwymp o 0.4% yn unig ym maint y galw am wyau. Fel gyda'r data ynghylch amnewidion,

Cwestiwn Data

Dillad, esgidiau a chludiant

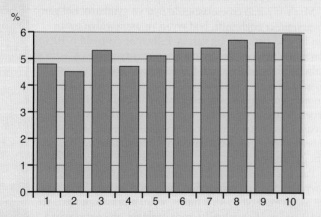

Ffigur 9.3 *Gwariant ar ddillad ac esgidiau fel canran o gyfanswm gwariant yn ôl grŵp degradd incwm crynswth*

Ffynhonnell: addaswyd o *Family Spending* 2003-04, Swyddfa Ystadegau Cenedlaethol.

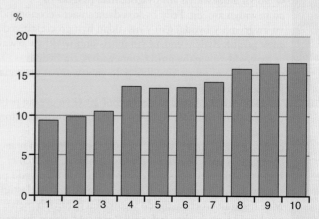

Ffigur 9.4 *Gwariant ar gludiant fel canran o gyfanswm gwariant yn ôl grŵp degradd incwm crynswth*

Ffynhonnell: addaswyd o *Family Spending* 2003-04, Swyddfa Ystadegau Cenedlaethol.

Grwpiau degradd

Gellir rhannu poblogaeth yn ddeg grŵp cyfartal. Gelwir y rhain yn grwpiau degradd. Yn Nhabl 9.8 y grwpiau yw cartrefi, sy'n cael eu rhannu yn ôl eu hincwm crynswth. Felly y grŵp degradd cyntaf yw'r degfed o gartrefi sydd â'r incwm isaf. Y pumed grŵp degradd yw'r degfed o gartrefi sydd rhwng 40% a 50% o'r cyfanswm, tra'r bo'r degfed grŵp degradd yn cynnwys y 10% uchaf o gartrefi yn ôl incwm crynswth. Yn Nhabl 9.8 mae data ar gyfer y 7 grŵp degradd arall ar gael ond nid ydynt wedi'u hargraffu yma er mwyn symleiddio'r data.

Tabl 9.7 *Dillad ac esgidiau a chludiant fel canran o gyfanswm gwariant cartrefi, incwm gwario real cartrefi 1980 i 2003-2004*

	Dillad ac esgidiau %	Cludiant %	Incwm gwario real cartrefi 1980=100
1980	8.1	14.6	100.0
1992	6.0	15.8	120.0
2003-04	5.4	17.3	151.5

Ffynhonnell: addaswyd o *Family Spending 2003-04*, Swyddfa Ystadegau Cenedlaethol.

Tabl 9.8 *Gwariant wythnosol cartrefi, £, ar ddillad ac esgidiau a chludiant yn ôl grŵp degradd incwm crynswth, 2003-2004*

	Gwariant wythnosol cyfartalog, £		
	Degradd gyntaf	Pumed ddegradd	Degfed ddegradd
Dillad allanol dynion	0.70	3.30	12.50
Dillad isaf dynion	0.10	0.40	1.00
Dillad allanol merched	2.40	6.60	19.30
Dillad isaf merched	0.50	0.90	2.70
Dillad allanol bechgyn (5-15)	0.20	0.70	1.60
Dillad allanol merched (5-15)	0.30	1.00	2.50
Dillad allanol plant bach (dan 5)	0.30	0.50	1.30
Dillad isaf plant (dan 16)	0.20	0.30	0.70
Cyfwisgoedd	0.10	0.60	1.70
Defnyddiau a llogi dillad	0.10	0.30	0.40
Sychlanhawyr, golchdy a llifo	0.10	0.10	0.90
Esgidiau	1.70	3.70	9.20
Cyfanswm dillad ac esgidiau	**6.70**	**18.40**	**53.80**
Prynu cerbydau	5.20	21.50	74.20
Petrol, diesel ac olewau eraill ar gyfer ceir	3.40	13.60	31.20
Costau moduro eraill	1.90	7.50	19.40
Tocynnau trên a thocynnau trên tanddaearol	0.30	0.80	6.70
Tocynnau bws a thocynnau bws moethus	1.00	1.40	1.50
Tocynnau cyfunol	0.10	0.20	2.80
Teithio a chludiant arall	1.10	3.00	14.30
Cyfanswm cludiant	**13.00**	**48.00**	**150.10**
Cyfanswm gwariant cartrefi ar nwyddau a gwasanaethau	**139.60**	**361.70**	**905.00**
Cyfanswm incwm cartrefi	**0-123**	**351-444**	**1 092+**

Ffynhonnell: addaswyd o *Family Spending 2003-04*, Swyddfa Ystadegau Cenedlaethol.

Mesur elastigedd incwm galw

Caiff elastigedd incwm galw ei fesur drwy rannu'r newid canrannol ym maint y galw am nwydd neu fasged o nwyddau â'r newid canrannol yn incwm defnyddwyr. Mae maint y galw yn rhif ffisegol, fel 100 o beiriannau golchi neu 1 000 o grysau. Fodd bynnag, pan nad yw data ynghylch maint y galw ar gael, mae gwariant yn ddirprwy newidyn da. Y maint wedi'i luosi â'r pris yw'r gwariant. Os bydd prisiau'n aros yr un fath wrth i wariant newid, bydd y newid canrannol yn y maint yr un fath â'r newid canrannol yn y gwariant.

1. Disgrifiwch sut mae gwariant ar ddillad ac esgidiau ac ar gludiant (a) yn amrywio gydag incwm a (b) wedi newid dros amser.

2. Gan ddefnyddio'r data, eglurwch ydy elastigedd incwm y galw am 'ddillad ac esgidiau' yn debygol o fod yn uwch nag elastigedd incwm y galw am gludiant.

3. Gan ddefnyddio Tabl 9.8, eglurwch pa gydrannau o ddillad ac esgidiau a chludiant sy'n debygol o fod â'r elastigeddau incwm uchaf.

4. Gan ddefnyddio'r data yn Nhabl 9.8 a chysyniad elastigedd incwm galw, trafodwch a oes dyfodol i gludiant bysiau a bysiau moethus yn y DU.

Crynodeb

1. Bydd cynnydd mewn incwm yn arwain at gynnydd yn y galw am nwyddau normal ond gostyngiad yn y galw am nwyddau israddol.
2. Mae gan nwyddau normal elastigedd incwm positif ac mae gan nwyddau israddol elastigedd incwm negatif.
3. Nwydd lle mae cynnydd yn y pris yn arwain at gynnydd ym maint y galw yw nwydd Giffen. Mae hyn yn digwydd am fod effaith amnewid bositif y newid yn y pris yn cael ei gorbwyso gan yr effaith incwm negatif.
4. Gellir cael cromlin alw sy'n goleddu i fyny os ydy'r nwydd yn nwydd Giffen, os oes gan y nwydd apêl i'r crach neu apêl hapfasnachol neu os ydy defnyddwyr yn barnu ansawdd yn ôl pris cynnyrch.

Nwyddau normal ac israddol

Mae patrwm galw yn debygol o newid pan fydd incwm yn newid. Byddai'n rhesymol tybio y bydd defnyddwyr yn cynyddu eu galw am y rhan fwyaf o nwyddau pan fydd eu hincwm yn cynyddu. Lle bo hynny'n wir gelwir y nwyddau'n NWYDDAU NORMAL.

Fodd bynnag, bydd cynnydd mewn incwm yn achosi gostyngiad yn y galw am nwyddau eraill. Gelwir y nwyddau hyn yn NWYDDAU ISRADDOL. Bydd gostyngiad yn y galw oherwydd y bydd defnyddwyr yn ymateb i gynnydd yn eu hincwm drwy brynu cynhyrchion sydd o well ansawdd yn eu barn nhw. Enghreifftiau a roddir yn aml o nwyddau israddol yw:

- bara – bydd defnyddwyr yn newid o'r bwyd rhad hwn sy'n llenwi i gig neu fwydydd cyfleus sy'n ddrutach wrth i'w hincwm gynyddu;
- margarin – bydd defnyddwyr yn newid o brynu margarin i brynu menyn, ond dydy hynny ddim mor wir yn ddiweddar gyda mwy o ymwybyddiaeth o iechyd;
- teithio mewn bws – bydd defnyddwyr yn newid o fysiau i'w ceir eu hunain pan fyddant yn gallu fforddio prynu car.

Gall nwydd fod yn nwydd normal ac yn nwydd israddol yn dibynnu ar lefel incwm. Gall bara fod yn nwydd normal i bobl ar incwm isel (h.y. byddan nhw'n prynu mwy o fara wrth i'w hincwm gynyddu). Ond gall fod yn nwydd israddol i bobl sydd ag incwm uwch.

Dangosir nwyddau normal ac israddol yn Ffigur 10.1. G_1 yw cromlin y galw am nwydd normal. Mae'n goleddu i fyny am fod galw'n cynyddu wrth i incwm gynyddu. G_2 yw cromlin y galw am nwydd israddol. Mae'n goleddu i lawr, gan ddangos bod galw'n gostwng wrth i incwm gynyddu. G_3 yw cromlin y galw am nwydd sy'n normal ar lefelau isel o incwm ond sy'n israddol ar lefelau uwch o incwm.

Ffigur 10.1 Nwyddau normal ac israddol

Yn y diagram maint-incwm mae gan nwydd normal fel G_1 gromlin sy'n goleddu i fyny, ac mae gan nwydd israddol fel G_2 gromlin sy'n goleddu i lawr. Mae G_3 yn dangos nwydd sy'n normal ar lefelau isel o incwm ond sy'n israddol ar lefelau uwch o incwm.

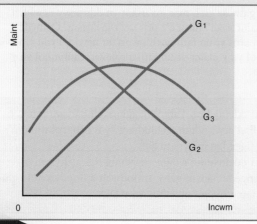

Tabl 10.1 Amcangyfrif o dreuliant bwyd cartrefi ym Mhrydain

	Gramau y person yr wythnos				
	1985	1990	1995	2000	2002/3
Siwgr	238	171	136	105	111
Cyw iâr	196	226	237	253	243
Bananas	80	125	176	206	208
Bara	878	797	756	720	756
Picls a sawsiau	61	67	80	107	123
Menyn	80	46	36	39	37

Ffynhonnell: addaswyd o Annual Abstract of Statistics, Swyddfa Ystadegau Cenedlaethol.

Cynyddodd incwm cartrefi rhwng pob un o'r blynyddoedd 1985, 1990, 1995, 2000 a 2002/3. A thybio bod pob ffactor arall yn ddigyfnewid, pa rai o'r nwyddau yn Nhabl 10.1 sy'n nwyddau normal a pha rai sy'n nwyddau israddol?

Nwyddau israddol ac elastigedd incwm

Gellir gwahaniaethu rhwng nwyddau israddol a nwyddau normal yn ôl elastigedd incwm y galw amdanynt. Y fformiwla ar gyfer mesur elastigedd incwm yw:

$$\frac{\text{newid canrannol yn y galw}}{\text{newid canrannol mewn incwm}}$$

Bydd gan nwydd normal elastigedd incwm positif bob amser am

fod galw ac incwm naill ai ill dau yn cynyddu (gan roi plws wedi'i rannu â phlws) neu ill dau yn gostwng (gan roi minws wedi'i rannu â minws). Bydd gan nwydd israddol, fodd bynnag, elastigedd negatif bob amser oherwydd y bydd yr arwyddion yn rhan uchaf a rhan isaf y fformiwla yn groes i'w gilydd bob tro (plws wedi'i rannu â minws neu minws wedi'i rannu â phlws gan roi ateb minws yn achos y ddau).

Er enghraifft, os bydd y galw am fara yn gostwng 2% pan fydd incwm yn cynyddu 1%, yna mae'n nwydd israddol. Ei elastigedd incwm yw -2/+10 neu -0.2.

Nwyddau Giffen

Mae NWYDD GIFFEN yn fath arbennig o nwydd israddol. Honnodd Alfred Marshall (1842-1924), economegydd enwog ac awdur gwerslyfr poblogaidd iawn yn ei gyfnod, fod economegydd enwog arall, Syr Robert Giffen (1837-1910), wedi sylwi bod treuliant bara yn cynyddu wrth i'w bris gynyddu. Y ddadl oedd bod bara yn brif fwyd i ddefnyddwyr ag incwm isel. Ni fyddai codiad yn ei bris yn cadw pobl rhag prynu cymaint ag o'r blaen. Ond nawr byddai gan bobl 'dlawd' cyn lleied o arian ychwanegol i'w wario ar gig a bwydydd moethus eraill fel y byddai'n rhaid iddynt roi'r gorau i'w galw am y rhain a phrynu yn hytrach fwy o fara i lenwi eu boliau. Y canlyniad oedd bod cynnydd ym mhris bara yn arwain at gynnydd ym maint y galw am fara. Ffordd arall o egluro'r ffenomen hon yw defnyddio'r cysyniadau effaith INCWM ac effaith AMNEWID. Pan fydd pris nwydd yn newid, bydd maint y galw yn newid yn ôl cyfanswm yr effaith amnewid a'r effaith incwm.

- **Effaith amnewid.** Os bydd pris nwydd yn codi, bydd defnyddwyr yn prynu llai o'r nwydd hwnnw a mwy o nwyddau eraill am ei fod nawr yn gymharol ddrutach na nwyddau eraill. Os bydd pris nwydd yn gostwng, bydd defnyddwyr yn prynu mwy o'r nwydd hwnnw a llai o nwyddau eraill. Gelwir y newidiadau hyn ym maint y galw sy'n ganlyniad i'r newid cymharol mewn prisiau yn unig yn effaith amnewid y newid mewn pris.
- **Effaith incwm.** Os bydd pris nwydd yn codi, bydd incwm real defnyddwyr yn gostwng. Ni fyddant yn gallu prynu'r un fasged o nwyddau a gwasanaethau ag o'r blaen. Gall defnyddwyr ymateb i'r gostyngiad hwn mewn incwm real mewn un o ddwy ffordd. Os ydy'r nwydd yn nwydd normal, byddan nhw'n prynu llai o'r nwydd. Os ydy'r nwydd yn nwydd israddol, byddan nhw'n prynu mwy o'r nwydd. Gelwir y newidiadau hyn ym maint y galw a achosir gan newid mewn incwm real yn effaith incwm y newid mewn pris.

Yn achos nwydd normal mae'r effaith amnewid a'r effaith incwm yn gweithio i'r un cyfeiriad. Mae codiad yn y pris yn arwain at ostyngiad ym maint y galw am fod pris cymharol y nwydd wedi codi. Mae hefyd yn arwain at ostyngiad ym maint y galw am fod incwm real defnyddwyr wedi gostwng. Felly bydd codiad yn y pris yn arwain bob tro at ostyngiad ym maint y galw, ac i'r gwrthwyneb.

Yn achos nwydd israddol, mae'r effaith amnewid a'r effaith incwm yn gweithio yn groes i'w gilydd. Mae codiad yn y pris yn arwain at ostyngiad ym maint y galw am fod pris cymharol y nwydd wedi codi. Ond mae'n arwain at gynnydd ym maint y galw am fod incwm real defnyddwyr wedi gostwng. Fodd bynnag, mae'r effaith amnewid yn gorbwyso'r effaith incwm am ei bod hi'n dal yn wir yn gyffredinol y bydd codiad ym mhris nwydd israddol yn arwain at ostyngiad ym maint y galw.

Mae nwydd Giffen yn fath arbennig o nwydd israddol. Mae codiad yn y pris yn arwain at ostyngiad ym maint y galw oherwydd yr effaith amnewid ond at gynnydd ym maint y galw oherwydd yr effaith incwm. Fodd bynnag, mae'r effaith incwm yn gorbwyso'r effaith amnewid, gan arwain at gynnydd ym maint y galw. Er enghraifft, os

bydd codiad o 10c ym mhris torth safonol yn arwain at ostyngiad o 4% ym maint y galw am fara oherwydd yr effaith amnewid, ond cynnydd o 10% ym maint y galw oherwydd yr effaith incwm, yna yr effaith net fydd cynnydd o 6% ym maint y galw am fara.

Yn Nhabl 10.2 rhoddir crynodeb o'r berthynas rhwng nwyddau normal, israddol a Giffen a'u heffeithiau incwm ac amnewid.

Mae nwyddau Giffen yn hynodbeth economaidd. Yn ddamcaniaethol gallen nhw fodoli, ond nid yw unrhyw economegydd erioed wedi cael hyd i enghraifft o nwydd o'r fath yn ymarferol. Nid oes tystiolaeth hyd yn oed fod Syr Robert Giffen erioed wedi honni bod gan fara gromlin alw sy'n goleddu i fyny – daeth hynny i mewn i werslyfrau trwy Alfred Marshall ac mae wedi aros yno byth ers hynny!

Tabl 10.2 Effeithiau amnewid ac incwm newid yn y pris ar faint y galw am nwyddau normal, israddol a Giffen

Math o nwydd	Effaith codiad yn y pris ar faint y galw		
	Effaith amnewid	Effaith incwm	Effaith gyfan
Nwydd normal	Gostwng	Gostwng	Gostwng
Nwydd israddol	Gostwng	Cynyddu	Gostwng am fod effaith amnewid > effaith incwm
Nwydd Giffen	Gostwng	Cynyddu	Cynyddu am fod effaith amnewid < effaith incwm

Cwestiwn 2

Tabl 10.3

Nwydd	Newid yn y pris (ceiniogau yr uned)	Newid ym maint y galw o ganlyniad i	
		effaith incwm	effaith amnewid
Bacwn	+10	+5%	-8%
Teithiau mewn bws	+15	+7%	-5%
Jîns	-100	+1%	+5%
Ffa pob	-2	-1%	+4%
Cryno-ddisgiau	-150	+4%	+3%

Mae economegydd yn honni ei bod hi wedi arsylwi'r effeithiau a nodir yn Nhabl 10.3 yn deillio o newid ym mhris cynnyrch yn unig. Pa rai o'r cynhyrchion hyn sy'n nwyddau normal, pa rai sy'n israddol a pha rai sy'n nwyddau Giffen?

Angenrheidiau a nwyddau moeth

Mae rhai economegwyr yn gwahaniaethu rhwng **angenrheidiau** (neu **nwyddau sylfaenol**) a **nwyddau moeth** (neu **nwyddau uwchraddol**). Maen nhw'n nodi bod gan angenrheidiau elastigedd incwm o lai na +1 tra bo gan nwyddau moeth elastigedd incwm o fwy na +1. Y broblem gyda'r gwahaniaeth hwn yw bod llawer o gynhyrchion sydd ag elastigedd incwm o lai na +1 yn rhai na fyddai'r rhan fwyaf o ddefnyddwyr yn eu hystyried yn 'angenrheidiau'. Yn Nhabl 10.4, er enghraifft, mae gan y bwydydd i gyd elastigedd incwm o lai na +1 ac felly bydden nhw'n cael eu dosbarthu'n angenrheidiau. Ond a ddylai sudd ffrwyth fod yn gymaint o angenrhaid â the neu laeth neu gig? Mae'n gallu bod yn ddefnyddiol trafod angenrheidiau a nwyddau moeth yn ddamcaniaethol, ond efallai nad ydy rhoi gwerth penodol ar y rhain o ran elastigedd incwm galw yn arbennig o ddefnyddiol.

Cromliniau galw sy'n goleddu i fyny

Fel arfer mae cromliniau galw yn goleddu i lawr. Fodd bynnag, mae yna resymau posibl pam y gallai cromlin y galw am rai nwyddau oleddu i fyny.

Nwyddau Giffen Mae nwyddau Giffen, math o nwydd israddol, wedi cael eu trafod uchod.

Nwyddau ag apêl i'r crach Mae rhai nwyddau'n cael eu prynu am eu bod yn rhoi statws i'r prynwr. Enghreifftiau posibl yw diemyntau, cotiau ffwr neu geir mawr. Y ddadl yw bod galw am y nwyddau hyn am mai ychydig o bobl sy'n gallu fforddio eu prynu oherwydd bod eu pris yn uchel. Pe bai nifer mawr o bobl yn gallu fforddio eu prynu, byddai'r galw (y maint y byddai prynwyr yn ei brynu) yn isel. Gallai hyn fod yn wir am ddefnyddwyr unigol, ond dydy economegwyr ddim wedi gweld unrhyw brawf bod hynny'n wir am farchnadoedd cyfan. Efallai mai dim ond am eu bod nhw'n ddrud y byddai rhai pobl yn prynu diemyntau, ond byddai'r mwyafrif o ddefnyddwyr yn prynu diemyntau pe bai eu pris yn gostwng am eu bod yn hoffi diemyntau. Felly rhaid bod rhywfaint o amheuaeth ynghylch ydy apêl i'r crach yn achosi cromliniau galw sy'n goleddu i fyny.

Nwyddau hapfasnachol Trwy'r rhan fwyaf o 1987 roedd marchnadoedd stoc ledled y byd yn ffynnu. Roedd prisiau cyfranddaliadau ar eu lefel uchaf erioed ac roedd y galw am gyfranddaliadau yn uchel hefyd. Ond ym mis Hydref 1987 gostyngodd prisiau cyfranddaliadau rhwng 20 a 30% ar gyfartaledd. Dros nos gostyngodd y galw amdanynt. Gellid ystyried hyn yn dystiolaeth o gromlin alw sy'n goleddu i fyny. Po uchaf yw pris cyfranddaliadau, uchaf i gyd yw'r galw am fod prynwyr yn cysylltu prisiau uchel am gyfranddaliadau ag enillion hapfasnachol mawr yn y dyfodol. Ond byddai'r rhan fwyaf o economegwyr yn dadlau mai'r hyn a welir yw cromlin y galw yn symud. Caiff cromlin y galw ei lluniadu ar sail y dybiaeth fod disgwyliadau o enillion yn y dyfodol yn gyson. Pan fydd prisiau cyfranddaliadau neu unrhyw nwydd hapfasnachol yn gostwng, bydd prynwyr yn diwygio eu disgwyliadau tuag i lawr. Am unrhyw bris penodol maen nhw'n fodlon prynu llai o gyfranddaliadau, sy'n gwthio cromlin y galw i'r chwith.

Nwyddau o ansawdd Mae rhai defnyddwyr yn barnu ansawdd yn ôl pris. Maen nhw'n tybio yn awtomatig fod gwell ansawdd i nwydd sydd â phris uwch na nwydd tebyg sydd â phris is. Felly, po uchaf yw'r pris, mwyaf i gyd fydd maint y galw. Fel y mae gydag apêl i'r crach, gall hyn fod yn wir am rai unigolion ond does dim tystiolaeth i awgrymu bod hyn yn wir am ddefnyddwyr yn gyffredinol. Cafwyd enghreifftiau lle mae nwyddau a ailbecynnwyd, a hysbysebwyd yn helaeth ac y cynyddwyd eu pris wedi gweld cynnydd yn eu gwerthiant. Ond mae hyn yn enghraifft o gromlin y galw yn symud i'r dde o ganlyniad i hysbysebu ac ailbecynnu yn hytrach nag o gromlin alw sy'n goleddu i fyny.

I gloi, gellir gweld bod gwahanol resymau pam y gallai cromliniau galw, yn ddamcaniaethol, oleddu i fyny. Ond yn y byd go iawn ni welwyd fawr ddim o nwyddau o'r fath, os o gwbl. Mae'n ymddangos bod cromlin alw sy'n goleddu i lawr yn wir am bron pob nwydd.

Cwestiwn 3

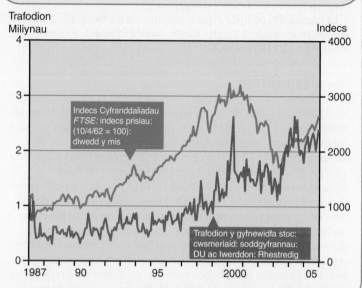

Ffigur 10.2 Nifer trafodion y farchnad stoc, indecs prisiau holl gyfranddaliadau FTSE (1962 = 100)

Trafodion Miliynau — Indecs

Indecs Cyfranddaliadau *FTSE*: indecs prisiau: (10/4/62 = 100): diwedd y mis

Trafodion y gyfnewidfa stoc: cwsmeriaid: soddgyfrannau: DU ac Iwerddon: Rhestredig

Ffynhonnell: addaswyd o *Financial Statistics*, Swyddfa Ystadegau Cenedlaethol.

Ym mis Hydref 1987 gostyngodd prisiau ym Marchnad Stoc Llundain tua 25%. Y canlyniad oedd gostyngiad sydyn yn nifer y cyfranddaliadau a brynwyd ac a werthwyd. Yn yr un modd, yn 2000 bu i brisiau cyfranddaliadau 'dotcom' (cyfranddaliadau mewn cwmnïau sy'n gysylltiedig â'r Rhyngrwyd), ar ôl creu ffyniant ym mhrisiau cyfranddaliadau, ostwng yn sydyn. Erbyn mis Medi 2002 roedd Indecs Holl Gyfranddaliadau *FTSE* yn 1 802 o'i gymharu â 3 242 yn Rhagfyr 1999 ar anterth y swigen 'dotcom'. Yn yr un modd, gostyngodd nifer y cyfranddaliadau a fasnachwyd y mis o uchafbwynt o 2.6 miliwn ym mis Mawrth 2000 i isafbwynt o 1.1 miliwn yn Rhagfyr 2002.

I ba raddau y mae'r data'n cefnogi bodolaeth cromlin alw sy'n goleddu i fyny ar gyfer cyfranddaliadau?

Termau allweddol

Effaith amnewid – yr effaith ar faint y galw sy'n ganlyniad i newid yn y pris, a thybio bod incwm real defnyddwyr yn aros yr un fath (h.y. effaith newid yn y pris heb gynnwys yr effaith incwm).

Effaith incwm – effaith newid yn y pris ar faint y galw o ganlyniad i newid yn incwm real defnyddwyr sy'n ganlyniad i'r newid hwn yn y pris.

Nwydd Giffen – math arbennig o nwydd israddol lle mae'r galw'n cynyddu pan fo'r pris yn cynyddu.

Nwydd israddol – nwydd lle mae'r galw'n gostwng pan fydd incwm yn cynyddu (h.y. mae elastigedd incwm y galw amdano yn negatif).

Nwydd normal – nwydd lle mae'r galw'n cynyddu pan fydd incwm yn cynyddu (h.y. mae elastigedd incwm y galw amdano yn bositif).

Economeg gymhwysol

Elastigedd incwm a nwyddau israddol

Mae Tabl 10.4 yn rhoi amcangyfrifon o elastigedd incwm y galw am rai bwydydd yn y DU. Cyfrifwyd yr amcangyfrifon drwy ddefnyddio data o'r Arolwg Bwyd Cenedlaethol (a unwyd o 2001 â'r Arolwg Gwariant Teuluol i fod yn Arolwg Gwariant a Bwyd) a gynhaliwyd gan Adran yr Amgylchedd, Bwyd a Materion Gwledig a'r Swyddfa Ystadegau Cenedlaethol, sef gwasanaeth ystadegau llywodraeth y DU.

Mae'r gwaith cyfrifo yn casglu data ar gyfer y cyfnod tair blynedd 1998-2000. Defnyddiwyd technegau ystadegol soffistigedig i ystyried ffactorau fel patrymau gwario rhanbarthol a maint cartrefi. Mae'r amcangyfrifon wedi'u seilio ar faint mae gwariant ar fwyd yn amrywio rhwng cartrefi ag incwm gwahanol.

Yn ôl y data, mae gan fwyd ei hun elastigedd incwm galw o +0.20. Felly, mae cynnydd o 10% mewn incwm yn arwain at gynnydd o 2% ym maint y galw am yr holl fwydydd. Ar gyfartaledd, mae incwm yn y DU yn tyfu tua 2.5% y flwyddyn. Mae twf y galw am fwyd yn cynyddu, felly, un rhan o bump o'r swm hwnnw, sef tua 0.5% y flwyddyn ar gyfartaledd. Mae elastigedd incwm o +0.20 yn golygu hefyd bod gwariant ar fwyd yn gostwng fel cyfran o gyfanswm gwariant cartrefi dros amser.

Mae gan y rhan fwyaf o gategorïau bwyd elastigedd incwm galw positif ac felly maen nhw'n nwyddau normal. Er enghraifft, mae gan gaws elastigedd incwm o +0.23, pysgod +0.27 a ffrwythau ffres +0.30. Fodd bynnag, mae rhai bwydydd yn nwyddau israddol gydag elastigedd incwm negatif. Yn Nhabl 10.4, llaeth hylif cyflawn, wyau, margarin, afalau a the yw'r rhain. Mae amrywiaeth o resymau pam fod gan y bwydydd penodol hyn elastigedd incwm negatif.

- Mae rhai yn adlewyrchu mwyfwy o ymwybyddiaeth o'r hyn y mae diet iach yn ei gynnwys. Felly, mae llaeth hylif cyflawn a margarin, â'u cynnwys braster nodweddiadol yn uchel, yn dangos gostyngiad yn y galw wrth i incwm gynyddu. Mae cartrefi incwm uwch yn tueddu i fod yn fwy ymwybodol o faterion iechyd sy'n gysylltiedig â diet. Mae ganddynt hefyd incwm uwch i allu fforddio prynu amnewidion derbyniol os ydy'r rhain yn ddrutach.
- Mae rhai yn adlewyrchu chwaeth sy'n newid. Mae yfed te yn gostwng yn y DU wrth i ddefnyddwyr yfed mwy o goffi. Gan fod coffi'n ddrutach na the, gellir dadlau bod y newid hwn yn digwydd yn gyflymach ymhlith grwpiau incwm uwch. Felly mae elastigedd incwm y galw am de yn negatif. Ond, yn ôl adroddiad yr Arolwg Bwyd Cenedlaethol, mae -0.02 mor fach fel 'nad yw'n ystadegol wahanol i sero', h.y. byddai'r dystiolaeth yn awgrymu bod te ar y ffin rhwng bod yn nwydd normal ac yn nwydd israddol.

- Mae eraill yn fwy anodd i'w hesbonio. Dylai ymgyrchoedd bwyta'n iach annog defnyddwyr i fwyta afalau ac eto, yn ôl y data, mae afalau'n nwyddau israddol gydag elastigedd incwm o -0.07. Efallai bod cartrefi, wrth i incwm gynyddu, yn newid o afalau i ffrwythau eraill fel orennau a bananas, gyda'r ddau ohonynt ag elastigedd incwm positif.

Yr eitem â'r elastigedd incwm galw uchaf yn Nhabl 10.4 yw sudd ffrwythau gydag elastigedd incwm o +0.45. Mae mwy o gartrefi incwm uchel yn tueddu i brynu sudd ffrwythau na chartrefi incwm isel. Gallai cost uchel sudd ffrwythau a'r manteision iechyd sydd i'w gweld ynddynt gyfrif am hyn.

Tabl 10.4 Amcangyfrif o elastigedd incwm cynhyrchion bwyd

	Elastigedd incwm
Llaeth a hufen	0.05
o hynny	
Llaeth hylif cyflawn	-0.17
Caws	0.23
Cig carcas	0.20
Pysgod	0.27
Wyau	-0.01
Brasterau	0.08
o hynny	
Menyn	0.20
Margarin	-0.37
Siwgr a chyffeithiau	0.00
Tatws ffres	0.09
Llysiau gwyrdd ffres	0.27
Ffrwythau ffres	0.30
o hynny	
Afalau	-0.07
Orennau	0.23
Bananas	0.12
Sudd ffrwythau	0.45
Bara	0.12
Cacennau a bisgedi	0.13
Diodydd	0.10
o hynny	
Te	-0.02
Coffi	0.16
Pob bwyd	0.20

Ffynhonnell: *National Food Survey 2000*, Swyddfa Ystadegau Cenedlaethol.

Cwestiwn Data

Twristiaeth

Ffigur 10.3 Incwm gwario real cartrefi y pen yn ôl prisiau 2001 (£)

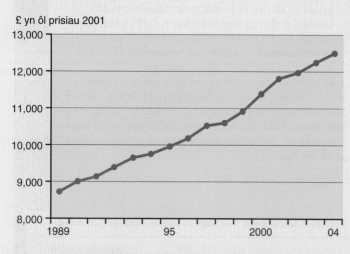

Ffynhonnell: addaswyd o *Economic Trends*, Swyddfa Ystadegau Cenedlaethol.

Ffigur 10.4 Teithiau mewnol a thramor gan breswylwyr y DU: nifer y teithiau yn y DU a thramor gan breswylwyr y DU[1, 2]

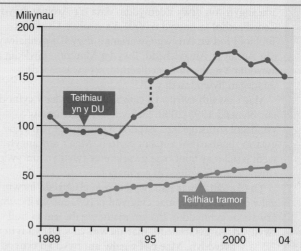

[1] Mae'r ffigurau'n cynnwys teithiau busnes yn ogystal â gwyliau

[2] Yn 1995 newidiwyd dull cyfrifo teithiau mewnol ac arweiniodd hynny at gynnydd o 26.8 miliwn o deithiau yn nifer y teithiau a gofnodwyd.

Ffynhonnell: addaswyd o *Annual Abstract of Statistics*, Swyddfa Ystadegau Cenedlaethol.

Ffigur 10.5 Gwyliau tramor[1] yn ôl cyrchfan, canrannau

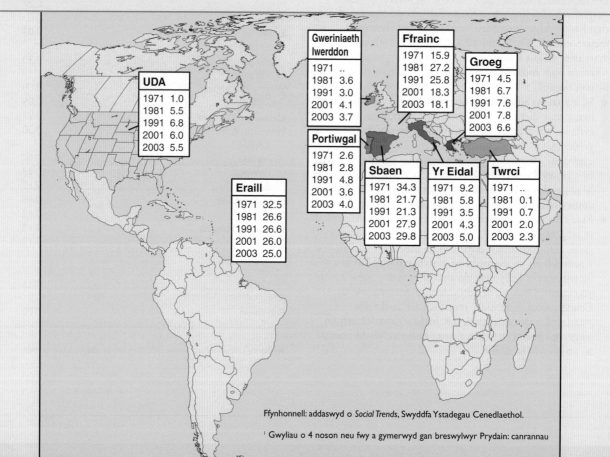

UDA

1971	1.0
1981	5.5
1991	6.8
2001	6.0
2003	5.5

Eraill

1971	32.5
1981	26.6
1991	26.6
2001	26.0
2003	25.0

Gweriniaeth Iwerddon

1971	..
1981	3.6
1991	3.0
2001	4.1
2003	3.7

Portiwgal

1971	2.6
1981	2.8
1991	4.8
2001	3.6
2003	4.0

Ffrainc

1971	15.9
1981	27.2
1991	25.8
2001	18.3
2003	18.1

Groeg

1971	4.5
1981	6.7
1991	7.6
2001	7.8
2003	6.6

Sbaen

1971	34.3
1981	21.7
1991	21.3
2001	27.9
2003	29.8

Yr Eidal

1971	9.2
1981	5.8
1991	3.5
2001	4.3
2003	5.0

Twrci

1971	..
1981	0.1
1991	0.7
2001	2.0
2003	2.3

Ffynhonnell: addaswyd o *Social Trends*, Swyddfa Ystadegau Cenedlaethol.

[1] Gwyliau o 4 noson neu fwy a gymerwyd gan breswylwyr Prydain: canrannau

Tabl 10.5 Nifer yr ymweliadau â'r atyniadau mwyaf poblogaidd i dwristiaid

Gwledydd Prydain					Miliynau		
	1981	1991	2003		1981	1991	2003
Amgueddfeydd ac Orielau				**Tai hanesyddol**			
Yr Amgueddfa Brydeinig	2.6	5.1	4.6	**a chofadeiladau**			
Yr Oriel Brydeinig	2.7	4.3	4.4	Castell Caeredin	0.8	1.0	1.2
Natural History Museum	3.7	1.6	2.9	Tŵr Llundain	2.1	1.9	2.0
Oriel Tate	0.9	1.8	4.4				
Parciau Thema				**Parciau Bywyd Gwyllt a Sŵ**			
Canolfan Bleser Blackpool	7.5	6.5	6.2	Sŵ Caer	..	0.9	1.2
Canolfan Bleser Great Yarmouth	..	2.5	1.5				

Ffynhonnell: addaswyd o *Social Trends*, Swyddfa Ystadegau Cenedlaethol.

Tabl 10.6 Mynd ar wyliau: yn ôl dosbarth cymdeithasol

Gwledydd Prydain		Canrannau[1]	
	Gwyliau ym Mhrydain	Gwyliau tramor	Dim gwyliau
AB	44	59	18
C1	37	47	31
C2	38	32	38
DE	28	20	57

[1] Canran o'r bobl ym mhob dosbarth cymdeithasol sy'n cymryd gwyliau ym mhob lleoliad. Nid yw'r canrannau'n rhoi cyfanswm o 100 gan fod rhai pobl yn cymryd gwyliau ym Mhrydain a thramor.

AB = rheolwyr uwch a chanolig, gweinyddu a phroffesiynol; C1 = rheolwyr is, goruchwylwyr neu glerigol; C2 = gweithwyr llaw medrus; DE = gweithwyr lled-fedrus a gweithwyr di-grefft, gweithwyr â'r cyflogau isaf neu'r di-waith.

Ffynhonnell: addaswyd o *Social Trends*, Swyddfa Ystadegau Cenedlaethol.

Ffigur 10.6 Gwyliau mewnol[1] a gymerwyd gan breswylwyr y DU: yn ôl cyrchfan, 2002

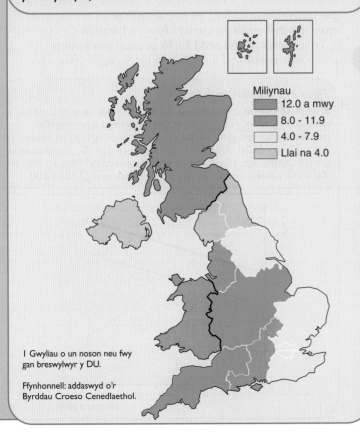

Miliynau
- 12.0 a mwy
- 8.0 - 11.9
- 4.0 - 7.9
- Llai na 4.0

[1] Gwyliau o un noson neu fwy gan breswylwyr y DU.

Ffynhonnell: addaswyd o'r Byrddau Croeso Cenedlaethol.

1. Disgrifiwch y prif dueddiadau a ddangosir yn y data.
2. Gan ddefnyddio Ffigur 10.3, eglurwch y tueddiadau y byddech chi'n eu disgwyl o ran nifer y gwyliau a gymerwyd gan breswylwyr y DU ac o ran ymweliadau â chyrchfannau i dwristiaid oddi ar 1989, a thybio bod twristiaeth yn nwydd normal.
3. Pa dystiolaeth sydd yn y data bod rhai cyrchfannau ac atyniadau i dwristiaid yn nwyddau israddol?
4. Mae cwmnïau sy'n gysylltiedig â thwristiaeth yn ardal Great Yarmouth yn poeni eu bod ar eu colled wrth i dwristiaeth ehangu yn y DU a thramor.
   (a) Awgrymwch DRI rheswm pam y gallai fod yn well gan dwrist ymweld â lleoedd fel yr Alban, Cernyw, Sbaen neu Florida yn hytrach na Great Yarmouth.
   (b) Trafodwch DAIR strategaeth y gallai rhanddeiliaid yn y diwydiant twristiaeth yn ardal Great Yarmouth eu mabwysiadu i wneud elastigedd incwm y galw yn fwy ffafriol iddyn nhw.

Crynodeb

1. Gall trethi anuniongyrchol fod yn drethi ad valorem neu'n drethi penodol.
2. Mae gosod treth anuniongyrchol yn debygol o arwain at godiad ym mhris y nwydd am bob uned sy'n llai na gwerth y dreth am bob uned.
3. Mae pwysfan trethi anuniongyrchol yn disgyn ar y defnyddiwr a'r cynhyrchydd.
4. Bydd pwysfan treth yn disgyn yn gyfan gwbl ar y defnyddiwr os ydy'r galw'n berffaith anelastig neu os ydy'r cyflenwad yn berffaith elastig.
5. Bydd pwysfan treth yn disgyn yn gyfan gwbl ar y cynhyrchydd os ydy'r galw'n berffaith elastig neu os ydy'r cyflenwad yn berffaith anelastig.

Trethi anuniongyrchol a chymorthdaliadau

Treth ar wariant yw treth anuniongyrchol. Y ddwy brif dreth anuniongyrchol yn y DU yw TAW a thollau ecseis.

Mae TAW yn enghraifft o dreth *AD VALOREM*. Mae'r dreth a osodir yn cynyddu mewn cyfrannedd â gwerth sail y dreth. Yn achos TAW pris y nwydd yw sail y dreth. Ar y rhan fwyaf o nwyddau yn y DU codir TAW o 17.5%. Mae tollau ecseis yn enghraifft o dreth BENODOL neu dreth YR UNED. Dydy swm y dreth ddim yn newid gyda gwerth y nwyddau ond mae'n newid yn hytrach gyda maint neu nifer y nwyddau a brynir. Felly mae'r doll ecseis ar botel o win yr un fath p'un ai y costiodd y botel £5 neu £500, ond mae'r TAW ganwaith yn fwy ar yr ail botel nag ar y botel gyntaf. Y prif dollau ecseis yn y DU yw'r rhai ar alcohol, tybaco a phetrol. Ni ddylid drysu rhyngddynt a tholldaliadau a osodir ar fewnforion.

Grant a roddir gan y llywodraeth i hybu cynhyrchu neu dreuliant nwydd neu wasanaeth penodol yw CYMHORTHDAL (*subsidy*). Efallai, er enghraifft, y rhoddir cymorthdaliadau ar eitemau hanfodol fel tai neu fara. Neu efallai y cânt eu rhoi i gwmnïau sy'n cyflogi gweithwyr dan anfantais fel y di-waith tymor hir neu bobl ag anabledd. Neu efallai y cânt eu rhoi i gwmnïau sy'n cynhyrchu nwyddau yn fewnol i'w helpu nhw i fod yn fwy cystadleuol na nwyddau a fewnforir.

Pwysfan treth

Gellir defnyddio damcaniaeth prisiau i ddadansoddi effaith gosod treth anuniongyrchol ar nwydd. Tybiwch fod treth benodol o £1 y botel yn cael ei gosod ar win. Mae hynny'n cael yr effaith o ostwng y cyflenwad. Nawr bydd gwerthwyr gwin eisiau codi £1 yn ychwanegol am bob potel a werthir. Yn Ffigur 11.1 dangosir hyn gan symudiad fertigol o £1 yng nghromlin y cyflenwad ar bob lefel cynnyrch. Pa faint bynnag o boteli a gynhyrchir, bydd gwerthwyr eisiau codi £1 yn fwy am bob potel ac felly bydd cromlin y cyflenwad yn symud i fyny yn baralel o C_1 i C_2.

Yr hen bris cytbwys oedd £3.30 ac am y pris hwnnw prynwyd a gwerthwyd 60 miliwn o boteli. Bydd cyflwyno'r

Cwestiwn 1

Mae pris litr o betrol di-blwm wrth y pympiau yn cynnwys:

	ceiniogau
Cost petrol cyn treth	28.2
Toll ecseis	48.3
	76.5
TAW @ 17.5%	13.4
Pris wrth y pympiau	89.9

Cyfrifwch bris newydd petrol os bydd:
(a) cynnydd yng nghost olew crai yn gwthio cost petrol cyn treth i fyny o 28.2c i 31.3c;
(b) y llywodraeth yn cynyddu'r doll ecseis o 48.3c i 50.0c;
(c) TAW yn cael ei gostwng o 17.5% i 15%;
(d) y llywodraeth yn dileu tollau ecseis a TAW ar betrol ac yn cyflwyno cymhorthdal o 2 geiniog y litr.
(Ar gyfer pob rhan, tybiwch mai 89.9c yw'r pris wrth y pympiau i ddechrau.)

Ffigur 11.1 Pwysfan treth benodol

Bydd gosod treth anuniongyrchol o £1 yr uned ar win yn gwthio cromlin y cyflenwad i fyny o C_1 i C_2. Y pellter fertigol rhwng y ddwy gromlin gyflenwad ar unrhyw gynnyrch yw £1. O ganlyniad bydd y pris cytbwys yn codi o £3.30 i £4.00. Felly bydd y defnyddiwr yn talu 70c yn ychwanegol am bob potel o win. Y cynhyrchydd sy'n talu gweddill y dreth, sef 30c, am fod y pris y mae'n ei dderbyn cyn treth yn gostwng o £3.30 i £3.00.

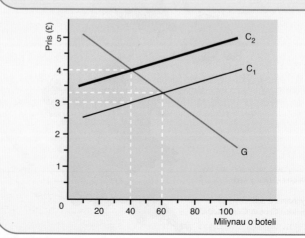

dreth o £1 yn codi'r pris ac yn gostwng maint y galw. Y pris cytbwys newydd yw £4 a maint y galw am y pris hwnnw yw 40 miliwn o boteli.

Gallai'r canlyniad hwn ymddangos yn rhyfedd. Mae gosod treth o £1 y botel wedi cynyddu pris potel 70c yn unig yn hytrach na maint llawn y dreth. Y rheswm yw bod PWYSFAN (*incidence*) TRETH yn annhebygol o ddisgyn yn gyfan gwbl ar y defnyddwyr. Mae pwysfan treth yn mesur baich y dreth ar y trethdalwr. Yn yr achos hwn mae'r defnyddiwr wedi talu 70c o'r dreth. Felly mae'n rhaid mai'r cynhyrchydd sydd wedi talu'r 30c arall y mae'r llywodraeth yn ei dderbyn.

Cwestiwn 2

Tabl 11.1

Pris (£)	Maint y galw	Maint y cyflenwad
4	16	4
6	12	6
8	8	8
10	4	10
12	0	12

(a) Lluniadwch gromliniau galw a chyflenwad ar sail y data yn Nhabl 11.1.

(b) Beth yw maint cytbwys y galw a'r cyflenwad?

Nawr mae'r llywodraeth yn gosod treth benodol o £3 yr uned.

(c) Dangoswch effaith hyn ar y diagram.

(d) Beth yw maint cytbwys newydd y galw a'r cyflenwad?

(e) Beth yw'r pris cytbwys newydd?

(f) Beth yw pwysfan y dreth am bob uned ar (i) y defnyddiwr a (ii) y cynhyrchydd?

(g) Beth yw (i) y dreth am bob uned a (ii) cyfanswm derbyniadau'r llywodraeth o'r dreth?

(h) Faint fydd derbyniadau'r cynhyrchwyr cyn treth yn newid?

Derbyniadau treth

Gan ddefnyddio Ffigur 11.1 gallwn ddangos hefyd y newid yng nghyfanswm y gwariant cyn ac ar ôl gosod y dreth yn ogystal â swm y derbyniadau treth y mae'r llywodraeth yn eu cael. Bydd y llywodraeth yn derbyn cyfanswm derbyniadau treth o £1 × 40 miliwn (y dreth am bob uned × y maint a werthwyd); felly derbyniadau'r dreth fydd £40 miliwn. Bydd defnyddwyr yn talu 70c × 40 miliwn o hyn, a bydd cynhyrchwyr yn talu 30c × 40 miliwn. Felly bydd defnyddwyr yn talu £28 miliwn o dreth a bydd cynhyrchwyr yn talu £12 miliwn. Bydd cyfanswm y gwariant ar win yn gostwng o £198 miliwn (£3.30 × 60 miliwn) i £160 miliwn (£4 × 40 miliwn). Bydd y derbyniadau a dderbynnir gan gynhyrchwyr yn gostwng o £198 miliwn (£3.30 × 60 miliwn) i £120 miliwn (£3 × 40 miliwn).

Trethi *ad valorem*

Gellir estyn y dadansoddiad uchod i ddelio â threthi *ad valorem*. Bydd gosod treth *ad valorem* yn achosi i gromlin y cyflenwad symud i fyny. Ond po uchaf yw'r pris, mwyaf i gyd fydd swm y dreth. Felly bydd y symudiad yn debyg i'r hyn a welir yn Ffigur 11.2. Bydd

defnyddwyr yn talu FL o dreth am bob uned, a phwysfan y dreth ar gynhyrchwyr am bob uned fydd HL.

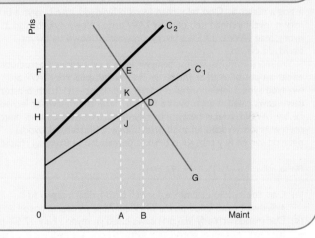

Ffigur 11.2 Pwysfan treth ad valorem
Bydd gosod treth ad valorem yn gwthio cromlin y cyflenwad i fyny o C_1 i C_2. Dyma'r ffeithiau allweddol ynglŷn â'r newid:
(a) y pris cytbwys gwreiddiol yw OL a'r maint cytbwys gwreiddiol yw OB;
(b) y pris cytbwys newydd yw OF a'r maint cytbwys newydd yw OA;
(c) pwysfan y dreth am bob uned ar ddefnyddwyr yw LF;
(d) pwysfan y dreth am bob uned ar gynhyrchwyr yw HL;
(e) y dreth am bob uned mewn cydbwysedd yw HF;
(f) cyfanswm y dreth y mae'r defnyddwyr yn ei thalu yw LKEF;
(g) cyfanswm y dreth y mae'r cynhyrchwyr yn ei thalu yw LHJK;
(h) cyfanswm derbyniadau treth y llywodraeth yw FHJE;
(i) y newid yn nerbyniadau'r cynhyrchwyr yw OBDL – OAJH;
(j) y newid yng ngwariant y defnyddwyr yw OBDL – OAEF.

Cymorthdaliadau

Bydd cymhorthdal ar nwydd yn arwain at gynnydd yn y cyflenwad, bydd cromlin y cyflenwad yn symud i lawr ac i'r dde. Dangosir hyn yn Ffigur 11.3. Dylid nodi na fydd cymhorthdal o AD yn arwain at ostyngiad o AD yn y pris. Bydd rhan o'r cymhorthdal, AB, yn cael ei gymryd gan y cynhyrchwyr oherwydd cost cynhyrchu uwch am bob uned ar lefelau uwch o gynhyrchu (a ddangosir gan gromlin gyflenwad yn goleddu i fyny). Bydd prisiau i'r defnyddwyr yn gostwng BD yn unig.

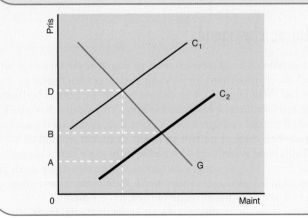

Ffigur 11.3 Effaith cymhorthdal ar bris
Bydd cymhorthdal o AD yr uned yn gwthio cromlin y cyflenwad i lawr o C_1 i C_2. Bydd y pris i'r defnyddiwr yn gostwng BD (h.y. llai na gwerth y cymhorthdal a roddir am bob uned).

Cwestiwn 3

Mae Uned Strategaeth y Prif Weinidog wedi awgrymu y gallai trethu bwydydd afiach fod yn rhan o strategaeth ehangach i frwydro yn erbyn y cynnydd yn lefelau gordewdra. Mewn papur, *Personal Responsibility and Changing Behaviour*, mae'n dweud: 'Gallai hyd yn oed fod potensial i ystyried mesurau cyllidol – 'treth ar fwyd brasterog' – wedi'u cymhwyso at fwyd yn hytrach na phobl – neu driniaeth TAW wahanol ar gyfer bwyd sydd â safonau maethol gwael. Byddai hyn yn arwydd i gynhyrchwyr yn ogystal â defnyddwyr a byddai'n gweithredu yn ehangach fel arwydd i'r gymdeithas fod cynnwys maethol mewn bwyd yn bwysig.'

Ar hyn o bryd gosodir TAW ar y gyfradd lawn o 17.5% ar lawer o'r bwydydd sydd fwyaf cysylltiedig â gordewdra, fel creision, diodydd ffisiog a hufen iâ. Ond, fel y rhan fwyaf o fwydydd, mae byrgyr a brynir mewn uwchfarchnad heb unrhyw TAW arno. Mewn cyferbyniad â hynny, mae TAW o 17.5% ar fyrgyrs a werthir mewn tai bwyta bwydydd cyflym.

Ym marn Tom Marshall, arbenigwr iechyd cyhoeddus a astudiodd effeithiau posibl treth ar fraster yn ddiweddar, gallai rhoi TAW ar fwydydd sydd â lefelau uchel o frasterau dirlawn – fel llaeth braster llawn, caws caled, menyn, byns a bisgedi – gael effaith fawr ar iechyd. Pe bai TAW yn cael ei hestyn i brif ffynonellau braster dirlawn dietegol, tra'n eithrio nwyddau fel sudd oren a iogwrt braster-isel, byddai defnyddwyr yn fwy tebygol o brynu'r dewisiadau braster-isel rhatach.

Ffynhonnell: addaswyd o *The Times* 19.2.2004.

(a) Gan ddefnyddio diagram, eglurwch beth fyddai'n digwydd i gyflenwad caws caled pe bai TAW o 17.5% yn cael ei gosod arno.
(b) Dadansoddwch a fyddai pris caws caled yn mynd i fyny 17.5% pe bai TAW yn cael ei gosod ar y gyfradd hon. Defnyddiwch ddiagram i egluro eich dadansoddiad.
(c) Pam y gallai gosod TAW ar gaws caled gael effaith ar y galw am sudd oren?
(d) 'Byddai effaith bositif ar iechyd o osod TAW yn fwyaf tebygol pe bai'r galw am fwydydd brasterog yn bris elastig.' Gan ddefnyddio diagram, eglurwch y gosodiad hwn.

Trethi ac elastigedd

Mae'r graddau y bydd pwysfan treth yn disgyn ar ddefnyddwyr yn hytrach na chynhyrchwyr yn dibynnu ar elastigeddau'r galw a'r cyflenwad. Mae Ffigur 11.4 yn dangos cromlin gyflenwad berffaith elastig neu gromlin alw berffaith anelastig. Yn y ddau achos mae'r symudiad fertigol yng nghromlin y cyflenwad, sy'n dangos gwerth y dreth am bob uned, yr un fath yn union â'r codiad terfynol yn y pris. Felly, bydd y dreth i gyd yn cael ei thalu gan y defnyddwyr.

Mae Ffigur 11.5 yn dangos dau achos lle mae pwysfan y dreth yn disgyn yn gyfan gwbl ar y cynhyrchydd. Bydd cynhyrchwyr yn ei chael hi'n amhosibl trosglwyddo unrhyw ran o'r dreth i'r defnyddwyr os ydy cromlin y galw yn berffaith elastig. Dydy defnyddwyr ddim yn fodlon prynu dim am bris sy'n uwch na'r pris presennol. Os ydy cromlin y cyflenwad yn berffaith anelastig, bydd cromlin y cyflenwad ar ôl gosod y dreth yr un fath â'r un cyn hynny. Felly bydd y pris cytbwys yn aros yr un fath a bydd y cynhyrchwyr yn dwyn baich cyfan y dreth.

Gan gyffredinoli o'r sefyllfaoedd eithafol hyn, gallwn gasglu'r canlynol: po fwyaf elastig yw cromlin y galw neu po fwyaf anelastig yw cromlin y cyflenwad, mwyaf i gyd fydd pwysfan y dreth ar gynhyrchwyr a lleiaf i gyd fydd pwysfan y dreth ar ddefnyddwyr. Â phopeth arall yn ddigyfnewid, po fwyaf

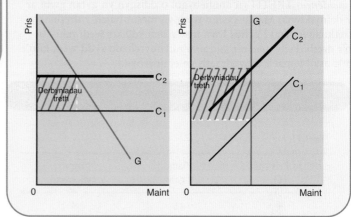

Ffigur 11.4 Lle mae pwysfan y dreth yn disgyn yn gyfan gwbl ar y defnyddiwr
Os ydy'r cyflenwad yn berffaith elastig neu'r galw yn berffaith anelastig, gellir gweld o'r graffiau y bydd pwysfan y dreth yn disgyn yn gyfan gwbl ar y defnyddwyr.

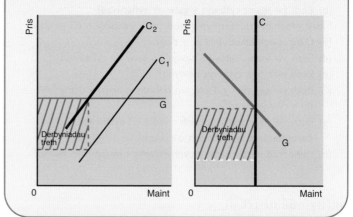

Ffigur 11.5 Lle mae pwysfan y dreth yn disgyn yn gyfan gwbl ar y cynhyrchydd
Os ydy'r cyflenwad yn berffaith anelastig neu'r galw yn berffaith elastig, gellir gweld o'r graffiau y bydd pwysfan y dreth yn disgyn yn gyfan gwbl ar y cynhyrchwyr.

Cwestiwn 4

Tabl 11.2

	Elastigedd pris y galw
Bwyd	- 0.52
Nwyddau sy'n para	- 0.89
Tanwydd a golau	- 0.47
Gwasanaethau	- 1.02

Ffynhonnell: John Muellbauer, *'Testing the Barten Model of Household Composition Effects and the Cost of Children'*, Economic Journal.

Mae'r llywodraeth yn dymuno codi TAW ar ddetholiad o nwyddau. Ar hyn o bryd cyfradd sero sydd ar y nwyddau a'r gwasanaethau hyn. Yn ôl y data, pa gategorïau o nwyddau fyddai'n rhoi (i) y derbyniadau mwyaf a (b) y derbyniadau lleiaf? (Tybiwch fod pris cyfartalog nwyddau ym mhob categori a maint cyfartalog y galw amdanynt yn unfath ar hyn o bryd.) Eglurwch eich rhesymu yn ofalus.

anelastig yw'r galw am y cynnyrch sy'n cael ei drethu mwyaf i gyd fydd derbyniadau'r dreth i'r llywodraeth. Er enghraifft, pe bai'r galw'n berffaith elastig, byddai gosod treth anuniongyrchol yn achosi i faint y galw ostwng i sero ac i dderbyniadau'r dreth fod yn sero. Pe bai'r galw'n berffaith anelastig, byddai defnyddwyr yn prynu'r un faint ar ôl gosod y dreth ag y gwnaethon nhw cyn hynny. Felly byddai'r derbyniadau yn hafal i'r dreth am bob uned wedi'i lluosi â maint y galw cyn ei gosod. Os ydy elastigedd pris galw rhwng yr eithafion hyn, bydd gosod treth yn achosi i faint y galw ostwng. Po uchaf yw'r elastigedd, mwyaf i gyd fydd y gostyngiad ym maint y galw ac felly isaf i gyd fydd y derbyniadau treth a dderbynnir gan y llywodraeth. Felly, nid yw'n gyd-ddigwyddiad bod tollau ecseis yn y DU yn cael eu rhoi ar alcohol, tybaco a phetrol, mae pob un ohonynt yn gymharol anelastig mewn perthynas â phris.

Termau allweddol

Cymhorthdal – grant a roddir sy'n gostwng pris nwydd, fel arfer â'r bwriad o hybu cynhyrchu neu dreuliant nwydd.
Pwysfan treth – baich y dreth ar y trethdalwr.
Treth *ad valorem* – treth a osodir fel canran o werth y nwydd.
Treth benodol neu dreth yr uned – treth a osodir ar faint.

Economeg gymhwysol

Trethi, cymorthdaliadau, tagfeydd a'r amgylchedd

Mae'r galw am gludiant yn parhau i dyfu fel y gwelir yn Ffigur 11.6. Fodd bynnag, mae'r galw cynyddol hwn sy'n tyfu wedi'i ganoli ar gludiant modur. Heddiw, mae mathau eraill o gludiant, fel y bws a'r trên, yn weddol ddibwys. Mae'r cynnydd yn y galw am gludiant modur yn cyflwyno dwy broblem. Un ohonynt yw ei fod yn achosi mwyfwy o dagfeydd ar y ffyrdd. Y broblem arall yw ei fod yn achosi amrywiaeth o broblemau amgylcheddol. Gall y llywodraeth ymdrin â'r ddwy broblem drwy drethi a chymorthdaliadau. Ond, fel y mae gyda chymaint o faterion economaidd cymhleth, nid oes atebion hawdd a di-boen.

Tagfeydd ar y ffyrdd

Mae ffyrdd Prydain yn dod yn fwyfwy gorlawn. Yn 1950 roedd llai na 2 filiwn o geir, ond erbyn hyn mae mwy na 25 miliwn. Mae'r Adran Drafnidiaeth yn rhagweld y bydd hyn yn codi i 30 miliwn erbyn 2015 ac i 40 miliwn erbyn 2025. Felly mae'r galw am le ar y ffyrdd yn cynyddu dros amser. Prin bod y cyflenwad o le ar y ffyrdd yn newid o ran nifer y cilometrau o ffyrdd neu nifer y lonydd. Felly, mae ffyrdd allweddol yn gorlenwi'n gyson ar adegau penodol o'r dydd neu ar ddiwrnodau penodol o'r wythnos. Mae Ffigur 11.7 yn dangos sut mae amserau teithio cyfartalog yn Llundain wedi gostwng dros amser o ganlyniad i'r cynnydd hwn mewn tagfeydd.

Mae cost gyffredinol moduro yn un ffactor sy'n cyfyngu ar y galw am le ar y ffyrdd. Mae costau sefydlog bod yn berchen ar gar, o ran prynu, yswirio, trwyddedu a thrin, yn atal y rhai sydd ag incwm isel rhag perchenogi car. Fodd bynnag, bydd penderfyniad perchennog car p'un ai i ddefnyddio ffordd benodol ai peidio yn cael ei bennu gan gost tanwydd, sef cost newidiol moduro.

Un ffordd y gall y llywodraeth brisio modurwyr oddi ar y ffyrdd yw trwy gynyddu trethi ar foduro, fel cynyddu trethi ar brisiau petrol a diesel. Fodd bynnag, mae hon yn ffordd fras iawn o wneud hyn gan nad yw'n rhoi unrhyw gymhelliad i fodurwyr newid eu hamserau teithio i adegau pan fydd y ffyrdd yn llai llawn. Hefyd mae'n ergydio modurwyr, yn enwedig mewn ardaloedd gwledig, nad ydynt yn wynebu braidd unrhyw dagfeydd.

Yn ogystal, mae lleihau tagfeydd drwy gynyddu trethi ar danwydd yn debygol o fod yn wleidyddol amhosibl. Yn 2000 effeithiwyd yn andwyol ar y wlad gan grŵp cymharol fach o brotestwyr o'r garfan ffermio a chludo nwyddau a oedd am i'r llywodraeth ostwng pris petrol drwy dorri trethi. Gan fod y galw am foduro yn gymharol anelastig, byddai'n rhaid cael codiadau mawr iawn yn y trethi ar danwydd i gael effaith ar dagfeydd. Byddai'n rhaid i betrol gostio, dyweder, £5 y litr o'i gymharu â llai na £1 heddiw, i orfodi digon o geir oddi ar y ffyrdd ar adegau prysur i leihau tagfeydd. Byddai prisiau o'r fath yn ergydio'r holl fodurwyr, nid yn unig y rhai sydd â'u teithiau'n creu tagfeydd yn y lle cyntaf.

Felly, mae economegwyr o blaid trethu tagfeydd yn uniongyrchol. Mae hyn wedi dechrau eisoes gyda Thâl Tagfa Llundain, lle mae'n rhaid i fodurwyr dalu £8 y dydd i fynd i mewn i ganol Llundain. Mae hyn wedi bod yn hynod effeithiol o ran lleihau tagfeydd yng nghanol Llundain a chodi cyflymderau teithiau. Yn fwy cyffredinol, mae gan y llywodraeth gynlluniau i gyflwyno taliadau tagfa ledled y wlad, erbyn 2014 ar hyn o bryd. Y gobaith yw y bydd modd tracio pob cerbyd trwy loeren a chodi tâl arnynt pan fyddant yn teithio mewn unrhyw ardal lle mae tagfeydd. Gallai lorïau wynebu taliadau mor gynnar â 2008. Efallai y byddai'n wleidyddol dderbyniol cyflwyno tâl o'r fath pe bai'r derbyniadau'n cael eu defnyddio i leihau'r trethi ar danwydd. Fodd bynnag, nid yw'r dechnoleg wedi'i phrofi hyd yma. Hefyd, byddai'n rhaid iddo roi manteision sylweddol i fodurwyr o ran amserau teithiau byrrach mewn ardaloedd gorlawn.

Yng nghanol Llundain, yn cyd-fynd â chyflwyno'r Tâl Tagfa roedd mwy o wariant ar gludiant cyhoeddus a chymorthdaliadau iddo. Yn arbennig, ehangwyd gwasanaethau bysiau i roi dewis arall i'r rhai nad oedd am ddod â'u ceir i mewn i ganol Llundain mwyach. Fodd bynnag, gallai defnyddio rhan o'r derbyniadau o daliadau tagfa ledled y wlad fod yn llai effeithiol. Er enghraifft, lle caiff ceir eu prisio oddi ar system y traffyrdd, gallai fod yn anodd cynnig dewisiadau boddhaol eraill o ran cludiant cyhoeddus. Yn yr un modd, byddai'n cynyddu cost gyffredinol moduro gan na fyddai'r derbyniadau o'r taliadau tagfa yn cael eu hailgylchu yn drethi is ar danwydd neu'n daliadau llai am drwydded gerbyd. Yn wleidyddol, gallai hyn fod yn amhoblogaidd.

Yr amgylchedd

Mae cerbydau modur yn niweidio'r amgylchedd. Mae ffyrdd yn turio i mewn i gefn gwlad. Caiff adnoddau naturiol prin eu defnyddio wrth wneud a chynnal cerbydau. Mae llygredd sŵn gerllaw ffyrdd. Mae motorau'n rhedeg ar danwyddau carbon ac yn allyrru nwyon tŷ gwydr sy'n cyfrannu at gynhesu byd-eang. Mae motorau diesel yn allyrru gronynnau sy'n gallu achosi canser.

Un ateb i ostwng y difrod sy'n cael ei wneud i'r amgylchedd yw lleihau nifer a hyd teithiau. Felly, byddai cynyddu trethi ar danwydd yn ffordd dda o gyflawni hyn. Yng Nghyllideb Ebrill 1993 gwnaeth y llywodraeth ymrwymo i gynnydd o'r fath yn y trethi ar betrol o 3% y flwyddyn mewn termau real hyd y gellid rhagweld, ffigur a gynyddwyd i 5% yng Nghyllideb Rhagfyr 1993. Roedd y llywodraeth yn cyfiawnhau hyn drwy nodi bod petrol yn rhatach mewn termau real yn 1993 nag a fu yn rhan gyntaf yr 1980au. Dyma'r polisi y llwyddodd y protestwyr tanwydd i gael y llywodraeth i roi'r gorau iddo yn 2000. Mae'r mwyafrif helaeth o fodurwyr yn rhoi trethi is ar danwydd o flaen unrhyw bryderon amgylcheddol.

Ateb arall i rai o'r problemau amgylcheddol sy'n gysylltiedig â moduro yw addasu'r cerbydau eu hunain. Gydag amser, mae cerbydau'n araf ddod yn fwy effeithlon o ran tanwydd. Mae motorau diesel yn allyrru llai o nwyon tŷ gwydr na cheir petrol. Petai pawb yn gyrru minis diesel, byddai yna fuddion amgylcheddol sylweddol. Yn ôl Ffigur 11.8, dros y cyfnod 1976-2004 cafwyd cynnydd sylweddol mewn effeithlonrwydd. Cynyddodd y pellter a deithiwyd gan yr holl fathau o gerbydau'r ffyrdd 101% ond cynyddodd treuliant tanwydd 67% yn unig. Mae'r data'n awgrymu hefyd bod enillion effeithlonrwydd yn cynyddu dros amser. Rhwng 1997 a 2003, er enghraifft, cynyddodd y pellter a deithiwyd 19% ond cynyddodd treuliant tanwydd 3%.

Fodd bynnag, dydy gwneud gwelliannau cynyddol yn effeithlonrwydd motorau sy'n cael eu gyrru gan olew ddim yn debygol o atal y cerbyd modur rhag achosi mwy o ddifrod i'r amgylchedd yn y dyfodol. Y rheswm yw y bydd nifer y cerbydau modur ledled y byd yn cynyddu 5, 10 neu 20 gwaith dros y degawdau nesaf wrth i economïau sy'n datblygu fel China ac India ddatblygu i'r pwynt lle gall y rhan fwyaf o gartrefi fforddio un car o leiaf. Yr unig ateb i hyn yw newid y motor sy'n gyrru'r cerbyd modur. Mae ceir trydanol a yrrir gan fatris neu fotorau a yrrir gan hydrogen wedi cael eu datblygu ond mae gan y ddau gymaint o anfanteision ar hyn o bryd fel nad ydynt yn cael eu mabwysiadu ar raddfa eang. Fodd bynnag, ymhen 10 i 20 mlynedd efallai y bydd amgylchiadau wedi newid ac

efallai y bydd y car petrol, gyda'i effeithiau newidiol ar yr amgylchedd, wedi diflannu i raddau helaeth. Efallai y bydd mecanwaith y farchnad yn achosi'r newid hwn. Ond mae'n fwy tebygol y bydd llywodraethau'n ymyrryd a thrwy gyfuniad o bolisïau fel rheoliadau llywodraeth, trethi a chymorthdaliadau, gwelwn lai o gerbydau sy'n difrodi'r amgylchedd ar y ffyrdd.

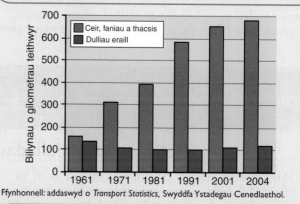

Ffigur 11.6 Teithiau teithwyr yn ôl dull cludo

Ffynhonnell: addaswyd o *Transport Statistics*, Swyddfa Ystadegau Cenedlaethol.

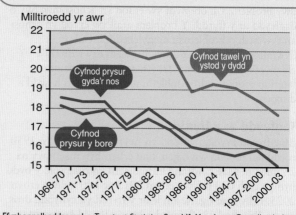

Ffigur 11.7 Cyflymderau cyfartalog traffig yn Llundain, 1968-2003

Ffynhonnell: addaswyd o *Transport Statistics*, Swyddfa Ystadegau Cenedlaethol.

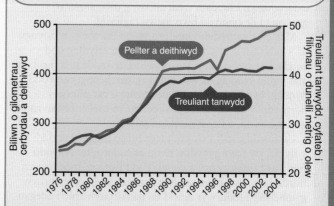

Ffigur 11.8 Pellter a deithiwyd a threuliant tanwydd: pob math o gludiant y DU

Ffynhonnell: addaswyd o *Annual Abstract of Statistics, Transport Statistics*, Swyddfa Ystadegau Cenedlaethol.

Cwestiwn Data

SUVs

SUVs

Weithiau caiff *SUVs*, sef cerbydau chwaraeon pob pwrpas, eu galw'n *off-roaders*. Maen nhw'n wahanol i geir cyffredin o ran bod yn dalach, gan roi'r gyrrwr mewn safle uwch na gyrwyr ceir eraill. Mae ganddynt drawsyriant 4x4, sy'n golygu bod pŵer yn cael ei gymryd yn syth i'r pedair olwyn yn hytrach nag i ddwy olwyn yn unig fel sy'n digwydd ar gar cyffredin. Mae hyn yn rhoi gafael llawer gwell iddynt ar gyfer teithio dros dir garw fel caeau neu lwybrau trawsgwlad *(dirt tracks)* – ac felly yr enw *off-roader*. Maen nhw wedi'u dylunio i roi'r gallu trafod sydd gan gerbyd gwaith traddodiadol neu gerbyd pob pwrpas fel *Land Rover* fferm ynghyd â chysur car modern. Yn ôl arolwg gan *YouGov*, mae bron dwy ran o dair o'r boblogaeth am gael trethi arbennig ar gerbydau chwaraeon pob pwrpas. Roedd pobl Llundain hyd yn oed yn fwy o blaid cyfyngiadau ar gerbydau 4x4. Mae Ken Livingstone, maer Llundain, wedi disgrifio gyrwyr *SUVs* fel 'pobl hollol wirion'.

Ffynhonnell: addaswyd o'r *Financial Times*, 2.9.2004.

Tractor *Chelsea*

Weithiau mae *SUVs* yn cael eu galw'n 'tractorau *Chelsea*'. Maen nhw'n cael eu defnyddio gan bobl gefnog un o'r bwrdeistrefi cyfoethocaf yn Llundain i wneud pethau cyffrous fel mynd i'r uwchfarchnad leol neu godi'r plant o'r ysgol. Bydden nhw'n bendant ddim yn cael eu gadael allan i'r cefn gwlad agored - ffantasi yw hynny sy'n helpu gwerthu'r car.

Felly beth yw'r atyniad i'r prynwyr? Mae merched yn dweud eu bod nhw'n teimlo'n fwy diogel wrth yrru *SUV* am eu bod nhw'n eistedd yn uwch ac felly maen nhw'n cael golwg gwell. Ond maen nhw hefyd yn symbol aruthrol o statws. Maen nhw'n ddangosydd mawr ac amlwg o gyfoeth a safle yn y gymdeithas. Nid yn unig y gallwch fforddio ei brynu, ond gallwch fforddio costau rhedeg uchel y cerbyd hefyd. Gwelodd arolwg *YouGov* fod un rhan o bump o berchenogion *SUVs* wedi'u prynu nhw am eu 'gwerth dangos'. Ond yn yr un arolwg credai hanner yr ymatebwyr nad oeddent yn berchen ar *SUV* mai 'gwerth dangos' oedd prif reswm y perchenogion am eu prynu nhw.

Ffynhonnell: addaswyd o'r *Financial Times*, 2.9.2004.

Y galw am *SUVs* a'r cyflenwad

Mae'r galw am *SUVs* wedi gweld twf cadarn. Yn y 10 mlynedd diwethaf mae gwerthiant wedi dyblu, gwerthwyd 80 000 yn 2004 yn unig. Maen nhw'n cyfrif am 6% o'r holl geir newydd a werthir yn y DU. Mae gwneuthurwyr ceir wedi datblygu modelau *SUV* newydd ac mae gan bob un o'r prif werthwyr yn y DU *SUV* i'w gynnig. Mae yna gymhelliad ychwanegol i wneuthurwyr ceir am fod maint yr elw ar *SUVs* yn uwch nag ar gar cyffredin. Mae'n ymddangos bod cwsmeriaid yn llai sensitif i brisiau, gan ystyried eu *SUVs* yn nwyddau moeth y maent yn barod i dalu mwy amdanynt.

Tabl 11.3 Amrediad prisiau SUVs, yn newydd, Tachwedd 2005

Nissan X-trail	£15,000 - £25,000
Toyota Rav 4	£15,240 - £23,171
Mitsubishi Shogun	£9,999 - £28,511
Land Rover Discovery	£25,923 - £46,563
Suzuki Grand Vitara	£8,999 - £15,000

Ffynhonnell: addaswyd o wefan newyddion y BBC, 31.3.2005; *autotrader* yn www.insuresupermarket.com

Treuliant tanwydd

Mae *SUVs* yn tueddu i fod yn wael o ran treulio tanwydd. Mae rhai fersiynau petrol yn gwneud 13.4 milltir y galwyn mewn dinas a 25myg ar drafordd. Mae amgylcheddwyr yn dadlau nad oes angen y gallu 4x4 ar yrwyr *off-roaders*, ond mae pwysau ychwanegol y system gymhleth yn gwneud y cerbydau'n llai effeithlon o ran tanwydd. 'Mae'n sicr o fod yn llai effeithlon oherwydd bod ganddo aerodynameg bricsen a phwysau ychwanegol cadwyn yrru cerbyd pedair olwyn' meddai John Wormaid, o *Autopolis*, yr ymgynghorwyr.

Ffynhonnell: addaswyd o'r *Financial Times*, 2.9.2004.

SUVs a diogelwch

Gall *SUVs* wneud i'w gyrwyr deimlo'n fwy diogel, ond mae ystadegau'n dangos eu bod nhw'n beryglus. Mae data UDA yn awgrymu bod *SUVs* yn gyfrifol am deirgwaith nifer y marwolaethau ar y ffyrdd o'u cymharu â cheir cyffredin mewn damweiniau. Rhan o'r broblem yw eu huchder. Pan fydd plentyn neu oedolyn sy'n cerdded yn cael ei daro gan *SUV*, mae mwy o wrthdrawiad o'r boned uchel ar *SUV* nag sydd gyda char cyffredin â'i foned dipyn yn is. Mae'n waeth pan fydd *SUVs* wedi'u ffitio â 'barrau teirw'. Dyluniwyd y rhain i amddiffyn y cerbyd pe bai mewn gwrthdrawiad â gwartheg neu ddefaid ar lonydd cefn gwlad. Mewn amgylchedd trefol maen nhw'n cynyddu'r gwrthdrawiad ar gerddwyr. Erbyn hyn mae'n anghyfreithlon gwerthu *SUVs* newydd â barrau teirw arnynt, ond gall pobl ddal i'w prynu ar wahân a'u ffitio nhw wedyn.

Ffynhonnell: addaswyd o 4x4s: *A Programme for Change*, gan Norman Baker AS.

Ar hyn o bryd mae'r llywodraeth yn gosod TAW o 17.5% ar bryniant pob car newydd. Mae'r llywodraeth nawr yn bwriadu rhoi treth benodol ychwanegol ar bryniant *SUVs* newydd. Byddai hwn yn swm unffurf, fel £2 000 neu £5 000, ar bob *SUV* beth bynnag yw pris y cerbyd.

1. Amlinellwch DDAU reswm posibl pam y byddai'r llywodraeth yn dymuno cyflwyno treth benodol ar bryniant *SUVs* yn unig.
2. Gan ddefnyddio diagram galw a chyflenwad, eglurwch sut y gallai'r dreth benodol hon effeithio ar bris *SUVs* a'r nifer a brynir ohonynt.
3. Gan ddefnyddio cysyniad elastigedd, trafodwch pa mor uchel y byddai angen i'r dreth fod i achosi gostyngiad sylweddol ym mhryniant *SUVs* gan bobl na fyddent byth yn defnyddio'u cerbydau oddi ar y ffordd.

12 Modelau statig a dynamig o'r farchnad

Crynodeb

1. Mae theorem y we yn fodel dynamig o bennu pris a maint.
2. Mae'n tybio bod cyflenwyr yn seilio'u penderfyniadau ynghylch lefel y cynhyrchu ar y pris a dderbyniwyd yn y cyfnod blaenorol.
3. Gall gweoedd fod yn ddargyfeiriol, yn gydgyfeiriol neu'n sefydlog.
4. Mae theorem y we yn rhagfynegi na fydd marchnadoedd o reidrwydd yn cydgyfeirio i'w cydbwysedd tymor hir.

Modelau statig o'r farchnad

Model lle nad yw amser yn newidyn yw model statig. Dywedir bod amser yn **newidyn alldarddol**, newidyn na chaiff ei bennu o fewn y model. Mae damcaniaeth galw, cyflenwad a phris a amlinellwyd yn uned 6 yn enghraifft o fodel statig.

Fodd bynnag, nodwyd bod tuedd i bobl sy'n defnyddio'r model hwn wneud tybiaeth gudd bod grymoedd y farchnad yn gweithredu fydd yn symud y farchnad o bwynt lle nad yw'r galw yn hafal i'r cyflenwad i safle cytbwys lle mae'r ddau yn hafal. I wneud y dybiaeth hon yn echblyg (*explicit*), byddai angen model **dynamig** mwy cymhleth o bennu pris, model lle mae amser yn **newidyn mewndarddol** (h.y. wedi'i gynnwys yn y model).

Mae economegwyr wedi dyfeisio llawer o fodelau dynamig o'r farchnad, ond yn yr uned hon byddwn yn ystyried un model yn unig o'r fath, sef DAMCANIAETH Y WE.

Tybiaethau model y we

Dyfeisiwyd damcaniaeth y we yn yr 1930au gan economegydd Americanaidd, Mordecai Ezekial, a'i defnyddiodd i geisio egluro pam roedd osgiliadau pris yn y farchnad foch yn Chicago. Rhagdybiodd bod ffermwyr yn seilio'u penderfyniadau ynghylch cyflenwad ar y pris a dderbyniwyd ganddynt yn y cyfnod blaenorol. Yn fathemategol gellir mynegi hyn fel:

$$M_t = f(P_{t-1})$$

Mae hyn yn dweud bod maint y cyflenwad (M_t) yn y cyfnod t yn ffwythiant o'r (h.y. yn amrywio gyda'r) pris a dderbyniwyd (P_{t-1}) yn y cyfnod blaenorol t-1.

Cwestiwn 1

Rhoddir cyflenwad gan yr hafaliad canlynol:

$$M_t = 0.5\,P_{t-1} - 10$$

Yma M_t yw maint y cyflenwad yn y cyfnod t a P_{t-1} yw'r pris yn y cyfnod t-1.

Beth fyddai lefel maint y cyflenwad yn 2001 pe bai'r pris yn 2000 yn:
(a) £60; (b) £100; (c) £300; (d) £250?

Diagram y we

Gellir defnyddio'r farchnad am foron i egluro gweithrediad model y we. Mae'n cymryd amser i blannu a thyfu moron i'w gwerthu ar y farchnad. Oherwydd yr oediad amser hwn, tybir bod ffermwyr o fewn y model yn seilio'u penderfyniadau ynghylch faint o foron i'w tyfu y tymor hwn ar y pris a dderbyniwyd ganddynt y tymor diwethaf. Felly byddai'r cyflenwad yn 2007 yn dibynnu ar y prisiau a dderbyniodd y ffermwyr yn 2006.

Yn Ffigur 12.1 mae'r farchnad mewn cydbwysedd tymor hir pan fo'r pris yn P_0 a'r maint yn M_0. Tybiwn fod pryfed moron yn difetha llawer o'r cnwd ym mlwyddyn 1 a dim ond M_1 sydd ar gael i'w werthu. Bydd defnyddwyr yn talu'r pris P_1 am M_1 o foron (cofiwch fod cromlin y galw yn dangos faint y bydd prynwyr yn ei brynu am unrhyw bris penodol). Ar ddechrau blwyddyn 2 rhaid i ffermwyr benderfynu faint o foron i'w tyfu. Yn ôl theorem y we, byddan nhw'n seilio'u penderfyniadau ar brisiau y llynedd. Felly, a derbyn mai P_1 oedd y pris y llynedd a bod cromlin y cyflenwad yn ddigyfnewid, bydd ffermwyr ym mlwyddyn 2 yn penderfynu tyfu M_2 o foron. Ond pan geisiant eu gwerthu byddant yn gweld nad yw prynwyr yn fodlon prynu M_2 o foron am y pris P_1. Ni all ffermwyr storio moron am lawer o flynyddoedd. Rhaid iddynt eu gwerthu o fewn 12 mis neu eu difetha. Felly bydd yn rhaid i bris moron ostwng i P_2 i glirio'r farchnad o M_2 o foron. Ar ddechrau blwyddyn 3 bydd

Ffigur 12.1 Gwe ddargyfeiriol

Mae cynnyrch yn seiliedig ar y pris a dderbyniwyd yn y cyfnod blaenorol. Felly mae cydbwysedd tymor byr, gan gychwyn ym mhwynt A, yn symud i B, yna i C ac yna i D, gan symud yn raddol i ffwrdd o'r pris cytbwys sefydlog P_0.

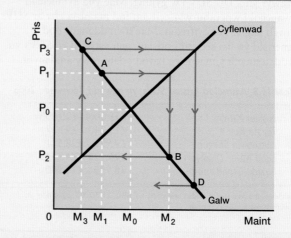

80

ffermwyr yn seilio'u penderfyniad plannu ar y pris isel iawn P_2 a gafwyd y flwyddyn gynt. Byddan nhw felly yn plannu M_3 yn unig o foron ac yn cael eu synnu o'r ochr orau ar ddiwedd y flwyddyn i dderbyn y pris P_3 amdanynt. Ym mlwyddyn 4 bydd plannu moron ar lefel uwch nag yn unrhyw un o'r blynyddoedd blaenorol ac o ganlyniad bydd prisiau'n plymio adeg y cynhaeaf.

Mae'r llwybr a ddangosir yn Ffigur 12.1 o bwynt A trwodd i bwynt D yn dangos marchnad sy'n symud ymhellach ac ymhellach i ffwrdd o'r pris cytbwys tymor hir P_0 a'r maint M_0. Y term a ddefnyddir am hyn yw **gwe ddargyfeiriol** (*divergent*). Ond hefyd gellir cael gweoedd **cydgyfeiriol** (*convergent*) neu **sefydlog**. Dangosir gwe gydgyfeiriol yn Ffigur 12.2.

Yma mae grymoedd y farchnad yn gweithredu i ddychwelyd marchnad i'w chydbwysedd tymor hir lle mae'r galw a'r cyflenwad yn hafal. Mae Ffigur 12.3 yn dangos gwe sefydlog. Mae gan y farchnad gylchredau rheolaidd o brisiau uchel yn cael eu dilyn gan brisiau isel ac nid oes tueddiad i'r farchnad symud yn agosach at y pwynt lle mae'r galw a'r cyflenwad yn hafal nac i symud ymhellach o'r pwynt hwnnw.

Ffigur 12.2 Gwe gydgyfeiriol

Yn achos gwe gydgyfeiriol, mae pris a maint yn symud yn agosach ac yn agosach at y cydbwysedd tymor hir lle mae'r galw'n hafal i'r cyflenwad. Gan ddechrau yn A, mae'r farchnad yn symud i B, yna i C ac yn y blaen.

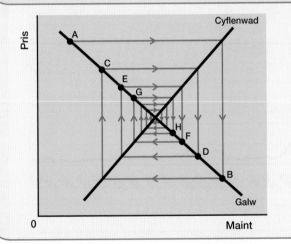

Ffigur 12.3 Gwe sefydlog

Yn achos gwe sefydlog, dydy'r farchnad ddim yn cydgyfeirio tuag at gydbwysedd nac yn symud ymhellach o gydbwysedd dros amser.

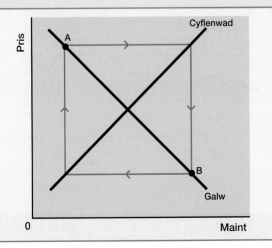

Cwestiwn 2

Rhoddir galw a chyflenwad gan yr hafaliadau:

$$G = 30 - 0.75P_t$$
$$C = P_{t-1} - 10$$

Yma G yw maint y galw, C yw maint y cyflenwad, P yw'r pris a t yw'r cyfnod t.

(a) Lluniadwch gromliniau galw a chyflenwad o fewn yr amrediad maint 0 i 30 a'r amrediad pris 0 i 40.

(b) Fydd yr hafaliadau hyn yn creu gwe gydgyfeiriol, gwe ddargyfeiriol neu we sefydlog?

(c) (i) Lluniadwch ddwy gromlin gyflenwad newydd a fyddai'n gwneud y we yn wahanol i'ch ateb yn (b).
   (ii) Beth fyddai'r hafaliad ar gyfer y naill a'r llall o'r cromliniau cyflenwad newydd?

Realaeth y model

Dydy'r ddamcaniaeth ddim yn awgrymu bod gwe gydgyfeiriol yn fwy tebygol o ddigwydd na gwe ddargyfeiriol neu sefydlog. Ond mae tystiolaeth empirig yn awgrymu nad yw gweoedd dargyfeiriol yn gyffredin. Dydy ffermwyr sy'n gweithredu mewn marchnadoedd rhydd ddim yn seilio'u penderfyniadau plannu ar bris y llynedd yn unig. Pe bydden nhw'n gwneud hynny, bydden nhw'n gweld yn fuan ei fod yn rhagfynegydd gwallus o brisiau cyfredol. Maen nhw'n defnyddio technegau mwy soffistigedig, gan ddefnyddio prisiau'r gorffennol ac amcangyfrifon o gyflenwadau yn y dyfodol gan ffermwyr eraill. Ond mae'r technegau hyn yn annhebygol o arwain at ragfynegi cywir, yn enwedig ag ystyried mympwyon y tywydd a ffactorau eraill sy'n effeithio ar gynnyrch. Mae'n ymddangos bod yna gylchredau ond gan amlaf maen nhw naill ai'n sefydlog neu'n gydgyfeiriol. Beth bynnag, mae llawer o farchnadoedd cynnyrch amaethyddol wedi'u rheoleiddio gan y wladwriaeth mewn gwledydd diwydiannol, o reis yn Japan i wenith yn UDA i gig eidion yn yr Undeb Ewropeaidd. Mae rheoleiddio o'r fath yn difetha unrhyw berthynas we a allai fod yn y marchnadoedd hyn.

Ar wahân i ffermio, mae'n ymddangos bod cylchredau gwe yn digwydd yn bennaf mewn diwydiannau cyfalaf-ddwys iawn. Diwydiannau yw'r rhain fel cemegau, papur a gweithgynhyrchu lledd-ddargludyddion, lle mae rhan sylweddol o'r costau cynhyrchu yn ffatrïoedd a pheiriannau yn hytrach na defnyddiau crai neu lafur. Mae prisiau uchel yn achosi gorfuddsoddi mewn ffatrïoedd a pheiriannau newydd. Mae hynny'n arwain at orgynhyrchu, prisiau'n gostwng a chwtogi ar fuddsoddiant. Bydd prinderau cyflenwad sy'n ganlyniad i hyn yn gwthio prisiau i fyny gan arwain at ehangiad cyflym mewn buddsoddiant. Yna mae'r gylchred yn cychwyn eto.

Termau allweddol

Theorem y we – model dynamig o bennu pris sy'n tybio bod penderfyniadau ynghylch lefel y cynhyrchu yn seiliedig ar y pris a dderbyniwyd yn y cyfnod blaenorol.

Economeg gymhwysol

Y farchnad tanceri olew

Ddechrau'r 1970au roedd y galw am olew yn cynyddu'n gyflym. Roedd y tanwydd yn rhad ac economi'r byd yn ehangu. Golygai'r cynnydd yn y galw fod cynnydd yn y galw am longau i gludo'r olew. Roedd technoleg llongau yn gwella ac yng nghanol yr 1970au gwelwyd cludwyr cargo mawr iawn yn cael eu hadeiladu. Tanceri anferth oedd y rhain a allai gwtogi ar gost gyfartalog cludo olew oherwydd eu maint.

Ddiwedd 1973, fodd bynnag, cododd prisiau olew yn sydyn oherwydd yr embargo Arabaidd ar allforion olew er mwyn cefnogi rhyfel gan yr Aifft a Syria yn erbyn Israel. Daeth y rhyfel i ben yn fuan a dechreuwyd allforio olew eto. Ond sylweddolodd *OPEC*, y cartel olew rhyngwladol, fod ganddo rym aruthrol i wthio prisiau tymor byr i fyny er mantais iddo'i hun. Drwy gyfyngu ar lefel y cynnyrch gallai gadw prisiau'n uchel. Yn ystod gweddill yr 1970au ychydig o gynnydd a fu yn y galw am olew.

Cafodd hyn effaith sylweddol ar y farchnad tanceri olew. Roedd perchenogion llongau wedi archebu'r tanceri olew newydd ar ddechrau'r 1970au oherwydd y cyfraddau da a dalwyd am gludo olew. Arweiniodd argyfwng olew 1973-74 at ostyngiad yn y cyfraddau cludo wrth i danceri newydd ymuno â'r farchnad ond roedd y galw am logi tanceri yn sefydlog. Dyma enghraifft o ran o'r we ar waith. Mae prisiau uchel yn arwain at gynnydd yn y cyflenwad. Ond yna mae gorgyflenwad yn arwain at ostyngiad yn y prisiau. Yn yr achos hwn, gwnaed y gorgyflenwad yn waeth o lawer gan y digwyddiadau gwleidyddol yng nghanol yr 1970au.

Mae Ffigur 12.4 yn dangos sut y newidiodd cyfraddau tanceri yn yr 1980au, yr 1990au a dechrau'r 2000au. Am y rhan fwyaf o'r cyfnod hwn, roedd perchenogion llongau yn hynod wyliadwrus ynghylch archebu tanceri newydd. Yn ystod yr 1980au, fel y mae Ffigur 12.5 yn ei ddangos, roedd gormod o allu cludo yn y farchnad danceri. Erbyn diwedd yr 1980au roedd hyn wedi diflannu. (Sylwer, bydd yna rai tanceri bob amser yn segur am resymau neilltuol yn y farchnad.) Arweiniodd hyn at rywfaint o welliant yn y farchnad adeiladu llongau ar gyfer tanceri newydd. Gwelwyd cynnydd pellach yn y galw am

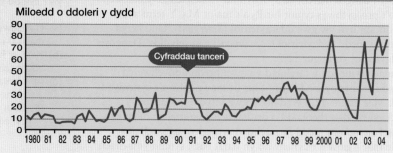

Ffigur 12.4 Cyfraddau tanceri cludo olew

Miloedd o ddoleri y dydd

Cyfraddau tanceri

Ffynhonnell: addaswyd o *Economic Outlook*, OECD.

Ffigur 12.5 Gwarged gallu cludo: tanceri olew segur, yn aros am gontract

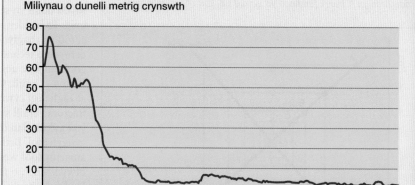

Miliynau o dunelli metrig crynswth

Ffynhonnell: addaswyd o www.iea.org

Ffigur 12.6 Cynhyrchu byd-eang o bob math o longau, gan gynnwys tanceri olew, miliynau o dunelli metrig crynswth

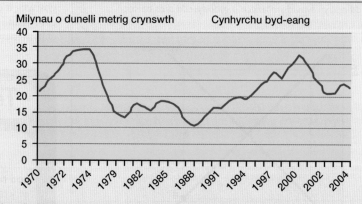

Milynau o dunelli metrig crynswth   Cynhyrchu byd-eang

Ffynhonnell: addaswyd o ssa.org.uk

danceri newydd oherwydd yr angen am longau newydd yn lle'r hen rai a adeiladwyd yn ystod blynyddoedd ffyniannus yr 1970au. Cynyddodd y galw hefyd oherwydd gofynion diogelwch newydd, sef y dylai tanceri olew gael dwy gragen – y naill o fewn y llall – er mwyn atal llif olew petaent yn mynd ar lawr neu'n cael damwain o fath arall. Erbyn rhan gyntaf y 2000au roedd yr iardiau adeiladu llongau yn ffynnu yn sgil archebion newydd am bob math o longau, fel y gwelir yn Ffigur 12.6. Roedd y galw am

olew, ac felly y galw am ei gludo, yn parhau i godi. Ddechrau'r ganrif hon roedd y cynnydd yn y galw yn arbennig o uchel o economïau a oedd yn datblygu yn Nwyrain Asia, fel China. Ond a oedd perchenogion llongau yn rhy optimistaidd? Oedden nhw'n ymddwyn fel y byddai damcaniaeth y we yn ei ragweld – yn archebu gormod o danceri pan oedd pris teithiau yn uchel gan greu gormod o allu cludo erbyn 2010-2015?

Cwestiwn Data

Y gylchred foch

Prisiau cig moch mewn cafn

Mae prisiau moch ar eu lefel isaf ers ugain mlynedd. Ffactorau y tu hwnt i reolaeth ffermwyr sy'n rhannol gyfrifol. O ganlyniad i'r argyfwng yn Asia yn 1998, gostyngodd allforion o Ewrop i'r rhanbarth. Yn yr un flwyddyn, o ganlyniad i argyfwng ariannol Rwsia, bu cwymp sydyn yn yr allforion i Rwsia a brynodd draean o holl allforion moch yr UE yn 1997.

Ond gellir priodoli llawer o'r broblem i'r ffermwyr eu hunain. Yn 1997 ac ar ddechrau 1998 ehangodd cenfeiniau moch yr UE. Roedd hyn yn rhannol yn ymateb i'r achosion o dwymyn y moch yn yr Iseldiroedd. Roedd cystadleuwyr yn gobeithio y gallent lenwi'r bwlch yn y cyflenwad o'r wlad honno.

Hefyd effeithir lawer mwy ar y DU gan dueddiadau cynhyrchu yn Ewrop ac UDA na chynt. Yn 1998 roedd marchnad foch UDA mewn cafn, gyda ffermwyr yn colli llawer o arian ac yn lleihau maint eu cenfeiniau. O ganlyniad i ladd moch diangen, cynyddodd cyflenwad porc yn UDA ac felly mewn marchnadoedd rhyngwladol, gan ostwng prisiau ymhellach. Yn y dyfodol mae'r cylchredau moch yn Ewrop ac UDA yn fwy tebygol o fynd law yn llaw â'i gilydd. O ganlyniad gallai'r gylchred foch fod yn fwy anwadal.

Ffynhonnell: addaswyd o'r *Financial Times*.

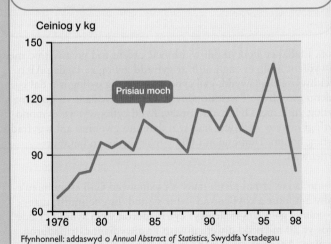

Ffigur 12.7 Prisiau moch

Ceiniog y kg

Prisiau moch

Ffynhonnell: addaswyd o *Annual Abstract of Statistics*, Swyddfa Ystadegau Cenedlaethol.

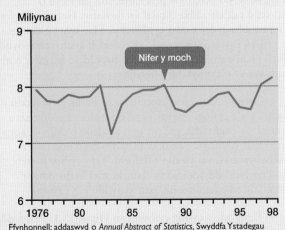

Ffigur 12.8 Cyfanswm y moch ar ffermydd y DU

Miliynau

Nifer y moch

Ffynhonnell: addaswyd o *Annual Abstract of Statistics*, Swyddfa Ystadegau Cenedlaethol.

1. Eglurwch (a) ystyr 'y gylchred foch' a (b) gan ddefnyddio diagramau, beth allai achosi'r gylchred.
2. I ba raddau y mae'r dystiolaeth yn Ffigurau 12.7 a 12.8 yn ategu barn Undeb Cenedlaethol y Ffermwyr bod cylchred foch yn bodoli yn y DU?
3. Fel ffermwr, sut y byddai gwybod am y gylchred foch yn effeithio ar eich penderfyniadau ynghylch magu moch?

Crynodeb

1. Yn y farchnad lafur, pris llafur yw'r cyflog sy'n cael ei dalu i weithwyr. Caiff ei bennu gan y galw am weithwyr a chyflenwad gweithwyr.
2. Mewn marchnadoedd arian, ceir benthyg arian a rhoddir benthyg arian. Pennir pris arian, y gyfradd llog, gan y galw am arian benthyg a'r cyflenwad ohono mewn marchnad arian.
3. Mewn marchnadoedd ariannau tramor, defnyddir un arian cyfred i brynu arian cyfred arall. Caiff pris arian cyfred, fel y bunt, yr ewro neu'r ddoler, ei bennu gan y galw am yr arian cyfred hwnnw a'r cyflenwad ohono ar adeg benodol.

Marchnadoedd gwahanol

Yn unedau 4-12 defnyddiwyd model galw a chyflenwad i egluro gweithrediad marchnadoedd nwyddau. Mewn economeg defnyddir y term 'nwyddau' i ddisgrifio nwyddau a gwasanaethau – popeth o ddur a glo i setiau teledu i wyliau a bwyta allan. Ond gall model galw a chyflenwad gael ei ddefnyddio hefyd i egluro gweithrediad marchnadoedd eraill, fel marchnadoedd ffactorau, marchnadoedd arian a marchnadoedd cyfraddau cyfnewid.

Marchnadoedd ffactorau

Y **ffactorau cynhyrchu** yw tir, llafur, cyfalaf a menter (☞ uned 2). Gall y ffactorau hyn naill ai gael eu prynu a'u gwerthu neu eu llogi. Gall tir, er enghraifft, gael ei **rentu**. Gall llafur gael ei **gyflogi** am gyflog. Grymoedd galw a chyflenwad yn y marchnadoedd hyn sy'n pennu'r pris cytbwys. Ystyriwn y farchnad lafur fel enghraifft.

Cromlin y galw Mae cromlin y galw am lafur yn goleddu i lawr, a hynny am fod gan gyflogwyr lai o alw am lafur wrth i'w bris godi. Dyma un rheswm: po uchaf yw pris llafur, mwyaf i gyd o gymhelliad sydd i ddefnyddio cyfalaf yn lle llafur. Hefyd po uchaf yw'r cyflog, uchaf i gyd yw cost cynhyrchu. Mae hyn yn debygol o arwain at brisiau uwch am y nwydd sy'n cael ei gynhyrchu. Bydd prisiau uwch yn arwain at lai o alw am y nwydd ac felly llai o alw am y gweithwyr sy'n cynhyrchu'r nwydd.

Cromlin y cyflenwad Mae cromlin cyflenwad llafur yn goleddu i fyny. Po uchaf yw'r cyflog, mwyaf i gyd o weithwyr sydd eisiau cael eu cyflogi. Er enghraifft, gallent gael eu denu o ddiwydiannau eraill. Efallai nad ydynt yn gweithio ar hyn o bryd ond mae'r cyflogau uchel yn eu denu yn ôl i'r llafurlu. Yn y tymor hirach, efallai y gall newydd-ddyfodiaid i'r llafurlu gael hyfforddiant i weithio yn yr alwedigaeth honno, gan gynyddu'r cyflenwad.

Cydbwysedd Dangosir y cyflog cytbwys yn Ffigur 13.1. Pan fydd y galw yn hafal i'r cyflenwad, y gyfradd gyflog yw OA a lefel cyflogaeth yw OB.

Goralw a gorgyflenwad Os ydy'r gyfradd gyflog yn wahanol i hyn, bydd grymoedd y farchnad yn gweithredu i ddychwelyd y farchnad i gydbwysedd. Er enghraifft, tybiwch fod y gyfradd gyflog yn OF, sy'n uwch na'r gyfradd gyflog cytbwys OH yn Ffigur 13.2. Mae gorgyflenwad o lafur i'r farchnad, sef AB. Mae swyddi gan rai gweithwyr, OA. Ond mae AB o weithwyr eisiau swydd ond heb gael eu cyflogi yn y farchnad

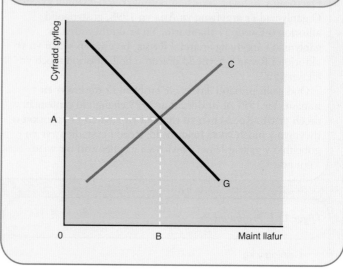

Ffigur 13.1 Y galw am lafur a chyflenwad llafur
Mae'r gyfradd gyflog gytbwys OA mewn marchnad lafur yn cael ei phennu gan rymoedd galw a chyflenwad. Mewn cydbwysedd, OB o lafur yw'r galw a'r cyflenwad.

hon. Efallai eu bod yn ddi-waith neu gallent fod yn gweithio mewn diwydiant arall, er enghraifft ar gyfradd gyflog is. Gydag AB o weithwyr eisiau swydd, gall cyflogwyr gynnig cyflog is a dal i ddenu gweithwyr i weithio iddynt. Ond os byddant yn gostwng y cyflog yn is nag OH, bydd goralw. Bydd cyflogwyr yn dymuno cyflogi mwy o weithwyr nag sy'n dymuno gweithio am y gyfradd gyflog honno. Dim ond am OH y mae'r galw yn hafal i'r cyflenwad.

Symudiadau cromliniau'r galw a'r cyflenwad Gall cromliniau'r galw am lafur a chyflenwad llafur symud. Er enghraifft, mae cromlin y galw am raglenwyr cyfrifiaduron wedi symud i'r dde dros yr 20 mlynedd diwethaf wrth i'r diwydiant cyfrifiaduron ehangu. Am unrhyw gyfradd gyflog benodol, mae galw am fwy o raglenwyr cyfrifiaduron nawr. Gall cynnydd sylweddol yn nifer y gweithwyr sy'n ymuno â'r gweithlu symud cromlin cyflenwad llafur i'r dde. Mewn llawer o wledydd y Trydydd Byd mae cyfraddau genedigaethau uchel iawn wedi achosi i fwyfwy o weithwyr ifanc ymuno â'r gweithlu.

Elastigedd Mae elastigedd galw a chyflenwad yn effeithio ar y modd y bydd symudiadau mewn galw a chyflenwad yn newid y cyflog cytbwys a lefel cyflogaeth. Er enghraifft, os ydy cyflenwad

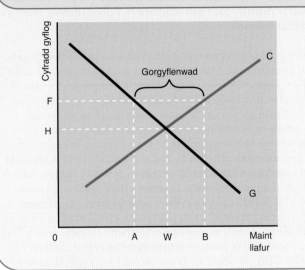

Ffigur 13.2 Anghydbwysedd yn y farchnad lafur
Os ydy'r cyflog yn OF, mae anghydbwysedd yn y farchnad lafur am fod gorgyflenwad o lafur. Bydd cyflogau'n cael eu gostwng i'r cyflog cytbwys OH.

llafur yn anelastig iawn, bydd cynnydd yn y galw, a ddangosir gan gromlin y galw yn symud i'r dde, yn achosi cynnydd mawr mewn cyflogau ond cynnydd bach yn unig mewn cyflogaeth. Os ydy'r galw am lafur yn elastig iawn, bydd cynnydd yng nghyflenwad llafur yn gostwng cyflogau ychydig yn unig ond bydd cynnydd mawr mewn cyflogaeth.

Amherffeithrwydd y farchnad Nid yw'r rhan fwyaf o farchnadoedd llafur yn berffaith rydd. Er enghraifft, mae undebau llafur yn ceisio cyfyngu ar gyflenwad llafur, mae deddfwriaeth lleiafswm cyflog yn atal cwmnïau rhag talu llai na chyflog penodol, a rhai cyflogwyr yw unig gyflogwyr mathau penodol o weithwyr. Gall y rhain effeithio ar y ffyrdd y bydd grymoedd galw a chyflenwad yn pennu cyflogau.

Marchnadoedd arian

Gellir cael benthyg arian a rhoi benthyg arian. Pris arian yw'r gyfradd llog a godir ar y cael benthyg a'r rhoi benthyg. Mae nifer mawr o farchnadoedd arian gwahanol ac mae gan bob un ei chyfradd llog ei hun. Er enghraifft, yn y farchnad forgeisiau y rhai sy'n cael benthyg yw unigolion sydd eisiau prynu cartref a'r rhai sy'n rhoi benthyg yw banciau a chymdeithasau adeiladu.

Cromlin y galw Mae cromlin y galw am arian benthyg yn goleddu i lawr. Er enghraifft, po uchaf yw'r gyfradd llog, uchaf i gyd yw cost yr ad-daliadau misol ar forgais. Felly mae cyfraddau llog uwch yn golygu na all rhai benthycwyr posibl fforddio'r ad-daliadau, tra bydd eraill yn dewis peidio â chael benthyg am eu bod yn credu bod y gost nawr yn rhy uchel. Mae hynny'n perswadio rhai prynwyr posibl o dai i gadw draw o'r farchnad, caiff llai o dai eu prynu a'u gwerthu a chaiff llai o forgeisiau eu codi.

Cromlin y cyflenwad Mae cromlin cyflenwad arian benthyg yn goleddu i fyny. Er enghraifft, po uchaf yw'r gyfradd llog yn y farchnad forgeisiau, â phopeth arall yn gyfartal, mwyaf proffidiol yw hi i sefydliadau benthyca roi benthyg i ddarpar brynwyr tai yn hytrach na rhoi benthyciadau busnes neu fenthyciadau personol.

Cwestiwn 1

Roedd nifer y swyddi ar gyfer pobl sy'n ymadael â'r brifysgol i fyny 11.3% yr haf hwn o'i gymharu â'r cyfanswm y llynedd, yn ôl Cymdeithas Recriwtwyr Graddedigion. Er bod nifer y graddedigion yn cynyddu, roedd yn dal i olygu bod nifer cyfartalog yr ymgeiswyr am bob swydd wag wedi gostwng o 37.6 i 32.9.

Mae Cymdeithas Recriwtwyr Graddedigion yn cynrychioli rhai o'r cyflogwyr mwyaf yn y sector preifat a'r sector cyhoeddus. Gwelodd fod y cyflog cychwynnol cyfartalog ar gyfer swyddi gyda'i chyflogwyr wedi codi o £21 000 yn 2004 i £22 000 yn 2005, cynnydd o 4.8% sy'n uwch na chwyddiant.

Mae rhai o'r swyddi gwag lle nad oedd digon o ymgeiswyr i'w cael mewn cyfrifeg a gwasanaethau proffesiynol lle mae twf rhyngwladol yn y galw am staff. Yn y sectorau hyn y cafwyd rhai o'r codiadau cyflymaf yng nghyflogau graddedigion.

Mae cyflogau cychwynnol ar eu huchaf yn Llundain, gyda chyfartaledd o £36 500. Maent ar eu hisaf yng Ngogledd Iwerddon gyda chyfartaledd o £18 500. Ar gyfer yr arolwg a gynhaliwyd gan Gymdeithas Recriwtwyr Graddedigion cafodd 45% o swyddi newydd i raddedigion eu cynnig yn Llundain.

Ffynhonnell: addaswyd o'r Financial Times, 17.7.2005.

(a) Gan ddefnyddio diagram galw a chyflenwad, eglurwch pam y cododd cyflog cychwynnol cyfartalog y graddedigion yn yr arolwg o £21 000 yn 2004 i £22 000 yn 2005.

(b) Eglurwch pam 'y cafwyd rhai o'r codiadau cyflymaf yng nghyflogau graddedigion' mewn cyfrifeg a gwasanaethau proffesiynol.

Pris cytbwys Yn Ffigur 13.3 y pris cytbwys neu'r gyfradd llog lle mae'r galw yn hafal i'r cyflenwad yw OA. Os oes goralw am forgeisiau, bydd banciau a chymdeithasau adeiladu yn symud arian o farchnadoedd arian eraill. Hefyd bydd sefydliadau sy'n newydd o ran rhoi benthyg morgeisiau yn cael eu denu i'r farchnad, gan gynyddu'r cyflenwad. Os oes gorgyflenwad, bydd banciau a chymdeithasau adeiladu yn symud arian allan o'r farchnad

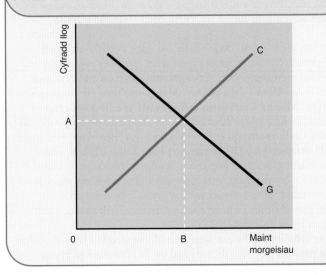

Figur 13.3 Marchnadoedd arian
Pris arian yw'r gyfradd llog. Yn y farchnad am forgeisiau, y gyfradd llog gytbwys yw'r gyfradd lle mae'r galw am forgeisiau yn hafal i'r cyflenwad, sef OA.

Cwestiwn 2

Cynyddodd benthyca morgeisiau yn ystod y mis diwethaf, wedi'i hybu gan y gostyngiad o chwarter y cant yng nghyfraddau llog gan Fanc Lloegr. Cynyddodd gwerth benthyca newydd ar gyfer prynu tai 6% i £12.5 biliwn. Meddai Adrian Cole, cyfarwyddwr cyffredinol Cymdeithas y Cymdeithasau Adeiladu, a nododd hefyd gynnydd mewn benthyciadau net a morgeisiau a gymeradwywyd: 'Mae rhoi benthyg wedi sefydlogi.... Mae'n ymddangos bod y siawns o gael cwymp yn y farchnad dai erbyn hyn yn llai byth; mae'r gostyngiad yng nghyfraddau llog yn Awst wedi helpu i ddileu unrhyw feddyliau diflas ymhlith perchenogion tai.'

Ffynhonnell: addaswyd o'r *Financial Times*, 21.9.2005.

(a) Gan ddefnyddio diagram cromlin alw, eglurwch pam o bosibl y 'cynyddodd benthyca morgeisiau yn ystod y mis diwethaf, wedi'i hybu gan y gostyngiad o chwarter y cant yng nghyfraddau llog gan Fanc Lloegr'.

(b) Pe bai Banc Lloegr yn cynyddu ei gyfraddau llog, eglurwch yr hyn y byddech yn disgwyl i ddigwydd o ran rhoi benthyg morgeisiau.

forgeisiau i farchnadoedd arian eraill. Efallai y bydd rhai sefydliadau sy'n rhoi benthyg morgeisiau yn ymadael â'r farchnad am na allant wneud digon o fusnes gydag elw.

Elastigeddau Mae elastigeddau'n amrywio o farchnad i farchnad. Er enghraifft, mae cyflenwad arian i'r farchnad forgeisiau yn gymharol elastig. Gall banciau a chymdeithasau adeiladu symud arian yn hawdd o farchnadoedd arian eraill i'r farchnad forgeisiau os gallant ennill cyfraddau llog uwch yn y farchnad forgeisiau. Mae elastigedd y galw am forgeisiau yn fwy anodd i'w amcangyfrif. Fodd bynnag, os ydy elastigedd cyflenwad yn elastig, pan fydd ymchwydd (*boom*) tai bydd cynnydd mawr mewn rhoi benthyg morgeisiau heb fawr ddim o effaith ar gyfraddau llog morgeisiau. Dydy cyflenwad cyllid morgais ddim yn gyfyngiad ar brynu tai.

Marchnadoedd ariannau tramor

Gall arian gael ei brynu a'i werthu am ariannau cyfred eraill (mathau eraill o arian). Felly gellir prynu doleri ag ien, ewros â phunnoedd a rwblau â phesos. Defnyddir y term CYFRADD CYFNEWID am y pris ar gyfer prynu un arian cyfred ag arian cyfred arall. Pennir y pris hwn gan y galw am ariannau cyfred a'r cyflenwad ohonynt mewn marchnadoedd ariannau tramor.

Galw am arian cyfred Daw'r galw am arian cyfred o dair prif ffynhonnell. Mae rhai eisiau prynu arian cyfred er mwyn talu am nwyddau a gwasanaethau. Er enghraifft, gallai cwmni Prydeinig brynu doleri UDA i dalu am nwyddau y mae'n eu prynu gan gwmni yn UDA. Mae galw am arian cyfred hefyd at ddibenion cynilo a buddsoddi. Er enghraifft, gallai *Nissan* ddymuno prynu punnoedd sterling i gyllido ehangu ei ffatrïoedd ceir ym Mhrydain. Neu gallai cronfa bensiwn yn y DU ddymuno prynu doleri UDA er mwyn manteisio ar gyfraddau llog uwch ar adneuon banc yn yr Unol Daleithiau. Yn drydydd, mae galw am arian cyfred am resymau hapfasnachol. Mae masnachwyr yn prynu a gwerthu ariannau cyfred gan obeithio gwneud elw ar y gwahaniaeth rhwng y pris prynu a'r pris gwerthu.

Mae cromlin y galw am arian cyfred yn goleddu i lawr. Po uchaf yw pris arian cyfred, drutaf i gyd yw hi i dramorwyr brynu nwyddau a gwasanaethau ac felly llai o alw sydd am yr arian cyfred.

Cyflenwad arian cyfred Daw cyflenwad arian cyfred o'r sawl sy'n dymuno prynu nwyddau a gwasanaethau gwledydd tramor, cynilwyr a buddsoddwyr sy'n dymuno buddsoddi dramor a hapfasnachwyr ariannau cyfred. Mae cromlin gyflenwad arian cyfred yn goleddu i fyny. Po uchaf yw pris arian cyfred, rhataf i gyd yw hi i fusnesau ac unigolion brynu nwyddau gan dramorwyr. Felly, cyflenwir mwy o'r arian cyfred mewnol.

Pris cytbwys Mae pris cytbwys arian cyfred i'w gael lle mae'r galw yn hafal i'r cyflenwad. Mae pris cytbwys ariannau cyfred fel doler UDA a ien Japan yn newid yn gyson am fod eu prisiau yn cael eu pennu gan farchnadoedd rhydd lle mae masnachu o eiliad i eiliad. Mae cromliniau galw a chyflenwad ariannau cyfred yn symud drwy'r amser, yn bennaf oherwydd hapfasnachu. Ond nid yw hynny'n wir am bob arian cyfred. O fewn yr ewro, er enghraifft, cafodd pris ariannau cyfred ei bennu ar 1 Ionawr 1999. Cytunodd banciau canolog gwledydd ardal yr ewro i gyflenwi unrhyw faint o'u harian cyfred am unrhyw un o ariannau cyfred eraill yr ewro am bris penodol. Roedd cromlin gyflenwad un o ariannau cyfred yr ewro ar gyfer ei gyfnewid ag un o ariannau cyfred eraill yr ewro yn berffaith elastig ac felly ni newidiai ei bris wrth i'r galw newid. Fodd bynnag, roedd pris yr ewro yn erbyn ariannau cyfred eraill fel y bunt neu ddoler UDA yn newid yn gyson yn unol â grymoedd galw a chyflenwad.

Cwestiwn 3

Gostyngodd y bunt i $1.76 ddoe, y lefel isaf ers 13 mis mewn perthynas â'r ddoler, oherwydd pryderu ynghylch cyfraddau llog yn gostwng a'r economi'n gwanhau. Y ffactor uniongyrchol a achosodd y gostyngiad fu newid yn y disgwyliadau ynghylch beth fydd yn digwydd i gyfraddau llog y DU. Erbyn hyn disgwylir i Fanc Lloegr ostwng ei gyfradd llog swyddogol o 4.75% i 4.5% y mis hwn. Yna bydd gostyngiad yng nghyfradd llog Banc Lloegr yn achosi gostyngiad mewn amrywiaeth eang o gyfraddau llog yn economi'r DU.

Mae pryderon hefyd ynghylch y cynnydd yn niffyg masnach y DU. Mae mewnforion nwyddau yn cynyddu'n gyflymach nag allforion. Er gwaethaf economi sy'n gwanhau, mae defnyddwyr a busnesau y DU wedi dangos awydd gynyddol i brynu nwyddau gan wledydd tramor. Mewn cyferbyniad â hynny, mae Ewrop, prif bartner masnachu y DU, wedi cael twf isel ers tipyn. Dywedodd Ian McCafferty, prif economegydd Cydffederasiwn Diwydiant Prydain (*CBI*), corff cyflogwyr, fod galw gwan yn Ewrop 'yn ei gwneud hi'n anodd gwerthu yn y marchnadoedd hynny'.

Ffynhonnell: addaswyd o'r *Financial Times*, 5.7.2005.

(a) 'Mae'r gyfradd cyfnewid yn bris.' Eglurwch ystyr hyn, gan enghreifftio eich ateb o'r data.

(b) Pam y gallai 'disgwyliadau ynghylch beth fydd yn digwydd i gyfraddau llog y DU' effeithio ar werth y bunt?

(c) Pam y gallai 'mewnforion nwyddau yn cynyddu'n gyflymach nag allforion' arwain at ostyngiad yng ngwerth y bunt?

Termau allweddol

Cyfradd cyfnewid – y pris ar gyfer cyfnewid un arian cyfred am arian cyfred arall.

Economeg gymhwysol

Cyflogau merched

Mae ystadegau yn dangos bod merched yn ennill llai ar gyfartaledd na dynion. Mewn gwaith ymchwil a wnaed gan Ysgol Economeg Llundain ac a gyhoeddwyd yn 2000, cymharwyd cyflogau merched yn ystod eu hoes â chyflogau dynion. Mae Tabl 13.1 yn dangos bod y bwlch yn ystod eu hoes, o dan wahanol amgylchiadau, yn amrywio o £143 000 i £482 000. Mae nifer o resymau gwahanol pam y mae merched yn ennill llai na dynion ar gyfartaledd, ac mae'r rhan fwyaf ohonynt yn gysylltiedig â rôl draddodiadol merched o fagu plant.

Un rheswm yw bod merched, wrth gymryd toriad yn eu gyrfaoedd i fagu plant, yn colli hyfforddiant, sgiliau a phrofiad. Hefyd, bydd hynny'n digwydd ar oedran pan fydd gweithwyr fwyaf tebygol o gael dyrchafiad. Pan ddaw merched yn ôl i'r gwaith, maent yn aml yn gorfod ailddechrau ar waelod yr ysgol o fewn eu maes dewisol. Yn waeth na hynny, efallai na fyddant yn gallu cael swydd yn eu galwedigaeth flaenorol a bydd yn rhaid iddynt ddechrau eto mewn gyrfa wahanol. Mae colli sgiliau a phrofiad yn effeithio ar y galw am weithwyr sy'n ferched. Po fwyaf yw'r golled, mwyaf amharod y bydd cyflogwyr i dalu am y gweithiwr.

Agwedd arall ar gyflogi merched yw bod y rhai sy'n gofalu am blant yn aml yn cymryd gwaith rhan amser.

Tabl 13.2 Cyflogaeth yn ôl galwedigaeth: Prydain, 2004

	Gweithwyr cyflogedig a hunangyflogedig			
	Merched		Dynion	
	miliynau	% o'r alwedigaeth	miliynau	% o'r alwedigaeth
Gwasanaethau personol	1.8	84	0.3	16
Gweinyddol ac ysgrifenyddol	2.7	80	0.7	20
Gwerthu a gwasanaethau i gwsmeriaid	1.5	69	0.7	31
Cyswllt â gwaith proffesiynol a thechnegol	1.8	48	2.0	52
Elfennol	1.5	46	1.7	54
Proffesiynol	1.4	42	2.0	58
Rheolwyr ac uwch swyddogion	1.3	33	2.7	67
Prosesu, gweithredwyr offer a pheiriannau	0.3	15	1.7	85
Crefftau	0.2	8	2.8	92
Pob galwedigaeth	12.5	46	14.5	54

Sylwer: Efallai na fydd y cyfansymiau yn ystyrlon oherwydd talgrynnu.
Ffynhonnell: addaswyd o *Labour Force Survey*, Swyddfa Ystadegau Cenedlaethol.

Tabl 13.1 Y bwlch mewn cyflogau

	Mrs Anfedrus - wedi ymadael â'r ysgol heb gymwysterau, e.e. yn gweithio fel merch siop.	Mrs Lled Fedrus – mae ganddi TGAU ac mae'n gweithio mewn swydd glerigol, e.e. fel ysgrifenyddes.	Mrs Tra Medrus – mae ganddi radd ac mae'n weithiwr proffesiynol, e.e. athrawes.
Maint fforffed y ferch – faint yn llai y byddai'r ferch yn ei ennill yn ystod ei hoes na dyn â chymwysterau tebyg, hyd yn oed pe na bai ganddi blant.	£197 000	£241 000	£143 000
	Priodi'n 21 oed a chael ei phlentyn cyntaf yn 23 oed a'r ail yn 26. Cymryd toriad o 9 mlynedd o'r farchnad lafur a gweithio'n rhan amser am gyfnod pellach o 26 o flynyddoedd.	Priodi'n 26 oed a chael ei phlentyn cyntaf yn 28 oed a'r ail yn 31. Cymryd toriad o ddwy flynedd yn unig a gweithio'n rhan amser am gyfnod pellach o 12 mlynedd.	Priodi'n 28 oed a chael ei phlentyn cyntaf yn 30 oed a'r ail yn 33. Gweithio'n rhan amser am flwyddyn ac yna'n amser llawn am weddill ei hoes waith.
Bwlch y fam – faint yn llai y byddai'r ferch yn ei ennill yn ystod ei hoes na merch â chymwysterau tebyg ond heb blant.	£285 000	£140 000	£19 000
Bwlch y rhiant – faint yn llai y byddai'r ferch yn ei ennill na dyn â chymwysterau tebyg, h.y. fforffed y ferch a bwlch y fam gyda'i gilydd.	£482 000	£381 000	£162 000

Ffynhonnell: addaswyd o *The Guardian*.

Yn ystod gwanwyn 2005 roedd 5.6 miliwn o weithwyr rhan amser yn ferched o'i gymharu ag 1.7 miliwn o weithwyr rhan amser oedd yn ddynion.

Roedd gwaith rhan amser yn gyfrifol am 44% o holl swyddi merched ond dim ond 11% ar gyfer dynion. Mae merched nid yn unig yn colli cyflog am eu bod yn gweithio'n rhan amser yn hytrach nag yn amser llawn ond hefyd am fod swyddi rhan amser yn tueddu i fod ar haenau is y strwythur gwaith. Ffactor sy'n ymwneud â galw yw hwn eto. Mae cyflogwyr yn amharod i gynnig gwell swyddi i weithwyr rhan amser oherwydd y canfyddiad mai dim ond gweithwyr amser llawn all wneud swyddi o'r fath.

Y drydedd broblem sy'n wynebu merched yw bod swyddi merched ar y cyfan mewn diwydiannau neu alwedigaethau sy'n talu cyflogau isel. Er enghraifft, mae bron pob ysgrifenyddes yn ferch, ond ni chaiff ysgrifenyddesau eu talu'n arbennig o dda ar gyfartaledd.

Mae Tabl 13.2 yn dangos pa mor anghyfartal y mae dynion a merched wedi'u dosbarthu mewn nifer o alwedigaethau. Gellid dadlau mai ffactor ochr-gyflenwad yw hwn. Mae nifer anghyfartal o ferched yn cael eu denu i 'swyddi merched' sy'n digwydd talu cyflogau is na 'swyddi dynion' nodweddiadol. Ar y llaw arall, gallai fod yn enghraifft o wahaniaethu. Mae cyflogwyr yn cynnig cyflogau is am y swyddi hynny lle credant y bydd y rhan fwyaf o'r gweithwyr yn ferched.

Mae Tabl 13.1 yn dangos bod merched anfedrus yn colli mwy o enillion na merched tra medrus. Mae merched tra medrus yn llai tebygol o gael eu dal mewn swyddi i ferched yn bennaf ar gyflogau is. Er hynny, maen nhw'n dal yn debygol o ddioddef rhywfaint o wahaniaethu. Mae magu plant yn effeithio ar ferched anfedrus fwyaf am eu bod yn fwy tebygol o gymryd toriad i fagu plant ac yna'n fwy tebygol o fod yn weithwyr rhan amser.

Cwestiwn Data

Recriwtio mewn gwahanol farchnadoedd

Mae nifer y bobl sy'n gweithio wedi cyrraedd y lefelau uchaf erioed tra bo diweithdra wedi disgyn i lefelau nas gwelwyd ers yr 1960au. Nid yw'n syndod felly bod prinder sgiliau mewn nifer o ddiwydiannau. Yn y diwydiant adeiladu, er enghraifft, mae'r llyfrau archebion yn llawn gyda nifer mawr o brojectau yn y sector cyhoeddus i adeiladu ysbytai, ysgolion a ffyrdd newydd yn ychwanegu at alw mawr yn y sector preifat. Meddai Roberts Leslie, cyfarwyddwr datblygu busnes *Robertson Construction* ar gyfer rhanbarth dwyrain yr Alban: 'Yn syml, nid oes gennym ddigon o grefftwyr ar gyfer y projectau yma ac ni allwn hyfforddi digon o bobl ifanc yn y tymor byr i ateb y gofyn. Nid yw'n bosibl recriwtio crefftwyr o ardaloedd eraill yn y DU chwaith gan fod yr un broblem yn wynebu'r diwydiant adeiladu ledled y wlad.' Yn Ninas Llundain, bu twf cadarn mewn swyddi yn y sector gwasanaethau ariannol. Yn ôl y Ganolfan Ymchwil Economaidd a Busnes, mae'r cynnydd mewn trafodion ariannol, fel dyroddiadau newydd a chydsoddiadau, wedi ysgogi ymgyrch recriwtio.

Er hynny, mae'r cynnydd mewn cyflogau yn gymharol isel ar gyfartaledd, o ystyried cyfradd cynnydd isel ym mhrisiau nwyddau a gwasanaethau ar draws yr economi. Mae Mervyn King, rheolwr Banc Lloegr, wedi awgrymu y gallai hyn fod yn rhannol oherwydd gallu cyflogwyr i recriwtio o wledydd tramor. Y llynedd rhoddwyd hwb pellach i hyn wrth i nifer o wladwriaethau Dwyrain Ewrop, fel Gwlad Pwyl a Latvia, ymuno â'r Undeb Ewropeaidd. Mae gan weithwyr o'r gwledydd hyn sy'n talu cyflogau isel hawl awtomatig o dan gyfraith yr UE i weithio unrhyw le yn yr UE, gan gynnwys y DU. Mae gan gyflogwyr Prydain felly farchnad lafur anferth i dynnu ohoni. Yn Llundain mae tua hanner y gweithlu yn y diwydiant lletygarwch – gwestai, tai bwyta, barrau a chaffis – yn weithwyr o'r tu allan i'r DU.

Mae yna gyfyngiadau, fodd bynnag, i recriwtio o wledydd tramor. Mae'n weddol hawdd dod o hyd i weithiwr adeiladu o Wlad Pwyl neu lanhawr gwestai o Estonia. Ond mae angen gweithwyr tra medrus ar gyflogwyr fel y rhai yn Ninas Llundain. Gall cyflogwyr o'r fath ddisgwyl gorfod talu codiadau cyflog uwch na'r cyfartaledd i ddenu'r ymgeiswyr priodol am swyddi.

Ffynhonnell: addaswyd o'r *Financial Times*, 27.6.2005.

1. Gan ddefnyddio diagram galw a chyflenwad, eglurwch (a) pam y gallai ffyniant gwaith a 'llyfrau archebion llawn' yn y diwydiant adeiladu arwain at gynnydd yng nghyfraddau cyflog gweithwyr adeiladu; (b) pam y gallai recriwtio o wledydd tramor gyfyngu ar godiadau cyflog.

2. Dadansoddwch pam y gallai codiadau cyflog yn y diwydiant adeiladu fod yn is na'r codiadau cyflog mewn swyddi ariannol yn Ninas Llundain.

3. Trafodwch a fyddai gweithwyr â dinasyddiaeth y DU mewn gwell sefyllfa neu waeth sefyllfa oherwydd rhyddid llafur i symud ar draws yr Undeb Ewropeaidd.

14 Marchnadoedd rhyngwladol

Crynodeb

1. Os oes gan un wlad gostau cynhyrchu is na gwlad arall ar gyfer nwydd, dywedir bod ganddi fantais absoliwt mewn cynhyrchu'r nwydd hwnnw.

2. Bydd masnach ryngwladol yn digwydd hyd yn oed os nad oes gan wlad fantais absoliwt mewn cynhyrchu unrhyw nwydd. Cyhyd â bod ganddi fantais gymharol mewn cynhyrchu un nwydd, bydd masnach ryngwladol yn fanteisiol.

3. Bydd costau cludiant yn cyfyngu ar unrhyw enillion lles o fasnach ryngwladol. Fodd bynnag, bydd darbodion maint mewn cynhyrchu yn cynyddu'r enillion o fasnach.

4. Bydd telerau masnach (cymhareb prisiau allforion i brisiau mewnforion) yn pennu a fydd masnach yn fanteisiol i wlad.

5. Credai David Ricardo fod mantais gymharol yn bodoli oherwydd gwahaniaethau o ran costau llafur rhwng gwledydd. Ym model Heckscher-Ohlin caiff mantais gymharol ei hegluro gan wahaniaethau o ran gwaddoliadau ffactorau.

6. Mae damcaniaeth mantais gymharol yn dadlau bod masnach ryngwladol yn digwydd oherwydd gwahaniaethau ym mhris cynhyrchion. Fodd bynnag, mae llawer o fasnach y byd yn ganlyniad i gystadleuaeth rhwng gwledydd nad yw'n ymwneud â phris. Dyluniad, dibynadwyaeth, argaeledd a delwedd yw rhai o'r ffactorau sy'n pennu pryniant nwyddau tramor.

7. Yn namcaniaeth tebygrwydd dewisiadau, dadleuir bod masnach yn digwydd am fod defnyddwyr yn mynnu mwy o ddewis nag y gall cynhyrchwyr mewnol ei ddarparu.

Masnach ryngwladol

Caiff llawer o nwyddau a gwasanaethau eu masnachu'n rhyngwladol. Er enghraifft, mae yna farchnadoedd rhyngwladol mewn olew, ceir ac yswiriant. Mae nifer o resymau pam mae masnach ryngwladol yn digwydd.

Argaeledd Mae rhai nwyddau na ellir eu cynhyrchu ond mewn lleoliadau penodol yn y byd. Er enghraifft, mae llawer iawn o olew yn Saudi Arabia ond nid oes unrhyw gronfeydd olew hysbys yn Japan. Mae ffrwythau fel bananas yn drofannol ac felly ni chânt eu tyfu yn y DU.

Pris Gall rhai gwledydd gynhyrchu nwyddau am gost gymharol ratach na gwledydd eraill. Efallai bod hyn oherwydd argaeledd adnoddau naturiol, sgiliau'r gweithlu neu ansawdd y cyfalaf ffisegol yn yr economi. Mae llawer o weddill yr uned hon yn egluro hyn yn fwy manwl.

Gwahaniaethu cynnyrch Mae llawer o nwyddau sy'n cael eu masnachu yn debyg ond nid yn unfath. Er enghraifft, mae car bach cefn codi gan un gwneuthurwr ceir yn debyg iawn i'r hyn sydd gan wneuthurwr arall. Er enghraifft, bydd ganddo bedair olwyn, pedair sedd a motor. Ond mae'r gwahaniaethau yn golygu y bydd rhai defnyddwyr mewn un wlad eisiau prynu car sy'n cael ei wneud mewn gwlad arall, hyd yn oed os oes ceir a gynhyrchwyd yn fewnol ar gael am yr un pris yn union. Mae masnach ryngwladol yn rhoi dewis llawer ehangach i ddefnyddwyr ynghylch y cynnyrch a brynant. Gall yr un nwyddau neu wasanaethau sylfaenol fod yn wahanol mewn amrywiaeth eang o ffyrdd. Gallai'r rhagofynion (specifications) fod ychydig yn wahanol. Efallai bod cytundebau gwahanol ar gael ynghylch cyllid. Gall amserau dosbarthu amrywio. Efallai bod un cynnyrch â gwell ansawdd nag un arall. Caiff llawer o fasnach y byd ei yrru gan gyfuniad o'r ffactorau hyn.

Datblygodd economegwyr yn y 18fed ganrif a'r 19eg ganrif ddamcaniaethau ynghylch pam roedd gwahaniaethau mewn costau yn arwain at fasnach ryngwladol. Mae'r damcaniaethau hyn, a ystyriwn yma, yr un mor berthnasol heddiw ag y buon nhw bryd hynny.

Mantais absoliwt

Yn ei enghraifft enwog o ffatri gwneud pinnau, eglurodd Adam Smith sut roedd arbenigaeth yn galluogi diwydiant i gynyddu cynhyrchu pinnau o faint penodol o adnoddau (☞ uned 2). Mewn economi, mae arbenigaeth i'w chael ar bob lefel, o raniad llafur mewn cartrefi i gynhyrchu ar lefel ryngwladol.

Ystyriwch Dabl 14.1. Tybiwch fod dwy wlad yn unig yn y byd, sef Lloegr a Phortiwgal. Maen nhw'n cynhyrchu dau nwydd yn unig, sef gwenith a gwin. Llafur yw'r unig gost, a fesurir yn nhermau yr oriau gweithiwr i gynhyrchu 1 uned o gynnyrch. Mae Tabl 14.1 yn dangos ei bod hi'n costio mwy o ran oriau gweithiwr i gynhyrchu uned o win yn Lloegr nag ym Mhortiwgal. Dywedir bod Portiwgal â MANTAIS ABSOLIWT mewn cynhyrchu gwin. Gall gynhyrchu'r ddau nwydd ond mae'n fwy effeithlon mewn cynhyrchu gwin. Ar y llaw arall mae'n costio mwy o ran oriau gweithiwr i gynhyrchu gwenith ym Mhortiwgal nag yn Lloegr. Felly mae gan Loegr fantais absoliwt mewn cynhyrchu gwenith. Mae'n amlwg y bydd hi o fudd i'r ddwy wlad i Loegr arbenigo mewn cynhyrchu gwenith ac i Portiwgal arbenigo mewn cynhyrchu gwin ac i'r ddwy wlad fasnachu.

Tabl 14.1

| | Cost yr uned o ran oriau gweithiwr | |
	Gwenith	Gwin
Lloegr	10	15
Portiwgal	20	10

Gallwn gyrraedd yr un casgliad os mynegwn gostau cymharol yn nhermau cynnyrch absoliwt. Pe bai Portiwgal yn gallu cynhyrchu naill ai 5 uned o wenith neu 10 uned o win neu ryw gyfuniad o'r ddau, cost gymharol gwenith i win fyddai 2:1 fel yn Nhabl 14.1. Pe bai Lloegr yn gallu cynhyrchu naill ai 9 uned o wenith neu 6 uned o win, y gost gymharol fyddai 3:2 fel yn Nhabl 14.1. Felly, gallai Portiwgal gynhyrchu gwin yn rhatach a gallai Lloegr gynhyrchu gwenith yn rhatach.

Cwestiwn 1

Tabl 14.2

	DU			Ffrainc		
	Ceir		Cyfrifiaduron	Ceir		Cyfrifiaduron
(a)	10	NEU	100	9	NEU	108
(b)	5	NEU	10	4	NEU	12
(c)	20	NEU	80	25	NEU	75
(d)	5	NEU	25	4	NEU	30
(e)	6	NEU	18	8	NEU	16

Mae gan ddwy wlad, y DU a Ffrainc, yr un adnoddau yn union, ac o ddefnyddio'r holl adnoddau hyn, gallant gynhyrchu ceir neu gyfrifiaduron neu ryw gyfuniad o'r ddau fel y gwelir uchod. A thybio adenillion maint digyfnewid *(constant returns to scale)*, nodwch pa wlad sydd â mantais absoliwt mewn cynhyrchu (i) ceir a (ii) cyfrifiaduron ym mhob un o (a) i (e) uchod.

Mantais gymharol

Yn gweithio yn rhan gyntaf y 19eg ganrif, sylweddolodd David Ricardo fod mantais absoliwt yn achos cyfyngedig o ddamcaniaeth fwy cyffredinol. Ystyriwch Dabl 14.3. Gellir gweld bod Portiwgal yn gallu cynhyrchu gwenith a gwin yn rhatach na Lloegr (h.y. mae ganddi fantais absoliwt yn y ddau nwydd). Yr hyn a welodd Ricardo oedd y gallai ddal i fod o fudd i'r ddwy wlad pe byddent yn arbenigo a masnachu.

Tabl 14.3

	Cost yr uned o ran oriau gweithiwr	
	Gwenith	Gwin
Lloegr	15	30
Portiwgal	10	15

Yn Nhabl 14.3 mae uned o win yn Lloegr yn costio'r un faint i'w chynhyrchu â 2 uned o wenith. Bydd cynhyrchu uned ychwanegol o win yn golygu mynd heb gynhyrchu 2 uned o wenith (h.y. cost ymwad uned o win yw 2 uned o wenith). Yn Portiwgal mae uned o win yn costio 1½ o unedau o wenith i'w chynhyrchu (h.y. cost **ymwad** uned o win yw 1½ o unedau o wenith). Oherwydd bod y costau cymharol yn wahanol, byddai'n dal yn fanteisiol i'r ddwy wlad pe byddent yn masnachu er bod gan Portiwgal fantais absoliwt yn y ddau nwydd. Mae Portiwgal yn gymharol well yn cynhyrchu

Tabl 14.4

		Cynhyrchu cyn masnach		Cynhyrchu ar ôl masnach	
		Gwenith	Gwin	Gwenith	Gwin
Lloegr (270 o oriau gweithiwr)		8	5	18	0
Portiwgal (180 o oriau gweithiwr)		9	6	0	12
Cyfanswm		17	11	18	12

gwin na gwenith: felly dywedir bod gan Portiwgal FANTAIS GYMHAROL mewn cynhyrchu gwin. Mae Lloegr yn gymharol well yn cynhyrchu gwenith na gwin: felly dywedir bod gan Loegr fantais gymharol mewn cynhyrchu gwenith.

Mae Tabl 14.4 yn dangos sut y gallai masnach fod yn fanteisiol. Mae'r costau cynhyrchu fel y nodir yn Nhabl 14.3. Tybir bod gan Loegr 270 o oriau gweithiwr ar gael ar gyfer cynhyrchu. Cyn i fasnach ddigwydd mae'n cynhyrchu ac yn treulio 8 uned o wenith a 5 uned o win. Mae gan Portiwgal lai o adnoddau llafur gydag 180 o oriau gweithiwr ar gael ar gyfer cynhyrchu. Cyn i fasnach ddigwydd mae'n cynhyrchu ac yn treulio 9 uned o wenith a 6 uned o win. Cyfanswm y cynhyrchu rhwng y ddau economi yw 17 uned o wenith ac 11 uned o win.

Os ydy'r ddwy wlad nawr yn arbenigo, gyda Portiwgal yn cynhyrchu gwin yn unig a Lloegr yn cynhyrchu gwenith yn unig, cyfanswm y cynhyrchu yw 18 uned o wenith ac 12 uned o win. Mae arbenigo wedi galluogi'r economi byd-eang i gynyddu cynhyrchu, mae 1 uned yn fwy o wenith ac 1 uned yn fwy o win. Dydy damcaniaeth mantais gymharol ddim yn dweud sut y caiff yr enillion hyn eu dosbarthu rhwng y ddwy wlad. Mae hynny'n dibynnu ar gyfradd cyfnewid gwenith/gwin, pwynt a drafodir isod.

Mae DAMCANIAETH MANTAIS GYMHAROL yn dweud y bydd dwy wlad yn ei chael hi'n fanteisiol masnachu os ydy costau cymharol cynhyrchu yn wahanol. Fodd bynnag, os ydy'r costau cymharol yn unfath ni ellir cael enillion o fasnach. Mae Tabl 14.5 yn dangos cynnyrch mwyaf dwy wlad, A a B, o ddau nwydd, X ac

Tabl 14.5

	Cynnyrch		
	Nwydd X		Nwydd Y
Gwlad A	20	NEU	40
Gwlad B	50	NEU	100

Cwestiwn 2

Tabl 14.6

	Cost yr uned o ran oriau gweithiwr	
	Cig	Bara
DU	5	10
Ffrainc	3	4

(a) Pa wlad sydd â mantais gymharol mewn cynhyrchu (i) cig a (ii) bara?

(b) Mae gan y DU gyfanswm o 300 o oriau gweithiwr ar gael ar gyfer cynhyrchu tra bo gan Ffrainc gyfanswm o 200. Cyn i unrhyw fasnach ddigwydd, roedd y DU yn cynhyrchu ac yn treulio 38 uned o gig ac 11 uned o fara. Roedd Ffrainc yn cynhyrchu ac yn treulio 20 uned o gig a 35 uned o fara. Faint mwy y gallai'r ddwy wlad ei gynhyrchu rhyngddynt pe byddent yn arbenigo ac yna'n masnachu?

(c) Sut y byddai'r ateb i (a) yn wahanol, os o gwbl, pe bai cost cig a bara yn Ffrainc yn: (i) 4 a 4; (ii) 3 a 7; (iii) 3 a 6; (iv) 6 ac 12; (v) 6 ac 15; (vi) 1 a 3?

Y. Mae'r tabl yn dangos bod gwlad A, er enghraifft, yn gallu cynhyrchu naill ai 20 uned o nwydd X neu 40 uned o nwydd Y neu ryw gyfuniad o'r ddau. Mae costau cymharol neu gost ymwad cynhyrchu yn unfath yn y ddwy wlad: mae un uned o X yn costio dwy uned o Y. Felly ni ellir cael enillion o fasnach.

Tybiaethau damcaniaeth mantais gymharol

Mae damcaniaeth syml mantais gymharol a amlinellwyd uchod yn gwneud nifer o dybiaethau pwysig.

- Does dim costau cludiant. Yn y byd go iawn mae costau cludiant i'w cael bob amser a byddant yn gostwng ac weithiau yn dileu unrhyw fanteision costau cymharol. Yn gyffredinol, po uchaf yw cyfran costau cludiant yn y pris terfynol i'r defnyddiwr, lleiaf tebygol yw hi y caiff y nwydd ei fasnachu'n rhyngwladol.
- Mae costau'n gyson a does dim darbodion maint. Mae'r dybiaeth hon yn helpu i wneud ein henghreifftiau yn hawdd eu deall. Fodd bynnag, bydd bodolaeth darbodion maint yn tueddu i atgyfnerthu buddion arbenigo rhyngwladol. Yn Nhabl 14.4 bydd yr enillion o fasnach yn fwy nag 1 uned o wenith ac 1 uned o win os gall Lloegr ostwng cost cynhyrchu gwenith drwy gynhyrchu mwy ac yn yr un modd yn achos Portiwgal.
- Dim ond dau economi yn cynhyrchu dau nwydd sydd. Eto cafodd y dybiaeth hon ei gwneud i symleiddio'r eglurhad. Ond mae damcaniaeth mantais gymharol yn gymwys i'r un graddau i fyd sydd â llawer o economïau yn cynhyrchu nifer mawr o nwyddau sy'n cael eu masnachu. Mae Tabl 14.7 yn dangos nad oes gan Chile fantais absoliwt mewn unrhyw gynnyrch. Fodd bynnag, mae ganddi fantais gymharol mewn cynhyrchu copr. Mae gan Portiwgal fantais gymharol glir mewn cynhyrchu gwin, ac mae gan Loegr fantais gymharol mewn cynhyrchu afalau. Bydd beth a faint yn union sy'n cael ei fasnachu yn dibynnu ar batrymau treuliant yn y tair gwlad. Er enghraifft, os nad ydy Portiwgal na Chile yn treulio afalau, ni fydd Lloegr yn gallu allforio afalau i'r gwledydd hynny.
- Mae'r ddamcaniaeth yn tybio bod nwyddau sy'n cael eu masnachu yn gydryw (h.y. yn unfath). Mae nwyddau fel dur, copr neu wenith yn cael eu prynu ar sail pris. Ond mae car *Toyota* yn wahanol i gar *Ford* ac felly mae'n llawer anoddach casglu, er enghraifft, fod gan Japan fantais gymharol mewn cynhyrchu ceir.
- Tybir bod ffactorau cynhyrchu yn berffaith symudol. Pe na byddent, gallai masnach arwain at ostwng safonau byw mewn gwlad. Er enghraifft, tybiwch fod y DU yn gweithgynhyrchu dur ond wedyn yn colli ei mantais gymharol mewn cynhyrchu dur i Korea. Caiff gweithfeydd gwneud dur yn y DU eu cau. Os na fydd y ffactorau cynhyrchu a ddefnyddiwyd i wneud dur yn y DU yn cael eu hadleoli (*redeployed*), bydd y DU ar lefel is na chyflogaeth lawn. Gallai fod wedi bod er lles i'r DU i gadw'r diwydiant dur yn gweithredu (er enghraifft trwy gyflwyno cwotâu) a chynhyrchu rhywbeth yn hytrach na chynhyrchu dim

â'r adnoddau.
- Does dim tollau na rhwystrau eraill i fasnach (☞ uned 40).
- Mae yna wybodaeth berffaith, fel y gall pob prynwr a gwerthwr wybod lle y gellir cael y nwyddau rhataf yn rhyngwladol.

Telerau masnach

Yn Nhabl 14.4 dangoswyd y gallai Lloegr a Portiwgal gael budd o fasnach. Bydd y mater a fydd masnach yn digwydd yn dibynnu ar y TELERAU MASNACH rhwng y ddwy wlad. Ar sail y data costau yn Nhabl 14.3 gallai Lloegr gynhyrchu 2 uned o wenith am bob 1 uned o win. Dim ond os bydd yn derbyn mwy nag uned o win am bob 2 uned o wenith y bydd yn masnachu. Gall Portiwgal, ar y llaw arall, gynhyrchu 2 uned o wenith am bob 1½ o unedau o win. Dim ond os yw'n gallu rhoi llai nag 1½ o unedau o win i Loegr am bob 2 uned o wenith y bydd yn masnachu. Felly dim ond os bydd y telerau masnach rhwng 2 uned o wenith am bob 1 uned o win a 2 uned o wenith am bob 1½ o unedau o win (h.y. rhwng 2:1 a 2: 1½) y bydd masnach yn digwydd.

Dangosir hyn yn Ffigur 14.1. Mae'r cymarebau cost ar gyfer dwy uned o wenith wedi'u lluniadu. Dim ond os bydd pris rhyngwladol gwin am wenith i'r dde o linell bresennol ei chostau mewnol y bydd Lloegr yn ennill o fasnach. Ar y llaw arall, dim ond os ydy'r pris rhyngwladol i'r chwith o linell ei chostau mewnol y bydd Portiwgal yn ennill. Felly dim ond os ydy'r telerau masnach rhwng y ddwy linell, y rhanbarth sydd wedi'i dywyllu ar y graff, y bydd mansach yn fanteisiol i'r naill a'r llall.

Diffiniad telerau masnach yw'r gymhareb rhwng prisiau allforion a phrisiau mewnforion:

$$\text{Indecs telerau masnach} = \frac{\text{Indecs prisiau allforion}}{\text{Indecs prisiau mewnforion}} \times 100$$

Mae'n **indecs** (☞ uned 3) am ei fod yn cael ei gyfrifo ar sail cyfartaledd pwysol miloedd o brisiau allforion a mewnforion gwahanol.

Tabl 14.7

| | Cost yr uned o ran oriau gweithiwr | | | |
	Afalau	Gwin	Gwenith	Copr
Lloegr	10	15	20	50
Portiwgal	15	10	30	60
Chile	20	20	50	70

Cwestiwn 3

Tabl 14.8

| | Cost yr uned o ran oriau gweithiwr | | | |
	DVDs	Siwmperi	Byrgyrs	Siocled
Lloegr	20	10	8	20
Portiwgal	30	8	12	30
Chile	40	8	4	25

(a) Pa wlad sydd â mantais absoliwt mewn cynhyrchu (i) *DVDs*; (ii) siwmperi; (iii) byrgyrs; (iv) siocled.

(b) Pa wlad sydd â mantais gymharol mewn cynhyrchu (i) *DVDs*; (ii) siwmperi; (iii) byrgyrs; (iv) siocled.

UDA stoc mawr o gyfalaf o'i gymharu â llafur, bydd cyfalaf yn gymharol rad. Felly bydd gan India fantais gymharol mewn cynhyrchu nwyddau y gellir eu gwneud gan ddefnyddio llafur di-grefft. Bydd gan UDA fantais gymharol mewn cynhyrchu nwyddau sy'n gofyn cael mewngyrch cyfalaf cymharol uchel. Mae gan Saudi Arabia lawer mwy o olew na Ffrainc. Mae gan Ffrainc, ar y llaw arall, ddigonedd o lafur medrus a chyfarpar cyfalaf yn y diwydiant amddiffyn. Felly byddai'r ddamcaniaeth yn awgrymu y bydd Saudi Arabia yn arbenigo mewn cynhyrchu olew, a Ffrainc mewn cynhyrchu cyfarpar amddiffyn, ac y bydd y ddwy wlad yn masnachu'r naill gynnyrch am y llall.

Damcaniaethau masnach nad ydynt yn ymwneud â phris

Mae damcaniaeth mantais gymharol yn rhoi esboniad da o fasnach fyd-eang mewn cynwyddau fel olew, gwenith neu gopr. Bydd gwledydd sydd â gwaddoliadau cymharol doreithiog o ddefnyddiau crai neu dir amaethyddol yn arbenigo mewn cynhyrchu'r cynwyddau hynny. Mae hefyd yn rhoi esboniad da o batrwm masnach rhwng gwledydd y Byd Cyntaf a gwledydd y Trydydd Byd. Mae gwledydd y Trydydd Byd yn tueddu i allforio cynwyddau a gweithgynhyrchion syml tra'n mewnforio gweithgynhyrchion mwy technolegol soffistigedig a gwasanaethau o'r Byd Cyntaf. Fodd bynnag, dydy'r ddamcaniaeth ddim yn egluro llawer o'r fasnach sy'n digwydd rhwng gwledydd datblygedig cyfoethog y byd.

Mae cynwyddau yn gynhyrchion **cydryw** (*homogeneous*). Does fawr ddim o wahaniaeth rhwng un radd o gopr o Chile a'r un radd o gopr o Zambia. Felly prif benderfynydd galw yw pris. Mae gweithgynhyrchion a gwasanaethau yn tueddu i fod yn **anghydryw** (*non-homogeneous*). Mae pob cynnyrch ychydig yn wahanol. Felly pan fydd defnyddiwr yn prynu car, mae pris yn un ymhlith llawer o ffactorau sy'n cael eu hystyried. Mae dibynadwyaeth, argaeledd, delwedd, lliw, siâp a pherfformiad gyrru yr un mor bwysig, os nad yn bwysicach. Mae amrywiaeth eang o geir ar y farchnad, rhai wedi'u cynhyrchu'n fewnol ond llawer wedi'u cynhyrchu dramor. Mae **damcaniaeth tebygrwydd dewisiadau** yn awgrymu bod llawer o weithgynhyrchion yn cael eu mewnforio nid am eu bod yn gymharol ratach na nwyddau mewnol ond am fod rhai defnyddwyr eisiau mwy o ddewis na'r hyn sy'n cael ei ddarparu gan wneuthurwyr mewnol yn unig. Ond dylai gwneuthurwyr mewnol fod â mantais gystadleuol gan y dylen nhw fod yn fwy ymwybodol o anghenion eu cwsmeriaid mewnol. Mae hynny'n cyfyngu ar y graddau y gall gwneuthurwyr tramor dreiddio i'r farchnad fewnol.

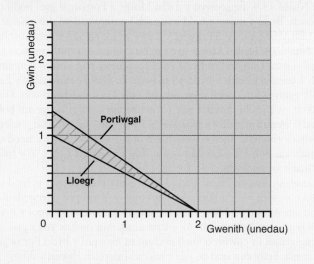
Pam fod mantais gymharol yn bodoli

Credai David Ricardo y gallai'r holl gostau yn y pen draw gael eu troi'n gostau llafur. Y term am y gred hon yw **damcaniaeth gwerth llafur**. Felly gallai pris nwydd gael ei fesur yn gywir yn nhermau oriau gweithiwr o gynhyrchu. Yn dilyn ymlaen o hyn, dadleuodd fod gwahaniaethau mewn costau cymharol yn adlewyrchu gwahaniaethau yng nghynhyrchedd llafur.

Mae elfen o wirionedd yn y syniad hwn. Mae'r ddamcaniaeth yn awgrymu y byddai gan wledydd sydd â chynhyrchedd llafur uchel fantais gymharol mewn cynhyrchu nwyddau technoleg uwch soffistigedig tra byddai gan wledydd sydd â chynhyrchedd llafur isel fantais gymharol mewn cynhyrchu nwyddau technoleg is. O edrych ar batrwm masnach y byd, mae'n wir, er enghraifft, fod gwledydd sy'n datblygu yn allforio tecstilau technoleg is tra bo gwledydd datblygedig yn allforio cyfarpar cyfrifiadurol technoleg uwch.

Fodd bynnag, mae damcaniaeth pris neoglasurol yn awgrymu nad llafur yw unig ffynhonnell costau ymwad gwahanol o gynhyrchu. Er enghraifft, gall pris darn o dir amaethyddol gynyddu sawl gwaith dros nos os rhoddir caniatâd ar gyfer adeiladu tai. Does gan y cynnydd hwn mewn gwerth fawr ddim i'w wneud ag oriau gweithiwr o gynhyrchu. Wrth gwrs, mae prisiau a chostau yn gysylltiedig â meintiau o fewngyrch llafur, ond maen nhw'n gysylltiedig hefyd â grymoedd prinder sy'n gallu gyrru prisiau i fyny neu i lawr.

Awgrymodd Heckscher ac Ohlin, dau economegydd o Sweden oedd yn gweithio yn y cyfnod rhwng y ddau ryfel byd, fod costau gwahanol yn ganlyniad nid yn unig i waddoliadau *(endowments)* gwahanol o lafur rhwng gwledydd ond hefyd i waddoliadau gwahanol o gyfalaf a thir. Os oes gan economi fel India lawer iawn o lafur di-grefft ond fawr ddim o gyfalaf, bydd pris cyfalaf o'i gymharu â llafur yn uchel. Ar y llaw arall, os oes gan economi fel

Cwestiwn 5

Am lawer o ran gyntaf yr 1990au roedd cynhyrchwyr diodydd meddwol Ewropeaidd yn ystyried eu marchnadoedd mewnol yn farchnadoedd aeddfed oedd heb fawr ddim neu ddim twf mewn gwerthiant. Roedden nhw'n dibynnu ar allforion i sicrhau twf. Mae datblygu brand ar draws farchnadoedd rhyngwladol yn gostus. Mae angen sefydlu cysylltiadau dosbarthu da fel bo'r cynnyrch ar gael pan fo'r cwsmer eisiau ei brynu. Mae hysbysebu hefyd yn hanfodol i wneud cwsmeriaid yn ymwybodol o werth y brand. Caiff cynhyrchion unigol eu gwerthu am brisiau premiwm. Bydd gostwng prisiau ar adegau anodd yn dibrisio'r brand yng ngolwg cwsmeriaid. Wedi'r cyfan, mae'r sawl sy'n prynu wisgi *Johnny Walker,* coniac *Martell* neu *Pernod* yn gwneud hynny yn rhannol am eu bod yn dymuno dangos y gallan nhw fforddio'r diodydd gorau ar y farchnad.

Yn ail hanner yr 1990au cafodd gwneuthurwyr diodydd rhyngwladol ergyd galed gan yr argyfwng Asiaidd, a achoswyd gan broblemau mawr yn systemau ariannol gwledydd fel De Korea ac a arweiniodd at ostyngiadau sydyn mewn CMC. Er enghraifft, gostyngodd gwerthiant *Diageo* 40% yn y rhanbarth. Ond gyda'r adferiad economaidd yn 1999 a 2000 cafwyd cynydd sydyn yn y gwerthiant.

Ffynhonnell: addaswyd o'r *Financial Times.*

(a) Awgrymwch pam fod yna farchnad mewn gwledydd fel Gwlad Thai, De Korea neu India am ddiodydd meddwol drud a fewnforir er bod yna amnewidion sy'n cael eu cynhyrchu yn lleol ac yn cael eu gwerthu am ffracsiwn o'r pris.

(b) Pan ostyngodd gwerthiant yn ystod yr argyfwng Asiaidd, awgrymwch pam nad oedd cynhyrchwyr diodydd Ewropeaidd wedi ymateb drwy ostwng prisiau yn sylweddol.

Termau allweddol

Damcaniaeth mantais gymharol – bydd gwledydd yn ei chael hi'n fanteisiol masnachu os ydy costau ymwad cynhyrchu nwyddau yn wahanol.

Mantais absoliwt – mae i'w chael pan fo gwlad yn gallu cynhyrchu nwydd yn rhatach mewn termau absoliwt na gwlad arall.

Mantais gymharol – mae i'w chael pan fo gwlad yn gallu cynhyrchu nwydd yn rhatach o'i gymharu â nwyddau eraill a gynhyrchir yn fewnol na gwlad arall.

Telerau masnach – cymhareb prisiau allforion i brisiau menwforion.

Economeg gymhwysol

Llifoedd masnach y DU

Tabl 14.9 Allforion a mewnforion y DU o nwyddau a gwasanaethau wedi'u masnachu, incwm gwladol

£ biliwn

	Allforion		Mewnforion		YWC[1]
	Nwyddau	Gwasanaethau	Nwyddau	Gwasanaethau	
1955	3.1	1.0	3.4	1.0	17.6
1965	5.0	1.6	5.2	1.7	32.8
1975	19.5	7.4	22.7	6.0	99.3
1985	78.2	23.8	81.7	17.0	320.5
1990	102.3	31.6	121.0	27.2	501.4
1995	153.6	49.9	165.6	41.5	639.1
2000	187.9	79.4	220.9	65.7	841.5
2004	190.9	99.1	249.5	78.9	1 033.3

[1] Ychwanegiad at werth crynswth yn ôl cost ffactor, mesur o incwm gwladol.
Ffynhonnell: addaswyd o *Economic Trends,* Swyddfa Ystadegau Cenedlaethol.

Cyfanswm allforion a mewnforion

Mae'r DU yn masnachu nwyddau a gwasanaethau. Mae Tabl 14.9 yn dangos bod allforion a mewnforion nwyddau wedi cyfrif am rhwng tri chwarter a dwy ran o dair o gyfanswm allforion oddi ar 1955, tra bod allforion a mewnforion gwasanaethau wedi cyfrif am chwarter i draean. Mae masnach dramor wedi cynyddu ychydig yn gyflymach nag incwm gwladol. Yn 1955 roedd cyfanswm allforion yn cyfrif am 24% o incwm gwladol. Erbyn 2004 roedd hyn wedi codi i 28.1%.

Masnach weladwy

Er bod y gyfran o fasnach sydd gan nwyddau o'u cymharu â gwasanaethau wedi parhau fwy neu lai yr un fath yn y cyfnod ar ôl y rhyfel, cafwyd rhai symudiadau sylweddol yng nghyfansoddiad masnach nwyddau. Mae

Tabl 14.10 Allforion a mewnforion yn ôl nwydd (% o gyfanswm y gwerth)

		1955	1975	1985	1995	2004
Bwyd, diod	Allforion	6.0	7.1	6.3	7.3	5.5
a thybaco	Mewnforion	36.9	18.0	10.6	9.4	8.9
Defnyddiau	Allforion	3.9	2.7	2.7	1.9	2.0
sylfaenol	Mewnforion	29.0	8.4	6.0	3.9	2.6
Tanwydd	Allforion	4.9	4.2	21.5	6.5	9.4
	Mewnforion	10.6	17.5	12.8	3.7	6.6
Cyfanswm bwyd	Allforion	14.8	14.0	30.5	15.7	16.9
a defnyddiau crai	Mewnforion	76.5	43.9	29.4	17.0	18.1
Lled-	Allforion	36.9	31.2	25.6	28.3	29.6
weithgynhyrchion	Mewnforion	17.9	23.9	24.8	27.3	24.1
Gweithgynhyrchion	Allforion	43.5	51.0	41.2	54.8	53.1
gorffenedig	Mewnforion	5.3	29.9	44.0	54.7	57.1
Cyfanswm	Allforion	80.4	82.2	66.8	83.1	82.7
gweithgynhyrchion	Mewnforion	23.2	53.8	68.8	82.0	81.2
Heb eu	Allforion	4.8	3.8	2.7	1.2	0.4
dosbarthu	Mewnforion	0.3	2.7	1.8	1.0	0.7

Ffynhonnell: addaswyd o *Annual Abstract of Statistics, Monthly Digest of Statistics,* Swyddfa Ystadegau Cenedlaethol.

Tabl 14.10 yn rhoi crynodeb o fasnach weladwy (masnach nwyddau) yn ôl nwydd.

● Tyfodd allforion tanwydd, â bron y cyfan yn olew a chynhyrchion cysylltiedig, o lai na 5% o gyfanswm allforion gweladwy yn 1975 i 21.5% erbyn 1985. Roedd hyn yn sgil olew Môr y Gogledd a lifodd am y tro cyntaf yn 1976. Gostyngodd pwysigrwydd allforion olew o ganol yr 1980au. Yn rhannol, roedd hyn oherwydd bod maint yr olew a dynnwyd o Fôr y Gogledd yn parhau'n gymharol sefydlog tra bo maint allforion eraill wedi tyfu fwy na 3% y flwyddyn. Yn rhannol, roedd hyn oherwydd bod prisiau real olew yn gostwng. Yn olaf, cafwyd buddsoddiant sylweddol mewn purfeydd newydd a olygai fod mwy o olew Môr y Gogledd yn cael ei brynu a'i werthu yn y DU. Cafodd hyn yr effaith o leihau allforion olew Môr y Gogledd a hefyd lleihau mewnforion olew crai. Fodd bynnag, achoswyd y naid yng ngwerth allforion a mewnforion tanwydd yn 2004 gan yr ymchwydd ym mhrisiau cynwyddau a ddechreuodd yn 2002-2003. Saethodd prisiau olew i fyny ac achosodd symudiad mawr ym mhwysigrwydd cymharol tanwydd i allforion a mewnforion. Dylai prisiau uchel am olew ysgogi fforio a datblygu olew ym Môr y Gogledd a gallai gynyddu cynhyrchu olew ac allforion yn y dyfodol.

● Gostyngodd mewnforion bwyd a defnyddiau crai o 76.5% o'r cyfanswm yn 1955 i 18.1% yn 2004. Yn oes Fictoria, Prydain oedd 'gweithdy'r byd', yn mewnforio defnyddiau crai ac yn allforio gweithgynhyrchion. Byddai'r gostyngiad hwn yn awgrymu bod y DU wedi colli mantais gymharol mewn cynhyrchu gweithgynhyrchion.

● Mae colli'r fantais gymharol mewn gweithgynhyrchion yn glir o ffigurau mewnforion gweithgynhyrchion. Yn 1955 roedd gweithgynhyrchion yn cyfrif am 23.2% yn

unig o fewnforion. Erbyn 2004 roedd hyn wedi codi i 81.2%.

Mae dirywiad diwydiant gweithgynhyrchu Prydain o'i gymharu â'i chystadleuwyr diwydiannol yn mynd yn ôl 100 mlynedd. Ar droad yr 20fed ganrif nododd llawer o sylwebwyr sut roedd gwneuthurwyr Ffrainc, yr Almaen ac UDA yn mynd heibio i gwmnïau'r DU o ran pris ac ansawdd. Yn yr 1960au a'r 1970au cafodd diwydiannau fel y diwydiant beiciau modur a nwyddau trydanol eu lleihau'n sylweddol gan gystadleuaeth o Japan. Mae diwydiant tecstilau Prydain, fu'n un o allforwyr pwysicaf y wlad ar un adeg, wedi crebachu oherwydd cystadleuaeth, yn gyntaf o Ewrop ac yna o wledydd y Trydydd Byd. Mewn cyferbyniad â hynny, cafwyd rhai storïau llwyddiant fel y diwydiant fferyllol. Hefyd gwnaeth buddsoddi o'r tu allan yn yr 1970au, yr 1980au a'r 1990au drawsnewid gallu diwydiannau fel gweithgynhyrchu moduron a nwyddau trydanol i gystadlu.

Caiff damcaniaeth mantais gymharol ei mynegi yn aml yn nhermau costau cymharol cynhyrchu. Mae'n glir bod y DU wedi colli gallu i gystadlu mewn diwydiannau fel tecstilau oherwydd costau cymharol uwch, ond mae hynny'n llai amlwg mewn diwydiannau fel gweithgynhyrchu moduron. Yma roedd ansawdd gwael, diffyg dibynadwyaeth, dyluniad gwael a dyddiadau danfon hir yn allweddol i ddinistrio'r diwydiant yn yr 1970au a'r 1980au. Yn yr un modd roedd ansawdd uchel, dibynadwyaeth a dyluniad da yn rhan hanfodol o hanes adfywiad diwydiant gweithgynhyrchu moduron Prydain yn yr 1990au a'r 2000au.

Gallech ddadlau nad yw colli gallu'r DU i gystadlu mewn gweithgynhyrchion yn bwysig os gall gwasanaethau gymryd lle gweithgynhyrchion. Ond, fel y gwelir yn Nhabl 14.9, mae twf masnachu gwasanaethau yn y cyfnod ar ôl y rhyfel wedi bod fwy neu lai yr un fath â thwf masnachu nwyddau. Mae Tabl 14.9 yn dangos hefyd am bob gostyngiad o 1% mewn allforion nwyddau, fod angen i

Tabl 14.11 Masnach gwasanaethau

£ biliwn

	1975	1985	1995	2004
Allforion				
Cludiant	3.4	6.1	10.2	15.4
Teithio	1.2	5.4	13.0	15.4
Ariannol ac yswiriant			7.9	22.0
	2.9	12.1		
Arall			18.8	46.3
Cyfanswm	7.5	23.6	49.9	99.1
Mewnforion				
Cludiant	3.3	6.4	10.7	18.6
Teithio	0.9	4.9	15.8	30.9
Ariannol ac yswiriant			1.6	4.2
	1.5	4.6		
Arall			13.4	25.2
Cyfanswm	5.7	15.9	41.5	78.9

Ffynhonnell: addaswyd o'r Llyfr Glas, *National Income Accounts Quarterly,* Swyddfa Ystadegau Cenedlaethol; y Llyfr Pinc, *United Kingdom Balance of Payments,* Swyddfa Ystadegau Cenedlaethol.

Tabl 14.12 Incwm a throsglwyddiadau cyfredol

		1955	1975	1985	1995	2004
Incwm	Credydau	0.5	6.5	51.4	88.1	139.7
	Debydau	0.4	6.1	52.4	85.9	113.5
Trosglwyddiadau	Credydau	0.2	0.8	4.7	12.6	12.8
cyfredol	Debydau	0.1	1.1	7.6	20.1	23.5

Ffynhonnell: addaswyd o'r Llyfr Pinc, *United Kingdom Balance of Payments*.

allforion gwasanaethau dyfu 2-3% i lenwi'r bwlch. Byddai hynny'n anodd iawn ei gyflawni dros gyfnod o amser. Felly allforion nwyddau, yn enwedig gweithgynhyrchion, yw'r ffordd bwysicaf y caiff mewnforion eu hariannu ac mae'n debygol y bydd hynny'n parhau.

Masnach gwasanaethau

Mae Tabl 14.11 yn dangos cyfansoddiad masnach gwasanaethau a'r newid ynddo oddi ar 1975. Yn 2004 roedd gan y DU ddiffyg ar gludiant a thwristiaeth. Er enghraifft, gwariodd dinasyddion y DU fwy ar wyliau tramor na thramorwyr oedd yn cymryd gwyliau yn y DU. Fodd bynnag, mae gan y DU fantais gymharol sylweddol mewn gwasanaethau ariannol ac yswiriant. Gellir dadlau mai Llundain yw canolfan ariannol bwysicaf y byd ac mae'n darparu amrywiaeth eang o wasanaethau i gwsmeriaid tramor. Mae'n ymddangos bod ei mantais gymharol, er gwaetha'r cystadlu ffyrnig gan ganolfannau fel Efrog Newydd, Tokyo neu Frankfurt, wedi tyfu yn y blynyddoedd diwethaf, gyda gwasanaethau ariannol ac yswiriant yn cymryd cyfran gynyddol o gyfanswm allforion gwasanaethau.

Incwm a throsglwyddiadau cyfredol

Mae yna drydydd math o lif sy'n rhan o gyfrif cyfredol y fantol daliadau, sef incwm a throsglwyddiadau cyfredol.

- Incwm yw llog, elw a buddrannau ar asedau tramor. Mae tramorwyr yn berchen ar asedau yn y DU ac yn cymryd incwm allan o'r DU. Mae hyn yn ddebyd yn y cyfrif cyfredol. Yn yr un modd, mae cwmnïau ac unigolion y DU yn berchen ar asedau dramor ac yn dod ag incwm yn ôl i'r DU. Mae hyn yn gredyd yn y cyfrif cyfredol. Mae asedau'n cynnwys asedau ariannol, fel benthyciadau neu gyfranddaliadau, neu asedau ffisegol fel eiddo neu ffatrïoedd.
- Trosglwyddiadau incwm yw trosglwyddiadau cyfredol. Mae hyn yn cynnwys taliadau a derbyniadau rhwng llywodraeth y DU a chyrff eraill a'r UE. Er enghraifft, mae'r holl dolldaliadau sy'n cael eu casglu yn y DU yn cael eu talu i'r UE. Ar y llaw arall, mae'r UE yn talu cymorthdaliadau mawr i ffermwyr y DU. Mae Cronfa Gymdeithasol yr UE yn rhoi grantiau i ranbarthau difreintiedig y DU.

Mae Tabl 14.12 yn dangos bod y DU wedi tueddu i dderbyn mwy o incwm a throsglwyddiadau cyfredol nag y mae wedi'u talu allan. Mewn gwirionedd, mae incwm yn hollbwysig i'r DU ac yn y 2000au dyma'r cyfrannwr sengl pwysicaf at ariannu'r diffyg mawr yn y fasnach nwyddau y mae'r DU yn tueddu i'w gofnodi. Yn 2004 roedd incwm yn draean o werth yr holl gredydau yn y cyfrif cyfredol (h.y. gwerth allforion masnach nwyddau a gwasanaethau,

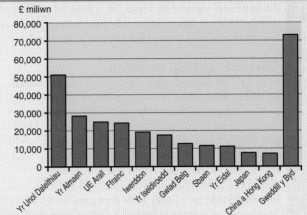

Ffigur 14.2 Prif bartneriaid masnachu y DU, allforion 2004

Ffynhonnell: addaswyd o *Annual Abstract of Statistics*, Swyddfa Ystadegau Cenedlaethol.

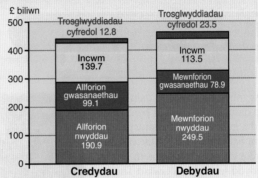

Ffigur 14.3 Credydau a debydau yn y cyfrif cyfredol, 2004

Ffynhonnell: addaswyd o'r Llyfr Pinc, *United Kingdom Balance of Payments*, Swyddfa Ystadegau Cenedlaethol.

Tabl 14.13 Masnach[1] yn ôl ardal

Canran o'r cyfanswm

		1955	1975	1995	2004
Ewrop	Allforion	31.9	51.3	60.5	58.3
	Mewnforion	31.0	53.8	63.3	63.4
o hynny EU[2]	Allforion	26.8	41.1	49.5	52.0
	Mewnforion	25.9	45.1	51.0	55.6
Gogledd America	Allforion	11.3	12.1	15.6	19.8
	Mewnforion	19.8	13.5	15.3	12.7
Gwledydd datblygedig eraill[3]	Allforion	15.3	9.6	5.8	5.6
	Mewnforion	12.4	8.0	7.0	5.5
o hynny Japan	Allforion	0.5	1.6	3.0	2.6
	Mewnforion	0.6	2.8	5.0	2.9
Gweddill y byd	Allforion	41.5	27.0	18.1	16.3
	Mewnforion	36.8	24.7	14.4	18.4
o hynny China	Allforion	-	-	0.5	1.2
	Mewnforion	-	-	1.0	3.3

Ffynhonnell: addaswyd o *Annual Abstract of Statistics, Monthly Digest of Statistics*, y Llyfr Pinc, *United Kingdom Balance of Payments*, Swyddfa Ystadegau Cenedlaethol.

[1] Mae data 1955 ac 1975 yn fasnach nwyddau yn unig. Mae data 1995 a 2004 yn fasnach nwyddau a gwasanaethau.
[2] Mae'n cynnwys holl wledydd yr UE yn 1995 mewn canrannau 1955 ac 1975; mae data 2004 ar gyfer 25 aelod yr UE y flwyddyn honno.
[3] Awstralia, Seland Newydd, Japan, De Affrica

incwm a throsglwyddiadau cyfredol) a 24% o'r holl ddebydau fel y gwelir yn Ffigur 14.3. Mae fel petai cartref yn talu 24% o'i incwm mewn ad-daliadau morgais ac yn derbyn traean o'i incwm o log ar arian a gynilwyd.

Cyfeiriad masnach nwyddau

Mae Tabl 14.13 yn dangos sut mae cyfeiriad masnach nwyddau wedi newid dros amser. Yn 1955 roedd y DU i raddau helaeth yn dal i ddilyn patrymau masnachu a sefydlwyd yn ystod oes Fictoria, yn prynu defnyddiau crai gan wledydd sy'n datblygu a gwerthu gweithgynhyrchion iddynt. Erbyn 2004 roedd masnach y DU wedi symud yn sylweddol. Erbyn hynny roedd mwy na hanner yr allforion a'r mewnforion gyda gwledydd yr UE. Roedd marchnadoedd yn y Trydydd Byd yn gymharol ddibwys. Mae'r sawl sy'n amheus ynghylch Ewrop wedi dadlau y

gallai'r DU ymadael â'r UE a dibynnu fwy ar ei chysylltiadau masnachu ag UDA. Byddai'r DU yr un fath â Hong Kong neu Singapore, yn wlad sy'n masnachu'n rhydd ac sy'n elwa ar ei lleoliad daearyddol. Y broblem gyda'r syniad hwn, fel y gwelir yn Ffigur 14.2 a Thabl 14.13, yw bod UDA yn bartner masnachu cymharol ddibwys â'r DU. Tybiwch fod y DU yn ymadael â'r UE ac o ganlyniad fod yr UE yn gosod tollau a chwotâu uwch ar y DU. Pe bai'r DU yn colli 10% yn unig o'i hallforion i'r UE yn sgil hynny, byddai'n rhaid iddi gynyddu allforion draean i'r Unol Daleithiau i wneud iawn am hyn. Mae'n annhebygol bod gan allforwyr y DU gymaint o fantais gymharol fel y gallent gyflawni hyn. Yn sicr o safbwynt masnach, mae Ewrop yn hanfodol i fuddiannau economaidd y DU ac mae'n debygol, os rhywbeth, o gynyddu mewn pwysigrwydd dros amser.

Cwestiwn Data — Gweithgynhyrchu y DU

Mae masgynhyrchu ym Mhrydain a gwledydd datblygedig eraill ar ben, yn ôl adroddiad a gyhoeddwyd heddiw gan y gyfundrefn beirianneg *EEF*. Mae costau llafur rhad a chost isel cludiant yn golygu bod gwledydd fel China a Gwlad Thai yn gallu codi prisiau is am gynhyrchion sy'n hawdd eu cynhyrchu ac a gynhyrchir mewn meintiau mawr. Ond gall gweithgynhyrchu ddal i ffynnu yn y DU.  Mae cwmnïau gweithgynhyrchu llwyddiannus wedi troi at wneud cynhyrchion arbenigol ar gyfer cloerau (*niches*) cul yn y farchnad, lle mae'r meintiau yn aml yn fach ond mae'r dyluniad a'r ansawdd yn uchel a'r gystadleuaeth yn isel.

Ffynhonnell: addaswyd o'r *Financial Times* 13.12.2004.

Mae Peter Weidenbaum yn symud ei weithrediad gweithgynhyrchu hidlyddion dŵr yng Ngwlad Thai yn ôl i'w bencadlys yn Radcliffe, Manceinion. Mae ei gwmni, *Trumeter*, wedi bod yn cynhyrchu cyfarpar mesur a monitro yng ngogledd orllewin Lloegr oddi ar 1937. Mae'r symudiad yn ôl i Loegr yn ganlyniad i fuddsoddiad £1.5 miliwn mewn peiriannau newydd yn dilyn archeb bum mlynedd gan gwmni o'r Almaen. Bydd awtomeiddio'r broses yn gostwng nifer y bobl ar y llinell gydosod o 67 i 5. Meddai Peter Weidenbaum: 'Rydym wedi gallu symud am fod llafur nawr yn gydran mor fach o'r cynnyrch. Mae ein cwsmer hefyd yn teimlo'n gysurus â hyn am nad oes gennym y trafferthion ynghylch sicrwydd ansawdd a gawsom weithiau yn ne ddwyrain Asia.'

Ffynhonnell: addaswyd o'r *Financial Times*, 6.7.2004.

Mae *Halifax Fans* yn gwneud 1 800 o wyntyllau y flwyddyn, â'r rhan fwyaf ohonynt yn wahanol ac yn gwerthu am rhwng £200 a £200 000 yr un. 'Mae angen rhywfaint o ddyluniad peirianneg arbenigol ar bron bob un ohonynt i gydweddu'r cynnyrch â gofynion y cwsmer,' medai Malcolm Staff, y rheolwr-gyfarwyddwr. Caiff tua 70% o wyntyllau'r cwmni eu hallforio yn uniongyrchol neu'n anuniongyrchol.

Ffynhonnell: addaswyd o'r *Financial Times*, 13.12.2004.

Mae *Sovrin Plastics* yn gwmni yn Slough sy'n gwneud darnau plastig ar gyfer diwydiannau fel cyfarpar meddygol ac electroneg. Â gwerthiant blynyddol o £7 miliwn a gweithlu o 135, mae wedi cael yr amgylchedd masnachu yn anodd yn y blynyddoedd diwethaf. Y brif broblem yw bod llawer o gynhyrchion y cwmni yn gallu cael eu gwneud mewn gwledydd fel Gwlad Pwyl lle mae costau llafur chwarter yr hyn sydd yn y DU. 'Yn y blynyddoedd diwethaf rydym wedi colli llawer o waith, archebion posibl ac archebion gwirioneddol, i wledydd cost-isel,' yn ôl Mr Joiner, rheolwr-gyfarwyddwr *Sovrin*. Ateb *Sovrin* oedd symud i wneud darnau sy'n cael eu haddasu fwy ar gyfer gofynion y cwsmer, sy'n arbennig o anodd eu cynhyrchu ac sy'n cael eu cynhyrchu mewn meintiau bach. Hefyd mae wedi buddsoddi £600 000 mewn peiriannau newydd.

Ffynhonnell: addaswyd o'r *Financial Times* 10.3.2005.

1. Gan ddefnyddio cysyniad mantais gymharol, eglurwch pam mae llawer o gynhyrchu nwyddau masgynnyrch wedi symud i wledydd fel China neu Wlad Pwyl, tra bo cynhyrchu cynhyrchion arbenigol mewn meintiau bach wedi aros mewn gwledydd fel y DU.
2. Wrth i wledydd fel China ddod yn fwy datblygedig, trafodwch a allai'r DU gadw unrhyw fantais gymharol mewn gweithgynhyrchu.

15 Marchnadoedd a dyrannu adnoddau

Crynodeb

1. Mae'r farchnad yn fecanwaith ar gyfer dyrannu adnoddau.
2. Mewn marchnad rydd, mae defnyddwyr, cynhyrchwyr a pherchenogion y ffactorau cynhyrchu yn rhyngweithio, gyda'r rhain i gyd yn ceisio uchafu eu hadenillion.
3. Mae gan brisiau dair prif swyddogaeth o ran dyrannu adnoddau, sef dogni, rhoi arwyddion a rhoi cymhelliad.
4. Os na all cwmnïau wneud digon o elw o gynhyrchu nwydd, bydd yr adnoddau a ddefnyddiant yn cael eu hailddyrannu i ffyrdd mwy proffidiol o'u defnyddio.

Swyddogaeth y farchnad

Yn ei lyfr, *An Enquiry into the Nature and Causes of the Wealth of Nations*, ymosododd Adam Smith ar system economaidd ei gyfnod, system oedd yn seiliedig ar ddiffynnaeth, cyfyngiadau economaidd a rhwystrau cyfreithiol niferus. Cyflwynodd ddadl gadarn o blaid system farchnad rydd lle byddai 'llaw gudd' y farchnad yn dyrannu adnoddau er lles pawb. Mae tri phrif fath o actor neu asiant yn system y farchnad. Mae defnyddwyr a chynhyrchwyr yn rhyngweithio ym **marchnadoedd nwyddau** yr economi. Mae cynhyrchwyr a pherchenogion y ffactorau cynhyrchu (tir, llafur a chyfalaf) yn rhyngweithio ym **marchnadoedd ffactorau** yr economi.

Y prif randdeiliaid yn y farchnad

Y defnyddiwr Mewn system farchnad rydd bur y defnyddiwr sy'n holl nerthol. Mae defnyddwyr yn rhydd i wario'u harian ym mha fodd bynnag y dymunant ac mae'r farchnad yn cynnig dewis eang o gynhyrchion. Tybir y bydd defnyddwyr yn dyrannu eu hadnoddau prin mewn modd fydd yn uchafu eu lles, boddhad neu ddefnydd-deb (*utility*).

Y cwmni Mewn marchnad rydd bur, gweision y defnyddiwr yw cwmnïau. Gwneud cymaint o elw â phosibl sy'n eu cymell. Mae hynny'n golygu uchafu'r gwahaniaeth rhwng derbyniadau a chostau.
- **Derbyniadau.** Os na fyddant yn cynhyrchu nwyddau y mae defnyddwyr eisiau eu prynu, ni fyddant yn gallu eu gwerthu. Bydd defnyddwyr yn prynu gan gwmnïau sy'n cynhyrchu'r nwyddau y maent yn eu heisiau. Bydd gan gwmnïau llwyddiannus dderbyniadau uchel; bydd gan gwmnïau aflwyddiannus dderbyniadau isel neu sero dderbyniadau.
- **Costau.** Os na fydd cwmnïau'n isafu costau, ni fyddant yn llwyddo i wneud elw. Bydd cwmnïau eraill mwy effeithlon yn gallu dwyn eu marchnad oddi arnynt drwy werthu am bris is.
Pris methiant – peidio â gwneud digon o elw i gadw adnoddau ac atal perchenogion ffactorau rhag dyrannu eu hadnoddau mewn ffyrdd mwy proffidiol – fydd i'r cwmni fynd allan o'i ddiwydiant. Ar y llaw arall, yn y tymor hir ni all cwmnïau wneud mwy na lefelau cyfartalog o elw. Pe byddent yn gwneud hynny byddai cystadleuwyr newydd yn dod i mewn i'r diwydiant, wedi'u denu gan yr elw uchel, ac yn gyrru prisiau ac elw i lawr ac yn cynyddu lefel y cynhyrchu.

Perchenogion y ffactorau cynhyrchu Mae perchenogion tir, llafur a chyfalaf – rhentwyr, gweithwyr a chyfalafwyr – yn cael eu cymell gan yr awydd i uchafu eu hadenillion. Mae tirfeddianwyr yn dymuno gosod eu tir ar rent am y pris uchaf posibl. Mae gweithwyr yn dymuno gweithio am y cyflog uchaf posibl, â phopeth arall yn gyfartal. Mae cyfalafwyr yn dymuno derbyn y gyfradd uchaf o adenillion ar gyfalaf. Bydd y perchenogion hyn yn chwilio yn y farchnad am y tâl uchaf posibl a dim ond ar ôl cael hyd i hynny y byddant yn cynnig eu ffactor ar gyfer ei ddefnyddio. Bydd cwmnïau, ar y llaw arall, yn ceisio isafu cost. Dim ond gwerth y ffactor yn y broses gynhyrchu y byddant yn fodlon ei dalu i'r perchennog.

Cwestiwn 1

'Mewn marchnad rydd does gan ddefnyddwyr ddim dewis ynghylch yr hyn y gallant ei brynu. Mae cwmnïau'n gorfodi eu dymuniadau nhw ar y defnyddiwr.' Defnyddiwch y ffotograff i egluro pam fod hynny'n anghywir.

Swyddogaeth prisiau yn y farchnad

Mewn marchnad mae yna brynwyr sydd â galw am nwyddau a gwerthwyr sy'n cyflenwi nwyddau. Mae rhyngweithiad galw a chyflenwad yn pennu'r pris ar gyfer cyfnewid. Mae gan bris dair prif swyddogaeth mewn marchnad.

Dogni Mae chwant defnyddwyr yn anfeidraidd, ond rydym yn byw mewn byd o adnoddau prin (☞ uned 1). Rywsut, mae angen dyrannu'r adnoddau prin hynny rhwng ffyrdd o'u defnyddio sy'n cystadlu â'i gilydd. Un o swyddogaethau pris mewn marchnad yw dyrannu a dogni'r adnoddau hynny. Os oes llawer o alw am nwydd, ond bod ei gyflenwad yn gymharol brin, bydd prisiau'n uchel. Caiff cyflenwad cyfyngedig ei ddogni i'r prynwyr hynny sy'n fodlon talu pris digon uchel. Os ydy'r galw'n gymharol isel, ond bod y cyflenwad yn uchel iawn, bydd prisiau'n isel. Bydd y pris isel yn sicrhau y prynir llawer iawn o'r nwydd, gan adlewyrchu diffyg prinder y nwydd.

Rhoi arwyddion Mae pris nwydd yn ddarn allweddol o wybodaeth i brynwyr a gwerthwyr yn y farchnad. Mae prisiau i'w cael oherwydd y trafodion rhwng prynwyr a gwerthwyr. Mae prisiau'n adlewyrchu amodau'r farchnad ac felly yn gweithredu fel arwydd i'r sawl sydd yn y farchnad. Caiff penderfyniadau ynghylch prynu a gwerthu eu seilio ar yr arwyddion hynny.

Cymhelliad Mae prisiau'n gweithredu fel cymhelliad i brynwyr a gwerthwyr. Mae prisiau isel yn hybu prynwyr i brynu mwy o nwyddau. I ddefnyddwyr, y rheswm yw bod maint y boddhad neu'r defnydd-deb a enillir am bob punt o wariant yn cynyddu o'i gymharu â nwyddau eraill. Mae prisiau uchel yn eu hybu i beidio â phrynu am eu bod yn cael llai o nwyddau am bob punt o wariant. O ran cyflenwad, mae prisiau uchel yn hybu cyflenwyr i werthu mwy i'r farchnad. Efallai y bydd cwmnïau'n gorfod cyflogi mwy o weithwyr a buddsoddi mewn cyfarpar cyfalaf newydd i wneud hynny. Mae prisiau isel yn hybu cyflenwyr i beidio â chynhyrchu. Gall gostyngiad hir mewn prisiau yrru rhai cwmnïau allan o'r farchnad am nad yw'n broffidiol iddynt gyflenwi bellach.

I egluro sut mae'r swyddogaethau hyn yn helpu i ddyrannu adnoddau, ystyriwn ddwy enghraifft.

Enghraifft 1 Tybiwch fod lobïo gan grwpiau lles anifeiliaid yn newid chwaeth defnyddwyr. Yn y farchnad am gotiau ffwr prynir llai o gotiau ffwr. Yn y tymor byr mae cwmnïau'n debygol o ostwng prisiau er mwyn hybu galw. Mae'r gostyngiad yn y pris yn arwydd bod amodau'r farchnad wedi newid. Mae'n gweithredu hefyd fel anghymhelliad (*disincentive*) i gynhyrchu. Am y prisiau newydd is mae elw'n gostwng. Felly yn y tymor hir bydd rhai cwmnïau'n gadael y diwydiant, gan ostwng y cyflenwad. Pan fydd y pris mewn cydbwysedd tymor hir, bydd yn dogni'r cyflenwad ymhlith y cwsmeriaid hynny sy'n fodlon talu'r pris newydd. Effeithir ar farchnadoedd ffactorau hefyd. Bydd y galw gan gwmnïau yn y diwydiant ffwr am weithwyr, cyfarpar ac anifeiliaid yn gostwng. Felly gallai cyflogau gweithwyr ffwr ostwng. Bydd y gostyngiad mewn cyflogau, pris llafur, yn gweithredu fel arwydd i weithwyr. Bydd y cymhelliad i weithio yn y diwydiant wedi gostwng, felly bydd llai o weithwyr eisiau swyddi yn y fasnach ffwr. Bydd rhai gweithwyr nawr yn ymadael â'r diwydiant ac yn cael swyddi rywle arall yn yr economi. Dyma weithrediad y swyddogaeth ddogni. Yn y cyfamser bydd defnyddwyr wedi cynyddu eu gwariant ar nwyddau eraill, er enghraifft ar ffyrrau ffug. Yn y tymor byr gallai pris ffyrrau ffug godi. Bydd hynny'n gweithredu fel arwydd a chymhelliad i gwmnïau presennol ehangu cynhyrchu ac i gwmnïau newydd ddod i mewn i'r farchnad. Gyda chynnydd mewn cyflenwad, bydd cynnydd yn yr adnoddau a ddefnyddir i gynhyrchu ffyrrau ffug, enghraifft o'r swyddogaeth ddogni sydd gan brisiau.

Enghraifft 2 Mae cynnydd mawr yn nifer y gweithwyr ifanc yn y boblogaeth. Bydd y cynnydd hwn yng nghyflenwad gweithwyr ifanc yn gwthio'u cyflogau, sef pris llafur, i lawr. Bydd y gostyngiad mewn cyflogau yn gweithredu fel arwydd i gwmnïau bod llafur yn rhatach nawr. Mae'n gweithredu hefyd fel cymhelliad i gyflogi mwy o weithwyr ifanc am eu bod yn rhatach. Felly mae dyraniad adnoddau yn newid. Dylai'r cyflogau is ostwng costau cwmnïau, a gall hynny gael ei drosglwyddo i'r defnyddiwr ar ffurf prisiau is. Bydd y prisiau is yn gweithredu fel arwydd i ddefnyddwyr ac yn darparu cymhelliad iddynt gynyddu eu pryniant o nwyddau, gan newid dyraniad adnoddau eto.

Ymddygiad uchafu

Ym mecanwaith y farchnad, tybir bod pawb yn cael eu cymell gan hunan-les. Cymhellir defnyddwyr gan yr awydd i uchafu eu lles neu ddefnydd-deb. Mae cynhyrchwyr yn dymuno uchafu elw. Mae gweithwyr, rhentwyr a chyfalafwyr yn ceisio uchafu'r adenillion o'r ffactor y maent yn berchen arno. Mae'r ymddygiad uchafu hwn yn pennu'r ffordd y caiff adnoddau eu dyrannu.

Bydd defnyddwyr, er enghraifft, yn gwario i uchafu

eu boddhad neu ddefnydd-deb. Byddan nhw'n bwrw eu 'pleidleisiau' gwario rhwng gwahanol gynhyrchion a gwahanol gwmnïau. Os ydy chwaeth defnyddwyr yn newid fel eu bod eisiau mwy o hufen iâ a llai o gŵn poeth, byddan nhw'n gwario mwy ar hufen iâ a llai ar gŵn poeth. Bydd gwneuthurwyr hufen iâ yn cael mwy o arian o werthu hufen iâ ac yn ei ddefnyddio i ehangu cynhyrchu. Bydd gwneuthurwyr cŵn poeth yn gorfod diswyddo staff, prynu llai o ddefnyddiau crai ac yn y tymor hir cau ffatrïoedd.

Elw yn hytrach na derbyniadau yw'r arwydd i gwmnïau newid lefelau cynhyrchu. Pan fydd mwy o alw gan ddefnyddwyr am hufen iâ, dim ond os bydd hi'n broffidiol i ehangu cynhyrchu y bydd cwmnïau'n gwneud hynny. Dim ond os gellir defnyddio'r adnoddau rywle arall am lefelau uwch o elw y bydd gwneuthurwyr cŵn poeth yn cau ffatrïoedd cynhyrchu. Mewn marchnad rydd, mae cwmnïau'n newid patrymau cynhyrchu i ymateb i newidiadau yng ngalw defnyddwyr oherwydd eu hawydd i uchafu elw.

Cwestiwn 2

Mae *Pioneer*, y gwneuthurwr nwyddau electronig o Japan, i gau tua chwarter o'i gyfleusterau gweithgynhyrchu byd-eang. Bydd yn cyfuno'i 40 cyfleuster gweithgynhyrchu yn 30 cyfleuster ac yn gostwng ei weithlu 5% neu 2 000 o swyddi, yn bennaf y tu allan i Japan.

Mae'r symudiad yn ymateb i ostyngiadau sydyn yn y pris yn ei brif farchnadoedd am baneli arddangos plasma (un math o set deledu sgrin wastad) a chwaraewyr *DVD*. Mae *Pioneer* yn rhagfynegi y bydd y galw am baneli arddangos plasma yn tyfu o 2.4 miliwn yn y flwyddyn hyd at ddiwedd Mawrth 2005 i 11 miliwn erbyn Mawrth 2009. Fodd bynnag, mae prisiau wedi gostwng 40% yn ddiweddar, o ganlyniad i'r ffaith fod gwneuthurwyr ledled y byd wedi ehangu'r cyflenwad yn rymus ar sail rhagfynegiadau y bydd setiau teledu sgrin wastad yn cymryd lle setiau teledu traddodiadol. Ond mae'r gostyngiadau yn y pris wedi achosi i'r rhan fwyaf o wneuthurwyr setiau teledu sgrin wastad wneud colled ar bob set a gynhyrchant nawr. Yn debyg i *Pioneer*, mae ganddynt ddewis: rhaid iddynt naill ai ostwng eu costau cynhyrchu er mwyn gallu gwneud elw ar bob set a werthir neu ymadael â'r farchnad.

Ffynhonnell: addaswyd o'r *Financial Times*, 24.3.2005.

Eglurwch sut mae prisiau setiau teledu sgrin wastad wedi:
(a) gweithredu fel arwyddion i'r farchnad;
(b) darparu cymhellion i ddefnyddwyr a chynhyrchwyr ddyrannu eu hadnoddau.

Asesu'r farchnad

Mae marchnadoedd yn un ffordd o ddyrannu adnoddau. Mae yna ffyrdd eraill. Er enghraifft, gallai'r llywodraeth ddyrannu adnoddau fel y gwna yn achos amddiffyn, addysg neu'r heddlu. Mae economegwyr eisiau gwybod sut i asesu ai marchnadoedd yw'r ffordd orau o ddyrannu adnoddau. Maent yn gwneud hyn mewn dau brif fodd.

Yn gyntaf, maent yn ystyried ydy marchnadoedd yn ffyrdd **effeithlon** (☞ uned 16) o ddyrannu adnoddau. Hynny yw, ydy cwmnïau'n cynhyrchu am y gost isaf ac yn ymateb i anghenion defnyddwyr fel yn yr enghraifft uchod o hufen iâ a chŵn poeth. Yn ail, maent yn ystyried materion **tegwch** (☞ unedau 16 a 20). Mae effeithlonrwydd yn cymryd dosraniad incwm yn ganiataol. Ond ydy incwm a chyfoeth yn y gymdeithas wedi'u dosrannu mewn modd derbyniol?

Os ydy adnoddau wedi'u dyrannu'n aneffeithlon ac yn annheg, gall fod dadl o blaid llywodraethau'n ymyrryd, naill ai drwy newid amodau yn y farchnad neu drwy symud cynhyrchu o fecanwaith y farchnad yn gyfan gwbl. Mae Unedau 16-22 yn ystyried y materion cymhleth hyn.

Cwestiwn 3

Mae *Samsung Electronics,* y gwneuthurwr o Dde Korea, wedi codi o ddim i fod yn rym byd-eang mewn cynhyrchion fel sglodion cof, paneli arddangos gwastad a ffonau symudol. Yr wythnos diwethaf, cynhaliodd y cwmni gynhadledd anarferol i'r wasg ynghylch ei chwaraewyr *MP3* newydd, gan ddatgan y byddai'n cynyddu ei gyfran o'r farchnad am chwaraewyr cerddoriaeth bach a yrrir gan ddisg caled o 7.7% nawr i fod yn brif gynhyrchydd y byd erbyn 2007, gan ddisodli *Apple* sy'n rheoli 70%.

Mae'r *iPod* gan *Apple* wedi bod yn llwyddiant annisgwyl ac ysgubol. Yn hawdd ei ddefnyddio ac â delwedd 'cŵl' a 'rhaid ei gael' ymhlith ei brynwyr ifanc, mae hwn wedi trawsnewid sefyllfa *Apple.* Cynyddodd elw'r cwmni yn y chwarter cyntaf bedair gwaith eleni o'i gymharu â ffigurau'r llynedd a hynny oherwydd gwerthiant yr *iPod.*

Mae *Samsung* yn gobeithio y bydd pobl ifanc yn cael eu denu i'w chwaraewyr *MP3* amlswyddogaethol â recordydd llais, camera a thiwnwyr radio mewnol, a fydd yn caniatáu i ddefnyddwyr chwarae gemau electronig, gwylio fideos cerddoriaeth a ffilmiau a chymryd ffotograffau digidol. Yn dechnolegol, mae gan y cwmni fantais dechnolegol gadarn ar *Apple* gan mai yntau yw cynhyrchydd mwyaf y

byd o sglodion cof fflach, cydran allweddol o chwaraewyr *MP3*. Disgwylir hefyd i rym brand a rhwydwaith gwerthiant byd-eang *Samsung* ei helpu i gynyddu ei gyfran o'r farchnad yn UDA. Eleni mae'r cwmni'n bwriadu gwario $40 miliwn ar farchnata ar gyfer ei chwaraewyr *MP3*.

Fodd bynnag, mae dadansoddwyr yn rhybuddio efallai na fydd strategaeth *Samsung* yn gweithio, gan fod yn well gan lawer o ddefnyddwyr gynhyrchion syml â rhyngwynebau sy'n gyfeillgar i'r defnyddiwr a dyna gryfder *iPod.* Hefyd mae 'cŵl'yn anodd iawn ei gael mewn cynnyrch copi. Ond y ffactor 'cŵl' sy'n caniatáu i gynhyrchion fel esgidiau *Nike* a cheir *BMW* gael eu gwerthu am brisiau uwch na chynhyrchion eu cystadleuwyr ac sy'n creu elw mawr i'w perchenogion.

Ffynhonnell: addaswyd o'r *Financial Times,* 30.3.2005.

Gan ddefnyddio *Samsung* fel enghraifft, eglurwch swyddogaeth elw o ran dyrannu adnoddau.

Economeg gymhwysol

Ceir

Mae hanes diwydiant ceir y DU yn y degawdau diwethaf yn enghraifft dda o'r modd y mae marchnadoedd yn dyrannu adnoddau. Yn yr 1950au a'r 1960au, cafodd marchnad Prydain ei hynysu i raddau helaeth rhag cystadleuaeth o wledydd tramor. Prynai modurwyr Prydain geir wedi'u gwneud mewn ffatrïoedd Prydeinig, hyd yn oed os oedd rhai o'r ffatrïoedd hynny dan berchenogaeth cwmnïau tramor fel *Ford.* Roedd yn farchnad werthwyr i raddau helaeth, gyda'r galw'n cael ei gyfyngu gan allu defnyddwyr i gael credyd ar gyfer prynu ceir.

Fodd bynnag, roedd gan y diwydiant ceir ddau brif wendid ar y pryd. Yn gyntaf, methodd â mynd i'r afael â phroblemau ansawdd. Mewn marchnad werthwyr nid oedd cwmnïau dan unrhyw bwysau i weithgynhyrchu ceir oedd yn trechu'r byd. Yn ail, roedd y diwydiant yn tanfuddsoddi. Efallai nad oedd hyn o fawr syndod o gofio proffidioldeb gwael rhai cwmnïau. Er enghraifft, ni lwyddodd y car Mini gwreiddiol, a gynhyrchwyd am y tro cyntaf yn 1959, i wneud elw yn ei bum mlynedd gyntaf o gynhyrchu am fod ei bris wedi'i osod yn rhy isel. Arweiniodd proffidioldeb gwael at resymoli, gyda chwmnïau'n cael eu trosfeddiannu gan gwmnïau eraill a chynhyrchu'n cael ei gyflymu. Ond llusgodd y buddsoddi angenrheidiol mewn prosesau cynhyrchu a chyfleusterau newydd y tu ôl i brif gystadleuwyr tramor y DU.

Daeth gwendid diwydiant ceir Prydain yn amlwg yn yr 1970au a'r 1980au fel y gwelir yn Ffigurau 15.1 a 15.2. Cododd mewnforion i'r entrychion, ond gostyngodd allforion. Gostyngodd cynhyrchu mewnol o uchafbwynt o 1.9 miliwn o geir y flwyddyn yn 1972 i 0.9 miliwn erbyn

1984. Yr hyn a ddigwyddodd oedd bod defnyddwyr y DU eisiau prynu ceir o wledydd tramor yn fwyfwy am eu bod nhw wedi'u hadeiladu'n well, yn fwy dibynadwy ac, yn achos ceir o Japan, â phrisiau is. Yn yr un modd, gwnaeth cwsmeriaid mewn gwledydd tramor droi i ffwrdd o geir Prydeinig, gan ostwng allforion i draean o'u lefelau yn yr 1960au. Ymateb gwneuthurwyr ceir Prydain oedd cau ffatrïoedd, diswyddo gweithwyr a gostwng archebion am gydrannau. Arweiniodd y gostyngiad yn y galw am geir Prydain at ostyngiad yn y galw am y ffactorau cynhyrchu a ddefnyddiwyd i gynhyrchu'r ceir hynny.

Roedd canol yr 1980au yn drobwynt i weithgynhyrchu ceir ym Mhrydain. Gellir dadlau mai'r ffactor pwysicaf yn gorfodi newid oedd gwneuthurwyr o Japan yn dod i'r DU. Sefydlodd *Honda* bartneriaeth waith gyda *Rover* ac adeiladodd ffatri fotorau yn Swindon hefyd. Adeiladodd *Nissan* ffatri geir newydd yng Ngogledd Ddwyrain Lloegr, gyda *Toyota* yn dilyn drwy sefydlu un yn Derby. Daethon nhw i'r DU am eu bod eisiau gwerthu mwy o geir yn Ewrop. Ar y pryd, cawson nhw eu hatal rhag gwerthu cymaint o geir ag y dymunent gan fod gwledydd Ewrop â chyfyngiadau sefydlog ar fewnforion o Japan er mwyn diogelu eu gwneuthurwyr ceir nhw rhag cystadleuaeth. Roedd y DU yn rhan o'r Undeb Ewropeaidd ac felly byddai ceir Japaneaidd a adeiladwyd yn y DU yn cael mynediad heb gyfyngiad i Ewrop. Cododd cynhyrchwyr ceir Japaneaidd niferoedd cynhyrchu ceir yn y DU drwy sefydlu ffatrïoedd yma. Ond cawson nhw effaith bwysig ar wneuthurwyr ceir UDA ac Ewrop hefyd. Roedd ceir Japaneaidd yn fwyfwy poblogaidd gyda chwsmeriaid ledled y byd. Gallai cwmnïau fel *General Motors* a *Ford* weld y byddent yn cael eu gyrru allan o'r farchnad oni allent gynhyrchu ceir â'r un ansawdd a phris â'r cystadleuwyr o Japan. Eu hymateb oedd newid eu ffordd o ddylunio ac adeiladu ceir. Gwnaethon nhw fabwysiadu dulliau cynhyrchu Japaneaidd fel cael cydrannau i gyrraedd ffatrïoedd mewn union bryd. Rhoddwyd sgiliau llawer gwell i'r gweithwyr. Rhoddwyd buddsoddiant newydd a modelau newydd i ffatrïoedd ceir a allai ddangos bod ganddynt lefelau uchel o gynhyrchedd. Rhoddwyd dewis i ffatrïoedd Prydain yn benodol, sef naill ai mabwysiadu dulliau newydd o weithio neu gael eu hamddifadu o fuddsoddiant a chael eu cau yn y pen draw. Oni allai ffatrïoedd Prydain gyflenwi'r nwyddau iawn, byddai'r farchnad yn eu gorfodi i gau.

Hefyd chwaraeodd grymoedd y farchnad ran ym mhenderfyniad y Japaneaid i ddod i'r DU. Yn hanner cyntaf yr 1980au dilynodd llywodraeth Margaret Thatcher **bolisïau ochr-gyflenwad** (☞ uned 38) a ddenodd fuddsoddiant o wledydd tramor. Rheolwyd pŵer undebau llafur. Gostyngwyd trethi ar elw cwmnïau. Gostyngwyd hefyd y cyfraddau uwch o dreth a dalwyd gan weithredwyr cwmnïau. Yn olaf, gostyngodd trethi a dalwyd gan gyflogwyr ar eu gweithwyr. Roedd perfformiad gwael economi'r DU yn yr 1960au a'r 1970au o'i gymharu â gwledydd Ewropeaidd eraill yn golygu hefyd bod cyflogau

yn y DU yn aml yn is nag yn yr Almaen neu Ffrainc. Roedd trethi isel a chyflogau isel yn gymhellion pwerus i'r Japaneaid a gwledydd eraill sefydlu yn y DU.

Yn yr 1990au, fel y gwelir yn Ffigurau 15.1 a 15.2, gwnaeth diwydiant ceir y DU adferiad sylweddol. Cynyddodd cynhyrchu mewnol bron 40%, o 1.3 miliwn o geir yn 1990 i 1.8 miliwn o geir yn 1999. Dros yr un cyfnod cynyddodd allforion 73% a chynyddodd mewnforion 49% yn unig. Roedd y farchnad yn dangos y gallai ffatrïoedd ceir y DU fod yr un mor gystadleuol â ffatrïoedd ceir tramor, os nad yn fwy cystadleuol. Roedd y farchnad hefyd yn rhoi cymhelliad i gwmnïau cynhyrchu ceir fuddsoddi yn eu ffatrïoedd ceir yn y DU gan y gallen nhw fod yr un mor broffidiol â ffatrïoedd ceir tramor, os nad yn fwy proffidiol.

Gwnaeth natur gystadleuol iawn y diwydiant ceir ddwysáu os unrhyw beth yn y 2000au. Er enghraifft, gwelodd gwledydd yn Nwyrain Ewrop a ymunodd â'r UE yn 2004, â'u llafurlu cyflog isel a'u trethi isel, fuddsoddiant sylweddol gan gwmnïau amlwladol. O ganlyniad, cafodd ymchwydd mewn gwerthiant ceir yn y DU, yn codi o 2.3 miliwn o geir y flwyddyn yn 2000 i 2.6 miliwn o geir y flwyddyn yn 2004, ei gyflenwi'n gyfan gwbl gan fewnforion yn hytrach na chynnydd mewn cynhyrchu mewnol. Enghraifft arall o natur ffyrnig y gystadleuaeth yn y farchnad oedd cwymp *Rover* yn 2004, yr unig wneuthurwr ceir torfol dan berchenogaeth y DU oedd yn dal yn y DU.

Er gwaetha'r gystadleuaeth hon, mae dyfodol tymor hir diwydiant ceir y DU yn ymddangos yn ddiogel. Gan mwyaf, mae ffatrïoedd ceir y DU yn gystadleuol. Mae gan ffatri geir *Nissan* yn Sunderland y cynhyrchedd llafur uchaf yn Ewrop. Hon hefyd yw ffatri fwyaf cynhyrchiol *Nissan* ledled y byd. Mae hyn yn dangos y gall ffatrïoedd ceir Prydain fod yn unedau o'r radd flaenaf os cânt eu rheoli'n effeithiol ac os bydd eu perchenogion yn parhau i fuddsoddi ynddynt.

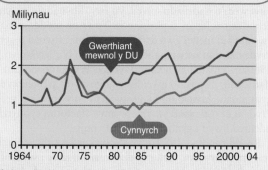

Ffigur 15.1 Cynnyrch a gwerthiant ceir blynyddol, DU (miliynau)

Ffynhonnell: addaswyd o *Economic Trends Annual Supplement*, Swyddfa Ystadegau Cenedlaethol.

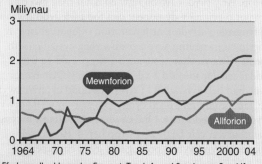

Ffigur 15.2 Allforion a mewnforion ceir blynyddol, DU (miliynau)

Ffynhonnell: addaswyd o *Economic Trends Annual Supplement*, Swyddfa Ystadegau Cenedlaethol.

Cwestiwn Data Y farchnad am ffonau symudol

Ffigur 15.3 Twf derbyniadau a nifer ffisegol y ffonau symudol, DU, rhagfynegiad 2005-2009

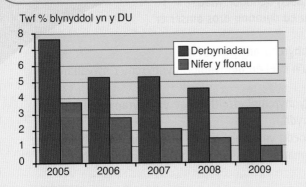

Twf % blynyddol yn y DU

■ Derbyniadau
■ Nifer y ffonau

Ffynhonnell: addaswyd o *Ovum*.

Ffigur 15.4 Treiddiad ffonau symudol: nifer y ffonau symudol fel canran o'r boblogaeth[1]

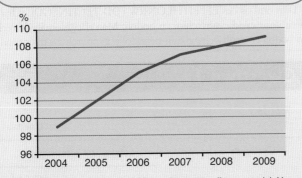

%

1 Mae mwy na 100% yn dangos bod gan rai perchenogion ffonau symudol ddau ffôn neu fwy.

Ffynhonnell: addaswyd o *Ovum*.

Mae marchnad ffonau symudol y DU mor gystadleuol erbyn hyn fel y gallai yrru un o'r prif chwaraewyr allan o'r farchnad o fewn y deuddeg mis nesaf, yn ôl Peter Erskine, prif weithredwr O2. Mae pedwar rhwydwaith sefydledig yn y DU - *Vodafone, Orange, T-Mobile* ac O2. Mae newydd-ddyfodiad i'r farchnad, *3 UK*, wedi ennill cyfran o'r farchnad yn gyflym drwy godi prisiau is na'r rhwydweithiau sefydledig. Maen nhw'n wynebu cystadleuaeth gan 'weithredwyr rhithwir' hefyd, sef cwmnïau nad ydynt yn berchen ar unrhyw isadeiledd ar gyfer teleffoni symudol, fel mastiau a cheblau. Yn hytrach, maen nhw'n rhentu'r gallu gan gwmnïau fel *Vodafone* sydd ag isadeiledd ffisegol. Y mwyaf llwyddiannus o'r gweithredwyr rhithwir fu *Virgin Mobile* sydd â 5 miliwn o gwsmeriaid erbyn hyn ar ôl pum mlynedd yn unig. Ond efallai y bydd gweithredwyr rhithwir fel *BT* a *Tesco* yn gystadleuwyr cryf hefyd.

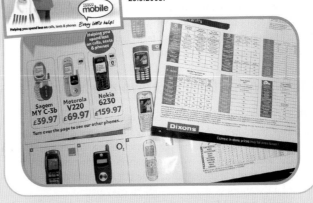

Ffynhonnell: addaswyd o'r *Financial Times*, 23.3.2005.

Mae dyfodiaid cymharol newydd i farchnad ffonau symudol y DU wedi tueddu i ennill cyfran o'r farchnad drwy godi prisiau is na'u cystadleuwyr mwy sefydledig. Er enghraifft, mae *Virgin Mobile* wedi targedu'r farchnad ragdalu (*prepay*), lle nad oes gan gwsmeriaid gontract blynyddol ond maen nhw'n prynu munudau ffôn ymlaen llaw. Yn nodweddiadol, mae'r cwsmeriaid hyn yn gwario £10 y mis yn unig o gymharu â'r cwsmer contract cyfartalog ar gyfer un o'r prif rwydweithiau sy'n gwario mwy na £500 y flwyddyn. Mae 3, y dyfodiad diweddaraf i'r farchnad i gael ei isadeiledd ei hun, wedi codi prisiau is na'i gystadleuwyr

mwy sefydledig yn y farchnad gontractau. Mae ar flaen y gad hefyd yn cynnig y dechnoleg *3-G* ddiweddaraf. Bydd *3-G* yn galluogi cynnig amrywiaeth eang o wasanaethau newydd i gwsmeriaid gan gynnwys cyswllt â'r Rhyngrwyd a lawrlwythiadau fideo a cherddoriaeth. Bydd y gwasanaethau newydd hyn yn cael eu cynnig am brisiau premiwm, gan ennill elw uchel i gwmnïau. Y cwmnïau ar eu hennill fydd y rhai sy'n cynnig y gymysgedd iawn o wasanaethau 'rhaid eu cael' am y pris iawn.

Ffynhonnell: addaswyd o'r *Financial Times*, 23.3.2005.

1. Disgrifiwch dueddiadau'r rhagfynegiad a ddangosir yn Ffigurau 15.3 a 15.4 yn y farchnad ffonau symudol.
2. Eglurwch sut mae prisiau'n gweithio i ddogni, rhoi arwyddion a rhoi cymhellion yn y farchnad ffonau symudol.

3. 'Mae marchnad ffonau symudol y DU mor gystadleuol erbyn hyn fel y gallai yrru un o'r prif chwaraewyr allan o'r farchnad o fewn y deuddeg mis nesaf.' Trafodwch sut mae elw yn dyrannu adnoddau o fewn marchnad, gan ddefnyddio'r farchnad ffonau symudol fel enghraifft.

Crynodeb

1. Mae effeithlonrwydd statig yn cyfeirio at effeithlonrwydd ar adeg benodol. Mae effeithlonrwydd dynamig yn ymwneud â sut y caiff adnoddau eu dyrannu dros amser er mwyn hybu cynnydd technegol a thwf economaidd.
2. Mae effeithlonrwydd cynhyrchiol yn bodoli pan gyflawnir cynhyrchu am y gost isaf.
3. Mae effeithlonrwydd dyrannol yn ymwneud ag ydy adnoddau'n cael eu defnyddio i gynhyrchu'r nwyddau a'r gwasanaethau y mae defnyddwyr eisiau eu prynu.
4. Mae pob pwynt ar ffin posibilrwydd cynhyrchu economi yn gynhyrchiol effeithlon ac yn ddyrannol effeithlon.
5. Mae marchnadoedd rhydd yn tueddu i arwain at effeithlonrwydd.
6. Mae methiant y farchnad yn digwydd pan na fydd marchnadoedd yn gweithredu'n effeithlon. Mae ffynonellau methiant y farchnad yn cynnwys diffyg cystadleuaeth mewn marchnad, allanolderau a marchnadoedd coll.

Effeithlonrwydd

Mae mecanwaith y farchnad yn dyrannu adnoddau, ond pa mor dda y mae'n gwneud hyn? Un ffordd o asesu hynny yw ystyried pa mor **effeithlon** y mae'n datrys y tri chwestiwn sylfaenol mewn economeg, sef beth i'w gynhyrchu, sut ac ar gyfer pwy (☞ uned 2). Mae effeithlonrwydd yn ymwneud â pha mor dda y defnyddir adnoddau, fel amser, talentau neu ddefnyddiau, i gynhyrchu canlyniad terfynol. Mewn termau economaidd, mae'n ymwneud â'r berthynas rhwng mewngyrch prin a chynnyrch. Mae nifer o fathau gwahanol o effeithlonrwydd y mae angen eu hystyried.

Effeithlonrwydd statig yn erbyn dynamig

Mae EFFEITHLONRWYDD STATIG yn bodoli ar adeg benodol. Enghraifft o effeithlonrwydd statig fyddai allai cwmni gynhyrchu 1 filiwn o geir y flwyddyn yn rhatach drwy ddefnyddio mwy o lafur a llai o gyfalaf. Enghraifft arall fyddai allai gwlad gynhyrchu mwy pe bai'n gostwng cyfradd ei diweithdra. Mae effeithlonrwydd cynhyrchiol a dyrannol (a drafodir isod) yn gysyniadau effeithlonrwydd statig. Mae economegwyr yn eu defnyddio i drafod allai mwy gael ei gynhyrchu nawr pe bai adnoddau'n cael eu dyrannu mewn modd gwahanol. Gellir defnyddio'r cysyniadau hyn, er enghraifft, i drafod allai diwydiannau a ddominyddir gan gynhyrchydd sydd â monopoli gynhyrchu am gost is pe bai cystadleuaeth yn cael ei chyflwyno i'r diwydiant (☞ uned 18). Neu gallent gael eu defnyddio i drafod a ddylid caniatáu i gwmni lygru'r amgylchedd (☞ uned 19).

Mae EFFEITHLONRWYDD DYNAMIG yn ymwneud â sut y caiff adnoddau eu dyrannu **dros gyfnod o amser**. Er enghraifft, fyddai mwy o effeithlonrwydd pe bai cwmni'n dosbarthu llai o'r elw dros amser i'w gyfranddalwyr ac yn defnyddio'r arian i gyllido mwy o fuddsoddi? Fyddai mwy o effeithlonrwydd yn yr economi pe bai mwy o adnoddau'n cael eu rhoi i fuddsoddiant yn hytrach na threuliant dros amser (☞ uned 27)? Fyddai diwydiant yn buddsoddi mwy ac yn creu mwy o gynhyrchion newydd dros amser pe bai'n fonopoli na phe bai cystadleuaeth berffaith (☞ uned 18)?

Effeithlonrwydd cynhyrchiol

Mae EFFEITHLONRWYDD CYNHYRCHIOL yn bodoli pan gyflawnir cynhyrchu am y gost isaf. Mae yna aneffeithlonrwydd cynhyrchiol pan fo cost cynhyrchu yn uwch na'r isafswm posibl a derbyn cyflwr gwybodaeth. Er enghraifft, byddai cwmni sy'n cynhyrchu 1 filiwn o unedau am gost o £10 000 yn gynhyrchiol aneffeithlon pe bai wedi gallu cynhyrchu'r cynnyrch hwnnw am gost o £8 000.

Dim ond os oes EFFEITHLONRWYDD TECHNEGOL y bydd effeithlonrwydd cynhyrchiol yn bodoli. Mae effeithlonrwydd technegol yn bodoli os cynhyrchir maint penodol o gynnyrch â'r maint isaf posibl

Cwestiwn 1

Tabl 16.1

Cynnyrch	Lefelau isaf o fewngyrch	Unedau
	Llafur	Cyfalaf
10	4	1
20	8	2
30	11	3
40	14	4
50	16	5

(a) Mae Cwmni A yn defnyddio 21 uned o lafur a 6 uned o gyfalaf i gynhyrchu 60 uned o gynnyrch. Mae cwmni sy'n cystadlu ag ef yn defnyddio 19 uned o lafur a 6 uned o gyfalaf i gynhyrchu'r un lefel o gynnyrch. Eglurwch ydy Cwmni A yn fwy technegol effeithlon na'r cwmni arall.

(b) Mae Cwmni B yn defnyddio 24 uned o lafur a 7 uned o gyfalaf i gynhyrchu 70 uned o gynnyrch. Mae Cwmni B yn talu £10 000 i ddefnyddio'r ffactorau hyn. Mae cwmni sy'n cystadlu ag ef yn defnyddio'r un nifer o ffactorau i gynhyrchu'r un lefel o gynnyrch ond mae'n talu £8 000 amdanynt. Eglurwch ydy Cwmni B yn fwy cynhyrchiol effeithlon.

(c) Nawr edrychwch ar Dabl 16.1. Ar sail y tabl, pa un o'r cyfuniadau canlynol sydd: (i) yn dechnegol effeithlon a (ii) yn gynhyrchiol effeithlon os mai cost isaf uned o lafur yw £100 a chost isaf uned o gyfalaf yw £500?
(1) 8 uned o lafur a 2 uned o gyfalaf i gynhyrchu 20 uned o gynnyrch am gost o £1 800. (2) 15 uned o lafur a 4 uned o gyfalaf i gynhyrchu 40 uned o gynnyrch am gost o £3 500. (3) 4 uned o lafur ac 1 uned o gyfalaf i gynhyrchu 10 uned o gynnyrch am gost o £1 000.

o fewngyrch (neu os cynhyrchir y lefel uchaf bosibl o gynnyrch â nifer penodol o unedau). Er enghraifft, os ydy cwmni'n cynhyrchu 1 000 o unedau o gynnyrch gan ddefnyddio 10 gweithiwr pan allai fod wedi defnyddio 9 gweithiwr, byddai'n dechnegol aneffeithlon. Fodd bynnag, nid yw pob cynnyrch sy'n dechnegol effeithlon yn gynhyrchiol effeithlon. Er enghraifft, gallai fod yn bosibl cynhyrchu 1 000 o unedau o gynnyrch gan ddefnyddio 9 gweithiwr. Ond gallai fod yn rhatach prynu peiriant a chyflogi 2 weithiwr yn unig.

Yn yr un modd, gallai Cwmni A fod yn defnyddio peiriant a dau weithiwr i gynhyrchu cynnyrch penodol. Fodd bynnag, os yw'n talu £100 000 y flwyddyn am hyn, tra bo cwmni sy'n cystadlu ag ef yn talu £80 000 yn unig y flwyddyn am yr un mewngyrch ffactorau, mae Cwmni A yn gynhyrchiol aneffeithlon.

Effeithlonrwydd dyrannol

Mae EFFEITHLONRWYDD DYRANNOL neu ECONOMAIDD yn ymwneud ag ydy adnoddau'n cael eu defnyddio i gynhyrchu'r nwyddau a'r gwasanaethau y mae defnyddwyr eisiau eu prynu. Er enghraifft, os ydy defnyddiwr eisiau prynu pâr o esgidiau, ydy'r esgidiau ar gael yn y siopau? Os ydy defnyddiwr eisiau addysg ar gyfer ei phlentyn, oes addysg ar gael?

Mae llawer o enghreifftiau o achosion lle nad oes effeithlonrwydd dyrannol. Yn yr Ail Ryfel Byd roedd system o ddogni yn y DU yn cyfyngu ar yr hyn y gallai defnyddwyr ei brynu. Nid oeddent yn rhydd i brynu mwy o fwyd a llai o ddillad gan mai dim ond wrth ddefnyddio cwponau a roddwyd gan y llywodraeth y gellid prynu bwyd a dillad. Yn yr Undeb Sofietaidd (Rwsia erbyn hyn) roedd prinder difrifol o nwyddau traul yn gyson. Yn aml byddai'r hyn oedd ar gael yn cael ei ddosbarthu trwy fecanweithiau ciwio. Nid oedd gan ddefnyddwyr y grym i ddewis rhwng esgidiau a bwyd oherwydd efallai na fyddai esgidiau ar gael yn y siopau ar y pryd.

Mae effeithlonrwydd dyrannol yn digwydd pan na allai neb gael ei wneud yn well ei fyd heb wneud rhywun arall yn waeth ei fyd. Yn yr Ail Ryfel Byd, er enghraifft, byddai'n well gan rai pobl fod wedi prynu mwy o ddillad a threulio llai o fwyd. Byddai eraill eisiau mwy o fwyd a llai o ddillad. Byddai effeithlonrwydd dyrannol wedi bod yn fwy pe bai pobl wedi gallu masnachu eu cwponau dillad am gwponau bwyd gan y byddai'r ddau grŵp wedi ennill.

Effeithlonrwydd a'r ffin posibilrwydd cynhyrchu

Gall gwahanol gysyniadau effeithlonrwydd gael eu hegluro gan ddefnyddio **ffin posibilrwydd cynhyrchu** neu **FfPC** (☞ uned 1). Mae ffin posibilrwydd cynhyrchu yn dangos cyfuniadau o nwyddau a allai gael eu cynhyrchu pe bai'r holl adnoddau'n cael eu defnyddio'n llawn (h.y. pe bai'r economi â chyflogaeth lawn).

Dim ond os ydy economi'n gweithredu ar y FfPC y mae effeithlonrwydd cynhyrchiol i'w gael yno. I ddeall pam, ystyriwch economi lle mae pob diwydiant ar wahân i'r diwydiant esgidiau yn gynhyrchiol effeithlon. Mae hynny'n golygu nad yw'r diwydiant esgidiau yn gweithredu am y gost isaf a'i fod yn defnyddio mwy o adnoddau nag sy'n angenrheidiol ar gyfer ei lefel gyfredol o gynnyrch (h.y. mae'n dechnegol aneffeithlon). Pe bai'r diwydiant esgidiau yn dod yn dechnegol effeithlon, gallai gynhyrchu mwy o esgidiau heb ostwng cynnyrch gweddill yr economi. Pan ddaw'r diwydiant esgidiau yn gynhyrchiol effeithlon, bydd pob diwydiant yn gynhyrchiol effeithlon ac ni ellir cynyddu lefel y cynnyrch mewn un diwydiant heb ei leihau mewn diwydiant arall. Ond mae hynny'n wir am unrhyw bwynt ar y FfPC. Yn Ffigur 16.1 mae'r economi yn B i ddechrau, o fewn y FfPC. Mae'r diwydiant esgidiau yn gynhyrchiol aneffeithlon gan y gallai YZ yn fwy o esgidiau gael eu cynhyrchu heb effeithio ar lefel cynnyrch gweddill yr economi, OX. Yn A ni all y diwydiant esgidiau gynhyrchu mwy o esgidiau heb gymryd adnoddau i ffwrdd o ddiwydiannau eraill ac achosi i'w cynnyrch ostwng. Felly rhaid bod y diwydiant esgidiau yn gynhyrchiol effeithlon yn A.

Mae pob pwynt ar y FfPC yn gynhyrchiol effeithlon oherwydd ar unrhyw bwynt rhaid bod cynhyrchu'n digwydd gan ddefnyddio'r maint lleiaf o adnoddau. Mae pob pwynt yn ddyrannol effeithlon hefyd. Ni ellir cyrraedd pwyntiau i'r dde o'r FfPC. Os ydy cynhyrchu'n digwydd o fewn y FfPC, mae'n bosibl ennill mwy o esgidiau a mwy o bob nwydd arall y gellir eu dosbarthu i ddefnyddwyr. Felly nid oes raid i ddefnyddwyr fynd heb esgidiau er mwyn cael mwy o bob nwydd arall. Ar y ffin rhaid gwneud cyfnewid (*trade-off*). Felly ar unrhyw bwynt ar y ffin, byddai symud i bwynt arall yn golygu mynd heb un nwydd er mwyn cael nwydd arall. Nid yw'n bosibl dweud pa bwynt sydd fwyaf cymdeithasol ddymunol oherwydd byddai angen cael gwybodaeth am flaenoriaethau cymdeithasol i asesu hynny.

Cwestiwn 2

Mewn rhai rhannau o'r wlad, mae yna rai ysgolion y wladwriaeth lle mae mwy o blant eisiau mynd i'r ysgol nag sydd o leoedd ar gael yn yr ysgol. Mewn amgylchiadau o'r fath rhaid i ysgolion ddewis eu plant yn ôl rheolau mynediad. Yn nodweddiadol, mae'r rhain yn seiliedig ar ddalgylchoedd. Mae plant sy'n byw yn agos at yr ysgol yn cael lle yno. Dydy'r rhai sy'n byw ymhellach i ffwrdd ddim yn cael lle yno. Efallai nad dyma'r ffordd fwyaf effeithlon o ddyrannu lleoedd. Mae rhai economegwyr wedi awgrymu rhoi i bob plentyn yn y wlad docyn sy'n werth £x sy'n cael ei roi i'w hysgol ac yna'n cael ei gyfnewid am arian i dalu am gostau rhedeg yr ysgol. Gallai ysgolion sydd â gormod o alw am leoedd ynddynt godi ffioedd ar ben gwerth y tocyn. Byddai maint y ffi yn cael ei bennu i gyfyngu nifer y plant sy'n cael mynd i'r ysgol i nifer y lleoedd sydd ar gael. Yn y farchnad ar geir ail law, os ydy rhai ceir yn fwy poblogaidd na'i gilydd, gall gwerthwyr ceir godi prisiau uwch. Gydag awgrym y economegwyr, byddai'r un peth yn digwydd yn y farchnad addysg. Felly byddai adnoddau'n cael eu dyrannu'n effeithlon.

(a) Pam y gellid dadlau bod aneffeithlonrwydd dyrannol mewn ardaloedd lle mae mwy o alw am leoedd mewn rhai ysgolion nag sydd o leoedd ar gael?

(b) Beth fyddai manteision ac anfanteision posibl cyflwyno system o docynnau a ffioedd mewn addysg?

> **Ffigur 16.1 Effeithlonrwydd a'r ffin posibilrwydd cynhyrchu**
> *Yn B mae'r economi'n gynhyrchiol aneffeithlon gan y gallai mwy o esgidiau gael eu cynhyrchu heb effeithio ar y maint sydd ar gael o bob nwydd arall. Mae pob pwynt ar y FfPC yn gynhyrchiol effeithlon a dyrannol effeithlon.*

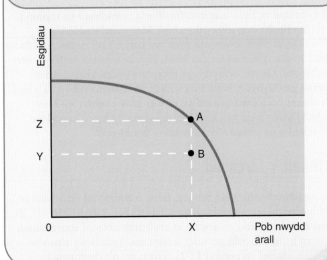

Cwestiwn 3

Yn yr 1980au a'r 1990au yn y DU arweiniodd preifateiddio (trosglwyddo perchenogaeth asedau o'r llywodraeth i'r sector preifat) at ostyngiad sylweddol yn nifer y gweithwyr a gyflogwyd yn y diwydiannau a breifateiddiwyd. Yn y diwydiannau trydan, nwy, rheilffyrdd a dŵr cyflogwyd llai o weithwyr ar ôl preifateiddio i gynhyrchu'r un faint o nwyddau a gwasanaethau. Yn achos glo, bu i gynnyrch glo a nifer y glöwyr a gyflogwyd ostwng yn sylweddol ar ôl preifateiddio wrth i byllau glo weld bod y galw am lo'r DU yn gostwng. Fe wnaeth y prif gwsmer am lo, sef y diwydiant trydan, newid i orsafoedd trydan a danir â nwy a chynyddu hefyd ei fewnforion o lo rhatach o wledydd tramor.

(a) Gan ddefnyddio diagram posibilrwydd cynhyrchu, eglurwch effaith preifateiddio ar effeithlonrwydd cynhyrchiol yn y DU.
(b) Gan ddefnyddio diagram posibilrwydd cynhyrchu a labelu'r echelinau'n 'glo' a 'pob nwydd arall', eglurwch sut y gwnaeth preifateiddio gyd-daro â newid mewn effeithlonrwydd dyrannol.

Y farchnad ac effeithlonrwydd economaidd

Yn aml mae marchnadoedd yn arwain at ddyraniad effeithlon o adnoddau. Mewn marchnad â llawer o brynwyr a gwerthwyr mae cystadleuaeth yn gorfodi cynhyrchwyr i gynhyrchu am y gost isaf. Os na wnânt hynny, bydd prynwyr yn prynu eu nwyddau gan gwmnïau sydd â chostau is. Felly mae marchnadoedd cystadleuol yn tueddu i arwain at effeithlonrwydd cynhyrchiol. Mae marchnadoedd yn tueddu tuag at effeithlonrwydd dyrannol hefyd. Gall cwsmeriaid fwrw eu 'pleidleisiau' gwario yn y farchnad. Hyn sy'n pennu beth sy'n cael ei gynhyrchu. Os ydy defnyddwyr eisiau mwy o esgidiau a llai o gadeiriau gardd, bydd cwmnïau esgidiau yn ehangu cynhyrchu a bydd gwneuthurwyr cadeiriau gardd yn cwtogi ar eu cynhyrchu. Mae marchnadoedd rhydd yn caniatáu'r trosglwyddo hyn o adnoddau cynhyrchiol o un ffordd o'u defnyddio i ffordd arall.

Methiant y farchnad

Dydy marchnadoedd, fodd bynnag, ddim o reidrwydd yn arwain at effeithlonrwydd economaidd. Mae METHIANT Y FARCHNAD, lle mae marchnadoedd yn arwain at aneffeithlonrwydd economaidd, yn gallu digwydd am nifer o resymau. Ystyriwch y rhain yn fanwl yn unedau 18-22. Dyma rai o'r rhesymau:

Diffyg cystadleuaeth mewn marchnad (☞ uned 18) Mae effeithlonrwydd economaidd yn debygol mewn marchnad lle mae llawer o brynwyr a gwerthwyr. Ond mewn llawer o farchnadoedd mae naill ai ychydig yn unig o brynwyr neu ychydig yn unig o werthwyr. Yn y diwydiant cludiant rheilffyrdd, er enghraifft, does gan y rhan fwyaf o deithwyr ddim dewis ynghylch pa gwmni i'w ddefnyddio ar gyfer taith benodol. Yn y diwydiant dŵr gorfodir unedau teulu i brynu eu dŵr gan un cwmni. Ym marchnad powdr golchi y DU mae dau gwmni'n dominyddu gwerthiant. Hoffai undebau llafur sicrhau mai dim ond aelodau'r undeb sy'n gweithio mewn man gwaith. Lle mae **cystadleuaeth amherffaith**, mae methiant y farchnad yn debygol. Bydd cwmnïau sy'n dominyddu eu marchnadoedd, er enghraifft, yn ceisio codi prisiau uchel er mwyn gwneud mwy o elw. Dim ond trwy gyfyngu ar y cyflenwad i'r farchnad y gallant wneud hyn, gan wrthod i gwsmeriaid y gallu i brynu cymaint ag y byddent wedi ei brynu mewn marchnad gystadleuol. Mae hynny'n arwain at aneffeithlonrwydd dyrannol. Gall undebau llafur wthio costau cwmnïau i fyny os llwyddant i gael cyflogau uwch na chyfradd y farchnad ar gyfer eu haelodau. Mae hynny'n arwain at aneffeithlonrwydd dyrannol.

Allanolderau (*externalities*, ☞ uned 19) Dylai prisiau ac elw fod yn arwyddion cywir, gan ganiatáu i'r actorion ym mecanwaith y farchnad ddyrannu adnoddau'n effeithlon. Yn y byd go iawn gall prisiau ac elw fod yn gamarweiniol iawn, oherwydd efallai na fyddant yn adlewyrchu'r gwir brisiau ac elw i'r gymdeithas o gynnal gwahanol weithgareddau economaidd. Er enghraifft, yng ngwlad Brasil mae'n gwneud synnwyr masnachol i dorri lawr y goedwig law er mwyn darparu tir pori ar gyfer gwartheg a werthir yn y Gorllewin fel cig ar gyfer byrgyrs. Ond gallai hynny arwain at drychineb economaidd yn y tymor hir oherwydd effeithiau cynhesu byd-eang. Mae'r farchnad yn rhoi'r arwyddion anghywir ac yn arwain at aneffeithlonrwydd economaidd a chamddyrannu adnoddau.

Marchnadoedd coll (☞ uned 20) Am amrywiaeth o resymau, efallai na fydd y farchnad yn darparu rhai nwyddau a gwasanaethau. Ni chaiff rhai nwyddau fel amddiffyn (a elwir yn **nwyddau cyhoeddus**) eu darparu gan y farchnad. Ni fydd digon o ddarpariaeth o nwyddau eraill a elwir yn **nwyddau rhinwedd** (*merit goods*). Dwy enghraifft o nwyddau rhinwedd yw gofal iechyd ac addysg. Rhan o'r rheswm pam nad oes digon o ddarpariaeth yw bod mecanwaith y farchnad yn gallu bod yn wael o ran delio â risg a rhoi gwybodaeth i asiantau yn y farchnad.

Methiant o ran gwybodaeth Mewn marchnad effeithlon mae gan brynwyr a gwerthwyr wybodaeth dda am y cynnyrch. Ond weithiau mae gwybodaeth yn amherffaith (☞ uned 20). Er enghraifft, mae defnyddiwr sy'n prynu diod ysgafn yn debygol o fod wedi rhoi cynnig ar amrywiaeth o ddiodydd cyn hynny. Mae'r ddiod a brynir yn debygol o fod yn un y mae'r defnyddiwr yn ei hoffi ac felly mae ganddo wybodaeth dda am y cynnyrch. Ond beth am brynu peiriant golchi, rhywbeth na fydd y defnyddiwr yn ei wneud ond bob 8 mlynedd efallai? Yn yr achos hwn, gallai'r defnyddiwr fod â gwybodaeth amherffaith a gallai wneud y dewis anghywir. Mae enghreifftiau eraill yn ymwneud â sefyllfaoedd lle mae'n debygol na fydd y defnyddiwr fyth â mwy o wybodaeth na'r gwerthwr. Os ydy deintydd yn argymell triniaeth pan nad yw'r claf mewn poen, sut mae'r claf i wybod ydy'r driniaeth yn wir lesol iddo/iddi? Gallai'r deintydd fod â mwy o ddiddordeb mewn cael ffi na thrin y claf.

Ansymudedd ffactorau Gall ffactorau cynhyrchu (tir, llafur a chyfalaf, ☞ uned 2) fod yn ansymudol. Hynny yw mae'n anodd eu trosglwyddo o un ffordd o'u defnyddio i ffordd arall. Er enghraifft, ar ôl adeiladu trên dim ond fel trên y mae'n ddefnyddiol. Ni ellir ei newid yn gar neu'n awyren. Gall gweithwyr fod yn ansymudol. Os bydd glöwr yn colli ei swydd efallai nad oes ganddo fawr ddim o sgiliau i'w cynnig mewn math arall o waith. Felly gallai fod yn anodd cael swydd arall. Efallai na fydd gweithiwr di-waith mewn ardal â diweithdra uchel yn gallu neu'n fodlon symud i swydd mewn ardal â diweithdra isel. Er enghraifft, gallai fod yn amhosibl cael hyd i dŷ am rent neu bris y gellir ei fforddio yn yr ardal â diweithdra isel. Neu efallai nad ydy'r gweithiwr eisiau ymadael â theulu a ffrindiau yn yr ardal leol. Po fwyaf yw ansymudedd ffactorau, mwyaf i gyd o amser y bydd yn ei gymryd i farchnadoedd glirio pan fydd ysgytiad i'r system economaidd. Ansymudedd ffactorau oedd un o'r rhesymau pam y bu cyfraddau diweithdra Cymru, Gogledd Lloegr, yr Alban a Gogledd Iwerddon yn uwch na'r cyfartaledd yn yr 1960au, yr 1970au a'r 1980au. Roedd diwydiannau gweithgynhyrchu a chynradd trwm traddodiadol wedi'u crynhoi yn yr ardaloedd hyn. Wrth iddynt ddirywio, collodd gweithwyr eu swyddi. Ond ni chrewyd digon o ddiwydiannau newydd â chyfalaf newydd i wneud iawn am ddirywiad hen ddiwydiannau. Roedd gweithwyr di-waith yn ei chael hi'n anodd, os nad yn amhosibl, cael swyddi. Ond hefyd nid oedd digon o weithwyr yn fodlon ymadael â'r rhanbarthau hyn i chwilio am waith mewn ardaloedd o'r DU oedd â diweithdra isel.

Anghydraddoldeb Nid aneffeithlonrwydd economaidd yn unig sy'n achosi methiant y farchnad. Gellir ei achosi hefyd gan **anghydraddoldeb** yn yr economi. Mewn economi marchnad mae gallu unigolion i dreulio nwyddau yn dibynnu ar incwm y cartref lle maen nhw'n byw. Daw incwm cartref o amrywiaeth o ffynonellau.

- Cyflogau sy'n cael eu talu i'r rhai hynny sy'n gweithio y tu allan i'r cartref. Yn y farchnad lafur caiff cyflogau gwahanol eu talu i weithwyr gwahanol yn dibynnu ar ffactorau fel addysg, hyfforddiant, sgìl a lleoliad.
- Enillir llog, rhent a buddrannau o gyfoeth y cartref. Gall cyfoeth gynnwys arian mewn cyfrifon banc a chyfrifon cymdeithas adeiladu, stociau a chyfranddaliadau ac eiddo.
- Mae pensiynau preifat yn fath arall o incwm heb ei ennill. Mae pensiynau preifat yn cynrychioli incwm o gronfa bensiwn y gellir ei

brisio ac sy'n fath o gyfoeth.
- Mae incwm arall yn cynnwys budd-daliadau'r wladwriaeth fel budd-dal di-waith, budd-dal plant a phensiynau'r wladwriaeth.

Gall mecanwaith y farchnad arwain at ddosraniad incwm sy'n annymunol neu'n annerbyniol. Er enghraifft, gall lefelau incwm fod mor isel fel na all cartref fforddio **angenrheidiau** sylfaenol fel bwyd, lloches neu ddillad (☞ uned 1). Os caiff gofal iechyd ei ddarparu gan y sector preifat yn unig, efallai na fydd cartref yn gallu fforddio gofal meddygol. Gall fod angen wedyn i'r wladwriaeth ymyrryd i ddarparu naill ai incwm ar ffurf budd-daliadau, neu nwyddau a gwasanaethau fel gofal iechyd er mwyn cynyddu lefelau treuliant.

Termau allweddol

Effeithlonrwydd cynhyrchiol – mae'n digwydd pan gyflawnir cynhyrchu am y gost isaf.
Effeithlonrwydd dynamig – mae'n digwydd pan fydd adnoddau wedi'u dyrannu'n effeithlon dros amser.
Effeithlonrwydd dyrannol neu economaidd – mae'n digwydd pan fydd adnoddau wedi'u dyrannu yn y fath fodd fel na ellir gwneud unrhyw ddefnyddwyr yn well eu byd heb i ddefnyddwyr eraill fod yn waeth eu byd.
Effeithlonrwydd statig – mae'n digwydd pan fydd adnoddau wedi'u dyrannu'n effeithlon ar adeg benodol.
Effeithlonrwydd technegol – mae'n digwydd pan fydd maint penodol o gynnyrch yn cael ei gynhyrchu â'r maint isaf posibl o fewngyrch.
Methiant y farchnad – lle mae adnoddau wedi'u dyrannu'n aneffeithlon oherwydd amherffeithrwydd yng ngweithrediad mecanwaith y farchnad.

Economeg gymhwysol

Y Polisi Amaethyddol Cyffredin (PAC)

Pan gafodd yr Undeb Ewropeaidd (UE), sef y Gymuned Ewropeaidd gynt, ei ffurfio gyntaf roedd yna ymrwymiad i fasnach rydd rhwng aelod wledydd. Gwelodd hwn ei fynegiant mawr cyntaf yn 1962 yn y Polisi Amaethyddol Cyffredin, polisi ledled y Gymuned oedd yn anelu at gysoni polisïau amaethyddol y chwe aelod wlad wreiddiol (☞ uned 21). Un o nodau'r PAC oedd cynyddu effeithlonrwydd yn y farchnad am gynhyrchion amaethyddol. I ba raddau y cafodd hyn ei gyflawni?

Yn sicr mae effeithlonrwydd cynhyrchiol wedi cynyddu. Mae Tabl 16.3 yn dangos bod nifer y ffermydd bach, cymharol aneffeithlon wedi lleihau dros amser tra bo nifer y ffermydd mawr o fwy na 50 hectar â chostau cyffredinol is wedi cynyddu. Bu gostyngiad sylweddol mewn cyflogaeth yn y sector amaethyddol fel y mae Tabl 16.3 yn ei ddangos. Ar yr un pryd, oherwydd dulliau

ffermio dwysach, mwy o ddefnydd o wrteithiau a pheiriannau a chnydau a bridiau anifeiliaid sy'n cynhyrchu fwy, mae cynnyrch wedi codi.

Fodd bynnag, nid yw amaethyddiaeth Ewropeaidd yn gwbl gynhyrchiol effeithlon. Mae gormod o ffermwyr bach sy'n cynhyrchu ar dir ymylol, fel yng Nghymru neu Alpau Ffrainc. Yn 2000, o ystyried 25 aelod wlad yr UE oedd wedi ymaelodi erbyn 2004, roedd maint cyfartalog fferm yn amrywio o 1.3 hectar ym Malta, i 23.7 hectar yng Ngwlad Belg, 45.8 hectar yn Ffrainc ac 84.6 hectar yn y DU. Ni all ffermwyr bach gael y darbodion maint y mae ffermydd mawr yn eu mwynhau ac o ganlyniad mae eu costau cynhyrchu yn uwch o lawer.

Ond gellir dadlau nad yw'r gwahaniaeth mewn cynhyrchedd rhwng ffermydd yn Ewrop yn fater mor bwysig â'r gwahaniaeth yng nghost cynhyrchu rhwng yr

UE a gweddill y byd. Mae prisiau byd-eang llawer o nwyddau amaethyddol, fel gwenith a menyn, wedi bod ymhell islaw'r rhai sy'n cael eu cynnal gan y system gymhleth o ddollau, cwotâu a phrisiau ymyrrol yn yr UE.

Mae defnyddwyr yn colli oherwydd y prisiau mewnol uchel hyn. Gellir cyfrifo'u colled drwy luosi'r swm y maent yn ei brynu â'r gwahaniaeth rhwng prisiau gât fferm mewnol a byd-eang.

Fodd bynnag, mae ffermwyr ledled y byd hefyd yn tueddu i gael eu cefnogi gan y trethdalwyr. Mae Ffigur 16.2 yn dangos graddau'r cymorthdaliadau sy'n cael eu talu i ffermwyr ledled y byd. Er enghraifft, yn yr UE yn 2004 roedd ffermwyr yn derbyn cymorthdaliadau oedd ar gyfartaledd yn 33% o werth eu cynnyrch ar y farchnad.

Nid yn unig y mae'r farchnad amaethyddol yn gynhyrchiol aneffeithlon. Gellir dadlau ei bod yn ddyrannol aneffeithlon. Mae'r ffaith bod trethdalwyr ledled y byd datblygedig yn gorfod cymorthdalu ffermwyr yn golygu bod cost ffiniol cynhyrchu yn fwy o lawer na'r pris y mae defnyddwyr yn fodlon ei dalu. Felly gallai effeithlonrwydd dyrannol gael ei gynyddu trwy symud adnoddau allan o amaethyddiaeth i ddiwydiannau eraill.

Dros yr 20 mlynedd diwethaf bu ymwybyddiaeth gynyddol o gostau'r PAC a systemau eraill o gymorth amaethyddol. Yn y gyfres ddiweddaraf o drafodaethau masnach, sef cyfres Doha, roedd llawer o wledydd y Trydydd Byd ynghyd â gwledydd sy'n allforio cynnyrch amaethyddol fel Awstralia a Seland Newydd yn brwydro i ryddfrydoli masnach cynhyrchion amaethyddol. Yn ymarferol, mae hyn yn golygu bod yr UE ac UDA yn datgymalu eu cyfundrefnau cymorth i amaethyddiaeth. Yn yr UE mae gwrthwynebiad cryf i ostwng cymorthdaliadau i ffermwyr i'w gael mewn rhai gwledydd, yn enwedig y rhai sy'n elwa fwyaf oherwydd y PAC, fel Ffrainc.

Byddai diddymu'r PAC yn creu collwyr yn ogystal ag enillwyr. Byddai prisiau tir yn cwympo oherwydd y byddai prisiau cynnyrch yn gostwng yn sylweddol. Byddai ffermwyr ffiniol yn colli hefyd gan na fyddai eu

tir yn ddigon cynhyrchiol i'w cynnal mewn busnes. Fodd bynnag, mae profiad Seland Newydd, oedd bron â dileu cymorthdaliadau ffermydd yn yr 1980au, yn awgrymu y byddai elw ffermydd yn aros fwy neu lai yn gyson. Byddai yna brisiau is a llai o gymorth gan y wladwriaeth. Ond byddai costau cynhyrchu, yn enwedig rhenti ar ffermydd, yn gostwng hefyd gan adael y rhan fwyaf o ffermwyr ar dir ffermio da ag incwm oedd fwy neu lai yr un fath.

Tabl 16.4 Cyflogaeth mewn amaethyddiaeth, hela, coedwigaeth a physgota

					Miliynau
	1970	1980	1990	2000	2003
Groeg	1.3	1.0	0.9	0.7	0.6
Sbaen	3.7	2.2	1.5	1.0	0.9
Ffrainc	2.8	1.8	1.4	1.0	1.0
Yr Almaen	2.3	1.4	1.1	1.0	0.9
Y DU	-	0.6	0.6	0.4	0.3
UE12	-	11.9	8.9	6.4	6.1
UE15	-	12.7	9.5	7.2	6.8
UE25	-	-	-	11.2	10.4

Ffynhonnell: y Comisiwn Ewropeaidd, *The Agricultural Situation in the European Union 1997*; y Comisiwn Ewropeaidd, *Agricultural Statistics Pocketbook*.

Ffigur 16.2 Cymorthdaliadau ffermio: cymorthdaliadau cynhyrchwyr fel canran o gyfanswm incwm ffermydd[1]

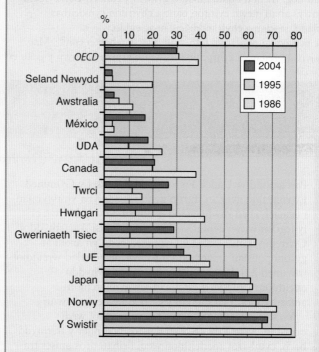

[1] Incwm ffermydd = gwerth cynnyrch ffermydd ar y farchnad + cymorthdaliadau cynhyrchwyr. Ffynhonnell: addaswyd o www.oecd.org

Tabl 16.3 Nifer y daliadau yn ôl maint, miliynau

	Cyfanswm	0-5ha	5-20ha	20-50ha	>50+ha
EWR-10					
1970	7.67	4.26	2.36	0.85	0.20
1987	5.00	2.32	1.53	0.78	0.37
EWR-12					
1987	6.92	3.40	2.10	0.95	0.47
1993	7.23	4.23	1.68	0.78	0.53
2000	5.18	2.65	1.33	0.64	0.56
UE-25					
2000	4.38	2.26	0.86	0.64	0.62

Sylwch: ha = hectar

Ffynhonnell: addaswyd o'r Comisiwn Ewropeaidd, *European Economy, EC Agricultural Policy for the 21st Century*, Rhif 4, 1994; y Comisiwn Ewropeaidd, *The Agricultural Situation in the European Union 1997*; y Comisiwn Ewropeaidd, *Agricultural Statistics Pocketbook*.

Cwestiwn Data

Prisiau rhentu ceir

Roedd *Avis Europe* yn arweinydd brand yn y farchnad rhentu ceir yn yr 1990au. Yn ystod y cyfnod hwnnw bu'n codi prisiau premiwm uchel ac yn ennill elw uchel, gan ddangos ei allu i ddominyddu ei farchnad.

Heddiw mae'r cwmni'n dioddef. Mae ei farchnad wedi cael ei thrawsnewid gan y Rhyngrwyd a chynnydd yn y gystadleuaeth gan gystadleuwyr llai o faint a mwy craff. Gwnaeth y Rhyngrwyd brisiau'n fwy tryloyw, gyda chwsmeriaid yn gallu cymharu prisiau uchel *Avis* â phrisiau is y cystadleuwyr newydd. Arweiniodd prisiau is at dwf cyflym yn y farchnad, gyda llawer mwy o geir yn cael eu rhentu. Er enghraifft, gwelodd cwmnïau gwyliau ar-lein gynnydd enfawr mewn cytundebau rhentu ceir a werthwyd ganddynt ochr yn ochr â gwyliau pecyn. Y broblem i *Avis Europe* oedd bod ei gyfran o'r farchnad a'i dderbyniadau yn gostwng.

Ffynhonnell: addaswyd o'r *Financial Times*, 17.6.2005.

Gan wynebu cynnydd yn y gystadleuaeth, mae *Avis* wedi ei chael hi'n anodd cyflawni'r gostyngiadau prisiau sydd eu hangen arno i oroesi. Mae strategaeth y cwmni i ddychwelyd i broffidioldeb yn canolbwyntio yn bennaf ar wella ei dderbyniadau. Ond mae'r cwmni'n cydnabod bod angen iddo dorri costau hefyd. Er enghraifft, yn ei *Adroddiad Blynyddol* yn 2004, nododd y cwmni: 'Er mwyn cefnogi strategaeth adfer y Grŵp, mae'r swyddogaeth TG wedi cael ei lleihau'n sylweddol a'i hailstrwythuro i ganolbwyntio ar gostau is a gweithredu datrysiadau yn gynt i gefnogi gweithrediadau craidd a datblygu sianelau gwerthu'. Nododd hefyd na fyddai comisiwn yn cael ei dalu bellach i swyddfeydd trefnu teithiau ac asiantaethau ar-lein ar gytundebau rhentu corfforaethol.

Ffynhonnell: addaswyd o *Avis Europe, Company Report and Accounts*, 2004.

Tabl 16.5 Avis Europe, derbyniadau ac elw[1]

						Ewros (miliynau)	
	1998	1999	2000	2001	2002	2003	2004
Derbyniadau	854	997	1 205	1 255	1 189	1 169	1 177
Elw[1]	147	172	143	144	106	-43	-19

[1] Elw cyn treth ac amorteiddio ewyllys da, ar ôl taliadau eithriadol.

Ffynhonnell: addaswyd o *Avis Europe, Company Report and Accounts* 2002 a 2004.

1. Gwahaniaethwch rhwng effeithlonrwydd cynhyrchiol ac effeithlonrwydd dyrannol. Defnyddiwch enghreifftiau o'r data i egluro eich ateb.
2. Trafodwch: (a) a arweiniodd diffyg cystadleuaeth yn y farchnad rhentu ceir yn yr 1990au at fethiant y farchnad; (b) ydy'r Rhyngrwyd ers hynny wedi lleihau methiant y farchnad yn y farchnad hon.

Crynodeb

1. Mae marchnadoedd cystadleuol yn tueddu i fod wedi'u nodweddu gan nifer o gwmnïau gwahanol, heb fod yr un ohonynt yn gallu rheoli'r farchnad. Mae'r cwmnïau hyn yn cynhyrchu nwyddau cydryw neu nwyddau sydd wedi'u brandio'n wan, mewn marchnad lle mae rhwystrau isel i fynediad a lle mae gwybodaeth berffaith.
2. Mae cwmnïau mewn marchnadoedd cystadleuol yn debygol o ennill elw normal yn unig yn y tymor hir. Mewn diwydiant perffaith gystadleuol bydd cwmnïau'n gweithredu lle mae eu costau cyfartalog ar eu lefel isaf.
3. Mae cwmnïau mewn marchnadoedd perffaith gystadleuol yn debygol o fod yn economaidd effeithlon o ran y ffaith eu bod yn cynhyrchu am y gost isaf ac na allant ennill elw annormal yn y tymor hir. Mewn marchnad amherffaith gystadleuol mae prisiau'n debygol o fod yn uwch am fod cwmnïau'n annhebygol o gynhyrchu am y gost gyfartalog isaf posibl ac efallai y gallant ennill elw annormal.

Strwythur y farchnad

Nid yw unrhyw ddwy farchnad yr un fath. Mae'r farchnad am esgidiau chwaraeon yn wahanol i'r farchnad am ddur neu wyliau tramor. Y rheswm yw bod STRWYTHUR Y FARCHNAD yn wahanol ym mhob marchnad. Ystyr strwythur y farchnad yw nodweddion y farchnad sy'n dylanwadu ar y ffordd y bydd cwmnïau yn y farchnad yn ymddwyn. Mae gan **farchnad gystadleuol** nifer o nodweddion gwahanol.

Nifer o gwmnïau gwahanol yn y diwydiant Mewn diwydiant cystadleuol mae o leiaf dau gwmni yn y diwydiant. Yn y diwydiannau mwyaf cystadleuol, lle mae CYSTADLEUAETH BERFFAITH, mae nifer mawr o gwmnïau, ac nid yw un ohonynt yn ddigon mawr i fod ag unrhyw rym economaidd dros y diwydiant. Mewn ffermio, er enghraifft, mae nifer mawr o ffermydd. Mae hyd yn oed y fferm fwyaf yn y DU yn cynhyrchu ffracsiwn bach yn unig o gyfanswm cynnyrch ffermio. Mewn diwydiannau eraill mae CYSTADLEUAETH AMHERFFAITH, h.y. nid oes cystadleuaeth lawn yn y farchnad. Mewn rhai diwydiannau amherffaith gystadleuol mae nifer mawr o gwmnïau bach. Ond yn y rhan fwyaf mae ychydig o gwmnïau yn tueddu i ddominyddu'r diwydiant. Yn y diwydiant adwerthu nwyddau groser yn y DU, er enghraifft, mae'r pedair gadwyn fwyaf o uwchfarchnadoedd yn gwerthu mwy na 50% o'r holl nwyddau (h.y. mae eu CYFRAN O'R FARCHNAD yn fwy na 50%). Yn y diwydiant powdr golchi, mae gan ddau gwmni fwy nag 80% o'r farchnad.

Mynediad i'r diwydiant Mae cwmnïau newydd yn cael eu cychwyn yn gyson. Efallai y bydd cwmnïau sefydledig yn ehangu amrywiaeth eu cynhyrchion ac yn mynd i mewn i farchnadoedd newydd. Mae'n haws cychwyn a mynd i mewn i rai marchnadoedd na'i gilydd. Y term am y rhwystrau i gychwyn yw RHWYSTRAU I FYNEDIAD. Mae llawer o fathau o rwystrau i fynediad (☞ uned 18 am drafodaeth fwy manwl). Er enghraifft, gall fod mor gostus cychwyn mewn diwydiant fel na all ond cwmnïau mawr iawn ystyried mynd i mewn iddo. Un enghraifft yw cynhyrchu ceir. Ar y llaw arall, mae'n gymharol rad cychwyn busnes fel siop groser. Gall y gyfraith fod yn rhwystr arall i fynediad. Er enghraifft, i gychwyn fferyllfa yn y DU rhaid cael trwydded. Wrth gychwyn fel cyhoeddwr llyfrau, ni allwch argraffu llyfrau lle mae'r hawlfraint yn eiddo i gyhoeddwr arall. Yn gyfreithiol ni chaniatïr i unrhyw gwmni yn y DU fynd i mewn i'r fasnach gyffuriau. Gallai costau cynhyrchu fod yn rhwystr arall i fynediad. Mewn diwydiannau fel cynhyrchu ceir neu swmpgynhyrchu cemegau mae'n ddrud iawn

cynhyrchu meintiau bach. Mae cynhyrchu meintiau mawr yn gostwng y gost gyfartalog. Yn y diwydiannau hyn mae **darbodion maint** yn sylweddol (☞ uned 18). Mewn diwydiant perffaith gystadleuol mae rhwystrau i fynediad yn isel iawn. Er enghraifft, mae'n hawdd iawn mynd i mewn i'r diwydiant adwerthu. Mewn rhai diwydiannau amherffaith gystadleuol mae rhwystrau i fynediad yn isel iawn hefyd, ond mewn eraill gallant fod yn uchel iawn. Byddai hynny'n rheswm pam fod cystadleuaeth yn amherffaith, gan fod rhwystrau uchel yn lleihau cystadleuaeth yn y farchnad.

Cynhyrchion cydryw a brandio Er mwyn cael cystadleuaeth berffaith, rhaid i gwsmeriaid allu cael dewis helaeth o gyflenwyr gyda phob un ohonynt yn gwerthu'r un cynnyrch. Felly rhaid i'r nwyddau a werthir fod yn GYDRYW. Mewn ffermio, er enghraifft, mae moron yn gynnyrch safonol. Ni all ffermwr honni bod moron ei fferm ef/hi yn wahanol i foron ffermwr arall. Mae'r un fath yn wir am gynhyrchion fel dur, olew, cemegau sylfaenol a chopr.

Mewn marchnad amherffaith gystadleuol, fodd bynnag, mae cynnyrch un cwmni yn wahanol i gynnyrch cwmni arall. Mae powdr golchi *Persil* yn wahanol i *Ariel*. Mae *Vauxhall Vectra* yn wahanol i *Ford Escort*. Dywedir wedyn bod cwmnïau'n BRANDIO eu cynhyrchion.

Gwybodaeth Mewn diwydiant perffaith gystadleuol mae GWYBODAETH BERFFAITH. Felly mae gan bob cwmni fodd i gael yr un wybodaeth. Gallan nhw i gyd weld beth yw pris cyfredol y farchnad. Does dim cyfrinachau masnach. Mae ganddyn nhw i gyd fodd i gael yr un wybodaeth am dechnegau cynhyrchu. Mewn diwydiant amherffaith gystadleuol gall fod gwybodaeth berffaith neu gall gwybodaeth fod yn amherffaith pan fydd gan gwmnïau fformiwlâu cyfrinachol sy'n gwneud eu cynhyrchion yn unigryw. Mae'r fformiwla ar gyfer *Coca-Cola*, er enghraifft, yn hysbys i ychydig yn unig yng nghwmni *Coca-Cola* ei hun. Efallai y bydd cwmnïau'n cadw gwybodaeth am ddulliau cynhyrchu iddyn nhw eu hunain, heb adael i gystadleuwyr weld sut y caiff nwydd ei gynhyrchu.

Prisiau, elw a chostau mewn marchnadoedd cystadleuol

Mewn marchnadoedd perffaith gystadleuol, fel ffermio neu fwyngloddio copr:
- mae nifer mawr o gwmnïau bach yn y diwydiant;
- mae rhyddid mynediad i'r farchnad;

Cwestiwn 1

Mae'r farchnad sychlanhau yn crebachu. Yn ôl amcangyfrifon gan Mintel, y cwmni ymchwil marchnata, mae derbyniadau wedi gostwng 10% yn 1999. Mae'n amcangyfrif bod tua 4 500 o allfeydd sychlanhau yn y DU erbyn hyn, o'u cymharu â bron 5 300 yn 2000.

Mae rhai ffactorau y tu ôl i'r duedd yn bositif. Mae nifer yr oedolion yn y grŵp economaidd gymdeithasol incwm uchel AB yn cynyddu, felly hefyd nifer yr unedau teulu lle mae'r ddau oedolyn allan yn gweithio ac felly â llai o amser i wneud gwaith tŷ. Ond mae ffactorau eraill yn gorbwyso'r tueddiadau positif hyn. Mae pobl yn gwisgo'n fwy hamddenol. Mae llai o ddynion yn gwisgo siwt i'r swyddfa er enghraifft. Hefyd mae pris dillad ffurfiol, fel siwtiau, yn gostwng. Dydy llawer o bobl ddim yn poeni sychlanhau siwt rad £80 pan fo cost y glanhau yn £20. Yn hytrach mae'n well ganddynt brynu siwt rad arall.

Y busnesau sychlanhau sydd â'r siawns orau o oroesi yw'r rhai sy'n darparu gwasanaeth o ansawdd uchel ac sydd â'u cwsmeriaid yn prynu dillad drud â labeli dylunwyr ym mhen ucha'r farchnad. Bydd deddfwriaeth newydd yn ychwanegu at gostau'r sychlanhawyr hefyd. Mae'r Cyfarwyddyd Ewropeaidd ar allyriannau hydoddyddion yn golygu y bydd sychlanhawyr yn gorfod defnyddio llai o gemegau am bob eitem er mwyn sicrhau y bydd gweithwyr yn llai agored i fygarthau peryglus. Gallai sychlanhawyr wynebu bil o tua £200 y flwyddyn oddi wrth eu hawdurdod lleol i dalu costau gweinyddu y trwyddedau perthnasol. Mewn rhai achosion, bydd angen i gwmni uwchraddio ei beiriannau glanhau, fydd yn costio tua £25 000 yr un. Mae rhai amcangyfrifon yn awgrymu y bydd chwarter o'r diwydiant yn diflannu o ganlyniad i'r ddeddfwriaeth newydd.

Mae'r diwydiant yn rhanedig iawn. Amcangyfrifir bod tua 64% o'r farchnad yn cael ei gyflenwi gan gwmnïau annibynnol bach. Y chwaraewr mwyaf yn y farchnad yw *Johnson Service Group* â 638 o allfeydd ledled y wlad, eto i gyd dim ond 24% o'r farchnad sydd ganddo. Mae grwpiau uwchfarchnadoedd fel *Asda* a *Tesco* hefyd yn ehangu eu cyfran o'r farchnad. Fodd bynnag, mae hwylustod gallu mynd i siop yn agos at eich cartref yn dal i fod yn fantais gystadleuol allweddol i'r sychlanhâwr annibynnol bach.

Ffynhonnell: addaswyd o'r *Financial Times*, 5.7.2005.

Ffigur 17.1 Marchnad sychlanhau adwerthol y DU, nifer yr allfeydd

Stryd fawr
Tu allan i'r dref
Nifer yr allfeydd

Ffynhonnell: addaswyd o *Mintel*.

(a) Disgrifiwch strwythur y farchnad ar gyfer diwydiant sychlanhau y DU.

(b) I ba raddau y mae diwydiant sychlanhau y DU yn gystadleuol?

(c) Trafodwch a allai'r diwydiant sychlanhau fod yn fwy cystadleuol yn y dyfodol pe bai grwpiau uwchfarchnadoedd fel *Tesco* yn ehangu ymhellach yn y farchnad sychlanhau.

● mae cwmnïau'n cynhyrchu nwyddau unfath neu gydryw;
● mae gwybodaeth berffaith trwy'r diwydiant i gyd.

Mae'r strwythur marchnad hwn yn effeithio ar y ffordd y bydd cwmnïau'n ymddwyn. Oherwydd bod rhyddid mynediad i farchnad lle mae cwmnïau'n cynhyrchu nwyddau unfath, bydd pob cwmni'n codi'r un pris mewn cydbwysedd. I ddeall pam, ystyriwch beth fyddai'n digwydd pe bai cwmni'n codi pris uwch na chwmnïau eraill. Byddai cwsmeriaid wedyn yn newid eu galw i gwmnïau eraill gan fod cwmnïau eraill yn cynnig cynhyrchion unfath. Bydd y cwmni sy'n codi'r pris uwch yn colli ei holl werthiant ac yn mynd i'r wal. Pe bai cwmni'n codi pris is na phob cwmni arall, byddai prynwyr yn symud i ffwrdd o'r cwmnïau eraill a bydden nhw'n colli eu holl gwsmeriaid. Felly byddai'n rhaid iddynt ostwng eu prisiau er mwyn aros yn y diwydiant.

Ni fydd cystadleuaeth yn gyrru prisiau i lawr i sero. Yn y tymor hir, dim ond os gallant wneud elw y bydd cwmnïau'n cyflenwi nwydd. Y term am yr elw isaf y mae'n rhaid i gwmni ei wneud i'w atal rhag symud ei adnoddau economaidd i gynhyrchu nwydd arall yw ELW NORMAL. Os bydd cwmnïau mewn diwydiant perffaith gystadleuol yn gallu gwneud ELW ANNORMAL, elw sy'n uwch nag elw normal, yna caiff cwmnïau newydd eu denu i mewn i'r diwydiant. Byddan nhw eisiau manteisio ar y cyfle i ennill mwy nag elw normal. Ond bydd eu mynediad yn cynyddu'r cyflenwad ac yn gyrru prisiau i lawr. Y pris cytbwys tymor hir fydd y pris sy'n ddigon uchel i gwmnïau allu gwneud elw normal a dim mwy na hynny, felly ni fydd cwmnïau'n cael eu gwthio allan o'r diwydiant, ond hefyd ni chaiff cwmnïau eu denu i mewn i'r diwydiant.

Hefyd bydd cwmnïau mewn diwydiant perffaith gystadleuol yn cynhyrchu am y gost gyfartalog isaf. Tybiwch fod un cwmni'n cynhyrchu am gost uwch na chwmnïau eraill yn y diwydiant. Byddai'n rhaid iddo godi'r un pris â'r cwmnïau eraill neu gallai golli ei holl gwsmeriaid. Ond wedyn byddai ei elw'n is nag elw'r cwmnïau eraill am fod ei gostau'n uwch. Gan fod y cwmnïau eraill i gyd yn ennill elw normal yn unig, byddai'r cwmni hwn yn ennill llai nag elw normal, yr elw isaf sydd ei angen i berswadio perchenogion y cwmni i gadw eu hadnoddau yn y diwydiant hwnnw. Felly byddai'r cwmni hwn yn ymadael â'r diwydiant am nad oedd yn ddigon proffidiol.

Ar y llaw arall, tybiwch y gallai cwmni gynhyrchu am gost is na chwmnïau eraill a'i fod yn gwneud elw annormal. Yna byddai cwmnïau eraill yn gallu darganfod pam fod gan y cwmni hwn gostau is gan fod gwybodaeth berffaith yn y diwydiant. Os mai'r rheswm yw bod y cwmni'n defnyddio dulliau cynhyrchu newydd, bydd cwmnïau eraill yn dechrau defnyddio'r dulliau hynny. Os mai'r rheswm yw bod gan y cwmni hwnnw ffactor cynhyrchu sy'n arbennig o gynhyrchiol, bydd cwmnïau eraill yn ceisio ei brynu, gan godi ei bris ac felly codi'r gost. Er enghraifft, os ydy llwyddiant yn ganlyniad i reolwr-gyfarwyddwr llwyddiannus iawn, bydd cwmnïau eraill yn ceisio cyflogi hwnnw/honno drwy gynnig cyflog uwch. Yn y tymor hir bydd costau yr un fath ar draws y diwydiant. Byddant y costau isaf posibl.

Mewn diwydiannau amherffaith gystadleuol;
● efallai y bydd llawer o gwmnïau bach yn y diwydiant neu gallai gael ei ddominyddu gan ychydig yn unig o gwmnïau;
● gallai fod mynediad cymharol rydd i'r diwydiant neu gallai fod rhwystrau i fynediad;
● mae cwmnïau'n cynhyrchu nwyddau brand;
● efallai y bydd gwybodaeth berffaith neu efallai na fydd.

Mae'r strwythur marchnad hwn yn cyfyngu ar gystadleuaeth. Gan fod pob cwmni'n cynhyrchu cynnyrch sydd wedi'i frandio ychydig yn wahanol, mae'n gallu penderfynu i raddau pa bris i'w godi. Os bydd cwmnïau eraill yn codi prisiau is, mae'n debygol

Cwestiwn 2

Mae'r frechdan Brydeinig yn fyw ac yn iach, hyd yn oed os ydy 30% o'r farchnad yn cynnwys cynhyrchion 'arloesol' neu 'egsotig'. Cynhyrchion yw'r rhain fel *ciabatta* cyw iâr neu gyw iâr Eidalaidd â thomato heulsych mewn *focaccia,* sy'n dod yn fwyfwy yn ffefrynnau gyda chwsmeriaid sydd wedi blino ar gaws a thomato neu *mayonnaise* wy.

Mae'r farchnad frechdanau yn gystadleuol iawn. Yn ôl Cymdeithas Brechdanau Prydain, corff masnach y diwydiant, mae tua 5 000 o siopau brechdanau annibynnol o'u cymharu â 700 o allfeydd cadwyn. Mae'r allfeydd cadwyn yn cynnwys cwmnïau llwyddiannus iawn fel *Subway* a *Pret A Manger.* Mae'r allfeydd cadwyn yn dod â chynhyrchion safonedig o ansawdd uchel. Mae'r allfeydd annibynnol yn cynnig popeth o hwylustod yn y rhodfa leol o siopau i gynhyrchion unigryw a hyblygrwydd i newid y cynhyrchion a gynigiant o wythnos i wythnos er mwyn bodloni galw a hoffterau lleol yng Nghaerdydd, Glasgow neu Lundain.

Ers yr 1990au mae gwerthiant brechdanau wedi cynyddu'n gyson wrth i ddefnyddwyr ag incwm uchel a phwysau amser nodi'r frechdan fel dewis arall iachus i fwyd cyflym. Y llynedd gwerthwyd 1.8 biliwn o frechdanau am £3.5 biliwn, cynnydd o 5% ar y flwyddyn gynt. Mae busnesau newydd yn dal i ddod i mewn i'r farchnad, gan gynnwys *McDonald's,* a ychwanegodd amrywiaeth o frechdanau deli wedi'u crasu i'w fwydlen, ac mae *Burger King* erbyn hyn yn cynnig ffyn bara ffres wedi'u pacio. Yn yr un modd, ni chafwyd prinder o siopau annibynnol lleol newydd yn agor i fanteisio ar y farchnad sy'n tyfu.

Ffynhonnell: addaswyd o'r *Financial Times,* 20.6.2005.

Pam mae newydd-ddyfodiaid i farchnad frechdanau y DU yn annhebygol o ennill elw annormal er bod y farchnad yn tyfu?

y bydd y cwmni hwn yn dal i gadw rhai o'i gwsmeriaid fydd yn parhau yn deyrngar i brynu ei nwydd brand ef. Bydd grym yn y farchnad yn cynyddu po leiaf o gystadleuwyr sydd a pho uchaf yw'r rhwystrau i fynediad. Os ydy rhwystrau i fynediad yn uchel iawn, gall cwmnïau godi prisiau uwch heb boeni y daw cwmnïau newydd i mewn a mynd â chyfran o'r farchnad. Felly mewn cystadleuaeth amherffaith gallai pwysau cystadleuol fod yn ddigon cryf i wthio elw i lawr i lefel normal yn y tymor hir. Ond mae'n fwy tebygol y bydd cwmnïau'n codi prisiau digon uchel i ennill elw annormal.

Cystadleuaeth ac effeithlonrwydd

Mae cystadleuaeth berffaith yn debygol o arwain at effeithlonrwydd economaidd (☞ uned 16). Yn gyntaf, bydd cwmnïau mewn diwydiant perffaith gystadleuol yn gynhyrchiol effeithlon yn y tymor hir. Fel yr eglurwyd uchod, bydd pwysau cystadleuol yn sicrhau bod cwmnïau'n cynhyrchu am y gost gyfartalog isaf. Os na allant wneud hynny, cânt eu gyrru allan o'r diwydiant. Yn ail, mae cwmnïau mewn diwydiant perffaith gystadleuol yn debygol o fod yn ddyrannol effeithlon (☞ uned 16). Bydd cwsmeriaid yn gallu prynu am y pris isaf sy'n bosibl gan fod cwmnïau'n gallu gwneud elw normal yn unig.

Mewn cyferbyniad â hynny, mae'n debygol na fydd cwmïau mewn diwydiannau amherffaith gystadleuol yn gynhyrchiol effeithlon nac yn ddyrannol effeithlon. Does dim pwysau i gynhyrchu am y gost gyfartalog isaf am fod cwmnïau'n cynhyrchu nwyddau brand. Mae hynny'n rhoi rhywfaint o reolaeth iddynt ar faint y dymunant ei werthu, h.y. mae'n rhoi rhywfaint o reolaeth iddynt ar ba le ar gromlin y galw y byddant yn gwerthu. Bydd cwmnïau'n dewis gwerthu lle caiff elw ei uchafu ac mae'n annhebygol mai ar isafbwynt cost gyfartalog fydd hynny. Felly, mae cwmnïau amherffaith gystadleuol yn annhebygol o fod yn gynhyrchiol effeithlon.

Maen nhw'n annhebygol o fod yn ddyrannol effeithlon chwaith. Byddai lefel y cynhyrchu yn fwy a phrisiau yn is pe bai'r diwydiant yn berffaith gystadleuol. Mae cwmnïau mewn cystadleuaeth

Cwestiwn 3

Dylai anfon llwythi *(freight)* ar draws Ffrainc mewn trên fod yn syml. Ond mae adran lwythi *SNCF,* cwmni rheilffyrdd cenedlaethol Ffrainc, yn cael ei dominyddu gan adrannau lleol pwerus ac yn aml mae cydgysylltu gwael rhyngddynt yn amharu ar drenau pellter hir. Canlyniad hyn yw prisiau uchel, amserau hir ar gyfer teithiau a gwasanaeth annibynadwy. Nid yw Ffrainc yn unigryw. Mae rheilffyrdd Ewrop wedi dioddef ers tipyn o ddiffyg cystadleuaeth gan arwain at anhrefn ac aneffeithlonrwydd.

Mae hyn ar fin newid. Oddi ar 15 Mawrth 2003 mae gan unrhyw gwmni yr hawl i gystadlu â gweithredwyr traddodiadol ynghylch llwythi trên trawsffiniau ar y prif lwybrau traws-Ewropeaidd. Y cyfan sydd ei angen arnynt yw tystysgrif weithredu a chliriadau diogelwch. Y ddeddf hon yw cam cyntaf ymgyrch i gyflwyno cystadleuaeth ar reilffyrdd Ewrop. Yn y tymor hir y weledigaeth yw y bydd unrhyw gwmni'n gallu cynnig gwasanaethau cludo llwythi dros reilffyrdd Ewrop, beth bynnag fydd hyd a daith.

Mae cystadleuaeth wedi cael ei chyflwyno eisoes o fewn rheilffyrdd cenedlaethol mewn rhai gwledydd fel y DU a'r Almaen. Yn yr Iseldiroedd, mae Ewout Sandker, rheolwr polisi Cyngor Llongwyr Ewrop, grŵp diwydiant, yn dweud y cafodd gwasanaeth *Railion Nederland,* gweithrediad llwythi trên traddodiadol yr Iseldiroedd, ei drawsnewid ar ôl iddo golli rhai contractau i weithredwyr preifat. 'Gwelodd defnyddwyr newid ar unwaith yn ymddygiad y cwmni rheilffyrdd traddodiadol, yn ei gyfeiriadaeth at wasanaeth,' meddai Mr Sandker.

Yn Ffrainc mae *SNCF* i fod i ailstrwythuro ei weithrediadau. Mae hefyd yn bwriadu buddsoddi €500 miliwn mewn locomotifau newydd er mwyn cyflymu amserau teithiau a chynyddu dibynadwyaeth.

Mae Matthias Raith, rheolwr-gyfarwyddwr *Rail4Chem,* gweithredwr cludo llwythi newydd, yn dweud bod rheilffyrdd traddodiadol wedi gorgodi ar rai cwsmeriaid ers tipyn. Mae ei gwmni ef, meddai, yn cynnig dewis arall rhatach a mwy ymatebol. Dylai hynny orfodi'r rheilffyrdd traddodiadol i godi prisiau mwy realistig.

Ffynhonnell: addaswyd o'r *Financial Times,* 22.9.2004.

Sut y gallai cynyddu cystadleuaeth ym marchnad llwythi trên Ewrop arwain at fwy o effeithlonrwydd yn y farchnad?

amherffaith yn debygol o ennill elw annormal. Pe byddent yn ennill elw normal yn unig, byddai'n rhaid iddynt ostwng prisiau ac ehangu lefel eu cynhyrchu. Felly, mewn cystadleuaeth amherffaith, bydd cwmnïau'n cyfyngu ar gyflenwad er mwyn ecsbloetio'r cwsmer ar gyfer elw annormal. Hyd yn oed lle mae cwmnïau'n ennill elw normal yn unig, mae'n dal yn debygol y bydd cynnyrch yn is a phrisiau yn uwch na phe bai'r diwydiant yn berffaith gystadleuol. Y rheswm yw y bydd cwmnïau'n dewis cynhyrchu lle caiff elw ei uchafu, yn yr achos hwn lle maen nhw'n ennill elw normal yn unig, ac nid lle mae costau cyfartalog ar eu lefel isaf.

Mae effeithlonrwydd cynhyrchiol a dyrannol yn agweddau ar effeithlonrwydd statig (effeithlonrwydd ar adeg benodol ☞ uned 16). Mae cystadleuaeth berffaith yn debygol o arwain at effeithlonrwydd cynhyrchiol a dyrannol, ond nid yw cystadleuaeth

amherffaith yn debygol o wneud hynny. Felly mae cystadleuaeth berffaith yn debygol o arwain at effeithlonrwydd statig, ond nid yw cystadleuaeth amherffaith yn debygol o wneud hynny. Fodd bynnag, efallai na fydd cystadleuaeth berffaith yn arwain at fwy o **effeithlonrwydd dynamig**. Does dim cymhelliad i arloesi dros amser mewn diwydiant perffaith gystadleuol. Gan fod gwybodaeth berffaith yn y diwydiant, bydd darganfyddiadau a dyfeisiadau gan un cwmni yn fuan ar gael i'w ddefnyddio gan bob cwmni arall. Felly ofer fyddai gwario symiau mawr ar ymchwil a datblygu. Mewn cystadleuaeth amherffaith lle gall cwmnïau ddiogelu datblygiadau newydd, er enghraifft trwy batent a hawlfraint, mae ganddynt gymhelliad i fod yn arloesol. Os gallant ddatblygu cynnyrch newydd y mae cwsmeriaid yn ei hoffi, gallant ei werthu am bris uchel ac ennill elw annormal arno.

Termau allweddol

Cyfran o'r farchnad – y gyfran o'r gwerthiant mewn marchnad a gymerir gan gwmni neu grŵp o gwmnïau.

Cystadleuaeth amherffaith – strwythur marchnad lle mae sawl cwmni yn y diwydiant, gyda phob un ohonynt â'r gallu i reoli'r pris y mae'n ei godi am ei gynhyrchion.

Elw annormal – yr elw sydd uwchlaw elw normal.

Elw normal – yr elw y gallai cwmni ei wneud drwy ddefnyddio ei adnoddau yn eu defnydd gorau nesaf. Mae elw normal yn gost economaidd.

Gwybodaeth berffaith – mae'n bodoli os oes gan yr holl brynwyr mewn marchnad wybodaeth lawn am brisiau a meintiau

ar werth, tra bo gan yr holl gynhyrchwyr yr un modd i gael gwybodaeth am dechnegau cynhyrchu.

Nwydd brand – nwydd wedi'i enwi sydd, ym marn ei brynwyr, yn wahanol i nwyddau eraill tebyg ar y farchnad.

Nwyddau cydryw – nwyddau sy'n unfath.

Rhwystrau i fynediad – ffactorau sy'n ei gwneud hi'n anodd neu'n amhosibl i gwmnïau fynd i mewn i ddiwydiant a chystadlu â chynhyrchwyr sydd yno eisoes.

Strwythur y farchnad – nodweddion marchnad sy'n pennu ymddygiad cwmnïau o fewn y farchnad.

Economeg gymhwysol

Marchnad tasgau'r cartref *(DIY)* a chyflenwyr adeiladwyr

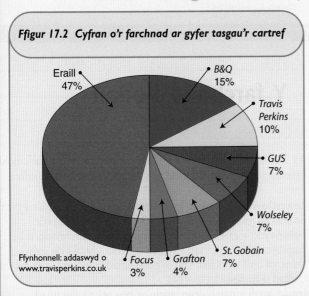

Ffigur 17.2 Cyfran o'r farchnad ar gyfer tasgau'r cartref

Eraill 47%
B&Q 15%
Travis Perkins 10%
GUS 7%
Wolseley 7%
St. Gobain 7%
Grafton 4%
Focus 3%

Ffynhonnell: addaswyd o www.travisperkins.co.uk

Yn 2004, gwerth y gwerthiant ym marchnad tasgau'r cartref *(DIY)* a chyflenwyr adeiladwyr oedd tua £28 biliwn. Roedd y gwerthiant wedi'i rannu rhwng unigolion yn gwneud tasgau'r cartref, fel paentio ystafell neu osod toiled newydd, a chrefftwyr a chwmnïau adeiladu proffesiynol yn gwneud gwaith adeiladu ac atgyweirio i gwsmeriaid.

Mae Ffigur 17.2 yn dangos sut roedd y gwerthiant wedi'i rannu rhwng busnesau. *B&Q* oedd y busnes â'r gyfran uchaf o'r farchnad, sef 15% o'r farchnad. Roedd gan *Travis Perkins*, sy'n berchen ar *Wickes*, 10%. Roedd 47% o'r farchnad yn nwylo busnesau cymharol fach, fel cyflenwyr adeiladwyr neu siopau nwyddau metel mewn tref leol neu ar stryd fawr leol.

Mae rhwystrau i fynediad i'r diwydiant yn gymharol isel ac yn ariannol yn bennaf. Gallai cychwyn cyflenwr adeiladwyr bach gostio cannoedd o filoedd o bunnoedd. Mae'n bosibl ennill gwybodaeth am sut i redeg y busnes yn llwyddiannus drwy weithio i gyflenwyr adeiladwyr eraill neu drwy fod yn y busnes adeiladu.

Mae cwmnïau fel *B&Q* a *Wickes* yn frandiau enwog. Er hynny, byddai'r arweinwyr marchnad hyn yn siwr o ddadlau nad yw hyn yn rhoi fawr ddim o bŵer iddynt dros eu marchnadoedd. Mae cwsmeriaid yn mynd i siop arbennig am ei bod yn gyfleus ac yn lleol, yn cadw'r nwyddau y mae'r cwsmer eu heisiau ac yn cynnig prisiau cystadleuol. Nid yw'r cynnyrch y maent yn ei gynnig, sef gwasanaeth adwerthwr, yn gydryw, ond eto mae gwasanaeth un busnes yn amnewidyn eithaf da am wasanaeth busnes arall. Mae eu grym brandio yn gymharol wan.

Amlygwyd natur gystadleuol y farchnad yn 2005. Roedd y farchnad dai, am y tro cyntaf ers tua deng mlynedd, wedi perfformio'n wael. Nid oedd prisiau wedi newid rhyw lawer. Roedd nifer y tai ail-law a thai newydd a werthwyd wedi gostwng yn sylweddol o lefel y blynyddoedd blaenorol. Roedd hyder cwsmeriaid hefyd yn is nag yn y blynyddoedd blaenorol. Roedd codiadau cyfraddau llog yn 2003-2005 wedi cynyddu cost ad-daliadau morgais. Roedd prisiau olew wedi codi'n ddychrynllyd yn 2004-2005 gan arwain at gynnydd yng nghostau moduro a chostau gwresogi cartrefi. Roedd hyn i gyd wedi cwtogi ar yr arian oedd gan gwsmeriaid i'w wario ar eitemau eraill. Eu hymateb oedd bod yn fwy gofalus o ran gwario'u harian a chymryd dyled newydd.

Effeithiwyd yn fawr ar farchnad tasgau'r cartref a chyflenwyr adeiladwyr. Ym mis Tachwedd 2005, cyhoeddodd *Travis Perkins* fod ei werthiant i lawr. Dywedodd Geoff Cooper, prif weithredwr *Travis*, fod cwsmeriaid yn amharod i wario ar fuddsoddiadau mawr fel cegin neu ystafell ymolchi newydd, a'u bod yn cadw unrhyw arian dros ben at y Nadolig. O ran cyflenwyr adeiladwyr, dywedodd fod mân adeiladwyr ac adeiladwyr tai cymharol fach hefyd yn cyfaddef bod ganddynt lai o waith. Roedd gwerthiant i gwsmeriaid masnach, fel adeiladwyr, i lawr 0.4% yn y 4 mis blaenorol. Yn *Wickes*, lle roedd cwsmeriaid yn fwy tebygol o fod yn bobl oedd yn gwneud tasgau'r cartref, roedd gwerthiant wedi gostwng 9%. Roedd y busnes ystafell arddangos yn *Wickes*, a werthai geginau, ystafelloedd ymolchi ac ystafelloedd haul, i lawr 21.1% dros yr un cyfnod.

Mewn marchnad gystadleuol mae llai o alw yn debygol o arwain at brisiau is. Roedd rhai cystadleuwyr fel *B&Q* yn gostwng prisiau yn 2005 er mwyn ceisio cynnal gwerthiant. Ceisiodd *Travis Perkins* gynnal yr elw am bob uned a werthwyd drwy dorri costau a themtio cwsmeriaid i'w siopau â disgowntiau hyrwyddol ar rai eitemau. Fodd bynnag, roedd yn colli cyfran o'r farchnad o ganlyniad. Roedd cwsmeriaid yn troi at gystadleuwyr â phrisiau is.

Roedd y cystadlu yn y farchnad yn golygu bod busnesau yn annhebygol o ennill unrhyw elw normal. Yn wir, roedd rhai busnesau yn gwneud colledion hyd yn oed cyn i werthiant ostwng yn 2005. Roedd *MFI*, sy'n rhan o'r farchnad am ei fod yn gwerthu ceginau, wedi cael anhawster i wneud elw ers sawl blwyddyn. Felly, gellid dadlau bod cystadleuaeth yn y farchnad yn golygu bod busnesau yn ddyrannol effeithlon, gan werthu am brisiau oedd yn hafal i gost plws elw normal. Yn yr un modd, roedd llawer o fusnesau yn gynhyrchiol effeithlon hefyd, gan gynhyrchu am y gost isaf. Roedd cwmnïau fel *B&Q* wedi gorfodi nifer o siopau nwyddau metel a chyflenwyr adeiladwyr lleol i gau am fod eu costau yn rhy uchel ac ni allent gystadlu. Gellid dadlau hefyd bod rhywfaint o effeithlonrwydd dynamig yn y farchnad. Roedd y cwmnïau mawr, fel *B&Q* a *Travis Perkins*, yn arloesol mewn sawl ffordd. Er enghraifft, *B&Q* fu'n gyfrifol am gyflwyno siopau mawr iawn i'r farchnad am y tro cyntaf. Roedd y siopau hyn yn boblogaidd iawn gyda chwsmeriaid oherwydd y dewis eang o nwyddau oedd ar gael ynddynt. Hefyd ehangodd y busnesau mawr yn y farchnad werthiant eu brandiau eu hunain mewn meysydd fel paent.

Gellir dadlau bod marchnad tasgau'r cartref a chyflenwyr adeiladwyr yn gystadleuol. Mae'r gystadleuaeth hon o fudd i gwsmeriaid am fod busnesau o fewn y farchnad yn dueddol o fod yn effeithlon. Fodd bynnag, fel y dangosodd 2005, gall cystadleuaeth ddwys arwain at fusnesau yn gweld elw is wrth i'r galw ostwng ar draws y farchnad.

Ffynhonnell: addaswyd o'r *Financial Times* 12.11.2005; *Travis Perkins plc*, Canlyniadau Interim 2005.

Cwestiwn Data

Y farchnad flodau

Mae gwerthiant blodau wedi treblu dros y ddegawd ddiwethaf i fwy nag £1.3 biliwn. Mae'r DU yn ddegfed ar restr y gwledydd mwyaf o ran gwerthiant blodau, y tu ôl i'r Swistir, Norwy a'r Iseldiroedd, sef y gwledydd sydd ar y blaen, ond o flaen Ffrainc, Japan ac UDA.

Mae cynnydd gwerthiant yn ganlyniad i rym marchnata nifer o adwerthwyr enwog, gan gynnwys *Tesco*, *Clinton Cards* a *Next*. Ond cymysg fu hanes y 6 800 o siopau blodau annibynnol y DU. Er bod eu gwerthiant wedi cynyddu, mae eu cyfran o'r farchnad wedi haneru dros y cyfnod. Mae prisiau'n gostwng hefyd oherwydd y gystadleuaeth ffyrnig o'r uwchfarchnadoedd.

Mae'r gystadleuaeth hon wedi effeithio fwyaf ar yr adwerthwyr annibynnol sy'n parhau i werthu blodau i bobl sy'n galw heibio. Er bod cyflogau yn y diwydiant yn isel, mae gorbenion fel rhent yn aml yn uchel. Gallai gostyngiad cymharol fach mewn gwerthiant achosi i siop flodau draddodiadol fod yn y coch a mynd allan o fusnes.

Mae'r siopau blodau annibynnol mwyaf llwyddiannus, fodd bynnag, wedi ymateb drwy anelu at ben ucha'r farchnad, cynnig gwerth ychwanegol neu dorri costau.

Meddai Judy MacDevitt, sy'n rhedeg *The Flowerstalk* yn Reading, Berkshire: "Mae rhai siopau blodau yn dweud bod yr uwchfarchnadoedd yn ein rhoi ni allan o fusnes. Ond mae'r cwmnïau hyn yn gyfrifol am wneud i fwy o bobl brynu blodau i'w hunain, sy'n beth da i'r farchnad." Mae hi wedi datblygu gwasanaeth lle mae'n defnyddio e-bost i anfon lluniau digidol i gwsmeriaid o'r trefniannau y maent wedi'u harchebu. Mae'r gwasanaeth hwn yn boblogaidd iawn, yn enwedig ymhlith pobl sy'n anfon blodau o wledydd tramor.

Mae *Miraflores*, sy'n gwerthu blodau o gyn-orsaf reilffordd rhwng Dorking a Leatherhead yn Surrey, yn gwneud defnydd helaeth o'r Rhyngrwyd am resymau tebyg. Mae'r cwmni'n gwerthu tua 150 o drefniannau y diwrnod ac mae'n disgwyl trosiant ychydig yn is nag £1 filiwn eleni. Mae'n defnyddio cwmni cludo nwyddau i warantu eu bod yn cyrraedd y diwrnod canlynol. Meddai Andrew Franklin, rheolwr yn y cwmni, "Pe bai rhywun yn gofyn am 500 o focsys o diwlipau, ni allai llawer o siopau blodau gyflenwi hynny. Ond dyna yn union a wnaethom ni."

Mae llawer o'r gwerthwyr blodau newydd, sydd wedi graddio o gyrsiau blodeuwriaeth mewn colegau, yn gweithio o'u cartrefi, naill ai yn gwerthu i werthwyr blodau eraill neu dros y Rhyngrwyd. Gall hyn ddileu un o brif orbenion siop flodau, sef yr adeilad ei hun.

Yr her i werthwyr blodau annibynnol yw eu gwahaniaethu eu hunain o'r siopau cadwyn mewn ffordd na all eu cystadleuwyr mwyaf ei chopïo. P'un ai eu bod yn canolbwyntio ar y galw am drefniannau blodau cymhleth, yn gwerthu bridiau planhigion prin ond poblogaidd, yn cynnig gwasanaethau gwerth ychwanegol neu'n darparu'r gwasanaeth gorau mewn ardal leol, dyma'r unig ffordd y gallant oroesi yn y tymor hir.

Ffynhonnell: addaswyd o'r *Financial Times*, 12.5.2005.

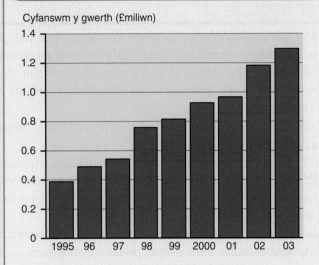

Ffigur 17.3 Gwerthiant blodau

Cyfanswm y gwerth (£miliwn)

Ffynhonnell: addaswyd o *The Flowers and Plants Association/TNS*.

Ffigur 17.4 Gwerthwyr blodau: cyfran gwerthwyr annibynnol ac uwchfarchnadoedd o'r farchnad

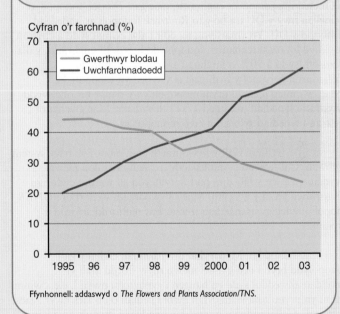

Cyfran o'r farchnad (%)

Gwerthwyr blodau
Uwchfarchnadoedd

Ffynhonnell: addaswyd o *The Flowers and Plants Association/TNS*.

1. Disgrifiwch y tueddiadau a ddangosir yn Ffigurau 17.3 a 17.4.
2. Eglurwch strwythur y farchnad flodau yn y DU.
3. I ba raddau y mae mwy o gystadleuaeth ym marchnad flodau y DU wedi arwain at effeithlonrwydd economaidd?

18 Monopoli ac effeithlonrwydd

Crynodeb

1. Mae monopolïau'n bodoli oherwydd rhwystrau i fynediad i ddiwydiant o ran y gyfraith ac adnoddau, manteision cost naturiol ac arferion anghystadleuol.
2. Mae monopolïau naturiol yn bodoli oherwydd darbodion maint mewn diwydiant. Mae darbodion maint yn cynnwys darbodion prynu, darbodion marchnata, darbodion technegol, darbodion rheolaethol a darbodion ariannol.
3. Mae monopolïau'n tueddu i ennill elw annormal drwy ddewis pris sy'n uwch nag y byddai pe bai'r diwydiant yn gystadleuol.
4. Mae monopolïau'n gynhyrchiol effeithlon os ydynt yn fonopolïau naturiol sy'n manteisio ar ddarbodion maint ac yn ddynamig effeithlon os yw eu bodolaeth yn arwain at arloesi technolegol.
5. Mae monopolïau'n ddyrannol aneffeithlon os ydynt yn ecsbloetio cwsmeriaid drwy godi prisiau sy'n uwch nag y byddent dan gystadleuaeth.
6. Gall llywodraethau ymyrryd i unioni methiant y farchnad a achosir gan weithgaredd monopoli drwy drethi a chymorthdaliadau, rheoli prisiau, gwladoli a phreifateiddio, dadreoli, hollti'r monopolydd neu leihau rhwystrau i fynediad.

Monopoli

Mae MONOPOLI yn bodoli lle mae un cwmni neu un cyflenwr yn unig mewn diwydiant. Er enghraifft, mae gan *Transco* fonopoli ar biblinellau nwy y DU tra bo gan *Railtrack* fonopoli ar isadeiledd rheilffyrdd y DU. Yn ymarferol, tueddir i alw cwmni sydd â chyfran ddominyddol o'r farchnad yn fonopolydd hefyd. Er enghraifft, gallai *Microsoft*, sydd â 90% o farchnad systemau gweithredu cyfrifiaduron personol y byd, gael ei ystyried yn fonopolydd.

Mae cwmnïau'n ennill grym monopoli yn y tymor hir oherwydd **rhwystrau i fynediad** (☞ uned 17) i'r diwydiant. Mae gwahanol rwystrau i fynediad sy'n gallu creu monopolïau.

Rhwystrau cyfreithiol Gall y llywodraeth greu monopoli trwy system y gyfraith. Gall wneud cystadleuaeth yn anghyfreithlon mewn diwydiant, e.e. yn y DU dim ond fferyllfeydd all werthu cyffuriau presgripsiwn yn ôl y gyfraith. Mae'r llywodraeth wedi rhoi i *GNER* fonopoli i redeg gwasanaethau trên ar brif reilffordd arfordir y dwyrain.

Rhwystrau adnoddau Mewn rhai diwydiannau efallai y gall monopolydd brynu neu gaffael mewn rhyw ffordd arall yr adnoddau allweddol sydd eu hangen i gynhyrchu nwydd, e.e. cwmni hedfan yn prynu'r hawliau cyfan gwbl i hedfan o un faes awyr i faes awyr arall. Gallai cadwyn o uwchfarchnadoedd brynu'r unig lain o dir sydd ar gael i'w ddatblygu ar gyfer uwchfarchnad fawr mewn tref fach. Efallai y bydd cwmni trydan yn prynu'r holl gwmnïau trydan eraill sy'n cystadlu ag ef mewn gwlad. Wedyn byddai cwsmeriaid yn wynebu unig gyflenwr ar gyfer y cynnyrch.

Cystadleuaeth annheg Ar ôl cael ei greu, gallai monopolydd ei amddiffyn ei hun drwy arferion cystadlu annheg. Gallai cwmni hedfan sydd â monopoli ar lwybr ostwng prisiau yn is na'r gost os daw newydd-ddyfodiad i mewn i'r farchnad. Pan orfodir hwnnw i adael, bydd y monopolydd yn codi ei brisiau eto. Neu gallai monopolydd wrthod cyflenwi cwsmeriaid â nwyddau eraill os byddant yn prynu un nwydd gan newydd-ddyfodiad i'r farchnad.

Manteision cost naturiol Mae rhai cwmnïau'n FONOPOLÏAU NATURIOL. Maent yn fonopolïau

am nad yw hyd yn oed un cwmni yn y diwydiant yn ddigon mawr i ostwng costau cyfartalog i'w lefel isaf. Gall maint ostwng costau cyfartalog oherwydd DARBODION MAINT. Ffactorau yw'r rhain sy'n achosi i gostau cyfartalog ostwng wrth i raddfa'r cynhyrchu gynyddu. Mae nifer o ffynonellau gwahanol o ddarbodion maint.

- **Darbodion prynu.** Mae'n debygol mai po fwyaf o ddefnyddiau crai a nwyddau eraill a brynir, isaf i gyd fydd y gost gyfartalog. Gall prynwyr mawr drafod mwy o ddisgownt am fod ganddynt

Cwestiwn 1

Mae gan *Intel* afael haearnaidd ar y farchnad fyd-eang am sglodion cyfrifiaduron personol. Mae'n cyflenwi 80% o'r holl sglodion a roddir i mewn i gyfrifiaduron personol. Y llynedd gwnaeth elw net o $7.5 biliwn ac mae'n gwneud elw cyfartalog o 41% uwchlaw costau ar bob microbrosesydd a werthir. Byddai'n dadlau bod ei ddominyddiaeth yn y farchnad yn ganlyniad i well cynhyrchion, wedi'u cefnogi gan batentau, yn cael eu gwerthu am bris cystadleuol. Byddai'n nodi hefyd bod ganddo hanes cadarn o ddod â chynhyrchion newydd i'r farchnad yn seiliedig ar wariant sylweddol ar ymchwil a datblygu.

Byddai *AMD (Advance Micro Devices)* yn anghytuno. Mae ganddo tua 10% o'r farchnad am sglodion cyfrifiaduron personol ac mae newydd lansio achos yn erbyn *Intel* yn llysoedd UDA ynghylch gweithredu cynllwyn anghyfreithlon i gyfyngu ar gyfran *AMD* o'r farchnad. Mae'n honni bod *Intel* yn gwneud hyn trwy system o ad-daliadau a chymhellion ariannol eraill. Er enghraifft, mae *AMD* yn honni bod *Dixons*, yr adwerthwr stryd fawr yn y DU, 'yn gyfnewid am daliadau wedi cytuno i gadw cyfran *AMD* o'i fusnes yn is na 10%'. Hefyd mae *Toshiba*, a fu'n gwsmer pwysig i *AMD*, wedi peidio â phrynu ei brosesyddion. Honnir bod *Toshiba* yn cael 'arian datblygu'r farchnad' sy'n werth $25-$30 miliwn bedair gwaith y flwyddyn gan *Intel*. Honnir y caiff hyn ei roi ar yr amod na fydd *Toshiba* yn defnyddio microbrosesyddion *AMD* yn ei gyfrifiaduron personol.

Ffynhonnell: adaswyd o *The Sunday Times*, 3.7.2005.

(a) Eglurwch pam fod *Intel*, yn ymarferol, â monopoli ar gynhyrchu microbrosesyddion ar gyfer cyfrifiaduron personol.
(b) Sut y gallai *Intel* fod wedi cynnal ei rym monopoli ar y farchnad?

fwy o rym yn y farchnad. Hefyd mae'n rhatach prynu meintiau mawr. Er enghraifft, gallai costau cludiant fod yn is pe bai maint penodol yn cael ei ddosbarthu i un cwsmer yn hytrach na deg gan y gallai swmparchebion arbed ar becynnu.

● Darbodion marchnata. Yn aml, bydd costau marchnata, fel hysbysebu neu gost taflenni hyrwyddo, yn is am bob uned a werthir, po fwyaf fydd maint y gwerthiant. Mae cost hysbyseb, er enghraifft, yr un fath faint bynnag o werthiant y bydd yn ei greu. Os anfonir catalogau at gwsmeriaid, eto mae'r gost yr un fath beth bynnag yw'r ymateb.

● Darbodion technegol. Yn aml gall peiriannau neu ffatri ar raddfa fwy fod yn fwy effeithlon na pheiriannau neu ffatri ar raddfa lai. Er enghraifft, gall cwch sydd ddwywaith cymaint â chwch arall o ran hyd, lled a dyfnder gludo 8 gwaith cymaint o gargo. Ond mae'n debygol o gostio llai na 4 gwaith cymaint i'w adeiladu. Mae uwchfarchnad fawr yn costio llai o lawer i'w hadeiladu am bob metr sgwâr nag uwchfarchnad fach. Hefyd, po fwyaf yw graddfa'r cynhyrchu, mwyaf tebygol yw hi y defnyddir adnoddau yn llawn. Er enghraifft, gallai cwmni adeiladu bach fod â lori a ddefnyddir am ychydig o oriau yr wythnos i gludo defnyddiau. Gallai cwmni mawr ddefnyddio'r lori'n fwy helaeth am fod ganddo fwy o waith ar unrhyw adeg benodol.

● Darbodion rheolaethol. Mae **arbenigo** (☞ uned 2) yn ffynhonnell bwysig o fwy o effeithlonrwydd. Mewn cwmni bach, gallai'r perchennog fod yn werthwr rhan-amser, yn gyfrifydd, yn groesawydd ac yn rheolwr. Mae cyflogi staff arbenigol yn debygol o arwain at fwy o effeithlonrwydd ac felly costau is.

● Darbodion ariannol. Yn aml mae cwmnïau bach yn ei chael hi'n anodd ac yn ddrud codi arian ar gyfer buddsoddiad newydd. Pan roddir benthyciadau, codir cyfraddau cymharol uchel o log ar gwmnïau bach am fod banciau'n gwybod bod cwmnïau bach mewn llawer mwy o berygl o fethdalu na chwmnïau mawr. Mae gan gwmnïau mawr lawer mwy o ddewis o gyllid ac mae'r cyllid yn debygol o fod yn rhatach o lawer nag yw ar gyfer cwmnïau bach.

Enghreifftiau o fonopolïau naturiol yw systemau cludiant, fel rhwydweithiau piblinellau, traciau rheilffyrdd a gridiau trydan. Os ydy'r rhain heb eu defnyddio'n llawn, sydd fel arfer yn wir, mae'n bosibl gostwng costau cyfartalog drwy gynyddu'r trwygyrch (*throughput*) yn y system. Dyma enghraifft o ddarbodyn maint technegol.

Prisiau ac elw dan fonopoli

Yn absenoldeb rheoliadau llywodraeth, gall monopolydd godi pa bris bynnag a fyn ar gwsmeriaid. Gall ddewis, er enghraifft, p'un ai i godi £10 yr eitem neu £2. Dylid cofio, fodd bynnag, y bydd y galw am y cynnyrch yn is po uchaf fydd y pris a godir, h.y. mae monopolydd yn wynebu cromlin alw sy'n goleddu i lawr.

Nid y pris uchaf o reidrwydd yw'r pris uchafu elw. Os gosodir y pris yn rhy uchel, gall golli elw. Y rheswm yw y gallai'r elw a enillir o werthu am bris uchel fod yn llai na'r elw a gollir o werthu mwy byth am bris is. Er enghraifft, gallai cwmni godi £20 am eitem sy'n costio £12 a gwerthu 1 filiwn o unedau. Yna mae'n gwneud elw o £8 yr eitem neu gyfanswm o £8 miliwn (£8 × 1 miliwn). Ond efallai y gallai werthu 2 filiwn o unedau pe bai'n gostwng ei bris i £17. Wedyn ei elw am bob uned fyddai £5 yn unig, ond cyfanswm ei elw fyddai £10 miliwn (£5 × 2 filiwn).

Mae'r elw a enillir yn debygol o fod yn **elw annormal** (☞ uned 17). Mae'n uwch na'r isafswm sydd ei angen i gadw adnoddau yn y diwydiant hwnnw, h.y. mae'n uwch nag elw normal. Felly mae'r elw yn uwch na'r elw y byddai'r diwydiant yn ei ennill pe bai'n **berffaith**

gystadleuol (☞ uned 17). Mewn diwydiant perffaith gystadleuol mae cystadleuaeth frwd rhwng llawer o gwmnïau bach yn gyrru'r pris i lawr i'r pwynt lle mae cwmnïau'n gwneud digon o elw i aros yn y diwydiant a dim mwy na hynny, h.y. i'r pwynt lle mae cwmnïau'n gwneud elw normal yn unig. Os oes **cystadleuaeth amherffaith** (☞ uned 17), efallai y gall cwmnïau godi prisiau uwch nag a fyddai i'w cael dan gystadleuaeth berffaith ac ennill elw annormal. Bydd y mater o p'un ai y bydd y pris mor uchel ag a fyddai dan fonopoli, neu p'un ai y bydd cyfanswm elw'r diwydiant mor uchel, yn dibynnu ar ba ychydig o gystadleuaeth brisiau sydd rhwng y cwmnïau.

Monopoli, effeithlonrwydd a methiant y farchnad

Bydd monopoli naturiol yn cynhyrchu am y gost gyfartalog isaf posibl ar gyfer lefel cyfanswm y galw yn y diwydiant. Byddai hollti monopoli naturiol yn llawer o gwmnïau llai yn arwain at gostau cyfartalog uwch. Felly, mae monopoli naturiol yn gynhyrchiol effeithlon, h.y. yn cynhyrchu am y gost isaf (☞ uned 16), o'i gymharu â diwydiant mwy cystadleuol.

Cwestiwn 2

Tesco yw'r gadwyn fwyaf o uwchfarchnadoedd yn y DU. Yn 2005 cyhoeddodd ei elw mwyaf erioed o £2 biliwn. Yn 2005 ei gyfran o'r farchnad nwyddau groser oedd tua 33% a gwerthodd 12.5%, yn ôl gwerth, o'r cyfan a werthwyd yn siopau Prydain, sy'n gyfran ryfeddol.

Ond mae *Tesco* ac uwchfarchnadoedd eraill yn cael eu beirniadu'n hallt am 'dwyllo'r defnyddiwr' a 'thwyllo cyflenwyr'. Mae'r uwchfarchnadoedd yn dadlau yn erbyn hyn drwy nodi eu bod mewn cystadleuaeth ddwys â'i gilydd. Ond nid felly y mae bob amser oherwydd mewn llawer o ardaloedd, yn enwedig ardaloedd gwledig, gall cadwyn uwchfarchnadoedd fod â monopoli lleol. Cyhoeddodd Comisiwn Cystadleuaeth y DU, corff y llywodraeth sy'n cadw golwg ar fonopolïau, adroddiad yn 2000 a nododd fod gan *Safeway, Sainsbury* a *Tesco* bolisïau o 'amrywio prisiau mewn ardaloedd daearyddol gwahanol yng ngoleuni'r gystadleuaeth leol'. Lle roedd gan gadwyn uwchfarchnadoedd fonopoli lleol, tueddai prisiau i fod yn uwch na mewn ardaloedd lle roedd gan ddefnyddwyr amrywiaeth o siopau o fewn pellter teithio hawdd.

Ffynhonnell: addaswyd o www.gnn.gov.uk, http://news.bbc.co.uk.

(a) Awgrymwch ystyr dweud bod gan uwchfarchnad 'fonopoli lleol'.
(b) Pam o bosibl y byddai uwchfarchnadoedd yn codi eu prisiau mewn ardaloedd lle mae ganddynt fonopoli lleol o'u cymharu ag ardaloedd lle maent yn cystadlu ag uwfarchnadoedd eraill.
(c) Mae *Tesco* yn honni ei fod yn codi prisiau isel iawn ar ei gwsmeriaid o'i gymharu â'i gystadleuwyr. Eglurwch pam nad yw'n codi ei brisiau i ennill hyd yn oed mwy o elw na'r £2 biliwn a enillodd yn 2004-2005.

Fodd bynnag, os nad ydy monopoli'n fonopoli naturiol, mae effaith hollti yn fwy cymhleth. Os daw'r diwydiant yn berffaith gystadleuol, bydd costau'n cael eu gyrru i lawr i'r isaf posibl ac felly cyflawnir effeithlonrwydd cynhyrchiol. O'i gymharu â hynny, mae monopoli'n gynhyrchiol aneffeithlon. Os daw'r diwydiant yn amherffaith gystadleuol, nid yw'n bosibl dweud a fydd prisiau neu gyfanswm yr elw yn gostwng. Felly, mae'n amhosibl gwneud cymhariaeth ynghylch effeithlonrwydd cynhyrchiol.

O ran **effeithlonrwydd dyrannol** (☞ uned 16), mae monopoli naturiol yn ddyrannol aneffeithlon gan y bydd y cwmni wedi gyrru prisiau i fyny a gostwng cynnyrch er mwyn ennill elw annormal. Ond bydd hollti'r diwydiant yn annhebygol o arwain at effeithlonrwydd dyrannol gan fod prisiau'n debygol o fod yn uwch byth. Y rheswm yw y bydd costau cyfartalog cynhyrchu yn uwch gyda sawl cwmni yn y diwydiant yn hytrach nag un.

Bydd effeithlonrwydd dyrannol yn cael ei gyflawni os nad ydy'r cwmni'n fonopoli naturiol a'i fod yn cael ei hollti'n nifer o gwmnïau perffaith gystadleuol. Bydd cystadleuaeth berffaith yn sicrhau bod prisiau i gwsmeriaid mor isel â phosibl a bod cwmnïau'n gallu ennill elw normal yn unig. Bydd y gostyngiad yn y pris oherwydd cystadleuaeth yn ehangu'r galw a'r cynnyrch yn y diwydiant, a hynny eto yn fuddiol i gwsmeriaid.

Fodd bynnag, os caiff monopoli ei hollti ond mai dim ond cystadleuaeth amherffaith sy'n dilyn, efallai na fydd unrhyw welliant mewn effeithlonrwydd dyrannol. Efallai na fydd prisiau'n gostwng oherwydd efallai y bydd y cwmnïau newydd yn dal i ennill llawn cymaint o elw annormal, ac felly efallai na fydd cynnyrch yn cynyddu.

Mae effeithlonrwydd cynhyrchiol a dyrannol yn fathau o **effeithlonrwydd statig** (☞ uned 16). Ond mae **effeithlonrwydd dynamig** i gael ei ystyried hefyd. Mae hyn yn edrych i weld ydy effeithlonrwydd yn digwydd dros gyfnod yn hytrach nag ar adeg benodol. Gellir dadlau bod monopoli'n ddynamig effeithlon, ond nad yw cystadleuaeth berffaith. Mewn cystadleuaeth berffaith, does dim cymhelliad i gwmnïau unigol wario ar ymchwil a datblygu. Y rheswm yw bod gwybodaeth berffaith mewn diwydiant perffaith gystadleuol. Bydd unrhyw ddatblygiad newydd yn fuan yn hysbys ledled y diwydiant ac os yw'n rhoi mantais gymharol i'r cwmni bydd yn cael ei gopïo.

Gyda monopoli, gall y monopolydd fanteisio ar fuddion unrhyw ymchwil a datblygu. Os yw'n datblygu cyffur newydd, neu beiriant newydd, gall fanteisio ar y ddyfais honno ac ennill elw annormal. Felly, mae'r gallu i gadw elw annormal yn gweithredu fel cymhelliad i arloesi.

Hefyd gellir dadlau bod bodolaeth monopolïau ac elw annormal yn hybu'r rhai y tu allan i'r diwydiant i ddinistrio monopolïau drwy drosneidio'r dechnoleg a ddefnyddir yn y diwydiant. Y term am hyn yw **proses dinistrio creadigol**. Er enghraifft, cafodd monopoli camlesi ei ddinistrio gan ddyfeisio rheilffyrdd. Mae monopolïau'r ffôn a'r post yn cael eu dinistrio gan e-bost a'r Rhyngrwyd.

Ond gellir dadlau i'r un graddau y gallai monopolydd fod yn hunanfodlon a diog, gan gysgodi y tu ôl i rwystrau uchel i fynediad. Bydd diffyg cystadleuaeth yn lleihau'r cymhelliad i arloesi. Mae risg bob amser i wariant ar ymchwil a datblygu ac efallai y bydd y monopolydd yn dewis bod yn wrthwynebol iawn i risg, gan ystyried elw nawr yn well na'r posibilrwydd o elw uwch yn y dyfodol. Hefyd, efallai na fydd y monopolydd hyd yn oed yn ceisio uchafu elw. Efallai y bydd ei reolwyr yn amcanu at wneud digon o elw i fodloni'r cyfranddalwyr (bodloni elw), ac yna'n rhedeg y cwmni er eu lles nhw eu hunain. Mae hynny'n annhebygol o gynnwys ymdrechion brwd i arloesi.

Ymyriad llywodraeth

Gall llywodraethau ddefnyddio nifer o bolisïau gwahanol i geisio unioni methiant y farchnad a achosir gan fonopolïau.

Trethi Mae monopolïau'n debygol o ennill elw annormal. Gallai llywodraethau drethu'r elw annormal yma, ond mae hynny'n annhebygol o gynyddu effeithlonrwydd. Ni fyddai unrhyw gymhelliad i'r monopolydd ostwng ei brisiau o ganlyniad. Felly, byddai aneffeithlonrwydd dyrannol yn parhau. Gallai aneffeithlonrwydd cynhyrchiol gynyddu hyd yn oed, gan na fyddai'r monopolydd ag unrhyw gymhelliad i ostwng costau. Wedi'r cyfan,

Cwestiwn 3

Yn draddodiadol, mae cwmnïau ffôn tir-seiliedig wedi bod yn fonopolïau yn Ewrop. Fel arfer dan berchenogaeth y wladwriaeth, maen nhw wedi bod â gafael haearnaidd ar gyfathrebu lleisiol. Heddiw mae'r monopolïau hynny'n wynebu dau fygythiad. Yn gyntaf, tynnwyd ymaith eu monopolïau cyfreithiol wrth iddynt gael eu preifateiddio gyda'u marchnadoedd yn cael eu hagor i gystadleuaeth oddi wrth gwmnïau eraill. Yn ail, maen nhw'n wynebu ar yr eithaf golli'r rhan fwyaf o'u marchnad i dechnoleg newydd, sef y ffôn symudol, nad yw ond wedi bodoli ers yr 1980au.

Mewn gwirionedd, mae'n annhebygol y bydd rhwydweithiau ffôn tir-seiliedig yn diflannu. Mae ganddynt fanteision cost ar rwydweithiau ffôn symudol ar gyfer meintiau mawr o draffig. Nid

oes terfyn i nifer y llinellau all gael eu gosod, ond mae terfyn i nifer y galwadau all gael eu gwneud ar amleddau a roddir i rwydweithiau ffôn symudol. Hefyd mae rhwydweithiau tir-seiliedig sefydledig yn cynrychioli cost 'suddedig' – cost y talwyd amdani eisoes ac felly mae cost defnyddio'r system heddiw yn is o lawer nag y byddai pe bai'n rhaid disodli'r system gyfan.

Mae preifateiddio a chystadleuaeth wedi arwain at ostyngiadau mewn termau real yn y prisiau a godir am ddefnyddio ffôn tir-seiliedig. Mae hyn wedi bod o fudd i gwsmeriaid, felly hefyd technoleg y ffôn symudol sy'n caniatáu i gwsmeriaid alw o unrhyw le.

(a) Pam y gallai technoleg y ffôn symudol gynrychioli enghraifft o ddinistrio creadigol yn y diwydiant ffôn?

(b) Eglurwch sut mae cwsmeriaid wedi elwa oherwydd chwalu monopoli'r cwmnïau ffôn tir-seiliedig.

byddai unrhyw ostyngiad mewn costau a arweiniai at elw uwch yn cael ei drethu. Byddai hefyd yn lleihau unrhyw gymhelliad i arloesi gan y byddai unrhyw elw annormal fyddai'n cael ei ennill o arloesi yn cael ei drethu. Yn ymarferol, byddai problem hefyd o sut i osod y dreth. Mae'n anodd iawn amcangyfrif lefel yr elw annormal a wneir gan gwmni yn y byd go iawn. Pe bai'r llywodraeth yn gosod y dreth yn rhy uchel, byddai'n annog y monopolydd i beidio hyd yn oed â gwneud y buddsoddi arferol hanfodol a gallai ansawdd a maint y nwydd neu'r gwasanaeth a gynhyrchir waethygu gan gynyddu methiant y farchnad yn hytrach na'i leihau. Mantais bwysicaf treth ar elw monopoli yw ei fod yn ailddosrannu incwm i ffwrdd o berchenogion cwmnïau monopolaidd i weddill y gymdeithas, a gellid dadlau bod hynny'n gwella **tegwch** yn yr economi.

Cymorthdaliadau Mae monopolïau'n debygol o fod yn ddyrannol aneffeithlon am fod prisiau'n uwch a chynnyrch yn is na'r sefyllfa pe bai'r diwydiant yn berffaith gystadleuol. Un ffordd o ostwng prisiau a chynyddu cyflenwad yw rhoi cymorthdaliadau i'r monopolydd i ostwng ei brisiau a chynhyrchu mwy. Gallai hyn ymddangos yn ddatrysiad posibl, ond yn ymarferol byddai'n anodd ei weithredu. Byddai'n anodd i'r llywodraeth wybod pa bris a pha lefel cynhyrchu fyddai'n arwain at effeithlonrwydd dyrannol. Felly, mae bron yn amhosibl gwybod pa lefel o gymhorthdal fyddai'n uchafu effeithlonrwydd. Hefyd byddai cymorthdalu monopolyddion sydd eisoes yn ennill elw annormal yn wleidyddol annerbyniol. Byddai dinasyddion yn gofyn pam fod arian y trethdalwyr yn cael ei ddefnyddio i gynyddu elw cwmnïau sydd eisoes yn broffidiol iawn.

Rheoli prisiau Os bydd monopolydd yn gosod ei brisiau'n rhy uchel i fod yn ddyrannol effeithlon, gallai'r llywodraeth osod rheolaethau ar y prisiau, gan gyfyngu ar y prisiau y gall y monopolydd eu gosod. Dyma'r polisi a ddefnyddir ar hyn o bryd i reoli gwasanaethau cyhoeddus monopolaidd y DU fel dŵr, ffonau a rheilffyrdd. Mae gan hyn y fantais ychwanegol fod yna gymhelliad i fonopolydd gynyddu effeithlonrwydd cynhyrchiol. Os ydy'r monopolydd yn wynebu pris penodol a osodir gan y llywodraeth, mae'n dal i allu ennill elw uwch os yw'n gallu gostwng ei gostau. Prif anfantais rheoli prisiau yw ei bod hi'n anodd i'r llywodraeth wybod pa bris i'w osod i uchafu effeithlonrwydd. Bydd y monopolydd yn dadlau bob amser fod angen prisiau uwch arno i gyfiawnhau buddsoddiant fydd yn arwain at effeithlonrwydd dynamig. Er enghraifft, mae diwydiant dŵr y DU yn dadlau bob amser y bydd yn rhaid iddo gwtogi ar fuddsoddiant i wella ansawdd y dŵr a diogelu'r amgylchedd os gosodir prisiau'n rhy isel.

Gwladoli Os ydy'r monopoli yn gwmni sector preifat, un datrysiad i ddiffyg effeithlonrwydd fyddai GWLADOLI y cwmni, h.y. ei droi yn gwmni dan berchenogaeth y wladwriaeth. Wedyn gallai'r llywodraeth ei orfodi i osod ei brisiau i sicrhau effeithlonrwydd dyrannol. Roedd gwladoli yn bolisi cyffredin iawn ledled y byd o'r 1940au ymlaen. Ond bu'r diwydiannau gwladoledig yn wynebu dwy brif broblem. Yn gyntaf, doedd dim cymhelliad i'r cwmnïau hyn ostwng costau ac felly, dros amser, roedden nhw'n fwyfwy cynhyrchiol aneffeithlon. Mae PREIFATEIDDIO diwydiannau (h.y. trosglwyddo perchenogaeth o'r sector cyhoeddus yn ôl i'r sector preifat) yn yr 1980au a'r 1990au wedi arwain at ostyngiad sylweddol mewn costau a gwelliannau mewn effeithlonrwydd cynhyrchiol. Yn ail, tueddai llywodraethau i amddifadu diwydiannau gwladoledig o arian ar gyfer buddsoddi. Roedd hynny'n niweidio effeithlonrwydd dynamig. Eto, mae preifateiddio fel arfer wedi arwain at gynnydd sylweddol mewn buddsoddiant, a hynny'n llesol i'r cwsmeriaid.

Preifateiddio a dadreoli Bu llawer o fonopolïau yn y gorffennol yn ddiwydiannau gwladoledig. Fel y dadleuwyd eisoes, gallai'r prisiau a osodwyd ganddynt fod yn agosach at y lefel fyddai'n sicrhau effeithlonrwydd dyrannol na'r prisiau y byddai monopolydd sector preifat wedi eu gosod. Ond roedden nhw'n tueddu i fod yn gynhyrchiol a dynamig aneffeithlon. Felly gallai eu preifateiddio gynyddu'r effeithlonrwydd cyffredinol. I'w hatal rhag ecsbloetio'r defnyddiwr drwy godi prisiau, gallai'r llywodraeth gyfuno preifateiddio a rheoli prisiau. Neu gallai geisio cyflwyno cystadleuaeth i'r diwydiant. Gallai naill ai hollti'r monopolydd adeg y preifateiddio yn nifer o gwmnïau sy'n cystadlu, neu gallai DDADREOLI y diwydiant drwy ganiatáu i gystadleuwyr gychwyn mewn diwydiant a ddiogelwyd gynt gan rwystrau cyfreithiol i fynediad. Y gobaith wedyn fyddai i gystadleuaeth yrru prisiau i lawr tua'r lefel lle byddai effeithlonrwydd dyrannol yn cael ei gyflawni.

Hollti'r monopolydd Gallai'r llywodraeth orchymyn hollti monopoli. Ni fydd hyn o reidrwydd yn arwain at unrhyw gynnydd mewn effeithlonrwydd os ydy'r monopoli'n fonopoli naturiol, neu os ydy'r cwmnïau newydd mewn cystadleuaeth amherffaith â'i gilydd. Mae'n fwyaf tebygol o arwain at gynyddu effeithlonrwydd os ydy'r cwmnïau newydd mewn cystadleuaeth berffaith â'i gilydd. Gallai hynny fod yn anodd iawn ei gyflawni. Er enghraifft, byddai'n amhosibl pe bai'r monopolydd yn cynhyrchu nwyddau brand.

Lleihau rhwystrau i fynediad Gallai'r llywodraeth geisio gostwng rhwystrau i fynediad i'r diwydiant. Byddai'r polisi hwn yn hawsaf ei weithredu pe bai'r rhwystrau i fynediad yn gyfreithiol. Er enghraifft, un ffordd o gyflwyno cystadleuaeth yng ngwasanaeth dosbarthu nwy y DU fyddai dileu monopoli cyfreithiol *Centrica* ar berchenogaeth rhwydwaith piblinellau nwy y DU. Ond nid oes sicrwydd y byddai cystadleuaeth yn datblygu, yn enwedig os ydy'r monopoli hefyd yn fonopoli naturiol. Hyd yn oed pe bai cystadleuaeth, gallai'r diwydiant ddod yn amherffaith gystadleuol ac efallai na fyddai fawr ddim o enillion effeithlonrwydd o ganlyniad.

Cwestiwn 4

Cyn 2006 roedd gan y Post Brenhinol fonopoli ar gasglu a dosbarthu llythyrau, er iddo wynebu cystadleuaeth frwd yn y farchnad barseli. Ond oddi ar 1 Ionawr 2006 gall unrhyw gwmni trwyddedig ddosbarthu post i fusnesau a chwsmeriaid preswyl. Ers sawl blwyddyn mae marchnad y post wedi cael ei rheoleiddio gan *Postcomm*. Mae hwnnw wedi gosod prisiau y gall y Post Brenhinol eu codi am ei wasanaeth llythyrau. Bydd yn parhau i reoleiddio prisiau'r Post Brehninol hyd y gellir rhagweld a bydd yn gyfrifol am drwyddedu cwmnïau sy'n dymuno dod i mewn i'r farchnad. Bydd y Post Brenhinol yn dal i orfod darparu gwasanaeth cyffredinol, gan gasglu post o flychau post ledled y DU a dosbarthu i bob cyfeiriad. Ni fydd gan gwmnïau eraill yr orfodaeth hon a byddant yn rhydd i osod eu prisiau eu hunain.

Y rheswm pam y bydd *Postcomm* yn parhau i reoleiddio'r farchnad yw ei bod hi'n annhebygol y caiff monopoli'r Post Brenhinol ei chwalu'n gyflym iawn. Yn y ddwy wlad sydd wedi cyflwyno cystadleuaeth i'w marchnadoedd post – Seland Newydd 5 mlynedd yn ôl, a Sweden 12 mlynedd yn ôl – mae'r cyflenwr monopolaidd gwreiddiol yn dal i fod ag o leiaf 90% o'r farchnad.

Ffynhonnell: addaswyd o http://news.bbc.co.uk, 18 Chwefror 2005.

(a) Pa fanteision posibl sydd i gwsmeriaid am fod *Postcomm* yn rheoleiddio'r Post Brenhinol?
(b) Pam y gallai cyflwyno cystadleuaeth i farchnad lle roedd gan y Post Brenhinol fonopoli fod o fudd i gwsmeriaid?

Termau allweddol

Dadreoli – y broses o ddileu rheolaethau llywodraeth o farchnadoedd.

Darbodion maint – gostyngiad yng nghostau cyfartalog tymor hir cynhyrchu wrth i gynhyrchu gynyddu.

Gwladoli – trosglwyddo cwmnïau neu asedau o berchenogaeth sector preifat i berchenogaeth y wladwriaeth.

Monopoli – strwythur marchnad lle mae un cwmni'n cyflenwi'r holl gynnyrch yn y diwydiant heb wynebu cystadleuaeth am fod rhwystrau uchel i fynediad i'r diwydiant.

Monopoli naturiol – lle mae darbodion maint mor fawr mewn perthynas â galw'r farchnad fel y bydd y cynhyrchydd dominyddol yn y diwydiant bob amser yn cael costau cynhyrchu is nag unrhyw gystadleuydd posibl arall.

Preifateiddio – y gwrthwyneb i wladoli, trosglwyddo cyfundrefnau neu asedau o berchenogaeth y wladwriaeth i berchenogaeth sector preifat.

Economeg gymhwysol
Fformatau Technoleg *DVD*

Yn yr 1970au bu'r caset clywedol a ddatblygwyd gan *Philips* yn gyfrifol am chwyldroi recordio yn y cartref. Yn yr 1980au lansiwyd y *CD* clywedol ar y farchnad gan ddarparu sain ansawdd uchel. Yn yr un ddegawd roedd y recordydd fideo yn hynod boblogaidd. Ar ddechrau'r 2000au daeth y *DVD* yn boblogaidd. Roedd y technolegau hyn i gyd yn llwyddiannus am fod amrywiaeth o wneuthurwyr yn cefnogi'r dechnoleg newydd ac yn barod i rannu'r elw oedd i'w wneud o werthu offer ac o werthu ffilmiau a cherddoriaeth. Yn yr un cyfnod methodd nifer mawr o fformatau. Er enghraifft, roedd Tâp Clywedol Digidol (*Digital Audio Tape*) yn rhoi sain ag ansawdd *CD* ond roedd yn dâp mewn caset yn hytrach na disg *CD* crwn. Er bod modd i gwsmeriaid brynu tapiau gwag i recordio arnynt, ni lwyddodd y fformat. Roedd cwsmeriaid yn hapus i ddefnyddio casetiau clywedol i wneud eu recordiadau eu hunain a gwrando ar gerddoriaeth barod ar eu chwaraewyr *CD*.

Yng nghanol y 2000au, gwelwyd brwydr newydd rhwng *Sony* a *Toshiba* ynghylch *DVDs* croyw (*high definition*). Byddai'r cynnyrch newydd yn galluogi gwylwyr i brynu ffilmiau ar *DVD* a'u gwylio mewn fformat croyw. Ychydig iawn o setiau teledu yng nghartrefi pobl heddiw sydd yn rhai croyw. Ond credir y bydd mwy a mwy o setiau teledu croyw yn cael eu gwerthu yn ystod y deng mlynedd nesaf, gan roi gwell ansawdd gwylio. Un o'r ffactorau a fyddai'n peri i bobl brynu'r setiau teledu newydd fyddai'r ffaith fod digon o *DVDs* croyw ar gael i'w chwarae arnynt. Gan fod *DVDs* croyw yn dal mwy o wybodaeth na *DVDs* cyfredol, byddent hefyd yn ddelfrydol i'w defnyddio mewn consolau gemau lle mae galw cynyddol am gemau mwy soffistigedig sydd angen mwy a mwy o gof.

Mae *Sony* a *Toshiba* wedi cynhyrchu fformat *DVD* croyw newydd, ond nid ydynt yn cydweddu â'i gilydd. Ni ellir defnyddio technoleg disg *Blue Ray Sony* ar beiriannau *HD-DVD Toshiba*, ac i'r gwrthwyneb. Mae *Sony* yn honni bod ei gynnyrch yn dechnolegol well gan y gall ei ddisg ddal bron ddwywaith cymaint o wybodaeth â disg *Toshib*a. Mae *Toshiba* yn nodi bod ei ddisgiau yn rhatach i'w gwneud ac yn gallu cael eu gwneud mewn ffatrïoedd sy'n gwneud *DVDs* heddiw. Byddai angen cyfarpar hollol newydd i weithgynhyrchu disgiau *Blue Ray*.

I *Sony* a *Toshiba*, yr hyn sydd yn y fantol yw'r gallu i greu monopoli sy'n cael ei warchod gan batentau. Byddai'r ddau gwmni yn trwyddedu eu technoleg i wneuthurwyr eraill. Yn yr un modd, byddai'r ddau gwmni yn trwyddedu'r fformat i'r stiwdios ffilmiau er mwyn iddyn nhw ryddhau eu ffilmiau yn y fformat hwnnw. Fodd bynnag, byddai perchennog y drwydded yn cael breindal. Hefyd, byddai ganddynt reolaeth ar y dechnoleg a byddai hynny'n rhoi mantais gystadleuol iddynt wrth iddynt wella'r dechnoleg yn raddol. Yn y tymor byr, byddai perchennog y dechnoleg yn debygol o fod y cyntaf i gael ei gynhyrchion i'r farchnad ac yn gallu codi prisiau uchel ar gwsmeriaid sydd am gael y dechnoleg yn syth. Yn y pen draw byddai elw annormal y cyntaf yn y farchnad yn cael ei gystadlu ymaith gan wneuthurwyr eraill. Ond ar y cyfan byddai elw'r cynhyrchydd cyntaf yn y farchnad yn uwch dros gylchred oes y cynnyrch nag elw ei gystadleuwyr.

I *Sony*, mae llawer iawn yn y fantol am ei fod yn berchen hefyd ar un o gwmnïau ffilmiau mwyaf UDA, gydag ôl-restr faith o ffilmiau. Os ydy *Sony* yn colli'r frwydr, bydd yn rhaid iddo dalu *Toshiba* i roi ei ffilmiau ar fformat *HD-DVD Toshiba*. Os ydy *Sony* yn ennill, bydd yn arbed y gost hon ac yn cael ffioedd trwyddedu gan stiwdios ffilmiau eraill.

Mae rhyfeloedd fformat yn fendith gymysg i ddefnyddwyr. Ar y naill law, mae fformatau newydd yn enghraifft o effeithlonrwydd dynamig ar waith. Dros y 50 mlynedd diwethaf, mae'r caset clywedol, y *CD*, y recordydd fideo a'r *DVD* wedi chwyldroi'r byd cyfathrebu clywedol a gweledol. Ar y llaw arall, nid oes sicrwydd mai'r fformat gorau fydd yn ennill. Er enghraifft, mae llawer yn dadlau fod *VHS*, sef y fformat ar gyfer recordydd fideo a ddaeth i ddominyddu'r farchnad, yn dechnolegol israddol i'w brif gystadleuydd, sef fformat *Betamax* gan *Sony*.

Yn y tymor byr gall bodolaeth patentau a hawlfraint ar y fformat arwain at brisiau uwch nag a fyddai pe nai bai rhwystrau i fynediad i'r farchnad. Fodd bynnag, mae'r aneffeithlonrwydd cynhyrchiol a dyrannol sy'n deillio o hyn yn annhebygol o fod yn fawr yn achos y genhedlaeth newydd o *DVD*s. Un rheswm pam y collodd *Sony* ei ryfel recordydd fideo gyda *VHS* oedd y ffaith ei fod yn amharod i drwyddedu'r dechnoleg i wneuthurwyr eraill. Dysgodd ei wers o hyn, a heddiw mae *Sony* yn awyddus iawn i drwyddedu ei dechnoleg *Blue Ray* i sicrhau y caiff ei fabwysiadu yn gyflym.

Y senario gwaethaf i wneuthurwyr a chwsmeriaid yw bod y ddau fformat yn cael eu lansio gydag enillydd yn dod i'r amlwg ar ôl ychydig o flynyddoedd. Bydd cwmnïau'n cael costau uwch neu'n colli gwerthiant, tra bydd cwsmeriaid a brynodd y fformat aflwyddiannus yn gorfod dileu eu hoffer a'u disgiau gwreiddiol a defnyddio'r fformat newydd. Hefyd, os nad oes cytundeb, mae yna berygl y bydd technoleg newydd yn datblygu rhywbeth i

gymryd lle y fformatau hyn. Gallai'r cynnydd cyflym iawn mewn technoleg gyfrifiadurol beri i ddefnyddwyr osgoi'r genhedlaeth newydd o chwaraewyr *DVD* er mwyn prynu rhywbeth gwell. Gallai'r enghraifft hon o ddinistrio creadigol olygu na fyddai *Sony* a *Toshiba* yn adennill costau datblygu technolegau *DVD* croyw a byddai'n eu rhwystro rhag ennill elw o werthu caledwedd a meddalwedd.

Cwestiwn Data — Melyswyr artiffisial

Tate&Lyle

Dyma sut y disgrifiodd *Tate&Lyle* ei hun yn ei Adroddiad a Chyfrifon Blynyddol 2005:

'*Tate&Lyle* yw un o wneuthurwyr blaenllaw y byd o ran cynhwysion diwydiannol a bwyd adnewyddadwy. Trwy ddefnyddio technoleg arloesol, rydym yn trawsnewid grawn, gwenith a siwgr yn gynhwysion ychwanegiad at werth i gwsmeriaid yn y diwydiannau bwyd, diodydd, fferyllol, colur, papur, pecynnu ac adeiladu. Rydym yn gweithio'n galed i ddeall anghenion ein cwsmeriaid ac yn helpu i ddiwallu galw defnyddwyr am gynhyrchion blasus, maethlon, iach ac arloesol. Rydym yn arweinydd ym meysydd melyswyr a startshys grawnfwyd, puro siwgr, bwyd ychwanegiad at werth a chynhwysion diwydiannol ac asid citrig. Ni yw'r gorau yn y byd o ran startshys diwydiannol a ni yw unig wneuthurwr *SPLEN* ® *Sucralose*.'

Nutrasweet

Tan yr 1990au, roedd gan y cwmni Americanaidd *Nutrasweet* fonopoli ar y melyswr a ddefnyddiwyd fwyaf yn y byd: aspartame. Cyn i batentau *Nutrasweet* ddod i ben, gallai werthu pwys o aspartame am $100, gyda $75 o hynny yn elw. Pan ddaeth y patentau i ben ar ddiwedd yr 1990au, syrthiodd pris aspartame i tua $9 y pwys wrth i gystadleuwyr ddod i mewn i'r farchnad â chynhyrchion generig unfath. Er gwaetha'r gystadleuaeth gref, mae *Nutrasweet* wedi llwyddo i gadw cyfran fawr o'r farchnad aspartame, sef marchnad $566 miliwn, sy'n dal i fod dwywaith maint marchnad swcralos. Hefyd, mae'r elw a wneir o $100 o werthiant yn dal i fod yn iach, sef $15. Ar ôl cyfnod o gau ffatrïoedd ar ôl i'r patentau ddod i ben, mae *Nutrasweet* erbyn hyn yn cynyddu cynhyrchu eto oherwydd galw cynyddol.

Splenda

Mae *Tate&Lyle* yn berchen ar yr hawliau patent monopoli i swcralos, sy'n fwy adnabyddus yn y DU fel ei enw brand, *Splenda*. Erbyn hyn daw 20% o elw'r cwmni o'r cynnyrch hwn. Hefyd, mae gwerthiant byd-eang yn cynyddu'n gyflymach na chyfartaledd y diwydiant. Y llynedd tyfodd gwerthiant 63% o'i gymharu â thwf o 8% yn y farchnad melyswyr artiffisial ehangach. Ni all *Tate&Lyle* gadw i fyny â'r galw, ac ar hyn o bryd mae'n dogni cyflenwadau i gwsmeriaid tra'n adeiladu ffatri newydd i dreblu cynhyrchu erbyn 2007.

Mae swcralos mor broffidiol fel bod cystadleuwyr yn gyson yn ceisio canfod ffyrdd o weithio o gwmpas yr hawliau patent i'w gynhyrchu'n gyfreithlon eu hunain. Cyhoeddodd un cystadleuydd yr wythnos hon, sef cwmni *Nutrasweet* o UDA, ei fod yn trafod gyda phartneriaid posibl yn China ac India ynglŷn â thechnegau posibl i gynhyrchu swcralos heb droseddu yn erbyn y patentau. Mae *Tate&Lyle* yn credu bod ei batentau yn ddigon cryf i rwystro cystadleuaeth tan y daw'r patentau i ben yn 2020. Ond mae nifer o ddadansoddwyr yn amau a fydd *Tate&Lyle* yn dal allan cyhyd gan fod nifer o gwmnïau yn China eisoes yn cynhyrchu meintiau bach o'r melyswr.

Arloesi

Yn draddodiadol, mae gwneuthurwyr bwyd wedi defnyddio melyswyr artiffisial i greu cynhyrchion 'isel mewn caloriau' sy'n apelio at gwsmeriaid nad ydynt eisiau'r caloriau uchel mewn cynnyrch a wnaed â siwgr naturiol.

Ar hyn o bryd swcralos sy'n arwain marchnad melyswyr artiffisial o ran blas. Dyma'r melyswr mwyaf 'naturiol' sy'n cael ei wneud o siwgr ac mae llawer o ddefnyddwyr yn credu ei fod yn blasu fwyaf fel siwgr.

Ond nid blas yw popeth yn y farchnad hon. Yn ddiweddar mae *Nutrasweet*, y cwmni melyswr o UDA, wedi lansio *Neotame*. Mae hwn mor felys a mor rhad i'w gynhyrchu fel

y gellir defnyddio $1 o *Neotame* yn lle $10 o siwgr pur mewn cynnyrch. Erbyn hyn mae rhai gwneuthurwyr diodydd meddal yn cymysgu *Neotame* gyda siwgr naturiol yn eu diodydd i dorri costau cynhyrchu. Gwelwyd gwerthiant *Neotame* yn pedryblu y llynedd.

Prif nod y diwydiant, fodd bynnag, yw cynhyrchu amnewidyn am siwgr sy'n wir organig ac yn seiliedig ar blanhigion, sy'n blasu yn union fel siwgr ond sydd heb fawr ddim o galoriau. Bydd y cwmni sy'n llwyddo i wneud hyn yn ennill ffortiwn os bydd yn gallu diogelu'r cynnyrch yn gadarn â phatentau.

Ffynhonnell: addaswyd o'r *Financial Times*, 28.9.2005, *Tate&Lyle, Annual Report and Accounts*, 2005.

1. Eglurwch y cysylltiad rhwng 'patent' a 'monopoli'.
2. Gan ddefnyddio enghreifftiau o'r data, eglurwch pam mae cwmnïau'n cymryd patentau.
3. Trafodwch ydy patentau ym marchnad melyswyr artiffisial yn arwain at effeithlonrwydd y farchnad neu fethiant y farchnad.

19 Allanolderau

Crynodeb

1. Caiff allanolderau eu creu pan fydd costau a buddion cymdeithasol yn wahanol i gostau a buddion preifat.
2. Po fwyaf yw'r allanolder, mwyaf i gyd mae methiant y farchnad yn debygol o fod.
3. Gall llywodraethau ddefnyddio rheoleiddio, estyn hawliau eiddo, trethi a thrwyddedau i ostwng methiant y farchnad a achosir gan allanolderau.

Costau a buddion preifat a chymdeithasol

Efallai y bydd ffatri gemegau yn dympio gwatraff i mewn i afon er mwyn lleihau ei chostau. Ymhellach i lawr yr afon, rhaid i gwmni dŵr drin y dŵr i gael gwared â chemegau peryglus cyn cyflenwi dŵr yfed i'w gwsmeriaid. Rhaid i'w gwsmeriaid dalu prisiau uwch oherwydd y llygredd.

Dyma enghraifft glasurol o ALLANOLDERAU (*externalities*) neu EFFEITHIAU YMLED (*spillover effects*). Mae allanolderau'n codi pan fydd costau a buddion preifat yn wahanol i gostau a buddion cymdeithasol. Cost gweithgaredd i uned economaidd unigol, fel defnyddiwr neu gwmni, yw COST BREIFAT. Er enghraifft, rhaid i gwmni cemegau dalu am weithwyr, defnyddiau crai ac offer a pheiriannau pan fydd yn cynhyrchu cemegau. Ystyr COST GYMDEITHASOL yw cost gweithgaredd nid yn unig i'r uned economaidd unigol sy'n creu'r gost, ond i weddill y gymdeithas hefyd. Felly mae'n cynnwys yr holl gostau preifat ond gall gynnwys costau eraill hefyd. Efallai na fydd y gwneuthurwr cemegau yn talu fawr ddim neu ddim am y llygredd y mae'n ei greu. Y gwahaniaeth rhwng y gost breifat a'r gost gymdeithasol yw'r allanolder neu'r effaith ymled. Os ydy'r gost gymdeithasol yn fwy na'r gost breifat, dywedir bod yna ALLANOLDER NEGYDDOL neu GOST ALLANOL.

Fodd bynnag, nid yw pob allanolder yn negyddol. Efallai y bydd cwmni'n adeiladu adeilad nad yw'n swyddogaethol yn unig ond sydd

hefyd yn hardd. Efallai y bydd gwerth y pleser y mae'r adeilad yn ei roi i'r gymdeithas yn ystod ei oes (y BUDD CYMDEITHASOL) lawer yn fwy na budd yr adeilad i'r cwmni (y BUDD PREIFAT). Os ydy'r budd cymdeithasol yn fwy na'r budd preifat, dywedir bod yna allanolder positif neu FUDD ALLANOL.

Mae hyn yn aml yn wir yn achos darpariaeth gofal iechyd (enghraifft o nwydd rhinwedd ☞ uned 20). Er y bydd unigolyn yn cael budd o frechiad rhag afiechyd, bydd y budd cymdeithasol a ddaw o leihau'r risg o bobl eraill yn cael yr afiechyd yn fwy byth. Gallai allanolderau positif ddeillio hefyd o addysg a hyfforddiant. Gall unigolyn gael budd ar ffurf gwell swydd a chyflog uwch ond gall y gymdeithas fod hyd yn oed yn fwy ar ei hennill oherwydd buddion gweithlu sydd â gwell hyfforddiant.

Yn aml mae gweithgareddau lle mae'r budd cymdeithasol yn fwy na'r budd preifat yn cael eu darparu'n annigonol gan system y farchnad. Mewn llawer o achosion mae hynny'n arwain at ddarparu gan y wladwriaeth neu gymhorthdal gan y llywodraeth i hybu darpariaeth breifat.

Methiant y farchnad

Mae'r mecanwaith prisiau yn dyrannu adnoddau. Prisiau ac elw yw'r arwyddion sy'n pennu'r dyraniad. Ond bydd camddyrannu adnoddau yn digwydd os na fydd prisiau'r farchnad ac elw yn

---

Cwestiwn 1

Pam y gallai pob un o'r enghreifftiau yn y ffotograffau achosi allanolderau positif a negyddol?

adlewyrchu'n gywir y costau a'r buddion i'r gymdeithas a ddaw o weithgareddau economaidd.

Er enghraifft, yn achos y ffatri gemegau uchod, dydy pris y cemegau ddim yn adlewyrchu'n gywir eu gwir gost i'r gymdeithas. Mae cost breifat cynhyrchu i'r gwneuthurwr yn is na'r gost gymdeithasol i'r gymdeithas gyfan. Gan fod pris cemegau yn is na'r hyn sy'n adlewyrchu'r gost gymdeithasol, bydd maint y galw am gemegau ac felly treuliant cemegau yn fwy nag a fyddai pe bai'r gost gymdeithasol lawn yn cael ei chodi. Ar y llaw arall, os ydy'r cwmni dŵr yn prisio dŵr i ddefnyddwyr, bydd yn rhaid iddo godi prisiau uwch ar ddefnyddwyr nag y byddai wedi eu codi heb y llygredd cemegol. Felly bydd y galw am ddŵr a threuliant dŵr yn llai nag a fyddent heb yr allanolder.

Po fwyaf yw'r allanolder, mwyaf i gyd fydd methiant y farchnad a lleiaf i gyd y bydd prisiau'r farchnad ac elw yn rhoi arwyddion cywir ar gyfer y dyraniad optimwm o adnoddau.

Polisi llywodraeth

Mae gan y llywodraeth amrywiaeth eang o bolisïau y gallai eu defnyddio i achosi dyraniad effeithlon o adnoddau lle mae yna allanolderau.

Rheoleiddio Mae rheoleiddio yn ddull a ddefnyddir yn helaeth yn y DU a ledled y byd i reoli allanolderau. Gallai'r llywodraeth osod uchafswm ar gyfer lefelau llygredd neu gallai hyd yn oed wahardd gweithgareddau sy'n creu llygredd yn gyfan gwbl. Er enghraifft, yn y DU gosododd Deddf Gwarchod yr Amgylchedd 1989 safonau amgylcheddol isaf ar gyfer allyriannau o fwy na 3 500 o ffatrïoedd sy'n ymwneud â phrosesau cemegol, llosgi gwastraff a phuro olew. Mae yna gyfyngiadau ar allyriant niweidiol o bibellau gwacáu ceir. Bydd ceir na fyddant yn bodloni'r safonau hyn yn methu eu prawf *MOT*. Ddeugain mlynedd cyn i'r rheoliadau *MOT* hyn ddod i rym, gwaharddodd y llywodraeth losgi glo cyffredin mewn ardaloedd trefol.

Mae rheoleiddio'n hawdd ei ddeall ac yn gymharol rad ei orfodi. Ond mae'n bolisi gweddol fras. Yn aml mae'n anodd i'r llywodraeth osod y lefel gywir o reoleiddio i sicrhau effeithlonrwydd. Gallai'r rheoliadau fod yn rhy llac neu'n rhy dynn. Y lefel gywir fyddai lle mae'r budd economaidd a ddaw o ostwng yr allanolder yn hafal i'r gost economaidd a achosir gan y rheoleiddio. Er enghraifft, pe bai'n rhaid i gwmnïau wario £30 miliwn yn ffitio dyfeisiau gwrthlygredd ar offer a pheiriannau, ond bod y gostyngiad mewn llygredd yn werth £20 miliwn yn unig, byddai'r rheoleiddio yn rhy dynn. Pe bai'r gostyngiad mewn llygredd yn werth £40 miliwn, mae'n awgrymu y byddai'n werth i'r diwydiant wario hyd yn oed fwy ar fesurau gwrthlygredd er mwyn gostwng llygredd ymhellach ac felly cynyddu ymhellach y £40 miliwn o fuddion.

Hefyd, mae rheoliadau'n tueddu i beidio â gwahaniaethu rhwng costau gwahanol o ostwng allanolderau. Er enghraifft, efallai bod dau gwmni'n gorfod gostwng allyriant llygredd i'r un graddau. Gallai Cwmni A ostwng ei allyriant am gost o £3 miliwn tra gallai gostio Cwmni B £10 miliwn i wneud yr un fath. Fodd bynnag, gallai Cwmni A ddyblu'r gostyngiad yn lefelau ei lygredd am gost o £7 miliwn. Bydd rheoliadau sy'n gosod yr un terfynau ar gyfer pob cwmni yn golygu mai'r gost i'r gymdeithas o ostwng llygredd yn yr achos hwn yw £13 miliwn (£3 miliwn ar gyfer Cwmni A a £10 miliwn ar gyfer Cwmni B). Ond byddai'n rhatach i'r gymdeithas pe bai'r gostyngiad yn gallu cael ei gyflawni gan Gwmni A yn unig am gost o £7 miliwn.

Cwestiwn 2

Busnesau bach i ganolig eu maint sy'n gyfrifol am 80% o droseddau amgylcheddol. Eto i gyd, yn ôl adroddiad gan bwyllgor archwilio amgylcheddol Tŷ'r Cyffredin, does braidd dim o'r troseddau yn cael eu canfod na'u herlyn gan yr awdurdodau cyfreithiol perthnasol. Er enghraifft, oddi ar 2001 pan fu'n rhaid i fusnesau dalu am ddefnyddio tomenni gwastraff, mae dympio gwastraff yn anghyfreithlon ar ochrau ffyrdd neu ar dir diffaith wedi cynyddu 40%. Amcangyfrifir bod cost delio â'r dympio anghyfreithlon yma rhwng £100 miliwn a £150 miliwn y flwyddyn.

Mae rhoi posteri i fyny'n anghyfreithlon yn broblem fawr arall, ond yn fuan bydd awdurdodau lleol yn gallu adennill cost gwaredu posteri anghyfreithlon a graffiti oddi wrth y cwmnïau sy'n tramgwyddo dan ddarpariaethau'r Mesur Cymdogaethau ac Amgylchedd Glân. Mae gosod posteri anghyfreithlon wedi cael ei ddefnyddio'n rheolaidd gan glybiau a threfnwyr cyngherddau sydd eisiau hysbysebu digwyddiadau penodol. Caiff llawer iawn o bosteri eu clymu wrth bolion lampau ond ni chânt eu tynnu i lawr wedyn. Yna rhaid i awdurdodau lleol dalu eu gweithwyr i gael gwared â nhw.

Nododd Adroddiad Tŷ'r Cyffredin y 'bydd y tramgwyddwyr yn parhau i dramgwyddo oni bai fod yna wir fygythiad o gael eu dal'. Ym marn Adran yr Amgylchedd, Bwyd a Materion Gwledig, hyd yn oed pan fydd erlyniadau'n cyrraedd y llys, mae llawer o gwmnïau'n cael dirwyon afresymol o fach am lygru.

Ffynhonnell: addaswyd o'r Financial Times, 9.2.2005.

(a) Eglurwch sut mae dympio gwastraff yn anghyfreithlon yn creu allanolder.
(b) O safbwynt economaidd, pam mae diffyg dal troseddwyr a dirwyon bach am droseddau amgylcheddol yn cyfyngu ar effeithlonrwydd rheoleiddio fel ffordd o ddelio â phroblemau amgylcheddol?
(c) Eglurwch pam y gallai cysylltu dirwyon â'r difrod amgylcheddol a achosir fod yn well ffordd o ddelio â throseddau amgylcheddol na rhoi dirwyon sefydlog yn unig.

Estyn hawliau eiddo Pe bai lori cwmni cemegau yn dinistrio eich cartref, byddech yn disgwyl i'r cwmni cemegau dalu iawndal. Pe bai'r cwmni cemegau yn llygru'r amgylchedd fel y byddai'r coed yn eich gardd yn marw, mae'n annhebygol y byddech yn cael iawndal, yn enwedig pe bai'r ffatri gemegau yn y DU a'r coed meirw yn yr Almaen.

Yn aml mae allanolderau'n codi am nad yw hawliau eiddo wedi'u dyrannu'n llawn. Does neb yn berchen ar yr atmosffer na'r moroedd, er enghraifft. Dewis arall i reoleiddio yw bod y llywodraeth yn estyn hawliau eiddo. Gall roi i gwmnïau dŵr yr hawl i godi tâl ar gwmnïau sy'n dympio gwastraff i mewn i afonydd neu'r môr. Gall roi i weithwyr yr hawl i erlyn am iawndal os cafwyd anaf neu farwolaeth o ganlyniad i weithio i gwmni. Gall roi i breswylwyr lleol yr hawl i hawlio iawndal os ydy llygredd yn uwch na lefel benodol.

Mae estyn hawliau eiddo yn ffordd o **fewnoli'r allanolder** – dileu'r allanolder drwy ei dynnu yn ôl i mewn i fframwaith mecanwaith y farchnad. Hanner can mlynedd yn ôl, ni ystyriwyd asbestos yn ddefnydd peryglus. Heddiw mae cwmnïau asbestos ledled y byd yn gorfod talu iawndal i weithwyr sy'n dioddef o asbestosis. Hefyd maen nhw wedi gorfod gwella diogelwch yn y gweithle yn sylweddol lle defnyddir asbestos. Rhoddwyd i weithwyr hawliau eiddo sy'n eu galluogi i erlyn cwmnïau asbestos am iawndal.

Un o fanteision estyn hawliau eiddo yw nad oes raid i'r llywodraeth asesu cost llygredd. Tybir yn gyffredinol y bydd perchenogion eiddo yn gwybod gwerth yr eiddo yn well o lawer na'r llywodraeth. Hefyd dylai fod trosglwyddo uniongyrchol o adnoddau o'r sawl sy'n creu llygredd i'r sawl sy'n dioddef. Mewn cyferbyniad â hynny, gyda rheoleiddio ni roddir iawndal i'r collwyr ac mae'r llygrwyr yn rhydd i lygru hyd at y terfyn er bod y llygru'n gosod costau ar y gymdeithas.

Ond mae yna broblemau. Efallai na fydd gan y llywodraeth y gallu i estyn hawliau eiddo. Mae hynny'n digwydd, er enghraifft, pan fydd yr hyn sy'n achosi'r allanolder yn digwydd mewn gwlad arall. Sut y gall llywodraethau'r Gorllewin atal gwledydd fel Brasil rhag torri ardaloedd enfawr o goedwig yn foncyffion, gan arwain at gynhesu byd-eang sy'n gosod costau arnyn nhw? Un ffordd o oresgyn hyn yw talu'r asiantau sy'n achosi'r allanolder i roi'r gorau i'w gweithgaredd economaidd. Felly gallai llywodraethau'r Gorllewin dalu gwledydd fel Brasil i beidio â thorri eu coedwigoedd yn foncyffion.

Problem arall yw y gall estyn hawliau eiddo fod yn anodd iawn mewn llawer o achosion. Er enghraifft, ni fydd cwmnïau asbestos yn talu hawliadau i weithwyr asbestos oni ellir profi'r achoswyd eu anhwylder meddygol gan weithio gydag asbestos. Gall y broses iawndal gymryd blynyddoedd ac mae llawer o gyn-weithwyr yn marw cyn i'w hachosion gael eu setlo. Dydyn nhw ddim yn derbyn unrhyw iawndal a dydy'r cwmni asbestos ddim wedi gorfod cynnwys tâl yn ei gostau. Byddai hynny'n tueddu i arwain at barhau i orgynhyrchu asbestos.

Problem arall eto yw ei bod hi'n aml yn anodd iawn hyd yn oed i berchenogion hawliau eiddo asesu gwerth yr hawliau hynny. Er enghraifft, gallai un perchennog tŷ roi gwerth uwch o lawer ar goed yn ei (g)ardd na pherchennog tŷ arall. Os bydd cwmni ceblau yn gosod cebl yn y ffordd, gan dorri gwreiddiau'r coed yng ngerddi blaen y tai, ddylai'r perchennog tŷ sy'n rhoi gwerth uchel ar goed gael mwy o iawndal na'r perchennog sy'n weddol ddi-hid ynghylch coed yn marw? Beth sy'n digwydd os ydy'r perchennog tŷ eisiau cael gwared â'r coed beth bynnag?

Trethi Datrysiad arall y mae llawer o economegwyr yn ei ffafrio yw defnyddio trethi. Mae angen i'r llywodraeth asesu cost allanolder negyddol penodol i'r gymdeithas. Yna mae'n gosod cyfraddau treth ar yr allanolderau hynny yn hafal i werth yr allanolder. Mae hyn yn cynyddu'r costau i'r cwsmeriaid drwy symud cromlin y cyflenwad i'r chwith. Y canlyniad yw gostyngiad yn y galw a'r cynhyrchu ac felly caiff llai o allanolderau eu creu.

Er enghraifft, gallai'r llywodraeth roi treth ar betrol ar gyfer ceir am fod allyriannau o geir yn cyfrannu at gynhesu byd-eang. Dylai'r dreth gael ei gosod ar y lefel lle mae derbyniadau'r dreth yn hafal i gost yr allyriannau i'r gymdeithas. Mae hynny'n **mewnoli** yr allanolder, fel yr eglurwyd uchod, gan wneud i'r llygrwr dalu cost y llygru.

Yn debyg i estyn hawliau eiddo, mae gan drethi y fantais eu bod yn caniatáu i beirianwaith y farchnad benderfynu sut orau i ddyrannu adnoddau. Mae gan y sawl sy'n creu'r lefelau uchaf o allanolderau negyddol fwy o gymhelliad i leihau'r allanolderau hynny na'r sawl sy'n creu llai o allanolderau.

Fodd bynnag, mae'n aml yn anodd iawn i'r llywodraeth osod gwerth ariannol ar allanolderau negyddol ac felly penderfynu ar gyfradd optimaidd y dreth. Gyda chynhesu byd-eang, er enghraifft, mae cryn dipyn o anghytuno ynghylch ei effaith economaidd tebygol. Mae rhai amgylcheddwyr yn dadlau y byddai'r costau economaidd posibl mor fawr fel y dylai ceir fwy neu lai gael eu prisio oddi ar y ffyrdd. I'r eithaf arall, mae rhai'n dadlau y bydd cynhesu byd-eang, os bydd yn digwydd o gwbl, yn achosi buddion economaidd net. Er enghraifft, bydd tymereddau ychydig yn uwch yn cynyddu maint y bwyd y gellir ei gynhyrchu ac yn ei gwneud hi'n haws bwydo poblogaeth y byd sy'n cynyddu. Felly nid oes angen trethi ar betrol â'r bwriad o ostwng allyriannau.

Cwestiwn 3

Mae diwedd y tun diod yn bosibilrwydd pendant erbyn hyn yn yr Almaen sy'n ofalus o'r amgylchedd. Ers Ionawr, mae ernes newydd o rhwng 25 a 50 sent y gellir ei had-dalu wedi cael ei gosod ar y rhan fwyaf o duniau a photeli ailgylchadwy. Effaith yr ernes yw dyblu pris adwerthu'r diodydd. Gall defnyddwyr gael eu hernes yn ôl drwy ddychwelyd y tun gwag i'r adwerthwr a'i werthodd iddynt. Ond mae hynny'n gymaint o drafferth i'r mwyafrif o ddefnyddwyr (ac yn amhosibl os prynwyd o beiriannau gwerthu) fel bod gwerthiant diodydd mewn tuniau wedi gostwng yn sylweddol. Mae gwneuthurwyr tuniau yn amcangyfrif y gostyngodd gwerthiant tuniau yn yr Almaen tua 50% yn hanner cyntaf y flwyddyn eleni.

Cyflwynwyd y mesurau newydd nid yn unig i hybu ailgylchu tuniau ond hefyd i annog defnyddwyr i symud fwy tuag at ddefnyddio poteli y gellir eu hail-lenwi. Mae poteli y gellir eu hail-lenwi yn cael eu defnyddio yn y DU gan gwmnïau sy'n dosbarthu llaeth i stepen y drws. Dychwelir poteli llaeth gwag i'r llaethdy i gael eu hailddefnyddio. Ond roedd yr ernes yn rhy lwyddiannus eleni. Ym mis Mehefin, roedd *Coca-Cola* a Chynghrair Bragwyr yr Almaen yn brin o boteli y gellir eu hail-lenwi a lansion nhw ymgyrchoedd i atal prynwyr rhag eu cadw na'u lluchio.

Ffynhonnell: addaswyd o'r *Financial Times*, 9.7.2003.

(a) Pam y gallai tuniau a photeli greu allanolder?
(b) Mae cynllun yr Almaen yn enghraifft o estyn hawliau eiddo. Eglurwch pam.
(c) Sut y bydd y cynllun yn lleihau allanolderau?

Lle mae allanolderau positif yn digwydd, dylai llywodraethau gynnig cymorthdaliadau. Gellid dadlau, er enghraifft, bod parciau, llyfrgelloedd, orielau celf, neuaddau cyngerdd a thai opera yn creu allanolderau positif. Felly dylen nhw gael cymorthdaliadau. Yn yr un modd ag ar gyfer trethi ac allanolderau negyddol, dylai lefel y cymhorthdal fod yn hafal i'r allanolder positif sy'n cael ei greu.

Trwyddedau Amrywiad ar reoleiddio allanolderau negyddol trwy reolaethau uniongyrchol yw'r syniad o ddyroddi trwyddedau. Tybiwch fod y llywodraeth yn dymuno rheoli allyriant sylffwr i'r atmosffer. Mae'n dyroddi trwyddedau i lygru, ac mae cyfanswm y rhain yn hafal i uchafswm yr allyriant o sylffwr y mae'n dymuno ei gael dros gyfnod penodol fel blwyddyn. Yna mae'r llywodraeth yn rhoi trwyddedau i gwmnïau unigol neu lygrwyr eraill. Gallai hyn gael ei wneud, er enghraifft, ar sail lefelau cyfredol allyriant gan gwmnïau neu ar sail cynnyrch nwyddau sy'n achosi allyriant sylffwr wrth gynhyrchu. Yna gall y trwyddedau gael eu masnachu am arian rhwng llygrwyr. Bydd cwmnïau sy'n llwyddo i ostwng eu lefelau sylffwr islaw lefelau eu trwydded yn gallu gwerthu eu trwyddedau i gynhyrchwyr eraill sydd uwchlaw eu terfynau.

Prif fantais trwyddedau o'u cymharu â rheoleiddio yw y dylai costau yn y diwydiant ac felly i'r gymdeithas fod yn is nag yn achos rheoleiddio. Bydd pob cwmni yn y diwydiant yn ystyried a oes modd gostwng allyriant ac am ba gost. Tybiwch fod Cwmni A, sydd â digon yn unig o drwyddedau i gwrdd â'i allyriant, yn gallu gostwng ei allyriant 500 o dunelli metrig am gost o £10 miliwn. Mae Cwmni B yn llygrwr mawr ac mae arno angen gwerth 500 o dunelli metrig o drwyddedau i fodloni'r rheoliadau. Mae'n cyfrifo y byddai angen iddo wario £25 miliwn i ostwng ei allyriant gymaint â hynny.

Pe bai rheoleiddio syml, y costau gwrthlygredd i'r diwydiant, ac felly i'r gymdeithas, fyddai £25 miliwn. Byddai'n rhaid i Gwmni B gydymffurfio â'i derfyn llygredd ac ni

Cwestiwn 4

Derbynnir yn gyffredinol bod ysmygu'n lladd. Ond mae ysmygu goddefol yn lladd hefyd, sef anadlu mygdarthau mwg mewn ystafell lle mae rhywun arall yn ysmygu. Yn ôl Adroddiad gan y Pwyllgor Gwyddonol ar Dybaco ac Iechyd a ddatgelwyd, amcangyfrifir bod mwg ail-law yn cynyddu'r risg o gael clefyd y galon 25%.

Mae'r DU ar fin gweithredu Cyfarwyddyd 2003 yr Undeb Ewropeaidd ynghylch Hysbysebu a Nawdd Tybaco sy'n gorchymyn gwledydd sy'n aelodau i wahardd hysbysebu yn y wasg a chyfryngau eraill erbyn 2005. Mae'r DU wedi dewis caniatáu i gwmnïau tybaco hysbysebu yn y pwynt talu ar yr amod nad ydy posteri'n fwy nag un ddalen A5.

Mae'r diwydiant tybaco wedi dadlau ers amser nad yw hysbysebu'n denu defnyddwyr newydd nac yn cynyddu maint ysmygu sigaréts. Yn hytrach, mae'n symud dewisiadau cwsmeriaid rhwng brandiau. Mae'n dadlau na fydd gweithredu'r gwaharddiad newydd ar hysbysebu yn eu niweidio. Fodd bynnag, mae tystiolaeth bod gwerthiant cyffredinol yn gostwng gyda chynnydd mewn trethi ar dybaco. Yn yr Almaen mae'r llywodraeth dros y 18 mis diwethaf wedi cynyddu trethi ar dybaco, gan godi pris pecyn o sigaréts o €3.00 i €3.80 (o £2.00 i £2.63). Mae maint gwerthiant sigaréts wedi gostwng 13% dros y cyfnod, a disgwylir iddo ostwng ymhellach.

Ffynhonnell: addaswyd o'r *Financial Times*, 19.10.2004.

(a) Eglurwch pam mae ysmygu sigaréts yn achosi allanolderau.

(b) Trafodwch ai'r ffordd orau o ymdrin â methiant y farchnad a achosir gan werthu sigaréts yw gwahardd hysbysebu neu gynyddu trethi. Defnyddiwch ddiagramau galw a chyflenwad a'r cysyniad elastigedd pris galw yn eich dadansoddiad.

Cwestiwn 5

Ffyrnig oedd ymateb diwydiant ddoe pan gyhoeddodd y llywodraeth gynlluniau i ostwng allyriannau nwyon tŷ gwydr ymhellach. Dan Brotocol Kyoto, a arwyddwyd yn 1997, cytunodd y DU i ostwng allyriannau 12.5% o'u lefelau yn 1990. Ond ddoe cyhoeddodd gweinidogion y llywodraeth gynllun dau-gam i ostwng allyriannau 20% o'u lefelau yn 1990 erbyn 2010.

Bydd y baich yn disgyn yn anghyfartal ar ychydig o ddiwydiannau trwm, fel cynhyrchu trydan, puro olew a chynhyrchu dur, sment, gwydr a phapur, sydd ar hyn o bryd yn gyfrifol am hanner allyriant y DU o CO_2. Bydd yn rhaid i'r diwydiannau hyn ostwng eu hallyriannau yn ddramatig dan gynllun newydd masnachu allyriannau ledled yr UE sy'n dechrau yn 2005. Ni fydd hyn yn cynnwys cludiant ac allyriannau domestig. Bydd nifer penodol o 'drwyddedau allyriant' yn cael eu dyrannu i safleoedd diwydiannol unigol. Am bob tunnell fetrig o CO_2 y byddant yn ei chynhyrchu uwchlaw eu dyraniad, rhaid iddynt brynu trwyddedau ychwanegol gan y safleoedd sydd wedi cynhyrchu llai o CO_2 nag y caniateir iddynt.

Rhybuddiodd cyfundrefnau busnes mai effaith y cynllun fyddai cynyddu prisiau trydan a gorfodi symud cynhyrchu i wledydd nad ydynt yn cydnabod Protocol Kyoto.

Ffynhonnell: addaswyd o *The Independent*, 20.1.2004.

(a) Eglurwch ystyr 'trwydded allyriant'.

(b) Sut y gall system o drwyddedau masnachadwy arwain at ffordd fwy effeithlon o ostwng llygredd na rheoleiddio syml?

(c) Trafodwch ydy cynhyrchwyr y DU yn cael eu rhoi dan anfantais gystadleuol annheg oherwydd Protocol Kyoto.

fyddai unrhyw gymhelliad i Gwmni A ostwng llygredd.

Gyda thrwyddedau, gallai Cwmni A werthu 500 o dunelli metrig o drwyddedau i Gwmni B. Yna cost gostwng llygredd i'r gymdeithas fyddai £10 miliwn yn unig, y gost y byddai Cwmni A yn ei chael, yn hytrach na'r £25 miliwn gyda rheoleiddio. Gallai gostio Cwmni B mwy na £10 miliwn i brynu'r trwyddedau. Byddai'n barod i wario

hyd at £25 miliwn i'w cael. Pe bai Cwmni A yn gwerthu'r trwyddedau i Gwmni B am £22 miliwn, byddai'r gymdeithas yn arbed £15 miliwn (£25 miliwn – £10 miliwn), wedi'u rhannu rhwng elw papur o £12 miliwn i Gwmni A a gostyngiad o £3 miliwn mewn costau i Gwmni B o'r hyn a fyddai'n wir fel arall.

Termau Allweddol

Allanolder neu effaith ymled – y gwahaniaeth rhwng costau a buddion cymdeithasol a chostau a buddion preifat. Os ydy'r gost gymdeithasol net (cost gymdeithasol minws budd cymdeithasol) yn fwy na'r gost breifat net (cost preifat minws budd preifat), mae yna **allanolder negyddol** neu **gost allanol**. Os ydy'r budd cymdeithasol net yn fwy na'r budd preifat net, mae yna **allanolder positif** neu **fudd allanol**.

Cost a budd cymdeithasol – cost neu fudd gweithgaredd i'r gymdeithas gyfan.

Cost a budd preifat – cost neu fudd gweithgaredd i uned economaidd unigol fel defnyddiwr neu gwmni.

Economeg gymhwysol

Cynhesu byd-eang

Y broblem amgylcheddol

Yn ystod yr 1980au roedd ymwybyddiaeth gynyddol bod lefelau nwyon tŷ gwydr yn yr atmosffer yn codi ac y gallai hyn greu problem ddifrifol ar gyfer dyfodol y blaned. Mae cynhesu byd-eang, sef cynnydd yn nhymereddau'r byd, yn digwydd am fod nwyon tŷ gwydr yn gweithredu fel blanced, yn dal gwres o fewn atmosffer y ddaear.

Nid yw cynnydd o ychydig raddau yn nhymereddau'r byd yn swnio'n fawr ddim. Ond byddai'n ddigon i achosi symudiadau mawr ym mharthau diffeithdir y byd. Byddai llawer o'r ardaloedd cynhyrchu gwenith mwyaf, fel gwastadeddau America, yn troi'n ddiffeithdiroedd. Byddai hen ddiffeithdiroedd, fel y Sahara, yn dod yn ffrwythlon gydag amser. Byddai costau'r trawsnewid i'r economi byd-eang yn sylweddol. Mae Ffigur 19.1 yn dangos faint mae tymereddau'r byd a thymereddau Canolbarth Lloegr wedi gwyro o gyfartaledd 1961-1990 oddi ar 1772. Mae'n amlwg y cododd tymereddau cyfartalog yn ystod yr ugeinfed ganrif o'i chymharu â'r bedwaredd ganrif ar bymtheg. Mae'n amlwg hefyd bod tymereddau cyfartalog oddi ar 1990 wedi bod yn codi o'u cymharu â'r cyfartaledd hanesyddol. O'r pum mlynedd gynhesaf oddi ar 1772 yng Nghanolbarth Lloegr cafwyd pedair ohonynt oddi ar 1990.

Problem arall sy'n gysylltiedig â chynhesu byd-eang yw'r ffaith fod lefelau'r moroedd yn codi. Byddai tymereddau uwch yn y byd yn achosi i gapiau rhew y pegynnau doddi rywfaint, gan ryddhau llawer iawn o ddŵr i'r cefnforoedd. Gallai cynnydd o 3 gradd canradd yn nhymereddau y byd achosi cynnydd o 30cm yn lefelau'r moroedd. Byddai hyn yn ddigon i orlifo ardaloedd fel arfordir dwyreiniol Lloegr, delta Bangladesh ac Ynysoedd y Maldive. Byddai'n rhaid adeiladu mwy o forgloddiau, ond byddai'r gost i economi'r byd yn sylweddol. Mae Ffigur 19.2 yn dangos codiadau a gafwyd eisoes yn lefel y môr mewn ardaloedd gwahanol yn y DU rhwng 1850 a 2003.

Ffigur 19.1 Tymheredd arwyneb cyfartalog, byd a Chanolbarth Lloegr, 1772-2004.

Gwahaniaeth rhwng tymheredd gwirioneddol a chyfartaledd 1961-1990, graddau canradd.

Ffynhonnell: addaswyd o *Defra, Environment in your pocket.*

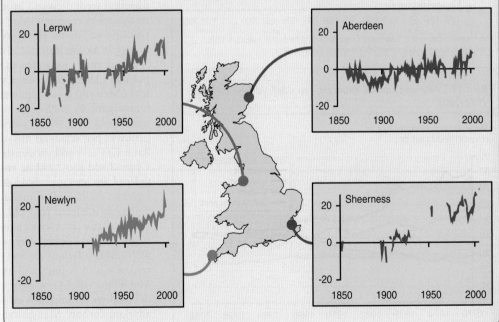

Ffigur 19.2 Cynnydd yn lefel y môr mewn ardaloedd gwahanol yn y DU, 1850-2003

Gwahaniaeth rhwng lefel wirioneddol y môr a lefel 1920 (cm)

Ffynhonnell: addaswyd o *Defra, Environment in your pocket.*

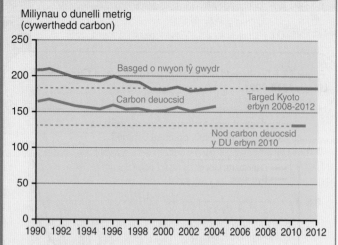

Ffigur 19.3 Allyriant y DU o nwyon tŷ gwydr, 1990-2004

Ffynhonnell: addaswyd o *Defra, Environment in your pocket.*

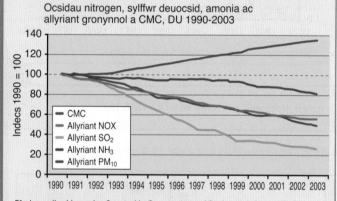

Ffigur 19.4 Llygryddion aer y DU: allyriant detholiad o nwyon a CMC, 1900=100

Ffynhonnell: addaswyd o *Sustainable Consumption and Production Indicators, Defra; Annual Abstract of Statistics,* Swyddfa Ystadegau Cenedlaethol.

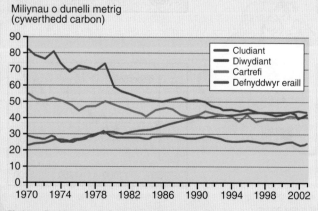

Ffigur 19.5 Allyriant carbon deuocsid, gan ddefnyddwyr terfynol: 1970-2003

Ffynhonnell: addaswyd o *Defra, Environment in your pocket.*

Ffynonellau allyriant nwyon tŷ gwydr

Mae Ffigur 19.3 yn dangos bod tua 80% o allyriant nwyon tŷ gwydr yn dod o garbon deuocsid. Daw'r gweddill bron i gyd o fethan ac ocsid nitraidd yn gyfartal.

O ran pwy sy'n creu'r allyriannau hyn, daw tua 90% o allyriant carbon deuocsid o'r sectorau cludiant, diwydiant a chartrefi yn gyfartal. Mae petrol a thanwyddau diesel yn gyfrifol am bron holl allyriant CO_2 cludiant. Mae diwydiant yn defnyddio pŵer a gynhyrchir drwy losgi nwy, glo ac olew, yn ogystal ag amryw o brosesau diwydiannol sydd eu hunain yn rhyddhau CO_2 i'r atmosffer. Yn yr un modd, mae cartrefi'n defnyddio nwy, trydan ac olew ar gyfer gwresogi a defnyddiau eraill. Mae amaethyddiaeth yn creu tua hanner yr allyriannau methan ac ocsid nitraidd. Daw ocsid nitraidd o'r gwrteithiau y mae ffermwyr yn eu rhoi ar y tir, a daw methan o ddefaid a gwartheg.

Gostwng allyriant nwyon tŷ gwydr

Mae'n hawdd tybio bod cysylltiad uniongyrchol rhwng twf yn yr economi a llygredd: er enghraifft, po fwyaf yw incwm gwlad, uchaf i gyd fydd ei lefelau llygredd. Ond dydy'r dystiolaeth ddim yn profi hyn. Mae Ffigur 19.4 yn dangos sut mae rhai allyriannau wedi gostwng dros gyfnod pan fo incwm real (CMC) wedi cynyddu 36%. Mae dau brif reswm pam y gall twf uwch arwain at lai o lygredd yn hytrach na mwy ohono. Yn gyntaf, gall diwydiant ei hun symud tuag at ddefnyddio technoleg sy'n cynhyrchu llai o lygredd. Mae gorsafoedd trydan sy'n llosgi glo wedi dod yn fwy effeithlon, gan gynhyrchu mwy o drydan o dunnell fetrig o lo. Mae gweithgynhyrchu dur yn defnyddio llai o egni am bob tunnell fetrig o ddur a gynhyrchir na 30 mlynedd yn ôl. Yn achos y DU mae twf economaidd dros y 30 mlynedd diwethaf wedi digwydd bron yn llwyr yn sector trydyddol yr economi. Mae swyddfeydd, siopau, ysgolion ac ysbytai yn cynhyrchu llai o allyriant nwyon tŷ gwydr na gweithfeydd alwminiwm neu byllau glo.

Yn ail, mae'r llywodraeth wedi bod yn gweithredu polisïau i leihau llygredd. Cyflwynwyd rhai o'r polisïau hyn oherwydd cytundebau gweithredu ar raddfa ryngwladol. Er enghraifft, roedd Protocol Montreal a lofnodwyd yn 1987 yn ymrwymo 93 gwlad, gan gynnwys prif wledydd diwydiannol y byd, i ddefnyddio llai o CFCau oedd yn dinistrio haen osôn y ddaear. Bu Cynhadledd Rio 1992 ac yna Protocol Kyoto 1997 yn gyfrifol am gael gwledydd diwydiannol, ac eithrio UDA, i gytuno i leihau allyriannau nwyon tŷ gwydr i 12.5% yn llai na'u lefelau yn 1990.

Mae Ffigur 19.5 yn dangos sut mae allyriant nwyon tŷ gwydr gan ddefnyddwyr terfynol wedi newid oddi ar 1970. Mae allyriant carbon y diwydiant cynhyrchu trydan wedi'i rannu yn ôl pwy sy'n defnyddio'r trydan. Mae Ffigur 19.5 yn dangos mai diwydiant fu'r defnyddiwr terfynol mwyaf llwyddiannus o ran lleihau allyriant carbon. Mae gostyngiadau yn allyriant cartrefi wedi dod bron yn gyfangwbl o ddulliau cynhyrchu trydan sy'n achosi llai o lygredd carbon. Yn yr 1990au a dechrau'r 2000au cafwyd cynnydd bach yn allyriant carbon gan gludiant. Mae 'defnyddwyr eraill' yn cyfeirio'n bennaf at amaethyddiaeth, sydd wedi gwneud cyfraniad bach, ond nid arbennig o bwysig, at leihau allyriant carbon.

Polisïau'r DU

Wrth lofnodi Protocol Kyoto 1997, cytunodd llywodraeth y DU i leihau ei hallyriant nwyon tŷ gwydr i 12.5% yn llai na'u lefelau yn 1990 erbyn 2010. Yn 2004 aeth ymhellach, gan gyhoeddi y byddai'n lleihau ei hallyriant i 20% yn llai na'u lefelau yn 1990 erbyn 2010. Mae'r llywodraeth wedi mabwysiadu dull tameidiog o sicrhau ei bod yn cyflawni ei thargedau o ran allyriant nwyon tŷ gwydr.

Diwydiant yw un ffynhonnell sylweddol o allyriant nwyon tŷ gwydr, gan gynnwys y diwydiant cynhyrchu pŵer. Yn 2005 cyflwynodd y llywodraeth, ar y cyd â gwledydd eraill yn yr UE, gynllun masnachu allyriannau. Rhoddwyd trwyddedau carbon i ddefnyddwyr diwydiannol cyfredol ar gyfer pob safle a weithredwyd ganddynt. Pe bai'r cwmni'n creu mwy o garbon na'r hyn a ganiateid gan gyfanswm ei drwyddedau, byddai'n rhaid iddo brynu trwyddedau ar y farchnad agored gan gwmnïau eraill oedd yn creu llai o garbon na'r hyn a ganiateid gan gyfanswm eu trwyddedau nhw. Dros amser bydd cwmnïau'n cael llai o drwyddedau, gan roi cymhelliad iddynt leihau eu hallyriant carbon.

Mae defnyddwyr diwydiannol yn cynnwys cwmnïau cynhyrchu trydan. Yn yr 1980au a'r 1990au cyflawnwyd gostyngiadau sylweddol o ran allyriant carbon oherwydd y crebachu yn y diwydiant glo a'r symud tuag at orsafoedd trydan mwy carbon effeithlon oedd yn cael eu pweru gan nwy. Fodd bynnag, mae'r llywodraeth nawr yn wynebu dilema oherwydd pŵer niwclear. Yn 2005 cynhyrchwyd tua 20% o drydan y DU gan orsafoedd pŵer niwclear. Ond mae'r rhain yn agosáu at ddiwedd eu hoes weithredol. Byddai'n bosibl adeiladu gorsafoedd pŵer niwclear newydd yn eu lle, ond byddai'r lobi amgylcheddol yn gwrthwynebu hynny'n gryf ar sail diogelwch. Hefyd byddai'n bosibl defnyddio ffynonellau egni 'adnewyddadwy' fel pŵer gwynt yn eu lle. Ond mae ffynonellau egni adnewyddadwy yn dal i fod yn gymharol ddrud. Mae pryderon amgylcheddol ynghylch adeiladu nifer mawr o 'ffermydd gwynt' sy'n 'amharu' ar y dirwedd lle cân nhw eu rhoi. Yn olaf mae amheuon a all ffynonellau adnewyddadwy ddarparu sicrwydd egni drwy gydol y flwyddyn, o gofio bod cyfnodau pan na fydd y gwynt yn chwythu na'r haul yn tywynu, ac felly pan na chaiff unrhyw drydan ei gynhyrchu. Y trydydd dewis ydy adeiladu mwy o orsafoedd trydan sy'n defnyddio nwy neu lo, ond byddai hynny'n arwain at gynnydd sylweddol yn allyriant nwyon tŷ gwydr gan wneud cyflawni targedau Kyoto yn amhosibl.

Mae cludiant hefyd yn codi problemau i bolisi llywodraeth. Mae'r cynnydd yn nifer y teithiau ar y ffyrdd wedi achosi i allyriant carbon o gludiant gynyddu dros amser. Yn 1993 cyhoeddodd y Canghellor y byddai'r dreth ar danwydd yn codi 3% y flwyddyn uwchlaw cyfradd chwyddiant i gyfyngu ar dwf teithiau. Yn 1998 codwyd hyn i 6%. Ond rhoddwyd y gorau i'r polisi hwn yn 2000 ar ôl i gymysgedd o ffermwyr a gyrwyr lorïau roi blocêd ar burfeydd olew i brotestio yn erbyn prisiau tanwydd uchel, gan effeithio'n andwyol ar y wlad. Mae'n amheus hefyd a fyddai prisiau uwch am betrol yn arwain at lawer o ostyngiad yn nifer y teithiau ceir, gan fod tanwydd yn bris anelastig iawn. Erbyn hyn mae polisi llywodraeth ynghylch cludiant ffyrdd wedi'i dargedu'n bennaf at leihau tagfeydd yn hytrach nag allyriant tanwydd. Mae cludiant ffyrdd yn debygol o ychwanegu at allyriant carbon dros y ddegawd nesaf yn hytrach na'i ostwng.

Mae twf cludiant awyr yn creu mwy fyth o broblemau i'r llywodraeth (gweler y Cwestiwn Data). Gyda thrafnidiaeth awyr yn tyfu 3-5% y flwyddyn, mae'n debygol y bydd y diwydiant awyrennau yn cyfrannu at allyriant uwch o garbon yn y dyfodol. Fel y mae gyda chludiant ffyrdd, mae prif ffocws polisi'r llywodraeth yn canolbwyntio ar sut i ymdrin â thwf cludiant awyr yn hytrach na chyfyngu arno i sicrhau allyriant is o garbon dros amser.

Mae gan y llywodraeth nifer mawr o gynlluniau graddfa fach i gwtogi ar allyriant carbon gan gartrefi. Mae'r rhain yn amrywio o annog cartrefi i lagio eu llofftydd, i gael cartrefi i droi eu gwres canolog i lawr, ac i gael adeiladwyr i adeiladu tai newydd sy'n fwy effeithlon o ran egni. Mae amaethyddiaeth hefyd yn cyfrannu'n sylweddol at allyriant nwyon tŷ gwydr. Drwy hybu dulliau ffermio 'mwy gwyrdd' a llai dwys, mae'r llywodraeth yn gobeithio cael effaith ar allyriant. Fodd bynnag, nid yw'r llywodraeth yn disgwyl gostyngiadau sylweddol yn allyriant nwyon tŷ gwydr o gartrefi nac amaethyddiaeth.

Mae'r rhan fwyaf o'r grwpiau amgylcheddol yn dadlau bod y llywodraeth yn annhebygol o gyflawni ei thargedau Protocol Kyoto erbyn 2010. Gyda chartrefi ac amaethyddiaeth ar y gorau yn gwneud cyfraniadau bach iawn at gyflawni'r targed, ac allyriant o gludiant yn debygol o gynyddu, diwydiant, gan gynnwys cynhyrchu pŵer, fydd yn gorfod gwneud y gostyngiad angenrheidiol. Byddai hyn yn heriol iawn ar y gorau. Ond os mai gorsafoedd trydan sy'n defnyddio nwy neu lo sydd yn bennaf i gymryd lle pŵer niwclear, yna bydd yn amhosibl. Mae'n debyg mai'r dewis ynghylch sut i gynhyrchu trydan dros yr 20 mlynedd nesaf fydd yn allweddol i'r mater a fydd allyriant nwyon tŷ gwydr yn cynyddu neu'n gostwng yn y DU.

Cwestiwn Data

Awyrennau a chynhesu byd-eang

Ffigur 19.6 Rhagfynegiad o niferoedd teithwyr, allyriant carbon, trafnidiaeth awyr

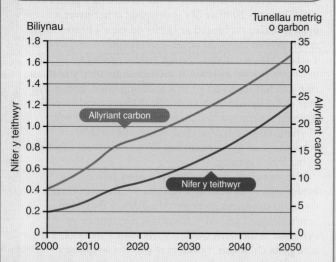

Ffynhonnell: addaswyd o *Growth Scenarios for EU and UK Aviation: contradictions with climate policy,* Canolfan Tyndall ar gyfer Newid Hinsawdd ac Ymchwil, adroddiad a gomisiynwyd gan Gyfeillion y Ddaear.

Cynyddodd trafnidiaeth awyr yn y DU 6.4% y flwyddyn ar gyfartaledd rhwng 1993 a 2001. Fodd bynnag, mae cyfaint yr allyriant am bob teithiwr wedi gostwng. Mae gwneuthurwyr wedi ymgorffori mesurau effeithlonrwydd tanwydd yn nyluniad eu hawyrennau. Dros y 40 mlynedd diwethaf mae gwell fframiau awyr, awyrennau mwy eu maint a gwell technoleg peiriannau wedi lleihau allyriant y teithiwr y cilometr 70%.

Ffynhonnell: addaswyd o'r *Financial Times*, 9.6.2005.

Ni all y DU wneud gwahaniaeth sylweddol i broblem llygredd awyrennau ar ei phen ei hun. Byddai unrhyw ymgais i osod trethi neu gyfyngiadau eraill ar deithiau hedfan i mewn i'r DU ac allan ohoni yn arwain at ddargyfeirio sylweddol o drafnidiaeth awyr allan o ofod y DU ac i gyfandir Ewrop. Hefyd, darn bach iawn yn unig o broblem fyd-eang yw'r DU. Mae angen gweithredu ar y cyd.

Mae materion yn cael eu trafod ar lefel Ewropeaidd, o fewn Senedd Ewrop a'r Comisiwn Ewropeaidd. Mae'r sawl sy'n beirniadu twf y diwydiant awyrennau yn nodi nad yw cwmnïau hedfan yn talu unrhyw dreth ar y tanwydd a ddefnyddir i yrru'r awyrenau. Mewn cyferbyniad, trethi yw'r rhan fwyaf o gost y petrol a ddefnyddir gan fodurwyr. Mae rhai gwleidyddion Ewropeaidd yn argyhoeddedig mai gosod treth ar y pellter y mae awyren yn ei deithio a pherfformiad ei pheiriant fyddai'r dull symlaf o ymdrin ag allyriannau sy'n cynyddu'n sylweddol. Mae'r rhan fwyaf o'r cwmnïau hedfan Ewropeaidd yn gwrthwynebu'r syniadau hyn yn gryf. Maen nhw eisiau gweld cynllun masnachu allyriannau, lle byddai cwmnïau sy'n llwyddo i ostwng allyriannau yn fwy na'r disgwyl yn gallu gwerthu trwyddedau dros ben i gwmnïau sydd â'u hallyriannau yn fwy na'u dyraniad. Un rheswm pam fod cwmnïau hedfan Ewropeaidd yn ffafrio cynllun masnachu allyriannau yw'r ffaith mai ychydig o bunnoedd yn unig fyddai'n cael eu hychwanegu at bris tocyn dwyffordd o fewn Ewrop. Ni fyddai hynny'n ddigon i ddylanwadu ar y galw nac ysgogi gwelliannau mewn effeithlonrwydd. Yn y tymor hir gallai galw cynyddol am drwyddedau carbon gan y diwydiant awyrennau achosi i bris trwyddedau carbon masnachadwy saethu i fyny. Byddai hynny'n effeithio ar bob diwydiant fyddai'n gorfod prynu trwyddedau carbon ar y farchnad agored.

Ffynhonnell: addaswyd o'r *Financial Times*, 23.9.2004.

Rhagfynegir y bydd niferoedd teithwyr ar awyrennau yn cynyddu 3-4% y flwyddyn yn y DU. Mae mwy a mwy o bobl yn cymryd gwyliau byr dramor oherwydd y prisiau isel a gynigir gan gwmnïau hedfan rhad fel *easyJet* neu *Ryanair*. Ond mae'r cynnydd yn achosi cur pen amgylcheddol. Mae'r DU, fel y rhan fwyaf o wledydd cyfoethog y byd, wedi'i hymrwymo gan gytundeb Kyoto i leihau allyriant CO_2 i'w lefelau yn 1990 erbyn 2010. Eto i gyd mae nifer cynyddol y teithiau hedfan yn llesteirio gobaith y DU o gyflawni'r targed

hwnnw. Amlygwyd difrifoldeb y broblem yr wythnos diwethaf pan ddywedodd y Prif Weinidog fod y diwydiant awyrennau yn debygol o achosi chwarter cyfraniad y DU at gynhesu byd-eang erbyn 2030. Meddai'r Comisiwn Ewropeaidd: 'Mae allyriannau y sector awyrennau wedi tyfu 40% oddi ar 1990. Credaf fod pawb yn derbyn bod hwn yn sector y mae'n rhaid gwneud rhywbeth ynglŷn ag ef.'

Ffynhonnell: addaswyd o'r *Financial Times*, 23.9.2004.

1. Disgrifiwch dueddiadau teithio mewn awyren ac allyriant carbon y diwydiant awyrennau rhwng 2000 a 2050.
2. Esboniwch pam y gall teithio mewn awyren achosi allanolderau.
3. Dadansoddwch DAIR ffordd y gallai llywodraethau neu gyrff rhyngwladol fel yr UE ostwng allyriant carbon y diwydiant awyrennau yn y dyfodol.
4. Trafodwch a ddylai llywodraethau ymyrryd o gwbl yn y diwydiant awyrennau i ostwng allyriant carbon ac, os felly, faint y dylid gorfodi cwmnïau hedfan i'w dalu am eu hallyriant?

Crynodeb

1. Yn anochel bydd methiant y farchnad mewn economi marchnad rydd lwyr am na fydd yn darparu nwyddau cyhoeddus.
2. Rhaid i nwyddau cyhoeddus gael eu darparu gan y wladwriaeth oherwydd problem defnyddiwr di-dâl.
3. Mae nwyddau rhinwedd yn nwyddau y mae mecanwaith y farchnad yn eu tanddarparu, er enghraifft oherwydd bod allanolderau positif sylweddol wrth dreulio.
4. Gall llywodraethau ymyrryd i sicrhau darparu nwyddau cyhoeddus a nwyddau rhinwedd drwy ddarpariaeth uniongyrchol, cymorthdaliadau neu reoleiddio.
5. Gall methiant llywodraeth gael ei achosi gan wybodaeth annigonol, amcanion sy'n gwrthdaro, costau gweinyddol ac ystumiadau marchnad yn cael eu creu.
6. Mae damcaniaeth dewis cyhoeddus yn awgrymu efallai na fydd llywodraethau bob amser yn gweithredu i uchafu lles y gymdeithas oherwydd efallai y bydd gwleidyddion yn gweithredu i uchafu eu lles nhw eu hunain.

Marchnadoedd a methiant y farchnad

Gall marchnadoedd arwain at ddyraniad effeithlon o adnoddau. Fodd bynnag, mae rhai nwyddau a gwasanaethau y mae economegwyr yn cydnabod sy'n annhebygol o gael eu cynhyrchu orau mewn marchnadoedd rhydd. Gall y rhain gynnwys amddiffyn, y farnwriaeth a system cyfiawnder troseddol, yr heddlu, ffyrdd, y gwasanaeth tân ac addysg. Yn fwy dadleuol, mae rhai'n credu bod y farchnad rydd yn wael o ran cynhyrchu gofal iechyd a thai ar gyfer y bobl llai cefnog. Mae gwahanol resymau pam y gallai fod methiant y farchnad wrth gynhyrchu'r nwyddau hyn.

Nwyddau cyhoeddus

Mae bron pob nwydd yn **nwydd preifat** (ni ddylid drysu rhwng y rhain a nwyddau a gynhyrchir yn sector preifat yr economi). Ystyr nwydd preifat yw nwydd lle bydd treulio gan un person yn golygu na fydd y nwydd ar gael i'w dreulio gan berson arall. Er enghraifft, os byddwch chi'n bwyta powlaid o fiwsli, ni all eich ffrind ei fwyta; os bydd cwmni'n adeiladu ffatri ar ddarn o dir, nid yw'r tir hwnnw ar gael i'w ddefnyddio gan ffermwyr lleol.

Mae rhai nwyddau, fodd bynnag, yn NWYDDAU CYHOEDDUS. Mae dwy nodwedd i'r nwyddau hyn:

- **cynwysoldeb** (*non-rivalry*) – nid yw treulio'r nwydd gan un person yn lleihau'r maint sydd ar gael i'w dreulio gan berson arall;
- **anallgaeadwyaeth** (*non-excludability*) – unwaith y caiff ei ddarparu, ni all unrhyw berson gael ei allgau rhag cael budd (neu yn wir ddioddef yn achos nwydd cyhoeddus fel llygredd).

Cymharol ychydig o enghreifftiau sydd o nwyddau cyhoeddus pur, ond mae llawer o nwyddau'n cynnwys elfen o nwydd cyhoeddus. Mae awyr lân yn nwydd cyhoeddus. Os byddwch yn anadlu awyr lân, nid yw'n lleihau gallu pobl eraill i anadlu awyr lân. Hefyd ni all pobl eraill eich atal chi rhag anadlu awyr lân. Mae amddiffyn yn enghraifft arall. Nid yw cynnydd ym mhoblogaeth y DU yn arwain at ostyngiad yn yr amddiffyn a roddir i'r boblogaeth bresennol. Ni allai merch ym Mangor gael ei heithrio rhag cael budd o'r amddiffyn a roddir hyd yn oed pe bai hi'n gwrthwynebu'r polisi presennol, yn dymuno dileu amddiffyn ac yn gwrthod talu i'w ariannu.

Nwyddau y gellir dadlau eu bod yn nwyddau cyhoeddus yw:

- amddiffyn;
- y farnwriaeth a'r gwasanaeth carcharau;
- yr heddlu;
- goleuadau stryd.

Mae llawer o nwyddau eraill, fel addysg ac iechyd, yn cynnwys elfen fach o nwydd cyhoeddus.

Problem defnyddiwr di-dâl

Pe bai darparu nwyddau cyhoeddus yn cael ei adael i fecanwaith y farchnad, byddai yna fethiant y farchnad. Y rheswm yw problem DEFNYDDIWR DI-DÂL. Mae nwydd cyhoeddus yn un lle mae'n amhosibl atal pobl rhag derbyn buddion y nwydd ar ôl iddo gael ei ddarparu. Felly does fawr ddim o gymhelliad i bobl dalu am dreulio'r nwydd. Defnyddiwr di-dâl yw rhywun sy'n derbyn y budd ond sy'n gadael i bobl eraill dalu amdano. Er enghraifft, mae dinasyddion yn derbyn buddion o wariant ar amddiffyn. Ond gallai dinasyddion unigol gynyddu eu lles economaidd drwy beidio â thalu amdano.

Cwestiwn 1

Eglurwch pam y gallai polion lampau gael eu hystyried yn nwyddau cyhoeddus.

Mewn marchnad rydd mae'n annhebygol y caiff amddiffyn cenedlaethol ei ddarparu. Byddai cwmni a geisiai ei ddarparu yn ei chael hi'n anodd codi tâl am y cynnyrch gan na allai gael ei werthu i fod o fudd i ddinasyddion unigol. O ganlyniad ni fyddai neb yn talu am amddiffyn ac felly ni fyddai'r farchnad yn ei ddarparu. Yr unig ffordd o ddatrys y broblem yw i'r wladwriaeth ddarparu amddiffyn a gorfodi pawb i gyfrannu at ei gost trwy drethi.

Nwyddau rhinwedd a nwyddau di-rinwedd

Mae hyd yn oed cefnogwyr mwyaf brwd economeg y farchnad rydd yn cytuno bod nwyddau cyhoeddus yn enghraifft o fethiant y farchnad ac y dylai'r llywodraeth eu darparu. Ond mae nwyddau rhinwedd (*merit*) a nwyddau di-rinwedd (*demerit*) yn fwy dadleuol.

Nwydd sy'n cael ei danddarparu (*underprovided*) gan fecanwaith y farchnad yw NWYDD RHINWEDD (h.y. nwydd y mae rhai pobl o'r farn y dylai mwy ohono gael ei ddarparu). Un rheswm dros y tanddarparu yw nad oes gan unigolion wybodaeth berffaith a'u bod nhw'n cael trafferth gwneud penderfyniadau rhesymegol pan fydd costau'n digwydd heddiw ond ni dderbynnir y buddion nes i ugain mlynedd, dyweder, fynd heibio. Rheswm arall yw oherwydd bod yna allanolderau positif sylweddol (☞ uned 19).

Iechyd, addysg ac yswiriant yw'r prif nwyddau rhinwedd sy'n cael eu darparu heddiw gan y llywodraeth yn y DU. Mae iechyd ac yswiriant yn ddwy enghraifft lle mae defnyddwyr yn cael trafferth gwneud dewisiadau rhesymegol oherwydd amser. Pe bai'n cael ei adael yn llwyr i rymoedd y farchnad, mae'r dystiolaeth yn awgrymu na fyddai unigolion yn rhoi digon o yswiriant iddynt eu hunain rhag afiechyd, diweithdra a henaint. Mae pobl ifanc yn dueddol o fod yn iach ac mewn gwaith. Mae llawer yn ei chael hi'n anodd deall y byddant yn sâl ac yn ddi-waith ryw ddydd. Ond mae cost gofal iechyd a phensiynau mor fawr fel na all pobl ifanc eu fforddio oni fyddant yn cynilo ar gyfer y dyfodol. Os na wnânt hynny, gwelant pan fyddant yn hŷn nad oes ganddynt ddigon o adnoddau i dalu am wasanaethau meddygol na'r yswiriant sydd ei angen i'w diogelu rhag colled enillion oherwydd afiechyd neu ymddeoliad. Felly mae'n synhwyrol i'r wladwriaeth ymyrryd a gorfodi pobl ifanc yn arbennig i wneud darpariaeth rhag afiechyd, diweithdra a henaint.

Yn achos addysg, mae'n annhebygol mai'r prif enillydd o gael addysg (y plentyn neu'r myfyriwr) sy'n talu am yr addysg. Felly gallai fod gwrthdaro buddiannau. Gallai fod o fudd i'r rhieni i dalu cyn lleied â phosibl am addysg y plentyn, ond mae o fudd i'r plentyn i gael yr addysg orau sy'n bosibl. Mae hyn o ddiddordeb i eraill yn y gymdeithas hefyd. Er enghraifft, mae plant na allant ddarllen nac ysgrifennu yn rhwymedigaeth economaidd yn y DU heddiw. Maent yn fwy tebygol na pheidio o orfod cael cymorth gan eraill yn hytrach na chyfrannu at les y genedl. Mae llawer o enghreifftiau eraill o nwyddau sydd ag elfen o nwydd rhinwedd. Mae diffyg hyfforddiant, er enghraifft, yn broblem fawr yn y DU. Mae gan gwmnïau unigol gymhelliad i beidio â hyfforddi gweithwyr, nid yn unig oherwydd y gost ond hefyd oherwydd y gall eu gweithwyr hyfforddedig gael eu cymryd wedyn gan gystadleuwyr. Felly, maen nhw'n mynd i mewn i'r farchnad ac yn recriwtio gweithwyr y mae cwmnïau eraill wedi talu i'w hyfforddi. Dyma enghraifft arall o broblem defnyddiwr di-dâl. Caiff ei datrys yn rhannol gan y llywodraeth yn darparu arian ar gyfer cyfundrefnau sy'n trefnu hyfforddiant mewn ardaloedd lleol.

Nwydd sy'n cael ei orddarparu (*overprovided*) gan fecanwaith y farchnad yw NWYDD DI-RINWEDD. Yr enghreifftiau amlycaf yw cyffuriau – popeth o gyffuriau cryf fel LSD i alcohol a thybaco. Mae treuliant y nwyddau hyn yn creu **allanolderau** negyddol mawr. Mae troseddu'n cynyddu, mae costau iechyd yn cynyddu, caiff adnoddau economaidd dynol

gwerthfawr eu distrywio ac mae ffrindiau a pherthnasau yn cael gofid. Hefyd mae'r unigolion eu hunain yn dioddef ac ni allant roi'r gorau i'r treulio am fod cyffuriau'n gaethiwus. Felly gellir dadlau nad defnyddwyr cyffuriau yw'r bobl orau i benderfynu eu lles eu hunain.

Mae llywodraethau'n ymyrryd i unioni'r methiant marchnad yma. Mae ganddynt dri arf y gallant eu defnyddio: gwahardd treulio fel yn achos cyffuriau cryf; defnyddio mecanwaith y farchnad i ostwng y galw drwy roi trethi ar gyffuriau; neu geisio perswadio defnyddwyr i roi'r gorau i ddefnyddio cyffuriau, e.e. drwy ymgyrchoedd hysbysebu.

Tegwch

Byddai'n annhebygol iawn i system marchnad rydd arwain at ddosraniad adnoddau y byddai pob unigolyn yn ei ystyried yn deg. Felly mae rhai economegwyr yn dadlau bod gan y wladwriaeth ddyletswydd i ailddosrannu adnoddau.

Yn y DU heddiw, er enghraifft, mae rhywfaint o gonsenws na ddylai dinasyddion Prydain farw oherwydd diffyg bwyd na chael eu gwrthod am driniaeth feddygol frys oherwydd diffyg arian.

Cwestiwn 2

Awgrymwch resymau pam y gallai addysg gael ei hystyried yn nwydd rhinwedd.

Cost lleoedd ysgol i godi

Yn y DU mae mwy na 30% o'r holl wariant cyhoeddus yn mynd i daliadau nawdd cymdeithasol. Daw peth o'r taliadau hyn o gronfa'r Yswiriant Gwladol ac felly gallent gael eu hystyried yn nwyddau rhinwedd. Ond mae buddion fel credyd teulu yn ymgais penodol i ailddosrannu incwm i'r sawl sydd mewn angen. Gellid dadlau hefyd bod darparu gwasanaethau fel iechyd ac addysg am ddim yn arwain at ddosraniad fwy teg o adnoddau.

Ymyriad llywodraeth

Mae marchnadoedd yn debygol o danddarparu nwyddau cyhoeddus a nwyddau rhinwedd. Mae hynny'n arwain at **aneffeithlonrwydd dyrannol** am na all defnyddwyr wario'u harian mewn modd fydd yn uchafu eu defnyddioldeb (eu lles neu eu boddhad). Er enghraifft, byddai unedau teulu mewn dinas yn fodlon talu ychydig o bunnoedd y flwyddyn i gael goleuadau stryd ledled y ddinas. Ond oherwydd problem defnyddiwr di-dâl, maen nhw'n amharod i wneud unrhyw gyfraniad naill ai am eu bod yn gobeithio y bydd pawb arall yn talu neu am nad ydynt eisiau gwneud taliadau mawr gan nad yw fawr neb arall yn talu. Felly mae'n synhwyrol i'r llywodraeth orfodi pawb i dalu trwy system o drethi.

Mae nwyddau rhinwedd yn fwy dadleuol, yn rhannol am eu bod yn cynnwys elfen o nwydd preifat. Y prif rai sy'n cael budd o ofal iechyd ac addysg, er enghraifft, yw cleifion a myfyrwyr. Gall llywodraethau geisio cynyddu darpariaeth nwyddau rhinwedd mewn amrywiaeth o ffyrdd.

Darpariaeth uniongyrchol Gall llywodraethau gyflenwi nwyddau cyhoeddus a nwyddau rhinwedd yn uniongyrchol i ddefnyddwyr am ddim. Yn y DU caiff addysg ysgol gynradd, ymweliadau â'r meddyg a ffyrdd eu darparu yn y modd hwn. Gall y llywodraeth ddewis cynhyrchu'r nwydd neu'r gwasanaeth ei hun, fel yn achos addysg ysgol gynradd. Neu gall brynu gwasanaethau cwmnïau yn y sector preifat. Mae meddygon teulu, er enghraifft, yn gweithio iddyn nhw eu hunain ac mae'r llywodraeth yn prynu eu gwasanaethau.

Cymorthdalu darpariaeth Gall y llywodraeth dalu am ran o'r nwydd neu'r gwasanaeth (**cymhorthdal**) ond disgwyl i ddefnyddwyr dalu'r gweddill. Caiff presgripsiynau eu cymorthdalu yn y modd hwn yn y DU. (Maen nhw am ddim yng Nghymru oddi ar 2007.)

Rheoleiddio Gall y llywodraeth adael y darparu i'r sector preifat ond gorfodi defnyddwyr i brynu nwydd rhinwedd neu orfodi cynhyrchwyr i ddarparu nwydd rhinwedd. Er enghraifft, gorfodir modurwyr i brynu yswiriant car yn ôl y gyfraith. Mae dadl yn parhau mewn gwledydd diwydiannol ynghylch a ddylid gorfodi gweithwyr i dalu i mewn i bensiynau preifat. Gorfodir safleoedd gwasanaethau ar draffyrdd i ddarparu cyfleusterau toiled am ddim i fodurwyr p'un ai y prynant rywbeth ai peidio.

Mae nifer o fanteision ac anfanteision i bob un o'r datrysiadau hyn. Mantais darpariaeth uniongyrchol yw bod y llywodraeth yn rheoli cyflenwad nwyddau a gwasanaethau yn uniongyrchol. Mae'n pennu nifer y gwelyau ysbyty yn y system am mai hithau sy'n eu darparu. Mae'n penderfynu faint o filwyr sydd, am ei bod yn eu talu nhw'n uniongyrchol. Ond mae gan ddarpariaeth uniongyrchol anfanteision. Gall fod yn gynhyrchiol aneffeithlon, yn enwedig os ydy'r llywodraeth yn cynhyrchu'r nwydd ei hun. Efallai na fydd gan weithwyr y wladwriaeth, boed yn cynhyrchu'r nwydd neu'n ei brynu i mewn, unrhyw gymhelliad i dorri costau i'r isaf. Gall fod yn ddyrannol aneffeithlon, yn enwedig os ydy'r nwyddau'n cael eu darparu am ddim i drethdalwyr. Efallai y bydd y llywodraeth yn darparu gormod o filwyr a rhy ychydig o welyau ysbyty, er

enghraifft. Mewn cyferbyniad â hynny, mae marchnadoedd yn rhoi'r cyfle i ddefnyddwyr brynu'r nwyddau hynny sy'n rhoi'r boddhad mwyaf. Mewn marchnad, pe bai cynhyrchwyr yn cyflenwi gormod o filwyr, bydden nhw'n cael eu gadael heb eu gwerthu. Yna byddai cwmnïau'n symud adnoddau allan o gynhyrchu amddiffyn ac i mewn i gynhyrchu nwydd y byddai defnyddwyr yn fodlon ei brynu.

Mae cymorthdaliadau yn ffordd o weithio trwy fecanwaith y farchnad i gynyddu treuliant nwydd. Felly, bydd cymorthdalu gofal deintyddol er enghraifft, yn cynyddu maint y gofal iechyd sy'n cael ei ddarparu, a hynny gobeithio i lefel sy'n uchafu lles economaidd. Hefyd gall cymorthdaliadau helpu pobl ag incwm isel i fforddio prynu nwyddau. Un broblem gyda chymorthdaliadau yw bod penderfyniadau ynghylch lefel y cymorthdaliadau yn cael eu 'cipio' gan gynhyrchwyr. Wedyn bydd cymorthdaliadau'n rhy fawr i uchafu lles economaidd. Er enghraifft, gellir dadlau bod ffermwyr yn Ewrop i raddau wedi 'cipio' y Polisi Amaethyddol Cyffredin. Yn hytrach na gweinidogion llywodraeth yn penderfynu pa lefel o gymhorthdal ffermio fydd yn uchafu lles economaidd, maen nhw'n ildio i bwysau'r garfan ffermio. Wedyn mae cymorthdaliadau ffermio yn rhy fawr o lawer. Mae'r enillion lles a ddaw i'r ffermwyr yn llai o lawer na'r golled lles i'r defnyddwyr a'r trethdalwyr.

Mae gan reoleiddio y fantais nad oes angen fawr ddim neu ddim o arian trethdalwyr i ddarparu'r nwydd. Hefyd mae defnyddwyr yn debygol o allu chwilio yn y farchnad rydd am gynnyrch sy'n rhoi gwerth da iddynt, gan sicrhau effeithlonrwydd cynhyrchiol a dyrannol. Ond gall rheoliadau osod costau trwm ar y bobl dlawd yn y gymdeithas. Faint o deuluoedd tlawd, er enghraifft, allai fforddio talu am yswiriant gofal iechyd preifat pe bai gofyn iddynt wneud hynny? Hefyd gellir anwybyddu rheoliadau, e.e. nid oes yswiriant gan bob modurwr. Pe bai gan rieni rwymedigaeth gyfreithiol i dalu am addysg ysgol eu plant, byddai rhai rhieni'n herio'r gyfraith ac yn peidio â rhoi addysg i'w plant. Po fwyaf tebygol yw dinasyddion i osgoi rheoliadau, lleiaf effeithlon y maent fel ffordd o sicrhau darpariaeth nwyddau cyhoeddus a nwyddau rhinwedd.

Methiant llywodraeth

Gall marchnadoedd fethu, ond gall llywodraethau fethu hefyd. Bydd METHIANT LLYWODRAETH yn digwydd pan fydd yn ymyrryd yn y farchnad ond bod yr ymyriad hwnnw'n arwain at golli lles economaidd yn hytrach na'i ennill. Mae nifer o resymau pam y gall methiant llywodraeth ddigwydd.

Gwybodaeth annigonol Yn debyg i unrhyw asiantau economaidd, go brin y bydd gan y llywodraeth wybodaeth gyflawn i seilio penderfyniad arni. Mewn rhai achosion mae'r wybodaeth sydd ar gael yn gamarweiniol. Nid yw'n syndod felly y gall llywodraethau

Cwestiwn 3

Mae amrywiaeth o ffyrdd y gallai'r llywodraeth sicrhau bod gan bob uned deulu fodd i ddefnyddio gwasanaethau deintyddol.
(a) Gallai ddarparu'r gwasanaeth yn uniongyrchol a'i roi am ddim i bob defnyddiwr, a chodi'r cyllid angenrheidiol trwy drethi.
(b) Gallai gymorthdalu peth triniaeth ddeintyddol sy'n cael ei hystyried yn hanfodol ond heb gymorthdalu triniaeth arall. Dyma'r system bresennol yn y DU.
(c) Gallai ei gwneud hi'n rhwymedigaeth gyfreithiol fod pob uned deulu yn codi yswiriant deintyddol i dalu cost triniaeth ddeintyddol hanfodol.

Trafodwch rinweddau cymharol pob un o'r dewisiadau hyn.

ymateb i broblem yn anghywir o ran polisi. Er enghraifft, rhaid i lywodraethau wneud penderfyniadau ynghylch p'un ai i ariannu system o ysgolion detholus neu system o ysgolion cyfun. Yn yr Almaen mae'r system ysgolion yn ddetholus. Yn UDA mae'n gyfun. Yn y DU mae'n gyfun yn bennaf, ond mae lleiafrif sylweddol o awdurdodau lleol yn ariannu ysgolion detholus. Mae'r mater yn bwysig am fod addysg yn un o'r ffactorau allweddol sy'n pennu gallu'r DU i gystadlu yn y tymor hir. Mae'n effeithio hefyd ar bob plentyn unigol. Fodd bynnag, mae'r dystiolaeth ynghylch pa system addysg sydd fwyaf effeithlon yn anghyson. Yn yr 1960au a'r 1970au cefnogodd llywodraeth y DU y newid o system oedd yn bennaf yn ddetholus i system oedd yn bennaf yn gyfun. Yn yr 1980au a'r 1990au roedd y llywodraeth Geidwadol yn ffafrio ysgolion detholus. Yn y 2000au roedd y llywodraeth Lafur yn ceisio cael amrywiaeth o ddarpariaeth ac ysgolion arbenigol.

Amcanion sy'n gwrthdaro Yn aml mae llywodraethau'n wynebu amcanion sy'n gwrthdaro. Er enghraifft, efallai eu bod yn dymuno gostwng trethi ond cynyddu'r gwariant ar amddiffyn. Mae cost ymwad i bob penderfyniad a wneir gan y llywodraeth. Weithiau gwneir penderfyniad lle byddai'r enillion lles o'r opsiwn na ddewiswyd wedi bod yn uwch. Yn achos addysg, tybiwch fod y rhai sy'n cael addysg ddetholus mewn ysgolion gramadeg yn cael gwell addysg na phe byddent mewn ysgol gyfun. Mewn cyferbyniad â hynny, tybiwch fod cyrhaeddiad y rhai nad ydynt yn llwyddo i gael lle mewn ysgol ddetholus yn llai na phe byddent mewn ysgol gyfun. Nawr mae gwrthdaro amcanion ynghylch pa system i'w gweithredu. Ydy anghenion y rhai fyddai'n cael eu dewis ar gyfer ysgolion gramadeg yn bwysicach nag anghenion gweddill y plant ysgol, neu i'r gwrthwyneb? Gall llywodraethau wneud y penderfyniad polisi anghywir pan fydd amcanion yn gwrthdaro fel hyn, a dewis yr opsiwn sy'n rhoi lles economaidd is yn hytrach na lles economaidd uwch. Efallai y gwnânt hyn oherwydd diffyg gwybodaeth. Neu efallai y dewisant yr opsiwn hwn yn fwriadol am eu bod eisiau gwobrwyo'r etholwyr a bleidleisiodd drostynt (☞ isod).

Costau gweinyddol Weithiau mae cost weinyddol unioni methiant y farchnad mor fawr fel ei bod yn gorbwyso'r lles economaidd a ddaw o unioni'r methiant. Er enghraifft, gallai'r llywodraeth drefnu cynllun i helpu'r bobl ddi-waith i gael swyddi. Yn ystod rhyw flwyddyn, mae 100 000 yn mynd trwy'r cynllun. O'r rheiny byddai 50 000 wedi cael hyd i swyddi beth bynnag, ond maen nhw'n defnyddio'r cynllun am fod hynny'n fanteisiol iddyn nhw neu i'w cyflogwr. Mae 10 000 yn cael hyd i swyddi na fyddent wedi fel arall. Mae 40 000 yn parhau'n ddi-waith. Os mai £3 000 y person y flwyddyn yw cost y cynllun, cyfanswm y gost yw £300 miliwn. Mae hynny'n golygu mai'r gost am bob gweithiwr na fyddai wedi cael swydd fel arall yw £300 miliwn ÷ 10 000 neu £30 000 am bob gweithiwr. Mae hynny'n gost enfawr am y budd sy'n debygol o gael ei ennill gan y 10 000 o weithwyr. Yn wir, mae bron yn sicr y byddai wedi bod yn well ganddynt gael £30 000 yn hytrach na chael swydd. Enghraifft arall fyddai talu budd-daliadau lles. Os yw'n costio £1 i dalu budd-dal o £3, ydy hynny'n debygol o wella lles economaidd?

Ystumiadau'r farchnad Mewn rhai achosion, mae ymyriad gan y llywodraeth i unioni un methiant y farchnad yn arwain at greu methiannau'r farchnad sy'n llawer mwy difrifol. Un enghraifft yw ymyriad llywodraethau mewn marchnadoedd amaethyddol fel y Polisi Amaethyddol Cyffredin. Yma, mae llywodraethau'n cynnig cefnogaeth ariannol i ffermwyr, yn rhannol i gynyddu incwm ffermio a all fod yn isel ac yn ail i wastatáu amrywiadau incwm o flwyddyn i flwyddyn oherwydd newidiadau

ym maint y cnydau. Ond yn nodweddiadol mae cefnogaeth ariannol yn arwain at gynnydd yng nghyflenwad bwyd ac efallai na fydd cynnydd cyfatebol yn y galw. Y canlyniad yw gorgyflenwad cynnyrch fferm. Gall gwledydd benderfynu dympio'r gorgyflenwad ar farchnadoedd byd-eang am brisiau isel. Mae hynny'n arwain at incwm is i ffermwyr y tu allan i'r UE, gan ddinistrio marchnadoedd eu cynnyrch nhw. Efallai y caiff incwm uwch i ffermwyr Ewrop ei ennill ar draul incwm is i ffermwyr yr Aifft neu Seland Newydd. Efallai hefyd y caiff marchnadoedd amaethyddol yn yr UE eu hystumio. Er enghraifft, mae pris cig eidion yn uchel yn artiffisial yn yr UE oherwydd cefnogaeth y Polisi Amaethyddol Cyffredin ond dydy prisiau moch ddim yn cael cymhorthdal. Y canlyniad yw bod defnyddwyr yr UE yn prynu llai o gig eidion a mwy o borc nag y byddent pe na bai ymyriad llywodraeth. Gall ystumiad arall ddigwydd yn y farchnad mewn perthynas â'r amgylchedd. Mae'r Polisi'n hybu gorgynhyrchu bwyd. Defnyddir tir ffiniol ar gyfer cynhyrchu, tir a allai fel arall fod wedi cael ei adael yn wyllt. Efallai y defnyddir gormod o blaleiddiad a gwrtaith i gynyddu'r cynnyrch am fod y Polisi'n cynnig prisiau rhy uchel i ffermwyr. Gallai prisiau is arwain at ddulliau llai dwys o gynhyrchu a llai o ddifrod i fywyd gwyllt.

Mae llawer o enghreifftiau o ystumiadau marchnad yn y farchnad lafur. Er enghraifft, efallai y bydd y llywodraeth yn dymuno codi lefelau incwm pobl dlawd drwy osod lleiafswm cyflog uchel. Ond gall hwnnw fod mor uchel fel bod cyflogwyr yn cael gwared â gweithwyr cyflog isel, gan roi'n ddi-waith nifer mawr o'r bobl roedd y llywodraeth eisiau eu diogelu. Yn yr un modd, efallai y bydd y llywodraeth yn cynyddu budd-dal di-waith i helpu'r bobl ddi-waith. Ond gall hynny eu hannog nhw i beidio â chwilio am waith gan fod mwy yn well eu byd nawr heb waith nag y byddent mewn gwaith. Bydd hynny'n cynyddu nifer y bobl ddi-waith.

Damcaniaeth dewis cyhoeddus

Tybir yn gyffredinol bod llywodraethau'n gweithredu mewn modd fydd, yn eu barn nhw, yn uchafu lles economaidd. Efallai na lwyddant oherwydd diffyg gwybodaeth, amcanion sy'n gwrthdaro,

Cwestiwn 4

Yn 1861 Mrs Beeton oedd yr arbenigwraig ar goginio a rheoli'r cartref, yr un fyddai'n cyfateb i Delia Smith yn oes Fictoria, ac ysgrifennodd y dylai ei darllenwyr wneud eu finegr eu hunain bob tro. Y rheswm oedd bod finegr a brynwyd mewn siop yn tueddu i gynnwys asid sylffwrig gwanedig.

Heddiw mae gwneuthurwyr ac adwerthwyr bwyd yn cael eu rheoli mor gaeth gan reoliadau'r llywodraeth fel na allai hynny ddigwydd. Ond mae rhai'n dadlau bod rheoliadau o'r fath yn ormodol. Mae tâp coch y llywodraeth yn cyfyngu ar gychwyn a rhedeg busnesau newydd. Rhaid i ddefnyddwyr dalu prisiau uwch am eu bwyd am ei bod hi'n costio arian i gwmnïau gydymffurfio â rheoliadau'r llywodraeth. Er enghraifft, yn 1999 cododd costau cynhyrchu i ffermwyr moch gan na allent bellach fagu moch mewn corau (*stalls*). Hoffai selogion lles anifeiliaid weld terfyn ar gynhyrchu ieir batri a gweld pob cyw iâr yn cael ei fagu'n rhydd, ond pam na ddylai defnyddwyr gael y dewis p'un ai i brynu wyau a chywion ieir batri rhatach ai peidio?

(a) Eglurwch pam mae marchnadoedd yn methu yn ôl y data.
(b) Trafodwch ydy ymyriad llywodraeth yn yr enghreifftiau a roddir yn y data yn arwain at fethiant llywodraeth.

ayb. Ond mae DAMCANIAETH DEWIS CYHOEDDUS yn awgrymu efallai na fydd llywodraethau'n ceisio uchafu lles economaidd o gwbl.

Mae'r ddamcaniaeth hon yn dadansoddi sut a pham y gwneir penderfyniadau ynghylch gwariant cyhoeddus a threthi. Mae 'defnyddwyr' neu 'gwsmeriaid' yn bleidleiswyr yn y system. Maen nhw'n pleidleisio dros wleidyddion a phleidiau gwleidyddol sy'n 'gynhyrchwyr' yn y system. Bydd y cynhyrchwyr yn gwneud penderfyniadau ynghylch gwario arian cyhoeddus, trethi a deddfau. Rhaid i'r penderfyniadau gael eu 'gwerthu' gan y gwleidyddion i'r pleidleiswyr.

Mae'r pleidleiswyr eisiau uchafu'r buddion net a gânt o'r wladwriaeth. Er enghraifft, â phopeth arall yn gyfartal, hoffai pleidleiswyr i'r wladwriaeth gynhyrchu meintiau mawr o nwyddau a gwasanaethau ond â'r lefelau isaf o drethi.

Mae'r gwleidyddion eisiau uchafu eu lles hefyd. Yn y modelau symlaf, tybir bod gwleidyddion eisiau uchafu eu pleidleisiau er mwyn ennill grym ac aros mewn grym. Mewn modelau mwy cymhleth, gellir gwneud tybiaethau mwy soffistigedig, e.e. bod gwleidyddion eisiau swyddi yn y llywodraeth neu eu bod yn defnyddio'u cysylltiadau gwleidyddol i uchafu eu henillion nhw eu hunain.

Os ydy gwleidyddion eisiau uchafu eu pleidleisiau, y peth mwyaf amlwg i'w wneud yw apelio at y tir canol. Ystyriwch Ffigur 20.1 sy'n dangos dosraniad normal o bleidleisiau. Mae gwleidydd adain dde yn wynebu gwleidydd adain chwith sydd wedi anelu ei bolisïau i ddenu pleidleisiau i'r chwith o OA. Y safiad amlwg i'r gwleidydd adain dde ei gymryd yw anelu ei bolisïau ychydig i'r dde o B, mor agos â phosibl at y tir canol tra'n aros i'r dde ar y sbectrwm gwleidyddol. Ar y llaw arall, pe bai'r gwleidydd adain chwith yn rhesymegol, byddai yntau hefyd yn symud i'r tir canol i geisio uchafu ei bleidlais.

Yn ymarferol, mae democratiaethau'n tueddu i gynhyrchu llywodraethau sy'n gwyro tua'r canol. Dyna pam roedd llywodraethau fel rhai Margaret Thatcher yn yr 1980au mor anarferol. Oherwydd system y cyntaf heibio'r postyn yn y DU, gall plaid gael mwyafrif yn y Senedd gyda chyn lleied â 40% o'r pleidleisiau a fwriwyd. Gyda 75% o bleidleiswyr yn troi allan ar ddiwrnod etholiad (h.y. dydy 25% o'r rhai a allai bleidleisio ddim yn gwneud hynny), mae hynny'n golygu bod yn rhaid i lywodraeth y DU ennill pleidleisiau 30% yn unig o'r pleidleiswyr. Nid yw'n syndod felly bod hynny weithiau'n caniatáu i blaid adain dde a ddewisodd arweinydd adain dde ennill grym. Wrth gwrs byddai'r un fath yn wir am blaid adain chwith yn y DU oedd ag arweinydd adain chwith.

Mewn llawer o theori economaidd, mae tybiaeth gudd fod llywodraethau'n gweithredu i uchafu lles y gymdeithas gyfan. Gall damcaniaeth dewis cyhoeddus helpu i egluro pam yn aml na fydd llywodraethau'n gwneud hynny.

Buddiannau lleol Tybiwch fod gan AS felin decstilau fawr yn ei hetholaeth sy'n cyflogi 1 000 o weithwyr. Mae'r cwmni sy'n berchen ar y felin yn lobïo'r AS i gefnogi gosod tollau uwch ar fewnforion o decstilau, gan ddadlau y bydd yn rhaid cau'r felin oni ostyngir cystadleuaeth o wledydd tramor. Mae'n debyg y byddai damcaniaeth economaidd yn dadlau y dylid gadael i'r felin gau a defnyddio'r adnoddau sy'n cael eu rhyddhau i gynhyrchu rhywbeth y mae'r DU yn ei gynhyrchu'n well (**damcaniaeth mantais gymharol** ☞ uned 14). Ond efallai bod yr AS yn ofni y gallai colli 1 000 o swyddi olygu colli 1 000 o bleidleisiau. Felly gallai roi pwysau ar y llywodraeth i osod tollau uwch er iddi wybod y byddai lles y genedl yn llai o ganlyniad i hynny.

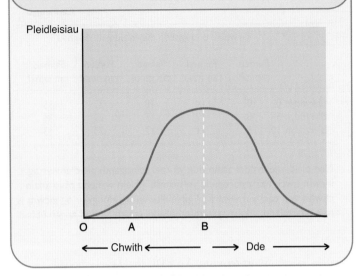

Ffigur 20.2 Ymddygiad pleidleisio etholwyr
Bydd gwleidyddion yn tueddu i uchafu eu pleidleisiau drwy symud i'r tir canol mewn gwleidyddiaeth.

Ffafrio lleiafrifoedd Tybiwch y gall plaid wleidyddol ennill grym â llawer llai na 50% o'r pleidleisiau oherwydd natur y system bleidleisio ac am nad yw'r pleidleiswyr i gyd yn pleidleisio ar ddiwrnod yr etholiad. Yn y DU, fel y nodwyd uchod, gallai plaid gael mwyafrif gyda chefnogaeth 30% yn unig o'r pleidleiswyr. Mewn etholiad lleol, lle yn aml dim ond 30-50% sy'n troi allan, gall plaid gael mwyafrif gyda llawer llai. Tybiwch fod y rhai sy'n pleidleisio yn tueddu i fod â nodweddion tebyg. Er enghraifft, yn y DU mae pleidleiswyr dosbarth canol yn fwy tebygol o bleidleisio na phleidleiswyr dosbarth gwaith. Mewn etholiad lleol efallai y bydd pleidleiswyr o un grŵp ethnig yn llawer mwy tebygol o bleidleisio na phleidleiswyr o grŵp ethnig arall. Yn y sefyllfaoedd hynny, mae'n amlwg y bydd gwleidyddion sydd eisiau uchafu eu cyfran o'r bleidlais yn dymuno apelio at leiafrif, yn hytrach na'r mwyafrif, gan mai'r lleiafrif sy'n bwrw eu pleidleisiau. Gallai llywodraeth, er enghraifft, gyflwyno newidiadau o ran gwariant llywodraeth a threthi sy'n gadael 30% o'r boblogaeth yn well eu byd a 70% yn waeth eu byd. Byddai hynny'n ymddygiad rhesymegol pe bai'r 30% o'r boblogaeth fyddai'n well eu byd yn tueddu i bleidleisio dros y blaid honno mewn system y cyntaf heibio'r postyn gyda 75% o'r pleidleiswyr yn troi allan. Fodd bynnag, mae'n amheus a fyddai lles y genedl yn cael ei uchafu o ganlyniad.

Buddiannau personol sy'n gwrthdaro Efallai y bydd gwleidyddion, pleidiau a llywodraethau yn tueddu at lygredd *(corruption)*. Tybiwch mai'r hyn sydd o ddiddordeb i wleidyddion yw nid yn unig ennill pleidleisiau ac aros mewn grym ond hefyd ennill cyfoeth economaidd personol. Efallai wedyn y bydd gwrthdaro buddiannau rhwng uchafu lles y genedl ac uchafu lles y gwleidydd unigol. Tybiwch, er enghraifft, fod arweinydd gwleidydol yn y Trydydd Byd yn gallu aros mewn grym drwy roi llwgwrobrwyon enfawr i etholwyr adeg etholiad. Rhwng etholiadau mae'n cael llwygrobrwyon gan etholwyr am roi ffafr wleidyddol. Yn y broses, dydy'r wlad ddim yn datblygu oherwydd caiff penderfyniadau eu gwneud ar sail uchafu cyfoeth y gwleidydd unigol yn hytrach na chyfoeth y wlad. Mae'r gwleidydd unigol yn llawer gwell ei fyd fel pennaeth cyfoethog gwlad dlawd nag fel arweinydd sydd wedi colli grym mewn gwlad sy'n tyfu'n gyflym.

Cwestiwn 5

Tabl 20.1 Cyfrannau o incwm gwario

Canrannau

	Pumed ran isaf	Pumed ran nesaf	Pumed ran ganol	Pumed ran nesaf	Pumed ran uchaf
Grwpiau o unigolion mewn pumed rhannau					
Blwyddyn 0	10	14	18	23	35
Blwyddyn 5	8	12	17	23	36
Blwyddyn 10	6	11	17	23	43

Mae plaid wleidyddol adain dde yn cael cefnogaeth pleidleiswyr ag incwm uwch na'r cyfartaledd yn bennaf. Mae'n wynebu plaid adain chwith sy'n cael y mwyafrif o'i phleidleisiau o gefnogwyr ag incwm is na'r cyfartaledd. Mae'r system etholiadol o fath fel bod angen i blaid gael 40% yn unig o'r bleidlais i sicrhau mwyafrif yn y Senedd, tra byddai 45% o'r bleidlais yn rhoi mwyafrif enfawr iddi. Ar gyfartaledd, bydd 75% o'r etholwyr yn pleidleisio, ond po uchaf yw incwm yr unigolyn, mwyaf tebygol y bydd o bleidleisio. Cyfradd pleidleisio yr 20% uchaf o enillwyr incwm yw 90%.

Mae'r blaid adain dde yn ennill etholiad ym mlwyddyn 0 yn ymrwymedig i 'gynyddu cymhellion i unigolion ennill arian a chreu cyfoeth i'r genedl'. Mae'n ennill dau etholiad arall ym mlwyddyn 5 a blwyddyn 10.

(a) (i) Fyddai Tabl 20.1 yn awgrymu bod lles y genedl wedi cael ei uchafu?

(ii) Pa wybodaeth ychwanegol y byddai ei hangen arnoch i ategu eich casgliad?

(b) Eglurwch pam y gall y blaid ennill etholiadau pan fydd sefyllfa incwm gymharol y rhan fwyaf o unigolion yn gwaethygu dros amser.

Byrweledigaeth *(Short-termism)* Yn y DU rhaid cael etholiad cyffredinol o leiaf bob pum mlynedd. Tybiwch fod llywodraeth eisiau economi â thwf uchel a chwyddiant isel. Yn anffodus, cyflwr yr economi ar y pryd yw bod chwyddiant yn uchel a thwf yn isel. Os bydd y llywodraeth yn dilyn polisïau gwrthchwyddiant, bydd angen i'r rhain fod yn bolisïau tymor hir os ydynt i fod yn llwyddiannus. Ond maen nhw'n debygol o gynyddu diweithdra ac arwain at drethi uchel a gwariant llywodraeth isel. Bydd dau ddewis gan lywodraeth sy'n ceisio cael ei hailethol. Gall ostwng trethi, cynyddu gwariant cyhoeddus a gostwng cyfraddau llog er mwyn ysgogi gwariant a gwneud i bleidleiswyr 'deimlo'n dda'. Neu gall ddilyn polisïau llym a allai gadw'r economi ar y trywydd iawn ond a fyddai'n gadael pleidleiswyr yn teimlo nad ydynt yn arbennig o well eu byd. Tybiwch mai'r polisïau llym fydd yn uchafu lles yn y tymor hir, ond bydden nhw'n golygu bod y llywodraeth yn colli'r etholiad. Mae'n amlwg y bydd y llywodraeth yn dewis y polisïau adchwyddiannol *(reflationary)* os bydd hynny'n golygu y gall ennill yr etholiad, er iddi wybod y bydd hynny'n niweidio lles.

Cipio rheoliadol Mae llywodraethau'n gyfrifol am reoleiddio llawer o feysydd, fel monopolïau neu'r amgylchedd. Ystyr 'cipio rheoliadol' yw bod grwpiau fel monopolïau sy'n ennill elw annormal neu lygrwyr sy'n difrodi'r amgylchedd yn gallu dylanwadu'n gryf ar y ffordd y cânt eu rheoleiddio a hynny er mantais iddyn nhw. Ystyriwch, er enghraifft, wasanaeth cyhoeddus sydd ar fin gael ei breifateiddio. Bydd bwrdd y gwasanaeth eisiau sicrhau ei fod hi mor hawdd â phosibl ar ôl preifateiddio iddo wneud elw mawr i fodloni ei gyfranddalwyr ac uchafu cyflog aelodau'r bwrdd. Bydd yn lobïo'n galed i sicrhau rhoi pwerau mor wan â phosibl i'r corff rheoleiddio fydd yn ei oruchwylio ar ôl preifateiddio. Mae'n debyg y byddai lles cenedlaethol yn cael ei uchafu pe bai'r corff rheoleiddio yn cael pwerau cryf i gadw prisiau mor isel â phosibl i ddefnyddwyr.

Ond, yn y tymor byr, mae'r llywodraeth yn llawer mwy tebygol o eisiau uchafu ei mantais etholiadol dymor byr drwy gael gwerthiant llwyddiannus o'r cyfranddaliadau a chaniatáu i fuddsoddwyr bach (ei phleidleiswyr hi ei hun, mae'n debyg) wneud enillion cyflym ar bris y cyfranddaliadau. Mae angen rheoleiddio gwan ar gyfer hyn. Ar ôl i'r cwmni gael ei breifateiddio, bydd yn dymuno dominyddu'r rheolydd. Bydd yn gwneud hyn drwy roi'r wybodaeth honno yn unig sy'n ffafriol i'w ddadl ei hun. Er enghraifft, bydd yn tueddu i danamcangyfrif derbyniadau a goramcangyfrif costau er mwyn creu'r argraff y bydd elw yn y dyfodol yn isel. Bydd y rheolydd, heb fawr ddim o dystiolaeth ar wahân i'r hyn a gaiff gan y cwmni, yn gyson yn gwneud penderfyniadau sydd er lles i'r cwmni.

Mae tystiolaeth o'r DU oddi ar 1984, pan benodwyd y rheolydd cyntaf, yn awgrymu bod yr unigolyn a benodir i fod yn ben ar y tîm rheoleiddio yn gallu bod yn hollbwysig o ran penderfynu a fydd y corff rheoleiddio yn cael ei gipio. Bydd rheolydd sydd eisiau lleihau gwrthdaro â chwmni (h.y. cael bywyd tawel) yn gadael i'w hun gael ei gipio.

Yn aml mewn damcaniaeth economaidd tybir y dylai methiant y farchnad gael ei unioni gan y llywodraeth. Os ydy monopolydd yn ecsbloetio'r defnyddiwr, dylai'r llywodraeth reoleiddio neu ddileu'r monopoli. Os ydy llygrwr yn difrodi'r amgylchedd, dylai'r llywodraeth weithredu i gyfyngu ar weithredoedd y rhai sy'n gyfrifol. Mae damcaniaeth dewis cyhoeddus yn awgrymu efallai na fydd llywodraeth yn gweithredu yn yr achosion hyn am fod gan wleidyddion fwy o ddiddordeb mewn uchafu eu gwobrwyon nhw eu hunain (e.e. pleidleisiau i aros mewn grym) nag uchafu lles y genedl. Yn wir, mewn rhai achosion gall gwleidyddion sy'n uchafu eu gwobrwyon nhw eu hunain arwain at golli mwy o les economaidd na phe bai methiant y farchnad wedi cael ei adael heb ei reoli. Ar un pegwn, mae rhai economegwyr yn dadlau y dylai llywodraethau ymyrryd cyn lleied â phosibl yn yr economi gan fod eu hymyriadau'n debygol o wneud mwy o ddrwg na'r problemau y maent yn ceisio eu datrys. Ar y llaw arall, dadleuir nad yw gwleidyddion i gyd yn ceisio uchafu eu hunan-les nhw eu hunain. Mae rhai gwleidyddion yn gweithredu er lles y cyhoedd hyd yn oed pan na fydd hynny'n cyd-fynd â'u hunan-les nhw. Er enghraifft, bydd AS adain chwith sy'n pleidleisio dros gyfraddau uwch o dreth incwm ar enillwyr incwm uwch yn debygol o dalu mwy o dreth o ganlyniad i hynny. Dydy hynny ddim yn golygu na fydd ef/hi yn pleidleisio o blaid hyn. Po fwyaf y gall system wleidyddol annog ei gwleidyddion i weithredu er lles y cyhoedd, mwyaf i gyd y bydd yn cyd-fynd â'r farn draddodiadol fod llywodraeth yn gweithredu fel actor diduedd yn y system economaidd, gan ymyrryd er mwyn uchafu'r lles cenedlaethol.

Termau allweddol

Damcaniaeth dewis cyhoeddus – damcaniaethau ynghylch sut a pham y caiff penderfyniadau ar wariant cyhoeddus a threthi eu gwneud.

Defnyddiwr di-dâl – person neu gyfundrefn sy'n derbyn buddion y mae eraill wedi talu amdanynt heb iddyn nhw eu hunain wneud unrhyw gyfraniad.

Methiant llywodraeth – mae'n digwydd pan fydd ymyriad gan y llywodraeth yn arwain at golled net o les o'i gymharu â datrysiad y farchnad rydd.

Nwydd cyhoeddus – nwydd lle nad yw treuliant gan un person yn lleihau'r maint sydd ar gael i'w dreulio gan berson arall a lle, ar ôl iddo gael ei ddarparu, bydd pob unigolyn yn cael budd neu'n dioddef p'un ai y dymunant hynny ai peidio.

Nwydd rhinwedd – nwydd sy'n cael ei danddarparu gan fecanwaith y farchnad. Nwydd sy'n cael ei orddarparu gan fecanwaith y farchnad yw nwydd di-rinwedd.

Economeg gymhwysol
Goleudai

Mae dwy briodwedd yn perthyn i nwyddau cyhoeddus sef anallgaeadwyaeth (unwaith y cânt eu darparu, mae'n amhosibl atal pobl eraill rhag cael budd ohonynt) a chynwysoldeb (nid yw'r ffaith bod un yn cael budd yn golygu bod pawb arall yn cael llai o fudd). Mae'r ddwy briodwedd hyn yn perthyn i oleudai. Unwaith y bydd goleudy yn gweithio, mae'n amhosibl atal unrhyw long yn yr ardal rhag elwa. Nid yw'r ffaith bod un llong yn gweld y goleudy yn atal llongau eraill rhag ei weld hefyd.

Mae economegwyr o Adam Smith ymlaen wedi dadlau bod angen i'r sector cyhoeddus ddarparu nwyddau cyhoeddus am nad oes unrhyw gymhelliad economaidd i'r sector preifat eu darparu. Byddai anallgaeadwyaeth yn golygu y byddai nifer mawr o ddefnyddwyr di-dâl – unigolion neu gwmnïau fyddai'n cael budd heb dalu dim. Er enghraifft, sut y gellid gorfodi i longau dalu am oleudai?

Yn y DU nid yw'r llywodraeth yn darparu goleudai. Corfforaeth breifat, *Trinity House*, sy'n eu darparu. Fodd bynnag, mae'r llywodraeth wedi rhoi'r hawl iddi adeiladu goleudai. Yn gyfnewid, mae'r llywodraeth yn caniatáu iddi godi tâl ar bob llong sy'n ymweld â phorthladd ym Mhrydain, sef 'tâl golau'. Caiff ei gasglu gan Gyllid a Thollau, sy'n rhan o'r llywodraeth. Mae'n rhaid i *Trinity House* gyflwyno ei gyllideb i'r llywodraeth a chynrychiolwyr y diwydiant llongau bob blwyddyn, lle mae'n rhaid iddo gyfiawnhau'r tâl y mae'n ei godi. Felly, yn yr achos yma er nad yw'r llywodraeth yn darparu'r nwydd cyhoeddus, mae ganddi ran i'w chwarae ym mhob cam ac, yn bwysicach oll, yn y broses o orfodi llongau i dalu am gynnal a chadw goleudai.

Mewn gwirionedd, mae'n anodd meddwl am unrhyw nwydd cyhoeddus lle nad yw'r llywodraeth yn ei ddarparu neu'n rheoleiddio'r ddarpariaeth breifat. Mae enghraifft y goleudai, fodd bynnag, yn dangos nad yw nwydd cyhoeddus o reidrwydd yn nwydd sy'n cael ei ddarparu'n uniongyrchol gan y llywodraeth.

Cwestiwn Data

Tai oddi ar 1945

Nodwyd tai yn un o elfennau allweddol y Wladwriaeth Les yn Adroddiad Beveridge yn 1942. Oddi ar 1945 mae'r llywodraeth wedi chwarae rhan allweddol yn y farchnad dai. Yn yr 1950au a'r 1960au adeiladodd y llywodraeth, drwy'r awdurdodau lleol, filiynau o dai i'w rhentu er mwyn ceisio datrys problem prinder lleoedd i bobl eu rhentu am rent fforddiadwy. Y teimlad yn gyffredinol oedd na fyddai'r sector preifat yn darparu digon o dai newydd neu dai o'r ansawdd priodol i ddiwallu anghenion y boblogaeth ar ôl y rhyfel. Ddechrau'r 1960au daeth nifer o achosion i'r amlwg lle roedd landlordiaid preifat yn codi rhenti uchel am lety o safon wael â diffyg sicrwydd. O ganlyniad, cyflwynwyd nifer o reolaethau yn y sector tai rhent preifat drwy osod uchafsymiau rhent a chyflwyno hawliau cadarn o ran daliadaeth i denantiaid. Eto, o'r 1960au ymlaen, rhoddwyd cymhelliad ariannol mawr i brynu tai drwy ddileu treth ar y rhent enwol ar dai perchenogion preswyl a chyflwyno gostyngiad yn y dreth ar daliadau morgais.

Yn 1979 gwelwyd dechrau newid ym mholisi'r llywodraeth. Rhoddwyd mwy o flaenoriaeth i berchenogaeth breswyl gyda'r llywodraeth yn sôn am greu 'democratiaeth yn berchen ar eiddo'. Rhoddwyd i denantiaid cyngor yr hawl i brynu eu tai rhent am bris islaw pris y farchnad. O ganlyniad i ddadreoli ariannol, roedd y banciau a'r cymdeithasau adeiladu yn fwy parod i roi morgeisiau i unigolion. Rhoddwyd cyfyngiadau llym ar wariant awdurdodau lleol ar adeiladu tai cyngor newydd oherwydd y gred fod awdurdodau lleol yn fiwrocratiaethau aneffeithlon oedd yn camreoli eu stoc tai heb roi i'w tenantiaid ddigon o ddewis a rheolaeth ar eu hanheddau. Ar yr un adeg sianelodd y llywodraeth grantiau mwy o lawer i Gymdeithasau Tai sef cyrff tebyg i elusennau oedd â hanes hir o adeiladu a gosod tai ar rent am renti fforddiadwy. Gorfododd y llywodraeth ganolog awdurdodau lleol i godi eu rhenti, er y talwyd llawer o'r gost gan y llywodraeth ganolog oedd yn gorfod rhoi mwy o fudd-dal tai i unigolion oedd ag incwm rhy isel i fedru fforddio talu'r rhent. Gwelwyd cynnydd yn nifer y bobl ddigartref wrth i stoc y tai rhent fforddiadwy ostwng. Ar yr un pryd, o ganlyniad i newidiadau cymdeithasol fel cynnydd yn y cyfraddau ysgaru, gwelwyd cynnydd yn nifer y cartrefi yr oedd angen tai arnynt.

Roedd y gostyngiad yn y dreth yn gymhorthdal i bob pwrpas a gâi ei roi i bawb oedd yn prynu tŷ ar forgais. Roedd yn lleihau cost yr ad-daliadau morgais unwaith y câi'r gostyngiad ei roi ac felly roedd yn galluogi pobl oedd yn prynu tŷ i fforddio ad-daliadau morgais uwch. Golygai

hynny y gallent fforddio prynu tai drutach. Roedd modd cyfiawnhau'r cynllun am ei fod yn ei gwneud hi'n bosibl i amrywiaeth ehangach o grwpiau incwm fedru fforddio prynu tŷ.

Yn rhan olaf yr 1980au, gwelwyd newidiadau sylweddol pellach yn y polisi. Yn gyntaf dechreuodd y llywodraeth y broses o ddiddymu'n raddol y gostyngiad yn y dreth incwm ar forgeisiau. Drwy ddiddymu'r cymhorthdal cynyddwyd cost ad-daliadau morgais i brynwyr tai ac felly cynyddwyd cost perchenogi tŷ i'r rheiny oedd â morgais. Un cyfiawnhad o wneud hyn oedd bod y cymhorthdal yn mynd yn bennaf i gartrefi digon cyfforddus eu byd. Rheswm arall oedd bod elastigedd pris cyflenwad tai yn anelastig iawn ac felly doedd y cymhorthdal ddim wedi gwneud tai yn fwy fforddiadwy. I'r gwrthwyneb, codi prisiau tai oedd y canlyniad.

Yr ail newid pwysig tua diwedd yr 1980au oedd pasio Deddf Tai 1988. Creodd hon fath newydd o ddaliadaeth ar gyfer gosod tai yn breifat, y denantiaeth aswiriedig. Dan y Ddeddf, gallai landlordiaid preifat osod y rhent ar ba lefel bynnag a ddymunent a gallent droi tenantiaid allan â rhybudd cymharol fyr pe byddent yn cytuno ar gytundeb tenantiaeth aswiriedig gyda'r sawl oedd yn rhentu'r eiddo. Yn fuan iawn daeth y cytundebau tenantiaeth aswiriedig yn boblogaidd iawn ym marchnad tai rhent preifat. Cafodd hyn wared i bob pwrpas â'r rheolaethau rhent a gyflwynwyd gan y llywodraeth yn yr 1960au.

Yn yr 1990au a'r 2000au cafodd y newidiadau hyn effeithiau sylweddol ar y farchnad dai. Gostyngodd stoc tai cyngor o 5.2 miliwn yn 1990 i 3.1 miliwn yn 2003. Adlewyrchai hyn i raddau werthiant tai cyngor – i'r tenantiaid yn rhannol ac i Gymdeithasau Tai yn rhannol.

Ffigur 20.2 Adeiladu tai a gwblhawyd yn ôl sector: nifer y tai newydd a adeiladwyd

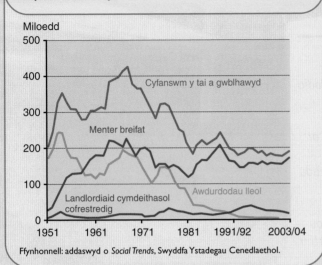

Ffynhonnell: addaswyd o *Social Trends*, Swyddfa Ystadegau Cenedlaethol.

Ffigur 20.3 Cartrefi digartref mewn llety dros dro

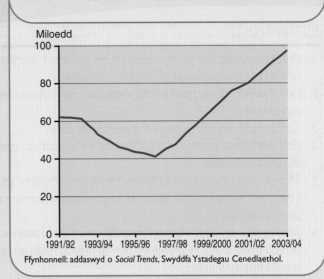

Ffynhonnell: addaswyd o *Social Trends*, Swyddfa Ystadegau Cenedlaethol.

Tabl 20.2 Canran y cartrefi yn ôl incwm crynswth blynyddol (£) y penteulu a'r partner mewn gwahanol fathau o ddaliadaeth, 2003-04

	Incwm crynswth y penteulu a'r partner (£ y flwyddyn)				
	Dan £10 000	£10 000-£15 000	£15 000-£30 000	£30 000 a mwy	Pob grŵp incwm
Perchennog preswyl	15%	13%	32%	41%	100%
Ar rent gan landlord preifat	31%	16%	30%	24%	100%
Ar rent gan gymdeithas tai	53%	21%	21%	50%	100%
Ar rent gan y cyngor	55%	23%	18%	30%	100%

Ffynhonnell: addaswyd o www.odpm.gov.uk

Bydd teuluoedd digartref ledled y wlad yn cyflwyno deiseb gyhoeddus wedi'i llofnodi gan 60 000 o bobl i gartref Canghellor y Trysorlys y dydd Mercher yma yn rhan o ymgyrch i roi terfyn ar argyfwng tai Prydain. Mae'r teuluoedd a'r elusen dai *Shelter* yn annog y Canghellor i ymrwymo i adeiladu 60 000 o dai rhent cymdeithasol ychwanegol rhwng 2008 a 2011 - yn ychwanegol at y 90 000 a gynlluniwyd gan y llywodraeth. Mae'r elusen yn rhybuddio na fydd y llywodraeth yn llwyddo i fynd i'r afael â'r argyfwng tai sydd ym Mhrydain heddiw heb y cartrefi hyn. Mae'r galw am y tai hyn yn rhan o Ymgyrch Miliwn o Blant *Shelter*. Gwelwyd y llynedd bod mwy na miliwn o blant ym Mhrydain yn ddigartref, yn byw mewn tai dros dro neu mewn tai anaddas neu orlawn. Mae'r amodau hyn yn andwyol i'w hiechyd, eu haddysg a'u rhagolygon at y dyfodol. Mae'r ymgyrch yn galw ar y llywodraeth i roi terfyn ar dai gwael ar gyfer y genhedlaeth nesaf o blant.

Ffynhonnell: addaswyd o ddatganiad i'r wasg gan *Shelter*, 30.11.2005.

Mae teuluoedd ar incwm is yn ei chael hi'n llawer anoddach fforddio prynu tŷ heddiw na 25 mlynedd yn ôl. Mae'r gostyngiad yng nghyfran incwm yr adrannau tlotaf o'r boblogaeth i'w weld yn llawer mwy amlwg ar ôl ystyried costau tai.

Er bod problem gorlenwi wedi lleihau, mae'r anghyfartaledd o ran y lle sydd gan bobl wedi cynyddu'n sylweddol dros y 30 mlynedd hyd at 2001, gyda pherchenogion preswyl yn ennill fwyaf a thenantiaid y sector cymdeithasol (awdurdodau lleol a Chymdeithasau Tai) yn ennill leiaf.

Ffynhonnell: addaswyd o ddatganiad i'r wasg gan *Shelter*, 25.7.2005.

1. Amlinellwch y prif newidiadau yn y farchnad dai a ddangosir yn y data.
2. I ba raddau y gall tai gael eu hystyried yn nwydd rhinwedd? Rhowch enghreifftiau o'r data i ategu eich dadleuon.
3. Aseswch a fyddai lles economaidd yn cynyddu pe bai'r llywodraeth naill ai (a) yn ailgyflwyno cymorthdaliadau ar brynu tŷ neu (b) yn gostwng rhenti tai cymdeithasol (yn bennaf ar gyfer tenantiaid cynghorau neu Gymdeithasau Tai).

Crynodeb

1. Gall pris nwydd fod yn rhy uchel, yn rhy isel neu'n amrywio ormod i achosi dyraniad effeithlon o adnoddau.
2. Gall llywodraethau osod uchafbrisiau neu isafbrisiau i reoleiddio marchnad.
3. Gall uchafbrisiau greu prinder a marchnad ddu.
4. Gall isafbrisiau arwain at orgyflenwad a thueddir i'w cynnal ar draul y trethdalwr.
5. Mae prisiau cynwyddau a chynhyrchion amaethyddol yn tueddu i amrywio'n fwy helaeth na phrisiau gweithgynhyrchion a gwasanaethau.
6. Mae cynlluniau stoc clustogi yn ceisio gwastatáu amrywiadau prisiau drwy brynu cynhyrchion pan fo prisiau'n isel a'u gwerthu pan fo prisiau'n uchel.

Prisiau a methiant y farchnad

Mae mecanwaith y farchnad yn sefydlu prisiau cytbwys ar gyfer pob nwydd neu wasanaeth yn yr economi. Ond efallai na fydd y pris hwn neu'r ffordd y mae wedi'i osod yn arwain at ddyraniad effeithlon o adnoddau. Efallai y bydd y pris yn amrywio ormod yn y tymor byr neu gall fod yn rhy uchel neu'n rhy isel.

Amrywiadau mawr yn y pris Mewn rhai marchnadoedd, yn enwedig marchnadoedd nwyddau amaethyddol a chynwyddau, gall fod amrywiadau mawr yn y pris dros gyfnod byr. Mae prisiau'n gweithredu fel arwyddion a chymhellion i gynhyrchwyr. Mae amrywiadau mawr yn y pris yn golygu y gall yr arwyddion hyn roi darlun dryslyd iawn i gynhyrchwyr ac achosi gorgynhyrchu neu dangynhyrchu yn y tymor byr, a gorfuddsoddi neu danfuddsoddi yn y tymor hir. Gall hynny arwain at ddyraniad adnoddau sy'n llai na'r optimaidd.

Pris rhy uchel Gall pris nwydd fod yn rhy uchel. Gall fod yn eitem hanfodol, fel bara, reis neu dai, na fydd cartrefi tlawd yn gallu fforddio prynu digon ohonynt. Efallai y bydd y llywodraeth o'r farn fod yr eitemau hyn yn **nwyddau rhinwedd** (☞ uned 20), neu efallai y bydd yn dymuno lleihau anghydraddoldeb yn y gymdeithas ac felly'n dymuno gostwng prisiau'r rhain. Neu gallai fod yna **allanolderau** positif sylweddol (☞ uned 19) wrth dreulio. Byddai pris y farchnad sy'n rhy uchel yn arwain at lefel o alw am y nwydd sy'n llai na'r optimaidd.

Pris rhy isel Gall pris y farchnad rydd am nwyddau fel sigaréts fod yn rhy isel am fod treulio'r rhain yn achosi allanolderau negyddol sylweddol. Neu efallai y bydd y llywodraeth o'r farn fod pris rhy isel yn cael effaith economaidd negyddol ar gynhyrchwyr. Er enghraifft, gall hi o'r farn fod angen codi incwm ffermwyr oherwydd fel arall bydden nhw'n ymadael â'r tir a byddai diboblogi gwledig.

Gall llywodraethau ymyrryd mewn marchnadoedd a newid prisiau. Er enghraifft, gallant osod trethi anuniongyrchol neu roi cymorthdaliadau (☞ uned 11). Gallant osod uchafbrisiau neu isafbrisiau neu gallant sefydlu cynlluniau stoc clustogi (*buffer*) i sefydlogi prisiau.

Prisiau a derbyniadau

Gall llywodraethau fod â chymhellion eraill dros ymyrryd mewn marchnadoedd ar wahân i unioni methiant y farchnad. Weithiau byddant yn ymyrryd mewn marchnadoedd er mwyn newid pris er eu lles nhw eu hunain neu er les eu dinasyddion. Er enghraifft, mae *OPEC*, Cyfundrefn y Gwledydd sy'n Allforio Petroliwm, yn grŵp o wledydd sy'n ceisio uchafu eu derbyniadau tymor hir o werthu olew. Wrth wneud hynny, mae'n symud incwm o ddefnyddwyr olew, yn enwedig mewn gwledydd diwydiannol cyfoethog, i'r gwledydd sy'n aelodau o *OPEC*. Yn ddamcaniaethol, dylai hyn godi safonau byw eu dinasyddion ar draul dinasyddion gwledydd sy'n prynu'r olew. Mae hefyd yn tueddu i gyfoethogi'r elitau sy'n rheoli yn y gwledydd sy'n aelodau o *OPEC*.

Uchafbrisiau

Gall y llywodraeth osod uchafbris ar gyfer nwydd mewn marchnad. Yn Ffigur 21.1 P_1 yw pris y farchnad rydd ac M_1 yw'r maint a brynir ac a werthir. Tybiwch mai'r farchnad am lety ar rent yw hon. Am y pris P_1 ni all y bobl dlotaf yn y gymdeithas fforddio rhentu tai ac felly mae yna broblem o bobl ddigartref. Mae'r llywodraeth yn ymyrryd drwy osod uchafbris o P_2 ar gyfer lety. Yn y tymor byr iawn gall ymddangos bod hyn yn lleddfu'r broblem. Bydd landlordiaid yn parhau i gynnig M_1 o dai tra bydd mwy o'r bobl dlotaf yn y gymdeithas yn gallu fforddio'r tai am y gost is newydd. Ond yn y tymor hirach mae damcaniaeth economaidd yn rhagfynegi y bydd problemau newydd yn codi. Am y pris P_2 bydd y galw'n uwch nag am y pris P_1, tra bydd y cyflenwad yn is. Bydd goralw o M_2M_3. Am y pris is, bydd defnyddwyr yn galw am fwy o dai. Ar y llaw arall, bydd landlordiaid yn gostwng eu cyflenwad, e.e. drwy werthu eu heiddo ar gyfer perchenogaeth breswyl, drwy beidio â phrynu eiddo newydd i'w osod ar rent, neu drwy fyw yn eu heiddo yn hytrach na'i osod ar rent.

Felly bydd rheolaethau parhaol ar renti yn gostwng cyflenwad lle ty'i rentu'n breifat tra'n cynyddu'r galw amdano. Gall y farchnad ymateb mewn nifer o ffyrdd. Mewn cymdeithas sy'n ufudd i'r gyfraith, gall ciwiau neu restri aros ddatblygu. Gall fod yn fater o lwc yn hytrach nag arian p'un ai y bydd person yn gallu cael lety ar rent. Gall y wladwriaeth ddyfeisio system i ddyrannu llety ar rent ar

Ffigur 21.1 Uchafbrisiau

OP$_1$ yw pris y farchnad rydd. Os bydd y llywodraeth yn gosod uchafbris o OP$_2$ yn y farchnad, bydd y galw'n cynyddu i OM$_3$ tra bydd y cyflenwad yn gostwng i OM$_2$. Y canlyniad fydd goralw o M$_2$M$_3$ yn y farchnad.

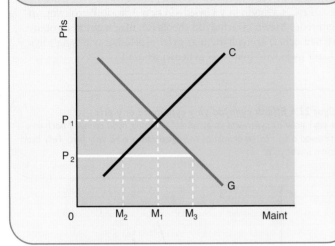

sail yr angen mwyaf. Gall landlordiaid ddatblygu amryw ffyrdd o osgoi'r rheolaethau ar brisiau. Gall marchnad ddu ddatblygu, yn anghyfreithlon a heb reolaeth, lle bydd rhenti'n cael eu gosod ar bris y farchand rydd, sef P$_1$, neu'n uwch na hynny. Felly mae damcaniaeth economaidd yn rhagfynegi y gall uchafbrisiau fod o

Cwestiwn 1

Yn yr 1960au cyflwynodd y llywodraeth system o renti uchaf ar gyfer eiddo i'w rentu'n breifat yn y DU. Yn nodweddiadol, roedd y rhenti 'cofrestredig' hyn yn is na rhent y farchnad rydd. Yn rhan olaf yr 1980au fe wnaeth y llywodraeth wrthdroi ei pholisi drwy gyflwyno math newydd o gytundeb tenantiaeth breifat, sef tenantiaethau aswiriedig, oedd yn caniatáu i landlordiaid preifat osod pa rent bynnag a ddymunent. Erbyn 2005, doedd fawr ddim o eiddo ar rent ar ôl â chontractau rhent cofrestredig.

Tabl 21.1 Eiddo i'w rentu'n breifat, DU

Eiddo i'w rentu'n breifat neu gyda swydd neu fusnes	miliynau
1961	5.0
1971	3.7
1981	2.4
1991	2.2
2001	2.4
2004	2.5

Ffynhonnell: addaswyd o *Housing Statistics*, Swyddfa Ystadegau Cenedlaethol.

(a) Beth ddigwyddodd i stoc yr eiddo i'w rentu'n breifat rhwng 1961 ac 1991?

(b) Gan ddefnyddio diagram galw a chyflenwad, eglurwch pam y gallai cyflwyno rhenti cofrestredig yn yr 1960au fod wedi achosi (i) gostyngiad yng nghyflenwad eiddo ar rent a (ii) goralw am eiddo i'w rentu'n breifat.

(c) Gan ddefnyddio diagram galw a chyflenwad, eglurwch pam yr arweiniodd cyflwyno tenantiaethau aswiriedig at newid ym maint y galw am eiddo i'w rentu'n breifat a'r cyflenwad ohono.

fudd i rai defnyddwyr – y rhai sy'n gallu cael y nwyddau sydd â'u pris wedi'i reoli – ond y bydd yn anfanteisiol i'r rhai sy'n fodlon talu pris uwch am y nwydd ond na allant ei gael oherwydd prinder cyflenwad.

Pe bai'r uchafbris yn cael ei osod yn uwch na P$_1$, ni fyddai unrhyw effaith ar y farchnad. Byddai P$_1$, sef pris y farchnad rydd, yn is na'r uchafbris ac felly ni fydd dim yn digwydd ar ôl cyflwyno'r uchafbris.

Isafbrisiau

Fel arfer gosodir isafbrisiau i helpu cynhyrchwyr i gynyddu eu hincwm. Ystyriwch Ffigur 21.2, sy'n dangos y farchnad am wenith. P$_1$ yw pris y farchnad rydd. Mae'r llywodraeth yn penderfynu bod y pris hwn yn rhy isel i ffermwyr ei dderbyn ac mae'n gosod isafbris o P$_2$. O ganlyniad , bydd ffermwyr nawr yn tyfu M$_1$M$_3$ yn fwy o wenith. Ymateb defnyddwyr i'r pris newydd yw gostyngiad o M$_1$M$_2$ yn eu galw. Y canlyniad fydd gorgyflenwad o M$_2$M$_3$.

Mae hyn yn creu problem i'r llywodraeth. Gydag uchafbrisiau, nid oedd angen i'r llywodraeth ymyrryd pan gafwyd goralw. Gallai'r goralw aros yn y farchnad am byth os oedd angen. Ond nid yw hynny'n wir am orgyflenwad. Os mai dim ond M$_2$ o wenith y bydd defnyddwyr yn ei brynu, dim ond M$_2$ y gall ffermwyr ei werthu. Bydd M$_2$M$_3$ heb ei brynu. Oni fydd y llywodraeth yn gwneud rhywbeth, bydd pwysau cryf ar ffermwyr i werthu hyn am lai na'r isafbris. Bydd prisiau cyfartalog yn gostwng nes i'r farchnad gael ei chlirio. Mae'r strwythur prisiau yn debygol o fod yn gymhleth iawn, gyda pheth o'r gwenith yn cael ei werthu am yr isafbris swyddogol, sef P$_2$, tra bo'r gweddill yn cael ei werthu am amrywiaeth o brisiau, gyda'r isaf o'r rhain yn debygol o fod yn is na phris y farchnad rydd, sef P$_1$. Bydd cynllun y llywodraeth wedi cael ei rwystro.

Felly, i gael strwythur effeithiol o isafbrisiau rhaid cael mesurau eraill hefyd. Mae dwy brif ffordd o ddelio â'r broblem hon. Y ffordd gyntaf yw i'r llywodraeth brynu'r gwenith y mae defnyddwyr yn gwrthod ei brynu (h.y. prynu'r gorgyflenwad M$_2$M$_3$). Mae hyn hefyd yn creu problemau gan fod y llywodraeth yn gorfod gwneud rhywbeth â'r gwenith y mae'n ei brynu. Dyma fu'r broblem glasurol gyda'r Polisi Amaethyddol Cyffredin yn yr Undeb Ewropeaidd. Mae amrywiaeth o ddatrysiadau wedi cael eu mabwysiadu, o werthu mynyddoedd gwenith i wledydd y Trydydd Byd am brisiau isel iawn, ei werthu yn ôl i ffermwyr i fwydo eu hanifeiliaid, neu ei gynnig am

Ffigur 21.2 Isafbrisiau

OP$_1$ yw pris y farchnad rydd. Os bydd y llywodraeth yn gosod isafbris o OP$_2$ yn y farchnad, bydd y cyflenwad yn cynyddu i OM$_3$ tra bydd y galw'n gostwng i OM$_2$. Y canlyniad fydd gorgyflenwad o M$_2$M$_3$ yn y farchnad.

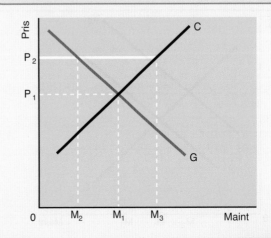

Cwestiwn 2

Mae cynhaeaf grawn toreithiog ledled Dwyrain Ewrop wedi gorfodi'r Comisiwn Ewropeaidd i ymyrryd, gan brynu a symud meintiau mawr o stociau gwarged i atal gostyngiad mewn prisiau ledled Ewrop. Mae stoc grawn yr UE nawr ar ei lefel uchaf ers degawd ar ôl i wledydd yr UE gynhyrchu 290 miliwn o dunelli yn 2004, cynnydd o chwarter o'i gymharu â 2003. Y brif broblem fu cynnydd o 40% yn y cynhyrchu gan y deg aelod newydd yn Nwyrain Ewrop. Er enghraifft, cynyddodd ffermwyr Hwngari eu cynhyrchu 89% a chynyddodd ffermwyr yn y Weriniaeth Tsiec eu cynhaeaf 54%.

Mae storio'n broblem fawr gyda'r UE eisoes yn ymrwymedig i brynu 13.5 miliwn o dunelli fel stociau ymyrrol. Does dim digon o le storio yn y gwledydd yn Nwyrain Ewrop sy'n aelodau newydd i storio'r holl rawn. Mae Gweinyddiaeth Amaethyddiaeth Hwngari wedi gofyn am gael defnyddio cyfleusterau storio yng Ngwlad Belg a'r Almaen i helpu i ddatrys ei hargyfwng storio.

I ostwng stociau ymyrrol, mae'r UE wedi dechrau cynnig cymorthdaliadau allforio am y tro cyntaf oddi ar 2003. Yr wythnos diwethaf cynyddodd y tâl i ffermwyr am bob tunnell o rawn a werthant ar gyfer ei allforio i €10. Hefyd mae'r UE wedi cynnig cymorthdalu cludo grawn o wledydd tirgaeedig yn Nwyrain Ewrop i'r porthladdoedd agosaf i'w allforio.

Ffynhonnell: addaswyd o www.nutraingredients.com ac www.farmersjournal.com.

(a) Gan ddefnyddio diagramau galw a chyflenwad, eglurwch:
(i) pam 'mae stoc grawn yr UE nawr ar ei lefel uchaf ers degawd'; (ii) sut y gall rhoi cymorthdaliadau ar gyfer allforion grawn ostwng stociau grawn yr UE.
(b) Sut y gwnaeth ffermwyr grawn yr UE ennill a threthdalwyr yr UE golli o ganlyniad i gynhaeaf grawn toreithiog 2004?

brisiau is i'r sawl sydd mewn angen yn yr UE, neu hyd yn oed ddinistrio'r cynnyrch. Mae un anfantais iddyn nhw i gyd – maen nhw'n costio arian i'r trethdalwr am fod y pris sy'n cael ei dalu i ffermwyr yn anochel yn uwch na'r pris a dderbynnir o werthu'r gwarged.

Ffigur 21.3 Cyflawni isafbrisiau drwy ostwng cyflenwad
OP_1 yw pris y farchnad rydd. Os ydy llywodraeth neu gyfundrefn eisiau gosod isafbris o OP_2, efallai y gall orfodi cynhyrchwyr i ostwng eu cyflenwad, gan symud cromlin y cyflenwad i'r chwith o C_1 i C_2.

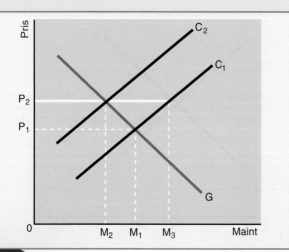

Yr ail ddatrysiad i'r broblem o orgyflenwad yw cyfyngu ar gynhyrchu. Gall llywodraethau naill ai orfodi neu dalu ffermwyr i ostwng maint eu gyrroedd neu i adael peth o'u tir heb ei drin. Effaith hyn yw symud cromlin y cyflenwad i'r chwith, o C_1 i C_2 yn Ffigur 21.3. I gael isafbris o P_2, rhaid i'r cyflenwad ostwng M_2M_3. Gostwng cynhyrchu er mwyn sicrhau prisiau uwch yw'r ffordd y mae OPEC, Cyfundrefn y Gwledydd sy'n Allforio Petroliwm, yn gweithredu. Mewn cyfarfodydd rheolaidd, mae'n gosod cwotâu (terfynau uchaf) ar gynhyrchu ar gyfer ei aelodau sy'n is na'r hyn y byddai'r gwledydd hyn yn ei gyflenwi fel arall.

Ffigur 21.4 Effaith cynnydd yn y cyflenwad ar y pris
Os ydy'r galw a'r cyflenwad yn gymharol anelastig, bydd cynnydd bach yn y cyflenwad o C_1 i C_2 yn arwain at ostyngiad mawr o FE yn y pris. Felly bydd incwm lawer yn is.

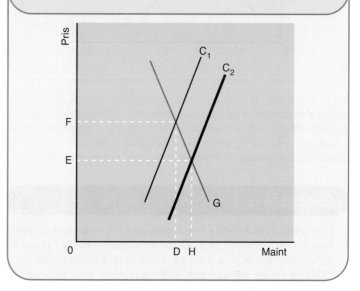

Cynlluniau stoc clustogi

Mae pris y farchnad rydd am **gynhyrchion cynradd** (cynwyddau fel aur a thun, a chynhyrchion amaethyddol fel gwenith a chig eidion) yn tueddu i amrywio fwy o lawer na phris gweithgynhyrchion neu wasanaethau.

Mae hyn yn bennaf yn ganlyniad i ddylanwadau ochr-gyflenwad. Mae'r galw am domatos tun neu domatos ffres yn debygol o aros fwy neu lai yn gyson dros gyfnod o ddeuddeg mis. Ond bydd cyflenwad y ddau gynnyrch yma yn wahanol. Gall tomatos tun gael eu storio. Felly bydd y cyflenwad yn aros fwy neu lai yr un fath dros gyfnod o ddeuddeg mis. Ond mae cyflenwad tomatos ffres yn amrywio cryn dipyn. Ym misoedd yr haf, mae digon o gyflenwad ac felly mae pris tomatos yn isel. Yn y gaeaf, mae'r cyflenwad yn isel ac mae'r prisiau yn uchel.

O flwyddyn i flwyddyn gall cyflenwad nwyddau amaethyddol amrwd amrywio cryn dipyn yn ôl cynnyrch y cnydau. Bydd cnwd toreithiog yn gostwng prisiau a bydd cnwd gwael yn arwain at brisiau uchel. Gall cnydau toreithiog fod yn drychinebus i ffermwyr. Yn Ffigur 21.4, os ydy'r galw am gynnyrch yn bris anelastig, bydd angen gostyngiad mawr yn y pris er mwyn gwerthu ychydig yn fwy o'r cynnyrch. Bydd hyn yn gostwng derbyniadau ffermwyr yn sylweddol.

Yn yr un modd, gall cnwd gwael fod yn drychinebus i ffermwyr unigol. Er y bydd incwm ffermio yn gyffredinol yn uwch na'r cyfartaledd, dim ond y ffermwyr sydd â chnydau fydd ar eu hennill.

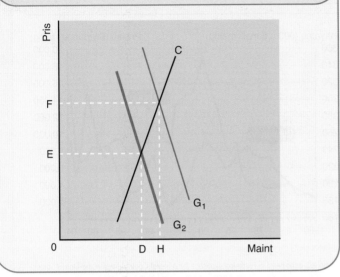

Ffigur 21.5 Effaith gostyngiad yn y galw ar y pris
Os ydy'r galw a'r cyflenwad yn gymharol anelastig, bydd gostyngiad bach yn y galw o G_1 i G_2 yn arwain at ostyngiad mawr o FE yn y pris.

Ni fydd ffermwyr sydd â'r rhan fwyaf o'u cnydau neu'r cyfan ohonynt wedi'u dinistrio yn derbyn fawr ddim o incwm neu ddim o gwbl.

Mae gweithgynhyrchion a gwasanaethau hefyd yn cynnwys mwy o ychwanegiad at werth na chynhyrchion cynradd. Mae cost tun o domatos yn cynnwys nid yn unig cost y tomatos ond hefyd cost y tun a'r broses o'u rhoi yn y tun. Os ydy tomatos ffres yn cyfrif am 20% yn unig o gost tun o domatos, bydd dyblu pris tomatos ffres yn cynyddu pris tun o domatos ychydig dros 7% yn unig.

Ond gall dylanwadau ochr-alw achosi amrywiadau ym mhrisiau cynwyddau. Mewn gweithgynyhyrchu a gwasanaethau mae cynhyrchwyr yn rhoi llawer mwy o ymdrech ac arian i sefydlogi

galw drwy frandio, hysbysebu a thechnegau eraill o farchnata. Ond does dim llawer o wahaniaeth rhwng copr Zambia a chopr Chile. Mae prynwyr yn rhydd i brynu o'r ffynhonnell rataf, felly mae'r galw'n amrywio fwy. Yn y tymor byr, mae'r cyflenwad yn gymharol anelastig. Mae gwledydd wedi buddsoddi mewn mwyngloddiau, ffynhonnau olew ayb. ac mae angen uchafu cynnyrch a gwerthiant, yn aml er mwyn ennill ariannau tramor. Gall newidiadau bach yn y galw, fel y gwelir yn Ffigur 21.5, achosi newidiadau mawr yn y pris. Mae unrhyw arafu yn yr economi byd-eang yn debygol o gael mwy o effaith ar gynwyddau nag ar weithgynhyrchion. Gall gwneuthurwyr ymateb i ostyngiad bach yn eu gwerthiant drwy ostwng eu lefelau stoc ac efallai gohirio prynu stoc am ychydig fisoedd. Mae hynny'n achosi gostyngiad mawr, er dros dro, ym mhris defnyddiau crai. Tra bo'r arafu'n parhau, mae prisiau'n debygol o aros yn isel. Mae'r gwrthwyneb yn wir hefyd – adeg ffyniant, bydd prisiau cynwyddau yn codi'n gyflymach o lawer na phrisiau gweithgynhyrchion neu wasanaethau.

Mae dylanwadau galw a chyflenwad yn cyfuno i achosi amrywiadau mawr ym mhrisiau cynwyddau. Yn aml mae llywodraethau a chyrff eraill wedi ymateb i'r sefyllfa hon drwy ymyrryd yn y farchnad. Un ffordd o wneud hyn yw trefnu CYNLLUN STOC CLUSTOGI sy'n cyfuno elfennau o isafbrisiau ac uchafbrisiau. Yn ddamcaniaethol bwriedir iddo wastatáu amrywiadau pris ar gyfer cynhyrchwyr. Gosodir pris ymyrrol, a ddangosir fel P_1 yn Ffigur 21.6. Os ydy pris y farchnad rydd yr un fath â'r pris ymyrrol, fel yn Ffigur 21.6(a), does dim angen i'r cynllun ymyrryd yn y farchnad. Os ydy pris y farchnad rydd yn is na'r pris ymyrrol, fel yn Ffigur 21.6(b), mae asiantaeth y stoc clustogi yn prynu digon o gyflenwad i ddychwelyd prisiau i'r isafbris. Yn Ffigur 21.6(b) mae'n cynyddu'r galw drwy brynu M_2M_3. Mewn cyferbyniad â hynny, os ydy pris y farchnad yn uwch na'r pris ymyrrol, fel yn Ffigur 21.6(c), gall werthu stoc y mae wedi'i gronni. Yn Ffigur 21.6(c) mae'n cynyddu'r cyflenwad drwy werthu M_2M_3, gan wthio'r pris i lawr i'r lefel ymyrrol. Mewn gwirionedd, mae'r stoc clustogi yn symud cromlin y galw am y cynnyrch i'r dde pan fo prisiau'r farchnad rydd yn is na'r pris ymyrrol ac mae'n

Ffigur 21.6 Ymyriadau stoc clustogi
Yn (a) mae pris y farchnad rydd, P_1, yr un fath â'r pris ymyrrol a osodir gan y cynllun stoc clustogi, felly nid oes angen iddo ymyrryd yn y farchnad.
Yn (b) mae pris y farchnad rydd, P_2, yn is na'r pris ymyrrol, felly rhaid iddo brynu M_2M_3 i ddod â'r pris yn ôl i P_1. Yn (c) mae pris y farchnad rydd, P_3, yn uwch na'r pris ymyrrol. Felly gall y cynllun stoc clustogi werthu hyd at M_2M_3 o'i stoc heb ddod â phrisiau i lawr yn is na'r lefel ymyrrol.

(a)

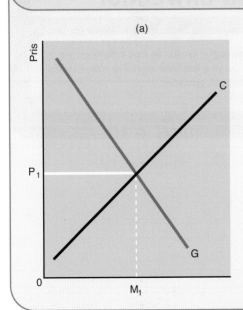

(b)

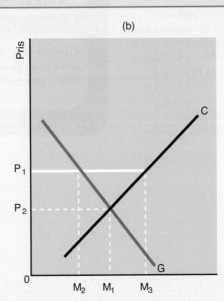

(c)

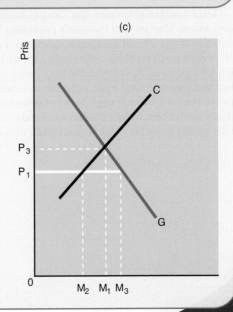

Cwestiwn 3

Mae gan ddiwydiant tun y byd gytundebau cynwyddau sy'n mynd yn ôl i 1921. Sefydlwyd y Cyngor Tun Rhyngwladol yn 1956. Roedd yn gallu cynnal pris tun yn ystod cyfnodau o brisiau isel drwy brynu tun ar gyfer ei stoc clustogi a gwerthu tun pan oedd prisiau'n uchel. Yn ystod yr 1970au nid oedd ei stoc o dun yn ddigon o faint i atal codiadau difrifol ym mhris y cynwydd. Fodd bynnag, rhoddodd enciliad byd-eang 1981-82 ergyd i'r treuliant byd-eang o dun. Llwyddodd y Cyngor Tun Rhyngwladol i osgoi gostyngiadau sydyn ym mhrisiau tun drwy brynu yn y farchnad agored. Fodd bynnag, dim ond trwy gael benthyciadau sylweddol gan fanciau a chwmnïau masnachu metelau y gallai fforddio cost ei stoc cynyddol. Yn rhan olaf 1985, cyrhaeddodd derfynau ei gredyd a gwrthododd ei gefnogwyr, fel y DU, roi rhagor o gredyd iddo. Chwalwyd y Cyngor Tun Rhyngwladol a gwerthwyd ei stoc dros gyfnod o bedair blynedd. Ni wnaeth prisiau ailgodi i'w lefelau yn rhan gyntaf 1980 tan 2004 pan achosodd cynnydd sydyn yn y galw gan wledydd ffyniannus Dwyrain Asia, yn arbennig China, ymchwydd ym mhrisiau cynwyddau.

Ffynhonnell: addaswyd o http://minerals.er.usgs.gov/minerals/pubs/commodity/tin/.

(a) Gan ddefnyddio diagram galw a chyflenwad, eglurwch sut yr effeithiodd y Cyngor Tun Rhyngwladol ar bris tun yn y farchnad.

(b) Yn ôl y data, pa mor dda y llwyddodd y Cyngor Tun Rhyngwladol i osod prisiau yn yr 1970au a'r 1980au?

(c) Eglurwch pam roedd pris tun yn isel yn yr 1990au o'i gymharu â rhan olaf yr 1970au a rhan gyntaf yr 1980au.

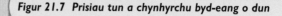

Figur 21.7 Prisiau tun a chynhyrchu byd-eang o dun

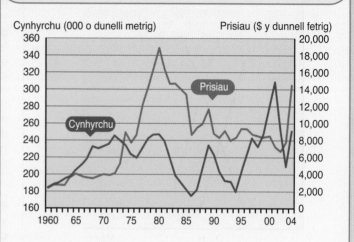

Ffynhonnell: addaswyd o *Historical Statistics for Mineral Commodities in the United States, Metal prices in the United States through 1998*, United States Geological Survey.

symud cromlin y cyflenwad i'r dde pan fo prisiau'r farchnad rydd yn uwch na'r pris ymyrrol.

Dydy cynlluniau stoc clustogi ddim yn gyffredin. Un o'r prif resymau dros hyn yw bod angen swm sylweddol o gyfalaf i'w sefydlu. Mae angen arian i brynu cynnyrch pan fydd prisiau'n rhy isel. Hefyd mae costau gweinyddu a storio'r cynnyrch a brynir. Ond yn ddamcaniaethol dylai costau gweithredu cyffredinol y cynllun fod yn isel. Yn wir, gyda phrynu a gwerthu medrus gall y cynllun wneud elw gweithredol. Y rheswm yw bod y cynllun yn prynu cynnyrch am y pris ymyrrol neu'n is na hynny ond mae'n ei werthu am bris sy'n uwch na'r pris ymyrrol.

Hefyd mae gan gynlluniau stoc clustogi hanes cymysg o ran llwyddiant. Mae pwysau i sefydlu'r cynlluniau hyn yn tueddu i ddod o gynhyrchwyr y byddai o fantais iddynt petai'r pris ymyrrol yn cael ei osod yn uwch na phris cyfartalog y farchnad rydd. Os llwyddant i wneud hyn, bydd eu derbyniadau yn y tymor byr yn fwy nag y byddent fel arall. Ond bydd y cynllun stoc clustogi wedi bod yn prynu mwy o gynnyrch nag y bydd yn ei werthu. Yn y pen draw daw'r arian i ben, bydd y cynllun yn chwalu a bydd prisiau'n plymio oherwydd y gwerthir y stoc a gronnwyd i dalu dyledion y cynllun.

Bydd y gormodedd o gynnyrch yn y farchnad yn peri bod cynhyrchwyr yn cael prisiau is na'r cyfartaledd am gryn amser i ddod. Cynlluniau stoc clustogi llwyddiannus yw'r rheiny sy'n amcangyfrif y pris cyfartalog yn gywir ac sy'n gwrthsefyll ymdrechion cynhyrchwyr i osod y pris ymyrrol yn uwch na hwnnw.

Termau allweddol

Cynllun stoc clustogi – cynllun lle mae cyfundrefn yn prynu ac yn gwerthu yn y farchnad agored er mwyn cynnal isafbris yn y farchnad am gynnyrch.

Economeg gymhwysol

Y Polisi Amaethyddol Cyffredin (PAC)

Un o'r camau pwysicaf a gymerwyd gan yr Undeb Ewropeaidd (y Gymuned Ewropeaidd gynt) yn ystod y blynyddoedd cynnar oedd creu'r Polisi Amaethyddol Cyffredin yn 1958. Mae Erthygl 39 Cytundeb Rhufain yn nodi 5 amcan polisi amaethyddol:

- cynyddu cynhyrchedd amaethyddol;
- sicrhau safon byw sy'n deg i ffermwyr;
- sefydlogi marchnadoedd;
- gwarantu argaeledd cyflenwadau;
- sicrhau prisiau teg i ddefnyddwyr.

Y gobaith oedd y byddai'r PAC yn cyflawni hyn drwy reoleiddio'r diwydiant amaethyddol o fewn yr Undeb. Ar gyfer llawer o gynhyrchion pennwyd pris ymyrrol. Gallai ffermwyr wedyn benderfynu a oeddent am werthu eu cynnyrch ar y farchnad agored neu i'r UE am yr isafswm penodedig. Roedd yr UE yn gwarantu prynu unrhyw faint am y pris ymyrrol. Cafodd ffermwyr eu diogelu rhag cystadleuaeth o wledydd tramor drwy system gymhleth o dollau (trethi ar nwyddau a fewnforir) a chwotâu (cyfyngiadau ar y maint a allai gael ei fewnforio). Canlyniad y tollau a'r cwotâu i bob pwrpas oedd codi pris cynhyrchion amaethyddol a fewnforiwyd i ddefnyddwyr yn yr UE. Drwy gadw'r tollau a'r cwotâu yn ddigon uchel, gallai cynhyrchion amaethyddol o'r tu allan i'r UE gael eu cadw allan, gan ganiatáu i ffermwyr yr UE werthu eu cynnyrch eu hunain yn y marchnadoedd mewnol am brisiau uwch o lawer nag y byddent wedi gallu eu codi fel arall.

Gwelwyd bod y PAC yn fwy ffafriol i ffermwyr nag i ddefnyddwyr. Daeth y gymuned ffermio yn yr UE yn dda iawn am lobïo eu llywodraethau unigol i bleidleisio o blaid prisiau ymyrrol uchel yn y trafodaethau blynyddol ym Mrwsel i bennu'r prisiau hynny. Roedd defnyddwyr yn colli allan am ddau reswm. Yn gyntaf, roedd yn rhaid iddynt dalu'n uniongyrchol am fwyd oedd yn ddrutach nag a fyddai pe bai wedi'i brynu ym marchnadoedd y byd. Yn ail, fel trethdalwyr, roedd yn rhaid iddynt dalu am gostau sylweddol cynnal y PAC.

Yn ddamcaniaethol, ni ddylai'r PAC fod yn ddrud i'w gynnal. Pe bai gormodedd o gynnyrch yn y farchnad un tymor, byddai'r UE yn prynu rhywfaint ohono am y pris ymyrrol ac yn ei storio. Y tymor wedyn, pryd y byddai prinder o bosibl, gallai'r UE dynnu'r cynnyrch o'i storfeydd a'i werthu. Ni fyddai'r prisiau yn amrywio gymaint ag y byddent o dan system y farchnad a byddai gwerthu'r cynnyrch yn sicrhau mai prif gost y system fyddai gweinyddu a storio.

Yn ymarferol, cynyddu wnaeth cost y PAC bob blwyddyn. O ganlyniad i'r prisiau ymyrrol uchel cynyddodd y lefelau cynhyrchu, fel y byddai theori economaidd yn ei ragfynegi. Yn fuan, roedd y cyflenwad yn fwy na'r galw. Yn hytrach na gwerthu'r cynnyrch yn y storfeydd i ddefnyddwyr Ewropeaidd yn ddiweddarach, crëwyd mynyddoedd a llynnoedd o gynnyrch, fel y gwelir yn Ffigur 21.8. Wedyn bu'n rhaid gwerthu'r cynnyrch

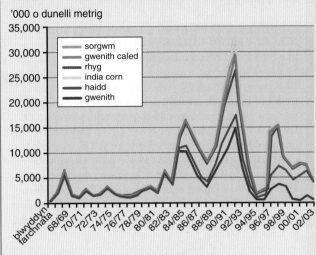

Ffigur 21.8 Stoc ymyrrol yr UE, cnydau grawnfwyd

'000 o dunelli metrig

(allwedd: sorgwm, gwenith caled, rhyg, india corn, haidd, gwenith)

Ffynhonnell: addaswyd o *The Common Agricultural Policy Explained*, Europa.

hwn, yn aml am ffracsiwn o gost ei gynhyrchu, i gyn-wledydd yr Undeb Sofietaidd, gwledydd y Trydydd Byd, a hyd yn oed i ffermwyr yr UE i'w ddefnyddio fel porthiant i anifeiliaid. Cafodd rhywfaint ei ddinistrio hyd yn oed.

Diwygio'r UE

Mae diwygio'r PAC wedi bod yn destun trafod ers blynyddoedd. Mor bell yn ôl ag 1968 argymhellodd Cynllun Mansholt y dylai maint ffermydd gynyddu er mwyn galluogi ffermwyr i fwynhau darbodion maint ac felly bod mewn gwell sefyllfa i ddarparu bwyd am brisiau marchnadoedd y byd. Erbyn dechrau'r 1980au roedd pwysau gwleidyddol yn cynyddu i gyfyngu ar dwf cyllideb y PAC. Yn 1984 cyflwynwyd system o gwotâu (gweler isod) er mwyn cyfyngu ar gynhyrchu llaeth ac felly ar y cymorthdaliadau i ffermwyr llaeth. Yn 1988 cyflwynwyd uchafswm ar gyfer cyllideb y PAC.

Y newidiadau sylfaenol cyntaf i'r PAC, fodd bynnag, oedd diwygiadau MacSharry yn 1992. Ray MacSharry oedd Comisiynydd Ewropeaidd Amaethyddiaeth ar y pryd. Effeithiwyd ar amaethyddiaeth mewn dwy brif ffordd. Yn gyntaf, cyflwynwyd cynllun neilltuo tir (gweler isod) lle byddai ffermwyr yn derbyn taliadau am adael tir heb ei drin yn hytrach na'i ddefnyddio i dyfu cnydau. Yn ail, cyfyngwyd ar faint y cymorth ariannol a gâi ei roi i rai cnydau ac anifeiliaid a rhoddwyd grantiau uniongyrchol i ffermwyr yn eu lle am amryw o gynlluniau eraill heb unrhyw gysylltiad â chynhyrchu. **Dadgyplu** yw'r term am roi grantiau i ffermwyr sydd heb unrhyw gysylltiad â'u lefelau cynhyrchu.

Yn 2003 cytunodd gweinidogion ffermydd yr UE ar gynllun mwy radical i ddadgyplu cymorthdaliadau fferm. Rhwng 2005 a 2012 cytunwyd y byddai aelodwladwriaethau'r UE yn newid eu trefn o roi cymorthdaliadau fferm gan ddileu'r rhan fwyaf o'r cymorthdaliadau cynhyrchu a rhoi yn eu lle grantiau uniongyrchol i ffermwyr. Pennwyd cyfanswm cyllideb amaethyddol yr UE hyd at 2012 a chynnwys newidiadau oedd yn ofynnol ar gyfer y gwledydd o Ddwyrain Ewrop oedd yn ymuno â'r Undeb Ewropeaidd.

Effeithiau economaidd gwahanol gynlluniau

Mae polisi amaethyddol yn yr UE yn ystumio marchnadoedd rhydd mewn nifer o ffyrdd.

Rhwystrau i fasnach allanol Mae gosod tollau (h.y. trethi) ar gynnyrch amaethyddol sy'n dod i mewn i'r UE yn cadw bwyd rhad sy'n cael ei gynhyrchu y tu allan i'r UE allan o'r UE. Mae ffermwyr yr UE yn cael budd o hyn oherwydd bod pris y farchnad o fewn yr UE yn uwch o ganlyniad i hynny. Mae defnyddwyr yn yr UE yn colli allan am fod yn rhaid iddynt dalu prisiau uwch am eu bwyd. Mae sawl math arall o rwystrau i fasnach heblaw am ddollau. Cyhuddwyd yr UE, er enghraifft, o ddefnyddio safonau diogelwch a lles i gadw mewnforion allan o ardal yr UE.

Prisiau ymyrrol Prisiau ymyrrol oedd isafbrisiau a bennwyd ar gyfer rhai cynhyrchion amaethyddol (nid y cyfan ohonynt) yn yr UE. I bob pwrpas, roeddent yn isafbrisiau oedd yn aml yn uwch na phris y farchnad rydd. Gwnaethon nhw gynyddu incwm ffermwyr. Roedd defnyddwyr nid yn unig yn talu prisiau uwch am y cynhyrchion amaethyddol hynny ond hefyd yn talu trethi i brynu unrhyw gynnyrch dros ben a fyddai wedyn yn gorfod cael ei waredu rywffordd am lai na'r pris prynu.

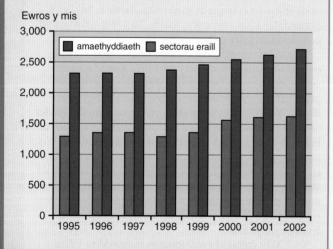

Ffigur 21.9 *Incwm ffermydd – datblygiad cyflogau crynswth cyfartalog misol yn yr economi ac incwm amaethyddol crynswth misol*

Ewros y mis

(bar chart with legend: ■ amaethyddiaeth ■ sectorau eraill; x-axis years 1995–2002; y-axis 0–3,000)

Ffynhonnell: addaswyd o *The Common Agricultural Policy Explained, Europa.*

Tabl 21.2 Cymorth i ffermydd gan yr UE, UE 15

	Cyfartaledd blynyddol	
	1986-88	2002-2004
Trosglwyddiadau o ddefnyddwyr (€ miliynau)	82 142	55 343
Trosglwyddiadau o drethdalwyr (€ miliynau)	25 747	58 960
Derbyniadau'r gyllideb (€ miliynau)	-1 517	-903
Amcangyfrif o gyfanswm y cymorth (€ miliynau)	106 372	113 401
Poblogaeth yr UE (miliwn)	363	380
Cyfanswm cost y cymorth y pen (€)	293	298
Amcangyfrif o gyfanswm y cymorth fel canran o CMC	2.82	1.20

Ffynhonnell: addaswyd o *Agricultural policies in OECD countries: monitoring and evaluation 2005, OECD.*

Cwotâu Cyflwynwyd cwotâu ar gynhyrchu llaeth yn 1984. Rhoddwyd cwota llaeth i bob gwlad oedd yn aelod o'r UE, sef yr uchafswm a allai gael ei gynhyrchu. Yna rhannwyd hyn rhwng ffermwyr, yn dibynnu yn wreiddiol ar faint o laeth yr arferent ei gynhyrchu cyn y cwotâu. Gallai'r cwotâu gael eu trosglwyddo. Gallai ffermwr â chwota werthu'r cyfan ohono neu ran ohono i ffermwr arall. Pennwyd y cwotâu ar lefelau fyddai'n gostwng lefelau cynhyrchu llaeth. O ran cyflenwad a galw, symudodd y cwotâu gromlin cyflenwad llaeth i'r chwith gan ostwng lefel gytbwys cynhyrchu ond codi'r pris cytbwys o'i gymharu â phris y farchnad rydd. Roedd hyn o fudd i ffermwyr ond roedd yn rhaid i gwsmeriaid dalu prisiau uwch am laeth a chynhyrchion llaeth. Roedd system y cwotâu yn rhad i'w chynnal i drethdalwyr yr UE gan nad oedd ffermwyr llaeth yn derbyn cymorthdaliadau am gynhyrchu llaeth.

Neilltuo tir Cyflwynwyd y system o neilltuo tir yn 1992 ar gyfer ffermwyr grawnfwydydd. Fe'u talwyd am neilltuo (h.y. peidio â defnyddio) cyfran benodol o'u tir. Roedd yn rhaid i'r tir a neilltuwyd gael ei gylchdroi o flwyddyn i flwyddyn er mwyn atal ffermwyr rhag gwneud dim mwy na neilltuo eu tir lleiaf cynhyrchiol. Drwy leihau faint o dir oedd ar gael ar gyfer cynhyrchu, mae cyflenwad grawnfwydydd yn gostwng, gan godi eu pris. Roedd y ffermwyr yn cael taliad gan yr UE am bob erw a neilltuwyd. Felly, nid yn unig roedd defnyddwyr yr UE yn gorfod talu prisiau uwch am rawnfwydydd nag y byddent fel arall, ond hefyd roedd trethdalwyr yr UE yn gorfod talu cymhorthdal uniongyrchol i ffermwyr.

Dadgyplu Yn ddamcaniaethol dylai dadgyplu cymorthdaliadau a chynhyrchu leihau, os nad dileu, ystumiadau cynhyrchu. Bydd ffermwyr yn derbyn grant yn ôl nifer yr erwau y maent yn berchen arnynt, nid faint y maent yn ei gynhyrchu. Bydd prisiau cynhyrchion amaethyddol yn cael eu pennu gan rymoedd galw a chyflenwad mewn marchnad rydd. Felly ni fydd defnyddwyr yn talu prisiau uwch am gynhyrchion amaethyddol fel y byddent, dyweder, gyda system o brisiau ymyrrol, neilltuo tir neu gwotâu. Mewn byd rhesymegol ni fyddai ffermwyr ffiniol sy'n ei chael hi'n

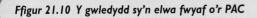

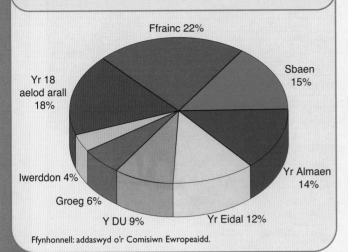

Ffigur 21.10 Y gwledydd sy'n elwa fwyaf o'r PAC

Ffrainc 22%

Sbaen 15%

Yr 18 aelod arall 18%

Yr Almaen 14%

Iwerddon 4%

Groeg 6%

Y DU 9%

Yr Eidal 12%

Ffynhonnell: addaswyd o'r Comisiwn Ewropeaidd.

anodd gwneud elw rhesymol o weithgareddau ffermio yn dal i gynhyrchu. Yn hytrach, byddent yn gwneud dim ac yn casglu eu cymhorthdal am yr erwau sydd ganddynt. Yn ymarferol, mae ffermwyr yn debygol o fod yn llai rhesymegol. Gydag incwm sylfaenol a roddir gan y cymhorthdal, byddant yn barod i weithio am adenillion llai nag y byddent fel arall. Felly, mae'r lefelau cynhyrchu yn debygol o fod yn uwch nag y byddent pe na bai cymorthdaliadau o gwbl.

Manteision ac anfanteision y Polisi Amaethyddol Cyffredin
Mae'r Polisi Amaethyddol Cyffredin yn hynod ddadleuol. Gall gael ei asesu mewn nifer o ffyrdd.

Cynnal incwm ffermwyr Un ddadl allweddol o blaid y PAC yw ei fod yn trosglwyddo incwm o'r gymuned fwy cyfoethog nad yw'n gysylltiedig â ffermio i'r gymuned ffermio dlotach. Mae Ffigur 21.9 yn dangos bod incwm ffermydd ar gyfartaledd yn is nag incwm yn y sector nad yw'n gysylltiedig â ffermio. Fodd bynnag, nid oes diwydiannau eraill yn yr UE lle mae trosglwyddiadau incwm yn cael eu gwneud ar sail ddiwydiannol. Mae cyflogau cyfartalog yn niwydiant twristiaeth yr UE, er enghraifft, yn is na'r cyflogau cyfartalog ym mhob diwydiant arall ond nid oes unrhyw alw i gymhorthdalu'r diwydiant twristiaeth yn ei gyfanrwydd oherwydd hynny. Byddai beirniaid yn dadlau y byddai defnyddio'r system gyffredinol o drethi a budd-daliadau er lles i'r gweithwyr tlotaf yn y byd ffermio yn ffordd decach o ddelio â thlodi gwledig na'r PAC. Maent hefyd yn nodi bod 80% o'r holl wariant ar y PAC yn mynd i 20% o ffermwyr mwyaf a chorfforaethau amaethyddol mwyaf yr UE. Yn y DU y cwmni a gafodd y budd mwyaf o'r PAC yw'r cwmni siwgr *Tate and Lyle* a dderbyniodd £127 miliwn mewn cymorthdaliadau.

Cost Mae cost y PAC i ddinasyddion yr UE wedi bod yn sylweddol. Yn y gorffennol, nid yn unig y maent wedi

gorfod talu am gymorthdaliadau i'r gymuned ffermio drwy eu trethi ond hefyd maent wedi gorfod talu prisiau uwch am y bwyd y maent yn ei brynu am ei fod ar gael am brisiau is ym marchnadoedd y byd. Mae Tabl 21.2 yn dadansoddi cost y cymorth hwnnw, gan gymharu'r cyfartaledd blynyddol am 1986-88 a 2002-2004 ar gyfer 15 gwlad yr UE. Yr hyn y mae'n ei ddangos yw bod cydbwysedd y cymorth wedi symud. Yn 1986-88 defnyddwyr yn gorfod talu prisiau uwch am y bwyd roeddent yn ei brynu oedd cost fwyaf y cymorth i ffermio o bell ffordd. Erbyn 2002-04 roedd y cymorthdaliadau a roddwyd i ffermwyr gan yr UE bron iawn yn cyfateb i gost y prisiau uwch. Yn 2002-04 cost y PAC y pen yn yr UE oedd €298, sef tua £200. Felly roedd teulu o bedwar yn byw yn y DU yn cymorthdalu ffermio yn yr UE ryw £800 y flwyddyn.

Cyllideb yr UE Yn yr 1970au roedd y gwariant ar y PAC dros 70% o gyllideb yr UE. Erbyn 2005 roedd hyn tua 50%. Mae cefnogwyr y PAC yn dadlau bod amaethyddiaeth yn ddiwydiant allweddol o fewn yr UE. Byddai'r beirniaid yn nodi mai dim ond 2% o CMC yr UE y mae amaethyddiaeth yn cyfrif amdano. Nid yw amaethyddiaeth o bwys mawr i economi'r UE. Mae cost ymwad gwario cymaint o gyllideb yr UE ar amaethyddiaeth yn sylweddol. Byddai'n well petai'n cael ei wario ar feysydd fel cymorth rhanbarthol.

Methiant y Llywodraeth Mae'r gefnogaeth i ddiwygio'r PAC yn amrywio rhwng gwledydd ar draws yr UE. Mae'r gwledydd sy'n gwrthwynebu newid yn tueddu i fod ymhlith y gwledydd sy'n elwa fwyaf o'r PAC. Mae Ffigur 21.10 yn dangos mai Ffrainc yw'r wlad sy'n elwa fwyaf o'r PAC. Mae'r PAC hefyd yn bwysig iawn i Iwerddon a Groeg, er mai canrannau cymharol fach o'r cyfanswm a dderbyniant. Ar gyfartaledd mae gwledydd yn derbyn cymorth PAC sy'n cyfateb i ryw 0.5% o CMC. Mae Iwerddon a Groeg yn derbyn teirgwaith yn fwy ar lefel o 1.5% o CMC. Mae beirniaid y PAC yn dadlau nad oes gan gefnogaeth gwledydd fel Ffrainc i'r PAC fawr ddim i'w wneud ag effeithlonrwydd economaidd na lles economaidd yr UE. Maen nhw'n cefnogi'r PAC ac yn gwrthwynebu newid am mai nhw sy'n elwa fwyaf o'r polisi.

Hunangynhaliaeth Mae cefnogwyr y PAC yn dadlau ei fod wedi creu Ewrop sy'n weddol hunangynhaliol o ran bwyd. Ar adegau o ryfel, roedd bod yn hunangynhaliol o ran bwyd yn amcan strategol i bob gwlad. Mae beirniaid, fodd bynnag, yn dweud nad yw'r UE yn ceisio bod yn hunangynhaliol mewn unrhyw faes arall. Nid yw'n amcan, er enghraifft, i'r UE fod yn hunangynhaliol o ran cynhyrchu setiau teledu, microsglodion, dillad neu wyliau tramor. Gyda globaleiddio ar gynnydd, gellid dadlau bod hunangynhaliaeth o ran bwyd yn nod hen-ffasiwn.

Ansawdd bwyd a lles anifeiliaid Mae cefnogwyr y PAC yn dadlau bod ffermwyr yr UE yn darparu bwyd o ansawdd da gyda lefelau isaf gwarantiedig o les anifeiliaid. Mae hynny'n awgrymu bod rhywfaint o'r bwyd sy'n cael ei fewnforio i'r UE yn is na'r safonau derbyniol ac yn deillio o arferion ffermio annerbyniol. Byddai beirniaid yn dadlau nad yw ansawdd y bwyd a gynhyrchir yn yr UE ar gyfartaledd yn well na'r hyn a gynhyrchir mewn mannau eraill yn y byd. I gael ei werthu yn yr UE, rhaid i fwyd a fewnforir gydymffurfio â safonau penodol beth bynnag. Nid yw rhai arferion magu anifeiliaid y tu allan i'r UE yn cydymffurfio â safonau'r UE. Fodd bynnag, mae'r UE yn gallu pennu amrywiaeth eang o amodau ar gyfer cig a fewnforir i'r UE ac mae yn gwneud hynny. Mae ganddo hefyd y pŵer i wahardd mewnforion os oes rheswm da dros wneud hynny dan ei ymrwymiadau masnachu â Chyfundrefn Masnach y Byd (*WTO*).

Yr amgylchedd Mae cefnogwyr y PAC yn dadlau ei fod yn ffactor allweddol wrth gefnogi amgylchedd cefn gwlad. Mae ffermwyr yn gofalu am gefn gwlad, gan sicrhau ei fod yn cael ei ddiogelu ar gyfer cenedlaethau'r dyfodol. Mae beirniaid y PAC yn dweud bod y sector amaethyddol yn un o brif lygrwyr yr amgylchedd. Mae anifeiliaid yn ffynhonnell fawr o nwy methan sy'n cyfrannu'n sylweddol at gynhesu byd-eang. Mae ffermwyr, drwy ddefnyddio gwrteithiau a phlaleiddiaid, yn llygru'r amgylchedd. Mewn gwledydd yn ne Ewrop, mae gorddefnyddio adnoddau dŵr prin i ddyfrhau yn achosi problemau mawr i'r amgylchedd. Ychydig o amgylchedd cefn gwlad sy'n 'naturiol' beth bynnag. Cafodd ei greu dros filoedd o flynyddoedd gan ffermwyr i weddu i anghenion cynhyrchu.

Cefnogi'r economi gwledig Mae cefnogwyr y PAC yn dadlau bod ei angen i gynnal amgylchedd economaidd priodol mewn ardaloedd gwledig. Heb y PAC byddai diboblogi llwyr mewn rhai ardaloedd gwledig gan na fyddai swyddi nag incwm yn yr ardal. Byddai ardaloedd eraill yn dioddef diboblogi ar raddfa fawr wrth i'r trigolion fynd i chwilio am swyddi mewn trefi a dinasoedd. Byddai pwysau ar yr amgylchedd trefol a fyddai'n gorfod ehangu i greu lle i'r bobl hyn. Mae beirniaid y PAC yn dadlau nad oes gan drigolion trefol unrhyw ddyletswydd i gefnogi'n ariannol y rheiny sy'n byw mewn ardaloedd cefn gwlad: ni ddylai cefn gwlad gael ei ystyried yn elusen. Nid oes budd cyffredinol o gael economi gwledig sy'n ffynnu mewn ardal o'i gymharu â chael diboblogi llwyr yno. Mae ardaloedd trefol wedi bod yn ehangu i dderbyn pobl o ardaloedd gwledig ers canrifoedd. Pe bai'r trefi a'r dinasoedd yn creu costau mawr i'w trigolion ni fyddai pobl wedi symud yno o ardaloedd gwledig yn y lle cyntaf.

Yr effaith ar wledydd tlotaf y byd Mae cefnogwyr y PAC yn dadlau bod yr UE yn mewnforio llawer o fwyd o wledydd ledled y byd, gan gynnwys gwledydd tlawd sy'n datblygu. Mae'r UE wedi helpu miliynau o ffermwyr tlawd i sefydlu marchnadoedd ar gyfer eu cynhyrchion. Mae beirniaid yn cyhuddo'r UE o niweidio marchnadoedd ffermio ledled y byd. Yn gyntaf, drwy ei system o ddiogelu ei ffermwyr, mae'r UE wedi gwrthod mynediad i ffermwyr o'r tu allan i'r UE i farchnadoedd yr UE. Yn ail, mae'r UE wedi dympio meintiau mawr o fwyd ar farchnadoedd y byd am brisiau isel er mwyn gwaredu'r gwargedion y mae ei gyfundrefn ffermio wedi'u creu. Mae hyn wedi bod yn niweidiol i ffermwyr nad ydynt yn yr UE am ei fod wedi gwrthod y cyfle iddynt werthu i'r marchnadoedd hynny. Mae beirniaid yr UE yn dadlau bod y PAC wedi cynyddu tlodi byd-eang yn ystod yr hanner can mlynedd diwethaf.

Mae'r PAC eisoes yn cael ei ddiwygio'n sylweddol Mae cefnogwyr y PAC yn cyfeirio at y diwygiadau radical sydd eisoes wedi cael eu gweithredu ac a fydd yn cael eu gweithredu dros y deng mlynedd nesaf. Maent yn dadlau y bydd cyflymu'r diwygiadau yn cael effeithiau difrifol ar y sector ffermio a'r economi gwledig. Mae beirniaid yn dadlau bod y diwygio'n rhy araf ac nad yw'r diwydiadau'n ddigon cryf. Maen nhw'n nodi bod rhai o feysydd y PAC, fel y sector llaeth, gwin, ffrwythau a llysiau, heb unrhyw gynlluniau i'w newid. Mae cymorthdaliadau allforio a thollau ar fwyd sy'n cael ei fewnforio yn dal i fod yn rhy uchel. Mae amaethyddiaeth yn dal i fod yn ffynhonnell fawr o aneffeithlonrwydd yn yr UE hyd yn oed gyda'r rhaglen ddiwygio bresennol.

Cwestiwn Data

Rwber

Mae Cyfundrefn Ryngwladol Rwber Naturiol (*INRO – International Natural Rubber Organisation*) ar fin cael ei ddiddymu ar ôl i ddau o brif gynhyrchwyr rwber y byd, Gwlad Thai a Malaysia, dynnu'n ôl. Mae'r cynllun stoc clustogi, a sefydlwyd yn 1980, yn prynu rwber pan fydd prisiau'n disgyn ac yn ei werthu pan fydd prisiau'n codi. Mae'r aelodau yn cynnwys y chwe gwlad fwyaf o ran cynhyrchu rwber yn ogystal â'r gwledydd sy'n defnyddio rwber fwyaf, fel UDA, Japan a China.

Mae Gwlad Thai a Malaysia wedi diflasu ar bris isel rwber ym marchnadoedd y byd yn y blynyddoedd diwethaf. Maent wedi cyhuddo *INRO* o fethu ag ymyrryd i atal pris rwber rhag disgyn. Er enghraifft, ddechrau 1998, pris rwber oedd 230 sent Malaysia y cilo. Erbyn 1999 roedd wedi disgyn i 150 sent. Maent hefyd yn cyhuddo *INRO* o ddilyn polisïau sy'n ffafrio'r aelod-wledydd sydd â lefelau cynhyrchu isel ac o beidio â rhoi digon o sylw i fuddiannau'r tair gwlad sy'n gyfrifol am ryw dri chwarter o gynnyrch y byd. Roedd Gwlad Thai, er enghraifft, yn talu tua 40% o'r cyfraniadau blynyddol oedd yn ariannu *INRO* ond yn gyfrifol am 30% yn unig o'r cynnyrch.

Ffynhonnell: addaswyd o'r *Financial Times*, 6.10.1999

Ym mis Awst 2002 sefydlodd Malaysia, Indonesia a Gwlad Thai, y tair gwlad sy'n cynhyrchu'r lefelau uchaf o rwber naturiol, y Consortiwm Rwber Rhyngwladol. Sefydlwyd y Consortiwm i gyd-drefnu'r gwaith o gynhyrchu ac allforio o'r tair gwlad. Ym mis Ebrill 2004 cofrestrwyd y Consortiwm yn swyddogol gyda chyfalaf o $225 miliwn. Ei amcanion yw sicrhau tuedd brisiau tymor hir sy'n sefydlog, yn gynaliadwy ac yn talu ffordd i ffermwyr, a chynnal cydbwysedd rhwng cyflenwad a galw i sicrhau cyflenwad digonol o rwber naturiol yn y farchnad am brisiau teg.

Ffynhonnell: addaswyd o *International Rubber Consortium*, www.irco.biz

Gallai cwymp Cyfundrefn Ryngwladol Rwber Naturiol fod wedi bod yn argyfyngus i brisiau rwber wrth i stociau oedd wedi cronni gael eu rhoi ar y farchnad. Fel mae'n digwydd, roedd galw cynyddol wedi caniatáu i brisiau aros yn gymharol sefydlog er i'r prisiau ostwng i'r lefel isaf erioed ddiwedd 2001. Ers hynny, mae galw cynyddol, yn enwedig o economïau sy'n ffynnu yn Nwyrain Asia ac yn arbennig o China, wedi gwthio'r prisiau i fyny. Heb y cynnydd hwn yn y galw, gallai prisiau rwber yn hawdd fod wedi disgyn yn sylweddol.

FFfigur 21.11 Cynhyrchu a threuliant rwber naturiol y byd

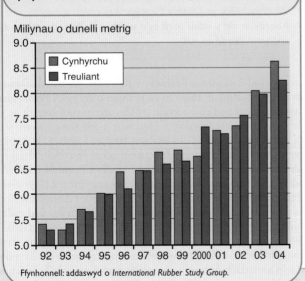

Miliynau o dunelli metrig

Ffynhonnell: addaswyd o *International Rubber Study Group*.

Ffigur 21.12 Prisiau rwber

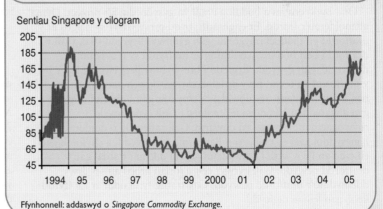

Sentiau Singapore y cilogram

Ffynhonnell: addaswyd o *Singapore Commodity Exchange*.

1. Gan ddefnyddio *INRO* fel enghraifft, eglurwch ystyr cynllun stoc clustogi.
2. Pam roedd *INRO* wedi cronni stociau o rwber erbyn 1999?
3. I ba raddau y gellid dweud y bu'r Consortiwm Rwber Rhyngwladol yn gyfrifol am gynyddu pris rwber yn sylweddol yn rhan gyntaf y 2000au?

Crynodeb

1. *Techneg sy'n ceisio gwerthuso costau a buddion cymdeithasol penderfyniad economaidd yw dadansoddiad cost a budd.*
2. *Gall costau a buddion cymdeithasol fod yn wahanol i gostau a buddion preifat.*
3. *Yn aml mae'n anodd ac weithiau mae'n amhosibl rhoi pris ar allanolderau.*
4. *Yn aml defnyddir dadansoddiad cost a budd i asesu projectau buddsoddi y sector cyhoeddus.*

Methiant y farchnad

Mewn marchnad rydd caiff penderfyniadau eu seilio ar gyfrifo **costau a buddion preifat.** Ond mewn llawer o farchnadoedd mae yna **allanolderau** sylweddol (☞ uned 19). Mae hynny'n golygu bod yna gostau neu fuddion sylweddol sy'n annhebygol o gael eu hystyried gan y sawl sy'n gwneud penderfyniadau economaidd preifat.

Mae DADANSODDIAD COST A BUDD yn weithdrefn sy'n ystyried yr holl gostau a'r holl fuddion (h.y. **costau a buddion cymdeithasol**). Ei bwrpas yw rhoi arweiniad mewn penderfynu economaidd. Fe'i defnyddir yn arbennig gan lywodraethau i werthuso projectau buddsoddi pwysig.

Costau a buddion

Mae'n gymharol hawdd rhoi gwerth ar gostau a buddion preifat. Er enghraifft, efallai y bydd y llywodraeth am i draffordd dollau gael ei hadeiladu o amgylch Birmingham. Bydd y cwmni sy'n adeiladu ac yn gweithredu'r draffordd yn gallu cyfrifo cost ariannol adeiladu'r ffordd. Dyma'r gost breifat i'r cwmni gweithredu. Bydd yn gallu cyfrifo hefyd y derbyniadau i'w hennill o'r tollau. Dyma fydd ei fuddion preifat. Os ydy'r buddion preifat yn fwy na'r costau preifat bydd y draffordd yn broffidiol a bydd y cwmni gweithredu yn fodlon adeiladu'r ffordd.

Ond bydd costau a buddion eraill yn gysylltiedig â'r project. Dyma allanolderau'r ffordd. Er enghraifft, bydd preswylwyr sy'n agos at y draffordd yn dioddef o lygredd, gan gynnwys llygredd sŵn. Gall y draffordd beri bod mwy o draffig ar rai ffyrdd sy'n cysylltu â'r draffordd, gan gynyddu llygredd i breswylwyr lleol eto. Efallai y bydd y draffordd yn mynd trwy ardaloedd o harddwch naturiol eithriadol neu'n dwyn ymaith ardaloedd a ddefnyddir gan bobl leol ar gyfer gweithgareddau hamdden fel cerdded. Gall cynefinoedd rhywogaethau prin gael eu dinistrio. Gall safleoedd o ddiddordeb hanesyddol gael eu colli. Ar y llaw arall, gall swyddi a chyfoeth gael eu creu yn lleol wrth i ddiwydiant gael ei ddenu i'r ardal gan y draffordd newydd. Gall gyrwyr ceir a lorïau arbed amser drwy ddefnyddio'r draffordd newydd. Gall traffig fynd oddi ar rai ffyrdd lleol, gan leihau tagfeydd.

Mae'r allanolderau hyn yn gostau a buddion pwysig iawn y gallai'r cwmni gweithredu eu hanwybyddu'n llwyr pe bai'n gweithredu mewn marchnad gwbl rydd. Mewn dadansoddiad cost a budd bydd y cwmni'n ceisio rhoi gwerth ar yr allanolderau er mwyn cyfrifo cost gymdeithasol a budd cymdeithasol y project, a dim ond os ydy'r budd cymdeithasol yn fwy na'r gost gymdeithasol y bydd yn mynd yn ei flaen.

Problemau rhoi gwerth ar allanolderau

Mae'n anodd amcangyfrif gwerth llawer o allanolderau. Er enghraifft, tybiwch, o ganlyniad i adeiladu'r

Cwestiwn 1

Mae Llwybr Ymylol Gorllewinol Aberdeen yn ffordd osgoi arfaethedig â'i hyd yn 30 km fydd ar ochr orllewinol y ddinas. Ar hyn o bryd amcangyfrifir y bydd cost ei hadeiladu rhwng £210 miliwn a £405 miliwn. Mae diwydiant lleol yn cefnogi adeiladu'r ffordd osgoi. Mae'n honni y bydd yn lleihau tagfeydd ac amserau teithio. Hefyd bydd yn denu busnesau newydd a swyddi i'r ardal oherwydd y gwell cysylltiadau cludiant.

Mae gwrthwynebwyr y cynllun, gan gynnwys Cyfeillion y Ddaear, yn dadlau na fydd yn cael fawr ddim o effaith ar dagfeydd yng nghanol Aberdeen. Bydd yn annog modurwyr i ddefnyddio'u ceir fwy a chludiant cyhoeddus lai, gan gynyddu problemau tagfeydd. Bydd y ffordd osgoi yn agor tir datblygu newydd, gan goncritio mwy o dir naturiol yr Alban. Bydd datblygiad newydd yn cynyddu tagfeydd hefyd. Bydd cynnydd yn nifer y teithiau ffyrdd a hybir gan adeiladu'r ffordd osgoi newydd yn cynyddu llygredd aer ac yn gostwng ansawdd yr aer. Hefyd bydd mwy o deithiau ceir yn cynyddu allyriant nwyon tŷ gwydr ar adeg pan fo'r DU yn ymrwymedig i'w leihau.

Ffynhonnell: addaswyd o www.foe-scotland.org.uk, Mawrth 2005.

(a) Beth yw prif gostau a buddion cymdeithasol adeiladu Llwybr Ymylol Gorllewinol Aberdeen?

(b) Pa rai o'r rhain fyddai'n gostau a buddion preifat i Weithrediaeth yr Alban a Chyngor Aberdeen a Swydd Aberdeen, sef y ddau gorff sy'n perthyn i'r llywodraeth ac sy'n ariannu'r ffordd osgoi?

draffordd, fod 5 miliwn o deithwyr y flwyddyn yn arbed 30 munud yr un ar gyfartaledd ar amserau eu teithiau o amgylch Birmingham. Mewn dadansoddiad cost a budd byddai angen rhoi gwerth ar y 2.5 miliwn o oriau a arbedwyd. Ond mae'n aneglur pa werth y dylid ei roi ar bob awr gan nad oes unrhyw farchnad amlwg lle pennir pris am yr amser. Byddai amcangyfrif costau uchel yn tybio y dylai'r amser gael ei brisio fel petai'r teithwyr wedi gallu ennill arian yn ystod yr amser hwnnw. Gallai hyn roi amcangyfrif o £10 yr awr yn ôl cyflog cyfartalog blynyddol o £20 000 ar gyfer defnyddiwr nodweddiadol y draffordd. Ar y llaw arall, gellid tybio nad yw'r teithiwr yn rhoi fawr ddim o werth ar yr amser a arbedir. Gallai fod yn 50c yr awr yn unig. O gymharu'r ddau amcangyfrif yma, cawn amcangyfrif uchel o £25 miliwn ac amcangyfrif isel o £1.25 miliwn.

Mae'n anoddach fyth rhoi gwerth ar fywyd person. Tybiwch fod y draffordd yn cymryd traffig oddi ar ffyrdd eraill ac o ganlyniad y caiff 5 yn llai o bobl eu lladd mewn damweiniau car bob blwyddyn. Heddiw mewn achos llys sy'n ymwneud â damweiniau caiff gwerth bywyd ei bennu yn bennaf gan enillion disgwyliedig y person fu farw. Er enghraifft, pe bai cyfarwyddwr cwmni a enillai £500 000 y flwyddyn yn cael ei ladd mewn damwain car, ynghyd â'i gyrrwr a enillai £10 000 y flwyddyn, yna â phopeth arall yn gyfartal (oed, amgylchiadau teuluol ayb.) byddai teulu'r cyfarwyddwr cwmni yn derbyn llawer mwy o iawndal na theulu'r gyrrwr. Ond mae llawer o le i ddadlau ynghylch y gwerthoedd hyn.

Mae pethau anghyffwrdd (*intangibles*) eraill, fel llygredd ac afiechyd, yn anodd iawn eu prisio yn nhermau arian. Gall hyd yn oed fod yn anodd amcangyfrif y gwerthoedd a roddir ar gostau a buddion preifat. Er enghraifft, efallai y bydd y cwmni gweithredu yn codi £2 am daith o'r naill ben i'r drafffordd i'r llall. Ond dydy hynny ddim o reidrwydd yn adlewyrchu cost y daith i'r cwmni gweithredu. Gall gynnwys elfen fawr o elw monopoli, neu gall fod wedi'i gymorthdalu gan y llywodraeth i annog pobl i ddefnyddio'r drafffordd. Efallai felly y bydd angen i'r dadansoddiad cost a budd amcangyfrif **pris cywiredig** (*shadow*) ar gyfer y daith – pris sy'n adlewyrchu yn fwy cywir y gost i'r cwmni gweithredu o ddarparu'r gwasanaeth.

Cwestiwn 2

Pan fyddwch yn bwyta bwyd sothach, cofiwch y gallai gostio mwy i chi na'r pris yn yr uwchfarchnad neu'r tŷ bwyta bwydydd cyflym. Mae gordewdra yn broblem sy'n cynyddu ledled y byd, mae'n cael ei hybu gan y gostyngiad yng nghost bwyd mewn perthynas ag incwm a newidiadau diet. Yn y DU erbyn hyn mae mwy nag 20% o'r oedolion yn ordew (a ddiffinnir fel bod ag indecs màs corff o fwy na 30), i fyny o 7% yn 1980. Mae costau gordewdra yn niferus, yn amrywio o fwy o afiechyd, i ddyddiau gwaith a gollir, i farwolaeth cynamserol. Mae achosion o glefyd siwgr a phwysedd gwaed uchel yn cynyddu ac mae clefyd y galon, lladdwr mawr yn y byd gorllewinol, yn cynyddu hefyd. Gall y rhain i gyd gael eu hachosi gan ordewdra.

Ffynhonnell: addaswyd o'r *Financial Times*, 31.8.2004.

(a) Rydych yn prynu byrgyr mawr iawn a sglodion mewn tŷ bwyta bwydydd cyflym am £4.99. I chi, beth o bosibl yw (i) cost breifat a (ii) allanolderau'r pryd?
(b) Pam o bosibl y bydd economegydd sy'n cyfrifo costau gorfwyta a diet gwael yn rhoi pris cywiredig ar y disgwyliad oes is sy'n deillio o ordewdra?

Costau a buddion dros amser

Caiff y cyfrifo ei gymhlethu ymhellach gan y ffaith y bydd costau a buddion yn digwydd ar adegau gwahanol. Er enghraifft, gallai Twnnel y Sianel fod yn dal i gludo teithwyr yn y flwyddyn 2100 a thu hwnt i hynny. Cafodd llawer o'r prif gysylltiadau rheilffyrdd yn y DU eu hadeiladu gyntaf fwy na 100 mlynedd yn ôl.

Rhaid rhoi gwerth ar gostau a buddion a ddaw yn y dyfodol. Mae damcaniaeth economaidd yn awgrymu y bydd budd o £1 ymhen 20 mlynedd yn werth llai o lawer na budd o £1 heddiw. Y rheswm yw y gallai £1 heddiw gael ei gynilo neu ei fuddsoddi. Bob blwyddyn dylai fod yn werth mwy. Er enghraifft, os yw'r gyfradd llog (neu'r gyfradd adennill neu'r gyfradd disgowntio) yn 10% y flwyddyn, bydd £1 heddiw yn werth £1.10 ymhen blwyddyn, £1.21 ymhen dwy flynedd, £1.33 ymhen tair blynedd, £10.83 ymhen 25 mlynedd ac £117.39 ymhen 50 mlynedd (cyfrifwyd y ffigurau hyn gan ddefnyddio adlog). Rhaid felly bod budd o £117.39 fydd ar gael ymhen 50 mlynedd yn werth £1 yn unig heddiw os ydy'r gyfradd adennill yn 10% y flwyddyn.

Felly, mewn dadansoddiad cost a budd rhaid i holl gostau a buddion y dyfodol gael eu hailbrisio gan ddefnyddio cyfradd disgowntio. Mae dwy ffordd o wneud hyn. Un ffordd yw tybio cyfradd disgowntio a chyfrifo'r holl gostau a buddion fel pe baent yn digwydd heddiw. Y term am hyn yw cyfrifo gwerthoedd presennol. Mae dweud bod £117.39 fydd ar gael ymhen 50 mlynedd yn werth

Cwestiwn 3

Gallai cyswllt rheilffordd gael ei adeiladu i bara naill ai 25 mlynedd neu 50 mlynedd. Amcangyfrifwyd y byddai'n costio £100 miliwn i'w adeiladu ar gyfer 25 mlynedd a £200 miliwn ar gyfer 50 mlynedd. Ymhen 25 mlynedd cost ei uwchraddio i wneud iddo bara 25 mlynedd arall fyddai £900 miliwn.

(a) Pe bai'r gyfradd disgowntio (neu'r gyfradd llog neu'r gyfradd adennill) yn 10%, a fyddai'n rhatach ei adeiladu i bara 25 mlynedd a'i atgyweirio neu i'w adeiladu i bara 50 mlynedd?
(b) A fyddai eich ateb yn wahanol pe bai'r gyfradd disgowntio yn 5%? Eglurwch pam.

£1 heddiw yn enghraifft o'r dechneg hon. Y ffordd arall yw cyfrifo'r gyfradd adennill fewnol ar y project. Felly pe byddem yn gwybod bod £1 wedi cael ei fuddsoddi heddiw ac mai'r unig fudd fyddai £117.39 i'w dalu ymhen 50 mlynedd, byddem yn gwybod mai'r gyfradd adennill ar y project fyddai 10% y flwyddyn.

Sylwadau ar ddadansoddiad cost a budd

Mae dadansoddiad cost a budd yn weithdrefn lle:
- nodir yr holl gostau a buddion, preifat a chymdeithasol;
- yna rhoddir gwerth ar y costau a'r buddion hynny, yn nhermau arian lle bynnag y bo'n bosibl.

Defnyddir y dechneg yn bennaf lle tybir bod yna fethiant marchnad. Mae'n ymddangos y byddai cyfrifo'r holl gostau a buddion yn ffordd fwy rhesymegol o werthuso project buddsoddi pwysig na dibynnu ar ragamcaniadau o elw preifat neu hyd yn oed fod heb unrhyw ffeithiau a ffigurau i'w hystyried.

Fodd bynnag, gall dadansoddiad cost a budd fod yn weithdrefn amhenodol iawn. Mae'n anodd rhoi gwerth ar rai costau a buddion pwysig ac mae'r canlyniadau'n dibynnu ar y gyfradd disgowntio a ddefnyddir ar gyfer costau a buddion y dyfodol.

Felly dylai canlyniadau dadansoddiad cost a budd gael eu defnyddio'n ofalus. Dylai'r tybiaethau a wneir yn y dadansoddiad fod yn amlwg. Yn ddelfrydol dylid cyfrifo ystod o ganlyniadau yn dangos yr hyn a fyddai'n digwydd i gostau a buddion pe bai tybiaethau gwahanol yn cael eu gwneud. Dylai costau a buddion cymdeithasol na ellir eu prisio yn nhermau arian gael eu nodi'n glir.

Os gwneir hyn, gall dadansoddiad cost a budd fod yn arf defnyddiol wrth werthuso projectau buddsoddi. Ond dylid cydnabod mai un darn o dystiolaeth yn unig yw ymhlith llawer ac mae'n go bosibl y bydd ystyriaethau eraill, fel ystyriaethau gwleidyddol, yn bwysicach yn y pen draw.

Termau allweddol

Cyfradd adennill neu gyfradd disgowntio – y gyfradd llog neu'r gyfradd elw a enillir ar broject buddsoddi dros amser. Gellir defnyddio'r gyfradd disgowntio i gyfrifo gwerth presennol incwm yn y dyfodol.
Dadansoddiad cost a budd – gweithdrefn sy'n ystyried costau a buddion cymdeithasol ac sy'n cael ei defnyddio yn arbennig gan lywodraethau i werthuso projectau buddsoddi.

Economeg gymhwysol

Dadansoddiad cost a budd ysmygu

Cefndir

Ym mis Ionawr 2005 cyhoeddodd y llywodraeth ganlyniadau dadansoddiad cost a budd gwahardd ysmygu ym mhob gweithle a phob man cyhoeddus. Oddi ar yr 1960au cydnabyddir mai ysmygu yw un o brif achosion afiechyd a marwolaeth. Mae ysmygwyr yn lleihau eu disgwyliad oes, a gall pobl nad ydynt yn ysmygu ddioddef o effeithiau negyddol mwg os ydynt yn byw, yn gweithio neu'n hamddena mewn mannau lle mae pobl eraill yn ysmygu.

Buddion gwaharddiad

Nododd yr adroddiad nifer o fanteision i waharddiad, sydd wedi'u crynhoi yn Nhabl 22.1.

- Mae ysmygwyr gweithredol (*active*) ac ysmygwyr goddefol (*passive*) yn fwy tebygol o ddioddef o rai afiechydon fel asthma a bronchitis cronig. O ganlyniad, mae'n rhaid iddynt gymryd diwrnodau i ffwrdd o'r gwaith, sy'n gost i'r economi. Pe bai ysmygwyr goddefol yn treulio mwy o ddiwrnodau yn y gwaith, byddai hynny'n cyfrannu rhyw £70-£140 miliwn i'r economi. Pe bai ysmygwyr gweithredol yn treulio mwy o ddiwrnodau yn y gwaith, byddai hynny'n cyfrannu rhyw £340-680 miliwn.
- Cyfrifwyd y buddion iechyd yn nhermau disgwyliad oes hirach. Roedd awduron yr adroddiad wedi cyfrif y tebygolrwydd o leihad yn nisgwyliad oes ysmygwyr goddefol ac ysmygwyr gweithredol. Ymhlith ysmygwyr gweithredol, cafodd y tebygolrwyddau eu priodoli i roi'r gorau i ysmygu yn gyfan gwbl ac i waharddiad a hybai bobl i ysmygu llai. Gwnaed y dybiaeth mai gwerth bywyd oedd £1 filiwn pe bai unigolyn yn marw yn 43 oed gyda disgwyliad oes o 35 mlynedd arall. Cafwyd y ffigur hwn gan yr Adran Drafnidiaeth sy'n ei ddefnyddio i asesu effaith marwolaeth mewn damwain car. Gan ddefnyddio'r ffigurau hyn, roedd budd bach i bobl nad oeddent yn ysmygu drwy wahardd ysmygu yn y gweithle. Byddai ysmygwyr a fyddai'n ysmygu llai ac felly yn cynyddu eu disgwyliad oes yn elwa o ryw £550 miliwn. Byddai ysmygwyr a roddai'r gorau i ysmygu yn gyfan gwbl o ganlyniad yn elwa o ryw £1 600 miliwn.
- Byddai amryw o fuddion o ran diogelwch, er enghraifft llai o danau yn cael eu hachosi gan ysmygwyr.

Costau gwaharddiad

Pa gostau fyddai'n deillio o waharddiad?

- Byddai rhai ysmygwyr yn gwrthod rhoi'r gorau iddi ac yn parhau i ysmygu yn y gwaith drwy gymryd seibiau answyddogol na fyddai pobl nad ydynt yn ysmygu yn eu cymryd. Felly byddai ysmygwyr yn llai cynhyrchiol na phobl nad ydynt yn ysmygu. Tybiwyd y byddai ysmygwyr yn colli ar gyfartaledd 14 munud o amser gweithio bob dydd, gyda cholled o £430 miliwn i economi'r DU.

- Mae ysmygwyr yn cael pleser (neu 'ddefnydd-deb' neu 'les') o ysmygu. Os cânt eu gorfodi i ysmygu llai neu roi'r gorau iddi oherwydd gwaharddiad yn y gweithle, byddant yn colli'r pleser yma. Rhaid i ysmygwyr dalu am sigaréts a byddant yn gallu defnyddio'r arian i brynu cynhyrchion eraill. Felly y golled i'r gymdeithas yw'r gwahaniaeth rhwng cyfanswm y pleser a geir a chost ymwad ysmygu (y pleser neu'r buddion a gollir o'r cynnyrch gorau nesaf a allai gael ei brynu). Y gwahaniaeth hwn yw'r gwarged defnyddwyr ar sigaréts. Amcangyfrifodd yr adroddiad y byddai cyfanswm o £1 850 miliwn o warged defnyddwyr yn cael ei golli. Rhannwyd hyn yn dair rhan. Byddai'r rhai a fyddai'n parhau i ysmygu ond yn ysmygu llai yn colli £155 miliwn mewn gwarged defnyddwyr. Byddai'r rhai a fyddai'n rhoi'r gorau iddi yn colli £550 miliwn. Yn ogystal, byddai'r ddau grŵp yn colli £1 145 miliwn pellach o ran gwarged defnyddwyr, ond mae hyn yn cael ei drethu gan y llywodraeth ar hyn o bryd. Felly y llywodraeth ac, yn y pen draw, trethdalwyr eraill fyddai'n colli oherwydd hyn.

Budd net

O dynnu'r costau i ffwrdd o'r buddion, cyfrifwyd bod cyfanswm y budd net rhwng £505 miliwn a £915 miliwn

Tabl 22.1 Gwahardd ysmygu yn y gweithle: costau a buddion i gyflogwyr a gweithwyr

£ miliwn y flwyddyn

Buddion	
Colli llai o ddiwrnodau oherwydd salwch yn y gwaith:	
ysmygwyr goddefol	70-140
ysmygwyr	340-680
Disgwyliad oes uwch	
ysmygwyr goddefol	21
ysmygwyr sy'n ysmygu llai	550
ysmygwyr sy'n rhoi'r gorau iddi	1 600
Buddion diogelwch	64
Arbedion costau i'r GIG	-
Buddion eraill	140
Cyfanswm y buddion	**2 785-3 195**
Costau	
Cynnyrch a gollir oherwydd seibiau ysmygu	430
Gwarged defnyddwyr a gollir	
ysmygwyr sy'n ysmygu llai	155
ysmygwyr sy'n rhoi'r gorau iddi	550
trethi a fyddai wedi'u talu	1 145
Cyfanswm y costau	**2 280**
Cyfanswm y budd net	**505-915**

y flwyddyn. Mae hyn yn fudd net sylweddol. Byddai'n awgrymu felly y dylai'r llywodraeth fwrw ymlaen i wahardd ysmygu ym mhob gweithle a phob man cyhoeddus.

Tybiaethau a phroblemau

Mae'r adroddiad ei hun yn nodi nifer o faterion a allai effeithio ar ddilysrwydd ei gasgliadau. Maen nhw'n cynnwys y canlynol:

● Rhoddir gwerth bywyd 43 oed yn £1 filiwn. Gallai hyn gael ei gwestiynu fodd bynnag.

● Mae tybiaethau'n cael eu gwneud ynglŷn â'r tebygolrwydd y bydd ysmygwyr yn rhoi'r gorau i ysmygu neu'n ysmygu llai os oes gwaharddiad. Mae'r tybiaethau hyn yn seiliedig ar brofiad gwledydd eraill ond efallai na fydd yr un sefyllfa yn codi yn y DU.

● Ni roddir amcangyfrif ar gyfer arbedion i'r GIG oherwydd yr anhawster o'u cyfrifo. Mae'r broblem yn codi oherwydd, ar y naill law, bod yn rhaid talu am driniaethau ychwanegol ar y GIG i ysmygwyr gweithredol ac ysmygwyr goddefol ond, ar y llaw arall, mae'r gost yma'n cael ei gwrthbwyso gan y

posibilrwydd uwch y gallent farw'n ifanc ac felly y byddai angen llai o driniaethau yn y dyfodol. Nid oedd yr adroddiad yn fodlon meintioli'r costau a'r buddion hyn

● Mae'r cyfrifiad ar gyfer gwarged defnyddwyr yn seiliedig ar amcangyfrif o elastigedd pris y galw am sigaréts: beth fyddai ymateb maint y galw i godiad yn y pris. Ond mae'n anodd amcangyfrif yn gywir elastigedd pris y galw am unrhyw gynnyrch.

● Dewisodd awduron yr adroddiad beidio â chynnwys ffigurau gwarged defnyddwyr yn y cyfrifiadau terfynol ar gyfer y buddion net. Cynyddodd hyn fudd net gwaharddiad yn sylweddol. Gwnaeth yr awduron hyn oherwydd iddynt ddadlau bod ysmygu yn gaethiwus. Felly nid yw model economaidd dewis defnyddwyr lle mae defnyddwyr yn 'rhydd i ddewis ac â gwybodaeth lawn' a nhw 'sydd orau i asesu eu lles eu hunain' yn ddilys. Mae Tabl 22.1, fodd bynnag, yn cynnwys y costau hyn.

● Ni roddir unrhyw werth ar y gostyngiad yn ansawdd bywyd ysmygwyr a'u teuluoedd o ganlyniad i afiechydon sy'n gysylltiedig ag ysmygu. Er enghraifft, ni roddwyd unrhyw werth ar y dioddef sy'n digwydd pan fydd ysmygwr yn marw o ganser yr ysgyfaint.

Er gwaetha'r problemau hyn ac eraill, mae'n debygol y byddai gwahardd ysmygu yn y gweithle ac mewn mannau cyhoeddus yn rhoi budd net positif. Gallai ysmygwyr, fodd bynnag, ddadlau nad buddion net ariannol sydd yn y fantol yma ond rhyddid. Ni ddylai llywodraeth gyfyngu ar ryddid ei dinasyddion i wneud rhywbeth oni bai fod rhesymau pwysig iawn dros wneud hynny. Nid yw dadansoddiad cost a budd sy'n dangos budd blynyddol posibl o rai biliynau o bunnoedd yn ddigon o reswm dros amddifadu unigolion o'u rhyddid i ysmygu. Mae'r math yma o ddadl yn dangos y gall dadansoddiad cost a budd chwarae rhan bwysig yn y broses o wneud penderfyniadau, ond yn y pen draw y gall ystyriaethau eraill fod yn bwysicach wrth wneud y penderfyniad terfynol.

Cwestiwn data

Diffodd trawsyriadau analog

Mae'r llywodraeth yn bwriadu diffodd y signal analog ar gyfer trawsyriadau teledu erbyn 2012. Mae signalau teledu analog wedi'u defnyddio ers i deledu gychwyn yn yr 1920au. Dim ond ers yr 1990au y mae signalau digidol wedi'u defnyddio, yn gyntaf gan *Sky Television* ac yna gan nifer o ddarlledwyr gan gynnwys y BBC. Er mwyn derbyn teledu digidol, mae angen naill ai set deledu sydd â'r cyfarpar i dderbyn signalau digidol neu set deledu draddodiadol gyda bocs digidol ar ben y set deledu, fel bocs *Freeview*. Hefyd bydd angen i nifer o wylwyr gael erial well i gryfhau'r signal.

Mae'r trawsnewid i ddarlledu digidol yn llawn anawsterau. Mae gan nifer cynyddol o gartrefi deledu digidol erbyn hyn. Ond mae'n bosibl bod hyn ar gyfer un set deledu yn unig yn y cartref. Mae gan y cartref cyfartalog bellach dair set deledu a bydd yn wynebu'r gost o ddiweddaru pob un ohonynt. Ni fydd gan rai cartrefi unrhyw fath o deledu digidol pan ddaw'r trawsnewid. Bydd yn rhaid iddynt wedyn naill ai brynu cyfarpar newydd neu golli eu gallu i wylio'r teledu. Mae cyfran fawr o'r teuluoedd hyn yn debygol o fod ar incwm isel neu bensiwn. Mae

amcangyfrifon o gost y trawsnewid am bob cwsmer yn amrywio o £80 i £570. Mae'r gost yn cynnwys mwy na phrynu cyfarpar digidol neu gael erialau newydd. Mae'n cynnwys hefyd y gost o gael cyngor technegol a chost amser prynu cyfarpar newydd a'i osod. Mae pobl hŷn yn fwy tebygol o gael anhawster wrth osod y cyfarpar newydd ac yna ei ddefnyddio.

Mae dau brif fudd i'r trawsnewid. Bydd cartrefi'n derbyn gwell llun a sain. Bydd y signal digidol yn caniatáu symud at 'deledu croyw' sydd o well ansawdd. Y budd arall yw nad yw signalau digidol yn cymryd cymaint o led band â signalau analog. Bydd diffodd y signal analog yn rhyddhau lled band a bydd y llywodraeth yn debygol o werthu hwnnw drwy arwerthiant. Pan werthodd y llywodraeth drwy arwerthiant y lled band a neilltuwyd ar gyfer ffonau symudol rai blynyddoedd yn ôl, codwyd £22 biliwn. Mae'n annhebygol o ailadrodd y llwyddiant hwn, yn arbennig gan fod y lled band a gaiff ei ryddhau yn debygol o gael ei ddefnyddio ar gyfer mwy o sianelau teledu. Fodd bynnag, yn ôl dadansoddiad o gost a budd y trawsnewid a gomisiynwyd gan y llywodraeth, gwerth y lled band a gaiff ei ryddhau yw tua £2 biliwn y flwyddyn.

Gwelodd yr astudiaeth cost a budd fod buddion net sylweddol i'r trawsnewid. Dadleuwyd hefyd y byddai buddion net y trawsnewid yn fwy po gyntaf y llwyddwyd i'w wneud. Po bellaf yn y dyfodol y câi'r buddion net eu gwireddu, isaf i gyd fyddai gwerth y buddion hynny (y Gwerth Presennol Net) heddiw.

Tabl 22.2 Dadansoddiad cost a budd y trawsnewid i deledu digidol

	£ biliwn yn ôl prisiau 2004 Blwyddyn cwblhau'r trawsnewid	
	2010	2015
Buddion		
Budd i ddefnyddwyr mewn mannau lle na allant dderbyn teledu digidol nawr	3.2	2.0
Budd i ddefnyddwyr o'r sbectrwm a ryddhawyd	2.0	1.2
Buddion eraill	2.1	1.6
Cyfanswm y buddion	**7.2**	**4.8**
Costau		
Defnyddwyr yn prynu cyfarpar	2.5	2.0
Costau eraill	2.5	1.7
Cyfanswm y costau	5.0	3.7
Cyfanswm y budd net	**2.2**	**1.1**

Ffynhonnell: addaswyd o'r *Financial Times*, 16.9.2005; *Cost Benefit Analysis of Digital Switch-over, 2005*, Adran Masnach a Diwydiant.

---

1. Aseswch gostau a buddion y bwriad i drawsnewid i deledu digidol. Yn eich ateb amlinellwch broblemau rhoi gwerth ar gostau a buddion arbennig. Hefyd eglurwch yn gryno pam y gallai oedi'r trawsnewid o 2010 i 2015 arwain at lai o fuddion net heddiw.

Economeg gymhwysol

Mae'r diwydiant hamdden yn rhan bwysig o economi'r DU. Yn 2004-05, er enghraifft, roedd gwariant ar nwyddau a gwasanaethau hamdden yn cyfrif am £81.00 yr wythnos y cartref allan o gyfanswm o £432.90. Mae'r diwydiant hamdden yn amrywiol iawn ac yn cynnwys cyhoeddwyr llyfrau, trefnwyr teithiau a chlybiau pêl-droed. Yn yr uned hon byddwn yn ystyried pedair marchnad o fewn y diwydiant hamdden: gwyliau parod, teithio mewn awyren, gwylio chwaraeon a darlledu teledu.

Gwyliau parod

Roedd pedwar cwmni mawr yn dominyddu'r diwydiant gwyliau parod yn y DU yn 2006. Y cwmnïau hyn sef *MyTravel*, *First Choice*, *Thomas Cook* a *TUI* oedd yn gyfrifol am fwy na thri chwarter o'r gwerthiant. Mae'n ymddangos felly bod y diwydiant yn oligopolaidd gan fod ychydig o gwmnïau yn ei ddominyddu.

Mewn diwydiant oligopolaidd traddodiadol byddai damcaniaeth economaidd yn tybio bod rhwystrau mawr i fynediad. Byddai hyn yn galluogi cwmnïau yn y diwydiant i rwystro cwmnïau newydd rhag ymuno. Gallai'r cwmnïau wedyn godi prisiau uchel ac ennill elw annormal oherwydd diffyg cystadleuaeth. Byddai'r gystadleuaeth rhwng y cwmnïau yn tueddu i fod ar sail pethau eraill heblaw am bris, fel hysbysebu neu fathau eraill o hyrwyddo. Byddai cystadlu ar sail pris yn gyrru prisiau i lawr gan leihau elw i bob cwmni yn y diwydiant. Ni fyddai hynny o fudd i'r un ohonynt, er y byddai o fudd i'r cwsmer.

Nid yw'r diwydiant gwyliau parod yn gweddu'n daclus i'r model oligopolaidd. Mae'r rhwystrau i fynediad yn gymharol isel. Mae cychwyn cwmni newydd yn gymharol hawdd. Mae miloedd o gwmnïau gwyliau parod bach, â llawer ohonynt yn cynnig gwyliau arbenigol fel gwyliau antur yn Affrica, pererindod i Rufain neu daith ar fws ar hyd yr afon Rhein. Mae yna hefyd filoedd o drefnwyr teithiau annibynnol. Mae hyn yn arwyddocaol am fod pob un o'r pedwar cwmni mawr sy'n trefnu gwyliau parod yn berchen ar gadwynau o drefnwyr teithiau. Un rheswm pam fod y rhwystrau i fynediad yn isel yw bod cost ariannol mynediad yn gymharol fach. Gall cwmni gael ei redeg o swyddfa un ystafell â ffôn a chyfrifiadur. Allwedd i lwyddiant yw marchnata ac eto ni all y pedwar cwmni mwyaf reoli'r agwedd hon ar y farchnad. Mae cwmnïau bach yn rhydd i hysbysebu eu llyfrynnau mewn papurau newydd a chylchgronau neu ddefnyddio trefnwyr teithiau annibynnol. Mae'r Rhyngrwyd hefyd yn rhoi rhagor o gyfleoedd i gwmnïau bach gysylltu â chwsmeriaid posibl.

Gan na ellir rheoli mynediad i'r diwydiant, ffurfiwyd y cwmnïau mwyaf dros yr ugain mlynedd diwethaf drwy gyfres o drosfeddiannau a chydsoddiadau. Mae cwmnïau wedi cystadlu ar sail prisiau ac, o bryd i'w gilydd, gwelwyd rhyfel prisiau a arweiniodd at golledion i'r diwydiant. Nod y rhyfeloedd prisiau oedd ymestyn y gyfran o'r farchnad.

O ran effeithlonrwydd, gellir dadlau bod y diwydiant gwyliau parod yn gynhyrchiol effeithlon. Mae'r cwmnïau mwyaf yn ddigon mawr i fedru manteisio i'r eithaf ar ddarbodion maint. Mae cwmnïau llai yn tueddu i ddarparu ar gyfer marchnadoedd arbenigol lle mae'r niferoedd gryn dipyn yn llai. Gellir dadlau hefyd fod y diwydiant yn ddyrannol effeithlon. Mae gan ddefnyddwyr ddewis eang ac fel arfer dydy cwmnïau ddim yn ennill elw annormal.

Cafodd y diwydiant ei archwilio sawl gwaith gan y llywodraeth drwy'r hyn sydd bellach yn cael ei alw'n Gomisiwn Cystadleuaeth ac, ar y cyfan, gwelwyd nad oedd yn gweithredu yn groes i fuddiannau defnyddwyr. Byddai'r cwmnïau mwyaf, mae'n siŵr, yn hoffi ymestyn eu grym yn y farchnad er mwyn cynyddu proffidioldeb ar draul defnyddwyr. Mewn adroddiad a gyhoeddwyd yn 1997 nododd y Comisiwn Cystadleuaeth, er enghraifft, bod trefnwyr teithiau a weithredwyd gan y cwmnïau gwyliau parod yn cynnig disgowntiau ar wyliau i gwsmeriaid pe byddent yn prynu yswiriant teithio ar yr un pryd. Y broblem oedd bod yr yswiriant teithio mor ddrud fel y byddai'n well i'r cwsmeriaid pe byddent wedi gwrthod y disgownt ar y gwyliau a phrynu'r yswiriant teithio yn annibynnol. Ond nid oes llawer o'r math yma o gamddefnyddio'r farchnad. Byddai'n fwy o bryder yn y tymor hir o ran effeithlonrwydd pe bai'r trefnwyr teithiau annibynnol yn cael eu gwthio allan o'r farchnad. Pe bai'r cwmnïau gwyliau mawr yn ymateb drwy benderfynu gwerthu eu gwyliau yn eu cadwynau eu hunain o drefnwyr teithiau, byddai'r dewis i ddefnyddwyr yn cael ei gyfyngu a gallai'r cwmnïau godi prisiau.

Y farchnad ar gyfer teithio mewn awyren

Mae'r farchnad ar gyfer teithio mewn awyren yn ehangu fel y mae Ffigur 23.1 yn ei ddangos. Yn 1993 roedd cyfanswm o 40 miliwn o deithwyr yn hedfan i mewn ac allan o'r DU. Erbyn 2004 roedd y ffigur wedi cynyddu i 70 miliwn. Y sector â'r twf cyflymaf oedd y sector hamdden: unigolion yn hedfan i fynd ar wyliau.

Mae'r farchnad ar gyfer teithio mewn awyren yn enghraifft o'r hyn y byddai'r awdurdodau cystadleuaeth yn y DU yn ei alw'n 'fonopoli cymhleth'. Byddai'r cwmnïau hedfan yn dadlau bod y diwydiant yn agored i gystadleuaeth ffyrnig. Yn ymarferol, mae cystadleuaeth yn gyfyngedig am ddau brif reswm.

Yn gyntaf, mae llywodraethau'n cyfyngu ar ba gwmnïau hedfan all hedfan i mewn ac allan o'u gwlad. Yn draddodiadol, roedd hyn yn rhan o ymgais bwriadol i atal masnach rydd mewn gwasanaethau hedfan er budd i gwmnïau cenedlaethol. Felly byddai UDA, er enghraifft, yn

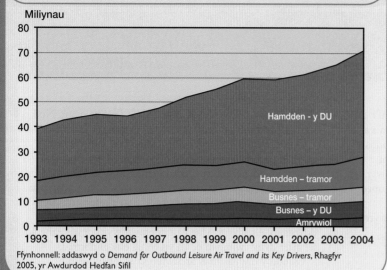

Ffigur 23.1 Teithiau rhyngwladol mewn awyren i feysydd awyr y DU ac allan ohonynt

Miliynau

Hamdden - y DU

Hamdden – tramor

Busnes – tramor

Busnes – y DU

Amrywiol

Ffynhonnell: addaswyd o *Demand for Outbound Leisure Air Travel and its Key Drivers*, Rhagfyr 2005, yr Awdurdod Hedfan Sifil

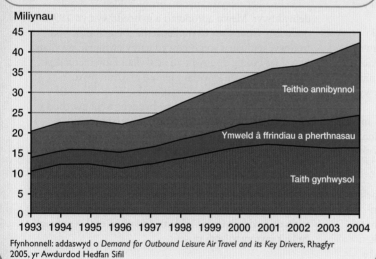

Ffigur 23.2 Teithio rhyngwladol mewn awyren gan drigolion y DU yn ôl y math o deithio hamdden

Miliynau

Teithio annibynnol

Ymweld â ffrindiau a pherthnasau

Taith gynhwysol

Ffynhonnell: addaswyd o *Demand for Outbound Leisure Air Travel and its Key Drivers*, Rhagfyr 2005, yr Awdurdod Hedfan Sifil

rheilffyrdd. Ond mae'r maes awyr yn gweithio hyd yr eithaf yn ystod y dydd. Caiff slotiau eu dyrannu ar sail hanesyddol. Os rhoddwyd slot i gwmni hedfan yn 1955, bydd yn dal ganddo heddiw oni fydd wedi rhoi'r gorau i'r slot hwnnw o'i wirfodd. Felly does dim slotiau glanio neu esgyn ar gael i gwmnïau newydd. Mae hyn yn golygu bod gan gwmni fel *British Airways* safle dominyddol yn Heathrow am fod ganddo fwy o slotiau nag unrhyw gwmni hedfan arall. Mae hefyd yn golygu nad oes rhyw lawer o gystadleuaeth ynghylch llwybrau teithio.

Canlyniad y cyfyngiadau hyn yw bod cystadleuaeth yn gyfyngedig. Ar lwybrau Gogledd yr Iwerydd, er enghraifft, dim ond pedwar cwmni hedfan sy'n hedfan o Heathrow, dau gwmni o'r DU (*BA* a *Virgin Atlantic*) a dau o UDA. Mae hyn yn rhannol oherwydd cytundebau rhyngwladol lle na fyddai UDA, er enghraifft, yn caniatáu i gwmni arall o'r DU hedfan i UDA heb i'r DU gytuno i ganiatáu i gwmni arall o UDA hedfan i Heathrow. Hefyd mae'n rhannol oherwydd y byddai'n rhaid i'r pedwar cwmni presennol ildio rhai o'u slotiau i gystadleuwyr newydd. Ni fyddent yn gwneud hyn o'u gwirfodd.

Mae rhannau o'r diwydiant lle mae cystadleuaeth gymharol rydd. Yn UDA, er enghraifft, gall unrhyw gwmni hedfan o'r Unol Daleithiau sefydlu gwasanaethau rheolaidd (*scheduled*) mewnol. Yn Ewrop mae llywodraethau wedi agor llwybrau rhwng gwledydd sy'n aelodau o'r UE. Arweiniodd hyn at ymddangosiad nifer o gwmnïau hedfan cost isel fel *EasyJet* a *Ryanair*. Maent yn tueddu i hedfan o feysydd awyr rhanbarthol sy'n llai o ran maint, fel Newcastle, Luton neu Stansted. Mae hyn yn dangos prinder y slotiau mewn meysydd awyr fel Heathrow. Gellid dweud bod y cwmnïau hedfan cost isel hyn yn gweithio mewn marchnad berffaith gystadleuol â chostau mynediad cymharol isel, lle nad yw'r cwsmeriaid yn ffafrio unrhyw gwmni hedfan penodol a lle maent yn dewis ar sail pris. Gellid dadlau mai ymddangosiad y cwmnïau hedfan cost isel yw'r prif reswm pam mae niferoedd y teithwyr hamdden annibynnol wedi tyfu mor gyflym yn y blynyddoedd diwethaf, fel y mae Ffigur 23.2 yn ei ddangos.

Mae cwmnïau hedfan cost isel wedi gyrru rhai cwmnïau sefydledig aneffeithlon â chostau uchel allan o'r farchnad. Ond mae cwmnïau sefydledig eraill wedi goroesi drwy ganolbwyntio ar eu cwsmeriaid craidd.

Yn gyntaf, mae yna gwsmeriaid gwyliau parod sy'n derbyn eu tocyn yn rhan o gost y gwyliau. Ni fyddant yn dewis pa gwmni hedfan i'w ddefnyddio. Y cwmnïau gwyliau parod fydd yn llogi'r seddau a byddant yn aml yn llogi cwmni hedfan cyfan ar gyfer teithiau.

Yn ail, mae yna unigolion sydd am ddilyn llwybr arbennig wrth hedfan, er enghraifft o Birmingham i Lyons. Dyma gwsmeriaid cymharol anelastig o ran pris sy'n barod

caniatáu teithiau rhyngwladol i UDA gan gwmnïau hedfan yr Unol Daleithiau ond yn cyfyngu ar deithiau gan gwmnïau hedfan eraill. Ni chaniateir i unrhyw gwmni hedfan tramor weithredu teithiau hedfan mewnol yn UDA. Mae cytundebau ar lwybrau teithio cwmnïau hedfan yn cael eu trafod a'u cytuno ar lefel ryngwladol. Byddai'n well gan lawer weld polisi 'awyr agored' lle na fyddai llywodraethau yn rhan o'r broses benderfynu.

Yn ail, mae cwmnïau hedfan yn cael eu cyfyngu ynghylch pa feysydd awyr y gallant eu defnyddio. Yn y DU byddai'n well gan y rhan fwyaf o gwmnïau ddefnyddio Heathrow yn hytrach na meysydd awyr eraill y De-ddwyrain. Y rheswm yw mai Heathrow yw maes awyr mwyaf y DU ac felly 'canolbwynt' y diwydiant. Mae rhai teithwyr am fedru trosglwyddo o un daith hedfan i un arall a byddai Luton neu Stansted yn annhebygol o ddarparu'r cyswllt hwn. Hefyd mae gan Heathrow gysylltau da â ffyrdd a i dalu pris premiwm am wasanaeth penodol. Mae llwybrau o'r fath yn aml yn fonopolïau naturiol – lle mae'r costau am bob teithiwr yn is o lawer os mai un cwmni yn unig sydd yn y farchnad. Felly gall cwmnïau hedfan ddatblygu monopolïau ar y llwybrau hyn.

Yn drydydd mae yna gwsmeriaid busnes. Nodwedd bwysicaf cwsmeriaid busnes yw ei bod hi'n annhebygol eu bod yn talu am y daith yn bersonol. Eu cyflogwr fydd yn talu. Mae'n debygol hefyd y bydd cwsmeriaid busnes am gael y gwasanaeth gorau posibl. Felly bydd hysbysebion am deithiau hedfan yn aml yn sôn am y lle sydd ar gael i'r coesau, y prydau bwyd neu gynlluniau arbennig ar gyfer pobl sy'n hedfan yn aml. Mae elastigedd pris cwsmeriaid busnes yn berffaith anelastig. Gan nad ydynt yn talu eu hunain, nid ydynt yn poeni am bris y tocyn. Mae eu cyflogwyr yn tueddu i fod yn bris anelastig. Fel arfer, byddant am i'w gweithwyr allu gweithio yn ystod y daith a dychwelyd adref cyn gynted ag y bo modd. Felly dydyn nhw ddim eisiau i'w gweithwyr wastraffu amser yn arbed ychydig o bunnoedd drwy hedfan rhwng meysydd awyr anghyfleus. Dydyn nhw ddim eisiau chwaith i'w gweithwyr flino drwy deithio dan amodau anghysurus. Gall hedfan gael ei ystyried hefyd yn gilfantais, yn gwobrwyo'r gweithiwr am weithio oriau hir yn ystod y daith. Bydd cwmnïau hedfan yn manteisio ar y farchnad hon drwy gynnig gwasanaethau dosbarth busnes. Mae'r cyfleusterau yn well na'r gwasanaethau safonol i 'dwristiaid' a gall cwsmeriaid ddewis pa amser o'r dydd i deithio. Yn aml, fodd bynnag, mae'r pris gryn dipyn yn uwch. Ar deithiau i Efrog Newydd, er enghraifft, efallai mai ychydig o gannoedd o bunnoedd yw'r tâl isaf am docyn dwyffordd, ond gallai tocyn dosbarth busnes fod yn £3,000.

Dylai cwmnïau fedru gwneud elw annormal pan fo monopoli cymhleth. Yn ymarferol, mae llawer o gwmnïau hedfan o'r 1960au ymlaen wedi gwneud colledion mawr. Y rheswm yn bennaf oedd bod diffyg cystadleuaeth wedi arwain at lefelau uchel o aneffeithlonrwydd. Er enghraifft, yn aml mae staff cwmnïau hedfan sy'n aelodau o undebau wedi derbyn tâl uwch o lawer na chyflog y farchnad rydd. Hefyd, roedd llawer o gwmnïau hedfan yn gwmnïau cenedlaethol dan berchenogaeth eu llywodraeth ond ni roddwyd digon o bwysau ar y cwmnïau i fod yn broffidiol. Mae agor nifer o lwybrau i gystadleuaeth a phreifateiddio nifer o gwmnïau hedfan cenedlaethol fel *BA* wedi trawsnewid effeithlonrwydd cynhyrchiol nifer o gwmnïau hedfan a'u galluogi i wneud elw.

Ond ydy'r diwydiant hedfan yn ei gyfanrwydd yn gwneud elw annormal - mae hynny'n fwy amheus. Ar rai llwybrau lle nad oes llawer o gystadleuaeth a lle mae lefelau uchel o ddraffig, mae cwmnïau hedfan bron yn sicr yn gwneud elw annormal. Ar lwybrau eraill lle mae mwy o gystadleuaeth a lle mae nifer y seddau ar gyfartaledd yn isel, mae'r elw yn debygol o fod yn normal yn unig. Mae cystadleuaeth, felly, yn tueddu i ostwng elw a phrisiau. Mae hefyd fel arfer yn cynyddu nifer y gwasanaethau sydd ar gael i deithwyr. Felly mae cystadleuaeth yn y diwydiant awyrennau yn tueddu i arwain at effeithlonrwydd dyrannol.

Gwylio chwaraeon

Mae'r farchnad ar gyfer gwylio chwaraeon, fel y farchnad hedfan, yn fonopoli cymhleth. Y prif gamp sy'n cael ei gwylio yn y DU yw pêl-droed. Mae rygbi, criced a bocsio yn rhai eraill. Mae'r cynnyrch sy'n cael ei gynnig yn anghydryw, h.y. mae'n wahanol i gynhyrchion eraill sy'n cystadlu. Mae gêm Manchester United er enghraifft yn wahanol i gêm Newcastle neu Abertawe. Mae hyn yn cael ei adlewyrchu ym mharodrwydd cefnogwyr i wylio'r gêm. Gall Manchester United ddenu llawer mwy o gefnogwyr i un o'i gêmau a chodi pris uwch nag Abertawe. Mae ffyddlondeb cefnogwyr i glwb yn gweithredu fel rhwystr i fynediad at y farchnad. Mae rhwystrau eraill i fynediad yn cynnwys cost ariannol uchel rhedeg clwb pêl-droed yn y cynghreiriau uchaf a'r colledion posibl o fod yn berchen ar glwb mewn adran is. Mae lleoliad hefyd yn rhwystr i ymuno. Mae cyfran uwch o'r boblogaeth yn Newcastle yn gefnogwyr Newcastle United nag a fyddai'n wir am, dyweder, Birmingham neu Lundain.

Bydd clybiau pêl-droed llwyddiannus yn ecsbloetio eu monopolïau mewn nifer o ffyrdd gwahanol.

Tocynnau Mae clybiau pêl-droed llwyddiannus yn tueddu i godi prisiau uwch am docynnau na chlybiau mewn adrannau is. Mae prisiau tocynnau pêl-droed yr Uwch Gynghrair yn codi bob blwyddyn, er bod rhai prisiau'n codi'n uwch na'i gilydd. Mae clybiau pêl-droed yn gwahaniaethu eu prisiau gan godi prisiau gwahanol ar gyfer mathau gwahanol o gemau, safleoedd gwahanol yn y maes, grwpiau oedran gwahanol ac adegau prynu gwahanol, er enghraifft. Mae Tabl 23.1 yn dangos gwahaniaethau ym mhrisiau tocynnau yng Nghlwb Pêl-droed Lerpwl. Bydd pobl sydd â thocyn tymor yn aml yn talu pris cyfartalog is am bob gêm na phobl sy'n prynu tocynnau am un gêm. Gall cwsmeriaid corfforaethol sy'n noddi'r clwb yn gyfnewid am docynnau 'am ddim' dalu prisiau uwch am y tocynnau hynny na chefnogwyr unigol.

Nwyddau Bydd clybiau yn cael derbyniadau drwy werthu nwyddau i gefnogwyr. Mae gwerthu'r nwyddau hyn yn ffynhonnell bwysig o arian i glybiau'r Uwch Gynghrair. Mae eu monopoli yn hyn o beth yn wannach nag yn achos tocynnau am fod amenwidion gwell ar gael. Er enghraifft, mae'r dillad yn cystadlu â mathau eraill o ategolion ffasiwn.

Tabl 23.1 Clwb Pêl-droed Lerpwl, prisiau tocynnau tymor, 2005-06

Safle yn y stadiwm	Cyn 22 Mehefin 05	Ar ôl 22 Mehefin 05
Eisteddle Anfield Road		
Oedolyn	£550	£600
Plentyn	£275	£300
Dros 65	£413	£450
Eisteddle'r Kop		
Oedolyn	£520	£565
Plentyn	£260	£283
Dros 65	£390	£424

Ffynhonnell: addaswyd o www.liverpoolfc.tv

Hysbysebu, noddi a hawliau darlledu Bydd clybiau hefyd yn cael derbyniadau o hysbysebu, noddi a hawliau darlledu. Mae'r hawliau darlledu yn ffurf arall ar rym monopoli cyfreithiol. Dros y pymtheng mlynedd diwethaf, mae'r Uwch Gynghrair wedi gallu cynyddu ei derbyniadau yn sylweddol drwy drafod cytundebau â theledu *Sky*. Mae Manchester United a Chelsea wedi lansio'u sianel deledu eu hunain. Mae gan deledu talu-wrth-wylio y potensial i gynyddu derbyniadau clybiau yn fwy eto. Pe bai'r gêmau pêl-droed pwysicaf yn cael eu dangos ar sail talu-wrth-wylio yn unig, gellid codi tâl ar y cefnogwyr am bob gêm y byddant yn ei gwylio. O safbwynt economaidd, mae clybiau pêl-droed yn ceisio cael rhywfaint o'r gwarged defnyddwyr (☞ uned 4) y mae cefnogwyr yn ei gael ar hyn o bryd.

Ar y pegwn arall, mae clybiau mewn adrannau is yn debygol o barhau i gael trafferthion. Mae cyfleoedd i gael derbyniadau drwy ddulliau eraill heblaw am docynnau yn gyfyngedig. Tra bydd rhai cefnogwyr yn ffyddlon, bydd llawer yn yr ardal leol yn cefnogi un o glybiau mawr yr uwch gynghrair.

Mae un broblem fawr, fodd bynnag, sy'n wynebu pob clwb: y cynnydd yng nghyflogau chwaraewyr. Mae chwaraewyr pêl-droed bellach yn gallu hawlio cyfran o elw'r clybiau pêl-droed drwy fargeinio mewn marchnad rydd. Mae llwyddiant clwb pêl-droed yn dibynnu yn y pen draw ar ei chwaraewyr. Mae clybiau mwyaf Ewrop wedi codi i'r brig drwy fedru fforddio prynu'r chwaraewyr gorau. Yn ddamcaniaethol, mae clybiau'n barod i dalu i fyny at yr elw ychwanegol y bydd y chwaraewr yn ei gynhyrchu ar gyfer y clwb. Pe bai cyflenwad mawr o'r pêl-droedwyr gorau, gallai'r clybiau yrru cyflogau i lawr. Yn ymarferol, ychydig o bêl-droedwyr da sydd. Mae'r cyflenwad yn anelastig mewn perthynas â'r pris, ni fydd cynyddu'r cyflogau yn arwain at gynnydd mawr yn y cyflenwad. O ganlyniad, mae'r cyflogau wedi cael eu gyrru i fyny. Po fwyaf o dderbyniadau y gall y clybiau eu cynhyrchu o ffynonellau newydd, fel talu-wrth-wylio, mwyaf i gyd y gallan nhw fforddio talu cyflogau uwch i ddenu'r chwaraewyr gorau.

Darlledu teledu

Mae darlledu teledu yn y DU yn enghraifft arall o fonopoli cymhleth. Mae rhaglenni teledu yn cael eu darparu mewn gwahanol ffyrdd.

Teledu analog daearol Mae pum sianel analog ddaearol. Mae'r BBC yn darparu dwy sianel. Treth ar bawb sy'n defnyddio teledu, sef ffi'r drwydded, sy'n talu am y rhain. Mae'r tair sianel arall, *ITV*, S4C/*Channel 4* a *Channel 5* yn cael eu darparu gan gwmnïau teledu masnachol. Prif ffynhonnell eu derbyniadau yw hysbysebion teledu.

Teledu cebl Mae nifer o gwmnïau masnachol yn cynnig teledu cebl. Mae pob cwmni wedi cael monopoli ar y ddarpariaeth gebl mewn ardal benodol gan y llywodraeth er mwyn eu hannog i wneud y buddsoddiant ariannol mawr yn y gwaith o osod llinellau cebl. Rhaid i wylwyr dalu ffi fisol i danysgrifio i dderbyn teledu cebl. Mae teledu cebl hefyd yn derbyn derbyniadau o hysbysebu.

Teledu digidol Mae nifer o gwmnïau yn cynnig teledu digidol. Mae *BSkyB* yn defnyddio lloerenni i ddarlledu ei signalau. Yn y DU, mae *Freeview* ar gael yn lle *BSkyB*. Mae'n cael ei ddarlledu, fel teledu analog, o drosglwyddyddion daearol. Mae *Freeview* yn eiddo i'r BBC, *National Grid Wireless*, *Channel 4*, *ITV* a *BSkyB* ar y cyd. Drwy *Freeview*, gall cwsmeriaid dderbyn y pum sianel ddaearol analog yn ogystal â nifer o sianelau teledu a radio eraill sy'n cael eu cynnig gan y prif ddarlledwyr. Mae *BSkyB* yn cael ei ariannu drwy gymysgedd o dderbyniadau hysbysebu a thanysgrifiadau gan gwsmeriaid. Mae sianelau'r BBC ar *Freeview* yn cael eu hariannu drwy ffi'r drwydded, sef treth ar bob cartref sy'n berchen ar set deledu yn y DU. Mae sianelau eraill ar *Freeview* yn cael eu hariannu yn bennaf drwy hysbysebu.

Mae llywodraeth y DU wedi ymrwymo i ddiffodd y signal analog, erbyn 2012 o bosibl. Byddai hyn yn rhyddhau lled band a allai naill ai gael ei ddefnyddio i ddarlledu mwy o sianelau neu gael ei werthu at ddibenion eraill, ar gyfer ffonau symudol er enghraifft.

Mae gorsafoedd teledu masnachol daearol wedi tueddu i fod yn hynod broffidiol. Y rheswm dros hyn yw bod diffyg cystadleuaeth wedi eu galluogi i godi prisiau uchel ar eu cwsmeriaid hysbysebu. Fodd bynnag, mae cyfran *ITV*, *Channel 4* a *Channel 5* o gynulleidfaoedd wedi bod yn disgyn yn y blynyddoedd diwethaf wrth i gwsmeriaid symud i sianelau digidol newydd. Mae rhai o'r sianelau digidol hyn yn eiddo i'r cwmnïau teledu hyn ac felly mae llai o bwysau ar dderbyniadau hysbysebu wrth i'w cyfran o'r gynulleidfa ar gyfer eu prif sianelau ostwng. Fodd bynnag, mae rhai cwsmeriaid wedi symud i *BSkyB* a darparwyr digidol eraill ar *Freeview*. Hefyd, mae'r twf yn nifer y sianelau wedi rhoi pwysau ar y costau gan fod angen arian i redeg pob sianel ychwanegol. Mae'r rhan fwyaf o'r rhaglenni ar y sianelau y tu allan i'r pum prif sianel yn cynnwys ailddarllediadau, mewnforion rhad o UDA neu raglenni newydd fydd yn cael eu dangos ar y pum prif sianel yn ddiweddarach. Mae cost y cynnwys yn isel felly ond nid yw'n sero.

Mae cwmnïau teledu cebl wedi bod yn llai llwyddiannus yn ariannol na *BSkyB*. Dydyn nhw ddim wedi denu digon o danysgrifwyr i fod yn broffidiol iawn ar ôl buddsoddi'n drwm yn yr isadeiledd. Mae'r diffyg llwyddiant wedi'i waethygu gan y methiant i ennill digon o dderbyniadau hysbysebu. Wedi'r cyfan, dim ond os oes cynulleidfaoedd mawr y bydd hysbysebwyr yn barod i osod hysbysebion neu dalu prisiau uchel amdanynt. Bu *BSkyB* yn fwy llwyddiannus. Ei lwyddiant mwyaf fu denu tanysgrifwyr ymhlith dynion ifanc drwy ei strategaeth o gynnig mwy na sianelau teledu eraill am yr unig hawliau teledu i'r Uwch Gynghrair. Mae ei sianelau plant hefyd wedi denu tanysgrifwyr. Mae ar fin colli ei fonopoli ar yr hawliau pêl-droed i'r Uwch Gynghrair yn 2008, ac erbyn hyn mae ei sianelau plant yn wynebu cystadleuaeth o'r rheini sydd ar *Freeview*. Y perygl i'r cwmni yw y bydd o ganlyniad yn colli tanysgrifwyr ac felly derbyniadau.

Mae dyfodol darlledu yn ansicr. Fodd bynnag, un ffactor a fydd yn newid fydd maint y dewis. Bydd darlledu digidol yn arwain at lawer mwy o sianelau i'r gwylwyr eu gwylio.

Ym maes economeg, ystyrir bod mwy o ddewis fel arfer yn cyfrannu at les defnyddwyr. Ond efallai na fydd hyn yn wir ym maes teledu. Tybiwch fod yr arian sydd ar gael o hysbysebu a'r holl dderbyniadau eraill yn sefydlog. Yna bydd swm yr arian all gael ei wario am bob sianel ar raglenni yn gostwng wrth i nifer y sianelau teledu gynyddu. Os bydd nifer y sianelau yn dyblu, bydd y swm sydd ar gael am bob sianel yn haneru. Po leiaf o arian fydd yn cael ei wario ar raglenni, gwaethaf i gyd fydd ansawdd pob rhaglen. Mae UDA yn aml yn cael ei henwi fel enghraifft o hyn. Yn UDA mae gan wylwyr ddigon o ddewis ond mae'r rhan fwyaf o'r hyn a gynhyrchir yn isel ei safon gyda diffyg arian yn gyfyngiad. Felly gall dewis arwain at aneffeithlonrwydd dyrannol os yw'n well gan ddefnyddwyr gael llai o ddewis ond gwell rhaglenni.

Yn ymarferol, nid yw swm yr arian sydd ar gael yn sefydlog. Gall teledu, er enghraifft, gynyddu derbyniadau hysbysebu drwy gystadlu'n fwy effeithiol â chyfryngau hysbysebu eraill fel papurau newydd neu gylchgronau. Gall cwmnïau cebl a lloeren gynyddu nifer y tanysgrifwyr neu godi'r taliadau tanysgrifio. Gallai'r llywodraeth ostwng trethi a thaliadau eraill a wneir gan gwmnïau teledu. Fodd bynnag, mae'r derbyniadau yn annhebygol o gynyddu mewn cyfrannedd â nifer y sianelau teledu. Felly mae sianelau ychwanegol yn debygol o fod yn sianelau isel eu hansawdd â chyllideb isel. Y perygl yw y bydd arian yn cael ei dynnu oddi ar y sianelau safonol, uchel eu cost, er mwyn ariannu sianelau newydd. Wedyn bydd safonau'n dioddef.

Daw pwysau hefyd oddi wrth deledu masnachol i'r ffi ar gyfer trwydded y BBC gael ei dileu neu o leiaf ei lleihau. Mae'r BBC yn darparu cryn dipyn o gystadleuaeth i bob math o deledu masnachol. Pe bai'r arian ar gyfer y BBC yn cael ei leihau, byddai'n gorfod cynnig rhaglenni o safon is. Byddai'r cynulleidfaoedd wedyn yn lleihau a byddai teledu masnachol yn ennill gwylwyr. Byddai hynny yn eu galluogi i godi mwy ar eu hysbysebwyr neu wneud eu tanysgrifiadau yn fwy atyniadol i wylwyr. Eto mae'n bosibl na fyddai hynny o les i wylwyr pe bai'n rhaid i wylwyr dalu mwy am raglenni gwaeth. Hyd yn oed pe bai'r rhaglenni yn gwella, gallai'r defnyddwyr fod mewn sefyllfa waeth. Er enghraifft, tan ddechrau'r 1990au gallai gwylwyr wylio unrhyw gemau pêl-droed byw ar y BBC. Yna cynigiodd *Sky* fwy na'r BBC am yr hawl i ddangos gemau'r Uwch Gynghrair yn fyw. Y canlyniad oedd mai dim ond tanysgrifwyr *Sky Sports* allai wylio pêl-droed yn fyw. Byddai *Sky* yn dadlau bod *Sky Sports* yn cynnig gwell gwasanaeth na'r BBC am ei fod yn darlledu mwy o gemau. Ar y llaw arall, mae'r gwasanaeth yn gyfyngedig. Mae'r rheini sy'n tanysgrifio yn cyfrannu at elw *Sky* ac yn ariannu cynnydd sylweddol yn y tâl am hawliau sy'n cael ei dalu i glybiau'r Uwch Gynghrair. Ydy gwell rhaglenni yn gwneud iawn am y mynediad cyfyngedig?

Cwestiwn Data — Gemau Olympaidd Llundain, 2012

Yn 2005 enillodd Llundain eu cais i lwyfannu gemau Olympaidd 2012. Bydd y gemau yn cael eu cynnal yn bennaf yng Ngogledd-ddwyrain Llundain ym mhen isaf Dyffryn Lea, un o rannau mwyaf difreintiedig y Brifddinas sydd hefyd heb ei ddatblygu.

Comisiynodd y llywodraeth astudiaeth yn 2005 i asesu effaith y gemau ar economi'r DU. Gwelwyd y byddai effaith bositif o £8.5 biliwn ar gyfanswm y gwariant (wedi'i fesur yn ôl CMC) yn yr economi rhwng 2005 a 2016. Byddai rhan o'r budd yma yn dod o adeiladu isadeiledd newydd fel stadiwm Olympaidd a stadiwm hoci Olympaidd. Dangosir amcangyfrif o gostau'r isadeiledd hwn yn Nhabl 23.2. Byddai hwb sylweddol i dwristiaeth hefyd, fel y mae Tabl 23.3 yn ei ddangos.

Trwy leoli'r gemau mewn ardal ddifreintiedig o Lundain, gobaith y llywodraeth yw y bydd buddion positif o ran adfywio'r economi lleol. Yn ogystal â'r adeiladau chwaraeon newydd yn yr ardal, bydd 3 600 o gartrefi newydd yn cael eu hadeiladu i ffurfio'r Pentref Olympaidd. Bydd y gwaith adeiladu ei hun yn dod â

swyddi a busnesau i'r ardal a dylai rhai ohonynt barhau ar ôl 2012. Dylai'r cyfleoedd hyfforddiant a'r cyfle i ddatblygu sgiliau olygu y bydd y gweithlu lleol yn fwy cystadleuol yn y tymor hir.

Y gobaith yw y bydd dod â'r Gemau Olympaidd i'r DU yn cael effaith sywleddol ar iechyd corfforol. Mae mwy nag 20% o oedolion yn y DU yn ordew ar hyn o bryd. Dylai'r Gemau Olympaidd annog pawb i wneud mwy o ymarfer corfforol. O ran yr amgylchedd, mae pen isaf Dyffryn Lea yn ardal sydd ag isadeiledd cymharol wael a llawer o dir diffaith segur. Mae adroddiad y llywodraeth yn nodi y bydd yna fuddion amgylcheddol o ran glanhau safleoedd halogedig, ailddatblygu tir maes brown, adfer coridorau afonydd, gwella ansawdd dŵr, buddsoddi mewn isadeiledd egni carbon isel, rhoi peilonau trydan dan y ddaear, creu mannau gwyrdd yn y ddinas ac uwchraddio amwynderau eraill.

Mae beirniaid y Gemau Olympaidd yn Llundain yn ofni y bydd y costau'n codi'n sylweddol ac y bydd mwy o ddiffygion yn y derbyniadau na'r hyn a ragfynegir yn Nhabl 23.4. Wedyn byddai'n rhaid i'r bil gael ei dalu gan rywun, boed hynny'n dalwyr Treth Gyngor Llundain neu'n drethdalwyr y DU.

Tabl 23.2 Gemau Olympaidd Llundain: amcangyfrif o gostau'r isadeiledd (£ miliwn yn ôl prisiau 2004)

	Amcangyfrif o'r gost		
	Isel	Canolig	Uchel
Stadiwm Olympaidd	200	325	360
Canolfan y wasg a'r ganolfan ddarlledu	50	75	95
Neuaddau chwaraeon Olympaidd	42	55	84
Canolfan gweithgareddau dŵr Olympaidd	60	67	90
Neuadd chwaraeon Greenwich	20	22	56
Stadiwm hoci Olympaidd	15	16	21
Felodrôm	22	26	30
Lleoliadau ymarfer	10	15	25
Arall	32	41	47
Cyfanswm[1]	553	642	731

[1] Nid yw cyfansymiau'r amcangyfrifon ar gyfer tebygolrwydd isel ac uchel yn cyfateb i symiau eu cydrannau oherwydd fe'u ceir drwy dechneg ystadegol a elwir yn 'ddadansoddiad systematig o sensitifrwydd'.

Tabl 23.3 Yr effaith ddisgwyliedig ar dwristiaeth (£ miliwn)

		Yn ystod Gemau Olympaidd 2012	Ar ôl y Gemau Olympaidd 2013-2016	Cyfanswm 2005-2016
Y DU	Mewnol	-2	454	518
	Tramor	66		
Llundain	Mewnol	1	162	244
	Tramor	81		

Tabl 23.4 Pwyllgor Trefnu Llundain ar gyfer y Gemau Olympaidd: amcangyfrifon o'r derbyniadau a'r costau (£ miliwn yn ôl prisiau 2004)

	Amcangyfrif o'r gost		
	Isel	Canolig	Uchel
Derbyniadau			
Nawdd lleol	240	411	590
Gwerthiant tocynnau	205	301	230
Cludiant	30	40	50
Gwerthiant asedau	34	70	110
Arlwyo	7	9	10
Hawliau teledu	410	455	500
Nawdd *TOP*	98	109	120
Cyfanswm[1]	1 164	1 395	1 627
Costau gweithredu			
Digwyddiadau chwaraeon – dodrefn, gosodion a chyfarpar	23	30	46
Digwyddiadau chwaraeon – costau eraill	162	171	184
Technoleg	240	260	300
Pentref Olympaidd	42	100	144
Gweinyddu	210	250	300
Diogelwch	16	18	27
Cludiant	50	52	60
Diwylliant	30	51	60
Hysbysebu a hyrwyddo	70	78	90
Cyfanswm[1]	931	1 010	1 089

[1] Nid yw cyfansymiau'r amcangyfrifon ar gyfer tebygolrwydd isel ac uchel yn cyfateb i symiau eu cydrannau oherwydd fe'u ceir drwy dechneg ystadegol a elwir yn 'ddadansoddiad systematig o sensitifrwydd'.

Ffynhonnell: addaswyd o *Olympic Games Impact Study*, Adran Diwylliant, Cyfryngau a Chwaraeon, *The Economic Impact of the London 2012 Olympics*, Adam Blake, Ysgol Fusnes Nottingham, www. nottingham.ac.uk a www.culture.gov.uk

1. Gan ddefnyddio diagramau galw a chyflenwad, eglurwch effaith debygol Gemau Olympaidd Llundain 2012 ar bris:
   (a) llogi ystafell mewn gwesty yn Llundain yn ystod y Gemau Olympaidd;
   (b) tir ym mhen isaf Dyffryn Lea cyn 2012;
   (c) llogi gweithwyr achlysurol yn y diwydiant adeiladu yn Llundain cyn 2012.
2. Sut y gallai Gemau Olympaidd Llundain helpu i unioni methiant y farchnad: (a) ym mhen isaf Dyffryn Lea; (b) ledled y DU?
3. Mae beirniaid Gemau Olympaidd Llundain yn dadlau y bydd cost llwyfannu'r digwyddiad gryn dipyn yn uwch na'r amcangyfrifon, na fydd fawr ddim buddion y tu allan i Ogledd-ddwyrain Llundain ac y bydd trethdalwyr y DU yn gorfod talu bil anferth am y cyfan. Gwerthuswch yr amgylchiadau a fyddai'n gorfod digwydd i hyn fod yn wir.

Crynodeb

1. Mae macro-economeg yn ymwneud â'r economi cyfan tra bo micro-economeg yn astudio marchnadoedd unigol o fewn yr economi.
2. Gall perfformiad economaidd gwladol gael ei fesur mewn nifer o ffyrdd gwahanol. Pedwar newidyn macro-economaidd allweddol yw cyfradd twf economaidd, diweithdra, chwyddiant a mantol y cyfrif cyfredol.

Micro-economeg a macro-economeg

Roedd Unedau 4-23 yn ymwneud â MICRO-ECONOMEG, sef astudio marchnadoedd unigol o fewn economi. Er enghraifft, mae micro-economeg yn ymwneud â marchnadoedd unigol am nwyddau neu'r farchnad am lafur. Mae tai, cludiant, chwaraeon a hamdden yn bennaf yn bynciau micro-economaidd am eu bod yn ymwneud ag astudio marchnadoedd unigol.

Mewn cyferbyniad â hynny, mae MACRO-ECONOMEG yn ymwneud ag astudio'r economi cyfan. Er enghraifft, mae macro-economeg yn ystyried cyfanswm y nwyddau a'r gwasanaethau a gynhyrchwyd mewn economi. Caiff lefel prisiau yr economi cyfan ei hastudio. Caiff lefelau cyflogaeth a diweithdra eu harchwilio. Bydd tai yn fater macro-economaidd pan fydd, er enghraifft, codiadau ym mhrisiau tai yn effeithio'n sylweddol ar lefel gyfartalog yr holl brisiau yn yr economi.

Perfformiad economaidd gwladol

Un o'r rhesymau pam mae macro-economeg yn ddefnyddiol yw ei bod yn dangos rhywbeth am berfformiad economi. Yn arbennig, mae'n caniatáu i economegwyr gymharu'r economi heddiw â'r gorffennol. Ydy'r economi'n gwneud yn well neu'n waeth nawr nag a wnaeth, dyweder, ddeng mlynedd yn ôl? Hefyd mae'n caniatáu i economegwyr gymharu economïau gwahanol. Ydy economi Japan yn gwneud yn well nag economi UDA? Sut mae'r DU yn cymharu â'r cyfartaledd yn Ewrop?

Mae economi yn system sy'n ceisio datrys y broblem economaidd sylfaenol (☞ uned 2) o adnoddau prin mewn byd o chwant diderfyn. Mae system economaidd yn fecanwaith ar gyfer penderfynu beth sydd i gael ei gynhyrchu, sut mae cynhyrchu i ddigwydd a phwy sydd i gael budd y cynhyrchu hwnnw. Wrth asesu perfformiad economi un o'r meini prawf yw ystyried faint sy'n cael ei gynhyrchu. Fel arfer y farn yw mai po fwyaf sy'n cael ei gynhyrchu, gorau oll yw'r perfformiad economaidd. Maen prawf arall yw ydy adnoddau'n cael eu defnyddio'n llawn, e.e. os oes lefelau uchel o ddiweithdra ni all yr economi fod yn cynhyrchu ar lefel ei botensial. Hefyd daw diweithdra â thlodi i'r sawl sy'n ddi-waith ac felly mae'n effeithio ar safonau byw unigolion. Mae'r gyfradd y mae prisiau'n codi yn bwysig. Mae cyfraddau uchel o godiadau prisiau yn tarfu ar weithrediad economi. Hefyd rhaid i economi gwladol fyw oddi mewn i'r hyn y gall ei fforddio. Felly dros gyfnod hir, rhaid i werth yr hyn y mae'n ei brynu gan economïau eraill fod fwy neu lai yn gyfartal â'r hyn y mae'n ei werthu. Yn hyn o beth, nid yw'n wahanol i gartref, ni all cartref orwario a chronni dyledion am byth.

Twf economaidd

Un o'r mesurau allweddol o berfformiad economaidd gwladol yw cyfradd newid cynnyrch. Y term am hyn yw twf economaidd (☞ uned 26). Os ydy economi'n tyfu 2.5% y flwyddyn, bydd

cynnyrch yn dyblu fwy neu lai bob 30 mlynedd. Os yw'n tyfu 7% y flwyddyn, bydd yn dyblu fwy neu lai bob 10 mlynedd. Â chyfraddau twf o 10% y flwyddyn, bydd cynnyrch yn dyblu bob 7 mlynedd.

Mae diffiniad safonol o gynnyrch sy'n seiliedig ar fesur y Cenhedloedd Unedig yn cael ei ddefnyddio gan wledydd ledled y byd i gyfrifo'u cynnyrch. Mae defnyddio diffiniad safonol yn caniatáu cymharu cynnyrch rhwng gwledydd a chymharu dros amser. Y term am y mesur hwn o gynnyrch yw **cynnyrch mewnol crynswth** (*gross domestic product*) neu **CMC** (☞ uned 25). Mae twf o 3% mewn CMC mewn blwyddyn yn golygu bod cynnyrch yr economi wedi cynyddu 3% dros gyfnod o 12 mis.

Yn gyffredinol caiff twf economaidd ei ystyried yn ddymunol am fod yn well gan unigolion dreulio mwy o nwyddau a gwasanaethau yn hytrach na llai ohonynt. Mae hyn yn seiliedig ar y dybiaeth fod chwant yn ddi-derfyn. Felly mae twf economaidd uwch yn well na thwf economaidd is. Mae cyfnodau pan na fydd yr economi'n tyfu o gwbl, neu pan fydd cynnyrch yn gostwng fel y gwelir mewn ENCILIAD (*recession*) neu DDIRWASGIAD (*depression*), yn gyfnodau pan fydd yr economi'n perfformio'n wael. Yn ystod blynyddoedd dirwasgiad yr 1930au yn Ewrop ac America, er

Cwestiwn 1

Tabl 24.1 Cyfraddau twf economaidd

	1961-73	1974-1979	1980-1989	1990-1999	2000-2004
			Newidiadau blynyddol cyfartalog, %		
Yr Unol Daleithiau	3.9	2.5	2.5	2.7	2.8
Japan	9.6	3.6	4.0	1.5	1.3
Yr Almaen	4.3	2.4	2.0	2.4	1.0
Ffrainc	5.4	2.8	2.3	1.8	2.0
Yr Eidal	5.3	3.7	2.4	1.3	1.3
México	6.6	6.1	2.0	3.0	2.6
Y Deyrnas Unedig	3.1	1.5	2.4	1.8	2.7

Ffynhonnell: addaswyd o *Historical Statistics, Economic Outlook, OECD.*

(a) Pa wlad sydd â'r gyfradd uchaf o dwf blynyddol cyfartalog rhwng
   (i) 1961 ac 1973; (ii) 1974 ac 1979; (iii) 1980 ac 1989;
   (iv) 1990 ac 1999; (v) 2000 a 2004?

(b) 'Roedd perfformiad economaidd México yn well na'r Almaen dros y cyfnod rhwng 1961 a 2004.' Ydy'r dystiolaeth yn ategu'r gosodiad hwn?

(c) Yn 1961 roedd gan y DU un o'r safonau byw uchaf yn Ewrop. Erbyn canol yr 1990au, yn ôl mesur y CMC, roedd y tu ôl i wledydd fel Ffrainc a'r Almaen. Erbyn 2004 roedd wedi dal i fyny â'i phrif gystadleuwyr Ewropeaidd eto. Eglurwch sut mae'r data'n dangos y stori hon o berfformiad economaidd cymharol wael y DU rhwng 1961 a chanol yr 1990au a'i welliant ar ôl hynny.

Cwestiwn 2

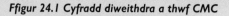

Ffigur 24.1 Cyfradd diweithdra a thwf CMC

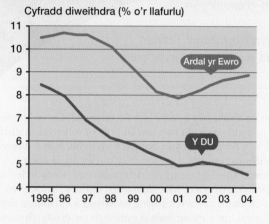

Cyfradd diweithdra (% o'r llafurlu)

Ardal yr Ewro

Y DU

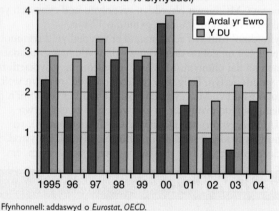

Twf CMC real (newid % blynyddol)

■ Ardal yr Ewro
□ Y DU

Ffynhonnell: addaswyd o *Eurostat, OECD.*

Mae ardal yr ewro yn cynnwys 12 gwlad Ewropeaidd, gan gynnwys Ffrainc a'r Almaen, a gytunodd i ymuno â'r Undeb Ariannol Ewropeaidd yn 1999, gan arwain at greu arian cyfred sengl Ewropeaidd. Penderfynodd y DU beidio ag ymuno ac yn 2006 roedd hi'n dal heb wneud hynny.

(a) Cymharwch berfformiad economaidd y DU â gwledydd yn ardal yr ewro.

(b) Awgrymwch pam y bu hanes y DU o ran diweithdra rhwng 1995 a 2004 yn well na'r hyn a gafwyd yn ardal yr ewro.

enghraifft, cynyddodd tlodi ac achosodd diweithdra i filiynau o gartrefi ddioddef.

Diweithdra

Mae diweithdra yn broblem fawr mewn cymdeithas am ei fod yn cynrychioli gwastraff o adnoddau prin (☞ uned 29). Gallai cynnyrch fod yn uwch pe bai'r bobl ddi-waith yn gweithio. Hefyd mae'n arwain at dlodi i'r bobl ddi-waith. Felly mae diweithdra uchel yn ddangosydd o berfformiad economaidd gwladol gwael. I'r gwrthwyneb, mae diweithdra isel yn ddangosydd o berfformiad economaidd gwladol da.

Mae twf economaidd a diweithdra yn dueddol o fod yn gysylltiedig â'i gilydd. Mae economïau sy'n tyfu'n gyflym yn tueddu i fod â diweithdra isel, am fod angen mwy o weithwyr i gynhyrchu mwy o nwyddau a gwasanaethau. Mae lefelau isel o dwf

economaidd yn tueddu i fod yn gysylltiedig â chynnydd yn lefelau diweithdra. Dros amser mae newid technolegol yn caniatáu i economi gynhyrchu mwy â llai o weithwyr. Os nad oes fawr ddim neu ddim twf economaidd, bydd gweithwyr yn colli swyddi oherwydd datblygiad technolegol ond ni allant gael swyddi newydd mewn diwydiannau sy'n ehangu. Os ydy twf yn negyddol a bod yr economi mewn enciliad, bydd cwmnïau'n diswyddo gweithwyr a bydd diweithdra'n cynyddu.

Felly, bydd twf economaidd cyflym yn tueddu i arwain at gread net o swyddi. Bydd mwy o swyddi'n cael eu creu nag a gollir drwy newidiadau yn strwythur yr economi. Felly ffordd arall o asesu perfformiad economi yw ystyried ei gyfradd o greu swyddi.

Chwyddiant

Cyfradd newid prisiau cyfartalog mewn economi yw chwyddiant (☞ uned 28). Yn gyffredinol ystyrir bod chwyddiant isel yn well na chwyddiant uchel. Y rheswm yw bod gan chwyddiant nifer o effeithiau andwyol (gweler uned 28). Er enghraifft, os ydy prisiau'n codi mae gwerth yr hyn y gall cynilion ei brynu yn gostwng. Pe bai gan berson gynilion o £50 a phris cryno ddisgiau yn codi o £10 i £25, byddai'n waeth ei fyd gan y byddai'r cynilion nawr yn gallu prynu 2 gryno ddisg yn unig o'i gymharu â 5 cyn hyn. Problem arall â chwyddiant yw ei fod yn amharu ar wybod y prisiau sydd mewn marchnad. Os oes chwyddiant uchel iawn, gyda phrisiau'n newid o fis i fis, yn aml ni fydd defnyddwyr yn gwybod beth sy'n bris rhesymol am eitem pan fyddant yn barod i'w phrynu.

Heddiw, ystyrir bod chwyddiant sy'n ganran fach yn dderbyniol. Pan fo chwyddiant yn dechrau mynd yn uwch na 5%, mae economegwyr yn dechrau gofidio ei fod yn rhy uchel. Bu chwyddiant yn broblem fawr i lawer o wledydd gan gynnwys y DU yn yr 1970au a'r 1980au. Yn y DU cyrhaeddodd chwyddiant 24.1% yn 1975 er enghraifft. Fodd bynnag, dydy'r lefelau hyn o chwyddiant yn ddim o'u cymharu â'r **gorchwyddiant** (*hyperinflation*) (☞ uned 28) a gafwyd gan wledydd fel Ariannin a Brasil yn yr 1980au. Roedd prisiau'n cynyddu hyd at 1 000% y flwyddyn.

Y fantol gyfredol

Rhaid i gartref dalu ei ffordd yn y byd. Os yw'n gwario mwy nag y mae'n ei ennill ac yn mynd i ddyled, rywbryd yn y dyfodol rhaid ad-dalu'r ddyled. Os na all wneud hyn efallai y bydd beiliaid yn cymryd ei asedau a bydd y cartref yn cael ei wahardd rhag benthyca yn y dyfodol. Mae'r un fath yn wir am economi gwladol. Y term am wariant cenedl ar nwyddau a gwasanaethau o wledydd tramor yw **mewnforion**. Mae'n ennill arian i dalu am y mewnforion drwy werthu nwyddau a gwasanaethau, sef **allforion**, i dramorwyr. Os ydy mewnforion yn fwy nag allforion rhaid ariannu hyn drwy gael benthyg neu drwy ddefnyddio cynilion a gedwir dramor. Mae perfformiad economaidd gwlad yn gadarn os yw ei hallforion, dros gyfnod, yn fwy na'i mewnforion neu fwy neu lai yn gyfartal â nhw. Ond os yw ei mewnforion gryn dipyn yn fwy na'i hallforion, gallai wynebu trafferthion.

Pan fo allforion nwyddau a gwasanaethau yn fwy na mewnforion dywedir bod **gwarged yn y cyfrif cyfredol** (☞ uned 30). Pan fo mewnforion yn fwy nag allforion, mae diffyg yn y cyfrif cyfredol. Bydd diffygion yn broblem pan fydd banciau tramor a benthycwyr eraill yn gwrthod rhoi benthyg rhagor o arian. Digwyddodd 'argyfwng credyd' fel hyn, er enghraifft, i México yn 1982 a Gwlad Thai yn 1998. Rhaid i wledydd ymateb er mwyn adfer hyder. Mae hynny'n debygol o olygu gostwng gwariant mewnol, sy'n arwain at lai o alw am fewnforion. Ond mae gostwng gwariant mewnol yn arwain hefyd at lai o dwf economaidd a chynnydd mewn diweithdra. Felly mae sefyllfa cyfrif cyfredol gwlad yn ddangosydd pwysig o berfformiad.

Cwestiwn 3

Ym mis Gorffennaf 2005 gwnaeth pedwar terfysgwr osod bomiau ar reilffyrdd tanddaearol a bysiau Llundain, gan ladd 52 o bobl a niweidio llawer mwy. Mae Llundain yn gyrchfan pwysig i dwristiaid ac yn anochel gwnaeth llawer o bobl ganslo'u trefniadau i aros yng ngwestai Llundain yn dilyn y bomio.

Gwnaeth Cyngor Teithio a Thwristiaeth y Byd asesiad ar unwaith o effeithiau tebygol y bomio ar dwristiaeth y DU. Rhagfynegodd y byddai bron 600 000 yn llai o ymwelwyr yn dod i'r DU yn 2005, i lawr o 31 miliwn o ymwelwyr. Byddai cyfraniad teithio a thwristiaeth at CMC y DU yn gostwng £927 miliwn, gostyngiad o 2% yn y cyfraniad. Mae twristiaeth y DU yn cyfrannu £185 biliwn at CMC ac mae'n cynrychioli 4% o'r cyfanswm. Mae'n creu 2.8 miliwn o swyddi yn uniongyrchol ac yn anuniongyrchol.

Casgliad y Cyngor oedd y byddai effeithiau'r bomio ar dwristiaeth y DU yn parhau tan 2007. Meddai Jean-Claude Baumgarten, Llywydd y Cyngor, y diwrnod ar ôl y bomio: 'Mae hyn yn tybio bod awdurdodau'r DU yn gweithredu o leiaf yr un mor gadarn i dawelu meddyliau ac annog pobl er mwyn adennill a chynyddu hyder ymwelwyr ac mae'n tybio na fydd digwyddiadau tebyg yn digwydd yn y cyfamser.'

Ffynhonnell: addaswyd o www.wttc.org.

Pa effaith y gallai'r bomio yn Llundain yn 2005 fod wedi ei chael ar berfformiad economi'r DU (a) yn y tymor byr; (b) yn y tymor hir?

Termau allweddol

Dirwasgiad – cyfnod pan fo gostyngiad arbennig o ddwfn a hir mewn cynnyrch.
Enciliad – cyfnod pan fo twf cynnyrch yn gostwng neu'n dod yn negyddol. Y diffiniad technegol a ddefnyddir gan lywodraethau erbyn hyn yw bod enciliad yn digwydd pan fo twf cynnyrch yn negyddol am ddau chwarter yn olynol (h.y. dau gyfnod o dri mis).
Macro-economeg – astudio'r economi cyfan, gan gynnwys chwyddiant, twf a diweithdra.
Micro-economeg – astudio ymddygiad unigolion neu grwpiau o fewn economi, yn nodweddiadol yng nghyd-destun marchnad.

Economeg gymhwysol

Hanes pedwar economi

UDA, yr Almaen, Japan a'r DU yw pedwar o'r economïau mwyaf yn y byd. Maent yn rhan o'r grŵp G7 (ynghyd â Ffrainc, yr Eidal a Chanada) sy'n cyfarfod yn rheolaidd i drafod problemau economaidd sy'n gyffredin iddynt i gyd. Am flynyddoedd wedi'r Ail Ryfel Byd, roedd Japan a'r Almaen yn cael eu hystyried yn hynod o lwyddiannus. Roedd ganddynt dwf economaidd uchel, chwyddiant isel, diweithdra isel a gwarged cyson yn eu cyfrif cyfredol. Roedd UDA yn llai llwyddiannus, yn bennaf am fod ei chyfradd twf yn ymddangos yn isel o'i chymharu â Japan a llawer o wledydd Ewrop. O ran y DU, roedd yn ymddangos bod ei pherfformiad economaidd yn siomedig gyda thwf araf a phroblemau cyson o ran chwyddiant a'r fantol daliadau.

Yn yr 1990au, serch hynny, bu newid yn eu hanes fel y gwelir yn Ffigurau 24.2 a 24.5. Roedd cyfradd twf Japan ar ddechrau'r ddegawd yn debyg i'r hyn a gyflawnwyd ganddi yn ystod y pedair degawd flaenorol. Fodd bynnag, cafodd sawl cyfnod o enciliad gyda chyfnodau byr o dwf economaidd positif rhyngddynt. Yn ystod 1991-2004, 1.3% y flwyddyn oedd ei chyfradd twf ar gyfartaledd, o'i chymharu â'r ystod 4-10% yn ystod blynyddoedd ei 'gwyrth economaidd' rhwng yr 1950au a'r 1980au. Roedd y chwyddiant yn adlewyrchu galw isel. Yn 1995 gostyngodd prisiau ac yn dilyn hynny cafwyd pedair blynedd o

ostyngiadau prisiau rhwng 1999 a 2003. Yn yr 1990au bu diweithdra yn isel, ond erbyn diwedd y ddegawd roedd yn dechrau codi wrth i flynyddoedd o dwf economaidd isel arwain at golli swyddi o ddiwydiant Japan. Erbyn 2004 roedd diweithdra ddwywaith yr hyn a fu yn 1991.

Roedd y cyfnod 1991-2004 yn anodd i'r Almaen hefyd. Roedd rhai o'i phroblemau yn deillio o gost ailuno Dwyrain yr Almaen a Gorllewin yr Almaen yn 1990. Oddi ar 1945 roedd Dwyrain yr Almaen wedi bod yn **economi gorfodol** (☞ uned 41) dan ddylanwad y Sofietiaid. Erbyn 1990 roedd Dwyrain yr Almaen yn economi cymharol aneffeithlon lle roedd cynnyrch y pen gryn dipyn yn is nag yng Ngorllewin yr Almaen oedd yn llwyddiannus iawn. O ganlyniad i'r ailuno cafodd adnoddau eu trosglwyddo o Orllewin yr Almaen i Ddwyrain yr Almaen. Er gwaethaf hyn, roedd economi Dwyrain yr Almaen yn dal i lesteirio perfformiad economi'r Almaen unedig. Roedd twf yr Almaen unedig yn gymharol araf ar ôl 1991. Erbyn diwedd yr 1990au dechreuwyd rhoi'r bai am fethiant economi'r Almaen i wella ar ôl yr ailuno ar y model economaidd 'cymdeithasol' yr oedd yn ei rannu â gwledydd twf isel, fel Ffrainc a'r Eidal. Roedd yr 'Ewrop Gymdeithasol' yn araf ei thwf am nad oedd yn ddigon hyblyg yn ei marchnadoedd. Roedd biwrocratiaeth y llywodraeth, trethi uchel ar lafur,

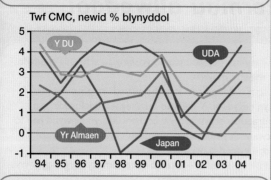

Ffigur 24.2 Twf economaidd

Twf CMC, newid % blynyddol

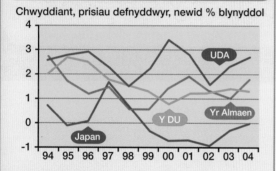

Ffigur 24.3 Chwyddiant

Chwyddiant, prisiau defnyddwyr, newid % blynyddol

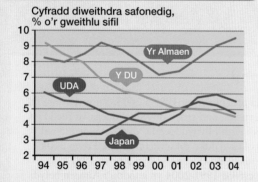

Ffigur 24.4 Diweithdra

Cyfradd diweithdra safonedig, % o'r gweithlu sifil

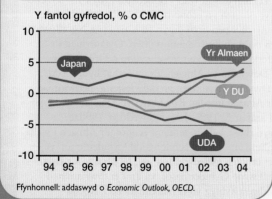

Ffigur 24.5 Y fantol gyfredol fel canran o CMC

Y fantol gyfredol, % o CMC

Ffynhonnell: addaswyd o *Economic Outlook, OECD.*

anawsterau wrth ddiswyddo gweithwyr a chyfyngiadau eraill **ochr-gyflenwad** (☞ uned 38) yn annog cwmnïau i gadw rhag buddsoddi a chyflogi gweithwyr. Y canlyniad oedd twf isel a diweithdra uchel. Erbyn 2004 roedd diweithdra yn yr Almaen fwy na dwywaith cymaint â'i lefel yn 1991 ac yn dal i godi. Roedd chwyddiant, a gododd ar ddechrau'r 1990au ar ôl yr ailuno, wedi gostwng yn gyflym i lai na 2%, yn rhannol yn adlewyrchiad o dwf economaidd isel a diffyg galw.

Roedd yr hyn a ddigwyddodd yn UDA a'r DU yn gwbl groes i hanes yr Almaen a Japan. Ar ôl blynyddoedd o dwf economaidd cymharol isel, trawsnewidiwyd UDA a'r DU i fod yn wledydd â thwf economaidd cymharol uchel. Rhwng 1960 ac 1990 tua 2.5% y flwyddyn fu cyfradd twf tymor hir UDA. Ar ôl 1992, fodd bynnag, bu twf economaidd ar gyfartaledd o fwy na 3%. Un o'r canlyniadau oedd gostyngiad mewn diweithdra, er gwaethaf twf cadarn yn nifer y gweithwyr â swyddi yn economi'r Unol Daleithiau. Roedd twf economaidd cadarn hefyd wedi'i gyfuno â chwyddiant isel.

Yn y DU, ar ôl enciliad mawr yn rhan gyntaf yr 1990au, gwelwyd adferiad yn yr economi a chafwyd twf cyfartalog o 3% rhwng 1993 a 2004. Roedd hyn yn cymharu â chyfartaledd o 2.6% ar gyfer y cyfnod 1950-1990 a 2.3% ar gyfer 1970-1990. Gwelwyd diweithdra bron yn haneru rhwng 1991 a 2004 a chwyddiant yn gostwng.

Gellir dehongli perfformiad y pedwar economi o ran cyfrif cyfredol y fantol daliadau mewn dwy ffordd. Yn gyntaf, gellir dadlau y bydd y diffygion cyson yng nghyfrif cyfredol y DU ac UDA yn tynnu i lawr dwf yr economïau hyn yn y dyfodol. Os ydy'r diffygion wedi'u hariannu drwy fenthyca i dalu am y gwariant cyfredol, bydd yn rhaid i'r arian gael ei ad-dalu ryw ddydd gyda llog. Yn union fel y byddai benthyca trwm gan gartref nawr yn golygu llai o dreuliant yn y dyfodol pan fyddai'n rhaid ad-dalu'r ddyled, felly y gallai fod gyda'r DU ac UDA. Yn ôl y ddadl hon bydd Japan, sydd â gwarged cyson, yn elwa yn y dyfodol. Ar y llaw arall, os ydy'r diffygion yn y cyfrif cyfredol wedi'u hachosi gan fewnlifau o gyfalaf buddsoddiant, gyda thramorwyr yn buddsoddi mewn busnesau yn y DU ac UDA, yna mae economïau'r DU ac UDA wedi'u cryfhau, yn hytrach na'u gwanhau, dros y cyfnod. Er enghraifft, os ydy Japan yn defnyddio rhan o'i gwarged yn y cyfrif cyfredol i fuddsoddi mewn ffatrïoedd ceir newydd yn y DU, mae economi Prydain yn debygol o elwa yn y tymor hir. Mae economegwyr yn anghytuno ynghylch y cwestiwn a yw'r diffygion a'r gwargedion yng nghyfrif cyfredol y DU, UDA, yr Almaen a Japan wedi cael effaith ar berfformiad economaidd ac a fyddant yn cael effaith arno.

Gellid dadlau nad yw perfformiad economïau'r DU ac UDA wedi newid fawr ddim ers yr 1970au a'r 1980au. Mae cynnydd o ryw hanner y cant yng nghyfradd gyfartalog twf economaidd yn edrych yn weddol ddibwys. Ond dylid ei ystyried yng nghyd-destun y gostyngiad yng nghyfradd twf tymor hir gwledydd fel yr Almaen a Japan. Yn yr 1970au a'r 1980au roedd Japan a'r Almaen yn tyfu ar gyfradd oedd ddwywaith cymaint â chyfradd y DU ac UDA. Oddi ar 1991 mae cyfraddau twf Japan a'r Almaen wedi bod tua hanner cyfraddau'r DU ac UDA. Defnyddiwyd y tro hwn ar fyd i ddadlau bod y 'model economaidd Eingl-Sacsonaidd' sy'n gysylltiedig â marchnadoedd rhydd a globaleiddio yn well na 'model economaidd cymdeithasol' gwledydd fel yr Almaen sy'n gysylltiedig â marchnadoedd mwy rheoledig a diffynnaeth (*protectionism*). Erbyn 2004 roedd perfformiad economaidd y DU yn edrych yn arbennig o dda o'i gymharu â pherfformiad economaidd yr Almaen. Roedd UDA yn perfformio'n well na'i chystadleuydd economaidd tymor hir, Japan. Yr unig nodwedd bryderus ar berfformiad y DU ac UDA oedd eu diffygion cyson yn y cyfrif cyfredol.

Cwestiwn Data — Iwerddon a'r Weriniaeth Tsiec

Iwerddon

Ymunodd Iwerddon â'r Undeb Ewropeaidd ar yr un adeg â'r DU yn 1973. Pan ymunodd roedd yn un o aelodau tlotaf yr UE ac, o ganlyniad, cafodd swm sylweddol o gymorth rhanbarthol yr UE yn ogystal â chael budd o'r cymorthdaliadau amaethyddol o Bolisi Amaethyddol Cyffredin yr UE.

Rhoddwyd ar waith ddwy set o bolisïau gan sawl llywodraeth Iwerddon y gellir dadlau iddynt fod yn allweddol i'w llwyddiant economaidd. Un ohonynt oedd gwario'n hael ar addysg fel y byddai gan weithlu'r Iwerddon, erbyn yr 1990au, yr un maint o gyfalaf dynol â'i chystadleuwyr economaidd. Y polisi arall oedd denu cwmnïau tramor i sefydlu yn Iwerddon, er enghraifft drwy gynnig grantiau ac amodau ffafriol o ran trethi. Gwnaeth y rhain nid yn unig greu swyddi yn uniongyrchol ac yn anuniongyrchol, ond hefyd annog cwmnïau Iwerddon i godi i safonau byd eang.

Gyda llawer o wledydd cyflogau isel yng Nghanol a Dwyrain Ewrop yn ymuno â'r UE yn 2004, a mwy eto i ddod cyn diwedd y ddegawd, roedd Iwerddon yn wynebu'r un broblem ag aelodau eraill yr UE o orllewin Ewrop: a fydden nhw'n gallu cystadlu'n llwyddiannus neu a fydden nhw'n gweld swyddi yn symud i'r Dwyrain? I Iwerddon, ai dyma ddiwedd ei hadeg o ffyniant economaidd ac a fyddai ei chyfradd twf yn disgyn i lefel gyfartalog Gorllewin Ewrop sef dim ond ychydig dros 2% y flwyddyn?

Y Weriniaeth Tsiec

Tan 1990 roedd Y Weriniaeth Tsiec yn economi gorfodol ac yn rhan o'r Bloc Dwyreiniol. Roedd yn gymharol dlawd yn ôl safonau'r Gorllewin ac roedd ei masnach wedi'i hanelu at wledydd eraill y Bloc Dwyreiniol fel Gwlad Pwyl, Dwyrain yr Almaen a'r Undeb Sofietaidd.

Oddi ar 1990 dechreuodd ar ei thaith i ddemocratiaeth ac economi marchnad rydd. Preifateiddiwyd llawer o ddiwydiant a fu'n eiddo i'r wladwriaeth (h.y. cafodd ei werthu i'r sector preifat). Cafodd masnach ei hanelu at Orllewin Ewrop. Ond bu'r newid yn boenus. Cafodd cwmnïau aneffeithlon eu cau. Bu'n rhaid i fentrau eraill gwtogi ar eu cynhyrchu. Roedd cynnydd mewn CMC mewn rhai sectorau o'r economi yn cael ei wrthbwyso gan ostyngiad mewn sectorau eraill. Dangosodd defnyddwyr a chynhyrchwyr Tsiecaidd fod yn well ganddynt nwyddau a fewnforiwyd na chynnyrch a wnaed yn fewnol. Yn 2004 ymunodd y Weriniaeth Tsiec â'r Undeb Ewropeaidd. Edrychodd ar lwyddiant economïau fel Iwerddon a Portiwgal ar ôl ymuno â'r UE fel model ar gyfer ei datblygiad ei hun at y dyfodol.

1. Cymharwch berfformiad economaidd y Weriniaeth Tsiec ac Iwerddon dros y cyfnod 1994-2004.
2. Pa broblemau a allai wynebu'r Weriniaeth Tsiec ac Iwerddon yn y dyfodol a sut y gallai'r problemau hyn effeithio ar berfformiad economaidd y ddwy wlad hyn yn y dyfodol?

Dangosyddion economaidd

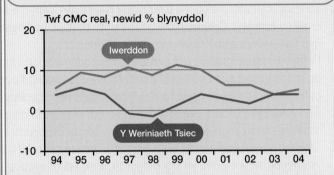

Ffigur 24.6 Twf economaidd

Twf CMC real, newid % blynyddol

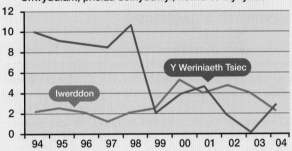

Ffigur 24.7 Chwyddiant

Chwyddiant, prisiau defnyddwyr, newid % blynyddol

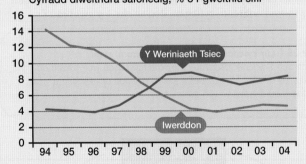

Ffigur 24.8 Diweithdra

Cyfradd diweithdra safonedig, % o'r gweithlu sifil

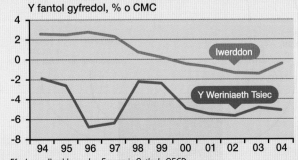

Ffigur 24.9 Y fantol gyfredol fel canran o CMC

Y fantol gyfredol, % o CMC

Ffynhonnell: addaswyd o *Economic Outlook*, OECD.

Crynodeb

1. Gall incwm gwladol gael ei fesur mewn tair ffordd: fel cynnyrch gwladol, gwariant gwladol neu incwm gwladol.

2. Y mesur o incwm gwladol a ddefnyddir fwyaf yw Cynnyrch Mewnol Crynswth (CMC). Mae mesurau eraill yn cynnwys Cynnyrch Gwladol Crynswth (CGC) a Chynnyrch Gwladol Net (CGN). Gall yr holl fesurau hyn fod yn ôl prisiau'r farchnad neu gost ffactor.

3. Defnyddir ystadegau incwm gwladol gan academyddion i lunio a phrofi rhagdybiaethau. Fe'u defnyddir gan wneuthurwyr polisi i lunio polisi economaidd ar lefel ficro-economaidd a macro-economaidd. Yn aml fe'u defnyddir fel mesur diprwyol ar gyfer safonau byw ac i gymharu safonau byw rhwng gwledydd ac o fewn gwlad dros amser.

4. Gall ystadegau incwm gwladol fod yn wallus oherwydd gwallau ystadegol, bodolaeth yr economi du, sectorau heb fasnachu, ac anawsterau ynghylch prisio cynnyrch y sector cyhoeddus.

5. Mae problemau'n digwydd wrth gymharu incwm gwladol dros amser oherwydd chwyddiant, cywirdeb a chyflwyniad ystadegau, newidiadau yn y boblogaeth, ansawdd nwyddau a gwasanaethau a newidiadau yn nosraniad incwm.

6. Mae problemau ychwanegol yn digwydd wrth gymharu incwm gwladol rhwng gwledydd. Yn arbennig, rhaid llunio cyfradd cyfnewid sy'n adlewyrchu pareddau gallu prynu gwahanol yn gywir.

Incwm, cynnyrch a gwariant

Mae macro-economeg yn ymwneud â'r economi cyfan. Newidyn macro-economaidd allweddol yw lefel cyfanswm y cynnyrch mewn economi, a elwir yn aml yn INCWM GWLADOL. Mae tair ffordd y gellir cyfrifo incwm gwladol. Er mwyn deall pam, ystyriwch fodel syml iawn o'r economi lle nad oes masnach dramor (ECONOMI CAEEDIG yn hytrach nag ECONOMI AGORED lle mae masnach dramor) a lle nad oes llywodraeth. Yn yr economi hwn dim ond cartrefi a chwmnïau sydd, ac maen nhw'n gwario'r cyfan o'u hincwm a'u derbyniadau.

- Cartrefi sy'n berchen ar gyfoeth y genedl. Maen nhw'n berchen ar y tir, y llafur a'r cyfalaf a ddefnyddir i gynhyrchu nwyddau a gwasanaethau. Maen nhw'n cyflenwi'r ffactorau hyn i gwmnïau yn gyfnewid am renti, cyflogau, llog ac elw – y gwobrau i'r

ffactorau cynhyrchu. Yna maen nhw'n defnyddio'r arian hwn i brynu nwyddau a gwasanaethau.

- Mae cwmnïau'n cynhyrchu nwyddau a gwasanaethau. Maen nhw'n hurio ffactorau cynhyrchu sydd gan gartrefi ac yn eu defnyddio i gynhyrchu nwyddau a gwasanaethau i'w gwerthu i gartrefi.

Dangosir y llif o gartrefi i gwmnïau yn Figur 25.1. Dangosir llif arian o gwmpas yr economi mewn coch. Mae cwmnïau'n rhoi taliadau i gartrefi am gael hurio eu tir, eu llafur a'u cyfalaf. Mae cartrefi'n gwario'r holl arian hwnnw ar y nwyddau a'r gwasanaethau a gynhyrchir gan gwmnïau (treuliant). Ffordd arall o roi hyn yw mynegi'r taliadau arian mewn termau real, gan ystyried newidiadau mewn prisiau (mae uned 3 yn egluro'r gwahaniaeth rhwng gwerthoedd real a gwerthoedd ariannol). Dangosir llif real cynhyrchion a gwasanaethau ffactorau mewn du. Mae cartrefi'n cyflenwi tir, llafur a chyfalaf yn gyfnewid am nwyddau a gwasanaethau. Gellir defnyddio MODEL LLIF CYLCHOL INCWM i ddangos bod tair ffordd o fesur lefel gweithgaredd economaidd.

Cynnyrch gwladol (O) Dyma werth llif y nwyddau a'r gwasanaethau o gwmnïau i gartrefi. Fe'i dangosir gan y llinell ddu ar ochr dde'r diagram.

Gwariant gwladol (E) Dyma werth y gwariant gan gartrefi ar nwyddau a gwasanaethau. Fe'i dangosir gan y llinell goch ar ochr dde'r diagram.

Incwm gwladol (Y) Dyma werth yr incwm y mae cwmnïau'n ei dalu i gartrefi yn gyfnewid am dir, llafur a chyfalaf. Fe'i dangosir gan y llinell las ar ochr chwith y diagram.

Felly mae incwm, gwariant a chynnyrch yn dair ffordd o fesur yr un llif. I ddangos eu bod yn gorfod bod yn unfath, ac nid yn hafal yn unig, defnyddiwn yr arwydd '≡'.

$$O \equiv E \equiv Y$$

Mesurau o incwm gwladol

Dydy economïau ddim mor syml â'r un a welir yn Ffigur 25.1. Mae cyfrifo incwm gwladol yn ymarferol yn cynnwys system gymhleth o gyfrifon. Mae'r safon a ddefnyddir yn y rhan fwyaf o wledydd heddiw yn seiliedig ar System Cyfrifon Gwladol a gyhoeddwyd

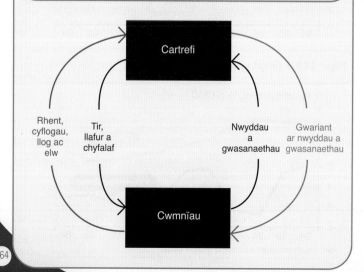

Ffigur 25.1 Llif cylchol incwm mewn economi syml
Mae cartrefi'n cyflenwi ffactorau cynhyrchu i gwmnïau yn gyfnewid am rent, cyflogau, llog ac elw. Mae cartrefi'n gwario'u harian ar nwyddau a gwasanaethau a gyflenwir gan gwmnïau.

Cartrefi

Rhent, cyflogau, llog ac elw | Tir, llafur a chyfalaf | Nwyddau a gwasanaethau | Gwariant ar nwyddau a gwasanaethau

Cwmnïau

Cwestiwn I

Tabl 25.I

	£bn
Rhent	5
Cyflogau	75
Llog ac elw	20

Mae'r ffigurau yn Nhabl 25.I yn cynrychioli'r unig daliadau incwm a dderbynnir gan gartrefi. Does dim cynilion na buddsoddiant na gwariant llywodraeth na threthi na masnach dramor yn yr economi.

(a) Lluniadwch ddiagram llif cylchol incwm. Labelwch hwn yn y man priodol â gwerth: (i) incwm; (ii) cynnyrch a (iii) gwariant.
(b) Sut y byddai eich ateb yn wahanol pe bai cyflogau yn £100 biliwn?

Cwestiwn 2

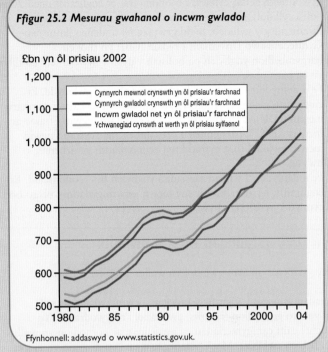

Ffigur 25.2 Mesurau gwahanol o incwm gwladol

£bn yn ôl prisiau 2002

- Cynnyrch mewnol crynswth yn ôl prisiau'r farchnad
- Cynnyrch gwladol crynswth yn ôl prisiau'r farchnad
- Incwm gwladol net yn ôl prisiau'r farchnad
- Ychwanegiad crynswth at werth yn ôl prisiau sylfaenol

Ffynhonnell: addaswyd o www.statistics.gov.uk.

(a) Eglurwch yn gryno y gwahaniaeth rhwng pob mesur o incwm gwladol a ddangosir yn y graff.
(b) 'Mae newidiadau mewn CMC yn ôl prisiau'r farchnad fwy neu lai yn adlewyrchu newidiadau mewn mesurau eraill o incwm gwladol dros amser.' I ba raddau y mae'r data'n ategu hyn?

gyntaf yn 1953 gan y Cenhedloedd Unedig. Mae'r system hon o gyfrifon wedi cael ei datblygu a'i haddasu ers hynny. Mae'r system a ddefnyddir yn y DU ar hyn o bryd yn seiliedig ar y System Ewropeaidd o Gyfrifon a addaswyd ddiwethaf yn 1995.

Y mesur allweddol o incwm gwladol a ddefnyddir yn y DU yw CYNNYRCH MEWNOL CRYNSWTH (CMC). Mae hwn yn ôl prisiau'r farchnad, sy'n golygu ei fod yn fesur o incwm gwladol sy'n cynnwys gwerth **trethi anuniongyrchol** (trethi ar wariant) fel TAW. Dydy trethi anuniongyrchol ddim yn rhan o gynnyrch yr economi, felly mae'r mesur hwn yn chwyddo gwerth gwirioneddol incwm gwladol. Hefyd mae CMC yn cynnwys gwerth allforion a mewnforion ac felly mae'n fesur mwy cymhleth o incwm gwladol nag a gafwyd ym model syml y llif cylchol a ddisgrifiwyd yn gynharach. Mae yna fesurau eraill o incwm gwladol.

Ychwanegiad crynswth at werth yn ôl cost sylfaenol CMC minws trethi anuniongyrchol plws cymorthdaliadau ar nwyddau yw hwn. Y term am drethi anuniongyrchol minws cymorthdaliadau yw cymhwysiad pris sylfaenol.

Incwm gwladol crynswth yn ôl prisiau'r farchnad INCWM GWLADOL CRYNSWTH yw CMC plws incwm a enillir dramor ar fuddsoddiadau ac asedau eraill a berchenogir dramor minws incwm sy'n cael ei dalu i dramorwyr ar eu buddsoddiadau nhw yn y DU.

Incwm gwladol net yn ôl prisiau'r farchnad Bob blwyddyn mae stoc cyfalaf neu gyfoeth ffisegol presennol y wlad yn dibrisio o ran gwerth oherwydd iddo gael ei ddefnyddio. Mae hyn fel dibrisiant ar gar wrth iddo fynd yn hŷn. Os ydy unigolion yn defnyddio'u cynilion i ariannu gwariant, eu hincwm gwirioneddol yw eu gwariant minws y swm a ddefnyddiwyd ganddynt o'u cynilion. Yn yr un modd gyda gwlad, gwir werth ei hincwm yw incwm gwladol crynswth (h.y. cyn ystyried dibrisiant) minws dibirisiant. Incwm gwladol net yw hwn.

CMC yn ôl prisiau'r farchnad yw'r prif ffigur pennawd a ddefnyddir ar gyfer incwm gwladol am fod y data i'w gyfrifo ar gael yn fwy parod. Wrth gymharu dros amser a rhwng gwledydd, mae symudiadau mewn CMC yn ôl prisiau'r farchnad fwy neu lai yn debyg i symudiadau mewn mesurau eraill o incwm gwladol. Felly mae'n ganllaw da i'r hyn sy'n digwydd yn yr economi a gellir ei ddefnyddio i asesu perfformiad yr economi.

Taliadau trosglwydd

Ni chynhwysir pob math o incwm yn nghyfrifiad terfynol incwm gwladol. Weithiau derbynnir incwm heb fod cynnyrch cyfatebol yn yr economi. Er enghraifft:

- mae'r llywodraeth yn talu budd-daliadau Yswiriant Gwladol a nawdd cymdeithasol i unigolion, ond nid yw'r derbynwyr yn cynhyrchu dim yn gyfnewid am hyn;
- mae myfyrwyr yn cael grantiau myfyrwyr gan y llywodraeth, ond eto ni chynhyrchir dim sy'n gallu cael ei werthu;
- mae plant yn cael arian poced a lwfansau gan eu rhieni;
- mae unigolyn sy'n gwerthu car ail-law yn derbyn arian, ond ni chynhyrchir car newydd.

Caiff y mathau hyn o incwm, sef TALIADAU TROSGLWYDD, eu cadw allan o gyfrifiadau terfynol incwm gwladol. Er enghraifft, gwariant y llywodraeth mewn incwm gwladol yw **gwariant cyhoeddus** minws gwariant ar fudd-daliadau a grantiau.

Pam y caiff incwm gwladol ei fesur?

Mesur o gynnyrch, gwariant ac incwm economi yw incwm gwladol. Mae ystadegau incwm gwladol yn darparu nid yn unig ffigurau ar gyfer y cyfansymiau hyn ond hefyd dadansoddiad o'r cyfansymiau. Fe'u defnyddir mewn nifer o ffyrdd gwahanol.

- Mae economegwyr academaidd yn eu defnyddio i brofi rhagdybiaethau ac adeiladu modelau o'r economi. Mae hyn yn cynyddu ein dealltwriaeth o'r modd y mae economi'n gweithio.

165

- Mae'r llywodraeth, cwmnïau ac economegwyr yn defnyddio'r ffigurau i ragfynegi newidiadau yn yr economi. Yna defnyddir y rhagfynegiadau hyn i gynllunio ar gyfer y dyfodol. Gall y llywodraeth geisio cyfeirio'r economi (☞ er enghraifft uned 36 ar bolisi cyllidol), gan wneud newidiadau yn ei gwariant neu ei threthi adeg y gyllideb. Bydd grwpiau fel undebau llafur neu Gydffederasiwn Diwydiant Prydain (*CBI*) yn rhoi eu hargymhellion ynghylch pa bolisïau y dylai'r llywodraeth eu dilyn yn eu barn nhw.
- Fe'u defnyddir i gymharu dros amser a rhwng gwledydd. Er enghraifft, gellir defnyddio ystadegau incwm gwladol i gymharu incwm y DU yn 1950 a 2007, neu i gymharu incwm Ffrainc ac incwm y DU. Wrth gymharu dros amser, mae cyfradd newid incwm gwladol (h.y. cyfradd twf economaidd) yn arbennig o bwysig.
- Fe'u defnyddir i wneud asesiadau ynghylch lles economaidd. Er enghraifft, fel arfer ystyrir twf mewn incwm gwladol i olygu bod cynnydd yn safonau byw.

Cywirdeb ystadegau incwm gwladol

Mae ystadegau incwm gwladol yn wallus am nifer o resymau.

Gwallau ystadegol Cyfrifir ystadegau incwm gwladol ar sail miliynau o gofnodion (*returns*) gwahanol i'r llywodraeth. Yn anochel caiff camgymeriadau eu gwneud: mae cofnodion yn wallus neu heb eu cwblhau. Mae'r ystadegau'n cael eu diwygio'n gyson

yng ngoleuni tystiolaeth ffres. Er bod diwygiadau'n tueddu i fynd yn llai dros amser, mae ystadegau incwm gwladol yn dal i gael eu diwygio ddeng mlynedd ar ôl y cyhoeddiad cyntaf.

Yr economi cudd Mae trethi fel TAW, treth incwm a chyfraniadau Yswiriant Gwladol, a rheoliadau llywodraeth fel deddfau iechyd a diogelwch, yn gosod baich ar weithwyr a busnesau. Caiff rhai eu temtio i osgoi trethi ac yna dywedir eu bod yn gweithio yn yr ECONOMI DU, CUDD NEU ANFFURFIOL. Yn y diwydiant adeiladu, er enghraifft, mae'n gyffredin i weithwyr fod yn hunangyflogedig ac i ddanddatgelu eu hincwm i'r awdurdodau trethi neu i beidio â'i ddatgelu o gwbl. Mae trafodion yn yr economi du ar ffurf arian parod. Gallai'r awdurdodau trethi olrhain sieciau, cardiau credyd, ayb. Osgoi trethi yw'r prif gymhelliad dros weithio yn yr economi cudd ond hefyd mae ychydig yn hawlio budd-daliadau lles nad oes ganddynt hawl iddynt. Mae'n anodd amcangyfrif maint yr economi cudd, ond yn y DU mae amcangyfrifon wedi amrywio o 7 i 15% o CMC (h.y. mae ystadegau incwm gwladol yn rhoi amcangyfrif o wir faint incwm gwladol sydd o leiaf 7% yn rhy isel).

Gwasanaethau a gynhyrchir gartref Yn y gwledydd tlotaf sy'n datblygu mae gwerth CGC y pen yn llai na £100 y flwyddyn. Byddai'n amhosibl byw ar y swm hwn os mai dyma wir werth cynnyrch yn yr economi. Fodd bynnag, mae cyfran fawr o gynhyrchu yn y sector amaethyddol heb gael ei masnachu ac felly

---

Cwestiwn 3

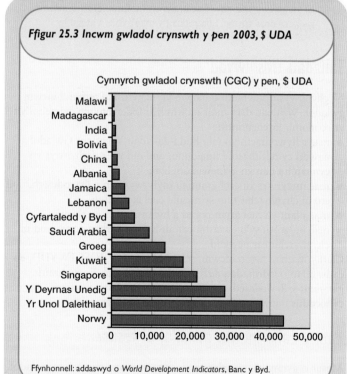

Ffigur 25.3 Incwm gwladol crynswth y pen 2003, $ UDA

Cynnyrch gwladol crynswth (CGC) y pen, $ UDA

Malawi
Madagascar
India
Bolivia
China
Albania
Jamaica
Lebanon
Cyfartaledd y Byd
Saudi Arabia
Groeg
Kuwait
Singapore
Y Deyrnas Unedig
Yr Unol Daleithiau
Norwy

0   10,000   20,000   30,000   40,000   50,000

Ffynhonnell: addaswyd o World Development Indicators, *Banc y Byd.*

(a) Pa ystadegau y mae angen i lywodraethau eu casglu er mwyn gallu cyfrifo CGC y pen?
(b) Sut y gallai (i) economegydd a (ii) llywodraeth ddefnyddio'r ystadegau hyn?

Cwestiwn 4

Mae ymchwilwyr o Brifysgol Cyprus wedi amcangyfrif bod maint yr economi cudd yn y DU yn 10.6% o leiaf o CMC. Gwnaethon nhw edrych ar incwm yr hunangyflogedig a chymharu hyn â'u gwariant gan ddefnyddio'r Arolwg Gwariant Teuluoedd a lunnir gan Swyddfa Ystadegau Cenedlaethol. Gwnaethon nhw gymharu hyn ag incwm a gwariant gweithwyr cyflogedig fel gweision sifil sy'n annhebygol o fod ag unrhyw incwm cudd. Amcangyfrifwyd bod cartrefi lle roedd pennaeth y cartref yn weithiwr coler las ac yn hunangyflogedig yn hysbysu'r awdurdodau trethi o 46% yn unig o'u hincwm. Roedd cartrefi lle roedd y pennaeth hunangyflogedig yn weithiwr coler wen yn rhoi gwybod am 61% yn unig o'u hincwm ar gyfartaledd. O wybod bod incwm hunangyflogedig a hysbysir tua 12.3% o CMC, mae hyn yn golygu bod gweithgareddau'r economi du sy'n gysylltiedig â hunangyflogaeth yn y DU yn dod i 10.6% o CMC. Gallai gweithwyr cyflogedig fod â swyddi rhan amser hefyd nad ydynt yn eu datgelu a byddai hynny'n cynyddu maint yr economi du. Ond mae eu gallu i osgoi treth yn gyfyngedig am fod eu cyflogwyr yn didynnu eu treth o'u pecyn cyflog drwy'r cynllun Talu Wrth Ennill (*PAYE*). Yn 2004 roedd 3.6 miliwn o weithwyr hunangyflogedig a 24.6 miliwn o weithwyr cyflogedig.

Ffynhonnell: addaswyd o Estimates of the black economy based on consumer demand approaches, *P. Lyssiotou, P. Pashardes a T. Stengos,* Economic Journal, *Gorffennaf 2004 a* Monthly Digest of Statistics, *Swyddfa Ystadegau Cenedlaethol.*

(a) Eglurwch pam fod cymhelliad i weithwyr weithio yn yr 'economi cudd'.
(b) Mae awdurdodau trethi y DU yn amcangyfrif bod paentwyr ac addurnwyr, glanhawyr, gyrwyr tacsis a garddwyr yn tueddu i osgoi treth. Awgrymwch pam mai'r gweithwyr hyn, yn hytrach nag athrawon neu weision sifil, sydd fwyaf tebygol o weithio yn yr 'economi cudd'.
(c) Ar hyn o bryd mae llywodraeth y DU yn bwriadu creu gweithlu mwy hyblyg, gyda chyfran uwch o weithwyr rhan amser, achlysurol a hunangyflogedig. Beth yw goblygiadau hyn ar gyfer maint yr economi cudd?

nid yw'n ymddangos yn ystadegau'r incwm gwladol. Mae pobl yn ymgymryd ag amaethyddiaeth ymgynhaliol (*subsistence*), gan dreulio'r hyn y maent yn ei gynhyrchu. Felly mae gwerth cynnyrch gwladol yn uwch o lawer mewn gwirionedd. Yn yr un modd, yn y DU ni chaiff cynnyrch gwasanaethau gwragedd a gwŷr tŷ ei gofnodi. Nac ychwaith y nifer mawr o dasgau'r cartref (*DIY*) a wneir bob blwyddyn. Po fwyaf yw gweithgareddau tasgau'r cartref, mwyaf i gyd y bydd ystadegau incwm gwladol yn tan-gofnodi'r cynnyrch gwladol.

Y sector cyhoeddus Mae prisio cynnyrch llawer o'r sector cyhoeddus yn anodd am nad yw'n cael ei brynu a'i werthu. Caiff y broblem ei hosgoi drwy brisio cynnyrch nad yw'n cael ei werthu yn ôl cost ei gynhyrchu. Er enghraifft, gwerth cynnyrch un o ysgolion y wladwriaeth yw cost rhedeg yr ysgol. Gall y dull hwn o brisio roi canlyniadau annisgwyl. Tybiwch fod nifer y nyrsys ar ward ysbyty yn cael ei ostwng o 10 i 8 drwy staffio mwy effeithlon a bod y gwasanaeth yn gwella. Bydd cyfrifon incwm gwladol yn dal i ddangos gostyngiad yn y cynnyrch (a fesurir gan ostyngiad yn incwm y ddwy nyrs). Yn gyffredinol, dangosir cynnydd mewn cynhyrchedd yn y sector cyhoeddus gan ostyngiad yng ngwerth cynnyrch. Mae'n edrych fel petai llai yn cael ei gynhyrchu tra mewn gwirionedd mae cynnyrch heb newid.

Cymharu incwm gwladol dros amser

Mae cymharu incwm gwladol y DU heddiw ag incwm gwladol yn y gorffennol yn creu problemau.

Prisiau Mae prisiau wedi tueddu i godi dros amser. Felly dydy cynnydd mewn incwm gwladol dros y cyfnod ddim o reidrwydd yn dangos y bu cynnydd yn nifer y nwyddau a'r gwasanaethau a gynhyrchwyd yn yr economi. Dim ond os ydy cyfradd cynnydd incwm gwladol o'i fesur yn nhermau arian (cyfradd enwol twf economaidd) yn fwy na'r cynnydd mewn prisiau (cyfradd chwyddiant) y gellir dweud y bu cynnydd mewn cynnyrch. Felly wrth gymharu dros amser, mae'n hanfodol ystyried newidiadau real mewn incwm yn hytrach na newidiadau **enwol** (☞ uned 3).

Cywirdeb a chyflwyniad yr ystadegau Mae ystadegau incwm gwladol yn wallus ac felly mae'n amhosibl rhoi ffigur manwl gywir am y newid mewn incwm dros amser. Hefyd, bydd cyfradd chwyddiant yn effeithio ar y newid mewn incwm real dros amser. Mae'r gwallau anochel a wneir wrth gyfrifo cyfradd chwyddiant yn ychwanegu at broblemau anghywirdeb. Mae dull cyfrifo incwm gwladol a chyfradd chwyddiant yn gallu newid dros amser hefyd. Mae'n bwysig ceisio dileu effaith newidiadau mewn diffiniadau.

Newidiadau yn y boblogaeth Yn aml defnyddir ystadegau incwm gwladol i gymharu safonau byw dros amser. Os cânt eu defnyddio yn y modd hwn, mae'n hanfodol cymharu incwm gwladol y pen (h.y. y person). Er enghraifft, os ydy'r boblogaeth yn dyblu tra bod incwm gwladol yn cynyddu bedair gwaith, bydd pobl yn debygol o fod yn agosach at ddwywaith yn well eu byd na phedair gwaith.

Ansawdd nwyddau a gwasanaethau Gall ansawdd nwyddau wella dros amser oherwydd datblygiadau mewn technoleg ond hefyd gall eu pris ostwng. Er enghraifft, mae ceir heddiw yn well o lawer na cheir 80 mlynedd yn ôl, eto i gyd maen nhw'n rhatach. Byddai incwm gwladol yn dangos y gostyngiad yn y pris drwy ostyngiad mewn incwm gwladol, gan awgrymu yn anghywir bod safonau byw wedi gostwng. Ar y llaw arall, mae cyflogau yn y sector cyhoeddus yn tueddu i gynyddu tua 2% y flwyddyn yn fwy na'r cynnydd mewn

chwyddiant. Y rheswm yw bod cyflogau ledled yr economi yn tueddu i gynyddu yn unol â chyfradd twf economaidd yn hytrach na chyfradd chwyddiant. Byddai cyflogau uwch yn cael eu hadlewyrchu mewn ffigurau uwch ar gyfer incwm gwladol enwol a real ond efallai na fyddai unrhyw nwyddau na gwasanaethau ychwanegol yn cael eu cynhyrchu.

Amddiffyn a gwariant perthynol Roedd CMC y DU yn uwch yn ystod yr Ail Ryfel Byd nag yn yr 1930au, ond roedd llawer o CMC rhwng 1940 ac 1945 wedi'i neilltuo i wariant ar amddiffyn. Byddai'n anodd dadlau bod pobl yn mwynhau safon uwch o fyw yn ystod blynyddoedd y rhyfel nag yn y cyfnod cyn y rhyfel. Felly rhaid ystyried y gyfran o incwm gwladol sy'n cael ei rhoi i amddiffyn, neu er enghraifft i'r heddlu, wrth ystyried safon byw y boblogaeth.

Treuliant a buddsoddiant Mae'n bosibl cynyddu safonau byw heddiw drwy ostwng buddsoddiant a chynyddu treuliant. Fodd bynnag, mae gostwng buddsoddiant yn debygol o ostwng safonau byw yn y dyfodol o'r hyn y gallen nhw fod wedi bod fel arall. Fel y mae yn achos amddiffyn, bydd y gyfran o incwm gwladol a roddir i fuddsoddiant yn effeithio ar safon byw y boblogaeth nawr ac yn y dyfodol.

Allanolderau Dydy ystadegau incwm gwladol ddim yn ystyried **allanolderau** (☞ uned 19) a gynhyrchir gan yr economi. Gallai ystadegau incwm gwladol ddangos bod incwm gwladol wedi dyblu tua bob 25 mlynedd oddi ar 1945. Ond os ydy gwerth allanolderau wedi mwy na dyblu dros y cyfnod hwnnw, mae cyfradd twf safon byw wedi llai na dyblu.

Dosraniad incwm Wrth gymharu incwm gwladol dros amser, mae'n bwysig cofio efallai na fydd cynnydd mewn incwm gwladol ar gyfer yr economi cyfan yn golygu bod incwm unigolion wedi cynyddu. Mae dosraniad incwm yn debygol o newid dros amser, ac efallai y bydd hynny'n arwain at sefyllfa fwy dymunol neu efallai na fydd.

Cwestiwn 5

Tabl 25.2 CMC, prisiau a phoblogaeth

	CMC enwol yn ôl prisiau'r farchnad (£bn)	Indecs Prisiau Adwerthu (2004 = 100)	Poblogaeth (miliynau)
1948	11.9	4.2	48.7
1958	22.8	6.5	51.7
1968	43.5	8.8	55.2
1978	167.8	26.8	56.2
1988	468.4	57.2	56.9
1998	860.5	87.3	58.5
2004	1 163.9	100.0	59.8

Ffynhonnell: addaswyd o *Economic Trends Annual Supplement*, *Monthly Digest of Statistics*, *Annual Abstract of Statistics*, Swyddfa Ystadegau Cenedlaethol.

(a) Ar gyfer pob blwyddyn, cyfrifwch werth: (i) CMC enwol y pen; (ii) CMC real y pen yn ôl prisiau 2004.

(b) I ba raddau y mae'n bosibl asesu ar sail y data a gynyddodd safonau byw dros y cyfnod 1948-2004?

Cymharu incwm gwladol rhwng gwledydd

Mae cymharu incwm gwladol rhwng gwledydd yn llawn anawsterau hefyd. Gall dosraniadau incwm fod yn wahanol. Bydd poblogaethau'n wahanol ac felly mae'n bwysig cymharu ffigurau incwm y pen. Bydd gan gyfrifon incwm gwladol raddau gwahanol o anghywirdeb a achosir, er enghraifft, gan y ffaith fod maint yr economi anffurfiol yn wahanol ym mhob gwlad. Bydd confensiynau cyfrifydda incwm gwladol yn wahanol.

Hefyd mae'r broblem o ba gyfradd cyfnewid i'w defnyddio wrth gymharu incwm gwladol dwy wlad. Efallai nad ydy cyfradd cyfnewid y farchnad o ddydd i ddydd â fawr ddim cysylltiad â phrisiau cymharol mewn gwledydd gwahanol. Felly gall prisiau mewn rhai gwledydd, fel y Swistir neu'r Almaen, fod yn uwch o lawer yn ôl cyfraddau cyfnewid swyddogol nag yn Ffrainc neu'r Eidal. Os ydy ystadegau incwm gwladol i gael eu defnyddio i gymharu safonau byw rhwng gwledydd, mae'n bwysig defnyddio

cyfradd cyfnewid sy'n cymharu cost byw ym mhob gwlad. Y term am y cyfraddau cyfnewid hyn yw PAREDDAU GALLU PRYNU *(purchasing power parities)*. Er enghraifft, os ydy basged nodweddiadol o nwyddau yn costio 10 ffranc yn Ffrainc a £1 yn y DU, dylai incwm gwladol gael ei drawsnewid yn ôl y gyfradd cyfnewid 10 ffranc i'r £1, hyd yn oed os ydy cyfradd cyfnewid y farchnad yn rhoi ffigur gwahanol iawn.

Dydy hyd yn oed hynny ddim yn ddigon manwl gywir. Mewn rhai gwledydd rhaid i ddefnyddwyr brynu nwyddau sydd i'w cael am ddim mewn gwledydd eraill. Er enghraifft, mae Sweden yn gwario cyfran uwch o'i hincwm gwladol na'r Eidal ar danwydd ar gyfer gwresogi oherwydd ei hinsawdd oerach. Ond dydy'r gwariant ychwanegol hwn ddim yn rhoi safon uwch o fyw i bobl Sweden. Eto, mae gwledydd yn wahanol yn ddaearyddol a gallai un wlad fod â chostau cludiant uwch am bob uned o gynnyrch na gwlad arall oherwydd tagfeydd neu orfod cludo nwyddau dros bellterau hir. Yn ymarferol, mae bron yn amhosibl cymhwyso ffigurau incwm gwladol ar gyfer y mathau hyn o wahaniaethau.

Cwestiwn 6

Tabl 25.3 CGC, cyfraddau cyfnewid a phoblogaeth, 2003

Gwlad	Arian cyfred am bob £		CGC, gwerth yn yr arian cyfred lleol	Poblogaeth miliynau
	Cyfraddau cyfnewid y farchnad	Cyfraddau cyfnewid pareddau gallu prynu		
Ffrainc	1.4456	1.3021	€1345.7 bn	59.8
Yr Almaen	1.4456	1.2939	€11844 bn	82.5
Yr Eidal	1.4456	1.1368	€1099.5 bn	57.6
Japan	189.34	222.49	505123 bn ien	127.6
Sbaen	1.4456	1.0882	619.5 bn	41.1
Y Swistir	2.197	2.7015	401.9 bn ffranciau y Swistir	7.4
Y DU	1.0000	1.0000	£1027.8 bn	59.3
UDA	1.6346	1.6036	$11013 bn	290.8

Ffynhonnell: addaswyd o *World Development Indicators*, Banc y Byd, *Economic Trends*, Swyddfa Ystadegau Cenedlaethol.

(a) Rhestrwch y gwledydd yn y tabl mewn trefn yn ôl (i) CGC a (ii) CGC y pen. Gwnewch hyn drwy drawsnewid CGC a CGC y pen yn bunnoedd sterling gan ddefnyddio cyfraddau cyfnewid pareddau gallu prynu.

(b) Fyddai trefn eich rhestr wedi bod yn wahanol pe byddech wedi trawsnewid CGC yn ôl cyfraddau cyfnewid y farchnad yn hytrach na chyfraddau cyfnewid pareddau gallu prynu? Os felly, eglurwch pam.

Termau allweddol

Cynnyrch mewnol crynswth (CMC) a chynnyrch gwladol crynswth (CGC) – mesurau o incwm gwladol sy'n gadael allan (yn achos CMC) ac yn cynnwys (yn achos CGC) incwm net o fuddsoddiadau dramor ond nad ydynt yn cynnwys lwfans ar gyfer dibrisiant stoc cyfalaf y genedl.

Economi agored – economi lle mae masnach â gwledydd eraill.

Economi caeedig – economi lle nad oes masnach dramor.

Economi cudd, du neu anffurfiol – gweithgaredd economaidd lle mae masnachu a chyfnewid yn digwydd, ond sydd heb gael ei hysbysu i'r awdurdodau trethi a'r sawl sy'n casglu ystadegau incwm gwladol. Fel arfer mae gweithwyr yn yr economi cudd yn cael eu cymell gan yr awydd i osgoi talu trethi.

Incwm gwladol – gwerth cynnyrch, gwariant neu incwm economi dros gyfnod.

Llif cylchol incwm – model o'r economi sy'n dangos llif nwyddau, gwasanaethau a ffactorau a'u taliadau o gwmpas yr economi.

Pareddau gallu prynu – cyfradd cyfnewid un arian cyfred am arian cyfred arall sy'n cymharu faint y byddai basged nodweddiadol o nwyddau yn ei chostio mewn un gwlad o'i chymharu â gwlad arall.

Taliadau trosglwydd – incwm lle nad oes cynnyrch cyfatebol, fel budd-daliadau di-waith neu daliadau pensiwn.

Economeg gymhwysol

Ffrainc a'r Deyrnas Unedig

Mae gan Ffrainc gynnyrch gwladol crynswth (CGC) is na'r DU. Yn 2003, roedd CGC Ffrainc yn €1345.7 bn o'i gymharu â £1027.8 bn ar gyfer y DU. Gyda'r cyfradd cyfnewid yn €1.4456 i'r bunt, golygai hyn fod economi Ffrainc yn cynhyrchu 10% yn llai nag economi'r DU.

Nid yw ystadegau moel am incwm gwladol fel y rhain yn dweud llawer wrth gymharu gwledydd. I ddechrau, gall poblogaethau amrywio'n fawr iawn. Yn yr achos yma, mae gan Ffrainc a'r DU boblogaeth sydd bron yr un fath sef tua 59 miliwn, gydag ychydig yn llai o bobl yn y DU nag sydd yn Ffrainc (59.3 miliwn o'i chymharu â 59.9 miliwn). Felly ychydig o wybodaeth ychwanegol a gawn o CGC y pen o'i gymharu â chyfanswm CGC wrth wneud cymhariaeth. Mae pareddau gallu prynu (PGP), fodd bynnag, yn wahanol iawn i gyfraddau cyfnewid y farchnad. Yn 2003 roedd cyfraddau cyfnewid y farchnad yn tanbrisio'r ffranc o'i gymharu â'r pareddau gallu prynu. CGC Ffrainc, o'i drawsnewid yn bunnoedd gan ddefnyddio PGP yn 2003, oedd £1,033 bn. Roedd hyn bron yr un fath yn union â CGC y DU wedi'i fesur yn ôl cyfraddau PGP, sef £1,027.8 bn. Y casgliad felly yw bod CGC Ffrainc a'r DU yn eithaf tebyg o'i fesur yn ôl gwerthoedd pareddau gallu prynu, ond bod CGC y pen ychydig yn uwch yn y DU am fod ei phoblogaeth ychydig yn llai. Y gwahaniaeth mewn CGC y pen yn ôl cyfraddau PGP oedd 1%.

Wrth gymharu safonau byw, dim ond un ffactor o blith nifer i'w hystyried yw incwm gwladol. Ffactor arall yw dosraniad incwm. Mae Tabl 25.4 yn dangos bod incwm yn y DU yn ail hanner yr 1990au wedi'i ddosrannu'n llai cyfartal nag incwm yn Ffrainc. Roedd incwm cyfartalog yr 20% tlotaf yn y DU yn is nag yn Ffrainc tra oedd incwm cyfartalog yr 20% uchaf yn uwch.

Mae grŵp arall o ffactorau sy'n bwysig yn ymwneud â dosraniad incwm gwladol rhwng gwahanol fathau o wariant. Mae Tabl 25.5 yn dangos y gellid priodoli 24% o CMC yn Ffrainc yn 2003 i dreuliant cyffredinol y llywodraeth ar eitemau fel addysg a gwasanaethau amgylcheddol, o'i gymharu â 21% yn y DU. Roedd gwariant ar fuddsoddiant yn uwch yn Ffrainc hefyd, yn rhannol oherwydd buddsoddiant uwch y llywodraeth mewn isadeiledd fel ffyrdd, rheilffyrdd ac adeiladau ysgolion. Fodd bynnag, roedd gwariant uwch yn y DU yn ganlyniad yn rhannol i ddiffyg yng nghyfrif cyfredol y fantol daliadau. Roedd gan Ffrainc warged o 2% yn y cyfrif cyfredol o'i gymharu â diffyg o 3% ar gyfer y DU. Petai'r DU yn ariannu'r diffyg hwn drwy gael benthyg, byddai'n gwario nawr ond byddai'n rhaid ad-dalu'r ddyled rywbryd yn y dyfodol. Roedd gwariant y llywodraeth ar amddiffyn, yn gyffredinol, yn debyg yn y ddwy wlad sef 2.5% o CGC yn 2003. Roedd gwariant ar iechyd yn uwch yn Ffrainc yn 2002, gydag oddeutu 10% o CMC yn cael ei wario ar ofal iechyd cyhoeddus a phreifat o'i gymharu ag 8% yn y DU. Roedd cartrefi ym Mhrydain yn gallu gwario cyfran uwch o CMC na'r Ffrancwyr. Roedd treuliant preifat yn cyfrif am 66% o CGC yn y DU yn 2003 o'i gymharu â 55% yn Ffrainc, sy'n wahaniaeth sylweddol. Fodd bynnag, byddai llawer yn y DU a brynodd dŷ yn y pum mlynedd cyn hynny wedi gweld llawer, os nad y cyfan, o'r gwahaniaeth hwnnw yn diflannu oherwydd cost eu morgeisiau ar dai a oedd gryn dipyn yn ddrutach nag yn Ffrainc.

Mae ansawdd bywyd yn anodd ei fesur. Mae llai o bobl yn Ffrainc yn byw mewn trefi o'i chymharu â'r DU. Yn 2003 roedd 76% o bobl Ffrainc yn byw mewn trefi a dinasoedd o'i gymharu â 90% yn y DU. Ffactor pwysig hefyd yw'r ffaith bod Ffrainc fwy na dwywaith maint y DU ac felly mae dwysedd y boblogaeth lawer yn is yn Ffrainc. Yn sicr, mae llai o draffig ar ffyrdd Ffrainc, ar gyfartaledd, nag yn y DU ac mae'r dwysedd is o ran y boblogaeth a'r ffaith bod diwydiant a phoblogaeth yn fwy gwasgaredig yn golygu bod llai o lygredd aer yn Ffrainc nag yn y DU.

Rhaid ystyried nifer o ffactorau eraill cyn penderfynu a oes gan Brydain safon byw uwch na Ffrainc neu i'r gwrthwyneb. Mae safleoedd cymharol y ddwy wlad hefyd yn newid dros amser. Ddeugain mlynedd yn ôl, mae'n debyg bod gan bobl Prydain safon byw uwch na phobl Ffrainc. Erbyn yr 1990au, fodd bynnag, gellir dadlau bod Ffrainc, oherwydd y twf economaidd uwch dros y degawdau dilynol, wedi gwyrdroi hyn. Ond erbyn diwedd yr 1990au roedd economi Ffrainc yn farwaidd o'i gymharu ag economi'r DU. Felly erbyn 2002-2004 roedd y ddau economi yn cynnig i'w dinasyddion incwm cyfartalog digon tebyg yn ôl pareddau gallu prynu. Os bydd y tueddiadau diweddar yn parhau am y ddegawd nesaf, bydd Prydain ar y blaen i Ffrainc yn hawdd o ran pareddau gallu prynu erbyn 2010-2015.

Tabl 25.4 Dosraniad incwm

			Cyfran ganrannol o incwm		
	20% Isaf	20% Nesaf	20% Canol	20% Nesaf	20% Uchaf
Ffrainc (1995)	7.2	12.6	17.2	22.8	40.2
Y DU (1999)	6.1	11.4	16.0	22.5	44.0

Ffynhonnell: addaswyd o *World Development Indicators*, Banc y Byd.

Tabl 25.5 Strwythur galw, 2003

	Treuliant preifat	Treuliant y llywodraeth	Buddsoddiant mewnol crynswth	Allforion minws mewnforion
				% o CMC
Ffrainc	55	24	19	2
Y DU	66	21	16	-3

Ffynhonnell: addaswyd o *World Development Indicators*, Banc y Byd.

Cwestiwn Data

Safonau Byw

Tabl 25.6 *Dangosyddion incwm gwladol, 2003*

	Incwm gwladol crynswth ($ miliwn)	Incwm gwladol crynswth y pen ($)	Amcangyfrifon PGP o incwm gwladol crynswth y pen ($)
Ethiopia	6.4	90	710
Ghana	6.5	320	2 190
Indonesia	173.5	810	3 210
Pakistan	77.6	1 110	4 690
Colombia	10.1	630	6 410
Ffederasiwn Rwsia	374.8	2 610	8 950
Gweriniaeth Tsiec	72.9	7 150	15 600
Seland Newydd	62.2	15 530	21 350
Y DU	1 680.1	28 320	27 690
UDA	11 012.6	37 870	37 750

Tabl 25.7 *Dosraniad incwm*

	20% Isaf	20% Nesaf	20% Canol	20% Nesaf	20% Uchaf
Ethiopia (1999-2000)	9.1	13.2	16.8	21.5	39.4
Ghana (1998-99)	5.6	10.1	14.9	22.9	46.6
Indonesia (2002)	8.4	11.9	15.4	21.0	43.3
Pakistan (1998-99)	8.8	12.5	15.9	20.6	42.3
Colombia (1999)	2.7	6.6	10.8	18.0	61.8
Ffederasiwn Rwsia (2002)	8.2	12.7	16.9	23.0	39.3
Gweriniaeth Tsiec (1996)	10.3	14.5	17.7	21.7	35.9
Seland Newydd (1997)	6.4	11.4	15.8	22.6	43.8
Y DU (1999)	6.1	11.4	16	22.5	44
UDA (2000)	5.4	10.7	15.7	22.4	45.8

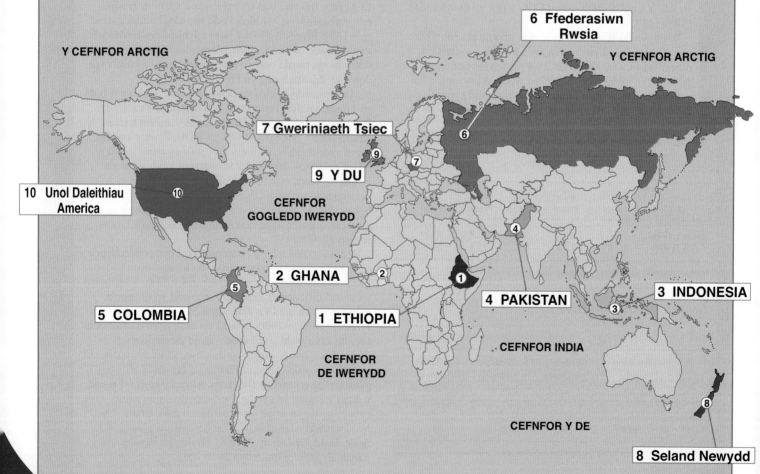

Tabl 25.8 Poblogaeth

	Twf poblogaeth, twf % blynyddol cyfartalog 1990-2003	% o'r boblogaeth 0-14 oed, 2003	% o'r boblogaeth 65+ oed, 2003	Poblogaeth drefol, % o'r cyfanswm, 2003
Ethiopia	2.3	45.4	2.8	17
Ghana	2.3	41.9	4.4	37
Indonesia	1.4	29.7	4.9	44
Pakistan	2.4	40.1	3.4	34
Colombia	1.9	31.8	4.8	76
Ffederasiwn Rwsia	- 0.3	16.3	13.2	73
Gweriniaeth Tsiec	- 0.1	15.5	13.9	75
Seland Newydd	1.2	21.9	11.7	86
Y DU	0.2	18.2	16.0	90
UDA	1.2	21.0	12.4	78

Tabl 25.9 Dangosyddion iechyd

	Disgwyliad oes adeg geni, blynyddoedd, 2003	Cyfradd marwolaethau dan 5 oed, am bob mil o'r boblogaeth, 2003	Diffyg maeth ymhlith plant, % o'r plant dan bwysau, 1995-2003	Dŵr diogel ar gael, % o'r boblogaeth, 2002	Cyfleusterau glanweithdra ar gael, % o'r boblogaeth, 2002	Gwariant cyhoeddus ar iechyd, % o CMC, 2002
Ethiopia	42	169	47.2	22	6	2.6
Ghana	54	95	22.1	79	58	2.3
Indonesia	67	41	27.3	78	52	1.2
Pakistan	64	98	35.0	90	54	1.1
Colombia	72	21	6.7	92	86	6.7
Ffederasiwn Rwsia	66	21	5.5	96	87	3.5
Gweriniaeth Tsiec	75	5	n.a.	100	100	6.4
Seland Newydd	79	6	n.a.	100	100	6.6
Y DU	78	7	n.a.	100	100	6.4
UDA	77	8	n.a.	100	100	6.6

n.a. = ddim ar gael

Tabl 25.10 Egni a'r amgylchedd

	Egni a ddefnyddir y pen (yn gywerth â Kg o olew), 2002	Allyriant carbon deuocsid y pen, tunelli metrig, 2000	Datgoedwigo blynyddol cyfartalog, %, 1990-2000	Ardaloedd gwarchod cenedlaethol fel % o gyfanswm arwynebedd y tir, 2003
Ethiopia	297	0.1	0.8	16.9
Ghana	411	0.3	1.7	5.6
Indonesia	737	1.3	1.2	20.6
Pakistan	454	0.8	1.5	4.9
Colombia	625	1.4	0.4	10.2
Ffederasiwn Rwsia	4 288	9.9	0.0	7.8
Gweriniaeth Tsiec	4 090	11.6	0.0	16.1
Seland Newydd	4 573	8.3	- 0.5	29.6
Y DU	3 824	9.6	- 0.6	20.9
UDA	7 943	19.8	- 0.2	25.9

Tabl 25.11 Addysg

	Gwariant cyhoeddus ar addysg, % o CMC, 2002	Llythrennedd oedolion, % o bobl 15 oed a mwy, 2002 Dynion	Merched	Cymhareb cofrestru net, % o'r grŵp oedran perthnasol, 2002-03 Cynradd	Uwchradd	Plant yn y llafurlu, % o'r grŵp oedran, 2003
Ethiopia	4.6	49	34	47	15	40
Ghana	n.a.	82	66	63	33	11
Indonesia	1.3	92	83	92	n.a.	7
Pakistan	1.8	n.a.	n.a.	59	n.a.	14
Colombia	5.2	92	92	87	54	6
Ffederasiwn Rwsia	3.1	100	99	n.a.	n.a.	0
Gweriniaeth Tsiec	4.2	n.a.	n.a.	88	89	0
Seland Newydd	6.7	n.a.	n.a.	100	93	0
Y DU	4.7	n.a.	n.a.	100	96	0
UDA	5.7	n.a.	n.a.	93	85	0

n.a. = ddim ar gael

Tabl 25.12 Cyfathrebu

	Ffyrdd â phalmant, % o'r cyfanswm, 1997-2002	Prif linellau ffôn am bob 1 000 o bobl, 2003	Ffonau symudol am bob 1 000 o bobl, 2003	Setiau teledu am bob 1 000 o bobl, 2003	Cyfrifiaduron personol am bob 1 000 o bobl, 2003	Defnyddwyr y rhyngrwyd am bob 1 000 o bobl, 2003
Ethiopia	12.0	6	1	6	2.2	1
Ghana	18.4	13	36	53	3.8	8
Indonesia	58.0	39	87	153	11.9	38
Pakistan	59.0	27	18	150	4.2	10
Colombia	14.4	179	141	319	49.3	53
Ffederasiwn Rwsia	67.4	242	249	n.a.	88.7	n.a.
Gweriniaeth Tsiec	100.0	360	965	538	177.4	308
Seland Newydd	64.0	448	648	574	413.8	526
Y DU	100.0	591	841	938	658.9	551
UDA	58.8	621	543	n.a.	110.1	119

n.a. = ddim ar gael

Tabl 25.13 Dosraniad CMC yn ôl sector ac yn ôl galw

	Dosraniad CMC yn ôl sector, % Amaethyddiaeth	Diwydiant	Gwasanaethau	Strwythur galw, % o CMC[1] Treuliant preifat	Treuliant y llywodraeth	Buddsoddiant mewnol crynswth
Ethiopia	42	11	47	75	24	21
Ghana	36	25	39	77	12	23
Indonesia	17	44	40	69	9	16
Pakistan	23	23	53	73	12	16
Colombia	12	29	58	65	21	15
Ffederasiwn Rwsia	5	34	61	53	16	20
Gweriniaeth Tsiec	3	39	57	51	24	28
Seland Newydd	7	28	65	60	18	21
Y DU	1	27	72	66	21	16
UDA	2	23	75	71	15	18

Ffynhonnell: addaswyd o *World Development Indicators*, Banc y Byd.

[1] Nid yw'r ffigurau o reidrwydd yn adio i 100. Y rheswm yw bod y fantol yn dangos llifoedd net o adnoddau o wledydd tramor. Er enghraifft, mae Ethiopia wedi gwario 120% o'i CMC ar dreuliant a buddsoddiant ac wedi ariannu hyn gan fewnlif net o 20% o arian o wledydd tramor.

Gofynnwyd i chi ysgrifennu erthygl ar gyfer cylchgrawn heb fod yn fwy na 1 000 o eiriau. Mae'r golygydd eisiau i chi gymharu safonau byw 10 gwlad gan ddefnyddio ystadegau incwm gwladol. Yn eich erthygl, gan ddefnyddio'r data a roddwyd: (a) gwnewch gymhariaeth o'r fath; (b) trafodwch gyfyngiadau defnyddio ystadegau incwm gwladol i gymharu safonau byw gwledydd gan roi enghreifftiau o sut y gallai dangosyddion economaidd gwahanol roi sylfaen ychwanegol, neu efallai hyd yn oed sylfaen well, ar gyfer gwneud cymhariaeth o'r fath.

Crynodeb

1. Y newid yng nghynnyrch posibl yr economi a ddangosir gan symudiad y ffin posibilrwydd cynhyrchu i'r dde yw twf economaidd. Fel arfer caiff twf economaidd ei fesur gan y newid mewn incwm gwladol real.

2. Achosir twf economaidd gan gynnydd ym maint neu ansawdd tir, llafur a chyfalaf a chan gynnydd technolegol.

3. Weithiau dadleuir bod twf yn anghynaliadwy oherwydd deddf adenillion lleihaol. Gan fod tir yn arbennig â'i gyflenwad yn sefydlog, bydd adenillion lleihaol yn dechrau. Ond nid yw cyflenwad y rhan fwyaf o adnoddau naturiol yn sefydlog ac mae tystiolaeth hanesyddol yn awgrymu bod pob ffactor yn newidiol dros amser.

Twf economaidd

Mae economïau'n newid dros amser. Mae rhan o'r newid yn cynnwys newidiadau yn y gallu cynhyrchu – y gallu i gynhyrchu nwyddau a gwasanaethau. Y term am gynnydd yn y gallu cynhyrchu yw TWF ECONOMAIDD. Mae'r rhan fwyaf o economïau heddiw yn cael twf economaidd positif dros amser. Ond mae aflonyddwch economaidd a achosir gan ryfel, fel y gwelir mewn rhannau o Affrica, neu anhrefn economaidd difrifol oherwydd newid systemau economaidd, fel yn Rwsia, yn gallu arwain at dwf economaidd negyddol.

Nid yw'n bosibl mesur gallu cynhyrchu economi yn uniongyrchol gan nad oes modd cyrraedd un ffigur ariannol ar gyfer gwerth newidynnau fel peiriannau, gweithwyr a thechnoleg. Yn hytrach, mae economegwyr yn defnyddio newidiadau mewn CMC, gwerth cynnyrch, fel mesur dirprwyol.

Y bwlch cynnyrch

Mae yna broblemau i ddefnyddio CMC, yn enwedig yn y tymor byr. Y rheswm yw bod yr economi'n gallu gweithredu islaw neu yn wir uwchlaw ei botensial cynhyrchiol am gyfnod. Er enghraifft, os ydy'r economi'n disgyn i **enciliad** (☞ uned 24), mae diweithdra'n cynyddu ac felly nid yw'n llwyddo i gynhyrchu ar ei lefel bosibl o gynnyrch. Yn ystod ffyniant efallai y bydd yr economi'n gweithredu y tu hwnt i'w botensial cynhyrchiol. Er enghraifft, efallai y bydd gweithwyr yn fodlon gweithio oriau hynod o hir am gyfnod byr. Yn y tymor hir bydden nhw'n gwrthod gweithio'r oriau hynny ac felly mae'r economi'n gweithredu y tu hwnt i'w gynnyrch posibl. Gallai'r un fath fod yn wir am gwmni unigol. Efallai y bydd gweithwyr yn fodlon gweithio llawer o oriau ychwanegol er mwyn cyflenwi archeb brys bwysig, ond fydden nhw ddim eisiau gweithio'r oriau hynny bob wythnos.

Mae Ffigur 26.1 yn dangos y BWLCH CYNNYRCH. Y llinell syth yw cyfradd duedd twf CMC dros gyfnod hir. Tybir bod hon yn dangos lefel y CMC sy'n gysylltiedig â photensial cynhyrchiol yr economi. Efallai y bydd lefel wirioneddol CMC yn amrywio o hyn. Pan fo'r economi mewn enciliad a bod diweithdra'n uchel, gall lefel wirioneddol CMC fod islaw'r llinell duedd a dywedir bod BWLCH CYNNYRCH NEGYDDOL. Weithiau

Ffigur 26.1 Y bwlch cynnyrch
Mae cyfradd duedd twf CMC yn brasamcanu'r twf ym mhotensial cynhyrchiol yr economi. Pan fo CMC gwirioneddol yn mynd islaw neu uwchlaw hyn, dywedir bod bwlch cynnyrch. Pan fo twf CMC gwirioneddol yn disgyn islaw hyn mae bwlch cynnyrch negyddol. Pan fo twf CMC gwirioneddol yn codi uwchlaw'r gyfradd duedd mae bwlch cynnyrch positif.

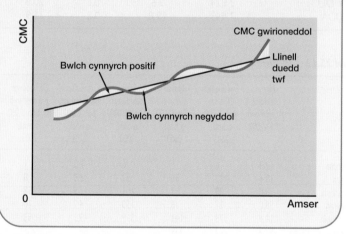

bydd lefel wirioneddol CMC uwchlaw'r llinell duedd ac mae BWLCH CYNNYRCH POSITIF. Y term am yr amrywiadau hyn yn lefel wirioneddol CMC o amgylch cyfradd duedd twf yw'r GYLCHRED FUSNES neu'r GYLCHRED FASNACH neu'r GYLCHRED ECONOMAIDD.

Y Ffin Posibilrwydd Cynhyrchu

Gellir defnyddio **ffiniau posibilrwydd cynhyrchu** i drafod twf economaidd. Mae'r ffin posibilrwydd cynhyrchu (FfPC) yn dangos cynnyrch **posibl** economi (☞ uned 1). Pan fydd yr economi'n tyfu bydd y FfPC yn symud tuag allan fel yn Ffigur 26.2. Byddai symudiad o A i C yn dangos twf economaidd. Fodd bynnag, efallai bod diweithdra yn yr economi. Gyda FfPC yn mynd trwy C, byddai symudiad o B (lle mae diweithdra) i C (cyflogaeth lawn) yn dangos ADFERIAD ECONOMAIDD yn hytrach na thwf economaidd.

Felly, dydy cynnydd mewn incwm gwladol ddim o reidrwydd yn golygu y cafwyd twf economaidd. Yn ymarferol mae'n anodd gwybod union leoliad FfPC economi ac felly mae economegwyr yn tueddu i drin pob cynnydd mewn CGC fel twf economaidd.

Gall Ffigur 26.2 gael ei ddefnyddio hefyd i ddangos y gwrthdaro rhwng buddsoddiant a threuliant. Un o brif ffynonellau twf economaidd yw buddsoddiant. Â phopeth arall yn gyfartal, po fwyaf yw lefel buddsoddiant, uchaf i gyd fydd cyfradd twf yn y dyfodol. Fodd bynnag, os ydy'r economi ar gyflogaeth lawn dim ond trwy ostwng cynhyrchu nwyddau traul y gellir cael cynnydd mewn cynhyrchu nwyddau buddsoddiant. Felly mae gwrthddewis i gael ei wneud rhwng treuliant nawr a threuliant yn y dyfodol. Po isaf yw lefel treuliant heddiw o'i chymharu â lefel buddsoddiant, uchaf i gyd fydd lefel treuliant yn y dyfodol.

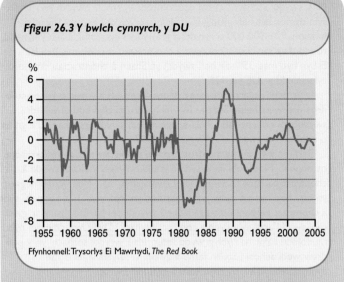

Cwestiwn 1

Ffigur 26.3 Y bwlch cynnyrch, y DU

Ffynhonnell: Trysorlys Ei Mawrhydi, *The Red Book*

(a) Eglurwch ystyr bwlch cynnyrch, gan enghreifftio eich ateb drwy gyfeirio at 1981 ac 1987.
(b) Gan ddefnyddio diagram ffin posibilrwydd cynhyrchu, eglurwch ble roedd yr economi mewn perthynas â'i botensial cynhyrchiol yn (i) 2000 a (ii) 2005.
(c) Tyfodd yr economi yn gymharol gyflym rhwng 1982 ac 1987. I ba raddau yr oedd hyn yn adferiad economaidd neu'n dwf economaidd?

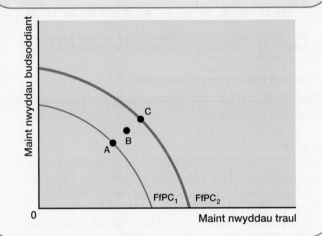

Ffigur 26.2 Ffiniau posibilrwydd cynhyrchu
Byddai symudiad o A i C yn cynyrchioli twf economaidd pe bai symudiad yn y ffin posibilrwydd cynhyrchu o FfPC₁ i FfPC₂. Byddai symudiad o B i C yn cynrychioli adferiad economaidd pe bai'r ffin posibilrwydd cynhyrchu yn FfPC₂.

dechreuodd y DU ddatblygu ei hadnoddau olew a nwy. Heddiw mae olew a nwy yn cyfrannu tua 2.7% o'r CGC. Fodd bynnag, mae'r rhan fwyaf o economegwyr yn cytuno bod datblygu defnyddiau crai yn annhebygol o fod yn ffynhonnell sylweddol o dwf mewn economïau datblygedig, er y gall fod yn hollbwysig mewn economïau sy'n datblygu.

Achosion twf economaidd

Gall cynnyrch gwladol gael ei gynyddu os oes cynnydd ym maint neu ansawdd y mewngyrch i'r broses gynhyrchu. Hefyd gall cynnyrch gael ei gynyddu os defnyddir mewngyrch presennol yn fwy effeithlon. Gellir mynegi hyn yn nhermau **ffwythiant cynhyrchu**:

Cynnyrch = f(tir, llafur, cyfalaf, cynnydd technegol, effeithlonrwydd)

Bydd gweddill yr uned hon yn canolbwyntio ar y ffyrdd y gellir cynyddu maint ac ansawdd y ffactorau cynhyrchu ac ar yr hyn sy'n pennu cynnydd technegol.

Tir

Mae gan wledydd gwahanol waddoliadau gwahanol o dir. Mewn economeg mae tir yn cael ei ddiffinio fel adnoddau naturiol yn hytrach na thir yn unig. Mae rhai gwledydd, fel Saudi Arabia, wedi cael cyfraddau uchel o dwf am fod ganddynt waddoliadau helaeth. Heb olew mae bron yn sicr y byddai Saudi Arabia heddiw yn un o wledydd tlawd y Trydydd Byd. Mae gwledydd eraill wedi cael lwc annisgwyl. Er enghraifft, dim ond yng nghanol yr 1970au y

Llafur

Dylai cynyddu nifer y gweithwyr mewn economi arwain at dwf economaidd. Gall cynnydd yn y llafurlu ddeillio o dri ffactor.

Newidiadau mewn demograffeg Os bydd mwy o bobl ifanc yn ymuno â'r gweithlu nag sy'n ymadael ag ef, bydd maint y gweithlu yn cynyddu. Yn y rhan fwyaf o wledydd datblygedig y gorllewin mae'r boblogaeth yn gymharol sefydlog. Yn wir mae llawer o wledydd yn cael gostyngiadau yn nifer y bobl ifanc sy'n ymuno â'r gweithlu oherwydd gostyngiadau yn y gyfradd genedigaethau ers rhan olaf yr 1960au.

Cynnydd yng nghyfraddau cyfranogi Mae bron pob dyn sy'n dymuno gweithio wedi'i gynnwys yn y llafurlu. Ond yn y rhan fwyaf o wledydd y Gorllewin mae cronfa sylweddol o ferched a allai gael eu dwyn i mewn i'r llafurlu pe bai cyfleoedd gwaith ar gael. Yn y DU, er enghraifft, bydd bron y cyfan o'r cynnydd yn y llafurlu hyd y gellir rhagweld yn ganlyniad i ferched yn dychwelyd i weithio neu'n dechrau gweithio.

Mewnfudo Ffordd gymharol hawdd o gynyddu'r llafurlu yw cyflogi llafur mudol. Efallai y bydd cynyddu maint y llafurlu yn cynyddu cynnyrch ond ni fydd o reidrwydd

Cwestiwn 2

Mae 'swyddi sothach' yn dal economi Sbaen yn ôl. Swyddi yw'r rhain sy'n dymor byr, heb gynnig fawr ddim sicrwydd a heb roi llawer o fuddion. O'r 900 000 o swyddi a grewyd yn economi Sbaen y llynedd, roedd dwy ran o dair ohonynt â chontractau o chwe mis neu lai. Erbyn hyn mae 35% o'r holl swyddi yn Sbaen â chontractau dros dro, cyfartaledd yr UE yw 12%.

Ar yr ochr gadarnhaol, mae'r defnydd helaeth a wneir o gontractau dros dro wedi helpu Sbaen i fwy na haneru ei chyfradd diweithdra swyddogol ers enciliad 1993. Erbyn hyn yn swyddogol mae 60% yn fwy o bobl mewn gwaith o'i gymharu ag 1993.

Ond nid yw contractau dros dros yn cynnig fawr ddim hyfforddiant os o gwbl. Nod pobl ifanc sydd â gradd brifysgol yw cael swydd â chontract parhaol, fel swydd yn y gwasanaeth sifil. Mae economegwyr yn ofni bod hyn yn cadw pobl rhag bod yn fentrwyr. Nid yw pobl sydd â chontract parhaol eisiau gadael eu swyddi oni bai fod hynny ar gyfer cael swydd arall sy'n cynnig contract parhaol. Dydy hyn ddim yn hybu mudoledd llafur na hyblygrwydd llafur. Mae 'swyddi sothach' yn y pen draw wedi achosi i Sbaen fethu â gwella ei sefyllfa wael o ran cynhyrchedd llafur o'i chymharu â gweddill Ewrop.

Ffynhonnell: addaswyd o'r *Financial Times*, 21.10.2005.

(a) Eglurwch pam fod Sbaen â phroblem ddiweithdra o'i chymharu â gweddill ardal yr ewro ac UDA.

(b) Eglurwch dri ffactor a allai fod wedi achosi i Sbaen dyfu'n llai cyflym nag y gallai fod wedi ei wneud fel arall yn yr 1990au a'r 2000au.

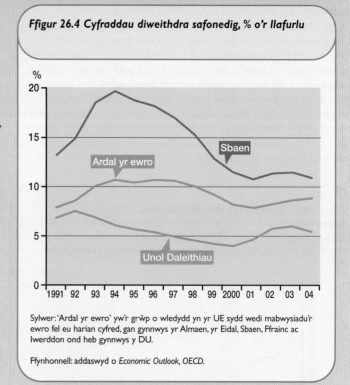

Ffigur 26.4 Cyfraddau diweithdra safonedig, % o'r llafurlu

Sylwer: 'Ardal yr ewro' yw'r grŵp o wledydd yn yr UE sydd wedi mabwysiadu'r ewro fel eu harian cyfred, gan gynnwys yr Almaen, yr Eidal, Sbaen, Ffrainc ac Iwerddon ond heb gynnwys y DU.

Ffynhonnell: addaswyd o *Economic Outlook*, OECD.

---

yn cynyddu lles economaidd. Un rheswm yw y gall incwm uwch orfod cael ei rannu rhwng mwy o bobl, gan achosi fawr ddim neu ddim newid yn lefel incwm y pen. Os bydd merched yn dychwelyd i weithio, rhaid iddynt roi heibio amser hamdden er mwyn gwneud hyn. Mae hynny'n lleihau'r cynnydd yn eu lles economaidd. Mae cynyddu ansawdd y mewngyrch llafur yn debygol o fod yn bwysicach o lawer yn y tymor hir.

Dydy llafur ddim yn **homogenaidd** (h.y. nid yw i gyd yr un fath). Gellir gwneud gweithwyr yn fwy cynhyrchiol drwy addysg a hyfforddiant. Mae cynnydd mewn **cyfalaf dynol** (☞ uned 2) yn hanfodol am nifer o resymau.

● Mae angen i weithwyr fod yn ddigon addysgedig i allu ymdopi â gofynion y stoc cyfredol o gyfalaf. Er enghraifft, mae'n bwysig i yrwyr loriau allu darllen, i deipyddion allu sillafu ac i weithwyr siop allu gweithredu tiliau. Efallai bod y rhain yn ymddangos yn sgiliau gradd isel ond mae angen cryn dipyn o fewngyrch addysgol i gael y rhan fwyaf o'r boblogaeth i fyny i'r lefelau elfennol hyn.

● Mae angen i weithwyr fod yn hyblyg. Ar gyfartaledd yn y DU, mae gweithwyr yn debygol o orfod newid swyddi deirgwaith yn ystod eu hoes. Yn fwyfwy gofynnir i weithwyr newid rolau o fewn eu swyddi presennol. Mae hyblygrwydd yn gofyn addysg gyffredinol eang yn ogystal â gwybod tasg arbennig yn fanwl.

● Mae angen i weithwyr allu cyfrannu at newid. Mae'n hawdd gweld bod gwyddonwyr a thechnolegwyr yn hanfodol os ydy dyfeisiau a chynhyrchion newydd i ddod i'r farchnad. Yr hyn sy'n llai amlwg, ond yr un mor bwysig, yw bod pob gweithiwr yn gallu cyfrannu syniadau i wella technegau cynhyrchu. Bydd gallu pob gweithiwr i gymryd cyfrifoldeb a datrys problemau yn fwyfwy pwysig yn y dyfodol.

Cyfalaf

Mae angen i stoc cyfalaf yr economi gynyddu dros amser os ydy twf economaidd i gael ei gynnal. Felly rhaid cael buddsoddiant cyson yn yr economi. Ond nid oes cydberthyniad o reidrwydd rhwng buddsoddiant uchel a thwf uchel. Mae peth buddsoddiant heb gysylltiad â thwf. Er enghraifft, mae buddsoddi mewn tai newydd neu ysbytai newydd yn annhebygol o greu llawer o gyfoeth yn y dyfodol. Hefyd gall buddsoddiant gael ei wastraffu os yw'n digwydd mewn diwydiannau nad ydynt yn llwyddo i werthu cynhyrchion. Er enghraifft, roedd buddsoddiant mewn ffatrïoedd adeiladu llongau yn y DU yn rhan olaf yr 1970au a rhan gyntaf yr 1980au wedi rhoi cyfradd adennill wael am fod y diwydiant adeiladu llongau yn dirywio. Felly rhaid targedu buddsoddiant at ddiwydiannau twf.

Cynnydd technolegol

Mae cynnydd technolegol yn cynyddu twf economaidd mewn dwy ffordd.

● Mae'n gostwng cost gyfartalog cynhyrchu cynnyrch. Er enghraifft, nid oedd peiriant i gyflawni tasgau cyfrifiannell gwyddonol syml ar gael 100 mlynedd yn ôl. 50 mlynedd yn ôl roedd angen ystafell fawr yn llawn cyfarpar drud i wneud hyn. Heddiw mae cyfrifianellau yn gludadwy ac ar gael am ychydig bunnoedd.

● Mae'n creu cynhyrchion newydd ar gyfer y farchnad. Heb gynhyrchion newydd, byddai defnyddwyr yn llai tebygol o wario cynnydd yn eu hincwm. Heb wariant ychwanegol, byddai llai o dwf economaidd neu ni fyddai twf o gwbl.

Cwestiwn 3

Ffigur 26.5 Twf buddsoddiant a CMC mewn detholiad o wledydd yr OECD, 1991-2004, cyfartaledd blynyddol

● Aws - Awstralia
● Ca - Canada
● Ffi - Y Ffindir
● Ffr - Ffrainc
● Al - Yr Almaen
● Gr - Groeg

● Iw - Iwerddon
● Eid - Yr Eidal
● Jp - Japan
● Kor - Korea
● Me - México
● SN - Seland Newydd

● Ny - Norwy
● Sb - Sbaen
● Sd - Sweden
● Sw - Y Swistir
● Twr - Twrci
● DU - Y Deyrnas Unedig

● UD - Unol Daleithiau
● Ew - Ardal yr ewro
○ O - Cyfanswm
  yr *OECD*

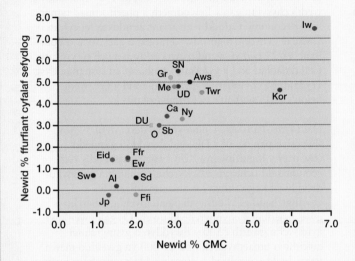

Ffynhonnell: addaswyd o *Economic Outlook, OECD.*

(a) Pa berthynas y byddai damcaniaeth economaidd yn awgrymu sydd i'w chael rhwng buddsoddiant a thwf economaidd?

(b) I ba raddau y dangosir y berthynas hon gan y data?

Termau allweddol

Adferiad economaidd – y symudiad yn ôl o'r sefyllfa lle mae'r economi'n gweithredu islaw ei botensial cynhyrchiol i bwynt lle mae ar ei botensial cynhyrchiol.

Bwlch cynnyrch – y gwahaniaeth rhwng lefel wirioneddol CMC a photensial cynhyrchiol yr economi. Ceir bwlch cynnyrch positif pan fo CMC gwirioneddol yn uwch na photensial cynhyrchiol yr economi a bod yna ffyniant. Ceir bwlch cynnyrch negyddol pan fo CMC gwirioneddol yn is na photensial cynhyrchiol yr economi.

Cylchred fusnes neu gylchred fasnach – amrywiadau rheolaidd yn lefel gweithgaredd economaidd o amgylch potensial cynhyrchiol yr economi. Mewn cylchredau busnes, mae'r economi'n gwyro o enciliad, pan fydd yn gweithredu ymhell islaw ei botensial cynhyrchiol, i ffyniant, pan fydd ar ei botensial cynhyrchiol neu hyd yn oed uwchlaw hwnnw.

Ffyniant – cyfnod pan fo'r economi'n tyfu'n gryf ac yn gweithredu oddeutu ei botensial cynhyrchiol.

Twf economaidd – twf ym mhotensial cynhyrchiol yr economi. Yn nodweddiadol caiff ei fesur gan dwf mewn CMC real er mai dim ond mesur dirprwyol yw hwn gan y gall CMC gwirioneddol fod yn uwch neu'n is na photensial cynhyrchiol yr economi ar adeg benodol.

Economeg gymhwysol

Cyfradd twf Prydain

Mae pryderon ynghylch cyfradd twf Prydain yn dyddio'n ôl dros ganrif. Yn yr Oes Edwardaidd, er enghraifft, roedd twf economaidd yr Almaen a Ffrainc yn amlwg i'w weld o'i gymharu â pherfformiad economaidd tila economi Prydain. Parhau a wnaeth perfformiad gwael Prydain o ran twf yn yr 1950au, yr 1960au a'r 1970au. Fel y gwelir yn Nhabl 26.1, o blith saith economi diwydiannol mwyaf y byd (neu wledydd y G7), Prydain oedd â'r gyfradd gyfartalog isaf o ran twf blynyddol rhwng 1960 ac 1979. Erbyn yr 1980au a'r 1990au, fodd bynnag, roedd y DU wedi codi o waelod y gynghrair dwf. Yn yr 1990au, am y tro cyntaf, roedd cyfradd twf y DU yn uwch na chyfradd gyfartalog gwledydd y G7; sefyllfa sydd wedi parhau i mewn i'r 2000au.

Tabl 26.1 Twf blynyddol cyfartalog CMC, gwledydd y G7, 1960-2004

					(%)
	1960-67	1968-73	1974-79	1980-90	1991-04
Yr Unol Daleithiau	4.5	3.2	2.4	3.3	3.1
Japan	10.2	8.7	3.6	3.9	1.3
Yr Almaen	4.1	4.9	2.3	2.3	1.5
Ffrainc	5.4	5.5	2.8	2.4	1.8
Y Deyrnas Unedig	3.0	3.4	1.5	2.6	2.4
Yr Eidal	5.7	4.5	3.7	2.3	1.4
Canada	5.5	5.4	4.2	2.8	2.8
Cyfartaledd y G7	5.0	4.4	2.7	2.8	2.0

Ffynhonnell: addaswyd o *Historical Statistics, Economic Outlook, OECD.*

Byddai Tabl 26.1 yn awgrymu mai gwledydd y G7 a berfformiodd orau yn ystod y cyfnod 1960-1979 oedd Japan a gwledydd Ewropeaidd yr Almaen, Ffrainc a'r Eidal. Rhwng 1991 a 2004, cafodd y sefyllfa hon ei thrawsnewid a gwelwyd gwledydd 'Eingl-Sacsonaidd' y DU ac UDA yn perfformio orau. Sylwch fod Canada, drwy gydol y cyfnod rhwng 1960 a 2004, wedi perfformio'n well na chyfartaledd gwledydd y G7 neu'n gyfartal â'r cyfartaledd hwnnw.

Mae'r economegwyr oll yn cytuno bod achosion twf economaidd yn gymhleth ac nad oes un ateb syml i godi cyfradd duedd twf gwlad. Felly, beth allai fod yn gyfrifol am berfformiad economaidd cymharol wael y DU cyn yr 1980au a beth allai fod wedi digwydd ers yr 1980au i godi perfformiad cymharol y DU? Hefyd, beth allai fod yn gyfrifol am berfformiad cymharol wael gwledydd fel Ffrainc, yr Almaen, yr Eidal a Japan yn ystod y cyfnod 1991-2004?

Llafur

Addysg a hyfforddiant Byddai'r rhan fwyaf o economegwyr yn cytuno bod addysg a hyfforddiant yn un o'r prif ffactorau, os nad y ffactor pwysicaf, wrth bennu cyfraddau twf tymor hir. Am lawer o'r 20fed ganrif, tybiwyd gan rai bod gan wledydd fel Ffrainc a'r Almaen well systemau addysg na'r DU. Er y gallai'r DU gynnig addysg ragorol i'r 10 neu'r 20% gorau o blith pobl ifanc hyd at 21 oed, nid oedd yn perfformio cystal â rhai gwledydd ar y cyfandir ac yn UDA o ran addysg yr 80% isaf. Yn UDA, lle'r mae'r safonau ar gyfer pobl ifanc hyd at 18 oed yn tueddu i fod yn weddol isel, mae'n arferiad i'r mwyafrif o bobl ifanc dros 18 oed barhau â'u haddysg a dilyn cwrs coleg o ryw fath. UDA yw'r wlad sydd â'r gyfran uchaf o bobl 18-24 oed mewn addysg amser llawn o holl wledydd y byd o hyd. Mae system addysg dechnegol a chrefft yr Almaen wedi'i chydnabod yn ffactor pwysig sydd wedi cyfrannu at ei llwyddiant economaidd dros yr hanner can mlynedd diwethaf. Mae gan Japan system addysg sy'n sicrhau safonau uchel ar draws yr holl ystod gallu.

Yn y DU roedd plant academaidd a gâi ganlyniadau Safon Uwch a graddau prifysgol yn derbyn addysg oedd cystal os nad yn well na'u cyd-fyfyrwyr yn Ffrainc, yr Almaen neu UDA. Ond gellir dadlau bod addysg ar gyfer y gweddill yn wael. Yn yr 1960au a'r 1970au rhoddodd llywodraethau gyfle a chydraddoldeb ar frig eu rhestr o flaenoriaethau. Cyflwynwyd ysgolion cyfun er mwyn rhoi gwell gobaith o lwyddo i bob plentyn a chynyddwyd nifer y lleoedd mewn prifysgolion yn sylweddol er mwyn rhoi cyfle i ragor o bobl ifanc gael addysg uwch. Nid tan yr 1980au y cafodd pwyslais ei roi ar safon addysg a chodi safonau. Yn yr 1980au crewyd y Cwricwlwm Cenedlaethol, sefydlwyd Estyn yng Nghymru a'r Swyddfa Safonau mewn Addysg (*Ofsted*) yn Lloegr i arolygu ysgolion a chrewydd tablau cynghreiriau ysgolion. Yn yr 1990au cyflwynwyd cymwysterau galwedigaethol cenedlaethol (*NVQs*) newydd gyda'r bwriad o ddarparu cymwysterau ar gyfer hyfforddiant yn y gweithle.

Cyflwynwyd cymwysterau cyfatebol i'w hastudio mewn ysgolion neu golegau, sef cymwysterau galwedigaethol cenedlaethol cyffredinol (*GNVQs*) i helpu'r rheiny nad oedd cyrsiau academaidd Safon Uwch a TGAU yn addas ar eu cyfer. Yn yr 1990au hefyd y gwelwyd cyflwyno targedau ym maes addysg, er enghraifft targedau cyrhaeddiad ym mhrofion y Cwricwlwm Cenedlaethol. Bwriad y targedau oedd codi safonau yn yr ysgolion hynny oedd yn perfformio'n wael, a rhoi i ysgolion da y cymhelliad i gael canlyniadau hyd yn oed yn well. Yn 1997 cafodd llywodraeth Lafur ei hethol dan arweinyddiaeth Tony Blair ac, am y tro cyntaf, rhoddwyd addysg ymhlith prif flaenoriaethau'r maniffesto. Oddi ar 1997 mae addysg wedi'i chysylltu gan y llywodraeth â pherfformiad tymor hir yr economi. Cafodd y gwariant ar addysg fel cyfran o CMC ei gynyddu a gosodwyd targed o gael 50% o bobl ifanc 18-21 oed yn astudio cwrs addysg uwch o ryw fath. Gellid dadlau bod y gwelliant cymharol yn system addysg Prydain, o'i chymharu â gwledydd eraill y G7, wedi helpu'r DU i sicrhau'r twf cymharol uwch.

Dal i fyny Pam mae China yn llwyddo i dyfu 10% y flwyddyn pan na all y DU ond llwyddo i gyrraedd chwarter y ffigur hwnnw? Un awgrym yw bod y twf economaidd uchel yn adlewyrchu'r enillion a gafwyd o drosglwyddo gweithwyr o amaethyddiaeth â'i chynhyrchedd isel i ddiwydiannau gweithgynhyrchu a gwasanaethau â chynhyrchedd uwch. Os gall gweithiwr gynhyrchu gwerth £500 y flwyddyn o gynnyrch fel gweithiwr amaethyddol, ond £1 000 yn gweithio mewn ffatri, bydd y weithred o drosglwyddo'r gweithiwr hwnnw o amaethyddiaeth i ddiwydiant yn cynyddu cyfradd twf yr economi. Roedd y ddamcaniaeth hon yn boblogaidd wrth egluro pam y perfformiodd y DU yn wael o'i chymharu â gweddill yr UE yn yr 1950au a'r 1960au. Yn y cyfnod 1960-67, er enghraifft, cyfran gyfartalog y gweithwyr amaethyddol o blith cyfanswm y boblogaeth oedd yn gweithio yn y Farchnad Gyffredin ar y pryd oedd 18.1%, ond 4.2% yn unig oedd y ffigur yn y DU. Erbyn yr 1990au, roedd cyfran y gweithwyr ym myd amaethyddiaeth yn llai na 5% yn Ffrainc a'r Almaen ac ychydig o bosibiliadau oedd i drosglwyddo llawer o weithwyr allan o'r sector cynradd yng ngogledd Ewrop. Roedd y fantais gymharol hon a fu ganddynt ar un adeg, o'u cymharu â'r DU, wedi diflannu felly. Er hynny, mae'r ddamcaniaeth hon yn dal i fod yn ddilys wrth egluro pam y gall gwledydd fel China a Gwlad Pwyl, lle mae llawer yn gweithio ym myd amaethyddiaeth, dyfu ar gyfraddau twf lawer yn uwch na gwledydd yr UE.

Marchnadoedd llafur hyblyg Yn yr 1990au, roedd llywodraeth y DU yn ystyried marchnadoedd llafur hyblyg yn allweddol i'w **diwygiadau ochr-gyflenwad** (☞ uned 38). Mae marchnadoedd llafur yn hyblyg pan fo'n gymharol hawdd i gwmnïau gyflogi a diswyddo gweithwyr ac i weithwyr symud o'r naill swydd i'r llall. Mae marchnadoedd llafur anhyblyg yn creu methiant marchnad, yn rhannol am eu bod yn tueddu i arwain at ddiweithdra. Mae sawl elfen wahanol yn perthyn i'r broses o greu marchnadoedd llafur hyblyg. Un elfen yw addysg a hyfforddiant, a drafodwyd uchod. Mae gweithlu sydd wedi'i addysgu yn fwy deniadol i gwmnïau ac yn helpu gweithwyr i newid swyddi pan fo angen. Elfen arall yw rheolau a rheoliadau'r llywodraeth ynghylch cyflogaeth. Mae deddfau iechyd a diogelwch, uchafswm oriau gwaith, lleiafswm cyflogau, lleiafswm gwyliau, rheoliadau diswyddo ac absenoldeb mamolaeth a thadolaeth oll yn enghreifftiau o reolau gan lywodraethau sy'n cynyddu cost cyflogi i gwmnïau ac yn lleihau gallu cwmnïau i reoli eu gweithlu yn unol â'u hanghenion cynhyrchu.

Dadleuir bod yn rhaid i gwmnïau yng ngwledydd yr UE gydymffurfio â gormod o reolau a rheoliadau. Byddant wedyn yn amharod i dderbyn gweithwyr a bydd hynny'n arwain at ddiweithdra uchel a thwf is. Mewn cyferbyniad â hynny, mae gan y DU ac UDA lai o reoliadau a hyn, yn rhannol, sydd i gyfrif am eu cyfraddau uwch o dwf yn yr 1990au a'r 2000au. Elfennau eraill o farchnadoedd llafur hyblyg yw pensiynau a thai. Os ydy gweithwyr i symud yn hawdd rhwng swyddi, mae'n rhaid iddynt gael yr hawl i fynd â'u hawliau pensiwn gyda hwy. Os byddant yn colli eu hawliau pensiwn bob tro y byddant yn newid swydd, byddant yn amharod i symud. Mae anawsterau wrth gael tŷ hefyd yn gwneud gweithwyr yn llai parod i symud o ardal i ardal. Mae gweithio rhan amser yn bwysig hefyd. Mewn marchnadoedd llafur hyblyg dylai gweithwyr fedru dewis faint o oriau y maent am eu gweithio a faint o swyddi y maent am eu gwneud ar unrhyw adeg. Os ydy strwythurau gwaith yn golygu nad oes anogaeth i weithio'n rhan amser, bydd sgiliau nifer o weithwyr sydd gartref yn magu plant yn debygol o fod heb eu defnyddio. Yn yr un modd, efallai na fydd digon o waith amser llawn yn yr economi, ond dylai marchnadoedd llafur hyblyg olygu y gallai gweithwyr ddewis adeiladu **portffolio** swyddi, gan wneud nifer o swyddi rhan amser fydd yn gyfatebol i un swydd amser llawn.

Trethi Dadl arall yw y gall trethi gael effaith fawr ar lefelau twf. Cyn 1979 gellid dadlau bod y drefn o godi trethi ym Mhrydain yn annog pobl i beidio â gweithio na bod yn fentrus na buddsoddi. Er enghraifft, yn ystod y cyfnod 1974-1979 cyflwynodd y llywodraeth Lafur gyfradd ffiniol uchaf o 83% ar gyfer y dreth ar incwm gwaith. Roedd cyfraddau cyfartalog trethi hefyd wedi codi ers yr 1950au wrth i faint y wladwriaeth ehangu ac wrth i wariant y llywodraeth gynyddu. Roedd y llywodraeth Geidwadol a etholwyd yn 1979 wedi ymrwymo i ostwng trethi drwy ostwng lefelau gwariant y llywodraeth. Erbyn 1997, pan gafodd ei threchu yn yr etholiad, roedd wedi llwyddo i gyfyngu gwariant y llywodraeth i ryw 40% o CMC, hyd at 10% yn llai na nifer o wledydd eraill yr UE. Ers hynny mae lefel gwariant y llywodraeth fel cyfran o CMC a threthi wedi cynyddu. Bu'n rhaid cynyddu gwariant cyhoeddus i ariannu'r cynnydd yn y gwariant ar iechyd ac addysg. Fodd bynnag, erbyn 2004, roedd trethi yn y DU yn dal i fod yn gymharol isel o'u cymharu â'i phrif bartneriaid yn yr UE. Gellid dadlau bod y trethi cymharol isel hyn ers yr 1990au yn un o achosion twf economaidd uwch y DU.

Mae trethi is yn helpu mewn nifer o ffyrdd. Mae rhai economegwyr yn dadlau bod trethi is yn annog gweithwyr heb swydd i ymuno â'r llafurlu a gweithwyr sydd â swydd i weithio'n galetach. Gall hyn arwain at dwf economaidd uwch. Hefyd, mae trethi isel sy'n cael eu talu gan gwmnïau ar gyflogi gweithwyr yn annog cwmnïau i gyflogi gweithwyr. Yn Ffrainc a'r Almaen mae trethi nawdd cymdeithasol sy'n cael eu talu gan gwmnïau ar y gweithwyr y maent yn eu cyflogi yn gymharol uchel. Mae hyn yn eu hannog i beidio â chyflogi gweithwyr, gan arwain at ddiweithdra uchel. Mae hyn yn golygu bod llawer iawn o adnoddau prin di-waith a gallai hyn lesteirio twf tymor hir. Yn yr un modd, gall trethi uwch ar lafur ac elw mewn gwlad benodol annog cwmnïau tramor sydd am sefydlu gweithfeydd yno i beidio â buddsoddi yno. Mae buddsoddi o'r tu allan yn gwneud mwy na chreu swyddi a chyfoeth yn uniongyrchol. Yn aml mae'n ysgogi cwmnïau mewnol sy'n gorfod cystadlu â'r cwmnïau newydd o'r tu allan. Mae gwella effeithlonrwydd a datblygu cynhyrchion newydd mewn ymateb i hynny yn gallu codi cyfraddau twf.

Tabl 26.2 Ffurfiant cyfalaf sefydlog crynswth fel canran o CMC

			Y cant			
	1960-67	1968-73	1974-79	1980-90	1991-99	2000-04
Yr Unol Daleithiau	18.1	18.4	18.8	19.1	17.7	18.2
Japan	31.0	34.6	31.8	29.7	28.6	24.8
Yr Almaen	25.2	24.4	20.8	22.2	22.0	18.9
Ffrainc	23.2	24.6	23.6	21.0	18.7	19.2
Y Deyrnas Unedig	17.7	19.1	19.4	18.7	16.7	16.6
Yr Eidal	24.9	24.0	24.0	22.4	18.9	19.6
Canada	22.6	22.1	23.5	22.0	19.2	19.8

Ffynhonnell: addaswyd o *OECD, Historical Statistics*, Adran Ystadegau'r Cenhedloedd Unedig.

Cyfalaf

Mae Tabl 26.2 yn dangos bod y DU yn gyson wedi neilltuo llai o'i CMC at ddibenion buddsoddi na gwledydd eraill y G7. Byddai damcaniaethau economaidd yn awgrymu bod buddsoddiant – sef yr ychwanegiad at stoc cyfalaf ffisegol y wlad – yn hanfodol ar gyfer twf economaidd. Sut y gall economi gynyddu ei gyfradd twf os nad yw'n cynyddu faint y mae'n ei roi o'r neilltu i gynyddu potensial cynhyrchu'r wlad? Mae nifer o esboniadau posibl i egluro pam y gall buddsoddiant a chyfraddau twf fod yn gysylltiedig neu beidio.

Ansawdd, nid maint Mae rhai economegwyr wedi dadlau nad maint buddsoddiant sy'n bwysig, ond i ba leoedd y mae'n mynd. Dwy enghraifft glasurol a ddefnyddir ar gyfer y DU yw *Concorde* (yr awyren uwchsonig) a'r rhaglen pŵer niwclear. Cafodd symiau mawr o arian cyhoeddus eu defnyddio i ddatblygu *Concorde* a'r rhaglen pŵer niwclear yn yr 1960au. Ni fu'r naill na'r llall yn llwyddiant masnachol. Yn hyn o beth felly, ni fyddai cynyddu cyfraddau buddsoddiant heb fod yna gyfleoedd buddsoddi yn yr economi yn cael fawr ddim effaith ar gyfraddau twf neu ddim effaith o gwbl. Byddai'r arian yn cael ei wastraffu. Hefyd, sut y gallai buddsoddiant gael ei gynyddu mewn economi? Y ffordd symlaf fyddai i'r llywodraeth wario mwy ar fuddsoddiant, naill ai drwy ei rhaglenni ei hun, drwy fuddsoddi'n uniongyrchol mewn diwydiant, neu drwy roi cymorthdaliadau. Byddai economegwyr y farchnad rydd yn dadlau wedyn nad yw'r llywodraeth yn dda am farnu pa ddiwydiannau a phrojectau y dylid buddsoddi ymhellach ynddynt. Yn fwy na thebyg byddai'r arian yn cael ei wastraffu ar brojectau tebyg i *Concorde*. Dim ond os ydy cwmnïau yn cynyddu buddsoddiant o'u gwirfodd eu hunain mewn marchnadoedd rhydd y gall twf gynyddu. Dydy hynny hyd yn oed ddim yn gwarantu llwyddiant. Yn rhan olaf yr 1980au a rhan gyntaf yr 1990au cynyddodd diwydiant Japan ei fuddsoddiant oherwydd y cyfraddau llog isel iawn ar arian a fenthycwyd. Yn 1986 gwariodd Japan 27.3% o'i CMC ar fuddsoddiant. Yn 1990 cynyddwyd hyn i'r lefel uchaf o 32.2%. Er gwaethaf hynny, bu economi Japan mewn enciliad am y rhan fwyaf o'r 1990au, gyda chyfradd twf cyfartalog o 1.5% yn unig. O edrych yn ôl, mae'n amlwg bod cwmnïau Japan wedi gorfuddsoddi. Roedd llawer gormod o allu cynhyrchu ar gyfer y lefelau cynhyrchu oedd yn ofynnol.

Byrwelediaeth (*Short-termism*) Yn UDA a'r DU nid yw banciau yn buddsoddi mewn cwmnïau. Maent yn rhoi benthyg arian i gwmnïau am gyfnodau cymharol fyr, hyd at bum mlynedd yn nodweddiadol, ond mae llawer o'r benthyciadau (e.e. gorddrafft) yn rhai y gall y banc fynnu eu bod yn cael eu had-dalu ar unwaith. Cyfranddalwyr sy'n berchen ar gyfranddaliadau mewn cwmnïau, ac mae'r cyfranddaliadau hyn yn cael eu masnachu yn y marchnadoedd stoc. Mae marchnadoedd stoc yn cael eu llywio gan hapfasnachwyr nad oes ganddynt unrhyw ddiddordeb yn sefyllfa'r cwmni mewn rhyw bum mlynedd neu ddeng mlynedd. Yr hyn sydd o bwys iddyn nhw yw maint taliad y fuddran nesaf neu bris y cyfranddaliad heddiw. Mae banciau yn yr Almaen a Japan, fodd bynnag, yn berchen ar gyfrannau mawr o ddiwydiant drwy gyfranddaliadau. Mae datblygiad tymor hir y cwmnïau o bwys i'r banciau hynny. Mae colledion eleni yn llai pwysig os ydy dyfodol tymor hir cwmni yn sicr ac yn addawol. Dadleuir felly bod y marchnadoedd stoc yn UDA a'r DU yn achosi byrwelediaeth. Dim ond os gallant wneud elw cyflym i fodloni'r cyfranddalwyr y bydd cwmnïau yn barod i fuddsoddi, gan mai'r hyn sydd o bwys i'r cyfranddalwyr yw perfformiad ariannol y cwmni dros gyfnod o 12 mis, dyweder. Yn yr Almaen a Japan, gall cwmnïau wneud penderfyniadau ynghylch buddsoddiant tymor hir hyd yn oed os bydd y rhain yn golygu perfformiad salach yn y tymor byr, gan eu bod yn gwybod mai dyfodol tymor hir y busnes sydd o bwys i'w cyfranddalwyr.

Mae'r rhai sy'n cefnogi'r math o gyfalafiaeth a geir yn UDA yn dadlau bod hirwelediaeth (*long-termism*) yn gallu cuddio penderfyniadau gwael ynghylch

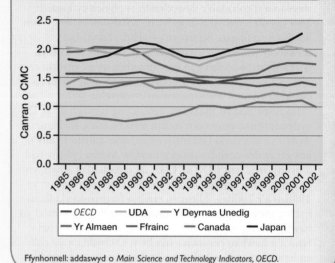

Ffigur 26.6 Ymchwil a Datblygu busnes fel canran o CMC

Canran o CMC

(echel fertigol: 0.0, 0.5, 1.0, 1.5, 2.0, 2.5)
(echel lorweddol: 1985, 1986, 1987, 1988, 1989, 1990, 1991, 1992, 1993, 1994, 1995, 1996, 1997, 1998, 1999, 2000, 2001, 2002)

— OECD — UDA — Y Deyrnas Unedig — Yr Almaen — Ffrainc — Canada — Japan

Ffynhonnell: addaswyd o *Main Science and Technology Indicators, OECD.*

buddsoddiant. Pan gafodd economi Japan gyfnod hir o dwf isel neu negyddol ar ôl llwyddiant rhan olaf yr 1980au, ni wnaeth llawer o gwmnïau Japan gymryd y camau angenrheidiol i ailstrwythuro er iddynt wneud colledion sylweddol dros gyfnod hir. Gan nad oedd pwysau arnynt gan gyfranddalwyr yn mynnu adenillion cyflym, roedd yn well ganddynt ddiogelu buddiannau'r rheolwyr a'r gweithwyr. Mae hyn wedi cyfrannu at broblemau diwydiant Japan. Yn Ffrainc, yr Almaen a'r Eidal, nid yw hirwelediaeth wedi eu hatal rhag cael cyfraddau is o dwf economaidd nag UDA. Yn wir, mae pwysau globaleiddio a'r farchnad sengl yn yr UE yn achosi i'w cwmnïau dueddu fwy at fyrwelediaeth. Maen nhw'n gweld bod eu cwmnïau'n wynebu bygythiad cael eu trosfeddiannu gan gwmnïau o UDA neu'r DU. Un ffordd o ymladd yn erbyn hyn yw cynyddu proffidioldeb tymor byr.

Diffyg cynilion Mae gan UDA a'r DU gymarebau cynilo cymharol isel. O ystyried bod allforion gwlad yn gyfartal yn fras â'i mewnforion dros y tymor hir, a bod diffyg cyllidol y llywodraeth yn tueddu i amrywio o gwmpas cyfran sefydlog o CMC, yna rhaid i gynilion fod yn gyfartal yn fras â chyfran gyson o fuddsoddiant. Bydd cynilion uwch felly yn caniatáu buddsoddiant uwch. Yn y DU rhoddir cymhellion treth mawr i gwmnïau gynilo drwy beidio â dosbarthu eu holl elw i'r cyfranddalwyr. Gallai'r elw cadw hwn gael ei gynyddu drwy drethi sydd hyd yn oed yn is. Neu gallai'r llywodraeth gynyddu ei chynilion drwy symud tuag at warged cyllidol. Gallai unigolion gael eu perswadio i gynilo mwy eto drwy gymhellion treth.

Arloesi Mae'r DU yn gwario cyfran gymharol isel o'i CMC ar ymchwil a datblygu. Am y rhan fwyaf o'r cyfnod ar ôl y rhyfel, mae cyfran uwch na'r cyfartaledd o'r ymchwil a datblygu wedi cael ei neilltuo i ymchwil amddiffyn. Felly mae rhai economegwyr yn dadlau bod angen cynyddu cyfanswm y gwariant ar ymchwil a datblygu er mwyn cynyddu twf, a bod angen gwario cyfran uwch ar brojectau sifil. Mae hanes gwael y DU o ran ymchwil a datblygu yn cael ei ddangos yn Ffigur 26.6. Mae eraill yn dadlau nad maint y gwaith ymchwil a datblygu sy'n bwysig ond, yn hytrach, y defnydd a wneir ohono. Dywedir yn aml fod gan y DU hanes da yn rhyngwladol o ran gwneud darganfyddiadau a chreu dyfeisiadau. Er hynny, mae gormod o'r rhain heb gael eu datblygu ymhellach gan fusnesau yn y DU. Yn hytrach, mae'r syniadau wedi mynd dramor ac wedi cael eu defnyddio gan gwmnïau tramor fel sylfaen ar gyfer cynhyrchion sydd y gorau yn y byd. Yn ôl y ddadl hon, mae cwmnïau yn y DU wedi bod yn wael iawn yn y gorffennol o ran gwneud ymchwil a datblygu yn llwyddiant masnachol.

Dal i fyny Gall dal i fyny fod yn berthnasol i gyfalaf yn ogystal â llafur. Er enghraifft, mae ffatri *DVD* newydd yn China yn debygol o gynyddu cynhyrchedd llafur (h.y. y cynnyrch am bob gweithiwr) gryn dipyn yn fwy nag y byddai ffatri *DVD* newydd yn y DU. Y rheswm dros hyn yw bod gweithwyr yn China yn fwy tebygol na gweithwyr Prydain o fod wedi eu cyflogi mewn swyddi â chynhyrchedd isel iawn cyn hynny. Felly gall gwledydd fel China fewnforio technolegau tramor a gwneud cynnydd sylweddol mewn cynhyrchedd, sydd wedyn yn cael ei adlewyrchu mewn cyfraddau twf economaidd uchel. Mae rhai economegwyr yn dadlau y bydd pob gwlad, yn y tymor hir, yn cyrraedd tua'r un lefel o gynnyrch am bob gweithiwr ac yn tyfu ar yr un gyfradd. Y rheswm dros hyn yw bod technoleg ar gael yn rhyngwladol. Gall gwledydd wella eu stoc cyfalaf i lefel y wlad fwyaf cynhyrchiol yn y byd. Fodd bynnag, ni all gwledydd fel UDA, a fu'n tyfu ar gyfradd o ryw 2.5% y flwyddyn ers yr Ail Ryfel Byd, gymryd camau technolegol enfawr fel hyn. Mae'n rhaid iddi greu technolegau newydd a chynhyrchion newydd i gynnal ei thwf.

Un ddadl a gynigir i esbonio'r ffaith bod economi UDA wedi perfformio'n well na gwledydd Ewropeaidd fel Ffrainc a'r Almaen yn ystod yr 1990au a'r 2000au yw bod ei chwmnïau wedi buddsoddi mwy mewn Technoleg Gwybodaeth (TG). Nid yn unig y mae'r gwariant ar TG fel cyfran o CMC wedi bod yn uwch, ond mae cwmnïau yn UDA wedi gweithio mwy ar integreiddio TG yn rhan o'u gweithrediadau. Felly mae gan UDA fantais dechnolegol ar wledydd datblygedig eraill ac mae hynny wedi ei galluogi i gynnal ei chyfradd twf tra bo gwledydd datblygedig eraill wedi llithro.

Preifateiddio a dadreoleiddio Mae'n bosibl y bydd cyfalaf wedi ei glymu wrth gwmnïau neu ddiwydiannau sy'n gymharol anghynhyrchiol. Gall rhyddhau'r cyfalaf hwn gynyddu cyfraddau twf. Mae profiad y DU yn yr 1980au a'r 1990au yn dangos bod preifateiddio a dadreoleiddio yn ddulliau pwerus o wella cynhyrchedd cyfalaf. Roedd diwydiannau gwladoledig, fel dŵr, trydan, glo, nwy a'r rheilffyrdd yn aneffeithlon yn yr 1960au a'r 1970au. Roeddent yn defnyddio gormod o gyfalaf a gormod o

lafur. Ar ôl preifateiddio gwelwyd cynnydd sylweddol yn y cynnyrch am bob uned o gyfalaf a llafur wrth i weithluoedd gael eu gostwng ac wrth i asedau gael eu gwerthu neu eu cau. Roedd yn broses boenus. Yn y diwydiant glo, er enghraifft, bu bron i 200 000 o weithwyr golli eu swyddi rhwng 1980 a 2000. Fodd bynnag, mewn economi sy'n newid yn gyflym, mae methu â symud adnoddau rhwng diwydiannau yn arwain at aneffeithlonrwydd a thwf arafach.

Bod yn agored i fasnach ryngwladol Un ffordd o ddiogelu swyddi mewnol yw codi rhwystrau i'w hamddiffyn rhag mewnforion. Er enghraifft, gall nwyddau o wledydd tramor gael eu cadw allan drwy godi trethi uchel ar fewnforion (sef **tollau**). Gellir dadlau, fodd bynnag, bod diffynnaeth yn debygol o arwain at dwf economaidd is yn y tymor hir. Y rheswm dros hyn yw y gall cwmnïau mewnol gael eu hynysu o'r arferion gorau sydd i'w cael yn y byd. Mae llai o gymhelliad i fuddsoddi ac arloesi os ydy nwyddau cystadleuol o wledydd tramor yn cael eu cadw allan o'r farchnad fewnol.

Yn yr 1990au a'r 2000au efallai y bu Ffrainc a'r Almaen yn fwy amddiffynnol eu polisïau na'r DU ac UDA. Gan fod Ffrainc a'r Almaen yn rhan o'r UE, mae terfyn ar y ddiffynnaeth y gallant ei gweithredu o'u cymharu â gwledydd eraill yr UE fel y DU. Un enghraifft o ddiffynnaeth, fodd bynnag, oedd bod y rhan fwyaf o wledydd yr UE wedi cadw rhag agor eu diwydiannau gwasanaethu fel bancio i gystadleuaeth o wledydd tramor yn ystod rhan helaeth o'r 1990au a rhan olaf y 2000au. Yn yr un modd, roedd gwledydd fel Ffrainc a'r Almaen wedi cadw rhag agor y marchnadoedd ar gyfer gwasanaethau fel trydan, nwy a thelathrebu yn ystod yr un cyfnod. Efallai bod rhan o berfformiad rhagorach economïau'r DU ac UDA yn y cyfnod hwn yn ganlyniad i'r cynnydd mewn cystadleuaeth o wledydd tramor mewn marchnadoedd heblaw am y rhai oedd yn agored i fasnach yn draddodiadol.

Rheolaeth facro-economaidd

Mae rhai economegwyr yn dadlau nad yw enciliad yn effeithio ar gyfraddau twf tymor hir. Mae'r twf a gollir yn ystod enciliad yn cael ei adfer yn y cynnydd sy'n dilyn. Mae eraill yn dadlau na ellir byth adfer y gostyngiad mewn CMC yn ystod enciliad dwfn yn y cyfnod dilynol o gynnydd. Y rheswm dros hyn yw y gall llafur, yn ystod enciliad dwfn, golli sgiliau gan arwain at ddiweithdra sy'n barhaol uwch. Gall cyfalaf gael ei ddinistrio hefyd wrth i gwmnïau dorri costau, tynnu ffatrïoedd i lawr a thaflu cyfarpar i ffwrdd. Cafodd y DU enciliadau dyfnach a hirach yn yr 1970au, yr 1980au a rhan gyntaf yr 1990au na gwledydd eraill Ewrop. Gallai hyn gyfrif am y cyfraddau is o dwf yn y DU bryd hynny. Yn yr un modd, efallai y cafwyd cyfradd uwch o dwf yn y DU yn yr 1990au a'r 2000au oherwydd i'r DU osgoi'r enciliad a effeithiodd ar weddill Ewrop yng nghanol yr 1990au a rhan gyntaf y 2000au.

Cwestiwn Data   Gwyrth economaidd Iwerddon

Mae hanes Iwerddon yn un o lwyddiannau Ewrop yn y deng mlynedd ar hugain diwethaf. Bu gynt yn un o wledydd tlotaf yr Undeb Ewropeaidd, ond mae bellach wedi dal i fyny ac ymhlith gwledydd cyfoethocaf Ewrop.

Mae rhai arbenigwyr yn olrhain llwyddiant economaidd Iwerddon i'r cyfnod pryd y cyflwynwyd addysg uwchradd am ddim yn yr 1960au. Bu gostyngiadau mewn trethi ar fusnesau yn yr 1980au a gostyngiadau yng nghyfraddau uchaf treth incwm ar enillwyr yn hwb i fusnes ac i fenter. Yn yr 1980au hefyd gwelwyd cynnydd yn y llafurlu gyda'r all-lif net traddodiadol o lafur allan o Iwerddon yn gwyrdroi i fod yn fewnlif net. Heddiw mae 30 000 mwy o weithwyr y flwyddyn yn dod i Iwerddon nag sy'n gadael i chwilio am waith dramor. Marchnad swyddi ffyniannus sy'n eu denu yno. Cafodd cwmnïau amlwladol eu denu i Iwerddon o'r 1970au ymlaen gan y llafurlu addysgedig oedd yn siarad Saesneg a'r trethi busnes isel. Mae swyddi wedi cael eu creu mewn diwydiannau gweithgynhyrchu a gwasanaethau, tra bo swyddi mewn amaethyddiaeth, â'i chynhyrchedd isel, wedi lleihau.

Oherwydd yr enillion enfawr o ran cynhyrchedd sydd wedi deillio o'r tueddiadau hyn, mae gweithwyr yn Iwerddon wedi gweld eu cyflogau'n cynyddu'n sylweddol dros amser heb gynnydd gormodol yng nghostau llafur yr uned. Mae cytundebau canolog ar gyfer cyflogau wedi caniatáu i'r llywodraeth gyflwyno arferion gweithio hyblyg. Yn gyfnewid am safoni cyflogau, gostyngwyd treth incwm.

Mae Galway yn nodweddiadol o lwyddiant Iwerddon. Sefydlodd *Digital Computers* ffatri prif gyfrifiaduron yn y ddinas yn 1971 ac roedd yn gyflogwr pwysig yn yr ardal. Oherwydd newidiadau ym mhatrymau galw caeodd y ffatri yn 1994. Ers hynny, mae Galway wedi ei hail-greu ei hun ac mae bellach yn gartref i un o glystyrau mwyaf y byd o weithgynhyrchu dyfeisiau meddygol. Heddiw mae 28 cwmni yn y ddinas yn cyflogi 5 000 o bobl. Mae 15 o'r rhain dan berchenogaeth leol, gyda chyn-weithwyr *Digital Computers* yn berchen ar lawer ohonynt.

Ffynhonnell: addaswyd o'r *Financial Times*, 27.5.2005.

Ffigur 26.7 Twf economaidd: newid % blynyddol CMC

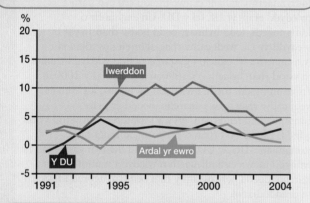

Ffigur 26.8 Diweithdra: mesur % safonedig

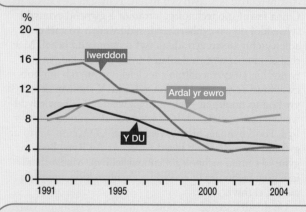

Ffigur 26.9 Buddsoddiant: ffurfiant cyfalaf crynswth real yn y sector preifat heblaw am dai: newid % blynyddol

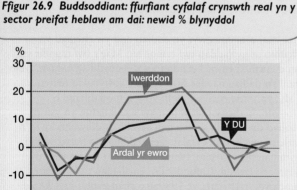

Ffigur 26.10 Twf cynhyrchedd llafur yn y sector busnes: newid % blynyddol

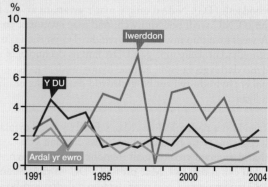

Sylwer: 'Ardal yr ewro' yw'r grŵp o wledydd yn yr UE sydd wedi mabwysiadu'r ewro fel eu harian cyfred, gan gynnwys yr Almaen, yr Eidal, Sbaen, Ffrainc ac Iwerddon, ond heb gynnwys y DU.
Ffynhonnell: addaswyd o *Economic Outlook*, OECD.

---

1. (a) Eglurwch ystyr twf economaidd.
    (b) Cymharwch berfformiad diweddar Iwerddon o ran twf â'r DU ac ardal gyfan yr ewro.

2. Trafodwch a all lefelau uwch o fuddsoddiant cyfalaf fod yn llwyr gyfrifol am berfformiad economaidd rhagorach Iwerddon oddi ar 1991.

Crynodeb

1. Yn aml defnyddir incwm gwladol fel prif ddangosydd safon byw mewn economi. Defnyddir cynnydd mewn CMC y pen fel dangosydd o dwf economaidd a chynnydd yn safonau byw.
2. Fodd bynnag, mae yna lawer o gydrannau pwysig eraill o safon byw, gan gynnwys rhyddid gwleidyddol, yr amgylchedd cymdeithasol a diwylliannol, rhyddid rhag ofn rhyfel ac erledigaeth, ac ansawdd yr amgylchedd.
3. Mae twf economaidd dros y 100 mlynedd diwethaf wedi trawsnewid safonau byw pobl yn y byd gorllewinol, gan alluogi bron pawb i ddianc rhag tlodi absoliwt.
4. Twf economaidd sy'n debygol o fod yr unig ffordd o symud pobl yn y Trydydd Byd o dlodi absoliwt.
5. Mae gan dwf economaidd ei gostau o ran newidiadau annymunol yn strwythur y gymdeithas.
6. Mae rhai'n credu bod twf economaidd yn y dyfodol yn anghynaliadwy, yn rhannol oherwydd llygredd cynyddol ac yn rhannol oherwydd defnyddio adnoddau anadnewyddadwy.

Incwm gwladol a lles economaidd

Mae incwm gwladol yn fesur o incwm, cynnyrch a gwariant economi. Yn aml fe'i defnyddir hefyd fel mesur o **safon byw**. Ond mae cyfystyru incwm gwladol a safonau byw yn syml iawn am fod llawer o ffactorau eraill sy'n cyfrannu at les economaidd unigolion.

Rhyddid gwleidyddol Rydym yn tueddu i gymryd iawnderau sifil yn ganiatuol yn y DU. Ond mae llywodraethau eraill yn y byd heddiw yn gyfundrefnau totalitaraidd sy'n rheoli drwy ofn. Mewn rhai gwledydd gall bod yn aelod o wrthblaid neu'n aelod o undeb llafur olygu marwolaeth neu garchar. Mae'r rhyddid i ymweld â ffrindiau, i deithio ac i fynegi barn yn debygol o fod yn fwy gwerthfawr na bod yn berchen ar set deledu ychwanegol neu allu prynu gwisg arall.

Yr amgylchedd cymdeithasol a diwylliannol Yn y DU cymerwn bethau fel addysg yn ganiatuol. Mae gennym rai o'r amgueddfeydd ac orielau celfyddyd gorau yn y byd. Mae gennym etifeddiaeth ddiwylliannol sy'n cynnwys Shakespeare a Constable. Ystyrir y BBC yn un o'r cyfundrefnau darlledu gorau yn y byd. Ond gallem yn hawdd fod yn byw mewn diffeithdir diwylliannol lle efallai mai prif bwrpas rhaglenni teledu fyddai gwerthu powdrau golchi a gwneud elw. Neu gallai'r celfyddydau gael eu defnyddio fel propaganda gwleidyddol yn hytrach na bodoli yn eu rhinwedd eu hun.

Rhyddid rhag ofni trais Os nad ydy person yn teimlo'n ddiogel yn cerdded y strydoedd neu hyd yn oed gartref, ni fydd unrhyw nifer o ffyrnau microdon na chwaraewyr *DVDs* yn gwneud iawn am y golled hon. Yn yr un modd, mae ofn rhyfel, neu ofn cael eich arestio, eich carcharu neu eich arteithio yn fympwyol yn gwneud i eiddo materol ymddangos yn gymharol ddibwys.

Yr amgylchedd gwaith Mae pa mor hir a pha mor galed y mae'n rhaid i bobl weithio yn hollbwysig wrth werthuso safonau byw. Un rheswm pam mae'r gweithiwr cyfartalog yn well ei fyd heddiw na 100 mlynedd yn ôl yw bod ei flwyddyn waith yn debygol o fod tua hanner nifer yr oriau a weithiwyd gan y gweithiwr cyfartalog yn oes Fictoria. Hefyd mae'r gweithle'n fwy diogel o lawer na 100 mlynedd yn ôl. Roedd damweiniau diwydiannol yn gyffredin bryd hynny ac ni

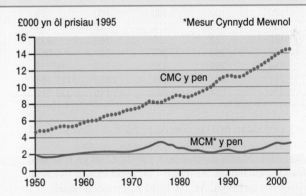

Ffigur 27.1 Cymharu MCM y pen â CMC y pen

£000 yn ôl prisiau 1995   *Mesur Cynnydd Mewnol

Ffynhonnell: addaswyd o Swyddfa Ystadegau Cenedlaethol, *Thomson Datastream, CMI.*

Mae'n swyddogol. 1976 oedd y flwyddyn orau ar gyfer ansawdd bywyd ym Mhrydain, yn ôl indecs o gynnydd economaidd, cymdeithasol ac amgylcheddol a gyhoeddwyd gan y *New Economics Foundation,* sy'n seiat ddoethion *(think-tank).* Yn wahanol i'r ffigur CMC safonol, mae mesur cynnydd mewnol (MCM) yn ystyried costau cymdeithasol ac amgylcheddol, gan gynnwys y difrod a wneir gan droseddau, disbyddiad adnoddau naturiol, a llygredd fel allyriant nwyon tŷ gwydr. Yn yr 1970au, â llai o droseddau, llai o anghydraddoldeb incwm, cynnydd yn stoc cyfalaf y wlad oherwydd ymchwydd mewn buddsoddiant yn y sector cyhoeddus a llai o dreulio egni am fod llai o geir a thai â gwres canolog, roedd Prydain yn well ei byd nag y mae hi heddiw.

Mae fel petai'r rhan fwyaf o fesurau gwahanol o ansawdd bywyd yn dangos bod Prydain yn y gorffennol yn well ei byd nag y mae hi heddiw. Ond efallai y byddai pobl sy'n ddigon hen i gofio 1976 yn synnu i glywed mai dyma'r flwyddyn orau o ran cyfoeth cyffredinol Prydain. I lawer roedd canol yr 1970au, â chwyddiant ar ei lefel uchaf erioed, diweithdra'n cynyddu, streiciau a dim cyfrifiaduron cartref na ffonau symudol na *DVDs,* yn gyfnod digon diflas. Mae'r MCM yn cynnwys nifer bach iawn o'r newidynnau a allai gael eu cynnwys mewn indecs safon byw. Felly efallai bod CMC yn well dangosydd wedi'r cyfan.

Ffynhonnell: addaswyd o'r *Financial Times,* 16.3.2004..

(a) Pam nad CMC yw'r unig fesur o safon byw gwlad?
(b) Pa ffactorau eraill allai gael eu cynnwys mewn mesur o safon byw?
(c) Pa broblemau sydd gan yr MCM fel mesur o safon byw?

fyddai gweithwyr yn derbyn fawr ddim neu ddim iawndal am anafiadau difrifol neu hyd yn oed farwolaeth.

Yr amgylchedd Ar hyn o bryd mae pobl yn ymwybodol iawn o faterion amgylcheddol. Mae dealltwriaeth bod gweithgareddau cynhyrchu yn gallu gwneud drwg i'r amgylchedd ac y bydd yn rhaid i ni yn y dyfodol roi'r gorau efallai i dreulio rhai cynhyrchion os ydym i ddiogelu'r amgylchedd.

Y ddadl ynghylch twf

Mae cyfradd twf economaidd wedi cyflymu'n hanesyddol. Hyd yn oed bum can mlynedd yn ôl, ni fyddai'r rhan fwyaf o bobl wedi gweld fawr ddim newid mewn incwm yn ystod eu hoes. Yn ystod oes Fictoria tyfodd yr economi tua 1% y flwyddyn. Dros y 60 mlynedd diwethaf, mae economi'r DU wedi tyfu 2.6% y flwyddyn ar gyfartaledd.

Tabl 27.1 Cyfradd twf economaidd £100 dros amser

Blwyddyn	Cyfraddau twf				
	1%	2%	3%	5%	10%
0	100	100	100	100	100
5	105	110	116	128	161
10	110	122	130	163	259
25	128	164	203	339	1 084
50	164	269	426	1 147	11 739
75	211	442	891	3 883	127 189
100	271	724	1 870	13 150	1 378 059

Mae twf ar y cyfraddau hyn ers diwedd yr Ail Ryfel Byd yn 1945 wedi arwain at ffyniant i ddinasyddion y byd diwydiannol. Ystyriwch Dabl 27.1. Mae'n dangos faint y bydd £100 yn tyfu dros amser ar gyfraddau gwahanol. Ar dwf o 1%, bydd incwm fwy neu lai yn dyblu dros oes unigolyn. Ar 2% bydd yn cynyddu bedair gwaith dros oes unigolyn. Ar 3% mae'n dyblu bob pum mlynedd ar hugain. Ar 5% mae'n cymryd tua 14 o flynyddoedd yn unig i ddyblu incwm. Ar 10% mae'n cymryd tua 7 mlynedd yn unig i ddyblu incwm.

Os ydy cyfraddau twf diweddar yn arwydd o'r dyfodol, ymhen 30 o flynyddoedd bydd gweithwyr cyfartalog Prydain yn ennill dwywaith cymaint â'u henillion heddiw mewn termau real. Pan fyddan nhw yn eu saithdegau, gallan nhw ddisgwyl i weithwyr ennill pedair gwaith cymaint â'u rhieni pan gawson nhw eu geni.

Mae'r cynnydd yma mewn incwm wedi arwain at ddileu **tlodi absoliwt** ar gyfer y rhan fwyaf o ddinasyddion yn y byd diwydiannol.
- Mae disgwyliad oes wedi dyblu dros y 300 mlynedd diwethaf ac mae cyfraddau marwolaethau babanod wedi plymio.
- Mae gan bobl ddigon i'w fwyta a'i yfed. Mae'r hyn y byddwn yn ei fwyta a'i yfed bron bob amser yn ddiogel i'w fwyta a'i yfed gan bobl.
- Mae safonau tai wedi gwella'n aruthrol.
- Mae bron pawb yn gallu darllen ac ysgrifennu.

Mae cynnydd mewn incwm yn y dyfodol yn ddymunol yn gyffredinol. Ychydig iawn o bobl fyddai'n ffafrio cael llai o incwm yn hytrach na mwy o incwm yn y dyfodol (cofiwch fod economeg yn tybio bod gan bobl **chwant diderfyn**). Felly yn gyffredinol mae twf economaidd wedi cael ei ystyried yn ddymunol. Hefyd, yn 2005 dim ond 16% o boblogaeth y byd oedd yn byw mewn gwledydd 'incwm uchel' fel UDA, y DU a Japan, gydag incwm cyfartalog y person o $31 000 y flwyddyn yn

Mae'r ffotograffau'n dangos cegin fodern a chegin ar ddechrau'r ugeinfed ganrif. I ba raddau y maent yn dangos bod twf economaidd wedi bod yn ddymunol?

ôl prisiau pareddau gallu prynu (☞ uned 25). Roedd 38% yn byw mewn gwledydd 'incwm isel' gydag incwm cyfartalog blynyddol o $2 260 yn unig, nad yw hyd yn oed yn 10% o incwm cyfartalog gwledydd incwm uchel. Mae llawer sy'n byw mewn gwledydd incwm isel a chanolig yn dioddef tlodi absoliwt. Gellir dadlau mai'r unig ffordd o ddileu diffyg maeth, clefyd, tai gwael ac anllythrennedd yn y gwledydd hyn yw bod yna dwf economaidd real.

Dadleuon yn erbyn twf

Er gwaetha'r buddion amlwg, mae rhai economegwyr ac amgylcheddwyr yn amheus ynghylch y nod o gael twf economaidd.

Ffugioldeb ystadegau incwm gwladol Un ddadl yw bod y cynnydd mewn incwm gwladol wedi bod yn ffug i raddau helaeth. Dri chan mlynedd yn ôl nid oedd llawer o gynnyrch yr economi yn cael ei fasnachu. Ar y cyfan nid oedd merched yn ymwneud â gwaith cyflogedig. Mae llawer o'r cynnydd tybiedig mewn incwm wedi dod o roi gwerthoedd ariannol ar yr hyn oedd eisoes yn bodoli. Yn hytrach na dod o gynnydd mewn cynhyrchu, daw llawer o'r cynnydd mewn incwm a gynhyrchir gan sector cyhoeddus yr economi o gyflogau uwch sy'n cael eu talu i weithwyr y sector cyhoeddus sy'n cynhyrchu'r un maint o wasanaethau. Er bod rhywfaint o wirionedd yn hyn, ni ellir gwadu bod safonau byw materol wedi cynyddu'n enfawr dros y tri chan mlynedd diwethaf. Nid yn unig y mae pobl yn treulio mwy o nwyddau a gwasanaethau, ond hefyd mae ganddynt ar gyfartaledd lawer mwy o amser hamdden.

Allanolderau negyddol Dadl arall yw bod cymdeithasau diwydiannol modern wedi creu **allanolderau** negyddol mawr. Er enghraifft, mae rhai'n cynnig y farn fod twf wedi creu cronfa fawr o weithwyr mudol, yn crwydro o swydd i swydd mewn rhannau gwahanol o'r wlad. Maen nhw'n colli cysylltiad â'u gwreiddiau, yn cael eu gwahanu oddi wrth eu teuluoedd. Y canlyniad yw dieithrio ac unigrwydd, yn enwedig ymhlith yr henoed, a chwymp gwerthoedd teuluol traddodiadol. Mae cyfraddau troseddu yn codi i'r entrychion, mae cyfraddau ysgariad yn cynyddu, mae afiechydon sy'n gysylltiedig â straen yn gyffredin a rhaid gwario mwy a mwy ar godi'r darnau mewn cymdeithas nad yw'n fodlon bellach ar yr hyn sydd ganddi.

Mae cefnogwyr y farn hon yn tueddu i edrych yn ôl at ryw 'oes aur' yn y gorffennol, yn aml yn amaethyddol, pan fyddai pobl yn byw yn bennaf mewn pentrefi fel rhannau o deuluoedd estynedig mawr. Fodd bynnag, mae tystiolaeth hanesyddol yn awgrymu na fu erioed baradwys wledig o'r fath. I lawer roedd bywyd yn fyr a chaled. Roedd meddwdod yn broblem bob amser. Roedd bywyd teuluol yn glawstroffobig ac nid oedd yn ystyried unigoliaeth. Roedd y rhan fwyaf o bobl wedi marw erbyn cyrraedd yr oedran pan fydd pobl heddiw yn tueddu i ysgaru ac ailbriodi.

Mae twf yn anghynaliadwy Efallai mai'r ddadl fwyaf difrifol yn erbyn twf yw bod twf yn anghynaliadwy. Ystyriwch Dabl 27.1 eto. Pe bai gwlad fel y DU yn tyfu 3% y flwyddyn ar gyfartaledd yna ymhen 25 o flynyddoedd byddai incwm gwladol ddwywaith cymaint ag y mae heddiw; ymhen hanner can mlynedd, pan fyddai myfyriwr 18 oed wedi ymddeol, byddai'n fwy na phedair gwaith cymaint; ymhen 75 o flynyddoedd, pan fyddai disgwyl i'r myfyriwr fod wedi marw yn ôl y ffigurau disgwyliad oes presennol, byddai bron 9 gwaith cymaint; ac ymhen 100 mlynedd byddai bron 19 gwaith cymaint. Pe bai cyflog cyfartalog gweithiwr amser llawn yn y DU heddiw yn £27 000 y flwyddyn, ymhen 100 mlynedd byddai wedi codi i £800 000 y flwyddyn mewn termau real.

Mae pob cynnydd ychwanegol o un y cant mewn incwm gwladol yn defnyddio **adnoddau anadnewyddadwy** fel olew, glo a chopr. Yn rhan olaf yr 1970au cyhoeddodd Clwb Rhufain, sefydliad rhagfynegi, adroddiad o'r enw 'Y Terfynau i Dwf'. Honnodd yr adroddiad y byddai economïau diwydiannol o'r math y gwyddom ni amdanynt yn chwalu. Bydden nhw'n cael eu dal rhwng twf mewn llygredd a gostyngiad yn argaeledd adnoddau prin fel olew, glo a choed. Rhagfynegwyd y byddai olew'n dod i ben yn y ganrif nesaf a glo erbyn y flwyddyn 2400. Yn yr 1980au a'r 1990au syfrdanwyd y byd gan adroddiadau bod pobl yn dinistrio'r haen oson ac yn codi tymheredd y byd drwy'r effaith tŷ gwydr. Ni all y blaned gynnal cyfraddau twf o hyd yn oed 1% neu 2% y flwyddyn. Rhaid i dwf ddod i ben a gorau po gynt.

Mae damcaniaethau economaidd yn awgrymu na fydd y dyfodol efallai mor dywyll ag y mae'r darlun hwn yn ei honni. Mewn economi marchnad bydd prinder cynyddol o adnodd, fel olew, yn arwain at gynnydd yn y pris. Yna bydd tri pheth yn digwydd. Yn gyntaf, bydd galw ac felly treuliant yn gostwng – bydd y mecanwaith prisiau yn arwain at gadwraeth. Yn ail, daw'n broffidiol i chwilio am gyflenwadau newydd o'r adnodd. Mae cronfeydd olew hysbys y byd heddiw yn uwch nag yn 1973 adeg yr argyfwng olew cyntaf! Yn drydydd, bydd defnyddwyr yn troi at amnewidion a bydd cynhyrchwyr yn cael eu hybu i ddarganfod cynhyrchion newydd i gymryd lle'r rhai presennol. Ar ôl y codiad enfawr ym mhrisiau olew yn 1973-74, roedd prif wneuthurwyr ceir y byd fwy neu lai wedi haneru treuliant tanwydd y car cyfartalog am bob milltir dros gyfnod o ddeng mlynedd drwy fotorau mwy effeithlon. Datblygodd Brasil geir oedd yn rhedeg ar danwydd a wnaed o siwgr.

Mae llywodraethau hefyd yn ymateb i bwysau gan wyddonwyr a'r cyhoedd. Mae gweithgareddau diwydiant yn cael eu rheoleiddio lawer mwy heddiw yn y byd gorllewinol nag y buon nhw 30 o flynyddoedd yn ôl. Mae llywodraethau unigol, er enghraifft, wedi cyflwyno rheolaethau llym ar allyriant llygredd, wedi rheoleiddio gwaredu gwastraff ac wedi ceisio dogni adnoddau prin fel dŵr neu aer drwy system o drwyddedau y gellir eu masnachu (☞ uned 19). Hyd yn oed yn fwy trawiadol fu parodrwydd llywodraethau i lofnodi cytundebau rhyngwladol sydd â'r bwriad o warchod yr amgylchedd. Er enghraifft, yn 1987 llofnododd 93 llywodraeth Brotocol Montreal i raddol ddileu cynhyrchu cemegau CFC, un o'r prif ffactorau sy'n cyfrannu at ddinistrio'r haen oson. Cytunodd llofnodwyr Protocol Kyoto 1997 i ostwng allyriant nwyon tŷ gwydr 5.2% o lefelau 1990 rhwng 2008 a 2012.

Yr hyn sy'n peri mwy o ofid, fodd bynnag, yw bod mecanwaith y farchnad a llywodraethau yn aml yn araf i weithredu. Dydy llywodraethau a marchnadoedd ddim yn dda yn ymateb i bwysau a allai gymryd degawdau i gynyddu ond na fyddant yn eu hamlygu eu hunain tan yn sydyn ar ddiwedd y cyfnod hwnnw. Mae rhai gwyddonwyr wedi rhagfynegi bod cynhesu byd-eang eisoes yn ddiwrthdro. Os felly, y broblem a wynebwn nawr yw sut i newid y gymdeithas i ymdopi â hyn. Does dim consensws clir ynghylch sut y gallem wrthdroi twf economaidd, treulio llai ac ymdopi â'r trychineb sydd i ddod heb greu hunllef economaidd ynghyd â newyn torfol.

Y lobi gwrth-dwf Un pwynt i'w nodi yw bod cefnogwyr y lobi gwrth-dwf yn tueddu i fod yn bobl sy'n gymharol dda eu byd. Efallai na fyddai gostwng eu treuliant 25% neu gynhyrchu technolegau amgen sy'n gyfeillgar i'r amgylchedd yn creu llawer o drafferth iddynt. Fodd bynnag, byddai gadael y llu o bobl yn y Trydydd Byd heddiw ar eu safonau byw presennol yn arwain at anghydraddoldeb mawr. Byddai lleiafrif bach yn dal i fyw islaw llinell tlodi absoliwt, gan wynebu bygythiad parhaol diffyg maeth. Byddai mwyafrif heb fynediad at wasanaethau fel addysg a gofal iechyd, gwasanaethau y mae pobl yn y Gorllewin yn eu cymryd yn ganiatâol. Nid yw'n syndod bod y lobi gwrth-dwf yn gryfach yn y Gorllewin nag yn y Trydydd Byd.

Economeg gymhwysol

Safon byw yn y DU oddi ar 1900

Yn aml mae CMC yn cael ei ddefnyddio fel prif ddangosydd economaidd lles. Mae Tabl 27.2 yn dangos, ar y sail hon, bod safonau byw yn y DU wedi codi'n sylweddol yn y ganrif ddiwethaf. Rhwng 1900 ac 1931 cynyddodd CMC 23%, a rhwng 1900 a 2004 cynyddodd 626%. Mae'r boblogaeth wedi tyfu hefyd ond, hyd yn oed

ar ôl ystyried hynny, mae'r cynnydd yn y lefelau incwm am bob person yn drawiadol.

Gellir dangos mewn amryw o ffyrdd eraill sut mae safon byw teulu ym Mhrydain wedi gwella. Er enghraifft, yn 1900 bu farw 14.2% o blant cyn cyrraedd eu blwydd oed. Yn 2005 y ffigur cymharol oedd 0.5%. Yn 1900 roedd y mwyafrif helaeth o blant yn ymadael â'r ysgol yn 12 oed. Heddiw mae pob plentyn yn aros yn yr ysgol hyd nes y bydd yn 16 oed ac mae 53% o bobl ifanc 18 oed yn derbyn addysg neu hyfforddiant amser llawn neu ran amser. Yn 1900 ychydig o bobl allai fforddio triniaeth feddygol o safon pan oeddent yn sâl. Heddiw, mae'r Gwasanaeth Iechyd Gwladol ar gael i bawb yn y DU.

Mae Tabl 27.3 yn dangos ffordd arall yr ydym yn well ein byd heddiw na theulu ar droad y ganrif ddiwethaf. Mae'n dangos cyllideb wythnosol teulu gweithiwr llaw mewn tref haearn yng ngogledd Swydd Efrog, a amcangyfrifwyd gan yr Arglwyddes Bell yn ei llyfr, *At The Works*. Roedd y teulu'n byw ar 7½ torth gartref 4 pwys (1.8kg) yr un gyda haen denau o fenyn ar y bara, 4 pwys (1.8kg) o gig a chig moch, te gwan, chwart o laeth a braidd dim llysiau. Yn 2003-04, tra oedd pum person yn bwyta dim ond 3.6kg o fara yr wythnos, 0.16kg o de a 0.5kg o siwgr, ar y llaw arall roeddent yn bwyta 5.3kg o gig, 4.3kg o datws (ffres ac wedi'u rhewi) a 0.9kg o fenyn, margarin, bloneg ac olewau eraill. Hefyd, mae'r diet heddiw lawer yn fwy amrywiol a digonol gyda ffrwythau a llysiau ar wahân i datws yn chwarae rhan bwysig. Nid oedd diffyg maeth yn anghyffredin yn 1900 ond go brin y gwelir hyn yn y DU heddiw.

Mae'r gyllideb yn Nhabl 27.3 yn dweud llawer hefyd am ddull cyfyngedig o fyw y teulu cyffredin yn 1908. Bryd hynny, byddai'r teulu'n ei ystyried ei hun yn ffodus pe bai'n gallu mynd i lan y môr am ddiwrnod. Yn 2003 cymerodd pobl tua 91 miliwn o wyliau un noson neu ragor yn y DU a 41.2 miliwn o wyliau dramor.

Yn 1908 ychydig o gelfi oedd yn nhai pobl. Y prif fath o wresogi oedd tân agored; nid oedd gwres canolog yn bod i bob pwrpas. Ychydig iawn o dai oedd â thrydan chwaith. Mae Tabl 27.3 yn dangos mai olew oedd yn goleuo'r tŷ cyffredin. Nid oedd yr offer trydanol yr ydym yn eu cymryd yn ganiataol heddiw, fel peiriannau golchi dillad, glanhawyr a setiau teledu, wedi eu dyfeisio eto. Byddai'r pwys o sebon yng nghyllideb 1908 wedi cael ei ddefnyddio i lanhau dillad, sinciau a lloriau. Nid oedd powdr golchi, glanedyddion na glanhawyr lloriau ar gael. *Gold Dust* oedd yr enw poblogaidd ar garpion o sebon melyn a oedd mor gryf yr oedd yn rhwygo'r croen ar ddwylo'r defnyddiwr. Cymharwch hynny â'r brandiau niferus o sebonau meddal sydd ar gael heddiw.

Tabl 27.2 CMC, CMC y pen a phoblogaeth, 1901-2004

	CMC (£bn yn ôl prisiau 2002)	Poblogaeth (miliynau)	CMC y pen (£ yn ôl prisiau 2002)
1901	152.8	38.2	4 001
1911	176.1	42.1	4 172
1921	155.8	44.0	3 540
1931	188.4	46.0	4 096
1951	294.8	50.2	5 795
1961	383.0	52.7	7 253
1971	510.7	55.9	9 130
1981	599.0	56.4	10 629
1991	777.4	57.4	13 535
2001	1 027.9	59.1	17 388
2004	1 108.9	59.8	18 613

Sylwer: Mae CMC yn ôl prisiau'r farchnad.
Ffynhonnell: addaswyd o *Social Trends, Annual Abstract of Statistics*, Swyddfa Ystadegau Cenedlaethol.

Cyllideb teulu yn 1908
Incwm 18s 6d, teulu o bump

	s.	d.
Rhent	5	6
Glo	2	4
Yswiriant	0	7
Dillad	1	0
Cig	1	6
14 pwys o flawd	1	5
3½ pwys o flawd bara	0	4½
1 pwys o fenyn	1	1
½ pwys o floneg	0	2½
1 pwys o gig moch	0	9
4 pwys o siwgr	0	8
½ pwys o de	0	9
Burum	0	1
Llaeth	0	3
1 bocs o lathrydd *Globe*	0	1
1 pwys o sebon	0	3
1 pecyn o *Gold Dust*	0	3
3 owns o dybaco	0	9
7 pwys o datws	0	3
Winwns/nionod	0	1
Matsys	0	1
Olew lamp	0	2
Dyled	0	3
Cyfanswm	18	6

Tabl 27.3

Byddai gweithwyr yn gweithio oriau hir, chwe diwrnod yr wythnos heb fawr ddim gwyliau. Gartref, bywyd digon caled a wynebai gwraig y tŷ heb fawr ddim offer i'w helpu gyda'i thasgau. Digwyddai damweiniau yn aml ac roedd henaint, diweithdra, salwch ac, yn fwy na dim, y tloty, yn cael eu hofni. Y tloty oedd y diwedd i'r rhai na allent eu cynnal eu hunain.

O safbwynt ecolegol, roedd ardaloedd diwydiannol fel Llundain, yr Ardal Ddu a Manceinion yn creu llygredd ar raddfa fawr. Roedd y mwrllwch sydd i'w gael mewn dinasoedd fel Dinas Mexico a Los Angeles heddiw yn gyffredin ym Mhrydain ar droad yr ugeinfed ganrif. Yn sicr nid oedd yr amgylchedd trefol yn lân 100 mlynedd yn ôl.

Yn gymdeithasol ac yn wleidyddol, nid oedd merched, sef mwy na hanner y boblogaeth, yn rhydd. Yn 1900 nid oedd ganddynt bleidlais, yn y cartref roedd eu lle, roeddent yn aml yn cael eu hystyried yn fiolegol israddol i ddynion, a chawsant eu hatal rhag dal bron pob swydd gyhoeddus o ddylanwad ac awdurdod. Mewn nifer o ffyrdd, mae safon byw merched wedi gwella mwy na safon byw dynion yn ystod y ganrif ddiwethaf oherwydd yr agwedd ormesol tuag at ferched ganrif yn ôl.

Ar y cyfan, byddai'n anodd edrych yn ôl ar y flwyddyn 1900 a gweld rhyw oes aur. I'r rhan fwyaf o bobl ym Mhrydain heddiw, mae dechrau'r trydydd mileniwm yn nefoedd mewn cymhariaeth. Er hynny, er efallai nad oes llawer o dlodi absoliwt heddiw, gellid dadlau bod llawer o dlodi cymharol. Gellid dadlau hefyd bod y rhai tlotaf heddiw yn dal i fod yn waeth eu byd na'r 5% uchaf o enillwyr incwm yn 1900.

Cwestiwn data — Safonau byw cymharol yn y DU

Tabl 27.4 Nifer yr erthyliadau, Prydain

	1971-72	2003
Erthyliadau	63 400	193 799

Ffynhonnell: addaswyd o *Social Trends*, Swyddfa Ystadegau Cenedlaethol.

Tabl 27.5 Incwm, prisiau a phoblogaeth

	1971	2004
CMC (£bn yn ôl prisiau cyfredol)	57.5	1 164.4
Indecs Prisiau Adwerthu (1971 = 100)	100	907
Poblogaeth (miliynau)	55.9	59.8

Ffynhonnell: addaswyd o *Economic Trends, Annual Abstract of Statistics, Monthly Digest of Statistics*, Swyddfa Ystadegau Cenedlaethol.

Tabl 27.6 Poblogaeth

	Miliynau	
	1971	2004
Dan 18	15.8	13.3
Oedolion heb gyrraedd oed pensiwn[1]	31.0	35.4
Oed pensiwn[1]	9.1	11.1
Cyfanswm y boblogaeth	55.9	59.8

[1] Oed pensiwn yw 60+ i ferched a 65+ i ddynion.

Ffynhonnell: addaswyd o *Annual Abstract of Statistics*, Swyddfa Ystadegau Cenedlaethol.

Tabl 27.7 Cartrefi: yn ôl y math o gartref a theulu

	1971 %	2004 %
Un person		
Dan oed pensiwn y wlad	6	14
Dros oed pensiwn y wlad	12	15
Cartrefi un teulu		
Pâr heb blant	27	29
Pâr â phlant	43	28
Cartref rhiant sengl	7	10
Arall	5	4
Cyfanswm	100	10.0
Pob cartref (miliynau)	18.6	24.1

Ffynhonnell: addaswyd o *Social Trends*, Swyddfa Ystadegau Cenedlaethol.

Tabl 27.8 Enillion crynswth real wythnosol detholiad o weithwyr, £ yn ôl prisiau 2004

	1971	2004-05
Gweinydd/gweinyddes	132	127
Gofalwr	201	270
Briciwr/saer maen	250	404
Saer coed	257	426
Nyrs	179	421
Athro cynradd/athrawes gynradd	296	541
Cyfreithiwr	439	905
Meddyg	631	1 203

Ffynhonnell: addaswyd o *New Earnings Survey*, *Annual Survey of Hours and Earnings*, Swyddfa Ystadegau Cenedlaethol.

Tabl 27.9 Canran cartrefi sy'n berchen ar ddetholiad o nwyddau traul sy'n para

	1970-72	1981	2003-2004
Peiriant golchi dillad	65	78	94
Peiriant sychu dillad	0	23	57
Microdon	0	0	89
Peiriant golchi llestri	0	4	31
Teledu	93	97	98
Chwaraewr cryno ddisgiau	0	0	86
Cyfrifiadur cartref	0	0	58
Recordydd fideo	0	0	90
Ffôn	35	75	92
Cyswllt rhyngrwyd	0	0	49
Ffôn symudol	0	0	76

Ffynhonnell: addaswyd o *Social Trends*, *Family Spending*, Swyddfa Ystadegau Cenedlaethol.

Ffigur 27.2 Cyfraddau marwolaethau: yn ôl rhyw a phrif grŵp o achosion

Y Deyrnas Unedig
Cyfraddau am bob miliwn o'r boblogaeth

Ffynhonnell: addaswyd o *Social Trends*, Swyddfa Ystadegau Cenedlaethol.

Tabl 27.10 Cyflogaeth a diweithdra, y DU, miliynau

	1971	2004
Cyflogaeth		
Dynion		
amser llawn	13.1	13.7
rhan amser	0.6	1.6
Merched		
amser llawn	5.6	7.3
rhan amser	2.8	5.8
Cyfanswm y di-waith[1]	0.75	0.87

[1] Y di-waith yn ôl cyfrif hawlwyr budd-daliadau

Ffynhonnell: addaswyd o *Labour Market Trends*, Swyddfa Ystadegau Cenedlaethol; *Economic Trends*, Swyddfa Ystadegau Cenedlaethol.

Tabl 27.11 Addysg

	1970-71	2004
Cymhareb disgyblion i athrawon yn ysgolion y wladwriaeth	22.60	17.50
Niferoedd mewn ysgolion meithrin y wladwriaeth (miliynau)	0.05	0.08
Niferoedd ym mhob ysgol (miliynau)	10.20	9.80
Niferoedd mewn addysg uwch (miliynau)	0.62	2.37
Gwariant y llywodraeth ar addysg fel % o CMC	5.20	5.60

Ffynhonnell: addaswyd o *Social Trends*, Swyddfa Ystadegau Cenedlaethol.

Tabl 27.12 Llif dyddiol cyfartalog cerbydau modur ar draffyrdd

	Miloedd	
	1971	2003
Cerbydau ar draffyrdd	28.5	73.2

Ffynhonnell: addaswyd o *Transport Statistics*, Swyddfa Ystadegau Cenedlaethol.

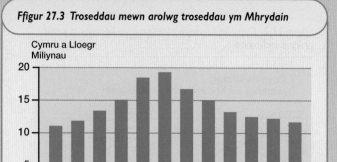

Ffigur 27.3 *Troseddau mewn arolwg troseddau ym Mhrydain*

Cymru a Lloegr
Miliynau

Ffynhonnell: addaswyd o *Social Trends*, Swyddfa Ystadegau Cenedlaethol.

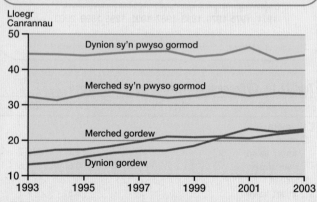

Ffigur 27.5 *Cyfran oedolion sy'n ordew neu'n pwyso gormod: yn ôl rhyw*

Lloegr
Canrannau

Dynion sy'n pwyso gormod

Merched sy'n pwyso gormod

Merched gordew

Dynion gordew

Ffynhonnell: addaswyd o *Social Trends*, Swyddfa Ystadegau Cenedlaethol.

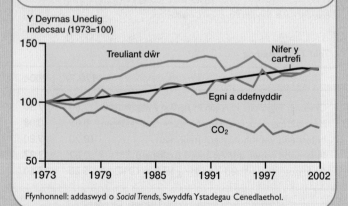

Ffigur 27.7 *Effaith amgylcheddol cartrefi*

Y Deyrnas Unedig
Indecsau (1973=100)

Treuliant dŵr

Nifer y cartrefi

Egni a ddefnyddir

CO$_2$

Ffynhonnell: addaswyd o *Social Trends*, Swyddfa Ystadegau Cenedlaethol.

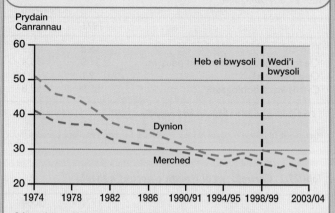

Ffigur 27.4 *Niferoedd yr oedolion sy'n ysmygu sigaréts: yn ôl rhyw*

Prydain
Canrannau

Heb ei bwysoli | Wedi'i bwysoli

Dynion

Merched

Sylwer: data wedi'u pwysoli ar ôl 1998/99 i wneud iawn am ddiffyg ymateb ac i gydweddu â dosbarthiadau hysbys o'r boblogaeth.
Ffynhonnell: addaswyd o *Social Trends*, Swyddfa Ystadegau Cenedlaethol.

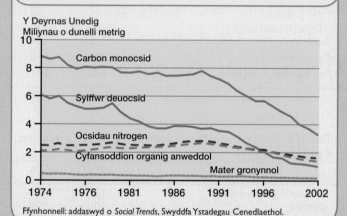

Ffigur 27.6 *Allyriannau llygryddion aer penodol*

Y Deyrnas Unedig
Miliynau o dunelli metrig

Carbon monocsid

Sylffwr deuocsid

Ocsidau nitrogen

Cyfansoddion organig anweddol

Mater gronynnol

Ffynhonnell: addaswyd o *Social Trends*, Swyddfa Ystadegau Cenedlaethol.

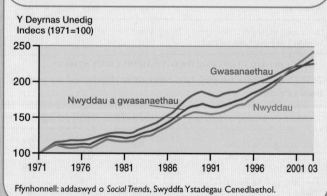

Ffigur 27.8 *Maint gwariant cartrefi domestig ar nwyddau a gwasanaethau*

Y Deyrnas Unedig
Indecs (1971=100)

Gwasanaethau

Nwyddau a gwasanaethau

Nwyddau

Ffynhonnell: addaswyd o *Social Trends*, Swyddfa Ystadegau Cenedlaethol.

Gofynnwyd i chi ysgrifennu erthygl ar gyfer cylchgrawn o safbwynt economaidd yn cymharu rhan gyntaf yr 1970au a rhan gyntaf y 2000au. Canolbwynt yr erthygl yw trafod ydy safonau byw wedi gwella yn y DU dros y cyfnod. Lluniwch yr erthygl fel a ganlyn:

1. Yn eich rhagarweiniad, rhowch sylw i nifer bach o ystadegau allweddol sydd, yn eich barn chi, yn dangos y gwahaniaethau rhwng y ddau gyfnod.

2. Yn y brif ran o'ch erthygl, cymharwch a chyferbynnwch y ddau gyfnod, gan nodi sut mae safonau byw wedi gwella a hefyd lle y gellid dadlau y bu'r DU yn waeth ei byd yn rhan gyntaf y 2000au nag yn rhan gyntaf yr 1970au.

3. Yn y diweddglo, trafodwch a fydd cynnydd mewn CMC yn ddigon i sicrhau bod y DU yn well ei byd yn 2020 nag yn rhan gyntaf y 2000au.

Crynodeb

1. Cynnydd cyffredinol parhaol yn lefel prisiau yw chwyddiant.
2. Caiff chwyddiant ei fesur drwy gyfrifo'r newid mewn indecs prisiau pwysol dros amser. Yn y DU gelwir yr indecs hwn yn Indecs Prisiau Adwerthu.
3. Mae indecs prisiau yn mesur chwyddiant ar gyfer cartrefi cyffredin yn unig. Hefyd ni all gymryd i ystyriaeth newidiadau yn ansawdd a dosraniad nwyddau dros amser.
4. Yn gyffredinol ystyrir bod chwyddiant yn creu costau economaidd i'r gymdeithas. Mae'r rhain yn cynnwys costau lledr esgidiau a chostau prislen, costau seicolegol a gwleidyddol, a chostau sy'n deillio o ailddosrannu incwm yn y gymdeithas. Mae rhai economegwyr yn credu bod chwyddiant yn arwain hefyd at ddiweithdra uwch a thwf is yn y tymor hir.
5. Mae chwyddiant annisgwyl yn tueddu i greu costau economaidd uwch na chwyddiant disgwyliedig.

Ystyr chwyddiant

Caiff chwyddiant ei ddiffinio fel cynnydd cyffredinol parhaol mewn prisiau. Mae'r gwrthwyneb i chwyddiant – DADCHWYDDIANT – yn derm sydd â dau ystyr posibl. A bod yn fanwl gywir, caiff ei ddiffinio fel gostyngiad yn LEFEL PRISIAU. Ond gellir ei ddefnyddio hefyd i ddisgrifio arafiad yng nghyfradd twf cynnyrch yr economi. Yn aml bydd yr arafiad neu'r enciliad hwn yn gysylltiedig â gostyngiad yng **nghyfradd chwyddiant**. Cyn yr Ail Ryfel Byd roedd enciliadau'n gysylltiedig hefyd â gostyngiadau mewn prisiau a dyma pam y daeth dadchwyddiant i gael dau ystyr.

Gall cynnydd cyffredinol mewn prisiau fod yn eithaf cymedrol. Byddai CHWYDDIANT GRADDOL yn disgrifio sefyllfa lle mae prisiau'n codi ychydig y cant ar gyfartaledd bob blwyddyn. Ar y llaw arall, mae GORCHWYDDIANT yn disgrifio sefyllfa lle mae lefelau chwyddiant yn uchel iawn. Nid oes ffigur pendant lle daw chwyddiant yn orchwyddiant, ond byddai'r rhan fwyaf o economegwyr yn ystyried chwyddiant o 100% neu 200% y flwyddyn yn orchwyddiant.

Mesur chwyddiant

Y newid mewn prisiau cyfartalog mewn economi dros gyfnod penodol yw cyfradd chwyddiant. Caiff lefel prisiau ei fesur ar ffurf indecs (☞ uned 3). Felly pe bai'r indecs prisiau yn 100 heddiw ac yn 110 ymhen blwyddyn, byddai cyfradd chwyddiant yn 10%.

Mae cyfrifo indecs prisiau yn broses gymhleth. Mae angen i brisiau amrywiaeth gynrychioliadol o nwyddau a gwasanaethau (**basged** o nwyddau) gael eu cofnodi'n rheolaidd. Yn y DU mae dau fesur o lefel prisiau a ddefnyddir yn helaeth: INDECS PRISIAU ADWERTHU (*RPI*) ac INDECS PRISIAU DEFNYDDWYR (*CPI*). Yn ddamcaniaethol, ar yr un diwrnod o'r mis anfonir arolygwyr i gofnodi 110 000 o brisiau am amrywiaeth o eitemau. Mae prisiau'n cael eu cofnodi mewn ardaloedd gwahanol o'r wlad yn ogystal â mathau gwahanol o allfeydd adwerthu, fel siopau cornel ac uwchfarchnadoedd. Caiff y canlyniadau hyn eu cyfartaleddu i ddarganfod pris cyfartalog nwyddau a chaiff y ffigur hwn ei drawsnewid i'w roi ar **ffurf rhif indecs**.

Mae newidiadau ym mhris bwyd yn bwysicach na newidiadau ym mhris tybaco. Y rheswm yw bod cyfran uwch o gyfanswm incwm cartrefi yn cael ei gwario ar fwyd nag ar dybaco. Felly rhaid i'r

ffigurau gael eu **pwysoli** (*weighted*) cyn gallu cyfrifo'r indecs terfynol. Er enghraifft, tybiwch mai dim ond dau nwydd sydd yn yr economi, sef bwyd a cheir, fel y gwelir yn Nhabl 28.1. Mae cartrefi'n gwario 75% o'u hincwm ar fwyd a 25% ar geir. Mae cynnydd o 8% ym mhris bwyd a 4% ym mhris ceir dros flwyddyn. Wrth gyfrifo cyfrataledd normal, byddai'r 8% a'r 4% yn cael eu hadio at ei gilydd a'r cyfanswm yn cael ei rannu â 2 i roi cynnydd prisiau cyfartalog o 6%. Ond mae hyn yn rhoi ffigur anghywir gan fod gwariant ar fwyd yn bwysicach yng nghyllideb y cartref na gwariant ar geir. Rhaid pwysoli'r ffigurau. Rhoddir pwysiadau o ¾ (neu 0.75 neu 750 allan o 1 000) i fwyd a ¼ (neu 0.25 neu 250 allan o 1 000) i geir. I gael y cynnydd cyfartalog mewn prisiau byddwn yn lluosi 8% â ¾ ac yn adio hynny at 4% wedi'i luosi â ¼ (h.y. 6% + 1%).

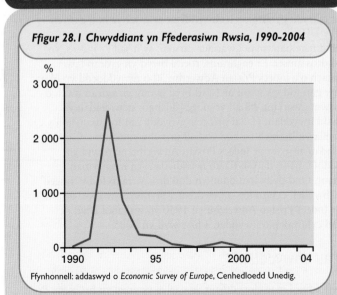

Cwestiwn 1

Ffigur 28.1 Chwyddiant yn Ffederasiwn Rwsia, 1990-2004

Ffynhonnell: addaswyd o *Economic Survey of Europe*, Cenhedloedd Unedig.

(a) Disgrifiwch y newidiadau mewn prisiau yn Ffederasiwn Rwsia a ddangosir yn y data.
(b) I ba raddau y gellid dweud bod Ffederasiwn Rwsia wedi cael gorchwyddiant yn ystod y cyfnod a ddangosir?

Felly y cyfartaledd pwysol yw 7%. Pe bai'r Indecs Prisiau Adwerthu yn 100 ddechrau'r flwyddyn, byddai'n 107 ddiwedd y flwyddyn. Er mwyn cyfrifo pwysiad mae angen darganfod sut y caiff arian ei wario. Yn achos yr Indecs Prisiau Adwerthu cyfrifir y pwysiad ar sail canlyniadau'r Arolwg Gwariant a Bwyd. Bob blwyddyn gofynnir i ychydig o filoedd o gartrefi gofnodi eu gwariant am un mis. Ar sail y ffigurau hyn mae'n bosibl cyfrifo sut mae'r cartref cyffredin yn gwario ei arian. (Wrth gwrs nid yw'r cartref cyffredin hwn yn bodoli ond fel endid ystadegol.)

Tabl 28.1

Nwydd	Cyfran o gyfanswm gwariant	Pwysiad	Cynnydd yn y pris	Cyfraniad at gynnydd yn y *RPI*
Bwyd	75%	750	8%	6%
Ceir	25%	250	4%	1%
Cyfanswm	100%	1 000		7%

Cywirdeb indecsau prisiau

Mae'n bwysig sylweddoli bod unrhyw indecs prisiau yn gyfartaledd pwysol. Gall cyfraddau gwahanol o chwyddiant gael eu cyfrifo drwy newid y pwysiadau yn yr indecs. Er enghraifft, mae'r Indecs Prisiau Adwerthu yn cyfrifo lefel gyfartalog prisiau ar gyfer y cartref cyffredin yn y DU. Ond mae'n bosibl, eto gan ddefnyddio data o'r Arolwg Gwariant a Bwyd, i gyfrifo indecsau prisiau ar gyfer cartrefi pensiynwyr neu gartrefi un rhiant. Un gwahaniaeth mawr rhwng y cartrefi hyn a'r cartref cyffredin yw eu bod yn gwario cyfran uwch o'u hincwm ar fwyd. Felly bydd codiad o 10% ym mhris bwyd o'i gymharu â chodiad o 5% ym mhris pob eitem arall yn arwain at gyfradd uwch o chwyddiant i bensiynwyr a chartrefi un rhiant nag i'r cartref cyffredin. Mewn gwirionedd bydd gan bob cartref unigol gyfradd wahanol o chwyddiant. Mae'r Indecs Prisiau Adwerthu yn mesur cyfradd gyfartalog o chwyddiant ar gyfer yr holl gartrefi ledled y DU.

Hefyd mae patrymau gwariant cartrefi, sy'n sail i'r indecs, yn newid dros amser. Er enghraifft, roedd bwyd yn gydran lawer pwysicach o'r Indecs Prisiau Adwerthu 30 o flynyddoedd yn ôl na heddiw gan fod gwariant ar fwyd bryd hynny yn gyfran uwch o gyfanswm gwariant. Ni all yr indecs ddangos newidiadau yn ansawdd nwyddau. Gallai pris ceir gynyddu am fod manylion y ceir yn gwella yn hytrach na bod codiad pris chwyddiannol. Caiff y pwysiadau ar gyfer yr Indecs Prisiau Adwerthu eu newid yn flynyddol i gymryd i ystyriaeth newidiadau ym mhatrymau gwariant. Ond dydy hyn ddim yn dod dros y ffaith fod y 'fasged' neu'r 'bwndel' cyfartalog o nwyddau a brynwyd yn 1950 ac a fu'n sail i'r Indecs Prisiau Adwerthu yn 1950 yn wahanol iawn i'r bwndel cyfartalog o nwyddau a brynwyd yn 2005.

Costau chwyddiant

Yn gyffredinol mae chwyddiant yn cael ei ystyried yn broblem. Po uchaf yw cyfradd chwyddiant mwyaf i gyd yw'r gost economaidd. Mae nifer o resymau dros hyn.

Costau lledr esgidiau Os ydy prisiau'n sefydlog, daw defnyddwyr a chwmnïau i wybod beth sy'n bris teg am gynnyrch a pha gyflenwyr sy'n debygol o godi llai na'i

Cwestiwn 2

Tabl 28.2

Blwyddyn	Pwysiadau			Cynnydd % blynyddol mewn prisiau	
	Bwyd	Pob eitem arall	Cyfanswm	Bwyd	Pob eitem arall
1	300	700	1 000	10	10
2	250	750	1 000	5	10
3	200	800	1 000	4	6
4	150	850	1 000	3	2
5	125	875	1 000	4	4
6	120	880	1 000	6	4
7	120	880	1 000	5	7
8	110	890	1 000	8	10

Mae Tabl 28.2 yn dangos y pwysiadau indecs prisiau a roddir i fwyd ac i bob eitem arall ym mhob un o wyth mlynedd. Mae'n dangos hefyd y cynnydd canrannol blynyddol ym mhrisiau'r eitemau hyn.
(a) Cyfrifwch gyfradd chwyddiant (h.y. y cynnydd canrannol mewn prisiau) ym mhob blwyddyn o 1 i 8.
(b) Beth fyddai'r indecs prisiau ym mlynyddoedd 2-8 pe bai'r indecs prisiau yn 100 ym mlwyddyn 1?

gilydd. Ar adegau o brisiau'n codi, bydd defnyddwyr a chwmnïau yn llai clir ynghylch beth sy'n bris rhesymol. Bydd hyn yn arwain at fwy o 'chwilio am y fargen orau', sydd yn gost ynddo'i hun.

Hefyd mae cyfraddau uchel o chwyddiant yn debygol o achosi i gartrefi a chwmnïau gadw llai o arian parod a mwy o adneuon sy'n ennill llog. Mae chwyddiant yn erydu gwerth arian parod ond, gan fod cyfraddau llog enwol yn tueddu i fod yn uwch nag ar adegau o brisiau sefydlog, mae cost ymwad cadw arian parod yn tueddu i fod yn fwy po uchaf ydy cyfradd chwyddiant. Wedyn gorfodir cartrefi a chwmnïau i dreulio mwy o amser yn trosglwyddo arian o un math o gyfrif i fath arall neu i roi arian parod i mewn i gyfrif er mwyn uchafu'r llog a gaiff ei dalu. Mae'r amser hwn yn gost.

Cwestiwn 3

Tabl 28.3 Indecs Prisiau Adwerthu

	Newid canrannol cyfartalog blynyddol					
	1977-81	1982-86	1987-91	1992-96	1997-2000	2001-2004
Indecs cyffredinol	13.4	5.5	6.5	2.7	2.8	1.9
Indecs pensiynwyr, cartref dau berson	12.8	5.3	5.3	2.8	1.6	1.6

Ffynhonnell: addaswyd o *Economic Trends Annual Supplement*, Swyddfa Ystadegau Cenedlaethol.

(a) Eglurwch pam y gall y newid yn Indecs Cyffredinol Prisiau Adwerthu fod yn wahanol i'r newid yn yr Indecs Pensiynwyr.
(b) Mae cartref pensiynwyr â dau berson lle roedd y pensiynwyr wedi ymddeol yn 1976 yn derbyn pensiynau sydd wedi'u cysylltu ag Indecs Cyffredinol Prisiau Adwerthu. Ym mha flynyddoedd y byddai, ar gyfartaledd, wedi gweld (i) cynnydd a (ii) gostyngiad yn ei allu prynu real? Eglurwch pam mae hyn yn digwydd.

Costau prislen Os oes chwyddiant, rhaid i dai bwyta newid eu bwydlenni i ddangos prisiau uwch. Yn yr un modd, rhaid i siopau newid eu labeli prisiau a rhaid i gwmnïau gyfrifo a chyhoeddi rhestri prisiau newydd. Hyd yn oed yn fwy costus yw newidiadau i gyfalaf sefydlog, fel peiriannau gwerthu a chlociau parcio, i gymryd codiadau prisiau i ystyriaeth.

Costau seicolegol a gwleidyddol Mae codiadau prisiau yn amhoblogaidd iawn. Mae pobl yn teimlo eu bod yn waeth eu byd, hyd yn oed os ydy eu hincwm yn codi fwy na chyfradd chwyddiant. Mae cyfraddau uchel o chwyddiant, yn enwedig os ydynt yn annisgwyl, yn tarfu ar ddosraniad incwm a chyfoeth fel y trafodwn isod, ac felly yn effeithio'n sylweddol ar y drefn gymdeithasol gyfredol. Yn y gorffennol mae newid a chwyldro yn aml wedi digwydd yn ystod cyfnodau o chwyddiant uchel.

Costau ailddosrannol Gall chwyddiant ailddosrannu incwm a chyfoeth rhwng cartrefi, cwmnïau a'r wladwriaeth. Gall yr ailddosrannu ddigwydd mewn amrywiaeth o ffyrdd. Er enghraifft, bydd unrhyw un sydd ag incwm sefydlog yn dioddef. Yn y DU mae llawer o bensiynwyr wedi derbyn pensiynau sefydlog oddi wrth gynlluniau pensiwn cwmnïau preifat na chânt eu cymhwyso ar gyfer chwyddiant. Os bydd prisiau'n dyblu dros gyfnod o bum mlynedd, bydd eu hincwm real yn haneru. Bydd unrhyw grŵp o weithwyr na fydd yn llwyddo i sicrhau cynnydd cyflog sydd o leiaf yn unol â chwyddiant yn cael gostyngiadau yn ei incwm real hefyd.

Os bydd cyfraddau llog **real** yn gostwng o ganlyniad i chwyddiant, bydd trosglwyddo adnoddau o rai sy'n cael benthyg i rai sy'n rhoi benthyg. Gyda chyfraddau llog yn 10% a chyfraddau chwyddiant yn 20%, bydd cynilwr yn colli 10% o werth real cynilion bob blwyddyn tra bydd rhywun sy'n cael benthyg yn cael gostyngiad real o 10% yng ngwerth y ddyled bob blwyddyn.

Efallai na fydd trethi a gwariant llywodraeth yn newid yn unol â chwyddiant. Er enghraifft, os na fydd y Canghellor yn cynyddu trethi ecseis ar alcohol a thybaco yn unol â chwyddiant bob blwyddyn, bydd derbyniadau real y llywodraeth yn gostwng tra bydd yfwyr ac ysmygwyr yn well eu byd mewn termau real a thybio bod eu hincwm wedi codi o leiaf gymaint â chwyddiant. Yn yr un modd, os na fydd y Canghellor yn cynyddu **lwfansau** personol treth incwm (y swm y gall gweithiwr ei ennill 'yn rhydd o dreth') yn unol â chwyddiant, bydd baich y dreth yn cynyddu, gan drosglwyddo adnoddau o'r trethdalwr i'r llywodraeth.

Diweithdra a thwf Mae rhai economegwyr, yn bennaf arianolwyr (*monetarists*), wedi honni bod chwyddiant yn creu diweithdra ac yn gostwng twf. Mae chwyddiant yn cynyddu costau cynhyrchu ac yn creu ansicrwydd. Mae hynny'n gostwng proffidioldeb buddsoddiant ac mae'n gwneud pobl fusnes yn llai parod i gymryd y risg sy'n gysylltiedig ag unrhyw broject buddsoddiant. Mae buddsoddiant is yn arwain at lai o gyflogaeth dymor hir a thwf tymor hir.

Hefyd mae yna effaith ar y fantol daliadau. Os ydy chwyddiant yn cynyddu'n gyflymach yn y DU nag y mae mewn gwledydd eraill, ac os nad ydy gwerth y bunt yn newid mewn marchnadoedd ariannau tramor, bydd allforion yn llai cystadleuol a mewnforion yn fwy cystadleuol. Y canlyniad fydd colli swyddi yn yr economi mewnol a thwf is.

Cwestiwn 4

Yn 2003 cododd Indecs Prisiau Adwerthu 2.9% ac yn 2004 cododd 1.3%. Sut y gallai'r newid fod wedi effeithio ar y canlynol?

(a) Pensiynwr ag incwm sefydlog.
(b) Person sydd â chyfrif cynilion mewn banc, a derbyn bod y gyfradd llog ar gyfrif cynilion banc yn 2.0% yn 2003 ac yn 2.5% yn 2004.
(c) Gweithiwr oedd â'i lwfans personol treth incwm yn £4 615 rhwng Ebrill 2003 a Mawrth 2004 ac yn £4 745 rhwng Ebrill 2004 a Mawrth 2005.
(ch) Mam ag un plentyn a dderbyniodd fudd-dal plant o £16.05 rhwng Ebrill 2003 a Mawrth 2004 a £16.50 rhwng Ebrill 2004 a Mawrth 2005.

Chwyddiant disgwyliedig ac annisgwyl

Mae llawer o chwyddiant yn **annisgwyl**; mae cartrefi, cwmnïau a'r llywodraeth yn ansicr ynghlych beth fydd cyfradd chwyddiant yn y dyfodol. Felly, wrth gynllunio rhaid iddynt amcangyfrif cyfradd ddisgwyliedig chwyddiant orau y gallant. Mae'n annhebygol y byddant yn amcangyfrif yn gywir ac felly rhwsytrir eu cynlluniau i raddau. Ar y llaw arall, efallai y bydd chwyddiant yn **ddisgwyliedig**. Efallai y bydd chwyddiant yn 5% y flwyddyn yn gyson ac felly gall cartrefi, cwmnïau a'r llywodraeth gynnwys y ffigur hwn yn eu cynlluniau.

Mae chwyddiant annisgwyl yn creu costau uwch o lawer na chwyddiant disgwyliedig. Os disgwylir chwyddiant, gall asiantau economaidd weithredu i leddfu effeithiau chwyddiant. Un ffordd o wneud hyn yw trwy INDECSEIDDIO. Yma caiff newidynnau economaidd fel cyflogau neu drethi eu cynyddu yn unol â chwyddiant. Er enghraifft, gallai undeb drafod cytundeb cyflog gyda chyflogwr am gynnydd fesul cam dros gyfnod o flwyddyn o 2% plws y newid yn yr Indecs Prisiau Adwerthu. Mae'r newidiadau blynyddol mewn budd-daliadau nawdd cymdeithasol yn y DU wedi'u cysylltu â'r Indecs Prisiau Adwerthu. Mae rhaniad ymhlith economegwyr ynghylch ydy indecseiddio yn rhoi datrysiad i broblem chwyddiant. Ar y naill law, mae'n lleihau llawer o gostau chwyddiant er bod rhai costau fel costau lledr esgidiau a chostau prislen yn parhau. Ar y llaw arall, mae'n lleihau pwysau ar y llywodraeth i fynd i'r afael â phroblem chwyddiant yn uniongyrchol. Mae indecseiddio'n lleddfu poen chwyddiant ond nid yw'n driniaeth ar ei gyfer.

Hefyd gall indecseiddio rwystro ymdrechion y llywodraeth i ostwng chwyddiant am fod indecseiddio yn creu strwythurau cost, fel cynnydd cyflogau, sy'n adlewyrchu newidiadau mewn prisiau yn y gorffennol. Os ydy llywodraeth yn dymuno gostwng chwyddiant i 2% y flwyddyn a bod chwyddiant newydd fod yn 10%, ni chaiff ei helpu i gyrraedd ei tharged os ydy'r gweithwyr i gyd yn cael cynnydd cyflog o 10% o leiaf oherwydd cytundebau indecseiddio.

Termau allweddol

Cyfradd bennawd chwyddiant – y cynnydd ym mhrisiau defnyddwyr gan gynnwys yr holl gostau tai. Yr Indecs Prisiau Adwerthu yn y DU.

Cyfradd sylfaenol chwyddiant – y *RPIX*, sef cynnydd prisiau defnyddwyr heb gynnwys newidiadau yng nghostau morgeisiau, neu'r *RPIY*, sydd heb gynnwys trethi anuniongyrchol hefyd.

Chwyddiant – cynnydd cyffredinol mewn prisiau.

Chwyddiant graddol – codiadau bach yn lefel prisiau dros gyfnod hir.

Dadchwyddiant – gostyngiad yn lefel prisiau.

Gorchwyddiant – codiadau mawr yn lefel prisiau.

Indecs Prisiau Adwerthu *(RPI)* – mesur o lefel prisiau sydd wedi cael ei gyfrifo yn y DU ers mwy na 60 mlynedd ac fe'i defnyddir mewn amrywiaeth o gyd-destunau, e.e. gan y llywodraeth i indecseiddio budd-daliadau lles.

Indecs Prisiau Defnyddwyr – mesur o lefel prisiau a ddefnyddir ledled yr Undeb Ewropeaidd ac a ddefnyddir gan Fanc Lloegr fel ei darged chwyddiant.

Indecseiddio – cymhwyso gwerth newidynnau economaidd fel cyflogau neu'r gyfradd llog yn unol â chwyddiant.

Lefel prisiau – pris cyfartalog nwyddau a gwasanaethau yn yr economi.

Economeg gymhwysol

Yr Indecs Prisiau Adwerthu *(RPI)*

Dulliau mesur chwyddiant

Yn y DU mae nifer o ddulliau gwahanol o fesur chwyddiant. Y ddau ddull a ddefnyddir amlaf yw'r Indecs Prisiau Adwerthu (*Retail Price Index – RPI*) a'r Indecs Prisiau Defnyddwyr (*Consumer Price Index – CPI*).

Yr Indecs Prisiau Adwerthu yw'r dull traddodiadol o fesur lefel prisiau yn y DU. Yn ogystal â rhoi gwybodaeth i economegwyr ac asiantau economaidd fel y llywodraeth neu gwmnïau am gyfradd chwyddiant, mae hefyd yn cael ei ddefnyddio i indecseiddio pensiynau, budd-daliadau'r wladwriaeth a gwarantau indecs gyswllt y llywodraeth (math o fenthyciad tymor hir gan y llywodraeth). Gall undebau llafur a chwmnïau hefyd ddefnyddio'r *RPI* wrth drafod cytundebau cyflogau a gall cwmnïau eiddo ei ddefnyddio wrth gyfrifo cynnydd mewn prydles (rhent) ar eiddo. Gall rheoleiddwyr gwasanaethau cyhoeddus, sy'n gosod prisiau ar gyfer cwmnïau mewn diwydiannau fel telathrebu a dŵr, osod cyfyngiadau ar gynnydd mewn prisiau neu osod gostyngiad mewn prisiau yn nhermau'r *RPI*.

Mae tri mesur gwahanol o'r *RPI*.

- Mae'r *RPI* ei hun yn mesur pris cyfartalog 'basged nodweddiadol o nwyddau' a brynir gan y cartref cyffredin. Mae felly yn mesur prisiau defnyddwyr cyfartalog.
- Y *RPIX* yw'r *RPI* heb daliadau llog ar forgeisiau. Mae'r Indecs hwn yn caniatáu i bobl sy'n llunio polisïau weld sut mae prisiau'n cael eu newid heb gynnwys elfen o'r *RPI* a all fod yn gyfnewidiol iawn, yn arbennig pan fydd prisiau tai yn codi'n arbennig o gyflym neu'n gostwng.
- Y *RPIY* yw'r *RPI* heb daliadau llog ar forgeisiau a threthi anuniongyrchol. Pan fydd llywodraeth yn cynyddu trethi ar, dyweder, sigaréts neu betrol, byddai'r rhain yn cael eu cynnwys yn y *RPI*. Drwy eu gadael nhw allan, gall pobl sy'n llunio polisïau weld sut mae prisiau yn yr economi ehangach yn newid.

Gelwir y *RPIX* a'r *RPIY* weithiau yn GYFRADD SYLFAENOL CHWYDDIANT a gelwir y *RPI* yn GYFRADD BENNAWD CHWYDDIANT. Y *RPI* yw'r gyfradd bennawd oherwydd dyma'r mesur sy'n tueddu i gael ei ddyfynnu yn y papurau newydd ac ar y teledu a'r radio. Mae'r *RPIX* a'r *RPIY* yn gyfraddau sylfaenol am eu bod yn rhoi mesur mwy dibynadwy o dueddiadau mewn chwyddiant dros amser.

Yr Indecs Prisiau Defnyddwyr *(CPI)*

Mae'r *CPI* yn fesur mwy diweddar o lefel prisiau a chwyddiant. Mae'n fesur a ddatblygwyd gan yr Undeb Ewropeaidd i'w ddefnyddio ar draws holl wledydd yr UE. Cyn cyflwyno'r *CPI* roedd gan bob gwlad ddull ychydig yn wahanol o fesur lefel prisiau. Cyn 2003 galwyd y *CPI* yn y DU yn Indecs Prisiau Defnyddwyr Wedi'i Gysoni (*Harmonised Index of Consumer Prices - HCIP*). Defnyddiwyd y term 'wedi'i gysoni' am ei fod yn fesur cyffredin ledled yr UE. Dim ond ers Ionawr 1996 y mae'r *CPI* wedi cael ei gyfrifo yn y DU, gydag amcangyfrifon yn mynd yn ôl i 1988. Mae hyn felly yn cyfyngu ar y defnydd y gellir ei wneud ohono wrth wneud asesiadau hanesyddol ynghylch chwyddiant. Mae wedi cael ei ddefnyddio gan Fanc Lloegr i dargedu chwyddiant oddi ar 2003 a dyma bellach y dangosydd allweddol ar gyfer polisi ariannol, yn cymryd lle'r *RPI*. Er hynny, mae'r *RPI* yn dal i gael ei ddefnyddio'n helaeth mewn cyd-destunau eraill. Bydd y ddau fesur yn parhau i gael eu defnyddio ochr yn ochr â'i gilydd yn y dyfodol ac nid oes bwriad i ddileu'r *RPI*.

Cymharu'r *RPI* a'r *CPI*

Mae sawl gwahaniaeth rhwng y *CPI* a'r *RPI* o ran eu cyfrifo. Un gwahaniaeth pwysig yw nad yw'r *CPI* yn cynnwys nifer o eitemau sy'n ymwneud â thai, ond caiff y rhain eu cynnwys yn y *RPI*. Ni chaiff treth gyngor, taliadau llog ar forgeisiau, dibrisiant tai, yswiriant adeiladau a ffioedd trosglwyddo a gwerthwyr eiddo eu cynnwys yn y *CPI*. Gwahaniaeth pwysig arall yw bod y *CPI* yn defnyddio dull gwahanol o gyfrifo'r gwerth cymedrig o'i gymharu â'r *RPI*. Mae'r *CPI* yn defnyddio cymedr geometrig ond mae'r *RPI* yn defnyddio cymedr rhifiadol.

Mae Ffigur 28.2 yn dangos sut mae mesurau blynyddol y *RPI*, y *RPIX*, y *RPIY* a'r *CPI* wedi bod yn wahanol oddi ar 1989. Mae'r *CPI* yn tueddu i fod yn is na'r *RPI* am ddau reswm. Un rheswm yw bod costau tai wedi codi ar gyfradd uwch nag eitemau eraill am y rhan fwyaf o'r cyfnod 1989-2004. Gan fod y *CPI* heb gynnwys llawer o gostau tai, mae wedi tueddu i fod yn is. Yn ail, yn fathemategol, mae defnyddio cymedr geometrig, fel y gweneir gyda'r *CPI*, bob amser yn cynhyrchu rhif is na defnyddio cymedr rhifiadol, fel y gweneir gyda'r *RPI*. Ar gyfartaledd, mae'r gwahaniaeth mathemategol hwn wedi bod yn 0.5% o'r chwyddiant dros y cyfnod 1996-2004.

Cyfrifo'r *RPI* a'r *CPI*

Mae'r *RPI* a'r *CPI* yn cael eu cyfrifo ar sail yr un data sy'n cael eu casglu drwy arolygon misol. Mae dau fath o arolwg yn cael eu cynnal.

Caiff prisiau eu cofnodi mewn rhyw 150 o ardaloedd gwahanol yn y DU. Dewisir y lleoliadau hyn drwy hap-sampl a chaiff tua 30 ohonynt eu newid bob blwyddyn. Mae 110 000 o brisiau yn cael eu casglu bob mis ar gyfer basged nodweddiadol o nwyddau a brynir gan ddefnyddwyr. Mae tua 650 o eitemau yn cael eu cynnwys yn y fasged. Dros amser, caiff cynnwys y fasged ei newid i adlewyrchu newidiadau yng ngwariant defnyddwyr. Er enghraifft, tynnwyd cwningod allan o'r Indecs yn 1955 ac ychwanegwyd condoms yn 1989 a soffas lledr a gliniaduron yn 2005.

Yn ogystal â hynny, mae 10 000 o brisiau eraill yn cael eu casglu'n ganolog bob mis ar gyfer eitemau lle byddai samplu lleol yn amhriodol. Enghreifftiau yw prisiau nwyddau mewn catalogau, prisiau gwasanaethau cyhoeddus (nwy, trydan a ffôn), prisiau'r Rhyngrwyd, tollau ffyrdd a thaliadau llog ar forgeisiau.

Mae'r fasged nodweddiadol o nwyddau yn cael ei llunio ar sail arolwg arall, yr Arolwg Gwariant a Bwyd. Yn yr arolwg hwn, mae 7 000 o gartrefi y flwyddyn yn cael eu dewis ar hap i gadw dyddiadur o'r hyn y maent yn ei wario dros bythefnos. Ar sail hynny gall patrwm gwariant ar gyfer teulu cyffredin gael ei lunio. Mae'r *RPI* a'r *CPI* yn cael eu pwysoli i adlewyrchu pwysigrwydd gwahanol eitemau gwariant o fewn y cyfanswm. Felly mae pwysiad pris nwy yn yr Indecs yn uwch na phwysiad pris ffrwythau wedi'u prosesu am fod cartrefi'n gwario mwy ar nwy. Mae Ffigur 28.3 yn dangos sut mae pwysiadau wedi newid rhwng 1962 a 2005. Mae'r gyfran sy'n cael ei gwario ar fwyd yn y gyllideb gyffredin wedi bod yn lleihau dros amser wrth i incwm godi (mae elastigedd incwm y galw am fwyd yn bositif ac yn isel iawn). Ar y llaw arall, mae gwariant ar deithio a hamdden a thai a nwyddau'r cartref wedi bod yn cynyddu.

Mae'r *CPI* yn seiliedig ar y fasged gyfartalog o nwyddau a brynir gan bob cartref. Mae'r *RPI* yn gadael allan cartrefi incwm uchel, sef y 4% uchaf yn ôl incwm cartrefi, a chartrefi pensiynwyr sy'n cael o leiaf dri chwarter cyfanswm eu hincwm o bensiynau'r wladwriaeth a budd-daliadau. Ystyrir bod patrymau gwario y ddau fath yma o gartrefi yn annodweddiadol ac y byddent felly yn ystumio'r cyfartaledd cyfan.

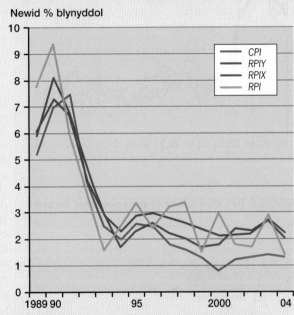

Ffigur 28.2 Cyfraddau chwyddiant

Newid % blynyddol

Ffynhonnell: addaswyd o *Economic Trends*, Swyddfa Ystadegau Cenedlaethol.

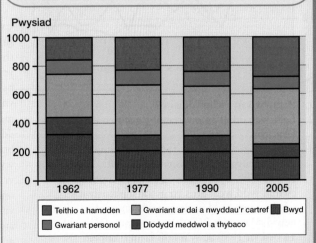

Ffigur 28.3 Newidiadau yn y fasged nwyddau a ddefnyddir i gyfrifo'r RPI, 1962-2005

Pwysiad

Teithio a hamdden — Gwariant ar dai a nwyddau'r cartref — Bwyd — Gwariant personol — Diodydd meddwol a thybaco

Ffynhonnell: addaswyd o *Monthly Digest of Statistics*, Swyddfa Ystadegau Cenedlaethol.

Cwestiwn Data

Chwyddiant

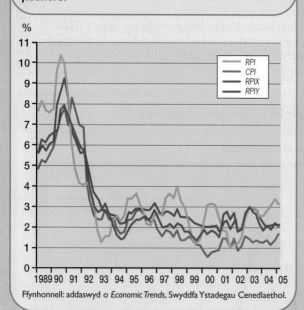

Ffigur 28.4 Mesurau gwahanol o chwyddiant, CPI, RPI, RPIX, RPIY: newid % oddi ar y flwyddyn flaenorol

Ffynhonnell: addaswyd o *Economic Trends*, Swyddfa Ystadegau Cenedlaethol.

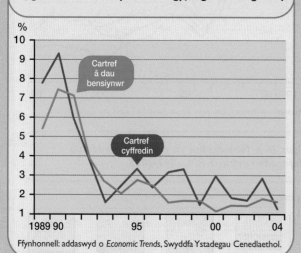

Ffigur 28.5 RPI, chwyddiant ar gyfer gwahanol gartrefi

Ffynhonnell: addaswyd o *Economic Trends*, Swyddfa Ystadegau Cenedlaethol.

1. Beth yw ystyr 'chwyddiant'?
2. Eglurwch ddulliau gwahanol y gellir eu defnyddio i fesur chwyddiant.
3. Sut y gallai chwyddiant fod wedi effeithio ar bob un o'r canlynol: (a) pensiynwr yn y DU, sy'n dal yn fyw heddiw, a ymddeolodd yn 1989 â phensiwn cwmni sydd wedi aros yn gyson a phensiwn y wladwriaeth sydd wedi cynyddu yn unol â newidiadau yn y *RPI*; (b) person yn y DU oedd yn 16 oed yn 1989 ac sy'n hoff iawn o bopeth technolegol, gan gynnwys cyfrifiaduron, ffonau symudol a cheir; (c) person yn Brasil yn siopa am fwyd yn rhan gyntaf yr 1990au?

Y *RPI/CPI*

Beth yn union y mae'r *RPI* neu'r *CPI* yn ei fesur? Bob blwyddyn caiff eitemau eu hychwanegu at y fasged siopa a ddefnyddir i gyfrifo'r Indecs a bob blwyddyn caiff eitemau eu tynnu allan. Erbyn hyn welwch chi ddim corset, cwningen na chardigan dynion ymhlith eitemau'r *RPI* ond gwelwch *DVDs*, ffonau symudol a darnau cyw iâr wedi'u rhewi. Yn fwy na hynny, pan fydd yr un eitem yn aros yn yr Indecs, efallai y bydd ei manylion yn newid. Nid yw hynny'n wir am datws, ond mae yn wir am gamerâu, dyweder. Ddeugain mlynedd yn ôl ychydig o gamerâu oedd â fflach ynddynt. Heddiw mae fflach yn nodwedd safonol, hyd yn oed yn y rhai rhrataf. Ddeugain mlynedd yn ôl nid oedd system awyru i'w chael yn y rhan fwyaf o geir, ond erbyn heddiw mae'n nodwedd gyffredin. O ran cyfrifiaduron, gyda rhai mwy pwerus yn cael eu datblygu fesul blwyddyn a mis, sut y gall y *RPI/CPI* obeithio adlewyrchu newidiadau o'r fath.

Ydy hi'n gwneud gwahaniaeth bod y fasged nwyddau yn newid yn gyson? Ydy yw'r ateb syml. Drwy newid cyfansoddiad yr Indecs, dydy ystadegwyr ddim yn mesur y newid ym mhris basged sefydlog a digyfnewid o nwyddau. Yn hytrach, maent yn ceisio mesur newidiadau ym mhrisiau y ffordd y byddwn yn gwario ein harian. Byddwn bellach yn prynu trowsus yn hytrach na chorset, dyweder, neu gyw iâr yn hytrach na chwningen, neu grysau pêl-droed yn hytrach na chardigan oherwydd mai dyna yw ein dewis ni. Mae'r boddhad a ddaw o dreulio rhai eitemau yn hytrach nag eraill yn fwy. Felly mae newidiadau'n adlewyrchu cynnydd yn ein safon byw, yr hyn sy'n cyfateb i ostyngiad yng nghost byw. O ran cynnydd yn ansawdd nwyddau, oni fyddwn yn ystyried hynny byddwn yn goramcangyfrif y pris sy'n cael ei dalu am nwyddau dros amser. Pan fydd cwmni meddalwedd yn rhoi nodweddion ychwanegol i mewn i gêm gyfrifiadurol newydd, ond yn ei gwerthu am yr un pris â'r hen gemau cyfrifiadurol heb y nodweddion hyn, mae'r pris i bob pwrpas wedi gostwng ond ni chaiff hynny ei nodi gan y *RPI/CPI*.

Chwyddiant yn Brasil

Cyn trechu'r gorchwyddiant yn Brasil yn 1994, roedd adwerthwyr a siopwyr yn Brasil yn ymddwyn mewn ffordd sy'n ymddangos yn rhyfedd heddiw. Byddai gweithwyr yn cael eu talu naill ai ar ddiwedd yr wythnos neu ar ddiwedd y mis. Gyda phrisiau'n codi bob dydd, byddai defnyddwyr yn prysuro i wario cymaint ag y gallent ei fforddio yn syth. Felly daeth adwerthwyr yn gyfarwydd â chynnydd sydyn mewn gwario ar ddiwedd pob wythnos a chynnydd mawr iawn ar ddiwedd y mis. Prin y byddai defnyddwyr yn siopa o gwmpas gan ei bod hi mor anodd cadw i fyny â'r newidiadau yn y prisiau. Ni wyddent beth oedd yn bris da am eitem a beth oedd yn ddrud. O ran yr adwerthwyr, yn aml byddent yn gwneud eu helw nid o werthiant ond o gael credyd am ddim. Byddent yn derbyn nwyddau ar gredyd, yna yn eu gwerthu ar unwaith, ond ni fyddai'n rhaid iddynt dalu amdanynt am 30 neu 60 diwrnod arall. Yn y cyfamser gallent roi'r arian yn y banc ac ennill llog oedd wedi'i gysylltu â chyfradd chwyddiant. Mewn mis da, gyda chwyddiant yn 100%, dyweder, gallent ddyblu eu harian.

29 Diweithdra

Crynodeb

1. Mae diweithdra yn gysyniad stoc, yn mesur nifer y bobl sydd allan o waith ar adeg benodol.
2. Bydd diweithdra'n cynyddu os bydd nifer y bobl sy'n colli swyddi yn fwy na nifer y bobl sy'n cael swyddi.
3. Mae costau diweithdra yn cynnwys costau ariannol i'r di-waith, i'r trethdalwyr ac i economïau lleol a gwladol. Hefyd maen nhw'n cynnwys costau nad ydynt yn ariannol fel fandaliaeth neu hunanladdiad yn cynyddu o bosibl.

Mesur diweithdra

Mae diweithdra, nifer y bobl sydd allan o waith, yn cael ei fesur ar adeg benodol. Mae'n **gysyniad stoc** (☞ uned 45). Fodd bynnag, bydd lefel diweithdra yn newid dros amser. Mae miliynau o bobl yn chwilio am swyddi bob blwyddyn yn y DU. Mae pobl ifanc yn ymadael â'r ysgol, y coleg, neu'r brifysgol yn chwilio am waith. Mae cyn-weithwyr sydd wedi cymryd amser allan o'r gweithlu, er enghraifft i fagu plant, yn ceisio dychwelyd i weithio. Mae gweithwyr sydd wedi colli eu swyddi, naill am eu bod wedi ymddiswyddo neu am eu bod wedi colli eu gwaith, yn chwilio am swyddi newydd. Hefyd mae miliynau o bobl yn colli eu swyddi. Efallai eu bod yn ymddeol, neu'n ymadael â'u gwaith i ofalu am blant, neu'n ymddiswyddo neu'n colli eu gwaith presennol.

Bydd diweithdra mewn economi sydd â gweithlu penodol yn cynyddu os bydd nifer y bobl sy'n cael swyddi yn llai na nifer y bobl sy'n colli eu swyddi. Yn 2005, er enghraifft, roedd rhwng 197 000 a 230 000 o weithwyr y mis yn colli eu swyddi. Fodd bynnag, roedd y nifer oedd yn cael swyddi ychydig yn is bob mis na'r nifer oedd yn colli swyddi. Y canlyniad oedd cynnydd net mewn diweithdra dros y flwyddyn. Mae'r llif yma o weithwyr i mewn i'r stoc o weithwyr di-waith ac allan ohono wedi'i grynhoi yn Ffigur 29.1.

Bydd diweithdra'n cynyddu hefyd os oes cynnydd yn nifer y bobl sy'n chwilio am waith ond bod nifer y swyddi yn yr economi yn sefydlog. Yn ystod y rhan fwyaf o flynyddoedd yr 1970au a'r 1980au cafwyd cynnydd yn nifer y bobl oedd yn ymadael â'r ysgol oedd yn ymuno â'r farchnad swyddi yn ogystal â mwy o ferched yn dymuno cael swydd yn y DU. Gellir dadlau bod o leiaf rhywfaint o'r cynnydd mewn diweithdra yn y degawdau hyn yn adlewyrchiad o anallu economi'r DU i ddarparu digon o swyddi newydd ar gyfer y gweithwyr ychwanegol hynny yn y gweithlu.

Costau diweithdra

Yn gyffredinol mae diweithdra tymor hir yn cael ei ystyried yn ddrwg cymdeithasol mawr. Dydy hynny ddim yn syndod o gofio'r costau canlynol sydd i ddiweithdra.

Costau i'r di-waith a'u dibynyddion Y bobl sy'n debygol o golli fwyaf oherwydd diweithdra yw'r bobl di-waith eu hunain. Un gost amlwg yw colli'r incwm y gallai'r person fod wedi ei ennill pe bai mewn swydd. Yn gwrthbwyso hyn yw gwerth unrhyw fudd-daliadau y bydd y gweithiwr efallai yn eu derbyn ac unrhyw werth a roddir ar yr amser hamdden ychwanegol sydd gan y person di-waith. Ond mae'n debygol y bydd y rhan fwyaf o bobl di-waith yn gollwyr ariannol net.

Ond dydy'r costau i'r di-waith ddim yn gorffen yma. Mae tystiolaeth yn awgrymu bod pobl di-waith a'u teuluoedd yn dioddef mewn nifer o ffyrdd eraill. Un broblem syml ond pwysig

iawn iddynt yw'r gwarth o fod yn ddi-waith. Yn aml caiff diweithdra ei gyfystyru â methiant gan y bobl di-waith eu hunain a chan y gymdeithas yn gyffredinol. Mae llawer yn teimlo eu bod yn cael eu diraddio gan yr holl broses o gofrestru, derbyn budd-dal a methu â chynnal eu hunain na'u teuluoedd. Mae astudiaethau'n awgrymu bod y di-waith yn dioddef o amrywiaeth o broblemau cymdeithasol gan gynnwys mwy na'r cyfartaledd o achosion o straen, priodas yn chwalu, hunanladdiad, afiechyd corfforol ac ansefydlogrwydd meddyliol, a bod ganddynt gyfraddau marolwaethau uwch.

I'r di-waith tymor byr, mae'r costau'n gymharol isel. Bydd llawer yn colli enillion, ond efallai y bydd ychydig sy'n derbyn taliadau mawr am golli gwaith ar eu hennill yn ariannol o golli eu swydd. Mae'r costau cymdeithasol a seicolegol yn debygol o fod yn gyfyngedig hefyd.

Fodd bynnag, mae'r di-waith tymor hir yn debygol o fod yn gollwyr mawr ym mhob ffordd. Mae'r di-waith tymor hir yn dioddef un gost fawr arall. Mae tystiolaeth yn awgrymu po hiraf yw'r cyfnod o fod allan o waith, lleiaf tebygol yw hi y bydd y person di-waith yn cael hyd i swydd. Mae dau reswm dros hyn. Yn gyntaf, mae bod allan o waith yn gostwng cyfalaf dynol gweithwyr. Maen nhw'n colli sgiliau gwaith a dydyn nhw ddim yn cael eu hyfforddi yn y datblygiadau diweddaraf yn eu galwedigaeth. Yn ail, mae cyflogwyr yn defnyddio hyd yr amser

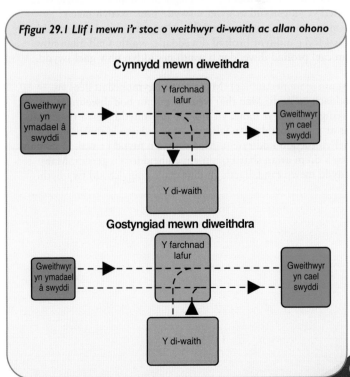

Ffigur 29.1 *Llif i mewn i'r stoc o weithwyr di-waith ac allan ohono*

Cynnydd mewn diweithdra

Gweithwyr yn ymadael â swyddi → Y farchnad lafur → Gweithwyr yn cael swyddi

Y di-waith

Gostyngiad mewn diweithdra

Gweithwyr yn ymadael â swyddi → Y farchnad lafur → Gweithwyr yn cael swyddi

Y di-waith

Cwestiwn 1

Tabl 29.1 Llifoedd diweithdra, 2005

		Miloedd
	Mewnlif	All-lif
Ionawr	200.1	146.5
Chwefror	230.2	216.2
Mawrth	211.3	214.2
Ebrill	197.8	207.0
Mai	202.3	206.9
Mehefin	198.9	209.1
Gorffennaf	216.6	205.5

Ffynhonnell: addaswyd o *Labour Market Trends*, Swyddfa Ystadegau Cenedlaethol.

(a) Ym mha fisoedd y gwnaeth diweithdra: (i) gynyddu; a (ii) gostwng? Eglurwch eich ateb.

(b) Eglurwch a oedd diweithdra yn uwch neu'n is ym mis Gorffennaf 2005 nag ym mis Ionawr 2005.

(c) Awgrymwch pam mae'r niferoedd sy'n dod yn ddi-waith yn tueddu i gyrraedd eu lefel uchaf ym mis gaeafol Chwefror, yn gostwng yn y gwanwyn a'r haf ond yn codi ym mis Gorffennaf.

allan o waith fel ffordd fras o ddethol ymgeiswyr ar gyfer swydd. I gyflogwr, mae diweithdra'n debygol o olygu bod yr ymgeisydd i raddau wedi colli sgiliau. Mae yna ofn na fydd y gweithiwr di-waith yn gallu gwneud y gwaith ar ôl cyfnod o ddiweithdra. Gallai ddangos bod gan y gweithiwr broblemau personoliaeth a gallai fod yn weithiwr trafferthus. Gallai hefyd fod yn arwydd bod cyflogwyr eraill wedi gwrthod yr ymgeisydd ar gyfer swyddi blaenorol ac felly byddai'n rhesymegol arbed amser a pheidio ag ystyried yr ymgeisydd ar gyfer y swydd hon. Wedyn mae'r di-waith tymor hir mewn magl 22. Allan nhw ddim cael swydd oni bai fod ganddynt brofiad diweddar o waith. Ond allan nhw ddim cael profiad diweddar o waith nes iddyn nhw gael swydd.

Costau i gymunedau lleol Mae costau i gymunedau lleol yn anoddach eu nodi. Mae rhai wedi awgrymu bod diweithdra, yn enwedig ymhlith yr ifanc, yn arwain at gynnydd mewn troseddau, trais ar y strydoedd a fandaliaeth. Mae ardaloedd diweithdra uchel yn tueddu i ddirywio. Mae siopau'n mynd i'r wal. Does gan gartrefi ddim arian sbâr i ofalu am eu heiddo a'u gerddi. Mae cynnydd mewn fandaliaeth yn dinistrio'r amgylchedd fwy byth.

Costau i'r trethdalwyr Mae'r gost i'r trethdalwr yn un drom. Ar y naill law, rhaid i'r llywodraeth dalu mwy o fudd-daliadau. Ar y llaw arall, mae'r llywodraeth yn colli derbyniadau gan y byddai'r gweithwyr hyn wedi talu trethi pe bydden nhw'n gweithio. Er enghraifft, bydden nhw wedi talu treth incwm a chyfraniadau Yswiriant Gwladol ar eu henillion. Bydden nhw hefyd wedi talu mwy mewn TAW a thollau ecseis gan y bydden nhw wedi gallu gwario mwy. Felly nid yn unig y mae trethdalwyr yn talu mwy o drethi i dalu am y cynnydd yng ngwariant y llywodraeth ond hefyd maen nhw'n gorfod talu mwy i wneud iawn am y trethi y byddai'r di-waith wedi eu talu pe bydden nhw mewn gwaith.

Costau i'r economi cyfan Dydy'r ffaith fod trethdalwyr yn talu arian i'r di-waith ddim yn golled i'r economi cyfan. **Taliad trosglwydd** yw hyn sy'n ailddosrannu adnoddau cyfredol o fewn yr economi. Mae dwy ran i'r golled wirioneddol i'r economi cyfan. Yn gyntaf, mae colled y cynnyrch y gallai'r gweithwyr sy'n ddi-waith fod wedi ei gynhyrchu pe bydden nhw mewn gwaith. Gallai'r economi fod wedi cynhyrchu mwy o nwyddau a gwasanaethau a fyddai ar gael wedyn i gael eu treulio. Yn ail, mae yna gostau cymdeithasol fel cynnydd mewn trais ac iselder ysbryd sy'n cael eu dioddef gan y di-waith a'r cymunedau lle maen nhw'n byw.

Cwestiwn 2

Mewn astudiaeth o 6 000 o weithwyr cyflogedig a di-waith, gwelodd tîm o academyddion fod gan y di-waith iechyd seicolegol gwael. Roedden nhw'n fwy tebygol o gael iselder ysbryd, yn llai tebygol o gymysgu gyda phobl mewn gwaith a heb fawr ddim mynediad at rwydweithiau cymorth cymdeithasol neu at wybodaeth am swyddi. Daeth un o'r tîm, Richard Lampard o Brifysgol Warwick, i'r casgliad bod diweithdra'n cynyddu yn uniongyrchol y perygl o briodas yn chwalu, gan weld bod y siawns o briodas person di-waith yn dod i ben y flwyddyn ganlynol 70% yn uwch na'r siawns o hynny'n digwydd i berson na fu erioed allan o waith.

Gwelodd yr astudiaeth hefyd fod dynion mewn swyddi ansicr â chyflog isel yn dioddef bron yr un lefel o ofid seicolegol â phobl oedd yn ddi-waith. Gwelwyd bod cydberthyniad agos rhwng sicrwydd swydd canfyddedig a lles seicolegol. Gwelwyd bod merched yn gofidio i'r un graddau oherwydd diffyg gwaith cyflogedig, ond ni effeithwyd arnynt gymaint gan swydd ansicr â chyflog isel.

(a) Pa broblemau sy'n wynebu'r di-waith yn ôl yr erthygl?

(b) Pam y gallai'r problemau hyn greu costau nid yn unig i'r di-waith ond hefyd i'r gymdeithas gyfan?

Economeg gymhwysol

Mesur diweithdra

Mewn damcaniaeth economaidd, caiff y di-waith eu diffinio fel y sawl sydd heb waith ond sy'n chwilio am waith ar y graddfeydd cyflog cyfredol. Fodd bynnag, mae mesur nifer y di-waith mewn economi yn llawer mwy anodd nag y mae damcaniaeth economaidd yn ei awgrymu. Mae dwy ffordd sylfaenol o gyfrifo diweithdra.

- Gall y llywodraeth gynnal arolwg o'r boblogaeth i nodi'r sawl sydd mewn gwaith a'r sawl sy'n ddi-waith. Dyma'r dull a ddefnyddir mewn gwledydd fel UDA, Japan a Sweden. Mae yna fesur diweithdra o'r fath yn seiliedig ar safon a gynhyrchwyd gan y Gyfundrefn Lafur Ryngwladol (*ILO*). Yn y DU caiff ffigurau **diweithdra ILO** misol eu cynhyrchu.
- Gall y llywodraeth gyfrif yr holl rai sy'n cofrestru'n ddi-waith. Mewn rhai gwledydd mae undebau llafur yn cadw cofrestr o'r di-waith am fod budd-dal diweithdra yn gysylltiedig â bod yn aelod o undeb. Yn y DU cyn 1982 roedd ffigur swyddogol misol diweithdra yn seiliedig ar y nifer oedd wedi cofrestru mewn Canolfannau Gwaith. Yna newidiwyd y drefn i gyfrif y nifer oedd yn hawlio budd-dal diweithdra o'r Adran Nawdd Cymdeithasol *(DSS)*. Y term am y mesur hwn o ddiweithdra yw **cyfrif hawlwyr**.

Caiff diweithdra ei fynegi mewn dwy ffordd. Gellir ei nodi fel ffigur absoliwt, fel miliynau o weithwyr. Neu gellir ei nodi fel mesur cymharol, fel canran o'r gweithlu, sef **cyfradd diweithdra**. Mae mynegi diweithdra mewn miliynau yn dangos yn glir y niferoedd yr effeithir arnynt gan ddiweithdra. Mae mynegi diweithdra fel canran yn well pan fo nifer y gweithwyr yn yr economi yn newid. Er enghraifft, efallai na fydd defnyddio ffigurau absoliwt i gymharu diweithdra UDA â diwethdra'r DU yn ddefnyddiol gan fod tua phum gwaith cymaint o weithiwr yn UDA ag sydd yn y DU. Mae cymharu'r nifer fel canran yn caniatáu gwneud cymhariaeth fwy ystyrlon. Yn yr un modd, mae maint y gweithlu yn debygol o newid dros amser. Yn y DU yn 1950 roedd 23.7 miliwn yn y gweithlu, gyda 0.4 miliwn o'r rheiny yn ddi-waith ar sail cyfrif hawlwyr. Yn 2005 roedd 30.0 miliwn yn y gweithlu, gyda 0.8 miliwn yn ddi-waith. Roedd diweithdra yn uwch o lawer yn 2005, ond roedd maint y gweithlu yn uwch hefyd.

Y cyfrif hawlwyr

Tan 1997 y cyfrif hawlwyr oedd prif fesur diweithdra yn y DU. Ond beirniadwyd y dull hwn fwyfwy oherwydd y farn y gallai'r llywodraeth ystumio'r ffigurau. Yn yr 1980au a'r 1990au cyflwynodd llywodraeth y DU fwy na 30 o newidiadau gwahanol i'r ffordd o gyfrifo'r cyfrif hawlwyr, gyda'r rhan fwyaf ohonynt yn lleihau'r niferoedd oedd yn swyddogol yn ddi-waith. Er enghraifft, amcangyfrifwyd bod newid o gyfrif y sawl oedd yn chwilio am waith mewn Canolfannau Gwaith i gyfrif y sawl oedd yn derbyn budd-daliadau wedi achosi gostyngiad o ryw 200 000 ym mesur diweithdra. Roedd y

rhai a gollwyd o ffigurau diweithdra yn bennaf yn ferched oedd yn chwilio am waith, ond nad oedd ganddynt hawl i hawlio unrhyw fudd-daliadau. Yn 1988 ni allai pobl 16-17 oed hawlio budd-dal bellach am fod yn ddi-waith ar sail y ffaith bod lle wedi'i warantu i bob un ohonynt naill ai mewn addysg neu ar gynllun hyfforddi os nad oedd swydd ganddynt. Yn 1996 torrwyd budd-dal diweithdra o 12 mis i 6 mis, a bu hynny'n gyfrifol am ddileu llawer o ferched o gofrestr diweithdra a'r merched hynny wedyn yn methu â hawlio taliadau nawdd cymdeithasol eraill am fod yn ddi-waith. Roedd y cyfrif hawlwyr yn agored i ystumio, ond nid oedd ychwaith yn ddull rhyngwladol cydnabyddedig o fesur diweithdra. Felly, nid oedd modd ei ddefnyddio i gymharu lefelau diweithdra y DU â'r lefelau mewn gwledydd eraill.

Diweithdra *ILO*

Yn 1998 penderfynodd y llywodraeth Lafur newydd ddefnyddio'r cyfrif *ILO* fel prif fesur diweithdra yn y DU. Roedd ffigurau diweithdra *ILO* wedi cael eu casglu gyntaf yn chwemisol yn 1973, ac yna'n flynyddol o 1984. Yn 1993 daeth yn gyfrif chwarterol ac oddi ar 1997 mae wedi bod yn fisol. Cymerir y cyfrif *ILO* o arolwg ehangach o gyflogaeth sef Arolwg y Gweithlu. Cynhelir arolwg o 60 000 o gartrefi, gyda mwy na 100 000 o oedolion. Mae'r holiadur a ddefnyddir yn ymdrin â maint a strwythur y cartref, manylion am lety, nodweddion demograffig sylfaenol fel oedran, rhyw, statws priodasol a tharddiad ethnig, a gweithgaredd economaidd. I gyfrif fel person di-waith rhaid i oedolyn fod heb swydd sy'n talu, bod ar gael i ddechrau swydd o fewn pythefnos a naill ai

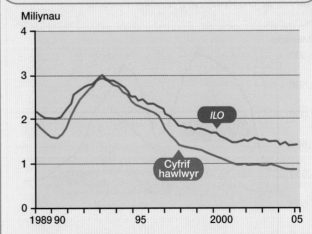

Ffigur 29.2 Mesurau diweithdra ILO a chyfrif hawlwyr[1,2]

[1] Cyn 1993 amcangyfrif yw ffigurau *ILO*. Cyn 1995 mae figurau *ILO* ar gyfer Prydain ac o 1995 ar gyfer y DU.
[2] Ar ôl cymhwysiad tymhorol.

Ffynhonnell: addaswyd o *Economic Trends*, Swyddfa Ystadegau Cenedlaethol.

wedi bod yn chwilio am waith rywbryd yn ystod y pedair wythnos flaenorol neu wedi bod yn aros i ddechrau swydd y mae eisoes wedi'i chael.

Diweithdra *ILO* o'i gymharu â'r cyfrif hawlwyr

Mae Ffigur 29.2 yn dangos bod ffigurau diweithdra *ILO* yn wahanol iawn i ffigurau'r cyfrif hawlwyr. Mae diweithdra *ILO* yn dueddol o fod yn uwch na diweithdra'r cyfrif hawlwyr mewn sefyllfa o adferiad a ffyniant, ond mewn enciliad, gall ffigur y cyfrif hawlwyr fod yn uwch na'r mesur *ILO*.

Mae diweithdra *ILO* yn debygol o fod yn uwch na ffigur y cyfrif hawlwyr oherwydd nad yw'r cyfrif hawlwyr yn cynnwys nifer o grwpiau allweddol o weithwyr di-waith.

● Mae llawer o ferched di-waith yn chwilio am waith (ac felly yn cael eu cynnwys ym mesur diweithdra *ILO*) ond nid oes ganddynt yr hawl i fudd-daliadau am fod yn ddi-waith. Er enghraifft, efallai nad ydynt wedi cronni digon o gyfraniadau Yswiriant Gwladol i gael derbyn budd-dal diweithdra, sy'n fudd-dal Yswiriant Gwladol. Efallai hefyd eu bod yn byw mewn cartref lle mae'r gŵr neu'r partner yn ennill cyflog sy'n rhy uchel iddynt fod yn gymwys i dderbyn budd-dal â phrawf modd.

● Gall gweithwyr hŷn yn eu 50au a 60au, yn enwedig dynion, fod yn derbyn pensiwn o'u cyflogwr blaenorol neu'n cael eu cynnal gan eu priod. Nid ydynt felly yn gymwys i dderbyn budd-daliadau ond gallant fod yn chwilio am waith.

● Ni chaiff gweithwyr gofrestru'n ddi-waith gyda'r Adran Nawdd Cymdeithasol nes iddynt fod yn ddi-waith am nifer penodol o wythnosau. Ond mae unrhyw un sy'n cael ei gyfweld ar gyfer y cyfrif *ILO* ac sy'n ddi-waith ac yn chwilio am waith yn cael ei gyfrif yn ddi-waith, waeth pa mor hir y maent wedi bod yn ddi-waith.

Fodd bynnag, gall y cyfrif hawlwyr gynnwys rhai pobl di-waith na fyddent yn cael eu cynnwys yn y cyfrif *ILO*. Er enghraifft, efallai y bydd pobl sy'n gweithio yn yr **economi cudd** (☞ uned 25) yn hawlio budd-daliadau am fod yn ddi-waith tra'n gweithio, fel arfer fel gweithiwr hunangyflogedig.

Gellir dadlau bod y cyfrif *ILO* a'r cyfrif hawlwyr yn tanamcangyfrif diweithdra cyffredinol.

● Nid ydynt yn cynnwys gweithwyr rhan amser sy'n chwilio am waith amser llawn, er enghraifft.

● Nid ydynt yn cynnwys y sawl sydd ar gynlluniau hyfforddi a chynlluniau gwaith y llywodraeth ond sydd eisiau bod mewn gwaith go iawn. Mae hyn yn effeithio'n arbennig ar weithwyr ifanc.

● Mae yna rai pobl di-waith nad ydynt yn chwilio am waith nac yn derbyn budd-daliadau am fod yn ddi-waith, ond byddent yn cymryd swydd pe bai un yn cael ei chynnig. Mae hyn yn arbennig o wir am wragedd sy'n magu teuluoedd. Mae Tabl 29.2 yn dangos y pwynt hwn. Rhwng 1993 a 2005 gostyngodd diweithdra *ILO* 1.6 miliwn a chynyddodd y cyfanswm mewn gwaith 3.4 miliwn.

● Mae rhai gweithwyr di-waith wedi cael eu dileu o'r cofrestri diweithdra drwy gael eu symud i fudd-daliadau salwch ac anabledd. Fel y gwelir yn Ffigur 29.3, mae'r niferoedd sy'n hawlio budd-daliadau salwch ac anabledd wedi codi o 0.7 miliwn yn 1979 i 2.6 miliwn yn 2003. Mae gan rannau o'r wlad sydd â chyfraddau cymharol uchel o ddiweithdra gyfraddau cymharol uchel hefyd o bobl yn hawlio budd-daliadau salwch ac anabledd. Mae rhai economegwyr yn dadlau y dylid cynnwys pawb sydd ar fudd-daliadau salwch ac anabledd yn y ffigurau diweithdra gan y gallen nhw i gyd weithio o gael yr amodau gwaith iawn.

Fodd bynnag, gellid dadlau bod y ddau ddull o fesur diweithdra yn goramcangyfrif diweithdra. Mae rhai o'r bobl sy'n ddi-waith yn ei chael hi bron yn amhosibl cael swydd. Mae pobl ag anableddau corfforol a meddyliol, rhai cyn-droseddwyr neu bobl heb gymwysterau yn ei chael hi'n anodd iawn yn y farchnad waith. Byddai rhai economegwyr yn dadlau nad oes modd cyflogi'r gweithwyr hyn, ac felly na ddylid eu cyfrif ymhlith y di-waith. Mae'n bosibl bod lleiafrif o'r sawl sy'n gweithio yn yr economi cudd yn hawlio budd-daliadau ac yn datgan mewn arolygon eu bod yn ddi-waith ac yn chwilio am waith.

Tabl 29.2 Cyflogaeth a diweithdra, y DU, gwanwyn bob blwyddyn, ar ôl cymhwysiad tymhorol

	Cyfanswm mewn gwaith	Di-waith *ILO*
1989	26.7	2.1
1990	26.9	2.0
1991	26.4	2.4
1992	25.6	2.8
1993	25.3	3.0
1994	25.5	2.8
1995	25.7	2.5
1996	26.0	2.3
1997	26.4	2.0
1998	26.7	1.8
1999	27.1	1.8
2000	27.4	1.6
2001	27.7	1.4
2002	27.9	1.5
2003	28.2	1.5
2004	28.4	1.4
2005	28.7	1.4

Ffynhonnell: addaswyd o *Economic Trends*, Swyddfa Ystadegau Cenedlaethol.

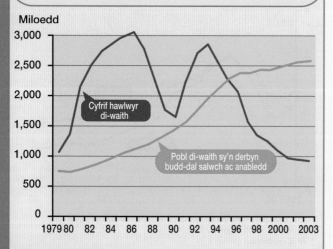

Ffigur 29.3 Niferoedd y di-waith sy'n derbyn budd-dal salwch ac anabledd; cyfrif hawlwyr di-waith

Miloedd

Cyfrif hawlwyr di-waith

Pobl di-waith sy'n derbyn budd-dal salwch ac anabledd

Ffynhonnell: addaswyd o'r *Thomson Datastream*, DWP, Swyddfa Ystadegau Cenedlaethol.

Cwestiwn Data

Diweithdra yn Wolverhampton

Ffigur 29.4 Cyfraddau Diweithdra Lleol, Sirol, Rhanbarthol a Chenedlaethol

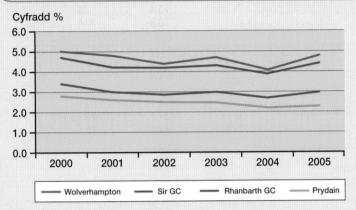

Ffynhonnell: addaswyd o Gyngor Sir Wolverhampton, *Monthly Unemployment Briefing*, Tachwedd 2005.

Tabl 29.3 Diweithdra: crynodeb cyfrif hawlwyr, Medi 2005

	Dynion		Merched		Cyfanswm	
	Nifer	Cyfradd	Nifer	Cyfradd	Nifer	Cyfradd
Wolverhampton	5 135	6.8	1 762	2.6	6 897	4.8
Ardal teithio i'r gwaith Wolverhampton	9 575	5.8	3 366	2.2	12 941	4.1
Sir Gor. y Canolbarth	51 705	6.4	16 826	2.2	68 531	4.4
Rhanbarth Gor. y Canolbarth	73 258	4.3	24 960	1.6	98 218	3.0
Prydain	615 016	3.3	227 417	1.3	842 433	2.3

Cyfradd diweithdra: diweithdra fel % o'r boblogaeth oedran gweithio.

Ffynhonnell: addaswyd o Gyngor Sir Wolverhampton, *Monthly Unemployment Briefing*, Tachwedd 2005.

Ffigur 29.5 Cyfrif diweithdra Wolverhampton: oedran a hyd, Gorffennaf 2005

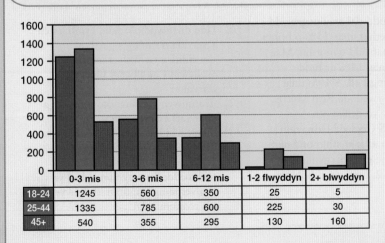

	0-3 mis	3-6 mis	6-12 mis	1-2 flwyddyn	2+ blwyddyn
18-24	1245	560	350	25	5
25-44	1335	785	600	225	30
45+	540	355	295	130	160

Ffynhonnell: addaswyd o Gyngor Sir Wolverhampton, *Monthly Unemployment Briefing*, Tachwedd 2005.

Collwyd 40 o swyddi mewn ffatri yn Wolverhampton ar ôl i'r gwaith gael ei symud i China, yr Almaen a Bwlgaria. Yn ôl *Ideal Standard* yn Bushbury, sydd wedi bod yn cynhyrchu tapiau pres yn y ddinas ers 105 o flynyddoedd, mae'n gwneud synnwyr busnes i symud ei weithgynhyrchu dramor. Bydd y cwmni'n colli 30 o swyddi eraill erbyn diwedd y mis. Dyma'r ail ffatri yn y ddinas i ddiswyddo gweithwyr yr wythnos hon tra'n manteisio ar lafur rhad mewn gwledydd eraill. Cyhoeddodd *Turner Powertrain Systems* yn Dunstall yr wythnos hon ei fod yn torri 75 o swyddi ac yn ystyried anfon gwaith allan i India.

Ffynhonnell: addaswyd o'r *Express & Star*, 1.10.2005.

Ffeithiau am Ddiweithdra

Cyfran y plant sy'n byw mewn cartrefi lle nad oes swydd gan neb yw'r uchaf yn Ewrop. Y prif reswm yw nifer uchel y cartrefi un-rhiant di-waith, ac o ganlyniad, mae hanner yr holl blant sy'n byw gydag un rhiant mewn tlodi incwm.

Mae'r sawl sy'n ddi-waith yn fwy tebygol o fod â chymwysterau addysgol gwael ac wedi bod mewn swyddi cyflog isel yn y gorffennol na'r sawl sy'n gweithio ar hyn o bryd.

Mae pobl di-waith deirgwaith yn fwy tebygol na'r cyfartaledd o ddioddef trosedd dreisgar. Mae rhieni sengl, sydd â chyfraddau diweithdra uwch na'r cyfartaledd, ddwywaith yn fwy tebygol na'r cyfartaledd o ddioddef lladrad.

Dros y deng mlynedd diwethaf rhwng 70% ac 80% oedd y siawns o gartref lle mae pennaeth y cartref neu'r priod yn ddi-waith, fod ag incwm sy'n llai na 60% o incwm cyfartalog yr holl gartrefi.

Tra bo cyfanswm y swyddi yn y DU wedi bod yn cynyddu, mae nifer y swyddi yn y diwydiannau gweithgynhyrchu ac adeiladu a diwydiannau cynhyrchu eraill wedi bod yn gostwng.

Roedd dwy ran o bump o'r sawl sy'n hawlio Lwfans Ceisio Gwaith o'r newydd yn hawlio ddiwethaf lai na chwe mis yn ôl.

Mae gwariant cartrefi incwm isel ar deithio chwarter yn unig o wariant cartrefi incwm cyfartalog ar deithio.

Ffynhonnell: addaswyd o *New Policy Institute* yn www.jrf.org.uk

Tabl 29.4 Cymharu detholiad o ystadegau cymdeithasol

	Wolverhampton	Gorllewin y Canolbarth	Lloegr/Prydain
Cyfradd marwolaethau amenedigol 2001[1], Lloegr	13.1	10.0	8.3
Disgwyliad oes adeg geni 2001-2002, blynyddoedd, Lloegr			
Dynion	74.5	75.4	76
Merched	80.1	80.3	80.6
newid % yn y boblogaeth breswyl, Prydain			
1984-1994	- 3.5	+ 1.5	+ 2.5
1994-2004	- 2.5	+ 1.6	+ 3.4
Cymwysterau, % o'r preswylwyr, 2004			
Gradd, *NVQ4* neu uwch	18.0	21.1	25.2
Heb gymwysterau	22.6	18.7	15.1
Economaidd weithgar, % o'r boblogaeth oedran gweithio			
Dynion			
Gweithwyr	61.8	66.0	65.5
Hunangyflogedig	9.2	12.0	13.1
Merched			
Gweithwyr	61.2	64.0	64.4
Hunangyflogedig	2.2	4.2	4.8
Economaidd segur, % o'r boblgaeth oedran gweithio			
Eisiau swydd	5.1	4.6	5.2
Ddim eisiau swydd	17.9	12.8	12.5
Lwfans Ceisio Gwaith, hawlwyr fel % o'r boblogaeth oedran gweithio	4.6	3.0	2.4
Swyddi cyflogedig, % o'r cyfanswm			
Amser llawn	70.5	68.6	68.1
Rhan amser	29.5	31.4	31.9
o'r rheiny			
Gweithgynhyrchu	19.5	17.9	12.6
Gwasanaethau	74.2	76.3	81.5

[1] Nifer y genedigaethau marw a marwolaethau dan wythnos oed am bob mil o enedigaethau byw a genedigaethau marw.

Ffynhonnell: addaswyd o *nomis, Official Labour Market Statistics*, Swyddfa Ystadegau Cenedlaethol; Cyngor Sir Wolverhampton, *Statistics*.

Mae un o bob saith o'r boblogaeth weithio yn hawlio budd-dal analluogrwydd mewn rhannau o Wolverhampton. Yn yr ardaloedd gwaethaf, mae 15% o bobl i ffwrdd o'r gwaith ac yn hawlio oherwydd salwch neu anabledd tymor hir. Mae niferoedd yn amrywio'n fawr o ardal i ardal. Mae mwy nag 14% ar fudd-daliadau analluogrwydd mewn rhannau o Bilston ac Ettingshall. 5% yn unig yw'r nifer yn ardaloedd ffyniannus Wightwick a Penn. Dywedodd Rob Morris, AS De Orllewin Wolverhampton 'bod rhywfaint o hynny yn deillio o'n hetifeddiaeth weithgynhyrchu'. Meddai Ken Purchase, AS Gogledd Ddwyrain Wolverhampton, 'Ar hyn o bryd, mae yna lawer o bobl a allai weithio ond nad ydynt yn cael y gefnogaeth briodol i wneud hynny, ac mae gennym gynlluniau i helpu pobl i ddychwelyd i waith.' Yn genedlaethol, mae 2.7 miliwn o bobl yn hawlio ar gost o £12 biliwn y flwyddyn.

Ffynhonnell: addaswyd o'r *Express & Star*, 6.1.2006.

1. Gan ddefnyddio'r data, cymharwch y sefyllfa o ran cyflogaeth a diweithdra yn Wolverhampton â Gollewin Canolbarth Lloegr a Phrydain.
2. Trafodwch y costau economaidd a allai gael eu creu gan y diswyddiadau yn *Ideal Standard* a *Turner Powertrain Systems* i:
   (a) yr unigolion perthnasol a'u teuluoedd; (b) y gymuned leol yn Wolverhampton; (c) trethdalwyr; (d) economi'r DU.

Crynodeb

1. Mae dwy ran i gyfrifon y fantol daliadau. Mae'r cyfrif cyfredol yn cofnodi taliadau am allforion a mewnforion o nwyddau a gwasanaethau. Mae'r cyfrif cyfalaf yn cofnodi cynilion, buddsoddiant a llifoedd hapfasnachol o arian.
2. Mae dwy ran i'r cyfrif cyfredol: masnach weladwy a masnach anweladwy.
3. Rhaid i gyfrifon y fantol daliadau fantoli bob amser. Fodd bynnag, gall cydrannau o'r cyfrifon fod yn bositif neu'n negyddol. Os oes gwarged yn y cyfrif cyfredol, rhaid i'r all-lifau yn y cyfrif cyfalaf fod yn fwy na'r mewnlifau.
4. Yn aml mae gwarged yn y cyfrif cyfredol yn cael ei ystyried yn arwydd o economi iach, tra bo diffyg yn y cyfrif cyfredol yn cael ei ystyried yn achos i ofidio. Ond dydy diffygion yn y cyfrif cyfredol ddim o reidrwydd yn ddrwg gan y gallent fod yn arwydd o gael benthyg a allai ariannu ehangiad.
5. Mae'n annhebygol iawn y caiff diffyg yn y cyfrif cyfredol ei ariannu gan y llywodraeth. Mae diffyg mantol daliadau a diffyg llywodraeth yn ddau endid hollol wahanol.

Y fantol daliadau

Mae CYFRIF Y FANTOL DALIADAU yn gofnod o'r holl drafodion ariannol dros gyfnod penodol rhwng asiantau economaidd un gwlad a phob gwlad arall. Gall cyfrifon y fantol daliadau gael eu rhannu'n ddwy gydran:

- y CYFRIF CYFREDOL, lle cofnodir taliadau am brynu a gwerthu nwyddau a gwasanaethau;
- y CYFRIF CYFALAF, lle cofnodir llifoedd arian sy'n gysylltiedig â chynilo, buddsoddiant, hapfasnachu a sefydlogi ariannau cyfred.

Mae llifoedd o arian i mewn i'r wlad yn cael arwydd positif (+) yn y cyfrifon. Mae llifoedd o arian allan o'r wlad yn cael arwydd negyddol (-).

Y cyfrif cyfredol

Mae'r cyfrif cyfredol yn y fantol daliadau yn cael ei rannu'n ddwy gydran.

Masnach weladwy Masnach mewn nwyddau, o ddefnyddiau crai i led-weithgynhyrchion i weithgynhyrchion, yw MASNACH WELADWY. Nwyddau sy'n cael eu gwerthu i dramorwyr yw allforion gweladwy. Mae nwyddau'n gadael y wlad, tra bo tâl am y nwyddau hyn yn mynd i'r cyfeiriad arall. Felly mae allforion gweladwy o geir, dyweder, yn arwain at lif o arian **i mewn**, cofnodir hyn ag arwydd positif yng nghyfrif y fantol daliadau. Nwyddau y mae trigolion mewnol yn eu prynu gan wledydd tramor yw mewnforion gweladwy. Daw nwyddau i mewn i'r wlad tra bod arian yn **llifo allan**. Felly bydd mewnforion o wenith, dyweder, yn cael arwydd minws yn y fantol daliadau. Y term am y gwahaniaeth rhwng allforion gweladwy a mewnforion gweladwy yw'r FANTOL FASNACH.

Masnach anweladwy Mae MASNACH ANWELADWY yn cynnwys masnach mewn gwasanaethau, incwm buddsoddiant a thaliadau a derbyniadau eraill. Caiff amrywiaeth eang o wasanaethau eu masnachu'n rhyngwladol, gan gynnwys gwasanaethau ariannol fel bancio ac yswiriant, gwasanaethau cludiant fel llongau a theithio mewn awyren, a thwristiaeth. Daw incwm o fenthyca ffactorau cynhyrchu i wledydd tramor. Er enghraifft, byddai athro o Gymru sy'n gweithio yn Saudi Arabia ac sy'n anfon arian yn ôl i'w deulu yng

Nghymru yn creu mewnforyn anweladwy i Saudi Arabia ac allforyn anweladwy i'r DU. Byddai cwmni o Japan sy'n anfon elw a wnaed yn ei ffatri ym Mhrydain yn ôl i Japan yn creu mewnforyn anweladwy i'r DU ac allforyn anweladwy i Japan. Gallai taliadau fod ar ffurf cyfraniad gan y DU i gronfeydd yr UE a gallai derbyniadau gynnwys cymorthdaliadau gan yr UE i'r DU.

Y ffordd hawsaf o wahaniaethu rhwng allforion a mewnforion anweladwy, neu **gredydau** anweladwy a **debydau** anweladwy fel y cânt eu galw yng nghyfrif mantol daliadau swyddogol y DU, yw ystyried llifoedd o arian yn hytrach na llifoedd o wasanaethau. Mae'r Cymro sy'n athro yn Saudi Arabia yn anfon arian yn ôl i'r DU. Mae mewnlif o arian yn golygu bod hyn yn cael ei ddosbarthu'n allforyn. Mae'r cwmni o Japan sy'n anfon elw yn ôl yno yn anfon arian allan o'r DU. Mae all-lif o arian yn golygu bod hyn yn cael ei ddosbarthu'n fewnforyn. Y term am y gwahaniaeth rhwng allforion anweladwy a mewnforion anweladwy yw'r FANTOL AR FASNACH ANWELADWY neu FASNACH ANWELADWY NET.

Y gwahaniaeth rhwng cyfanswm ALLFORION (gweladwy ac anweladwy) a chyfanswm MEWNFORION yw'r FANTOL GYFREDOL. Gellir ei chyfrifo hefyd drwy adio'r fantol fasnach at y fantol ar fasnach anweladwy.

Cwestiwn 1

Mae gan wlad y trafodion rhyngwladol canlynol yn y cyfrif cyfredol: allforion gweithgynhyrchion £20bn; mewnforion bwyd £10bn; enillion o dwristiaid o wledydd tramor £5bn; llog, elw a buddrannau sy'n cael eu talu i dramorwyr £4bn; prynu olew a werthir gan wledydd tramor £8bn; enillion pobl o'r wlad sy'n gweithio dramor a anfonir adref £7bn; gwerthu glo i wledydd tramor £2bn; taliadau gan dramorwyr i sefydliadau ariannol y wlad hon am wasanaethau a roddwyd £1bn.

(a) Pa rai o'r eitemau hyn sydd yn: (i) allforion gweladwy; (ii) mewnforion gweladwy; (iii) allforion anweladwy; (iv) mewnforion anweladwy?
(b) Cyfrifwch: (i) y fantol fasnach; (ii) y fantol ar fasnach anweladwy; (iii) y fantol gyfredol.
(c) Sut y byddai eich atebion i (b) yn wahanol pe bai'n costio'r wlad £3bn i gludo ei hallforion (i) yn ei llongau ei hun a (ii) yn llongau gwledydd eraill?

Diffygion cyfrif cyfredol

Mae cyfrif y fantol daliadau yn dangos yr holl lifoedd o arian i mewn i wlad benodol a'r holl lifoedd o arian allan ohoni. Rhaid i'r mewnlifau fod yn gyfartal â'r all-lifau ar y cyfan ac felly rhaid i'r fantol daliadau fantoli bob amser. Dydy hyn ddim yn wahanol i gartref. Rhaid i'r holl arian sy'n mynd allan o gartref penodol mewn gwariant neu gynilion dros gyfnod penodol fod yn gyfartal â'r arian a ddaw i mewn o enillion, benthyciadau neu ostwng cynilion. Os ydy cartref yn gwario £60 yn mynd allan am bryd o fwyd, rhaid bod yr arian wedi dod o rywle.

Ond gall fod gwargedion neu ddiffygion mewn rhannau arbennig o'r cyfrif. Gan ddefnyddio enghraifft y cartref eto, gall wario mwy nag y mae'n ei ennill os yw'n cael benthyg arian. Mae'r un fath yn wir am economi gwladol. Gall wario mwy ar nwyddau a gwasanaethau nag y mae'n ei ennill os yw'n cael benthyg arian gan wledydd tramor. Felly gall gael DIFFYG YN Y CYFRIF CYFREDOL, lle mae'r allforion yn llai na'r mewnforion, drwy gael gwarged yn ei gyfrif cyfalaf. Yn yr un modd, gall gael GWARGED YN Y CYFRIF CYFREDOL, gan allforio mwy nag y mae'n ei fewnforio, drwy gael diffyg yn ei gyfrif cyfalaf. Mae diffyg yn y cyfrif cyfalaf i'r DU yn golygu ei bod hi'n buddsoddi mwy dramor nag y mae tramorwyr yn ei fuddsoddi yn y DU.

Yn aml mae'r cyfryngau'n sôn am 'ddifyg yn y fantol daliadau'. Mewn gwirionedd, ni all fod diffyg yn y fantol daliadau gan fod yn rhaid i'r fantol daliadau fantoli bob amser, h.y. rhaid iddi fod yn sero bob amser. Yr hyn y mae'r cyfryngau'n cyfeirio ato yw naill ai diffyg yn y fantol fasnach neu ddiffyg yn y cyfrif cyfredol. Yn yr un modd, mae'r term **'bwlch masnach'** yn cael ei ddefnyddio yn y cyfryngau fel arfer i olygu diffyg ym mantol y fasnach mewn nwyddau.

Maint diffygion yn y cyfrif cyfredol

Yn gyffredinol caiff diffygion yn y cyfrif cyfredol eu hystyried yn annymunol ac yn arwydd o wendid economaidd. I'r gwrthwyneb, caiff gwargedion yn y cyfrif cyfredol eu hystyried yn arwyddion o gryfder economaidd gwlad. Ond mae hyn yn ffordd fras iawn o ddadansoddi'r fantol daliadau. Un rheswm pam y mae'n bras yw bod maint y gwarged neu'r diffyg yn y cyfrif cyfredol yn bwysig wrth benderfynu ar ei arwyddocâd. Gan ddefnyddio'r cartref eto, os mai £100 000 y flwyddyn yw incwm cartref ac os mai £100 010 yw ei wariant dros y flwyddyn, mae wedi gorwario. Ond mai gorwario £10 ar incwm o £100 000 mewn blwyddyn bron yn ddibwys. Ar y llaw arall, ystyriwch gartref sy'n byw bron yn gyfan gwbl ar fudd-daliadau'r wladwriaeth. Os ydy'r incwm yn £60 yr wythnos a'r gwariant yn £70, mae'r cartref hwn yn debygol o fod mewn trafferth fawr. Oni bai fod ganddo gynilion sylweddol i'w defnyddio, bydd gorwario £10 yr wythnos ar incwm o £60 yn anghynaliadwy yn fuan. O ble y daw'r £10 yr wythnos? Os mai o fenthyca y daw, rhaid i'r arian gael ei ad-dalu yn y pen draw, gan fwyta i mewn i incwm isel iawn.

Felly y mae hefyd yn achos economi gwladol. Os ydy gwlad yn cael diffyg yn y cyfrif cyfredol flwyddyn ar ôl blwyddyn , ond bod y diffyg yn y cyfrif cyfredol yn fach iawn o'i gymharu ag incwm gwladol dros amser, nid yw fawr ddim o bwys yn economaidd. Yn yr un modd, os ydy gwlad yn cael diffyg mawr dros gyfnod byr ond wedyn yn cael gwarged mawr dros y cyfnod nesaf, mae'n gymharol ddibwys. Dim ond os ydy'r diffyg neu'r gwarged yn y cyfrif cyfredol yn fawr o'i gymharu ag incwm ac yn parhau dros gyfnod hir y bydd yn wir o bwys.

Diffygion mawr parhaol yn y cyfrif cyfredol

Fel arfer mae diffygion mawr parhaol yn y cyfrif cyfredol yn cael eu hystyried yn annymunol am eu bod yn anghynaliadwy. Gall diffygion yn y cyfrif cyfredol ddigwydd am fod llywodraeth y wlad yn gwario'n ormodol ar nwyddau a gwasanaethau tramor. Neu efallai mai unigolion a chwmnïau preifat sy'n gwario gormod, gan fewnforio mwy o lawer nag y maent yn ei allforio. P'un ai'r llywodraeth neu'r sector preifat sy'n gyfrifol, rhaid i'r diffyg yn y cyfrif cyfredol gael ei gyllido. Naill ai cynyddir lefel y benthyciadau dramor neu bydd gostyngiad net yn y cynilion a'r buddsoddiadau sy'n cael eu cadw dramor. Gall llywodraethau a chwmnïau gael benthyg dramor cyhyd ag y bydd benthycwyr tramor yn credu y gallant ad-dalu'r benthyciadau ynghyd â'r llog yn y dyfodol. Ond os ydy'r diffyg yn y cyfrif cyfredol yn fawr ac yn barhaol, fel arfer daw pwynt pan fydd y sawl sy'n rhoi benthyg yn credu y bydd y sawl sy'n cael benthyg efallai yn **diffygdalu** (*default*) ar eu benthyciadau (h.y. yn methu eu talu). Wedyn bydd y sawl sydd wedi bod yn rhoi benthyg yn peidio â gwneud hynny. Bryd hynny mae'r wlad mewn trafferthion mawr.

Mae gwledydd fel Gwlad Pwyl, Uganda a Brasil yn yr 1980au a Gwlad Thai a De Korea yn yr 1990au i gyd wedi wynebu'r **argyfwng credyd** (*credit crunch*) hwn, y pwynt lle mae tramorwyr sy'n rhoi benthyg yn gwrthod benthyca rhagor iddynt. Yna fe'u gorfodir i ddychwelyd eu cyfrif cyfredol i gydbwysedd. Mae hynny'n golygu gostwng mewnforion neu allforio mwy o nwyddau a allai gynt fod wedi cael eu gwerthu yn y farchnad fewnol. Felly bydd gan y dinasyddion lai o nwyddau ar gael iddynt a bydd eu treuliant a'u safon byw yn gostwng.

Os ydy'r economi yn sylfaenol gryf, bydd y cymhwyso yn boenus ond yn gymharol fyr, gan bara ychydig o flynyddoedd yn unig efallai. I wledydd sydd ag economïau gwan iawn, gall yr argyfwng credyd gael effaith negyddol am ddegawdau. Yn Affrica islaw'r Sahara, roedd yr argyfwng credyd a ddigwyddodd yn rhan gyntaf yr 1980au wedi achosi i fanciau'r Gorllewin ac asiantau eraill wrthod rhoi benthyg symiau sylweddol am yr 20 mlynedd nesaf. Fe wnaeth hyn barlysu economïau rhai gwledydd a'u hamddifadu o arian tramor a allai fod wedi eu helpu i dyfu.

Fodd bynnag, gall diffygion mawr parhaol yn y cyfrif cyfredol fod yn fuddiol i economi. Mae'n dibynnu ar ei gyfradd o **dwf economaidd** (☞ uned 26). Os ydy economi'n tyfu 3% y flwyddyn ond yn rhedeg diffyg mawr yn y cyfrif cyfredol o 5% o CMC y flwyddyn, bydd yn cael problemau. Bydd ei ddyled dramor fel canran o CMC yn tyfu dros amser. Ond os ydy'r economi'n tyfu 10% y flwyddyn a bod diffyg cyfrif cyfredol o 5% o CMC, bydd y ddyled dramor gronedig fel canran o CMC yn debygol o ostwng. Er y bydd dyled dramor mewn termau absoliwt yn tyfu, bydd yr incwm sydd ar gael gan y wlad i'w had-dalu yn tyfu'n fwy cyflym. Mae gwledydd fel UDA yn y bedwaredd ganrif ar bymtheg a De Korea a Malaysia yn rhan olaf yr ugeinfed ganrif i gyd wedi cael diffygion sylweddol yn y cyfrif cyfredol dros gyfnod o amser, ond maen nhw wedi tueddu i gael budd o hyn am fod yr arian wedi cael ei ddefnyddio i gryfhau eu potensial twf. Er hynny, cafodd De Korea a Malaysia eu dal mewn argyfwng credyd yn rhan olaf yr 1990au wrth i fenthycwyr tramor benderfynu bod gormod wedi cael ei fenthyca i economïau Dwyrain Asia. Mae lefelau uchel o gael benthyg dramor yn dwyn risgiau i wledydd hyd yn oed pan fo'u heconomïau yn llwyddiannus iawn o ran **mesurau o berfformiad economaidd cenedlaethol** (☞ uned 24) fel twf economaidd, diweithdra a chwyddiant.

Cwestiwn 2

Oddi ar 1990 mae'r Weriniaeth Tsiec wedi bod yn gymharol lwyddiannus yn newid o fod yn economi gorfodol, lle roedd y wladwriaeth yn dominyddu pob penderfyniad economaidd, i fod yn economi marchnad, lle defnyddir marchnadoedd i ddyrannu cyfran sylweddol o adnoddau'r economi. Dros y cyfnod 1994-2006 amcangyfrifwyd mai twf economaidd cyfartalog y Weriniaeth Tsiec oedd 3%, sef 50% yn fwy na chyfradd twf ardal yr ewro (gwledydd yr UE sydd wedi mabwysiadu'r ewro gan gynnwys Ffrainc, yr Almaen a'r Eidal).

Yn anochel, wrth ei hagor ei hun i farchnadoedd eraill, mae wedi sugno i mewn lefelau sylweddol o fewnforion. Mae defnyddwyr Tsiecaidd wedi prynu nwyddau rhatach ac â gwell ansawdd gan wledydd eraill, tra bo busnesau Tsiecaidd wedi mewnforio defnyddiau crai a nwyddau cyfalaf o wledydd tramor.

Ffigur 30.1 Y Weriniaeth Tsiec: twf economaidd (%) a mantol gyfredol fel canran o CMC

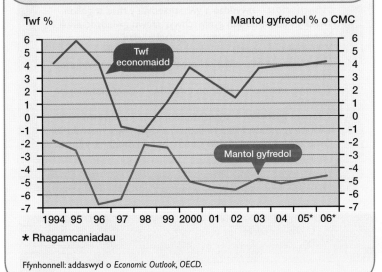

Twf %   Mantol gyfredol % o CMC

★ Rhagamcaniadau

Ffynhonnell: addaswyd o *Economic Outlook, OECD.*

(a) Defnyddiwch y data i egluro pam y bu'r Weriniaeth Tsiec yn llwyddiannus yn yr 1990au a'r 2000au.
(b) Trafodwch ydy'r diffyg mawr yn nghyfrif cyfredol y Weriniaeth Tsiec drwy gydol y cyfnod yn broblem iddi.

Gwargedion mawr parhaol yn y cyfrif cyfredol

Mae rhai gwledydd yn cael gwargedion mawr parhaol yn y cyfrif cyfredol. Trwy allforio mwy nag y maent yn ei fewnforio dros gyfnod hir, mae'r gwledydd hyn yn cynyddu eu cyfoeth tramor net. Mae gan hyn y fantais y dylai'r economi wedyn dderbyn symiau cynyddol o incwm o'r cyfoeth hwnnw, a gall yr incwm hwnnw gael ei ddefnyddio i brynu mwy o nwyddau a gwasanaethau tramor nag y gellid fel arall. Mae hyn yn debyg i gartref sydd yn gyson yn cynilo arian. Yn y tymor hir gall ddefnyddio'r llog ar y cynilion i brynu mwy o nwyddau nag y byddai wedi gallu eu fforddio fel arall.

Hefyd gall gwarged parhaol yn y cyfrif cyfredol wneud synnwyr os ydy newidiadau strwythurol tymor hir yn digwydd. Roedd Japan yn cael gwargedion mawr yn y cyfrif cyfredol yn ystod chwarter olaf yr ugeinfed ganrif, gan gynyddu ei chyfoeth net dramor. Fodd bynnag, yn hanner cyntaf yr unfed ganrif ar hugain bydd strwythur poblogaeth Japan yn newid yn ddramatig. O fod heb lawer o bensiynwyr o'u cymharu â gweithwyr, bydd y boblogaeth yn heneiddio'n sylweddol a bydd cyfran uchel o bensiynwyr i weithwyr. Efallai y bydd Japan yn gostwng ei chyfoeth dramor i dalu am y nwyddau a'r gwasanaethau a dreulir gan bensiynwyr anghynhyrchiol. Felly gallai Japan symud o gael gwargedion parhaol yn y cyfrif cyfredol i gael diffygion yn y cyfrif cyfredol.

Ond mae anfanteision i wargedion mawr parhaol yn y cyfrif cyfredol. Yn gyntaf, maen nhw'n gostwng yr hyn sydd ar gael i'w dreulio nawr. Pe bai'r gwarged yn cael ei ddileu, gallai adnoddau a ddefnyddiwyd ar gyfer allforion gael eu dargyfeirio i gynhyrchu nwyddau ar gyfer treuliant mewnol. Neu gallai'r wlad gynyddu mewnforion, eto gan gynyddu'r maint sydd ar gael ar gyfer treuliant.

Yn ail, mae gwargedion parhaol yn y cyfrif cyfredol yn achosi gwrthdaro rhwng gwledydd. Os oes gan Japan warged yn y cyfrif cyfredol, rhaid bod gan weddill y byd ddiffyg. Os ydy Japan yn rhoi benthyciadau net, gan gynyddu cyfoeth dramor, rhaid bod gweddill y byd yn cael benthyciadau net, gan gynyddu dyledion dramor. Ni all gwledydd sy'n ceisio gostwng eu diffygion cyfrif cyfredol lwyddo oni fydd gwledydd eraill yn gostwng eu gwargedion cyfrif cyfredol. Ar lefel ficro-economaidd mae undebau llafur a chwmnïau mewn gwledydd diffyg yn aml yn cyhuddo cwmnïau mewn gwledydd gwarged o 'ddwyn' swyddi. Pe bai Japan yn gostwng ei gwarged masnach drwy ostwng allforion i'r Unol Daleithiau, efallai wedyn y byddai cwmnïau yn yr Unol Daleithiau yn gallu llenwi'r bwlch drwy ehangu eu cynnyrch nhw.

Yn ymarferol mae'r buddion i un wlad sy'n deillio o wlad arall yn gostwng ei gwarged yn debygol o fod yn fach. Os bydd allforion Japan yn gostwng, bydd cynhyrchwyr UDA yr un mor debygol o weld gwledydd eraill fel De Korea neu'r DU yn llenwi'r bwlch yn y farchnad â nhw. Pan fo gan UDA ddiffyg mawr yn y cyfrif cyfredol a bod gan Japan warged mawr, bydd gostyngiad yng ngwarged Japan yn gwella sefyllfaoedd cyfrif cyfredol llawer o wledydd ledled y byd, nid yn unig sefyllfa UDA. Bydd budd gostyngiad mawr yng ngwarged Japan i unrhyw wlad unigol, hyd yn oed i UDA, yr economi mwyaf yn y byd, yn gymharol fach.

Diffygion llywodraeth a diffygion yn y fantol daliadau

Un camsyniad cyffredin iawn yw cyfystyru diffygion cyfrif cyfredol a diffygion llywodraeth (GANSC ☞ uned 36). Caiff y rhan fwyaf o'r trafodion yn y fantol daliadau eu gwneud gan unigolion a chwmnïau preifat. Os ydy'r wlad yn cael benthyciadau net, mae'n fwy tebygol na pheidio bod hyn yn ganlyniad i unigolion a chwmnïau preifat yn cael benthyg mwy gan dramorwyr nag y maent wedi ei fenthyca i dramorwyr. Mae yna berthynas rhwng y llywodraeth yn cael benthyg a'r diffyg yn y cyfrif cyfredol ond mae'r berthynas yn gymhleth, ac mae'n go bosibl y gallai'r sector cyhoeddus fod â gwarged yn fewnol pan fo'r cyfrif cyfredol â diffyg. Felly **nid** yw'r diffyg yn y cyfrif cyfredol yn ddiffyg llywodraeth mewn unrhyw ystyr.

Cwestiwn 3

Ffigur 30.2 Japan ac UDA: mantol gyfredol fel canran o CMC

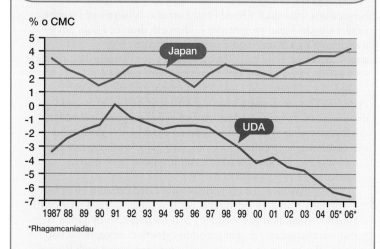

% o CMC

*Rhagamcaniadau

Ffynhonnell: addaswyd o *Economic Outlook, OECD.*

(a) Cymharwch fantol gyfredol UDA a mantol gyfredol Japan yn ystod rhan olaf yr 1980au, yr 1990au a'r 2000au.

(b) Trafodwch y buddion posibl a'r costau posibl i Japan o gael gwarged parhaol yn y cyfrif cyfredol.

Termau allweddol

Allforion – nwyddau a gwasanaethau a gynhyrchir yn fewnol ac a werthir i dramorwyr. Daw taliadau am allforion i mewn i'r wlad.

Cyfrif cyfalaf – y rhan o gyfrif y fantol daliadau lle caiff llifoedd o gynilion, buddsoddiant ac arian cyfred eu cofnodi.

Cyfrif cyfredol – y rhan o gyfrif y fantol daliadau lle caiff taliadau am brynu a gwerthu nwyddau a gwasanaethau eu cofnodi.

Cyfrif y fantol daliadau – cofnod o'r holl drafodion ariannol dros gyfnod penodol rhwng asiantau economaidd un gwlad a phob gwlad arall.

Diffyg neu warged yn y cyfrif cyfredol – mae diffyg i'w gael pan fydd mewnforion yn fwy nag allforion; mae gwarged i'w gael pan fydd allforion yn fwy na mewnforion.

Masnach anweladwy – masnach mewn gwasanaethau, trosglwyddiadau incwm a thaliadau a derbyniadau eraill.

Masnach weladwy – masnach mewn nwyddau.

Mewnforion – nwyddau a gwasanaethau y mae trigolion gwlad yn eu prynu gan gynhyrchwyr mewn gwledydd eraill. Mae taliadau am fewnforion yn gadael y wlad.

Y fantol ar fasnach anweladwy neu fasnach anweladwy net – allforion anweladwy minws mewnforion anweladwy.

Y fantol fasnach – allforion gweladwy minws mewnforion gweladwy.

Y fantol gyfredol – y gwahaniaeth rhwng cyfanswm allforion (gweladwy ac anweladwy) a chyfanswm mewnforion. Gellir ei chyfrifo hefyd drwy adio'r fantol fasnach at y fantol ar fasnach anweladwy.

Economeg gymhwysol

Cyfrif cyfredol y DU

Rhannau'r cyfrif cyfredol

Mae'r Swyddfa Ystadegau Cenedlaethol yn rhannu cyfrif cyfredol y DU yn bedair rhan, a welir yn Nhabl 30.1.

- Masnach mewn nwyddau. Allforion nwyddau minws mewnforion nwyddau yw'r fantol fasnach mewn nwyddau.
- Masnach mewn gwasanaethau. Y prif wasanaethau sy'n cael eu masnachu yw cludiant (fel llongau a chludiant awyr), teithio a thwristiaeth, yswiriant a gwasanaethau ariannol eraill, a breindaliadau a thaliadau trwyddedau.
- Incwm. Mae rhai gwledydd, fel Pakistan neu'r Aifft, yn ennill symiau sylweddol wrth i ddinasyddion sy'n gweithio dramor ddychwelyd incwm i'w gwlad eu hun. I'r DU mae incwm o'r fath yn gymharol ddibwys. Mae bron yr holl incwm yng nghyfrifon mantol daliadau y DU yn ymwneud â buddsoddiadau'r DU dramor a buddsoddiadau tramor yn y DU (incwm buddsoddi).
- Trosglwyddiadau cyfredol. Mae'r rhan fwyaf o

drosglwyddiadau cyfredol yn ymwneud ag aelodaeth y DU o'r Undeb Ewropeaidd. Rhaid i'r DU dalu rhan o'i derbyniadau treth i'r UE, ond mae'n derbyn taliadau fel cymorthdaliadau amaethyddol neu grantiau rhanbarthol.

Masnach weladwy yn y cyfrif yw'r fasnach mewn nwyddau. Masnach anweladwy yw'r fasnach mewn gwasanaethau, incwm a throsglwyddiadau cyfredol. O ran maint cymharol, mae masnach anweladwy yn fwy na masnach weladwy. Y rhan bwysicaf o fasnach anweladwy yw incwm yn hytrach na masnach mewn gwasanaethau. Mae trosglwyddiadau cyfredol yn gymharol ddibwys. Felly, mae mantol gyfredol y DU yn ddibynnol iawn ar incwm o fuddsoddiadau tramor yn ogystal â'r fasnach mewn nwyddau a gwasanaethau. O gymharu hyn â chartref, mae fel petai diogelwch ariannol y cartref yn ddibynnol iawn ar log a buddrannau ar gynilion ac ar daliadau llog ar fenthyciadau yn ogystal ag ar enillion cyflog a gwariant.

Y cyfrif cyfredol dros amser

Ers yr Ail Ryfel Byd, cafwyd nifer o dueddiadau cyson yng nghyfrif cyfredol y DU.

- Mae mantol y fasnach mewn nwyddau wedi bod yn negyddol, fel y gwelir yn Ffigur 30.3. Mae allforion gweladwy wedi tueddu i fod yn llai na mewnforion gweladwy.
- Mae'r fantol gyffredinol ar fasnach mewn gwasanaethau, incwm a throsglwyddiadau cyfredol wedi bod yn bositif. Mae credydau anweladwy wedi bod yn fwy na debydau anweladwy.
- O dorri anweledion i lawr, mae mantol y fasnach mewn gwasanaethau wedi bod yn bositif bron yr holl amser – mae mwy o wasanaethau wedi cael eu gwerthu dramor nag a brynwyd o wledydd tramor. Mae'r fantol incwm wedi bod yn bositif hefyd fel arfer. Mae incwm a ddaeth i mewn i'r wlad o bobl o'r DU sy'n byw dramor ac incwm a enillwyd o fuddsoddiadau dramor wedi bod yn fwy na'r incwm sy'n gadael y wlad. Fodd bynnag, mae'r fantol incwm yn amrywio lawer mwy o flwyddyn i flwyddyn na'r fantol fasnach mewn gwasanaethau. Mae trosglwyddiadau cyfredol ers yr 1960au wedi bod yn negyddol yr holl amser. Ers ymuno â'r UE yn 1973,

mae'r rhan fwyaf o'r fantol negyddol yn ganlyniad i'r ffaith bod y DU yn talu mwy i goffrau'r UE nag y mae'n ei dderbyn mewn grantiau.

Maint mantolau'r cyfrif cyfredol

Yn yr 1950au a'r 1960au, roedd y cyfrif cyfredol yn achosi problem fawr i'r DU. Ar y pryd, roedd gwerth y bunt yn sefydlog yn erbyn ariannau cyfred eraill. Yn y blynyddoedd pan fyddai diffyg yn y cyfrif cyfredol, byddai hapfasnachwyr ariannau cyfred yn dueddol o werthu punnoedd sterling yn y gobaith y byddai'r llywodraeth yn cael ei gorfodi i ddibrisio'r bunt, h.y. ei gwneud hi'n llai gwerthfawr mewn perthynas ag ariannau cyfred eraill. Felly byddai diffygion eithaf bach yn y cyfrif cyfredol fel canran o CMC, fel yn 1960 neu yn 1964, yn achosi problemau mawr i lywodraeth y dydd.

O'r 1970au roedd gwerth y bunt yn cael arnofio, gan

Tabl 30.1 Y fantol gyfredol, 2004 (£miliwn)

Masnach mewn nwyddau		
Allforio nwyddau	190 859	
Mewnforio nwyddau	249 473	
Mantol y fasnach mewn nwyddau		- 58 614
Masnach mewn gwasanaethau		
Allforio gwasanaethau	99 100	
Mewnforio gwasanaethau	78 911	
Mantol y fasnach mewn gwasanaethau		20 189
Mantol y fasnach mewn nwyddau a gwasanaethau		- 38 425
Incwm		
Credydau	139 656	
Debydau	113 493	
Gweddill		26 163
Troglwyddiadau cyfredol		
Credydau	12 819	
Debydau	23 532	
Gweddill		- 10 713
Mantol y cyfrif cyfredol		- 22 975

Ffynhonnell: addaswyd o *The Pink Book, United Kingdom Balance of Payments,* Swyddfa Ystadegau Cenedlaethol.

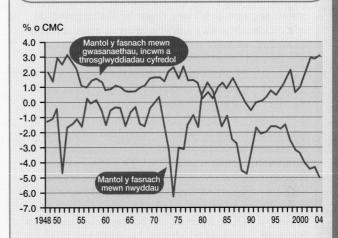

Ffigur 30.3 *Mantol y fasnach mewn nwyddau, a mantol y fasnach mewn gwasanaethau, incwm a throsglwyddiadau cyfredol, fel canran o CMC*

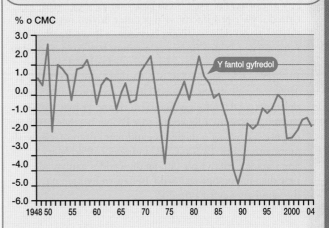

Ffigur 30.4 *Y fantol gyfredol fel canran o CMC*

Ffynhonnell: addaswyd o www.statistics.gov.uk

newid o funud i funud yn y marchnadoedd ariannau tramor. Mae Ffigur 30.4 yn dangos y bu dau gyfnod lle gallai sefyllfa cyfrif cyfredol y DU fod wedi bod yn anghynaliadwy yn y tymor hir. Yn 1973-75 roedd y DU, ynghyd â'r rhan fwyaf o wledydd y Gorllewin, wedi cael sioc economaidd ddifrifol o ganlyniad i gynnydd ym mhrisiau cynwyddau, yn enwedig prisiau olew. Yn dilyn rhyfel Yom Kippur ym mis Tachwedd 1973 rhwng yr Aifft ac Israel, dewisodd aelodau *OPEC* (☞ unedau 2 ac 8) gyfyngu ar gyflenwad olew i'r gorllewin, ac o ganlyniad pedryblodd pris olew. Cododd prisiau mewnforion yn sydyn ac roedd y cyfrif cyfredol bron â chyrraedd 4% o CMC yn 1974. Gorfodwyd llywodraeth y DU i ymateb drwy gwtogi ar wariant mewnol, a arweiniodd at lai o alw am fewnforion. Yn 1986-89 bu dirywiad sydyn arall yn y cyfrif cyfredol oherwydd 'ffyniant Lawson' a enwyd ar ôl Nigel Lawson, y Canghellor ar y pryd. Arweiniodd codiadau cyflym mewn gwariant mewnol at godiadau sydyn mewn mewnforion.

Ers rhan olaf yr 1980au, cafwyd diffyg yn gyson yn y cyfrif cyfredol a hynny o fewn amrediad o 0.2% o CMC i 2.7% o CMC. Gellid dadlau y dylai hyn achosi problemau tymor hir i'r DU. Os ydy'r DU yn gyson yn gwario mwy nag y mae'n ei ennill dramor, bydd hynny'n arwain at gronni dyled yn y tymor hir. Gallai gwledydd sy'n cael benthyg mwy a mwy o arian yn gyson wynebu anawsterau ariannol yn yr un modd ag y gallai cartrefi sy'n gwneud hynny.

Mae yna ddau reswm allai esbonio pam nad yw'r DU wedi wynebu problemau yn sgil y diffygion cyson yn ei chyfrif cyfredol yn yr 1990au a'r 2000au. Yn gyntaf, gellid rheoli'r diffygion gan fod yr economi wedi tyfu ar gyfartaledd rhwng 2.5 a 3.0% y flwyddyn dros y cyfnod. I gartref, cyn belled â bod incwm yn codi ynghynt na dyled, ni ddylai fod problem gyda dyled. Yn wir, nid yw'r marchnadoedd ariannol wedi dangos unrhyw bryder ynglŷn â diffygion cyfrif cyfredol y DU. Nid yw benthycwyr tramor wedi gwrthod benthyca mwy o arian i'r rhai yn y DU sydd eisiau cael benthyg fel y gwnaed, er enghraifft, i wledydd fel México, De Korea neu Wlad Pwyl pan gawson nhw argyfwng dyled yn ystod y 30 mlynedd diwethaf.

Y rheswm arall yw'r ffaith nad y diffyg yn y cyfrif cyfredol yw'r prif ffactor sy'n pennu'r ddyled net sy'n ddyledus gan ddinasyddion, busnesau a llywodraeth y DU i dramorwyr. Y prif ffactor sy'n pennu hyn yw newidiadau yng ngwerthoedd asedau, fel prisiau'r farchnad stoc yn Efrog Newydd neu brisiau bondiau yn Frankfurt. Oddi ar 1990, fel y gwelir yn Ffigur 30.8 (☞ cwestiwn data), mae dyled net y DU, sef y gwahaniaeth rhwng yr hyn y mae cartrefi, busnesau a llywodraeth y DU yn berchen arno dramor a'r hyn sy'n ddyledus ganddynt i dramorwyr, wedi amrywio o plws 49% o CMC i minws 150%. Mae amrywiadau enfawr o'r fath yn digwydd o ganlyniad i newidiadau yng ngwerthoedd asedau yn hytrach na diffygion yn y cyfrif cyfredol.

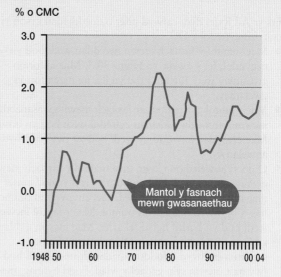

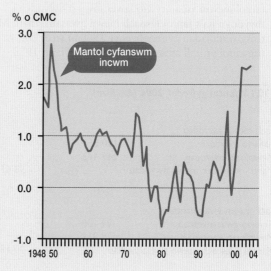

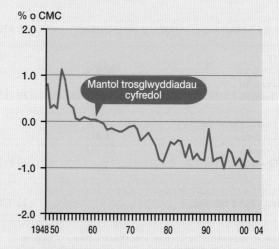

Ffigur 30.5 *Mantol y fasnach mewn gwasanaethau, cyfanswm incwm a throsglwyddiadau cyfredol fel canran o CMC*

Ffynhonnell: addaswyd o www.statistics.gov.uk

Cwestiwn Data

Y bwlch masnach

Y bwlch masnach yn uwch nag erioed

Mae'r bwlch masnach wedi cyrraedd ei lefel uchaf erioed. Nid yw'r DU erioed wedi gweld cymaint o ddiffyg yn ei masnach mewn nwyddau. Yn 2004 cyrhaeddodd 5% o CMC. Y tro diwethaf iddo nesáu at y lefel honno oedd yn 1989 pan oedd yr economi mewn trafferthion mawr o ganlyniad i orwario yn ystod 'ffyniant Lawson'. Mae'r bwlch masnach mewn nwyddau yn gorbwyso o bell ffordd y gwargedion a enillodd y DU y llynedd ar ei masnach anweladwy. Roedd diffyg cyfrif cyfredol y DU yn 2% o CMC.

Dirgelwch incwm buddsoddiant y DU

Mae pethau rhyfedd yn digwydd dramor. Yn ôl yr ystadegau diweddaraf, enillodd y DU 2.2% net o CMC ar ei hasedau tramor net. Mae hynny'n golygu bod y DU wedi ennill 2.2% yn fwy ar yr asedau tramor y mae cartrefi, busnesau a llywodraeth y DU yn berchen arnynt nag y mae tramorwyr wedi'i ennill ar yr asedau maen nhw'n berchen arnynt yn y DU. Ond mae'r ystadegau yn dangos hefyd bod gwerth yr asedau tramor y mae'r DU yn berchen arnynt yn llai na gwerth yr asedau y mae tramorwyr yn berchen arnynt yn y DU. Yn 2004 roedd yr hyn oedd yn ddyledus gan gartrefi, busnesau a llywodraeth y DU i dramorwyr 1.5 gwaith gwerth CMC y DU yn fwy na'r hyn roeddent yn berchen arno dramor. Gyda ffigurau o'r fath, dylai'r DU fod yn talu allan mwy nag y mae'n ei dderbyn. Yn amlwg mae buddsoddwyr y DU yn well am sicrhau adenillion ar eu hasedau tramor na buddsoddwyr tramor yn y DU.

1. Disgrifiwch y newidiadau yn y fantol fasnach a chyfanswm incwm buddsoddiant a ddangosir yn y data.
2. Beth o bosibl yw goblygiadau'r newidiadau a ddangosir yn y data i fantol y cyfrif cyfredol?
3. Trafodwch i ba raddau y gallai'r dirywiad yn y 'bwlch masnach' yn 2004 fod ag arwyddocâd economaidd.

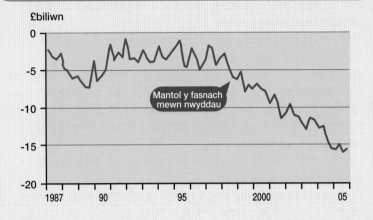

Ffigur 30.6 Diffyg masnach uchaf erioed i'r DU

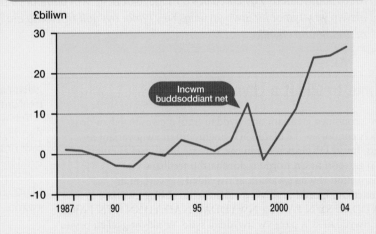

Ffigur 30.7 Mantol incwm: incwm buddsoddiant net

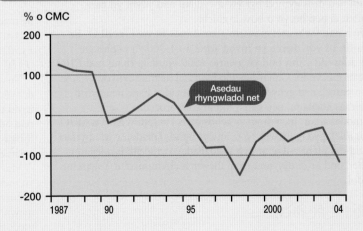

Ffigur 30.8 Asedau rhyngwladol net y DU fel canran o CMC

Ffynhonnell: addaswyd o www.statistics.gov.uk

Crynodeb

1. Gall treuliant gael ei rannu yn wariant ar nwyddau sy'n para a nwyddau nad ydynt yn para.
2. Mae'r ffwythiant treuliant yn dangos y berthynas rhwng treuliant a'r ffactorau sy'n ei bennu, incwm yw'r prif un.
3. Bydd cynnydd mewn cyfoeth yn arwain at gynnydd mewn treuliant.
4. Mae chwyddiant disgwyliedig yn tueddu i arwain at gynnydd mewn cynilo a gostyngiad mewn treuliant. Mae effaith cartrefi'n ceisio adfer gwerth real eu stoc o gynilion yn gorbwyso effaith cartrefi'n prynu nwyddau yn gynharach.
5. Mae'r gyfradd llog ac argaeledd credyd yn effeithio'n arbennig ar dreuliant nwyddau sy'n para.
6. Bydd newid yn strwythur y boblogaeth yn effeithio ar dreuliant a chynilo. Po fwyaf yw cyfran oedolion 35-60 oed yn y boblogaeth, uchaf i gyd mae lefel cynilo yn debygol o fod.
7. Mae Keynesiaid yn rhagdybiaethu bod treuliant yn ffwythiant sefydlog o incwm gwario cyfredol yn y tymor byr.
8. Mae rhagdybiaeth y gylchred oes a rhagdybiaeth incwm parhaol yn pwysleisio bod treuliant yn ffwythiant sefydlog o incwm yn y tymor hir iawn yn unig. Yn y tymor byr gall ffactorau eraill fel y gyfradd llog a chyfoeth gael effaith sylweddol ar dreuliant a chynilo.

Diffinio treuliant a chynilo

Mewn economeg gwariant ar nwyddau traul a gwasanaethau dros gyfnod penodol yw TREULIANT. Enghreifftiau yw gwariant ar siocled, hurio *DVDs* neu brynu car. Gall treuliant gael ei rannu'n nifer o gategorïau Un ffordd o ddosbarthu treuliant yw gwahaniaethu rhwng gwariant ar **nwyddau** a gwariant ar **wasanaethau**. Ffordd arall yw gwahaniaethu rhwng gwariant ar NWYDDAU SY'N PARA a NWYDDAU NAD YDYNT YN PARA. Ystyr nwyddau sy'n para yw nwyddau sydd, er iddynt gael eu prynu ar adeg benodol, yn parhau i roi llif o wasanaethau dros gyfnod. Dylai car, er enghraifft, bara o leiaf 6 mlynedd. Gallai set deledu bara 10 mlynedd. Nwyddau sy'n cael eu defnyddio'n llwyr ar unwaith neu dros gyfnod byr yw nwyddau nad ydynt yn para, e.e. hufen iâ neu becyn o bowdr golchi.

Yr hyn nad yw'n cael ei wario allan o incwm yw CYNILO. Er enghraifft, os ydy merch yn mynd adref â £1 000 yn ei phecyn cyflog ddiwedd y mis ond yn gwario £900 yn unig, rhaid bod £100 wedi cael eu cynilo. Gallai'r cynilo hwn fod ar ffurf cynyddu'r stoc o arian parod, neu gynyddu'r arian mewn cyfrif banc neu gyfrif cymdeithas adeiladu, neu gallai fod ar ffurf stociau a chyfranddaliadau. Incwm yn yr achos hwn yw INCWM GWARIO (*disposable*), gydag incwm yn cynnwys budd-daliadau'r wladwriaeth fel budd-dal plant a llog ar gyfranddaliadau cymdeithas adeiladu, dyweder, ond ar ôl didynnu treth incwm a chyfraniadau Yswiriant Gwladol.

Treuliant ac incwm

Mae nifer o ffactorau sy'n pennu faint y bydd cartref yn ei dreulio. Y term am y berthynas rhwng treuliant a'r ffactorau hyn yw'r FFWYTHIANT TREULIANT. Y pwysicaf o'r ffactorau sy'n pennu treuliant yw incwm gwario. Mae ffactorau eraill, a drafodir mewn adrannau isod, yn llawer llai pwysig ond gallant achosi newidiadau bach ond pwysig yn y berthynas rhwng treuliant ac incwm.

Tybiwch un flwyddyn fod gan gartref incwm o £1 000 y mis. Y flwyddyn ganlynol, oherwydd cynnydd mewn cyflog, mae hyn yn codi i £1 200 y mis. Mae damcaniaeth economaidd yn rhagfynegi y bydd treuliant y cartref yn cynyddu.

Gall maint y cynnydd gael ei fesur gan y TUEDDFRYD FFINIOL I DREULIO (TFfD), sef y gyfran o newid mewn incwm sy'n cael ei gwario:

$$TFfD = \frac{\text{Newid mewn treuliant}}{\text{Newid mewn incwm}} = \frac{\Delta C}{\Delta Y}$$

lle mae Y yn dynodi incwm, C yw treuliant a Δ yw 'newid mewn'. Pe bai'r cynnydd o £200 mewn incwm yn arwain at gynnydd o £150 mewn treuliant, byddai'r tueddfryd ffiniol i dreulio yn 0.75 (£150 ÷ £200).

Yn achos yr economi cyfan mae'r tueddfryd ffiniol i dreulio yn debygol o fod yn bositif (h.y. yn fwy na sero) ond yn llai nag 1. Bydd unrhyw gynnydd mewn incwm yn arwain at fwy o wariant ond hefyd rhywfaint o gynilo. Yn achos unigolion, gallai'r tueddfryd ffiniol i dreulio fod yn fwy nag 1 pe bai'r unigolyn yn cael benthyg arian er mwyn ariannu gwariant sy'n uwch nag incwm.

Mae'r TUEDDFRYD CYFARTALOG I DREULIO (neu'r TCD) yn mesur y swm cyfartalog sy'n cael ei wario ar dreuliant allan o gyfanswm incwm. Er enghraifft, pe bai cyfanswm incwm gwario mewn economi yn £100 biliwn a threuliant yn £90 biliwn, y tueddfryd cyfartalog i dreulio fyddai 0.9. Y fformiwla ar gyfer y TCD yw:

$$TCD = \frac{\text{Treuliant}}{\text{Incwm}} = \frac{C}{Y}$$

Cwestiwn 1

Tabl 31.1

		£bn yn ôl prisiau 2002
	Treuliant	Incwm gwario
1963	242.4	248.4
1964	250.3	259.4
1973	326.4	341.3
1974	321.9	338.6
1983	372.9	390.2
1984	381.2	404.8
1993	509.2	557.6
1994	524.8	565.7
2003	711.1	730.1
2004	737.0	745.7

Ffynhonnell: addaswyd o *Economic Trends, Economic Trends Annual Supplement*, Swyddfa Ystadegau Cenedlaethol.

(a) Gan ddefnyddio'r data, eglurwch y berthynas rhwng treuliant ac incwm gwario.

(b) (i) Cyfrifwch y TFfD a'r TCD ar gyfer 1964, 1974, 1984, 1994 a 2004.

(ii) Beth ddigwyddodd i gynilo yn ystod y blynyddoedd hyn?

Mewn economi diwydiannol cyfoethog mae'r TCD yn debygol o fod yn llai nag 1 gan y bydd defnyddwyr yn cynilo rhan o'u henillion hefyd.

Cyfoeth

Mae dwy ran i gyfoeth cartref. Mae **cyfoeth ffisegol** yn cynnwys eitemau fel tai, ceir a dodrefn. Mae **cyfoeth ariannol** yn cynnwys eitemau fel arian parod, arian yn y banc ac mewn cymdeithasau adeiladu, stociau a chyfranddaliadau, polisïau yswiriant a hawliau pensiwn.

Os ydy cyfoeth cartref yn cynyddu, bydd treuliant yn cynyddu. Y term am hyn yw EFFAITH CYFOETH. Mae dwy ffordd bwysig y gall cyfoeth cartrefi newid dros gyfnod byr.

- Newid ym mhris tai. Os ydy pris real tai yn cynyddu'n sylweddol dros gyfnod, fel y digwyddodd yn y DU rhwng canol yr 1990au a 2004, bydd cartrefi'n teimlo eu bod yn gallu cynyddu eu gwariant. Byddant yn gwneud hyn yn bennaf drwy gael benthyg mwy o arian gyda gwerth eu tŷ yn warant.
- Newid yng ngwerth stociau a chyfranddaliadau. Mae cartrefi'n ymateb i gynnydd yng ngwerth real portffolio'r cartref o warantau drwy werthu rhan o'r portffolio a gwario'r derbyniadau. Mae gwerth stociau a chyfranddaliadau yn cael ei bennu gan lawer o ffactorau. Un o'r rhain yw'r gyfradd llog. Os ydy'r gyfradd llog yn gostwng, bydd gwerth stociau yn codi. Felly dylai treuliant gael ei ysgogi drwy'r effaith cyfoeth gan ostyngiad yn y gyfradd llog.

Chwyddiant

Mae chwyddiant, sef cynnydd yn lefel gyffredinol prisiau, yn cael dwy effaith ar dreuliant. Yn gyntaf, os ydy cartrefi'n disgwyl i brisiau fod yn uwch yn y dyfodol cân nhw eu temtio i brynu'n gynharach. Er enghraifft, os ydy cartrefi'n gwybod y bydd pris ceir yn codi 10% fis nesaf, byddan nhw'n ceisio prynu eu ceir

Cwestiwn 2

Gostyngodd nifer y morgeisiau sy'n cael eu cymeradwyo i'w lefel isaf ers mwy na naw mlynedd ym mis Tachwedd, gan anfon arwydd cryf bod prisiau tai yn mynd i ostwng ymhellach. Mae nifer y benthyciadau yn ddangosydd pwysig ar gyfer gwariant defnyddwyr. Mae'r rhan fwyaf o economegwyr yn ystyried arafiad yng ngwariant defnyddwyr yn berygl i economi'r DU dros y flwyddyn nesaf.

Mae prisiau uwch am dai yn arwain yn uniongyrchol at fwy o wariant defnyddwyr am fod pobl yn teimlo'n fwy cyfoethog. Ond mae Ben Broadbent yn *Goldman Sachs,* y banc buddsoddi, yn dadlau bod arafiad yn nhrosiant tai yn fwy tebygol o effeithio ar wariant defnyddwyr na gostyngiad ym mhrisiau tai. Meddai: 'Pan fyddwch yn symud tŷ, rhaid i chi brynu llawer o bethau fel carpedi, llenni ac oergelloedd. Mae yna duedd eisoes tuag at werthiant adwerthu mwy araf ac rydym yn disgwyl data dros yr wythnosau nesaf fydd yn cynnwys cyfnod y Nadolig i adlewyrchu hyn yn gryfach.'

Mae cyswllt hefyd rhwng gwariant defnyddwyr a rhyddhau ecwiti morgais, pan fydd prynwyr tai yn cael morgais mwy na'r hyn sydd ei angen i brynu tŷ ac yna'n gwario'r gwahaniaeth. Hefyd, gall perchenogion tai presennol ailforgeisio eu tŷ, gan gael morgais mwy a gwario'r gweddill. Cyfanswm yr ecwiti morgais a dynnwyd *(withdrawn)* rhwng Gorffennaf a Medi oedd £12.4bn, i lawr o £13.0bn yn y chwarter blaenorol.

Ffynhonnell: addaswyd o'r *Financial Times*, 5.1.2005.

Eglurwch dair ffordd y gall y farchnad dai effeithio ar lefelau treuliant.

nawr. Felly mae disgwyliadau o chwyddiant yn cynyddu treuliant ac yn gostwng cynilo.

Fodd bynnag, gall hyn gael ei orbwyso gan effaith chwyddiant ar gyfoeth. Mae chwyddiant cynyddol yn tueddu i erydu gwerth real cyfoeth ariannol. Bydd cartrefi'n ymateb i hyn drwy geisio adfer gwerth real eu cyfoeth (h.y. byddan nhw'n cynilo mwy). Bydd hynny'n gostwng treuliant.

Yn gyffredinol, mae chwyddiant cynyddol yn y DU yn tueddu i ostwng treuliant. Mae'r effaith negyddol ar dreuliant a achosir gan erydu cyfoeth real yn gorbwyso'r effaith bositif ar dreuliant a achosir gan brynu'n gynharach.

Y gyfradd llog

Go brin y bydd cartrefi'n ariannu gwariant ar **nwyddau nad ydynt yn para**, fel bwyd neu adloniant, drwy gael benthyg arian. Ond mae llawer o'r arian i brynu **nwyddau sy'n para**, fel ceir, dodrefn, cyfarpar cegin a chyfarpar *hi-fi*, yn dod o gyllid credyd. Mae cynnydd yn y gyfradd llog yn cynyddu'r ad-daliadau misol ar y nwyddau hyn. Mae hynny'n golygu, i bob pwrpas, bod pris y nwyddau wedi codi. Bydd cartrefi'n ymateb i hyn drwy ostwng eu galw am nwyddau sy'n para ac felly gostwng eu treuliant.

Hefyd mae llawer o gartrefi wedi cael benthyg arian i brynu eu tai. Mae cynnydd yng nghyfraddau llog yn arwain at gynnydd yn yr ad-daliadau morgais. Eto bydd hyn yn gostwng gwariant ar eitemau eraill yn uniongyrchol ac efallai, yn bwysicach, yn hybu pobl i gadw rhag benthyca mwy o arian i ariannu prynu nwyddau traul sy'n para.

Eglurwyd eisoes uchod bod cynnydd yn y gyfradd llog yn gostwng gwerth stociau mewn marchnadoedd stoc ac felly yn gostwng gwerth cyfoeth cartrefi. Bydd hyn yn ei dro yn arwain at ostyngiad mewn treuliant.

Cwestiwn 3

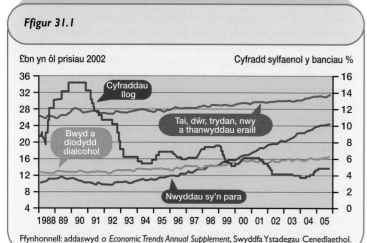

Ffigur 31.1

£bn yn ôl prisiau 2002 — Cyfradd sylfaenol y banciau %

(Labeli ar y graff: Cyfraddau llog; Tai, dŵr, trydan, nwy a thanwyddau eraill; Bwyd a diodydd dialcohol; Nwyddau sy'n para)

Ffynhonnell: addaswyd o *Economic Trends Annual Supplement*, Swyddfa Ystadegau Cenedlaethol.

(a) Disgrifiwch y tueddiadau a ddangosir yn Ffigur 31.1.
(b) Gan ddefnyddio enghreifftiau o'r data, eglurwch i ba raddau y mae cyfraddau llog yn effeithio ar dreuliant.

Argaeledd credyd

Mae'r gyfradd llog yn pennu pris credyd. Ond nid pris credyd yw'r unig ffactor sy'n pennu faint y bydd cartrefi'n ei fenthyca. Yn y gorffennol mae llywodraethau yn aml wedi gosod cyfyngiadau ar argaeledd credyd. Er enghraifft, maen nhw wedi gosod uchafswm ar gyfer cyfnodau ad-dalu ac isafswm ar gyfer blaendaliadau. Cyn dadreoli'r farchnad forgeisiau yn rhan gyntaf yr 1980au yn y DU, roedd cymdeithasau adeiladu yn dogni morgeisiau. Yn aml roedden nhw'n gweithredu systemau ciwio ac yn gosod terfynau cyfyngol ar y symiau y gellid eu benthyca. Pan ddiddymir y cyfyngiadau hyn, bydd cartrefi'n cynyddu eu lefel o ddyled ac yn gwario'r derbyniadau. Bydd rhoi credyd ar gael yn fwy helaeth yn cynyddu treuliant.

Disgwyliadau

Mae disgwyliadau o gynnydd mewn prisiau yn tueddu i wneud i gartrefi brynu'n gynharach ac felly cynyddu treuliant. Bydd disgwyliadau o gynnydd mawr mewn incwm real hefyd yn tueddu i hybu cartrefi i gynyddu gwariant nawr drwy gael benthyg mwy. Felly pan fydd yr economi'n ffynnu bydd treuliant awtonomaidd yn tueddu i gynyddu. Ar y llaw arall, os ydy cartrefi'n disgwyl i amodau economaidd fynd yn fwy llym, byddan nhw'n gostwng eu treuliant nawr. Er enghraifft, gallen nhw ddisgwyl cynnydd yng nghyfraddau diweithdra, cynnydd mewn trethi neu ostyngiad mewn cyflogau real.

Cyfansoddiad cartrefi

Mae pobl ifanc a phobl hŷn yn tueddu i wario cyfran uwch o'u hincwm na phobl canol oed. Mae pobl ifanc yn tueddu i wario'r cyfan o'u hincwm a mynd i ddyled i ariannu sefydlu eu cartrefi a magu plant. Yn ystod cyfnod canol oed mae cost gwneud cartref yn lleihau fel cyfran o incwm. Gyda mwy o incwm ar gael, mae cartrefi yn aml yn penderfynu cynyddu eu stoc o gynilion i baratoi ar gyfer ymddeoliad. Pan fyddan nhw'n

ymddeol, byddan nhw'n gostwng eu stoc o gynilion i ategu eu pensiynau. Felly os oes newid yng nghyfansoddiad cartrefi yn yr economi o ran oed, gallai fod newid mewn treuliant a chynilo. Po ieuengaf a hynaf yw'r cartrefi, mwyaf i gyd y bydd lefel treuliant yn dueddol o fod.

Ffactorau sy'n pennu cynilo

Trwy ddiffiniad, rhaid bod ffactorau sy'n effeithio ar dreuliant yn effeithio hefyd ar gynilo (cofiwch fod cynilo'n cael ei ddiffinio fel y rhan o incwm gwario nad yw'n cael ei threulio). Felly mae'r FFWYTHIANT CYNILO yn cysylltu incwm, cyfoeth, chwyddiant, y gyfradd llog, disgwyliadau a phroffil oed y boblogaeth â lefel cynilo. Ond gan fod TUEDDFRYD CYFARTALOG I GYNILO nodweddiadol (TCG – cymhareb cyfanswm cynilo i gyfanswm incwm, sef Cynilo ÷ Incwm) yn 0.1 i 0.2 yng ngwledydd Gorllewin Ewrop, mae incwm yn ffactor llawer llai pwysig o ran pennu cynilo nag yw o ran pennu treuliant. Felly mae ffactorau ar wahân i incwm yn gymharol bwysicach. Mae hynny'n egluro pam, yn y DU, er enghraifft, mae'r TCG wedi amrywio o 0.04 i 0.12 rhwng yr 1980au a chanol y 2000au. Mae'r TUEDDFRYD FFINIOL I GYNILO (y gyfran o newid mewn incwm sy'n cael ei chynilo, fe'i cyfrifir gan Newid mewn cynilo ÷ Newid mewn incwm) yr un mor ansefydlog am y rhesymau hyn.

Cwestiwn 4

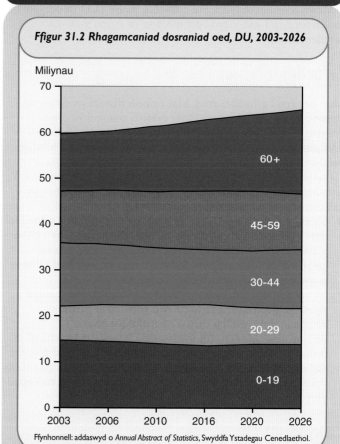

Ffigur 31.2 Rhagamcaniad dosraniad oed, DU, 2003-2026

Miliynau

(Labeli ar y graff: 60+; 45-59; 30-44; 20-29; 0-19)

Ffynhonnell: addaswyd o *Annual Abstract of Statistics*, Swyddfa Ystadegau Cenedlaethol.

Pa effeithiau, yn eich barn chi, y mae'r newidiadau yn strwythur y boblogaeth hyd at 2026 yn debygol o'u cael ar dreuliant a chynilo?

Weithiau mae pobl yn drysu rhwng 'cynilo' a 'chynilion'. Mae cynilo yn gysyniad **llif** sy'n digwydd dros gyfnod o amser. Mae cynilo yn cael ei ychwanegu at **stoc** o gynilion sy'n sefydlog ar adeg benodol. Mae stoc cynilion cartref yn groniad o gynilion y gorffennol. Er enghraifft, gallai fod gennych £100 yn y banc. Dyma eich stoc o gynilion. Yna gallech gael swydd dros y Nadolig a chynilo £20 o hynny. Eich cynilo dros y Nadolig yw £20. Eich stoc o gynilion cyn y Nadolig oedd £100 ond wedyn roedd yn £120. Mae'r ffwythiant cynilo yn egluro'r berthynas rhwng llif cynilo a'r ffactorau sy'n ei bennu. Mae'n ceisio egluro pam y gwnaethoch gynilo £20 dros y Nadolig. Nid yw'n egluro pam mae gennych £100 yn y banc eisoes.

Ffwythiant treuliant Keynesaidd

John Maynard Keynes oedd un o economegwyr mwyaf hanner cyntaf yr ugeinfed ganrif. Ef oedd sylfaenydd macro-economeg fodern, sef testun y rhan fwyaf o weddill y llyfr hwn. Keynes oedd y cyntaf i boblogeiddio'r syniad bod treuliant wedi'i gysylltu ag incwm. Ystyr 'Keynesaidd' yw bod syniad wedi'i gysylltu â syniad a gynigiwyd gyntaf gan Keynes. Economegwyr Keynesaidd yw economegwyr sy'n gweithio o fewn y fframwaith a sefydlwyd gyntaf gan Keynes.

Mae'r ffwythiant treuliant Keynesaidd yn pwysleisio'r berthynas rhwng treuliant cyfredol bwriedig ac incwm gwario cyfredol. Gall ffactorau eraill, yn arbennig argaeledd credyd, gael effaith bwysig ar wariant ar nwyddau traul sy'n para. Ond, yn y tymor byr o leiaf, incwm yw'r ffactor pwysicaf sy'n pennu lefel treuliant. Dydy newidiadau mewn cyfoeth a newidiadau yn y gyfradd llog (gall fod y ddau'n cydberthyn fel y dadleuwyd uchod) yn cael fawr ddim effaith ar dreuliant tymor byr. Mae hynny'n golygu bod y ffwythiant treuliant yn gymharol sefydlog. Nid yw'n cael symudiadau mawr yn aml.

Roedd Keynes ei hun yn gofidio y byddau ffyniant cynyddol yn arwain at economi marwaidd. Wrth i gartrefi fod yn well eu byd, bydden nhw'n gwario llai a llai o'u cynnydd mewn incwm. Yn y pen draw byddai eu galw am nwyddau traul wedi'i ddiwallu'n llwyr, a heb gynnydd mewn gwariant ni allai fod rhagor o gynnydd mewn incwm.

Mae tystiolaeth y 70 o flynyddoedd diwethaf wedi profi bod Keynes yn anghywir. Mae'n ymddangos nad oes unrhyw arwydd bod cartrefi'n gostwng eu TFfD wrth i incwm gynyddu. Ond mae'r farn hon hefyd wedi arwain Keynesiaid i ddadlau bod gan enillwyr incwm uwch TFfD is (ac felly eu bod yn cynilo cyfran uwch o'u hincwm) nag enillwyr incwm is. Felly, bydd ailddosrannu incwm o'r tlawd i'r cyfoethog yn gostwng cyfanswm treuliant. Bydd y gwrthwyneb, sef mynd ag incwm oddi ar y cyfoethog er mwyn rhoi i'r tlawd, yn cynyddu cyfanswm treuliant. Ond, fel y gwelwn nawr, mae hynny'n cael ei wrth-ddweud nid yn unig gan y dystiolaeth ond hefyd gan ddamcaniaethau gwahanol o'r ffwythiant treuliant.

Rhagdybiaeth y gylchred oes

Awgrymodd Franco Modigliani ac Albert Ando nad yw treuliant cyfredol yn seiliedig ar incwm cyfredol. Yn hytrach, mae cartrefi'n ffurfio barn am eu hincwm tebygol dros eu hoes gyfan ac yn seilio'u penderfyniadau gwario cyfredol ar hynny. Er enghraifft, efallai y bydd gweithwyr proffesiynol ar ddechrau eu gyrfaoedd yn eu hugeiniau cynnar yn ennill cymaint â gweithwyr llaw o'r un oedran. Ond mae TCD gweithwyr proffesiynol yn debygol o fod yn uwch. Y rheswm yw bod gweithwyr proffesiynol yn disgwyl ennill mwy yn y dyfodol ac yn fodlon cael benthyg mwy nawr i ariannu

treuliant. Bydd gweithiwr proffesiynol, er enghraifft, yn disgwyl prynu tŷ yn hytrach na rhentu tŷ. Bydd y morgais a gaiff yn debygol o fod ar ben uchaf yr hyn y bydd banciau neu gymdeithasau adeiladu yn ei fenthyca. Ar y llaw arall, bydd y gweithiwr llaw, sy'n gwybod na fydd ei enillion yn debygol o gynyddu'n sylweddol yn y dyfodol, yn fwy gofalus. Efallai na fydd yn prynu ei gartref ei hun, ond os bydd yn prynu cartref bydd yn cael morgais bach yn hytrach na mawr.

Yn ystod cyfnod canol oed mae cartrefi'n tueddu i fod yn gynilwyr net. Maent yn cwblhau ad-dalu benthyciadau a gronnwyd pan oeddent yn iau ac maent yn cynilo ar gyfer ymddeoliad. Ar ôl ymddeol maent yn gwario mwy nag y maent yn ei ennill, gan ostwng eu cynilion.

Rhagdybiaeth incwm parhaol

Datblygwyd hon gan Milton Friedman ac mewn sawl ffordd mae'n datblygu syniadau rhagdybiaeth y gylchred oes. Dadleuoedd Friedman fod cartrefi'n seilio'u penderfyniadau gwario ar INCWM PARHAOL yn hytrach nag incwm cyfredol. A siarad yn fras, incwm cyfartalog dros oes yw incwm parhaol. Gall nifer o ffactorau ddylanwadu ar incwm cyfartalog dros oes.

- Bydd cynnydd mewn cyfoeth yn cynyddu gallu cartrefi i wario arian (h.y. bydd yn cynyddu eu hincwm parhaol). Felly bydd cynnydd mewn cyfoeth yn cynyddu treuliant gwirioneddol dros oes.
- Mae cynnydd yng nghyfraddau llog yn tueddu i ostwng prisiau stociau a chyfranddaliadau. Mae hynny'n arwain at ostyngiad mewn cyfoeth, gostyngiad mewn incwm parhaol a gostyngiad mewn treuliant cyfredol.
- Mae cynnydd yng nghyfraddau llog yn achosi hefyd i incwm yn y dyfodol fod â llai o werth. Un ffordd o egluro hyn yw cofio bod swm o arian ar gael yn y dyfodol yn werth llai na'r un swm ar gael heddiw. Ffordd arall yw ystyried cael benthyg. Os ydy cyfraddau llog yn codi, bydd angen i gartrefi naill ai ennill mwy o arian neu ostwng eu gwariant yn y dyfodol i ad-dalu eu benthyciadau. Felly mae gwerth real eu hincwm yn y dyfodol (h.y. eu hincwm parhaol) yn gostwng os ydy cyfraddau llog yn codi.
- Bydd cynnydd annisgwyl mewn cyflogau yn arwain at gynnydd mewn incwm parhaol.

Dadleuodd Friedman fod y TCD tymor hir o incwm parhaol yn 1. Bydd cartrefi'n gwario'u hincwm i gyd dros eu hoes (yn wir, diffiniodd Friedman incwm parhaol fel yr incwm y gallai cartref ei wario heb newid ei gyfoeth dros oes). Felly mae'r TCD a'r TFfD tymor hir yn sefydlog.

Yn y tymor byr, fodd bynnag, mae cyfoeth a chyfraddau llog yn newid. Mae incwm mesuredig yn newid hefyd ac mae llawer o'r newid hwn yn annisgwyl. Y term am incwm y mae cartrefi'n ei dderbyn ond nad oeddent yn disgwyl ei ennill yw incwm dros dro. I ddechrau, bydd incwm dros dro yn cael ei gynilo, wrth i gartrefi benderfynu beth i'w wneud â'r arian. Yna caiff ei gynnwys mewn incwm parhaol. Bydd TFfD y cartref yn dibynnu ar natur yr incwm ychwanegol. Os ydy'r incwm ychwanegol, er enghraifft, yn gynnydd cyflog parhaol, mae'r cartref yn debygol o wario'r rhan fwyaf o'r arian. Ond os yw'n gynnydd dros dro mewn incwm, fel ennill £10 000 yn y lotri, caiff y rhan fwyaf ohono ei gynilo ac yna ei gwario'n raddol dros gyfnod hirach o lawer. Gan fod y gyfran o incwm dros dro i incwm cyfredol yn newid o fis i fis, bydd y tueddfryd i dreulio o incwm cyfredol yn amrywio hefyd. Felly yn y tymor byr nid yw'r TCD a'r TFfD yn gyson. Mae hynny'n gwrth-ddweud y rhagdybiaeth Keynesaidd bod treuliant cyfredol yn ffwythiant sefydlog o incwm cyfredol.

Termau allweddol

Cynilo (personol) – y gyfran o incwm gwario cartrefi na chaiff ei gwario dros gyfnod penodol.

Effaith cyfoeth – y newid mewn treuliant yn dilyn newid mewn cyfoeth.

Ffwythiant cynilo – y berthynas rhwng cynilo gan gartrefi a'r ffactorau sy'n ei bennu.

Ffwythiant treuliant – y berthynas rhwng treuliant cartrefi a'r ffactorau sy'n ei bennu.

Incwm gwario – incwm cartrefi dros gyfnod penodol gan gynnwys budd-daliadau'r wladwriaeth, minws trethi uniongyrchol.

Incwm parhaol – yr incwm y gallai cartref ei wario dros ei oes heb ostwng gwerth ei asedau. Mae hyn yn brasamcanu at incwm cyfartalog cartref dros ei oes.

Nwyddau nad ydynt yn para – nwyddau sy'n cael eu treulio bron ar unwaith fel hufen iâ neu becyn o bowdr golchi.

Nwyddau sy'n para – nwyddau sy'n cael eu treulio dros gyfnod hir, fel set deledu neu gar.

Treuliant – cyfanswm y gwariant gan gartrefi ar nwyddau a gwasanaethau dros gyfnod penodol.

Tueddfryd cyfartalog i dreulio – y gyfran o gyfanswm incwm sy'n cael ei gwario. Fe'i cyfrifir gan $C \div Y$.

Tueddfryd cyfartalog i gynilo – y gyfran o gyfanswm incwm sy'n cael ei chynilo. Fe'i cyfrifir gan $S \div Y$.

Tueddfryd ffiniol i dreulio – y gyfran o newid mewn incwm sy'n cael ei gwario. Fe'i cyfrifir gan $\Delta C \div \Delta Y$.

Tueddfryd ffiniol i gynilo – y gyfran o newid mewn incwm sy'n cael ei chynilo. Fe'i cyfrifir gan $\Delta S \div \Delta Y$.

Economeg gymhwysol

Treuliant yn y DU

Cyfansoddiad gwariant defnyddwyr

Rhwng 1964 a 2004 dyblodd cyfanswm treuliant real fwy neu lai. Ond, fel y gwelir yn Ffigur 31.3, roedd gwahaniaethau sylweddol yng nghyfradd twf cydrannau gwariant. Dim ond cynnydd o ryw hanner a welwyd mewn gwariant real ar fwyd, er enghraifft, ond cynyddodd gwariant ar gyfathrebu, sy'n cynnwys ffonau symudol, 12 gwaith. Roedd gwariant real ar ddiodydd meddwol a thybaco yn ddigyfnewid a chynyddodd gwariant ar dai bwyta a gwestai 1.5 gwaith. Mae'r newidiadau hyn yn adlewyrchu'n rhannol nifer o ffactorau gwahanol. Wrth i incwm godi, mae'r ffordd y bydd defnyddwyr yn dewis gwario'r arian ychwanegol yn wahanol i'r ffordd y byddant yn gwario'u hincwm arferol. Felly maent yn dewis peidio â gwario llawer mwy ar fwyd ond gwario cryn dipyn yn fwy ar adloniant a diwylliant. Adlewyrchir hyn yn y gwahaniaethau yn elastigedd incwm y galw am gynhyrchion. Doedd rhai cynhyrchion, fel ffonau symudol, ddim ar gael yn 1964. Mae cynnydd mewn gwariant yn adlewyrchu awydd i brynu'r technolegau newydd hyn. Mae rhai newidiadau hefyd yn adlewyrchu newidiadau mewn prisiau. Mae pris dillad ac esgidiau wedi gostwng yn sylweddol dros y 30 mlynedd diwethaf yn sgil globaleiddio cynhyrchu. Gellir dadlau bod hyn wedi arwain at gynnydd sylweddol yng nghyfanswm y gwariant ar ddillad ac esgidiau.

Treuliant ac incwm

Mae damcaniaeth Keynes yn awgrymu mai incwm yw un o'r prif ffactorau sy'n pennu treuliant. Byddai'r dystiolaeth yn Ffigur 31.4 yn tueddu i ategu hyn. Rhwng 1955 a 2004 cynyddodd incwm gwario real cartrefi 3.9 gwaith a chynyddodd gwariant defnyddwyr real 3.8 gwaith. Byddai damcaniaeth Keynes yn awgrymu hefyd bod y tueddfryd cyfartalog i dreulio (TCD) yn lleihau wrth i incwm gynyddu dros amser. Byddai Ffigur 31.5 yn tueddu i beidio ag ategu hyn. Y TCD rhwng 1963 a 1969 oedd 0.94 ar gyfartaledd. Gostyngodd ychydig yn yr 1970au a'r 1980au, sefydlogi yn yr 1990au ond yna, codi eto rhwng 2000-2004. Yn Ffigur 31.5 yr incwm a ddefnyddir i gyfrifo'r TCD yw incwm gwario cartrefi **ynghyd â** chymhwysiad ar gyfer ecwiti net cartrefi mewn cronfeydd pensiwn. Dyma'r confensiwn cyfrifydda a ddefnyddir gan y Swyddfa Ystadegau Cenedlaethol. Mae hyn yn rhoi gwerth ychydig yn is i'r TCD na phetai incwm gwario cartrefi yn unig yn cael ei gynnwys. Ond mae'r TCD yn amrywio cryn dipyn o gwmpas y ffigurau cyfartalog tymor hir hyn. Er enghraifft, roedd cynnydd sydyn yn y TCD rhwng 1986 ac 1988 yn ystod ffyniant Lawson, a rhwng 1997 a 2004 yn y cyfnod o ffyniant a gafwyd bryd hynny, a disgynnodd y TCD i lai na 0.9 yn ystod y ddau enciliad mawr yn 1980-82 ac 1990-92. Byddai hyn yn awgrymu y gall ffactorau eraill fod yn bwysig o ran pennu treuliant yn ogystal ag incwm.

Ffactorau eraill sy'n pennu treuliant

Roedd economegwyr yn yr 1960au a rhan gyntaf yr 1970au yn weddol hyderus bod y berthynas rhwng treuliant ac incwm yn sefydlog iawn. Ond o ganol yr 1970au ymlaen, roedd llawer o newidynnau allweddol a all effeithio ar dreuliant yn destun newidiadau mawr eu hunain a chafodd hyn effaith fach ond sylweddol ar y tueddfryd cyfartalog i dreulio.

Ffigur 31.3 Cyfansoddiad gwariant defnyddwyr, 1964-2004

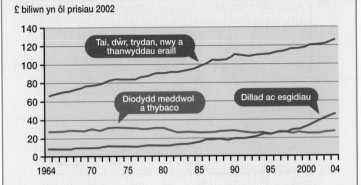

£ biliwn yn ôl prisiau 2002

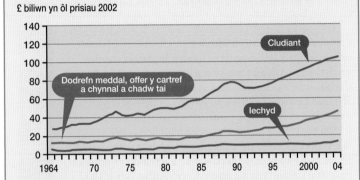

£ biliwn yn ôl prisiau 2002

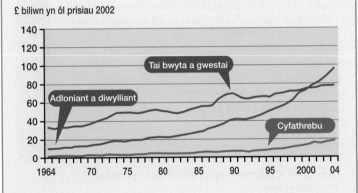

£ biliwn yn ôl prisiau 2002

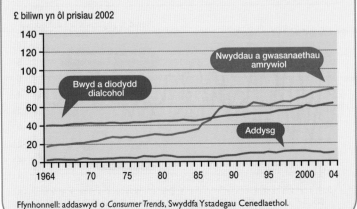

£ biliwn yn ôl prisiau 2002

Ffynhonnell: addaswyd o *Consumer Trends*, Swyddfa Ystadegau Cenedlaethol.

Cyfoeth Roedd cynnydd sydyn yng nghyfoeth teuluoedd yn nodwedd allweddol o'r rhan fwyaf o'r 1980au. Mae Ffigur 31.6 yn dangos bod prisiau cyfranddaliadau wedi codi'n sylweddol rhwng 1980 ac 1987. Roedd y cynnydd hwn yng ngwerthoedd y farchnad stoc yn elfen allweddol wrth berswadio teuluoedd i gynyddu eu gwariant yn 1986 ac 1987. Ym mis Hydref 1987, ar y 'Dydd Llun Du', chwalodd marchnadoedd stoc y byd a chollwyd 25% oddi ar werth cyfranddaliadau yng Nghyfnewidfa Stoc Llundain. Roedd hyn yn ergyd i hyder defnyddwyr ac roedd perfformiad gwael prisiau cyfranddaliadau wedi hynny yn un ffactor a ostyngodd y tueddfryd cyfartalog i dreulio yn rhan olaf yr 1980au a rhan gyntaf yr 1990au. Yn yr un modd, gwelwyd marchnadoedd stoc y DU yn perfformio'n dda yn ystod ail hanner yr 1990au, gyda'r cynnydd sydyn yng nghyfranddaliadau cwmnïau oedd yn gysylltiedig â'r rhyngrwyd yn sylfaen i hynny. Cyfrannodd hyn at dwf cadarn yng ngwariant defnyddwyr, ond roedd y gostyngiad ym mhris cyfranddaliadau ar ôl i'r pin gael ei roi yn y swigen 'dot-com' wedi helpu i ostwng gwariant defnyddwyr.

Nid oes llawer o gartrefi yn berchen ar gyfranddaliadau ond mae'r rhan fwyaf yn berchen ar eu tai. Eto, yng nghanol yr 1980au roedd yr ymchwydd ym mhrisiau tai a ddangosir yn Ffigur 31.7 yn ffactor pwysig yn y cynnydd

Ffigur 31.4 Treuliant ac incwm gwario, 1955-2004

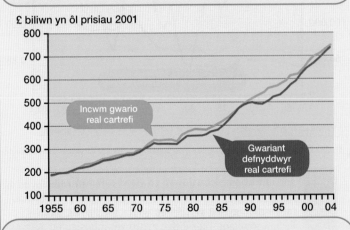

£ biliwn yn ôl prisiau 2001

Ffigur 31.5 Tueddfryd cyfartalog i dreulio (TCD)

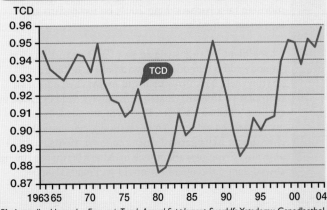

Ffynhonnell: addaswyd o *Economic Trends Annual Supplement*, Swyddfa Ystadegau Cenedlaethol.

Ffigur 31.6 Prisiau Marchnad Stoc Llundain (Indecs Cyfranddaliadau Cyffredin yr FT, 1962=100) a'r tueddfryd cyfartalog i dreulio

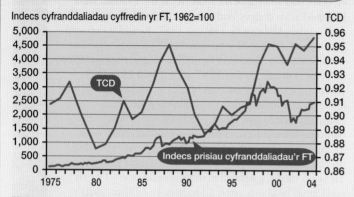

Ffynhonnell: addaswyd o *Economic Trends, Financial Statistics*, Swyddfa Ystadegau Cenedlaethol.

Ffigur 31.7 Prisiau cyfartalog tai[1], £ yn ôl prisiau 2002, a'r tueddfryd cyfartalog i dreulio

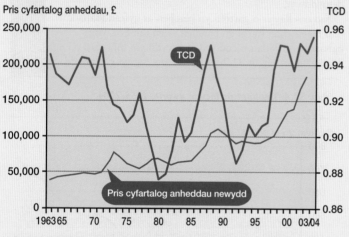

[1] Prisiau tai ar gyfer anheddau newydd hyd at 1999 a phob annedd o 1999 ymlaen.

Ffynhonnell: addaswyd o *Economic Trends Annual Supplement*, Swyddfa Ystadegau Cenedlaethol.

Ffigur 31.8 Chwyddiant (RPI, newid % fesul blwyddyn) a'r tueddfryd cyfartalog i dreulio

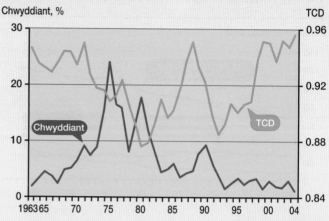

Ffynhonnell: addaswyd o *Economic Trends Annual Supplement*, Swyddfa Ystadegau Cenedlaethol.

Cyfradd llog Mae'r gyfradd llog yn effeithio'n sylweddol ar wariant, yn arbennig ar eitemau a brynir fel rheol ar gredyd fel nwyddau traul sy'n para. Mae Ffigur 31.9 yn dangos y bu'r cyfraddau llog cymharol isel yn ystod ffyniant Lawson 1986-88 yn sylfaen i ymchwydd yng ngwariant defnyddwyr. Codi cyfraddau sylfaenol y banciau i 15% yn 1988 a'r cyfnod o gyfraddau llog uchel a ddilynodd hynny oedd y ffactor allweddol a gyfrannodd at leihau twf gwariant defnyddwyr ac a wthiodd yr economi tuag at enciliad. Yna bu gostwng cyfraddau llog o 1992 ymlaen yn help i'r adferiad yn ystod gweddill yr 1990au. Roedd y newidiadau yng nghyfradd llog rhwng 1995 a 2004 yn gymharol fach o'u cymharu â'r newidiadau yn yr 1980au. Nid yw cynnydd o 2% yng nghyfraddau llog yn cael yr un effaith â chynnydd o 8%, dyweder, fel y gwelwyd yn yr 1980au. Felly cafodd y newidiadau yng nghyfraddau llog o 1995 ymlaen effaith ar wariant defnyddwyr ond roeddent yn gymharol fach. Yn sicr, nid oeddent yn ddigon mawr i achosi gostyngiadau yng nghyfanswm gwariant defnyddwyr.

Mae cyfraddau llog yn effeithio ar dreuliant mewn nifer

yng ngwariant defnyddwyr yn ystod cyfnod ffyniant Lawson. Yn yr un modd, roedd y gostyngiad ym mhrisiau tai yn rhan gyntaf yr 1990au yn ffactor pwysig o ran lleihau treuliant. Bu'r diffyg cyffro ym mhrisiau tai a ddilynodd tan 1996 yn fodd i dorri'n ôl ar y twf yng ngwariant defnyddwyr. Yna, gydag ymchwydd pellach ym mhrisiau tai a barhaodd tan 2004, bu twf cadarn yng ngwariant defnyddwyr.

Chwyddiant Mae gostyngiad yn y TCD yn tueddu i fod yn nodwedd o gyfnodau o chwyddiant uchel ac i'r gwrthwyneb. Yn dilyn y cynnydd mewn chwyddiant yn rhan olaf yr 1980au, ymateb defnyddwyr oedd cynyddu eu cynilion a lleihau eu TCD. Roeddent am ailadeiladu gwerth real eu cyfoeth. Yn yr un modd, cyfrannodd y chwyddiant isel a gafwyd rhwng canol yr 1990au a 2004 at gynnydd yng ngwariant incwm. Mae'r berthynas rhwng chwyddiant a threuliant i'w gweld yn Ffigur 31.8.

Ffigur 31.9 Cyfraddau llog a'r newid yng ngwariant defnyddwyr real

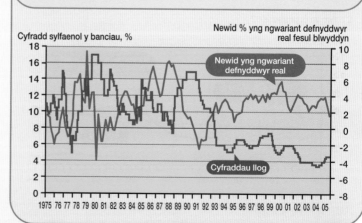

o ffyrdd. Mae cyfraddau llog uwch yn gwneud cael benthyg arian yn ddrutach ac maen nhw'n effeithio'n arbennig ar wariant ar nwyddau traul sy'n para. Mae hefyd yn ddrutach prynu tŷ ar forgais. Helpodd y cynnydd yng nghyfraddau llog yn rhan olaf yr 1980au i achosi cwymp yn y farchnad dai, gyda phrisiau tai yn gostwng ar ôl 1989 mewn sawl rhan o'r wlad. Effeithiodd hyn ar hyder defnyddwyr a'u gwneud yn llai parod i fynd i ragor o ddyled. Am y rhan fwyaf o'r 1990au roedd defnyddwyr yn dal i fod yn wyliadwrus ynghylch cael benthyg er gwaethaf cyfraddau llog isel. Yn rhan olaf yr 1990au, fodd bynnag, gwelwyd cynnydd sydyn mewn gwariant wrth i ddefnyddwyr ddod yn fwy hyderus na fyddai cyfraddau llog yn cael eu gwthio'n uwch yn sydyn. Ar ddechrau'r unfed ganrif ar hugain gwelwyd cynnydd sylweddol yn nyled defnyddwyr, i brynu tai ac i ariannu prynu nwyddau.

Disgwyliadau Gall disgwyliadau fod yn ffactor hollbwysig wrth bennu treuliant. Yn yr 1980au gyrrwyd ffyniant Lawson gan ddisgwyliadau y byddai'r economi'n tyfu ar gyfraddau cyflym hyd y gellid ei ragweld. Roedd llawer o sôn ar y pryd am 'wyrth economaidd' Prydain. Yn anffodus, nid oedd modd cynnal y ffyniant. Yn ystod yr enciliad yn dilyn hynny, roedd defnyddwyr yn besimistaidd iawn am y dyfodol, yn arbennig gan i ddiweithdra ddringo o 1.5 miliwn yn 1989 i 3 miliwn yn 1993. Yn ystod yr adferiad dilynol, roedd defnyddwyr yn parhau yn wyliadwrus ynghylch cael dyledion mawr newydd am eu bod yn ofni enciliad arall. Dim ond yn rhan olaf yr 1990au yr adferwyd hyder defnyddwyr a chyfrannodd hynny at y cynnydd yng nghyfradd twf gwariant defnyddwyr tan 2004.

Cwestiwn data — Ffactorau sy'n pennu cynilo

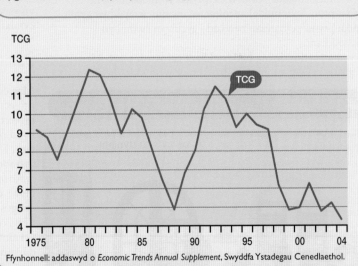

Ffigur 31.10 Y tueddfryd cyfartalog i gynilo (TCG), 1975-2004

Ffynhonnell: addaswyd o *Economic Trends Annual Supplement*, Swyddfa Ystadegau Cenedlaethol.

Gofynnwyd i chi ysgrifennu adroddiad ar gyfer banc am y ffactorau sy'n pennu cynilo yn yr economi. Defnyddiwch y data yma ac yn yr adran Economeg Gymhwysol i lunio eich adroddiad.

- Amlinellwch yn gryno dueddiadau cynilo a'r tueddfryd cyfartalog i gynilo oddi ar 1975.
- Amlinellwch yn gryno y prif ffactorau sy'n effeithio ar gynilo yn yr economi.
- Lluniwch astudiaeth achos am y cyfnod o 1975 i 2004 i egluro eich trafodaeth.

Crynodeb

1. Ystyr buddsoddiant yw prynu nwyddau cyfalaf a ddefnyddir wedyn i greu nwyddau a gwasanaethau eraill. Mae hyn yn wahanol i gynilo, sef creu rhwymedigaethau ariannol.
2. Mae damcaniaeth effeithlonrwydd ffiniol cyfalaf yn awgrymu bod buddsoddiant mewn perthynas wrthdro â phris cyfalaf – y gyfradd llog.
3. Mae ffactorau sy'n symud rhestr effeithlonrwydd ffiniol cyfalaf neu'r galw am fuddsoddiant yn cynnwys newidiadau yng nghost nwyddau cyfalaf, newid technolegol, a newidiadau mewn disgwyliadau neu hwyliau anifeilaidd.
4. Mae damcaniaeth y cyflymydd yn awgrymu bod buddsoddiant yn amrywio â chyfradd y newid mewn incwm.
5. Efallai hefyd bod proffidioldeb diwydiant yn y gorffennol a'r presennol yn bwysicach na chyfraddau adenillion ar gyfalaf yn y dyfodol o ran pennu buddsoddiant cyfredol.

Diffinio buddsoddiant

Mae economegwyr yn defnyddio'r gair BUDDSODDIANT mewn modd manwl gywir iawn. Ystyr buddsoddiant yw'r ychwanegiad at **stoc cyfalaf** yr economi – ffatrïoedd, peiriannau, swyddfeydd a stociau o ddefnyddiau, a ddefnyddir i gynhyrchu nwyddau a gwasanaethau eraill.

Mewn iaith bob dydd, yn aml defnyddir y geiriau 'buddsoddiant' a 'chynilo' i olygu'r un peth. Er enghraifft, byddwn yn sôn am 'fuddsoddi yn y gymdeithas adeiladu' neu 'fuddsoddi mewn cyfranddaliadau'. I economegydd byddai'r ddau yn enghreifftiau o gynilo. I economegydd dim ond os caiff cynhyrchion real eu creu y mae buddsoddiant yn digwydd. Dyma ddwy enghraifft arall:

- byddai rhoi arian i mewn i gyfrif banc yn gynilo; byddai'r banc yn prynu cyfrifiadur i drafod eich cyfrif yn fuddsoddiant;
- byddai prynu cyfranddaliadau mewn cwmni newydd yn gynilo; byddai prynu peiriannau newydd i gychwyn cwmni yn fuddsoddiant.

Gellir gwahaniaethu rhwng buddsoddiant **crynswth** a **net**. Mae gwerth y stoc cyfalaf yn dibrisio dros amser wrth iddo dreulio a

chael ei ddefnyddio. Y term am hyn yw **dibrisiant** neu **dreuliant cyfalaf**. Mae buddsoddiant crynswth yn mesur buddsoddiant cyn dibrisiant. Buddsoddiant crynswth minws gwerth dibrisiant yw buddsoddiant net. Yn y blynyddoedd diwethaf yn y DU mae dibrisiant wedi cyfrif am ryw dri chwarter o fuddsoddiant crynswth. Felly dim ond tua chwarter o fuddsoddiant crynswth sy'n cynrychioli ychwanegiad at stoc cyfalaf yr economi.

Gwahaniaeth arall a nodir yw'r gwahaniaeth rhwng buddsoddiant mewn **cyfalaf ffisegol** a buddsoddiant mewn **cyfalaf dynol**. Buddsoddiant mewn addysgu a hyfforddi gweithwyr yw buddsoddiant mewn cyfalaf dynol. Buddsoddiant mewn ffatrïoedd ayb. yw buddsoddiant mewn cyfalaf ffisegol.

Caiff buddsoddiant ei wneud gan y sector cyhoeddus a'r sector preifat. Mae ystyriaethau gwleidyddol cymhleth yn cyfyngu ar fuddsoddiant sector cyhoeddus. Yng ngweddill yr uned hon byddwn yn ystyried y ffactorau sy'n pennu buddsoddiant sector preifat mewn cyfalaf ffisegol.

Damcaniaeth effeithlonrwydd ffiniol cyfalaf

Mae cwmnïau'n buddsoddi er mwyn gwneud elw. Mae proffidioldeb projectau buddsoddiant yn amrywio. Bydd **cyfradd adennill** rhai projectau yn uchel, bydd cyfradd adennill projectau eraill yn isel a bydd projectau eraill yn gwneud colledion i'r cwmni. Defnyddir y term EFFEITHLONRWYDD FFINIOL CYFALAF (EFfC) am y gyfradd adennill ar broject buddsoddiant.

Ar unrhyw adeg benodol yn yr economi cyfan bydd yna nifer mawr o brojectau buddsoddiant unigol posibl. Mae Tabl 32.1 yn dangos economi lle mae gwerth £4bn o brojectau buddsoddiant ag EFfC o 20% a mwy, £8bn ag EFfC o 15% a mwy ac yn y blaen.

Faint o'r buddsoddiant hyn fydd yn digwydd? Bydd hynny'n dibynnu ar y gyfradd llog yn yr economi. Os ydy'r gyfradd llog yn 20%, bydd cwmnïau sy'n gorfod cael benthyg arian yn gwneud colled os byddant yn ymgymryd ag unrhyw broject sydd ag EFfC o

Cwestiwn 1

Gan ddefnyddio'r ffotograff, sy'n dangos y tu mewn i fanc yn y DU, rhowch enghreifftiau o'r canlynol: (a) buddsoddiant mewn cyfalaf ffisegol yn y gorffennol; (b) buddsoddiant mewn cyfalaf dynol yn y gorffennol; (c) cynilo; (d) treuliant cyfalaf.

Tabl 32.1 Buddsoddiant bwriedig ac effeithlonrwydd ffiniol cyfalaf

Effeithlonrwydd ffiniol cyfalaf (% y flwyddyn)	Buddsoddiant bwriedig (£bn y flwyddyn)
20	4
15	8
10	12
5	16

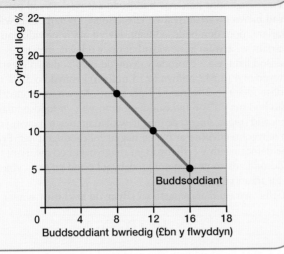

Ffigur 32.1 Rhestr buddsoddiant bwriedig
Bydd gostyngiad yn y gyfradd llog yn gwneud mwy o brojectau buddsoddiant yn broffidiol. Bydd buddsoddiant bwriedig yn cynyddu os bydd y gyfradd llog yn gostwng.

Yn ein hesboniadau uchod, tybiwyd mai'r gyfradd llog yw'r gyfradd llog y mae'n rhaid i gwmnïau gael benthyg arni. Fodd bynnag, mae'r rhan fwyaf o fuddsoddiant gan gwmnïau yn y DU yn cael ei ariannu o ELW CADW. Dyma elw na ddefnyddir i dalu buddrannau i gyfranddalwyr neu drethi i'r llywodraeth ond a gedwir yn ôl gan y cwmni at ei ddefnydd ei hun. Dydy hyn ddim yn newid y berthynas rhwng y gyfradd llog a buddsoddiant. Mae gan gwmnïau sy'n cadw elw yn ôl ddewis ynghylch beth i'w wneud â'r arian. Gallan nhw naill ai ei fuddsoddi neu ei gynilo. Po uchaf yw'r gyfradd llog ar gynilion, fel gosod yr arian ar fenthyg gyda banciau neu sefydliadau ariannol eraill, mwyaf atyniadol fydd cynilo'r arian a lleiaf atyniadol fydd buddsoddiant. Hynny yw, po uchaf yw'r gyfradd llog, uchaf i gyd fydd **cost ymwad** buddsoddiant ac felly isaf i gyd fydd swm y buddsoddiant bwriedig yn yr economi.

Ffactorau sy'n symud rhestr buddsoddiant bwriedig

Cost nwyddau cyfalaf Os ydy pris nwyddau cyfalaf yn codi, bydd y gyfradd adennill ddisgwyliedig ar brojectau buddsoddiant yn gostwng os na all cwmnïau drosglwyddo'r cynnydd mewn prisiau uwch. Felly, a phopeth arall yn gyfartal, bydd codiad ym mhris nwyddau cyfalaf yn gostwng buddsoddiant bwriedig. Dangosir hyn gan symudiad rhestr (*schedule*) buddsoddiant bwriedig i'r chwith yn Ffigur 32.2.

Newid technolegol Bydd newid technolegol yn gwneud cyfarpar cyfalaf newydd yn fwy cynhyrchiol na chyfarpar blaenorol. Bydd hynny'n codi'r gyfradd adennill ar brojectau buddsoddiant, a phopeth arall yn gyfartal. Felly bydd newid technolegol fel cyflwyno peiriannau sy'n gweithredu drwy gymorth cyfrifiadur yn cynyddu lefel y buddsoddiant bwriedig ar unrhyw gyfradd llog benodol. Dangosir hyn gan symudiad rhestr buddsoddiant bwriedig i'r dde.

Disgwyliadau Rhaid i fusnesau lunio barn am y dyfodol. Wrth gyfrifo'r gyfradd adennill bosibl ar fuddsoddiant yn y dyfodol, rhaid iddynt wneud tybiaethau ynghylch costau a derbyniadau yn y

Tabl 32.2 Cost gyfartalog arian (fel % o werthiant) y cwmnïau sy'n gwario fwyaf ar ymchwil a datblygu

	Cemegau	Nwyddau fferyllol	Peirianneg	Electroneg a chyfarpar trydanol
Japan	2.1%	2.8%	2.2%	1.5%
Yr Almaen	3.8%	5.1%	2.1%	2.9%
Ffrainc	5.0%	n.a.	2.5%	2.8%
UDA	5.9%	9.5%	3.0%	4.2%
Y DU	5.6%	12.5%	3.1%	5.8%

Ffynhonnell: addaswyd o Adran Masnach a Diwydiant, *R&D Scoreboard*.

Roedd cyfraddau llog uchel y DU yn yr 1980au a'r 1990au yn rhoi diwydiant Prydain dan anfantais ddifrifol. Roedd yn golygu bod llai o brojectau yn werth eu cychwyn gan fod y trothwyau ar gyfer adenillion yn uwch. Mae Tabl 32.2 yn dangos cost arian buddsoddiant wedi'i mesur fel canran o dderbyniadau gwerthiant ar gyfer cwmnïau mewn diwydiannau gwahanol. Ym mhob un o'r diwydiannau hyn y DU sydd uchaf neu sydd bron â bod yr uchaf o ran cost arian.

Ffynhonnell: addaswyd o'r *Financial Times*.

(a) Gan ddefnyddio diagram, eglurwch pam y gall cyfraddau llog uchel fod wedi rhoi diwydiant Prydain dan anfantais mewn buddsoddiant.
(b) Yn ystod yr 1990au a'r 2000au mae cyfraddau llog y DU wedi bod yn uwch na chyfraddau llog yng ngweddill yr UE. Beth fyddai'r goblygiadau posibl i fuddsoddiant y DU pe bai'r DU yn ymuno â'r ewro?

Ffigur 32.2 Symudiadau mewn buddsoddiant bwriedig
Bydd cynnydd yng nghost cyfalaf bwriedig yn gostwng y gyfradd adennill ar brojectau buddsoddiant. Felly ar unrhyw gyfradd llog benodol bydd buddsoddiant bwriedig yn gostwng. Dangosir hyn gan symudiad rhestr buddsoddiant bwriedig i'r chwith. Bydd newidiadau mewn technoleg sy'n gwneud cyfalaf yn fwy cynhyrchiol yn cynyddu lefel buddsoddiant bwriedig, dangosir hyn gan symudiad y rhestr i'r dde.

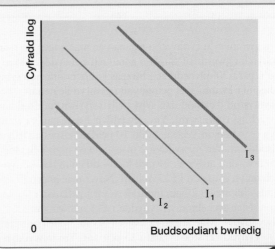

lai nag 20%. Felly bydd buddsoddiant bwriedig yn £4bn. Ar y llaw arall, os ydy'r gyfradd llog yn 5%, bydd pob project buddsoddiant sydd ag EFfC o 5% neu fwy yn broffidiol. Felly bydd buddsoddiant bwriedig yn £16bn. Casgliad damcaniaeth effeithlonrwydd ffiniol cyfalaf yw y bydd buddsoddiant bwriedig yn yr economi yn cynyddu os bydd y gyfradd llog yn gostwng. Dangosir y berthynas hon yn Ffigur 32.1 gan ddefnyddio'r ffigurau o Dabl 32.1.

Tybiwch fod I_1 yn Ffigur 32.2 yn dangos rhestr buddsoddiant bwriedig ar gyfer y DU. Ydy hi'n fwy tebygol o symud i I_2 neu i I_3: (a) os oes codiad ym mhrisiau real eiddo masnachol; (b) os ydy'r llywodraeth yn cyhoeddi rhaglen sy'n costio biliwn o bunnoedd i hybu defnyddio microgyfrifiaduron mewn diwydiant; (c) os tyfodd yr economi yn gyflymach o lawer na'r disgwyl y llynedd a bod y rhagolygon yn dangos bod hyn i barhau; (d) os ydy pris cyfrifiaduron ac offer sy'n gweithredu drwy gymorth cyfrifiadur yn gostwng; (e) os ydy prisiau yng Nghyfnewidfa Stoc Efrog Newydd yn disgyn yn sydyn?

dyfodol. Os bydd rheolwyr yn fwy pesimistaidd ynghylch y dyfodol, byddan nhw'n disgwyl i'r gyfradd adennill ar brojectau buddsoddiant ostwng ac felly bydd buddsoddiant bwriedig yn cael ei ostwng. Ar y llaw arall, os bydd rheolwyr yn fwy optimistaidd bydd eu disgwyliadau ynghylch y cyfraddau adennill ar brojectau buddsoddiant yn tueddu i godi. Felly bydd buddsoddiant bwriedig yn cynyddu a dangosir hyn gan symudiad rhestr buddsoddiant i'r dde. Y term a ddefnyddiodd Keynes am ddisgwyliadau pobl busnes oedd eu 'hwyliau anifeilaidd'. Credai Keynes fod disgwyliadau'n hollbwysig o ran pennu newidiadau mewn buddsoddiant, ac y gallai'r disgwyliadau hyn newid yn sydyn.

Polisi llywodraeth Gall y llywodraeth chwarae rhan hollbwysig mewn ysgogi buddsoddiant sector preifat. Trafodir hyn yn fwy manwl yn uned 38.

Damcaniaeth y cyflymydd

Mae DAMCANIAETH Y CYFLYMYDD mewn perthynas â buddsoddiant yn awgrymu bod lefel buddsoddiant bwriedig yn amrywio â chyfradd newid incwm neu gynnyrch yn hytrach na'r gyfradd llog. I weld pam y gallai hyn fod yn wir, ystyriwch Dabl 32.3.

Tabl 32.3

Blwyddyn	Cynnyrch blynyddol £miliwn	Nifer y peiriannau sy'n ofynnol	Buddsoddiant mewn peiriannau
1	10	10	0
2	10	10	0
3	12	12	2
4	15	15	3
5	15	15	0
6	14	14	0

Ystyriwn gwmni sy'n cynhyrchu teganau ac mae angen un peiriant arno i gynhyrchu gwerth £1 filiwn o gynnyrch y flwyddyn. Mae'r peiriannau'n para 20 mlynedd ac i bwrpas yr enghraifft hon tybiwn nad oes angen i'r cwmni gael peiriannau i gymryd lle'r rhai presennol yn ystod y cyfnod dan sylw (felly ystyriwn fuddsoddiant net yn hytrach na chrynswth). Ym mlwyddyn 1 mae gan y cwmni £10 miliwn o archebion. Mae ganddo 10 peiriant eisoes ac felly does dim buddsoddiant. Ym mlwyddyn 2 mae archebion yn ddigyfnewid ac felly eto does dim angen i'r cwmni fuddsoddi. Ym mlwyddyn 3 mae archebion yn cynyddu i £12 miliwn. Nawr mae angen i'r cwmni fuddsoddi mewn 2 beiriant arall os yw i gyflawni'r archebion. Mae archebion yn cynyddu i £15 miliwn ym mlwyddyn 4. Mae angen i'r cwmni brynu 3 pheiriant arall i gynyddu ei stoc cyfalaf i 15 peiriant. Ym mlwyddyn 5 mae archebion yn ddigyfnewid ar £15 miliwn ac felly mae buddsoddiant yn dychwelyd i sero. Ym mlwyddyn 6 mae archebion yn gostwng i £14 miliwn. Mae gan y cwmni ormod o stoc cyfalaf ac felly nid yw'n buddsoddi.

Yn yr enghraifft hon mae buddsoddiant yn digwydd pan fydd newid mewn gwariant real yn yr economi. Os nad oes newid mewn gwariant, does dim buddsoddiant. Hefyd mae'r newidiadau mewn gwariant yn arwain at newidiadau mwy o lawer mewn buddsoddiant, e.e. achosodd y cynnydd o 25% mewn gwariant ym mlwyddyn 4 (o £12 miliwn i £15 miliwn) gynnydd o 50% mewn buddsoddiant (o 2 beiriant i 3 pheiriant). Mewn gwirionedd dylid cofio bod tua 75% o fuddsoddiant crynswth yn fuddsoddiant amnewid (*replacement*) ac mae newidiadau mewn incwm yn llawer llai tebygol o effeithio ar hynny nag ar fuddsoddiant net. Er hynny, mae damcaniaeth y cyflymydd yn rhagfynegi bod gwariant buddsoddiant yn yr economi yn debygol o fod yn fwy cyfnewidiol na gwariant yn gyfan.

Gellir mynegi damcaniaeth y cyflymydd ar ei ffurf symlaf fel:

$$I_t = a\,(Y_t - Y_{t-1})$$

yma I_t yw'r buddsoddiant yng nghyfnod amser t, $Y_t - Y_{t-1}$ yw'r newid mewn incwm real yn ystod blwyddyn t ac a yw cyfernod y cyflymydd neu'r GYMHAREB CYFALAF-CYNNYRCH. Y gymhareb cyfalaf-cynnyrch yw swm y cyfalaf sydd ei angen yn yr economi i gynhyrchu maint penodol o nwyddau. Felly os oes angen £10 o gyfalaf i gynhyrchu £2 o nwyddau, y gymhareb cyfalaf-cynnyrch yw 5. Felly mae'r ddamcaniaeth yn rhagfynegi bod newidiadau yn lefel buddsoddiant yn gysylltiedig â newidiadau mewn incwm yn y gorffennol.

Mae'r model hwn o'r cyflymydd yn syml iawn. Mae nifer o ffactorau sy'n cyfyngu ar rym rhagfynegol y model.

- Mae'r model yn tybio bod y gymhareb cyfalaf-cynnyrch yn gyson dros amser. Ond mae'n gallu newid. Yn y tymor hir gall technoleg newydd wneud cyfalaf yn fwy cynhyrchiol. Yn y tymor byrrach mae'r gymhareb cyfalaf-cynnyrch yn debygol o fod yn uwch mewn enciliad pan fydd yna allu cynhyrchu dros ben nag y bydd mewn cyfnod o ffyniant.
- Gall disgwyliadau amrywio. Gall busnesau ddewis peidio â diwallu galw ychwanegol os ydynt yn credu na fydd y galw'n para'n hir. Ofer ydy ymgymryd â buddsoddiant newydd os bydd yr archebion ychwanegol wedi diflannu o fewn chwe mis. Ar y llaw arall, efallai y bydd busnesau'n disgwyl cynnyrch uwch. Er gwaethaf incwm cyson, gallant gredu bod ffyniant ar fin dechrau a byddant yn buddsoddi er mwyn bod ar y blaen i'w cystadleuwyr.
- Mae'r oediadau amser yn debygol o fod yn gymhleth iawn. Mae newidiadau mewn buddsoddiant yn debygol o ymateb i newidiadau mewn incwm dros sawl cyfnod amser yn hytrach nag un yn unig.
- Efallai bod gan gwmnïau allu cynhyrchu dros ben (h.y. gallant gynhyrchu mwy â'r lefelau presennol o gyfalaf nag y maent ar hyn o bryd). Os bydd cynnydd mewn incwm, bydd cwmnïau'n ymateb nid trwy fuddsoddi ond trwy ddefnyddio cyfalaf segur neu ddefnyddio'n llawn cyfarpar na fu'n cael ei ddefnyddio'n llawn.
- Ni fydd y diwydiant nwyddau cyfalaf yn gallu diwallu ymchwydd mewn galw. Felly bydd rhywfaint o fuddsoddiant yn gorfod cael ei ganslo neu ei oedi.

Er gwaetha'r amodau hyn, mae tystiolaeth yn awgrymu bod buddsoddiant net i raddau yn gysylltiedig â newidiadau mewn incwm yn y gorffennol. Ond mae'r cyswllt yn gymharol wan ac felly rhaid bod dylanwadau eraill yn gweithredu i bennu buddsoddiant.

Elw

Mae tua 70% o fuddsoddiant diwydiannol a masnachol yn y DU yn cael ei ariannu o elw cadw. Mae rhai economegwyr yn dadlau nad ydy llawer o gwmnïau yn ystyried cost ymwad buddsoddiant. Maen nhw'n cadw elw ond go brin y byddan nhw'n ystyried y gallai gael ei ddefnyddio orau drwy ei gynilo mewn asedau ariannol. Maen nhw'n tybio'n awtomatig y caiff yr arian ei wario ar fuddsoddiant sy'n gysylltiedig â gweithgareddau'r cwmni. Wedyn mae'r gyfradd llog yn llawer llai pwysig o ran pennu buddsoddiant. Daw buddsoddiant yn ddibynnol ar ddau ffactor.

● Faint o elw cadw sydd ar gael. Efallai felly bod hanes gwael cwmnïau'r DU o ran buddsoddiant o'u cymharu â llawer o'u cystadleuwyr tramor dros y 50 mlynedd diwethaf yn ganlyniad i'r ffaith bod cwmnïau'r DU yn talu allan canran uwch o'u helw

Cwestiwn 4

$$I_t = 2 (Y_t - Y_{t-1})$$

(a) Ym mlwyddyn 0 roedd incwm yn £100 miliwn. Yn y blynyddoedd dilynol tyfodd 5% y flwyddyn. Cyfrifwch lefel buddsoddiant ym mlynyddoedd 1 – 5.

(b) Cymharwch yr hyn a fyddai'n digwydd i fuddsoddiant ym mhob blwyddyn pe bai incwm yn tyfu (i) 10% a (ii) 2.5%.

mewn buddrannau i'w perchenogion. Mae hynny'n gadael llai ar gyfer buddsoddiant.

● Argaeledd projectau buddsoddiant addas. Os nad oes projectau buddsoddiant addas ar gael i gwmnïau, byddan nhw'n bancio'r arian neu'n ei dalu i'r cyfranddalwyr mewn buddrannau. Gall technoleg newydd neu gynhyrchion newydd weithredu fel ysgogiad i fuddsoddiant yn ôl y farn hon.

Termau allweddol

Buddsoddiant – yr ychwanegiad at stoc cyfalaf yr economi.
Cymhareb cyfalaf-cynnyrch – y gymhareb rhwng swm y cyfalaf sydd ei angen i gynhyrchu maint penodol o nwyddau a lefel cynnyrch.
Damcaniaeth y cyflymydd – y ddamcaniaeth bod lefel buddsoddiant bwriedig yn gysylltiedig â newidiadau mewn incwm yn y gorffennol.
Effeithlonrwydd ffiniol cyfalaf – y gyfradd adennill ar yr uned olaf o gyfalaf a ddefnyddiwyd.
Elw cadw – elw y mae cwmni'n ei gadw'n ôl at ei ddefnydd ei hun nad yw'n cael ei ddosbarthu i gyfranddalwyr nac yn cael ei ddefnyddio i dalu trethi.

Economeg gymhwysol

Buddsoddiant yn y DU

Cyfansoddiad buddsoddiant

Yn aml yn ystadegau swyddogol y DU gelwir buddsoddiant crynswth yn **ffurfiant cyfalaf sefydlog crynswth**. Mae Ffigur 32.3 yn dangos cyfansoddiad buddsoddiant yn 1979 a 2004. Mae newidiadau sylweddol i'r cyfansoddiad hwn i'w gweld o'r data.

● Mewn termau real, mae buddsoddiant mewn tai wedi codi o £30.9 biliwn i £38.8 biliwn. Fodd bynnag, fel canran o gyfanswm buddsoddiant, mae wedi disgyn un rhan o dair, o 33% i 22%. O fewn y cyfansymiau hyn, bu gostyngiad sylweddol mewn buddsoddi mewn tai sector cyhoeddus (tai cyngor yn bennaf), ond cynnydd mewn buddsoddi mewn tai sector preifat. Mae hyn yn adlewyrchu'r newidiadau ym mholisi'r llywodraeth. Rhwng 1945 ac 1979 buddsoddodd y llywodraeth, drwy gynghorau lleol, yn drwm mewn tai i'w rhentu. Cafodd y polisi hwn ei wyrdroi, fodd bynnag, gan lywodraethau Ceidwadol 1979-1997. Daeth y gwaith o adeiladu tai cyngor newydd i ben bron yn gyfan gwbl a chyflwynwyd polisi hawl i brynu ar gyfer tenantiaid tai cyngor. Y cyfiawnhad a roddwyd oedd bod cynghorau lleol yn aneffeithlon iawn wrth reoli eu stoc o dai. Hefyd, dylai pawb gael ei annog i brynu ei dŷ ei hun.

Roedd prynu yn hytrach na rhentu yn helpu i greu 'democratiaeth o berchenogion eiddo' lle roedd gan y bobl ran yn yr economi ac roeddent yn gyfrifol am wneud penderfyniadau ynglŷn â'u tai eu hunain. Gyda stoc y tai cyngor yn lleihau, bu'n rhaid i gartrefi droi at y sector preifat am dai newydd a dyma un o'r rhesymau dros y cynnydd mewn buddsoddiant sector preifat mewn tai. Fodd bynnag, mae dadlau a yw'r buddsoddiant mewn tai sector preifat heddiw yn ddigonol. Gwnaeth prisiau tai o 1995 ymlaen ddyblu a mwy, gyda'r rhan fwyaf o hynny yn adlewyrchu cynnydd ym mhris tir adeiladu yn hytrach na chynnydd yng nghost adeiladu tai. Mae nifer y cartrefi yn cynyddu oherwydd ffactorau fel y cynnydd yn nifer y bobl hŷn sy'n byw ar eu pen eu hun. Hefyd, hoffai nifer o brynwyr tai fyw mewn tai mwy o faint na'r hyn y gallant ei fforddio. Cyfyngir ar fuddsoddiant mewn tai newydd gan reoliadau cynllunio y llywodraeth a deddfau llain las. Gellid dadlau y byddai buddsoddiant mewn tai lawer yn uwch heddiw pe bai'r cyfyngiadau cynllunio yn cael eu llacio.

● Mae buddsoddiant mewn 'peiriannau a chyfarpar arall' wedi treblu fwy neu lai o'i gymharu â CMC real sydd wedi dyblu. Mae'r buddsoddiant hwn yn amrywio o

Ffigur 32.3 Ffurfiant cyfalaf sefydlog mewnol crynswth yn ôl y math o ased, 1979 a 2004 (£ biliwn yn ôl prisiau 2002)

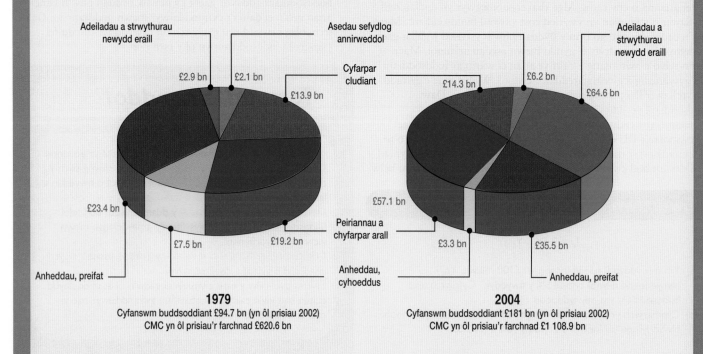

1979
Cyfanswm buddsoddiant £94.7 bn (yn ôl prisiau 2002)
CMC yn ôl prisiau'r farchnad £620.6 bn

2004
Cyfanswm buddsoddiant £181 bn (yn ôl prisiau 2002)
CMC yn ôl prisiau'r farchnad £1 108.9 bn

Ffynhonnell: addaswyd o *Economic Trends Annual Supplement, Monthly Digest of Statistics*, Swyddfa Ystadegau Cenedlaethol.

beiriannau godro i durniau peiriant i gyfrifiaduron a desgiau.

● Mae buddsoddiant mewn 'adeiladau a strwythurau newydd eraill' wedi dyblu a mwy, sy'n fwy na thwf canrannol CMC real. Mae hyn yn cynnwys ffatrïoedd a swyddfeydd newydd.

● Ychydig y mae buddsoddiant mewn cyfarpar cludiant wedi newid mewn termau real, ond fel cyfran o gyfanswm buddsoddiant mae bron wedi haneru. Dyma'r buddsoddiant mewn llongau ac awyrennau.

Mae Tabl 32.4 yn dangos sut mae cyfansoddiad buddsoddiant wedi newid yn ôl diwydiant. Roedd 1989 yn flwyddyn eithriadol ar gyfer buddsoddiant. Roedd ffyniant Lawson 1986-88 wedi gadael llawer o gwmnïau yn brin o allu cynhyrchu. Roeddent felly wedi cynyddu'n sylweddol eu gwariant ar fuddsoddiant. Edifarhau a wnaeth llawer o'r cwmnïau hyn oherwydd aeth yr economi i mewn i enciliad wedyn, gan eu gadael â gormod o allu cynhyrchu. Yn 1992 roedd gwariant buddsoddiant real yn y DU i lawr 11% o'i gymharu â'i lefel uchaf yn 1989, ac erbyn 1996 prin yr oedd wedi codi uwchlaw ei lefel yn 1989. Roedd cwmnïau yn amharod i fuddsoddi naill ai am

Tabl 32.4 CMC a ffurfiant cyfalaf sefydlog crynswth yn ôl diwydiant

	£ miliwn, yn ôl prisiau 2002			newid %
	1989	1996	2003	1989-2003
CMC yn ôl prisiau'r farchnad	767 415	879 679	1 074 751	40.0
Cyfanswm ffurfiant cyfalaf sefydlog crynswth	129 470	131 220	178 993	38.3
o hynny				
Adeiladu	2 561	1 039	4 594	79.4
Addysg, iechyd a gwaith cymdeithasol	5 904	6 470	8 748	48.2
Cludiant, storio a chyfathrebu	15 222	15 999	21 431	40.8
Buddsoddiant mewn anheddau ayb.	40 822	31 225	49 520	21.3
Gwasanaethau eraill	8 448	7 614	10 098	19.5
Gweinyddiaeth gyhoeddus ac amddiffyn	9 946	9 658	10 572	6.3
Dosbarthu, gwestai ac arlwyo	16 854	15 200	17 382	3.1
Gwasanaethau busnes a chyllid	31 813	23 737	28 874	-9.2
Cyflenwi trydan, nwy a dŵr	5 616	5 200	5 032	-10.4
Amaethyddiaeth, hela, coedwigaeth a physgota	2 879	3 245	2 505	-13.0
Mwyngloddio a chwarela	7 276	4 776	4 029	-44.6
Gweithgynhyrchu	22 388	21 097	12 250	-45.3

Ffynhonnell: addaswyd o *United Kingdom National Accounts (Blue Book)*, Swyddfa Ystadegau Cenedlaethol.

Tabl 32.5 Ffactorau sy'n pennu buddsoddiant

	£ miliwn, yn ôl prisiau 2002			Y cant
	Buddsoddiant sector preifat	Newid blynyddol mewn CMC	Elw cwmnïau	Cyfradd llog[1]
1979	38.2	16.3	136.9	13.7
1980	43.2	-12.8	129.6	16.3
1981	43.3	-8.8	127.6	13.3
1982	47.4	11.5	140.3	11.9
1983	51.5	21.6	155.6	9.9
1984	58.6	16.3	156.9	9.8
1985	64.4	23.1	166.9	12.2
1986	68.5	26.5	166.3	10.9
1987	79.0	31.7	172.8	9.7
1988	96.2	36.3	180.6	10.1
1989	111.3	16.5	184.1	13.8
1990	114.3	5.7	173.4	14.8
1991	105.2	-10.7	157.3	11.7
1992	100.6	2.2	160.3	9.6
1993	101.0	18.9	175.4	6.0
1994	108.3	35.2	197.4	5.5
1995	117.4	23.8	201.9	6.7
1996	126.3	23.3	215.9	6.0
1997	133.6	27.8	219.3	6.6
1998	150.9	29.4	221.6	7.2
1999	155.5	28.4	214.6	5.3
2000	161.8	39.0	217.1	6.0
2001	165.7	22.4	212.3	5.1
2002	172.6	20.6	227.3	4.0
2003	175.9	26.4	238.3	3.7
2004	190.1	34.0	249.0	4.4

[1] Banciau clirio Llundain, cyfradd sylfaenol: cyfartaledd blynyddol

Ffynhonnell: addaswyd o *Economic Trends Annual Supplement; Monthly Digest of Statistics,* Swyddfa Ystadegau Cenedlaethol.

cymdeithasol, sef buddsoddiant mewn adeiladau newydd a chyfarpar yn bennaf, yn adlewyrchu'r gwariant cynyddol ar wasanaethau cyhoeddus, yn arbennig yn dilyn ethol y llywodraeth Lafur yn 1997.

Y ffactorau sy'n pennu buddsoddiant

Mae damcaniaeth economaidd yn awgrymu y gall fod sawl ffactor sy'n pennu buddsoddiant sector preifat. Mae damcaniaeth y cyflymydd yn awgrymu bod buddsoddiant yn ffwythiant o newidiadau mewn incwm. Mae damcaniaeth neo-glasurol yn dadlau mai'r gyfradd llog yw'r ffactor pwysig tra bo damcaniaethau eraill yn nodi bod lefel gyfredol elw yn bwysig.

Mae'r dystiolaeth yn tueddu i gefnogi'r syniadau bod lefel buddsoddiant yn cael ei phennu gan nifer o newidynnau. Yn Nhabl 32.5 mae rhywfaint o gydberthyniad gwan rhwng buddsoddiant a newidiadau mewn incwm, elw a'r gyfradd llog. Fodd bynnag, mae'r newidynnau hyn yn tueddu i symud gyda'i gilydd drwy'r gylchred fusnes neu fasnach ac felly efallai y bydd newidiadau mewn buddsoddiant ynddynt eu hunain yn effeithio ar y tri newidyn yn y data.

fod ganddynt allu cynhyrchu dros ben neu am eu bod yn ofni na fyddai'r economi'n cael adferiad. Gyda'r cyfnod hir o dwf economaidd yn rhan olaf yr 1990au a rhan gyntaf y 2000au, fodd bynnag, gwelwyd buddsoddiant yn cynyddu ac erbyn 2004 roedd bron 40% uwchlaw ei lefel yn 1989.

Mae patrwm gwariant buddsoddiant i raddau yn adlewyrchu tueddiadau cynnyrch rhwng gwahanol sectorau o'r economi. Mae diwydiannau cynradd, fel amaethyddiaeth a glo, wedi gweld eu cyfran o gynnyrch yn gostwng rhwng 1989 a 2003. O ganlyniad, mae buddsoddiant yn y diwydiannau hyn wedi bod yn gymharol sefydlog neu wedi gostwng. Mae cynnyrch gweithgynhyrchu wedi cynyddu ychydig y cant yn unig ond mae buddsoddiant real mewn gweithgynhyrchu bron wedi haneru. Mae buddsoddiant gan y diwydiant adeiladu wedi cynyddu 80%, gan adlewyrchu yn arbennig cynnydd mewn adeiladu lleoliadau adwerthu a swyddfeydd. Mae'r cynnydd o 50% mewn addysg, iechyd a gwaith

Cwestiwn data

Buddsoddiant

Ffigur 32.4 *Buddsoddiant a chynnyrch y diwydiant gweithgynhyrchu, a CMC, chwarterol (£ biliwn yn ôl prisiau 2002)*

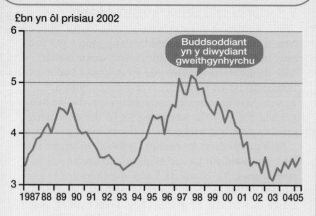

£bn yn ôl prisiau 2002

Buddsoddiant yn y diwydiant gweithgynhyrchu

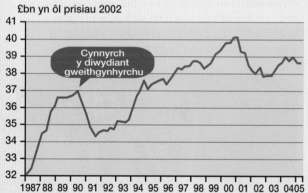

£bn yn ôl prisiau 2002

Cynnyrch y diwydiant gweithgynhyrchu

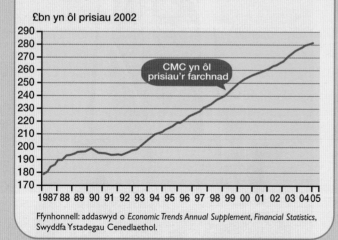

£bn yn ôl prisiau 2002

CMC yn ôl prisiau'r farchnad

Ffynhonnell: addaswyd o *Economic Trends Annual Supplement, Financial Statistics*, Swyddfa Ystadegau Cenedlaethol.

Ffigur 32.5 *Cyfraddau llog tymor byr[1] a buddsoddiant gan y diwydiant gweithgynhyrchu, chwarterol*

Cyfraddau llog, %   Buddsoddiant, £bn yn ôl prisiau 2002

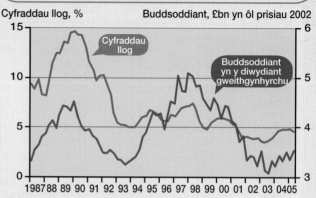

Cyfraddau llog

Buddsoddiant yn y diwydiant gweithgynhyrchu

[1] Cyfradd gyfartalog chwarterol bil Trysorlys
Ffynhonnell: addaswyd o *Economic Trends Annual Supplement, Financial Statistics*, Swyddfa Ystadegau Cenedlaethol.

Ffigur 32.6 *Elw a buddsoddiant y diwydiant gweithgynhyrchu, blynyddol, (£bn yn ôl prisiau 2002)*

£bn yn ôl prisiau 2002

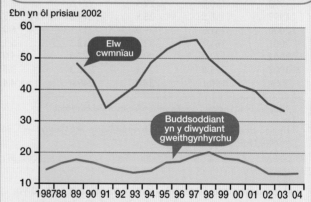

Elw cwmnïau

Buddsoddiant yn y diwydiant gweithgynhyrchu

Ffynhonnell: addaswyd o *National Income Blue Book, Monthly Digest of Statistics*, Swyddfa Ystadegau Cenedlaethol.

Ffigur 32.7 *Bwlch cynnyrch y DU[1] a buddsoddiant gan y diwydiant gweithgynhyrchu*

Bwlch cynnyrch, %   Buddsoddiant mewn gweithgynhyrchu £bn yn ôl prisiau 2002

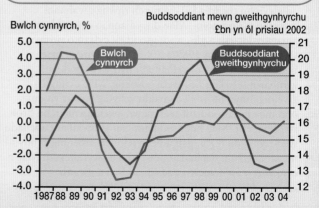

Bwlch cynnyrch

Buddsoddiant gweithgynhyrchu

[1] Gwyriad CMC gwirioneddol o CMC tuedd fel canran o CMC tuedd.
Ffynhonnell: addaswyd o *Monthly Digest of Statistics*, Swyddfa Ystadegau Cenedlaethol; *Economic Outlook*, OECD.

1. Amlinellwch yn gryno dueddiadau buddsoddiant gweithgynhyrchu rhwng 1987 a 2004.
2. Gan ystyried pob ffactor posibl sy'n pennu buddsoddiant (a) eglurwch pam mae damcaniaeth economaidd yn awgrymu bod cyswllt rhwng y ddau newidyn a (b) gwerthuswch ydy'r dystiolaeth o 1987 i 2004 yn cefnogi'r ddamcaniaeth.
3. Mae cwmni gweithgynhyrchu yn adolygu ei bolisïau buddsoddiant. Gwerthuswch pa newidyn macro-economaidd yw'r newidyn pwysicaf y dylai ei ystyried wrth wneud penderfyniad ynghylch buddsoddiant.

33 Galw cyfanredol

Crynodeb

1. Mae cromlin y galw cyfanredol yn goleddu i lawr. Mae'n dangos y berthynas rhwng lefel prisiau a chynnyrch cytbwys yn yr economi.
2. Mae symudiad ar hyd cromlin y galw cyfanredol yn dangos sut y bydd incwm cytbwys yn newid os bydd newid yn lefel prisiau.
3. Mae symudiad cromlin y galw cyfanredol yn cael ei achosi gan newid mewn newidynnau fel treuliant ac allforion ar unrhyw lefel benodol o brisiau.
4. Mae economegwyr Keynesaidd yn dadlau bod cromlin y galw cyfanredol yn serth (h.y. nad yw newidiadau yn lefel prisiau yn cael fawr ddim effaith ar incwm cytbwys). Mae economegwyr clasurol yn dadlau bod cromlin y galw cyfanredol yn llawer mwy bas (h.y. bydd cynnydd yn y prisiau yn gostwng lefel cydbwysedd incwm yn sylweddol).

Galw cyfanredol

Yn uned 4 trafodwyd y ffactorau sy'n pennu'r galw am gynnyrch unigol. Diffiniwyd galw fel faint o'r nwydd neu'r gwasanaeth a fydd yn cael ei brynu am bris penodol. Yn yr uned hon byddwn yn ystyried y ffactorau sy'n pennu galw CYFANREDOL. Ystyr 'cyfanredol' mewn economeg yw 'cyfanswm'. Ystyr GALW CYFANREDOL yw cyfanswm yr holl alw neu wariant yn yr economi ar unrhyw lefel benodol o brisiau.

Eglurwyd yn Uned 25 bod gwariant gwladol yn un o'r tair ffordd o gyfrifo incwm gwladol, a fesurir fel arfer yn CMC. Mae pedair cydran i wariant gwladol.

- **Treuliant (C)**, sef gwariant gan gartrefi ar nwyddau a gwasanaethau (☞ uned 31).
- **Buddsoddiant (I)**, sef gwariant gan gwmnïau ar nwyddau buddsoddiant (☞ uned 32).
- **Gwariant y llywodraeth (G)**. Mae hwn yn cynnwys gwariant cyfredol, er enghraifft ar gyflogau. Mae hefyd yn cynnwys gwariant gan y llywodraeth ar nwyddau buddsoddiant fel ffyrdd newydd neu ysgolion newydd.
- **Allforion minws mewnforion (X – M)**. Mae tramorwyr yn gwario arian ar nwyddau a gynhyrchir yn yr ECONOMI MEWNOL. Felly mae'n rhan o wariant gwladol. Fodd bynnag, mae cartrefi, cwmnïau a llywodraethau hefyd yn gwario arian ar nwyddau a gynhyrchir dramor. Er enghraifft, gallai cartref yn y DU brynu car a gynhyrchwyd yn Ffrainc. Neu gallai cydrannau a fewnforiwyd o'r Dwyrain Pell gael eu defnyddio gan gwmni Prydeinig mewn cyfrifiadur sy'n cael ei werthu i'r Almaen. Dydy'r nwyddau hyn a fewnforir ddim yn rhan o'r cynnyrch gwladol ac felly dydyn nhw ddim yn cyfrannu at yr incwm gwladol. Felly, gan fod C, I, G ac X i gyd yn cynnwys gwariant ar nwyddau a fewnforir, rhaid tynnu mewnforion (M) o C + I + G + X i gael ffigur ar gyfer gwariant gwladol.

Felly gall gwariant gwladol (E) gael ei gyfrifo gan ddefnyddio'r fformiwla:

$$E = C + I + G + X - M$$

Cromlin y galw cyfanredol

Mae CROMLIN Y GALW CYFANREDOL yn dangos y berthynas rhwng lefel prisiau a lefel gwariant real yn yr economi. Gwelir cromlin galw cyfanredol (GC) yn Ffigur 33.1. Rhoddir lefel prisiau ar yr echelin fertigol a rhoddir cynnyrch real ar yr echelin lorweddol.

Ystyr **lefel prisiau** yw lefel gyfartalog prisiau yn yr economi. Mae llywodraethau'n cyfrifo nifer o fesurau gwahanol o lefel prisiau. Yn

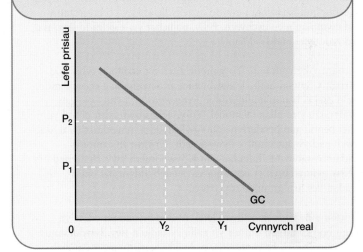

Ffigur 33.1 Cromlin y galw cyfanredol
Bydd cynnydd yn lefel prisiau yn arwain, trwy gynnydd yng nghyfraddau llog, at ostyngiad yn lefel cydbwysedd incwm gwladol ac felly cynnyrch gwladol. Felly mae cromlin y galw cyfanredol yn goleddu i lawr.

y DU, er enghraifft, y mesur a ddyfynnir amlaf yw'r **Indecs Prisiau Adwerthu**, gyda ffigurau ar gyfer hwn yn cael eu cyhoeddi bob mis ac yn cael sylw helaeth yn y newyddion. Newid yn lefel prisiau yw **chwyddiant** (☞ uned 28).

Rhaid bod cynnyrch real ar yr echelin lorweddol yn hafal i wariant real ac incwm real. Y rheswm yw bod y rhain yn dair ffordd wahanol o fesur yr un llif ym model llif cylchol yr economi. Mae cromlin y galw cyfanredol yn plotio lefel y gwariant lle byddai'r economi mewn cydbwysedd ar bob lefel prisiau, â phopeth arall yn gyfartal.

Mae cromliniau galw bron bob amser yn goleddu i lawr. Pam mae cromlin y galw cyfanredol â'r un siâp? Un ateb syml yw i ystyried beth sy'n digwydd i gyllideb cartref os bydd prisiau'n codi. Os ydy cartref ag incwm sefydlog, bydd codiad mewn prisiau cyfartalog yn golygu eu bod yn gallu prynu llai o nwyddau a gwasanaethau nag o'r blaen. Po uchaf yw lefel prisiau yn yr economi, lleiaf i gyd y gallan nhw fforddio ei brynu. Felly y mae gyda'r economi gwladol hefyd. Po uchaf yw lefel prisiau, lleiaf i gyd o alw fydd am nwyddau a gwasanaethau yn yr economi cyfan.

Mae eglurhad mwy soffistigedig yn ystyried beth sy'n digwydd i wahanol gydrannau gwariant pan fydd prisiau'n codi.

Treuliant Mae'r **gyfradd llog** yn yr economi yn dylanwadu ar wariant defnyddwyr (☞ uned 31). Pan fydd prisiau'n

221

codi, bydd angen mwy o arian ar ddefnyddwyr (a chwmnïau) i brynu'r un nifer o nwyddau a gwasanaethau ag o'r blaen. Un ffordd o gael mwy o arian yw cael ei fenthyg ac felly bydd y galw am arian benthyg yn cynyddu. Fodd bynnag, os oes cyflenwad sefydlog o arian ar gael i'w fenthyca gan fanciau a chymdeithasau adeiladu, bydd pris arian benthyg yn codi. Y gyfradd llog yw'r pris hwn. Bydd cynnydd yng nghyfraddau llog yn arwain at ostyngiad mewn treuliant, yn arbennig o nwyddau sy'n para fel ceir a brynir yn aml ar gredyd.

Ffordd arall y bydd cynnydd yn lefel prisiau yn effeithio ar dreuliant yw trwy'r **effaith cyfoeth** (☞ uned 31). Bydd cynnydd yn lefel prisiau yn achosi i werth real cyfoeth defnyddiwr unigol fod yn is. Er enghraifft, bydd £100 000 yn ôl prisiau heddiw yn werth llai mewn termau real ymhen blwyddyn os bydd prisiau cyfartalog yn cynyddu 20% dros y 12 mis. Bydd gostyngiad mewn cyfoeth real yn achosi gostyngiad yng ngwariant defnyddwyr.

Buddsoddiant Fel y nodwyd uchod, bydd cynnydd mewn prisiau, â phopeth arall yn gyfartal, yn arwain at gynnydd yng nghyfraddau llog yn yr economi. Yn ôl damcaniaeth effeithlonrwydd ffiniol cyfalaf (☞ uned 32), mae newidiadau yn y gyfradd llog yn effeithio ar fuddsoddiant. Po uchaf yw'r gyfradd llog, lleiaf proffidiol y bydd projectau buddsoddiant newydd ac felly lleiaf i gyd o brojectau y bydd cwmnïau'n eu cychwyn. Felly, po uchaf yw'r gyfradd llog, isaf i gyd fydd lefel buddsoddiant.

Gwariant y llywodraeth Yn y model hwn o'r economi tybir bod gwariant y llywodraeth yn annibynnol ar newidynnau economaidd. Mae'n cael ei bennu'n alldarddol (*exogenously*), hynny yw gan newidynnau y tu allan i'r model. Yn yr achos hwn tybir ei fod yn cael ei bennu gan benderfyniadau gwleidyddol llywodraeth y dydd. Sylwch nad yw gwariant y llywodraeth (G) yma yn cynnwys taliadau trosglwydd. Taliadau gan y llywodraeth yw'r rhain nad oes unrhyw gynnyrch yn yr economi yn cyfateb iddynt, fel budd-daliadau lles neu grantiau myfyrwyr.

Allforion a mewnforion Bydd lefel uwch o brisiau yn y DU yn golygu bod cwmnïau tramor yn gallu cystadlu'n fwy llwyddiannus yn economi'r DU. Er enghraifft, os bydd gwneuthurwyr esgidiau Prydain yn codi eu prisiau 20%, tra bydd gwneuthurwyr esgidiau tramor yn cadw eu prisiau'n ddigyfnewid, bydd gwneuthurwyr esgidiau Prydain yn llai cystadleuol a bydd mwy o esgidiau tramor yn cael eu mewnforio. Yn yr un modd, bydd gwneuthurwyr esgidiau Prydain yn ei chael hi'n fwy anodd allforio os codant brisiau uwch. Felly bydd lefel uwch o brisiau yn y DU, â lefelau prisiau mewn economïau eraill yn ddigyfnewid, yn arwain at ostyngiad yn allforion y DU.

Felly, mae'r galw cyfanredol yn gostwng wrth i brisiau godi, yn gyntaf am fod cynnydd yng nghyfraddau llog yn gostwng treuliant a buddsoddiant ac, yn ail, am fod colli gallu i gystadlu'n rhyngwladol ar y prisiau newydd uwch yn gostwng allforion ac yn cynyddu mewnforion.

Cwestiwn 1

Yn 1975 cododd chwyddiant i lefel uchaf o 24.1%. Gostyngodd CMC real yn 1974 ac 1975. Yn 1980 cododd chwyddiant i lefel uchaf o 18.0% a gostyngodd CMC real yn 1980 ac 1981. Yn 1990 cododd chwyddiant i lefel uchaf o 9.5%, gostyngodd CMC yn 1991 ac 1992.

Sut y gallai damcaniaeth economaidd egluro hyn?

Symudiadau'r gromlin GC

Mae cromlin y galw cyfanredol (GC) yn dangos y berthynas rhwng lefel prisiau a lefel cydbwysedd incwm a chynnyrch real. Mae newid yn lefel prisiau yn achosi **symudiad ar hyd** y gromlin GC. Mae prisiau uwch yn arwain at ostyngiadau yn y galw cyfanredol.

Bydd cromlin y galw cyfanredol yn **symud** os bydd newid mewn unrhyw newidyn perthnasol arall ar wahân i lefel prisiau. Pan fydd y gromlin GC yn symud, mae'n dangos bod newid mewn cynnyrch real ar unrhyw lefel benodol o brisiau. Yn Ffigur 33.2 mae symudiad y gromlin GC o GC_1 i GC_2 yn dangos bod cynnyrch real ar lefel prisiau P yn cynyddu o Y_1 i Y_2. Mae nifer o newidynnau sy'n gallu achosi i'r gromlin GC symud. Mae rhai o'r newidynnau hyn yn newidynnau real, fel newidiadau ym mharodrwydd defnyddwyr i wario. Mae eraill yn newidiadau mewn **newidynnau ariannol** fel y gyfradd llog.

Treuliant Mae nifer o ffactorau a allai gynyddu gwariant defnyddwyr ar unrhyw lefel benodol o brisiau, gan symud y gromlin GC o GC_1 i GC_2 yn Ffigur 33.2. Er enghraifft, efallai y bydd diweithdra yn gostwng, wedyn bydd defnyddwyr yn ofni llai y byddan nhw'n colli eu swyddi a byddan nhw'n fwy parod i gael benthyg arian i'w wario ar nwyddau traul sy'n para. Gallai'r llywodraeth ostwng cyfraddau llog, gan hybu benthyca ar gyfer nwyddau sy'n para. Bydd cynnydd sylweddol ym mhrisiau'r farchnad stoc yn cynyddu cyfoeth defnyddwyr, a all arwain wedyn at gynnydd mewn gwariant. Bydd gostyngiad yn niferoedd cymharol y bobl 45-60 oed yn y boblogaeth, pobl sy'n cynilo llawer, yn cynyddu **tueddfryd cyfartalog i dreulio** (☞ uned 31) yr economi cyfan. Gall technoleg newydd sy'n creu cynhyrchion traul newydd arwain at gynnydd yng ngwariant defnyddwyr wrth i gartrefi ddymuno prynu'r cynhyrchion newydd hyn. Byddai gostyngiad mewn treth incwm yn cynyddu incwm gwario defnyddwyr, gan arwain at gynnydd mewn treuliant (☞ uned 31).

Buddsoddiant Un ffactor a fyddai'n cynyddu gwariant buddsoddiant ar unrhyw lefel benodol o brisiau, gan wthio'r

Ffigur 33.2 Symudiad cromlin y galw cyfanredol

Bydd cynnydd mewn treuliant, buddsoddiant, gwariant y llywodraeth neu allforion net, a derbyn lefel benodol o brisiau, yn achosi i gromlin y galw cyfanredol symud o GC_1 i GC_2.

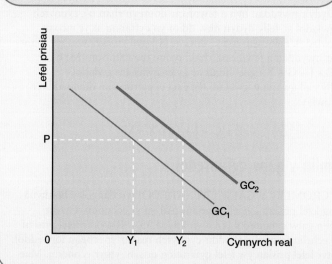

Gan ddefnyddio diagram, eglurwch effaith debygol y canlynol ar gromlin galw cyfanredol y DU.

(a) Y cynnydd mewn gwariant buddsoddiant real rhwng 2000 a 2005.
(b) Y llywodraeth yn gwthio cyfraddau llog i fyny o 7.5% ym mis Mai 1987 i 15% ym mis Hydref 1989.
(c) Y gostyngiadau mawr mewn trethi yng Nghyllideb Lawson 1987.
(d) Y gostyngiad o 50% ym mhrisiau Marchnad Stoc Llundain *(FTSE 100)* rhwng mis Rhagfyr 1999 a mis Ionawr 2003.
(e) Y gostyngiad yn y gymhareb gynilion o'r lefel uchaf o 11.5% yn 1992 i 4.2% yn 2004.
(f) Y cynnydd yng ngwariant bwriedig y llywodraeth ar addysg a gofal iechyd gan y llywodraeth Lafur 2000-2007.
(g) Y cynnydd o fwy na 25% yng ngwerth cyfartalog y bunt mewn perthynas ag ariannau cyfred eraill rhwng 1996 a 2000.

gromlin GC o GC₁ i GC₂ yn Ffigur 33.2, fyddai cynnydd yn hyder pobl busnes – cynnydd mewn 'hwyliau anifail' fel y nododd John Maynard Keynes. Gallai'r cynnydd yn hyder pobl busnes ddigwydd, er enghraifft, am fod yr economi'n mynd i mewn i gyfnod o ffyniant. Byddai gostyngiad yng nghyfraddau llog a orchmynnwyd gan y llywodraeth yn arwain at gynnydd mewn buddsoddiant. Byddai cynnydd ym mhroffidioldeb cwmnïau yn rhoi mwy o elw cadw ar gael i gwmnïau ei ddefnyddio ar gyfer buddsoddiant. Byddai gostyngiad mewn trethi ar elw (treth gorfforaeth yn y DU) yn achosi i'r gyfradd adennill ar brojectau buddsoddiant gynyddu, gan arwain at gynnydd mewn buddsoddiant.

Gwariant y llywodraeth Gallai newid ym mholisi'r llywodraeth arwain at gynnydd yng ngwariant y llywodraeth ar unrhyw lefel

benodol o brisiau, gan wthio'r gromlin GC i'r dde o GC₁ i GC₂ yn Ffigur 33.2.

Allforion a mewnforion Bydd gostyngiad yng nghyfradd cyfnewid yr arian cyfred yn gwneud allforion yn fwy cystadleuol a mewnforion yn llai cystadleuol. Felly dylai allforion gynyddu a dylai mewnforion ostwng, gan wthio'r gromlin GC i'r dde yn Ffigur 33.2. Byddai gwella ansawdd nwyddau a gynhyrchir yn fewnol yn cynyddu gallu cwmnïau mewnol i gystadlu, gan gynyddu allforion a gostwng mewnforion.

Y lluosydd

Os oes cynnydd o £1 mewn buddsoddiant, dyweder, beth fydd y cynnydd terfynol mewn incwm gwladol? Yn ei lyfr enwocaf, *The General Theory of Employment, Interest and Money*, a gyhoeddwyd yn 1936, dadleuodd John Maynard Keynes y byddai incwm gwladol yn cynyddu fwy na £1 oherwydd EFFAITH Y LLUOSYDD.

I ddeall pam y gallai fod effaith lluosydd, ystyriwch beth fyddai'n digwydd pe bai cwmnïau'n cynyddu gwariant ar ffatrïoedd newydd £100 miliwn. Byddai cwmnïau'n talu contractwyr i adeiladu'r ffatrïoedd. Byddai'r £100 miliwn yma yn gynnydd yn y galw cyfanredol. Byddai'r contractwyr yn defnyddio'r arian yn rhannol i dalu eu gweithwyr ar y project. Byddai'r gweithwyr yn gwario'r arian ar bopeth o fwyd i wyliau. Byddai'r gwariant hwn yn ychwanegiad at incwm gwladol. Tybiwch fod £10 miliwn yn cael eu gwario ar fwyd. Byddai gwneuthurwyr bwyd yn eu tro yn talu eu gweithwyr a fyddai wedyn yn gwario'u hincwm ar amrywiaeth o gynhyrchion, gan gynyddu incwm gwladol ymhellach. Dadleuodd Keynes y byddai'r effaith lluosydd yma yn cynyddu swyddi yn yr economi. Byddai pob swydd a grewyd gan gwmnïau trwy wariant ychwanegol yn creu swyddi eraill yn yr economi yn anuniongyrchol.

Gellir dangos y broses hon gan ddefnyddio **model llif cylchol incwm** (☞ uned 25). Tybiwch fod cartrefi'n gwario 9/10 o'u hincwm crynswth. Mae'r 1/10 arall naill ai'n cael ei gynilo neu'n cael ei dalu i'r llywodraeth ar ffurf trethi. Mae cwmnïau'n cynyddu

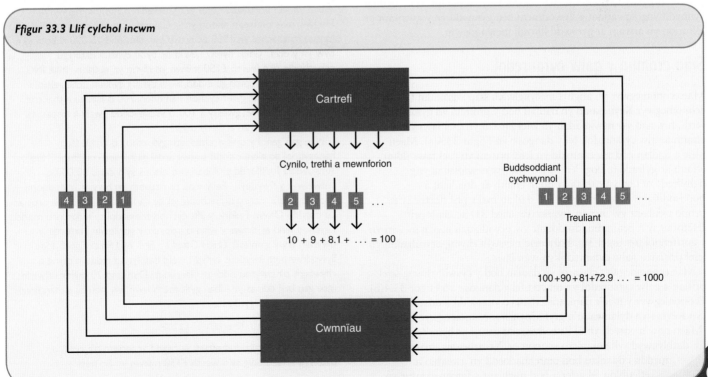

Ffigur 33.3 *Llif cylchol incwm*

eu gwariant £100 miliwn, arian a ddefnyddir i adeiladu ffatrïoedd newydd. Yn Ffigur 33.3 dangosir y £100 miliwn cychwynnol yng ngham 1 yn llifo i mewn i gwmnïau. Yna mae'r arian yn llifo allan eto wrth iddo gael ei roi ar ffurf cyflogau ac elw i gartrefi. Mae cartrefi'n gwario'r arian, ond cofiwch fod **gollyngiadau** o 0.1 o incwm oherwydd cynilion a threthi. Felly dim ond £90 miliwn sy'n llifo yn ôl o gwmpas yr economi yng ngham 2 i gwmnïau. Yna mae cwmnïau'n talu £90 miliwn i gartrefi ar ffurf cyflogau ac elw. Yn y trydydd cam mae £81 miliwn yn cael eu gwario gan gartrefi gyda £9 miliwn yn gollwng o'r llif cylchol. Mae'r broses hon yn parhau gyda symiau llai a llai yn cael eu hychwanegu at incwm gwladol wrth i'r arian lifo o gwmpas yr economi. Yn y pen draw, mae'r £100 miliwn cychwynnol o wariant buddsoddiant ychwanegol yn arwain at gynnydd terfynol o £1 000 miliwn mewn incwm gwladol. Yn yr achos hwn gwerth y LLUOSYDD yw 10.

Pe bai gollyngiadau o'r llif cylchol yn Ffigur 33.3 wedi bod yn fwy, byddai llai o'r cynnydd mewn buddsoddiant wedi parhau i lifo o gwmpas yr economi. Er enghraifft, pe bai gollyngiadau'n 0.8 o incwm, dim ond £20 miliwn (0.2 × £100 miliwn) fyddai'n llifo o gwmpas yr economi yn yr ail gam. Yn y trydydd cam y ffigur fyddai £4 miliwn (0.2 × £20 miliwn). Y cynnydd terfynol mewn incwm gwladol yn dilyn y cynnydd cychwynnol o £100 miliwn mewn gwariant buddsoddiant fyddai £125 miliwn.

Yn ôl model y lluosydd, po uchaf yw'r gollyngiadau o'r llif cylchol, lleiaf i gyd fydd y cynnydd mewn incwm sy'n parhau i lifo o gwmpas yr economi ym mhob cam ar ôl cynnydd cychwynnol mewn gwariant. Felly, po uchaf yw'r gollyngiadau, lleiaf i gyd fydd gwerth y lluosydd.

Effaith y lluosydd a chynnydd yng ngwariant y llywodraeth a chynnydd mewn allforion

Dim ond un rheswm posibl pam y gallai fod effaith lluosydd ar alw cyfanredol yw gwariant buddsoddiant ychwanegol. Bydd unrhyw gynnydd yn y **chwistrelliadau** (*injections*) i mewn i'r llif cylchol yn arwain at gynnydd lluosol mewn incwm yn yr economi. Felly byddai cynnydd yng ngwariant y llywodraeth neu gynnydd yn y gwariant ar allforion yn arwain at gynnydd lluosol mewn incwm.

Siâp cromlin y galw cyfanredol

Mae economegwyr yn anghytuno ynghylch siâp y gromlin GC. Mae **economegwyr Keynesaidd** yn dadlau bod y gromlin yn gymharol serth, h.y. nad yw newidiadau yn lefel prisiau yn cael fawr ddim effaith ar alw cyfanredol, fel y dangosir yn Ffigur 33.4(a). Maen nhw'n dadlau nad yw cynnydd yn lefel prisiau yn cael fawr ddim effaith ar gyfraddau llog. Yn eu tro, nid yw newidiadau yng nghyfraddau llog yn cael fawr ddim effaith ar dreuliant a buddsoddiant. Mae Keynesiaid yn dadlau mai'r prif ffactor sy'n pennu treuliant yw incwm gwario (☞ uned 31) ac mai'r prif ffactorau sy'n pennu buddsoddiant yw newidiadau mewn incwm yn y gorffennol (☞ uned 32). Felly mae'r cyswllt rhwng newidiadau yn lefel prisiau a galw cyfanredol yn wan iawn.

Mae economegwyr clasurol yn dadlau bod y cyswllt rhwng lefel prisiau a galw cyfanredol yn un cryf fel y dangosir yn Ffigur 33.4(b). Economegwyr y mae'r damcaniaethau economaidd a ddatblygwyd cyn Keynes yn dylanwadu'n gryf arnynt yw economegwyr clasurol. Maen nhw'n edrych yn ôl i'r bedwaredd ganrif ar bymtheg pryd y datblygwyd sylfeini micro-economeg. Yn arbennig, maen nhw'n tueddu i ddadlau bod marchnadoedd yn gweithio'n effeithlon fel arfer a bod methiant y farchnad lafur yn

gymharol ddibwys. Yn yr achos hwn, maen nhw'n dadlau bod cynnydd yn lefel prisiau yn cael effaith gref ar gyfraddau llog. Yn eu tro, mae cyfraddau llog yn cael cryn dipyn o effaith ar dreuliant a buddsoddiant. Maen nhw'n dadlau bod cyfraddau llog yn bwysicach o lawer o ran pennu gwariant ar nwyddau traul sy'n para nag y byddai economegwyr Keynesaidd yn ei awgrymu. Hefyd, mae cyfraddau llog yn dylanwadu'n gryf ar fuddsoddiant – **damcaniaeth effeithlonrwydd ffiniol cyfalaf** (☞ uned 32).

Nodyn pwysig

Mae dadansoddiad galw cyfanredol a dadansoddiad cyflenwad cyfanredol a amlinellir yn unedau 33 a 34 yn fwy cymhleth na dadansoddiad galw a chyflenwad mewn marchnad unigol. Efallai eich bod wedi sylweddoli eisoes, er enghraifft, y gallai newid yng nghyfraddau llog arwain at symudiad ar hyd cromlin y galw cyfanredol neu achosi i'r gromlin symud. Yn yr un modd, gallai cynnydd mewn treuliant arwain at symudiad ar hyd y gromlin neu achosi i'r gromlin symud. I wahaniaethu rhwng symudiadau ar hyd y gromlin a symudiadau'r gromlin, mae'n bwysig ystyried beth sydd wedi achosi'r newid yn y galw cyfanredol.

Os ydy'r newid wedi digwydd am fod lefel prisiau wedi newid, mae'n symudiad **ar hyd** y gromlin GC. Er enghraifft, mae cynnydd yn lefel prisiau yn achosi cynnydd yng nghyfraddau llog. Mae hynny'n arwain at ostyngiad mewn treuliant. Dangosir hyn gan symudiad i fyny'r gromlin.

Ond os ydy cyfraddau llog neu wariant defnyddwyr wedi newid am reswm arall heblaw am brisiau'n newid, yna bydd y gromlin GC yn **symud**. Byddai llywodraeth yn cynyddu cyfraddau llog ar lefel benodol o brisiau yn achosi i'r gromlin symud.

Cwestiwn 3

Bu tref fach Bo'ness gynt yn ganolbwynt economi ffyniannus. Yn y gorffennol bu'r porthladd hwn ar foryd Forth ar arfordir dwyrain yr Alban yn ail i borthladd Leith ger Caeredin o ran pwysigrwydd. Heddiw mae pethau'n anodd yno. Cafodd y porthladd ei gau i longau masnachol yn 1958 ac erbyn hyn dim ond 15 000 o bobl sy'n byw yn y dref. Gallai hynny newid os bydd cynllun datblygu arfaethedig sy'n werth £150 miliwn yn mynd yn ei flaen. Mae *ING Real East,* cwmni datblygu eiddo, wedi cynnig cynllun uchelgeisiol i adeiladu marina ar gyfer cychod hamdden, 700 o fflatiau a thai tref gyferbyn â'r harbwr, gwesty â 100 o ystafelloedd gwely a siopau, tai bwyta, caffis a barrau ar lan y dŵr.

Mae gan ganol y dref dreftadaeth gyfoethog o adeiladau hanesyddol ac eleni cafodd statws ardal gadwraeth neilltuol. Mae Amgueddfa Reilffordd yr Alban yno eisoes sy'n denu 60 000 o ymwelwyr y flwyddyn. Felly mae twristiaeth yn bwysig i'r economi lleol. Byddai'r marina arfaethedig yn lle da i gychod hamdden aros ar eu ffordd i Olwyn Falkirk, y llifft cychod trawiadol sy'n darparu modd i gychod fynd ar draws y wlad o arfordir y gorllewin i arfordir y dwyrain trwy gamlesi'r *Union Canal* a'r *Firth and Forth Canal.* Mae'r llywodraeth yn awyddus hefyd i weld datblygiad fyddai'n mynd â rhywfaint o'r pwysau oddi ar Gaeredin. Dim ond 20 milltir i ffwrdd, mae gan brif ddinas yr Alban gyflogaeth lawn fwy neu lai a marchnad dai sydd wedi gorgynhesu.

Ffynhonnell: addaswyd o'r *Financial Times,* 1.2.2004.

Eglurwch sut y gallai fod effaith lluosydd ar incwm o'r cynllun datblygu arfaethedig sy'n werth £150 miliwn yn Bo'ness.

Ffigur 33.4 Ymatebolrwydd cynnyrch real cytbwys i newidiadau yn lefel prisiau
Mae Keynesiaid yn dadlau bod y gromlin GC yn gymharol serth am nad yw cynnyrch real yn newid fawr ddim pan fydd lefel prisiau yn newid. Mae economegwyr clasurol yn dadlau bod y gromlin GC yn gymharol fas am fod newidiadau mewn prisiau yn cael effaith sylweddol ar gynnyrch real.

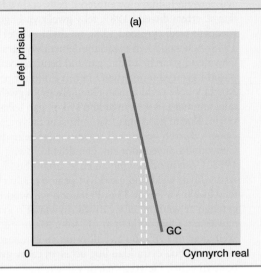
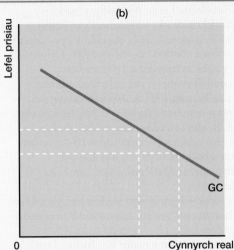

Termau allweddol

Cromlin y galw cyfanredol – mae'n dangos y berthynas rhwng lefel prisiau ac incwm gwladol cytbwys. Wrth i lefel prisiau godi mae lefel cydbwysedd incwm gwladol yn gostwng.
Cyfanredol – y cyfanswm.
Economi mewnol – economi gwlad unigol.
Effaith lluosydd – bydd cynnydd mewn buddsoddiant neu unrhyw wariant awtonomaidd arall yn arwain at gynnydd mwy mewn incwm.

Galw cyfanredol – cyfanswm yr holl alw a gwariant yn yr economi ar unrhyw lefel benodol o brisiau.
Lluosydd – y ffigur a ddefnyddir i luosi newid mewn gwariant awtonomaidd, fel buddsoddiant, i ddarganfod y newid terfynol mewn incwm. Dyma gymhareb y newid terfynol mewn incwm i'r newid cychwynnol mewn gwariant awtonomaidd.

Economeg gymhwysol

Galw cyfanredol 1979 – 2005

Yn 1979 daeth llywodraeth Geidwadol newydd dan Margaret Thatcher i rym. Roedd yr economi wedi wynebu cyfnodau anodd iawn yn yr 1970au. Roedd chwyddiant a fewnforiwyd wedi bod yn broblem fawr, ac roedd undebau llafur milwriaethus wedi gwthio cyflogau i fyny i geisio cynnal gwerth real enillion eu haelodau. Ar ôl dod i rym, roedd Margaret Thatcher yn wynebu chwyddiant oedd yn cynyddu'n gyflym. Roedd hyn yn rhannol yn ganlyniad i argyfwng olew byd-eang lle byddai *OPEC* yn gallu treblu pris olew rhwng 1978 ac 1982. Roedd hefyd yn rhannol oherwydd bod chwyddiant cyflogau wedi codi'i ben eto.

Roedd Margaret Thatcher dan ddylanwad y syniad arianolaethol cymharol newydd a ffasiynol bod chwyddiant yn cael ei achosi gan godiadau gormodol yn y cyflenwad arian yn unig. Pe bai'r cyflenwad arian yn cynyddu, byddai hynny'n gwthio'r galw cyfanredol i fyny. Gan fod gormod o arian, ac felly goralw, yn cwrsio rhy ychydig o nwyddau, byddai codiadau mewn prisiau. I leihau cyfradd twf y cyflenwad arian, cododd Thatcher gyfraddau llog o 12% ym mis Mai 1979 i 17% ym mis Tachwedd 1979 fel y gwelir yn Ffigur 33.5. Cafwyd cyfraddau llog uchel o fwy na 10% am bedair blynedd, gyda hynny'n gostwng treuliant a buddsoddiant, ac yn gostwng y galw cyfanredol. Aeth yr economi i mewn i enciliad mawr, gyda diweithdra'n codi o 1.3 miliwn yn 1979 i 3.12 miliwn yn 1983. Fel y gwelir yn Ffigur 33.6, agorodd bwlch cynnyrch negyddol o 7% o CMC yn 1981. Roedd y galw cyfanredol lawer yn is na'i lefel duedd.

Wrth i gyfraddau llog ostwng, dechreuodd yr economi adfer a dechreuodd y galw cyfanredol godi eto. Rhan o'r athroniaeth arianolaethol oedd bod twf gormodol o'r cyflenwad arian fel rheol yn cael ei achosi gan fenthyca gormodol gan y llywodraeth. Felly ceisiodd y llywodraeth ostwng ei gwariant a chododd drethi yn 1981. Cyfyngodd hynny ar dwf y galw cyfanredol o 1981 ymlaen.

Er hynny, roedd yr economi yng nghyfnod adferiad y gylchred fasnach. Rhwng 1983 ac 1988 roedd twf yr economi uwchlaw ei gyfradd duedd o 2.5%, fel y gwelir yn Ffigur 33.6. Roedd cyfraddau llog yn dal i fod ar lefelau hanesyddol uchel, sef cyfartaledd o 10-12%, ond tyfodd treuliant a buddsoddiant er gwaethaf hyn. Dechreuodd ffyniant tai ddatblygu, a oedd yn hybu treuliant pellach.

Erbyn 1987 roedd y llywodraeth wedi ei hargyhoeddi ei hun bod Prydain yn cael 'gwyrth economaidd' oherwydd ei pholisïau economaidd, a bod cyfradd twf o 4% y flwyddyn yn gynaliadwy yn y tymor hir. Torrwyd trethi'n sylweddol yng nghyllideb Mawrth 1987 gyda chyfradd uchaf treth incwm yn gostwng o 60% i 40%. Arweiniodd hynny at incwm gwario uwch ac felly treuliant uwch. Arhosodd chwyddiant yn isel, felly ni fu'n rhaid i gartrefi gynyddu lefelau eu cynilion i ailadeiladu gwerth real eu cyfoeth. Roedd prisiau cyfranddaliadau yn codi hefyd yn y farchnad stoc, gan ychwanegu at gyfoeth cartrefi. Gostyngodd diweithdra yn sylweddol, gan haneru o 3 miliwn i 1.2 miliwn rhwng 1986 ac 1989. Arweiniodd yr holl ffactorau hyn at gynnydd yn lefelau hyder defnyddwyr. Roedd cartrefi'n fwy parod nag o'r blaen i gael benthyciadau ac yn llai parod i gynilo.

Erbyn 1988 roedd yr economi'n gweithredu 5.5% yn uwch na'i botensial cynhyrchiol. Cynyddodd cwmnïau eu gwariant buddsoddiant yn sylweddol gan gynllunio i fanteisio ar y cyfleoedd proffidiol niferus oedd nawr ar gael. Yn y cyfamser, manteisiodd mewnforwyr ar anallu'r

DU i ddiwallu'r galw mewnol a chofnodwyd diffyg peryglus o uchel yn y cyfrif cyfredol.

Yn 1988 sylweddolodd y llywodraeth bod yr economi wedi gorgynhesu ac y byddai chwyddiant yn cynyddu'n sydyn os na fyddai'n gweithredu. Felly codwyd cyfraddau llog ac erbyn diwedd 1989, fel y gwelir yn Ffigur 33.5, roeddent wedi cyrraedd 15%, sef dwbl eu lefel isaf yn 1988. Achosodd hyn i wariant defnyddwyr arafu. Chwalodd y farchnad dai, gan fod benthycwyr yn llai parod i gymryd morgeisiau i brynu eiddo o'r newydd. Roedd y bobl oedd â morgeisiau eisoes yn gweld eu taliadau morgais yn cynyddu'n sydyn, gan leihau eu gallu i wario. Roedd gostyngiad ym mhrisiau tai yn gostwng cyfoeth cartrefi ac yn rhoi ergyd i hyder defnyddwyr. Cynyddodd diweithdra eto, gan ddyblu rhwng 1989 ac 1993. Gostyngodd cwmnïau eu gwariant buddsoddiant wrth iddynt weld bod ganddynt ormod o allu cynhyrchu, fel y gwelir yn Ffigur 33.6. Parhaodd y llywodraeth i gyfyngu ar wariant, er y cafwyd rhywfaint o gynnydd yng ngwariant y llywodraeth ar ôl i John Major ddod yn Brif Weinidog yn 1989. Bu twf allforion yn gymharol fach oherwydd bod cyfraddau llog uchel yn cadw gwerth y bunt yn uchel. Hefyd gwnaeth y llywodraeth gamgymeriad polisi o fynd â'r bunt i mewn i Fecanwaith Cyfraddau Cyfnewid (*ERM*) yr Undeb Ariannol Ewropeaidd (sef rhagflaenydd yr ewro a'r undeb ariannol) ar lefel oedd yn rhy uchel. Roedd hyn yn ei gorfodi i gadw cyfraddau llog yn uchel i amddiffyn gwerth y bunt. Gorfodwyd Prydain i adael yr *ERM* ym Medi 1992 oherwydd hapfasnachu ariannau cyfred. Erbyn hynny, roedd gostyngiadau yn lefelau'r galw cyfanredol yn golygu bod CMC yn is nag y bu yn chwarter olaf 1988, bron pedair blynedd ynghynt.

Roedd gadael yr *ERM* wedi caniatáu i'r llywodraeth ostwng cyfraddau llog yn sydyn ar adeg pan oedd chwyddiant wedi gostwng i tua 2% y flwyddyn. Yna cafwyd cyfraddau twf uwch na'r cyfartaledd yn y cyfnod 1993-2005. Gellir gweld 1993-1997 fel cyfnod yr adferiad o enciliad dwfn 1990-1992. Gellir gweld y cyfnod 1997-2005 fel cyfnod hir lle roedd twf yr economi yn fras yn

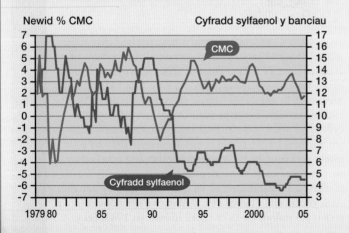

Ffigur 33.5 Cyfraddau sylfaenol y banciau a thwf economaidd

Newid % CMC   Cyfradd sylfaenol y banciau

CMC

Cyfradd sylfaenol

Ffynhonnell: addaswyd o *Economic Trends Annual Supplement.*, Swyddfa Ystadegau Cenedlaethol.

Ffigur 33.6 Y bwlch cynnyrch[1]

%

[1] Gwyriad CMC gwirioneddol o CMC posibl fel canran o CMC posibl. Mae rhifau positif yn dangos bod CMC gwirioneddol yn uwch na CMC posibl, tra bo rhifau negyddol yn dangos bod CMC gwirioneddol yn is na CMC posibl.

Ffynhonnell: addaswyd o *Economic Cycles*, Trysorlys Ei Mawrhydi, 2005.

unol â'i gyfradd duedd, fel y byddai Ffigur 33.6 yn ei awgrymu.

Mae'r hyn sy'n gyrru'r galw cyfanredol wedi amrywio dros y cyfnod 1993-2005. Ar yr ochr bositif, mae gwariant defnyddwyr wedi tueddu i gynyddu'n gyflymach na thwf y galw cyfanredol cyfan. Roedd twf gwariant y llywodraeth yn isel rhwng 1995 a 2000 cyn ehangu'n

gyflym eto. Ar y llaw arall, dioddefodd allforion oherwydd argyfwng ariannol yn Asia yn 1997 a dirywiad yn economi UDA yn 2001 a wnaed yn waeth gan ymosodiadau 9/11 ar Ganolfan Fasnach y Byd. Gellid dadlau hefyd mai'r ddau ddigwyddiad yma oedd prif achos arafiad economi'r DU yn 1998 ac eto yn 2002-2003.

Cwestiwn Data

Galw cyfanredol 2000-2005

Ffigur 33.7 Twf real CMC a'i gydrannau, newid % fesul blwyddyn

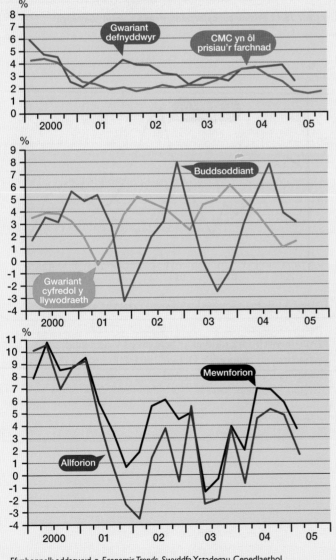

Ffynhonnell: addaswyd o *Economic Trends*, Swyddfa Ystadegau Cenedlaethol.

Ffigur 33.8 CMC a'i gydrannau, chwarter 1af, 2005

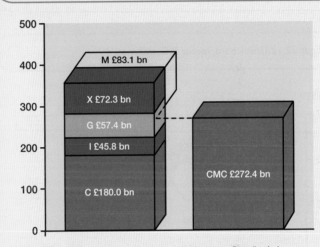

Ffynhonnell: addaswyd o *Economic Trends*, Swyddfa Ystadegau Cenedlaethol.

Ffigur 33.9 Cyfraddau llog tymor byr

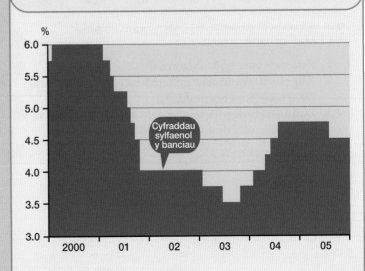

Ffynhonnell: addaswyd o *Economic Trends*, Swyddfa Ystadegau Cenedlaethol.

Ffigur 33.10 Chwyddiant (CPI), newid % fesul blwyddyn

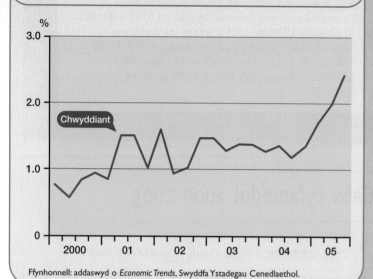

Ffynhonnell: addaswyd o *Economic Trends*, Swyddfa Ystadegau Cenedlaethol.

Ffigur 33.11 Cyfradd cyfnewid effeithiol sterling, 1990=100

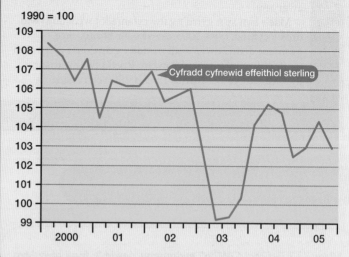

Ffynhonnell: addaswyd o *Economic Trends*, Swyddfa Ystadegau Cenedlaethol.

Ffigur 33.12 Diweithdra, mesur ILO, miliynau

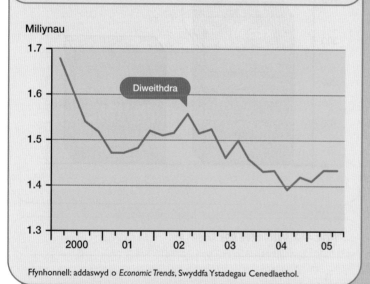

Ffynhonnell: addaswyd o *Economic Trends*, Swyddfa Ystadegau Cenedlaethol.

Ffigur 33.13 Prisiau tai cyfartalog, newid % fesul blwyddyn

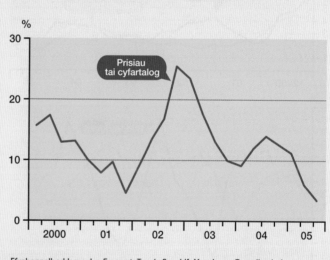

Ffynhonnell: addaswyd o *Economic Trends*, Swyddfa Ystadegau Cenedlaethol.

1. Eglurwch ystyr 'galw cyfanredol'.
2. Disgrifiwch duedd galw cyfanredol a'i gydrannau rhwng 2000 a 2005, os oes tuedd.
3. Dadansoddwch y ffactorau a gyfrannodd at y newid yn y galw cyfanredol dros y cyfnod a ddangosir yn y data.

4. Gwerthuswch i ba raddau yr achoswyd y dirywiad cymhedrol yn economi'r DU yn 2001-2002 gan y dirywiad rhyngwladol yn yr economi byd-eang a gafwyd ar y pryd.

Crynodeb

1. Mae cromlin y cyflenwad cyfanredol yn dangos lefel cynnyrch yr economi cyfan ar unrhyw lefel benodol o brisiau cyfartalog.

2. Yn y tymor byr tybir bod prisiau ffactorau cynhyrchu, fel cyfraddau cyflogau arian, yn ddigyfnewid. Bydd cwmnïau'n cyflenwi cynnyrch ychwanegol os bydd y prisiau a dderbyniant yn codi. Felly yn y tymor byr mae cromlin y cyflenwad cyfanredol yn goleddu i fyny.

3. Bydd cynnydd yng nghostau cynhyrchu cwmnïau yn symud cromlin y cyflenwad cyfanredol tymor byr i fyny, tra bydd gostyngiad mewn costau yn ei symud i lawr.

4. Yn y tymor hir tybir bod prisiau ffactorau cynhyrchu yn newidiol ond bod gallu cynhyrchu yr economi yn sefydlog. Mae cromlin y cyflenwad cyfanredol tymor hir yn dangos gallu cynhyrchu yr economi ar unrhyw lefel benodol o brisiau.

5. Mae cromlin y cyflenwad cyfanredol tymor hir yn dangos gallu cynhyrchu yr economi yn y ffordd y mae ffin posibilrwydd cynhyrchu neu gyfradd duedd twf yn dangos y gallu cynhyrchu hwn.

6. Achosir symudiadau cromlin y cyflenwad cyfanredol tymor hir gan newidiadau ym maint neu ansawdd ffactorau cynhyrchu neu yn effeithlonrwydd y defnydd a wneir ohonynt.

7. Yn y tymor hir gall cyfraddau cyflogau fynd i fyny neu i lawr. Yn ôl economegwyr clasurol, os ydy cyflogau'n berffaith hyblyg bydd diweithdra'n cael ei ddileu gan ostyngiad yng nghyfraddau cyflogau real. Gyda chyflogaeth lawn yn yr economi, rhaid bod cromlin y cyflenwad cyfanredol tymor hir yn fertigol ar lefel cynnyrch sy'n hafal i lefel incwm cyflogaeth lawn.

8. Yn ôl economegwyr Keynesaidd, efallai na fydd cyflogau real yn gostwng ddigon i ddileu diweithdra hyd yn oed yn y tymor hir. Yna mae cromlin y cyflenwad cyfanredol tymor hir yn llorweddol neu'n goleddu i fyny ar lefelau cynnyrch islaw incwm cyflogaeth lawn ond mae'n dod yn fertigol ar gyflogaeth lawn.

Cromlin y cyflenwad cyfanredol tymor byr

Yn uned 5 dadleuwyd bod cromlin cyflenwad diwydiant yn goleddu i fyny. Os bydd pris cynnyrch yn codi, bydd cwmnïau yn y diwydiant yn debygol o gynyddu eu helw drwy gynhyrchu a gwerthu mwy. Felly po uchaf yw'r pris, uchaf i gyd yw lefel cynnyrch. Mae'r gromlin gyflenwad hon yn gromlin gyflenwad **ficro-economaidd**. Ydy'r gromlin gyflenwad **facro-economaidd** (h.y. y gromlin gyflenwad ar gyfer yr economi cyfan) yr un fath?

Mae'r gromlin gyflenwad facro-economaidd, sef CROMLIN Y CYFLENWAD CYFANREDOL, yn swm holl gromliniau cyflenwad y diwydiannau yn yr economi. Mae'n dangos faint o gynnyrch y mae cwmnïau'n dymuno eu cyflenwi ar bob lefel o brisiau.

Yn y tymor byr mae cromlin y cyflenwad cyfanredol yn goleddu i fyny. Y tymor byr yw'r cyfnod pan fo cyfraddau cyflogau arian a phrisiau pob ffactor mewngyrch arall yn yr economi yn sefydlog. Tybiwch fod cwmnïau'n dymuno cynyddu lefel eu cynnyrch. Yn y tymor byr maen nhw'n annhebygol o gyflogi gweithwyr ychwanegol. Mae hynny'n broses ddrud. Mae eu diswyddo os nad oes eu hangen bellach yn fwy costus byth, nid yn unig o ran arian ond hefyd o ran cysylltiadau diwydiannol yn y cwmni. Felly mae cwmnïau'n tueddu i ymateb i gynnydd yn y galw yn y tymor byr drwy weithio eu gweithlu cyfredol yn ddwysach, e.e. trwy oramser.

Bydd angen i gwmnïau ddarparu cymhellion i weithwyr weithio'n galetach neu am fwy o oriau. Er enghraifft, gellir talu un a hanner gwaith y gyfradd cyflogau sylfaenol ar gyfer oriau ychwanegol. Er bod cyfraddau cyflogau sylfaenol yn ddigyfnewid, bydd enillion yn cynyddu a bydd hyn yn tueddu i gynyddu'r costau cyfartalog a ffiniol am bob uned o gynnyrch. Mewn llawer o sectorau, lle mae cystadleuaeth yn amherffaith ac mae gan gwmnïau y gallu i godi eu prisiau, bydd y cynnydd yng nghostau llafur yn arwain at gynnydd mewn prisiau. Os bydd prisiau'n codi mewn rhai sectorau, bydd hynny'n ddigon i achosi i lefel prisiau cyfartalog yn yr economi

godi. Felly, yn y tymor byr mae cynnydd mewn cynnyrch gan gwmnïau yn debygol o arwain at gynnydd yn eu costau sydd wedyn yn achosi i rai cwmnïau godi prisiau. Ond mae'r cynnydd mewn prisiau yn debygol o fod yn fach oherwydd gyda phrisiau digyfnewid am ffactorau mewngyrch (e.e. **cyfraddau** cyflogau), mae'r cynnydd mewn costau (e.e. **enillion** cyflog) yn debygol o fod yn weddol fach hefyd. Felly mae cromlin y cyflenwad cyfanredol tymor byr yn gymharol bris elastig. Gwelir hyn yn Ffigur 34.1. Mae cynnydd mewn cynnyrch o M_1 i M_2 yn arwain at gynnydd gweddol fach o P_1P_2 yn lefel prisiau cyfartalog.

Os bydd y galw'n gostwng yn y tymor byr, bydd rhai cwmnïau yn yr economi yn ymateb drwy ostwng eu prisiau er mwyn ceisio cael archebion ychwanegol. Ond bydd y cyfleoedd i ostwng prisiau yn gyfyngedig. Bydd cwmnïau'n amharod i ddiswyddo gweithwyr a bydd eu gorbenion yn aros yr un fath, felly prin y bydd cost gyfartalog a chost ffiniol yn newid. Eto, mae cromlin y cyflenwad cyfanredol yn gymharol bris elastig.

Symudiadau cromlin y cyflenwad cyfanredol tymor byr

Mae CROMLIN Y CYFLENWAD CYFANREDOL TYMOR BYR

Cwestiwn 1

Gan ddefnyddio cromlin cyflenwad cyfanredol tymor byr, eglurwch effaith debygol y canlynol ar lefel prisiau, a thybio bod prisiau pob ffactor mewngyrch yn sefydlog.
(a) Yn 1988 roedd cynnyrch yn economi'r DU yn ffynnu. Cynyddodd CMC real 5%, cynnydd na chafwyd eto oddi ar hynny.
(b) Yn 1991 roedd enciliad yn economi'r DU a gostyngodd cynnyrch. Gostyngodd CMC real 1.5%, y tro diwethaf mewn hanes economaidd diweddar i ostyngiad ddigwydd.

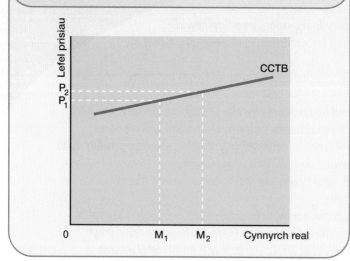

Ffigur 34.1 Cromlin y cyflenwad cyfanredol tymor byr
Mae goledd y llinell CCTB yn fas iawn oherwydd, er y tybir y bydd cyfraddau cyflogau yn ddigyfnewid yn y tymor byr, bydd cwmnïau'n wynebu rhai costau uwch fel taliadau goramser pan fyddan nhw'n cynyddu cynnyrch.

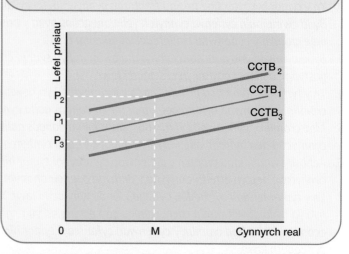

Ffigur 34.2 Symudiadau cromlin y cyflenwad cyfanredol tymor byr
Wrth luniadu cromlin y cyflenwad cyfanredol tymor byr tybir bod costau, yn arbennig cyfradd cyflogau, yn ddigyfnewid. Os bydd costau'n newid bydd y gromlin yn symud, e.e. byddai cynnydd yng nghyfraddau cyflogau yn gwthio $CCTB_1$ i fyny i $CCTB_2$ a byddai gostyngiad yng nghyfraddau cyflogau yn gwthio'r gromlin i lawr i $CCTB_3$.

yn dangos y berthynas rhwng cynnyrch cyfanredol a lefel prisiau cyfartalog, a thybio bod cyfraddau cyflogau arian yn yr economi yn ddigyfnewid. Ond beth os bydd cyfraddau cyflogau, neu newidyn arall sy'n effeithio ar gyflenwad cyfanredol, yn newid? Wedyn, yn debyg i'r hyn sy'n digwydd gyda chromlin gyflenwad ficro-economaidd, bydd cromlin y cyflenwad cyfanredol yn symud. Nodwn yma dair enghraifft o SIOCIAU OCHR-GYFLENWAD, ffactorau sy'n achosi i gromlin y cyflenwad cyfanredol tymor byr symud.

Cyfraddau cyflogau Bydd cynnydd yng nghyfraddau cyflogau yn achosi i gwmnïau wynebu cynnydd yn eu costau cynhyrchu. Bydd rhai cwmnïau'n ymateb drwy godi prisiau. Felly, ar unrhyw lefel benodol o gynnyrch, bydd cynnydd yng nghyfraddau cyflogau yn arwain at gynnydd yn lefel prisiau cyfartalog. Dangosir hyn yn Ffigur 34.2, gyda chromlin y cyflenwad cyfanredol tymor byr yn symud o $CCTB_1$ i $CCTB_2$.

Prisiau defnyddiau crai Bydd gostyngiad cyffredinol ym mhrisiau defnyddiau crai yn gostwng costau diwydiannol ac yn achosi i rai cwmnïau ostwng prisiau eu cynhyrchion. Felly bydd cromlin y cyflenwad cyfanredol tymor byr yn symud i lawr. Dangosir hyn yn Ffigur 34.2 gan y symudiad o $CCTB_1$ i $CCTB_3$.

Trethiant Bydd cynnydd yn y baich trethi ar ddiwydiant yn cynyddu costau, gan wthio cromlin y cyflenwad cyfanredol tymor byr i fyny, e.e. o $CCTB_1$ i $CCTB_2$ yn Ffigur 34.2.

Cromlin y cyflenwad cyfanredol tymor hir

Yn y tymor byr mae newidiadau yng nghyfraddau cyflogau neu brisiau defnyddiau crai yn cael effaith ar gromlin y cyflenwad cyfanredol, gan symud y gromlin CCTB i fyny neu i lawr. Hefyd bydd cynnydd mewn cynnyrch real yn arwain at symudiad ar hyd y gromlin CCTB.

Yn y tymor hir, fodd bynnag, mae terfyn ar faint y gall cwmnïau gynyddu eu cyflenwad. Maen nhw'n wynebu cyfyngiadau o ran gallu cynhyrchu. Mae terfyn ar faint o lafur sy'n gallu cael ei gyflogi mewn economi. Mae cyflenwad cyfarpar

Gan ddefnyddio diagramau, dangoswch effaith debygol y canlynol ar gromlin y cyflenwad cyfanredol tymor hir.
(a) Roedd cynnyrch gwladol real yn ail chwarter 1992 yr un fath ag ym mhedwerydd chwarter 1988 ond roedd prisiau cyfartalog wedi cynyddu 27% dros y cyfnod.
(b) Yn 2004-2005 roedd pris olew crai wedi dyblu yn fras.
(c) Rhwng 2000 a 2004 cynyddodd enillion arian cyfartalog 16.7% yn economi'r DU.

cyfalaf yn sefydlog. Mae cynhyrchedd llafur wedi'i uchafu. Felly gellir dadlau bod cromlin y cyflenwad cyfanredol yn y tymor hir yn sefydlog ar lefel benodol o gynnyrch real, beth bynnag yw lefel prisiau. Felly mae cromlin y cyflenwad cyfanredol tymor hir yn fertigol mewn diagram sy'n dangos lefel prisiau a chynnyrch real.

Mae Ffigur 34.3 yn dangos CROMLIN CYFLENWAD CYFANREDOL TYMOR HIR neu GROMLIN CCTH fertigol. Mae cromlin y cyflenwad cyfanredol tymor hir yn dangos potensial cynhyrchiol yr economi. Mae'n dangos faint o gynnyrch real sy'n gallu cael ei gynhyrchu dros gyfnod o amser â lefel benodol o ffactorau mewngyrch, fel llafur a chyfarpar cyfalaf, a lefel benodol o effeithlonrwydd wrth gyfuno'r ffactorau mewngyrch hyn. Gellir ei chysylltu â dau gysyniad economaidd arall.
● Y gromlin CCTH yw'r lefel cynnyrch sy'n gysylltiedig â chynhyrchu ar ffin posibilrwydd cynhyrchu economi. Yn Ffigur 34.4 mae unrhyw bwynt ar y ffin AB yn bwynt sy'n dangos y lefel o gynnyrch real a ddangosir gan y gromlin CCTH.
● Y gromlin CCTH yw'r lefel o gynnyrch a ddangosir gan gyfradd duedd twf mewn economi. Yn Ffigur 34.5 mae'r economi'n tyfu ar hyd cyfradd duedd twf AB. Mae yna amrywiadau tymor byr mewn cynnyrch gwirioneddol uwchlaw ac islaw y gyfradd duedd. Mae hynny'n dangos y gall cynnyrch gwirioneddol fod yn uwch neu'n is na'r cynnyrch a roddir gan gromlin y cyflenwad cyfanredol tymor hir. Pan fydd cynnyrch gwirioneddol yn uwch na'r gyfradd duedd yn Ffigur 34.5 yn y tymor byr, ac felly i'r dde o'r gromlin CCTH yn Ffigur 34.3, bydd grymoedd

Ffigur 34.3 Cromlin glasurol cyflenwad cyfanredol tymor hir
Mae economeg glasurol yn tybio bod cyflogau a phrisiau yn hyblyg yn y tymor hir ac felly mae'r gromlin CCTH yn fertigol. Yn y tymor hir ni ellir cael diweithdra gan y bydd cyfradd cyflogau mewn cydbwysedd lle bydd pob gweithiwr sydd eisiau swydd (cyflenwad llafur) yn cael cynnig swydd (y galw am lafur). Felly, beth bynnag yw lefel prisiau, bydd cynnyrch bob amser yn ddigyfnewid ar lefel incwm cyflogaeth lawn.

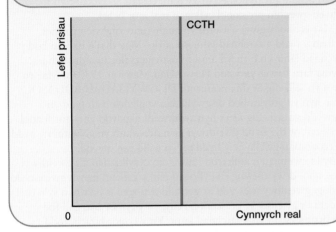

Ffigur 34.4 Ffin posibilrwydd cynhyrchu
Mae unrhyw bwynt ar y ffin posibilrwydd cynhyrchu AB yn dangos cynnyrch posibl yr economi pan fydd yr holl adnoddau yn cael eu defnyddio'n llawn. Mae cromlin y cyflenwad cyfanredol tymor hir hefyd yn dangos cynnyrch posibl yr economi. Ar unrhyw adeg benodol, os ydy'r economi'n gweithredu ar ei gromlin CCTH, mae'n gweithredu ar un o'r pwyntiau ar hyd y ffin posibilrwydd cynhyrchu.

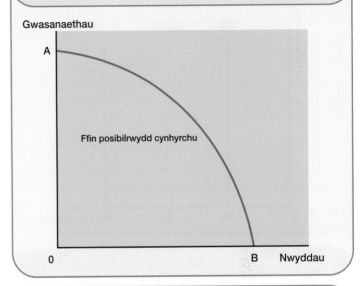

economaidd yn gweithredu i ddod â CMC yn ôl tuag at gyfradd duedd ei dwf. Yn yr un modd, pan fydd cynnyrch yn is na chyfradd duedd ei dwf, ac felly i'r chwith o'r gromlin CCTH yn Ffigur 34.3, bydd yr un grymoedd yn gweithredu i'r cyfeiriad arall i'w ddychwelyd i'r safle tymor hir hwnnw.

Symudiadau cromlin CCTH

Mae cromlin y cyflenwad cyfanredol tymor hir yn debygol o symud dros amser. Y rheswm yw bod maint ac ansawdd adnoddau economaidd yn newid dros amser, a bod y ffordd y cânt eu cyfuno yn newid hefyd. Mae'r newidiadau hyn yn achosi newidiadau ym mhotensial cynhyrchiol economi.

Mae Ffigur 34.6 yn dangos sut y caiff twf mewn cynnyrch posibl ei luniadu mewn diagram cyflenwad cyfanredol. Tybiwch fod addysg a sgiliau'r gweithlu yn cynyddu. Dylai hyn achosi i lafur fod yn fwy cynhyrchiol, sy'n achosi cynnydd ym mhotensial cynhyrchiol yr economi ar gyflogaeth lawn. Yna bydd cromlin y cyflenwad cyfanredol tymor hir yn symud o $CCTH_1$ i $CCTH_2$, gan ddangos y gall yr economi gynhyrchu mwy o gynnyrch ar lefel benodol o brisiau. Byddai gostyngiad mewn cynnyrch posibl, a achosir er enghraifft gan ostyngiad ym maint y gweithlu, yn cael ei ddangos gan symudiad y gromlin i'r chwith, o $CCTH_1$ i $CCTH_3$.

Mae symudiad y gromlin CCTH i'r dde yn dangos y cafwyd twf economaidd. Mewn diagram ffin posibilrwydd cynhyrchu (FfPC) byddai'r ffin yn symud tuag allan. Yn Ffigur 34.5 byddai symudiad i fyny ar hyd llinell cyfradd duedd twf. Byddai symudiad y gromlin CCTH i'r chwith yn dangos bod potensial cynhyrchiol yr economi wedi gostwng. Mewn diagram FfPC byddai'r ffin yn symud i mewn. Mewn diagram cyfradd duedd twf, byddai symudiad ar hyd ac i lawr llinell cyfradd duedd twf.

Cromlin y cyflenwad cyfanredol tymor hir a'r farchnad lafur

Wrth luniadu cromlin cyflenwad cyfanredol tymor hir fertigol, cafodd nifer o dybiaethau eu gwneud ynghylch gweithrediad y

Ffigur 34.5 Cyfradd duedd twf ar gyfer economi
Ar unrhyw adeg benodol, mae lefel y cynnyrch a ddangosir gan gromlin y cyflenwad cyfanredol tymor hir ar linell cyfradd duedd twf cynnyrch.

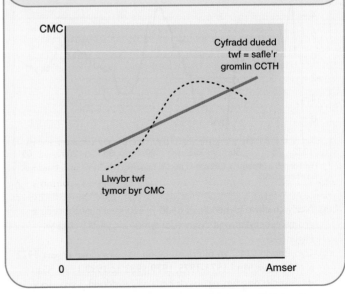

farchnad lafur. Wrth luniadu cromlin cyflenwad cyfanredol tymor byr, tybir bod cyfraddau cyflogau yn sefydlog. Ond beth sy'n digwydd yn y tymor hir pan efallai na fydd cyfraddau cyflogau yn sefydlog ond gallent gynyddu neu ostwng? Mae economegwyr yn anghytuno ynghylch ymateb gweithwyr i ffactorau a allai newid cyfraddau cyflogau.

Y farn glasurol Ar un pen mae economegwyr clasurol, arianolaethol neu ochr-gyflenwad. Maen nhw'n dadlau bod y farchnad am lafur yn debyg i'r farchnad am fananas. Bydd gorgyflenwad o fananas yn achosi gostyngiad cyflym yn y pris i

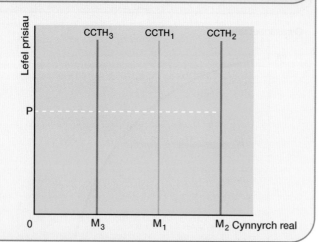

Ffigur 34.6 Symudiadau cromlin y cyflenwad cyfanredol tymor hir
Mae cynnydd yn y potensial cynhyrchiol yn yr economi yn gwthio cromlin y cyflenwad cyfanredol tymor hir i'r dde, e.e. o CCTH₁ i CCTH₂. Ar y llaw arall, os ydy'r potensial cynhyrchiol yn gostwng mae'r gromlin yn symud i'r chwith, e.e. o CCTH₁ i CCTH₃.

Cwestiwn 3

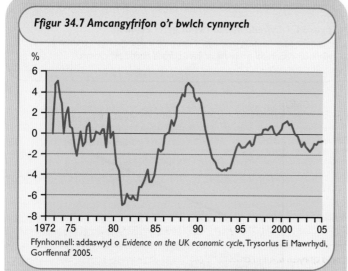

Ffigur 34.7 Amcangyfrifon o'r bwlch cynnyrch

Ffynhonnell: addaswyd o *Evidence on the UK economic cycle*, Trysorlus Ei Mawrhydi, Gorffennaf 2005.

(a) Nodwch chwe blynedd pan oedd yr economi'n gweithredu ar gromlin ei chyflenwad cyfanredol tymor hir, yn ôl y data yn Ffigur 34.7.

(b) Cynyddodd CMC yn ôl prisiau cyson bob blwyddyn rhwng 1972 a 2004 ar wahân i 1973-1975, 1979-1983 ac 1990-1992. Gan ddefnyddio diagram, eglurwch beth ddigwyddodd i gromlin y cyflenwad cyfanredol tymor hir rhwng y chwe blynedd a roddir yn eich ateb i (a).

(c) Cafodd yr economi enciliadau dwfn rhwng 1973 ac 1975, rhwng 1979 ac 1983 a rhwng 1990 ac 1992. Yn yr enciliadau hyn dioddefodd gweithgynhyrchu yn arbennig o wael, gyda llawer o ffatrïoedd yn cau, byth i agor eto. Daeth rhai gweithwyr yn ddi-grefft ac o ganlyniad ni fyddent byth yn cael swydd arall yn ystod eu hoes weithio. Gan ddefnyddio diagram, eglurwch beth allai fod wedi digwydd i gromlin y cyflenwad cyfanredol tymor hir ar gyfer economi'r DU yn y blynyddoedd hyn.

glirio'r farchnad. Felly hefyd yn y farchnad lafur. Tybiwch fod yr economi'n mynd i mewn i enciliad a bod gweithwyr yn dechrau colli eu swyddi wrth i gynnyrch ostwng. Bydd gweithwyr di-waith yn sylweddoli y bydd yn rhaid iddynt dderbyn llai o gyflog os ydynt i gael swydd arall. Bydd y bobl mewn gwaith yn gwybod bod yna gronfa o weithwyr di-waith yn aros i fynd â'u swyddi oni fyddant o leiaf yn cyfyngu ar eu ceisiadau am godiad cyflog. Bydd cwmnïau'n gwybod y gallant gyflogi gweithwyr am gyfraddau cyflogau is. Felly i geisio uchafu proffidioldeb drwy isafu costau, ni fyddant yn fodlon talu eu gweithlu presennol cyflogau real mor uchel.

Mae economegwyr clasurol yn anghytuno ynghylch pa mor gyflym y bydd y farchnad lafur yn clirio. Mae rhai'n dadlau bod y farchnad lafur yn cymryd amser i ostwng cyflogau a diweithdra. Dyma farn llawer yn ystod Dirwasgiad Mawr yr 1930au. Mae eu barn yn seiliedig ar ddamcaniaeth DISGWYLIADAU ADDASOL. Mae hyn yn golygu bod disgwyliadau ynghylch beth fydd yn digwydd yn seiliedig ar yr hyn sydd wedi digwydd yn y gorffennol. Yn y tymor byr bydd gweithwyr sy'n ddi-waith yn gobeithio y bydd yr economi'n gwella ac y byddant yn gallu cael swydd.

Bydd cwmnïau'n amharod i niweidio cysylltiadau â'r gweithwyr presennol drwy ostwng eu cyflogau pan y gallent, mewn gwirionedd, gyflogi gweithwyr newydd ar gyfradd cyflogau is na'r hyn sy'n cael ei dalu i'r gweithwyr presennol. Felly, yn y tymor byr, gall fod anghydbwysedd yn y farchnad lafur. Yn y tymor hirach, fodd bynnag, bydd gweithwyr di-waith yn sylweddoli na fyddant byth yn cael swydd os byddant yn mynnu cael cyflog rhy uchel. Bydd cwmnïau'n sylweddoli bod y lefel is o gyflogau yma i aros a byddant yn mabwysiadu polisïau gostwng cyflogau. Wedyn bydd cyflogau'n gostwng, gan ddod â'r farchnad yn ôl i gydbwysedd.

Mewn cyferbyniad â hynny, mae economegwyr clasurol newydd yn credu y bydd marchnadoedd yn clirio ar unwaith. Datblygwyd y syniad o DDISGWYLIADAU RHESYMEGOL yn America yn yr 1970au gan ddau economegydd, Robert Lucus a Thomas Sergeant. Dadleuon nhw fod asiantau economaidd, fel gweithwyr a chwmnïau, yn seilio'u penderfyniadau ar yr holl wybodaeth sydd ganddynt, gan gynnwys gwybodaeth gyfredol a rhagfynegiadau o ddigwyddiadau yn y dyfodol. Gan eu bod yn defnyddio'r holl wybodaeth sydd ganddynt, maen nhw'n gwneud eu penderfyniadau ynghylch beth i'w wneud mewn ffordd resymegol. Yn y farchnad lafur, mae gweithwyr yn gwybod mai dim ond trwy dderbyn gostyngiadau cyflog y gall diweithdra tymor hir gael ei ddatrys. Hefyd, mae cwmnïau'n gwybod y gallan nhw orfodi gostyngiadau cyflog pan fydd diweithdra'n cynyddu. Felly bydd y farchnad lafur yn clirio ar unwaith.

Barn Keynesaidd draddodiadol Ar y pen arall mae rhai economegwyr Keynesaidd sy'n dadlau y bydd diweithdra'n parhau hyd nes y bydd ehangiad yn y galw am lafur. Maen nhw'n dadlau na fydd cyflogau real byth yn gostwng ddigon i glirio'r farchnad lafur yn llwyr os bydd y farchnad yn mynd i anghydbwysedd. I ddeall pam fod cyfraddau cyflogau real yn annhebygol o ostwng, mae angen ystyried natur y farchnad lafur mewn economi diwydiannol modern fel y DU. Yn y DU yn Oes Fictoria efallai y byddai cwmnïau'n cyflogi ac yn diswyddo gweithwyr fel y mynnent, gan gyflogi gweithwyr di-waith oedd yn fodlon gweithio am gyflogau is tra'n diswyddo gweithwyr oedd yn gwrthod derbyn gostyngiadau cyflog. Efallai hefyd y gorfodwyd gweithwyr i ildio i ddeddf haearnaidd y farchnad, gan dderbyn gostyngiadau cyflog real pan fyddai'r galw am lafur yn gostwng. Ond mae amodau'n wahanol iawn mewn economi diwydiannol modern.

● Does gan gyflogwyr canolig a mawr fawr ddim i'w ennill drwy orfodi cyflogau i lawr yn y tymor byr. Byddai hynny'n debygol o anghymell y gweithlu presennol a cholli teyrngarwch ac ewyllys da y gweithwyr. Mae gweithwyr yn asedau gwerthfawr i'r cwmni. Maen nhw wedi derbyn hyfforddiant ac maen nhw'n gyfarwydd â'r arferion gwaith. Mae cyflogi llafur newydd yn broses gostus os ydy gweithwyr yn gadael oherwydd anfodlonrwydd gyda'r cwmni. Felly mae cyflogwyr o'r fath yn debygol o edrych ar y farchnad lafur o safbwynt tymor hir.

- Mae undebau llafur yn ceisio diogelu buddiannau eu haelodau. Mae aelodau undebau llafur bron i gyd mewn swyddi. Felly dydyn nhw ddim yn poeni'n arbennig am sefyllfa'r di-waith (a dydy cwmnïau ddim mewn busnes i helpu i ostwng diweithdra). Yn naturiol bydd undebau llafur nid yn unig yn gwrthwynebu gostyngiadau cyflogau real ond hefyd byddan nhw'n ceisio sicrhau cyflogau real uwch. A ellir dweud bod undeb llafur wedi cyflawni ei amcanion os ydy gweithlu cwmni yn gostwng ychydig o bwyntiau canrannol trwy wastraff naturiol a bod y gweithwyr sy'n cadw eu swyddi yn cael cynnydd yn eu cyflogau real?
- Os oes deddfwriaeth lleiafswm cyflog, bydd cyflogwyr gweithwyr â chyflog isel yn ei chael hi'n anodd gostwng cyfraddau cyflogau os nad yn amhosibl.
- Mae budd-daliadau ar gyfer y di-waith yn hybu gweithwyr i beidio â chymryd swyddi â chyflog isel, gan atal cyflogwyr rhag cynnig cyflogau isel iawn pan fydd diweithdra'n cynyddu.
- Mae'r economi'n cynnwys nifer mawr o farchnadoedd llafur gwahanol. Mae llafur yn ddaearyddol ansymudol yn y DU, yn arbennig gweithwyr di-grefft â chyflog isel oherwydd problemau gyda rhentu tai cost isel. Mae llafur yn alwedigaethol ansymudol oherwydd y rhaniad llafur sy'n cynyddu yn yr economi a methiant cwmnïau a'r llywodraeth i ddarparu'r lefel o hyfforddiant a fyddai'n gwneud gweithwyr yn symudol.

Yn ôl y farn hon, mae marchnad lafur fodern yn anochel yn amherffaith. Mae'n bosibl y gall cyfraddau cyflogau real ostwng ddigon yn y tymor hir i ddod â'r economi yn ôl i gyflogaeth lawn ond, fel y dywedodd Keynes, 'yn y tymor hir byddwn ni i gyd wedi marw'. Nid yw'n fawr ddim cysur i berson 45 oed sy'n colli gwaith heddiw i wybod y bydd yr economi ymhen 15 mlynedd wedi dychwelyd i gyflogaeth lawn, ac efallai wedyn y bydd gobaith iddo gael swydd â chyflog isel.

Barn Keynesaidd gymedrol Yn ôl economegwyr clasurol newydd, mae'r farchnad lafur yn addasu ar unwaith. Yn ôl economegwyr clasurol cymedrol, gallai gymryd ychydig o flynyddoedd. Mae Keynesiaid traddodiadol yn dadlau y gallai gymryd degawdau. Yn ôl Keynesiaid cymedrol, gallai'r broses gymryd 5-10 mlynedd. Yn ôl y farn hon, mae anhyblygedd yn y farchnad lafur yn gryf. Ond yn y tymor canolig bydd cyflogwyr yn sector ffurfiol yr economi yn gwthio cyfraddau cyflogau real i lawr o'r lefelau y bydden nhw wedi bod arnynt fel arall. Hyd yn oed os ydy hyn yn 1% y flwyddyn yn unig, bydd yn fwy na 5% dros gyfnod o bum mlynedd. Hefyd, mae yna economi sylweddol o fusnesau bach lle mae cyflogau'n fwy hyblyg. Bydd rhai o'r bobl sy'n colli swyddi yn mynd yn hunangyflogedig, gan dderbyn cyflog is yn y broses.

Cromliniau cyflenwad cyfanredol tymor hir clasurol a Keynesaidd

Mae'r hyn sy'n digwydd yn y farchnad lafur yn pennu siâp cromlin y cyflenwad cyfanredol tymor hir. Mae economegwyr clasurol neu ochr-gyflenwad yn ystyried bod y farchnad lafur yn gweithredu'n berffaith. Mae diweithdra'n cynrychioli sefyllfa o anghydbwysedd yn y farchnad. Felly bydd cyflogau real, sef pris llafur, yn gostwng hyd nes y bydd y galw yn union hafal i'r cyflenwad. Yn y sefyllfa hon o gydbwysedd ni fydd diweithdra. Yn ôl y safbwynt clasurol felly, yn y

tymor hir bydd cwmnïau bob amser yn cyflogi pob gweithiwr sy'n dymuno gweithio am y cyflog cytbwys. Yn yr un modd, bydd y marchnadoedd am y ffactorau cynhyrchu eraill, sef tir a chyfalaf, mewn cydbwysedd ar eu lefel nhw o gyflogaeth lawn. Felly yn y tymor hir bydd cwmnïau'n cyflenwi cynnyrch mwyaf posibl yr economi. Mae hynny'n wir beth bynnag yw lefel prisiau. Felly mae cromlin y cyflenwad cyfanredol tymor hir yn fertigol ac mae ar lefel cynnyrch cyflogaeth lawn. Dyma gromlin fertigol y cyflenwad cyfanredol tymor hir a ddangosir yn Ffigurau 34.3 a 34.8.

Yn ôl economegwyr Keynesaidd, hyd yn oed os oes diweithdra, bydd gweithwyr sydd â swyddi yn parhau i drafod a derbyn cynnydd uwch yn eu cyflogau wrth i'r economi dyfu. Ni fydd fawr ddim tuedd i gyflogau real ostwng, gan ganiatáu i'r farchnad lafur glirio (maen nhw'n **anhyblyg tuag i lawr**). Yn ôl economegwyr Keynesaidd traddodiadol, efallai na fydd y farchnad lafur yn clirio, hyd yn oed yn y tymor hir. Gallai diweithdra fod yn nodwedd dymor hir o economi. Yna mae tri phosibilrwydd.

- Os ydy'r economi mewn enciliad dwfn, bydd cynnydd mewn cynnyrch yn annhebygol o gynyddu prisiau. Bydd gweithwyr yn rhy ofnus o golli eu swyddi i drafod cynnydd yn eu cyflogau hyd yn oed os ydy cwmni unigol yn ehangu. Yma byddai cromlin y cyflenwad cyfanredol yn llorweddol gan y gallai cwmnïau ehangu cynhyrchu heb gael cynnydd mewn costau.
- Os ydy diweithdra'n gymharol isel, bydd gweithwyr mewn sefyllfa i wthio cyflogau i fyny mewn ymateb i gynnydd yn y galw. Yma mae cromlin y cyflenwad cyfanredol yn goleddu i fyny. Po agosaf at gyflogaeth lawn y bydd yr economi, mwyaf i gyd y bydd gweithwyr yn gallu cael cynnydd mewn cyflog.
- Os ydy'r economi ar gyflogaeth lawn, yna trwy ddiffiniad ni fydd cwmnïau'n gallu cyflogi mwy o lafur, faint bynnag y byddan nhw'n ei gynnig. Ni all yr economi gynhyrchu mwy na'i gynnyrch cyflogaeth lawn. Felly ar gyflogaeth lawn bydd cromlin y cyflenwad cyfanredol yn fertigol.

Dangosir y tri phosibilrwydd yn Ffigur 34.8. Ar lefelau cynnyrch rhwng O ac A mae diweithdra torfol. Felly mae cromlin y cyflenwad cyfanredol yn llorweddol. Rhwng lefelau cynnyrch A a B mae rhywfaint o ddiweithdra yn yr economi, felly mae cromlin y cyflenwad cyfanredol yn goleddu i fyny. Ar lefel cynnyrch cyflogaeth

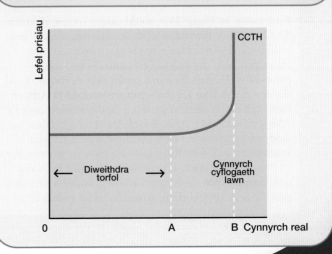

Ffigur 34.8 Cromlin cyflenwad cyfanredol tymor hir Keynesaidd
Mae economegwyr Keynesaidd traddodiadol yn dadlau y gall diweithdra barhau, hyd yn oed yn y tymor hir, gan nad ydy cyflogau o reidrwydd yn gostwng pan fydd yna ddiweithdra. Pan fydd diweithdra torfol, gall cynnyrch gael ei gynyddu heb unrhyw gynnydd mewn costau ac felly prisiau. Wrth i'r economi agosáu at gyflogaeth lawn, bydd cynnyrch uwch yn arwain at brisiau uwch. Ar gyflogaeth lawn, ni all yr economi gynhyrchu mwy pa brisiau bynnag y bydd cwmnïau'n eu derbyn.

Cwestiwn 4

Mae arolwg gan y dadansoddwyr *IDS* yn honni bod nifer cynyddol o gwmnïau nawr yn gosod cyfradd isaf eu cyflogau ar lefel y lleiafswm cyflog. Mae'r adroddiad yn nodi bod cynnydd yn y Lleiafswm Cyflog Cenedlaethol (LICC) 'wedi cael effaith helaeth ar amrywiaeth eang o gyfundrefnau sy'n talu cyflogau is', gyda 55% o gadwynau adwerthu erbyn hyn yn gosod cyfradd isaf eu cyflogau ar £5.05 yr awr, sef y LICC. Mae hyn yn gynnydd ers y llynedd pan oedd y ffigur yn 45% o gadwynau adwerthu.

Mae'r Lleiafswm Cyflog Cenedlaethol yn effeithio ar strwythurau cyflogau hefyd, gyda chynnydd cyflog yn cael ei roi i weithwyr ar gyflogau sy'n uwch na'r lleiafswm cyflog pan fydd y llywodraeth yn cynyddu'r lleiafswm cyflog. Yn ôl arolwg *IDS* roedd y cynnydd diweddaraf yn y LICC wedi effeithio'n uniongyrchol ar ddwy ran o dair o'r cyflogwyr yn y sector gwestai.

Fodd bynnag, nododd yr adroddiad fod 'Amcangyfrifon gan economegwyr yng nghanol yr 1990au y byddai hyd at 1.7 miliwn o swyddi'n cael eu colli pe bai lleiafswm cyflog yn cael ei gyflwyno, yn edrych yn bell iawn ohoni erbyn hyn.' Mewn gwirionedd, 'er gwaetha'r ffaith bod cynnydd yn y LICC wedi cadw ar y blaen i chwyddiant ac enillion cyfartalog dros y tair blynedd diwethaf, ni chafwyd unrhyw effaith negyddol ar gyflogaeth. Mae cyflogaeth mewn sectorau sy'n talu cyflogau is, fel adwerthu, tai bwyta, lletygarwch a hamdden wedi bod yn tyfu.'

Mewn cyferbyniad â hyn, yn gynharach y mis yma galwodd Consortiwm Adwerthu Prydain am 'adolygiad sylfaenol' o nodau'r LICC, gan honni y gallai'r cynnydd arfaethedig ym mis Hydref 2006 arwain at golli tua 35 000 o swyddi yn y sector adwerthu. Mae'n honni na all adwerthwyr 'barhau i amsugno rhagor o gynnydd yn eu costau sefydlog – ac o'r costau hyn llafur yw un o'r mwyaf.'

Ffynhonnell: addaswyd o http://news.viewlondon.co.uk.

(a) Eglurwch pam y gallai lleiafswm cyflog cenedlaethol (i) atal y farchnad lafur rhag clirio a (ii) arwain at gromlin cyflenwad cyfanredol tymor hir (CCTH) nad yw'n fertigol.

(b) Eglurwch a ydy'r data'n ategu'r farn bod y lleiafswm cyflog cenedlaethol yn y DU yn atal y gromlin CCTH rhag bod yn fertigol.

lawn, B, mae cromlin y cyflenwad yn fertigol.

Sylwch fod economegwyr clasurol a Keynesaidd yn cytuno bod cromlin y cyflenwad cyfanredol tymor hir yn fertigol ar gyflogaeth lawn. Pa brisiau bynnag a godir, ni all diwydiant gynyddu ei gynnyrch. Ond mae economegwyr Keynesaidd yn dadlau y gall yr economi fod yn gweithredu ar lefel is na chyflogaeth lawn yn y tymor hir, ac os felly mae cromlin y cyflenwad cyfanredol yn llorweddol neu'n goleddu i fyny.

Termau allweddol

Cromlin y cyflenwad cyfanredol – y berthynas rhwng lefel prisiau cyfartalog yn yr economi a lefel cyfanswm cynnyrch.

Cromlin y cyflenwad cyfanredol tymor byr – cromlin cyflenwad cyfanredol sy'n goleddu i fyny ac sy'n tybio bod cyfraddau cyflogau arian yn sefydlog.

Cromlin y cyflenwad cyfanredol tymor hir – cromlin cyflenwad cyfanredol sy'n tybio bod cyfraddau cyflogau yn newidiol, i fyny ac i lawr. Mae economegwyr clasurol neu ochr-gyflenwad yn tybio bod cyfraddau cyflogau yn hyblyg. Mae economegwyr Keynesaidd yn tybio y gall cyfraddau cyflogau fod yn 'anhyblyg tuag i lawr' ac felly y gall yr economi weithredu ar lefel is na chyflogaeth lawn hyd yn oed yn y tymor hir.

Disgwyliadau addasol – lle mae penderfyniadau'n seiliedig ar wybodaeth am y gorffennol.

Disgwyliadau rhesymegol – lle mae penderfyniadau'n seiliedig ar wybodaeth gyfredol a digwyddiadau disgwyliedig yn y dyfodol.

Siociau ochr-gyflenwad – ffactorau fel newidiadau yng nghyfraddau cyflogau neu brisiau cynwyddau sy'n achosi i gromlin y cyflenwad cyfanredol tymor byr symud.

Economeg gymhwysol

Achos olew

Fel y gwelir yn Ffigur 34.9, roedd casgen o olew yn costio $2.83 yn 1973. Flwyddyn yn ddiweddarach, roedd y pris wedi codi i $10.41. Mae'n bosibl mai'r cynnydd hwn mewn pris oedd digwyddiad economaidd byd-eang pwysicaf yr 1970au. Yr hyn a symbylodd y cynnydd oedd rhyfel – rhyfel Yom Kippur – pan ymosododd yr Aifft ar Israel cyn cael ei threchu ganddi. I ddangos cefnogaeth i'r Aifft, cyhoeddodd y cenhedloedd Arabaidd y byddent yn diddymu cyflenwadau olew i unrhyw wlad a gefnogai Israel yn agored. Gan fod y galw am olew yn y tymor byr yn bris anelastig iawn, mae unrhyw ostyngiad bach yng nghyflenwad olew yn ddigon i achosi cynnydd mawr yn y pris. Ar ôl i'r rhyfel orffen, sylweddolodd y gwledydd a

gynhyrchai olew, drwy eu cyfundrefn *OPEC*, ei bod hi'n bosibl cynnal pris uchel am olew drwy gyfyngu ar ei gyflenwad (h.y. drwy weithredu cartel). Ers hynny, mae *OPEC* wedi gweithredu polisi o gyfyngu ar gyflenwad olew i'r farchnad.

Cododd prisiau olew yn arafach rhwng 1974 ac 1978. Ond rhwng 1978 ac 1982 cododd pris cyfartalog casgen o olew o $13.03 i $31.80. Eto, digwyddiad gwleidyddol oedd y prif ffactor a symbylodd y cynnydd mewn prisiau. Disodlwyd Shah Iran, sef rheolwr gwlad bwysig o ran cynhyrchu olew, gan ffwndamentaliaid Mwslimaidd dan arweiniad yr Ayatollah Khomeini. Arweiniodd y chwyldro at anhrefn economaidd yn Iran, a doedd gan y rheolwyr newydd, gwrth-Orllewinol, eithafol fawr ddim diddordeb mewn ailddechrau allforio olew ar raddfa fawr. Roedd yr amhariad bach hwn ar gyflenwadau olew, sefyllfa y manteisiodd *OPEC* arni, yn ddigon i wthio prisiau olew i fyny'n sydyn eto.

Yn 1990 ymosododd Iraq ar Kuwait cyn cael ei gyrru allan yn Rhyfel y Gwlff 1991. Achosodd hyn i brisiau olew godi am gyfnod byr, ond wedyn gostyngodd prisiau olew ac erbyn 1998 roedd y pris cyfartalog yn $12.21 y gasgen yn unig. Wrth i *OPEC* dorri cwotâu cynhyrchu, cododd prisiau eto i fwy na $20 y gasgen. Ond rhwng 2003 a 2005 cafwyd ymchwydd arall ym mhrisiau olew gyda phrisiau'n uwch na $60 y gasgen ar adegau. Prif achos yr ymchwydd hwn oedd y cynnydd di-baid yn y galw am olew gan wledydd oedd yn tyfu'n gyflym yn Asia, yn enwedig China. Doedd gwledydd *OPEC* ddim wedi buddsoddi digon yn eu cyfleusterau cynhyrchu olew am gyfnod o ugain mlynedd, ac felly erbyn 2005 roedd diwydiant olew y byd yn gweithredu ar uchafswm ei allu cynhyrchu. O ganlyniad, byddai cynnydd yn y galw yn gwthio prisiau i fyny.

Cafodd y tri chyfnod hyn o godiadau sydyn ym mhrisiau olew effaith fawr ar gromlin cyflenwad cyfanredol tymor byr economi'r DU. Mae cynnydd ym mhrisiau olew yn cynyddu costau cwmnïau. Felly ar unrhyw lefel benodol o gynnyrch, rhaid i gwmnïau godi prisiau uwch er mwyn talu eu costau. O ganlyniad, mae cromlin y cyflenwad cyfanredol tymor byr yn symud i fyny. Cyfrannodd y codiadau ym mhrisiau olew yn 1973-75 ac 1979-81 yn fawr at y cynnydd mewn chwyddiant ar yr adeg a ddangosir yn

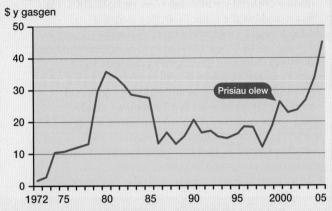

Ffigur 34.9 Pris olew

Ffynhonnell: addaswyd o *BP Statistical Review of World Energy*.

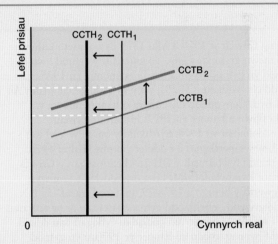

Ffigur 34.10 Effaith codiadau mawr ym mhrisiau olew ar y cyflenwad cyfanredol
Bydd codiad mawr ym mhris olew yn gwthio cromlin y cyflenwad cyfanredol tymor byr i fyny ac o bosibl yn gwthio cromlin y cyflenwad cyfanredol tymor hir i'r chwith.

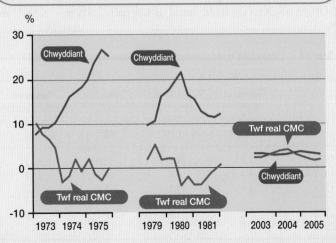

Ffigur 34.11 Twf economaidd a chwyddiant (RPI), fesul blwyddyn, mewn tri chyfnod o siociau olew

Ffynhonnell: addaswyd o *Economic Trends*, Swyddfa Ystadegau Cenedlaethol.

Ffigur 34.11. Ond ychydig iawn o effaith ar chwyddiant gafodd y cynnydd ym mhrisiau olew yn 2003-2005. Un rheswm oedd bod y maint cyfartalog o olew a ddefnyddiwyd i gynhyrchu £1 o CMC yn llai o lawer yn 2005 nag yn 1975 neu 1981. Mwy o effeithlonrwydd egni a dirywiad diwydiant gweithgynhyrchu oedd y prif resymau dros hyn. Rheswm arall dros effaith fach y cynnydd ym mhrisiau olew yn 2003-2005 oedd bod cwmnïau'r DU yn ei chael hi'n llawer mwy anodd trosglwyddo codiadau prisiau i'w cwsmeriaid nag yn 1975 neu 1981. Roedd yr hinsawdd economaidd yn fwy cystadleuol hefyd ac roedd cwmnïau'n tueddu i amsugno prisiau olew yn hytrach na'u trosglwyddo.

Mae llawer o economegwyr yn dadlau bod y codiadau ym mhrisiau olew yn 1973-1975 ac 1979-1981 hefyd wedi gostwng potensial cynhyrchiol economi'r DU, gan symud cromlin y cyflenwad cyfanredol tymor hir i'r chwith, fel y gwelir yn Ffigur 34.10. Roedd y cynnydd ym mhrisiau olew yn golygu bod peth cyfarpar cyfalaf oedd yn olew-ddwys yn aneconomaidd i'w redeg. Rhoddwyd y cyfarpar hwn o'r neilltu, ac yna fe'i sgrapiwyd, gan arwain at ostyngiad unwaith-ac-am-byth ym maint y cyfalaf yn yr economi. Gan fod yr economi'n llawer llai dibynnol ar olew yn 2003-2005, roedd y broses o sgrapio cyfarpar yn gymharol ddibwys. Roedd cwmnïau wedi dod yn amharod i fuddsoddi mewn offer a ddefnyddiai olew pan oedd amnewidion da ar gael, oherwydd bod arnynt ofn cynnydd mawr ym mhrisiau olew.

Cwestiwn Data

Cyflenwad cyfanredol, 1974–79

Rhwng Chwefror 1974 a Mai 1979 llywodraeth Lafur oedd mewn grym yn y DU. Yn aml caiff y cyfnod hwn ei ystyried yn gyfnod trychinebus i'r economi. Yn 1975 cododd chwyddiant i 24.2%, sef y gyfradd uchaf wedi'r Ail Ryfel Byd. Cynyddodd diweithdra o hanner miliwn yn 1974 i filiwn a hanner yn 1977. Hanerodd prisiau cyfranddaliadau yn 1974. Syrthiodd y bunt i'w lefel isaf erioed mewn perthynas â'r ddoler ym mis Hydref 1976. Bu'n rhaid i lywodraeth y DU gael benthyg gan y Gronfa Ariannol Ryngwladol (*IMF*) tua diwedd 1976 er mwyn codi gwerth y bunt. Yn 1978-79, yn ystod 'gaeaf anniddigrwydd', effeithiodd cyfres o streiciau ar yr economi wrth i weithwyr bwyso am godiadau cyflogau dau ddigid.

Fodd bynnag, roedd ail hanner yr 1970au yn gyfnod anodd i'r holl economïau diwydiannol. Gostyngodd cyfraddau twf ledled y byd wrth i economïau ymaddasu i sioc ochr-gyflenwad yr argyfwng olew cyntaf yn 1973-74. Mae Tabl 34.1 yn dangos bod twf CMC real yn economi'r DU yn uwch na'i gyfradd duedd dymor hir o 2.5% y flwyddyn mewn tair o'r chwe blynedd yn ystod y cyfnod; ac er mai 1.5% yn unig oedd cyfradd gyfartalog twf blynyddol dros y chwe blynedd, pe bai 1973 yn cael ei chynnwys, sef blwyddyn ffyniannus i'r economi, yna byddai cyfradd gyfartalog twf yn 2.3%. Roedd gwariant buddsoddiant yn yr economi yn ddisymud, gyda buddsoddiant fel canran o CMC yn gostwng ychydig. Roedd hyn, efallai, yn adlewyrchu diffyg hyder yn nyfodol yr economi. Er hynny, dylid cyferbynnu hyn â phrofiad rhan gyntaf yr 1980au. Gostyngodd buddsoddiant yn 1980 ac 1981 ac ni chyrhaeddodd lefelau 1979 tan 1984.

Roedd yr 1970au yn gyfnod chwyddiannol ledled y byd. Cynyddodd chwyddiant yn y DU o 7.5% yn 1972 i 15.9% yn 1974 a 24.1% yn 1975. Fodd bynnag, mabwysiadodd y llywodraeth bolisïau gwrthchwyddiannol cadarn yn 1975 a gostyngodd chwyddiant wedyn i 8.3% yn 1978, cyn codi eto i 13.4% yn 1979 wrth i bwysau o gyflogau a phrisiau mewnforion, gan gynnwys yr ail gyfres o godiadau ym mhrisiau olew, waethygu.

Tabl 34.1 Detholiad o ddangosyddion economaidd, y DU 1974-79

	Twf real CMC	Buddsoddiant crynswth	Chwyddiant (RPI)	Newid ym mhrisiau mewnforion	Newid mewn enillion cyfartalog
	%	% o CMC	%	%	%
1974	-1.5	14.8	15.9	46.2	18.5
1975	-0.6	14.6	24.1	14.1	26.6
1976	2.8	14.4	16.6	22.3	15.9
1977	2.4	13.9	15.9	15.8	8.8
1978	3.2	13.8	8.3	3.8	13.2
1979	2.8	13.8	13.4	6.4	15.2

Ffynhonnell: addaswyd o *Economic Trends Annual Supplement*, Swyddfa Ystadegau Cenedlaethol.

Ystyriwch y darn ysgrifenedig a'r tabl yn ofalus. Gan ddefnyddio diagramau, trafodwch beth ddigwyddodd i'r cyflenwad cyfanredol yn ail hanner yr 1970au:
(a) yn y tymor byr a
(b) yn y tymor hir.

35 Cynnyrch cytbwys

Crynodeb

1. *Mae'r economi mewn cydbwysedd pan fydd y galw cyfanredol yn hafal i'r cyflenwad cyfanredol.*
2. *Yn y model clasurol, lle mae cyflogau'n hollol hyblyg, bydd yr economi mewn cydbwysedd tymor hir ar gyflogaeth lawn. Yn y model Keynesaidd, lle mae cyflogau'n anhyblyg tuag i lawr, gall yr economi fod mewn cydbwysedd tymor hir ar lefel is na chyflogaeth lawn.*
3. *Yn y model clasurol bydd cynnydd yn y galw cyfanredol yn arwain at gynnydd mewn cynnyrch a phrisiau yn y tymor byr, ond yn y tymor hir bydd yn achosi cynnydd mewn prisiau yn unig. Yn y model Keynesaidd bydd cynnydd yn y galw cyfanredol yn chwyddiannol yn unig os ydy'r economi ar gyflogaeth lawn, ond bydd yn arwain at gynnydd mewn cynnyrch os ydy'r economi islaw cyflogaeth lawn.*
4. *Yn y model clasurol bydd cynnydd yn y cyflenwad cyfanredol tymor hir yn cynyddu cynnyrch ac yn gostwng prisiau. Byddai Keynesiaid yn cytuno â hyn yn gyffredinol, ond bydden nhw'n dadlau na fydd cynnydd yn y cyflenwad cyfanredol yn cael dim effaith ar gynnyrch na phrisiau os ydy'r economi mewn dirwasgiad.*
5. *Gall ffactorau sy'n effeithio ar y galw cyfanredol effeithio ar y cyflenwad cyfanredol ac i'r gwrthwyneb, ond efallai y bydd hyn yn digwydd dros gyfnodau gwahanol. Er enghraifft, bydd cynnydd mewn buddsoddiant yn debygol o gynyddu'r galw cyfanredol a'r cyflenwad cyfanredol.*

Cynnyrch cytbwys yn y tymor byr

Mae Unedau 33 a 34 yn amlinellu damcaniaethau galw cyfanredol a chyflenwad cyfanredol. Mae economegwyr Keynesaidd a chlasurol yn cytuno bod cromlin y galw cyfanredol yn goleddu i lawr yn y tymor byr tra bo cromlin y cyflenwad cyfanredol yn goleddu i fyny. Mae lefel cydbwysedd cynnyrch yn y tymor byr i'w chael lle mae cromliniau'r galw cyfanredol a'r cyflenwad cyfanredol yn croestorri. Yn Ffigur 35.1 lefel cydbwysedd incwm a chynnyrch yw OM. Y lefel brisiau gytbwys yw OP.

Cynnyrch cytbwys yn y tymor hir

Mae'r prif anghytuno ymhlith economegwyr yn ymwneud â chydbwysedd tymor hir yn yr economi. Mae economegwyr clasurol yn dadlau bod cromlin y cyflenwad cyfanredol yn fertigol yn y tymor hir, fel y dangosir yn Ffigur 35.2. Mae cydbwysedd tymor hir i'w gael lle mae cromlin y cyflenwad cyfanredol tymor hir (CCTH)

yn croestorri cromlin y galw cyfanredol. Felly, y cynnyrch cytbwys yw OM a'r lefel brisiau gytbwys yw OP. Yn gysylltiedig â'r lefel brisiau gytbwys dymor hir mae cromlin y cyflenwad cyfanredol tymor byr (CCTB) sy'n mynd trwy'r pwynt lle mae CCTH = GC. Mae cromlin y cyflenwad cyfanredol tymor hir yn dangos cromlin y cyflenwad ar gyfer yr economi ar gyflogaeth lawn (☞ uned 34). Felly ni all fod diweithdra yn y tymor hir yn ôl economegwyr clasurol.

Mae economegwyr Keynesaidd yn dadlau bod cromlin y cyflenwad cyfanredol tymor hir fel y dangosir yn Ffigur 35.3. Mae'r economi ar gyflogaeth lawn lle mae'r gromlin CCTH yn fertigol ar gynnyrch OR – yn hyn o beth maen nhw'n cytuno ag economegwyr clasurol. Fodd bynnag, gall yr economi fod mewn cydbwysedd ar lefel is na chyflogaeth lawn. Yn Ffigur 35.3 lefel cydbwysedd cynnyrch yw OM lle mae'r gromlin GC yn croestorri'r gromlin CCTH. Y pwynt allweddol lle mae anghytuno rhwng economegwyr clasurol a Keynesaidd yw i ba raddau y bydd gweithwyr yn ymateb i ddiweithdra drwy dderbyn gostyngiadau cyflogau real.

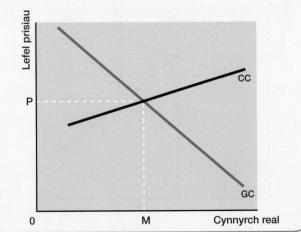

Ffigur 35.1 Cynnyrch cytbwys
Gwelir lefel cydbwysedd cynnyrch gwladol ar groestorfan cromliniau'r galw cyfanredol a'r cyflenwad cyfanredol sef OM. Y lefel brisiau gytbwys yw OP.

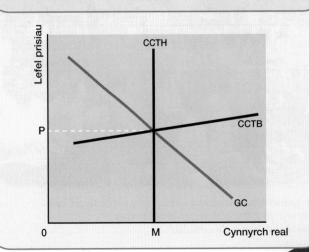

Ffigur 35.2 Cydbwysedd tymor hir yn y model clasurol
Cynnyrch cytbwys tymor hir yw OM, sef lefel cynnyrch cyflogaeth lawn, gan fod cyflogau'n hyblyg i lawr yn ogystal ag i fyny.

237

Ffigur 35.3 Cydbwysedd tymor hir yn y model Keynesaidd
Gall cynnyrch cytbwys tymor hir OM fod yn is na lefel cynnyrch cyflogaeth lawn OR oherwydd efallai na fydd cyflogau real yn gostwng pan fydd diweithdra.

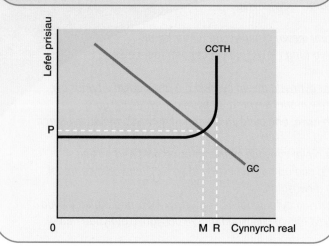

Mae economegwyr clasurol yn dadlau y bydd cynnydd mewn diweithdra yn arwain yn fuan at ostyngiadau mewn cyflogau real. Bydd y gostyngiadau hyn yn cynyddu'r galw am lafur ac yn gostwng ei gyflenwad, gan ddychwelyd yr economi i gyflogaeth lawn yn gyflym ac yn awtomatig. Mae economegwyr fel Patrick Minford, o garfan disgwyliadau rhesymegol, yn dadlau bod yr anghydbwysedd tymor byr hwn yn cael ei unioni mor gyflym fel y gall y tymor byr gael ei anwybyddu. Mae economegwyr Keynesaidd, ar y llaw arall, yn dadlau bod cyflogau arian yn anhyblyg tuag i lawr. Bydd gweithwyr yn gwrthod derbyn gostyngiadau cyflogau arian ac yn gwrthwynebu'n frwd gostyngiadau yn eu cyflog real. Felly dim ond efallai dros gyfnod hir iawn y bydd y farchnad lafur yn clirio, cyfnod mor hir nad yw o bosibl yn werth ei ystyried.

Ar ôl amlinellu damcaniaeth o gynnyrch cytbwys, mae'n bosibl gweld nawr beth sy'n digwydd os bydd y galw cyfanredol neu'r cyflenwad cyfanredol yn newid.

Beth fyddai'r effaith ar incwm cytbwys yn y tymor hir pe bai'r gweithwyr yn y ffotograff (a) yn llwyddiannus a
(b) yn aflwyddiannus â'u ceisiadau?

Cynnydd yn y galw cyfanredol

Tybiwch fod cynnydd yn y galw cyfanredol yn yr economi gyda'r cyflenwad cyfanredol tymor hir yn ddigyfnewid i ddechrau. Er enghraifft, efallai y bydd cynnydd yng nghyflogau gweithwyr yn y sector cyhoeddus gyda chynnydd yn y cyflenwad arian yn talu am hynny, neu efallai y bydd gostyngiad yn y tueddfryd ffiniol i gynilo a chynnydd yn y tueddfryd ffiniol i dreulio. Bydd cynnydd yn y galw cyfanredol yn gwthio'r gromlin GC i'r dde. Mae'r modelau clasurol a Keynesaidd yn rhoi casgliadau gwahanol ynghylch effaith hyn.

Y model clasurol Bydd cynnydd yn y galw cyfanredol, sy'n symud cromlin y galw cyfanredol o GC_1 i GC_2 yn Ffigur 35.4, yn symud yr economi o A i B. Bydd symudiad ar hyd cromlin y cyflenwad cyfanredol tymor byr. Bydd cynnyrch yn cynyddu o OL i OM ac ynghyd â hyn bydd cynnydd bach yn lefel prisiau o ON i OP.

Ond nawr mae'r economi mewn anghydbwysedd tymor hir. Lefel cynnyrch cyflogaeth lawn yw OL, a ddangosir gan safle cromlin y cyflenwad cyfanredol tymor hir. Felly mae'r economi'n gweithredu ar gyflogaeth orlawn. Bydd cwmnïau'n ei chael hi'n anodd recriwtio llafur, prynu defnyddiau crai a dod o hyd i swyddfeydd newydd neu le ffatri. Byddan nhw'n ymateb drwy gynnig mwy a gwthio cyflogau a chostau eraill i fyny. Mae cromlin y cyflenwad cyfanredol tymor byr yn cael ei luniadu ar sail y dybiaeth bod cyfraddau cyflogau a chostau eraill yn ddigyfnewid. Felly bydd cynnydd yng nghyfraddau cyflogau yn symud cromlin y cyflenwad cyfanredol tymor byr i fyny. Bydd y cynnyrch cytbwys tymor byr yn gostwng a bydd prisiau'n parhau i godi. Ni fydd yr economi'n dychwelyd i gydbwysedd tymor hir nes bod cromlin y cyflenwad cyfanredol tymor byr wedi symud i fyny o $CCTB_1$ i $CCTB_2$ fel bo'r galw cyfanredol yn hafal eto i'r cyflenwad cyfanredol tymor hir yn C.

Casgliad y model clasurol yw y bydd cynnydd yn y galw cyfanredol yn cynyddu prisiau a chynnyrch i ddechrau (y symudiad o A i B yn Ffigur 35.4). Dros amser bydd prisiau'n parhau i godi ond bydd cynnyrch yn gostwng wrth i'r economi symud yn ôl tuag at gydbwysedd tymor hir (y symudiad o B i C). Yn y tymor hir bydd

Ffigur 35.4 Y model clasurol yn y tymor byr a'r tymor hir
Bydd cynnydd yn y galw cyfanredol a ddangosir gan symudiad y gromlin GC i'r dde yn arwain at symudiad ar hyd y gromlin CCTB. Bydd cynnydd a phrisiau yn cynyddu. Yn y tymor hir bydd y gromlin CCTB yn symud i fyny gyda chydbwysedd tymor hir yn cael ei ailsefydlu yn C. Mae'r cynnydd yn y galw wedi arwain at gynnydd yn lefel prisiau yn unig.

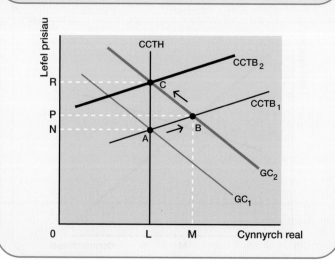

cynnydd yn y galw cyfanredol yn arwain at gynnydd yn lefel prisiau yn unig (o A i C). Ni fydd dim effaith ar y cynnyrch cytbwys. Felly bydd cynnydd yn y galw cyfanredol heb unrhyw newid yn y cyflenwad cyfanredol tymor hir yn chwyddiannol yn unig.

Y model Keynesaidd Yn y model Keynesaidd mae siâp cromlin y cyflenwad cyfanredol tymor hir yn debyg i'r hyn a welir yn Ffigur 35.5. Byddai Keynesiaid yn cytuno ag economegwyr clasurol y bydd cynnydd yn y galw cyfanredol o, dyweder, GC₄ i GC₅ yn chwyddiannol yn unig os ydy'r economi eisoes ar gyflogaeth lawn yn OD.

Ond os ydy'r economi mewn dirwasgiad dwfn, fel a gafwyd yn y DU yn rhan gyntaf yr 1930au, bydd cynnydd yn y galw cyfanredol yn arwain at gynnydd mewn cynnyrch heb gynnydd mewn prisiau. Bydd y symudiad yn y galw cyfanredol o GC₁ i GC₂ yn cynyddu'r cynnyrch cytbwys o OA i OB heb gynyddu lefel prisiau o OP gan

fod adnoddau ar gael sydd heb eu defnyddio.

Y trydydd posibilrwydd yw bod yr economi ychydig islaw cyflogaeth lawn, e.e. yn OC yn Ffigur 35.5. Yna bydd cynnydd yn y galw cyfanredol o GC₃ i GC₄ yn cynyddu'r cynnyrch cytbwys a phrisiau cytbwys.

Yn y model Keynesaidd, efallai y bydd cynnydd yn y galw cyfanredol yn effeithiol o ran cynyddu'r cynnyrch cytbwys neu efallai na fydd. Mae'n dibynnu ar safle'r economi: ydy'r economi islaw cyflogaeth lawn neu ar gyflogaeth lawn?

Cynnydd yn y cyflenwad cyfanredol tymor hir

Mae cynnydd yn y cyflenwad cyfanredol tymor hir yn golygu bod cynnyrch posibl yr economi wedi cynyddu (h.y. cafwyd twf economaidd go iawn). Mae cynnydd yn y cyflenwad cyfanredol tymor hir nad yw'n debygol o symud cromlin y galw cyfanredol yn gallu digwydd os ydy, er enghraifft, cymhellion i weithio yn cynyddu neu os oes newid mewn technoleg.

Y model clasurol Yn y model clasurol bydd cynnydd yn y cyflenwad cyfanredol tymor hir yn arwain at gynnyrch uwch a phrisiau is. Yn Ffigur 35.6 bydd symudiad cromlin y cyflenwad cyfanredol o CCTH₁ i CCTH₂ yn cynyddu'r cynnyrch cytbwys o OL i OM. Hefyd bydd prisiau cytbwys yn gostwng o ON i OP. Cymharwch y casgliad hwn â'r hyn sy'n digwydd pan fydd y galw cyfanredol yn cynyddu yn y model clasurol – cynnydd mewn prisiau heb gynnydd mewn cynnyrch. Nid yw'n syndod bod economegwyr clasurol mor gadarn o blaid **polisïau ochr-gyflenwad** (☞ uned 38 – dyma pam y cyfeirir atynt yn aml fel economegwyr 'ochr-gyflenwad').

Y model Keynesaidd Yn y model Keynesaidd, a welir yn Ffigur 35.7, bydd cynnydd yn y cyflenwad cyfanredol yn cynyddu cynnyrch ac yn gostwng prisiau os ydy'r economi ar gyflogaeth lawn. Gyda'r galw cyfanredol yn GC₁, bydd symudiad cromlin y cyflenwad cyfanredol o CCTH₁ i CCTH₂ yn cynyddu cynnyrch cytbwys cyflogaeth lawn o Y_E i Y_F. Os ydy'r economi ychydig yn is na chyflogaeth lawn, gyda'r galw cyfanredol yn GC₂, bydd symudiad y gromlin CCTH i'r dde yn dal i fod yn fuddiol i'r

---

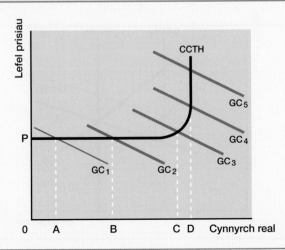

Ffigur 35.5 Y model Keynesaidd
Os ydy'r economi eisoes ar gyflogaeth lawn, bydd cynnydd yn y galw cyfanredol yn y model Keynesaidd yn creu bwlch chwyddiannol heb gynyddu cynnyrch. Mewn dirwasgiad, bydd cynnydd yn y galw cyfanredol yn cynyddu cynnyrch ond nid prisiau. Os ydy'r economi ychydig islaw cyflogaeth lawn, bydd cynnydd yn y galw cyfanredol yn cynyddu cynnyrch a phrisiau.

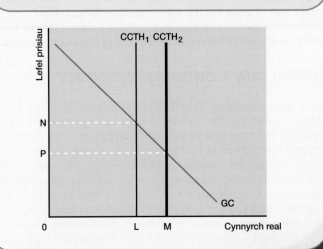

Ffigur 35.6 Cynnydd yn y cyflenwad cyfanredol yn y model clasurol
Bydd symudiad y gromlin CCTH i'r dde yn cynyddu'r cynnyrch cytbwys ac yn gostwng lefel prisiau.

Ffigur 35.7 Cynnydd yn y cyflenwad cyfanredol yn y model Keynesaidd
Bydd effaith cynnydd yn y cyflenwad cyfanredol tymor hir yn dibynnu ar safle cromlin y galw cyfanredol. Os ydy'r economi ar gyflogaeth lawn neu'n agos ati, bydd cynnydd yn y CCTH yn cynyddu cynnyrch ac yn gostwng prisiau. Ond os ydy'r economi mewn dirwasgiad yn Y_D, ni fydd cynnydd yn y CCTH yn cael dim effaith ar yr economi.

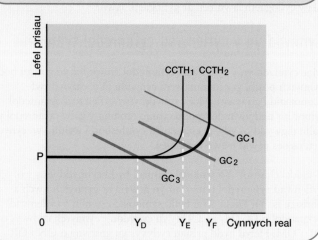

economi, gan gynyddu cynnyrch a gostwng prisiau. Ond dydy Keynesiaid ddim yn cytuno ag economegwyr clasurol y gall mesurau ochr-gyflenwad fod yn effeithiol mewn dirwasgiad. Os mai GC_3 yw cromlin y galw cyfanredol, dydy cynnydd yn y cyflenwad cyfanredol ddim yn cael effaith ar y cynnyrch cytbwys. Mae'n aros yn Y_D. Dim ond cynnydd yn y galw cyfanredol fydd yn symud yr economi allan o ddirwasgiad.

Mae'n bosibl deall nawr un o'r dadleuon pwysicaf yn hanes economeg. Yn ystod yr 1930au dadleuodd economegwyr clasurol mai'r unig ffordd i gael y miliynau o bobl di-waith yn ystod y Dirwasgiad Mawr yn ôl yn gweithio oedd mabwysiadu mesurau ochr-gyflenwad – fel gostwng budd-daliadau di-waith, lleihau grym undebau llafur a gostwng cyfraddau ffiniol trethi a gwariant y llywodraeth. Ymosododd John Maynard Keynes ar y gred gonfensiynol hon drwy awgrymu bod y dirwasgiad wedi'i achosi gan ddiffyg galw ac awgrymu ei bod hi'n gyfrifoldeb ar y llywodraeth i gynyddu lefel y galw cyfanredol. Cafwyd yr un ddadl eto yn y DU yn rhan gyntaf yr 1980au. Y tro hwn Keynesiaid oedd â'r gred gonfensiynol. Roedden nhw'n awgrymu mai'r unig ffordd gyflym o gael y miliynau oedd yn swyddogol ddi-waith yn ôl yn gweithio oedd ehangu'r galw cyfanredol. Yng Nghyllideb 1981 aeth y llywodraeth yn groes i hynny – gostyngodd ei diffyg cyllidol rhagamcanol, gan ostwng y galw cyfanredol, a dadleuodd mai'r unig ffordd o wella diweithdra oedd gwella ochr gyflenwad yr economi.

Cynyddu galw a chyflenwad cyfanredol

Mewn micro-economeg, dydy ffactorau sy'n symud cromlin y galw **ddim** yn symud cromlin y cyflenwad hefyd ac i'r gwrthwyneb. Er enghraifft, bydd cynnydd yn y costau cynhyrchu yn symud cromlin cyflenwad nwydd ond **ni** fydd yn symud cromlin y galw am y nwydd (er y gall fod **symudiad ar hyd** cromlin y galw o ganlyniad). Ond mewn dadansoddiad galw cyfanredol a chyflenwad cyfanredol mewn macro-economeg, mae'n eithaf posibl y bydd ffactorau sy'n symud y naill gromlin yn symud y llall hefyd. Er enghraifft, tybiwch fod cwmnïau'n cynyddu eu buddsoddiant bwriedig. Bydd hyn yn cynyddu lefel y galw cyfanredol. Ond yn y

---

Cwestiwn 3

Ym mis Mehefin 1995 datgelodd llywodraeth newydd yn Ffrainc gyllideb arw oedd â'r bwriad o ostwng lefelau diweithdra 700 000 a gostwng diffyg cyllidol uchel o 5.7% o CMC i 5.1% o CMC o fewn y flwyddyn gyllidol. Roedd y mesurau'n cynnwys:

- gostyngiad sylweddol o 19 biliwn o ffranciau yng ngwariant y llywodraeth, yn effeithio ar bob adran ar wahân i gyfiawnder a diwylliant, gydag amddiffyn yn dwyn bron 50% o'r toriadau;
- cynnydd mewn treth gorfforaeth o 33.3% i 36.6%;
- cynnydd yng nghyfradd safonol TAW o 18.6% i 20.6%;
- cynnydd o 10% yn y dreth ar gyfoeth;
- gostyngiad o 40% mewn trethi cyflogaeth y mae cwmnïau'n eu talu ar gyflogi gweithwyr ar neu'n agos at lefel y lleiafswm cyflog;
- rhaglenni newydd wedi'u targedu'n arbennig at bobl ifanc mewn trafferthion, yn cynnig hyfforddiant, prentisiaeth a pholisïau eraill i ddod â phobl i mewn i'r gweithlu;
- cynnydd o 4% yn y lleiafswm cyflog;
- cynnydd o 0.5% ym mhensiynau'r wladwriaeth;
- mesurau i ysgogi'r farchnad dai, yn canolbwyntio'n arbennig ar lety i bobl ar incwm is.

Gan ddefnyddio diagramau, eglurwch pa effaith y byddai'r mesurau hyn yn ei chael ar y cyflenwad cyfanredol yn ôl:
(a) economegwyr clasurol neu ochr-gyflenwad;
(b) economegwyr Keynesaidd.

---

tymor hir bydd yn cynyddu lefel y cyflenwad cyfanredol hefyd. Bydd cynnydd mewn buddsoddiant yn cynyddu stoc cyfalaf yr economi. Felly bydd potensial cynhyrchiol yr economi yn cynyddu. Gallwn ddefnyddio dadansoddiad galw a chyflenwad cyfanredol i ddangos effeithiau cynnydd mewn buddsoddiant.

Yn y model clasurol bydd cynnydd mewn buddsoddiant i ddechrau yn symud cromlin y galw cyfanredol yn Ffigur 35.8 i'r dde o GC_1 i GC_2. Yna bydd symudiad ar hyd cromlin y cyflenwad

Ffigur 35.8 Cynnydd mewn gwariant buddsoddiant
Bydd cynnydd mewn buddsoddiant yn cynyddu'r galw cyfanredol o GC_1 i GC_2, a bydd yn debygol o symud cromlin y cyflenwad cyfanredol tymor hir o $CCTH_1$ i $CCTH_2$. Y canlyniad yw cynnydd mewn cynnyrch a gostyngiad bach mewn prisiau.

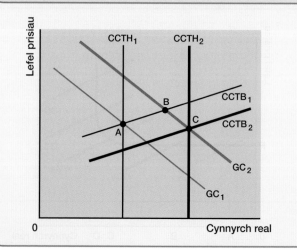

cyfanredol tymor byr o A i B. Nawr mae yna anghydbwysedd tymor hir. Bydd y modd y caiff hwn ei ddatrys yn dibynnu ar pa mor gyflym y bydd y buddsoddiant yn weithredol ac yn dechrau cynhyrchu nwyddau a gwasanaethau. Tybiwch fod hyn yn digwydd yn weddol gyflym. Yna bydd cromlin y cyflenwad cyfanredol tymor hir yn symud i'r dde, o CCTH$_1$ i CCTH$_2$ dyweder. Bydd cydbwysedd tymor hir i'w gael eto yn C. Mae cynnyrch wedi cynyddu ac mae lefel prisiau wedi gostwng ychydig. Hefyd bydd cromlin cyflenwad cyfanredol tymor byr newydd, CCTB$_2$. Mae islaw cromlin wreiddiol y cyflenwad cyfanredol tymor byr oherwydd y tybir bod buddsoddiant wedi gostwng costau cynhyrchu.

Dydy pob buddsoddiant ddim yn arwain at lefel uwch o gynhyrchu. Er enghraifft, bydd gosod offer mewn siop newydd sy'n mynd i law'r derbynnydd o fewn ychydig fisoedd yn cynyddu'r galw cyfanredol ond nid y cyflenwad cyfanredol tymor hir. Felly ni fydd cromlin y cyflenwad cyfanredol tymor hir yn symud a bydd y cynnydd mewn buddsoddiant yn chwyddiannol yn unig. Hefyd, gallai buddsoddiant gael ei gyfeirio'n wael. Gallai'r cynnydd yn y

galw cyfanredol fod yn fwy na'r cynnydd yn y cyflenwad cyfanredol tymor hir. Yma bydd cynnydd yn y cynnyrch cytbwys ond hefyd bydd cynnydd mewn prisiau. I ba raddau y bydd buddsoddiant yn cynyddu cynnyrch ac yn cyfrannu at leihau pwysau chwyddiannol? Mae hynny'n dibynnu ar i ba raddau y mae'n rhoi cyfradd adennill uchel yn y tymor hir.

Cwestiwn 4

Gan ddefnyddio model clasurol o'r economi, eglurwch effaith y canlynol ar: (i) galw cyfanredol; (ii) cyflenwad cyfanredol tymor byr; (iii) cynnyrch a phrisiau yn y tymor hir.
(a) Cynnydd o 10% mewn enillion.
(b) Cynnydd mewn gwariant real gan y llywodraeth ar addysg a hyfforddiant.
(c) Cynnydd yn y gyfradd llog real dymor hir gyfartalog o 3% i 5%.

Economeg gymhwysol

Chwyddwasgiad, 1974-76, 1979-1981 ac 1988-1990

Mewn model Keynesaidd syml, cysylltir chwyddiant cynyddol â diweithdra gostyngol ac i'r gwrthwyneb. Roedd profiad yr 1950au a'r 1960au yn tueddu i gefnogi'r rhagdybiaeth bod yna wrthddewis rhwng y newidynnau hyn. Fodd bynnag, roedd chwyddiant a diweithdra ar gynnydd yn 1974-75, 1979-1981 ac 1988-90, fel y gwelir yn Ffigur 35.9. Gelwir y cyfuniad hwn o farweidd-dra a chwyddiant yn **chwyddwasgiad** (*stagflation*).

Achoswyd chwyddwasgiad y ddau gyfnod cyntaf gan godiad mawr ym mhrisiau olew, oedd yn enghraifft o sioc ochr-gyflenwad allanol i'r economi. Cafodd y codiad hwn yr effaith o godi cromlin y cyflenwad cyfanredol tymor byr (☞ uned 34) o CCTB$_1$ i CCTB$_2$ yn Ffigur 35.10. Symudodd yr economi o A i B. Fel y gwelir yn y diagram, cododd prisiau a gostyngodd cynnyrch.

Yn yr argyfwng olew cyntaf, cododd chwyddiant o 9.1% yn 1973 i 15.9% yn 1974 a 24.1% yn 1975, cyn syrthio'n ôl i 16.5% yn 1976. Ar y llaw arall, gostyngodd CMC real 1.5% yn 1974 a 0.8% yn 1975, cyn dechrau symud i fyny eto yn 1976.

Yn yr ail argyfwng olew, cododd chwyddiant o 8.3% yn 1978 i 13.4% yn 1979 ac 18.0% yn 1980, cyn syrthio'n ôl eto yn 1981. Gostyngodd CMC real 2% yn 1980 ac 1.2% yn 1981.

Byddai'r model clasurol yn awgrymu, â phopeth arall yn gyfartal, y byddai'r economi'n syrthio'n ôl i A o B. Byddai cyflogaeth lawn yn dychwelyd ar yr hen lefel brisiau. Mae'r ffigurau uchod yn dangos na ddigwyddodd hyn. Y rheswm oedd bod cromlin y galw cyfanredol wedi symud i'r dde ar yr un adeg ag y symudodd cromlin y cyflenwad cyfanredol i'r chwith. Achosodd hyn i

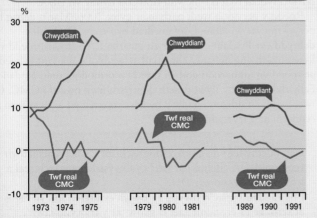

Ffigur 35.9 *Chwyddwasgiad: chwyddiant a thwf economaidd, 1973-75, 1979-81, 1989-91*

Ffynhonnell: addaswyd o *Economic Trends Annual Supplement*, Swyddfa Ystadegau Cenedlaethol.

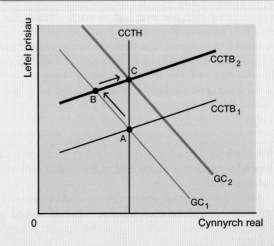

Ffigur 35.10 *Chwyddwasgiad a achosir gan siociau ochr-gyflenwad*

chwyddiant barhau wrth i gynnyrch godi o 1976 ac eto o 1982. Roedd y cynnydd yn y galw cyfanredol yn y cyfnod cyntaf yn rhannol yn ganlyniad i'r llywodraeth Lafur ar y pryd yn cynyddu'r diffyg cyllidol yn ogystal â chynnydd yn y cyflenwad arian (cafodd y chwyddiant ei **ddiwallu**). Mae amcangyfrifon y Trysorlys o'r bwlch cynnyrch yn awgrymu bod yr economi wedi dychwelyd i'w botensial cynhyrchiol tymor hir, yn C yn Ffigur 35.10, yn 1978. Yn yr ail gyfnod, 1979-1981, cododd trethi a gostyngodd gwariant y llywodraeth yn ystod y dirywiad yn yr economi, er i'r cyflenwad arian gynyddu eto. Y gwahaniaeth hwn yn yr agwedd gyllidol sy'n rhannol egluro pam y bu'r cynnydd mewn diweithdra yn is a'r cynnydd mewn chwyddiant yn uwch yn y cyfnod cyntaf nag yn yr ail gyfnod. Gellir dadlau y bu symudiad cromlin y galw cyfanredol i'r dde yn fwy yng nghanol yr 1970au nag yn rhan gyntaf yr 1980au.

Canlyniad hyn oedd bod yr economi wedi cymryd llawer mwy o amser i ddychwelyd i bwynt C ar ei gromlin CCTH yn yr ail gyfnod. Yn ôl amcangyfrifon y Trysorlys o'r bwlch cynnyrch, ni ddigwyddodd hyn tan 1986.

Roedd y cyfnod o chwyddwasgiad rhwng 1988 ac 1990 yn wahanol i'r ddau gyfnod blaenorol. Achoswyd y chwyddwasgiad hwn gan sioc ochr-alw yn hytrach na sioc ochr-gyflenwad. Roedd y llywodraeth Geidwadol yn rhannol gyfrifol am fegino ffyniant anghynaliadwy yn

1986-88, a alwyd yn 'ffyniant Lawson' ar ôl Nigel Lawson, Canghellor y Trysorlys ar y pryd. Pan ddechreuodd chwyddiant godi, ymateb y llywodraeth oedd codi cyfraddau llog o 7.5% ym mis Mai 1988 i 15% ym mis Hydref 1989 a'u cadw nhw ar y lefelau hynny am bron blwyddyn. Roedd hyn, ynghyd â gwerth uchel y bunt, yn gyfrifol am greu enciliad hir a barhaodd tan ddiwedd 1992 er gwaetha'r ffaith bod chwyddiant wedi cyrraedd ei anterth yn nhrydydd chwarter 1990. Ni ddychwelodd yr economi i gynhyrchu ar y gromlin CCTH tan 1997.

Yn y tri chyfnod hyn o chwyddwasgiad, roedd cromlin y cyflenwad cyfanredol tymor hir yn ôl bob tebyg yn dal i symud i'r dde. Roedd potensial cynhyrchiol yr economi yn cynyddu er gwaetha'r gostyngiad a gofnodwyd mewn CMC. Fodd bynnag, mae rhai economegwyr yn dadlau bod y cyfnodau hyn o chwyddwasgiad wedi dinistrio peth o'r potensial cynhyrchiol hwnnw. Roedd cyfarpar cyfalaf yn segur oherwydd diffyg galw, ac fe'i sgrapiwyd. Bu gweithwyr yn ddi-waith am gyfnod hir gan golli sgiliau a chymhelliant gyda rhai byth yn gweithio eto. Yn ôl y ddadl hon, mae chwyddwasgiad yn gyfrifol am arafu twf potensial cynhyrchiol yr economi. Felly mae cromlin y cyflenwad cyfanredol tymor hir yn symud yn arafach i'r dde, gan arwain at gynnyrch cytbwys sy'n is yn barhaol a lefel prisiau sy'n uwch.

Cwestiwn Data — Economi'r DU, 2005-06

Ni fu 2005 yn flwyddyn ffyniannus i'r economi. Roedd twf economaidd yn is na'r duedd tra bo diweithdra wedi codi ychydig bach. Roedd y farchnad dai yn dawel, gyda chynnydd cyfartalog o 5% 'yn unig' ym mhrisiau tai, hyd yn oed os gellir dadlau mai 5% oedd cyfradd twf tymor hir cywir prisiau tai. Doedd defnyddwyr ddim yn cynyddu eu gwariant gymaint ag y gwnaethant mewn blynyddoedd blaenorol, oherwydd amrywiaeth o ffactorau fel cyfraddau llog uwch, prisiau uwch am betrol a biliau uwch am nwy a thrydan.

Ar yr yn pryd, gallai 2005 fod wedi bod yn waeth o lawer. Gallai prisiau olew a fu'n uwch na $60 y gasgen ar adegau, sef bron dwywaith y pris 12 mis ynghynt, fod wedi achosi chwyddiant uwch o lawer, fel y gwnaeth yn yr 1970au. Gallai'r prisiau uwch am olew a'r cynnydd sylweddol cyffredinol ym mhrisiau byd-eang cynwyddau fod wedi tanio enciliad yn yr economi byd-eang, gan achosi i allforion Prydain ostwng yn sylweddol ac arwain y wlad i enciliad hefyd. Gallai defnyddwyr fod wedi dychryn o weld

amodau economaidd yn dirywio a phenderfynu cwtogi ar eu benthyca a chynyddu eu cynilo drwy ostwng eu gwariant yn sylweddol. Gallai economi UDA, gyda'i hanghydbwyseddau enfawr, fod wedi mynd i mewn i enciliad yn sydyn. Roedd hi'n parhau i fod yn fregus iawn yn wyneb benthycwyr tramor oedd yn ariannu diffyg cyfrif cyfredol UDA oedd yn fwy na 5% o CMC. Pe bai'r arian hwnnw yn peidio, byddai gwerth y ddoler yn gostwng yn sydyn, byddai mewnforion UDA yn lleihau'n sylweddol ac allforion o'r DU fyddai rhai o'r mewnforion coll hynny yn UDA.

Roedd y peryglon wedi parhau ar gyfer 2006. Mae'n debyg bod y perygl mwyaf yn allanol, sef enciliad byd-eang. Ond gallai defnyddwyr Prydain gwtogi ar eu gwariant. Yn ffodus, roedd y llywodraeth yng nghanol ehangiad sylweddol o wariant cyhoeddus ac roedd yn amharod i godi ei threthi'n ormodol i dalu amdano. Felly dylai sector y llywodraeth ddarparu hwb positif i CMC. Gyda lwc, byddai'n ddigon i gadw'r bwlch cynnyrch yn agos at sero a'r economi ar y trywydd iawn.

1. Amlinellwch (a) y ffactorau ochr-alw a (b) y ffactorau ochr-gyflenwad a ddylanwadodd ar lefel cydbwysedd cynnyrch gwladol yn 2005.
2. Gan ddefnyddio diagram, eglurwch pam roedd y cynnydd mewn cynnyrch gwladol real yn isel ac 'yn is na'r duedd' yn 2005.
3. Gan ddefnyddio diagram, esboniwch sut y gallai enciliad yn economi UDA effeithio ar lefel cydbwysedd cynnyrch real a lefel prisiau economi'r DU.
4. I ba raddau y mae'n bwysig i'r bwlch cynnyrch fod yn 'agos at sero' ac i'r economi gael ei gadw 'ar y trywydd iawn'?

Crynodeb

1. Mae polisi cyllidol, sef trin gwariant y llywodraeth, trethi a benthyca, yn effeithio ar y galw cyfanredol.
2. Mae effaith newid yng ngwariant y llywodraeth neu drethi ar y galw cyfanredol yn cael ei gynyddu oherwydd effaith y lluosydd.
3. Mae economegwyr clasurol yn dadlau na all polisi cyllidol effeithio ar lefel cynnyrch yn y tymor hir. Felly, ni all ddylanwadu ar ddiweithdra, ond gall gynyddu chwyddiant.
4. Mae economegwyr Keynesaidd yn dadlau y gall polisi cyllidol effeithio ar gynnyrch a phrisiau. Felly, gall polisi cyllidol gael ei ddefnyddio i ddylanwadu ar chwyddiant a diweithdra.
5. Ni all polisi cyllidol, fel polisi ochr-alw, ddylanwadu ar dwf economaidd tymor hir, ond gellir ei ddefnyddio i helpu economi allan o enciliad neu i ostwng pwysau galw yn ystod ffyniant.
6. Gall polisi cyllidol, trwy ei effaith ar y galw cyfanredol, ddylanwadu ar fewnforion a'r fantol gyfredol.

Polisi cyllidol

Mae llywodraeth y DU wedi bod yn gyfrifol am rhwng 40% a 50% o'r gwariant gwladol dros yr 20 mlynedd diwethaf. Prif feysydd gwariant cyhoeddus yw'r Gwasanaeth Iechyd Gwladol, amddiffyn, addysg a ffyrdd. Hefyd, mae'r llywodraeth yn gyfrifol am drosglwyddo symiau mawr o arian o gwmpas yr economi trwy ei gwariant ar fudd-daliadau nawdd cymdeithasol ac Yswiriant Gwladol. Mae hyn oll yn cael ei ariannu yn bennaf trwy drethi fel treth incwm a TAW.

Ers yr Ail Ryfel Byd go brin y mae llywodraethau wedi mantoli eu cyllidebau (h.y. go brin y maent wedi cynllunio i hafalu eu gwariant a'u derbyniadau). Yn y rhan fwyaf o flynyddoedd maen nhw wedi cael DIFFYG CYLLIDOL, gan wario mwy nag y maent yn ei dderbyn. O ganlyniad, yn y rhan fwyaf o flynyddoedd mae llywodraethau wedi gorfod cael benthyg arian. Yn y DU defnyddir y term GOFYNIAD ARIAN NET Y SECTOR CYHOEDDUS (PSNCR) am fenthyciad y sector cyhoeddus (llywodraeth ganolog, llywodraeth leol a chyrff gwladwriaethol eraill fel diwydiannau gwladoledig) dros gyfnod. Yn y gorffennol y term a ddefnyddiwyd oedd Gofyniad Benthyca'r Sector Cyhoeddus (PSBR). Yn ystod dau gyfnod, sef 1969-70 ac 1988-90, derbyniodd llywodraeth y DU fwy o dderbyniadau nag y gwnaeth ei wario. Yn lle'r diffyg cyllidol arferol cafwyd GWARGED CYLLIDOL. Wedyn mae yna PSNCR negydol. Mae gwarged cyllidol yn caniatáu i'r llywodraeth ad-dalu rhan o'r ddyled y mae wedi'i chronni. Mae'r ddyled hon, y DDYLED WLADOL, yn dyddio'n ôl i gychwyn Banc Lloegr yn 1694.

Rhaid i'r llywodraeth wneud penderfyniadau ynghylch maint ei gwariant, ei threthi a'i benthyca. Rhaid iddi benderfynu hefyd ar gyfansoddiad ei gwariant a'i threthi. Ddylai wario mwy ar addysg a llai ar amddiffyn? Ddylai dorri treth incwm drwy gynyddu tollau ecseis? Y penderfyniadau hyn ynghylch gwariant, trethi a benthyca yw POLISI CYLLIDOL y llywodraeth.

Mae dau ddyddiad allweddol yn y flwyddyn ar gyfer polisi cyllidol. Un yw diwrnod y GYLLIDEB ym mis Mawrth. Yn y Gyllideb mae'r Canghellor yn rhoi rhagfynegiad o wariant y llywodraeth a threthi yn y flwyddyn ariannol nesaf. Cyhoeddir newidiadau mewn trethi hefyd. Mae'r dyddiad allweddol arall i'w gael ym mis Tachwedd neu Ragfyr gyda'r Canghellor yn rhoi ei **Adroddiad cyn y Gyllideb**. Yn yr adroddiad hwn mae'r Canghellor yn rhoi rhagfynegiad arall o wariant y llywodraeth a threthi ac mae'n cyhoeddi cynlluniau gwariant y llywodraeth am y flwyddyn. Mae'r flwyddyn ariannol yn y DU yn dechrau ar 6 Ebrill ac yn rhedeg tan 5 Ebrill y flwyddyn ganlynol.

Galw cyfanredol

Mae newidiadau yng ngwariant y llywodraeth a threthi yn cael effaith ar y galw cyfanredol. Bydd cynnydd yng ngwariant y llywodraeth,

Cwestiwn 1

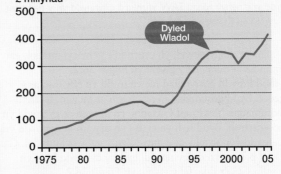

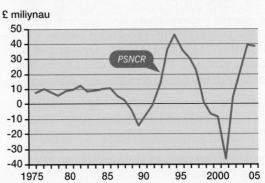

Ffigur 36.1 PSNCR a'r Ddyled Wladol[1]

[1] Defnyddir blynyddoedd ariannol, e.e. Ebrill 1974 hyd at fis Mawrth 1975 yw 1975.
Ffynhonnell: addaswyd o *Monthly Digest of Statistics*, Swyddfa Ystadegau Cenedlaethol.

(a) (i) Beth yw ystyr *PSNCR*? (ii) Ym mha flynyddoedd y cafodd y llywodraeth warged cyllidol?
(b) Gan ddefnyddio enghreifftiau o'r data, eglurwch y cyswllt rhwng y *PSNCR* a'r Ddyled Wladol.
(c) Pe bai llywodraeth eisiau ad-dalu ei Dyled Wladol dros nifer o flynyddoedd, sut y gallai gyflawni hyn?

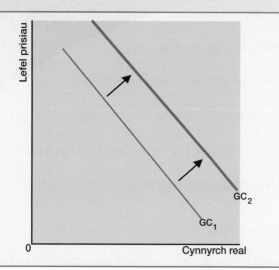

Ffigur 36.2 Newidiadau yn y galw cyfanredol
Bydd gostyngiad mewn trethi yn achosi i gromlin y galw cyfanredol symud i'r dde o GC_1 i GC_2.

Cwestiwn 2

Eglurwch yr effaith debygol y byddai'r canlynol yn ei chael ar y galw cyfanredol, â phopeth arall yn gyfartal:
(a) cynnydd yng nghyfraddau treth incwm;
(b) gostyngiad yng nghyfraddau treth gyngor;
(c) gostyngiad yn y gwariant ar addysg;
(d) cynnydd yng nghyfraddau TAW ynghyd â chynnydd yn y gwariant ar y Gwasanaeth Iechyd Gwladol.

gyda lefel prisiau yn ddigyfnewid, yn cynyddu'r galw cyfanredol, gan wthio'r gromlin GC i'r dde, fel y gwelir yn Ffigur 36.2.

Yn yr un modd, bydd gostyngiad mewn trethi yn effeithio ar y galw cyfanredol. Bydd gostyngiad mewn trethi ar incwm, fel treth incwm a chyfraniadau Yswiriant Gwladol, yn arwain at gynnydd yn incwm gwario cartrefi. Bydd hyn yn ei dro yn arwain at gynnydd yng ngwariant defnyddwyr ac felly at gynnydd yn y galw cyfanredol. Gan y tybir bod lefel prisiau yn ddigyfnewid, bydd y cynnydd hwn yn symud y gromlin GC i'r dde, fel y gwelir yn Ffigur 36.2.

Y term am gynnydd yng ngwariant y llywodraeth neu ostyngiad mewn trethi sy'n cynyddu'r diffyg cyllidol neu'n gostwng y gwarged cyllidol yw POLISI CYLLIDOL EHANGOL. Dywedir bod polisi cyllidol yn **llacio** o ganlyniad. Mewn cyferbyniad â hynny, bydd gwarged cyllidol uwch neu ddiffyg is yn arwain at **dynhau** yr agwedd gyllidol.

Y lluosydd

Ni fydd cynnydd yng ngwariant y llywodraeth (G) yn achosi cynnydd yn y galw cyfanredol sy'n hafal i werth y cynnydd yn G yn unig. Bydd yna gynnydd lluosol yn y galw cyfanredol. Bydd **effaith y lluosydd** yn fwy, po leiaf fydd y gollyngiadau o'r llif cylchol (☞ uned 33).

Mewn economi modern, lle mae gollyngiadau o gynilion, trethi a mewnforion yn gyfran gymharol uchel o'r incwm gwladol, mae gwerthoedd lluosydd yn tueddu i fod yn fach. Fodd bynnag, mae economegwyr Keynesaidd yn dadlau y gallan nhw ddal i gael effaith bwysig ar gynnyrch yn yr economi os ydy'r economi islaw cyflogaeth lawn.

Y bwlch cynnyrch

Mae newidiadau yng ngwariant y llywodraeth a threthi yn cael effaith ar faint y bwlch cynnyrch. Yn Ffigur 36.3 dangosir llwybr gwirioneddol CMC dros amser gan y llinell goch. Rhwng cyfnodau 2 a 3 mae'r economi'n mynd trwy ddirywiad neu enciliad gyda CMC gwirioneddol yn is na'i lefel duedd. Mae yna fwlch cynnyrch negyddol. Rhwng cyfnodau 1 a 2 mae'r economi'n ffynnu gyda CMC yn uwch na'i lefel duedd. Mae yna fwlch cynnyrch positif. Trwy ei bholisi cyllidol, fodd bynnag, gall y llywodraeth ostwng effaith y gylchred, dangosir hyn gan y llinell las. Trwy gynyddu gwariant o'i gymharu â threthi a mabwysiadu polisi cyllidol ehangol, gall ddod â lefel wirioneddol CMC i fyny'n agosach at ei lefel duedd rhwng cyfnodau 2 a 3. Trwy ostwng ei gwariant o'i gymharu â threthi a mabwysiadu agwedd gyllidol fwy tynn, gall ddod â lefel wirionedd CMC i lawr yn agosach at y lefel duedd rhwng cyfnodau 1 a 2.

Ffigur 36.3 Polisi cyllidol a'r bwlch cynnyrch
Trwy addasu lefel ei gwariant a threthi, gall llywodraeth ddod â lefel wirioneddol CMC yn agosach at ei lefel duedd. Pan fydd bwlch cynnyrch negyddol, dylai'r llywodraeth wario mwy a gostwng trethi. Pan fydd bwlch cynnyrch positif, dylai'r llywodraeth wario llai a chynyddu trethi.

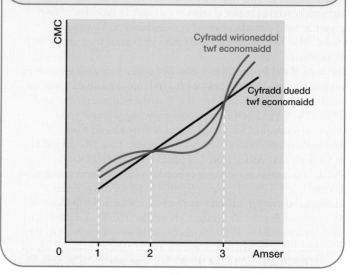

Nodau polisi llywodraeth

Yn uned 24 eglurwyd bod gan y llywodraeth bedwar prif nod polisi macro-economaidd, sef cyflawni cyflogaeth lawn heb fawr ddim neu ddim chwyddiant mewn economi sydd â thwf uchel ac sydd â chydbwysedd yn y fantol allanol (cyfrif cyfredol). Mae polisi cyllidol yn effeithio ar bob un o'r newidynnau hyn drwy ei effaith ar y galw cyfanredol.

Gellir defnyddio polisi cyllidol i gyflawni amrywiaeth eang o amcanion. Er enghraifft, gellir ei ddefnyddio i wella safonau gofal iechyd drwy gynyddu gwariant ar wasanaeth iechyd gwlad. Gellir ei ddefnyddio i wneud incwm yn llai anghyfartal drwy drethu'r bobl sy'n well eu byd a rhoi budd-daliadau i'r bobl sy'n waeth eu byd. Fodd bynnag, pan ddefnyddir hyn i ddylanwadu'n uniongyrchol ar lefel y galw cyfanredol, mae'n enghraifft o BOLISI OCHR-ALW neu bolisi RHEOLI GALW. P'un ai y bydd llywodraeth yn defnyddio polisi cyllidol yn fwriadol i ddylanwadu ar y galw cyfanredol ai peidio, bydd newidiadau yn y cydbwysedd rhwng gwariant y llywodraeth a threthi yn cael effaith ar bedwar amcan allweddol

Cwestiwn 3

Roedd gan y llywodraeth Lafur a ddaeth i rym ym mis Chwefror 1974 fwyafrif bach iawn yn y Senedd ac felly nid oedd yn fodlon cynyddu trethi a gostwng gwariant cyhoeddus i ymdrin â'r chwyddiant uchel iawn a'r diffyg mawr yn y fantol daliadau. Ym mis Tachwedd 1974 cynhaliwyd etholiad cyffredinol arall a'r tro hwn cafodd y llywodraeth Lafur fwyafrif ymarferol. Yng Nghyllideb 1975 gostyngodd gwariant cyhoeddus bwriedig fwy na £1 000 miliwn a chynyddodd drethi fwy na £1 000 miliwn. Cyhoeddwyd gostyngiadau pellach mewn gwariant cyhoeddus yn 1976. Gostyngodd y diffyg cyllidol o £10 161 miliwn yn 1975 i £8 899 miliwn yn 1976 ac i £5 419 miliwn yn 1977. Fodd bynnag, llaciodd y llywodraeth ei hagwedd gyllidol yn 1978 a chynyddodd y diffyg cyllidol i £8 340 miliwn.

(a) Beth yw ystyr 'y lluosydd'?
(b) Gan ddefnyddio cysyniad y lluosydd, eglurwch yr effaith debygol a gafodd y newid mewn polisi cyllidol rhwng 1974 ac 1976 ar incwm gwladol.
(c) Gan ddefnyddio diagram, trafodwch yr effaith y mae'r newid yn agwedd gyllidol y llywodraeth yn 1978 yn debygol o fod wedi ei chael ar brisiau a chynnyrch.

polisi llywodraeth: chwyddiant, diweithdra, cyfradd twf economaidd a'r fantol daliadau.

Chwyddiant Bydd cynnydd yng ngwariant y llywodraeth neu ostyngiad mewn trethi sy'n arwain at ddiffyg cyllidol uwch neu warged cyllidol is yn dueddol o fod yn chwyddiannol. Mae diffyg cyllidol uwch neu warged cyllidol is yn arwain at gynnydd yn y galw cyfanredol. Yn Ffigur 36.4 dangosir hyn gan symudiad cromlin y galw cyfanredol i'r dde.. Mae hyn yn ei dro yn arwain at gynnydd yn lefel prisiau o P_1 i P_2. Felly mae chwyddiant yn cynyddu.

I ba raddau y bydd yna gynnydd mewn chwyddiant? Mae hynny'n dibynnu ar nifer o ffactorau. Un ohonynt yw maint y newid yng ngwariant y llywodraeth neu drethi. Os ydy'r newid yn y diffyg neu warged cyllidol yn fach iawn, ni fydd yn cael fawr ddim effaith ar lefel prisiau. Ffactor arall yw siâp cromlin y cyflenwad cyfanredol. Mae cromlin y cyflenwad cyfanredol tymor byr yn debygol o fod yn gymharol fas (☞ uned 34) ac felly mae cynnydd yn y galw cyfanredol

yn debygol o gael effaith gymharol fach ar brisiau. Yn y tymor hir, fodd bynnag, gallai cromlin y cyflenwad cyfanredol amrywio o fod yn llorweddol i fod yn fertigol. Mae economegwyr clasurol yn dadlau bod cromlin y cyflenwad cyfanredol tymor hir (CCTH) yn fertigol. Felly, yn Ffigur 36.5 mae cynnydd yn y galw cyfanredol yn cael effaith gymharol fawr ar chwyddiant. Mewn cyferbyniad â hynny, mae'r farn Keynesaidd yn awgrymu mai siâp L sydd i'r gromlin CCTH. Yn Ffigur 36.6, lle mae'r gromlin CCTH yn llorweddol mae gan yr economi lefelau uchel o ddiweithdra. Ni fydd cynnydd yn y galw cyfanredol i GC_2 yn cael dim effaith ar brisiau. Os bydd lefel cynnyrch yn codi y tu hwnt i OB, fodd bynnag, bydd cynnydd yn y galw cyfanredol yn arwain at gynnydd mewn chwyddiant. Po agosaf fydd yr economi at lefel cyflogaeth lawn yn OD, mwyaf i gyd fydd y cynnydd mewn chwyddiant a ddaw o gynnydd penodol yng ngwariant y llywodraeth neu ostyngiad mewn trethi.

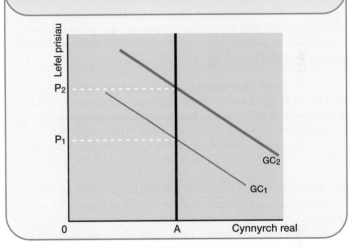

Ffigur 36.5 Y farn glasurol dymor hir
Yn y tymor hir mae economegwyr clasurol yn dadlau nad yw polisi cyllidol ehangol yn cael dim effaith ar y cynnyrch cytbwys ac felly nad yw'n gallu gostwng diweithdra. Fodd bynnag, bydd yn arwain at lefel uwch o brisiau.

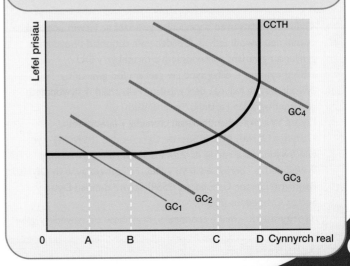

Ffigur 36.6 Y farn Keynesaidd
Mae effeithiolrwydd polisi cyllidol yn dibynnu ar ba mor agos y mae'r economi at gyflogaeth lawn. Ar lefelau cynnyrch sy'n is nag OB, gall polisi cyllidol ehangol gynyddu cynnyrch a gostwng diweithdra heb gynyddu chwyddiant. Rhwng OB ac OD, bydd polisi cyllidol ehangol yn cynyddu cynnyrch a chwyddiant. Ar gyflogaeth lawn, OD, bydd polisi cyllidol ehangol yn achosi chwyddiant ychwanegol yn unig.

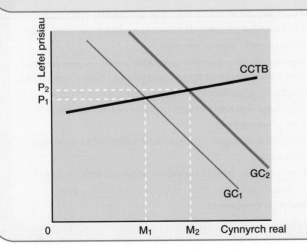

Ffigur 36.4 Polisi cyllidol a'r galw cyfanredol
Bydd cynnydd yng ngwariant y llywodraeth neu ostyngiad mewn trethi yn symud cromlin y galw cyfanredol i'r dde o GC_1 i GC_2. Yn y tymor byr bydd hyn yn chwyddiannol gan y bydd lefel gytbwys prisiau yn codi o P_1 i P_2, ond bydd y cynnyrch cytbwys yn ehangu o M_1 i M_2.

Diweithdra Bydd diffyg cyllidol uwch neu warged cyllidol is yn dueddol o ostwng lefel diweithdra, o leiaf yn y tymor byr. Bydd diffyg cyllidol uwch yn arwain at gynnydd yn y galw cyfanredol a bydd hynny, fel y gwelir yn Ffigur 36.4, yn arwain at gynnydd yn lefel cydbwysedd cynnyrch. Po uchaf fydd lefel cynnyrch, isaf i gyd y bydd lefel diweithdra yn debygol o fod.

Yn debyg i chwyddiant, mae amrywiaeth o ffactorau sy'n pennu i ba raddau y bydd diweithdra'n gostwng. Po leiaf yw'r newid yng ngwariant y llywodraeth a threthi, lleiaf i gyd o effaith y bydd yn ei chael ar y galw cyfanredol a'r farchnad lafur. Os ydy cromlin y cyflenwad cyfanredol tymor hir yn fertigol, dim ond at chwyddiant uwch y gall cynnydd yn y galw cyfanredol arwain ac ni fydd dim effaith ar lefel cynnyrch na diweithdra. Yn y model clasurol, a ddangosir yn Ffigur 36.5, mae'r economi mewn cydbwysedd ar gynnyrch OA. Gallai cynnydd yn y diffyg cyllidol wthio lefel y cynnyrch y tu hwnt i OA yn y tymor byr oherwydd bod y gromlin CCTB yn goleddu i fyny, ond yn y tymor hir bydd yn dychwelyd i OA. Felly, yn y model clasurol ni all polisi cyllidol ochr-alw gael ei ddefnyddio i newid lefelau diweithdra yn y tymor hir. Mewn model Keynesaidd, mae hynny hefyd yn wir os ydy'r economi ar gyflogaeth lawn, sef OD yn Ffigur 36.6. Ond ar lefelau cynnyrch sy'n is na hyn, bydd polisi cyllidol ehangol yn arwain at gynnyrch uwch a diweithdra is. Os ydy cynnyrch yn is nag OB, gall polisi cyllidol ehangol achosi gostyngiad mewn diweithdra heb unrhyw gynnydd mewn chwyddiant.

Twf economaidd Mae polisi cyllidol ehangol yn annhebygol o effeithio ar gyfradd twf tymor hir economi. Y rheswm yw bod twf economaidd yn cael ei achosi gan ffactorau ochr-gyflenwad fel buddsoddiant, addysg a thechnoleg. Fodd bynnag, mae polisi cyllidol ehangol yn debygol o gynyddu CMC yn y tymor byr. Fel y gwelir yn Ffigur 36.4, yn y tymor byr bydd cynnydd yn y galw cyfanredol yn arwain at gynnyrch uwch. Mae economegwyr Keynesaidd yn dadlau bod polisi cyllidol ehangol yn bolisi priodol i'w ddefnyddio os ydy'r economi mewn enciliad islaw cyflogaeth lawn. Felly yn Ffigur 36.6 gallai polisi cyllidol ehangol gael ei ddefnyddio i symud cromlin y galw cyfanredol o, dyweder, GC$_3$ i GC$_4$. Byddai hynny wedyn yn dychwelyd yr economi i weithredu ar ei allu cynhyrchu llawn ar ei ffin posibilrwydd cynhyrchu (☞ uned 1). Ni fyddai polisi cyllidol a fyddai'n gwthio cromlin y

Cwestiwn 4

Gan ddefnyddio diagramau, eglurwch effaith debygol y canlynol ar ddiweithdra, chwyddiant, twf economaidd a'r fantol gyfredol.
(a) Y codiadau mawr yng ngwariant y llywodraeth ar iechyd ac addysg rhwng 2003 a 2007 nad oedd codiadau mewn trethi yn gywerth â nhw.
(b) Rhewi gwariant y llywodraeth fwy neu lai yn rhan gyntaf yr 1980au ar adeg pan oedd derbyniadau trethi yn cynyddu.

galw cyfanredol y tu hwnt i GC$_4$ yn arwain at dwf ychwanegol mewn cynnyrch, ond byddai'n chwyddiannol iawn. Yn y sefyllfa hon, byddai'r economi'n GORGYNHESU. Mae economegwyr clasurol yn dadlau na ellir defnyddio polisi cyllidol i newid cynnyrch real yn y tymor hir am fod cromlin y cyflenwad cyfanredol tymor hir yn fertigol. Nid yw symud y galw cyfanredol fel yn Ffigur 36.5 yn cael dim effaith ar gynnyrch.

Y fantol daliadau Mae polisi cyllidol ehangol yn arwain at gynnydd yn y galw cyfanredol. Mae hyn yn golygu y bydd gan ddefnyddwyr a chwmnïau mewnol fwy o incwm ac felly byddan nhw'n cynyddu eu gwariant ar fewnforion. Felly, bydd sefyllfa'r cyfrif cyfredol (allforion minws mewnforion ☞ uned 30) yn gwaethygu. Ar y llaw arall, bydd polisi cyllidol fwy tynn yn gostwng y galw mewnol ac felly bydd y galw am fewnforion yn gostwng. Wedyn dylai sefyllfa'r cyfrif cyfredol wella. Gall fod yna ddylanwadau eraill llai pwysig ar allforion a mewnforion. Er enghraifft, os bydd y galw mewnol yn gostwng oherwydd polisi cyllidol mwy tynn, efallai y bydd cwmnïau mewnol yn cynyddu eu hymdrechion i ddarganfod marchnadoedd ar gyfer eu nwyddau drwy edrych dramor. Hefyd, dylai gostyngiad yn y galw cyfanredol oherwydd polisi cyllidol mwy tynn arafu cyfradd chwyddiant. Bydd prisiau nwyddau Prydeinig yn is nag y byddent wedi bod fel arall. Felly byddan nhw'n fwy cystadleuol yn erbyn mewnforion a bydd tramorwyr yn gweld bod prisiau allforion Prydain yn fwy cystadleuol. Dylai hynny ostwng mewnforion a chynyddu allforion, gan wella sefyllfa'r cyfrif cyfredol.

Termau allweddol

Cyllideb – datganiad o gynlluniau gwariant ac incwm unigolyn, cwmni neu lywodraeth. Y Gyllideb yw'r datganiad blynyddol o gynlluniau gwariant y llywodraeth a threthi yn y DU.
Diffyg cyllidol – diffyg sydd i'w gael am fod gwariant y llywodraeth yn fwy na'i derbyniadau. Felly rhaid i'r llywodraeth gael benthyg arian i ariannu'r gwahaniaeth.
Dyled Wladol – benthyciadau cronedig y llywodraeth.
Gofyniad Arian Net y Sector Cyhoeddus (PSNCR) – yr enw swyddogol a roddir ar y gwahaniaeth rhwng gwariant y llywodraeth a'i derbyniadau yn y DU. Fe'i galwyd gynt yn Ofyniad Benthyca'r Sector Cyhoeddus (PSBR) ac yn Ad-daliad Dyled y Sector Cyhoeddus (PSDR).
Gorgynhesu – mae'r economi'n gorgynhesu os cynyddir y galw

cyfanredol pan fo'r economi eisoes ar ei botenisal cynhyrchiol llawn. Y canlyniad yw cynnydd mewn chwyddiant heb fawr ddim neu ddim cynnydd mewn cynnyrch.
Gwarged cyllidol – gwarged llywodraeth sydd i'w gael am fod gwariant y llywodraeth yn llai na'i derbyniadau. Gall y llywodraeth ddefnyddio'r gwahaniaeth i ad-dalu rhan o'r Ddyled Wladol.
Polisi cyllidol – penderfyniadau ynghylch gwariant, trethi a benthyca y llywodraeth.
Polisi cyllidol ehangol – polisi cyllidol a ddefnyddir i gynyddu'r galw cyfanredol.
Polisïau ochr-alw neu reoli galw – y llywodraeth yn defnyddio polisi cyllidol a pholisïau eraill i ddylanwadu ar lefel y galw cyfanredol yn yr economi.

Gwrthddewis

Mae newidiadau yn y galw cyfanredol yn cael effeithiau gwahanol ar y pedwar newidyn macro-economaidd allweddol. Efallai na fydd y llywodraeth yn gallu cyflawni gwelliannau mewn un heb achosi dirywiad mewn un arall, o leiaf yn y tymor byr.

- Bydd ehangu'r economi i'w dynnu allan o enciliad a lleihau diweithdra yn debygol o arwain at chwyddiant uwch.

- Bydd tynhau polisi cyllidol er mwyn gostwng chwyddiant yn debygol o arwain at ddiweithdra uwch a lefelau is o CMC.
- Bydd crebachu'r economi mewnol drwy dynhau polisi cyllidol er mwyn gwella sefyllfa'r cyfrif cyfredol yn arwain hefyd at chwyddiant is, ond bydd yn cynyddu diweithdra.

Felly mae angen i bolisi cyllidol gael ei ddefnyddio ar y cyd â pholisïau eraill os ydy'r llywodraeth i lywio'r economi tuag at chwyddiant a diweithdra is, twf uwch a chydbwysedd yn y cyfrif cyfredol.

Economeg gymhwysol

Hanes polisi cyllidol

1950-1975

Yn ystod y cyfnod 1950-1975 mae'n debyg mai polisi cyllidol oedd y dull pwysicaf y byddai llywodraethau'n ei ddefnyddio i ddylanwadu ar alw cyfanredol. Yn ystod yr 1950au, dysgodd llywodraethau ddefnyddio'r 'liferi cyllidol' â mwy a mwy o hyder. Mewn enciliad, fel a gafwyd yn 1958, byddai'r llywodraeth yn torri trethi i hybu gwariant yn yr economi. Efallai y byddai yna hefyd gynnydd mewn gwariant cyhoeddus, er y sylweddolwyd y byddai'r rhain yn cymryd mwy o amser i luosi trwy'r economi na thoriadau trethi. Yn ystod ffyniant, pan oedd yr economi yn gorgynhesu, fel yn 1960, byddai'r llywodraeth yn cynyddu trethi ac o bosibl yn gostwng gwariant cyhoeddus.

Rheolwyd benthyca yn yr economi yn bennaf drwy reolaethau uniongyrchol ar fanciau a chymdeithasau adeiladu, a nodai pwy gai fenthyg arian, neu drwy reolaethau ar hurbwrcas, y ffordd fwyaf cyffredin o ariannu prynu nwyddau traul sy'n para.

Yn yr 1960au dechreuodd llywodraethau sylweddoli rhai o gyfyngiadau polisi cyllidol. Arbrofodd llywodraeth Lafur 1964-66 am gyfnod byr â Chynllun Gwladol, sef ymgais i fodelu'r economi yn nhermau mewngyrch a chynnyrch pob diwydiant. Roedd y cynllun hwn wedyn i gael ei ddefnyddio i helpu'r llywodraeth i nodi lle roedd diwydiannau penodol yn methu neu'n creu 'tagfeydd', a lle gallai fod angen buddsoddiant ychwanegol. Rhoddwyd y gorau i'r arbrawf ochr-gyflenwad hwn wrth i'r economi wynebu argyfwng sterling arall, a arweiniodd at ddibrisio'r bunt yn 1967. Polisi arall a ddefnyddiwyd o 1966 oedd polisi incwm – cyfyngiadau gan y llywodraeth ar y codiadau cyflog a allai gael eu rhoi i weithwyr. Bwriad y mesur ochr-gyflenwad hwn oedd gostwng chwyddiant tra'n galluogi'r economi i dyfu a chael cyfraddau isel o ddiweithdra.

Daeth yr enghraifft olaf o reoli galw Keynesaidd traddodiadol yn 1972-73 gyda'r llywodraeth yn gostwng trethi ac yn cynyddu gwariant cyhoeddus i roi'r economi i mewn i ffyniant. Daeth y ffyniant hwn, a alwyd yn Ffyniant Barber (ar ôl Anthony Barber, Canghellor y Trysorlys ar y pryd) i ben yn drychinebus wrth i chwyddiant fynd allan o reolaeth yn sgil y codiadau ym mhrisiau olew yn 1973-74.

1975-1997

Collwyd ffydd mewn technegau rheoli galw Keynesaidd traddodiadol yng nghanol yr 1970au. Roedd model clasurol o'r economi yn cael ei dderbyn fwyfwy fel y model y gallai llywodraethau weithio ag ef. Yn 1976, meddai'r Prif Weinidog Llafur ar y pryd, James Callaghan, wrth annerch cynhadledd ei blaid: 'Roeddem yn arfer credu y gallech wario eich ffordd allan o enciliad, a chynyddu cyflogaeth drwy dorri trethi a chwyddo gwariant y llywodraeth. Rwy'n dweud wrthych yn onest nad yw'r opsiwn hwnnw'n bodoli mwyach, ac os bu'n bodoli erioed, roedd yn gweithio drwy chwistrellu chwyddiant i mewn i'r economi.'

Cymerwyd y safbwynt bod torri trethi yn creu cynnydd dros dro yn unig yn y galw cyfanredol. Byddai diweithdra yn gostwng a thwf yn codi. Ond, fel a gafwyd yn ffyniant Barber, y canlyniad tymor canolig fyddai cynnydd yng nghyfradd chwyddiant. I leihau chwyddiant, byddai'n rhaid i'r llywodraeth dynhau ei hagwedd gyllidol drwy godi trethi. Byddai'r galw cyfanredol yn gostwng a byddai'r economi'n dychwelyd i'w safle cydbwysedd ond â lefel uwch o brisiau a chwyddiant.

O 1979, pan enillodd Margaret Thatcher ei hetholiad cyffredinol cyntaf, defnyddiwyd polisi cyllidol ar gyfer dau ddiben gwahanol. Yn gyntaf, fe'i defnyddiwyd ar gyfer amcanion micro-economaidd fel rhan o bolisi ochr-gyflenwad y llywodraeth (☞ uned 38), e.e. torrwyd treth incwm i gynyddu cymhellion i weithio. Yn ail, fe'i defnyddiwyd i sicrhau cyflawni targedau ariannol. Yn benodol, teimlwyd na fyddai newidiadau yng Ngofyniad Arian Net y Sector Cyhoeddus, *PSNCR* (a alwyd yn *PSBR* ar y pryd), fel y rhai a allai ddigwydd petai trethi'n cael eu torri, yn cael unrhyw effaith ar y galw cyfanredol pe bai'r arian ar gyfer y toriadau treth yn cael ei fenthyca o'r sector di-fanc. Er enghraifft, pe bai'r llywodraeth yn gostwng trethi £1 ac yn ariannu hyn drwy gael benthyg gan y sector di-fanc, ni allai fod unrhyw gynnydd yn y galw cyfanredol. Byddai gan y trethdalwr £1 yn ychwanegol i'w wario ond byddai gan y benthycwr i'r llywodraeth £1 yn llai i'w wario. Yn ôl y farn hon, mae codiadau yn y *PSNCR* yn **allwthio** (*crowd-out*) gwariant arall yn yr economi yn llwyr ac o ganlyniad ni fydd cynnydd yn y galw cyfanredol. Dim ond pe bai'r codiadau yn y *PSNCR* yn cael eu hariannu drwy argraffu'r arian (mae gan y llywodraeth y pŵer unigryw yn yr economi i argraffu arian), gan gynyddu'r cyflenwad arian, y gallent weithio mewn dull Keynesaidd.

Yn ystod cyfnod ffyniant Lawson (1986-89, a enwyd ar ôl Nigel Lawson, y Canghellor ar y pryd), a'r enciliad a ddilynodd (1990-1992), gadawodd y llywodraeth i wariant cyhoeddus a threthi newid yn unol â chynnyrch a chyflogaeth. Felly, yn y ffyniant gadawodd y llywodraeth i warged cyllidol mawr ddatblygu. Yn yr enciliad gadawyd i'r *PSNCR* dyfu, ac erbyn 1993 roedd wedi cyrraedd mwy na 5% o CMC. Yn 1994-95 defnyddiodd y llywodraeth bolisi cyllidol gweithredol i ostwng y diffyg mawr hwn, gan gynyddu cyfraddau trethi a chyflwyno trethi newydd, tra'n cadw rheolaeth dynn ar wariant cyhoeddus. Yn ôl tybiaethau Keynesaidd, arafodd hyn y galw cyfanredol wrth iddo gynyddu yn ystod yr adferiad. Yn ôl tybiaethau clasurol, ni chafodd y codiadau mewn trethi ddim effaith ar y galw cyfanredol am fod y toriadau mewn benthyca gan y llywodraeth a gafwyd yr un pryd wedi rhyddhau adnoddau i'r sector preifat eu benthyca a'u gwario. Un o'r prif resymau pam y teimlai'r llywodraeth ei bod hi'n bwysig gostwng y *PSNCR* oedd oherwydd pryderon y byddai'r Ddyled Wladol fel arall yn tyfu y tu hwnt i reolaeth.

Oddi ar 1997

Yn 1997 etholwyd llywodraeth Lafur dan Tony Blair a daeth Gordon Brown yn Ganghellor y Trysorlys. Fel llywodraethau blaenorol ers canol yr 1970au, doedd y llywodraeth newydd ddim yn credu y dylid defnyddio polisi cyllidol i reoli'r galw cyfanredol. Rhoddwyd rheoli galw yn nwylo Banc Lloegr drwy ei weithrediad o **bolisi ariannol** (☞ uned 37). Yn hytrach, defnyddiwyd polisi cyllidol i gyflawni nifer o amcanion fel:

- ehangu iechyd ac addysg: cynyddwyd gwariant y llywodraeth i ariannu ehangu darpariaeth nwyddau rhinwedd fel iechyd ac addysg (☞ uned 20);
- lleihau anghydraddoldeb incwm: defnyddiwyd trethi a gwariant y llywodraeth i wneud dosraniad incwm yn llai anghydradd (☞ uned 20);
- diwygiadau ochr-gyflenwad: defnyddiwyd cyfraddau treth a rhaglenni gwariant y llywodraeth i wella perfformiad ochr-gyflenwad yr economi (☞ uned 38);
- cynnal y posibilrwydd o ymuno â'r Undeb Ariannol Ewropeaidd: un o'r meini prawf ar gyfer ymuno oedd y dylai fod gan y DU gyllid cyhoeddus sefydlog, gyda benthyca blynyddol y llywodraeth yn llai na 3% o

CMC. Sylwch fod y dull a ddefnyddir gan lywodraeth y DU i fesur ei benthyca blynyddol a'i dyled wladol yn wahanol i'r mesurau a ddefnyddir gan yr UE. Mae mesur llywodraeth y DU yn fwy ffafriol i gyllid cyhoeddus y DU na mesur yr UE.

Roedd cydnabyddiaeth y gallai newidiadau yng ngwariant y llywodraeth a threthi chwarae ran bositif yn y gylchred fasnach. Mewn enciliad, pan oedd y bwlch cynnyrch yn negyddol, byddai gwariant y llywodraeth yn cynyddu oherwydd cynnydd mewn budd-daliadau lles i'r di-waith. Byddai derbyniadau trethi yn gostwng hefyd oherwydd y byddai gan gartrefi a busnesau lai o incwm a byddent yn gwario llai. Byddai gwariant uwch gan y llywodraeth a derbyniadau is o drethi yn cynyddu'r galw cyfanredol o'r hyn y byddai wedi bod fel arall, ac yn helpu i dynnu'r economi allan o'r enciliad. Yn yr un modd, yn ystod ffyniant, pan oedd y bwlch cynnyrch yn bositif, byddai'r llywodraeth yn derbyn symiau mawr o dreth ychwanegol tra byddai ei gwariant ar fudd-daliadau lles yn gostwng. Byddai hyn yn arafu twf y galw cyfanredol, gan helpu i atal yr economi rhag gorgynhesu.

Roedd y llywodraeth hefyd yn awyddus i sicrhau na fyddai'r ddyled wladol yn cynyddu'n sylweddol fel cyfran o incwm gwladol. Felly, yn 1998, cyhoeddodd y llywodraeth ddwy 'reol gyllidol' newydd.

- Roedd y **rheol aur** yn datgan mai dim ond i'w fuddsoddi dros gyfnod cyfan cylchred fasnach y byddai'r llywodraeth yn cael benthyg arian. Gallai gynyddu benthyca i ariannu gwariant cyfredol fel budd-daliadau lles neu gyflogau yn ystod enciliad, ond byddai'n rhaid sicrhau bod ad-daliadau cyfatebol o ddyled yn digwydd yn ystod ffyniant. Felly, gallai gwariant y llywodraeth a threthi helpu i leihau maint yr amrywiadau a brofwyd mewn cylchred fasnach drwy ddylanwadu ar y galw cyfanredol. Ond dros y gylchred gyfan, byddai benthyca net i'r diben hwn yn sero. Er hynny, caniateir i'r llywodraeth fod yn fenthycwr net i ariannu ei gwariant cyfalaf (h.y. buddsoddiant), fel adeiladu traffyrdd newydd neu ysbytai newydd.
- Roedd **rheol y ddyled gyhoeddus** yn datgan y byddai cymhareb dyled gyhoeddus i incwm gwladol yn cael ei chadw ar lefel 'sefydlog a darbodus' dros y gylchred fasnach yn llai na 40% o CMC.

Mae Ffigurau 36.10 a 36.11 yn y cwestiwn data yn dangos i ba raddau y llwyddodd y llywodraeth i gyflawni'r amcanion hyn hyd at 2005.

Cwestiwn Data · Y gyllideb: Mawrth 2005

Yng Nghyllideb Mawrth 2005, cyhoeddodd y Canghellor nifer o newidiadau yng ngwariant y llywodraeth a threthi. Er enghraifft, byddai'r hawl i deithio ar fws am ddim yn yr ardal leol yn cael ei estyn i'r holl bobl 60 oed a mwy yn Lloegr. Lansiwyd Cronfa Diwygio Budd-dal Tai oedd yn werth £160 miliwn.

Yn gyffredinol, rhagfynegodd y byddai gwariant cyfredol yn

2005-2006 yn cynyddu £2 biliwn o'i gymharu â'r symiau a amcangyfrifwyd ar gyfer 2004-05. Byddai derbyniadau trethi yn gostwng £3 biliwn o'u cymharu â'r amcangyfrifon ar gyfer 2004-2005. Felly, byddai benthyca'r sector cyhoeddus ar wariant cyfredol yn cynyddu £5 biliwn o'i gymharu â'r flwyddyn flaenorol.

Ffigur 36.7 Y bwlch cynnyrch

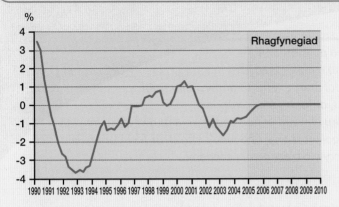

Ffynhonnell: addaswyd o *Budget 2005: the economy, charts and tables*, Trysorlys EM.

Ffigur 36.8 Twf CMC

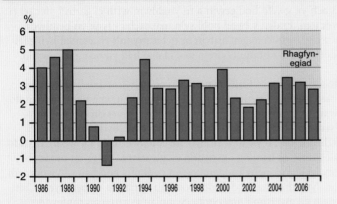

Ffynhonnell: addaswyd o *Budget 2005: Full report*, Trysorlys EM.

Ffigur 36.9 Chwyddiant (newid % blynyddol yn y CPI)

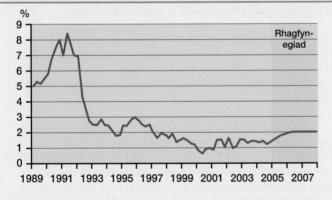

Ffynhonnell: addaswyd o *Budget 2005: Full report*, Trysorlys EM.

Ffigur 36.10 Gwarged/diffyg cyllideb gyfredol y llywodraeth fel canran o CMC

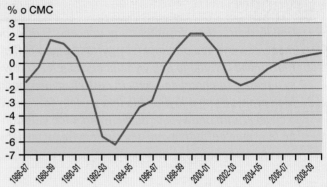

Ffynhonnell: addaswyd o *Budget 2005: Full report*, Trysorlys EM.

Ffigur 36.11 Dyled wladol fel canran o CMC

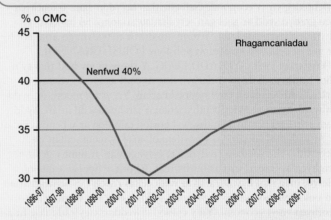

Ffynhonnell: addaswyd o *Budget 2005: Full report*, Trysorlys EM.

Ffigur 36.12 Effaith amcangyfrifol newidiadau mewn polisi cyllidol ar CMC

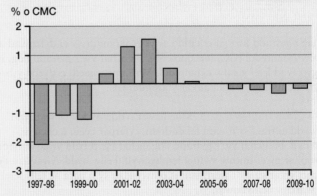

Ffynhonnell: addaswyd o *Budget 2005: Full report*, Trysorlys EM.

1. Eglurwch sut y bwriadai'r Canghellor newid gwariant y llywodraeth, trethi a benthyca'r llywodraeth yng nghyllideb 2005.
2. Mae Ffigur 36.12 yn dangos sut yr effeithiodd newidiadau yng ngwariant y llywodraeth a threthi mewn blwyddyn ar CMC yn y flwyddyn honno. I ba raddau y gwnaeth y newdiadau mewn polisi cyllidol dros y cyfnod 1997-2005 helpu i leddfu effeithiau'r gylchred fasnach?

3. Pa effaith y gallai'r newidiadau yng nghyfanswm gwariant y llywodraeth, trethi a benthyca'r llywodraeth yng Nghyllideb 2005 fod wedi ei chael ar CMC, diweithdra a chwyddiant?
4. I ba raddau yr oedd cynlluniau'r Canghellor a gyhoeddwyd ym mis Mawrth 2005 yn unol â'r 'rheolau cyllidol'?

Crynodeb

1. Gall llywodraethau ddylanwadu ar yr economi drwy ddefnyddio polisi ariannol – rheoli newidynnau ariannol fel y gyfradd llog, y cyflenwad arian a maint credyd.

2. Mae newid cyfraddau llog yn gallu newid lefel y galw cyfanredol drwy ei effaith ar nwyddau traul sy'n para, y farchnad dai, cyfoeth cartrefi, cynilo, buddsoddiant, allforion a mewnforion.

3. Mae cynnydd yng nghyfraddau llog yn debygol o ostwng pwysau chwyddiannol, ond arwain at dwf is o gynnyrch a chael effaith andwyol ar ddiweithdra. Mae allforion yn debygol o ostwng, ond mae'r effaith ar fewnforion yn ansicr ac felly mae'r effaith gyfan ar y cyfrif cyfredol yn debygol o amrywio o economi i economi.

Arian a'r gyfradd llog

Gall llywodraethau, i raddau, reoli'r gyfradd llog a faint o arian sy'n cylchredeg yn yr economi. Gall effeithio hefyd ar faint o fenthyca neu gredyd sydd ar gael gan sefydliadau ariannol fel banciau a chymdeithasau adeiladu. Y term am drin y newidynnau ariannol hyn er mwyn cyflawni amcanion polisi yw POLISI ARIANNOL.

Pris arian yw'r GYFRADD LLOG. Y rheswm yw bod rhai sy'n rhoi benthyg yn disgwyl derbyn llog os caiff arian ei gyflenwi ar gyfer benthyciadau i farchnadoedd arian. Yn yr un modd, os bydd galw am arian ar gyfer benthyciadau o farchnadoedd arian, bydd y rhai sy'n cael benthyg yn disgwyl gorfod talu llog ar y benthyciadau.

Ar wahanol adegau yn y gorffennol, mae llywodraethau wedi defnyddio rheolaethau credyd, e.e. cyfyngiadau ar faint y gellir ei fenthyca ar forgais neu ar hurbwrcas, fel prif arf polisi ariannol. Hefyd, mae rhai llywodraethau wedi ceisio rheoli'r cyflenwad arian yn uniongyrchol, sef swm yr arian sydd ar gael i'w wario a'i fenthyca yn yr economi. Yn y cyfnod diweddar, y gyfradd llog fu arf allweddol polisi ariannol. Er enghraifft, mae Banc Lloegr a Banc y Gronfa Ffederal, sef banc canolog UDA, wedi defnyddio cyfraddau llog i gyflawni eu hamcanion polisi.

Galw cyfanredol

Mae'r gyfradd llog yn effeithio ar yr economi drwy ei dylanwad ar y galw cyfanredol (GC) (☞ uned 33). Pu uchaf yw'r gyfradd llog, isaf i gyd fydd lefel y galw cyfanredol. Mae amrywiaeth o ffyrdd y bydd cyfraddau llog yn effeithio ar y gromlin GC.

Nwyddau traul sy'n para Mae llawer o ddefnyddwyr yn prynu nwyddau traul sy'n para fel dodrefn, cyfarpar cegin a cheir ar gredyd. Po uchaf yw'r gyfradd llog, uchaf i gyd fydd yr ad-daliadau misol ar gyfer unrhw swm a fenthycwyd. Felly, bydd cyfraddau llog uchel yn arwain at werthiant is o nwyddau sy'n para ac felly lefel is o wariant defnyddwyr.

Y farchnad dai Mae tai hefyd yn nodweddiadol yn cael eu prynu gan ddefnyddio morgais. Po isaf yw'r gyfradd llog, isaf i gyd fydd yr ad-daliadau morgais ar swm penodol a fenthycwyd. Mae hynny'n gwneud tai yn fwy fforddiadwy. Gallai annog pobl i brynu eu tŷ cyntaf neu i symud tŷ, naill ai gan fasnachu i fyny i dŷ drutach neu fasnachu i lawr i dŷ llai. Mae tair ffordd y bydd hyn yn cynyddu'r galw cyfanredol. Yn gyntaf, bydd cynnydd yn y galw am bob math o dai yn arwain at gynnydd yn nifer y tai newydd sy'n cael eu hadeiladu. Mae tai newydd yn cael eu dosbarthu yn fuddsoddiant yng nghyfrifon yr incwm gwladol. Bydd cynnydd mewn buddsoddiant yn arwain at gynnydd yn y galw cyfanredol. Yn ail, bydd symud tŷ yn ysgogi prynu nwyddau traul sy'n para fel dodrefn, carpedi a cheginau. Bydd hynny'n cynyddu treuliant. Yn drydydd, gall symud tŷ ryddhau arian sy'n gallu cael ei wario. Bydd person sy'n masnachu i lawr i dŷ rhatach yn gweld bod ecwiti a fu ynghlwm wrth ei gartref yn cael ei ryddhau. Efallai y bydd pobl sy'n masnachu i fyny yn benthyca mwy nag sydd ei angen arnynt ar gyfer prynu'r tŷ a gallai hyn gael ei ddefnyddio i brynu dodrefn neu efallai hyd yn oed gar newydd.

Effeithiau cyfoeth Gall gostyngiad yng nghyfraddau llog gynyddu prisiau asedau. Er enghraifft, gall gostyngiadau yng nghyfraddau llog arwain at gynnydd yn y galw am dai, sydd yn ei dro yn gwthio prisiau tai i fyny. Os bydd prisiau tai yn codi, bydd yr holl berchenogion tai yn well eu byd am fod gwerth eu tai wedi cynyddu. Gall hynny eu hannog i gynyddu eu gwariant. Yn yr un modd, bydd gostyngiad yng nghyfraddau llog yn codi pris bondiau'r llywodraeth. Mae llywodraethau'n dyroddi bondiau i ariannu eu benthyca. Caiff y rhain eu gwerthu i unigolion, cwmnïau yswiriant, cronfeydd pensiwn ac eraill sy'n derbyn llog ar yr arian y maent wedi'i fenthyca i'r llywodraeth. Yn debyg i gyfranddaliadau, gall gwerth bondiau fynd i fyny ac i lawr. Bydd codiadau ym mhris bondiau sydd gan unigolion neu fusnesau yn cynyddu eu cyfoeth ariannol, a gall hynny eto gael effaith bositif ar wariant defnyddwyr.

Cynilo Mae cyfraddau llog uchel yn gwneud cynilo yn fwy atyniadol o'i gymharu â gwario. Po uchaf yw'r gyfradd llog, uchaf i gyd yw'r wobr am ohirio gwariant i'r dyfodol a gostwng gwariant nawr. Gall hyn arwain at ostyngiad yn y galw cyfanredol ar hyn o bryd.

Buddsoddiant Po isaf yw'r gyfradd llog, mwyaf i gyd o brojectau buddsoddiant sy'n dod yn broffidiol (damcaniaeth effeithlonrwydd ffiniol cyfalaf ☞ uned 32). Felly uchaf i gyd fydd lefel buddsoddiant a'r galw cyfanredol. Hefyd bydd cynnydd mewn treuliant sy'n arwain at gynnydd mewn incwm yn arwain yn ei dro at gynnydd mewn buddsoddiant (damcaniaeth y cyflymydd ☞ uned 32). Bydd angen i gwmnïau fuddsoddi er mwyn cyflenwi'r nwyddau a'r gwasanaethau ychwanegol y mae defnyddwyr yn galw amdanynt.

Y gyfradd cyfnewid Mae gostyngiad yn y gyfradd llog yn debygol o arwain at ostyngiad yng ngwerth arian cyfred y wlad (ei chyfradd cyfnewid ☞ unedau 13 a 39). Mae gostyngiad yng ngwerth y bunt yn golygu bod tramorwyr nawr yn gallu cael mwy o bunnoedd am bob uned o'u harian cyfred nhw. Fodd bynnag, rhaid i drigolion y DU dalu mwy o bunnoedd i gael yr un nifer o ddoleri UDA neu ien Japan. Mae hyn yn ei dro yn golygu bod nwyddau sydd â'u prisiau mewn punnoedd yn rhatach i dramorwyr eu prynu, tra bo nwyddau

Cwestiwn I

Mae adwerthwyr yn galw am ostyngiad pellach yng nghyfraddau llog heddiw ar ôl i arolwg ddangos mis arall o werthiant gwan. Yn ôl arolwg Consortiwm Adwerthu Prydain a gyhoeddwyd heddiw, roedd gwerthiant tebyg-am-debyg, gan anwybyddu effaith siopau newydd, yn is na lefelau y llynedd am y pumed mis yn olynol. Meddai Kevin Hawkins, rheolwr-gyfarwyddwr y Consortiwm: 'Daeth unrhyw dwf o ddisgowntio trwm, na ellir ei gynnal. Mae'r sefyllfa sylfaenol yn dal yn wan ac mae'n annhebygol o wella oni fydd a than y bydd toriadau pellach yng nghyfraddau llog.' Adleisiwyd ei alwad gan Geoff Cooper, prif swyddog gweithredol *Travis Perkins*, y masnachwr nwyddau adeiladu a pherchennog *Wickes*, a gyhoeddodd ostyngiad mewn gwerthiant ddoe. 'Dydyn ni ddim yn gweld hyder defnyddwyr na'r farchnad dai yn codi am weddill y flwyddyn,' meddai.

Ffynhonnell: addaswyd o'r *Financial Times*, 6.9.2005.

Pam roedd (i) Kevin Hawkins a (ii) Geoff Cooper eisiau gostyngiad yng nghyfraddau llog?

o wledydd tramor yn ddrutach i gwmnïau Prydeinig eu prynu. Dylai nwyddau Prydeinig rhatach arwain at fwy o allforion wrth i dramorwyr fanteisio ar y prisiau is. Mewn cyferbyniad â hynny, dylai nwyddau drutach o wledydd tramor arwain at lai o fewnforion wrth i brynwyr Prydeinig ystyried nwyddau o wledydd tramor yn llai cystadleuol o ran pris. Bydd lefelau uwch o allforion a llai o fewnforion yn cynyddu'r galw cyfanredol.

Amcanion polisi

Mae gan y llywodraeth bedwar prif amcan polisi macro-economaidd – rheoli chwyddiant a diweithdra, cynnal cydbwysedd cyfrif cyfredol a sicrhau twf economaidd uwch. Gall polisi cyfraddau llog effeithio ar y rhain i gyd.

Chwyddiant Heddiw defnyddir polisi cyfraddau llog yn bennaf i reoli chwyddiant. Mae Ffigur 37.1 yn dangos symudiad cromlin y galw cyfanredol i'r chwith a achoswyd gan gynnydd yng nghyfraddau llog. Mae hyn yn arwain at lefel brisiau gytbwys is.

Yn ymarferol, go brin y bydd cyfraddau llog uwch yn arwain at y gostyngiadau mewn prisiau a ddangosir yn Ffigur 37.1. Y rheswm yw bod y galw cyfanredol mewn economïau modern yn tueddu i gynyddu dros amser beth bynnag fydd polisi'r llywodraeth. Er enghraifft, mae'r rhan fwyaf o weithwyr yn cael codiadau cyflog bob blwyddyn, sy'n cynyddu'r galw cyfanredol. Mae elw cwmnïau yn tueddu i gynyddu sy'n caniatáu i fuddrannau uwch gael eu talu i'r cyfranddalwyr. Yn Ffigur 37.2 dangosir symudiad cromlin y galw cyfanredol i'r dde o GC_1 i GC_2 a achosir gan y gyfres flynyddol o godiadau cyflog. Mae hyn yn arwain at gynnydd yn lefel prisiau. Os bydd y llywodraeth wedyn yn cynyddu cyfraddau llog, bydd y galw cyfanredol yn symud yn ôl i'r chwith i GC_3. Yna mae prisiau'n uwch nag ar ddechrau'r flwyddyn gyda GC_1 ond nid mor uchel ag y bydden nhw wedi bod fel arall. Felly mae cyfraddau llog wedi lleihau'r cynnydd yn lefel prisiau, h.y. maen nhw wedi lleihau cyfradd chwyddiant.

Mae llacio polisi ariannol drwy ostwng cyfraddau llog yn symud cromlin y galw cyfanredol i'r dde ac yn arwain at lefel brisiau gytbwys uwch. Felly mae polisi ariannol mwy llac yn tueddu i fod yn chwyddiannol.

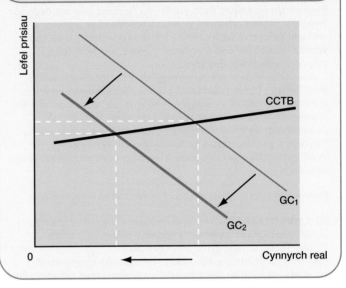

Ffigur 37.1 Cynnydd yng nghfraddau llog
Mae cynnydd yng nghyfraddau llog yn symud cromlin y galw cyfanredol i'r chwith o GC_1 i GC_2. Mae hyn yn arwain at ostyngiad yn lefel prisiau.

Diweithdra Bydd tynhau polisi ariannol drwy godi cyfraddau llog yn tueddu i arwain at ostyngiad yn y cynnyrch cytbwys, fel y gwelir yn Ffigur 37.1. Mae cynnyrch is yn debygol o fod yn gysylltiedig â lefelau is o gyflogaeth ac felly mae diweithdra'n debygol o gynyddu. Ar y llaw arall, mae llacio polisi ariannol drwy adael i gyfraddau llog ostwng yn debygol o arwain at ddiweithdra is. Mae Ffigur 37.1 yn dangos y sefyllfa dymor byr.

Ond gallai'r goblygiadau polisi tymor hir fod yn wahanol. Yn ôl economegwyr clasurol, mae cromlin y cyflenwad cyfanredol tymor hir yn fertigol. Felly ni fydd newid cyfraddau llog yn cael dim effaith ar gynnyrch na diweithdra yn y tymor hir. Yn Ffigur 37.3 mae gostyngiad yng nghyfraddau llog yn gwthio cromlin y galw

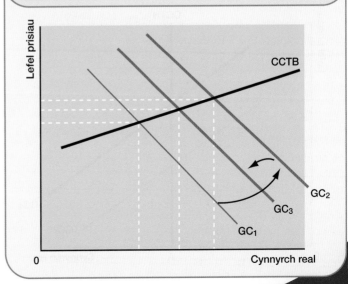

Ffigur 37.2 Cynnydd yng nghyfraddau llog ynghyd â chynnydd yn y galw cyfanredol
Mae'r galw cyfanredol yn tueddu i gynyddu dros amser. Mae codi cyfraddau llog yn lleihau'r cynnydd. Yn hytrach na symud i GC_2, mae cromlin y galw cyfanredol yn symud i GC_3 yn unig. Felly mae chwyddiant yn is nag a fyddai fel arall.

Cwestiwn 2

Yn ei Gofnodion ar gyfer Awst 2005 eglurodd Pwyllgor Polisi Ariannol Banc Lloegr pam roedd wedi gostwng cyfraddau llog 0.25%. Rhan o'r rheswm oedd 'llacio ysgafn yn y farchnad lafur ers dechrau'r flwyddyn'. Roedd cyfanswm yr oriau a weithiwyd yr wythnos a chyfradd cyflogaeth wedi gostwng tra oedd diweithdra wedi codi ychydig. Roedd twf enillion cyfartalog gweithwyr wedi 'lleihau ychydig ers dechrau'r flwyddyn'.

Roedd chwyddiant prisiau mewngyrch i'r sector gwasanaethau wedi 'lleihau'. Mewn cyferbyniad â hynny, roedd chwyddiant prisiau mewngyrch i'r sector gweithgynhyrchu ar ei lefel uchaf oddi ar 1986, o ganlyniad i godiadau mawr ym mhrisiau olew. Er gwaetha'r newyddion drwg hyn o weithgynhyrchu, roedd chwyddiant prisiau nwyddau a gwasanaethau a gynhyrchir gan ddiwydiannau gweithgynhyrchu a gwasanaethau (chwyddiant cynnyrch) wedi 'lleihau ymhellach'.

Ffynhonnell: addaswyd o Gofnodion Pwyllgor Polisi Ariannol Banc Lloegr, Awst 2005.

(a) Eglurwch y cysylltau rhwng chwyddiant (fel y caiff ei fesur gan y *RPI* neu'r *CPI*) a'r canlynol: (i) codiadau cyflogau; (ii) costau defnyddiau a mewngyrch arall i gwmnïau.
(b) Pam mae lleihad yng nghodiadau cyflogau ac yng nghynnydd costau defnyddiau yn caniatáu i Fanc Lloegr newid cyfraddau llog?

cyfanredol i'r dde ond mae cynnyrch real yn aros yn OA. Fodd bynnag, mae cynnydd yn lefel prisiau. Felly, i economegwyr clasurol, ni fydd unrhyw ostyngiad mewn diweithdra yn y tymor byr a achosir gan lacio polisi ariannol yn cael ei gynnal yn y tymor hir. Bydd diweithdra'n dychwelyd i'w lefel wreiddiol.

I economegwyr Keynesaidd, mae effaith llacio polisi ariannol yn dibynnu ar pa mor agos y mae'r economi at gyflogaeth lawn. Yn Ffigur 37.4 po agosaf y mae'r economi at OA, lefel cynnyrch cyflogaeth lawn, lleiaf i gyd o effaith y bydd gostyngiadau yng nghyfraddau llog yn ei chael ar gynnyrch a diweithdra a mwyaf i gyd o effaith y byddant yn ei chael ar chwyddiant.

Twf economaidd Mae twf economaidd yn ffenomen dymor hir. Mae symud cromlin y galw cyfanredol yn annhebygol o gael effaith ar safle cromlin y cyflenwad tymor hir. Yr unig gyswllt posibl yw os bydd cyfraddau llog is yn hybu buddsoddiant sydd yn ei dro yn cynyddu stoc cyfalaf yr economi a'i botensial cynhyrchiol. Gellir defnyddio polisi ariannol, fodd bynnag, i ddylanwadu ar ffyniannau ac enciliadau. Yn ystod ffyniant, bydd polisi ariannol mwy tynn yn gostwng y galw cyfanredol ac felly yn gostwng y cynnydd yn y cynnyrch tymor byr. Yn ystod enciliad, gall polisi ariannol mwy llac gynyddu'r galw cyfanredol ac felly cynyddu'r cynnyrch cytbwys. Mae rhai economegwyr yn dadlau bod enciliadau difrifol yn gostwng cyfradd duedd dymor hir twf. Mae cyfalaf ffisegol a chyfalaf dynol yn cael eu dinistrio ac mae'r economi'n dechrau ei

Cwestiwn 3

Ddoe gostyngodd Banc Lloegr gyfraddau llog swyddogol 0.25% am y pedwerydd tro ers mis Medi, gan nodi 'arafiad parhaol' yn economi'r DU. Meddai Ciaràn Barr, uwch economegydd y DU yn *Deutsche Bank* yn Llundain: 'Rydym yn teimlo bod mwy i ddod. Disgwylir i ddata Ionawr fod ar yr ochr feddal, a'r ystadegyn allweddol fydd y gostyngiad cyntaf mewn cynnyrch mewnol crynswth ers ail chwarter 1992.' Dywedodd Kate Barker, prif ymgynghorydd economaidd Cydffederasiwn Diwydiant Prydain, y byddai angen gostyngiadau pellach yng nghyfraddau llog i atal enciliad llwyr. 'Gyda pharhad tueddiadau byd-eang gwan yn ffrwyno prisiau mewn llawer o sectorau, mae pwysau chwyddiannol yn isel iawn,' meddai Ms Barker.

Ffynhonnell: addaswyd o'r *Financial Times*, 8.1.1999.

(a) Eglurwch beth oedd yn digwydd i economi'r DU yn rhan olaf 1998.
(b) Sut y gallai'r gostyngiad o 0.25% yng nghyfraddau llog fod wedi effeithio ar y canlynol: (i) cynnyrch a (ii) chwyddiant?

Ffigur 37.3 Cyfraddau llog a chromlin glasurol y cyflenwad cyfanredol tymor hir
Os ydy cromlin y cyflenwad cyfanredol tymor hir yn fertigol, ni fydd newidiadau yng nghyfraddau llog yn cael dim effaith ar gynnyrch na diweithdra.

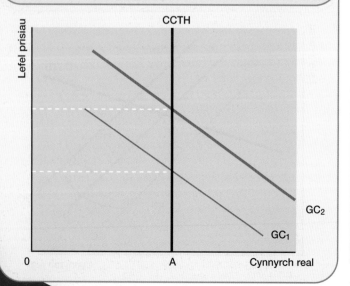

Ffigur 37.4 Cyfraddau llog a chromlin Keynesaidd y cyflenwad cyfanredol tymor hir
Po agosaf y mae'r economi at gyflogaeth lawn yn OA, lleiaf i gyd o effaith y bydd gostyngiad yng nghyfraddau llog yn ei chael ar gynnyrch a diweithdra a mwyaf i gyd ar chwyddiant.

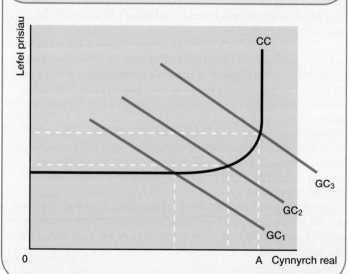

Termau allweddol

Arf polisi – newidyn economaidd, fel y gyfradd llog, cyfraddau treth incwm neu wariant y llywodraeth ar addysg, a ddefnyddir i gyflawni targed polisi'r llywodraeth.

Banc canolog – y sefydliad ariannol mewn gwlad neu grŵp o wledydd sy'n gyfrifol am argraffu a dyroddi arian papur a darnau arian, gosod cyfraddau llog tymor byr, rheoli cronfeydd aur ac ariannau cyfred y wlad a dyroddi dyled y llywodraeth.

Cyfradd llog – pris arian, a bennir gan y galw am arian a chyflenwad arian mewn marchnad arian lle mae rhai sy'n cael benthyg a rhai sy'n rhoi benthyg.

Cyfradd sylfaenol y banciau – y gyfradd llog y mae banc yn ei gosod i bennu ei gyfraddau ar gyfer cael benthyg a rhoi benthyg. Mae'n cynnig cyfraddau llog islaw ei gyfradd sylfaenol i gwsmeriaid sy'n adneuo arian yno, tra'n codi cyfraddau llog uwchlaw'r gyfradd sylfaenol ar y sawl sy'n cael benthyg.

Polisi ariannol – ymgais gan lywodraeth neu fanc canolog i drin y cyflenwad arian, cyflenwad credyd, cyfraddau llog neu unrhyw newidynnau ariannol eraill, er mwyn cyflawni nodau polisi fel sefydlogrwydd prisiau.

Targed polisi – nod economaidd y mae'r llywodraeth yn dymuno ei gyflawni, fel diweithdra isel neu dwf uchel.

---

adferiad o lefel is nag a fyddai'n wir fel arall. Byddai'r economegwyr hyn yn dadlau bod cadw'r bwlch cynnyrch yn isel drwy gydol y gylchred fasnach yn arwain at gyfradd dymor hir uwch o dwf na phe bai'r bwlch cynnyrch yn fawr mewn cylchredau olynol. Gall polisi ariannol chwarae rhan mewn cadw'r economi'n agos at ei gyfradd duedd dymor hir o dwf.

Y fantol gyfredol Yn yr 1950au a'r 1960au defnyddiodd llywodraeth y DU bolisi ariannol i ddylanwadu ar y fantol gyfredol. Mae cyfraddau llog uwch yn arwain at alw cyfanredol is. Mae hynny'n gostwng y mewnforion a brynir ac felly yn gwella sefyllfa'r cyfrif cyfredol. Ar y llaw arall, dylai cyfraddau llog uwch godi gwerth yr arian cyfred hefyd (☞ uned 39). Bydd gwerth uwch i'r bunt yn ei gwneud hi'n anoddach i gwmnïau'r DU allforio ac yn haws i gwmnïau o wledydd tramor werthu mewnforion i'r DU. Bydd hynny'n achosi i sefyllfa'r cyfrif cyfredol waethygu. Pa effaith sydd fwyaf? Bydd hynny'n amrywio o economi i economi ac yn dibynnu ar ba mor sensitif y mae mewnforion i ostyngiadau mewn incwm mewnol (h.y. gwerth elastigedd incwm y galw am fewnforion). Bydd yn dibynnu hefyd ar ba mor sensitif y mae cyfraddau cyfnewid i newidiadau yng nghyfraddau llog ac ar sensitifrwydd allforion a mewnforion i newidiadau yng nghyfraddau llog (h.y. gwerthoedd elastigedd pris y galw am allforion a mewnforion).

Economeg gymhwysol

Swyddogaethau'r banc canolog yn y DU

Oddi ar 1997 Banc Lloegr sydd wedi rheoli polisi ariannol yn y DU. Dyma FANC CANOLOG y DU. Mae banciau canolog yn dueddol o fod â nifer o swyddogaethau.

● Maen nhw'n gyfrifol am ddyroddi arian papur a darnau arian. Caiff y rhain eu gwerthu i'r system fancio sydd yn ei thro yn eu trosglwyddo i gwsmeriaid wrth iddyn nhw godi arian o'u cyfrifon.

● Maen nhw'n goruchwylio'r system ariannol, yn aml ar y cyd â chyrff eraill a sefydlwyd yn benodol i reoli rhannau arbennig o'r system ariannol.

● Maen nhw'n rheoli cronfeydd aur ac ariannau tramor y wlad. Gellir defnyddio'r rhain i ddylanwadu ar lefel y gyfradd cyfnewid (☞ uned 39).

● Maen nhw'n gweithredu fel bancwyr i'r llywodraeth, gan reoli Dyled Wladol y wlad fel rheol. Maen nhw'n trefnu dyroddi benthyciadau newydd i sicrhau digon ar gyfer benthyca cyfredol y llywodraeth.

● Maen nhw'n gweithredu fel bancwyr i'r system fancio. Fel rheol, maen nhw'n gweithredu fel y benthycwr terfynol. Os ydy banc yn cael anawsterau tymor byr, ac

nid yw'n gallu codi digon o arian i gwrdd â gofynion ei gwsmeriaid, bydd y banc canolog yn cyflenwi arian i'r system fancio i leddfu'r prinder hylifedd hwn.

Targedau ac arfau

Er bod Banc Lloegr yn annibynnol ar lywodraeth y DU, mae'r llywodraeth yn gyffredinol yn dal i reoli ei weithgareddau. O ran polisi ariannol, mae'r llywodraeth yn gosod TARGED ar gyfer chwyddiant a rhaid i'r Banc gyflawni hwnnw. I ddechrau, gosodwyd y targed i gadw chwyddiant, yn ôl y RPIX, o fewn ystod o 1 i 4% ac yna fe'i newidiwyd i 2.5% neu lai y flwyddyn. Heddiw, y targed yw 2.0% yn ôl y CPI. Nid yw Banc Lloegr wedi cael targedau yn ymwneud â thri phrif amcan polisi macro-economaidd arall y llywodraeth – diweithdra, twf a'r cyfrif cyfredol. Polisïau eraill fel polisi cyllidol a pholisïau ochr-gyflenwad sy'n dylanwadu ar y rhain.

Ers canol yr 1980au mae Banc Lloegr wedi dewis y gyfradd llog fel ei brif ARF o bolisi ariannol. Bob mis mae'n cyhoeddi a fydd yn newid cyfraddau sylfaenol y banciau ai peidio. Yn yr 1950au a'r 1960au, roedd rheolaethau ar gredyd (benthyca arian) yn arfau pwysig o bolisi ariannol hefyd. Yn yr 1970au a'r 1980au symudodd y pwyslais i reoli'r cyflenwad arian, sef cyfanswm y stoc arian yn yr economi. Ond roedd y rhain yn anfoddhaol mewn economi agored fel y DU, lle roedd yn gynyddol hawdd i fenthycwyr gael gafael ar arian dramor a lle roedd cystadleuaeth gynyddol rhwng sefydliadau ariannol.

Cyfraddau sylfaenol y banciau

CYFRADD SYLFAENOL Y BANCIAU yw'r gyfradd llog y bydd prif fanciau'r DU yn gosod eu cyfraddau rhoi benthyg a chael benthyg o'i chwmpas. Bydd cwsmeriaid sy'n rhoi benthyg arian (h.y. adneuo arian) gyda banc yn cael cyfradd llog sy'n is na'r gyfradd sylfaenol. Bydd cwsmeriaid sy'n cael benthyg arian yn talu llog sy'n uwch na'r gyfradd sylfaenol. Mae'r banc yn defnyddio'r gwahaniaeth rhwng cyfraddau cael benthyg a rhoi benthyg i dalu ei gostau gweithredu ac i ddarparu elw. Yn ddamcaniaethol, gall pob banc osod ei gyfradd sylfaenol ei hun. Fodd bynnag, mae pwysau cystadleuol yn golygu bod gan bob banc yr un gyfradd sylfaenol. Pe bai gan un banc gyfradd sylfaenol uwch, byddai'n denu mwy o adneuon o fanciau eraill ond byddai'n colli cwsmeriaid oedd am gael benthyg arian. Gallai wedyn ei gael ei hun mewn sefyllfa o lawer gormod o adneuon a rhy ychydig yn cael ei fenthyca allan. Byddai'r gwrthwyneb yn digwydd pe bai banc yn gosod ei gyfradd sylfaenol yn is na chyfraddau sylfaenol banciau eraill.

Mae Banc Lloegr yn rheoli cyfraddau sylfaenol drwy ei waith o ddarparu arian yn ddyddiol i'r system fancio. Yn ymarferol, ni all banciau yn y DU benderfynu cael cyfradd sylfaenol sy'n wahanol i'r gyfradd llog a osodir gan Fanc Lloegr, a elwir yn dechnegol yn **gyfradd repo.**

Cyfraddau llog tymor byr yw cyfraddau sylfaenol y banciau. Maen nhw'n dylanwadu ar gyfraddau llog eraill mewn marchnadoedd arian eraill. Er enghraifft, mae cymdeithasau adeiladu yn debygol o newid eu cyfraddau llog os ydy cyfraddau sylfaenol y banciau yn newid. Os na wnân nhw hynny, maen nhw'n wynebu colli cwsmeriaid sy'n symud eu busnes i fanciau a allai fod yn cynnig cyfraddau mwy cystadleuol ar gyfer adneuo neu fenthyca. Fodd bynnag, mae nifer o gwsmeriaid yn defnyddio banciau yn unig neu'n defnyddio cymdeithasau adeiladu yn unig. Ni fyddai llawer yn symud eu cynilion o'r naill i'r llall pe bai gwahaniaeth bach mewn cyfraddau llog yn ymddangos. Felly, weithiau ni fydd cymdeithasau adeiladu yn newid eu cyfraddau llog os bydd Banc Lloegr yn newid cyfraddau sylfaenol y banciau 0.25%, dyweder. Mae yna nifer o farchnadoedd arian eraill sydd â llai fyth o gyswllt â chyfraddau sylfaenol y banciau. Er enghraifft, dydy cyfraddau cardiau credyd ddim yn tueddu i newid os bydd cyfraddau sylfaenol y banciau yn newid 1% neu 2%. Mae'n bosibl hefyd na fydd newidiadau mewn cyfraddau llog tymor byr yn effeithio ar gyfraddau llog tymor hir. Felly, rheolaeth amherffaith iawn yn unig sydd gan Fanc Lloegr ar yr holl farchnadoedd arian yn y DU.

Ffactorau sy'n effeithio ar y penderfyniad i newid cyfraddau llog

Y Pwyllgor Polisi Ariannol sy'n penderfynu p'un ai i newid cyfraddau llog ai peidio mewn unrhyw fis. Grŵp o 9 aelod yw hwn. Mae pump ohonynt o Fanc Lloegr, gan gynnwys Cadeirydd Banc Lloegr. Mae'r pedwar arall yn arbenigwyr allanol annibynnol, yn economegwyr proffesiynol yn bennaf. Chwyddiant yw unig darged Banc Lloegr. Felly mae'r Pwyllgor Polisi Ariannol yn ystyried tystiolaeth ynghylch ydy pwysau chwyddiannol yn cynyddu, yn gostwng neu'n aros yn sefydlog ar y pryd. Os yw'n credu bod pwysau chwyddiannol yn cynyddu, mae'n debygol o godi cyfraddau llog er mwyn lleihau'r galw cyfanredol. Os ydy pwysau chwyddiannol yn wan, gall ostwng cyfraddau llog er mwyn hybu'r galw cyfanredol a galluogi gostwng diweithdra a chynyddu cynnyrch. Wrth benderfynu, mae'n edrych ar amrywiaeth eang o ddangosyddion economaidd.

Er enghraifft, bydd yn ystyried cyfradd cynnydd enillion cyfartalog. Os ydy cyflogau'n cynyddu yn gyflymach nag o'r blaen, gallai hyn fod yn arwydd bod cyflenwad llafur yn fwy prin. Gallai'r un peth fod yn wir wedyn am nwyddau a gwasanaethau. Hefyd gallai cyflogau sy'n cynyddu'n fwy cyflym achosi costau uwch i gwmnïau. Yna byddai'n rhaid iddynt drosglwyddo'r costau hyn i'w cwsmeriaid ac felly byddai hyn yn chwyddiannol.

Mae prisiau tai yn ddangosydd arall. Os ydy prisiau tai yn codi'n gyflym, mae'n arwydd bod gan gartrefi arian i'w wario a allai wedyn arwain at alw uwch am nwyddau a gwasanaethau. Hefyd mae prisiau uwch am dai yn ychwanegu at gyfoeth cartrefi a gallent eu hannog i gael benthyg mwy, a fyddai'n cynyddu'r galw cyfanredol.

Mae'r gyfradd cyfnewid yn bwysig hefyd. Os ydy'r gyfradd cyfnewid yn gostwng, bydd yn gwneud allforion Prydain yn fwy cystadleuol a mewnforion yn llai cystadleuol. Bydd hyn yn cynyddu'r galw cyfanredol. Ar y llaw arall, bydd cyfradd cyfnewid sy'n cynyddu yn tueddu i leihau'r galw cyfanredol.

Mae'r bwlch cynnyrch yn ddangosydd pwysig arall. Mae hwn yn mesur y gwahaniaeth rhwng lefel wirioneddol cynnyrch a lefel bosibl cynnyrch yr economi yn ôl amcangyfrifon economegwyr. Os ydy'r holl ffactorau cynhyrchu yn cael eu defnyddio i'r eithaf, bydd unrhyw gynnydd yn y galw cyfanredol yn arwain at chwyddiant uwch.

Problemau sy'n wynebu'r Pwyllgor Polisi Ariannol

Un o'r problemau sy'n wynebu'r Pwyllgor Polisi Ariannol yw bod data economaidd ar gyfer unrhyw fis yn annibynadwy. Os ydy'r ystadegwyr yn dweud y cynyddodd enillion cyfartalog 0.564% fis diwethaf, mae bron yn sicr nad yw hynny'n hollol gywir. Felly rhaid i aelodau'r Pwyllgor Polisi Ariannol asesu pa mor gredadwy ydy'r ystadegau a gyflwynir iddynt.

Problem arall yw'r ffaith nad ydy economegwyr yn cytuno'n llwyr ynghylch sut mae'r economi'n gweithio. Er enghraifft, gallai rhai economegwyr roi mwy o bwys ar gynnydd mewn chwyddiant cyflogau na'i gilydd. Mae'r holl economegwyr yn derbyn bod y byd real mor gymhleth fel ei bod hi'n aml yn anodd ei bortreadu mewn damcaniaethau a modelau economaidd. Yn olaf, mae'r data yn aml yn anghyson. Bydd rhai dangosyddion yn awgrymu cynnydd mewn pwysau chwyddiannol tra bydd eraill yn dangos gostyngiad. Mae'n llai cyffredin i'r rhan fwyaf o'r data economaidd fod yn pwyntio i'r un cyfeiriad. Gall hyn fod yn broblem, yn enwedig os ydy'r Pwyllgor wedi bod yn llwyddiannus o ran

rheoli chwyddiant dros gyfnod. Yna, mae'r bwlch cynnyrch yn debygol o fod oddeutu sero, gydag adnoddau economaidd yn cael eu defnyddio i'r eithaf. Mae'n annhebygol y bydd ffigurau un mis yn dangos unrhyw duedd eglur. Mae hyn yn wahanol iawn i sefyllfa lle mae, dyweder, bwlch cynnyrch negyddol mawr sy'n dangos bod yr economi'n gweithredu ymhell islaw ei botensial cynhyrchiol a bod diweithdra uchel. Yna mae'n debygol o fod yn glir y gallai cyfraddau llog gael eu gostwng heb hybu chwyddiant. Yn yr un modd, os oes bwlch cynnyrch positif mawr, ni ellir cynnal y sefyllfa yn y tymor hir, ac mae cynnydd mewn chwyddiant bron yn anochel. Yna mae'n glir bod yn rhaid i gyfraddau llog godi er mwyn tawelu'r galw.

Cwestiwn Data — A fydd Banc Lloegr yn torri cyfraddau llog heddiw?

Yn ei gyfarfod heddiw, bydd yn rhaid i'r Pwyllgor Polisi Ariannol benderfynu p'un ai i newid cyfraddau llog ai peidio. Mae diwydiant ac adwerthwyr eisiau gweld cyfraddau llog yn gostwng. Maent yn cwyno am ddiffyg

gwario yn yr economi. Ar y llaw arall, gallai'r Pwyllgor Polisi Ariannol deimlo bod pwysau chwyddiannol yn dal i fod yn rhy gryf i gyfiawnhau toriad yng nghyfraddau llog.

Ffigur 37.5 Rhagamcaniad cyfredol chwyddiant CPI yn seiliedig ar gyfraddau llog yn 4.5%

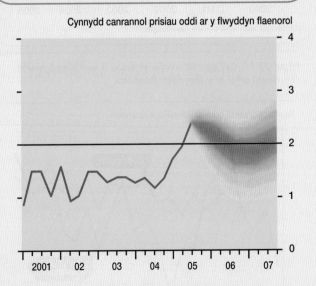

Cynnydd canrannol prisiau oddi ar y flwyddyn flaenorol

Ffynhonnell: addaswyd o *Inflation Report*, Tachwedd 2005, Banc Lloegr.

Ffigur 37.6 Cyfradd sylfaenol y banciau (%)

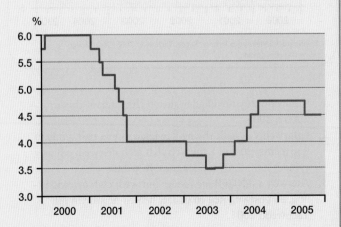

Ffynhonnell: addaswyd o www.statistics.gov.uk

Ffigur 37.7 Rhagamcaniad cyfredol twf CMC real yn seiliedig ar gyfraddau llog cyson yn 4.5%

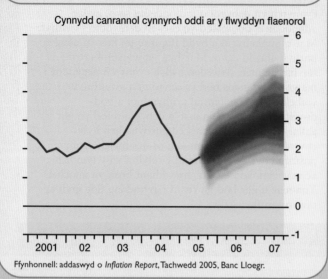

Cynnydd canrannol cynnyrch oddi ar y flwyddyn flaenorol

Ffynhonnell: addaswyd o *Inflation Report*, Tachwedd 2005, Banc Lloegr.

Ffigur 37.8 Treuliant cartrefi real, gwerthiant adwerthu real, Newid canrannol oddi ar y flwyddyn flaenorol

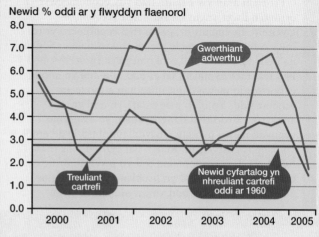

Newid % oddi ar y flwyddyn flaenorol

Ffynhonnell: addaswyd o *Inflation Report*, Tachwedd 2005, Banc Lloegr.

Ffigur 37.9 Prisiau mewnforion, nwyddau a gwasanaethau, Newid canrannol oddi ar y flwyddyn flaenorol; cyfradd cyfnewid effeithiol sterling 1990=100

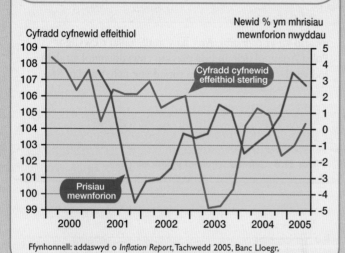

Cyfradd cyfnewid effeithiol

Newid % ym mhrisiau mewnforion nwyddau

Ffynhonnell: addaswyd o *Inflation Report*, Tachwedd 2005, Banc Lloegr, www.statistics.gov.uk.

Ffigur 37.10 Twf enillion cyfartalog, gan gynnwys bonwsau, Newid canrannol oddi ar y flwyddyn flaenorol

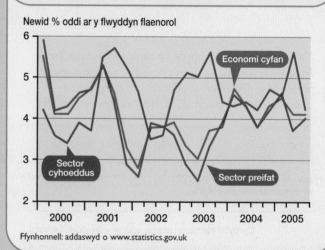

Newid % oddi ar y flwyddyn flaenorol

Ffynhonnell: addaswyd o www.statistics.gov.uk

Ffigur 37.11 Cyflogaeth a nifer yr oriau a weithiwyd, newid canrannol oddi ar y flwyddyn flaenorol

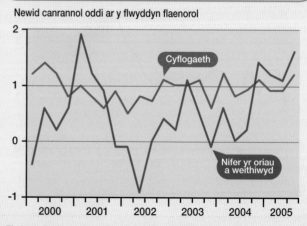

Newid canrannol oddi ar y flwyddyn flaenorol

Ffynhonnell: addaswyd o *Inflation Report*, Tachwedd 2005, Banc Lloegr.

1. Amlinellwch y tueddiadau mewn chwyddiant rhwng 2000 a 2005.
2. Eglurwch y cyswllt rhwng newidiadau yng nghyfraddau llog a chwyddiant. Eglurwch eich ateb drwy edrych ar y cyfnod 2000-2005 a ddangosir yn y data.
3. Aseswch a ddylai Banc Lloegr fod wedi codi cyfraddau llog, eu gostwng neu eu gadael heb eu newid ym mis Tachwedd 2005.
4. Pam y gallai'r Pwyllgor Polisi Ariannol ei chael hi'n anodd penderfynu a ddylid newid cyfraddau llog ai peidio mewn unrhyw un mis?

Crynodeb

1. Bwriedir i bolisïau ochr-gyflenwad gynyddu cyfradd gyfartalog twf yr economi.
   Gallan nhw helpu hefyd i ostwng chwyddiant a diweithdra a gwella sefyllfa'r cyfrif cyfredol.
2. Mae rhai economegwyr, a elwir yn economegwyr ochr-gyflenwad, yn credu na ddylai llywodraethau ymyrryd yng ngweithrediad y farchnad rydd. Yn ôl eu dadl nhw, rôl y llywodraeth yw dileu cyfyngiadau ar weithrediad marchnadoedd unigol. Mae economegwyr Keynesaidd yn credu bod angen i lywodraethau ymyrryd ar yr ochr gyflenwad i unioni methiant y farchnad.
3. Gall y cyflenwad cyfanredol yn yr economi gael ei gynyddu os bydd y llywodraeth yn ymyrryd i sicrhau bod marchnadoedd llafur yn gweithredu'n fwy effeithlon ac os oes cynnydd mewn cyfalaf dynol dros amser.
4. Mae angen i lywodraethau hybu cwmnïau i fuddsoddi a chymryd risg os ydy'r cyflenwad cyfanredol i gynyddu.
5. Gall preifateiddio, dadreoli a mwy o gystadleuaeth gynyddu'r cyflenwad cyfanredol.
6. Gall polisi rhanbarthol a pholisi canol dinasoedd gynyddu'r cyflenwad cyfanredol hefyd.

Polisïau ochr-gyflenwad

Mae cromlin y cyflenwad cyfanredol tymor hir yn dangos potensial cynhyrchiol yr economi. Ar unrhyw adeg mae terfyn ar yr hyn y gall economi ei gynhyrchu. Dros amser bydd potensial cynhyrchiol yr economi yn tyfu, gobeithio. Gellir dangos hyn gan symudiad y ffin posibilrwydd cynhyrchu tuag allan (☞ uned 1) neu symudiad cromlin y cyflenwad cyfanredol tymor hir i'r dde (☞ uned 34).

Mae POLISÏAU OCHR-GYFLENWAD yn bolisïau llywodraeth sydd â'r bwriad o gynyddu cyfradd twf economaidd, y gyfradd y bydd y gromlin CCTH yn cael ei symud i'r dde. Yn Ffigur 38.1 mae symudiad y gromlin CCTH i'r dde yn cynyddu cynnyrch o OA i OB. Yn y DU ac UDA cyfradd duedd twf am y rhan fwyaf o ail hanner yr ugeinfed ganrif oedd tua 2.5%. Ond roedd twf economaidd cyfartalog yn uwch yn rhan olaf yr 1990au ac yn ôl rhai economegwyr gallai gwell polisïau ochr-gyflenwad fod wedi codi cyfradd duedd twf yn y ddau economi yma. Mae cyfradd duedd twf economi Japan wedi gostwng o ddegawd i ddegawd ers yr 1960au. Felly nid yw cyfraddau twf tymor hir o reidrwydd yn ddigyfnewid. Gall ffactorau fel polisi'r llywodraeth ddylanwadu arnynt.

Gall polisïau ochr-gyflenwad effeithio ar newidynnau economaidd eraill hefyd heblaw am dwf. Mae Ffigur 38.1 yn dangos bod symudiad y gromlin CCTH i'r dde, â phopeth arall yn gyfartal, yn arwain at ostyngiad yn lefel prisiau. Felly mae polisïau ochr-gyflenwad sy'n llwyddo i gynyddu cyfradd duedd twf economi yn gallu helpu i leihau chwyddiant.

Mae polisïau ochr-gyflenwad yn effeithio ar ddiweithdra hefyd. Mae economïau'n newid yn gyson, gyda diwydiannau newydd yn tyfu a hen ddiwydiannau'n marw. Dros amser mae technoleg newydd yn caniatáu i fwy gael ei gynhyrchu â llai o weithwyr. Os na fydd yr economi'n tyfu'n ddigon cyflym, gall nifer y swyddi a gollir gan weithwyr mewn blwyddyn fod yn fwy na nifer y swyddi newydd sy'n cael eu creu. Felly mae diweithdra'n cynyddu. Mewn cyferbyniad â hynny, os oes twf economaidd cyflym mae mwy o swyddi newydd yn debygol o gael eu creu nag sydd o hen swyddi sy'n cael eu colli ac felly mae diweithdra'n gostwng. Roedd twf economaidd cyflymach yn y DU ac UDA yn ail hanner yr 1990au yn gysylltiedig â diweithdra'n gostwng yn y ddwy wlad. Daw adeg, fel yn y DU yn yr 1950au, pan fydd yr economi ar gyflogaeth lawn a bod pawb sydd eisiau swydd yn gallu cael un. Yna gall polisïau ochr-gyflenwad chwarae rhan bwysig mewn sicrhau na fydd chwyddiant yn broblem. Gallan nhw helpu i gadw twf y cyflenwad cyfredol yn hafal i dwf y galw cyfanredol.

Mae polisïau ochr-gyflenwad yn effeithio ar y cyfrif cyfredol. Mae cynnydd yn y cyflenwad cyfanredol yn galluogi rhoi mwy o nwyddau a gwasanaethau ar gael i'w hallforio ac mae'n lleihau'r angen i fewnforio nwyddau. Yn ymarferol, mae polisïau ochr-gyflenwad effeithiol yn cynyddu gallu diwydiant mewnol i gystadlu o'i gymharu â diwydiant tramor. Mae nwyddau mewnol yn rhatach neu â gwell ansawdd neu â rhagofynion (specification) uwch na nwyddau tramor. Felly bydd allforion yn cynyddu o'u cymharu â mewnforion.

Agweddau gwahanol

Mae economegwyr yn cytuno y gall y llywodraeth effeithio ar ochr gyflenwad yr economi. Fodd bynnag, maen nhw'n anghytuno ynghylch sut y dylid gwneud hyn.

Economegwyr ochr-gyflenwad Daw economegwyr ochr-gyflenwad o'r un garfan o feddylwyr ag economegwyr neo-glasurol, clasurol

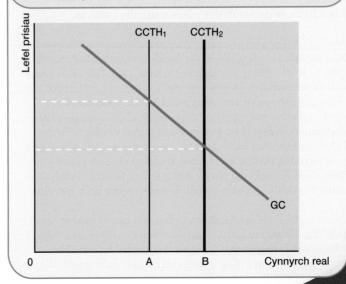

Ffigur 38.1 Polisïau ochr-gyflenwad
Mae polisïau ochr-gyflenwad effeithiol yn gwthio cromlin y cyflenwad cyfanredol tymor hir i'r dde. Mae hyn yn cynyddu twf economaidd ac yn gostwng pwysau chwyddiannol. Gall hefyd achosi gostyngiad mewn diweithdra ac arwain at fwy o allforion a llai o fewnforion.

newydd ac arianolaethol. Maen nhw'n credu bod marchnadoedd rhydd yn hybu effeithlonrwydd economaidd a bod ymyriad y llywodraeth yn yr economi yn debygol o amharu ar effeithlonrwydd economaidd. Eto i gyd mae gan y llywodraeth ran hanfodol i'w chwarae yn yr economi, yn ôl yr economegwyr hyn. Mae'r llywodraeth yn gyfrifol am greu'r amgylchedd y gall marchnadoedd rhydd weithio ynddo. Mae hynny'n golygu dileu'r rhwystrau sydd i weithrediad perffaith marchnadoedd. Felly mae ECONOMEG OCHR-GYFLENWAD yn tueddu i fod yn astudiaeth o sut y gall llywodraeth ymyrryd gan ddefnyddio polisïau sy'n **gyfeiriedig at y farchnad**.

Economegwyr Keynesaidd a neo-Keynesaidd Yn ôl economegwyr Keynesaidd a neo-Keynesaidd, yn aml nid yw marchnadoedd rhydd yn uchafu effeithlonrwydd economaidd yn yr economi. Felly rhaid i lywodraethau unioni **methiant y farchnad** (☞ uned 16). Mae hynny'n golygu ymyrryd mewn marchnadoedd rhydd i newid y canlyniad o'r hyn a fyddai wedi digwydd fel arall.

Yng ngweddill yr uned hon, byddwn yn ystyried dau fath o bolisi ochr-gyflenwad – polisïau sy'n gyfeiriedig at y farchnad a pholisïau ymyraethol.

Polisïau marchnad lafur

Mae lefel y cyflenwad cyfanredol yn cael ei phennu yn rhannol gan faint o lafur a gyflenwir i'r farchnad a chynhyrchedd y llafur hwnnw. Er enghraifft, â phopeth arall yn gyfartal, bydd economi sydd â 10 miliwn o weithwyr yn cynhyrchu llai nag economi sydd â 20 miliwn o weithwyr. Yn yr un modd, mewn economi lle nad oes gan y gweithwyr fawr ddim **cyfalaf dynol** (☞ uned 2) bydd cynnyrch yn is nag y bydd mewn economi lle mae lefelau uchel o gyfalaf dynol. Mae economegwyr clasurol yn dadlau bod nifer o ffyrdd y cyfyngir ar faint ac ansawdd llafur am nad yw marchnadoedd yn cael eu gadael i weithio'n rhydd.

Undebau llafur Pwrpas undeb llafur yw trefnu gweithwyr yn un uned fargeinio. Wedyn mae'r undeb llafur yn fonopsonydd, sef unig werthwr o lafur, ac mae'n atal gweithwyr rhag cystadlu ymhlith ei gilydd yn y farchnad swyddi. Yn ôl damcaniaeth economaidd, os bydd undebau llafur yn codi cyfraddau cyflogau ar gyfer eu haelodau, bydd cyflogaeth a chynnyrch yn is mewn marchnadoedd sydd fel arall yn gystadleuol. Felly mae economegwyr clasurol yn dadlau bod yn rhaid i'r llywodraeth ymyrryd i gwtogi ar bŵer undebau llafur, er enghraifft drwy leihau eu gallu i streicio.

Budd-daliadau lles y wladwriaeth Mae gweithwyr yn annhebygol o gymryd swyddi â chyflog isel os ydy budd-daliadau'r wladwriaeth ychydig yn is na'r cyflog a gynigir neu'n hafal iddo. Felly, mae budd-daliadau'r wladwriaeth yn gostwng lefel y cyflenwad cyfanredol am fod mwy o weithwyr yn aros yn ddi-waith. Mae economegwyr clasurol yn dadlau mai'r ateb yw gostwng budd-daliadau di-waith y wladwriaeth er mwyn hybu gweithwyr i gymryd swyddi â chyflog isel. Dull arall yw rhoi budd-daliadau neu gredydau treth i bobl sy'n cymryd swyddi â chyflog isel. Er mwyn cael cymhelliad positif i weithio, rhaid i'r budd-dal plws y cyflog fod yn fwy na'r budd-daliadau y byddai'r gweithiwr wedi eu derbyn pe na bai'n gweithio.

Lleiafswm cyflog Os oes lleiafswm cyflog sy'n cael ei osod yn uwch na chyflog clirio'r farchnad, bydd diweithdra'n cael ei greu. Mae lleiafswm cyflog yn atal rhai gweithwyr a fyddai'n fodlon gweithio am gyflog is rhag cael swyddi. Felly mae'r

cyflenwad cyfanredol yn is. Mae economegwyr clasurol yn tueddu i ddadlau y dylai lleiafswm cyflog gael ei ddileu.

Cyfraddau ffiniol trethi Mae cyfraddau ffiniol uchel o dreth (cyfradd y dreth ar y £1 olaf a enillwyd neu a wariwyd) yn llesteirio gweithgaredd economaidd. Mae treth ar sigaréts yn achosi i lai o sigaréts gael eu prynu. Mae treth ar waith (treth incwm) yn achosi i bobl weithio llai. Mae treth ar elw (treth gorfforaeth) yn anghymhell cwmnïau rhag gwneud elw. Felly bydd gostwng rhai trethi yn codi lefel gweithgaredd economaidd ac yn cynyddu'r cyflenwad cyfanredol.

Mae economegwyr ochr-gyflenwad yn credu bod cyflenwad llafur yn gymharol elastig. Bydd gostyngiad yn nghyfraddau ffiniol trethi ar incwm yn arwain at gynnydd sylweddol mewn 'gwaith'. Gallai hyn olygu bod unigolion yn gweithio mwy o oriau, yn fwy parod i dderbyn dyrchafiad, yn fwy daearyddol symudol, neu'n barod i ymuno â'r gweithlu.

Gellir dadlau bod gwaith yn nwydd israddol tra bo hamdden, y dewis arall, yn nwydd normal. Po uchaf yw incwm unigolyn, lleiaf parod y mae i weithio. Felly bydd gostyngiad yng nghyfraddau ffiniol trethi yn cael effaith incwm negyddol ar y ffin (h.y. bydd y gweithiwr yn llai parod i weithio). Fodd bynnag, bydd gostyngiad yng nghyfraddau ffiniol trethi yn cael effaith amnewid bositif am fod pris cymharol gwaith o'i gymharu â hamdden wedi newid o blaid gwaith (h.y. bydd y gweithiwr yn fwy parod i weithio).

Mae economegwyr ochr-gyflenwad yn credu bod effaith amnewid gostyngiad treth yn bwysicach na'r effaith incwm ac felly bod gostyngiadau treth yn cynyddu cymhellion i weithio. Os ydy gostwng cyfraddau ffiniol treth incwm yn annog pobl i weithio'n galetach ac ennill mwy, yna yn ddamcaniaethol gallai derbyniadau'r dreth gynyddu ar ôl gostyngiad yn y dreth. Er enghraifft, pe bai 10 gweithiwr, sy'n ennill £10 000 y flwyddyn yr un, yn talu 25% mewn treth ar gyfartaledd, cyfanswm derbyniadau'r dreth fyddai £25 000 (10 × £10 000 × 0.25). Pe bai gostyngiad yng nghyfradd y dreth i 20% yn gwneud i bob gweithiwr weithio'n galetach a chynyddu

Cwestiwn 1

Mae nifer o astudiaethau wedi cael eu cwblhau sy'n trafod y cyswllt rhwng gostyngiadau treth incwm a chymhellion i weithio. Er enghraifft, edrychodd Brown a Dawson (1969) ar yr holl astudiaethau a gyhoeddwyd rhwng 1947 ac 1968 oedd yn gwneud cyswllt rhwng cyfraddau trethi ac oriau a weithiwyd. Gwelson nhw fod trethi uchel yn gweithredu fel anghymhelliad i weithio mwy o oriau yn achos rhwng 5% a 15% o'r boblogaeth. Roedd y gweithwyr hyn yn bennaf yn bobl a allai ddewis i amrywio'u horiau gwaith yn gymharol hawdd – y cyfoethog, gweithwyr cefn gwlad, pobl canol oed a phobl heb deuluoedd. Ar y llaw arall, roedd grŵp llai o bobl yn tueddu i gynyddu eu horiau gwaith pan oedd trethi'n uwch. Roedd y rhain yn nodweddiadol yn rhan o deuluoedd mawr, yn ifanc, yn drigolion trefi oedd yn waeth eu byd.

Mewn astudiaeth yn 1988 gan CV Brown gwelwyd bod y cynnydd sylweddol mewn lwfansau treth yng Nghyllideb 1988 wedi cynyddu nifer yr oriau a weithiwyd yn yr economi 0.5% yn unig. Ni chafodd y gostyngiad yng nghyfradd sylfaenol y dreth ddim effaith o gwbl ar yr oriau a weithiwyd, a chafodd y gostyngiad enfawr yng nghyfradd uchaf y dreth o 60% i 40% effaith fach yn unig o ran ysgogi oriau ychwanegol o waith gan y cyfoethog.

(a) Eglurwch pam y gallai cyfraddau'r dreth gael effaith ar gymhellion i weithio.
(b) I ba raddau y mae gostwng y dreth wedi cynyddu nifer yr oriau a weithiwyd?
(c) Beth yw goblygiadau'r ddwy astudiaeth a ddisgrifir yn y darn ar gyfer siâp cromlin Laffer?

Ffigur 38.2 Cromlin Laffer

Wrth i gyfraddau'r dreth gynyddu, mae gweithgaredd economaidd yn cael ei lesteirio ac felly mae cyfradd twf derbyniadau'r dreth yn gostwng. Uwchlaw OA, mae cynnydd yng nghyfraddau'r dreth yn llesteirio gweithgaredd economaidd i'r fath raddau fel bo derbyniadau'r dreth yn gostwng.

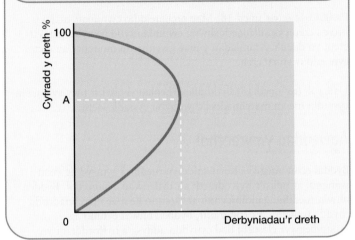

enillion i, dyweder, £15 000, byddai derbyniadau'r dreth yn cynyddu i £30 000 (10 × £3 000). Dyma enghraifft o effaith CROMLIN LAFFER, a enwyd ar ôl yr Athro Arthur Laffer a boblogeiddiodd y syniad yn rhan olaf yr 1970au. Mae Ffigur 38.2 yn dangos cromlin Laffer, sy'n plotio derbyniadau'r dreth yn erbyn cyfraddau'r dreth. Wrth i gyfraddau'r dreth gynyddu, mae cyfradd twf derbyniadau'r dreth yn gostwng oherwydd effeithiau anghymell y dreth. Mae OA yn dangos safle derbyniadau uchaf y dreth. Ar gyfraddau'r dreth uwchlaw OA, mae cynnydd yng nghyfradd y dreth yn llesteirio gweithgaredd economaidd i'r fath raddau fel bo derbyniadau'r dreth yn gostwng.

Maglau tlodi a diweithdra Mae'r cyfuniad o gyfraddau ffiniol treth incwm a thynnu budd-daliadau yn ôl yn gallu arwain at faglau tlodi a diweithdra. Mae'r FAGL DLODI neu'r FAGL ENILLION i'w chael pan fydd unigolyn neu gartref sydd ag incwm isel yn ennill mwy, er enghraifft drwy gael dyrchafiad, cael swydd â chyflog uwch neu weithio mwy o oriau, ond bod yr ennill (*gain*) net yn fach neu hyd yn oed yn negyddol. Mae'n digwydd am fod budd-daliadau lles yn cael eu colli wrth i incwm gynyddu. Hefyd, gallai'r unigolyn neu'r cartref ddechrau talu treth. Er enghraifft, os bydd unigolyn yn colli 50c o fudd-daliadau pan fydd yn ennill £1 yn ychwanegol, ac yna'n talu treth incwm a chyfraniadau Yswiriant Gwladol ar 30%, yr ennill net o ennill y £1 ychwanegol yw 20c yn unig (£1 – 50c – 30c). Yma cyfradd ffiniol effeithiol y dreth yw 80%. Pe bai'r budd-daliadau a gollwyd yn 90c am bob £1, byddai'r unigolyn yn 20c yn waeth ei fyd. Yma cyfradd ffiniol effeithiol y dreth fyddai 120%. Mae'r fagl dlodi yn anghymelliad mawr i'r bobl sy'n gweithio ac sy'n derbyn budd-daliadau rhag gweithio'n galetach neu gynyddu eu sgiliau. Mae'r FAGL DDIWEITHDRA i'w chael pan fydd unigolyn ychydig yn unig yn well ei fyd neu hyd yn oed yn waeth ei fyd wrth gael swydd nag yw yn aros yn ddi-waith, a hynny oherwydd colli budd-daliadau a thalu trethi. Mae'r fagl ddiweithdra yn anghymelliad mawr i'r di-waith rhag cael gwaith. Un datrysiad i'r ddau fath o fagl yw gostwng budd-daliadau lles ond bydd hynny'n cynyddu tlodi. Y datrysiad arall yw gostwng trethi ar incwm a chyfradd tynnu budd-daliadau lles yn ôl wrth i incwm gynyddu. Mae hwn yn ddatrysiad drutach i'r llywodraeth a'r trethdalwr.

Trethi ar lafur Ni fydd cwmnïau'n cyflogi rhagor o weithwyr os bydd cyfanswm cost eu cyflogau yn rhy uchel. Rhan o gyfanswm y gost yw cyflogau'r gweithwyr. Fodd bynnag, mae llawer o wledydd yn trethu cwmnïau am gyflogi llafur, yn aml drwy osod cyfraniadau cyflogwyr i gronfeydd nawdd cymdeithasol y wladwriaeth. Yn y DU, er enghraifft, rhaid i gyflogwyr dalu cyfraniadau cyflogwyr Yswiriant Gwladol. Po uchaf yw'r dreth, lleiaf i gyd o weithwyr fydd yn cael eu cyflogi ac felly isaf i gyd fydd lefel y cyflenwad cyfanredol.

Gostwng cost newid swyddi Mewn economi modern sy'n newid yn gyflym, mae gweithwyr yn debygol o newid swyddi yn gymharol aml. Bydd rhai gweithwyr hyd yn oed yn **weithwyr portffolio**, bydd ganddynt gymysgedd o swyddi rhan amser ar unrhyw adeg benodol yn hytrach nag un swydd amser llawn. Os ydy'r farchnad lafur yn un lle mae gweithwyr yn ei chael hi'n anodd cael swyddi newydd pan fyddant yn colli gwaith, bydd diweithdra'n cynyddu a bydd y cyflenwad cyfanredol yn gostwng. Felly rhaid i'r llywodraeth sicrhau bod y **rhwystrau i symudedd** rhwng swyddi mor isel â phosibl. Gall pensiynau fod yn rhwystr pwysig i symudedd. Os ydy hawliau pensiwn yn cael eu darparu yn nodweddiadol gan gyflogwyr unigol, bydd gweithiwr sy'n symud yn aml o gyflogwr i gyflogwr yn colli. Felly, dylai llywodraethau roi'r cyfle i weithwyr ddarparu ar gyfer eu pensiwn eu hun, pensiwn y gallan nhw fynd ag ef gyda nhw o swydd i swydd. Problem arall yn y DU yw diffyg symudedd daearyddol oherwydd anhyblygrwydd yn y farchnad dai. Os ydy prisiau tai yn ne Lloegr yn uwch o lawer nag yn y gogledd, bydd gweithwyr yn cael eu rhwystro rhag symud o'r gogledd i'r de. Yn yr un modd, os na all gweithwyr rentu tai am rent fforddiadwy mewn ardal, ni fydd gweithwyr â chyflog isel yn gallu symud i'r ardal honno i gymryd swyddi.

Cwestiwn 2

Mewn adroddiad diweddar am economi'r DU, amlygodd Cyfundrefn Cydweithrediad a Datblygiad Economaidd (OECD) wendidau yn system addysg a hyfforddiant y DU oedd yn rhwystro perfformiad twf y DU. Roedd yn arbennig o feirniadol o'r ddarpariaeth addysgol ar gyfer myfyrwyr llai academaidd. Dywedodd 'y gallai llawer mwy gael ei wneud o hyd i wella llythrennedd a rhifedd sylfaenol, gan ddarparu trwy hynny sylfaen gadarn ar gyfer addysg barhaus.' Dadleuodd hefyd fod 'gwella perthnasedd ac ansawdd rhaglenni galwedigaethol yn barhaol yr un mor bwysig ag ehangu'r ddarpariaeth ohonynt.'

Roedd yn pryderu y gallai'r system drethi a budd-dadliadau rwystro unigolion rhag caffael sgiliau canolradd. Yn ôl yr adroddiad, er bod enillion crynswth gweithwyr â sgiliau canolradd yn uwch o lawer na gweithwyr â sgiliau isel, doedd incwm net fawr ddim yn wahanol os oedd plant gan y gweithwyr hynny oherwydd y credydau treth y gall gweithwyr â chyflog isel a sgiliau isel eu hawlio. I bobl 16-18 oed, mae'n ymddangos bod cynlluniau peilot sydd wedi talu pobl yn eu harddegau i aros mewn addysg wedi hybu ymwneud ag addysg barhaus. Ond dewis arall posibl fyddai cynyddu'r trethi ysgafn iawn a wynebir gan bobl yn eu harddegau sy'n cymryd swydd yn 16 oed.

Ffynhonnell: addaswyd o *Economic Survey of the United Kingdom 2005, OECD*.

(a) Gan ddefnyddio diagram, eglurwch pam mae ansawdd y gweithlu mor bwysig i dwf tymor hir economi'r DU.
(b) Awgrymwch pam y gallai gwella 'llythrennedd a rhifedd sylfaenol' fod yn bwysig ar gyfer cynyddu stoc cyfalaf dynol tymor hir yr economi.
(c) Eglurwch pam y gallai trethi a budd-daliadau fod yn anghymelliad i gaffael sgiliau yn y DU.

Addysg a hyfforddiant Mae cynyddu lefel cyfalaf dynol gweithwyr yn hanfodol os ydy economïau i ddatblygu. Bydd lefelau uwch o addysg a hyfforddiant yn cynyddu derbyniadau cynnyrch ffiniol gweithwyr (h.y. yn cynyddu gwerth cynnyrch gweithwyr). Bydd hynny yn ei dro yn symud cromlin y cyflenwad cyfanredol i'r dde. Gwerth y cyfalaf dynol yn yr economi yw un o'r ffactorau pwysicaf sy'n pennu lefel y cyflenwad cyfanredol.

Y farchnad gyfalaf

Bydd cynyddu stoc cyfalaf y wlad, fel ei ffatrïoedd, ei swyddfeydd a'i ffyrdd, yn gwthio cromlin y cyflenwad cyfanredol i'r dde. Yn ôl economegwyr clasurol, mae gan y llywodraeth ran allweddol i'w chwarae yma.

Proffidioldeb Mae cwmnïau'n buddsoddi er mwyn gwneud elw. Po uchaf yw'r gyfradd elw, mwyaf i gyd o fuddsoddiant fydd yn digwydd. Felly, rhaid i'r llywodraeth greu amgylchedd lle gall cwmnïau wneud elw i'w perchenogion. Un ffordd o wneud hyn yw gostwng trethi ar elw cwmnïau. Ffordd arall yw gostwng treth etifeddiaeth a allai gael ei thalu gan berchennog busnes bach wrth drosglwyddo'r busnes i rywun arall yn y teulu. Ffordd arall yw gostwng trethi ar gyflogi gweithwyr. Hefyd gall gostwng swm y tâp coch llywodraethol, fel caniatâd cynllunio, helpu i ostwng costau a chynyddu proffidioldeb.

Dyrannu adnoddau cyfalaf prin Mae'r llywodraeth mewn safle gwael i benderfynu sut i ddyrannu adnoddau. Dylai adael hyn i'r sector preifat gymaint ag sy'n bosibl. Felly, dylai cwmnïau dan berchenogaeth y wladwriaeth gael eu **preifateiddio** lle bynnag y bo'n bosibl. Dim ond swm cyfyngedig o arian trethdalwyr y dylai'r llywodraeth ei gynnig i gymorthdalu diwydiant. Dylai'r llywodraeth osgoi ceisio 'cefnogi cwmnïau llwyddiannus'.

Cynyddu amrywiaeth y ffynonellau cyfalaf sydd ar gael i gwmnïau Gall cwmnïau gael eu cyfyngu o ran twf os nad oes modd iddynt gael cyfalaf ariannol fel benthyciadau banc neu gyfalaf cyfranddaliadau. Felly, dylai'r llywodraeth hybu'r sector preifat i ddarparu cyfalaf ariannol, yn enwedig i fusnesau bach. Gallai, er enghraifft, gynnig cymhellion treth i unigolion sy'n rhoi cyfalaf cyfranddaliadau i fusnes.

Y farchnad nwyddau

Bydd cynhyrchu aneffeithlon yn arwain at lefel is o gyflenwad cyfanredol. Er enghraifft, os ydy gweithwyr ceir y DU yn cynhyrchu 50% yn llai o geir am bob gweithiwr gyda'r un cyfarpar â gweithwyr yr Almaen, yna yn amlwg gellir cynyddu lefel y cyflenwad cyfanredol yn y DU os cynyddir cynhyrchedd llafur y DU. Mae gan y llywodraeth ran allweddol i'w chwarae mewn cynyddu effeithlonrwydd.

Mae economegwyr clasurol yn dadlau mai'r ffordd bwysicaf o sicrhau cynnydd mewn effeithlonrwydd yw trwy hybu **cystadleuaeth**. Os ydy cwmnïau'n gwybod y byddant yn mynd allan o fusnes os na fyddant yn effeithlon, bydd ganddynt gymhelliad pwerus i fod yn gynhyrchwyr effeithlon. Gall y llywodraeth gynyddu cystadleuaeth yn y farchnad mewn nifer o ffyrdd.

Hybu masnach rydd (☞ uned 40) Os oes cystadleuaeth dramor frwd, rhaid i ddiwydiant mewnol fod yn effeithlon er mwyn goroesi. Felly, dylai'r llywodraeth ryddfrydoli masnach, gan ddileu tollau (trethi) a rhwystrau eraill i fewnforion.

Hybu busnesau bach Gall busnesau bach weithredu mewn marchnadoedd lle nad oes busnesau mawr. Mae cystadleuaeth yma yn ddwys. Fodd bynnag, gall busnesau bach weithredu mewn marchnadoedd lle mae cwmnïau mawr iawn. Yna mae busnesau bach yn gorfodi cwmnïau mawr i gadw'n gystadleuol o ran costau. Fel arall bydd y cwmnïau mawr yn colli cyfran o'r farchnad.

Preifateiddio (☞ uned 18) Mae preifateiddio cwmnïau, ac yn y broses creu cystadleuaeth rhwng cwmnïau sydd newydd gael eu creu, yn dileu'r ystumiadau y mae gweithredu monopolïau sector cyhoeddus yn eu creu.

Dadreoli (☞ uned 18) Bydd dileu rheolau ynghylch pwy sy'n gallu cystadlu mewn marchnadoedd yn hybu cystadleuaeth.

Agweddau ymyraethol

Byddai economegwyr Keynesaidd yn tueddu i gymryd agwedd wahanol at bolisi'r llywodraeth a'r cyflenwad cyfanredol. Bydden nhw'n tueddu i ganolbwyntio ar faterion lle mae marchnadoedd rhydd yn methu. Er enghraifft, bydden nhw'n cytuno ag economegwyr clasurol bod cynyddu addysg a hyfforddiant yn gorfod bod yn agwedd allweddol ar bolisi'r llywodraeth. Ond lle byddai economegwyr clasurol yn dadlau y dylid gadael hyfforddiant i gwmnïau unigol neu grwpiau o gwmnïau mewn ardal leol, byddai Keynesiaid yn dadlau bod hyfforddiant yn cael ei drefnu orau gan y llywodraeth. Dylai'r wladwriaeth, er enghraifft, osod ardollau (*levies*) ar gwmnïau i ariannu lleoliadau (*placements*) a chynlluniau hyfforddiant a drefnir gan y wladwriaeth.

O ran buddsoddiant mewn cyfalaf ffisegol, byddai economegwyr clasurol yn dadlau y dylai elw gyfeirio lefel a phatrwm buddsoddiant. Yn ôl economegwyr Keynesaidd, os ydy buddsoddiant yn annigonol yn yr economi, dylai'r llywodraeth ymyrryd ac, er enghraifft, defnyddio trethi i sefydlu cwmnïau dan berchenogaeth y wladwriaeth neu gymorthdalu buddsoddiant gan ddiwydiant preifat.

Mae diwydiant alltraeth (*offshore*) Prydain wedi ymateb yn ddig i benderfyniad Canghellor y DU i osod treth ychwanegol o 10% ar elw o feysydd olew Môr y Gogledd. Amcangyfrifir y bydd yn codi £6.5 biliwn o dderbyniadau i'r llywodraeth dros y tair blynedd nesaf. Dywedodd Cymdeithas Gweithredwyr Alltraeth y DU: 'Mae bron y tu hwnt i ddeall nad yw'r llywodraeth wedi sylweddoli bregusrwydd dyfodol y diwydiant yn y DU. Ni allai ei symudiad fod wedi dod ar adeg waeth. Mae gweithgaredd Môr y Gogledd wedi ymadfer yn rhyfeddol oddi ar 2002 pan gafodd ei ergydio ddiwethaf gan dreth gosbol.' Aeth ymlaen i ddweud: 'Bydd yn rhwystro buddsoddiant mewn meysydd newydd ac yn gwneud hen feysydd yn llai atyniadol ar gyfer mwy o adferiad. Hefyd, bydd yr effaith yn cael ei theimlo gryn dipyn gan gynhyrchwyr bach o olew a nwy. Arweiniodd y dreth annisgwyl ar y diwydiant yn 2002 at gwymp mawr yn hyder buddsoddwyr ym Môr y Gogledd. Gostyngodd gweithgaredd chwilio a datblygu i'w lefelau isaf erioed wrth i fuddsoddiant adael Môr y Gogledd a mynd i rannau llai heriol o'r byd â chostau is.'

Fynhonnell: addaswyd o Ddatganiad i'r Wasg gan Gymdeithas Gweithredwyr Alltraeth y Deyrnas Unedig, Rhagfyr 2005.

(a) Eglurwch y cyswllt rhwng trethi ar gwmnïau a chwilio am a datblygu olew ym Môr y Gogledd.

(b) Pa effaith y gallai'r dreth ychwanegol o 10% ar elw olew Môr y Gogledd ei chael ar y cyflenwad cyfanredol tymor hir?

Yn yr 1950au a'r 1960au yn y DU y brif broblem ochr-gyflenwad oedd anghydraddoldeb rhanbarthol, gyda gogledd Lloegr, yr Alban a Gogledd Iwerddon yn cael cyfraddau uwch o ddiweithdra na de a chanolbarth Lloegr. Yr ymateb polisi Keynesaidd oedd cymysgedd o gynnig cymhellion i gwmnïau fuddsoddi mewn rhanbarthau diweithdra uchel a'i gwneud hi'n anodd i gwmnïau ehangu mewn rhanbarthau diweithdra isel.

Cwestiwn 4

Arloesi gwyddonol, trosglwyddo gwybodaeth, gwella sgiliau a gwelliannau mewn cludiant yw prif elfennau cynllun gwario £100 miliwn a gyhoeddwyd heddiw ac sydd â'r bwriad o gicdanio (*kick-start*) economi gogledd Lloegr.

Mae cynllun busnes Ffordd y Gogledd yn ymgais gan dair asiantaeth ddatblygu ranbarthol yn y gogledd i fynd i'r afael â'r rhaniad gogledd-de mewn perfformiad economaidd. Mae Ffordd y Gogledd wedi cyfrifo bod y bwlch cynnyrch rhwng gogledd a de yn £30 biliwn. Mae wedi cyfrifo hyn drwy gymharu Ychwanegiad-at-Werth Crynswth y pen y tri rhanbarth gogleddol â chyfartaledd Lloegr gyfan yn y pum mlynedd 1999-2003.

Bydd y £100 miliwn yn ariannu amrywiaeth o fentrau i wella gallu'r tri rhanbarth i gystadlu. Er enghraifft, bydd £15 miliwn yn cael eu gwario yn ariannu canolfannau rhagoriaeth mewn arweinyddiaeth, arloesi a'r sgiliau ar gyfer cymunedau cynaliadwy. Bydd £12 miliwn yn creu gwelliannau bach ond pwysig mewn cludiant ac yn datblygu'r ddadl am agwedd newydd tuag at fuddsoddiant mewn cludiant yn y Gogledd. Bydd £3 miliwn yn helpu i sefydlu Cyfleuster Cenedlaethol Biotechnoleg Ddiwydiannol newydd sy'n werth £6.5 miliwn yng Nyffryn Tees.

Ffynhonnell: addaswyd o'r *Financial Times* 20.6.2005; Datganiad i'r Wasg, Ffordd y Gogledd, 20.6.2005.

Gan ddefnyddio enghreifftiau o'r darn, eglurwch sut y gallai cymorth gan y llywodraeth gynyddu'r cyflenwad cyfanredol.

Termau allweddol

Cromlin Laffer – cromlin sy'n dangos, ar lefelau isel o drethiant, y bydd derbyniadau'r dreth yn cynyddu os cynyddir cyfraddau'r dreth; ond os ydy cyfraddau'r dreth yn uchel, bydd cynnydd pellach yn y cyfraddau yn gostwng cyfanswm derbyniadau'r dreth oherwydd effeithiau anghymell y cynnydd yn y dreth.

Economeg ochr-gyflenwad – astudio sut y bydd newidiadau yn y cyflenwad cyfanredol yn effeithio ar newidynnau fel incwm gwladol; yn arbennig, sut y gallai polisi micro-economaidd y llywodraeth newid y cyflenwad cyfanredol trwy farchnadoedd unigol.

Magl dlodi neu fagl enillion – i'w chael pan fydd unigolyn ychydig yn unig yn well ei fyd neu hyd yn oed yn waeth ei fyd wrth gael cynnydd yn ei gyflog oherwydd effaith gyfunol mwy o dreth a cholli budd-daliadau.

Magl ddiweithdra – i'w chael pan fydd unigolyn ychydig yn unig yn well ei fyd neu hyd yn oed yn waeth ei fyd wrth gael swydd ar ôl bod yn ddi-waith oherwydd effaith gyfunol mwy o dreth a cholli budd-daliadau.

Polisïau ochr-gyflenwad – polisïau llywodraeth sydd â'r bwriad o gynyddu potensial cynhyrchiol yr economi ac sy'n gwthio cromlin y cyflenwad cyfanredol tymor hir i'r dde.

Economeg gymhwysol

Polisïau ochr-gyflenwad yn y DU

Oddi ar 1979 mae'r llywodraeth wedi ymrwymo i weithredu polisïau ochr-gyflenwad gyda'r nod o wella gweithrediad marchnadoedd rhydd. Mae amrywiaeth eang o fesurau wedi cael eu cyflwyno, ac fe'u disgrifir isod.

Y farchnad lafur

Pŵer undebau llafur Yn yr 1960au a'r 1970au, cafwyd dadl ffyrnig ynglŷn â phwerau undebau llafur. Gydag aelodaeth a gynrychiolai hanner holl weithwyr y DU ar eu hanterth yn 1979, roedd cydnabyddiaeth bod gan undebau llafur gryn bŵer yn y gweithle ar y pryd. Yn 1979 etholwyd y blaid Geidwadol dan arweinyddiaeth Margaret Thatcher gydag addewid maniffesto i leihau pŵer undebau llafur a gwneud diwydiant y DU yn fwy hyblyg a chystadleuol. Pasiwyd nifer o Ddeddfau a wnaeth picedu eilaidd yn anghyfreithlon i bob pwrpas, a chafodd cwmnïau yr hawl i erlyn undebau llafur am iawn. Bellach, roedd yn rhaid i undeb gynnal pleidlais gyfrinachol ymhlith ei aelodau er mwyn cymeradwyo unrhyw weithredu diwydiannol. Gwnaethpwyd pleidlais gyfrinachol yn orfodol hefyd wrth ethol arweinwyr undebau llafur. Daeth siopau caeedig, sef mannau gwaith lle cytunai cyflogwyr y dylai'r gweithwyr i gyd fod yn aelodau undebau llafur, yn fwyfwy anodd eu cynnal a'u gorfodi. Mabwysiadodd y llywodraeth safiad cryf iawn gyda streiciau yn y sector cyhoeddus, gan wrthod ildio i ofynion undebau. Wrth i streiciau gael eu chwalu, fel streic y glowyr yn 1983-85, cynyddu wnaeth hyder cyflogwyr preifat i wrthsefyll gofynion undebau llafur. Erbyn canol yr 1990au roedd undebau llafur wedi colli mwy na chwarter o'u haelodau oddi ar 1979, ac roeddent yn ddi-bŵer mewn sawl man gwaith ac yn wannach o lawer mewn eraill.

Ni wnaeth ethol llywodraeth Lafur yn 1997 ddim i wyrdroi'r sefyllfa. Yn 1999 pasiwyd Deddf Cysylltiadau Cyflogaeth oedd yn gorfodi cyflogwyr i gydnabod hawliau undebau llafur i drafod os oedd mwyafrif y gweithwyr yn y gweithle yn pleidleisio o blaid. Fodd bynnag, er y gallai hyn gynyddu aelodaeth undebau yn y tymor hir mae'n annhebygol o gynyddu pŵer undebau ynddo'i hun.

Bargeinio cyflog Mae economegwyr ochr-gyflenwad yn gweld cydfargeinio yn ffordd anhyblyg o wobrwyo gweithwyr. Maen nhw'n cefnogi bargeinio cyflog unigol gyda systemau tâl yn seiliedig ar fonws a chyflog yn seiliedig ar berfformiad. Wrth leihau pŵer undebau llafur, aeth y llywodraeth yn yr 1980au a rhan gyntaf yr 1990au beth ffordd i chwalu cydfargeinio. Anogwyd cyflogwyr i symud i ffwrdd o fargeinio cyflog cenedlaethol i fargeinio cyflog lleol. Yn y sector cyhoeddus, ceisiodd symud i ffwrdd o gytundebau cyflog cenedlaethol i rai lleol. Roedd gan y llywodraeth Lafur a etholwyd yn 1997 fwy o gydymdeimlad at undebau llafur ond gan ei gwneud hi'n glir na fyddai'n gwydroi y rhan fwyaf o ddiwygiadau undebau llafur yr 1980au a rhan gyntaf yr 1990au. Fodd bynnag, cynyddodd Deddf Cysylltiadau Cyflogaeth 1999 allu undebau llafur i orfodi cyflogwyr i gydnabod eu hawliau trafod. Ar yr un pryd, dylanwadodd y weithred o lofnodi'r Bennod Gymdeithasol ar rai cwmnïau mawr i sefydlu cynghorau gwaith sy'n cynnwys undebau llafur. Mae'r llywodraeth hefyd yn cefnogi mwy o bartneriaethau cymdeithasol rhwng busnesau ac undebau a gall hyn hefyd hybu cydfargeinio.

Budd-daliadau lles y wladwriaeth Mae economegwyr ochr-gyflenwad yn tueddu i ddadlau y gall budd-daliadau lles annog pobl i beidio â gweithio. Mae'n rhaid i'r system fudd-daliadau osgoi creu **maglau tlodi** (lle mae cynnydd mewn cyflog yn arwain at ostyngiad yn incwm gweithiwr ar ôl talu treth a cholli budd-daliadau) a **maglau diweithdra** (lle mae gweithwyr di-waith yn gweld y gallant dderbyn incwm uwch drwy barhau'n ddi-waith yn hytrach na chymryd swyddi sydd â chyflog isel). Yn yr 1980au, un ateb i hyn oedd gostwng gwerth real budd-daliadau i gartrefi incwm isel. Fe'i gwnaed hi'n anoddach casglu budd-daliadau di-waith, a rhoddwyd llawer mwy o bwysau ar y di-waith i dderbyn swyddi a gynigiwyd iddynt neu i dderbyn lleoedd ar gynlluniau hyfforddi. Roedd y llywodraeth Lafur a etholwyd yn 1997 wedi ymrwymo i leihau tlodi a diweithdra. Ei phrif fenter i osgoi'r maglau diweithdra a thlodi oedd Credyd Treth Teuluoedd Gweithio, a gyflwynwyd yn 1999, ac a ddisodlwyd gan Gredyd Treth Plant a Chredyd Treth Gweithio yn 2003. Bu'r rhain yn gyfrifol am gynyddu cyflog clir enillwyr incwm isel drwy roi budd-daliadau iddynt trwy eu henillion. Er hynny, gall cyfraddau ffiniol effeithiol y dreth i rai gweithwyr isel eu hincwm fod llawer yn fwy na'r gyfradd uchaf o dreth incwm, sef 40%, a delir gan enillwyr incwm uchel. O ran diweithdra, mae rhai economegwyr yn dadlau bod llawer o'r gostyngiad mewn diweithdra yn yr 1990au a'r 2000au wedi digwydd am fod y bobl di-waith tymor hir wedi'u symud i dderbyn budd-daliadau anabledd ac analluogrwydd. Yn rhan gyntaf y 2000au, ceisiodd y llywodraeth ei gwneud hi'n anoddach hawlio'r budd-daliadau hyn, a chael rhai o'r bobl oedd eisoes ar y budd-daliadau hyn i ddilyn

cynlluniau hyfforddi neu i gymryd swyddi. Erbyn 2005, fodd bynnag, ychydig iawn o lwyddiant a gafwyd.

Deddfwriaeth gymdeithasol Mae deddfwriaeth sy'n diogelu hawliau gweithwyr yn mynd yn ôl i'r bedwaredd ganrif ar bymtheg pan gyfyngwyd ar gyflogi plant a gwragedd. Dros amser, mae gweithwyr wedi ennill mwy a mwy o hawliau. Er enghraifft, mae'r gyfraith yn diogelu gweithwyr o'r munud y byddant yn cynnig am swydd i'r amser y byddant yn gadael. Mae deddfwriaeth yn ymdrin â'r hawl i wyliau, cyfnodau mamolaeth a thadolaeth, afiechyd, anabledd, hyfforddiant, iechyd a diogelwch a gwahaniaethu. Yn 1997 llofnododd y DU Bennod Gymdeithasol Cytundeb Maastricht 1992, a roddodd yr hawl i Frwsel gyflwyno rheoliadau yn ymwneud ag amodau cyflogaeth yn y DU. Mae busnesau yn tueddu i weld rheoliadau yn 'dâp coch' sy'n amharu ar eu gallu i gystadlu. Fodd bynnag, mae gan y rhan fwyaf o wledydd eraill Ewrop, fel Ffrainc a'r Almaen, reoliadau llawer mwy tynn ac maen nhw o'r farn bod rheoliadau yn y DU yn llac iawn.

Hyfforddiant ac addysg Mae'r llywodraeth yn cydnabod bod hyfforddiant ac addysg yn gonglfeini ei pholisïau ochr-gyflenwad. Yn draddodiadol mae addysg y 20% neu 30% uchaf o'r boblogaeth yn ôl gallu wedi bod yn ardderchog yn ôl safonau rhyngwladol, ond mae addysg gweddill y boblogaeth wedi tueddu i fod ar y gorau yn gyffredin neu ar y gwaethaf yn wael. Ers yr 1980au mae'r llywodraeth wedi ceisio ymdrin â'r problemau hyn mewn nifer o ffyrdd. Un ohonynt yw sefydlu rheolaeth ganolog ar y cwricwlwm mewn ysgolion, er enghraifft trwy'r Cwricwlwm Cenedlaethol a sefydlwyd yn yr 1980au ac yn fwy diweddar trwy'r cynlluniau rhifedd a llythrennedd. Ffordd arall yw gosod targedau cyrhaeddiad myfyrwyr i ysgolion a cholegau. Mae arolygu ysgolion a cholegau, fel gwaith Estyn, wedi bod yn ddatblygiad arall. Arbrofwyd â'r syniad o gystadleuaeth rhwng ysgolion, a llawer mwy o amrywiaeth o ysgolion i rieni gael dewis ar gyfer eu plant, ac mae hyn yn parhau i fod yn rhan bwysig o bolisi'r llywodraeth. Mae llywodraethau olynol wedi annog mwy o fyfyrwyr i aros mewn addysg hyd at 18 neu 21 oed. Yng nghanol y 2000au, cyfrifoldeb amrywiaeth o gyrff gan gynnwys Asiantaethau Datblygu Rhanbarthol, Cynghorau Dysgu a Sgiliau a'r Gwasanaeth Busnesau Bach oedd hyfforddiant yn y DU.

Mae llawer o waith wedi'i wneud ar ddarparu llwybrau galwedigaethol trwy addysg, er mai canlyniadau cymysg fu i'r gwaith o ddiwygio'r fframwaith galwedigaethol a ddechreuodd yn yr 1980au. Gellir dadlau bod hyn yn golygu bod y llwybr addysgol i fyfyrwyr llai academaidd yn parhau i fod yn wannach nag yw gyda llawer o'n prif gystadleuwyr diwydiannol. Mae hyfforddiant yn y gweithle hefyd wedi derbyn cryn feirniadaeth, ac mae cyrff rhyngwladol fel yr *OECD* yn parhau i feirniadu hyfforddiant gydol oes i weithwyr yn y DU, yn enwedig y rhai sydd â sgiliau isel.

Cyfraddau ffiniol trethi Erbyn 1979 roedd cyfraddau ffiniol treth incwm yn uchel iawn. Roedd cyfradd safonol treth incwm yn 33%, a'r gyfradd uchaf ar incwm a enillwyd oedd 83%. Un o flaenoriaethau'r llywodraeth Geidwadol newydd oedd torri'r cyfraddau hyn, ac o fewn deng mlynedd 40% oedd cyfradd ffiniol uchaf treth incwm, ac felly y bu hi ers hynny. Bwriad y toriadau mewn treth incwm yn rhannol oedd cynyddu cymhellion pobl i weithio. Rhoddwyd cymhellion i gronni cyfoeth gan doriadau yng nghyfraddau treth etifeddiaeth a threth enillion cyfalaf. Mae cyflogwyr hefyd wedi ennill gyda chyfraniadau Yswiriant Gwladol Cyflogwyr yn gostwng. Mae'r DU wedi parhau i fod â rhai o'r trethi nawdd cymdeithasol isaf ar gyflogwyr a gweithwyr yn Ewrop.

Help i fusnesau

Os ydy cyflenwad cyfanredol i gynyddu, mae angen i'r sector preifat ehangu. Felly, yn ôl economegwyr ochr-gyflenwad, mae angen i'r llywodraeth greu amgylchedd lle gall busnes ffynnu.

Busnesau bach Mae busnesau bach yn bwysig yn yr economi am eu bod yn darparu swyddi newydd a nhw all fod busnesau mawr y dyfodol. Rhoddodd llywodraethau Ceidwadol rhwng 1979 ac 1997 gryn bwyslais ar ddatblygu 'diwylliant mentro' gan baratoi'r tir ar gyfer nifer o'r polisïau sydd mewn grym heddiw. Mae busnesau bach sydd eisoes yn bodoli yn cael eu helpu drwy gyfraddau is o drethi ar yr elw (treth gorfforaeth) a lwfansau treth ar gyfer buddsoddiant. Gallant fod yn gymwys ar gyfer benthyciadau tymor byr mewn amgylchiadau lle byddai banc masnachol yn gwrthod rhoi benthyg iddynt. Mae cyngor ar gael gan y Gwasanaeth Busnesau Bach. Yn aml, mae llai o reoleiddio ('tâp coch') ar gyfer busnesau

bach na busnesau mawr. Fodd bynnag, mae baich rheoleiddio ar fusnesau bach yn aml yn drymach am fod ganddynt lai o adnoddau a llai o arbenigedd i ymdrin â'r rheoliadau y mae'n rhaid cydymffurfio â nhw. Gall busnesau bach newydd gael amrywiaeth o help o grantiau a benthyciadau ar gyfer hyfforddiant.

Arloesi ac ymchwil Oddi ar 1997 mae'r llywodraeth wedi bod yn awyddus i hybu arloesi ac ymchwil. Mae lwfansau treth yn draddodiadol wedi bod ar gael i fusnesau sy'n gwario ar arloesi ac ymchwil. Fodd bynnag, mae yna amrywiaeth o raglenni sy'n galluogi rhai busnesau i gael grantiau ar gyfer ymchwil a datblygu (*R&D*), ac i sefydlu rhwydweithiau trosglwyddo gwybodaeth rhwng diwydiant a sefydliad academaidd.

Marchnadoedd nwyddau

Gellir dadlau bod cystadleuaeth yn cynyddu effeithlonrwydd cynhyrchiol a dyrannol. Dylid sicrhau felly bod marchnadoedd mor gystadleuol â phosibl. Roedd hybu cystadleuaeth yn ganolog i bolisi'r llywodraeth ar ôl 1979.

Dadreoli a phreifateiddio Yn yr 1980au cyflwynodd y llywodraeth bolisïau i breifateiddio cwmnïau oedd dan berchenogaeth y wladwriaeth a dadreoli marchnadoedd. Roedd bron yr holl gwmnïau oedd dan berchenogaeth y wladwriaeth wedi cael eu preifateiddio erbyn diwedd yr 1990au, gan gynnwys *British Telecom* a'r diwydiant nwy. Anogwyd adrannau'r llywodraeth ganolog ac awdurdodau lleol i gynnig gwasanaethau fel casglu sbwriel neu lanhau i dendr yn hytrach na chyflogi staff yn uniongyrchol i ddarparu'r gwasanaeth. Dilewyd nifer o reolaethau, fel cyfyngiadau cyfreithiol ar oriau agor tafarnau a masnachu ar y Sul. Oddi ar 2000 mae'r llywodraeth wedi cynyddu ymhellach y rhan y mae'r sector preifat yn ei chwarae mewn darparu gwasanaethau sector cyhoeddus. Er enghraifft, agorwyd tollffordd breifat gyntaf y DU yn 2004. Yn y GIG, mae'r llywodraeth yn rhoi gweithrediadau allan ar gontract i gwmnïau iechyd y sector preifat. Mae llawer o adeiladau newydd, fel ysgolion ac ysbytai, yn cael eu hadeiladu a'u gweithredu gan y sector preifat a'r Fenter Cyllid Preifat (*PFI*). Mae'r cwmnïau sector preifat wedyn yn prydlesu'r cyfleusterau i'r sector gwladwriaethol at ddefnydd y sector hwnnw. Yn 2006 agorwyd y gwasanaeth postio llythyrau i gystadleuaeth ddifrifol am y tro cyntaf.

Hybu masnach rydd ryngwladol Mae cystadleuaeth dramor rymus yn golygu bod yn rhaid i ddiwydiant mewnol fod yn effeithlon er mwyn goroesi. Oddi ar 1979 mae llywodraethau wedi tueddu i gefnogi polisïau masnach rydd ar y rhan fwyaf o faterion. Er enghraifft, maent wedi bod yn fwy parod na'r rhan fwyaf o lywodraethau Ewropeaidd eraill i weld mwy o fasnach rydd mewn amaethyddiaeth. Mae'r DU hefyd wedi bod yn un o'r gwledydd mwyaf croesawgar i gwmnïau tramor sydd am sefydlu yn y DU.

Polisi rhanbarthol a diwydiannol

Cyn 1979 polisi rhanbarthol a diwydiannol oedd prif ffocws polisïau ochr-gyflenwad. Roedd polisi rhanbarthol yn ceisio helpu rhanbarthau tlotaf y DU i ddenu busnesau a chreu swyddi. Roedd polisi diwydiannol yn ceisio helpu diwydiannau oedd yn wynebu amodau masnachu anodd, fel tecstilau, adeiladu llongau, y diwydiant cynhyrchu ceir, y diwydiant glo a dur. Oddi ar 1999 mae gan bob rhanbarth yn y DU Asiantaeth Datblygu Rhanbarthol

(*RDA*) sy'n gweithio i greu swyddi a gwella gallu'r rhanbarth i gystadlu. Gwaith proffil uchaf y naw Asiantaeth yw rhoi grantiau i gwmnïau tramor sydd am sefydlu gweithfeydd gweithgynhyrchu mawr sy'n arddangos eu gallu i gynhyrchu. Fodd bynnag, mae'r rhan fwyaf o'u gwariant yn cael ei rannu ymhlith amrywiaeth eang o fentrau, o grantiau i helpu busnesau bach i gychwyn, i hyrwyddo hyfforddiant gweithwyr, i hybu datblygiadau isadeiledd fel ffyrdd neu feysydd awyr newydd.

Cwestiwn Data

Ysgafnhau trethi

Mae angen i'r prif economïau diwydiannol ddiwygio'u systemau treth gorfforaethol drwy ostwng trethi ar gyfalaf, yn ôl astudiaeth gan y *CD Howe Institute*, sef sefydliad ymchwil yn Canada. Os na fyddant yn gwneud hynny, ni fyddant yn gallu goresgyn mantais gwledydd Asia o ran costau llafur. Yn ôl yr astudiaeth, 'Mae trethi trwm ar fuddsoddiant yn rhwystro busnesau rhag prynu'r cyfalaf newydd a'r technolegau diweddaraf sy'n gwella cynhyrchedd llafur. Heb foderneiddio o'r fath, mae prosesau cynhyrchu yn dyddio, mae busnesau'n syrthio'n ôl ac maen nhw'n cael anhawster i gynyddu incwm eu gweithwyr... . Gostwng trethi ar fuddsoddiant cyfalaf yw'r allwedd i dwf.'

Mae'r astudiaeth yn dweud bod edrych ar y dreth a godir fel cyfran o CMC yn rhoi argraff gamarweiniol o faich treth gorfforaethol. Mae angen ystyried llawer mwy o newidynnau. Mae cyfraddau ffiniol treth gorfforaethol (cyfran y dreth ar y £1 olaf o elw a enillir) yn bwysig. Felly hefyd y rheolau ar ddibrisiant, stoc, treuliau busnes eraill, trethi ar werthiant, trethi trafodion ariannol a thaliadau eraill ar fuddsoddiadau. Ceisiodd yr astudiaeth ystyried y rhain i gyd wrth gyfrifo cyfradd effeithiol treth gorfforaethol ar gyfer 36 gwlad. Mae'r canlyniadau, a ddangosir yn Nhabl 38.1, yn annisgwyl, ac mewn rhai gwledydd fel Sweden, lle mae'r

Tabl 38.1 Cyfraddau effeithiol treth ar gyfalaf o gorfforaethau

	Cyfradd treth incwm corfforaethol statudol bras %	Cyfradd effeithiol gyfartalog treth ar gyfalaf %
China	24.0	45.8
Canada	34.3	39.0
Brasil	34.0	38.5
UDA	39.2	37.7
Yr Almaen	38.4	36.9
Yr Eidal	39.4	36.2
Rwsia	22.0	34.5
Japan	41.9	33.6
Ffrainc	35.4	33.3
De Korea	27.5	30.8
Sbaen	35.0	27.3
Yr Iseldiroedd	31.5	25.0
India	33.0	24.3
Y DU	30.0	21.7
Sweden	28.0	12.1
Hong Kong	17.5	8.1
Singapore	20.0	6.2

llywodraeth yn gwario tua 60% o CMC, mae cyfraddau effeithiol treth gorfforaethol yn gymharol isel. Yn Sweden mae trethi ar elw yn gymharol isel am fod gan gwmnïau yr hawl i ddibrisio cost buddsoddiant yn gyflym iawn i wrthbwyso eu bil treth. Yn China, ar y llaw arall, mae cyfradd effeithiol y dreth ar gyfalaf yn uchel iawn, yn bennaf oherwydd treth ar werth o 17% ar beiriannau. Mae hyn yn ganlyniad annisgwyl o gofio bod economi China wedi tyfu deirgwaith cymaint â chyfradd y cyfartaledd ar gyfer gwledydd diwydiannol dros y deng mlynedd ar hugain diwethaf.

Mae gwledydd sydd â chyfraddau treth effeithiol isel ar gyfalaf yn dueddol o gael lefelau uchel o fewnlifau o gyfalaf buddsoddiant o'u cymharu â CMC. Yn Iwerddon, Hong Kong, Singapore a Sweden mae cymarebau buddsoddiant uniongyrchol o wledydd tramor i CMC rhwng 8 ac 18%. Mewn cyferbyniad â hynny, 2.7% yn unig yw'r gymhareb yn yr Almaen a 3.8% yn Canada.

Ffynhonnell: addaswyd o *Financial Times*, 20.9.2005.

1. Eglurwch pam y byddai cael trethi isel ar elw yn enghraifft o bolisi ochr-gyflenwad.
2. Gan ddefnyddio diagram cromlin cyflenwad cyfanredol tymor hir, dadansoddwch pam y gallai trethi corfforaethol

isel fod o fudd i economi fel economi'r DU.
3. Trafodwch a allai trethi corfforaethol isel fod y prif ffactor sy'n pennu twf economaidd.

Crynodeb

1. Mae gwerth arian cyfred mewn system cyfraddau cyfnewid arnawf yn cael ei bennu gan rymoedd galw a chyflenwad.
2. Gall llywodraethau ddylanwadu ar werth eu harian cyfred drwy newid cyfraddau llog a thrwy ymyrryd yn uniongyrchol yn y marchnadoedd ariannau tramor gan ddefnyddio'u cronfeydd aur ac ariannau tramor.
3. Mae cynnydd yn ngwerth arian cyfred yn debygol o ostwng allforion ond cynyddu mewnforion. Mae gostyngiad yng ngwerth arian cyfred yn debygol o gynyddu allforion ond gostwng mewnforion.
4. Mae codi'r gyfradd cyfnewid yn debygol o fod yn fuddiol i chwyddiant ond bydd yn tueddu i ostwng cynnyrch, cynyddu diweithdra ac arwain at ddirywiad yn y cyfrif cyfredol. Mae gostyngiad yn y gyfradd cyfnewid yn debygol o gynyddu chwyddiant a chynnyrch, gostwng diweithdra ac arwain at welliant yn y cyfrif cyfredol.

Systemau cyfraddau cyfnewid

Mae gwerth ariannau cyfred fel doler UDA, ien Japan ac arian cyfred y DU, sef y bunt sterling, yn cael ei bennu gan y marchnadoedd ariannau tramor (☞ uned 13). Ar unrhyw adeg benodol mae yna brynwyr yn y farchnad am arian cyfred ac mae yna werthwyr. Yna bydd grymoedd galw a chyflenwad yn pennu pris yr arian cyfred.

Gelwir y system hon o bennu cyfraddau cyfnewid yn **system cyfraddau cyfnewid rhydd neu arnawf**. Cafwyd mathau eraill o system yn y gorffennol a hefyd yn awr. Er enghraifft, roedd gwerth y bunt yn sefydlog mewn perthynas â doler UDA rhwng 1946 ac 1971. Roedd Banc Lloegr yn gwarantu cyfnewid punnoedd am ddoleri UDA ar **gyfradd cyfnewid sefydlog**. Dyma enghraifft o system cyfraddau cyfnewid sefydlog. Cyn 1914 roedd gwerth prif ariannau cyfred y byd yn sefydlog mewn perthynas ag aur. Yn Ewrop, cyn i'r ewro fod yn arian cyfred swyddogol ardal yr ewro, roedd pob arian cyfred gwahanol yn sefydlog mewn perthynas â'i gilydd ar gyfradd benodol. Ni allai gwerth ffranc Ffrainc newid mewn perthynas â marc yr Almaen. Heddiw, caniateir i'r ewro ei hun arnofio mewn perthynas ag ariannau cyfred eraill ac felly caiff ei werth ei bennu o fewn system cyfraddau cyfnewid arnawf.

Bydd yr uned hon yn ystyried polisi cyfradd cyfnewid o fewn system cyfraddau cyfnewid arnawf. Dyma'r sefyllfa a wynebai llywodraeth y DU a'r Banc Canolog Ewropeaidd, sy'n rheoli'r ewro, ar ddechrau'r mileniwm newydd.

Dylanwadu ar y gyfradd cyfnewid

Mae polisi cyfradd cyfnewid yn dueddol o gael ei weinyddu gan **fanc canolog** (☞ uned 37) gwlad sy'n rheoli cyfraddau cyfnewid a'i chronfeydd aur ac ariannau tramor. Heddiw mae dwy brif ffordd y bydd banciau canolog yn dylanwadu ar werth eu harian cyfred.

Cyfraddau llog Mae cynyddu cyfraddau llog mewnol yn debygol o gynyddu gwerth yr arian cyfred. Y rheswm yw bod cyfraddau llog uwch yn y DU, dyweder, yn gwneud adneuo arian yn Llundain yn fwy atyniadol. Caiff cynilion eu denu i'r DU o wledydd tramor, ac mae llai o atyniad i gwmnïau a sefydliadau y DU anfon eu cynilion i Efrog Newydd, Paris neu Tokyo. Felly, mae'r galw am bunnoedd yn debygol o gynyddu, a ddangosir gan symudiad cromlin y galw am bunnoedd i'r dde, ac mae'r cyflenwad yn gostwng, a ddangosir gan symudiad cromlin y cyflenwad i'r chwith. Mae hyn yn arwain at bris cytbwys uwch (☞ uned 13).

Defnyddio cronfeydd aur ac ariannau tramor Yn draddodiadol mae banciau canolog wedi cadw cronfeydd aur ac ariannau tramor, sef daliadau o aur ac ariannau tramor y gellir eu defnyddio i newid gwerth arian cyfred. Pe bai Banc Lloegr yn dymuno cynyddu gwerth y bunt, byddai'n gwerthu rhywfaint o'i gronfeydd ariannau tramor yn gyfnewid am bunnoedd. Byddai hynny'n cynyddu'r galw am y bunt ac felly yn codi ei phris. Pe bai'n dymuno gostwng gwerth y bunt, byddai'n gwerthu punnoedd am ariannau tramor, gan gynyddu'r cyflenwad ac felly gostwng y pris cytbwys.

Mae gallu llywodraethau i ddylanwadu ar y gyfradd cyfnewid yn gyfyngedig pan fo'r arian cyfred yn arnofio. Mae'r symiau o arian sy'n cael eu masnachu bob dydd yn y marchnadoedd ariannau tramor mor fawr fel y gallai cronfeydd ariannau tramor gwlad gael eu defnyddio i gyd o fewn dyddiau wrth geisio cynnal gwerth y gyfradd cyfnewid oedd yn rhy uchel ym marn y marchnadoedd. Hefyd, rhaid i'r gwahaniaethau cyfraddau llog rhwng gwledydd fod yn sylweddol i gael effaith fawr ar werth yr arian cyfred. Er hynny, mae llywodraethau'n gallu ymyrryd i wthio cyfraddau cyfnewid i gyfeiriadau sy'n ddymunol yn eu barn nhw, ac maen nhw'n gwneud hynny.

Sut y bydd symudiadau cyfradd cyfnewid yn effeithio ar yr economi

Mae symudiadau cyfradd cyfnewid yn effeithio ar yr economi real trwy eu heffeithiau ar allforion a mewnforion. Bydd cynnydd (ARBRISIAD) yn y gyfradd cyfnewid yn tueddu i wneud allforion yn ddrutach i dramorwyr ond mewnforion yn rhatach i gwsmeriaid mewnol. Bydd gostyngiad (DIBRISIAD) yn y gyfradd cyfnewid yn cael yr effaith wrthdro, gan wneud allforion yn rhatach a mewnforion yn ddrutach.

I ddeall pam, ystyriwch nwydd sydd â'i bris yn £100 ac sy'n cael ei allforio i UDA gan gwmni yn y DU. Os ydy'r gyfradd cyfnewid yn £1 = $1, bydd y cwsmer yn UDA yn gorfod talu $100. Os bydd gwerth y bunt yn codi i £1 = $2, bydd y cwsmer yn UDA yn gorfod talu $200 amdano. Ar y gyfradd cyfnewid newydd uwch rhaid i'r cwsmer yn UDA dalu mwy o ddoleri i gael yr un nifer o bunnoedd ag o'r blaen.

Yn yr un modd, ystyriwch nwydd sydd â'i bris yn $100 yn UDA. Os ydy'r gyfradd cyfnewid yn £1 = $1, bydd yn costio £100 i gwsmer yn y DU. Os bydd y gyfradd cyfnewid yn codi i £1 = $2, bydd y gost i'r cwsmer yn y DU yn gostwng i £50.

Bydd cynnydd yng ngwerth y bunt yn gwneud cwmnïau'r DU yn llai cystadleuol o ran pris yn rhyngwladol. Bydd

Cwestiwn 1

Cododd y bunt ddoe i'w lefel uchaf mewn perthynas â'r ddoler ers Dydd Mercher Du, y diwrnod ym mis Medi 1992 pan orfodwyd y bunt allan o Fecanwaith y Cyfraddau Cyfnewid. Un ffactor oedd adroddiad gan Gyfundrefn Cydweithrediad a Datblygiad Economaidd *(OECD)*, a ddywedodd y byddai angen i Fanc Lloegr gynyddu ei gyfraddau llog i reoli chwyddiant. Ffactor arall oedd adroddiadau bod banciau canolog Asia wedi bod yn symud eu daliadau ariannau tramor allan o ddoleri i mewn i ariannau cyfred eraill fel y bunt. Yn y blynyddoedd diwethaf mae banciau canolog yn Japan, China a De Korea wedi bod yn gwerthu eu hariannau cyfred mewnol yn gyfnewid am ddoleri UDA i geisio gwanhau gwerth eu hariannau cyfred eu hunain.

Ffynhonnell: addaswyd o'r *Financial Times*, 2.12.2004.

(a) Eglurwch pam y gallai cynnydd yng nghyfraddau llog mewnol gan Fanc Lloegr effeithio ar werth cyfradd cyfnewid y bunt.

(b) Eglurwch pam y gallai gwerthu *won* De Korea neu ien Japan gan fanciau canolog De Korea a Japan am ddoleri UDA effeithio ar werth y *won* neu'r ien.

allforwyr y DU yn gweld eu harchebion yn gostwng wrth i gwsmeriaid tramor newid i ffynonellau eraill sy'n rhatach. Mewn marchnadoedd mewnol, bydd cwmnïau'r DU yn gweld bod mewnforion o wledydd tramor â phrisiau is na'u prisiau nhw ac yn ennill cyfran o'r farchnad. Faint fydd MAINT ALLFORION a MAINT MEWNFORION, sef nifer y nwyddau a werthir, yn newid? Bydd hynny'n dibynnu ar elastigedd pris y galw amdanynt (☞ uned 8). Os ydy elastigedd pris y galw am allforion yn elastig, gyda gwerth o 2, dyweder, bydd codiad o 10% ym mhris allforion i dramorwyr yn achosi gostyngiad o 20% ym maint allforion.

Gall cwmnïau, fodd bynnag, fabwysiadu ymateb gwahanol i arbrisiad neu ddibrisiad arian cyfred. Efallai y byddan nhw'n dewis cadw prisiau i gwsmeriaid yn eu harian cyfred nhw yr un fath. Er enghraifft, yn achos nwydd sydd â'i bris yn £100 ac sy'n cael ei werthu i UDA, gallai'r cwmni Prydeinig benderfynu gadw'r pris yn $100 pan fo'r gyfradd cyfnewid yn arbrisio o £1 = $1 i £1 = $2. Yna byddai'r allforiwr Prydeinig yn derbyn £50 yn unig am y nwydd. Ni fyddai'r cwmni Prydeinig yn colli cyfran o'r farchnad o ganlyniad, ond byddai maint ei elw yn gostwng. Mae dau reswm pam y gallai allforiwr fod yn fodlon derbyn pris is am y cynnyrch yn nhermau'r arian cyfred mewnol. Yn gyntaf, efallai ei fod yn credu mai rhywbeth dros dro yw symudiad yr arian tramor. Am resymau marchnata, ni fydd eisiau newid ei brisiau yn nhermau arian tramor yn gyson bob tro y bydd newid bach yn y gyfradd cyfnewid. Yn ail, efallai y bu'n ennill **elw annormal** (☞ uned 17) gynt, sef lefel uwch o elw na'r isafswm sydd ei angen i gadw'r cwmni yn cyflenwi'r nwydd.

Os ydy cwmnïau'n cadw eu prisiau i gwsmeriaid yr un fath yn eu hariannau cyfred nhw, bydd maint allforion a mewnforion yn ddigyfnewid. Ond bydd proffidioldeb wedi newid. Os ydy gwerth arian cyfred yn arbrisio, bydd allforwyr yn gorfod gostwng eu prisiau yn eu harian cyfred nhw eu hunain er mwyn cynnal prisiau mewn ariannau tramor. Bydd eu proffidioldeb yn gostwng a bydd allforio'n llai atyniadol. Bydd gwerthoedd allforion yn gostwng hefyd oherwydd, er bod meintiau wedi aros yr un fath, bydd prisiau yn nhermau'r arian cyfred mewnol wedi gostwng. O ran mewnforion, bydd cwmnïau mewn gwledydd tramor sy'n allforio i'r DU ac sy'n dewis cadw eu prisiau sterling yr un fath yn gweld eu helw'n codi. Bydd hyn yn rhoi mwy o gymhelliad iddynt werthu i'r DU. Gallen nhw, er enghraifft, ddewis

hysbysebu'n fwy brwd. Felly mae meintiau mewnforion yn debygol o godi, gan gynyddu gwerthoedd mewnforion o ganlyniad.

Trydydd dewis yw bod cwmnïau'n penderfynu newid eu prisiau allforio a mewnforio ond nid gymaint â'r newid yn y gyfradd cyfnewid. Er enghraifft, tybiwch fod gwerth y bunt yn codi 10% mewn perthynas â doler UDA. Gall cwmni Prydeinig sy'n allforio ddewis amsugno 6% o'r codiad drwy ostwng y pris mewn punnoedd sterling 6%, a throsglwyddo'r 4% arall drwy godi'r pris mewn doleri. Bydd maint yr elw yn gostwng a gallai fod rhywfaint o golli cyfran o'r farchnad am fod cwsmeriaid yn UDA nawr yn wynebu prisiau uwch. Ond gallai hyn fod yn well i'r cwmni na gostwng ei bris sterling 10%, gan ostwng maint ei elw, neu godi'r pris mewn doleri 10% a chymryd y risg o golli cyfran sylweddol o'r farchnad.

Bydd y math o strategaeth a ddewisir gan gwmni yn dibynnu i raddau ar y diwydiant y mae'n gweithredu ynddo. Yn achos cynwyddau, fel dur, gwenith neu gopr, mae'n debygol nad oes gan gwmnïau fawr ddim rheolaeth ar eu marchnad. Byddan nhw'n gorfod trosglwyddo codiadau neu ostyngiadau pris i gwsmeriaid wrth i gyfraddau cyfnewid newid. Bydd cwmnïau sy'n gallu rheoli eu marchnadoedd, fel gwneuthurwyr ceir, yn tueddu i adael prisiau'n ddigyfnewid wrth i gyfraddau cyfnewid newid.

Effaith facro-economaidd newidiadau mewn cyfraddau cyfnewid

Gall cyfraddau cyfnewid fod yn un o **arfau** polisi'r llywodraeth i gyflawni **nodau** polisi (☞ uned 37).

Chwyddiant   Mae codi'r gyfradd cyfnewid yn debygol o leihau chwyddiant am ddau reswm. Yn gyntaf, bydd cyfradd cyfnewid

Cwestiwn 2

Mae gwneuthurwyr caws ym Mhrydain, fel y rhan fwyaf o allforwyr i UDA, yn dioddef oherwydd y cynnydd mawr diweddar yng ngwerth y bunt mewn perthynas â'r ddoler. Mae wedi codi o $1.56 i'r bunt ym mis Tachwedd 2002 i $1.79 ym mis Rhagfyr 2003.

Mae *Neal's Yard Dairy*, cwmni yn y DU sy'n gwerthu caws o ansawdd uchel, wedi'i ddiogelu'n rhannol am fod ei gwsmeriaid yn UDA yn llai sensitif i brisiau na llawer. Mae ei brisiau mewn doleri wedi codi 10% ar gyfartaledd dros y flwyddyn ddiwethaf. 'Mae pobl yn mynd i mewn i siop ac yn gwario'r un swm ar gaws. Os ydy prisiau wedi codi, maen nhw'n prynu llai,' meddai Jason Hinds, rheolwr gwerthiant *Neal's Yard*. Mae allforwyr cawsiau cynwydd nad ydynt yn nwyddau cloer yn mynd i gael cyfnod anoddach. Mae cwsmeriaid yn prynu'r rhain ar sail pris yn unig. Dywedodd Stephen Jones, rheolwr-gyfarwyddwr *Summerdale International*, asiantaeth allforio caws yn Taunton, y gallai ei werthiant byd-eang ostwng o £3 miliwn i £2 filiwn flwyddyn nesaf. Ond mae allforwyr y DU yn falch nad ydynt yn ardal yr ewro. Mae'r ewro wedi arbrisio yn fwy o lawer mewn perthynas â doler UDA na'r bunt. Meddai Jason Hinds: 'Mae ein cynhyrchion yn y DU yn ymddangos yn rhad o'u cymharu â chawsiau o Ffrainc neu'r Eidal.'

Ffynhonnell: addaswyd o'r *Financial Times*, 6.1.2004.

(a) Eglurwch yr effaith a gafodd y cynnydd yng ngwerth y bunt mewn perthynas â'r ddoler yn 2003 ar allforwyr caws y DU.

(b) Pam y gallai'r cynnydd yng ngwerth yr ewro mewn perthynas â'r ddoler fod wedi rhoi mantais gystadleuol i allforwyr caws y DU?

uwch yn tueddu i arwain at ostyngiad ym mhrisiau mewnforion, sydd wedyn yn arwain at brisiau mewnol is. Fel yr eglurwyd uchod, bydd rhai mewnforwyr yn dewis cadw eu prisiau yn nhermau arian tramor yr un fath er mwyn cynyddu maint eu helw. Ond bydd mewnforwyr eraill yn gostwng eu prisiau yn nhermau arian tramor. Bydd y graddau y bydd cynnydd yn y gyfradd cyfnewid yn arwain at ostyngiad mewn prisiau mewnol yn dibynnu ar ba gyfran o fewnforwyr sy'n dewis gostwng prisiau.

Yn ail, bydd cyfradd cyfnewid uwch yn arwain at ostyngiad yn y galw cyfanredol. Bydd allforion yn gostwng a bydd mewnforion yn cynyddu fel yr eglurwyd uchod. Yna bydd y gostyngiad yn y galw cyfanredol yn arwain at ostyngiad mewn chwyddiant. Bydd y graddau y bydd y galw cyfanredol yn gostwng yn dibynnu ar

elastigedd pris y galw am allforion a mewnforion. Po uchaf yw'r elastigeddau pris, mwyaf i gyd fydd y newid ym maint allforion a mewnforion o ganlyniad i newidiadau mewn prisiau a achoswyd gan symudiad y gyfradd cyfnewid.

Mae'r gwrthwyneb yn digwydd pan fydd y gyfradd cyfnewid yn dibrisio. Bydd prisiau mewnforion yn tueddu i godi, gan arwain at chwyddiant mewnol uwch. Bydd y galw cyfanredol yn cynyddu wrth i allforion ddod yn fwy cystadleuol a mewnforion yn llai cystadleuol o ran pris. O ganlyniad, bydd chwyddiant yn tueddu i ostwng.

Twf economaidd Gall newid y gyfradd cyfnewid gael effaith ar gyfraddau twf tymor hir. Gall cyfradd cyfnewid uwch sy'n rhwystro allforion ac yn hybu mewnforion arwain at fuddsoddiant mewnol is, ac i'r gwrthwyneb yn achos cyfradd cyfnewid is. Fodd bynnag, bydd prif effaith newid yn y gyfradd cyfnewid i'w theimlo ar gynnyrch tymor byr. Bydd cynnydd yn y gyfradd cyfnewid yn gostwng cynnyrch yn y tymor byr am fod allforion yn gostwng a mewnforion yn cynyddu, gan arwain at ostyngiad yn y galw cyfanredol. Bydd gostyngiad yn y gyfradd cyfnewid yn arwain at gynnydd mewn allforion a gostyngiad mewn mewnforion, gan gynyddu'r galw cyfanredol ac felly y cynnyrch cytbwys.

Diweithdra Bydd cynnydd yn y gyfradd cyfnewid yn tueddu i gynyddu diweithdra. Y rheswm yw bod cynnydd yn y gyfradd cyfnewid yn tueddu i ostwng y galw cyfanredol ac felly y cynnyrch cytbwys. Bydd gostyngiad yn y gyfradd cyfnewid yn tueddu i ostwng diweithdra. Bydd newidiadau mewn diweithdra yn digwydd i raddau gwahanol mewn sectorau gwahanol o'r economi. Yn y diwydiannau sy'n allforio cyfran sylweddol o'u cynnyrch, neu lle mae mewnforion yn bwysig, bydd newidiadau yn y gyfradd cyfnewid yn tueddu i achosi newidiadau mawr mewn cyflogaeth a diweithdra. Mewn diwydiannau, yn arbennig rhai diwydiannau gwasanaethu, lle na chaiff fawr ddim ei allforio na'i fewnforio, ni fydd newidiadau yn y gyfradd cyfnewid yn cael fawr ddim effaith ar gyflogaeth a diweithdra.

Y fantol gyfredol Mae cynnydd yn y gyfradd cyfnewid yn debygol o achosi i'r fantol gyfredol ddirywio. Bydd cynnydd yn y gyfradd cyfnewid yn arwain at allforion is am eu bod yn llai cystadleuol o ran pris. Bydd maint mewnforion yn debygol o gynyddu gan arwain at werthoedd mewnforion uwch. Felly bydd sefyllfa'r fantol gyfredol (allforion minws mewnforion) yn debygol o ddirywio. Ar y llaw arall, bydd gostyngiad yn y gyfradd cyfnewid yn debygol o achosi i'r fantol gyfredol wella. Bydd allforion yn debygol o gynyddu, a bydd mewnforion yn debygol o ostwng.

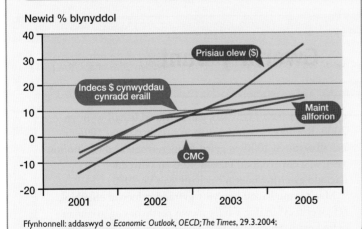

Cwestiwn 3

Amcangyfrifwyd bod banc canolog Japan wedi gwario £150 biliwn yn 2003 a 2004 yn prynu doleri UDA ag ien Japan er mwyn gostwng gwerth yr ien mewn perthynas â'r ddoler. Roedd hyn yn rhan o gyfnod llawer hirach o ymyrryd mewn marchnadoedd ariannau tramor oddi ar 1991, gyda'r bwriad o ostwng cyfradd cyfnewid yr ien mewn perthynas â doler UDA. Yn rhan gyntaf y 2000au roedd economi Japan mewn cyflwr gwan ar ôl treulio llawer o'r ddegawd flaenorol naill ai mewn enciliad neu'n cael twf isel. Roedd banc canolog Japan eisiau cynorthwyo adferiad economi Japan â chyfradd cyfnewid isel.

Fodd bynnag, ers mis Mawrth 2004 mae'r ymyriad wedi dod i ben. Un rheswm posibl yw bod banc canolog Japan yn pryderu am yr ymchwydd diweddar ym mhrisiau cynwyddau. Mae Japan yn fewnforiwr mawr o gynwyddau fel olew, gan nad oes ganddi lawer o adnoddau naturiol. Po isaf yw gwerth yr ien, uchaf i gyd fydd cost mewnforion cynwyddau i wneuthurwyr Japan. Mae chwyddiant a fewnforir yn fygythiad i allu cwmnïau Japan i gystadlu a'u proffidioldeb ac i'r economi cyfan.

Ffigur 39.1 Japan, twf canrannol blynyddol maint allforion a CMC; prisiau olew ($) ac indecs $ yr holl gynwyddau cynradd eraill

Newid % blynyddol

Prisiau olew ($)

Indecs $ cynwyddau cynradd eraill

Maint allforion

CMC

2001 2002 2003 2005

Ffynhonnell: addaswyd o *Economic Outlook*, OECD; *The Times*, 29.3.2004; www.dailyfx.com, Mai 2005.

(a) Eglurwch sut y defnyddiodd banc canolog Japan ei ymyriad mewn marchnadoedd ariannau tramor fel arf polisi i wella perfformiad economi Japan.

(b) Gan ddefnyddio Ffigur 39.1, trafodwch i ba raddau y llwyddodd yr ymyriad hwn i gyflawni ei nodau.

Termau allweddol

Arbrisiad neu ddibrisiad arian cyfred – cynnydd neu ostyngiad yng ngwerth arian cyfred pan fo'r arian cyfred yn arnofio a bod grymoedd y farchnad yn pennu ei werth.
Meintiau allforion a mewnforion – nifer yr allforion a'r mewnforion. Mewn ystadegau, fe'u mynegir ar ffurf indecs fel arfer. Gellir eu cyfrifo drwy rannu gwerth cyfanswm yr allforion neu'r mewnforion â'u pris cyfartalog.

Economeg gymhwysol

Polisi llywodraeth y DU

Ers Medi 1992 mae llywodraeth y DU wedi dewis peidio â defnyddio'r gyfradd cyfnewid fel arf polisi. Yn hytrach, mae wedi gadael i'r bunt arnofio'n rhydd yn y marchnadoedd ariannau tramor. Felly nid yw wedi defnyddio cyfraddau llog na'i chronfeydd ariannau tramor i effeithio ar bris sterling.

Mae'r hyn a ddigwyddodd yn ystod y cyfnod 1990-92 wedi dylanwadu'n fawr ar y polisi hwn. Yn 1990 penderfynodd y llywodraeth Geidwadol, gyda John Major yn Ganghellor y Trysorlys, ymuno â Mecanwaith Cyfraddau Cyfnewid (*ERM*) yr Undeb Ariannol Ewropeaidd (*EMU*). Bwriad y mecanwaith hwn oedd sefydlogi gwerth cyfraddau cyfnewid Ewropeaidd cyn creu arian cyfred sengl sef yr ewro. Roedd gwerth unrhyw arian cyfred sengl yn yr *ERM* yn benodedig mewn perthynas ag ariannau cyfred eraill o fewn yr *ERM* o fewn band arbennig. Er enghraifft, roedd ffranc Ffrainc yn benodedig mewn perthynas â *deutschmark* yr Almaen o fewn band o 2.5%. Felly, gallai gwerth ffranc Ffrainc arbrisio neu ddibrisio mewn perthynas â'r *deutschmark* ond o fewn terfynau tynn iawn.

Oddi ar 1988 prif orchwyl economaidd llywodraeth Prydain oedd gwrthsefyll chwyddiant, oedd wedi codi o 4% yn 1987 i 10% yn 1990. Penderfynodd ymuno â'r *ERM* ar werth uchel i'r bunt. Rhoddodd hyn bwysau ar brisiau mewnforion a rhwystro gostyngiad yn y gyfradd cyfnewid yn y dyfodol rhag aildanio chwyddiant. Rhwng 1990 a Medi 1992 defnyddiodd ei chronfeydd ariannau tramor i gadw gwerth y bunt o fewn ei band mewn perthynas ag ariannau cyfred Ewropeaidd eraill. Yn bwysicach, fe'i gorfodwyd i gadw cyfraddau llog yn uchel.

Erbyn 1991 roedd chwyddiant yn gostwng yn gyflym ond roedd yr economi mewn enciliad dwfn. Roedd y llywodraeth yn dymuno llacio polisi ariannol drwy ostwng cyfraddau llog, ond fe'i rhwystrwyd rhag eu gostwng gymaint ag y dymunai am fod angen cyfraddau llog uchel i gadw gwerth y bunt yn uchel. Ym mis Medi 1992 daeth y bunt dan bwysau gwerthu ffyrnig. Er gwaethaf defnyddio tua £30 biliwn o gronfeydd ariannau tramor i brynu punnoedd i gadw ei gwerth o fewn ei band, parhau wnaeth yr hapfasnachu yn erbyn y bunt. Ar Ddydd Mercher Du, Medi 15, gorfodwyd y llywodraeth i ildio'i haelodaeth o'r *ERM*. Gostyngodd gwerth y bunt 15% yn sydyn iawn.

Mae hyn yn dangos y broblem y mae llywodraethau yn ei hwynebu wrth geisio amddiffyn gwerth arian cyfred. Mae llifoedd hapfasnachol o arian mor fawr fel y gall fod yn anodd i lywodraeth atal y marchnadoedd rhag gwthio gwerth yr arian cyfred i fyny neu i lawr.

Oddi ar 1992 mae llywodraeth y DU wedi dewis peidio ag amddiffyn unrhyw werth penodol i'r bunt. Fodd bynnag, o bryd i'w gilydd mae'r DU yn adolygu a ddylai ymuno â'r arian cyfred sengl Ewropeaidd ai peidio. Os bydd yn ymuno, bydd yn rhaid iddi sefydlogi'r bunt mewn perthynas â'r ewro ac, ar y cyd â'r Banc Canolog Ewropeaidd, bydd yn rhaid iddi amddiffyn y gwerth hwnnw am gyfnod. Yn ôl y trefniadau cyfredol, byddai'r bunt yn cael ei dileu yn y pen draw a'r ewro fyddai arian cyfred y DU. Ar ôl i'r bunt ddiflannu, nid cyfrifoldeb llywodraeth y DU bellach fyddai polisi cyfradd cynewid. Byddai'r cyfrifoldeb hwnnw'n cael ei drosglwyddo i'r Banc Canolog Ewropeaidd.

Cwestiwn Data

Gwerth y bunt

Ym mis Hydref 1990, gosododd llywodraeth Prydain werth y bunt mewn perthynas â basged o ariannau cyfred Ewropeaidd a fyddai, yn y pen draw, yn dod yn ewro. Gosododd y gwerth ar lefel uchel yn fwriadol am ei bod eisiau gostwng chwyddiant o fewn yr economi. Roedd gwerth uchel y bunt yn golygu bod allforion yn llai cystadleuol tra oedd mewnforion yn fwy cystadleuol. Fodd bynnag, lai na dwy flynedd yn ddiweddarach, ym mis Medi 1992, bu'n rhaid i'r llywodraeth dynnu'r DU allan o'r Mecanwaith Cyfraddau Cyfnewid (*ERM*). Grymoedd marchnad rydd oedd bellach yn pennu gwerth y bunt, gan ei gwthio i lawr mwy na 15% yn gyflym.

Yn 1996 gwthiodd grymoedd marchnad rydd werth cyfartalog y bunt i fyny eto, gan gyrraedd uchafbwynt yn 2000. Roedd y cynnydd o 30% o'r isafbwynt yn 1996 i'r uchafbwynt yn 2000 yn gyfrifol am gyfyngu ar dwf allforion yn arw, a chynyddodd mewnforion yn sylweddol. Yna llaciodd gwerth y bunt o'r uchafbwynt yn 2000.

Mae'r symudiadau hyn yn y gyfradd cyfnewid effeithiol, sef gwerth cyfartalog y bunt mewn perthynas ag ariannau cyfred eraill, yn cuddio symudiadau unigol. Er enghraifft, gostyngodd gwerth cyfartalog y bunt rhwng 2000 a 2004, ond codi'n sylweddol wnaeth gwerth y bunt mewn perthynas â'r ddoler. Felly er i allforwyr y DU yn gyffredinol gael budd o symudiadau'r arian cyfred yn ystod y cyfnod hwn, roedd allforwyr y DU i UDA wedi dioddef.

Ffigur 39.2 *Maint allforion a mewnforion, masnach nwyddau, ar ôl cymhwysiad tymhorol, 2002=100*

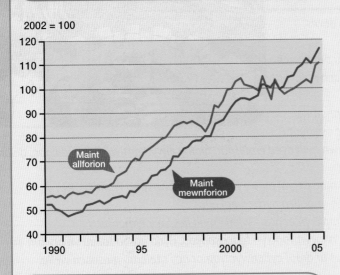

2002 = 100

Ffigur 39.3 *Prisiau allforion a mewnforion, masnach nwyddau, heb gymhwysiad tymhorol, 2002=100*

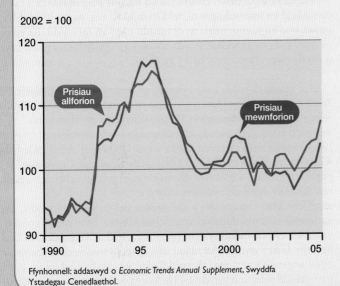

2002 = 100

Ffigur 39.4 *Detholiad o gyfraddau cyfnewid*

2002 = 100

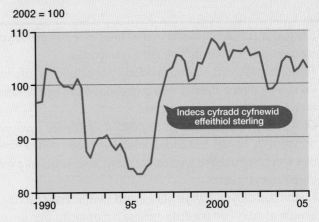

$ UDA mewn perthynas â'r £

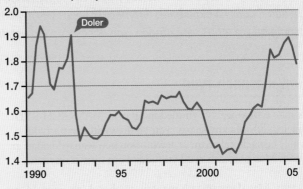

Ewro yn erbyn y £

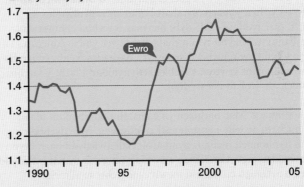

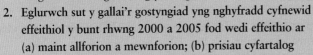
Ffynhonnell: addaswyd o *Economic Trends Annual Supplement*, Swyddfa Ystadegau Cenedlaethol.

1. Gan ddefnyddio'r data yn Ffigur 39.4, disgrifiwch yn gryno beth ddigwyddodd i werth y bunt rhwng 1990 a 2005. Ategwch eich disgrifiad ag ystadegau.
2. Eglurwch sut y gallai'r gostyngiad yng nghyfradd cyfnewid effeithiol y bunt rhwng 2000 a 2005 fod wedi effeithio ar (a) maint allforion a mewnforion; (b) prisiau cyfartalog allforion a mewnforion; (c) proffidioldeb cwmnïau allforio'r DU.
3. Pa effaith y gallai'r gostyngiad yng nghyfradd cyfnewid effeithiol y bunt fod wedi ei chael ar berfformiad economaidd y DU rhwng 2000 a 2005?

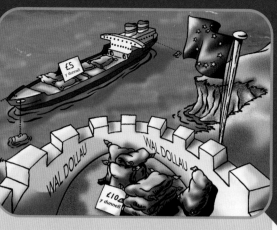

Crynodeb

1. Er y gall yr enillion o fasnach fod yn fawr, mae pob gwlad yn dewis mabwysiadu polisïau diffynnaeth i ryw raddau.

2. Tollau, cwotâu, cytundebau gwirfoddol ar allforion a safonau diogelwch yw rhai o'r nifer o ffyrdd y mae gwledydd yn cyfyngu ar fasnach rydd mewn nwyddau a gwasanaethau.

3. Dadl y diwydiannau ifanc yw un ddadl a ddefnyddir i gyfiawnhau diffynnaeth. Honnir bod angen amddiffyn diwydiannau ifanc os ydynt i oroesi cystadleuaeth diwydiannau mawr mwy sefydledig mewn gwledydd eraill. Pan fydd y diwydiant wedi tyfu ddigon, gellir dileu'r rhwystrau.

4. Honnir bod diffynnaeth yn gallu arbed swyddi. Fodd bynnag, mae perygl mawr y bydd codi rhwystrau i'r diben hwn yn arwain at ddial gan wledydd eraill sy'n masnachu, gan arwain at golled gyffredinol o les.

5. Dim ond os ydy'r dympio'n rheibus y bydd amddiffyn rhag dympio yn achosi i wlad ennill lles yn y tymor hir.

6. Un ddadl ddilys o blaid polisi diffynnaeth yw os ydy'r wlad sy'n mewnforio yn fonopsonydd. Bydd gosod tollau yn arwain at ostyngiad ym mhris mewnforion, gan achosi i'r wlad ennill lles ar draul cyflenwyr tramor ac i'r telerau masnach wella.

Buddion masnach rydd

Heddiw mae economegwyr yn tueddu i ffafrio MASNACH RYDD rhwng gwledydd. Mae masnach rydd yn digwydd pan na fydd rhwystrau i fasnach, fel trethi ar fewnforion neu waharddiadau ar fewnforion. Mae masnach rydd yn fuddiol am nifer o resymau.

Arbenigaeth Mae damcaniaeth **mantais gymharol** (☞ uned 14) yn dangos y gall cynnyrch y byd gael ei gynyddu os bydd gwledydd yn arbenigo yn yr hyn y maent gymharol orau yn ei gynhyrchu. Er enghraifft, ofer fyddai i'r DU dyfu bananas o wybod ei hinsawdd pan y gallan nhw gael eu tyfu'n rhatach o lawer yn Ne America. Yn yr un modd, nid yw'n gwneud synnwyr i Barbados weithgynhyrchu ceir o wybod maint yr ynys, y boblogaeth gymharol fach, y farchnad fewnol fach a'i lleoliad daearyddol.

Darbodion maint Mae masnach yn caniatáu i ddarbodion maint gael eu huchafu ac felly i gostau gael eu gostwng. Mae darbodion maint yn ffynhonnell mantais gymharol. Gall gwledydd bach brynu i mewn nwyddau a gwasanaethau a swmpgynhyrchir mewn gwledydd eraill, tra'n arbenigo eu hunain mewn cynhyrchu ac allforio nwyddau lle maen nhw wedi datblygu darbodion maint.

Dewis Mae masnach yn caniatáu i ddefnyddwyr ddewis beth i'w brynu o'r hyn sydd ar gael yn y byd cyfan yn hytrach na'r hyn a gynhyrchir yn fewnol yn unig. Felly cynyddir lles defnyddwyr gan y bydd yn well gan rai defnyddwyr o leiaf brynu nwyddau tramor yn hytrach na nwyddau mewnol.

Arloesi Mae masnach rydd yn awgrymu cystadleuaeth. Yn aml bydd diffyg masnach rydd yn arwain at sefyllfa lle caiff marchnadoedd mewnol eu dominyddu gan ychydig o gwmnïau sy'n cadw rhag cystadlu ymhlith ei gilydd. Mae cystadleuaeth yn rhoi cymhelliad mawr i arloesi. Nid yn unig y rhoddir nwyddau a gwasanaethau newydd ar y farchnad, ond hefyd bydd cwmnïau'n cystadlu i ddarganfod dulliau cynhyrchu sy'n gostwng costau ac yn gwella ansawdd a dibynadwyaeth nwyddau. Mae ychydig o gwmnïau yn y rheng flaen o ran arloesi yn eu diwydiannau. Mewn marchnad gystadleuol, fodd

bynnag, mae cwmnïau eraill yn copïo'r arloesi hwn er mwyn cadw'n gystadleuol. Mae'r ychydig o wledydd yn y byd sydd am resymau gwleidyddol wedi dewis eu hynysu eu hunain rhag masnach ac sy'n ceisio bod yn hunanddigonol, fel Gogledd Korea, wedi gweld dros amser bod eu heconomïau wedi tueddu i fod yn farwaidd. Ar eu pen eu hun, nid oes ganddynt yr adnoddau na'r cymhellion i gadw i fyny â chyflymder arloesi yn y byd y tu allan.

Mae masnach rydd, fodd bynnag, yn creu enillwyr a chollwyr. Bydd cwmnïau na fyddant yn arloesi yn mynd allan o fusnes. Efallai felly y bydd eu perchenogion a'u gweithwyr yn gwrthwynebu masnach rydd. Gall gwledydd a chwmnïau sy'n arbennig o lwyddiannus weld cynnydd mawr yn eu hincwm ar draul gwledydd a chwmnïau llai cystadleuol. Efallai wedyn y mynegir pryderon ynghylch y modd y gall rhai cwmnïau godi prisiau uchel neu ennill elw uchel ar draul defnyddwyr mewn gwledydd eraill. Mae amgylcheddwyr yn gofidio y gall prisiau isel yn y DU, dyweder, gael eu hennill ar draul dinistrio amgylchedd Brasil. Mae rhai'n gofidio ynghylch cymhlethdod system fasnachu y byd ac yn pryderu ei bod hi'n rhy fawr i unrhyw sefydliad unigol fel llywodraeth ei rheoli os bydd angen. Yn sicr, mae digwyddiadau fel argyfwng Asia yn 1998, pan gafodd nifer o wledydd fel De Korea ac Indonesia ostyngiadau mawr yn eu CMC o ganlyniad i argyfwng bancio, yn dangos y gall argyfwng mewn un wlad gael effaith sylweddol ar wledydd eraill oherwydd system fasnachu'r byd.

Globaleiddio

Yn yr 1990au rhoddwyd yr enw GLOBALEIDDIO ar integreiddio cynyddol economïau'r byd. Fil o flynyddoedd yn ôl, byddai'r rhan fwyaf o nwyddau a gwasanaethau yn cael eu cynhyrchu a'u gwerthu o fewn ardal gyfyngedig iawn o fewn gwlad. Helpodd chwyldro diwydiannol y ddeunawfed ganrif a'r bedwaredd ganrif ar bymtheg i gynyddu maint marchnadoedd a daeth llawer o farchnadoedd yn wladol yn hytrach nag yn rhanbarthol o ran maint. Ar ddiwedd yr ugeinfed ganrif, roedd llawer o farchnadoedd yn wir ryngwladol.

Mae globaleiddio eisoes wedi creu buddion enfawr i ddefnyddwyr drwy ostwng cost cynhyrchion. Mae pris gweithgynhyrchion yn arbennig wedi tueddu i ostwng dros y ddegawd ddiwethaf. Yn nodweddiadol, naill ai mae cynhyrchu'r rhain wedi symud i wledydd sydd â llafur rhad, yn arbennig yn y Dwyrain Pell, neu mae technoleg wedi dileu'r angen am feintiau mawr o lafur yn Ewrop, UDA neu Japan ac mae mewngyrch llafur wedi gostwng yn sylweddol.

Fodd bynnag, mae globaleiddio wedi cael ei feirniadu'n llym gan amrywiaeth o grwpiau. Mae gweithwyr mewn gwledydd diwydiannol cyfoethog sydd â'u swyddi'n cael eu bygwth gan fewnforion cost-isel yn aml yn dadlau bod y gystadleuaeth yn 'annheg' am ei bod yn seiliedig ar lafur rhad yn gweithredu mewn amodau a allai fod yn annerbyniol yn y Gorllewin. Mae amgylcheddwyr yn dadlau bod cyfalafiaeth fyd-eang yn dinistrio'r amgylchedd mewn gwledydd tlawd. Mae grwpiau gwrthgyfalafol a llawer o elsuennau'r Gorllewin sy'n gweithio yn y Trydydd Byd yn dadlau bod y Gorllewin yn ecsbloetio llafur rhad ac yn niweidio datblygiad gwledydd tlawd.

Yn anochel, mae globaleiddio wedi creu costau mewn gwledydd datblygedig cyfoethog ac mewn gwledydd tlawd sy'n datblygu. Ond cafwyd buddion sylweddol hefyd. Er enghraifft, ni allai China fod wedi gwneud y cynnydd economaidd y mae wedi'i wneud, gyda CMC yn tyfu tua 10% y flwyddyn, heb y gallu i allforio nwyddau a mewnforio defnyddiau crai a thechnoleg. Mae economegwyr sydd o blaid globaleiddio yn dadlau mai'r unig ffordd y bydd gwledydd tlawd ledled y byd yn cyflawni'r safonau byw sydd gan

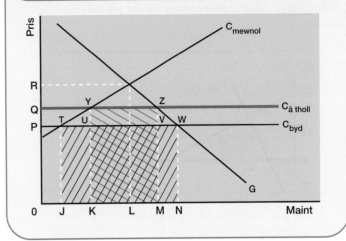

Ffigur 40.2 Tollau
Os mai OP yw pris byd-eang nwydd, bydd toll o PQ yn symud cromlin y cyflenwad i fyny o C_{byd} i $C_{\hat{a}\ tholl}$. Bydd treuliant mewnol yn gostwng MN a bydd cynhyrchu mewnol yn cynyddu JK. Bydd mewnforion yn gostwng o JN i KM.

ddinasyddion y Byd Cyntaf yw trwy integreiddiad llawn i mewn i system fasnachu fyd-eang marchnad rydd. Er hynny, yn aml mae gwledydd yn dewis cyfyngu ar fasnach am amrywiaeth o resymau.

Dulliau amddiffyn

Mae nifer mawr o ffyrdd y gall gwlad ddewis codi RHWYSTRAU I FASNACH.

Tollau Treth ar nwyddau a fewnforir yw TOLL. Weithiau caiff ei galw'n DOLL MEWNFORIO neu'n DOLLDAL. Gall tollau gael eu defnyddio gan lywodraethau i godi derbyniadau i ariannu gwariant. Ond fe'u defnyddir gan amlaf mewn ymgais bwriadol i gyfyngu ar fewnforion. Trwy osod treth ar nwydd, mae toll yn debygol o godi pris terfynol y nwydd i'r defnyddiwr (er y bydd cyflenwr tramor weithiau yn amsugno'r doll i gyd er mwyn atal hynny). Bydd codiad ym mhris y nwydd yn arwain at ostyngiad yn y galw a bydd maint mewnforion yn gostwng. Dylai toll helpu cynhyrchwyr mewnol hefyd. Bydd rhai defnyddwyr yn symud eu treuliant o nwyddau a fewnforir i amnewidion a gynhyrchir yn fewnol ar ôl i doll gael ei gosod. Er enghraifft, pe bai'r DU yn gosod toll ar fewnforion o gansenni siwgr, byddai betys siwgr a gynhyrchir yn y DU yn fwy cystadleuol a byddai'r galw amdanynt yn cynyddu.

Dangosir hyn yn Ffigur 40.2. G yw'r galw mewnol am nwydd. C_{mewnol} yw cromlin cyflenwad mewnol y nwydd. Heb fasnach dramor, byddai'r cynnyrch cytbwys i'w gael lle mae'r galw mewnol yn hafal i'r cyflenwad mewnol, sef OL. Fodd bynnag, gyda masnach dramor, tybir bod cynhyrchwyr y byd yn fodlon cyflenwi unrhyw faint o'r cynnyrch am y pris OP. Bydd defnyddwyr nawr yn prynu nwyddau a fewnforir am fod y pris byd-eang OP yn is na'r pris mewnol OR. Bydd y cyflenwad mewnol yn symud i lawr cromlin y cyflenwad i OJ. Bydd y galw am y nwydd yn codi i ON. Rhaid bod mewnforion yn JN os ydy'r galw'n ON a'r cyflenwad mewnol yn OJ.

Tybiwch nawr fod llywodraeth y wlad yn gosod toll o PQ yr uned. Bydd y pris i ddefnyddwyr mewnol yn codi i OQ. Ni fydd cynhyrchwyr mewnol yn talu'r doll. Felly mae'n broffidiol iddyn nhw ehangu cynhyrchu i OK. Mae prisiau uwch yn achosi i'r galw ostwng i OM. Felly bydd mewnforion yn KM

Cwestiwn 1

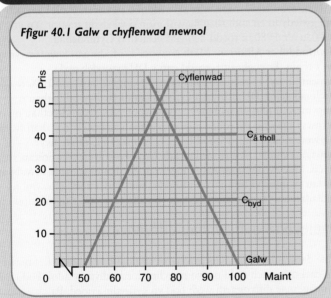

Ffigur 40.1 Galw a chyflenwad mewnol

Mae Ffigur 40.1 yn dangos cromliniau galw a chyflenwad mewnol ar gyfer nwydd.

(a) Beth yw'r pris cytbwys a maint cytbwys y galw a'r cyflenwad yn fewnol?

(b) Mae'r wlad yn dechrau masnachu'n rhyngwladol. Pris rhyngwladol y cynnyrch yw 20. Gall y wlad fewnforio unrhyw faint am y pris hwn. Beth yw: (i) lefel newydd y galw; (ii) lefel newydd y cyflenwad mewnol; (iii) y maint a fewnforir?

(c) Mae'r llywodraeth yn arswydo wrth weld y colli swyddi yn y diwydiant ac mae'n gosod toll o 20 yr uned. Faint fydd: (i) y galw mewnol yn gostwng; (ii) y cyflenwad mewnol yn cynyddu; (iii) mewnforion yn gostwng?

(d) Beth fyddai'n digwydd pe bai'r llywodraeth yn gosod toll o 40 yr uned?

Ffigur 40.3 Cwotâu

Os mai £8 yw pris byd-eang nwydd, bydd cyflwyno cwota o 3 miliwn o unedau yn gostwng y cyflenwad ac yn codi'r pris mewnol i £10. Bydd treuliant mewnol yn gostwng o 10 miliwn i 6 miliwn o unedau, a bydd cynhyrchu mewnol yn cynyddu o 2 filiwn i 3 miliwn o unedau. Bydd mewnforwyr y 3 miliwn o unedau sydd o fewn y cwota yn cael ffawdelw (windfall gain). Cyn gosod y cwota gallen nhw gael pris o £8 yr uned yn unig. Ar ôl gosod y cwota gallan nhw godi £10 yr uned.

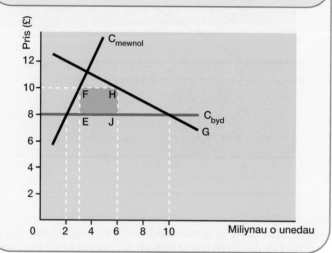

Cwestiwn 2

Mae'r Arlywydd George Bush wedi penderfynu dileu'r tollau a osododd ar fewnforion o ddur 20 mis yn ôl. Bwriadwyd i'r tollau o rhwng 8% a 30% amddiffyn diwydiant dur UDA a swyddi dur rhag cystadleuaeth dramor frwd. Roedd diwydiant UDA wedi dadlau bod angen ei amddiffyn i roi amser iddo ailstrwythuro, buddsoddi a gostwng costau er mwyn cadw'n gystadleuol yn erbyn mewnforion o wledydd tramor.

Aeth yr UE a Japan ag achos yn erbyn UDA gerbron Cyfundrefn Fasnach y Byd, a ddyfarnodd bod y tollau'n anghyfreithlon. Ymateb yr UE i ddyfarniad y Gyfundrefn oedd bygwth gosod tollau ar allforion o'r Unol Daleithiau oedd yn werth hyd at $2.2 biliwn oni fyddai'r tollau'n cael eu dileu ar unwaith. Byddai'r tollau wedi cael eu gosod ar fewnforion yr UE o sudd oren a chynhyrchion citraidd o Florida, beiciau modur, peiriannau fferm, tecstilau, esgidiau a chynhyrchion eraill.

Mae gweithredwyr dur UDA yn teimlo eu bod wedi cael eu bradychu gan y dileu. Mae undebau a'r diwydiant yn bwriadu trefnu 'ymateb cryf a negyddol'. Ar y llaw arall, roedd defnyddwyr dur UDA, fel gwneuthurwyr ceir a chydrannau ceir UDA, yn dawel fach yn teimlo rhyddhad bod y tollau'n cael eu dileu gan eu bod wedi ychwanegu at eu costau.

Ffynhonnell: addaswyd o'r *Washington Post*, 1.12.2003.

(a) Gan ddefnyddio enghraifft diwydiant dur UDA, eglurwch ystyr 'toll'.
(b) Gan ddefnyddio diagram, dadansoddwch pam roedd gwneuthurwyr dur UDA o blaid tollau tra oedd cwsmeriaid dur UDA yn erbyn y tollau.
(c) Pwy fyddai ar eu hennill a phwy fyddai ar eu colled pe bai llywodraeth UDA wedi penderfynu cadw tollau ar fewnforion o ddur ym mis Rhagfyr 2003?

---

yn unig. Bydd gwariant ar fewnforion yn gostwng o JTWN (pris JT wedi'i luosi â'r maint a brynir JN) i KYZM. O'r arwynebedd KYZM, KUVM fydd y derbyniadau a enillir gan gwmnïau tramor. Y gweddill, UYZV, yw'r dreth sy'n cael ei chasglu ar y mewnforion ac felly bydd yn mynd i'r llywodraeth.

Cwotâu Terfyn ffisegol ar faint mewnforion o nwydd yw CWOTA. Mae'n enghraifft o **reolaeth ffisegol**. Bydd gosod cwota ar faint mewnforion o nwydd i mewn i wlad yn cynyddu'r gyfran o'r farchnad sydd ar gael i gynhyrchwyr mewnol. Fodd bynnag, bydd hefyd yn codi pris y cynnyrch sy'n cael ei amddiffyn.

Dangosir hyn yn Ffigur 40.3. Pris cyflenwad byd-eang y cynnyrch yw £8. Mae cromlin y galw, G, yn dangos mai 10 miliwn o unedau yw'r galw mewnol. O hynny, mae 2 filiwn yn cael ei gynhyrchu'n fewnol. Mae'r 8 miliwn arall yn cael eu mewnforio. Nawr tybiwch fod cwota o 3 miliwn o unedau yn cael ei osod ar fewnforion. Am fod cynnyrch 4 miliwn yn llai nag y byddai fel arall, bydd y pris yn codi i £10. Bydd cynhyrchu mewnol yn codi i 3 miliwn o unedau. Mae treuliant mewnol yn 6 miliwn o unedau. Mae'r codiad yn y pris wedi arwain at ostyngiad o 4 miliwn o unedau yn y galw. Dylid nodi bod cwotâu, yn wahanol i dollau, yn gallu arwain at enillion gan fewnforwyr. Mae'n wir yn Ffigur 40.3 bod cwmnïau tramor wedi colli archebion am 4 miliwn o unedau. Ond mae'r cwmnïau hynny sydd wedi llwyddo i gadw archebion wedi ennill. Buon nhw'n gwerthu eu hunedau am £8. Nawr gallan nhw gael £10. Mae hyn yn ffawdelw iddynt, a ddangosir yn y diagram gan y petryal EFHJ.

Cyfyngiadau eraill Mae nifer sylweddol o rwystrau eraill i fasnach y gall gwledydd eu codi rhag mewnforion o wledydd tramor. Yn yr 1970au a'r 1980au roedd defnydd helaeth o **Gytundebau Gwirfoddol ar Allforion**. Math o gwota a orfodir gan fewnforwyr yw'r rhain. Er enghraifft, roedd gan y DU gytundeb gyda gwneuthurwyr ceir Japan na fyddent yn cymryd mwy na 10% o farchnad geir y DU. Rhwystr cyffredin arall yw llywodraethau'n ymgymryd â phrynu nad yw'n gystadleuol. Mae llywodraethau'n brynwyr mawr o nwyddau a gwasanaethau ac mae gan y rhan fwyaf o lywodraethau ledled y byd bolisi o brynu gan gynhyrchwyr mewnol yn unig, hyd yn oed os ydy hynny'n golygu talu prisiau uwch. Mae cwrdd â safonau diogelwch gwahanol yn gallu arwain at gostau cynhyrchu uwch i fewnforwyr. Hefyd mae tactegau syml fel oediadau hir yn y safleoedd tollau yn gallu rhwystro mewnforion.

Dadleuon i gyfiawnhau diffynnaeth

Mae damcaniaeth mantais gymharol yn nodi bod enillion lles mawr i'w cael o fasnach rydd mewn marchnadoedd rhyngwladol. Fodd bynnag, mae diffynnaeth wedi bod yn gyffredin erioed. Pa ddadleuon y gellir eu cynnig i gyfiawnhau polisïau diffynnaeth?

Dadl y diwydiannau ifanc Dyma un o'r dadleuon hynaf o blaid diffynnaeth. Gall diwydiannau sydd newydd gychwyn wynebu costau uwch o lawer na chystadleuwyr tramor. Un rheswm posibl dros hyn yw bod darbodion maint yn y diwydiant yn fawr. Bydd cynhyrchydd newydd sy'n cynhyrchu maint isel yn ei chael hi'n amhosibl cystadlu o ran pris yn erbyn cynhyrchydd tramor sefydledig sy'n cynhyrchu maint mawr. Ar ôl i'r cynhyrchydd ddod yn ddigon mawr, gellir dileu'r rhwystrau i fasnach a rhoi'r diwydiant yn agored i bwysau llawn cystadleuaeth dramor. Efallai hefyd bod yna gromlin ddysgu. Mae'n cymryd amser i reolwyr a gweithwyr mewn diwydiant newydd sefydlu arferion gweithredu ac arferion gwaith effeithlon. Dim ond trwy amddiffyn y diwydiant newydd y mae'n gallu cystadlu nes i fuddion y 'dysgu' ddod trwodd.

Cwestiwn 3

Mae gwneuthurwyr esgidiau China wedi cynyddu eu hallforion i'r Undeb Ewropeaidd bron 700% ers i gyfyngiadau ar fasnach gael eu dileu ym mis Ionawr. Mae gwneuthurwyr esgidiau Ewrop wedi galw am weithredu di-oed i atal y llif o esgidiau ar y farchnad. Mae Adolfo Urso, dirprwy weinidog diwydiant yr Eidal, wedi annog Comisiwn yr UE i 'ymyrryd ar frys' i amddiffyn diwydiant esgidiau yr Eidal. 'Mae'r larwm yn canu ynghylch mewnforion o esgidiau o China. Mae'r sefyllfa'n ddramatig i'r gydran hanfodol hon o'r sector allforio "Gwnaed yn yr Eidal",' meddai. 'Mae'r Eidal yn barod i frwydro yn Ewrop i sicrhau bod rheolau masnachol yn cael eu parchu,' meddai Rossano Soldini, llywydd cymdeithas gwneuthurwyr esgidiau yr Eidal. Dywedodd y gallai'r diwydiant golli hyd at 40 000 o'i 101 000 o swyddi eleni pe bai ymchwydd y mewnforion o China yn parhau.

Dywedodd llefarydd ar ran Peter Mandelson, comisiynydd masnach yr UE, y byddai Brwsel yn ymchwilio i gwynion y diwydiant o ddympio 'fel mater o frys'. 'Pe bai cynhyrchion yn cael eu hallforio am lai na chost y cynhyrchu, byddem yn gweithredu'n ddiymdroi,' meddai. Byddai hynny yn fwy na thebyg yn golygu gosod tollau gwrthddympio ar fewnforion o esgidiau o China.

Ffynhonnell: addaswyd o'r *Financial Times*, 9.7.2005.

(a) Beth yw ystyr (i) 'dympio' a (ii) 'tollau ar fewnforion'?
(b) Trafodwch pam mae gwneuthurwyr esgidiau Ewrop yn dadlau y dylai tollau gael eu gosod ar esgidiau o China.
(c) I ba raddau y byddai Ewrop yn ennill o osod tollau ar esgidiau o China?

Mae rhai gwledydd, fel Japan, wedi datblygu diwydiannau ifanc yn llwyddiannus y tu ôl i rwystrau uchel i fasnach. Mae'n wir hefyd bod gan lawer o wledydd fel y DU systemau ariannol sy'n tueddu i gymryd golwg tymor byr ar fuddsoddiant. Mae'n anodd, os nad yn amhosibl, cael hyd i gefnogwyr ar gyfer projectau na fyddant efallai yn broffidiol tan 10 neu hyd yn oed 5 mlynedd yn y dyfodol.

Fodd bynnag, dydy diwydiannau ifanc yn gyffredinol ddim wedi tyfu'n llwyddiannus y tu ôl i rwystrau i fasnach. Un broblem yw bod angen i'r llywodraeth allu nodi'r diwydiannau ifanc hynny fydd yn tyfu'n llwyddiannus. Mae gan lywodraethau hanes gwael o ran dewis 'enillwyr' o'r fath. Yn ail, dydy diwydiannau sy'n cael eu hamddiffyn gan rwystrau i fasnach ddim yn cael y pwysau cystadleuol i ddod yn effeithlon. Yn llawer rhy aml mae diwydiant ifanc yn tyfu i fyny i fod yn ddiwydiant hwyaden gloff (*lame duck*). Yr unig reswm maen nhw'n parhau i weithredu yw eu bod nhw'n fedrus iawn o ran lobïo'r llywodraeth i gadw rhwystrau uchel i fasnach. Yn drydydd, mae fel arfer yn fwy effeithlon defnyddio arfau polisi eraill os ydy'r llywodraeth yn wir ddymuno hybu datblygiad diwydiant newydd. Mae cymorthdaliadau penodol, grantiau hyfforddiant, consesiynau trethi neu hyd yn oed greu mentrau gwladwriaethol yn debygol o fod yn well ffyrdd o greu diwydiannau newydd.

Diogelu swyddi Dadl arall sydd â hanes hir iawn yw'r syniad bod diffynnaeth yn gallu creu neu o leiaf gadw swyddi. Yn ystod yr 1970au, fe wnaeth y gyfran o farchnad geir y DU a gymerwyd gan wneuthurwyr ceir mewnol ostwng yn sylweddol. Gallai rhwystrau i fasnach fod wedi cael eu codi yn erbyn ceir a fewnforiwyd o wledydd tramor er mwyn cadw swyddi yn y diwydiant ceir. Fodd bynnag, mae dwy broblem fawr gyda'r polisi hwn. Yn gyntaf, er y bydd y polisi o fudd efallai i wneuthurwyr a'u gweithwyr, mae

defnyddwyr yn debygol o gael llai o ddewis a thalu prisiau uwch. Mae llawer o'r ennill i gynhyrchwyr yn drosglwyddiad mewnol o adnoddau oddi wrth ddefnyddwyr mewnol. Hefyd, gallai gwledydd tramor ddial drwy osod cyfyngiadau masnach ar allforion, gan arwain at golli swyddi yn yr economi mewnol. Os felly, bydd pob gwlad sy'n cymryd rhan yn y rhyfel masnach yn dioddef. Bydd cynhyrchu'n cael ei symud o gynhyrchwyr cost is i gynhyrchwyr cost uwch, gan arwain at golled lles i ddefnyddwyr. Bydd yr enillion o fasnach sy'n deillio o fantais gymharol yn cael eu colli.

Dympio Gellir diffinio DYMPIO mewn nifer o ffyrdd. Yn gyffredinol, dympio yw gwerthu nwyddau am lai na'u cost cynhyrchu, boed hynny'n gost ffiniol neu'n gost gyfan gyfartalog neu'n gost newidiol gyfartalog. Gall cwmnïau tramor werthu cynhyrchion 'ar golled' am amrywiaeth o resymau.
- Efallai eu bod wedi cynhyrchu'r nwyddau a methu â dod o hyd i farchnad ar eu cyfer, felly cân nhw eu dympio ar un wlad mewn gwerthiant ar golled.
- Yn y tymor byr, efallai bod gan gwmni allu cynhyrchu gormodol. Yna bydd yn gwerthu am bris sy'n is na'r gost gyfan gyfartalog cyhyd ag y bydd y pris o leiaf yn ddigon i dalu ei gost newidiol.
- Gallai prisiau isel gynrychioli bygythiad tymor hir mwy difrifol i'r diwydiant mewnol. Efallai bod cynhyrchydd tramor yn prisio ar golled yn fwriadol er mwyn gyrru cynhyrchwyr mewnol allan o fusnes. Ar ôl cyflawni hynny, gall godi prisiau a mwynhau elw monopoli.

Os mai nod cynhyrchydd tramor yw dominyddiaeth dymor hir, gallai hynny gyfiawnhau rhwystrau i fasnach, er y gallai fod yn fwy effeithlon cymorthdalu diwydiannau mewnol. Mae'n fwy anodd dweud ydy gwerthiant-ar-golled tymor byr yn arwain at golli lles mewnol. Ar y naill law, efallai y bydd cynhyrchwyr mewnol a'u gweithwyr yn dioddef colled elw a chyflogau. Dylai'r effaith ar gyflogaeth fod yn gyfyngedig os ydy'r dympio'n ffenomen dymor byr. Ar y llaw arall, mae defnyddwyr yn ennill drwy allu prynu nwyddau rhad, hyd yn oed os yw am gyfnod byr yn unig.

Llafur rhad Yn aml mae gwledydd sydd â digonedd o lafur rhad yn cael eu cyhuddo o 'gystadleuaeth annheg'. Mae gwledydd sydd â chostau llafur uchel yn ei chael hi'n anodd, os nad yn amhosibl, cystadlu yn erbyn cynhyrchion o'r gwledydd hyn ac mae pwysau gan ddiwydiannau sydd dan fygythiad i godi rhwystrau i fasnach. Fodd bynnag, mae llafur rhad yn ffynhonnell mantais gymharol i economi. Mae yna gamddyrannu adnoddau os gorfodir defnyddwyr mewnol i brynu gan ddiwydiannau mewnol sydd â chyflogau uchel yn hytrach na diwydiannau tramor sydd â chyflogau isel. Gallai adnoddau a ddefnyddir mewn diwydiannau cost uchel sy'n cael eu hamddiffyn gael eu defnyddio rywle arall yn yr economi i gynhyrchu cynhyrchion lle mae gan y wlad fantais gymharol mewn cynhyrchu.

Telerau masnach Un ddadl o blaid tollau sydd â sail economaidd yw dadl y doll optimaidd. Yn Ffigur 40.2 tybiwyd y gallai gwlad fewnforio unrhyw faint am bris penodol am ei bod yn brynwr cymharol fach yn y farchnad fyd-eang. Fodd bynnag, os ydy gwlad yn mewnforio cyfran sylweddol o'r cynnyrch byd-eang, mae'n debygol o wynebu cromlin gyflenwad sy'n goleddu i fyny. Po fwyaf y bydd yn ei brynu, uchaf i gyd fydd y pris yr uned y bydd yn rhaid iddi ei dalu. Yn yr eithaf, gall y wlad fod yn **fonopsonydd** (h.y. unig brynwr y cynnyrch).

Os ydy gwlad yn wynebu cromlin gyflenwad sy'n goleddu i fyny, bydd cost ffiniol prynu uned ychwanegol yn cynnwys nid yn unig cost yr uned ychwanegol ond hefyd cost ychwanegol prynu pob uned arall. Er enghraifft, mae gwlad yn prynu 10 uned am £1 yr uned. Os yw'n prynu uned arall, mae'r pris yn

Cwestiwn 4

Mae ymchwilwyr yng Ngwlad Thai, India ac Awstralia yn honni bod safonau hylendid gormodol yn cael eu defnyddio fwyfwy i atal mewnforion o fwyd o wledydd sy'n datblygu. Mae'r 10 cyntaf o brif gynhyrchwyr bwyd y byd yn wledydd sy'n datblygu, a'r prif farchnadoedd yw'r Undeb Ewropeaidd, UDA ac Japan. Mae ofnau ynghylch bwyd yn un broblem. Er enghraifft, mewn adroddiad diweddar gan Gyfundrefn Bwyd ac Amaethyddiaeth y Cenhedloedd Unedig, nodwyd bod traean o allforion cig byd-eang dan fygythiad gan achosion o ffliw adar a chlwy'r gwartheg cynddeiriog. 'Pe bai'r gwaharddiadau presennol yn cael eu hestyn tan ddiwedd y flwyddyn, byddai masnach sy'n werth hyd at $10 biliwn yn cael ei cholli,' ychwanegodd. Yn ôl astudiaeth gan Fanc y Byd, byddai masnach mewn grawnfwydydd a chnau yn cynyddu $12 biliwn pe bai pob un o'r 15 gwlad sy'n eu mewnforio yn mabwysiadu'r safonau *Codex* rhyngwladol ar gyfer halogiad afflatocsin, a gynhyrchir gan lwydni sy'n gysylltiedig â chanser, yn hytrach na dilyn gofynion llymach yr UE.

Ffynhonnell: addaswyd o'r *Financial Times*, 6.4.2004.

(a) Yn ôl yr erthygl, pa gyfiawnhad a roddir yn aml dros atal mewnforion o fwyd i mewn i'r UE, UDA ac Japan?
(b) Pam y gallai ffermwyr yr UE elwa oherwydd gwaharddiadau o'r fath?
(c) Eglurwch pwy sy'n debygol o fod yn gollwyr net yn sgil y gwaharddiadau hyn.

codi i £11. Cost yr unfed uned ar ddeg yw £11 plws 10 × £1 – cyfanswm o £21. Bydd y penderfyniad i brynu'r unfed uned ar ddeg yn cael ei wneud gan gynhyrchwyr a defnyddwyr unigol. Y gost iddyn nhw yw £11 yn unig – y cynhyrchwyr a'r defnyddwyr a brynodd y 10 uned arall sy'n talu'r £10 ychwanegol arall.

Felly, mae'r gost ffiniol i'r economi cyfan o brynu uned ychwanegol o fewnforion yn fwy na'r gost ffiniol i'r unigolyn. Ond yr unigolyn sy'n gwneud y penderfyniad ynghylch prynu ai peidio. Os ydy cost ffiniol pryniant yn is i'r unigolyn nag i'r economi cyfan, bydd mwy o fewnforion yn cael eu prynu na phe bai'r unigolyn yn gorfod talu cost gyfan y pryniant (h.y. y gost gan gynnwys pris uwch unedau a brynwyd o'r blaen). Byddai hynny'n awgrymu y byddai toll a fyddai'n codi prisiau i'r pwynt lle roedd y gost i'r prynwr unigol yn hafal i gost y penderfyniad hwnnw i'r gymdeithas gyfan, yn cynyddu lles economaidd.

Bydd gosod toll yn gostwng y galw am nwyddau a fewnforir, a bydd hynny yn ei dro yn arwain at ostyngiad ym mhris y nwyddau a fewnforir (☞ uned 11 – mae toll yn dreth anuniongychol, *ad valorem* neu benodol sy'n symud cromlin cyflenwad nwyddau a fewnforir i'r chwith, gan arwain at ostyngiad yn y pris cytbwys a dderbynnir gan y cyflenwyr). Felly, bydd y telerau masnach (y gymhareb rhwng prisiau allforion a phrisiau mewnforion ☞ uned 14) yn codi o blaid y wlad sy'n mewnforio. Bydd y wlad sy'n mewnforio yn gallu prynu nwyddau yn rhatach. Ond mae'n bwysig cofio y bydd yr ennill hwn ar draul y wlad sy'n allforio. Er

enghraifft, pe bai'r DU yn gosod toll ar de, gallai pris te ostwng. Bydd y DU ar ei hennill ond bydd hynny ar draul India a Sri Lanka. Hefyd, os bydd y wlad sy'n allforio yn dial drwy osod ei thollau ei hun, gallai'r ddwy wlad fod yn waeth eu byd nag o'r blaen.

Dadleuon eraill Cynigir nifer o ddadleuon eraill o blaid rhwystrau i fasnach. Dadleuir weithiau bod angen diwydiant mewnol arbennig ar wlad at ddibenion amddiffyn. Efallai y bydd gwlad eisiau cadw ffordd arbennig o fyw, fel atal diboblogi ardaloedd cefn gwlad anghysbell sy'n ddibynnol iawn ar gynnyrch amaethyddol penodol. Efallai y teimlir bod rhai mewnforion yn rhy beryglus i gael eu gwerthu'n fewnol. Gallai 'perygl' amrywio o gynhyrchion trydanol anniogel i wastraff gwenwynig i gyffuriau. Dadl arall yw y gall gwlad benderfynu ei bod hi'n rhy ddibynnol ar un diwydiant. Mae rhai o wledydd bach y Trydydd Byd yn dibynnu'n helaeth ar un cnwd gwerthu fel coco, bananas neu gansenni siwgr am eu lles economaidd. Mae'r cynwyddau hyn yn agored i amrywiadau mawr mewn pris ym marchnadoedd y byd. Gall gostyngiadau yn y pris achosi gostyngiadau mawr yn safonau byw'r economïau hyn. Gallai amrywiaethu ddarparu polisi yswiriant gwerthfawr rhag amrywiadau ym mhrisiau cynwyddau, hyd yn oed os ydy'r diwydiannau newydd yn aneconomaidd yn ôl safonau'r byd. Mae rhwystrau i fasnach yn un modd i ddiogelu'r diwydiannau hyn rhag cystadleuaeth dramor.

Yn hyn i gyd, fodd bynnag, mae'n bwysig gofyn ai rhwystrau i fasnach yw'r ffordd orau o gyflawni'r nod a ddymunir. Mae economegwyr yn tueddu i ddadlau bod polisïau eraill, fel cymorthdalu diwydiannau, yn debygol o fod yn fwy effeithlon nag amddiffyn masnach.

Termau allweddol

Cwota – terfyn ffisegol ar faint mewnforion o nwydd.
Dympio – gwerthu nwyddau am lai na'r pris cost gan gynhyrchwyr tramor yn y farchnad fewnol.
Globaleiddio – integreiddio economïau'r byd yn un farchnad ryngwladol yn hytrach na llawer o farchnadoedd lleol neu wladol.
Masnach rydd – masnach ryngwladol a gynhelir heb rwystrau i fasnach fel tollau neu gwotâu.
Rhwystrau i fasnach – unrhyw fesur sy'n cyfyngu'n artiffisial ar fasnach ryngwladol.
Toll, toll mewnforio neu dolldal – treth ar nwyddau a fewnforir sydd â'r effaith o godi pris mewnol mewnforion ac felly cyfyngu ar y galw amdanynt.

Economeg gymhwysol

Cyfundrefn Masnach y Byd a diffynnaeth

Mae damcaniaeth economaidd yn awgrymu bod masnach rydd yn debygol o fod yn fuddiol i wledydd. Trwy adael i bob gwlad arbenigo, bydd cynhyrchu yn digwydd mewn lleoliadau sydd â mantais gymharol. Ehangodd masnach fyd-eang yn y bedwaredd ganrif ar bymtheg. Er hynny, bu cwymp mewn masnach yn hanner cyntaf yr ugeinfed ganrif, fel y gwelir yn Ffigur 40.4. Yn rhannol, achoswyd hyn gan yr holl broblemau economaidd ddaeth gyda'r ddau ryfel byd. Hefyd achosodd Dirwasgiad Mawr yr 1930au i wledydd fabwysiadu polisïau diffynnaeth llym. Roedd llywodraethau yn credu yn gamarweiniol y gallent arbed swyddi mewnol drwy gadw nwyddau tramor allan. Yn ymarferol, mabwysiadodd yr holl wledydd yr un cymysgedd o fesurau. Chwalwyd masnach fyd-eang, collwyd swyddi mewn diwydiannau allforio a bu'n rhaid i ddefnyddwyr dalu prisiau uwch i gynhyrchwyr mewnol aneffeithlon yn lle prynu nwyddau tramor rhatach.

Ar ôl yr Ail Ryfel Byd, roedd cydnabyddiaeth gyffredinol bod y polisïau diffynnaeth hyn wedi bod yn hunandrechol. Fe wnaeth system cyfraddau cyfnewid Bretton Woods wahardd dibrisiadau cystadleuol, ac yn 1947 llofnododd 23 o wledydd y Cytundeb Cyffredinol ar Dollau a Masnach (*GATT*). Dan reolau *GATT*, ni allai gwledydd a oedd yn aelodau gynyddu'r ddiffynnaeth a roddent i'w cynhyrchwyr mewnol. Hefyd, yn ôl cymal y **wlad a ffefrir fwyaf**, byddai gwlad a gynigiai ostyngiad mewn tollau i un wlad yn gorfod cynnig yr un telerau i'r holl wledydd oedd yn aelodau.

Roedd rheolau *GATT* yn rhwystro diffynnaeth rhag cynyddu, ond doedden nhw ddim yn lleihau diffynnaeth. O ganlyniad, mae *GATT* a'i olynydd, Cyfundrefn Masnach y Byd (*WTO*) dros y blynyddoedd wedi trefnu cyfresi o drafodaethau gyda'r nod o ostwng tollau a chwotâu. Erbyn diwedd cyfres trafodaethau Tokyo yn 1979, roedd y doll gyfartalog ar nwyddau diwydiannol

wedi gostwng i 4.7%. Rhwng 1986 ac 1994 cwblhawyd yr wythfed gyfres o drafodaethau yn llwyddiannus, sef Cyfres Uruguay. Yn wahanol i gyfresi blaenorol, cafwyd cytundebau nid yn unig ar fasnachu gweithgynhyrchion, ond hefyd ar amaethyddiaeth a gwasanaethau.

● Ym maes amaethyddiaeth, dilewyd rhwystrau di-doll fel cwotâu, a chrewyd tollau yn eu lle. Bwriad hyn oedd gwneud lefel y ddiffynnaeth yn fwy eglur.
● Ym maes gweithgynhyrchion, y cytundeb sengl pwysicaf oedd dileu rhwystrau diffynnol yn achos tecstilau a dillad o 2005. Achosodd hyn gynnydd sylweddol mewn allforion, yn enwedig o China.
● Ym maes gwasanaethau, tynhawyd cytundebau ar hawlfraint a breindaliadau, a dechreuwyd ar y gwaith o agor diwydiannau gwasanaethu sy'n cael eu gwarchod yn llym, fel arian a thelathrebu.

Mae'r gwahanol gyfresi masnach wedi cael dylanwad pwerus ar ehangu masnach yn y cyfnod ar ôl y rhyfel. Yn ôl Ffigur 40.5 cododd allforion byd-eang o nwyddau bedair gwaith yn gyflymach na'r cynhyrchu byd-eang o nwyddau rhwng 1950 a 2004. Mae masnach gweithgynhyrchion wedi codi'n gyflymach fyth, fwy na saith gwaith cyfradd y cynhyrchu byd-eang o nwyddau.

Cyfres Doha, 1999-2006

Lansiwyd y gyfres gyfredol o drafodaethau, sef cyfres Doha sydd y 9fed oddi ar 1945, yn 1999 a daeth i ben yn 2006. Roedd yn ymdrin â nifer o feysydd.

● Ym maes amaethyddiaeth, roedd gwledydd y Trydydd Byd, Awstralia a Seland Newydd eisiau toriadau sylweddol yn y tollau ar fewnforion i farchnadoedd UDA a'r UE sy'n rhai diffynnol iawn. Hefyd roeddent eisiau cael terfyn ar bob cymhorthdal allforio gan UDA a'r UE. Defnyddiwyd cymorthdaliadau allforio i ddympio ar farchnadoedd byd-eang gynnyrch UDA a'r UE a oedd

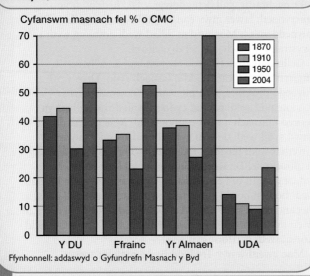

Ffigur 40.4 Cyfanswm masnach fel % o CMC, detholiad o wledydd, 1870-2004

Ffynhonnell: addaswyd o Gyfundrefn Masnach y Byd

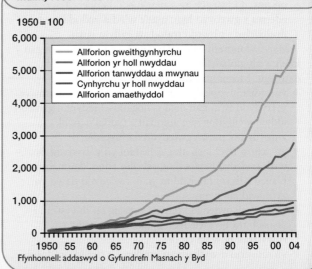

Ffigur 40.5 Allforion a chynhyrchu byd-eang o nwyddau, maint, 1950 = 100

Ffynhonnell: addaswyd o Gyfundrefn Masnach y Byd

- heb ei werthu, ond roeddent yn niweidio cynhyrchwyr amaethyddol yng ngwledydd y Trydydd Byd.
- Ym maes gweithgynhyrchu, trafodwyd gostyngiadau pellach mewn tollau.
- Ym maes gwasanaethau, mynediad i farchnadoedd oedd y mater allweddol. Mewn nifer o'r marchnadoedd roedd rhwystrau di-doll, fel cyfyngu ar allu cwmnïau tramor i gynnig am gontractau llywodraeth, yn allweddol o ran cyfyngu ar fasnach. Byddai gorfodi marchnadoedd agored yn cynyddu masnach.
- Roedd gwledydd y Byd Cyntaf yn arbennig o awyddus i dynhau hawliau eiddo deallusol yn wyneb lladrata eang, tra oedd gwledydd y Trydydd Byd eisiau gwarchod eu hawliau dros gyfansoddion a ddaw o blanhigion a gwybodaeth a llên gwerin draddodiadol.
- Cytunwyd i dynhau rôl Cyfundrefn Masnach y Byd wrth ddatrys anghydfod ynghylch masnach.

Cyfundrefn Masnach y Byd

Mae gan Gyfundrefn Masnach y Byd, a sefydlwyd yn 1995, ddwy brif swyddogaeth:

- Mae'n annog gwledydd i ostwng eu rhwystrau diffynnol ac felly cynyddu llifoedd masnach rhwng gwledydd. Mae'n gwneud hyn yn bennaf drwy'r gwahanol gyfresi o drafodaethau a gafwyd ers yr Ail Ryfel Byd. Cyfres Doha yw'r ddiweddaraf.
- Mae'n gyfrifol am sicrhau bod gwledydd yn gweithredu yn unol â'r gwahanol gytundebau masnach a lofnodwyd. Gall unrhyw wlad neu grŵp o wledydd gyflwyno cŵyn i Gyfundrefn Masnach y Byd yn erbyn arferion cystadleuol gwlad arall. Mae Cyfundrefn Masnach y Byd yn ceisio datrys y rhan fwyaf o gwynion drwy gynnal trafodaethau rhwng y ddwy ochr. Yn y pen draw, gall y gŵyn fynd gerbron panel o arbenigwyr (sef llys rhynglwadol i bob pwrpas), a bydd y panel hwn yn rhoi dyfarniad. Yna gall y naill ochr neu'r llall apelio yn erbyn y dyfarniad. Ond yn y pen draw rhaid iddynt dderbyn dyfarniad y Gyfundrefn. Os ydynt yn gwrthod y dyfarniad, mae gan y wlad sy'n ennill y dyfarniad yr hawl cyfreithiol i osod sancsiynau masnach yn erbyn allforion y wlad a gollodd i osod yr un niwed i fasnach ag y mae'n ei ddioddef. Ar yr adegau y gwelwyd hyn, mae'r wlad a gollodd wedi dychwelyd i'r bwrdd trafod yn gyflym iawn.

Mae Cyfundrefn Masnach y Byd wedi'i beirniadu gan y lobi gwrth-globaleiddio, y lobi amgylcheddol a'r lobi datblygu. Maent yn dadlau bod y Gyfundrefn:

- yn caniatáu i wledydd cyfoethog ecsbloetio gweithwyr y Trydydd Byd, gan dalu cyflogau isel iddynt a gwneud iddynt weithio mewn amodau a fyddai'n gwbl annerbyniol mewn gwledydd datblygedig;
- yn achosi trychineb amgylcheddol yn y Trydydd Byd wrth i wledydd cyfoethog ysbeilio adnoddau naturiol y blaned heb roi fawr ddim yn ôl i wledydd tlawd yn gyfnewid am hynny;
- yn gorfodi gwledydd tlawd i ostwng eu rhwystrau i fasnach tra bo gwledydd cyfoethog yn cadw eu rhwystrau nhw yn eu lle;
- yn dinistrio diwylliannau brodorol a ffyrdd brodorol o

fyw, ac yn rhoi ffyrdd Americanaidd, materol, bas o fyw yn eu lle;
- yn arwain at dlodi yng ngwledydd y Trydydd Byd sydd â'u heconomïau yn cael eu hecsbloetio gan wledydd cyfoethog y byd am fod masnach rydd yn caniatáu i wledydd cyfoethog wthio prisiau nwyddau a wneir yn y Trydydd Byd i lawr, tra'n caniatáu i'w cynhyrchion technoleg-gyfoethog nhw godi mewn pris;
- yn rhoi perchenogaeth rheolau'r system fasnachu byd-eang yn nwylo ychydig o wledydd cyfoethog a'u cwmnïau amlwladol ac yn tynnu grym i ffwrdd o wledydd tlawd a'u dinasyddion.

Gellir dadlau, fodd bynnag, nad oes modd cyfiawnhau llawer o'r feirniadaeth yma a gyfeirir at Gyfundrefn Masnach y Byd am nad oes gan y Gyfundrefn y grym i ddinistrio diwylliannau na gorfodi gweithiwr yn Viet Nam i weithio am £1 yr wythnos. Mae'r Gyfundrefn yn bodoli i annog gwledydd i drafod rheolau masnach, sy'n cynnwys mecanweithiau i sicrhau bod modd gorfodi'r rheolau hynny. Mae ganddi duedd o blaid masnach rydd, ond ni all orfodi gwledydd tlawd i lofnodi cytundebau rhyngwladol sy'n rhwymo. Yn y pen draw, mae'n gyfundrefn sy'n helpu i ddatblygu masnach fwy rhydd rhwng gwledydd. Mewn gwirionedd mae'r sawl sy'n beirniadu Cyfundrefn Masnach y Byd yn beirniadu masnach rydd ei hun, sef pŵer mecanwaith y farchnad sy'n rhoi mwy o ddylanwad i wledydd cyfoethog na gwledydd tlawd am fod ganddynt fwy o 'bleidleisiau' gwario, a hefyd yn beirniadu globaleiddio diwylliant.

Buddion a chostau masnach rydd

Mae llawer o ddadleu ynghylch ydy masnach rydd yn ddymunol ai peidio. Defnyddwyr sydd fwyaf ar eu hennill o fasnach rydd.

- Gallan nhw brynu nwyddau a gwasanaethau am brisiau is am eu bod yn gallu cael gafael arnynt o unrhyw fan yn y byd.
- Maen nhw'n cael llawer mwy o ddewis o ran cynnyrch.
- Hybir ansawdd ac arloesi gan y bydd defnyddwyr yn tueddu i brynu nwyddau sydd o well ansawdd neu sy'n fwy arloesol am unrhyw bris penodol.

Er enghraifft, gall defnyddwyr y DU heddiw brynu amrywiaeth lawer mwy eang o ddillad nag y gallent 50 mlynedd yn ôl. Mae prisiau dillad wedi gostwng wrth i rwystrau i fasnach gael eu dymchwel.

Gellir dadlau hefyd bod economïau, ac felly eu dinasyddion, yn cael budd o fasnach rydd. Dros y 50 mlynedd diwethaf, mae nifer mawr o astudiaethau economaidd wedi canfod cydberthyniad rhwng bod yn agored i fasnach a thwf economaidd. Mae gwledydd tlawd sydd wedi dod yn gyfoethog dros y 50 mlynedd diwethaf wedi tueddu i fod yn economïau sy'n gyfeiriedig at allforio, fel De Korea, Singapore a Hong Kong. Ni fyddai gwyrth twf economaidd China ers canol yr 1970au wedi bod yn bosibl heb fynediad at farchnadoedd, cyllid a thechnoleg y Gorllewin. Mae gwledydd sydd wedi cyfyngu ar eu masnach, am ba reswm bynnag, fel Cuba a Gogledd Korea, wedi perfformio'n wael.

Mae gweithwyr y Trydydd Byd a gyflogir mewn

diwydiannau allforio ar gyfraddau cyflog isel yn cael eu 'hecsbloetio' yn yr ystyr y byddai swyddi tebyg yng ngwledydd y Byd Cyntaf yn ennill cyfraddau cyflog uwch. Ond ni fyddent yn cymryd y swyddi hyn pe bai dewis gwell ar gael. Mae derbyn £1 y dydd am weithio mewn ffatri yn China yn well na derbyn 50c y dydd am weithio ar fferm, y dewis gorau nesaf yn ôl pob tebyg. Hefyd, ni fyddai'r swydd yn China yn bodoli pe bai'r cyflogau yno mor uchel ag y maent yn y DU, dyweder. Ni fyddai gan China fantais gystadleuol o'i chymharu â'r DU pe bai cyflogau mor uchel. Yn ôl y ddadl hon, mae masnach rydd a globaleiddio yn creu swyddi mewn gwledydd tlawd, swyddi sydd fel rheol yn cael cyflog cystal, os nad gwell, na swyddi eraill tebyg yn yr economi.

Ond mae masnach rydd yn achosi costau. Yn y tymor byr, gall gostwng rhwystrau i fasnach arwain at ddiweithdra mewn diwydiannau sydd bellach yn gorfod cystadlu yn erbyn cwmnïau tramor. Yn aml y diwydiannau sydd fwyaf tebygol o ddioddef oherwydd cystadleuaeth ryngwladol yw'r rhai sy'n lobïo galetaf i gadw rhwystrau diffynnol. Yn y tymor hir, dylai mecanwaith y farchnad arwain at adleoli adnoddau. Bydd gweithwyr yn cael hyd i swyddi newydd. Ond mae'n anorfod y bydd rhai yn colli, e.e. am fod gan y swyddi newydd gyflog is na'r hen swyddi. Collwyd swyddi yn niwydiant glo y DU yn yr 1980au a'r 1990au wrth i lo a fewnforiwyd ac a gynhyrchwyd â llafur rhad gymryd lle glo a gynhyrchwyd yn fewnol â chyflogau uchel. Bu'n rhaid i'r rhan fwyaf o lowyr a gollodd eu swyddi ac a gafodd swyddi eraill dderbyn cyflogau is yn y swyddi hyn.

Mae mwy o fasnach sy'n arwain at fwy o gynnyrch yn awgrymu mwy o ddefnydd o adnoddau naturiol, e.e. os ydy'r diwydiant adeiladu byd-eang yn tyfu, caiff mwy o goed eu torri i gyflenwi'r diwydiant. Os gall mwy o bobl fforddio car, bydd y galw am olew yn cynyddu. Bydd hyn yn arwain at ddifrod amgylcheddol yn y Trydydd Byd os na reolir cynhyrchu. Ond gall masnach rydd a gwarchod yr amgylchedd fynd law yn llaw â'i gilydd os bydd llywodraethau ledled y byd yn sicrhau bod yr amddiffyniadau cywir yn eu lle. Y broblem yn aml yw nad ydy llywodraethau'r Trydydd Byd yn rhoi digon o werth ar warchod eu hamgylchedd, tra bydd llywodraethau, cwmnïau a defnyddwyr y Byd Cyntaf yn prynu defnyddiau crai p'un ai y byddant wedi'u cynhyrchu mewn dull sy'n gyfeillgar i'r amgylchedd ai peidio.

O ran niwed i ddiwylliant a ffyrdd o fyw, cenhadaeth *Coca-Cola* yw rhoi ei gynhyrchion o fewn cyrraedd llaw pob defnyddiwr ar y blaned. Felly, oni fydd llywodraethau yn gwahardd *Coca-Cola*, bydd globaleiddio yn golygu y bydd y darn hwn o 'ddiwylliant' America yn cael ei allforio ledled y byd. Ond mae'n broses ddwyffordd. Yn y DU, mae 'diwylliant Prydain' bellach yn cynnwys *pizzas* Eidalaidd, aciwbigo o China, operâu sebon o Awstralia a dillad 'ethnig'. Mae masnach yn wastad wedi dod â syniadau newydd a ffyrdd gwahanol o fyw sydd wedyn wedi cael eu hymgorffori yn y diwylliant lleol. Mae protestwyr gwrthglobaleiddio yn tueddu i weld y newidiadau hyn mewn ffordd negyddol, ond gellir eu gweld hefyd yn bethau positif, am eu bod yn cyfoethogi gwahanol ddiwylliannau.

Cwestiwn Data

Dileu cyfyngiadau ar fasnach yn y diwydiant dillad a thecstilau byd-eang

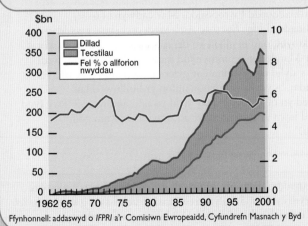

Ffigur 40.6 Allforion byd-eang o decstilau a dillad

Legend:
- Dillad
- Tecstilau
- Fel % o allforion nwyddau

Ffynhonnell: addaswyd o *IFPRI* a'r Comisiwn Ewropeaidd, Cyfundrefn Masnach y Byd

Diwedd cwotâu tecstilau

Fel rhan o gyfres masnach fyd-eang Uruguay, roedd yr holl gyfyngiadau ar y fasnach mewn tecstilau i gael eu dileu o 1 Ionawr 2005. UDA, Canada a'r Undeb Ewropeaidd yw'r prif fewnforwyr. Gwledydd y Trydydd Byd fel China a Bangladesh yw'r prif allforwyr. Disgwylir ffrwydrad mewn masnach wrth i gynhyrchwyr mewnol yn y prif wledydd sy'n mewnforio golli eu marchnadoedd i gynhyrchion tecstilau rhatach o wledydd tramor. Fodd bynnag, gan nad oedd China wedi ymuno â Chyfundrefn Masnach y Byd tan 2004, fe'i gorfodwyd i drafod cytundeb oedd yn caniatáu i wledydd eraill ail-osod cwotâu ar ei hallforion dros dro hyd at 2008.

Bydd dileu cwotâu yn fyd-eang yn arwain at gryn newid yn y diwydiannau tecstilau a dillad. Fodd bynnag, bydd y broses hon yn cymryd amser. 'Dillad a thecstilau yw'r gweithgaredd gweithgynhyrchu cyntaf y bydd gwledydd sy'n diwydiannu yn ymwneud ag ef', meddai Sheila Page o Sefydliad Datblygiad Tramor Prydain. 'Dyma hefyd y gweithgaredd cyntaf y byddant yn symud allan ohono wrth iddynt ddod yn fwy ffyniannus.' Ni fydd gweithwyr China yn aros ar gyflogau'r Trydydd Byd am byth. Gyda thwf economaidd cyflym iawn, bydd eu cyflogau'n codi yn gyflymach na gwledydd sy'n perfformio'n waeth. Yn y broses, byddant yn colli rhywfaint o'u mantais gystadleuol ym myd tecstilau.

Enillwyr a chollwyr

Bydd diwedd y cyfyngiadau ar decstilau yn Ionawr 2005 yn creu enillwyr a chollwyr. Y cynhyrchwyr mwyaf cystadleuol yn y byd fydd yr enillwyr, a fydd bron yn sicr yn cynnwys cwmnïau yn China a Pakistan. Yr enillwyr eraill fydd defnyddwyr yn y gwledydd Gorllewinol sy'n gallu prynu dillad am brisiau llawer rhatach. Mae cwotâu wedi chwyddo prisiau dillad drwy greu prinder a 'rhenti', sef prisiau uchel sy'n gweithredu fel trethi ar fasnach. Amcangyfrifwyd mai'r gost flynyddol i ddefnyddwyr UDA oedd $70 biliwn. Mae'r gost hon wedi disgyn waethaf ar deuluoedd tlawd sy'n gwario cyfran gymharol fawr o incwm ar ddillad. Amcangyfrifir bod pob swydd a arbedwyd yn niwydiant tecstilau UDA gan gwotâu wedi costio cyfartaledd o $170 000 y flwyddyn i ddefnyddwyr. Pan fydd cwotâu wedi'u dileu, bydd gwledydd tlawd sy'n datblygu yn gallu ehangu eu gwerthiant $40 biliwn y flwyddyn yn ôl amcangyfrifon, gan greu 27 miliwn o swyddi, sef 35 gwaith nifer y swyddi a gollir yn y gwledydd cyfoethog.

Ymhlith y collwyr fydd cwmnïau yng Ngogledd America a'r UE a'u gweithwyr na fyddant bellach yn gystadleuol yn y farchnad fyd-eang. Mae'n debygol y bydd 770 000 o swyddi yn diflannu. Yn y DU, lle mae 2.7 miliwn o bobl yn gweithio yn y diwydiant dillad a thecstilau, amcangyfrifir y bydd 15% o weithwyr tecstilau y DU yn colli eu swyddi ac 13% o weithwyr yr Almaen. Fodd bynnag, bydd rhai o wledydd y Trydydd Byd yn dioddef hefyd. Dan y system gwotâu, roedd llawer o wledydd yn gallu datblygu diwydiannau allforio, gan werthu hyd at eu terfynau cwota. Gyda masnach rydd, bydd y lleiaf effeithlon yn eu plith yn colli allan i'r gwledydd mwyaf effeithlon fel China. Gallai gwledydd fel Mauritius ddioddef gan fod eu cyflogau'n uwch na rhai China. Felly hefyd gwledydd fel Bangladesh; er bod cyflogau'n isel yno, mae'r diwydiant yn llai effeithlon na chystadleuwyr fel China. Yn Bangladesh, amcangyfrifir bod y diwydiant yn cyflogi 3 miliwn o bobl ac yn cynhyrchu mwy na thri chwarter o allforion y wlad. Bydd colli cyn lleied ag 20% o hwnnw i China yn drychineb i'r wlad.

Ffynhonnell: addaswyd o'r *Financial Times* 19.7.2004.

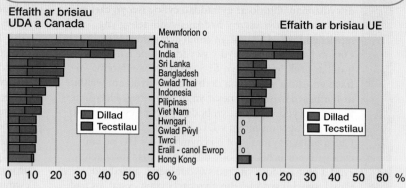

Ffigur 40.7 *Effaith amcangyfrifol cwotâu cyn-2005 o ran codi pris dillad a thecstilau o wledydd cynhyrchu yn UDA/Canada a'r UE*

Ffynhonnell: addaswyd o *IFPRI* a'r Comisiwn Ewropeaidd, Cyfundrefn Masnach y Byd

Ffasiwn Cyflym

Mae adwerthwyr y DU yn symud cynhyrchu o China i Ddwyrain Ewrop, Twrci ac India wrth i awch cwsmeriaid am 'ffasiwn cyflym' orfodi newid sylfaenol yn y cadwynau cyflenwi.

China fyddai'r enillydd os mai pris oedd yr unig ffactor. Yn ôl *AT Kearney*, ymgynghorwyr, mae blows yn costio £6.50 i'w chynhyrchu yn China yn erbyn £7 yn Nwyrain Ewrop, £8 yn Nhwrci a £10 yn y DU. Ond mae siopau fel *Primark*, *Zara*, *H&M* a *New Look* wedi cael y blaen ar eu cystadleuwyr drwy gael y ffasiynau diweddaraf ar eu rheiliau yn gyflymach na'u cystadleuwyr. Mae'n cymryd 22 diwrnod i gyrraedd y DU dros y môr o China, tra gall cynyrchion o Dwrci gymryd cyn lleied â phum diwrnod. Ugain mlynedd yn ôl, byddai adwerthwyr mwy traddodiadol yn prynu stoc 18 mis o flaen llaw. Heddiw, byddai adwerthwr efallai yn dewis chwe phrif duedd yn unig ar gyfer y tymor sydd i ddod. Ond os bydd un neu ddau ohonynt yn gwerthu'n dda iawn, rhaid gallu cael stoc ychwanegol o'r rhain i'w siopau yn gyflym. Mae'n bosibl hefyd na fyddai adwerthwr wedi darganfod tuedd allweddol o flaen llaw. Gallai gweithgynhyrchu a chludo sydyn olygu'r gwahaniaeth rhwng tymor da a thymor siomedig o ran gwerthiant.

Ffynhonnell: addaswyd o'r *Financial Times* 30.8.2005.

Ffiasgo cwotâu'r UE

Yn dilyn llif o fewnforion tecstilau o China, fe wnaeth yr UE orfodi China i dderbyn ei fod yn ailosod cwotâu ar fewnforion am gyfnod byr o 12 Gorffennaf 2005. Fodd bynnag, ar lawer o eitemau roedd allforwyr China eisoes wedi mynd dros eu cwotâu am y flwyddyn erbyn y dyddiad hwnnw. O ganlyniad, amcangyfrifir bod 80 miliwn o barau o drowsus, siwmperi a dillad isaf bellach yn aros mewn porthladdoedd Ewropeaidd. Mae cadwynau o uwchfarchnadoedd fel *Tesco* ac *Asda* wedi archebu'r nwyddau a thalu amdanynt, ond ni allant eu derbyn am eu bod dros y cwota. Mae Peter Mandelson, comisiynydd masnach Ewropeaidd, wedi awgrymu y dylid eu rhyddhau ar gyfer eu gwerthu yn yr UE. Fel arall, meddai, 'a ydym yn mynd i anfon yr holl nwyddau didrwydded yn ôl i China? Pwy fydd yn talu am hynny? Pwy fydd yn gwneud iawn i'r mewnforwyr a'r adwerthwyr am golli contractau?'

Ffynhonnell: addaswyd o'r *Financial Times*, 31.8.2005.

1. Gan ddefnyddio diagram, eglurwch sut roedd y cwotâu tecstilau mewn grym cyn 2005 (a) yn creu 'prisiau uchel sy'n gweithredu fel trethi ar fasnach'; (b) yn costio $70 biliwn yn flynyddol i ddefnyddwyr UDA; (c) yn arbed swyddi mewn gwledydd costau uchel fel UDA a'r DU; (d) yn costio '£40 biliwn y flwyddyn' i wledydd prisiau isel o ran colli gwerthiant, gan arwain at 27 miliwn yn llai o swyddi yn yr economïau hyn.
2. Trafodwch pwy fyddai'n ennill fwyaf ac yn colli fwyaf am fod yr UE yn ailosod cwotâu tecstilau ar fewnforion o China.
3. I ba raddau y mae China (a) nawr a (b) ymhen ugain mlynedd yn debygol o fod y wlad fwyaf cystadleuol yn y byd o ran cynhyrchu tecstilau?

Crynodeb

1. *Swyddogaeth unrhyw system economaidd yw datrys y broblem economaidd sylfaenol.*

2. *Mewn economi gorfodol y wladwriaeth sy'n dyrannu adnoddau trwy fecanwaith cynllunio. Caiff rhai nwyddau a gwasanaethau eu darparu am ddim yn y pwynt treulio. Caiff eraill eu gwerthu, er y gall nwyddau gael eu dogni os ydy'r pris yn is na phris clirio'r farchnad.*

3. *Mae economïau gorfodol wedi cael eu cysylltu yn bennaf â hen gyfundrefnau comiwnyddol Dwyrain Ewrop a'r Undeb Sofietaidd, ond yn ystod yr Ail Ryfel Byd cafodd Prydain ei rhedeg fel economi gorfodol i raddau helaeth.*

4. *Er iddynt o bosibl ostwng anghydraddoldebau yn y gymdeithas, roedd gan economïau gorfodol Dwyrain Ewrop gyfraddau cymharol isel o dwf economaidd dros yr 20 mlynedd diwethaf. Roedd dewis a rhyddid economaidd yn gyfyngedig ac roedd eu hanes amgylcheddol yn wael iawn.*

Systemau economaidd

Swyddogaeth economi yw datrys y **broblem economaidd** sylfaenol – mae adnoddau'n brin ond mae chwant yn ddiderfyn (☞ uned 1). Felly, mae angen dyrannu adnoddau. Mae tri dimensiwn i'r dyrannu yma:

● **beth** i'w gynhyrchu;
● **sut** i'w gynhyrchu;
● **ar gyfer pwy** y mae i gael ei gynhyrchu.

Mae SYSTEM ECONOMAIDD yn rhwydwaith cymhleth o unigolion, cyfundrefnau a sefydliadau a'u cydberthnasau cymdeithasol a chyfreithiol. Swyddogaeth system economaidd yw datrys y broblem economaidd sylfaenol. Mewn system economaidd bydd yna wahanol 'randdeiliaid'.

● Unigolion. Defnyddwyr a chynhyrchwyr yw'r rhain. Gallan nhw fod yn berchen ar ffactorau cynhyrchu y maent yn eu cyflenwi at ddibenion cynhyrchu.
● Grwpiau. Cwmnïau, undebau llafur, pleidiau gwleidyddol, teuluoedd ac elusennau yw rhai yn unig o'r grwpiau y gellir eu cael mewn system economaidd.
● Llywodraeth. Gallai'r llywodraeth amrywio o grŵp o hynafgwyr mewn pentref i awdurdod lleol i senedd genedlaethol neu ryngwladol. Un o swyddogaethau allweddol y llywodraeth yw gweithredu grym. Mae'n sefydlu neu'n dylanwadu ar y perthnasoedd rhwng grwpiau, er enghraifft drwy basio deddfau.

Gall perthnasoedd rhwng grwpiau gael eu rheoleiddio gan y gyfraith. Mewn llawer o achosion, fodd bynnag, cânt eu rheoleiddio gan arfer – ffyrdd traddodiadol o drefnu sy'n cael eu derbyn gan y cyfranogwyr yn y system economaidd.

Economïau gorfodol

Mewn economi marchnad rydd (☞ uned 42), mae gwneud penderfyniadau economaidd wedi'i ddatganoli. Mae miliynau o asiantau economaidd yn unigol yn gwneud penderfyniadau ynghylch sut i ddyrannu adnoddau. Mewn cyferbyniad â hynny, mewn ECONOMI GORFODOL (neu ECONOMI CYNLLUNIEDIG) mae adnoddau'n cael eu dyrannu gan y llywodraeth drwy broses gynllunio. Mae nifer o nodweddion allweddol i economi gorfodol pur.

Y prif randdeiliaid Mae tri phrif fath o randdeiliaid mewn economi cynlluniedig – y cynllunwyr (y llywodraeth), y defnyddwyr a'r gweithwyr.

Cymhelliant Tybir bod y defnyddwyr, y gweithwyr a'r llywodraeth i gyd yn anhunanol, gan gydweithredu i weithio er lles pawb. Mae hyn mewn cyferbyniad llwyr â'r rhan fwyaf o'r asiantau economaidd mewn economi marchnad – tybir mai hunan-les yn unig sy'n cymell y rhain.

Perchenogaeth gyhoeddus Mae'r holl ffactorau cynhyrchu ar wahân i lafur dan berchenogaeth y wladwriaeth (er y gall gwasanaethau llafur gael eu cyfeirio gan y wladwriaeth). Does dim eiddo preifat.

Cynllunio Caiff adnoddau eu dyrannu drwy broses gynllunio. Yn yr eithaf, mae hyn yn golygu y bydd y wladwriaeth yn cyfeirio llafur i swyddi yn ogystal â chyfarwyddo defnyddwyr ynghylch beth i'w ddreulio, ond mae'n fwy tebygol y byddan nhw'n cyfarwyddo cynhyrchwyr ynghylch beth i'w gynhyrchu, gan bennu drwy hynny y dewis o nwyddau sydd ar gael i ddefnyddwyr.

Crewyd yr economi gorfodol cyntaf yn yr Undeb Sofietaidd yn yr 1920au a'r 1930au. (Diddymwyd yr Undeb Sofietaidd yn 1990 i ffurfio Rwsia a nifer o wledydd eraill fel Georgia.) Daeth China a gwledydd yn Nwyrain Ewrop yn economïau gorfodol yn yr 1950au. Hefyd mabwysiadodd nifer o wledydd y Trydydd Byd fel Viet Nam a Cuba fodelau cynllunio. Heddiw dim ond ychydig o economïau gorfodol sydd, gan fod y rhan fwyaf wedi eu trawsnewid eu hunain yn economïau cymysg (☞ uned 43). Mae'r ychydig sy'n parhau, gan gynnwys Gogledd Korea a Cuba, wedi perfformio'n wael yn y blynyddoedd diwethaf. Gwaethygwyd eu problemau gan wahanol waharddiadau masnach a osodwyd ar eu hallforion a'u mewnforion.

Y broses gynllunio

Mae dyrannu adnoddau trwy fecanwaith cynllunio yn weithrediad cymhleth. Rhaid i'r cynllunwyr benderfynu beth sydd i gael ei gynhyrchu. Rhaid iddynt benderfynu, er enghraifft, faint o barau o esgidiau, faint o alcohol neu faint o danciau sydd i gael eu gweithgynhyrchu. Yna rhaid iddynt benderfynu sut y caiff hyn ei wneud. Rhaid iddynt benderfynu pa dechnegau cynhyrchu a pha ffactorau cynhyrchu sydd i gael eu defnyddio. Yn olaf, rhaid gwneud penderfyniadau ynghylch dosbarthu – pa ddefnyddwyr fydd yn derbyn pa nwyddau a gwasanaethau.

Mae cynllunwyr yn tueddu i ddefnyddio **dadansoddiad mewngyrch-cynnyrch** wrth lunio'u cynlluniau. Dull yw hwn o siartio llifoedd adnoddau mewn economi. Er enghraifft, â thechnoleg benodol, mae cynllunwyr yn gwybod faint o weithwyr, faint o haearn, faint o lo ayb. sydd ei angen i gynhyrchu 1 dunnell fetrig o ddur. Felly gallan nhw weithio allan pa adnoddau sydd eu hangen os ydy'r economi i gynhyrchu, dyweder, 20 miliwn o dunelli metrig o ddur. Ar ôl dyrannu cynifer o dunelli metrig o lo i gynhyrchu dur, mae angen i'r cynllunwyr weithio allan nawr pa fewngyrch sydd ei angen i gynhyrchu'r glo. Yna mae siart cymhleth o'r economi yn datblygu, gan ddangos sut mae'r ffactorau cynhyrchu (mewngyrch) i gael eu dosbarthu er mwyn cynhyrchu maint penodol o gynnyrch. Mae'r rhan fwyaf o economïau cynlluniedig wedi defnyddio cymysgedd o gynlluniau 5, 10 a 15 mlynedd i amlinellu twf eu heconomïau yn y tymor hir, tra'n paratoi cynlluniau blynyddol i ymdrin â chynllunio tymor byr.

Mae cynllunio a rhagfynegi yn anodd iawn. Mae rhagfynegi manwl gywir i gynhyrchu'r cynnyrch mwyaf yn tybio bod y cynllunwyr yn gwybod y ffordd fwyaf effeithlon o gynhyrchu nwyddau a gwasanaethau (h.y. bod **ffwythiant cynhyrchu** effeithlon ar gael iddynt ar gyfer pob diwydiant ☞ uned 1). Rhaid i'r cynllunwyr gael ystadegau manwl gywir ynghylch cyflwr cyfredol yr economi. Hefyd mae llawer o newidynnau sydd y tu hwnt i reolaeth rhagfynegwyr. Mae'r tywydd yn un ffactor pwysig sy'n gallu arwain at gamddyrannu difrifol o adnoddau.

Yn ymarferol, mae cynllunio mor gymhleth fel bo rhai dewisiadau o leiaf yn cael eu gadael i unigolion. Ym mhob economi gorfodol heddiw mae gweithwyr yn derbyn cyflogau. Yna maen nhw'n rhydd i ddewis, o fewn terfynau, sut i wario'r arian hwn. Efallai y caiff rhai nwyddau a gwasanaethau, fel addysg a gofal iechyd, eu darparu am ddim i ddinasyddion. Efallai y bydd angen talu am eraill, fel tai, ond nid oes marchnad rydd ar gyfer y cynnyrch. Caiff tai eu dyrannu gan y wladwriaeth ac nid yw'n bosibl dewis pa dŷ i'w gael. Ond mae rhai nwyddau ar gael i'w prynu, fel bwyd neu ddillad.

Ideoleg a'r economi gorfodol

Daeth economïau gorfodol i gael eu cysylltu â chyfundrefnau comiwnyddol (neu Farcsaidd). Fodd bynnag, does dim rheswm pam na allai mathau eraill o system wleidyddol fod yn gysylltiedig ag economi cynlluniedig. Mae llawer o wledydd y Trydydd Byd wedi cyhoeddi cynlluniau 5 mlynedd, er eu bod fel rheol yn gynlluniau 'dangosol' am eu bod wedi dibynnu ar rymoedd marchnad rydd i ddarparu llawer o'r cynnyrch. Yn ystod yr Ail Ryfel Byd cafodd

economi Prydain ei redeg yn debyg iawn i economi cynlluniedig. Roedd y llywodraeth yn cyfeirio adnoddau ac yn rhoi targedau cynnyrch i ffatrïoedd. Cyfyngwyd ar ddewis defnyddwyr drwy system o ddogni.

Hefyd, mae wedi'i ddadlau bod rhwydwaith cymhleth o economïau gorfodol yn sylfaen i economïau marchnad. Mae cwmni yn economi gorfodol bach. Â nifer penodol o ffactorau mewngyrch, rhaid i'r cwmni ddyrannu'r adnoddau hynny i gynhyrchu maint penodol o gynnyrch. Yn debyg i'r sefyllfa mewn economi gorfodol, rhaid i gwmnïau gynllunio sut i ddefnyddio'r adnoddau hynny a rhaid wynebu'r un cwestiynau â gwladwriaeth, sef **beth** i'w gynhyrchu, **sut** i gynhyrchu ac **ar gyfer** pwy i gynhyrchu. Mae cynnyrch cwmnïau mwyaf y byd heddiw, fel *Shell*, *Toyota* neu *Microsoft*, yn fwy na chynnyrch llawer o wledydd bach sy'n datblygu. Felly mae hyd yn oed yr hyn sydd i fod yn 'farchnadoedd rhydd' yn cynnwys elfen o gynllunio.

Oherwydd bod cyfundrefnau comiwnyddol wedi tueddu i drefnu eu heconomïau dan strwythurau gorfodol, tueddwyd i gysylltu economïau cynlluniedig â mwy o gydraddoldeb na systemau marchnad. Ond eto nid felly y mae o reidrwydd. Gallai llywodraethau gynllunio i ddosbarthu adnoddau mewn modd anghyfartal iawn pe byddent yn dymuno hynny, fel y gwelir mewn llawer o wledydd y Trydydd Byd.

Dyrannu adnoddau

Y broses gynllunio sy'n pennu dyraniad adnoddau mewn economi gorfodol. Fodd bynnag, yn ymarferol mae defnyddwyr yn cael arian i'w wario'n rhydd ar amrywiaeth gyfyngedig o nwyddau a gwasanaethau. Felly mae yna fath o fecanwaith marchnad yn gweithredu yng ngwerthiant y cynhyrchion hyn. Mewn marchnad rydd, caiff adnoddau eu dyrannu gan bris. Bydd pris yn codi i'r pwynt lle mae'r galw yn hafal i'r cyflenwad. Dim ond y bobl hynny sydd ag arian sy'n gallu fforddio prynu'r nwyddau. Mewn economi cynlluniedig, efallai y bydd y cynllunwyr yn penderfynu cyfyngu ar brisiau fel bo nwyddau o fewn amrediad prisiau sy'n fforddiadwy i'r holl ddefnyddwyr. Er enghraifft, gall y cynllunwyr osod uchafbrisiau ar gyfer bwyd neu ddillad. Mae profiad yn dangos, fodd bynnag, bod prisiau isel yn aml yn arwain at oralw. Mae pawb yn gallu fforddio prynu cig, er enghraifft, ond nid oes digon o gig yn y siopau i ddiwallu galw defnyddwyr. Felly mae prinder ac fel rheol caiff adnoddau eu dyrannu drwy system giwio. Pan fydd cyflenwad o nwyddau yn cyrraedd siop, bydd ciw'n datblygu. Bydd y rhai yn y blaen yn gallu prynu'r nwyddau. Bydd y rhai yn y cefn yn gadael yn waglaw.

Gwerthusiad o economïau gorfodol

Dewis Mewn economi cynlluniedig does gan unigolion ddim llawer o ddewis. Fel gweithwyr, efallai y caiff swyddi eu rhoi iddynt mewn galwedigaethau penodol neu mewn ardaloedd daearyddol penodol. Efallai y cyfyngir ar eu gallu i newid swyddi gan ofynion y wladwriaeth. Fel defnyddwyr, ni fydd ganddynt fawr ddim llais ynghylch yr hyn sy'n cael ei ddarparu'n uniongyrchol gan y wladwriaeth, yn arbennig mewn gwasanaethau na chânt eu masnachu fel addysg, iechyd, cludiant cyhoeddus a thai. Mae'n debygol mai cyfyngedig fydd yr hyn sy'n cael ei ddarparu ar gyfer ei brynu mewn siopau. Does dim mecanwaith lle bydd cwmnïau'n cystadlu â'i gilydd i ddarparu mathau gwahanol o'r un nwydd (sef yr hyn a elwir yn frandiau mewn economi menter rydd). Felly cynigir i ddefnyddwyr un gwneuthuriad yn unig o geir, un gwneuthuriad o bopty, un math o bowdr golchi, ayb.

Yn yr 1980au roedd prisiau adwerthu yn cael eu pennu'n ganolog yn yr hen Undeb Sofietaidd. Roedd pethau hanfodol, fel bara a chig, yn rhad iawn; yn 1955 y cafodd prisiau cynhyrchion pobydd, siwgr ac olew llysiau eu newid ddiwethaf. I deithio unrhyw bellter ar y metro, mewn bws neu mewn bws troli ym Moscow y gost oedd 5 *kopec* (5c) yn unig. Fel rheol roedd rhent tŷ yn costio 3% yn unig o incwm. Roedd prisiau isel yn golygu ciwiau hir ac yn aml nwyddau o ansawdd gwael. Arweiniodd hyn at farchnadoedd eilaidd mawr a marchnadoedd du mawr. Roedd unrhyw beth mwy na'r pethau hanfodol a gyfer byw, fel dodrefn a llawer o ddillad, yn ddrud iawn ac yn aml yn brin. Byddai perchennog car nodweddiadol, er enghraifft, wedi cynilo am 7-8 mlynedd i brynu car. Fodd bynnag, creodd y system sefyllfaoedd gwirion. Er enghraifft, yn 1984 fe wnaeth yr Undeb Sofietaidd, â phoblogaeth o 275 miliwn, gynhyrchu 740 miliwn o barau o esgidiau. Ond roedd llawer o'r rhain yn anwerthadwy. Roedd prinder esgidiau mewn gwahanol rannau o'r Undeb Sofietaidd ac roedd esgidiau chwaraeon a sandalau â phrisiau premiwm yn y farchnad ddu.

Sut y caiff adnoddau eu dyrannu mewn economi gorfodol? Eglurwch eich ateb ag enghreifftiau o'r data.

Mae cymorthdaliadau ar lawer o eitemau hanfodol fel bwyd a dillad yn debygol o arwain at brinder. Mae ciwiau yn gyffredin iawn mewn llawer o economïau cynlluniedig. Hefyd, yn aml gall yr hyn sydd ar gael fod o ansawdd gwael. Mewn economi cynlluniedig mae'n anodd darparu digon o gymhellion i fentrau a gweithwyr unigol gynhyrchu cynhyrchion o ansawdd da. Yn aml caiff targedau cynhyrchu eu gosod yn nhermau maint neu werth. Efallai y dywedir wrth ffatri i gynhyrchu 10 000 o boptai. Ond ni chaiff ei chosbi os bydd y poptai hyn o ansawdd gwael. Cânt eu dosbarthu i siopau gwladwriaethol sy'n cael cyfarwyddiadau i'w gwerthu i gwsmeriaid.

Incwm a thwf Mae hanes economaidd yn awgrymu, os ydy CMC y pen mewn gwlad yn gymharol isel, y bydd systemau cynlluniedig a systemau marchnad rydd yn rhoi cyfraddau tebyg o dwf economaidd. Fodd bynnag, profiad Dwyrain Ewrop yn yr 1970au a'r 1980au oedd bod economïau cynlluniedig yn gyson yn methu â chael cystal perfformiad twf ag economïau menter rydd ac economïau cymysg. Efallai nad yw hynny'n syndod. Wrth i economïau dyfu, maen nhw'n mynd yn fwy cymhleth. Po fwyaf cymhleth yw'r economi, mwyaf anodd y bydd hi i gynllunio dyrannu adnoddau yn effeithlon. Mae cwmnïau mawr (cofiwch fod cwmni'n debyg i economi cynlluniedig) mewn economïau menter rydd wedi wynebu problemau tebyg. Gallan nhw gael **annarbodion maint** (h.y. mwy o faint yn arwain at gostau cyfartalog uwch o gynhyrchu) am fod eu strwythurau rheoli yn methu â chadw cynhyrchu'n effeithlon. Mae llawer o gwmnïau mawr wedi ymateb drwy ddatganoli gwneud penderfyniadau. Efallai y bydd rhannau o'r busnes yn 'ganolfannau elw', yn gyfrifol am gyrraedd targedau elw a osodir gan y pencadlys. Mewn rhai cwmnïau, efallai y bydd unedau cynhyrchu unigol hyd yn oed yn cystadlu â'i gilydd am fusnes.

Nid yn unig y problemau sy'n deillio o gynllunio annigonol sy'n gallu arwain at dwf economaidd isel mewn economïau gorfodol. Hefyd does fawr ddim cymhelliad ar gyfer menter ac arloesi. Os bydd cwmni'n mynd y tu hwnt i'w dargedau ar gyfer eleni, ei unig 'wobr' fydd targed uwch ar gyfer y flwyddyn nesaf, targed y gallai ei gael yn amhosibl ei gyrraedd. Os oes trethi trwm iawn ar incwm uchel, ofer yw hi i unigolion weithio'n galed yn y sector gwladwriaethol. Os nad oes posibilrwydd o fod yn berchen ar y modd cynhyrchu, does dim cymhelliad i unigolion gymryd risg yn

cychwyn mentrau newydd i wneud rhywbeth yn well na chwmnïau sydd eisoes yn y farchnad. Mae pob cymhelliad i unigolion roi'r maint lleiaf o ymdrech i mewn i'w gwaith swyddogol. Maen nhw'n annhebygol o golli eu swyddi, fyddan nhw ddim yn colli incwm chwaith (er y gallen nhw gael eu harestio am weithgareddau yn erbyn y wladwriaeth – a allai fod yn ataliad). Mae hyn yn cyferbynnu â'r egni sylweddol y gallai'r un unigolion ei roi i mewn i'w swyddi mewn marchnadoedd answyddogol. Gallai fod marchnad ddu ffyniannus, er enghraifft. Neu gallai'r wladwriaeth ganiatáu i bobl rentu plotiau bach preifat ar gyfer cynhyrchu bwyd.

Dosraniad incwm Gall y cynllunwyr ddewis unrhyw ddosraniad penodol o adnoddau mewn economi cynlluniedig. Yn ymarferol, roedd economïau gorfodol yn gysylltiedig â llywodraethau sosialaidd neu Farcsaidd oedd yn ymrwymedig i raddau o gydraddoldeb incwm. Felly mae'r cynllunwyr yn rhoi blaenoriaeth uchel i ddarparu pob dinesydd ag isafswm o ran safon byw. Maen nhw'n cyflawni hyn drwy gymorthdalu nwyddau hanfodol, fel bwyd, a darparu gwasanaethau hanfodol eraill, fel gofal iechyd, am ddim.

Hefyd, mae cryn dipyn o dystiolaeth i awgrymu bod y rhai mewn grym (e.e. aelodau'r Blaid Gomiwnyddol) wedi defnyddio'r system gynllunio er eu lles nhw eu hunain. Er enghraifft, sefydlwyd siopau arbennig lle gallai ychydig o bobl breintiedig brynu amrywiaeth ehangach o lawer o nwyddau na'r hyn oedd ar gael yn gyffredinol a hynny heb giwio. Mae dyrannu tai, neu gael lleoedd mewn prifysgolion, wedi bod â thuedd tuag at aelodau'r Blaid. Yn wir, dyma y byddai economegwyr neo-glasurol cyfalafol yn ei ragfynegi. Mae'r bobl mewn grym yn defnyddio'r grym hwnnw i uchafu eu defnydd-deb nhw eu hunain. Mae'r model yn tybio eu bod yn unigolion anhunanol a diduedd ond nid felly y maent.

Risg Breuddwyd Karl Marx oedd creu cymdeithas lle byddai pawb yn derbyn yn ôl ei angen. Byddai gan deulu o bedwar dŷ mwy ei faint na theulu o ddau. Byddai person sâl yn derbyn gofal iechyd. Byddai'r bobl na allent weithio bellach yn dal i dderbyn incwm. Felly byddai'r risgiau sy'n gysylltiedig ag afiechyd, anaf yn y gwaith, henaint a cholli gwaith gryn dipyn yn llai. Roedd economïau cynlluniedig comiwnyddol, i raddau, wedi cyflawni'r gostyngiad hwn mewn risg i'r unigolyn. Ond gellir dadlau bod dileu risg yn

Yn rhan gyntaf yr 1990au roedd yr hen Undeb Sofietaidd yng nghanol argyfwng ecolegol, oedd yn bwysicach o lawer na'r rhan fwyaf o'r problemau llygredd byd-eang eraill. Er enghraifft, roedd y Môr Aral enfawr, a fu gynt yn bedwerydd ymhlith y dyfroedd mewndirol mwyaf, fwy neu lai wedi dod i ben. Roedd wedi troi'n ddau bwll crebachlyd yn y diffeithdir wedi'u gwenwyno gan halen, a hynny oherwydd effeithiau cynlluniau dyfrhau enfawr a difeddwl. Yn Belarus roedd chwarter o'r holl dir âr wedi cael ei ddistrywio gan y llwch ymbelydrol o drychineb niwclear Chernobyl – wedi'i halogi â *Caesium* 137.

'Mewn gwirionedd y broblem fwyaf difrifol yw'r system economaidd,' meddai'r academydd Mr Alexei Yablokov. 'Daw'r holl benderfynu o'r canol – o'r llywodraeth, y gweinyddiaethau a'r Blaid Gomiwnyddol. Pwyllgor canolog y blaid sy'n penderfynu pa fath o ffatri sy'n cael ei hadeiladu a ble. Mae'r gweinyddiaethau i gyd yn llawn pobl â'r hen feddylfryd – mwy a mwy o gynhyrchu, beth bynnag yw'r pris. Eu nod yw mwy o gynhyrchu yn hytrach na hapusrwydd pobl.'

(a) Pa broblemau ecolegol a amlygir yn y darn?
(b) Pam y gallai problemau o'r fath gael eu creu mewn economi â chynllunio canolog?

dileu cymhellion i weithio a chreu cyfoeth hefyd. Er enghraifft, os ydy gweithiwr yn gwybod na fydd byth yn colli ei swydd, does fawr ddim cymhelliad iddo wneud ei waith yn dda. Os ydy menter yn gwybod y bydd bob amser yn gallu gwerthu ei gynnyrch am nad oes gan ddefnyddwyr ddewis ynghylch beth i'w brynu, does ganddi ddim cymhelliad i gynhyrchu nwyddau o ansawdd da nac i arloesi.

Yr amgylchedd Un o'r problemau gydag economi marchnad yw bod cynhyrchwyr unigol yn seilio'u penderfyniadau cynhyrchu ar gostau **preifat** yn hytrach na chostau **cymdeithasol** (☞ uned 19), gan greu allanolderau negyddol. Fodd bynnag, gellir dadlau bod hanes amgylcheddol economïau gorfodol yn y gorffennol yn waeth na hanes amgylcheddol economïau marchnad. Y broblem yw bod cynllunwyr wedi bod â mwy o ddiddordeb mewn cynyddu cynnyrch na lleihau'r niwed i'r amgylchedd. Os na chaiff amcanion amgylcheddol eu hysgrifennu i mewn i'r cynlluniau, mae'n anochel y bydd cynhyrchu diwydiannol yn achosi drwg i'r amgylchedd.

Costau gwleidyddol a chymdeithasol Dim ond os oes biwrocratiaeth ganolog sy'n dyfeisio a gweithredu cynlluniau y gall economïau gorfodol weithio. Does fawr ddim lle i ryddid yr

unigolyn. Nid yw'n syndod, efallai, bod yr hen economïau gorfodol yn Nwyrain Ewrop ac economi China yn wladwriaethau heddlu, lle roedd hawliau gwleidyddol y dinasyddion, i raddau helaeth iawn, wedi'u diddymu. Mae'n amheus a allai economi gorfodol pur weithredu mewn democratiaeth wleidyddol.

Termau allweddol

Economi gorfodol neu gynlluniedig – system economaidd lle mae'r llywodraeth, drwy broses gynllunio, yn dyrannu adnoddau yn y gymdeithas.
System economaidd – rhwydwaith cymhleth o unigolion, cyfundrefnau a sefydliadau a'u cydberthnasau cymdeithasol a chyfreithiol.

Economeg gymhwysol

Cynllunio canolog yn yr Undeb Sofietaidd

Efallai mai'r economi Sofietaidd o'r 1930au hyd at ran olaf yr 1980au a ddaeth agosaf at fodel o economi gorfodol. Byddai penderfyniadau cyffredinol ar flaenoriaethau economaidd yn cael eu gwneud gan y corff gwleidyddol uchaf yn yr Undeb Sofietaidd, y Politburo, sef pwyllgor canolog y Blaid Gomiwnyddol. Byddai'n penderfynu a ddylid rhoi mwy o adnoddau i, dyweder, amddiffyn, tai neu amaethyddiaeth. Yna byddai'n rhaid i'w benderfyniadau gael eu gweithredu gan Gyngor y Gweinidogion, fyddai'n penderfynu sut y gallai hyn gael ei gyflawni gyda chymorth *Gosplan*, sef Pwyllgor Cynllunio'r Wladwriaeth. *Gosplan* oedd y prif gorff cynllunio. Byddai'n llunio matricsau mewngyrch-cynnyrch ar gyfer yr economi Sofietaidd cyfan ac yn creu targedau cynhyrchu ar gyfer pob rhanbarth a phob diwydiant. Roedd angen strwythuro mwy na 20 000 o gynhyrchion neu grwpiau o gynhyrchion i mewn i'r cynllun. Byddai cynlluniau blynyddol yn cael eu gwneud o fewn cyd-destun **cynlluniau pum mlynedd** olynol, y cafodd y cyntaf ohonynt ei gyhoeddi gan Stalin yn 1928. Roedd y cynllun pum mlynedd yn ymgais i gynllunio'r economi yn y tymor canolig, gan fod blwyddyn yn rhy fyr mewn gwirionedd ar gyfer cyflawni nodau tymor hirach.

Yna byddai cynlluniau cynhyrchu yn cael eu cyfleu i 40 o weinyddiaethau gwahanol a fyddai, trwy weithio gyda'r Comisiynau Cynllunio Rhanbarthol ym mhob Gweriniaeth o'r Undeb Sofietaidd, yn anfon archebion at gannoedd ar filoedd o unedau cynhyrchu ledled y wlad. Ar bob cam, roedd gan y sawl yn is i lawr yr hierarchaeth yr hawl i herio'r archebion a anfonwyd atynt. Bydden nhw'n cael eu herio bron yn ddieithriad os oedden nhw'n teimlo na fyddai modd diwallu'r archebion. Pe bai'r her yn cael ei derbyn, byddai'n rhaid addasu'r cynllun. Nid

oedd angen i'r unedau cynhyrchu gyfathrebu â'i gilydd. Pe bai'r nwyddau o ansawdd gwael, er enghraifft byddai'r siopau'n cwyno nid i'r gwneuthurwr ond i'r cynllunwyr ar gam nesaf yr hierarchaeth.

Gellid dadlau bod y system wedi gweithio'n weddol dda yn yr 1930au a'r 1940au. Mae'n wir i'r trawsnewid o economi marchnad yn yr 1920au i economi gorfodol yn yr 1930au gael ei nodi gan ormes gwleidyddol oedd o bosibl ar raddfa lawer mwy nag erchyllterau'r Almaen Natsïaidd, ond roedd hyn yn fwy o frwydr wleidyddol nag yn angen economaidd. Fodd bynnag, erbyn yr 1960au roedd yr economi Sofietaidd yn mynd llawer rhy fawr i'w reoli'n ganolog ac roedd annarbodion maint mawr yn dod i'r amlwg.

Daeth un ffactor allweddol i'r amlwg. Roedd y cymhellion yn y system yn rhwystro cynhyrchu effeithlon. I'r sawl â swydd y bydden nhw'n annhebygol o gael eu diswyddo ohoni am fod yr hawl i weithio wedi'i sicrhau, roedd cymhelliad i roi ychydig yn unig o egni i'r swydd swyddogol a chymryd swydd answyddogol er mwyn ychwanegu at eu henillion. I'r rheolwyr, yr allwedd i lwyddiant oedd trafod am gymaint o ddefnyddiau crai a mewngyrch llafur â phosibl a chael targed cynhyrchu mor isel â phosibl. Roedd cronni defnyddiau crai hefyd yn hanfodol mewn economi lle roedd y cyflenwadau yn amrywiol. Wrth wneud hyn, gallai rheolwyr cynhyrchu gyrraedd a hyd yn oed ragori ar eu targedau cynhyrchu yn hawdd.

Erbyn yr 1980au, teimlai llawer yn yr Undeb Sofietaidd na ddylai eu heconomi gael ei gynllunio'n ganolog os oedd i fod yn ddynamig,. Felly, dechreuwyd ar ddiwygio economaidd i drawsnewid yr economi yn economi marchnad.

Cwestiwn Data

Economi Cuba

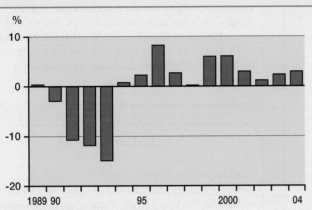

Ffigur 41.1 Twf real CMC

%

Ffynhonnell: addaswyd o *Background briefing on Cuba*, gan y *Canadian Foundation for the Americas*; www.cubagob.cu

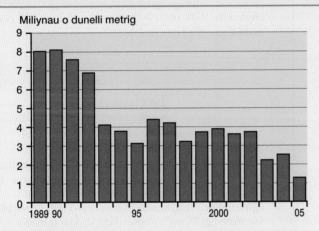

Ffigur 41.2 Cynnyrch siwgr Cuba

Miliynau o dunelli metrig

Ffynhonnell: addaswyd o *Background briefing on Cuba*, gan y *Canadian Foundation for the Americas*; www.cubagob.cu

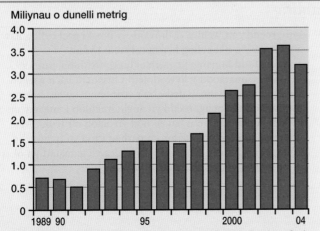

Ffigur 41.3 Echdynnu olew crai

Miliynau o dunelli metrig

Ffynhonnell: addaswyd o *Background briefing on Cuba*, gan y *Canadian Foundation for the Americas*; www.cubagob.cu; *International Energy Annual*, gan yr *Energy Information Administration*.

Economi Cuba

Mae Cuba wedi cael ei rhedeg ar hyd llinellau sosialaidd ers i chwyldro ddod â Fidel Castro, Arlywydd y wlad, i rym yn 1958. Heddiw, mae'r rhan fwyaf o'r diwydiannau allweddol dan berchenogaeth y wladwriaeth. Yr eithriadau yw rhai o'r diwydiannau y mae Cuba'n dibynnu'n drwm arnynt am enillion allforion fel y diwydiant twristiaeth. Mae yna ofal iechyd, addysg a gwasanaethau cymdeithasol eraill am ddim ledled y wlad. Caiff nwyddau a gwasanaethau hanfodol eraill, fel bwyd, dillad a phetrol, eu cymorthdalu gan y wladwriaeth ond maen nhw'n cael eu dogni.

Ailstrwythuro economaidd

Yn ystod yr 1960au a'r 1970au, siwgr oedd diwydiant pwysicaf Cuba. Gyda'r cyswllt Sofietaidd yn dirwyn i ben yn rhan gyntaf yr 1990au a phrisiau siwgr isel ledled y byd ers hynny, mae cynhyrchu siwgr wedi gostwng fel y gwelir yn Ffigur 41.2. Mae Cuba wedi gorfod datblygu diwydiannau eraill sydd yno ac amrywiaethu/arallgyfeirio.

Mae tybaco wedi bod yn enillydd allforion pwysig ers dros ganrif. Mae sigarau Hafana yn enwog ledled y byd, ac yn ail hanner yr 1990au cafodd tyfu tybaco ei estyn i bron pob talaith ar yr ynys gan y wladwriaeth. Cododd nifer y ffatrïoedd sigarau o 17 i 44 yn ystod y cyfnod hwnnw a chododd cynhyrchu o 100 miliwn o sigarau yn 1998 i 150 miliwn yn 2004.

Fodd bynnag, mae'r datblygiadau pwysicaf wedi digwydd gyda chymorth buddsoddwyr o dramor, a gafodd ganiatâd i fuddsoddi yn niwydiant Cuba am y tro cyntaf yn 1990. Er enghraifft, mae Ffigur 41.4 yn dangos bod cynhyrchu dur a nicel wedi codi yn ail hanner yr 1990au gyda chymorth sylweddol gan gwmnïau o Canada yn bennaf. Mae cynhyrchu olew crai a nwy wedi codi, fel y gwelir yn Ffigur 41.3, gyda chymorth cwmnïau olew Ewropeaidd yn bennaf.

Y diwydiant cyflymaf ei dwf oedd twristiaeth fel y gwelir yn Ffigur 41.5. Yn 1990 roedd 12 000 o ystafelloedd gwesty, oedd yn aml o ansawdd gwael. Cododd hyn i 44 000 yn 2005, gyda gwelliant sylweddol mewn ansawdd. Cododd nifer y twristiaid o 0.5 miliwn yn 1993 i 2.1 miliwn yn 2005 ac mae disgwyl iddo godi i 5 miliwn yn 2010.

Ffigur 41.4 Cynhyrchu nicel a dur

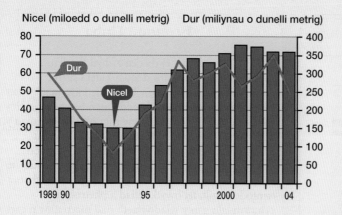

Ffynhonnell: addaswyd o *The Cuban economy in mid-1997*, J Perez-Lopez; www.cubasource.org.

Ffigur 41.5 Twristiaeth: nifer yr ymwelwyr a derbyniadau crynswth

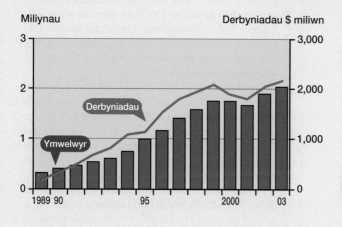

Ffynhonnell: addaswyd o www.cartedecuba.org; *Survival Story: Cuba's economy in the post-Soviet decade*, Philip Peters, Lexington Institute; www.cubagob.cu.

Marchnadoedd du

Mae marchnadoedd du bellach yn nodwedd bwysig o fywyd Cuba ers i fasnach gyda'r hen Undeb Sofietaidd dorri i lawr. Mae'r rhan fwyaf o bobl Cuba yn dweud nad yw'r bwyd a'r nwyddau traul cymorthdaledig sy'n cael eu darparu gan system ddogni'r wladwriaeth bob mis hyd yn oed yn dod yn agos at fwydo teulu cyffredin. Mae'r ffaith bod doleri UDA ar gael ar raddfa eang yn Cuba wedi hybu datblygiad marchnadoedd du ym mhopeth o gig i bowdr golchi i atgyweiriadau.

Y wladwriaeth les

Oddi ar 1958 mae llywodraeth Cuba wedi ceisio lleihau anghydraddoldeb yn y gymdeithas a rhoi isafswm safon byw i bawb. Crewyd gwladwriaeth les sy'n rhoi mynediad am ddim i bawb at addysg a gofal iechyd. Y canlyniad yw bod Cuba'n gwneud yn dda iawn ar rai dangosyddion o'i chymharu â'r rhan fwyaf o Dde America ac yn gwneud cystal â gwledydd datblygedig fel UDA neu'r DU. Er enghraifft, 97% oedd llythrennedd oedolion a 77 oed oedd disgwyliad oes yn 2003.

Twristiaeth

Mae Gweinyddiaeth Dwristiaeth Cuba wedi rhoi cyfarwyddiadau i weithwyr yn y diwydiant twristiaeth y dylen nhw gymysgu cyn lleied â phosibl â thwristiaid tramor. Maen nhw wedi cael eu hatal rhag derbyn rhoddion personol a mynd i ddigwyddiadau yng nghartref neu lysgenhadaeth tramorwyr heb ganiatâd ysgrifenedig. Dyma'r weithred ddiweddaraf mewn cyfres o ymdrechion gan y llywodraeth i dynhau rheolaeth y wladwriaeth yn Cuba.

Diweithdra

Mae gan Cuba boblogaeth o 11.4 miliwn. Ers yr 1960au mae'r Wladwriaeth wedi sicrhau nad oes braidd dim diweithdra, gyda diweithdra heddiw yn 2%, sy'n is na'r DU. Fodd bynnag, rhoddodd ailstrwythuro'r economi yn dilyn cwymp masnach gyda'r hen Undeb Sofietaidd yn rhan olaf yr 1980au a rhan gyntaf yr 1990au straen aruthrol ar yr ymrwymiad hwn. O dan reoliadau a ddaeth i rym yn 1994, roedd gweithwyr oedd yn colli gwaith yn cael eu penodi i swyddi eraill oedd ar gael neu i dasgau cymdeithasol neu economaidd strategol. Os na chafwyd swydd newydd yn syth, roedd gan weithwyr di-waith yr hawl i gael cyflog llawn am fis a 60% o'u cyflog blaenorol wedi hynny.

Ni chafodd hunangyflogaeth ei hailgyfreithloni tan 1993. Yn 1994 caniataodd y llywodraeth i fusnesau bach gael eu sefydlu mewn rhannau dethol o'r economi fel y fasnach tai bwyta. Fodd bynnag, roedd yn anghyfreithlon i unrhyw un gyflogi person arall oni bai eu bod yn aelod o'r teulu. Mae diwygiadau'r farchnad lafur yn parhau i fod yn fregus. Yn 2004, er enghraifft, tynnodd y llywodraeth ganiatâd yn ôl ar gyfer hunangyflogaeth mewn 40 masnach.

Cysylltiad y ddoler

Yn yr 1980au, roedd tuedd gynyddol ymhlith teuluoedd ymfudol yn UDA i anfon doleri'r UDA at eu teuluoedd gartref yn Cuba. Yna roedd y doleri hyn yn cael eu gwario yn y farchnad ddu. Yn dilyn cwymp masnach gyda'r hen Undeb Sofietaidd, fe wnaeth Cuba gyfreithloni defnyddio doleri yn 1993. Roedd gan bobl Cuba nawr yr hawl i wario doleri UDA ar fwyd, dillad a nwyddau traul fel setiau teledu mewn siopau gwladwriaethol arbennig oedd newydd eu hagor. Bu'n rhaid i lywodraeth Cuba agor siopau doleri am ddau reswm. Yn gyntaf, roedd angen doleri arni i ariannu mewnforion o nwyddau hanfodol oedd wedyn yn cael eu gwerthu am bris peso cymorthdaledig i bobl Cuba. Yn ail, y dewis arall fyddai defnyddio'r heddlu i orfodi gwaharddiad ar holl weithgaredd y farchnad ddu. Ni fyddai'r llywodraeth wedi cael unrhyw enillion doleri o hynny. Byddai'r CMC wedi gostwng gan fod llai yn cael ei gynhyrchu.

Yn 2004 cafodd yr economi grasfa o amrywiaeth o ffactorau gan gynnwys codiadau mawr ym mhrisiau olew a fewnforiwyd, cynaeafau gwael a chorwynt difrifol. Rhan o ymateb y llywodraeth oedd gwneud defnyddio doleri UDA yn anghyfreithlon. Bu'n rhaid i unigolion a busnesau a ddymunai wario doleri UDA eu trosi yn fath o arian a alwyd yn 'pesos Cuba trosadwy' neu 'CUCs'. Roedd 1 CUC yn gywerth ag 1 $UDA. Y rhain oedd yr unig arian cyfreithlon yn yr hen siopau doleri-yn-unig. Cafodd prisiau mewn siopau doleri eu codi, a gosodwyd treth o 10% ar drosi doleri yn CUCs. Effaith y ddau fesur hyn oedd lleihau gallu prynu gyda doleri UDA oedd ym meddiant dinasyddion Cuba ac ailgyfeirio doleri at gronfeydd banc canolog Cuba. Yn bwysicach fyth, dangosodd pa mor bell oedd economi Cuba o fabwysiadu dull marchnad rydd lle byddai grymoedd galw a chyflenwad yn pennu prisiau yn yr economi, fel pris yr arian cyfred yn y farchnad ariannau tramor.

Y cyswllt â'r Sofietiaid ac UDA

Yn dilyn y Chwyldro yn Cuba yn 1958, fe wnaeth yr hen Undeb Sofietaidd gefnogi economi Cuba yn ariannol drwy brynu allforion ganddynt am brisiau ffafriol. Yn rhan olaf yr 1980au aeth 85% o allforion Cuba i'r Undeb Sofietaidd. Hefyd cafodd Cuba gymorth uniongyrchol gan yr Undeb Sofietaidd. Daeth cwymp yr Undeb Sofietaidd yn rhan gyntaf yr 1990au â'r berthynas arbennig hon i ben a gostyngodd allforion Cuba yn sylweddol gan achosi enciliad mawr yn yr economi. Roedd prinderau difrifol o eitemau hanfodol fel petrol, a fyddai gynt yn cael eu gwerthu i Cuba am brisiau cymorthdaledig, yn gyffredin. Nid yw economi Cuba wedi

gwella o'r argyfwng hwn eto. Er enghraifft, roedd y CMC yn 2005 yn dal i fod yn is nag a fu yn 1989.

Cafodd problemau economaidd Cuba eu gwneud yn waeth o lawer gan y gwaharddiad economaidd a osododd UDA ar yr ynys yn yr 1960au. Mae'n anghyfreithlon i gwmnïau UDA fasnachu â Cuba neu fod yn berchen ar asedau yn Cuba. Mae'r gwaharddiad wedi cyfyngu ar arbenigaeth, cynyddu costau a gostwng derbyniadau allforion. Gellid dadlau bod gan berfformiad economaidd gwael Cuba gymaint i'w wneud â gwaharddiad UDA ag â chamreolaeth economaidd fewnol yn deillio o weithrediadau economi gorfodol y wlad.

Y cyfyng-gyngor o ran datblygu

Mae twristiaeth yn dangos y problemau sydd gan lywodraeth Cuba o ran cadw rheolaeth ar yr economi. Mae cwmnïau o dramor yn rheoli asedau allweddol yn yr economi ar ffurf gwestai a chyfleusterau hamdden cysylltiedig. Hefyd, maen nhw'n cyflogi llafur, er mai dim ond trwy gwmni rhyngol o Cuba y gallan nhw wneud hyn. Mae datblygiad y diwydiant yn hollol ddibynnol ar fuddsoddiant o dramor a hefyd ar gyflwr yr economi byd-eang. Er enghraifft, petai twristiaid yn dewis aros gartref, byddai Cuba'n dioddef. Amcangyfrifwyd y daeth 41% o enillion allforion Cuba o dwristiaeth yn 2005. Mae llawer o'r 160 000 o bobl hunangyflogedig a pherchenogion busnesau bach wedi'u cysylltu â thwristiaeth,

gan gynnwys perchenogion tai bwyta a chrefftwyr. Bydd twf twristiaeth yn cynyddu eu niferoedd ac yn rhoi mwy o gyfleoedd i weithio yn y sector preifat. Hefyd, daw twristiaeth â doleri UDA i mewn, gyda rhai ohonynt yn treiddio i'r gweithwyr sy'n gysylltiedig â'r diwydiant. Yn 2005 yr amcangyfrif oedd bod mwy na 50% o'r boblogaeth yn byw mewn cartrefi oedd â modd i gael doleri, naill ai trwy dwristiaeth neu trwy daliadau gan aelodau o'r teulu oedd yn gweithio dramor. Gall cartrefi sydd â doleri brynu nwyddau nad ydynt ar gael i gartrefi eraill. Felly caiff anghydraddoldeb ei ehangu ac ni all y wladwriaeth atal hyn.

Ffynhonnell: addaswyd o www.cybercuba.com; havanajournal, *The Globe and Mail*, 26.2.2005.

1. (a) Beth yw ystyr 'economi gorfodol'?
   (b) Sut y gallai Cuba gael ei ddisgrifio fel economi gorfodol? Eglurwch eich ateb gydag enghreifftiau o'r data.
2. Pam mae twf busnesau bach a buddsoddiant o dramor yn bygwth bodolaeth yr economi gorfodol yn Cuba?
3. Trafodwch a fyddai codi gwaharddiad masnach UDA ar Cuba yn ei gwneud hi'n haws neu'n fwy anodd i lywodraeth Cuba gadw model cynllunio ar gyfer ei heconomi.

Crynodeb

1. Mewn economi marchnad rydd, caiff adnoddau eu dyrannu drwy benderfyniadau gwario miliynau o ddefnyddwyr a chynhyrchwyr gwahanol.

2. Mae dyrannu adnoddau yn digwydd trwy fecanwaith y farchnad. Y farchnad sy'n pennu beth i'w gynhyrchu, sut i'w gynhyrchu ac ar gyfer pwy y mae cynhyrchu i ddigwydd.

3. Rhaid i lywodraeth fodoli i gyflenwi nwyddau cyhoeddus, cynnal arian cyfred cadarn, darparu fframwaith cyfreithiol ar gyfer gweithrediad marchnadoedd, ac atal creu monopolïau mewn marchnadoedd.

4. Mae marchnadoedd rhydd o reidrwydd yn golygu anghydraddoldebau yn y gymdeithas am fod angen cymhellion i wneud i farchnadoedd weithio.

5. Mae marchnadoedd rhydd yn darparu dewis ac mae cymhellion i arloesi ac i economïau dyfu.

Nodweddion y system

Mae ECONOMI MARCHNAD (a elwir hefyd yn ECONOMI MENTER RYDD neu'n ECONOMI CYFALAFOL) yn system economaidd sy'n datrys y broblem economaidd sylfaenol yn bennaf trwy fecanwaith y farchnad. Mae nifer o nodweddion allweddol i'r system.

Y prif randdeiliaid Y pedwar prif fath o randdeiliaid yn y system yw defnyddwyr, cynhyrchwyr, perchenogion eiddo preifat (tir a chyfalaf) a'r llywodraeth.

Cymhelliant Mewn economi marchnad pur mae defnyddwyr, cynhyrchwyr a pherchenogion eiddo yn cael eu cymell gan hunan-les. Mae eu penderfyniadau'n seiliedig ar ennill preifat. Mae defnyddwyr yn amcanu at uchafu eu lles neu ddefnydd-deb unigol. Mae cynhyrchwyr yn amcanu at uchafu elw. Mae perchenogion y ffactorau cynhyrchu yn amcanu at uchafu eu cyflogau, eu rhenti, eu llog a'u helw.

Ar y llaw arall, tybir bod y llywodraeth yn cael ei chymell gan ystyriaethau o les y gymuned yn hytrach na hunan-les. Mae'n ceisio uchafu lles cymdeithasol.

Perchenogaeth breifat Mae'r ffactorau cynhyrchu yn yr economi bron i gyd dan berchenogaeth unigolion a chyfundrefnau preifat yn bennaf. Mae gan y llywodraeth ddyletswydd i gynnal hawliau dinasyddion i'w heiddo eu hunain. Mae'n gwneud hyn drwy'r sytem gyfreithiol yn bennaf.

Menter rydd Mae gan berchenogion y ffactorau cynhyrchu a chynhyrchwyr nwyddau a gwasanaethau yr hawl i brynu a gwerthu'r hyn y maent yn berchen arnynt trwy fecanwaith y farchnad. Dydy'r llywodraeth ddim yn gosod llawer o gyfyngiadau ar yr hyn y gellir ei brynu a'i werthu. Gall gweithwyr weithio i bwy bynnag y maent yn dymuno gweithio iddynt. Gall perchenogion tai werthu eu tai os ydynt yn dymuno gwneud hyny. Mae pobl yn rhydd i gychwyn eu busnesau eu hunain. Mae defnyddwyr yn rhydd i ddefnyddio'u harian i brynu beth bynnag a gynigir ar werth. Mae cynhyrchwyr yn rhydd i werthu beth bynnag y maent eisiau ei werthu.

Cystadleuaeth Bydd cystadleuaeth yn bodoli os ydy unedau economaidd yn rhydd i ddyrannu eu hadnoddau fel y dymunant. Bydd cynhyrchwyr yn gorfod cystadlu am 'bleidleisiau' gwario y defnyddwyr. Bydd gweithwyr yn gorfod cystadlu am 'bleidleisiau' gwario eu cyflogwyr. Bydd y rhai sydd eisiau cael benthyg arian yn gorfod cystadlu â phawb arall sydd eisiau cael benthyg.

Datganoli gwneud penderfyniadau Gan fod asiantau economaidd unigol yn rhydd i ddewis sut maen nhw eisiau dyrannu adnoddau, mae gwneud penderfyniadau mewn economi marchnad wedi'i ddatganoli. Does dim un corff sy'n dyrannu adnoddau o fewn yr economi. Yn hytrach, mae dyraniad adnoddau yn ganlyniad i benderfyniadau di-rif gan asiantau economaidd unigol. Defnyddiodd Adam Smith y term **llaw gudd** y farchnad am hyn. Yn ôl Smith, er bod asiantau economaidd yn dilyn eu hunan-les nhw eu hunain, y canlyniad fyddai dyraniad adnoddau yn yr economi a fyddai er lles i'r gymdeithas gyfan.

Mecanwaith y farchnad

Rhaid i unrhyw fath o system economaidd fod yn gallu dyrannu adnoddau. Yn arbennig, rhaid iddi allu darparu mecanwaith ar gyfer penderfynu **beth** i'w gynhyrchu, **sut** ac **ar gyfer pwy**. Sut y caiff adnoddau eu dyrannu dan fecanwaith marchnad?

Beth i'w gynhyrchu? Mewn economi rhydd pur, y defnyddiwr sy'n pennu dyraniad adnoddau. Mae defnyddwyr yn **sofran**. Mae gan bob defnyddiwr rywfaint o arian i'w wario ac mae pob £1 fel pleidlais wario. Bydd defnyddwyr yn bwrw eu pleidleisiau gwario pan fyddan nhw'n prynu nwyddau a gwasnaethau. Bydd cwmnïau'n derbyn y pleidleisiau gwario hyn a bydd hynny yn ei dro yn eu galluogi nhw i brynu'r ffactorau cynhyrchu sydd eu hangen i gynhyrchu nwyddau a gwasanaethau. Bydd y modd y bydd cwmnïau'n bwrw eu pleidleisiau gwario ar ffactorau cynhyrchu yn pennu faint o incwm sydd gan bob defnyddiwr unigol i'w wario. Beth sy'n digwydd os ydy defnyddwyr eisiau newid cyfansoddiad y bwndel o nwyddau y maent yn eu prynu ar hyn o bryd? Dyweder, er enghraiffft, eu bod yn penderfynu eu bod nhw eisiau prynu mwy o ddillad ond llai o wyliau parod. Ar y cychwyn bydd y cynnydd yn y galw am ddillad yn codi pris dillad. Felly bydd gwneuthurwyr dillad yn ennill elw annormal (☞ uned 17), elw uwchlaw yr hyn sy'n

Bydd newidiadau yn y farchnad nwyddau wedyn yn cael eu hadlewyrchu yn y marchnadoedd ffactorau. Bydd y galw am weithwyr, adeiladau, peiriannau, defnyddiau crai ayb. yn codi yn y diwydiant dillad, ond yn gostwng yn y diwydiant gwyliau parod. Felly bydd trosglwyddo adnoddau o'r naill ddiwydiant i'r llall.

Sylwch ar swyddogaeth allweddol elw yn y mecanwaith. Mae elw'n gweithredu fel arwydd ar gyfer beth sydd i gael ei gynhyrchu. Os ydy cwmnïau'n ennill elw annormal, mae hynny'n arwydd bod defnyddwyr eisiau prynu mwy o gynnyrch. Os ydy cwmnïau'n ennill elw annigonol neu hyd yn oed yn gwneud colledion, rhaid bod hyn yn arwydd bod defnyddwyr eisiau i gynhyrchu ostwng yn y diwydiant hwnnw.

Sut i'w gynhyrchu? Mae cynhyrchwyr yn cystadlu â'i gilydd. Â phopeth arall yn gyfartal, bydd defnyddwyr yn prynu gan y cynhyrchydd sy'n cynnig y pris isaf. Felly, rhaid i gynhyrchwyr gynhyrchu am y gost isaf os ydynt i oroesi yn y farchnad. Hyn felly sy'n pennu sut y caiff nwyddau eu cynhyrchu. Bydd cwmnïau'n defnyddio'r dechneg gynhyrchu sydd â'r gost isaf. Felly, bydd marchnadoedd rhydd yn arwain at **effeithlonrwydd cynhyrchiol** (☞ uned 16).

Ar gyfer pwy? Mae defnyddwyr yn gwario arian. Mae faint o arian y gallan nhw ei wario yn cael ei bennu gan eu cyfoeth a'u hincwm. Mewn economi marchnad rydd, caiff hyn ei bennu gan berchenogaeth y ffactorau cynhyrchu. Mae gweithwyr yn derbyn incwm o werthu eu llafur, mae perchenogion tir yn derbyn rhenti, ayb. Felly, mae'r bobl sydd ag incwm uchel a chyfoeth yn gallu prynu meintiau mawr o nwyddau a gwasanaethau. Mae'r bobl sydd ag incwm isel ac sydd heb fawr ddim cyfoeth yn gallu prynu ychydig yn unig o nwyddau a gwasanaethau. Mewn economi marchnad, mae'r cyfoethog yn cael cyfran anghyfartal o'r hyn a gynhyrchir. Mae'r tlodion yn derbyn ychydig yn unig.

Swyddogaeth y llywodraeth

Mae gan y llywodraeth nifer o swyddogaethau allweddol mewn economi marchnad.

Yn 1993 rhoddodd Nigel Lawson, cyn-Ganghellor y Trysorlys, araith yng nghynhadledd flynyddol y Gymdeithas Brydeinig. Yn yr araith dywedodd: 'Ledled y byd gorllewinol... mae'n ymddangos bod cyfalafiaeth wedi llywodraethu a bod sosialaeth wedi cilio.' Un rheswm dros hyn oedd 'na all y penderfyniadau rhesymegol sydd eu hangen i wneud economi modern hyd yn oed yn hanner effeithlon gael eu cymryd ond gan nifer mawr o benderfynwyr sydd â'r wybodaeth a roddir gan fyrdd o brisiau'r farchnad.' Un o nodweddion allweddol y system yw hunan-les. 'Mae ystyried eich hunan-les yn nodwedd amlwg yng nghyfansoddiad y ddynolryw bron i gyd. Nid dyma'r unig nodwedd, ond mae'n un hynod bwerus. Nid yw'n nodwedd cyfalafiaeth y farchnad mai hithau yn unig sy'n seiliedig ar y syniad o sianelu hunan-les er lles pawb – er nad oes dim o'i le ar hynny. Y nodwedd yn hytrach yw ei bod hi'n fecanwaith unigryw ar gyfer gwneud hynny'n uniongyrchol, gyda'r maint lleiaf o ymyrraeth y llywodraeth.'

Mae gan gyfalafiaeth nodweddion moesol allweddol hefyd. 'Mae'r teulu, sy'n amlwg iawn yng nghynllun cyfalafiaeth y farchnad, nid yn unig yn sylfaen i gymdeithas sefydlog, ond hefyd mae'n wrthglawdd pwysig yn erbyn gormes – fel y mae eiddo preifat hefyd wrth gwrs, a gorau oll po ehangaf y mae hwnnw wedi'i ledaenu. Nodwedd allweddol arall o gyfalafiaeth y farchnad yw'r cwmni sector preifat nad yw'n fonopolaidd. Weithiau caiff cyfalafiaeth ei phortreadu fel jyngl gystadleuol anneniadol, lle caiff gwerthoedd cydweithredu eu colli mewn sefyllfa afreolus. Ond mae hyn yn anwybyddu'r ffaith fod y sector preifat ei hun yn darparu model o gydweithredu effeithlon.'

O ran anghydraddoldeb, 'mae anghydraddodeb absoliwt, hyd yn oed yn yr ystyr lle mae'n ddamcaniaethol bosibl ei gael, yn arwain o reidrwydd at ddioddefaint. Os nad oes mwy o wobr i fod am weithio neu gynilo neu ymdrechu o unrhyw fath na'r hyn a roddir i'r rhai sy'n gwrthod gweithio neu gynilo neu ymdrechu, ni fydd fawr ddim gweithio, na chynilo nac ymdrechu yn cael ei wneud. Os ydy dau berson yn gweithio yn yr un swydd, â sgil cyfartal, a bod un yn dewis gweithio goramser tra nad yw'r llall yn gwneud hynny, bydd peidio â thalu mwy i'r un cyntaf nid yn unig yn hunandrechol ond hefyd yn annheg iawn.' Mae gan y llywodraeth ran bwysig i'w chwarae yma. 'Yn union fel y bydd y dyn busnes llwyddiannus synhwyrol sy'n ceisio helpu'r llai ffodus yn gwneud hynny, nid trwy newid y ffordd y mae'n rhedeg ei fusnes, ond trwy roi rhan o'i gyfoeth personol i ddyngarwch, felly hefyd y bydd y llywodraeth ddoeth yn helpu'r tlodion orau, nid trwy ymyrryd â'r farchnad ond trwy greu rhwyd ddiogelwch nawdd cymdeithasol sydd wedi'i chynllunio'n dda i weithredu ochr yn ochr â hi.'

(a) Nodwch o'r darn brif nodweddion economi marchnad.
(b) Pam, yn ôl Nigel Lawson, y bydd dilyn hunan-les a bodolaeth anghydraddoldeb yn y gymdeithas yn arwain at fwy o effeithlonrwydd yn yr economi?

Roedd pobl sy'n chwilio am fargen allan yn llu ddoe wrth i nifer cynyddol o adwerthwyr agor eu drysau ar Ŵyl San Steffan, gan gyhoeddi dechreuad tymor y sêls. Yn *Selfridges* yn *Oxford Street* cafwyd 5 000 o drafodion yn y siop rhwng 9.00 a.m. a 10 a.m., a bagiau llaw dylunydd oedd y pum eitem gyntaf i gael eu gwerthu.

Mae Almaenwyr yn heidio i amlosgi eu hanwyliaid yn y Weriniaeth Tsiec. Mae hersiau o cyn belled â Berlin yn cludo cyrff Almaenwyr dros y ffin lle mae gwasanaethau amlosgi yn cael eu cynnig am draean o brisiau'r Almaen.

Mae *Nivartis*, y cwmni cyffuriau yn y Swistir, wedi datblygu *Coartem*, y therapi cyfuno artemisinin *(ACT)* cyntaf i ymdrin â malaria. ACTs yw'r driniaeth fwyaf effeithiol ar gyfer y clefyd. Ond mae gwerthiant *Coartem* yn isel, oherwydd ar $2.50 am bob triniaeth oedolyn, mae'n dal i fod 10-20 gwaith yn ddrutach na chyffuriau eraill ar gyfer malaria.

Ffynhonnell: addaswyd o'r *Financial Times*, 27.12.2005.

Gan ddefnyddio'r data i enghreifftio eich ateb, eglurwch sut y caiff adnoddau eu dyrannu mewn economi marchnad.

---

normal yn y diwydiant. Byddan nhw'n ymateb i hyn drwy gynyddu cynhyrchu dillad. Hefyd bydd cwmnïau newydd yn cychwyn, wedi'u denu gan y lefelau uchel o elw. Bydd y cyflenwad felly yn ehangu a hefyd y graddau o gystadleuaeth yn y diwydiant. Bydd hyn yn gwthio prisiau i lawr i lefel lle mae gwneuthurwyr dillad yn gwneud elw digon uchel i gadw rhag mynd allan o fusnes, ond elw digon isel i atal cyflenwyr newydd rhag cael eu denu i mewn i'r diwydiant. Yn y busnes gwyliau parod, bydd y gostyngiad yn y galw yn arwain at ryfel prisiau. Bydd proffidioldeb yn gostwng. Efallai y bydd rhai cwmnïau hyd yn oed yn gwneud colledion. O ganlyniad, bydd cwmnïau'n cwtogi ar nifer y gwyliau a gynigir ac efallai y bydd rhai cwmnïau'n methdalu. Bydd hyn yn parhau nes y bydd cwmnïau gwyliau parod unwaith eto yn gallu ennill lefel ddigon uchel o elw i gadw cwmnïau rhag gadael y diwydiant.

- Ni chaiff rhai nwyddau eu darparu gan fecanwaith y farchnad. Enghreifftiau yw amddiffyn, y farnwriaeth a'r heddlu. Gelwir y rhain yn **nwyddau cyhoeddus** (☞ uned 20). Felly, rhaid i'r llywodraeth ddarparu'r rhain a chodi trethi i dalu amdanynt.
- Y llywodraeth sy'n gyfrifol am ddyroddi arian ac am gynnal ei werth. Mewn economi marchnad, mae gan y llywodraeth ddyletswydd i gynnal prisiau sefydlog.
- Mae angen i'r llywodraeth sicrhau fframwaith cyfreithiol digonol ar gyfer clustnodi a gorfodi hawliau eiddo. Ofer fyddai cael system sy'n seiliedig ar hunan-les unigolion os na all dinasyddion amddiffyn yr hyn y maent wedi'i ennill. Er enghraifft, mae angen diogelu perchenogwyr eiddo preifat rhag posibilrwydd dwyn.Mae angen cael deddfau ynghylch contractau prynu a gwerthu. Rhaid iddi fod yn anghyfreithlon dinistrio eiddo pobl eraill.
- Mae'r un mor bwysig bod hawliau eiddo o unrhyw werth yn cael eu clustnodi i uned economaidd yn y gymdeithas. Os na chânt, byddan nhw'n cael eu trin fel **nwydd am ddim** (nwydd â chyflenwad diderfyn) ac yn cael eu gordreulio. Mae'r atmosffer yn un enghraifft o adnodd economaidd a fu yn y gorffennol yn eiddo i neb. Mae cynhyrchwyr a defnyddwyr wedi llygru'r atmosffer. Ni fyddai hynny'n bwysig oni bai am y ffaith ein bod ni'n sylweddoli erbyn hyn y gall llygredd o'r fath gael effaith andwyol ar unedau economaidd. Ar y gwaethaf, rhagfynegir y bydd yr effaith tŷ gwydr a dinistrio'r haen oson yn dileu'r rhan fwyaf o fywyd ar y blaned hon. Cyferbynnwch hyn â pha mor ofalus y mae pobl â'u heiddo preifat eu hunain.
- Gall marchnadoedd gamweithio am resymau eraill. Yn arbennig, gall cwmnïau neu undebau llafur geisio cael rheolaeth ar farchnadoedd unigol. Felly mae angen i lywodraethau fod â phwerau i chwalu monopolïau, atal arferion sy'n rhwystro masnach rydd a rheoli gweithgareddau undebau llafur.

Mae swyddogaeth y llywodraeth yn hollbwysig mewn economi marchnad. Heb lywodraeth, byddai anarchiaeth. Ond mewn economi marchnad rydd, y rhagdybiaeth yw y dylai'r llywodraeth ymyrryd cyn lleied â phosibl. Dylai rheoleiddio gan y llywodraeth fod y lleiafswm sydd ei angen i sicrhau gweithrediad trefnus yr economi marchnad. Dylai gwariant y llywodraeth gael ei gyfyngu i ddarparu nwyddau cyhoeddus.

Cwestiwn 3

Mae 'democratiaeth' wleidyddol sy'n mynd â hanner incwm personol i'w wario ar les, neu wasanaethau diwydiannol nad ydynt yn rhoi fawr ddim llais i bleidleiswyr fel trethdalwyr a llai byth o fodd i ddianc, yn gallu bod mor ormesol â sosialaeth gomiwnyddol. Ni ellir dibynnu ar y llywodraeth i unioni methiant y farchnad. Mae ei hagwedd dymor byr oherwydd etholiadau, ei hanwybodaeth neu ddifaterwch ynghylch blaenoriaethau unigolion, y ffaith ei bod hi'n agored i bwysau gan garfanau pwyso a'i llygredd yn creu methiant llywodraeth sy'n waeth na methiant y farchnad am ei fod yn llai adferadwy. Y farchnad sydd orau ar gyfer rhoi grym i'r bobl gyffredin. Dylai'r llywodraeth ganolbwyntio ar y lleiafswm anostyngadwy o nwyddau a gwasanaethau na ellir eu cyflenwi yn y farchnad. Ni ellir cael y maint optimaidd o lywodraeth. Ond mae'n well mentro cael rhy ychydig o lywodraeth na gormod.

(a) Eglurwch beth ddylai swyddogaeth y llywodraeth fod mewn economi yn ôl yr erthygl.
(b) Pa ddadleuon y gellir eu cynnig i gyfiawnhau'r safbwynt hwn?

Gwerthusiad o economïau marchnad rydd

Dewis Mewn economi menter rydd sy'n gyfoethog, bydd defnyddwyr yn wynebu amrywiaeth eang o ddewis. Bydd cwmnïau'n cystadlu â'i gilydd naill ai ar sail pris os ydy nwydd yn homogenaidd, neu ar sail amrywiaeth ehangach o ffactorau fel ansawdd os nad ydy'r nwydd yn homogenaidd. Ond nid yw dewis ar gael i bawb. Bydd gan bobl sydd ag incwm uchel lawer iawn o ddewis. Ychydig o ddewis fydd gan bobl sydd ag incwm isel. Nid yw fawr o bwys i deuluoedd incwm isel, er enghraifft, os oes 100 o fathau o geir moeth ar y farchnad, neu os yw'n bosibl mynd ar fordaith ar longau mawr sy'n fwy moethus nag erioed. Mewn economi cynlluniedig, gall defnyddwyr ei chael hi'n amhosibl gwario'u holl incwm am nad yw nwyddau sydd o fewn cyrraedd pawb o ran pris ar gael yn y siopau. Mewn economi menter rydd, gall fod digonedd o nwyddau yn y siopau, ond gall eu prisiau eu rhoi y tu hwnt i gyrraedd y tlotaf yn y gymdeithas.

Ansawdd ac arloesi Honnir mai un o fanteision economi marchnad rydd yw bod cymhellion cryf yn y system i arloesi a chynhyrchu nwyddau o ansawdd uchel. Mae cwmnïau na fyddant yn gwneud y ddau yn debygol o gael eu gyrru allan o fusnes gan gwmnïau mwy effeithlon. Fodd bynnag, mae hyn yn tybio bod sofraniaeth defnyddwyr yn y farchnad. Yn ymarferol, mae marchnadoedd yn tueddu i fod yn oligopolaidd o ran strwythur, wedi'u dominyddu gan ychydig o gynhyrchwyr mawr sy'n llywio'r farchnad drwy hysbysebu a dulliau eraill o farchnata er mwyn ecsbloetio'r defnyddiwr. Felly, er bod dewis ac arloesi yn fwy nag o dan systemau cynlluniedig, efallai nad ydy manteision economïau marchnad rydd mor fawr ag y maent yn ymddangos ar yr olwg gyntaf.

Twf economaidd Mewn economi marchnad rydd gall fod cryn dipyn o ddynamiaeth. Fodd bynnag, mae rhai economïau marchnad rydd wedi tyfu ar gyfradd gyflymach o lawer na'i gilydd. Mae llawer o economïau cymysg hefyd wedi tyfu ar gyfraddau tebyg i UDA os nad yn uwch. Felly nid marchnadoedd rhydd o reidrwydd yw'r allwedd i dwf economaidd uchel.

Dosraniad incwm a chyfoeth Mewn economi marchnad rydd bur, caiff adnoddau eu dyrannu i'r rhai sydd â grym gwario. Gall unigolion sydd heb ffynhonnell incwm dalu'r gosb eithaf am eu methiant economaidd – marw, efallai o newyn neu oerfel neu glefyd. Mae'r ofn yma o fethiant economaidd a'i bris yn gymhelliad mawr o fewn system y farchnad rydd i bobl gymryd swyddi, pa mor isel bynnag y bo'r cyflog. Un broblem gyda'r mecanwaith hwn yw bod llawer o grwpiau yn y gymdeithas yn debygol o fod heb fawr ddim neu ddim incwm a hynny heb fai arnyn nhw. Enghreifftiau yw pobl anabl, plant amddifad neu blant sydd wedi'u gadael, a hen bobl. Mae economegwyr marchnad rydd yn nodi bod yna fecanwaith ar gyfer rhoi cymorth i bobl o'r fath – elusen. Gall unigolion sy'n ennill arian roi i elusennau sydd wedyn yn darparu ar gyfer anghenion y bobl tlotaf yn y gymdeithas, neu gall unigolion ofalu am eu perthnasau hŷn, eu cymdogion a'u plant o fewn cymuned y gymdogaeth leol. Yn ymarferol, mae'n annhebygol y byddai unigolion yn rhoi digon i elusennau, neu y byddai'r bobl sy'n well eu byd yn darparu lletу ar gyfer crwydriaid yn eu cartrefi i gyflawni'r swyddogaeth hon. Mewn economi marchnad rydd, does dim cyswllt o gwbl rhwng angen a dyraniad adnoddau. Gall y diwaith newynu, gall y cleifion farw oherwydd diffyg triniaeth feddygol, a gall y digartref rewi i farwolaeth ar y strydoedd. Caiff incwm ei ddyrannu i'r rhai sydd â chyfoeth, boed hynny'n gyfoeth ffisegol, ariannol neu ddynol.

Cwestiwn 4

Fe wnaeth sosialaeth gydio yn y dychymyg am iddi gynnig syniad deniadol o gynnydd cymdeithasol ac economaidd. Roedd yn addo nid yn unig cynnydd mawr mewn cyfoeth materol, ond byd lle na fyddai incwm yn dibynnu'n bennaf ar waddolion mympwyol unigolion o gyfalaf ariannol a genetig. Roedd hefyd yn siarad yn gall am ryddid – nad yw'n gallu cael ei fesur ond yn ôl y dewisiadau a mae gan unigolion y grym i'w harfer. Mae moddion (*means*) economaidd person yn dylanwadu'n helaeth ar amrywiaeth y dewis.

Er bod cyfalafiaeth yn cynnig cynnydd diderfyn mewn cynnyrch economaidd, nid yw'n rhoi dim ymrwymiad i gynnydd mewn cydraddoldeb. I'r gwrthwyneb: mae cymhellion yn cael eu hystyried yn fotor hanfodol o dwf ac mae angen anghydraddoldeb ar eu cyfer. Ond mae'r ymrwymiad i anghydraddoldeb yn golygu na fydd tlodi byth yn cael ei ddileu. Bydd yn cael ei sefydliadu. Ar ôl cyrraedd lleiafswm safon byw, mae pobl yn teimlo'n dlawd os oes ganddynt lai na'u cymdogion. Os bydd taith i'r gofod yn daith benwythnos nodweddiadol yn y ganrif hon neu'r ganrif nesaf, bydd y bobl na allant fforddio teithio i'r gofod yn cael eu hystyried yn dlawd. Ac ni fydd yn gysur iddynt wybod eu bod yn well eu byd na'r tlodion yn 2006.

(a) Aseswch y beirniadu a wneir yn y darn o system economaidd gyfalafol.
(b) Beth yw achosion a natur tlodi mewn economi marchnad rydd?

Risg Mae unigolion yn cymryd gofal mawr i leihau'r risg economaidd sydd wrth wraidd unrhyw economi marchnad rydd. Gallan nhw oresgyn y broblem o risg drwy eu hyswirio eu hunain. Maen nhw'n trefnu yswiriant iechyd. Maen nhw'n prynu contractau yswiriant bywyd sy'n talu allan i ddibynyddion y person a yswiriwyd pan fydd yntau/hithau yn marw. Gellir yswirio rhag diweithdra ac afiechyd hefyd. I ymdopi â phroblem henaint, mae unigolion yn sicrhau bod ganddynt gontractau pensiwn. Fodd bynnag, dim ond canran o'r boblogaeth sydd â digon o graffter neu ddigon o incwm i'w hyswirio eu hunain yn ddigonol. Mae hynny'n golygu y bydd llawer mewn economi marchnad rydd yn dlawd, efallai yn methu â'u cynnal eu hunain, neu'n marw oherwydd diffyg gofal iechyd.

Termau allweddol

Economi marchnad rydd neu economi menter rydd neu economi cyfalafol – system economaidd sy'n datrys y broblem economaidd sylfaenol trwy fecanwaith y farchnad.

Economeg gymhwysol

Y DU – economi marchnad rydd?

Yn 1979, cyn i lywodraeth radical Margaret Thatcher ddod i rym, roedd y DU yn amlwg yn economi cymysg. Roedd llawer o'r prif ddiwydiannau yn y wlad, fel nwy, trydan, telathrebu a'r rheilffyrdd oll dan reolaeth y wladwriaeth. Roedd y llywodraeth yn gwario tua 45% o incwm y wlad, cyfran ddigon tebyg i economïau cymysg eraill fel Ffrainc a Gorllewin yr Almaen. Roedd addysg ac iechyd yn cael eu darparu gan y wladwriaeth ynghyd ag amrywiaeth eang o wasanaethau yn amrywio o lyfrgelloedd i barciau a ffyrdd. Roedd cryn reolaeth ar y farchnad lafur, gyda lleiafswm cyflog mewn llawer o ddiwydiannau ac amodau gwaith gweithwyr yn cael eu rheoli gan y gyfraith.

Trawsnewidiodd y newidiadau a welwyd yn yr 1980au siâp economi'r DU. O ganlyniad i'r rhaglen breifateiddio, gwerthwyd llawer o asedau'r wladwriaeth i'r sector preifat. Roedd y rhestr yn hir ond roedd yn cynnwys cwmnïau ceir (Grŵp *Rover* a *Jaguar*), cwmnïau dur (Dur Prydain), cwmnïau egni (*British Petroleum*, Nwy Prydain, y cwmnïau trydan, Glo Prydain), cwmnïau dŵr (y byrddau dŵr) a thelathrebu (*BT*). Cafodd rôl y wladwriaeth ei chwtogi wrth i raglenni gwariant cyhoeddus dorri gwasanaethau. Lle credai'r llywodraeth na allai breifateiddio'r gwasanaeth, ceisiodd gyflwyno cystadleuaeth i'r sector cyhoeddus. Er enghraifft, anogwyd cwmnïau preifat i gynnig am gontractau yn y sector cyhoeddus. Yn y gwasanaeth iechyd, sefydlwyd marchnad fewnol gystadleuol.

Hefyd, cyflwynwyd amrywiaeth eang o ddiwygiadau i leihau rheoleiddio a diffygion mewn marchnadoedd. Yn y farchnad lafur, collodd undebau llafur y pŵer i weithredu fel cyflenwyr monopolaidd o lafur. Cafwyd gwared ar reolau a rheoliadau mewn amryw farchnadoedd ariannol er mwyn hybu mwy o gystadleuaeth. Yn y diwydiant bysiau, caniatawyd i gwmnïau gystadlu'n rhydd ar lwybrau cenedlaethol a lleol.

Canlyniad ysbryd 'Thatcheriaeth' oedd rhyddhau egni mentrwyr yn y gymdeithas, annog pobl i weithio'n galed a chymryd risgiau. Roedd yn rhaid i'r rhai llwyddiannus gael eu gwobrwyo felly gostyngwyd cyfraddau ffiniol treth incwm, yn arbennig ar gyfer enillwyr incwm uchel. Ar y llaw arall, dylai'r rhai a geisiai osgoi gwaith gael eu cosbi felly gostyngwyd budd-daliadau, fel budd-dal di-waith. Y canlyniad oedd mwy o anghydraddoldeb yn y gymdeithas.

Gellid dadlau mai nod chwyldro Thatcher oedd trawsnewid economi cymysg y DU yn economi marchnad rydd. Nid oedd y diwygiadau yn ddigon dwfn i gyflawni hyn. Roedd iechyd, er enghraifft, yn cael ei ddarparu o hyd gan y wladwriaeth yn wahanol, dyweder, i UDA. Roedd budd-daliadau lles lawer yn fwy hael nag yn UDA hefyd. Ar y llaw arall, roedd bwlch wedi cael ei greu rhwng gwladwriaethau lles y 'model cymdeithasol' ar Gyfandir Ewrop a'r model 'Eingl-Sacsonaidd' yn y DU a oedd yn ymdebygu fwyfwy i UDA.

Pan etholwyd llywodraeth Lafur yn 1997, dywedodd nad oedd yn bwriadu codi'r gyfran o incwm gwladol a gâi ei wario gan y wladwriaeth yn y tymor hir. Rheolwyd gwariant y llywodraeth yn llym ac o ganlyniad gwelwyd gwargedion cyllidol mawr. Fodd bynnag, roedd y llywodraeth eisoes wedi dweud bod gwella addysg yn flaenoriaeth a golygai hynny wario mwy. Daeth o dan mwy o bwysau hefyd gan yr etholwyr i wella'r Gwasanaeth Iechyd Gwladol. Yn 2000 cyhoeddodd y llywodraeth y byddai'n codi ei gwariant ar iechyd fel canran o CMC i'r cyfartaledd ar gyfer yr UE erbyn 2008. Golygai hyn godi'r gwariant ar iechyd o 6.8% o CMC yn 2000 (gydag 1% ohono yn wariant ar ofal iechyd preifat) i 8% neu hyd yn oed 9% erbyn 2008.

Mae'r cynnydd mawr mewn gwariant ar iechyd ac addysg wedi helpu, yn rhannol, i wthio gwariant y llywodraeth fel canran o CMC o ffigur isel o 37.5% yn 2000 i 44.8% (amcangyfrif) yn 2006, fel y gwelir yn Ffigur 42.1. (Noder mai'r canrannau yn Ffigur 42.1 yw'r rhai a gyfrifir gan *OECD*, y sefydliad rhagfynegi rhyngwladol, a bod llywodraeth y DU yn cyfrifo gwariant y llywodraeth fel canran o CMC mewn modd

Ffigur 42.1 Gwariant y llywodraeth fel canran o CMC¹

¹ Roedd y ffigurau ar gyfer 2004 a 2005 yn amcangyfrifon.
Ffynhonnell: addaswyd o *Economic Outlook, OECD.*

gwahanol sy'n rhoi canlyniad gwahanol.) Roedd hyn yn dal i fod yn is na chyfartaledd ardal yr ewro ond yn sylweddol uwch nag yn UDA. Mae'r DU yn parhau felly yn economi cymysg sy'n debycach i economïau cymysg eraill yr UE nag i farchnad fwy rhydd UDA.

Cwestiwn Data

Economi UDA

Tabl 42.1 Dosraniad incwm ac amcangyfrifon paredd gallu prynu (PGP) o CMC

	Dyddiad yr amcangyfrif o'r dosraniad incwm	10% isaf	20% isaf	Ail gwintel	Trydydd cwintel	Pedwerydd cwintel	20% uchaf	10% uchaf	Amcangyfrifon paredd gallu prynu o CMC y pen $UDA, 2004
						Cyfran % o'r incwm gwladol			
UDA	2000	1.9	5.4	10.7	15.7	22.4	45.8	29.9	39 710
Y DU	1999	2.1	6.1	11.4	16.0	22.5	44.0	28.5	31 460
Yr Almaen	2000	2.8	8.5	13.7	17.8	23.1	36.9	22.1	27 950
Ffrainc	1995	3.2	7.2	12.6	17.2	22.8	40.2	25.1	29 320
Sweden	2000	3.6	9.1	14.0	17.6	22.7	36.6	22.2	29 770

Ffynhonnell: addaswyd o Fanc y Byd, *World Development Indicators.*

Golwg ar America sy'n chwalu delwedd y Wlad Rydd

Tan flwyddyn yn ôl, fy nelwedd o America oedd cymdeithas gefnog, ddi-ddosbarth a oedd yn gymysgedd o wahanol gefndiroedd. Gellid dweud bod ei gwerthoedd yn cael eu hymgorffori yn y rebel cadarn, rhydd ei feddwl a gâi ei bortreadu fel arfer gan John Wayne. Drylliwyd ychydig ar y ddelwedd honno yn ystod y saith diwrnod y bûm yn Arkansas haf diwethaf a chafodd ei chwalu'n llwyr yr wythnos yma yn Texas.

Mae arian yno yn sicr. Yn Houston, mae'r adeiladau tal llawn gwydr yn codi fry i'r awyr yn hyderus dros y parciau taclus. Yn ardal hynod gyfoethog River Oaks mae'r tai mawreddog gwerth miliynau o ddoleri y tu hwnt i freuddwydion trachwant. Ond edrychwch yn fanylach ac fe welwch chi olwg arall ar America. Fe welwch gabanau a threfi sianti ar hyd y priffyrdd. Ceir ail-law am hanner neu hyd yn oed draean eu pris ym Mhrydain. Uwchfarchnadoedd *Wal-Mart* lle cewch bâr o jîns am bum punt.

Ar y dechrau, yr hyn sy'n eich taro yw'r bargeinion sydd yno. Yna, ar ôl siarad ag Americanwyr cyffredin, fe sylweddolwch fod y prisiau'n cydweddu â'r cyflogau sydd, yn aml, yn isel iawn. Roedd un o'n gyrwyr bws yn ennill £4,500 y flwyddyn – sy'n is na'r lefel swyddogol ar gyfer tlodi. Mae'r teulu cyffredin o bedwar yn America yn ennill rhyw £10,000 ac, i gyrraedd y lefel honno, mae'r ddau bartner fel rheol yn gweithio. Yn y Wlad Rydd, does dim am ddim. Os gallwch weithio, byddwch yn gweithio.

Os ydy hynny'n swnio'n iawn yn ddamcaniaethol, yr hyn y mae'n ei olygu yn ymarferol yw bod y ddau oedd yn gyrru ein bws yn Houston yn fenywod, y naill yn ganol oed a'r llall dros ei chwe degau. Mae'n golygu bod gwraig a welais yn Brownsville oedd yn swyddog gweithredol mewn gwesty yno wedi dychwelyd i'r gwaith bythefnos ar ôl rhoi genedigaeth ac yn credu bod ei chyflogwyr wedi bod yn hael am dalu ei chyflog yn ystod ei habsenoldeb. Mae'n golygu bod gweithwyr yn derbyn pythefnos o wyliau y flwyddyn fel y norm. Mae'n golygu bod gair fel 'lles', sy'n cyfleu gofal a chydymdeimlad yng ngwledydd Ewrop, yn cael ei ystyried yn yr Unol Daleithiau yn waith y diafol. Byddai lles a gofal iechyd am ddim yn nychu'r ysbryd Americanaidd; dyna'r gred gyffredin.

Mae'r system addysg yn broblem i Americanwyr hefyd. Mae America wedi cydnabod cyflwr truenus ei system addysg ac mae'n gwneud llawer i wella ysgolion a recriwtio gwell athrawon. Ond does fawr ddim sôn am addysgu pobl er eu lles eu hunain. Y cymhelliant, fel gyda phopeth arall, yw arian a'r angen i fod yn fwy cystadleuol yn erbyn pobl Japan ac Ewrop sydd â gwell addysg. Mae'r ymgyrch i wella ysgolion yn diystyru'r pwynt pwysicaf, sef bod addysg dda yn creu pobl feddylgar, arloesol sy'n barod i fentro. Mae'n bosibl bod hynny'n fwriadol. O ran ei hymwybyddiaeth ddeallusol, mae America'n ddigon hapus i lyncu chwedlau yr ydym ni yn Ewrop wedi cefnu arnynt flynyddoedd yn ôl.

Mae'n cael ei galw'n Wlad Rydd ac eto, mae'r sheriff yn y trefi bach a'r dynion corfforaethol yn dal pwerau y byddai'r arglwyddi ffiwdal wedi cenfigennu wrthynt. Maent yn ymfalchïo yn y ffaith nad oes ganddynt wahanol haenau dosbarth ond maent wedi creu cymdeithas sydd lawer yn fwy ffurfiol heb gymaint o gyfle i gymysgu ag sydd yn ein cymdeithas ninnau. Ac maent yn dal i feithrin y syniad y gall unrhyw un o bellafoedd y wlad fod yn arlywydd, gan anwybyddu'r ffaith bod pob arlywydd o fewn cof wedi bod yn gyfoethog tu hwnt. Gallwch eich codi eich hun i'r brig yn America ond mae hynny'n golygu sathru ar fwy o bobl nag y byddai Prydeinwyr yn hapus i'w wneud.

Roedd y wraig a weithiai yn y gwesty yn Brownsville yn adlewyrchu'r ddelwedd hyderus y mae America yn hoffi ei phortreadu. Dychwelyd i'r gwaith bythefnos ar ôl geni plentyn ac yn wraig uchelgeisiol. Sut mae'n llwyddo i wneud hyn? Mae'r ateb yn syml. Mae ganddi forwyn o México ac mae'n talu £25 yr wythnos iddi. Duw a ŵyr sut y gall hi edrych i fyw ei llygaid pan fydd hi'n ei thalu.

Ffynhonnell: *Express and Star*.

Tabl 42.2 Twf real CMC

	UDA	Yr Almaen	Japan	Y DU	Ffrainc	Yr Eidal	Canada
						Twf blynyddol CMC real, %	
1960-67	4.5	4.1	10.2	3.0	5.4	5.7	5.5
1968-73	3.2	4.9	8.7	3.4	5.5	4.5	5.4
1974-79	2.4	2.3	3.6	1.5	2.8	3.7	4.2
1980-89	2.5	1.8	4.0	2.4	2.2	2.4	3.1
1990-99	3.0	2.2	1.7	2.1	1.7	1.5	2.4
2000-05	2.9	1.1	1.3	2.6	1.9	1.0	3.0
1960-2005	3.1	2.7	4.8	2.5	3.1	3.0	3.8

Ffynhonnell: addaswyd o *Historical Statistics, Economic Outlook*, OECD.

1. Gan ddefnyddio UDA fel enghraifft, eglurwch sut y caiff adnoddau eu dyrannu mewn economi marchnad rydd.

2. (a) I ba raddau y mae incwm pobl yn anghyfartal yn UDA?
   (b) Ydy anghydraddoldeb o ran incwm yn ddymunol mewn economi marchnad rydd?

3. Trafodwch y manteision a'r anfanteision posibl i unigolyn sy'n mudo o'r DU i weithio yn UDA.

Crynodeb

1. Mewn economi cymysg, caiff swm sylweddol o adnoddau eu dyrannu gan y llywodraeth trwy'r mecanwaith cynllunio, a chan y sector preifat trwy fecanwaith y farchnad.

2. Mae'r graddau o gymysgu yn fater dadleuol. Mae rhai economegwyr yn credu bod gormod o wariant llywodraeth yn lleihau cymhellion ac yn gostwng twf economaidd, tra bod eraill yn dadlau bod yn rhaid i lywodraethau atal anghydraddoldebau mawr rhag codi yn y gymdeithas ac nad yw trethi uchel o reidrwydd yn arwain at dwf isel.

Economïau cymysg

Mae ECONOMI CYMYSG yn gymysgedd o economi cynlluniedig ac economi menter rydd. Yn ymarferol, does dim economïau cynlluniedig **pur** nac economïau menter rydd pur yn y byd. Maen nhw'n **fodelau patrymol** (☞ uned 45). Defnyddiwn y term economïau menter rydd am economïau lle caiff y rhan fwyaf o'r adnoddau eu dyrannu gan fecanwaith y farchnad. Defnyddiwn y term economïau cynlluniedig am economïau lle caiff y rhan fwyaf o'r adnoddau eu dyrannu gan y broses gynllunio. Economïau lle mae'r cydbwysedd rhwng dyrannu gan fecanwaith y farchnad a dyrannu gan y broses gynllunio yn llawer mwy cyfartal yw economïau cymysg.

Nodweddion

Mae nifer o nodweddion i economi cymysg.

Y prif randdeiliaid Y pedwar prif fath o randdeiliaid yn y system yw defnyddwyr, cynhyrchwyr, perchenogion ffactorau a'r llywodraeth.

Cymhelliant Yn sector preifat yr economi, tybir bod defnyddwyr, cynhyrchwyr a pherchenogion ffactorau yn cael eu cymell gan hunan-les. Mae'r sector cyhoeddus, fodd bynnag, yn cael ei gymell gan ystyriaethau o 'les' y gymuned.

Perchenogaeth Mae'r ffactorau cynhyrchu yn rhannol dan berchenogaeth unigolion a chyfundrefnau preifat, ond mae'r wladwriaeth yn berchen ar gyfran sylweddol hefyd.

Cystadleuaeth Yn sector preifat yr economi mae cystadleuaeth. Yn y sector gwladwriaethol, fodd bynnag, bydd adnoddau'n cael eu dyrannu trwy'r mecanwaith cynllunio. Mae hynny'n awgrymu y cynigir dewis o nwyddau a gwasanaethau i ddefnyddwyr yn sector preifat yr economi, ond na chynigir fawr ddim neu ddim dewis iddynt yn y sector cyhoeddus.

Llywodraeth Mae gan y llywodraeth nifer o swyddogaethau pwysig. Un yw rheoleiddio gweithgareddau economaidd sector preifat yr economi, e.e. sicrhau bod yna gystadleuaeth a bod deddfau eiddo yn cael eu cynnal. Swyddogaeth arall yw darparu nid yn unig nwyddau cyhoeddus ond hefyd **nwyddau rhinwedd** (☞ uned 20), fel addysg a gofal iechyd. Gall y rhain gael eu darparu yn uniongyrchol gan y wladwriaeth, neu gall darpariaeth gael ei chontractio allan i gwmnïau preifat ond bydd y taliadau amdanynt yn dal i ddod allan o dderbyniadau trethi. Efallai hefyd y bydd y wladwriaeth yn dewis bod yn berchen ar sectorau allweddol o'r economi, fel y rheilffyrdd, gwasanaethau post a'r diwydiant trydan. Bydd llawer o'r rhain yn **fonopolïau naturiol** (☞ uned 18).

Y graddau o gymysgu

Mae cryn dipyn o ddadlau ynghylch y graddau o gymysgu a ddylai fod mewn economi cymysg. Yn 2004 roedd gwariant cyhoeddus yn Sweden 57.1% o CMC o'i gymharu â 46.9% yn yr Almaen, 44.1% yn y DU a 36.0% yn economi marchnad rydd UDA.

Yn Sweden mae gwariant llywodraeth y pen yn fwy o lawer nag yn UDA, dyweder. Mae hynny'n golygu, o gymharu Sweden ag UDA, bod holl ddinasyddion Sweden â modd i gael gofal iechyd am ddim yn y pwynt treulio, bod yna bensiynau gwladwriaethol hael, bod ailhyfforddi awtomatig i bobl sy'n colli gwaith a bod gofal plant am ddim i bob mam sy'n gweithio. Ond mae yna gost. Mae trethi yn Sweden yn uwch o lawer nag yn UDA. Mae'r materion sylfaenol yn ymwneud â'r canlynol.

- I ba raddau y dylai'r wladwriaeth sicrhau bod ei dinasyddion i gyd yn mwynhau rhyw leiafswm o ran safon byw? Er enghraifft, a ddylai'r wladwriaeth ddarparu yswiriant ar gyfer y rhai sy'n colli gwaith? A ddylai, i bob diben, warantu swydd iddynt drwy hyfforddi gweithwyr di-waith tymor hir nes iddynt lwyddo i gael gwaith? A oes gan ddinasyddion hawl i ofal meddygol am ddim?

- I ba raddau y dylai fod anghydraddoldebau yn y gymdeithas? Mae'r graddau o anghydraddoldeb mewn economi fel Sweden yn llai o lawer nag yn UDA. Cynyddodd anghydraddoldeb yn y DU yn yr 1980au wrth i drethi a gwariant y llywodraeth gael eu gostwng fel cyfran o CMC. Gostyngodd anghydraddoldeb pan gafodd y duedd hon ei gwrthdroi yn yr 1990au a'r 2000au.

- I ba raddau y dylai dinasyddion fod yn rhydd i ddewis sut i wario'u harian? Yn Sweden mae'r baich trethi effeithiol bron yn 60%, gan adael ychydig yn fwy na 40% o incwm i unigolion a chwmnïau ddewis sut i'w wario. Yn Sweden, mae gofal plant am ddim i famau yn cael ei ddarparu p'un ai bod unigolyn ei eisiau ai peidio.

- I ba raddau y mae angen cymhellion i sicrhau parhad twf uchel? Hyd at ran olaf yr 1980au cyfradd uchaf treth incwm yn Sweden oedd 72%, gyda'r gweithiwr cyffredin yn talu rhwng 40% a 50%. Yn sgil diwygiadau trethi yn rhan olaf yr 1980au, symudwyd baich treth o dreth incwm, gan ei gostwng i 30% ar gyfer 85% o weithwyr, ond estyn TAW, â'i chyfradd yn 30%, i amrywiaeth ehangach o lawer o nwyddau a gwasanaethau. Ond roedd cyfradd ffiniol uchaf treth incwm, sef 56.5% yn 2005, yn dal i fod yn uwch o lawer na'r 35% yn UDA. Byddai economegwyr ochr-gyflenwad yn dadlau bod cyfraddau uwch o dreth yn gostwng cymhellion i weithio a mentro ac y bydd hynny'n arwain at dwf economaidd is (☞ uned 38).

- I ba raddau y mae'r llywodraeth yn ddarparwr effeithlon o nwyddau a gwasanaethau o'i chymharu â'r sector preifat? Gall economïau cymysg gael eu barnu yn ôl y materion uchod.

Cwestiwn 1

Ar sail yr hyn a wyddoch am economi'r DU, eglurwch i ba raddau y mae ganddo nodweddion economi cymysg.

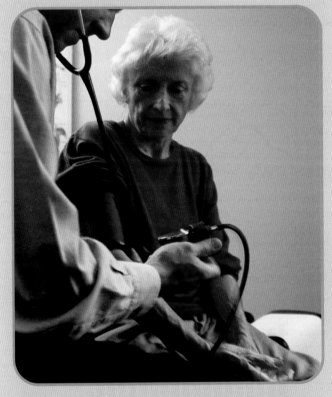

Gallen nhw gael eu gwerthuso hefyd yn ôl eu heffaith amgylcheddol. Mae gan economïau cymysg well hanes ynghylch yr amgylchedd nag economïau gorfodol. Yn wir, mae economïau cymysg Llychlyn yn y rheng flaen o ran gweithredu mesurau i warchod yr amgylchedd rhag gweithgaredd diwydiannol.

Cwestiwn 2

Mae'r graddau o gymysgu rhwng y sectorau cyhoeddus a phreifat yn y DU wedi newid dros amser. Yn y cyfnod ar ôl yr Ail Ryfel Byd, cyrhaeddodd gwariant y llywodraeth uchafbwynt o 49.9% o CMC yn 1975-76, yn rhannol o ganlyniad i enciliad difrifol ar y pryd. Yn ystod llywodraeth Margaret Thatcher ar ôl 1979, a oedd o blaid marchnad rydd, gostyngodd gwariant y llywodraeth i 39.4% o CMC yn 1988-89 cyn codi eto yn ystod enciliad 1989-1992 ac yna gostwng wrth i'r economi adfer yn ystod gweddill y ddegawd. O 2000 ymlaen gwnaeth y llywodraeth Lafur dan Tony Blair symudiad polisi i gynyddu gwariant cyhoeddus, yn arbennig ar y gwasanaeth iechyd, er mwyn gwella safon gwasanaethau'r sector cyhoeddus. O ganlyniad, dechreuodd y gyfran o CMC a roddir i wariant cyhoeddus godi eto.

Ffigur 43.1 Gwariant y llywodraeth fel canran o CMC[12]

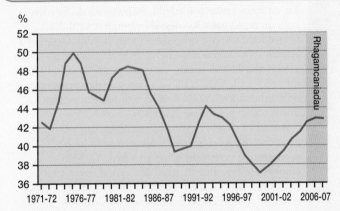

[1] Gwariant y llywodraeth yw Cyfanswm Gwariant Rheoledig.
[2] Mae'r blynyddoedd yn flynyddoedd cyllidol, e.e. 1970 yw'r flwyddyn gyllidol 1970-71.

Ffynhonnell: addaswyd o'r Adroddiad Cyn y Gyllideb, Rhagfyr 2005, Trysorlys EM.

Awgrymwch ganlyniadau economaidd posibl y symud adnoddau rhwng y sectorau cyhoeddus a phreifat a ddangosir yn Ffigur 43.1.

Termau allweddol

Economi cymysg – economi lle mae mecanwaith y farchnad rydd a phroses gynllunio y llywodraeth yn dyrannu cyfrannau sylweddol o gyfanswm yr adnoddau.

Economeg gymhwysol

Sweden

Yn 1932 daeth Plaid Ddemocrataidd Sweden i rym gan greu model o economi cymysg sydd wedi ennill edmygedd economegwyr asgell chwith byth ers hynny. Mae economi Sweden ar un eithaf o'r model economi cymysg. Yn 1993 cyrhaeddodd gwariant cyhoeddus fel cyfran o CMC uchafbwynt o 73% yn y cyfnod ar ôl yr Ail Ryfel Byd a hynny yn nyfnder enciliad. Yn rhan gyntaf y 2000au sefydlogodd rhwng 57 a 58%, fel y gwelir yn Ffigur 43.2. Dros yr hanner can mlynedd diwethaf, mae'r sector cyhoeddus yn Sweden wedi rhoi cyfran uwch o CMC i wariant y llywodraeth nag unrhyw un o wledydd eraill yr *OECD*. Yn 2004 fel y gwelir yn Ffigur 43.3, roedd gwariant y llywodraeth yn 57.1% o CMC, sef mwy na hanner yn fwy eto nag UDA a thraean yn fwy na'r DU.

Mae gwariant y llywodraeth fel canran o CMC wedi newid dros amser. Yn rhan gyntaf yr 1970au roedd tua 45%. Fodd bynnag, achosodd dau ffactor iddo gynyddu'n sylweddol. Yn gyntaf, roedd pwysau parhaol tuag i fyny ar wariant cyhoeddus ac roedd llywodraeth Sweden yn ei chael hi'n anodd gwrthsefyll hyn. Yn ail, arweiniodd dwy sioc olew fawr 1974-75 ac 1979-80 at enciliadau ledled y Byd Gorllewinol, gyda chodiadau sydyn mewn diweithdra. Yn wahanol i nifer o wledydd, mabwysiadodd Sweden bolisïau rheoli galw Keynesaidd i leihau diweithdra. Cynyddodd wariant cyhoeddus i greu swyddi. Gwariwyd symiau sylweddol o arian hefyd ar gynlluniau creu swyddi ac ailhyfforddi'r di-waith. Yn ystod yr 1970au a'r 1980au, tra oedd economïau eraill yn wynebu lefelau uchel iawn o ddiweithdra, llwyddodd llywodraeth Sweden i gadw diweithdra'n isel rhwng 2% a 3%.

Roedd yn rhaid i'r cynydd yng ngwariant y llywodraeth gael ei ariannu a Sweden oedd un o'r economïau â'r trethiant uchaf yn y byd. Yn 1991 etholwyd y llywodraeth asgell dde gyntaf ers yr 1930au wrth i etholwyr ddangos eu hanfodlonrwydd. Ar y pryd, roedd yr economi'n dechrau mynd i enciliad. Gwrthododd y llywodraeth gynyddu gwariant cyhoeddus i lefel a fyddai wedi cadw diweithdra'n gymharol isel. O ganlyniad, gwelwyd diweithdra'n pedryblu. Er hynny, cynyddodd gwariant y llywodraeth fel cyfran o CMC i 72% yn 1993, yn rhannol oherwydd cynnydd yn y gwariant ar fudd-daliadau a hyfforddiant i'r di-waith, ac yn rhannol am fod CMC ei hun wedi gostwng bob blwyddyn rhwng 1991 ac 1993. Fodd bynnag, roedd y llywodraeth wedi ymrwymo i gwtogi ar ddylanwad y wladwriaeth, gostwng rhaglenni gwariant a lleihau'r baich trethi. Bu gweddill yr 1990au yn gyfnod o reolaeth dynn ar wariant cyhoeddus ac roedd hynny, ynghyd â CMC yn cynyddu, wedi arwain at ostyngiadau olynol mewn gwariant cyhoeddus fel cyfran o CMC.

Er hynny, yn hanner cyntaf y 2000au, roedd Sweden yn dal i fod â'r gyfran uchaf o wariant y llywodraeth fel cyfran o CMC ymhlith gwledydd diwydiannol. Mae ei gwladwriaeth les yn eithriadol o hael. Mae'r henoed, yr ifanc a'r tlawd yn derbyn cymysgedd o fudd-daliadau sy'n

edrych yn hynod o hael o'u cymharu â gwariant yn UDA neu'r DU, dyweder. Mae gan ferched yr hawl i gael gofal meithrinfa am ddim i'w plant os ydynt yn mynd allan i weithio. Mae hyn yn annog merched Sweden i barhau â'u gyrfaoedd amser llawn pan fyddant yn cael plant. Hefyd, mae trethi uchel yn golygu nad oes gan gartrefi sydd ag un person yn unig yn gweithio, yr un incwm gwario â chartrefi tebyg yn y DU neu UDA. Rhaid i ferched fynd allan i weithio i gynnal safon uchel o fyw.

Mae'r sawl sy'n beirniadu model Sweden yn dweud bod trethi uchel wedi gostwng cymhellion i weithio ac wedi achosi i gyfalaf adael y wlad. Mae cwmnïau yn Sweden wedi mynd i'r wal oherwydd costau uchel neu wedi adleoli y tu allan i'r wlad. Dydy'r sefyllfa ddim yn hybu cwmnïau

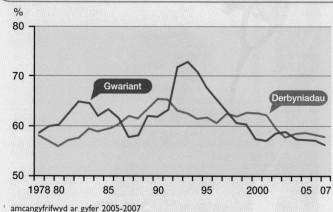

Ffigur 43.2 Sweden: gwariant a derbyniadau cyhoeddus fel canran o CMC[1]

[1] amcangyfrifwyd ar gyfer 2005-2007
Ffynhonnell: addaswyd o *Economic Outlook, OECD*.

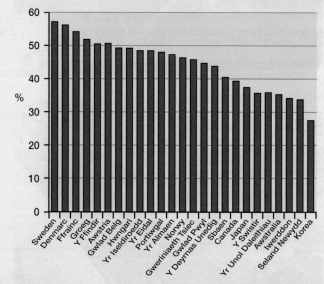

Ffigur 43.3 Gwariant y llywodraeth fel canran o CMC, 2004

Ffynhonnell: addaswyd o *Economic Outlook, OECD*.

tramor i fuddsoddi yn Sweden. Yn 1970 roedd CMC y pen yn Sweden y trydydd uchaf yn y byd, wedi'i fesur yn ôl cyfraddau paredd gallu prynu. Erbyn 1998 roedd wedi syrthio i safle 27. Fodd bynnag, ar ôl dod allan o enciliad yn 1994, roedd cyfradd twf Sweden yn debyg i gyfartaledd y gwledydd diwydiannol. Achosodd y gwelliant hwn mewn perfformiad economaidd i Sweden godi i safle 13 yn y byd o ran CMC y pen yn ôl cyfraddau paredd gallu prynu. Mae llywodraeth Sweden wedi dod yn fwy sensitif o lawer i anghenion busnes ac wedi mabwysiadu polisïau sy'n ceisio hybu buddsoddiant yn y wlad. Ar yr un pryd, dydy'r mwyafrif o etholwyr Sweden ddim eisiau gweld eu gwladwriaeth les yn datgymalu. Mae Sweden yn debygol o barhau ar un eithaf o'r model economi cymysg.

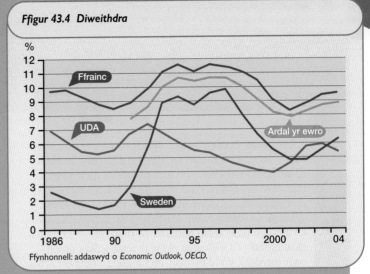

Ffigur 43.4 Diweithdra

Ffynhonnell: addaswyd o *Economic Outlook*, OECD.

Ffrainc

Gwladwriaeth les Ffrainc

Mae gan Ffrainc wladwriaeth les fawr. Y wladwriaeth sy'n talu am addysg, o'r ddarpariaeth feithrin i'r prifysgolion. Caiff gofal meddygol ei ariannu drwy system gymhleth o gynlluniau yswiriant gyda chyflogwyr yn talu amdanynt yn bennaf. Fodd bynnag, mae'r wladwriaeth yn darparu rhwyd ddiogelwch ar gyfer unrhyw rai nad ydynt mewn cynllun yswiriant, yn enwedig y tlawd a'r henoed. Mae llywodraeth leol yn landlord o bwys, yn cynnig cartrefi am renti rhesymol. Mae llai na 50% o bobl Ffrainc yn berchen ar eu cartrefi eu hunain, gan nad yw hynny'n flaenoriaeth fawr yn y wlad.

Mae yna hefyd gynllun pensiwn gwladwriaethol sy'n cynnig pensiynau o 50% o'r cyflog i weithwyr sydd wedi talu cyfraniadau am 37½ o flynyddoedd. Mae beirniaid yn dweud bod hyn yn rhy hael i gwrdd â gofynion poblogaeth sy'n heneiddio'n gyflym. Mae'r cynllun yn system rheoli arian. Mae hyn yn golygu bod y cyfraniadau i'r cynllun a wneir gan weithwyr heddiw yn cael eu defnyddio i dalu pensiynau heddiw. Does dim cronfa o gynilion yn y cynllun i dalu pensiynwyr y dyfodol. Gyda nifer y gweithwyr i bensiynwyr yn gostwng yn gyflym, bydd yn rhaid i gyfraniadau pensiwn gan weithwyr godi'n sydyn i ariannu'r cynllun. Mae llywodraeth Ffrainc wedi gwybod am y broblem hon ers tro byd, ond nid yw wedi mynd i'r afael â hi. Byddai newid y cynllun yn amhoblogaidd iawn ymhlith pensiynwyr heddiw a phensiynwyr y dyfodol. Fodd bynnag, byddai'r llywodraeth yn hoffi gweld gweithwyr Ffrainc yn dechrau mwy o gynlluniau pensiwn preifat a chynilo ar gyfer eu hymddeoliad. Pe bai'n rhaid cwtogi ar fudd-daliadau'r cynllun gwladwriaethol, byddai hynny o leiaf yn lleihau'r ergyd i rai gweithwyr Ffrengig o leiaf.

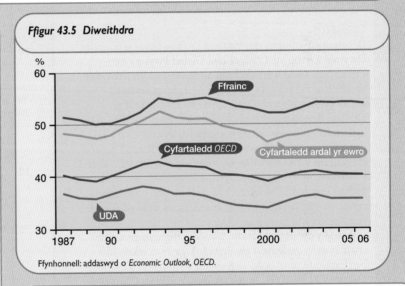

Ffigur 43.5 Diweithdra

Ffynhonnell: addaswyd o *Economic Outlook*, OECD.

Terfysgoedd

Yn Hydref 2005, bu terfysgu difrifol ym Mharis a dinasoedd eraill yn Ffrainc gan ieuenctid ifanc ac anfodlon o leiafrifoedd ethnig. Wrth wraidd y broblem oedd diweithdra uchel iawn ymhlith y grŵp penodol hwn, a'r ffaith bod aelodau o leiafrifoedd ethnig sy'n gymharol dlawd yn tueddu i fyw yn yr hyn nad yw'n ddim gwell na maestrefi geto y dinasoedd mawr. Ymateb awdurdodau Ffrainc oedd cynyddu'r arian i ddelio â phroblemau canfyddedig y bobl ifanc hyn sef tlodi, diffyg addysg a diffyg swyddi. Fodd bynnag, roedd beirniaid yn dadlau bod ymateb nodweddiadol Ffrainc o daflu arian cyhoeddus at broblem pan ddeuai'n fater gwleidyddol difrifol yn amhriodol. Roeddent yn dadlau mai trethi uchel oedd yn rhannol gyfrifol am y lefel uchel o ddiweithdra. Doedd hynny ddim yn hybu menter, buddsoddiant o'r tu allan na chyflogaeth. Byddai torri maint sector cyhoeddus Ffrainc yn sylweddol yn creu swyddi ac yn lleihau diweithdra.

---

1. 'Mae Ffrainc yn economi cymysg.' Eglurwch ystyr hyn, gan ddefnyddio enghreifftiau o'r data i egluro eich ateb.

2. I ba raddau y gallai (a) preifateiddio a (b) ariannu pensiynau trwy gynlluniau pensiwn preifat wyro economi Ffrainc tuag at fod yn economi masnach rydd?

Economeg gymhwysol

Y broblem economaidd sylfaenol

Mae system economaidd yn ffordd o ddatrys y broblem economaidd sylfaenol – prinder adnoddau mewn byd lle mae chwant pobl yn ddiderfyn. Bu'r Undeb Sofietaidd yn economi gorfodol ers rhan gyntaf yr 1930au, yn dilyn cyfunoli amaethyddiaeth. Daeth gwledydd Dwyrain Ewrop a China yn economïau gorfodol yn rhan olaf yr 1940au a rhan gyntaf yr 1950au, ar ôl i'w llywodraethau droi'n gomiwnyddol. Fodd bynnag, dechreuodd China o 1978 a gwledydd yr hen Undeb Sofietaidd a Dwyrain Ewrop o ddechrau'r 1990au, y broses o drawsnewid yn ôl o economïau gorfodol i fod yn economïau mwy cyfeiriedig at y farchnad. Sut y gall economi droi o fod yn economi cynlluniedig i fod, dyweder, yn economi cymysg a pha gostau fydd i'w cael yng nghyfnod y trawsnewid?

Cynnyrch

Dechreuodd y broses drawsnewid i'r rhan fwyaf o wledydd Dwyrain Ewrop yn 1990, er bod Gwlad Pwyl a'r hen Undeb Sofietaidd wedi dechrau ailstrwythuro yn rhan olaf yr 1980au. Fel y gwelir yn Ffigur 44.1, bu gostyngiad mewn cynnyrch yn ôl mesur CMC yn rhan gyntaf yr 1990au. Roedd y gostyngiad cyfartalog bron yn 30%. Mae hyn yn fwy o lawer na'r hyn a gafwyd, dyweder, yn y DU neu UDA yn ystod Dirwasgiad Mawr yr 1930au. Yn ystod enciliad hir y DU yn 1990-92, a welodd diweithdra'n dyblu i 3 miliwn, gostyngodd cynnyrch 2.7% rhwng ail chwarter 1990 a thrydydd chwarter 1992. Felly, roedd gostyngiad cynnyrch yn Nwyrain Ewrop ar raddfa na welwyd erioed yng Ngorllewin Ewrop ac UDA.

Roedd y cyfartaledd hwn yn cuddio ffigurau gwahanol iawn ar gyfer gwledydd gwahanol. Y grŵp o wledydd a berfformiodd orau oedd yr 8 gwlad a ymunodd â'r Undeb Ewropeaidd yn 2004. Ar gyfartaledd, roedd eu CMC nhw 25.6% yn uwch yn 2004 nag yn 1989, fel y gwelir yn Ffigur 44.2. Y gwledydd a berfformiodd waethaf oedd y rhai a enillodd annibyniaeth o'r Undeb Sofietaidd, ac a ffurfiodd Gymanwlad y Gwladwriaethau Annibynnol (CIS).

Mae bron yn anochel y bydd trawsnewid o strwythur gorfodol i strwythur marchnad yn gostwng cynnyrch i ddechrau. Mewn strwythur gorfodol, cynllunwyr canolog fu'n penderfynu pa nwyddau oedd i'w cynhyrchu, sut, ble, gan bwy, a phwy oedd i dderbyn y nwyddau hynny. Mewn economi marchnad, cwsmeriaid a chwmnïau sy'n gwneud y penderfyniadau hyn. Felly, mewn economi gorfodol, gall y cynllunwyr benderfynu y caiff 500 000 o geir eu gwneud bob blwyddyn, mewn dau fodel, i gyd yn yr un ffatri. Dim ond ceir a wnaed yn y wlad honno all gael eu gwerthu yn y wlad. Mewn economi marchnad, gall rhai defnyddwyr benderfynu bod yn well ganddynt geir a fewnforiwyd er eu bod yn ddrutach. Os gall yr hen gynhyrchydd mewnol werthu 300 000 yn unig o geir y flwyddyn nawr, bydd

angen llai o weithwyr arno a llai o ddefnyddiau crai, a bydd angen llai o brynu cyfarpar i gymryd lle hen gyfarpar. Bydd hyn yn cael sgil-effeithiau (neu effeithiau lluosydd) ledled yr economi. Bydd cyfanswm y cynnyrch yn gostwng wrth i adnoddau fod yn segur. Bydd CMC yn parhau i fod yn is nag o'r blaen hyd nes y bydd cwmnïau newydd yn dechrau neu y bydd cwmnïau presennol yn ehangu.

Yn China, mae'r trawsnewid wedi bod yn hirach o lawer, gan gwmpasu'r cyfnod o 1978 hyd at heddiw. I ddechrau, roedd diwygio economaidd wedi'i gyfyngu i ardaloedd daearyddol cymharol fach ar arfordir dwyreiniol China, ac yn arbennig talaith Guangdong ger Hong Kong. O

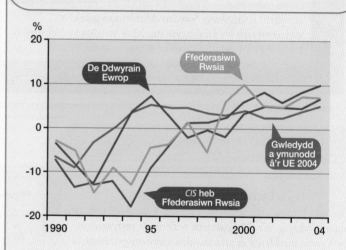

Ffigur 44.1 Twf economaidd mewn economïau sy'n trawsnewid[1]: newid % blynyddol mewn CMC real

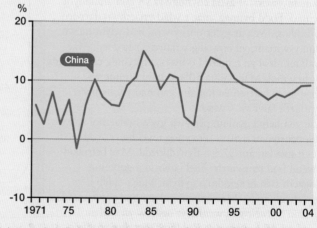

[1] Am enwau gwledydd mewn grwpiau rhanbarthol gwahanol, gweler Ffigur 44.2.

Ffynhonnell: addaswyd o *Economic Survey of Europe*, Cenhedloedd Unedig; http://unstats.un.org/unsd/snaama/dnllist.asp.

Ffigur 44.2 Indecs CMC real: 2004 o'i chymharu ag 1989

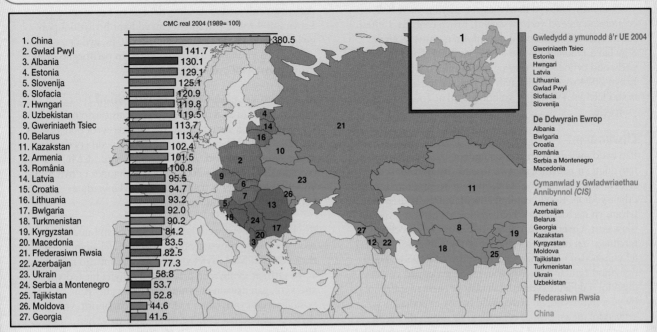

CMC real 2004 (1989= 100)

1. China	380.5
2. Gwlad Pwyl	141.7
3. Albania	130.1
4. Estonia	129.1
5. Slovenija	125.1
6. Slofacia	120.9
7. Hwngari	119.8
8. Uzbekistan	119.5
9. Gweriniaeth Tsiec	113.7
10. Belarus	113.4
11. Kazakstan	102.4
12. Armenia	101.5
13. România	100.8
14. Latvia	95.5
15. Croatia	94.7
16. Lithuania	93.2
17. Bwlgaria	92.0
18. Turkmenistan	90.2
19. Kyrgyzstan	84.2
20. Macedonia	83.5
21. Ffederasiwn Rwsia	82.5
22. Azerbaijan	77.3
23. Ukrain	58.8
24. Serbia a Montenegro	53.7
25. Tajikistan	52.8
26. Moldova	44.6
27. Georgia	41.5

Gwledydd a ymunodd â'r UE 2004
Gweriniaeth Tsiec
Estonia
Hwngari
Latvia
Lithuania
Gwlad Pwyl
Slofacia
Slovenija

De Ddwyrain Ewrop
Albania
Bwlgaria
Croatia
România
Serbia a Montenegro
Macedonia

Cymanwlad y Gwladwriaethau Annibynnol (CIS)
Armenia
Azerbaijan
Belarus
Georgia
Kazakstan
Kyrgyzstan
Moldova
Tajikistan
Turkmenistan
Ukrain
Uzbekistan

Ffederasiwn Rwsia

China

Ffynhonnell: addaswyd o *Economic Survey of Europe*, Cenhedloedd Unedig; http://unstats.un.org/unsd/snaama/dnllist.asp.

Ffigur 44.3 Yr economi anffurfiol mewn economïau sy'n trawsnewid, % o CMC, 2002-2003

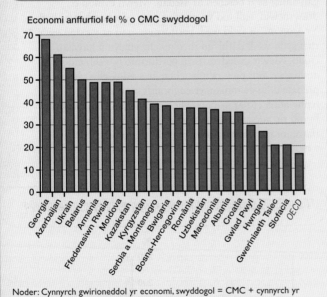

Economi anffurfiol fel % o CMC swyddogol

Georgia, Azerbaijan, Ukrain, Belarus, Armenia, Ffederasiwn Rwsia, Moldova, Kazakstan, Kyrgyzstan, Serbia a Montenegro, Bwlgaria, Bosna-Hercegovina, România, Uzbekistan, Macedonia, Albania, Croatia, Gwlad Pwyl, Hwngari, Gweriniaeth Tsiec, Slofacia, OECD

Noder: Cynnyrch gwirioneddol yr economi, swyddogol = CMC + cynnyrch yr economi anffurfiol.
Ffynhonnell: addaswyd o *Economic Survey of Europe*, Cenhedloedd Unedig.

gwaetha'r ffaith ei bod wedi tyfu mor gyflym.

Dylid gofalu wrth ymdrin â'r data yn Ffigurau 44.1 a 44.2. Mae trawsnewid yn tueddu i achosi cynnydd mawr ym maint yr economi anffurfiol (☞ uned 25). Mae Ffigur 44.3, er enghraifft, yn dangos bod gan Georgia, a ddioddefodd y gostyngiad mwyaf mewn CMC swyddogol dros y cyfnod 1989-2004, yr economi anffurfiol mwyaf ymhlith gwledydd yr hen floc Dwyreiniol yn 2003. Mae economïau anffurfiol yn bodoli mewn gwledydd datblygedig fel y DU hefyd. 15% o CMC oedd maint cyfartalog yr economi anffurfiol yng ngwledydd datblygedig yr *OECD* yn 2003.

Diweithdra

Roedd hi'n anochel bod y gostyngiadau mawr mewn cynnyrch a welir mewn rhannau o Ffigurau 44.1 a 44.2 wedi arwain at godiadau sydyn mewn diweithdra. Pan oedd gan wledydd Dwyrain Ewrop economïau gorfodol, un o'u cryfderau oedd bod yr economïau yn llwyddo i sicrhau nad oedd braidd dim diweithdra. Arweiniodd symud i system farchnad at golli llawer o lafur. Yn gyntaf, mae nifer o gwmnïau wedi mynd i'r wal. Mae ffatrïoedd a gweithfeydd wedi'u cau a'u gweithwyr wedi mynd ar y clwt. Yn ail, mae cwmnïau wedi'u gorfodi i fod yn fwy effeithlon, yn enwedig os ydynt nawr yn cystadlu mewn sectorau o'r economi sy'n agored i gystadleuaeth gan fewnforion o gwmnïau'r Gorllewin. Gellir cynyddu effeithlonrwydd yn rhwydd drwy gael gwared â llafur a gwneud i'r gweithlu sy'n weddill weithio'n galetach ac yn fwy cynhyrchiol.

Mae Ffigur 44.4 yn dangos y newidiadau blwyddyn ar flwyddyn mewn cyflogaeth yn sector ffurfiol yr economi. Pan fydd cyflogaeth yn gostwng, bydd gweithwyr naill ai'n ddi-waith neu'n cael swyddi yn y sector anffurfiol. Mae patrwm cyflogaeth yn adlewyrchu'r hyn a ddigwyddodd i

ganlyniad, ni chafwyd y gostyngiadau mawr mewn cynnyrch a gafodd Dwyrain Ewrop a'r hen Undeb Sofietaidd yn rhan gyntaf yr 1990au, fel y gwelir yn Ffigur 44.1. Fodd bynnag, gellir dadlau nad yw China wedi'i thrawsnewid yn economi marchnad i'r un graddau â Gwlad Pwyl dyweder, neu hyd yn oed Ffederasiwn Rwsia, er

CMC. Yn rhan gyntaf yr 1990au, pan oedd ailstrwythuro yn ei anterth, collwyd llawer iawn o swyddi yn yr holl economïau a oedd yn trawsnewid. Erbyn canol yr 1990au roedd cyflogaeth yn codi a diweithdra'n gostwng yn yr 8 gwlad a fyddai'n ymuno â'r UE yn 2004. Fodd bynnag, parhaodd cyflogaeth i ostwng mewn nifer o wledydd eraill. Erbyn 2004 roedd cyflogaeth yn y sector ffurfiol yn dal yn is na'i lefel yn 1989 bron ymhob gwlad ac roedd diweithdra yn uwch.

Chwyddiant

Pan oedd gwledydd yn economïau gorfodol, dosbarthwyd nwyddau yn bedwar categori. Roedd rhai nwyddau, fel iechyd, addysg ac o bosibl tai, yn rhad ac am ddim i ddinasyddion. Roedd eraill, fel bwyd, teithio ar drên neu lyfrau, yn derbyn cymorthdaliadau ac yn cael eu gwerthu islaw cost. Gwerthwyd rhai nwyddau am brisiau clirio'r farchnad. Yn olaf, roedd rhai nwyddau'n amhosibl eu cael, fel y mwyafrif o nwyddau a gynhyrchwyd dramor. Yng nghyfnod cynnar y trawsnewid, roedd gwledydd yn dueddol o ddileu'r cymorthdaliadau ar eitemau sylfaenol fel bwyd a thanwydd, ac arweiniodd hynny at godiadau sylweddol mewn prisiau cyfartalog. Er mwyn digolledu gweithwyr, caniatawyd yn aml i gyflogau godi'n sylweddol, ac arweiniodd hynny at gynnydd mewn costau a chodiadau pellach mewn prisiau gan gynhyrchwyr.

Ymateb llywodraethau a banciau canolog i'r codiadau mawr hyn mewn prisiau oedd argraffu arian yn hytrach na chynnal polisïau ariannol tynn. Gwnaethon nhw hyn gan y byddai cael polisïau ariannol tynn wedi arwain at fwy byth o ddiweithdra a gostyngiadau mewn CMC. O ganlyniad, dioddefodd nifer o economïau a oedd yn trawsnewid gyfnodau o orchwyddiant, fel y gwelir yn Ffigur 44.5. Yn ail hanner yr 1990au roedd gwledydd yn dueddol o gynnal

polisïau ariannol mwy caeth, gan ostwng chwyddiant ond derbyn y canlyniadau datchwyddol ar eu heconomïau. Erbyn 2004 roedd cyfraddau chwyddiant blynyddol pob gwlad a oedd yn trawsnewid yn is na 20%, gyda'r gwledydd a ymunodd â'r UE yn 2004 yn perfformio orau gyda chwyddiant cyfartalog dan 5%.

Ffactorau yn effeithio ar berfformiad

Mae economïau sy'n trawsnewid wedi amrywio'n fawr o ran perfformiad. Ar un eithaf, mae China wedi bod yn tyfu tua 10% y flwyddyn dros fwy na 25 mlynedd ers dechrau ei phroses drawsnewid. Ar y llaw arall, roedd CMC swyddogol Georgia yn 2004 yn llai na hanner yr hyn a fu yn 1989. Mae nifer o ffactorau wedi dylanwadu ar berfformiad yr economïau hyn.

Rhyfel Mae rhyfel wedi bod yn un broblem i nifer o economïau sy'n trawsnewid, naill ai'n rhyfel allanol neu'n rhyfel cartref. Mae rhyfel yn arwain at ddinistrio adnoddau ac yn tarfu ar gynhyrchu arferol. Gall rhyfel hir fod yn andwyol, gan arwain at symudiad mawr yn y ffin posibilrwydd cynhyrchu i'r chwith. Er enghraifft, yn ystod rhyfel cyntaf Serbia gyda'i chymdogion yn yr hen Iwgoslafia, gostyngodd ei CMC 59% erbyn 1993 o'i gymharu â'i lefel yn 1989. Yn ei rhyfel gyda Kosovo yn 1999, gostyngodd CMC 18%. Dioddefodd Georgia ryfel cartref a ddifrododd ei heconomi.

Hawliau eiddo Mewn economi gorfodol, y wladwriaeth gan amlaf sy'n berchen ar asedau. Mewn cyfnod o drawsnewid, gall fod yn aneglur pwy sy'n berchen ar beth. Yr economïau sydd wedi perfformio orau ar y cyfan yw'r rhai sydd wedi datblygu rheolau clir ynglŷn â hawliau eiddo. Mewn gwledydd sy'n perfformio'n wael, nid yw'n amlwg yn aml pwy sy'n berchen ar ased. Gellir preifateiddio cwmnïau, er enghraifft, ond cânt eu hailwladoli eto ar sail manylion technegol. Gall cwmni brynu tir, adeiladu ffatri arno ac yna colli rheolaeth ar y ffatri am fod rhywun arall yn gallu cipio perchenogaeth y tir.

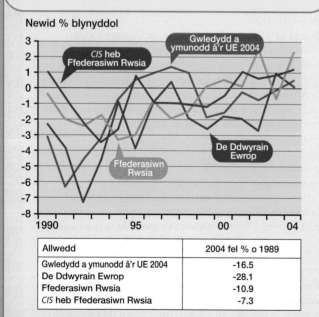

Ffigur 44.4 Cyflogaeth mewn economïau sy'n trawnewid

Newid % blynyddol

CIS heb Ffederasiwn Rwsia
Gwledydd a ymunodd â'r UE 2004
Ffederasiwn Rwsia
De Ddwyrain Ewrop

Allwedd	2004 fel % o 1989
Gwledydd a ymunodd â'r UE 2004	-16.5
De Ddwyrain Ewrop	-28.1
Ffederasiwn Rwsia	-10.9
CIS heb Ffederasiwn Rwsia	-7.3

Ffynhonnell: addaswyd o *Economic Survey of Europe*, Cenhedloedd Unedig.

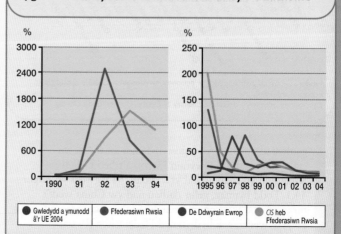

Ffigur 44.5 Chwyddiant mewn economïau sy'n trawsnewid

● Gwledydd a ymunodd â'r UE 2004   ● Ffederasiwn Rwsia   ● De Ddwyrain Ewrop   ● *CIS* heb Ffederasiwn Rwsia

Ffynhonnell: addaswyd o *Economic Survey of Europe*, Cenhedloedd Unedig.

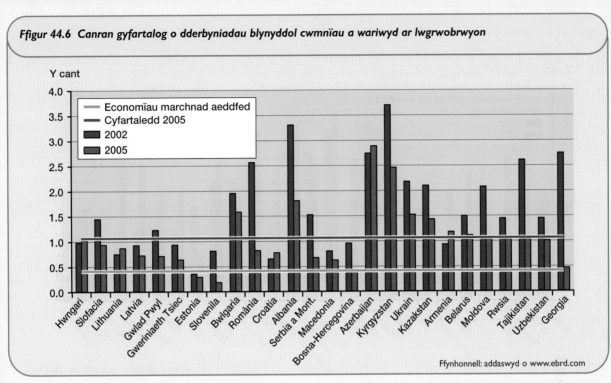

Ffigur 44.6 *Canran gyfartalog o dderbyniadau blynyddol cwmnïau a wariwyd ar lwgrwobrwyon*

Preifateiddio Gwerthu asedau sydd dan berchenogaeth y wladwriaeth i'r sector preifat yw preifateiddio. Mewn economi cymysg (☞ uned 43) mae'r sector preifat fel rheol yn cynhyrchu 50% neu fwy o'r CMC. Felly, mae symud o economi gorfodol i economi cymysg yn gofyn am werthu neu drosglwyddo asedau sydd dan berchenogaeth y wladwriaeth i'r sector preifat. Mae rhai gwledydd fel Gwlad Pwyl a Gweriniaeth Tsiec wedi bod yn llwyddiannus wrth wneud y trosglwyddo hwn. Mae eraill, gan gynnwys Ffederasiwn Rwsia a China, wedi bod yn llai llwyddiannus. Yn Rwsia, ailwladolwyd llawer o'r diwydiant olew a oedd wedi'i breifateiddio. Yn China mae'r wladwriaeth yn dal i fod yn berchen ar lawer o ddiwydiant trwm. Y broblem gyda mentrau sydd dan berchenogaeth y wladwriaeth yw eu bod yn tueddu i fod yn llai effeithlon na rhai wedi'u preifateiddio, gyda chostau uwch a llai o fuddsoddiant. Mae llywodraethau yn aml yn amharod i breifateiddio am fod hynny'n lleihau eu rheolaeth ar yr economi a'i adnoddau, ac am fod preifateiddio yn aml yn golygu diswyddo gweithwyr a chau ffatrïoedd a gweithfeydd.

Mynediad at gyllid Mewn economi iach mae gan gwmnïau o bob maint fynediad at gyllid mewn rhannau gwahanol o'r wlad. Mewn economïau sy'n trawsnewid mae cwmnïau bach, gan gynnwys rhai sy'n dechrau o'r newydd, a chwmnïau sydd ymhell o'r brifddinas yn aml yn cael trafferth i sicrhau cyllid. Mewn cymhariaeth, gall fod gan fentrau mawr aneffeithlon sydd dan berchenogaeth y wladwriaeth fynediad cymharol hawdd at gyllid. Mae hyn yn arafu twf am nad yw cwmnïau sydd â'r potensial i sicrhau mwy o effeithlonrwydd a thwf cyflymach yn gallu gweithredu neu ariannu ehangiad oherwydd diffyg arian, tra bo cwmnïau sy'n llai effeithlon ac na fyddant yn tyfu yn cael mynediad at yr arian hwnnw.

Llwgrwobrwyo a llygredd Mae llwgrwobrwyo a llygredd *(corruption)* yn broblem fawr mewn nifer o wledydd sy'n trawsnewid gan gynnwys China. Roedd llwgrwobrwyo a llygredd yn rhan nodweddiadol o fywyd mewn economïau gorfodol. Gan mai biwrocratiaid yn hytrach na'r farchnad yn aml oedd yn dogni adnoddau, roedd talu biwrocratiaid am ffafrau yn creu lled-farchnadoedd am nwyddau a gwasanaethau. Roedd gan fiwrocratiaid reswm da dros dderbyn llwgrwobrwyon am fod eu cyflogau yn aml yn isel iawn. Yn yr un modd, roedd llygredd yn galluogi uwch aelodau o'r llywodraeth i gasglu ffortiynau mawr. Dyma enghraifft o fethiant llywodraethol. Mae pŵer yn galluogi aelodau o'r llywodraeth a swyddogion i godi rhenti o weithgareddau economaidd. Gallant fwynhau safon uwch o fyw drwy weithgareddau codi rhent na thrwy hyrwyddo llywodraeth effeithlon ac economi sy'n tyfu. Mae Ffigur 44.6 yn dangos y ganran o dderbyniadau blynyddol cwmnïau a wariwyd ar lwgrwobrwyon mewn gwahanol wledydd. Noder bod llwgrwobrwyon yn nodwedd o rai economïau marchnad aeddfed hefyd.

Fframwaith rheoliadol Yn y DU mae cwmnïau'n cwyno am yr holl 'dâp coch' y mae'n rhaid iddynt gydymffurfio ag ef. Mewn economïau sy'n trawsnewid mae tâp coch o'r fath fel rheol yn waeth o lawer, gan ei bod yn anodd torri trwyddo a hefyd am mai ychydig iawn o werth economaidd neu gymdeithasol sydd i lawer ohono. Mae rheoliadau trwm hefyd yn ei gwneud hi'n haws i lwgrwobrwyo a llygredd ffynnu. Mae Ffigur 44.7 yn cymharu faint o amser y mae'n rhaid i uwch reolwyr dreulio yn delio â swyddogion cyhoeddus, sy'n arwydd o faint o dâp coch sydd mewn economi.

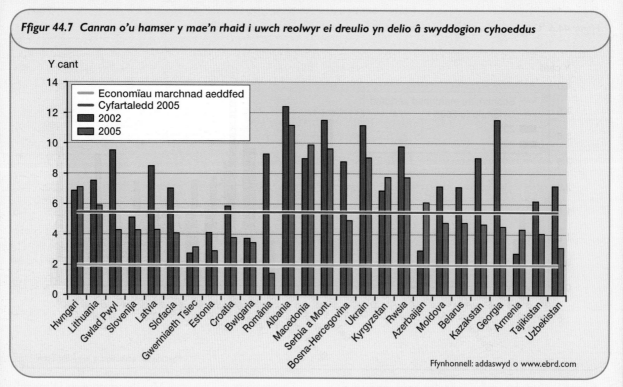

Ffigur 44.7 *Canran o'u hamser y mae'n rhaid i uwch reolwyr ei dreulio yn delio â swyddogion cyhoeddus*

Y cant

Economïau marchnad aeddfed
Cyfartaledd 2005
2002
2005

Hwngari, Lithuania, Gwlad Pwyl, Slovenija, Latvia, Slofacia, Gweriniaeth Tsiec, Estonia, Croatia, Bwlgaria, România, Albania, Macedonia, Serbia a Mont., Bosna-Hercegovina, Ukrain, Kyrgyzstan, Rwsia, Azerbaijan, Moldova, Belarus, Kazakstan, Georgia, Armenia, Tajikistan, Uzbekistan

Ffynhonnell: addaswyd o www.ebrd.com

Cystadleuaeth

Mae economeg neo-glasurol yn awgrymu bod cystadleuaeth yn cynyddu effeithlonrwydd. Mewn gwledydd sy'n trawsnewid mae cwmnïau sydd fwyaf effeithlon o ran y gost isaf (effeithlonrwydd cynhyrchiol) ac sy'n tyfu gyflymaf yn dueddol o fod mewn marchnadoedd lle maent yn wynebu cystadleuaeth. Gall hyn fod yn gystadleuaeth fewnol gan gwmnïau eraill yn y wlad, neu'n gystadleuaeth ryngwladol. Lle mae cwmnïau gwladwriaethol yn parhau i fodoli, yn aml mae ganddynt raddau o bŵer monopoli sy'n gwarchod eu haneffeithlonrwydd.

Bod yn agored i fasnach a buddsoddiant tramor

O'r economïau sy'n trawsnewid y rhai sydd wedi bod fwyaf agored i fasnach ac i fuddsoddiant tramor sydd wedi tueddu i dyfu gyflymaf. Er enghraifft, ni allai China fod wedi tyfu mor gyflym heb gystadlu mewn marchnadoedd allforion a chael mewnlifau mawr o fuddsoddiant tramor. Mae Ffigur 44.8 yn dangos bod cynhyrchedd (cynnyrch am bob gweithiwr) mewn economïau sy'n trawsnewid ar ei uchaf mewn cwmnïau sydd dan berchenogaeth dramor, ac ar ei isaf mewn cwmnïau sydd dan berchenogaeth y wladwriaeth.

Sefydlogrwydd macro-economaidd

Mae sefydlogrwydd macro-economaidd, fel chwyddiant isel a chyfrif cyfredol hydrin, yn helpu cwmnïau i gynllunio a thyfu. Mae ansefydlogrwydd macro-economaidd, fel gorchwyddiant, neu gredyd allforion yn dod i ben oherwydd argyfwng ariannau tramor, yn amharu'n ddifrifol ar allu cwmnïau i gynllunio ac ariannu cynhyrchu a gwerthiant.

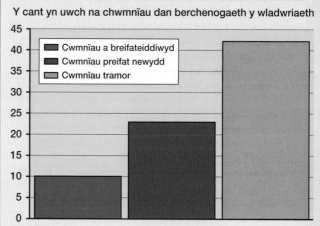

Ffigur 44.8 *Cynhyrchedd mewn gwahanol fathau o gwmnïau mewn economïau sy'n trawsnewid o'u cymharu â chwmnïau dan berchenogaeth y wladwriaeth[1], 2004*

Y cant yn uwch na chwmnïau dan berchenogaeth y wladwriaeth

Cwmnïau a breifateiddiwyd
Cwmnïau preifat newydd
Cwmnïau tramor

[1] Er enghraifft, roedd cynhyrchedd mewn cwmnïau a breifateiddiwyd 10% yn uwch na chynhyrchedd cwmnïau dan berchenogaeth y wladwriaeth.
Ffynhonnell: addaswyd o www.ebrd.com

Trethi a chymorth llywodraeth

Gall trethi, gwariant y llywodraeth a chymorth i fusnes chwarae rhan allweddol. Mae rhai economïau sy'n trawsnewid wedi mabwysiadu trethi isel i ddenu buddsoddiant tramor. Mae Estonia, er enghraifft, wedi cael twf cyflym ar sail trethi isel, yn rhannol oherwydd iddi lwyddo i ddenu swyddi i ffwrdd o'r Ffindir gyfagos sydd â threthi uchel. Roedd cychwyniad twf uchel China yn rhan olaf yr 1970au a'r 1980au wedi digwydd yn Nhalaith Guangdong, a fanteisiai ar drethi cymharol isel o'i chymharu â gweddill China. Gall cymorth llywodraeth i fusnes, fel darparu benthyciadau cost isel, fod yn bwysig hefyd.

Aelodaeth o'r UE Erbyn 2006 roedd wyth o'r hen economïau gorfodol yn Nwyrain Ewrop wedi ymuno â'r UE. Mae'r wyth wedi bod ymhlith y gwledydd sy'n trawsnewid sydd wedi perfformio orau. Daw tair mantais bwysig iddynt yn sgil aelodaeth o'r UE. Yn gyntaf, dim ond os yw eu deddfau a'u sefydliadau yn cydymffurfio â safonau'r UE y bydd yr UE yn derbyn aelodau newydd. Mae hynny'n rhoi cymhelliad cryf i wledydd sydd am

ymuno i wneud diwygiadau angenrheidiol. Yn ail, mae aelodaeth o'r UE yn agor eu heconomïau i gystadleuaeth. Yn nodweddiadol, bydd eu llafur rhad yn rhoi mantais gystadleuol iddynt ym maes allforion. Rhaid i gwmnïau mewnol sy'n cystadlu yn erbyn mewnforion godi safonau eu cynhyrchion a'u cynhyrchedd i oroesi. Yn drydydd, bydd yr UE yn rhoi cymorth rhanbarthol ac mae'r gwledydd hyn yn debygol o gael budd o'r Polisi Amaethyddol Cyffredin. Felly, mae llwyddo i sicrhau aelodaeth o'r UE yn gallu dod â buddiannau sylweddol i wledydd sy'n trawsnewid.

Y Weriniaeth Tsiec yw un o'r gwledydd a ymunodd â'r UE yn 2004.

Cwestiwn Data

China

Tabl 44.1 Dangosyddion llywodraethol[1], 2004

	Llais ac atebolrwydd	Sefydlogrwydd gwleidyddol	Effeithiolrwydd llywodraethol	Ansawdd rheoliadol	Rheol y gyfraith	Rheolaeth ar lygredd
Bwlgaria	65.0	51.5	54.8	69.5	55.1	56.2
China	7.30	46.6	60.1	35.0	40.6	39.9
Gweriniaeth Tsiec	81.1	73.8	71.6	81.8	69.6	58.7
Kazakstan	13.6	45.6	29.8	18.2	17.4	9.90
Ffederasiwn Rwsia	25.7	21.8	48.1	30.5	29.5	29.1
Y DU	94.2	71.4	94.2	94.1	93.7	94.6

[1] 'Safle canraddol' yw'r ganran o wledydd sy'n dod islaw'r wlad dan sylw, e.e. byddai 25% yn dynodi bod 25% o wledydd ledled y byd yn waeth, ac felly bod 75% yn well. Po isaf yw'r safle canraddol, gwaethaf i gyd yw'r wlad ar y dangosydd.

Llais ac atebolrwydd (gan gynnwys rhyddid sifil, hawliau gwleidyddol a dynol, etholiadau rhydd a theg)
Sefydlogrwydd gwleidyddol ac absenoldeb trais (gan gynnwys bygythiad o anfodlonrwydd gwleidyddol, tebygolrwydd *coup d'etats*, trais a therfysgaeth fewnol)
Effeithiolrwydd llywodraethol (gan gynnwys ansawdd darpariaeth gwasanaethau cyhoeddus a biwrocratiaeth, effeithiolrwydd ac annibyniaeth gweision sifil)

Ansawdd rheoliadol (gan gynnwys amleder polisïau nad ydynt yn gyfeillgar i'r farchnad fel rheolaethau pris, arolygu annigonol o fanciau a gormod o reoliadau)
Rheol y gyfraith (gan gynnwys amleder trosedd, effeithiolrwydd a chysondeb y farnwriaeth, a'r gallu i orfodi contractau)
Rheolaeth ar lygredd (defnyddio grym cyhoeddus er budd personol)

Ffynhonnell: addaswyd o Fanc y Byd.

Ffigur 44.9 *Twf canrannol blynyddol CMC real, detholiad o chwe gwlad sy'n trawsnewid*

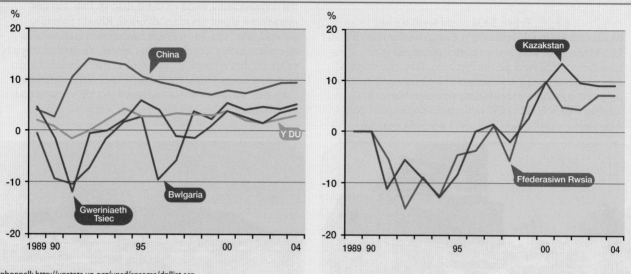

Ffynhonnell: http://unstats.un.org/unsd/snaama/dnllist.asp

Mae effeithiau economi gorfodol China yn dal i'w gweld heddiw. Yn 2002 roedd 41% o gynnyrch diwydiannol (sy'n cynnwys diwydiannau o lo i ddur i setiau teledu) yn dal i gael ei gynhyrchu gan fentrau dan berchenogaeth y wladwriaeth. A hynny er gwaetha'r ffaith y dechreuodd diwygio economaidd yn 1978.

Ffynhonnell: addaswyd o www.economist.com, 9.2.2004.

Mae gan China le o hyd i gael cynnydd mawr mewn CMC. Rhwng 1993 a 2000 aeth mwy na 60% o'r holl gredyd ariannol, fel benthyciadau, i fentrau gwladwriaethol aneffeithlon. Oherwydd diffyg cyllid, roedd y sector preifat yn gyfrifol am rhwng 15 a 27% yn unig o gyfanswm buddsoddiant China yn ystod y cyfnod hwn. Er hynny, creodd y sector preifat 56% o'r holl swyddi newydd. Roedd buddsoddiant tramor uniongyrchol (sef buddsoddiant gan gwmnïau tramor mewn cwmnïau sefydledig yn China neu'n sefydlu ffatrïoedd newydd) tua 5% o CMC yn yr 1990au. Eto i gyd, yn 2002 roedd cwmnïau dan berchenogaeth dramor yn gyfrifol am 50% o holl allforion China a 29% o gynnyrch diwydiannol.

Ffynhonnell: addaswyd o *Financial Times*, 13.4.2005.

1. Mae gwledydd fel China, Bwlgaria a Kazakstan wedi symud o fod yn economi gorfodol tuag at economi cymysg yn y blynyddoedd diwethaf. Eglurwch y gwahaniaeth rhwng y ddwy system economaidd.
2. Gan ddefnyddio'r data yn Ffigur 44.9, awgrymwch pa wledydd sydd wedi elwa fwyaf a lleiaf oherwydd newid economaidd oddi ar 1989.
3. I ba raddau y gellir dweud bod China wedi'i thrawsnewid yn llwyr yn economi marchnad?

Crynodeb

1. Yn gyffredinol mae economeg yn cael ei dosbarthu'n wyddor gymdeithasol.
2. Mae'n defnyddio'r dull gwyddonol yn sail i'w hymchwilio.
3. Mae economeg yn astudio sut y bydd grwpiau o unigolion yn gwneud penderfyniadau ynghylch dyrannu adnoddau prin.
4. Mae economegwyr yn llunio modelau a damcaniaethau i egluro rhyngweithio economaidd.
5. Mae economeg bositif yn ymdrin â gosodiadau 'ffeithiol' y gellir eu gwrthbrofi neu eu profi. Mae economeg normadol yn ymdrin â barnau ar werth, yn aml yng nghyd-destun argymhellion polisi.
6. Mae modelau a damcaniaethau yn symleiddiadau o realiti.
7. Mae model da yn rhoi casgliadau grymus, sy'n gain ac sy'n fewnol gyson.
8. Yn ogystal, mae model positif da yn un sy'n egluro digwyddiadau'r gorffennol a'r presennol, sy'n gallu rhagfynegi digwyddiadau yn y dyfodol, sy'n gallu cael ei gymhwyso yn gyffredinol ac sydd â thybiaethau realistig.
9. Rhaid i fodel positif da fod yn un y gellid ei wrthbrofi tra bod model normadol da yn un sy'n mynegi sefyllfa ddelfrydol neu batrymol.
10. Gellir gwahaniaethu rhwng modelau yn ôl a ydynt yn fodelau statig neu ddynamig, modelau cydbwysedd neu anghydbwysedd, modelau rhannol neu gyffredinol, neu fodelau micro-economaidd neu facro-economaidd.

Beth yw gwyddor?

Mae yna lawer o wyddorau sy'n ymwneud â maes eang o wybodaeth. Yr hyn sy'n eu cysylltu nhw i gyd yw dull arbennig o weithio neu ymchwilio, sef y DULL GWYDDONOL. Mae'r dull gwyddonol ar ei symlaf yn gymharol hawdd ei ddeall. Bydd gwyddonydd yn gwneud y canlynol:

- cynosod DAMCANIAETH – bydd y gwyddonydd yn cynnig rhagdybiaeth y gellid ei gwrthbrofi (e.e. bod y ddaear yn symud o amgylch yr haul, bod y ddaear yn wastad, y bydd gwrthrych

ysgafn yn disgyn ar yr un buanedd â gwrthrych trwm);
- casglu tystiolaeth i ategu'r ddamcaniaeth neu i'w gwrthbrofi – mae arsylwi seryddol yn rhoi tystiolaeth i ategu'r ddamcaniaeth bod y ddaear yn symud o amgylch yr haul; ar y llaw arall, mae data'n gwrthbrofi'r syniad bod y ddaear yn wastad; gall casglu tystiolaeth gael ei wneud drwy **arbrofion rheoledig**;
- derbyn, addasu neu wrthbrofi'r ddamcaniaeth – mae'r ddaear yn symud o amgylch yr haul; bydd gwrthrych ysgafn yn disgyn ar yr un buanedd â gwrthrych trwm ond bydd yn gwneud hynny dan amodau penodol yn unig; dydy'r ddaear ddim yn wastad.

Mae damcaniaethau sy'n cael eu derbyn yn gyffredinol yn aml yn cael eu galw'n DDEDDFAU, e.e. deddf disgyrchiant, deddf Boyle, ac mewn economeg deddfau galw a chyflenwad.

Economeg – y wyddor

Weithiau caiff rhai gwyddorau, fel ffiseg neu gemeg, eu galw'n 'wyddorau caled'. Dydy'r term hwn ddim yn cyfeirio at y ffaith bod ffiseg yn fwy anodd na gwyddor fel bioleg! Mae'n cyfeirio at y ffaith ei bod hi'n gymharol hawdd cymhwyso'r dull gwyddonol at astudio'r pynciau hyn. Mewn ffiseg gall llawer o'r gwaith ddigwydd mewn labordai. Gellir gwneud arsylwadau â graddau o sicrwydd. Gellir sefydlu grwpiau rheoli. Yna mae'n gymharol hawdd derbyn neu wrthbrofi rhagdybiaeth benodol.

Mae hyn yn fwy anodd o lawer mewn gwyddorau cymdeithasol fel economeg, cymdeithaseg, gwleidyddiaeth ac anthropoleg. Fel arfer mewn economeg nid yw'n bosibl trefnu arbrofion i brofi rhagdybiaeth. Nid yw'n bosibl sefydlu grwpiau rheoli neu gynnal arbrofion mewn amgylcheddau sy'n galluogi amrywio un newidyn tra bo ffactorau eraill yn cael eu cadw'n ddigyfynewid. Rhaid i'r economegydd gasglu data yn y byd pob dydd cyffredin lle bydd llawer o newidynnau yn newid dros unrhyw gyfnod penodol. Yna mae'n anodd penderfynu ydy'r dystiolaeth yn ategu neu'n gwrthbrofi rhagdybiaethau penodol. Weithiau bydd economegwyr yn llunio casgliadau gwahanol iawn wrth ystyried set benodol o ddata gan y gall eu dehongliadau amrywio. Er enghraifft, gall cyfradd diweithdra o 12% yng Ngogledd Lloegr o'i chymharu â chyfartaledd cenedlaethol o 8% ddangos bod polisi'r llywodraeth wedi methu yn yr ardal hon. Gall eraill

Cwestiwn 1

Tabl 45.1

Blwyddyn	Newid yng ngwariant traul terfynol cartrefi, £bn yn ôl prisiau 2002	Newid yn incwm gwario cartrefi, £bn yn ôl prisiau 2002	Cyfradd sylfaenol y banciau (%)	Newid ym mhrisiau tai (%)
1997	19.9	21.2	6.56	7.8
1998	22.8	5.8	7.24	7.5
1999	26.4	19.6	5.34	13.1
2000	28.4	30.4	5.97	9.8
2001	19.8	27.9	5.13	11.1
2002	23.2	11.8	4.00	13.7
2003	17.7	19.9	3.69	21.3
2004	26.0	15.7	4.38	15.8

Ffynhonnell: addaswyd o *Economic Trends, Financial Statistics, Housing Statistics*, Swyddfa Ystadegau Cenedlaethol.

Mae economegwyr yn awgrymu bod newidiadau yng ngwariant defnyddwyr yn amrywio gyda newidiadau yn incwm defnyddwyr (eu hincwm gwario personol), cyfraddau llog (fel cyfraddau llog y banciau) a newidiadau yng nghyfoeth personol defnyddwyr. Ydy'r dystiolaeth yn Nhabl 45.1 yn ategu'r rhagdybiaeth hon neu'n ei gwrthbrofi?

gasglu bod polisi wedi llwyddo gan y gallai diweithdra fod wedi bod yn fwy o lawer heb ddefnyddio'r polisi.

Dadleuir weithiau na all economeg fod yn wyddor am ei bod yn astudio ymddygiad dynol ac ni ellir darostwng ymddygiad dynol i ddeddfau gwyddonol. Mae yna elfen o wirionedd i hyn. Mae'n anodd iawn deall a rhagfynegi ymddygiad unigolion. Fodd bynnag, mae economeg bron i gyd yn seiliedig ar astudio ymddygiad grwpiau o unigolion. Mae ymddygiad grwpiau yn aml yn llawer mwy rhagfynegadwy nag ymddygiad unigolion. Hefyd, rydym yn tueddu i farnu gwyddor yn ôl ei gallu i lunio deddfau sicr a diamwys. Ond hyd yn oed mewn gwyddor galed fel ffiseg mae'n wir mai dim ond yn nhermau tebygolrwyddau y gellir mynegi rhai deddfau. Mewn economeg, mae llawer o ddadansoddiad wedi'i eirio yn nhermau 'mae'n debygol y bydd' neu 'gall hyn ddigwydd o bosibl'. Mae economegwyr yn defnyddio iaith fel hyn am eu bod yn gwybod nad oes ganddynt ddigon o ddata i wneud rhagfynegiadau pendant. Yn rhannol mae hyn oherwydd y gall newidynnau eraill newid ar yr un pryd, gan newid yr hyn sy'n digwydd. Ond fe'i defnyddir hefyd am fod economegwyr yn gwybod er bod ymddygiad dynol yn gyffredinol ragfynegadwy, nad yw'n rhagfynegadwy i'r £1 olaf a gaiff ei gwario neu i'r geiniog agosaf o incwm.

Damcaniaethau a modelau

Yn aml mae'r termau 'damcaniaeth' a MODEL yn cael eu hystyried yn gyfnewidiadwy. Ni wneir gwahaniaeth pendant rhwng y ddau. Ond yn gyffredinol caiff damcaniaeth economaidd ei mynegi mewn termau mwy llac na model. Er enghraifft, gallai 'mae treuliant yn ddibynnol ar incwm' fod yn ddamcaniaeth economaidd. Byddai'r canlynol yn fodel economaidd: '$C_t = 567 + 0.852Y_t$' lle mae 567 yn gysonyn, C_t yw treuliant cyfredol ac Y_t yw incwm cyfredol. Yn aml gellir mynegi damcaniaethau mewn geiriau. Ond yn aml caiff modelau economaidd eu mynegi mewn termau mathemategol am fod angen mwy o fanwl gywirdeb i'w nodi.

Pwrpas modelu

Pam mae damcaniaethau a modelau mor ddefnyddiol mewn gwyddor? Mae'r bydysawd yn lle cymhleth. Mae nifer anfeidraidd o ryngweithiadau yn digwydd ar unrhyw foment benodol. Rywsut mae'n rhaid i ni i gyd wneud synnwyr o'r hyn sy'n digwydd. Er enghraifft, tybiwn y cawn ein llosgi os byddwn yn rhoi ein llaw i mewn i fflam. Os gwelwn dwll mawr yn y ffordd o'n blaen, tybiwn y byddwn yn cwympo i mewn iddo os gwnawn ni barhau i gerdded i'r cyfeiriad hwnnw. Un o'r rhesymau dros lunio damcaniaethau neu fodelau yw ein bod ni eisiau gwybod pam mae rhywbeth fel ag y mae. Caiff rhai pobl eu cyfareddu gan gwestiynau fel 'Pam y byddwn ni'n cwympo i lawr yn hytrach nag i fyny?' neu 'Pam y gall adar hedfan?' Ond yn bwysicach na hynny, defnyddiwn ddamcaniaethau a modelau drwy'r amser wrth benderfynu beth i'w wneud. Byddwn yn cadw draw rhag tanau er mwyn osgoi cael ein llosgi. Byddwn yn osgoi tyllau yn y ddaear am nad ydym eisiau cwympo.

Modelau positif a normadol

Mae'r ddau ddefnydd yma a wneir o fodelau – i ymchwilio i'r byd fel ag y mae ac i fod yn sail ar gyfer gwneud penderfyniadau – yn ein harwain i wahaniaethu rhwng dau fath o fodel economaidd. Mae MODELAU POSITIF ac economeg bositif yn ymdrin ag esboniadau gwrthrychol neu wyddonol o'r economi. Er enghraifft, mae model pennu pris, sy'n nodi y bydd

codiad yn y pris yn arwain at ostyngiad ym maint y galw, yn fodel positif. Mae'n fodel y gellid ei wrthbrofi. Mai rhai economegwyr yn dadlau weithiau bod modelau positif yn rhydd o werthoedd.

Mae MODELAU NORMADOL ac economeg normadol yn ceisio disgrifio'r hyn a ddylai fod. Mae gosodiad normadol yn cynnwys barn ar werth. Mae model normadol yn gosod safon, a gall realiti gael ei farnu yn ôl y safon honno. Dyma enghraifft o osodiad normadol: 'Mae gan y llywodraeth ddyletswydd i ddiogelu incwm pawb yn y gymdeithas, nid y cyfoethog yn unig'. Mae'r gosodiad yn cynnwys barn ar werth ynghylch swyddogaeth y llywodraeth.

I rai, mae astudio economeg yn ddiddorol ynddo'i hun. Mae astudio a llunio modelau positif yn ddigon o wobr. Ond mae gan y rhan fwyaf sy'n astudio economeg ddiddoreb yn y pwnc yn bennaf oherwydd ei agweddau normadol. Maen nhw eisiau gwybod sut y gellir newid y gymdeithas – 'A ddylai'r gymdeithas helpu'r tlodion a'r difreintiedig?', 'Beth yw'r ffordd orau o ddelio â llygredd?'

Mae gan economeg academaidd draddodiad hir o astudio economeg bositif. Ond mae gan 'economeg wleidyddol', yr astudiaeth normadol o economeg, draddodiad hir hefyd yn mynd yn ôl i Adam Smith. Mewn gwirionedd mae'n anodd gwahanu'r ddau. Er mwyn gwybod sut orau i gynyddu safon byw y tlodion (economeg normadol) mae angen i ni wybod sut mae'r economi'n gweithredu a pham mae pobl yn dlawd.

Mae rhai economegwyr yn dadlau na ellir gwahaniaethu rhwng economeg bositif ac economeg normadol am fod economeg bositif yn llawn gwerthoedd dirgel. Pam, er enghraifft, y bu gan economegwyr gymaint o ddiddordeb yn swyddogaeth y mentrwr (y dyn busnes bach sy'n mentro) yn ystod yr 1980au? Rhaid bod llawer o'r ateb yn deillio o'r ffaith bod Margaret Thatcher a Ronald Reagan wedi gwneud honiadau mor bwysig ynghylch buddion gweithgaredd mentro i economi.

Yn ymarferol, mae pob economegydd yn gwneud barnau ar

Cwestiwn 2

O'r Arglwydd Fraser o Carmyllie a Mr Robert Mabro

Syr, Mae'r amser wedi dod i ailsefydlu Adran Egni dan arweinyddiaeth gweinidog yn y cabinet. Diddymwyd yr adran ar adeg pan oedd gorgyflenwad o olew byd-eang ac roedd ymdeimlad o ddigonedd yn lleihau pryderon ynghylch diogelwch egni. Roedd y DU yn allforiwr net.

Mae'r sefyllfa egni yn hollol wahanol heddiw. Bydd y DU yn dod yn wlad sy'n mewnforio olew ar adeg o brisiau uchel am olew. Bydd gofyn cael cymorthdaliadau ar gyfer ymchwil a datblygu a bydd yn rhaid i'r llywodraeth bennu pwy ddylai gael ei helpu ac i ba raddau.

Mae Stryd Downing wedi bod yn rhy brysur i allu delio'n effeithiol â'r materion cymhleth hyn. Mae'r Trysorlys yn ymwneud â threthi ac mae Adran yr Amgylchedd yn ymwneud ag agwedd bwysig ar egni ond nid ag egni fel y cyfryw. Mae'r problemau egni sy'n ein hwynebu yn golygu bod angen mwy o adnoddau ar gyfer ymchwil a llunio polisi nag sydd ar gael ar hyn o bryd i'r adran egni sy'n lleihau fwyfwy yn yr Adran Masnach a Diwydiant.

Fraser o Carmyllie, Tŷ'r Arglwyddi
Robert Mabro, Cyfarwyddwr Emeritws, Sefydliad Astudiaethau Egni Rhydychen

Eglurwch pa osodiadau positif a pha osodiadau normadol sydd yn y llythyr hwn at y *Financial Times*, 13 Rhagfyr 2005.

werth. Ond mae llawer o economegwyr yn dadlau bod economeg 'dda' yn gwahaniaethu rhwng agweddau positif a normadol. Caiff barnau ar werth eu hamlygu fel y gallwn weld a all y dadansoddiad arwain at gasgliadau gwahanol os gwneir barnau gwahanol ar werth.

Symleiddio

Mae rhai pobl sy'n beirniadu economeg yn dadlau bod damcaniaethau a modelau economaidd yn 'afrealistig'. Mae hynny'n wir, ond mae'n wir hefyd am ddeddf disgyrchiant Newton, Damcaniaeth Perthnasedd Einstein neu unrhyw ddamcaniaeth neu fodel. Y rheswm yw bod yn rhaid i unrhyw ddamcaniaeth neu fodel fod yn symleiddiad o realiti os yw i fod yn ddefnyddiol. Dychmygwch, er enghraifft, ddefnyddio map sy'n disgrifio ardal yn berffaith. I wneud hynny byddai angen iddo fod yn atgynhyrchiad graddfa lawn o'r ardal gyfan ac ni fyddai hynny'n rhoi dim mantais ymarferol. Enghraifft arall yw gollwng pluen a phelen canon o ran uchaf tŵr gogwyddol Pisa. Gwelir na fydd y ddau'n disgyn ar yr un buanedd, fel y byddai un ddeddf mewn ffiseg yn ei ragfynegi, am fod y ddeddf honno'n tybio nad yw ffactorau fel gwrthiant aer a ffrithiant yn bodoli.

Os ydy model i fod yn ddefnyddiol rhaid iddo fod yn syml. Bydd graddau'r symleiddio yn dibynnu ar y defnydd a wneir ohono. Pe byddech eisiau mynd o Lundain i Tokyo mewn awyren, ni fyddai'n ddefnyddiol iawn cael mapiau ar raddfa eich *A to Z* lleol. Ar y llaw arall, pe byddech eisiau ymweld â ffrind mewn tref gyfagos ni fyddai'n ddefnyddiol iawn cael map o'r byd. Mae'r *A to Z* lleol yn llawer mwy manwl (h.y. yn agosach at realiti) na map o'r byd ond dydy hynny ddim yn ei wneud yn fwy defnyddiol neu'n ei wneud yn 'well' model.

Mae symleiddio yn awgrymu bod rhai ffactorau wedi'u cynnwys yn y model a bod eraill wedi'u gadael allan. Efallai hyd yn oed bod rhai ffactorau wedi'u hystumio er mwyn pwysleisio pwyntiau arbennig mewn model. Er enghraifft, ar fap ffyrdd o'r DU, mae bron yn sicr na fydd y mapiwr wedi ceisio enwi pob pentrefan na dangos ffurfiant daearegol yr ardal. Ar y llaw arall, bydd wedi nodi'r ffyrdd a'r traffyrdd a fydd â lled o sawl milltir yn ôl graddfa'r map. Mae nifer o resymau pam fod hyn yn digwydd.

- Caiff modelau eu llunio i geisio cyflwyno esboniad clir a syml o realiti. Byddai ceisio cynnwys gwybodaeth am y tywydd a daeareg ar fap ffyrdd raddfa fawr yn ei gwneud hi'n anoddach o lawer i'r modurwr weld sut i fynd o A i B. Ar y llaw arall, mae ystumio realiti drwy wneud ffyrdd yn llydan iawn yn ddefnyddiol iawn i fodurwr sy'n astudio map am ei bod hi'n haws o lawer darllen llinellau trwchus na llinellau tenau.
- Rhaid i fodelau dybio bod esboniadau ar gyfer llawer o'r hyn sydd wedi'i gynnwys yn y model i'w cael rywle arall. Er enghraifft, dydy model sy'n egluro bod treuliant yn amrywio gydag incwm ddim yn egluro beth sy'n pennu incwm.
- Efallai na fydd gan luniwr model ddiddordeb mewn agwedd benodol ar realiti (sy'n enghraifft o'r modd y gall gwerthoedd normadol gael eu harosod ar fodelau sydd yn ôl pob sôn yn bositif). Er enghraifft, does gan y mapiwr sy'n paratoi map ffyrdd cyffredin ddim diddordeb yn naeareg ardal.
- Efallai y caiff y model ei lunio'n fwriadol i ystumio a chamarwain. Er enghraifft, gallai cyflogwyr ddewis defnyddio model sy'n rhagfynegi y bydd lleiafswm cyflog bob amser yn cynyddu diweithdra, tra gallai undebau llafur lunio model gwahanol sy'n dangos bod lleiafswm cyflog yn cynyddu cyflogaeth.

Hefyd efallai y bydd modelau yn gadael newidynnau allan am nad yw'r lluniwr yn credu eu bod nhw'n bwysig. Efallai y bydd hynny'n

rhagosodiad cywir. Ar y llaw arall, efallai y bydd yn anghywir, gan arwain at fodel a fydd yn llai defnyddiol nag a allai fod. Er enghraifft, ni fyddai llawer yn beirniadu model o'r tywydd sy'n gadael cyfradd chwyddiant y DU allan o'u newidynnau. Ar y llaw arall, bydd model o dywydd y DU sy'n gadael buanedd y gwynt allan yn annhebygol o berfformio'n dda.

I gloi, mae'r holl ddisgyblaethau pwnc yn symleiddio ac yn dethol o blith toreth o ddata. Mae'n debyg nad yw'r broses hon yn achosi llawer o bryder mewn gwyddorau fel ffiseg a chemeg. Fodd bynnag, mae'n anffodus i economegwyr fod llawer o'r bobl sy'n beirniadu'r pwnc yn credu bod symleiddio mewn economeg yn dangos nad oes gan economegwyr fawr ddim neu ddim dealltwriaeth o faterion economaidd. Mae hynny'n bell o fod yn wir!

Modelau 'da'

Mae llawer o'r unedau yn y llyfr hwn yn ymwneud â rhyw fodel economaidd neu'i gilydd. Pa rai o'r modelau hyn sy'n fodelau 'da'? Gellir defnyddio nifer o feini prawf i asesu model.

Un maen prawf pwysig ar gyfer asesu model economaidd positif yw'r graddau y mae'n **egluro realiti** yn gywir. Mae realiti'n bodoli mewn tri chyfnod gwahanol: y gorffennol, y presennol a'r dyfodol. Mae model grymus iawn, fel model pennu pris, yn gallu egluro'r hyn sydd wedi digwydd yn y gorffennol, egluro'r hyn sy'n digwydd heddiw a rhagfynegi'r hyn a fydd yn digwydd yn y dyfodol. Mae damcaniaeth pris wedi esbonio pam yr arweiniodd y codiad ym mhrisiau olew yn ystod yr 1970au at ostyngiad yn y galw byd-eang am olew. Heddiw mae'n ein helpu i ddeall pam fod cyfyngu ar gyflenwad olew gan *OPEC* yn arwain at godiad prisiau. Gallwn ragfynegi â hyder y bydd pris olew yn codi wrth i gronfeydd y byd o olew leihau dros y 300 mlynedd nesaf, â phopeth arall yn gyfartal.

Fodd bynnag, dydy'r ddamcaniaeth Keynesaidd syml o bennu incwm ddim yn ddamcaniaeth gystal. Mae'n egluro gweithrediad economi'r DU yn yr 1950au a'r 1960au yn gymharol dda, ond mae'n rhoi dealltwriaeth rannol yn unig o berfformiad yr economi yn yr 1970au a'r 1980au. Y rheswm yw bod y model Keynesaidd syml yn anwybyddu newidiadau yn y cyflenwad arian a siociau ochr-gyflenwad – tybiaethau symleiddio rhesymol yn yr 1950au a'r 1960au ond yn gamarweiniol iawn yng nghyd-destun digwyddiadau economaidd yn yr 1970au a'r 1980au.

Caiff modelau macro-economaidd cyfrifiadurol o'r economi, fel model y Trysorlys, model Banc Lloegr neu fodel Sefydliad Cenedlaethol Ymchwil Economaidd a Chymdeithasol (*NIESR*), eu hasesu yn bennaf yn ôl eu gallu i ragfynegi'r dyfodol. Fe'u gelwir yn benodol yn '**fodelau rhagfynegi**'. Gallai fod mai'r rhagfynegydd gorau o gyfradd chwyddiant y flwyddyn nesaf yw'r glawiad yn niffeithdir y Sahara eleni. Byddai model a oedd yn ymgorffori hyn yn fodel da pe bai gennym ddiddordeb yn ei allu i ragfynegi yn unig, ond byddai'n fodel gwael pe byddem yn dymuno deall y ffactorau sy'n achosi chwyddiant yn y DU.

Mae nifer o fodelau economaidd yr honnir eu bod yn rhagfynegwyr da ond nad ydynt yn seiliedig ar **dybiaethau realistig**. Un enghraifft yw'r ddamcaniaeth neo-glasurol o'r cwmni. Yn y byd go iawn does braidd dim diwydiannau sy'n cydymffurfio â thybiaethau cystadleuaeth berffaith na monopoli pur, eto i gyd mae'r damcaniaethau hyn yn cael eu haddysgu a'u trafod yn helaeth. Yn ôl un cyfiawnhad, er bod y tybiaethau'n afrealistig, mae'r modelau'n darparu rhagfynegiadau grymus a chlir ynghylch eithafion ymddygiad cwmnïau. Os ydym yn gwybod sut y bydd cwmnïau'n ymddwyn ar y naill ben i sbectrwm cystadleuaeth a'r llall, gallwn ragfynegi sut y bydd cwmnïau'n ymddwyn rhwng yr eithafion hyn. Yn anffodus, nid oes dilysrwydd rhesymegol nac empirig i'r cyfiawnhad hwn. Gellid dadlau nad yw modelau cystadleuaeth berffaith a monopoli yn rhoi fawr ddim cymorth i ni ddeall ymddygiad cwmnïau yn y byd go iawn, a dyna pam fod cynifer o ddamcaniaethau gwahanol o'r cwmni.

Rhaid i fodelau positif fod yn rhai y gellid eu gwrthbrofi. Bydd model da yn un lle mae'n bosibl casglu data ac efallai cynnal arbrofion rheoledig i wrthbrofi neu ategu'r model.

Mae angen asesu modelau normadol ar sail meini prawf gwahanol. Dydy model normadol ddim yn honni ei fod yn adlewyrchu realiti. Mae'n ceisio darparu canllaw ynghylch yr hyn sy'n ddymunol neu sydd i'w argymell. Mae'r ddamcaniaeth neo-glasurol o'r cwmni yn rhoi **patrwm** o'r fath. Trwy wneud nifer o dybiaethau, mae'n bosibl dangos y caiff effeithlonrwydd ei uchafu mewn economi lle mae'r cwmnïau i gyd yn berffaith gystadleuol. Yna daw cynyddu'r graddau o gystadleuaeth mewn diwydiant yn ddelfryd neu'n nod i amcanu ato. Ar y llaw arall, dangosir bod monopoli'n lleihau lles. Felly dylai chwalu monopolïau fod yn nod polisi.

Yn y pen draw mae'n amhosibl barnu rhwng damcaniaethau normadol sy'n cystadlu â'i gilydd. Mae'n amhosibl profi neu wrthbrofi gosodiad fel 'Ni ddylai dinasyddion fod yn economaidd ddibynnol ar y wladwriaeth'. Ond mae'n bosibl dangos rhesymu anghywir o fewn model normadol. Yn yr 1950au, er enghraifft, profodd Lipsey a Lancaster y gallai mwy o gystadleuaeth arwain at golli lles yn yr economi pe bai o leiaf un diwydiant yn yr economi heb fod yn berffaith gystadleuol. Roedd y ddamcaniaeth hon, sef 'damcaniaeth yr ail orau' yn gwrthbrofi'r dybiaeth gyffredinol a oedd yn gyffredin ar y pryd (ac yn wir sy'n dal yn gyffredin ymhlith rhai economegwyr a gwleidyddion) bod mwy o gystadleuaeth bob amser yn dda tra bo mwy o fonopoli bob amser yn wael.

Mae angen i bob model gael ei asesu ar sail cysondeb mewnol a cheinder. Ystyr **cysondeb mewnol** yw bod y rhesymeg yn y ddadl yn gywir ac nad oes dim camgymeriadau yn y fathemateg a ddefnyddiwyd. Mae model **cain** yn fodel sydd mor syml ac mor glir â phosibl.

Yn olaf, mae angen i fodelau gael eu hasesu yn ôl eu grym. Mae damcaniaeth pris yn fodel **grymus** iawn. Gydag ychydig yn unig o dybiaethau a'r maint lleiaf o resymeg, gall y model hwn gael ei ddefnyddio i egluro digwyddiadau pwysig dros amser a rhwng gwledydd. Yn yr un modd, mae dadansoddiad galw cyfanredol a chyflenwad cyfanredol yn fodel grymus sy'n gallu dangos effeithiau amrywiaeth o siociau ochr-alw ac ochr-gyflenwad ar lefel prisiau a chynnyrch.

Realaeth a modelau

Dywedir yn aml bod rhai modelau economaidd yn wael am nad ydynt yn 'realistig'. Fodd bynnag, cyn dod i'r casgliad hwn ynghylch unrhyw ddamcaniaeth benodol, mae'n bwysig ystyried pwrpas y ddamcaniaeth.

- Efallai y caiff y model ei ddefnyddio i ragfynegi digwyddiadau yn y dyfodol. Os felly, nid yw'n bwysig a ydy tybiaethau neu weithrediad y model yn realistig. Dim ond yn nhermau ei rym rhagfynegi y dylai gwerth y model gael ei asesu.
- Efallai y caiff y model ei ddefnyddio i ddadansoddi gweithrediad **grŵp** o unigolion. Dydy'r ffaith bod rhai unigolion yn ymddwyn mewn ffordd wahanol i'r hyn a ragfynegir gan y model ddim yn gwneud y model yn afrealistig. Mae'r model yn ceisio dweud sut y bydd grwpiau'n gweithio ar y cyfan.
- Efallai y caiff y model ei ddefnyddio i egluro **gweithrediad** marchnad neu economi. Gall y manylion fod yn realistig hyd yn oed os ydy grym rhagfynegi cyffredinol y model yn gymharol wan. Os felly, dydy'r ffaith bod rhagfynegiadau'r model yn afrealistig ddim yn arbennig o bwysig.

Tabl 45.2

	Buddsoddiant[1] (£bn yn ôl prisiau 2002)	Cyfradd sylfaenol y banciau[2] (%)	Newid mewn incwm gwladol[3] (£bn yn ôl prisiau 2002)
1997	84.4	6.56	27.8
1998	100.0	7.24	29.5
1999	103.5	5.34	28.5
2000	108.2	5.97	39.0
2001	109.8	5.13	22.4
2002	110.2	4.00	20.6
2003	107.7	3.69	26.4
2004	111.4	4.38	34.0

[1] Buddsoddiant busnes.
[2] Cyfradd sylfaenol y banciau.
[3] CMC yn ôl prisiau'r farchnad.

Ffynhonnell: addaswyd o *Economic Trends Annual Supplement*, *Financial Statistics*, Swyddfa Ystadegau Cenedlaethol.

I ba raddau y mae'r data'n dangos bod y canlynol yn fodelau 'da' o ymddygiad buddsoddiant: (a) model y cyflymydd (caiff buddsoddiant mewn un flwyddyn ei bennu gan y newid mewn incwm gwladol yn y flwyddyn flaenorol) a (b) model effeithlonrwydd ffiniol cyfalaf (caiff buddsoddiant ei bennu gan y gyfradd llog)?

- Efallai bod y model yn **normadol**, yn cael ei ddefnyddio i ddisgrifio'r hyn a ddylai fod yn hytrach na'r hyn sydd. Os felly, yn amlwg dydy realaeth ddim yn faen prawf pwysig.
- Efallai bod y model yn **syml** iawn. Gydag ychydig o dybiaethau, efallai y daw'r model i gasgliadau grymus ond syml. Dydy'r ffaith nad ydy rhagfynegiadau ddim yn fanwl gywir i'r 0.1% agosaf ddim yn golygu bod y model yn afrealistig.

Dulliau mynegi

Mae amrywiaeth o ffyrdd y gall modelau gael eu mynegi.

Yn eiriol Gall model gael ei fynegi mewn geiriau. Enghraifft fyddai 'Bydd treuliant yn cynyddu pan fydd incwm gwario yn cynyddu'. Mantais defnyddio geiriau yw y gall modelau fod o fewn cyrraedd amrywiaeth eang o ddarllenwyr. Ar y llaw arall, gall defnyddio jargon, fel 'incwm gwario', fod yn rhwystr i'r person nad yw'n economegydd. Hefyd gall geiriau fod yn amwys. Yn y gosodiad uchod, nid ydym yn gwybod i ba raddau y mae'r cynnydd yn gyfrannol.

Yn algebraidd Dros yr hanner can mlynedd diwethaf cafwyd ffrwydrad yn y defnydd a wneir o algebra mewn economeg academaidd. Mae'n galluogi ysgrifennu perthnasoedd yn fanwl gywir iawn, ond yn aml mae'n gwbl annealladwy i'r person nad yw'n arbenigwr. Hefyd, mae'n tybio bod perthnasoedd economaidd yn fanwl gywir. Mae llawer o economegwyr yn dadlau i'r gwrthwyneb – er bod perthnasoedd economaidd yn gyson, ni ellir eu mynegi mor fanwl gywir.

Cwestiwn 4

Ffigur 45.1 Gwariant real cartrefi ac incwm gwario real cartrefi yn ôl prisiau 2002

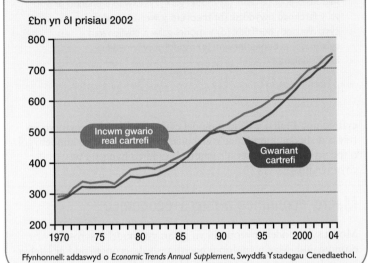

£bn yn ôl prisiau 2002

Incwm gwario real cartrefi

Gwariant cartrefi

Ffynhonnell: addaswyd o *Economic Trends Annual Supplement*, Swyddfa Ystadegau Cenedlaethol.

Edrychwch ar y diagram.
(a) I ba raddau y mae'n dangos bod cydberthyniad positif rhwng gwariant defnyddwyr a'u hincwm?
(b) Sut y gallech fynegi'r berthynas rhwng gwariant defnyddwyr ac incwm (i) yn eiriol a (ii) yn algebraidd?

Yn graffigol Mae hanes hir i ddefnyddio graffiau mewn economeg. Mae'n darparu llaw fer gyfleus, gan grynhoi yr hyn y byddai'n cymryd llawer o eiriau i'w egluro. Ond mae gan graffiau eu cyfyngiadau. Er enghraifft, mae'r ffaith mai dim ond mewn dau ddimensiwn y gellir eu defnyddio yn hawdd yn cyfyngu ar nifer y newidynnau sy'n gallu cael eu defnyddio mewn model.

Yn ystadegol Mae ystadegau yn hanfodol i economegwyr os ydynt i gadarnhau rhagdybiaeth. Maen nhw'n hybu manwl gywirdeb ond, yn debyg i algebra, gallan nhw fod yn anodd i rywun nad yw'n arbenigwr eu deall a gallan nhw roi argraff gamarweiniol o fanwl gywirdeb mewn economeg. Mae **econometreg**, sef profi damcaniaethau economaidd mewn modd empirig gan ddefnyddio data ystadegol, yn gangen bwysig o economeg.

Newidynnau alldarddol a mewndarddol

Caiff modelau economaidd eu llunio â dau fath o newidynnau. Newidynnau sydd â'u gwerth yn cael ei bennu y tu allan i'r model yw NEWIDYNNAU ALLDARDDOL. Er enghraifft, yn y model Keynesaidd syml o bennu incwm mae buddsoddiant, gwariant y llywodraeth ac allforion yn newidynnau alldarddol. Mae eu gwerthoedd yn gyson pa newid bynnag sydd mewn newidynnau eraill yn y model oni thybir fel arall. Felly ni all gwerth newidynnau alldarddol gael ei gyfrifo o fewn y model.

Newidynnau y pennir eu gwerth o fewn y model yw NEWIDYNNAU MEWNDARDDOL. Er enghraifft, yn y model Keynesaidd syml o bennu incwm mae treuliant ac incwm yn newidynnau mewndarddol. Mae eu gwerth yn cael ei bennu gan newidynnau fel incwm yn hafaliad y ffwythiant treuliant. Bydd gwerth newidynnau mewndarddol yn newid os bydd newidynnau eraill yn y model yn newid.

Statig a dynamig

Model sy'n cynnwys amser fel un o'i newidynnau yw model DYNAMIG. Model nad yw'n cynnwys unrhyw elfen amser yn y model yw model STATIG. Mae bron pob model a eglurir yn y llyfr hwn yn fodelau statig. Er enghraifft, dydy damcaniaeth cystadleuaeth berffaith na'r ddamcaniaeth Keynesaidd o bennu incwm ddim yn cynnwys newidyn amser. Gall modelau statig gael eu defnyddio i gymharu dwy sefyllfa wahanol, y term am y dechneg hon yw **dadansoddiad statig cymharol**. Yn namcaniaeth cystadleuaeth berffaith mae'n gyffredin cymharu un sefyllfa gytbwys â sefyllfa gytbwys arall. Er enghraifft, gall safle cytbwys tymor byr gael ei gymharu â'r safle cytbwys tymor hir. Gall elfen amser hyd yn oed gael ei thybio'n ymhlyg yn y model – tybir y bydd y symud o un safle cytbwys i safle cytbwys arall yn digwydd dros gyfnod yn hytrach nag yn ddi-oed ar adeg benodol. Fodd bynnag, dydy'r model ddim yn egluro'r llwybr y bydd y diwydiant neu'r cwmni yn ei gymryd wrth symud o un safle cytbwys i safle cytbwys arall. Nid yw'n gwneud dim mwy na thybio sefyllfa 'cyn' ac 'ar ôl'.

Theorem y we a damcaniaeth y cyflymydd yw'r unig ddau fodel dynamig sy'n cael eu hegluro yn y llyfr hwn. Mae theorem y we, er enghraifft, yn siartio dros amser symudiad marchnad sydd mewn cyflwr o anghydbwysedd.

Mewn un ystyr mae modelau dynamig yn fwy 'realistig' na modelau statig. Mae amser yn newidyn pwysig yn y byd real. Fodd bynnag, fel y dadleuwyd gennym eisoes, dydy mwy o realaeth ddim bob amser yn nodwedd ddymunol mewn model. Mae modelau dynamig mewn economeg yn fwy cymhleth ac anodd eu trin na modelau statig a dydy eu rhagfynegiadau ddim o reidrwydd yn fwy grymus. Er enghraifft, os ydym eisiau gwybod faint o dderbyniadau y bydd llywodraeth yn eu cael drwy gynyddu trethi ar gwrw, y cyfan sydd ei angen arnom yw model pris statig yn cymharu'r sefyllfa gytbwys cyn ac ar ôl gosod y dreth. Does dim angen gwybod yr union lwybr y mae'r farchnad yn ei gymryd i fynd o un safle cytbwys i un arall. Felly dydy modelau dynamig ddim yn 'well' nac yn 'waeth' na modelau statig – mae'r asesiad hwnnw'n dibynnu ar y defnydd sydd i gael ei wneud o'r model.

Modelau cydbwysedd ac anghydbwysedd

Mae cydbwysedd yn nodwedd ganolog o'r holl fodelau sy'n cael eu hastudio yn y llyfr hwn. Mewn economeg, gall CYDBWYSEDD gael ei ddisgrifio fel pwynt lle mae disgwyliadau'n cael eu gwireddu a lle na chaiff dim cynlluniau eu rhwystro. Er enghraifft, yn y model Keynesaidd o bennu incwm gwladol, incwm gwladol cytbwys yw'r pwynt lle mae gwariant bwriedig yn hafal i incwm gwirioneddol. Yn y ddamcaniaeth neoglasurol o bris mae theorem y we yn fodel anghydbwysedd am ei bod yn siartio ymddygiad y farchnad wrth i'r galw a'r cyflenwad bwriedig fod yn wahanol i'r galw a'r cyflenwad gwirioneddol. Mae pob model statig yn fodel cydbwysedd am eu bod yn ymdrin â safleoedd cytbwys.

Gall safle cytbwys fod yn sefydlog. Os oes symudiad i ffwrdd o gydbwysedd am ryw reswm, bydd tueddiad mewnosodedig i ddychwelyd i gydbwysedd. Os ydy'r pwynt cytbwys yn ansefydlog, ni fydd tuedd i symud tuag at bwynt cytbwys ar ôl i anghydbwysedd gael ei sefydlu.

Mae'n hawdd gwneud y dybiaeth anghywir y bydd y farchnad (neu beth bynnag sy'n cael ei astudio) yn dychwelyd i safle cytbwys bob amser; neu mai'r pwynt cytbwys rywffordd yw'r safle optimaidd neu fwyaf dymunol. Nid yw'r naill na'r llall o reidrwydd yn wir, hyd yn oed os ydy economegwyr yn tueddu i gredu bod gwybod lle mae'r pwynt cytbwys yn ddefnyddiol wrth egluro digwyddiadau economaidd ac wrth wneud argymhellion polisi.

Modelau rhannol a chyffredinol

Yn union fel nad oes gwahaniaeth clir rhwng damcaniaethau a modelau, does dim llinell rannu glir rhwng model rhannol a model cyffredinol. Gellir dweud bod MODEL CYFFREDINOL yn fodel sy'n cynnwys nifer mawr o newidynnau. Er enghraifft, mae model sy'n cynnwys yr holl farchnadoedd yn yr economi yn fodel cyffredinol. Model sy'n cynnwys nifer cymharol fach o newidynnau yw MODEL RHANNOL. Byddai model o'r farchnad olew neu'r galw am arian yn fodelau rhannol.

Bydd model rhannol yn fodel lle tybir bod y rhan fwyaf o'r newidynnau yn y categori *CETERIS PARIBUS*. *Ceteris paribus* yw'r Lladin am 'â phopeth arall yn gyfartal' neu 'â phopeth arall yn aros yr un fath'. Mae'n ddyfais symleiddio rymus iawn sy'n galluogi economegwyr i egluro'n glir sut mae economi'n gweithio. Er enghraifft, yn y ddamcaniaeth neoglasurol o bris defnyddir *ceteris paribus* yn gyson. Pan fydd effaith newid mewn pris ar y galw yn cael ei dadansoddi tybiwn fod incwm, prisiau pob nwydd arall a chwaeth yn aros yr un fath. Ym model Keynes o'r lluosydd, tybir nad ydy gwariant y llywodraeth, allforion, y tueddfryd ffiniol i dreulio ayb. yn newid wrth ddadansoddi effaith newid mewn buddsoddiant ar incwm gwladol.

Gall model cyffredinol fod yn fwy realistig am ei fod yn cynnwys mwy o newidynnau. Ond eto nid yw o reidrwydd yn well na model rhannol. Os dymunwn astudio effeithiau cynnydd mewn trethi anuniongyrchol ar y diwydiant ceir, mae'n symlach a haws o lawer defnyddio model rhannol o bennu pris na defnyddio model

Cwestiwn 5

Ystyriwch y modelau economaidd canlynol ac eglurwch a ydynt yn fodelau statig neu ddynamig, cydbwysedd neu anghydbwysedd, rhannol neu gyffredinol a macro-economaidd neu ficro-economaidd: (a) model galw, cyflenwad a phennu pris yn y farchnad nwyddau; (b) theorem y we; (c) model cystadleuaeth berffaith; (d) y model galw a chyflenwad cyfanredol o bennu incwm; (e) model y cyflymydd o fuddsoddiant.

cyffredinol. Efallai y bydd y model cyffredinol yn rhoi mymryn yn fwy o wybodaeth ond mae'r wybodaeth ychwanegol yn annhebygol o fod yn werth yr amser a'r ymdrech sydd eu hangen i'w chynhyrchu.

Macro-economeg a micro-economeg

Model sy'n modelu'r economi yn gyfan yw model macro-economaidd. Mae'n ymdrin â pherthnasoedd economaidd ar lefel yr holl gyfranogwyr yn yr economi. Mae model micro-economaidd, ar y llaw arall, yn ymdrin ag ymddygiad economaidd unigolion neu grwpiau yn y gymdeithas. Er enghraifft, byddai astudio penderfyniadau gwario defnyddwyr unigol neu ddefnyddwyr o fewn marchnad benodol fel y farchnad am geir (damcaniaeth galw) yn ficro-economeg. Byddai astudio patrymau treuliant yr economi cyfan (y ffwythiant treuliant) yn enghraifft o facro-economeg. Byddai astudio pennu cyfraddau cyflog (damcaniaeth cyflogau) yn ficro-economeg. Byddai astudio lefel gyffredinol cyflogau yn yr economi (rhan o gyfrifydda incwm gwladol) yn facro-economeg.

Termau allweddol

Ceteris paribus – y dybiaeth bod pob newidyn arall o fewn y model yn ddigyfnewid tra bod un newid yn cael ei ystyried.

Cydbwysedd – y pwynt lle mae'r hyn a ddisgwylir neu a fwriedir yn hafal i'r hyn a wireddir neu sy'n digwydd mewn gwirionedd.

Damcaniaeth neu fodel – rhagdybiaeth y gellid ei gwrthbrofi gan dystiolaeth empirig.

Deddf – damcaniaeth neu fodel a gadarnhawyd gan dystiolaeth empirig.

Economeg bositif – astudiaeth wyddonol neu wrthrychol o ddyrannu adnoddau.

Economeg normadol – astudio a chyflwyno argymhellion polisi sy'n cynnwys barnau ar werth ynghylch y ffordd y caiff adnoddau prin eu dyrannu.

Modelau rhannol a chyffredinol – mae model rhannol yn fodel sydd ag ychydig yn unig o newidynnau tra bo gan fodel cyffredinol lawer.

Modelau statig a dynamig – mae model statig yn fodel lle nad yw amser yn newidyn. Mewn model dynamig mae amser yn newidyn sy'n amlwg yn y model.

Newidynnau alldarddol – newidynnau y mae eu gwerth yn cael ei bennu y tu allan i'r model sydd dan sylw.

Newidynnau mewndarddol – newidynnau y pennir eu gwerth o fewn y model sydd dan sylw.

Y dull gwyddonol – dull sy'n rhoi damcaniaethau neu ragdybiaethau yn agored i gael eu profi'n anghywir gan dystiolaeth empirig.

Economeg gymhwysol

Economeg bositif a normadol

Ar 12 Tachwedd 2005 prif erthygl olygyddol y *Financial Times* oedd 'Chwalu'r chwyldro ar-lein'. Y testun oedd esblygiad sydyn technolegau ar-lein yn amrywio o systemau gweithredu i beiriannau chwilio i rannu data i deleffoni ar-lein.

Mae'r awdur yn cyflwyno'r erthygl drwy wneud nifer o ddatganiadau positif ynglŷn â 'thechnolegau dinistriol' sef y rhai y dywedir eu bod yn 'dinistrio modelau hen fusnesau drwy gynnig cynhyrchion yn rhatach ac yn fwy effeithlon'. Erbyn hyn mae *Microsoft*, sy'n gwneud 'y feddalwedd sy'n gyrru cyfrifiaduron personol a llawer o'r Rhyngrwyd', yn cael ei fygwth gan dechnolegau dinistriol. Mae'r paragraff cyntaf yn gorffen â datganiad normadol, sy'n farn ar werth gan yr awdur, sef 'y dylid ymfalchïo yn hyn oll mewn economi marchnad'.

Mae'r awdur yn mynd yn ei flaen i egluro, gan ddefnyddio datganiadau positif, sut y daeth *Microsoft* i ddominyddu maes technoleg gwybodaeth a sut y mae'r safle hwnnw yn cael ei herio gan gwmnïau fel *Google*, *Adobe*, *Skype* a *RSS*. Yna mae'r awdur yn datgan barn normadol, bod *Microsoft* yn ymateb i'r heriau hyn 'gyda'u brwdfrydedd nodweddiadol'. Wedyn ceir nifer o ddatganiadau positif am y ffordd y mae *Microsoft* yn ymateb i'r bygythiad gan gwmnïau a thechnolegau eraill.

Mae'r awdur yn dweud wedyn bod yr her yma 'yr un fath â'r her y mae diwydiannau eraill eisoes wedi'u hwynebu' oherwydd chwyldro'r Rhyngrwyd. Ceir datganiad normadol wedyn, sef mai elfen gyffredin 'bwysicaf' yr her honno yw 'rhoi grym i'r cwsmer'.

Yn y paragraff olaf mae'r awdur yn gwneud y datganiad normadol bod 'addasu i fyd sy'n cael ei ailgreu gan ddylanwad dinistriol y Rhyngrwyd yn anodd'. Fodd bynnag, dyma 'stori sydd mor hen â chyfalafiaeth', sy'n adlewyrchu 'system economaidd sy'n gwobrwyo arloesi llwyddiannus ac yn ysgubo ymaith y rhai sy'n colli'. Dyma enghraifft o'r 'broses a elwir yn ddinistrio creadigol', sef datganiad positif. Mae'r awdur yn gorffen drwy ddweud: 'Mae newid technolegol yn effeithio ar bob model busnes, fel y mae *Microsoft* wedi ei ddarganfod yn hwyr yng nghanol technoleg fwyaf dinistriol ein hoes'. Mae'r datganiad bod *Microsoft* wedi darganfod ei ddiffygion 'yn hwyr' a'r datganiad mai'r Rhyngrwyd yw 'technoleg fwyaf dinistriol ein hoes' ill dau yn cynnwys barn ar werth. Fodd bynnag, byddai llawer yn cytuno â'r awdur bod *Microsoft* yn wynebu colli ei fonopoli yn ei sector o'r farchnad meddalwedd gyfrifiadurol oherwydd y datblygiadau newydd hyn.

Cwestiwn data — Y Polisi Amaethyddol Cyffredin (PAC)

PAC

Yn 2005 cafwyd trafodaethau anodd rhwng y gwledydd a oedd yn aelodau o'r UE ynghylch cyllideb yr UE. Roedd Prif Weinidog Prydain, Tony Blair, am ailagor cytundeb a wnaed yn 2002 ynghylch y Polisi Amaethyddol Cyffredin a oedd yn pennu cyllidebau'r PAC hyd at 2014. Daeth ef, yn ei dro, dan bwysau mawr i ildio'r 'Ad-daliad Prydeinig', sef ad-daliad blynyddol i'r DU y cytunwyd arno gyntaf yn yr 1980au i wneud iawn i'r DU am lefel isel ei chymorthdaliadau o gyllideb y PAC. Roedd y deg gwlad a ymunodd â'r UE yn

2004, o Ddwyrain Ewrop yn bennaf, am gael cyfran fwy o wariant yr UE na'r hyn a gynigiwyd. Roedd Ffrainc ac Iwerddon, a oedd yn cael budd mawr o gymorthdaliadau PAC, yn amddiffyn yn gadarn y cytundeb a wnaed yn 2002.

Ar y dudalen nesaf mae dau gyfraniad i'r ddadl hon, y naill gan Bertie Ahern, Prif Weinidog Iwerddon a oedd yn gwrthwynebu diwygio'r PAC ymhellach, a'r llall gan Lefarydd Tony Blair a oedd yn dadlau o blaid diwygio'r PAC.

Rhaid i ni gefnogi'r Polisi Amaethyddol Cyffredin

Mewn erthygl a ysgrifennwyd i'r *Financial Times*, roedd Bertie Ahern, Prif Weinidog Iwerddon, yn dadlau o blaid cadw cytundeb PAC a wnaed yn 2002. Roedd ei sylwadau yn cynnwys y canlynol.

Mae trechu cyfansoddiad arfaethedig yr UE yn y refferendwm a gynhaliwyd yn Ffrainc a Denmarc wedi ailagor y drafodaeth ar y ffordd ymlaen ar gyfer Ewrop. Yn rhan o'r drafodaeth, bu'r Polisi Amaethyddol Cyffredin yn destun llawer o feirniadu yn ystod y misoedd diwethaf a bu galw am ei ddiwygio ymhellach.

Yn 2003 diwygiwyd y PAC yn sylweddol, gan ddatgysylltu'r 'cymorthdaliadau' rhag lefel y cynhyrchu. Dyma flwyddyn gyntaf gweithredu'r diwygiadau hynny. Byddai'n annheg ac yn annoeth gofyn i ffermwyr dderbyn diwygiad radicalaidd arall nawr. Mae angen i ffermwyr, fel pobl busnes eraill, gael rhywfaint o sefydlogrwydd yn yr amgylchedd polisi y maent yn gweithredu ynddo. Ond mae mwy yn y fantol na hynny. Byddai gwyrdroi penderfyniad y cytunwyd arno yn unfrydol gan y Cyngor Ewropeaidd mor ddiweddar â mis Hydref 2002 yn anfon yr arwydd anghywir i bobl Ewrop. Mae angen i'r cyhoedd weld Ewrop sy'n sefyll wrth ei chytundebau.

Mae materion eraill hefyd. Byddai diwygio yn golygu y byddai cynhyrchu amaethyddol Ewrop yn gostwng yn sydyn. Byddai'r bwlch yn y cyflenwad bwyd yn cael ei lenwi gan fewnforion o, dyweder, De America ac Awstralia, sy'n gallu cynhyrchu am brisiau islaw lefelau Ewrop. Gallai cyflenwadau bwyd Ewrop unwaith eto fod yn fregus. Byddai diwygio hefyd yn arwain at ddifrod difrifol i wead cymdeithasol ac economaidd ardaloedd gwledig ledled Ewrop. O ran maint y cymorthdaliadau, mae Sefydliad Cydweithrediad a Datblygiad Economaidd (*OECD*) wedi amcangyfrif bod trosglwyddiadau i amaethyddiaeth o ddefnyddwyr a threthdalwyr yn \$103bn (£58bn) yn yr UE a \$92bn (£52bn) yn UDA, neu 1.32% o CMC ar gyfer yr UE a 0.92% ar gyfer UDA. Felly mae tebygrwydd bras o ran cymorth.

Mae'r galwadau am ddiwygiad radicalaidd o'r PAC yn gyfeiliornus ac wedi dyddio bellach; maent yn seiliedig ar gamddealltwriaeth o rôl y PAC yng nghymdeithas Ewrop ac economi'r byd. Maent hefyd yn seiliedig ar gamdybiaethau ynghylch cost gymharol y PAC.

Ffynhonnell: addaswyd o'r *Financial Times*, 26.9.2005.

Datganiad Llefarydd Swyddogol y Prif Weinidog ar y Polisi Amaethyddol Cyffredin

Ein polisi ar hyd yr adeg fu cael gwared â chymorthdaliadau ar gyfer cnydau am ein bod yn credu bod hyn yn ffordd ystumiedig o gefnogi'r economi gwledig. Yr hyn yr ydym wedi dadlau o'i blaid bob amser felly yw cyflwyno proses reoledig o newid, lle bydd modd cynnal bywoliaeth gynaliadwy mewn ardaloedd cefn gwlad heb i hynny fod ar draul ystumio masnach fyd-eang. Dyna'r rheswm ein bod wedi dadlau'n gyson o blaid diwygio'r PAC yn sylweddol ac rydym wedi cydnabod y bu rhywfaint o ddatblygu yn hynny o beth ond rydym yn dadlau o blaid gweld mwy eto.

Rydym yn dal i fod mewn sefyllfa lle mae rhyw 80% o'r gyllideb bresennol yn cael ei gyfeirio at y 15 aelod gwreiddiol. Nid yw hynny'n caniatáu i'r gwariant gael ei flaenoriaethu tuag at roi'r cymorth o ran isadeiledd sydd ei angen ar y gwledydd sydd newydd ymuno. Mae gennym o hyd felly system sy'n wyrdroedig.

Dylai fod polisi o newid rheoledig a fyddai'n cynnwys ffermio mwy effeithlon a chymunedau gwledig byw a chynaliadwy. Ni allwch gael sefyllfa lle rydym yn wynebu degawd arall gyda 40% o gyllideb yr UE yn cael ei wario ar 5% o'r boblogaeth.

Ffynhonnell: addaswyd o Swyddfa'r Prif Weinidog
www.number-10.gov.uk/output/page7762.asp.

1. Eglurwch y gwahaniaeth rhwng datganiadau positif a datganiadau normadol. Rhowch o leiaf chwe enghraifft o'r rhain o ddatganiadau Bertie Ahern a Tony Blair.
2. Gwerthuswch y ddadl o blaid ac yn erbyn diwygio'r PAC gan ddefnyddio'r dadleuon a gyflwynir yn y data.

Sgiliau astudio

Pan fyddwch chi'n dechrau eich cwrs UG/Safon Uwch, dylech geisio gwerthuso a yw eich sgiliau astudio a threfnu yn effeithiol. Er enghraifft:

- a ydych chi bob amser yn bresennol ac yn brydlon ar gyfer gwersi neu ddarlithiau?
- a ydych chi'n rhoi gwaith i mewn yn brydlon bob tro?
- a ydy'r gwaith yn cael ei wneud i'r gorau o'ch gallu?
- a ydych chi'n gweithio mewn amgylchedd addas?
- a ydych chi'n caniatáu amser ar gyfer cynllunio a gwerthuso eich gwaith?
- a ydych chi'n cymryd rhan yn yr holl weithgareddau dysgu mewn ffordd sy'n eich helpu chi i ddysgu?
- a ydych chi'n gwrando ar gyngor ac yn gweithredu ar sail sylwadau adeiladol ynglŷn â'ch gwaith?

Dydy bod â sgiliau astudio da ddim o reidrwydd yn golygu bod gwaith yn cael ei wneud ymhell o flaen llaw, neu fod yr ystafell lle byddwch chi'n gweithio gartref yn daclus. Mae rhai myfyrwyr yn drefnus iawn mewn sefyllfaoedd a all ymddangos yn anhrefnus iawn. Er enghraifft, efallai eu bod yn ysgrifennu eu traethodau yn agos at yr adeg y mae'n rhaid eu rhoi nhw i mewn. Neu gallai eu hystafell astudio edrych yn llanast. Ond os ydych chi'n gweithio orau dan bwysau amserlenni, ac yn gwybod lle mae popeth yn annibendod eich ystafell, gellid dadlau eich bod yn fyfyriwr trefnus!

Yn y dosbarth

Mae craidd eich astudio yn debygol o ddigwydd yn yr ystafell ddosbarth neu'r ystafell ddarlithio. Nid yn unig y byddwch yn treulio cyfran sylweddol o'ch amser astudio yn y dosbarth, ond bydd yr hyn a wnewch yn yr ystafell ddosbarth a'r cyfarwyddiadau a gewch yno yn dylanwadu ar yr hyn a wnewch y tu allan. Felly mae sgiliau ystafell ddosbarth effeithiol yn hanfodol. Maen nhw'n cynnwys y canlynol:

Mynd i wersi'n rheolaidd ac yn brydlon Mae sgiliau trefnu da yn cynnwys mynd i bob gwers oni fydd rhesymau difrifol dros fod yn absennol. Maen nhw hefyd yn cynnwys trefnu apwyntiadau meddyg a deintydd, gwersi gyrru neu wyliau y tu allan i amser gwersi fel na fydd gwaith yn cael ei golli.

Rhoi sylw bob amser Mae'n bwysig rhoi sylw bob amser a mynd i'r afael â'r gweithgareddau a gyflwynir. Mae cymryd rhan mewn gwersi yn helpu myfyrwyr eraill i ddysgu hefyd.

Gwneud nodiadau clir a chryno yn ystod gwersi Gall nodiadau fod yn gofnod o'r hyn a ddywedwyd. Mae gwneud nodiadau tra bo'r athro/darlithydd yn siarad yn fath o ddysgu gweithredol. Gall helpu rhai myfyrwyr i ganolbwyntio ar yr hyn sy'n cael ei ddweud a nodi'r hyn nad ydynt yn ei ddeall. I fyfyrwyr eraill, fodd bynnag, gall gwneud nodiadau ymyrryd â deall yr hyn y mae'r athro/darlithydd yn ei ddweud. Gall fod yn well ganddynt ddarllen taflenni neu nodiadau a roddir gan yr athro/darlithydd. Rhaid i chi benderfynu beth sydd orau i chi.

Gofyn cwestiynau i'r athro/darlithydd Mae'n annhebygol y bydd pob myfyriwr yn deall popeth sy'n digwydd mewn gwers. Mae gofyn cwestiynau yn helpu i lenwi'r bylchau hyn. Mae hefyd yn bwysig iawn i'ch cadw chi i ganolbwyntio ar y wers. Os byddwch yn meddwl am yr hyn yr ydych yn ei ddeall a'r hyn nad ydych yn ei ddeall, byddwch yn anochel yn cymryd rhan yn y wers honno. Mae llunio cwestiynau yn bwysig hefyd ar gyfer datblygu sgiliau llafar, a fydd yn hanfodol yn y byd y tu allan i'r ysgol/coleg.

Cymryd rhan mewn trafodaethau ystafell ddosbarth Mae trafodaethau ystafell ddosbarth yn eich galluogi i ymarfer sgiliau dysgu allweddol pwysig. Mae rhai myfyrwyr yn dymuno cyfrannu fwy na'i gilydd. Cofiwch, fodd bynnag, fod gwrando mor bwysig â siarad mewn trafodaeth. Rhaid i bawb sy'n cymryd rhan barchu cyfraniadau pobl eraill. Rhaid cael cydbwysedd rhwng cyfathrebu a gwrando.

Paratoi ar gyfer y wers nesaf Mae llawer o ysgolion a cholegau yn rhoi dyddiaduron gwaith cartref i'w myfyrwyr, neu'n eu hannog i brynu un. Maen nhw'n arf defnyddiol ar gyfer cynllunio a threfnu gwaith. Maen nhw'n eich helpu i gofio'r hyn y mae'n rhaid i chi ei wneud a strwythuro eich gweithgareddau y tu allan i'r dosbarth.

Cynllunio y tu allan i'r dosbarth

Mae cynllunio yn rhan hanfodol o sgiliau astudio da. Trwy gadw dyddiadur, er enghraifft, gall myfyrwyr weld yn syth beth sydd angen ei wneud a phryd. Yna gallan nhw ddyrannu slotiau amser ar gyfer cwblhau'r gwaith. Yn achos gwaith nad yw wedi'i strwythuro gan yr athro/darlithydd, fel gwaith cwrs neu adolygu, mae angen i fyfyrwyr lunio cynllun. Yn nodweddiadol, bydd hwn yn dangos dyddiadau a'r gwaith sydd i'w wneud ar neu erbyn dyddiad penodol. Gall ddangos hefyd adegau yn ystod y dydd pan fydd y gwaith i gael ei wneud. Mae rhai myfyrwyr yn ei chael hi'n ddefnyddiol eu disgyblu eu hunain yn ôl y cloc. Felly maen nhw'n cynllunio dechrau adolygu, dyweder, am 9.00 bob bore, cael saib o ddeg munud bob awr ar yr awr, cael egwyl am ginio am 1.00, ayb.

Hefyd gall fod yn ddefnyddiol llunio cynlluniau manwl gywir ar gyfer gwaith arferol y tu allan i'r dosbarth. Pan ddechreuwch eich cwrs UG/Safon Uwch, er enghraifft, gallai fod yn ddefnyddiol cynllunio'n fanwl pryd rydych chi'n mynd i gwblhau gwaith yn ystod y mis cyntaf. Bydd hynny'n sicrhau bod gwaith yn cael ei wneud a byddwch chi wedi dechrau ar eich cwrs ag arferion gwaith da. Gobeithio wedyn y byddwch chi'n gallu llacio eich cynllunio am eich bod wedi sefydlu trefn gadarn ar gyfer cwblhau gwaith.

Mae pwysigrwydd cynllunio yn tueddu i gynyddu:

- po hiraf yw'r dasg sydd i gael ei chwblhau;
- po leiaf o strwythur a roddir gan eich ysgol/coleg ar gyfer ei chwblhau.

Trefnu amser

Mae gan bob myfyriwr flaenoriaethau gwahanol ynghylch trefnu amser. Dyma rai o'r materion allweddol.

Amser yn ystod yr wythnos Rhaid i chi benderfynu pryd rydych chi eisiau cwblhau eich gwaith yn ystod yr wythnos. Mae'n debygol y bydd gwahanol alwadau ar eich amser. Er enghraifft, efallai bod gennych swydd ran amser sy'n cael blaenoriaeth ar adegau penodol o'r wythnos. Efallai bod gennych ymrwymiadau teuluol neu gymdeithasol. Efallai y byddwch yn penderfynu na fyddwch byth yn gweithio ar nos Wener neu nos Sadwrn (oni fydd argyfwng!). Nid oes adegau iawn neu anghywir i astudio. Fodd bynnag, mae'n hanfodol caniatáu digon o amser yn ystod yr wythnos i astudio. Mae arholiadau UG/Safon Uwch wedi cael eu datblygu ar sail y dybiaeth y byddwch an astudio amser llawn am 1 i 2 flynedd.

Amser yn ystod y dydd Mae rhai pobl yn gweithio orau yn y bore, rhai yn y prynhawn a rhai gyda'r nos. Dylech chi wybod a ydych yn 'berson bore' neu fel arall. Trïwch weithio ar yr adegau o'r dydd pan fyddwch chi fwyaf tebygol o ddysgu'n effeithiol.

Seibiau Mae seibiau'n hanfodol er mwyn cynnal canolbwyntio. Pa mor aml y dylid cael saib? Am faint o amser y dylid cael saib? Mae hyn yn amrywio o unigolyn i unigolyn. Rhaid i chi weld beth sy'n gweithio orau i chi. Trïwch fod mor ddisgybledig â phosibl ynghylch seibiau. Mae'n hawdd iawn i saib ymestyn dros y cyfnod cyfan yr oeddech yn bwriadu gweithio. Mynnwch wybod beth sy'n debygol o'ch cadw chi rhag mynd yn ôl i weithio. Er enghraifft, os dechreuwch wylio'r teledu yn ystod eich saib, a ydych chi wedyn yn aros tan ddiwedd y rhaglen cyn dychwelyd i'ch gwaith?

Amrywiaeth Mae rhai myfyrwyr yn hoffi amrywiaeth yn eu gwaith. Felly yn ystod sesiwn un awr o waith, efallai y byddan nhw'n gwneud ychydig ar dri darn o waith. Byddai'n well gan eraill ganolbwyntio ar un darn o waith yn yr amser hwnnw. Efallai y bydd angen i ddarnau hirach o waith, fel traethodau neu waith cwrs, gael eu torri i lawr a'u cwblhau mewn sawl sesiwn wahanol beth bynnag.

Rhwydweithio ac adnoddau

Mae'n bwysig bod myfyrwyr yn gwneud defnydd o'r holl adnoddau sydd ar gael iddynt. Dyma rai awgrymiadau ynghylch sut i gael cymorth wrth wneud gwaith.

Y gwerslyfr Bydd defnyddio gwerslyfr yn effeithiol yn helpu myfyrwyr i gael y maricau uchaf posibl am eu gwaith. Cofiwch fod y gwerslyfr yno i'ch helpu chi i ddeall pwnc. Dylid darllen yr adran berthnasol cyn rhoi cynnig ar ddarn o waith ac mae'n debygol y bydd angen edrych eto ar y gwerslyfr wrth i chi ysgrifennu. Efallai y byddwch eisiau edrych ar nifer o werslyfrau os, er enghraifft, nad ydych yn deall adran arbennig mewn un llyfr.

Y llyfrgell Mae gan ysgolion a cholegau lyfrgelloedd, efallai hyd yn oed yn yr ystafell ddosbarth neu'r ystafell ddarlithio, gyda llyfrau a deunyddiau eraill y gellir eu benthyca. Mae darllen o amgylch pwnc yn rhan hollbwysig o baratoi unrhyw waith fel traethawd. Gobeithio hefyd y bydd y llyfrgelloedd yn darparu papurau newydd dyddiol o ansawdd. Mae economeg yn ymwneud â'r byd go iawn. Dylai myfyrwyr UG/Safon Uwch wybod am y prif faterion economaidd cyfoes a gallu eu trafod.

Y Rhyngrwyd Gall y Rhyngrwyd fod yn ddefnyddiol iawn yn y broses ddysgu. Mae'n fwyaf defnyddiol efallai pan fydd myfyrwyr yn gallu defnyddio'r un wefan dro ar ôl tro. Maen nhw'n gwybod beth sydd ar y wefan a sut i'w ddefnyddio. Efallai y bydd mwy o anawsterau, fodd bynnag, wrth chwilio am wybodaeth gyffredinol. Mae hynny'n gofyn am sgìl wrth ddefnyddio peiriannau chwilio i gael hyd i wefannau priodol ac yn aml gall hynny gymryd amser. Mae'r Rhyngrwyd yn debygol o fod yn ddefnyddiol iawn i fyfyrwyr sy'n gweithio ar eu pen eu hun mewn Economeg wrth ymchwilio ar gyfer gwaith cwrs.

Gofyn i'r athro/darlithydd Gwnewch ddefnydd llawn o'ch athro/darlithydd fel adnodd. Os ydych yn cael

anhawster gyda rhyw waith cartref, er enghraifft, gofynnwch i'r athro/darlithydd i'ch helpu. Os oes angen help arnoch yn aml, mae'n syniad da dechrau'r gwaith cartref ymhell cyn y dyddiad terfyn, er mwyn i chi gael digon o amser i gysylltu â'r athro/darlithydd.

Rhwydweithio gyda chydfyfyrwyr I rai myfyrwyr gall rhwydweithio gyda ffrindiau fod yn ddefnyddiol. Os bydd ganddynt broblem, gallant alw ffrind neu ei (g)weld yn yr ysgol/coleg. Dylai myfyrwyr sy'n hoffi gweithio fel hyn wybod pa fyfyrwyr yn eu grŵp addysgu sydd fwyaf tebygol o roi cyngor defnyddiol. Mae rhwydweithio yn arf gwerthfawr yn y broses ddysgu i'r person sy'n derbyn y cymorth ac i'r person sy'n ei roi.

Rhieni, pobl busnes, ayb. Gall rhieni, aelodau o'r teulu, ffrinidau neu bobl y gallwch gysylltu â nhw yn y gymuned fusnes i gyd fod yn ffynonellau cymorth mewn sefyllfaoedd gwahanol ac ar gyfer darnau gwahanol o waith.

Yr amgylchedd gwaith

Mae angen dewis amgylchedd gwaith fydd yn uchafu dysgu. Yn aml bydd myfyrwyr yn gweithio mewn llyfrgell neu mewn man astudio, neu gartref yn eu hystafell eu hun. Pa nodweddion sy'n gwneud y mannau gwaith hyn yn effeithiol?

Argaeledd Dylai eich man gwaith fod ar gael i chi pan fyddwch chi eisiau astudio. Os ydych yn dymuno gwneud cymaint o waith â phosibl yn yr ysgol neu'r coleg, a gweithio'n galed rhwng eich gwersi, gallai'r llyfrgell fod yn amgylchedd gwych i chi. Efallai y byddai'n well gennych wneud gwaith cartref yn eich cartref. Efallai mai eich ystafell wely yw'r unig ystafell lle byddwch yn sicr o allu gweithio heb ymyrraeth. Nid yn unig y mae'n rhaid i le fod ar gael, ond hefyd rhaid i'r adnoddau fod ar gael. Os ydych yn gwneud gwaith ymchwil, er enghraifft, efallai y bydd yn rhaid gweithio mewn llyfrgell neu wrth derfynell gyfrifiadur.

Cerddoriaeth, teledu, sŵn Mae rhai myfyrwyr yn ei chael hi'n hawdd canolbwyntio yng nghanol anhrefn. Maen nhw'n hoffi gwrthdyniadau ac yn ei chael hi'n haws gweithio os ydyn nhw'n gwybod y gallan nhw hefyd wrando ar gerddoriaeth, mwytho'r ci neu gael sgwrs. Mae llawer o fyfyrwyr yn methu ag ymdopi â gwrthdyniadau. I weithio'n effeithiol, mae angen heddwch a llonydd cymharol arnynt. Efallai y byddan nhw'n hoffi cerddoriaeth yn y cefndir neu efallai na fyddant.

Ar eu pen eu hun neu mewn grwpiau I rai myfyrwyr mae gweithio mewn grŵp yn aneffeithiol. Gall un person ddechrau siarad am rywbeth nad yw'n ymwneud â'r gwaith ac yna ni fyddant yn ailgydio yn y gwaith. Felly mae'n well ganddynt weithio ar eu pen eu hun. Ond i fyfyrwyr eraill sy'n gallu osgoi gwrthdyniadau o'r fath, mae gweithio mewn grwpiau yn effeithiol iawn. Mae'n golygu y gallant rwydweithio gydag eraill yn ddi-oed pan fydd ganddynt broblem.

Dodrefn Gall dodrefn fod yn bwysig iawn wrth astudio. Mae'n well gan rai myfyrwyr ddarllen mewn cadair esmwyth ac ysgrifennu wrth ddesg. Efallai y byddai'n well gennych greu lleoedd gwaith ar gyfer gwneud mathau arbennig o waith. Gwnewch yn siŵr bod eich cadair yn gysurus ac na fydd yn rhoi problemau cefn i chi.

Golau Arbrofwch â golau er mwyn lleihau straen llygaid. Os bydd astudio yn eich gwneud chi'n flinedig yn fuan iawn, un rheswm posibl yw golau annigonol. Gallwch hefyd ddefnyddio golau i greu naws sy'n eich hybu i astudio.

Symud Dylai eich amgylchedd gwaith ganiatáu i chi symud os byddwch chi eisiau. Wrth geisio dysgu rhywbeth ar gof, er enghraifft, mae rhai myfyrwyr yn hoffi cerdded o amgylch, ond mae'n well gan eraill eistedd.

Paratoi ar gyfer profion ac arholiadau

Mae myfyrwyr gwahanol yn paratoi'n effeithiol ar gyfer profion neu arholiadau mewn amrywiaeth o ffyrdd gwahanol. Rhaid i chi ddarganfod pa ffordd sydd fwyaf effeithiol i chi. Hefyd gall dulliau gwahanol fod yn ddefnyddiol mewn amgylchiadau gwahanol. Efallai, er enghraifft, y treuliwch lawer o amser yn dysgu gwybodaeth ar eich cof ar gyfer arholiad sy'n seiliedig ar draethodau, ond ar gyfer arholiad lluosddewis gallech dreulio'r rhan fwyaf o'r amser yn ymarfer hen gwestiynau.

Nodiadau ysgrifenedig Mae llawer o fyfyrwyr yn defnyddio nodiadau wrth adolygu. Mae nodiadau'n gofnodion defnyddiol o'r hyn sydd wedi'i ddysgu naill ai am fod y myfyriwr wedi'u gwneud nhw ac felly, gobeithio, yn gallu eu deall, neu am fod yr athro/darlithydd wedi'u rhoi nhw a'u bod yn dangos pa ddeunydd sy'n debygol o fod yn yr arholiad.

Mae gwneud nodiadau da yn sgìl. Bwriedir i nodiadau fod yn grynodeb, yn fersiwn cryno o'r hyn sydd, er enghraifft, mewn gwerslyfr. Felly mae'n bwysig datblygu arddull o ysgrifennu nodiadau sy'n byrhau deunydd.

- Gadael allan geiriau cyffredin fel 'y' ac 'a' nad ydynt yn effeithio ar yr ystyr.
- Talfyrru geiriau. Er enghraifft, ysgrifennu 'llyw' ar gyfer 'llywodraeth', 'T' ar gyfer 'treuliant', neu 'P' ar gyfer 'pris'.

Dylai nodiadau gael eu gosod allan yn glir gan ddefnyddio penawdau ac is-benawdau. Yn ddelfrydol, dylai fod cod lliwiau i benawdau ac is-benawdau i'w gwneud hi'n haws eu sgimio wrth ddarllen. Dylai'r penawdau eu hunain eich hybu i gofio'r deunydd sydd wedi'i gynnwys o dan bob pennawd. Dylech amlygu termau allweddol yn y nodiadau. Defnyddiwch seren, cylch neu danlinellu i amlygu pwyntiau pwysig.

Mae rhai myfyrwyr yn hoffi gweithio o nodiadau a ysgrifennwyd ar bapur A4. Mae'n well gan eraill drosglwyddo nodiadau i gardiau bach lle mae llai ar bob cerdyn. Pa ddull bynnag a ddefnyddiwch, gwnewch yn siwr bod y nodiadau wedi'u trefnu'n rhesymegol ac y gallwch fynd at y rhai angenrheidiol yn ddi-oed.

Wrth ddysgu deunydd ar gof o nodiadau, mae rhai myfyrwyr yn ei chael hi'n ddefnyddiol meddwl am gynllun gosod tudalennau unigol. Mae hynny'n eu helpu i ddwyn i gof yr hyn sydd ar y dudalen.

Y gwerslyfr Mae rhai myfyrwyr yn casáu adolygu o nodiadau ac mae'n well ganddynt ddefnyddio gwerslyfr. Efallai, er enghraifft, eu bod yn ei chael hi'n haws darllen deunydd argraffedig yn hytrach na'u llawysgrifen nhw eu hunain. Efallai eu bod nhw eisiau defnyddio deunydd sydd wedi'i gasglu ynghyd yn hytrach na chyfres o daflenni neu dudalennau rhydd. Hefyd, efallai na fydd nodiadau'n gyflawn mewn mannau.

Mae rhai myfyrwyr yn dibynnu ar nodiadau a gwerslyfrau ar gyfer adolygu. Mae adolygu o werslyfr yn defnyddio'r un sgiliau ag adolygu o nodiadau. Yn y gwerslyfr mae penawdau i benodau neu unedau, ac o fewn y rhain mae penawdau ac is-benawdau. Mae'r rhain yn darparu'r sgerbwd y gall y manylion gael eu hongian arno.

Lluniau a chyflwyniadau gweledol I rai myfyrwyr mae lluniau'n arbennig o ddefnyddiol wrth adolygu. Enghreifftiau o gyflwyniadau gweledol a ddefnyddir yn aml yw mapiau meddwl, siartiau llif a diagramau canghennog, a ddangosir isod ac ar y dudalen nesaf. Mae'r darluniau hyn yn crynhoi'r prif bwyntiau yn uned 4, Cromlin y Galw, yn y llyfr hwn. Mae cyflwyniadau gweledol yn gweithio drwy helpu'r myfyriwr i weld pwnc wedi'i osod allan. Gall y myfyriwr ddelweddu lleoedd ar y dudalen a nodi cysylltiadau'n glir.

Dulliau llafar Mae rhai myfyrwyr yn hoffi cael eu 'profi' gan berson arall ar bwnc i weld a ydynt wedi dysgu'r deunydd. Gall ailadrodd geiriau neu ymadroddion fod yn ddefnyddiol. Gall dyfeisio cysylltiadau geiriau a chofeiriau fod yn ddefnyddiol hefyd. Yn achos cysylltiad geiriau mae un gair yn cael ei gysylltu â gair arall. Er enghraifft, gallech fod â diddordeb arbennig mewn pêl-droed ac yn penderfynu cofio prif gydrannau galw cyfanredol (treuliant, buddsoddiant, gwariant y llywodraeth ac allforion minws mewnforion) drwy gysylltu pob term ag enw clwb pêl-droed. Cofiwch y clybiau pêl-droed ac fe gofiwch y cydrannau. Neu gallech lunio cofair, odl neu ymadrodd sy'n gysylltiedig a llythyren gyntaf pob gair. Er enghraifft, Tair Buddugoliaeth Gan Abertawe ym Manceinion ar gyfer treuliant, buddsoddiant, gwariant y llywodraeth, allforion a mewnforion.

Dysgu gweithredol Mae rhai myfyrwyr yn ei chael hi'n anodd eistedd a dysgu deunydd ar gof. Mae angen iddyn nhw fod yn gwneud rhywbeth i'w helpu i gofio.

- Un ffordd yw llunio set o nodiadau, neu fap meddwl. Ar ôl yr ysgrifennu efallai nad yw'r nodiadau fawr ddim o werth, ond yn y gwneud y mae'r dysgu wedi digwydd.
- Efallai y dymunwch ymarfer hen gwestiynau arholiad. Er enghraifft, dyma'r ffordd orau o adolygu ar gyfer arholiadau lluosddewis. Os byddwch yn ymarfer cwestiynau traethawd, mae'n aml yn fwy defnyddiol treulio eich amser prin yn ysgrifennu cynlluniau traethodau ar gyfer amrywiaeth eang o gwestiynau yn hytrach nag ateb ychydig o draethodau yn fanwl.
- Gallech ddefnyddio deunyddiau argraffedig sy'n rhoi cwestiynau ateb byr ar bwnc fel 'Diffiniwch ddarbodion maint' neu 'Rhestrwch gostau diweithdra'.
- Mae rhai myfyrwyr yn ymarfer hen dasgau gwaith cartref a roddwyd iddynt ac yna'n cymharu eu canlyniadau â'u cynnig cyntaf a farciwyd.

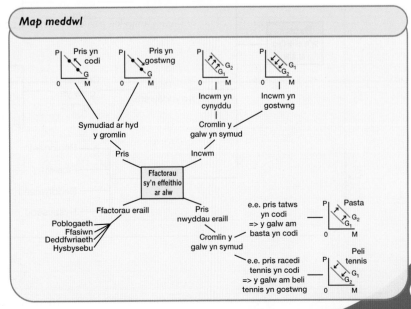

Map meddwl

Siartiau llif

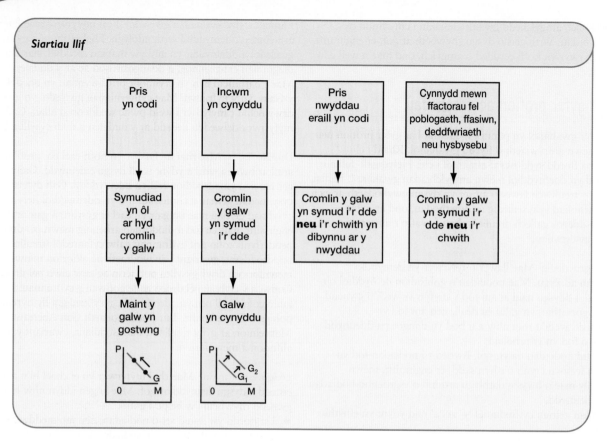

Diagram canghennog

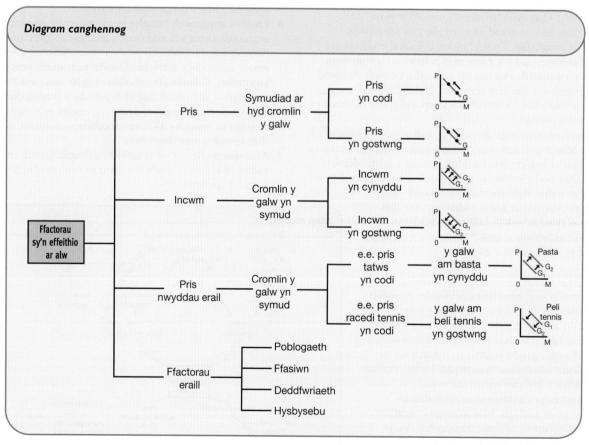

Asesu

Meini prawf asesu

Mae manylebau'n cael eu llunio a phapurau'n cael eu gosod i brofi amrywiaeth o feini prawf asesu. Nodweddion a sgiliau yw'r rhain y mae'n rhaid i ymgeisydd eu dangos i'r arholwyr er mwyn ennill marciau mewn unrhyw fath o asesiad. Yn achos Economeg UG/Safon Uwch mae'r meini prawf asesu hyn wedi'u grwpio'n bedwar maes.

Dangos gwybodaeth a dealltwriaeth o'r cynnwys pwnc penodol

Mae **gwybodaeth a dealltwriaeth** yn gofyn bod ymgeiswyr yn dangos y gallan nhw adnabod cysyniadau a thermau economaidd a'u diffinio neu eu hegluro. Er enghraifft, mae *Eglurwch ystyr darbodion maint* yn gofyn am ddiffiniad o ddarbodion maint (gwybodaeth) a bydd ateb da yn debygol o roi enghreifftiau i ddangos dealltwriaeth glir o'r term. Mae gwybodaeth a dealltwriaeth yn bresennol hefyd pan ddefnyddir damcaniaethau economaidd. Er enghraifft, mae angen gwybodaeth wrth lunio diagram galw a chyflenwad. A ydy'r ymgeisydd wedi nodi'r echelinau yn gywir? A ydy cromlin y galw yn goleddu i lawr? A ydy cromlin y cyflenwad yn goleddu i fyny? A ydy'r ymgeisydd yn defnyddio confensiynau priodol drwy labelu'r echelinau a'r cromliniau galw a chyflenwad yn glir? Enghraifft arall fyddai'r cyswllt rhwng cyfraddau llog a chwyddiant. A ydy'r ymgeisydd yn dangos gwybodaeth o'r gadwyn achosiaeth rhwng newid yng nghyfraddau llog, newid yn y galw cyfanredol a newid yn lefel gytbwys prisiau yn yr economi?

Cymhwyso gwybodaeth a dealltwriaeth feirniadol at broblemau economaidd a materion sy'n codi o sefyllfaoedd cyfarwydd ac anghyfarwydd

Mae gwybodaeth yn hanfodol i unrhyw economegydd, ond rhaid i'r wybodaeth gael ei **chymhwyso** at broblemau economaidd i fod o unrhyw werth. Er enghraifft, dydy gallu diffinio darbodion maint fawr ddim o werth os na ellir nodi darbodion maint sydd ar waith mewn cynhyrchu ceir. Y sgìl o allu defnyddio gwybodaeth mewn amrywiaeth eang o gyd-destunau yw cymhwyso. Bydd rhai o'r cyd-destunau hyn yn gyfarwydd. Er enghraifft, gallech fod wedi astudio diwydiannau hamdden yn ystod eich cwrs ac yn yr arholiad mae cwestiwn ar ddarbodion maint mewn diwydiannau hamdden. Efallai, fodd bynnag, y bydd y cyd-destun yn anghyfarwydd. Er enghraifft, gallech fod wedi astudio'r amgylchedd fel rhan o'ch cwrs. Yn yr arholiad gall fod cwestiwn ar drwyddedau llygredd yn UDA. Mae trwyddedau llygredd yn rhan o'r wybodaeth a'r ddealltwriaeth a ddisgwylir ond gall UDA fod yn gyd-destun anghyfarwydd. Enghraifft arall o gymhwyso fyddai defnyddio fformiwlâu mathemategol i weithio allan atebion i broblemau. Mae cyfrifo gwerth ar gyfer elastigedd pris galw yn gymhwysiad.

Dadansoddi problemau a materion economaidd

Y broses o dorri gwybodaeth i lawr yn rhannau perthnasol ac yna defnyddio hyn i ddeall problem neu fater yw **dadansoddi**. Enghraifft syml o ddadansoddi fyddai nodi tuedd o set o ffigurau diweithdra mewn graff. Gyda'r graff gallai fod darn sy'n cynnwys gwybodaeth am resymau pam y gallai diweithdra fod yn gostwng. Mae angen sgìl dadansoddi i gysylltu'r duedd â'r ffactorau sy'n ei hachosi. Hefyd byddai angen dadansoddi pe bai gofyn i ymgeisydd nodi polisïau llywodraeth posibl i fynd i'r afael â diweithdra. Gallai'r ymgeisydd orfod dewis, o restr, y polisïau a allai fod yn briodol a chyfiawnhau pam y gallai'r polisïau hynny fod yn effeithiol.

Gwerthuso dadleuon a thystiolaeth economaidd, gan farnu ar sail gwybodaeth

Mae **gwerthuso** yn gofyn bod ymgeiswyr yn gwneud casgliadau ac yn dadlau pa ddulliau gweithredu allai fod fwyaf priodol mewn sefyllfa. Pe bai llywodraeth yn dymuno gostwng diweithdra heddiw, pa bolisïau fyddai fwyaf effeithiol? Os ydy cynhesu byd-eang i gael ei atal, beth yw'r pethau pwysicaf y mae'n rhaid i ddefnyddwyr a chwmnïau eu gwneud? Mae'n gymharol hawdd barnu'n syml. Ond ar y lefel hon, mae arholwyr yn disgwyl i ymgeiswyr allu cyfiawnhau eu hatebion. Y cyfiawnhau sy'n debygol o fod â'r mwyaf o farciau. I wneud hyn, rhaid i ymgeiswyr bwyso a mesur y dystiolaeth a gyflwynir iddynt ac asesu pa dystiolaeth sy'n bwysig a pha dystiolaeth nad yw'n bwysig. Rhaid iddynt ystyried a yw'r wybodaeth a gyflwynir yn ddibynadwy ac a yw hi'n ddigon cyflawn i alluogi gwneud penderfyniad ai peidio. Os nad yw, pa wybodaeth arall sydd ei hangen er mwyn llunio casgliad pendant? Hefyd rhaid i ymgeiswyr wahaniaethu rhwng ffaith a barn.

Mae ymgeiswyr yn cael eu hasesu hefyd mewn Economeg UG/Safon Uwch ar sail **ansawdd y cyfathrebu ysgrifenedig**. Mae ymgeiswyr yn gorfod:

- dewis a defnyddio ffurf ac arddull ysgrifennu sy'n briodol i'r pwrpas ac i gynnwys cymhleth. Er enghraifft, rhaid i ymgeiswyr allu ysgrifennu traethawd neu ateb cryno i gwestiwn;
- trefnu gwybodaeth berthnasol yn glir ac yn gydlynol, gan ddefnyddio geirfa arbenigol lle bo'n briodol. Felly rhaid i ymgeiswyr, er enghraifft, allu ysgrifennu mewn paragraffau a gallu defnyddio termau fel elastigedd pris neu'r fantol gyfredol lle bo'r rhain yn ofynnol;
- sicrhau bod yr ysgrifen yn ddarllenadwy, a bod y sillafu, y ramadeg a'r atalnodi yn gywir, fel bo'r ystyr yn glir. Felly rhaid i ymgeiswyr ysgrifennu'n glir, llunio brawddegau iawn a sillafu'n gywir.

Geiriau gorchymyn, cyfarwyddo neu allweddol

Yn nodweddiadol mae cwestiynau'n dechrau gyda geiriau gorchymyn neu eiriau allweddol. Mae'r geiriau hyn yn dangos pa sgiliau sy'n ofynnol wrth ateb y cwestiwn. Mae'n bwysig i ymgeiswyr ateb mewn modd priodol. Er enghraifft, os gofynnir i ymgeiswyr werthuso problem ond maen nhw'n dangos gwybodaeth a dealltwriaeth yn unig, byddan nhw'n colli'r rhan fwyaf o'r marciau am y cwestiwn hwnnw. Gall geiriau gorchymyn gael eu grwpio yn ôl y sgiliau sy'n ofynnol mewn ateb.

Gwybodaeth a dealltwriaeth

- Diffiniwch – rhoi union ystyr term neu gysyniad gan ddefnyddio geiriau neu symbolau mathemategol y mae'r darllenydd eisoes yn deall eu hystyr, e.e. *Diffiniwch ystyr darbodion maint*.
- Disgrifiwch – rhoi hanes rhywbeth, e.e. *Disgrifiwch gostau chwyddiant*.
- Rhowch – nodi neu ddweud, e.e. *Rhowch ddwy enghraifft o nwyddau lle mae gan Saudi Arabia fantais gymharol yn eu cynhyrchu*.

- Sut – cyflwyno hanes rhywbeth, e.e. *Sut mae'r llywodraeth yn codi trethi?*
- Nodwch (*Identify*) – dethol o wybodaeth arall, e.e. *Nodwch dri ffactor sy'n achosi chwyddiant.*
- Dangoswch – defnyddio enghreifftiau i egluro pwynt, e.e. *Dangoswch y ffordd y bydd monopolyddion yn cadw cystadleuwyr allan o'u marchnadoedd.*
- Rhestrwch – nodi ar y ffurf fwyaf cryno, e.e. *Rhestrwch dri ffactor sy'n effeithio ar y galw am gynnyrch.*
- Amlinellwch – rhoi disgrifiad cryno o'r prif agweddau neu nodweddion, e.e. *Amlinellwch y dadleuon a ddefnyddir gan Greenpeace yn erbyn cnydau sydd wedi'u haddasu mewn modd genetig (GM).*
- Nodwch (*State*) – rhoi neu ddweud, e.e. *Nodwch dri ffactor sy'n effeithio ar elastigedd cyflenwad.*
- Crynhowch – dod â'r prif bwyntiau allan o set fwy cymhleth o ddata, e.e. *Crynhowch y prif ddadleuon o blaid ymyriad gan y llywodraeth.*
- Beth – gwneud pwynt yn glir, e.e. *Beth yw prif nodweddion diwydiant perffaith gystadleuol?*

Cymhwyso

- Cymhwyswch – defnyddio'r hyn a wyddoch am economeg i ddeall sefyllfa, mater neu broblem, e.e. *Cymhwyswch ddamcaniaeth cystadleuaeth berffaith at y farchnad am datws.*
- Cyfrifwch – defnyddio mathemateg i weithio allan ateb, e.e. *Cyfrifwch elastigedd pris y galw os bydd pris yn codi o £3 i £4.*
- Gwahaniaethwch rhwng – nodi'r nodweddion sy'n gwneud dau nwu fwy o syniadau, cysyniadau, materion, ayb. yn wahanol, e.e. *Gwahaniaethwch rhwng elastigedd pris galw ac elastigedd incwm galw.*
- Eglurwch – gwneud yn glir. Yn aml mae'n ddefnyddiol diffinio termau a rhoi enghreifftiau mewn eglurhad, e.e. *Eglurwch sut y pennir prisiau mewn marchnad rydd.*
- Awgrymwch – rhoi rhesymau neu syniadau posibl. Rhaid i'r rhain fod yn gredadwy ond nid o reidrwydd yn gywir. Yn achos 'Awgrymwch' gall fod gofyn i ymgeiswyr ddadansoddi problem yn hytrach na chymhwyso problemau economaidd yn unig, e.e. *Awgrymwch resymau pam na chododd y cwmni ei brisiau.*

Dadansoddi

- Dadansoddwch – torri i lawr yn rhannau cyfansoddol er mwyn gallu deall mater neu broblem. Mae dadansoddi yn golygu adnabod yr hyn sy'n bwysig a chysylltu â gwybodaeth a deallltwriaeth o economeg lle bo hynny'n angenrheidiol, e.e. *Dadansoddiwch y rhesymau dros y cwmni'n buddsoddi mewn peiriannau newydd.*
- Cymharwch a chyferbynnwch – dangos y pethau tebyg a'r gwahaniaethau rhwng dau neu fwy o syniadau neu broblemau, e.e. *Cymharwch a chyferbynnwch perfformiad economiau'r DU a China dros y deng mlynedd diwethaf.*
- Archwiliwch – torri mater neu broblem i lawr er mwyn ei (d)deall, e.e. *Archwiliwch y problemau sy'n wynebu economi'r DU heddiw.*
- Ymchwiliwch – chwilio am dystiolaeth er mwyn egluro a dadansoddi, e.e. *Ymchwiliwch i'r rhesymau pam y dewisodd y llywodraeth dorri cyfraddau llog ym mis Mai.*

Gwerthuso

- Aseswch – dadansoddi mater neu broblem economaidd ac yna pwyso a mesur pwysigrwydd cymharol gwahanol linynnau, e.e. *Aseswch effaith cyfraddau llog uchel ar economi'r DU.*
- Rhowch sylwadau ar – yn gwahodd yr ymgeisydd i farnu ar sail tystiolaeth a gyflwynwyd ganddynt, e.e. *Rhowch sylwadau ar y rhesymau pam y credodd Banc Lloegr bod angen cynyddu cyfraddau llog ym mis Mehefin.*
- Dadansoddwch yn feirniadol – dadansoddi mater neu broblem ac yna pwyso a mesur pwysigrwydd cymharol rhan o'r dadansoddiad hwn, e.e. *Dadansoddwch yn feirniadol y problemau sy'n wynebu'r diwydiant heddiw.*
- Yn eich barn chi – yn gwahodd ymgeiswyr i gynnig eu barn nhw am fater neu broblem. Fodd bynnag, bydd marciau yn cael eu rhoi bob amser am ansawdd y dadleuon a gynigir yn hytrach nag am unrhyw farnau unigol, e.e. *Yn eich barn chi, a ddylai'r llywodraeth fod wedi caniatáu i'r drafffordd gael ei hadeiladu?*
- Trafodwch – cymharu nifer o safbwyntiau posibl ynghylch mater neu broblem a phwyso a mesur eu pwysigrwydd cymharol. Mae casgliad yn hanfodol, e.e. *Trafodwch fanteision ac anfanteision gosod rhenti yn y farchnad dai.*
- Gwerthuswch – yn debyg i 'Trafodwch', cymharu nifer o safbwyntiau posibl ynghylch mater neu broblem a phwyso a mesur eu pwysigrwydd cymharol. Mae barn derfynol yn hanfodol, e.e. *Gwerthuswch y polisïau sydd ar gael i lywodraeth ostwng diweithdra.*
- I ba raddau – yn gwahodd ymgeiswyr i egluro a dadansoddi ac yna i roi sylwadau ar bwysigrwydd cymharol dadleuon, e.e. *I ba raddau y dylai'r llywodraeth ddibynnu ar gyfraddau llog i reoli chwyddiant?*

Lefelau ateb

Mae cwestiynau sy'n profi sgiliau dadansoddi a gwerthuso, sef sgiliau'r graddau uchaf, yn debygol o gael eu marcio gan ddefnyddio cynllun marcio lefelau ateb. Yn hytrach na rhoi marc neu sawl marc i ymgeiswyr am bwynt a wnaed neu am ddadl a ddatblygwyd o fewn ateb, mae'r ateb yn cael ei farcio'n gyfannol (fel cyfanwaith). Yna mae'n cael ei gymharu â disgrifiadau o'r ffordd y gallai atebion edrych o ran y sgiliau a ddangosir. Yna caiff yr ateb ei roi o fewn lefel. Bydd gan y lefel hon ystod o farciau y gall yr arholwr eu rhoi, yn dibynnu ar pa mor dda y mae'r ateb o fewn y lefel honno.

Er enghraifft, gallai cynllun marcio lefelau fod â thair lefel gyda 12 marc ar gael. Mae'r disgrifiadau lefelau fel a ganlyn:

Lefel 1

Rhoddir un rheswm neu fwy, ond does fawr ddim datblygu pwyntiau. Mae diffyg rhesymeg i'r ateb a does dim dadansoddi na gwerthuso. 1-3 marc

Lefel 2

Rhoddir sawl rheswm gyda dadansoddi rhesymol. Mynegir dadleuon â rhywfaint o hyder a rhesymeg. Mae'r gwerthuso, fodd bynnag, wedi'i ategu'n wan â thystiolaeth. 4-8 marc

Lefel 3

Yn rhoi sylw da i'r prif resymau. Dadansoddi cadarn gyda chyswllt clir rhwng y materion a nodir. Mae dadleuon o blaid ac yn erbyn wedi'u gwerthuso ac mae casgliad wedi'i lunio. 9-12 marc

Mae cynlluniau marcio ar gael gan y cyrff dyfarnu. Dylech ddod yn gyfarwydd â'r cynlluniau marcio lefelau ateb a ddefnyddir gan arholwyr ynghylch y papurau y byddwch chi'n eu sefyll. Er mwyn ennill marc yn y lefel uchaf, rhaid i ymgeiswyr yn nodweddiadol roi tystiolaeth o'r pedwar prif sgìl, sef gwybodaeth, cymhwyso, dadansoddi a gwerthuso.

Cwestiynau lluosddewis

Mae rhai cyrff dyfarnu yn defnyddio cwestiynau llusoddewis fel ffurf ar asesu. Fe'u defnyddir yn bennaf i brofi sgiliau'r graddau isaf, sef gwybodaeth a chymhwyso. Maen nhw'n ffordd gyfleus o brofi ehangder. Mae cwestiwn ymateb i ddata neu draethawd yn debygol o ymdrin ag un pwnc yn unig. Os oes dewis, gall ymgeiswyr gael eu hannog i adolygu rhan o'r cwrs yn unig yn y gobaith y byddan nhw'n dal i allu ateb set gyflawn o gwestiynau. Mae prawf llusoddewis yn ymdrin â'r cwrs cyfan ac felly mae'n cosbi ymgeiswyr sy'n dethol wrth adolygu.

Mae llwyddo gyda chwestiynau lluosddewis yn golygu bod yn hollol gyfarwydd â phethau sylfaenol economeg. Hefyd mae sgìl yn ofynnol wrth ateb cwestiynau lluosddewis, yn yr un modd ag y mae angen sgiliau ysgrifennu traethodau ar gyfer traethodau. Felly mae ymarfer ar gwestiynau yn bwysig iawn. Gall defnyddio hen bapurau cwestiynau y corff dyfarnu fod yn ddefnyddiol iawn hefyd. Nid yn unig y bydd yn eich helpu i ymgyfarwyddo ag arddull y cwestiynau lluosddewis a ddefnyddir, ond gall hen gwestiynau gael eu hailddefnyddio mewn papurau newydd.

Mae dwy ffordd y mae ymgeiswyr yn debygol o gael ateb cywir i gwestiwn lluosddewis.
● Gwybod yr ateb cywir.
● Dileu'r atebion anghywir.
Dylai ymgeiswyr wneud defnydd llawn o ddeddfau tebygolrwydd. Os nad ydy'r ateb cywir yn amlwg, ond bod dau allan o'r pedwar ateb yn gallu cael eu dileu, mae'r gobaith o gael yr ateb cywir yn gwella o 1 ym mhob 4 yn achos dyfalu i 1 ym mhob 2. Yn achos papur cyfan, gall strategaeth o ddileu atebion anghywir wella'r marciau yn sylweddol.

Mae rhai profion lluosddewis yn gofyn bod ymgeiswyr nid yn unig yn rhoi ateb o A i D ond hefyd yn cyfiawnhau eu hatebion. Dylai'r eglurhad ysgrifenedig fod yn gryno ac i'r pwynt.

Mewn arholiad, peidiwch â threulio mwy na'r amser penodedig ar unrhyw gwestiwn ond ewch ymlaen at yr un nesaf. Er enghraifft, os oes 30 cwestiwn i gael eu hateb mewn 30 munud, mae 1 munud am bob cwestiwn ar gyfartaledd. Peidiwch â threulio 10 munud yn gweithio allan cwestiwn 5. Ewch yn ôl ar y diwedd at y cwestiynau a adawyd gennych. Os byddwch bron â rhedeg allan o amser, cofiwch sicrhau bod yna ateb i bob cwestiwn. Yna bydd rhyw obaith o gael marciau yn hytrach na bod dim gobaith o gwbl. Mae'n well gan rai myfyrwyr dynnu llinell trwy atebion anghywir o fewn cwestiwn ac amlygu'r ateb cywir yn weledol.

Cwestiynau ymateb i ddata

Defnyddir cwestiynau ymateb i ddata i brofi gallu ymgeiswyr i gymhwyso'u gwybodaeth a'u dealltwriaeth at ddata cyfarwydd ac anghyfarwydd. Maen nhw hefyd fel arfer yn gofyn bod ymgeiswyr yn dangos sgiliau dadansoddi a gwerthuso.

Gall y data a gyflwynir fod ar ffurf geiriau neu rifau neu gymysgedd o'r ddau. Yn aml bydd ymgeiswyr yn cael data ar ffurf geiriau yn haws eu deall a'u dehongli. Yn ymarferol, fodd bynnag,

bydd arholwyr yn llunio cwestiynau fel na fydd fawr ddim neu ddim gwahaniaeth o ran y canlyniad mewn marciau rhwng cwestiynau sy'n cynnwys data geiriol yn bennaf a rhai sy'n cynnwys data rhifiadol yn bennaf.

Bydd rhai cyrff dyfarnu yn defnyddio data real yn unig, fel dyfyniadau o bapurau newyddion neu ystadegau o ffynonellau llywodraethol. Bydd eraill yn defnyddio data damcaniaethol neu ddychmygol – data sydd wedi'u dyfeisio gan yr arholwr. Mewn rhai meysydd mewn Economeg mae'n anodd cael data real. Un enghraifft yw ffigurau union ar gyfer elastigedd pris galw. Felly mae'n well gan rai arholwyr ddefnyddio data dychmygol ar gyfer cwestiynau.

Mae nifer o ffyrdd y gall ymgeiswyr wella'u perfformiad ar gwestiynau ymateb i ddata mewn arholiadau.
● Darllen y deunydd yn drylwyr.
● Defnyddio pen amlygu i amlygu'r geiriau neu'r darnau sy'n bwysig yn eich barn chi.
● Amlygu'r geiriau allweddol mewn cwestiwn.
● Ystyried yn ofalus yr hyn y mae pob cwestiwn yn ei ofyn gennych. Yn arbennig, ystyried y sgiliau y mae gofyn i chi eu dangos mewn cwestiwn.
● Os oes cyfrifiadau rhifiadol, dangos eich holl waith cyfrifo yn ofalus. Efallai y cewch farciau am y cyfrifo hyd yn oed os na fydd eich ateb terfynol yn gywir.
● Deall yn glir pa mor hir y dylai pob ateb fod. Er enghraifft, tybiwch fod cyfanswm o 60 marc, gyda'r ddau gwestiwn cyntaf yn cael 5 marc yr un, y trydydd cwestiwn yn cael 10 marc, y pedwerydd 15 marc a'r olaf 25 marc. Dylai'r cwestiwn cyntaf fod tua phumed ran o hyd y cwestiwn olaf a dylai gymryd ⅕ o'r amser i'w gwblhau. Mae llawer o ymgeiswyr yn ysgrifennu gormod ar gwestiynau sydd ag ychydig o farciau a rhy ychydig ar gwestiynau sydd â llawer o farciau.
● Gwybod pa gysyniadau a damcaniaethau y mae'r cwestiwn yn eu profi.
● Mae rhai ymgeiswyr yn ei chael hi'n ddefnyddiol paratoi cynlluniau ar gyfer atebion hir.
● Sicrhau na fyddwch yn rhedeg allan o amser. Fel arfer mae'n well rhoi'r gorau i un rhan a symud ymlaen i'r nesaf os byddwch yn rhedeg allan o amser yn hytrach na cheisio creu'r ateb perffaith yn y rhan honno.
● Gall fod disgwyl i ymgeiswyr ysgrifennu am tua 20 munud ar rannau olaf cwestiynau ymateb i ddata. Os felly, mae'r cwestiynau hyn yn draethodau bach a bydd angen cymhwyso atynt y technegau ar gyfer ysgrifennu traethodau a ddisgrifir isod.

Weithiau, mae'n briodol defnyddio diagram mewn cwestiwn ymateb i ddata. Mae rhai cwestiynau, mewn gwirionedd, yn gofyn yn benodol bod diagram yn cael ei luniadu. Dyma rai rheolau hawdd eu cofio wrth luniadu diagramau.
● Bydd arholwyr yn disgwyl gweld diagramau safonol a welir mewn unrhyw werslyfr Economeg.
● Wrth luniadu diagramau, gwnewch yn siwr eu bod yn ddigon o faint i allu cael eu darllen.
● Mae diagramau'n haws eu darllen ac yn edrych yn well o lawer os cân nhw eu lluniadu a phren mesur lle bo'n briodol.
● Labelwch yr echelinau a'r llinellau neu'r cromliniau bob tro.
● Cofiwch gyfeirio at y diagram a'i egluro yn eich ateb ysgrifenedig.

Traethodau

Yn aml defnyddir traethodau i brofi sgiliau dadansoddi a gwerthuso, sef sgiliau'r graddau uchaf, ond mae'n debygol y bydd marciau ar gyfer gwybodaeth a chymhwyso hefyd yn y cynllun marcio. Yn nodweddiadol, disgwylir i ymgeiswyr ysgrifennu am 35-45 munud ar deitl traethawd sy'n debygol o gael ei rannu'n ddwy ran wahanol ond gysylltiedig. Mae ysgrifennu traethodau yn sgìl sydd angen ei ymarfer a'i ddysgu. Mae gofyn rhoi at ei gilydd (neu **syntheseiddio**) nifer o syniadau i ffurfio un ateb cyflawn. Mae traethodau'n debygol o gael eu marcio gan ddefnyddio cynlluniau marcio lefelau ateb.

Gall ymgeiswyr wella eu sgiliau ysgrifennu traethodau os gallan nhw ddysgu'r technegau canlynol.

- Cyn dechrau ysgrifennu, deall yn glir beth mae'r cwestiwn yn ei ofyn. Yn arbennig, nodi'r sgiliau y bydd gofyn i chi eu defnyddio i ysgrifennu traethawd llwyddiannus drwy edrych ar y geiriau gorchymyn. Nodi hefyd y meysydd mewn economeg sy'n berthnasol i'r traethawd. Mae rhai ymgeiswyr yn ei chael hi'n ddefnyddiol amlygu'r geiriau allweddol yn nheitl y traethawd er mwyn iddyn nhw ganolbwyntio ar yr hyn y mae'r cwestiwn yn ei ofyn. Er enghraifft, ystyriwch y cwestiwn canlynol: *Gwerthuswch y polisïau y gallai llywodraeth eu mabwysiadu i ymdrin â phroblem diweithdra ieuenctid.* Y geiriau allweddol yma yw *Gwerthuswch, polisïau llywodraeth* a *diweithdra ieuenctid*. Mae gwerthuso yn golygu bod angen i chi gymharu effeithiolrwydd gwahanol fathau o bolisi llywodraeth. Bydd disgwyl i chi ddadlau y gallai rhai fod yn fwy defnyddiol na'i gilydd er mwyn ennill y nifer mwyaf posibl o farciau. Polisïau llywodraeth i ymdrin â diweithdra yw'r prif faes o wybodaeth economaidd. Fodd bynnag, mae'r gair *ieuenctid* yn arbennig o bwysig. Rhaid i'ch ateb ganolbwyntio ar ddiweithdra *ieuenctid* os yw i gael y marciau uchaf.
- Mae rhai ymgeiswyr yn ei chael hi'n ddefnyddiol ysgrifennu **cynllun traethawd**, sef crynodeb o'r hyn y byddant yn ei ysgrifennu. Mae'n caniatáu i chi roi pwyntiau i lawr ar bapur yn gyflym a gweld sut y gellir eu trefnu i ffurfio cyfanwaith cydlynol. Yn aml bydd ymgeiswyr yn dechrau eu hateb ac yn ychwanegu pwyntiau at eu cynllun wrth fynd yn eu blaen am fod ysgrifennu yn eu hybu i gofio pethau. Mae hynny'n arfer da, ond cofiwch wirio bob amser na fydd eich pwyntiau newydd yn anghydbwyso strwythur eich ateb. Er enghraifft, gall ychwanegu deunydd newydd ar ôl ysgrifennu eich casgliad ennill marciau ychwanegol i chi ond mae'n annhebygol o'ch helpu i gael y marciau uchaf.
- Paragraffu eich traethawd yn iawn. Cofiwch y dylai paragraff gynnwys deunydd ar un syniad neu un grŵp o syniadau. Techneg ddefnyddiol yw gweld paragraff fel brawddeg agoriadol sy'n gwneud pwynt, gyda gweddill y paragraff yn manylu neu'n egluro'r pwynt hwnnw.
- Cynnwys diagramau lle bynnag y byddant yn briodol. Rhoddir cyngor uchod ynghylch defnyddio diagramau yn effeithiol.
- Ysgrifennu paragraff terfynol. Mae hynny'n arbennig o bwysig os ydych yn ateb cwestiwn gwerthuso. Mae'r terfyn yn rhoi cyfle i chi gasglu eich pwyntiau at ei gilydd a phwyso a mesur y dadleuon a gynigiwyd.
- Yn achos cwestiynau sydd â dwy ran, sicrhau eich bod yn rhannu eich amser yn effeithiol rhwng y ddwy ran. Peidiwch â threulio gormod o amser ar hanner cyntaf y cwestiwn. Mae'n arbennig o bwysig gweithio allan faint o amser i'w dreulio ar bob rhan os ydy nifer y marciau y gellir eu hennill yn y ddwy ran yn anghyfartal iawn.
- Mae traethodau'n ddarnau di-dor o ryddiaith. Ni ddylech gynnwys pwyntiau bwled, rhestri, is-benawdau, ayb.
- Nodi'r stori. Mae llawer o gwestiynau traethawd yn cael eu gosod am eu bod yn ymdrin â mater amserol (*topical*). Dylai nodi'r mater amserol eich helpu i benderfynu beth i'w

bwysleisio yn eich traethawd. Hefyd bydd yr hyn a wyddoch am y mater yn rhoi i chi ddeunydd ychwanegol i'w gynnwys yn eich traethawd.
- Addasu eich deunydd i weddu i'r hyn sy'n ofynnol. Peidiwch ag ysgrifennu ateb i gwestiwn traethawd yr ydych eisoes wedi'i ateb yn y dosbarth ac wedi'i roi ar gof ac sy'n debyg i'r cwestiwn traethawd a osodwyd. Hefyd, peidiwch ag ysgrifennu 'y cyfan rwy'n ei wybod am' un neu ddau o eiriau allweddol yn nheitl y traethawd. Er enghraifft, mae ateb cwestiwn am gostau chwyddiant drwy ysgrifennu llawer am y ffactorau sy'n achosi chwyddiant yn debygol o fod yn ateb amhriodol.
- Cofio ei bod hi'n debygol y bydd marciau yn y cynllun marcio am ansawdd yr iaith. Ysgrifennwch mewn arddull syml a chlir a rhowch sylw i'ch sillafu.

Gwaith cwrs

Efallai y bydd gofyn i chi ysgrifennu darn o waith cwrs. Mae'n debygol y cewch lawer o gymorth wrth wneud hyn gan eich athro/darlithydd.

Cynllunio Un mater allweddol i'r myfyriwr mewn gwaith cwrs yw rheoli amser. Bydd gwaith cwrs yn debygol o gael ei wneud dros gyfnod. Mae'n bwysig sicrhau na chollir dyddiadau terfyn am eu bod wythnosau neu fisoedd cyn bod y gwaith cwrs i gael ei roi i mewn. Mae'n bwysig hefyd nad ydy'r gwaith i gyd yn cael ei adael tan y diwedd oherwydd efallai na fydd digon o amser i'w gwblhau. Mae cynllunio'n bwysig iawn felly. Mae'n debygol y bydd eich athro/darlithydd yn eich helpu gyda hyn, gan osod nodau a'ch helpu i gwblhau'r gwaith cwrs ymhell o fewn y terfyn amser sy'n ofynnol.

Dilyn cyfarwyddiadau'r fanyleb Bydd manyleb yr arholiad yn rhoi cyfarwyddiadau manwl ynghylch sut y dylai pynciau gael eu dewis, sut y dylai'r gwaith cwrs gael ei ysgrifennu a sut y caiff marciau eu dyfarnu. Dylech gadw copi o hon gyda'ch gwaith bob amser. Mae cyrff dyfarnu yn cyhoeddi deunyddiau ategu'r fanyleb ar gyfer athrawon a darlithwyr. Bydd y rhain hefyd yn cynnwys gwybodaeth am waith cwrs y dylid ei rhoi ar gael i chi. Fel arfer caiff marciau uchel eu hennill drwy ddilyn yr hyn y mae'r arholwyr wedi dweud wrth yr ymgeiswyr i'w wneud.

Dewis pwnc Eich tasg gyntaf fydd penderfynu ar bwnc i ymchwilio iddo. Dylai hwn fod yn ymchwiliad i broblem neu fater economaidd. Mae'r dewis o bwnc yn hollbwysig am ddau reswm. Yn gyntaf, rhaid i'r myfyriwr allu cael data cynradd a/neu ddata eilaidd ar y pwnc. Data a gwybodaeth a gasglwyd eisoes gan rywun arall yw data eilaidd. Mae'n debygol mai dyma fydd prif ffynhonnell data yr ymchwiliad os nad yr unig ffynhonnell. Gallai gynnwys, er enghraifft, erthyglau papurau newyddion, ystadegau'r llywodraeth, neu ddeunydd o wefannau ar y Rhyngrwyd. Data sydd wedi'u casglu'n uniongyrchol gan y myfyriwr ac nad ydynt yn dod o ffynhonnell arall yw data cynradd. Byddai canlyniadau holiadur a gynhaliwyd gan y myfyriwr yn enghraifft. Efallai na fydd data cynradd ar gael ar gyfer y pwnc a ddewiswyd. Efallai hefyd y bydd data cynradd o ansawdd gwael, e.e. o arolwg a gynhaliwyd yn wael. Felly dim ond os ydynt yn ddibynadwy ac yn berthnasol i'r pwnc a ddewiswyd y dylai data cynradd gael eu cynnwys.

Mae'r dewis o bwnc yn bwysig hefyd oherwydd y bydd yn pennu a fydd yr ymgeisydd yn gallu dangos yr holl sgiliau y mae'r arholiad yn gofyn amdanynt. Bydd hyn yn cynnwys dadansoddi a gwerthuso. Yr allwedd yw geirio teitl y gwaith cwrs fel problem neu fater. Efallai na fydd 'Ydy'r diwydiant gwyliau parod yn oligopoli?' yn deitl addas. Nid yw'n rhoi digon o fodd i ymgeiswyr ddangos sgiliau gwerthuso. Teitl mwy addas yw teitl sy'n gofyn a ddylai awdurdodau cystadleuaeth y DU neu'r UE ganiatáu cydsoddiad sy'n cael ei ystyried ar hyn o bryd rhwng cwmnïau gwyliau parod. Bydd ymgeiswyr yn gallu archwilio'r mater, gan gynnwys rhoi sylwadau ar natur oligopolaidd y diwydiant gwyliau parod. Wedyn bydd yn rhaid iddynt ddefnyddio'r dadansoddiad hwn i werthuso penderfyniad polisi. Wrth gwrs, dyma'r union beth y byddai economegwyr sy'n gweithio i'r awdurdodau cystadleuaeth yn ei wneud hefyd.

Casglu gwybodaeth Mae casglu gwybodaeth yn debygol o gymryd amser, er bod y Rhyngrwyd yn lleihau hynny fwyfwy erbyn hyn. Er enghraifft, gallai edrych drwy bapurau newyddion fod wedi cymryd nifer o sesiynau mewn llyfrgell, ond nawr gellir ei wneud mewn un sesiwn gan ddefnyddio peiriant chwilio a gwefan. Gall gymryd yn hirach i gasglu gwybodaeth ystadegol o gyhoeddiadau'r llywodraeth fel yr *Economic Trends Annual Supplement* a'i rhoi ar ffurf sy'n ddefnyddiol i'ch aseiniad penodol chi. Fodd bynnag, gall y Rhyngrwyd gymryd llawer o amser hefyd. Efallai y bydd yn rhaid i chi fynd trwy lawer iawn o wybodaeth amherthnasol cyn cael rhywbeth o werth.

Os byddwch yn cynnal ymchwil cynradd, dylech ddeall yn glir y technegau y byddwch yn eu defnyddio a'r hyn sy'n eu gwneud nhw'n ddilys fel tystiolaeth. Er enghraifft, os byddwch yn llunio holiadur, dylech wybod am y materion sydd ynghlwm wrth osod cwestiynau priodol. Hefyd dylech ddeall faint a natur y sampl sydd ei angen i roi canlyniadau dilys. Mae data'n debygol o gael eu casglu o'r ffynonellau canlynol:

- llyfrau, gan gynnwys gwerslyfrau;
- papurau newyddion;
- cylchgronau;
- cylchgronau masnach arbenigol;
- deunydd hysbysebu;
- cyhoeddiadau ystadegol y llywodraeth gan gynnwys *Monthly Digest of Statistics*, *Economic Trends* a'r *Economic Trends Annual Supplement*, *Annual Abstract of Statistics*, *Social Trends*, *Regional Trends*, *Environmental Statistics* a *Transport Statistics*;
- gwefannau ar y Rhyngrwyd.

Wrth gasglu gwybodaeth ceisiwch gymorth pobl eraill lle bo'n bosibl. Er enghraifft, os byddwch yn defnyddio llyfrgell, gofynnwch i'r llyfrgellydd am gymorth i ddod o hyd i ddeunydd. Os byddwch yn defnyddio'r Rhyngrwyd, gwnewch yn siwr eich bod yn deall sut orau i ddefnyddio peiriant chwilio.

Mae casglu gwybodaeth yn cymryd amser ac mae'n heriol. Peidiwch â bychanu anhawster y rhan hon o'r dasg.

Strwythuro'r adroddiad Bydd y corff dyfarnu yn rhoi cyfarwyddyd clir ynghylch sut i osod yr adroddiad allan a'r hyn y dylid ei gynnwys. Er enghraifft, efallai y bydd cyrff dyfarnu yn argymell y dylai fod:

- tudalen gynnwys;
- rhagarweiniad yn amlinellu'r mater neu'r broblem economaidd sy'n destun yr ymchwiliad, a hynny naill ai ar ffurf rhagdybiaeth sydd i gael ei phrofi neu gwestiwn sy'n gofyn am ymchwilio pellach;
- amlinelliad cryno o gysyniadau a damcaniaethau economaidd sy'n berthnasol i'r mater neu'r broblem, mewn rhai achosion yn cynnwys cyfeirio at ddeunydd darllen sydd eisoes ar gael;
- amlinelliad cryno o'r dechneg/technegau sydd i gael ei/eu defnyddio i gasglu'r data perthnasol;

- cyflwyniad o'r casgliadau sy'n gysylltiedig â'r rhagdybiaeth neu'r cwestiwn a osodwyd;
- gwerthusiad o'r casgliadau a'r dull ymchwilio, gydag argymhellion lle bo'n briodol;
- llyfryddiaeth o'r ffynonellau.

Wrth ysgrifennu eich adroddiad, cofiwch eich bod yn ysgrifennu am ddamcaniaeth(au) economaidd ac yn cyflwyno tystiolaeth a gasglwyd gennych er mwyn cyrraedd set o gasgliadau. Mae'n bwysig osgoi ysgrifennu popeth a welwch mewn gwerslyfrau am ddamcaniaethau economaidd penodol, neu anghofio mai pwrpas casglu tystiolaeth yw gwerthuso problemau neu faterion.

Ysgrifennu adroddiad

Efallai y bydd gofyn i fyfyrwyr ysgrifennu adroddiad. Mae arddull adroddiad yn wahanol i arddull traethawd.

- Dylai ddechrau gydag adran sy'n dangos ar gyfer pwy y mae'r adroddiad, pwy sydd wedi ei ysgrifennu, y dyddiad y cafodd ei ysgrifennu a'r teitl. Os ydy'r adroddiad yn cael ei ysgrifennu dan amodau arholiad, gall hyn i gyd gael ei adael allan.
- Dylai gael ei dorri i lawr yn nifer o adrannau. Dylai pob adran ymdrin â mater penodol. Dylai pennawd ddechrau pob adran i helpu'r darllenydd i weld strwythur yr adroddiad. Yn y rhan fwyaf o adroddiadau mae adrannau wedi'u rhifo mewn trefn.
- Gall adran gael ei thorri i lawr yn is-adrannau, gyda phennawd a rhif ar gyfer pob un. Er enghraifft, efallai y bydd gan adran 3 o'r adroddiad ddwy is-adran, sef 3.1 a 3.2.
- Rhaid ysgrifennu'r adroddiad mewn brawddegau llawn, nid ar ffurf nodiadau. Ond, yn wahanol i draethawd, mae'n dderbyniol defnyddio pwyntiau bwled i strwythuro'r adroddiad ymhellach.
- Defnyddiwch ddiagramau lle bynnag y bo'n briodol. Rhaid i ddiagramau fod yn rhan o'r ddadl a ddefnyddir yn yr adroddiad. Mae'n bwysig bod y darllenydd yn deall pam maen nhw wedi cael eu cynnwys.

Yn achos adroddiad mae gofyn i chi lunio casgliadau a rhoi barn, h.y. dangos y gallwch chi werthuso mater neu broblem. Gall y gwerthusiad gael ei gyflwyno ar ddiwedd yr adroddiad, neu gall gael ei gynnwys ym mhob adran o'r adroddiad. Os caiff ei gynnwys ym mhob adran, mae ysgrifennu casgliad neu grynodeb ar y diwedd yn dal i fod yn angenrheidiol er mwyn dwyn at ei gilydd yr hyn a ddywedwyd yn gynharach.

Hefyd dylai'r adroddiad amlygu gwybodaeth goll a fyddai wedi bod yn ddefnyddiol neu, efallai, yn hanfodol ar gyfer llunio casgliadau neu argymhellion wedi'i rhesymu. Gellir amau dibynadwyedd neu gywirdeb y wybodaeth hefyd.

Os ysgrifennir yr adroddiad dan amodau arholiad, megis gyda chwestiwn ymateb i ddata, cymerwch amser ar y dechrau i ddarllen trwy'r data a roddir. Amlygwch syniadau neu ddata allweddol. Efallai na fydd angen deall y data i gyd cyn dechrau ysgrifennu gan y gall hynny wastraffu amser pwysig a all fod ei angen arnoch i ysgrifennu'r adroddiad. Fodd bynnag, mae'n bwysig deall yr hyn sy'n ofynnol gennych cyn dechrau ysgrifennu.

Mae llunio cynllun yn hanfodol. Mae adroddiad yn ddarn ysgrifenedig cymhleth. Nodwch brif benawdau eich adroddiad ac ysgrifennwch yn gryno y prif bwyntiau y byddwch yn debygol o'u cynnwys dan bob pennawd. Gallwch ychwanegu at eich cynllun wrth i chi ysgrifennu eich adroddiad os byddwch yn meddwl am bwyntiau newydd. Mewn arholiad, mae'n annhebygol y bydd gennych amser i ysgrifennu nifer o ddrafftiau o'r adroddiad. Fodd bynnag, y tu allan i'r ystafell arholiad, byddai'n ddefnyddiol cynhyrchu sawl drafft.

Mynegai